江苏新方志提要

市县志卷

江苏省地方志编纂委员会办公室　编

南京出版传媒集团
南京出版社

图书在版编目（CIP）数据

江苏新方志提要.市县志卷 / 江苏省地方志编纂委员会办公室编. -- 南京：南京出版社, 2023.10

ISBN 978-7-5533-4142-2

Ⅰ.①江… Ⅱ.①江… Ⅲ.①江苏－地方志－内容提要 Ⅳ.①Z89：K295.3

中国国家版本馆CIP数据核字(2023)第030756号

书　　名　江苏新方志提要（市县志卷）
作　　者　江苏省地方志编纂委员会办公室
出版发行　南京出版传媒集团
南 京 出 版 社

社址：南京市太平门街53号　　邮编：210016
网址：http://www.njcbs.cn　　电子信箱：njcbs1988@163.com
联系电话：025-83283893、83283864（营销）　025-83112257（编务）

出 版 人　项晓宁
出 品 人　卢海鸣
责任编辑　杨传兵　严行健
封面设计　赵　雪
责任印制　杨福彬

印　　刷　南京顺和印刷有限责任公司
开　　本　787 毫米 × 1092 毫米　1/16
印　　张　51.5
字　　数　1257千
版　　次　2023年10月第 1 版
印　　次　2023年10月第 1 次印刷
书　　号　ISBN 978-7-5533-4142-2
定　　价　288.00 元

用微信或京东APP扫码购书

用淘宝APP扫码购书

《江苏新方志提要》（市县志卷）

编纂委员会

主　　　任　左健伟

常务副主任　陈　华

副　主　任　桑　荟　刘立军

委　　　员　姜巧玲　张曙峰　艾新建　柯善学　乐　江

姜荣芳　陆瑞萍　许　军　张　波　陈永平

卜兴荣　张士林　李　军

主　　　编　左健伟

执 行 主 编　陈　华

编　　　辑　沈萌溦　朱崇飞　张　丽　付阿敏　金嫣然

张宝莹

供稿人员

（以行政区划序列排列）

吴　军　吕晓红　乔　鸣　刘心林　宣宸宇　岳　鑫　张惠君
刘海东　徐　源　张永芳　李　静　张新贵　张朝阳　赵冰玉
韦　静　史锡伟　樊锡刚　唐　萍　袁　渊　赵　丹　吴宁花
曹玲燕　高珂婷　朱海录　党　辉　史月波　李同意　刘亚丽
刘　静　周　东　王海峰　王先友　仇　彬　高昌忠　翟文静
王苗苗　戚玉成　宋正超　张颖颖　常云峰　华文怡　李玲玲
任　可　万向阳　夏　冰　莫　俊　金凯帆　许　丹　陈　萍
曹丽琴　朱晓燕　顾晓红　赵　玲　陈建东　李　妍　朱永平
杨伟娴　徐　琳　范志芳　程宏红　丁强强　王　婷　宋奔奔
顾新国　陈晓琴　季陈娟　仇赛君　黄亦美　王小星　张　静
卢建汶　邱仕明　贾栋钰　张树庄　王继澍　马善臣　孙大伟
王恒亮　韩世泳　李家君　张守忠　孙惠芹　谢晓菲　徐　亮
王若霜　殷　颖　李　航　张其书　周凌晨　王梦真　毛　雨
吴雯慧　胡　媛　潘其锐　刘　菲　潘正亚　谢竹青　朱晓华
滕仕惠　李群龙　陈新放　崔红虹　彭　玉　夏爱华　郭玉祥
许　雯　吴家兴　薛　花　吴　桐　余清利　乔福祥　王慧敏
张欣蕊　翁红霞　赵昱霖　程　浩　段广凤　孙　伟　李东东
张昌龄　张　虹　陈龙浩　赵金柏　耿　维　王顺国　查云富
周冰洁　贺益梅　顾鑫昱　蒋淑颖　李　智　王　普　韩朝晖
江苏杨　刘家伦　李昌富　张克社

编 辑 说 明

一、本书收录主要为江苏省首轮、二轮公开出版的设区市、县（市、区）综合志书。同时，以“附”的形式收录综合志书的修订版、简志和部分经济技术开发区志。对内部出版的综合志书在书后附录中进行选介。

二、本书志书排序以现行江苏行政区划表为准，区划调整地区以主要归属地为准，同一地区先首轮志书，后二轮志书。

三、本书内容包括提要、编后记（编纂始末）、志评文章。提要主要包括出版信息、内容构成、编纂特色、获奖情况等。

四、本书志书出版信息以版权页信息为准。

五、本书节选了部分志书编后记（编纂始末），并附相关编纂经验介绍文章。

六、本书收录部分在省级以上专业期刊发表的志书评论文章。文中观点仅代表作者一家之言，仅供参考。为保持文章的完整性和独立性，除对个别硬伤做修改外，全文收录。由于统计口径和表述的不同，部分文章中的数据和表述与提要部分可能存在不一致现象。

七、本书二维码内容为所收各部志书目录。

八、本书资料主要由各设区市、县（市、区）地方志工作机构提供。

序

邱新立[1]

2023年6月2日，中共中央总书记、国家主席、中央军委主席习近平在北京出席文化传承发展座谈会并发表重要讲话，强调在新的起点上继续推动文化繁荣、建设文化强国、建设中华民族现代文明，是我们在新时代新的文化使命。他指出，中华文明具有突出的连续性，从根本上决定了中华民族必然走自己的路；如果不从源远流长的历史连续性来认识中国，就不可能理解古代中国，也不可能理解现代中国，更不可能理解未来中国。

中华民族在5000多年的文明发展进程中，创造了极其灿烂的文化。中华优秀传统文化有很多重要元素，闪烁着中华先民的智慧结晶，辉煌着华夏之邦文明传承的国史、方志、家谱，是这些重要元素的核心组成部分，是中国传统文化的三大根基，是体现中华文明的最基本的重要文献。国有史，郡有志，家有谱。编修地方志，是中华民族独特的优秀文化传统，赓续2000余年而不断。据不完全统计，仅宋元至1949年保存下来的历代旧方志就有8000余种、10多万卷，约占我国现存古籍的十分之一。这些横陈百科、纵贯古今、延续不断的珍贵历史文献，全面、系统、客观地记录了一地一域自然、政治、经济、文化、社会、人物等方面的诸多情况，反映了中华文明的进程，其地域之广泛性、时间之连续性、体例之稳定性、资料之翔实性、内容之综合性等，都是其他种类文献无可比拟的，是中华民族也是全人类珍贵的历史文化遗产，更是中华文明连续性的集中体现和重要载体，同时彰显了中华文明的创新性、统一性、包容性、和平性。正如著名英国科技史专家李约瑟所说的，古代的希腊乃至近代的英国，都没有与中国地方志类似的文献，要研究人类文明，就必须研究中国的地方志；要研究中国文化，就必须研究中国的地方志。

---

① 邱新立，中国地方志工作办公室一级巡视员，中国地方志学会副会长，研究员，博士生导师。

中华人民共和国成立后，尤其是党的十八大以来，在党中央、国务院的高度重视下，新编地方志在承袭古老历史文化传统的基础上，吸取当代先进文化的精华，取得了辉煌成就。截至目前，全国已完成两轮大规模新编地方志工作，编纂出版省、市、县三级综合性行政区域志书1万余部，地方综合年鉴3万余部，行业志、部门志、专业志、乡镇村志3万余部，整理旧志3600余部，编写了规模庞大的地情资料书，在中国历史上第一次实现省省、市市、县县有志（志书）有鉴（年鉴）。短短40多年间所形成的庞大社科成果群，开创了世界文化史上的盛举，蔚为地方文献之大宗。这些数以百亿字计的地方志成果，如实地记录了中国共产党领导人民坚持和发展中国特色社会主义的光辉历程和丰功伟绩，全面地将这个改革发展的伟大时代载入史册，并赓续不断，传示后人。

新时代新征程。中华民族伟大复兴进入关键时期，党中央、国务院对于地方志工作有了更高的要求。如何更好地服务新时代新征程，在做好为国存史、同步存史的同时，地方志也在全力地服务好新时代，不断发挥其存史、资政、育人作用，在国民经济和社会发展中的作用日益凸显。广大方志工作者在修志、编鉴、写史外，还通过编纂地情书、微记录等，主动将地方志工作融入社会经济发展大局；依托“互联网+地方志”，不断拓展开发利用地方志资源的途径，充分发挥地方志在规划编制、旅游开发、城市建设、招商引资、防灾减灾、历史文化遗产保护、宣传教育等方面的作用，以“中国之志”资政“中国之治”。古语云“治天下者以史为鉴，治郡国者以志为鉴”。当下，地方志已经成为了解国情、地情的重要载体和信息来源，受到越来越高、越来越大的关注、重视。但读志知津，使用的前提是要对地方志的基本情况有所了解，要将这座分藏于不同地区、不同系统、不同场馆（图书馆、档案馆、方志馆等），且数量之巨、涵盖之广、入藏之丰皆世罕其匹的文化资源宝库打开，提供一种简易便捷的途径，使这些弥足珍贵的文化资源被更多的人群所关注、所了解，进一步整理、研究、利用它们，使之真正走入寻常百姓家，则编制目录、索引、提要，乃至按专题类编资料等就是十分紧迫而必要的工作了。其中，最基本的工作是首先摸清“家底”，编制方志书目提要，叙其志名、撰者生平、修纂经过、卷数篇幅、主要内容、体例得失、义例特点、学术价值、版本源流、时人评述等，以向社会提供可资参考、使用便捷的专业性工具书，在读者与方志之间搭建起一座桥梁、通道，为志书的应用及方志知识的传播开辟一条金光大道。

我国方志目录提要之作，由来有自。魏晋南北朝时期的官私综合性目录中即载有志书目录，但在独立的书本式方志目录产生之前，有关方志的目录始终附载于各类史书乃至综合性目录之中。据北京大学信息管理系萧明考证，中国独立的书本式方志目录，已知最早者为清初顾栋高《古今方舆书目》(《方志月刊》卷七),而道光年间周广业所撰《两浙地方志录》则为区域性方志目录之滥觞。民元以来,书本式方志目录纷见迭出,蔚为大观,其中著名者如缪荃孙《清学部图书馆方志目》、谭其骧《国立北平图书馆方志目录》、朱士嘉《中国地方志综录》、北京天文台《中国地方志联合目录》等,为研究者按图索骥提供了极大便利。方志提要之作,发轫之篇当推1930年出版、瞿宣颖著的《方志考稿(甲集)》。继起者颇不乏书,其中著名者如张国淦《中国古方志考》、洪焕椿《浙江方志考》及金恩晖、胡述兆《中国地方志总目提要》等。目录及提要的编撰,是对地方志遗产进行目录学总结的两种途径。前者以《中国地方志联合目录》为代表,只著录书名、卷数、纂修者、版本、藏书单位等,虽可向读者提供志书存在的线索和一般状况,但偏于简略。后者以《中国地方志总目提要》为典型,要求所收录的每一志书条目,不仅具备如《中国地方志联合目录》中所著录的各种事项,“而且还要负责审读、研究每一志书的内容,对每种志书力求搞清楚其纂修者身份、时代背景、修志缘起、主要内容、文献特点与价值、影响等,对这些项目要求作出解释性的评语”(金恩晖、胡述兆主编《中国地方志总目提要》序)。这是一种考录体方志目录,又称书目提要,需要辨章学术、考镜源流,故其出现,标志着方志之整理、研究和提供利用工作,由目录性总结发展到考评性总结的新阶段。这种考评性、提要性、索引性的工具书,以简驭繁,有助于读者深入把握、准确理解志书的基本情况,读志用志者手持一书,展卷即可得群志之大要,窥一斑而得其概貌,求学问道之便,实深有裨于学林,嘉惠后学,开示来者。

社会主义时期新编地方志工作大规模开展以来,方志目录、提要之作不断涌现,既有全国性者,也有区域性者;既有贯通古今者,也有专门针对两轮修志而编撰者。我所经目的全国性方志目录、提要,著者如金恩晖、胡述兆主编《中国地方志总目提要》《中国地方志总目提要(1949—1999)》、赵嘉朱编《中国社会科学院地方志联合目录》、秦其明主编《中国新编地方志总目提要(1)》、北京天文台《中国地方志联合目录》、上海通志馆编《中国新方志5000种书目提要(上海通志馆藏)》等数种。地区性者,有如姚金祥主编《上海方志提要》、杨洪进主编《河北省新编地方志提要》等。贯通古今者,如谭烈飞主编《北京方志提要》、胡锡明主编《衢州方志提要》等。专门针对两轮修志者,如河南省地方史志办公室组织编写的《河南省新编地方志提要》,方志出版社出版之《中国新编地方志目录》,等等。而由江苏省地方志编纂委员会办公室编、即将由南京出版社出版的《江苏新方志提要》(市县志卷),则可谓专门针对两轮修志成果而编撰目录提要之作中的佼佼者。

《江苏新方志提要》（市县志卷）收录范围为江苏省首轮、二轮公开出版的各设区市、县（市、区）综合志书，同时以“附”的形式酌情收录综合志书的简志版和个别经济技术开发区志；对内部出版的志书则在书后附录中进行选介。每个词条的具体内容则包括提要、编后记（编纂始末）、志评文章，提要主要包括出版信息、内容构成、编纂特色、获奖情况等。全书125万余字，对每一部志书都作了扼要的介绍和画龙点睛式的评点，形式上叙议结合、思想上去陈求新、行文上平实简洁，一书在手即可了解江苏新编综合性行政区域志书之全貌，细读每个词条则可获知一部志书的概况。

江苏是全国方志大省，历代皆不乏名志佳作。改革开放以来，江苏省历时近40年完成的两轮修志工程，成就斐然。其中，作为全省修志重头戏的市县两级综合性行政区域志书，不仅数量众多，而且编纂质量上乘。为了更好地展示修志成果，帮助使用者方便快捷地获取所需知识，同时也为第三轮修志提供借鉴，江苏省地方志办公室于2021年底决定编纂这部方志提要。编纂工作两易寒暑，克服新冠肺炎疫情影响及其他诸多困难，历经组建编辑部、制定编纂方案、进行样稿试写、召开视频会议推进、编写初稿、统稿完善、评审修改等阶段，具体编纂人员抱持“起步就是冲刺、开局就是决战”的理念，短短两年多时间，即系统性厘清江苏新方志发展脉络，对江苏新编地方志成果进行了分门别类的梳理，从400余万字的原始资料中条分缕析、爬梳剔抉出百余万字的书稿，其用力之勤，概可见焉；给读志用志者提供了一把方便打开地方志这座浩如烟海的文献资料宝库大门的钥匙，津逮之功，于兹尤著！

《江苏新方志提要》（市县志卷）之作，实际上是对改革开放以来江苏省新编地方志工作的一次整体性、系统性总结。作为首部系统整理江苏首轮、二轮市、县（市、区）综合性行政区域志书的提要作品，该书有两大显著特点。其一是详确。收集之书目，力求齐全；各书著录内容，务求翔实。各志均经撰者亲加检读而后归纳提炼，着笔成文，做到了资料丰盈、要素全面、点评客观、详而能明。其二是创新。纵观不同时期推出的方志目录提要，有一个显著特征，就是均会视已变化、变化中的情况，或多或少地作出增益、创新。如2006年3月由方志出版社出版的《中国新编地方志总目提要（1）》，收录中华人民共和国成立后至2004年出版的天津、河北、黑龙江、上海、江苏、山东、广东、广西、云南、陕西等10个省（自治区、直辖市）所辖市、县两级地方志书1173部。该书各条著录款项除目录提要常规性的书名、卷数、编纂单位，出版地、出版者、出版时间，印数、页数、图片、开本、定价、出版号等内容外，还著录修志概况、地情概况（地理位置，自然状况，历史沿革，政治、经济、文化、民族、信仰、风俗等社会概况、重大历史事件、著名人物)、志书编纂特色、国内获奖情况等。《江苏新方志提要》(市县志卷)坚持实用为导向,在著录内容及表现方式等方面,均有创新。突出之点有二:首先,关于内容记述。该书不拘泥于简单的条目陈述,而是延伸拓展,节选部分志书编后记(编纂始末),并附相关编纂经验介绍文章,这样既有助于读者、研究人员知悉相关志书的修志概况及其中的经验得失等,也为方志史的研究提供了第一手的素材;同时,该书各词条还全文收录部分在省级以上专业期刊发表的志书评论文章,为读者深入了解该志的优劣成败起了导览作用。其次,关于表现形式。该书在每个词条里设置了二维码,二维码内容为所收各部志书目录,增加记述厚度,对于了解、研究该志框架结构裨益甚大,让方志提要更可读,让提要更加实用。以此,该书既是一部通俗的、适用范围较广的、用于学习和研究方志的工具书,也是一部难能可贵的有较高价值的学术著述,不惟读志用志者之津梁,亦可供方志编纂实践者吸取营养。

编著地方志目录提要,既是一项为推进读志用志所作的应用普及性工作,同时也是一项具有学术价值的研究性工作,对于宣传、推介地方志成果,指导地方志编纂实践,推进方志理论和方志学学科建设,传承弘扬方志文化,充分发挥地方志在建设文化强国、建设中华民族现代文明进程中有重要作用,具有基础性意义和深远的历史、文献价值。这些年来,出于个人的学术兴趣以及参加地方志工作的实践需要,我一直关注、收集方志目录提要方面的研究成果,当下,正在争取各方面的支持,计划从2024年开始着手组织队伍,陆续开展《中国新编地方志总目提要》《中国年鉴总目提要》《中国乡镇村志目录提要》《中国专志目录》等目录提要的编纂出版工作,以系统梳理、全面总结全国新编地方志事业的巨大成就。故值此《江苏新方志提要》(市县志卷)付梓在即,赘叙数语,随书所感,以示祝贺,不敢言序。

前　言

20世纪50年代末60年代初，党中央和国务院开始重视和倡导编纂新方志工作，江苏主要由县级党委宣传部门领导，并由档案局、文史机构或临时机构具体组织实施市县志的编纂工作，市县志编纂处于复苏萌芽时期。1958年，宿迁县在江苏率先响应号召，开始编修新地方志。1959年后，泰兴、沛县、武进、赣榆、溧水、溧阳、涟水、淮安、东海、泗阳、吴县、东台、江阴、兴化、大丰等县也先后组织机构，着手编修地方志，但是由于当时社会百废待兴，投入到修志力量有限，修志成果主要为内部出版的志稿，受当时政治运动的影响，大多数地方修志工作于1964年前即停滞。

江苏市、县（市、区）志编纂工作真正肇始于20世纪80年代初，经过近40年的接续奋斗，至2020年，全面完成两轮市、县（市、区）志编纂任务，首轮共出版志书116部（含内部出版），二轮共出版志书109部，总字数4.64亿字，打造了全省有史以来最为浩大的修志成果集群和地情资料库，结束了许多地区没有志书的历史，而且质量上乘，创造了多项全国第一。

一

改革开放后，社会主义新方志编修全面展开。20世纪80年代初至1986年是江苏市、县（市、区）志编纂起步探索时期。1980年2月，中共中央、国务院下发文件，批转国家档案局关于全国档案工作会议的报告，要求“号召编史修志，为历史服务。”1983年9月，中央宣传部下发文件，批转中国社会科学院党组《关于地方志工作情况和意见的报告》，要求“各省、市、县委宣传部应加强对地方志工作的领导，责成有关部门根据本地实际情况，制订好规划，建立和健全精干的机构，配备好人员，抓紧开展这一工作。”同年，中国地方志指导小组成立，并召开新中国成立后的首次全国地方志规划会议，又于1985年7月颁发《新编地方志工作暂行规定》。中央的一系列规定和要求推动了地方志工作逐步走向制度化、规范化、科学化。

其间，江苏积极贯彻执行中央有关要求，各级宣传部门、档案部门、社科部门承担起地方志编纂的推动和指导工作，地方志工作者在有限的条件下积极开展工作，使江苏的市县志编纂重新兴起。首先是市、县两级地方志编纂机构纷纷成立。1980年12月，全省第一个市级地方志编纂委员会——无锡市地方志编纂委员会成立。1981年，无锡市崇安区志编纂委员会成立，为全国最早成立区志编委会的两个单位之一。1982年，南京市、镇江市等5个市、县成立修志机构。至1985年底，全省11个市64个县（市）中共有46个市县成立修志机构。其次，江苏各地市县志的编纂工作陆续展开，主要为资料收集整理工作，并取得了个别成果，如1983年9月，全国第一部公开出版的社会主义新县志——《如东县志》由江苏人民出版社出版，也成为全省首轮第一部出版的市、县（市、区）志。由于缺乏经验和省级专业地方志机构的指导和推动，本时期江苏的市县志编纂发展存在着较大的不平衡性和自发性，很多工作处于单打独斗状态，整体上尚未形成大的合力和声势，取得的成果亦有限。

为加强对全省地方志编纂工作的领导，1986年1月，江苏省地方志编纂委员会及其办公室成立。从此有了省级层面的地方志业务指导和工作推动机构，全省地方志工作进入崭新的局面。

1986年至1997年9月，全省首轮市、县（市、区）志书进入编纂高潮阶段，工作重点和主体为市县两级志书编纂，城市区志编纂也逐步开展，但还相对滞后。1987年3月，全省第一次地方志工作会议在南京召开，省长顾秀莲到会讲话，会议要求集中精力有计划、有步骤地修好省、市、县三级志书。1989年9月，全省第二次地方志工作会议在南京召开，省长陈焕友到会讲话，会议要求建立和健全志稿审查验收制度。1996年9月，省政府办公厅印发《关于进一步加强地方志编纂工作的通知》，要求高质量完成省、市、县三级修志任务。1997年2月，全省第三次地方志工作会议在南京召开，省长郑斯林到会讲话，会议要求保质保量完成省、市、县三级修志任务。这一系列高规格会议的召开，为市、县（市、区）志书编纂提出明确要求，有力推动了市、县（市、区）编纂工作。

该阶段的主要成果有：1986年，全国第一部正式出版的新城市志——《南京简志》由江苏古籍出版社出版。1988年，全国第一部向国内外公开发行的新编县志——《武进县志》由上海人民出版社出版。同年，全国第一部正式出版的城市区志——《白下区志》由江苏科技出版社出版。1994年4月，全省第一部设区市志——《镇江市志》由上海社科院出版社出版。至1997年9月，全省11部省辖市市志有8部正式出版，64部县（市）志有59部正式出版，43部市辖区志出版24部，其中公开出版8部（南京市白下区，无锡市南长区，常州市钟楼区，扬州市广陵区、郊区，连云港市连云区，镇江市京口、润州区）。

1997年9月至2007年1月，全省首轮市、县（市、区）志书编纂进入收官阶段，工作重点进入省辖市区志的编纂。1997年9月，省政府办公厅转发《关于全面开展省辖市区志编纂工作的通知》，要求各地“要把编纂出版城市区志工作与编修市、县两级志书作为同样重要的工作抓紧抓好。”这一阶段的省辖市区志编纂工作按省政府的统一部署开展，坚持标准，抓紧时间，取得不小成就，但发展不平衡。至2007年，应修的18部区志完成15部，剩余南通市的港闸区、淮安市的清浦区、盐城市的城区未完成编纂任务（后转为第二轮修志规划）。2007年1月，南通《崇川区志》由方志出版社出版，成为江苏首轮市、县（市、区）修志的收官之作。江苏首轮市、县（市、区）志编修工作历时20余年，共出版志书116部，其中公开出版101部、内部出版15部，总字数1.83亿字。

江苏首轮市、县（市、区）志不乏精品佳作。在1993年全国新编地方志优秀成果评比中，《江阴市志》《沙洲县志》《武进县志》获一等奖，《靖江县志》《如东县志》《高淳县志》《常熟市志》获二等奖，《丹阳县志》《盱眙县志》《宜兴县志》《南京简志》获三等奖。在1997年全国地方志奖评比中，《苏州市志》《江都县志》获一等奖，《无锡市志》《镇江市志》《宿迁市志》《金湖县志》《盐城县志》《广陵区志》获二等奖。《常州市志》《扬州市志》《淮阴市志》等一批志书在全省哲学社会科学成果评比中获奖。

在江苏首轮市、县（市、区）志编纂过程中，由于无现成经验可以借鉴，各地发挥首创精神和改革精神，创新方式方法，加快推动修志进度。常州市采取“三级修志”模式，即先修基层志，再修区县志、行业（部门）志，最后修市志，由下而上，层层推进，逐级完成。镇江市实施“一步成志法”，所有部门为直接撰写市志各分志服务，《镇江市志》成为全省第一部正式出版的设区志。昆山县仅用3年就完成县志编修任务，在江苏修志系统闯出一条后来居上、快速成志的“昆山之路”，与其情况相同的还有铜山、东海等县。各地还将改革的精神引入修志工作领域，高邮县、淮阴市等地将承包激励机制引入修志过程，极大地调动修志工作的积极性和责任感，加快整个面上的修志进度。

为保证首轮市、县（市、区）志编纂的质量，省地方志办公室对市、县志实行“三审一验收”的制度。1986年6月，江苏省地方志办公室与常州市地方志办公室联合举行《武进县志》评审验收会，这是全省首次审查验收会。从1986年起，省地方志办公室开始组建相对稳定的审稿队伍，审稿人员除省地方志办公室的专业修志人员外，还聘请历史、地理、经济、政治、军事、方言、文博、社会学各界的专家学者和省、市、县的修志行家。

全省各级地方志办公室都十分重视对编纂人员的业务培训、工作交流和理论研究，采用培训班、以会代训、外出考察、送大专院校进修等多种形式，开展学习培训工作，不断提高修志工作者的政治素质和业务能力。省地方志办公室在机构刚成立不久，便于1986年7月在常州武进举行江苏省第一期地方志培训班，省长、省地方志编纂委员会主任顾秀莲看望了培训班学员并讲话。1988年5月，全省第一次市志篇目研讨会在扬州召开。同年12月，全省第一次地方志资料工作会议在南京召开。1988年后，省地方志办公室与苏州大学联合举办以市、县

(市、区)修志人员为主要对象的培训班及主编研究班、地方志研究班。1991年,全省首次市志分纂(试写稿)质量研讨会在无锡召开。1996年,苏州大学社会学院还举办全国第一个地方志专业研究生班,首届20位学员都是来自市县修志的业务骨干。

二

2000年至2005年5月,这是全省第二轮市、县(市、区)志书编纂工作的谋划启动阶段。2000年5月,省政府办公厅印发《关于印发〈江苏省续修地方志工作规划〉的通知》。通知要求续修市级志书12部(时不包括《南京市志》,后于2011年将《南京市志》列入江苏省二轮修志工作规划),县(市)级志书64部,省辖市所辖区志书暂定28部,并对续修志书在指导思想、主要任务、基本要求和组织领导四个方面明确要求。这一阶段,由于和首轮志书收官阶段交叉重叠,不少地区还未完成首轮修志任务,市县志编纂主要工作为续修进行谋划,部分首轮内部出版的区志开始着手推动正式出版。主要成果有2002年徐州市《贾汪区志》出版,这是列入全省第二轮修志规划的首部出版的志书。2003年12月,扬州市邗江区党史区志办公室还被中国地方志指导小组办公室列为全国新一轮修志的5个试点单位之一。至2005年5月,全省有《贾汪区志》《常州市郊区志(1984—2000)》《金阊区志》3部二轮志书出版。

2005年5月至2015年,这是全省第二轮市、县(市、区)志书编纂工作的全面启动和实施阶段。2005年5月,全省地方志第四次工作会议召开,全面布置新一轮地方志编纂工作。当年8月,省政府办公厅印发《关于做好新一轮地方志编纂工作的通知》,宣布全省第一轮地方志编纂任务已基本完成,决定从2005年起开展新一轮地方志编纂工作。具体目标是:从2005年起到2015年,用10年左右的时间,按照先编纂市、县(市、区)志,后编纂省志的步骤,续修并基本完成省、市、县(市、区)三级志书编纂任务。全省第二轮修志工作序幕全面拉开。

为了加强对二轮市、县(市、区)志编纂工作的指导和推动,2007年10月,省政府组织调研检查组,对各地开展二轮修志情况进行调研。2008年3月,省地方志办公室发布《关于确定第二轮修志省级试点单位的通知》,确定启东市、赣榆县、东台市、丹阳市4个县(市)为省级试点单位,南京市浦口区、无锡市崇安区、丰县、常州市武进区、张家港市、淮安市楚州区、仪征市、兴化市、宿迁市宿豫区9个县(市、区)为省级修志联系点单位。2009年10月,省地方志编纂委员会印发《江苏省地方志书审查验收及出版办法》,对志书的评审程序、评审内容做了明确要求,实行初审、复审、终审三审制,对志书验收程序和验收时间做了细化,志书出版必须公开出版,加强对志书的评审验收工作,确保志书质量。截至2010年底,完成出版志书11部，大多数市、县（市、区）完成初稿编写，部分市、县（市、区）已进入分纂，还有一些市、县（市、区）进入总纂。为加快编纂进度，2012年5月，省政府召开加快推进全省二轮志书编纂工作电视电话会议。此次会议后，全省二轮市县（市、区）志编纂速度明显加快。至2015年底，109部市、县（市、区）志中，90%以上已完成总纂及修改任务，68部已出版或进入出版计划，占计划数的62%。

2016年至2020年，这是全省第二轮市、县（市、区）志书编纂工作的攻坚完成阶段。2015年12月，省政府办公厅印发《江苏省贯彻〈全国地方志事业发展规划纲要（2015—2020年）〉实施办法》，明确全省地方志工作主要目标是：到2020年，全面完成第二轮修志任务和实现省、市、县三级综合年鉴全覆盖（简称“两全目标”）。2016年，省政府将“编纂48本江苏省志分(专)志和40部市、县(市、区)志”列入省政府2016年度十大主要任务考核指标，这是二轮修志工作第一次列入省政府主要任务考核指标。同年2月，省政府在南京召开全省地方志工作会议。会上，无锡、徐州等11个市地方志办公室向省地方志办公室递交修志目标责任书。2018年1月，省政府办公厅印发《关于江苏省地方志书优秀成果的通报》，对二轮优秀志书成果进行通报表彰。全省地方志系统把抓好“两全目标”要求作为一项重要政治任务，各地通过狠抓督导、通报，推进分点、包片，倒排工期、挂图作战等举措，同时，省地方志办公室组织召开推进会，相关职能处室加快审核验收进度，不断推进市、县（市、区）志编纂。2020年9月，《淮安市志》《宿城区志》两部志书签字付印。至此，全省二轮市、县（市、区）志编纂工作全面完成，共出版109部市、县（市、区）志，总字数2.81亿字，占省、市、县三级志书总字数（3.35亿字）的85%。整体质量更加向好，其中《常州市志（1986—2010）》入选“中国志书精品工程”，成为全国第四部、全省首部也是唯一一部中国精品志书。

在江苏二轮市、县（市、区）志编纂过程中，一方面坚持省、市、县三级志书编纂“一盘棋”规划，全面加强业务指导，不断提高指导水平和实效；另一方面，创新开展灵活多样的分层次、分区域培训，定期举办志书编纂人员培训班，实现全省市县志书编纂业务人员培训全覆盖，从根本上为提升全省市、县（市、区）志书编纂质量提供人才保障和智力支撑。

三

江苏两轮修志工作是全省重大文化工程，记录了中华民族伟大复兴的历史进程，彰显了中国共产党领导的政治优势和中国特色社会主义制度的优越性。而作为两轮修志重头戏的市、县（市、区）志编纂，参加人员最多，投入力量最大，持续时间最长，赓续了延绵千年的江苏修志传统，实现了地方志编修的传承与创新，具有成果丰硕多样、政治观点正确、内容体系完备、地域特色鲜明、质量标准严格、致用功能显著等特点，不仅取得了丰硕成果，还积累了许多宝贵经验。

第一，各级党委、政府的领导和支持是全省两轮市、县（市、区）志顺利完成的根本前提。修志是一项系统浩大的文化工程，涉及面广，专业性强，程序繁杂。坚持党对地方志工作的全面领导，是做好地方志工作最大的政治优势。历史和事实充分证明，只有将地方志工作纳入国民经济和社会发展规划、地方各级党委和政府工作任务，切实做到认识到位、领导到位、机构到位、编制到位、经费到位、设施到位、规划到位、工作到位，市县地方志编纂才能有正确的思想方向和坚强有力的组织保障。

第二，质量建设是全省两轮市、县（市、区）志繁荣发展的关键环节。质量是志书的生命，也是地方志事业高质量发展的基础。实践证明，只有建立健全科学实用的地方志质量保障体系，严把政治关、史实关、体例关、文字关、保密关、出版关，才能编纂出版无愧于时代、无愧于历史、无愧于民族、无愧于人民的高质量地方志成果。

第三，队伍建设是全省两轮市、县（市、区）志编纂推进的坚实基础。地方志编纂是一项繁重而辛苦的工作，全省广大修志工作者，守正创新、砥砺前行，以高度的历史自觉和坚定的文化自信，不断创新工作方式，努力提高编纂水平，在平凡的岗位上做出来不平凡的业绩。修志队伍涌现出了一大批先进集体和先进个人。

第四，依法治志是全省两轮市、县（市、区）志编纂的重要保障。历史表明，两轮修志过程是地方志法治化、制度化建设不断完善的过程。只有坚持依法治志，把地方志工作纳入法治轨道，建立健全完善的地方志法治体系，进一步提高地方志法治水平，才能保障地方志事业行稳致远。

应当看到，江苏省两轮市、县（市、区）志编纂虽然取得了显著成绩，积累了宝贵经验，但也存在一些影响和制约事业发展的问题。主要表现在：一是修志工作地区发展不平衡，“一纳入、八到位”要求尚未完全到位，志书质量参差不齐；二是修志队伍存在断层现象，缺少业务骨干；三是“重修轻用”的问题依然存在，需要完善志书资源开发利用。

目　　录

南京市

无锡市

徐州市

常州市

苏州市

南通市

连云港市

淮安市

盐城市

扬州市

镇江市

泰州市

宿迁市

附　录

南京市

南京市首轮修志工作肇始于1981年编纂的《高淳县志》，其他县志编纂工作主要于1984年启动。1984年，《白下区志》启动编纂，其他区志编纂主要于20世纪90年代开始。至2006年，全市共出版市县两级综合志书16部，总字数2600万字。其中，市级志书1部：《南京简志》；县区级志书15部：《溧水县志》《高淳县志》《江浦县志》《江宁县志》《六合县志》《玄武区志》《白下区志》《秦淮区志》《建邺区志》《鼓楼区志》《下关区志》《浦口区志》《栖霞区志》《雨花台区志》《大厂区志》。南京首轮市、县（市、区）志不仅数量众多，而且不乏精品佳作，创造多个全国第一，多部志书在国家级、省级质量评比中获奖。其中，1986年出版的《南京简志》是全国第一部正式出版的新城市志；1988年出版的《白下区志》是全国第一部正式出版的城市区志；1988年出版的《高淳县志》是南京市第一部、江苏省第二部新修县志。在1993年全国新编地方志优秀成果评比中，《高淳县志》获二等奖，《南京简志》获三等奖。

南京市二轮修志工作于2006年开始，主要为首轮编纂较早的县志进行续修。2011年，于1995年启动编纂的《南京市志》被列入江苏省二轮修志工作规划。至2014年，南京市基本完成二轮修志工作任务，全市共出版市、县（市、区）志7部，总字数3124.3万字。其中，市级志书1部：《南京市志》；县区级志书6部：《南京市白下区志（1986—2005）》《南京市江宁区志》《江浦县志（1988—2001）》《六合县志（1988—2002）》《溧水县志（1986—2005）》《高淳县志（1986—2005）》。《南京市志》《高淳县志（1986—2005）》等志书获评江苏省地方志书优秀成果和地方社科优秀成果。为更好地发挥志书作用，南京地方志机构创新编纂志书简本，编纂《南京简志（2014年版）》《浦口简志》《栖霞简志》。

南京市志

南京市地方志编纂委员会编。1995年11月启动编纂，分三期由方志出版社出版。2009年12月，该志1～4册出版；2011年3月，该志5～7册出版；2013年4月，该志8～12册出版。主编高耘、秦学清、金承平、李兰、张立新，副主编王能伟、陈奋、刘瑜、朱海光、赵建中、沈梅芳、颜一平、柳云飞、徐锦堂。编辑乔鸣、刘小凡、庄淑玉、吴小铁、时觉非、杨永泉、陆永贵、陈蕊心、周建国、蒋永才。总纂秦学清，副总纂蒋永才、周建国。总审校赵建中、颜一平，副总审校周建国、施国俊。

全书12册，约1500万字，图片640幅（志首324幅、随文316幅），表格1410张。记述范围为1999年南京市行政区域，以市区为主，与事业相关延伸至外地的部分则作略记。对历史上的行政区划，择要如实记载，以完整反映历史概貌。记述上限追溯事物发端，从距今五六十万年前的汤山葫芦洞“南京人”记起，下限1999年。述、记、志、传、图、表诸体并用，以志为主。每册均前设序言、凡例。全志分设12册：地理·人口·环保，城乡建设，交通·邮电，贸易·金融·旅游，工业，农业·水利，经济综合管理，党政群团·政法·军事，教育·科技·社科·卫生·体育，文化，社会生活·人物，杂记·大事年表·重要文献·南京历代地方志记略·索引。全志设98卷：政区建置、自然地理、土地管理、人口、环境保护、城市规划、勘察设计、市政建设、公用事业、园林绿化、市容环卫、建筑业、房地产业、小城镇、港口、水路运输、公路运输、铁路运输、民用航空、管道运输、邮政、电信、工业品贸易、副食品·糖烟酒及食盐贸易、饮食业、生活服务业、供销合作商业、粮油业、物资流通业、对外经济贸易、金融业、旅游业、电子工业、石油和化学工业、车船制造、采掘冶金工业、机械工业、建材工业、轻工业（一）、轻工业（二）、仪器仪表工业、电力、纺织、医药工业、种植业、蔬菜业、林业、畜牧业·渔业、奶业、农机、乡镇企业、农场、水利、计划管理、统计、经济协作、财政、税务、审计、工商行政管理、价格管理、质量技术监督、海关、口岸、开发区、中共南京地方组织、民主党派·工商联、中国国民党及其他党派、人民代表大会、政务、人民政协、社会团体、公安、检察、审判、司法行政、军事、防空、教育、科学与技术、社会科学、卫生、体育、文化事业、文学艺术、广播电视、出版、报业、文物、档案、民政、劳动、人事、民族、宗教、地名、风俗、方言·人物。

《南京市志》目录

该志以《南京简志》（1986年版）和《南京市志丛书》为基础展开编纂。全书横陈百科、涵盖百业，贯通古今、详今明古。立足当代，突出近代，着重记述近现代特别是中华人民共和国成立后南京各行各业发展和变化，突出时代特色、地方特点。在体裁应用上，在志首设置大事专记，突出某项事情的重要性；舍弃附录体裁，凡入志的资料均用正文记述；加强述体，注重综述、概述、章节无题序的撰写，提升志书的概括性、综合性和系统性。

在记述内容上，强调以事系人，重视生产力中最活跃的因素——人的记述。每个行业、事业均设职工队伍节。在记述方法上，用集中和分散结合法、详略互见法和各有侧重法解决交叉重复问题。

该志第5～7册获2012年南京市第十一次哲学社会科学优秀成果二等奖。

（吴　军）

【后记(节选)】

1982年8月,南京市人民政府成立南京市地方志编纂委员会,下设办公室负责地方志编修工作。市地方志办公室成立后,即着手酝酿《南京市志》的编纂工作。1984年6月5日,时任市长张耀华主持召开市地方志编纂委员会第一次全体会议,原则通过《南京市志》编纂工作方案和编纂《南京简志》的意见,决定先用1年左右时间编纂100万字的《南京简志》,而后用8年左右时间,编纂一部具有时代特色、地方特点,适应四个现代化建设的新型的《南京市志》。1985年12月,《南京简志》出版发行,为新中国成立后全国首部城市志,时任市地方志办公室主任杨之水任主编。1988年5月27日,时任中共南京市委书记、市地方志编纂委员会主任张耀华主持召开全市第三次地方志工作会议,对《南京市志》编纂工作方案作出调整,明确《南京市志》编纂分"三步走",即在编纂《南京简志》后,先用5年左右时间编纂一套《南京市志丛书》,再在这个基础上,用5年—7年时间编纂一部《南京通志》。

在完成《南京简志》和基本完成《南京市志丛书》编纂出版的基础上,1995年11月,市政府召开全市第五次地方志工作会议,就《南京通志》编纂工作进行部署,时任副市长张连发到会讲话。会后,市地方志办公室立即组织人员进行《南京通志》编纂的前期准备。先后组织在宁高校、科研院所、省市修志专家数十人,就《南京通志》的指导思想、编写原则和框架结构进行论证,初步形成《南京通志》编纂方案和编纂目录。此后,邀请十几位担任过南京市委、市政府综合管理部门领导的离退休干部参加《南京通志》编辑委员会,时任市地方志办公室主任高耘逐一登门拜访,得到老干部的积极呼应。1997年2月,市政府下发关于成立《南京通志》编辑委员会的通知,编辑委员会主任由时任市长王宏民担任,市委常委、秘书长王浩良和市政府秘书长耿乃凡、市地方志办公室主任高耘为副主任,委员由曾担任过市综合部门负责人的离退休干部和担纲过部门志书编纂的修志行家23人组成。1997年3月25日,《南京通志》编辑委员会召开第一次会议,组织动员全市各相关部门共同参与《南京通志》编纂。是年6月,时任市长、《南京通志》编辑委员会主任王宏民与全市各承编单位主要负责人签订《南京通志》编纂责任书。7月28日—30日,《南京通志》编辑委员会召开第二次会议,要求各卷成立编委会,由承编单位主要负责人、分管负责人和专门人员组成,遴选好主编和编写人员并组成各卷编辑部。会后,市地方志办公室对部分卷的编纂机构进行分类指导组建:交通卷由市交通局牵头,与南京港务局、南京铁路分局、省民航总局等部门组成编委会;化学工业卷、电子工业卷分别由市化工局、电子工业局与扬子石化、金陵石化、南化公司和中山集团、714厂等部省属企业组成编委会;对方言、建置、自然地理、民俗等学术专业性较强难以落实到部门的卷,则由市地方志办公室组织牵头,聘请南京大学、南京师范大学学者和修志专家担纲编纂。1998年5月8日,《南京通志》编辑委员会第五次会议讨论通过《南京通志》行文规则。至2000年末,《南京通志》编辑委员会先后召开9次全体会议,对《南京通志》编纂中的重大议题,包括框架结构、凡例、体例、编纂进度、编纂质量,有针对性地研究讨论,及时解决,多方促进,加强指导。2005年7月13日,《南京通志》编辑委员会作出调整，由时任市长蒋宏坤任主任；4位著名史学家茅家琦、张宪文、蒋赞初、梁白泉加入编辑委员会。2008年10月，根据《中国地方志指导小组关于第二轮地方志书编纂的若干意见》中关于地方志书名称的规范要求，市地方志办公室报经市政府批准，将《南京通志》更名为《南京市志》。2010年2月24日，《南京市志》编辑委员会作第三次调整，由市长任主任。

为有效推动《南京市志》编纂工作，《南京市志》编辑委员会多次召开编纂工作推进会。1998年4月2日，《南京市志》编辑委员会在市市政公用局召开《南京市志·城市建设编》编纂工作座谈会，时任副市长周学柏到会讲话，要求城建系统全体上下进一步提高认识，把完成编纂任务放到重要议事日程。1998年5月19日，市政府召开《南京市志·商贸编》编纂工作座谈会，市人民银行、市外经贸委介绍落实编纂任务的做法，时任副市长盛金隆和市政府副秘书长靳道强到会讲话，要求商贸系统加强领导，加快修志进度，保证质量。6月2日，市政府召开《南京市志·工业编》编纂工作会议，南京供电局、市冶金工业公司介绍编纂经验，时任副市长奚永明和市政府副秘书长王鹤兴参加会议并讲话，要求全市工业系统按时保质完成承编任务。6月5日，市政府召开全市文化系统承编单位负责人会议，时任副市长许慧玲和市政府副秘书长徐传德作落实编纂任务的再动员、再促进。至1999年末，《南京市志》各卷编委会和主编基本落实到位，众多部门认真挑选既熟悉本行业历史，又有较扎实的文字能力和敬业精神的专家学者担任主笔，确保修志工作的有效展开。为解决《南京市志》部分承编单位编纂进度滞后问题，2000年9月7日，时任副市长许慧玲主持召开《南京市志》编纂工作促进会，承编单位主要领导参加了会议，会议要求这些部门要切实加强修志工作，在确保质量的前提下加快修志进度，不拖《南京市志》编纂工作后腿。

质量是志书的生命。在《南京市志》编纂过程中，市地方志办公室始终把质量放在第一位。市地方志办公室为此聘请省、市14名修志专家担任《南京市志》特约编审，分工到各卷，协助《南京市志》编辑委员会把握志稿质量。为确保志稿质量，市地方志办公室注重抓了以下六个环节：一是严格审稿制度。1999年1月28日，市地方志办公室印发《南京市志》审稿规定，明确对志稿实行初审、联审、终审的“三审”制度。编辑委员会委员和特约编审多次召开碰头会，统一对志稿的评价和修改意见，主要把握记述内容是否完整、观念是否正确、框架是否合理、体制是否完备、文字是否规范简练、数字是否准确一致。“三审”合格后，由市地方志办公室将“三审”意见发送各卷编委会进行修改，然后再送市地方志办公室总纂。二是及时交流研讨。对编纂过程中存在的共性问题，市地方志办公室及时召开编辑委员会和特约编审会议进行研讨，形成共识，提出对应措施。2000年6月23日—24日，市地方志办公室召开特约编审会议，就政治运动表述、人物入志标准等20个问题认真讨论，在取得一致意见后，以书面形式发送各承编单位参考把握。三是注重典型示范。市市政公用局承编《市政建设》卷和《公用事业》卷，该局选配强有力的编纂班子，在下属单位建立200多人的资料收集队伍，瞄准“出精品、创一流”的要求，把志稿编纂列入全系统年度工作考核目标。1998年底，两卷志稿在全市率先形成初稿。1999年1月—4月，市市政公用局组织系统内部“三审”志稿。1999年6月10日，全市第六次地方志工作会议上，市市政公用局作了大会发言。是年9月21日，《市政建设》卷、《公用事业》卷在全市率先通过联审。2000年5月25日，两卷通过《南京市志》编辑委员会终审。是年9月，市市政公用局完成终审后的志稿修改，市地方志办公室将两卷志稿印发各卷编委会，要求各部门从框架、体例、内容和规范化等方面认真学习和借鉴。四是制定相应规范。为确保全书的整体性、规范性，市地方志办公室于1999年1月编印《南京市志》编纂手册发至各卷编纂人员，主要内容包括《南京市志》凡例、行文通则、数字和标点符号用法、法定计量单位等。五是强化总纂环节。在大部分承编单位完成各卷志稿终审情况下，2002年2月，市地方志办公室报市政府批准，成立15人的总纂班子，由市地方志办公室主任秦学清任总纂。总纂分为分纂、类纂、总纂合成、总纂定稿四个阶段：分纂是对98卷志稿逐卷修改，类纂是对12册进行统审修改，总纂合成则是对全志进行综合修改，最后由总纂审定志稿。总纂环节主要负责处理交叉重复、弥补缺漏、文风一致和政治关、史实关、文字关、数字关、保密关的把握。六是实行质量审校。在《南京市志》完成总纂的基础上，市地方志办公室为进一步提高志稿质量，成立以市地方志办公室市志编纂处为主体的审校队伍对志稿进行进一步审校，市地方志办公室两任副主任赵建中、颜一平先后任总审校。审校工作主要是与方志出版社协同配合，根据出版社提出的修改意见对志稿进行审改，按照国家新闻出版总署的各项图书编校规范修改打磨书稿，并保证印刷质量。

创新是新方志的应有之义。由于编纂《南京市志》是在编纂《南京简志》和《南京市志丛书》的基础上展开的，也是在全国大部分城市完成首届修志任务的情况下进行的，在编纂《南京市志》中，市地方志办公室十分注重吸收自身和其他城市的修志经验。一方面继承旧志和首届新方志编纂中形成的科学理论和方法，一方面遵循历史唯物主义和辩证唯物主义的基本原则，不断推陈出新，采用新观点、新方法、新材料编修《南京市志》。一是在篇目设置上，采用大编结构和条目结合体，目为实体，要求节下设目，采取不分层次、不分序列的条目排列方式，灵活设置有价值含量和覆盖面的条目，以时为序，直述其事。二是在体裁应用上，借鉴年鉴编纂中专记等体例，在志首设置《大事专记》，以突出某项事情的重要性；舍弃附录这一体裁，凡入志的资料均用正文记述；加强述体，注重综述、概述、章节无题序的撰写，提升志书的概括性、综合性和系统性。三是在记述内容上，改变对南京解放后历次重大政治运动记述过粗的不足，比较完整地记述“文化大革命”等一系列政治运动。加强记述小城镇建设、经济开发区、区域协作、精神文明建设等体现时代特色的内容。在突出经济类记述的同时，加强对人文类内容的记述。《南京市志》总篇幅中，经济类占57%，人文类占43%，比例较合理。在全面记述生产力发展的同时，注重对生产关系变革的记述，强调以事系人，重视生产力中最活跃的因素——人的记述。每个行业、事业均设《职工队伍》节，使志书见物观人。在记述内容上还注意做到求好不求全，凡体现南京各行各业特色的便浓墨重彩记述，一般的则略记或不记。四是在记述方法上，在坚持横排纵写的原则下，对一些具有明显阶级属性和政治倾向的记述，由于其性质在南京解放前后有本质区别，则按照宜纵则纵的篇目设置方法，按南京解放前后分节目记述。对难以避免的交叉重复，采用三种方法妥善处理：一为集中和分散结合法。如对改革开放，既有集中专记，又在各行业散记，前者为宏观和整体，后者为微观和局部，两者结合，相得益彰。二为详略互见法。两个行业同记一事时，则分清主次，一业详记，一业则略记，如军事院校，在《军事》卷详记，《教育》卷则略记。三为各有侧重法。几个行业均需记某一事物时，从各业特点出发，从各个立足点和侧面去记述。如对中山陵的记述，《建筑业》卷记述其建筑风格和建设过程，《文物》卷记述其文物及保护，《旅游业》卷记述其旅游价值及地位，《园林绿化》卷记述其绿化和景点，从而从多角度透视中山陵。

2004年4月，《南京市志（送审稿）》1册~4册通过江苏省地方志办公室评审；2005年10月，《南京市志（送审稿）》5册~7册通过江苏省地方志办公室评审；2006年10月，《南京市志（送审稿）》8册~12册通过江苏省地方志办公室评审。评审会后，南京市地方志办公室组织审校班子对志稿进行进一步的打磨修改。2007年起，市地方志办公室两任主任李兰、张立新加大工作力度，带领审校人员加班加点，创新编辑流程，严格执行三审五校制，2009年9月完成《南京市志》1册~4册审校，2011年1月完成5册~7册审校，2013年2月完成整部志书的审校工作。

《南京市志》共98卷，1500万字。上溯事物发端，下限止于1999年。是一项跨世纪的浩大文化工程，是一部资料性的地情实录和地方性的百科全书。从1995年启动到2013年完成出版，历时18年之久，有3位市长亲自担任《南京市志》编辑委员会主任，有5位市地方志办公室主任担任主编，其间投入大量人力、物力、财力。在市委、市政府领导下，全市动员上百个党政部门、上万名编写人员共同参与，终于完成这一空前鸿篇巨制。其发动之广、投入之多、资料之丰，创历代修志之先河。志非亲修不知难，清代方志学大家章学诚认为修志有五难："清晰天度难，考衷古界难，调剂众议难，广征藏书难，预杜是非难。"在《南京市志》编纂中亦能体会到其中之难：全面发动落实难、采集资料齐备难、避免交叉重复难、注重数据准确难、引文书写规范难、编写班子稳定难。广大编纂人员甘于辛苦、清苦、艰苦，勇于攻坚克难，善于发挥个人的聪明才智，服从真理，共图大业。

一十八年修志路，呕心沥血勤耕耘，殚精竭虑着汗青，历尽艰辛成佳卷。2009年12月《南京市志》1册~4册正式出版，2011年3月完成5册~7册出版，2013年5月完成其他5册出版，至此《南京市志》全部12册出版告竣。其间《南京市志》第2册2011年在国家新闻出版总署委托中国社科院组织的图书校对质量抽查中，取得差错率万分之零点三九的成绩；《南京市志》5册~7册获得2012年南京市第十一次哲学社会科学优秀成果二等奖。

【志评】

新方志政治部类因创简析

——兼述《南京市志》探索偶得

颜一平　施国俊

政治部类是新方志的重要组成部分，因其所记述内容在历史上的特殊地位和影响，以及编纂过程中的特殊要求和难度，已成为评判一部志书质量高下的标杆之一。因此，如何克服在已出版志书中存在的政治部类刻板雷同、千志一面之弊，尤为值得关注。全面系统的普遍性要求和彰显自身特色的个性化要求如何融会贯通于政治部类的记述和编纂中，急需理论上的爬梳厘清和实践中的摸索总结。本文结合《南京市志》的编纂实践和探索，拟从四个方面简析志书记述政治部类必须着力抓好的关键环节，以彰显政治部类的自身特色和独特魅力。

一、资料搜集全面完整，彰显志书政治部类的文献特色

方志记述政治内容经历了由简到详，由分散至系统的发展过程，各个时代的编纂者设计了各具特色的政治部类，既有传承，也有演变发展。如：明永乐十六年（1418年）《纂修志书凡例》中将宦迹、廨舍、军卫列入。清光绪三十一年（1905年）《部颁乡土志例目》将政绩录、兵事列入。民国35年（1946年）《文献委员会组织章程》将政府与附属机关及各级党部与人民团体设施情况列入资料收集范围。随着社会的进步、分工的细化，社会主义新方志政治部类内容更加丰富，而其本身所具有的较强的政治性、政策性特质决定了其对文献资料的依赖性更强，对于资料文献的搜集整理、辨别归属的要求也越来越高。政治部类的文献特色，就是考验编纂者对于资料的占有情况和鉴别功夫。

然而，目前方志学界对于政治部类外延内涵的理解界定，以及编修中资料的搜集鉴别工作，往往莫衷一是，缺少遵循，有时甚至失之偏颇。比较突出的有两种现象：1. “泛政治化”。表现为政治部类外延扩大，包罗广泛，篇幅比例过重。其原因有二：一是早期受“政治决定一切”的思想影响，夸大政治与经济、文化、社会及其他工作的因果联系。早在1986年12月24日第一次全国地方志工作会议闭幕会上，胡乔木就指出：“作为地方志编辑工作的同志，要力求在编辑工作中避免一种所谓‘政治化’的倾向。所谓‘政治化’，就是不适当地表现出一种政治的色彩，这样就减弱了著作的严谨性、科学性，使地方志染上了一种宣传色彩。”二是对于社会主义市场经济体制下政府职能转变情况认识不清，把那些原来由政府管理、现在已经移交给经济企业、社会事业、中介组织、社会团体、社区承担的事务内容，仍然归属在政治部类。2. “过粗疏化”。表现为政治部类的类目不全，有些内容抽象迂阔，空洞单薄，表述公式化，缺少实质性资料的支撑。其原因也有二：一是资料收集不全面，体现地方特色、时代特征的第一手文献挖掘不深、不透。二是在实际工作中受人为因素影响，遇到敏感政治内容，或刻意回避，或轻描淡写一笔带过。

南京历史上政治地位十分重要，特点非常突出，文献典籍也极其丰富。早在1985年《南京市志》编纂工作启动之前，南京市地方志编纂委员会研究确定了“三步走”系统工程战略，较好地解决了资料的搜集整理、别裁归属问题，彰显文献特色。第一步，编纂《南京简志》，勾勒城市发展轨迹，探索志书编纂路数，集结业务中坚骨干。于1986年完成的130万字《南京简志》，是全国首部新编城市志。第二步，在全市范围广泛发动各部门（单位）编纂出版《南京市志丛书》，摸清资料家底，并发挥部门优势，组织熟悉情况、经验丰富的老同志进行甄别核实、准确归类。全市200多家部门（单位）1万余名编写人员参与资料挖掘、整理工作，通过各种途径搜集了史志典籍、文件档案、图书报刊、书札笔记、诗词歌赋等方方面面的资料近10亿字。各部门领导高度重视，陆续出版《南京市志丛书》66部共3609万字，大量资料得以整理保存。其中政治部类就有：《南京政党志》55万字、《南京人民代表大会志》43万字、《南京政协志》25万字、《南京社团志》54万字、《南京公安志》45万字、《南京检察志》42.5万字、《南京审判志》27.6万字、《南京司法行政志》28.9万字、《南京市军事志》208万字、《南京人民防空志》50万字，等等。第三步，在《南京简志》《南京市志丛书》的基础上最后完成12册1500万字的《南京市志》。《南京市志》是一部通志，下限为1999年。编纂过程中，一方面根据新的要求对《南京市志丛书》的海量资料进行全面整理消化，另一方面对薄弱环节进行有针对性的补充、核实。通过进一步挖掘史料，厘清发展进程复杂、多种矛盾交织的史实，力争客观翔实、真实地记述好政治内容的方方面面，彰显古都南京的独特魅力。

《南京市志》将政治部类的主体集中放置在第8册党政群团·军事·政法中，该册共分为中共南京地方组织、民主党派·工商联、中国国民党及其他党派、人民代表大会、政务、人民政协、社会团体、公安、检察、审判、司法行政、军事等12卷，这样既保存了政治部类核心、精华的篇章，又确保政治部类的系统性与科学性的统一。而将传统政治部类的劳动、人事等内容，归入社会部类记述。虽然劳动、人事的管理工作主要由政府部门在做，但随着社会主义市场经济体制的建立和政府职能的转变，这些工作已由政府管理向服务社会转变，依据科学分类的原则纳入社会部类更为妥当。

二、总体框架统筹布局，彰显志书政治部类的系统特色

横分门类、类为一志，分门别类记述是志书的基本原则和重要特点之一。但重大政治决策、重大政治事件、重要政治活动事涉全局，关系社会方方面面，如果只采用分类记述，就会只见树木不见森林，割裂整体，见不到重大政治决策、重大政治事件、重要政治活动的全貌和广泛影响，同时又容易挂一漏万，还容易出现重复交叉。基于此，在框架布局上采取集中与分散相结合的方式，因此，拓宽记述的广度，加深记述的深度，可以更全面系统地反映重大政治决策、重大政治事件、重要政治活动。

集中记述重在凸显所记述对象的整体性，多维度展示事物的多样性、复杂性，高屋建瓴地梳理各类目的内外关联，弥补横分门类的缺陷，提升对于事物的理性认识。集中记述一般采取的做法包括设置综述、概述、章下序、节下序，还有可以升格处理，可以设置专记等。所谓升格，就是打破原来的归类，将其从所属的事物中独立出来，自成一个部类或一个章节，原隶属关系变为并列关系。这样做虽然会使篇目的系统性和层次性受到局部的影响，但并不破坏志书整体的框架，还可以给那些有特点的事物以足够的记述空间。当然，对于什么事物可以升格、需要升格，必须慎重选择。需要升格的事物，必须是那些“人无我有、人有我特”，以及能够充分体现地方特色和时代特色的事物。专记是对志书章节中难以全面记述或不易细述的事物，单列篇目，进行集中完整记述。专记应牢牢抓住地方志书资料属性，本着实事求是的科学精神，用翔实资料体现事物的复杂性，而不是用简单化的标准以偏概全，用贴政治标签的方法给诸多事件和人物作政治“评定”。专记还应坚持唯物辩证法的原则，避免绝对肯定或绝对否定的记述方法，摒弃极端评价事件和人物的方法，客观记述。专记设置要因事制宜，应是本地独有的、能够充分体现

地方特色或者是特别重要的，遵循少而精的原则。科学合理地运用好分类记述和集中记述两种方法，彰显政治部类编纂的系统特色，反映编纂者统领、驾驭全局的能力和水平。

《南京市志》集中记述共采用全书总述、每册综述、卷下序、章下序、节下序5种述体，另外在第1册大事专记中主要为政治类大事，第12册杂记·大事年表·重要文献卷中，政治内容也占有很大的比重。一些无法在志体章节中全面深入记述的内容在这里得以充分反映。如侵华日军南京大屠杀事件，在第70卷政务第3章外事下设立条目简略概括，注明参见，在大事专记中则以29000字详尽记述了这一人类文明史上最黑暗的一页。除大事专记等类目外，政治部类中设置了众多重大政治运动的条目，采取集中记述的方法，如抗美援朝、土地改革、镇压反革命、“三反”“五反”、反右派斗争、“大跃进”、人民公社、“反右倾”运动等等。当然，集中记述只是分类记述的辅助方法，志书的主体仍应遵循分类记述的原则，各章节目仍需按照科学分类和社会分工实际相结合的原则，以时为序记述好各门类的历史和现状。

记述好民国时期的内容是《南京市志》必须解决好的课题，因为南京是民国政府首都，作为民国政府的政治、经济、文化中心，在民国历史上具有特殊的、重要的历史地位。虽然仅有几十年的时间，在南京历史发展的长河中只能算是短暂的一瞬，然而也就是在这几十年时间里，南京发生了许多震惊中外的重大历史政治事件，不仅对南京市也对中国近现代史产生了深远影响。为了记述好民国时期南京的全面情况和特色内容，《南京市志》不仅在各章节目中注重民国时期南京的记述，而且在大事专记中设《中华民国临时政府与孙中山》《中华民国政府定都南京》《侵华日军南京大屠杀》，进行集中记述，民国时期的篇幅占整个大事专记的25%。记述中尽量避免简单地用“进步”或者“反动”，“革命”或者“反革命”，“彻底”或者“妥协”这种公式化表述，用资料记述史实，既不为尊者讳，也不妖魔化敌对势力。

三、篇目设计和编排规范灵活，彰显志书政治部类的地方特色

政治部类要做到内容完整，横不缺项，纵不断线，但也不应平均笔墨，刻意追求形式上的比例平衡、等量齐观，应该本着实事求是的态度，做到重点突出，详略得当，从而提高志书的可读性和适用性。可以通过详略不同的篇目设计，突出各地的记述重点，体现地方特色。一方面取决于资料的多寡，另一方面应结合当地的历史及现状综合权衡。凡是能够体现地方特色、时代特征的事物都应浓墨重彩记述，因为这些事物，不仅地方特色强，时代特征明显，而且对当地的方方面面都产生了重要的影响。当然，“略”的地方并不是说就可以一笔带过，甚至略而不谈，同样应该脉络清晰、内容完整。能否彰显政治部类的地方特色，反映的是编纂者把握全局和局部、共性与个性辩证关系的能力，以及宏观综合和微观考量的水平。

南京历史上曾十代为都（孙吴、东晋、南朝宋齐梁陈、南唐、明代、太平天国、中华民国），这十个政权对南京的影响举足轻重。南京在这期间不仅政治地位显赫，而且有许多政策、举措还是全国独有的，还有一些政治体制和重大举措发端于南京，这应该说是南京非常突出的资源优势和地方特色。因此，《南京市志》政治部类各卷中都以十代为记述重点，甚至专门设置相关节、目。如第70卷政务第3章外事，设有涉外要事节，节下有浡泥国王到访逝世和落葬南京、国际航空烈士、侵华日军南京大屠杀、拉贝日记、中和桥事件等条目；第77卷军事第2章驻军，专门设置了清代驻军节，节下设有太平军目。这些条目都是能够体现南京地方特色的内容。1949年4月23日南京解放，是中国近现代史上标志国民党政权崩溃的重大事件，也是南京历史上举足轻重的政治事件。和许多志书以“1949年10月1日新中国成立”为记述节点不同，《南京市志》政治部类中大量使用“1949年4月23日南京解放”为记述节点，并加以重点记述，如第8册中出现以“1949年4月23日南京解放”为节点的记述多达432处。采取这样的处理，更好地体现出南京在1949年4月23日前后截然不同的变化和与众不同的特殊地位。

篇目编排方式上，在坚持横分门类为基本方式的前提下，求大同，存小异，在必要的地方（如节、目这一层次）灵活处理，采取了宜横则横、宜纵则纵的创新方式，并且有的放矢地加大南京特色条目的设置。《南京市志》第8册采取的是以横为主、先横后纵、横纵结合的篇目编排方式。第一层次卷和第二层次章，严格按照横分门类的原则编排；而在第三层次节中，则有很多地方“以纵代横”，以纵排的标准设置节。据统计，第8册在节这一层次，以纵排的形式出现的有38节，如第70卷政务第2章施政纪要共设7节，分别是民国南京市政府，抗日民主政府，日伪南京市政公署、汪伪南京市政府，解放初期的南京市人民政府（市革命军事管制委员会），南京市人民委员会，南京市革命委员会，改革开放后的南京市人民政府，其中前4节极具南京地方特色，占整章节数的57%。这样的编排方式，不仅有利于反映不同历史阶段整体性，也有利于体现社会主义制度的优越性和新旧政权的对比，更彰显了南京不同历史阶段施政内容的独特性。

四、记述尺度权衡利弊，彰显志书政治部类的时代特色

地方志书纂修的通则之一是详今略古，重在当代。对于编纂者而言，其便利在于可以为详细记述提供翔实资料，成果也能很快发挥服务现实的作用；其可能产生的纠结则在于面对汗牛充栋、菁芜并存的各种资料，因为缺少积淀过程，容易囿于立足不高和视野局限。而对于历史脉络和走向的判断，将直接影响资料整理的定位归属和记述尺度的准确把握。特别是政治部类，时而会遇到一些敏感的政治事件、政治运动、政治人物，因其距今相去不远，并与当下还有或多或少的关联，处理不好则牵一发而动全身。此时需要积极研究确定记述内容的粗细原则，谨慎拿捏，而不是简单回避、选择性缺失。因此，新方志编纂者不能远离时代，疏离现实，要与时俱进，加强学习，及时领会、吃透中央最新精神，关注、吸纳学术界最新研究成果，研究最适宜的记述角度和方式。政治部类的时代特色就是要努力体现编纂者对历史不断深化的认知水准，以及与现实并行不悖的理性表达。

首轮修志启动时值国家政治大局初定，长期的历史研究禁区刚刚吹进思想解放的春风。《新编地方志工作暂行规定》第2章第11条规定：“关于建国以来重大政治事件的记述，要遵循宜粗不宜细的原则。”此时，对政治部类某些敏感题材、敏感时段的记述采取“粗”化处理，是顾全大局的“粗”，是对历史与现实负责的“粗”。其实这种春秋笔法在历史典籍中不乏先例，它是打在历史记忆上的时代烙印，是反映现实性与合理性相交织的时代特色。到了第二轮修志，随着思想的不断解放，认识的不断深化，党史理论愈加成熟，档案资料逐步解密，

相关研究成果愈加丰富，重新审视政治部类那些敏感题材，既有必要也有条件。因此，第二轮修志不仅仅是与首轮志书进行简单的衔接、续写，更要注重对已记述内容的修订。一定要把线条式、轮廓式的“粗”，经过辨讹、纠谬、补叙、修正，转变为具有实质内容的“细”。

关于“文化大革命”的记述，《南京市志》不避难趋易，记述中坚持以《关于建国以来党的若干历史问题的决议》精神为指导，坚持正确的舆论导向，把握好记述尺度，并注意突出反映地方特点。在大事专记中专设南京“文化大革命”十年纪略篇。全篇约25000字，采用较大篇幅容纳资料，对运动进程记述较为翔实。如该篇中专门记述了1976年发生在南京的，以悼念周总理、反对江青反革命集团为鲜明主题的“南京事件”。它是北京“天安门事件”的先声和导火索，在全国类似事件中发生最早，影响巨大。同时，坚持以辩证唯物主义、历史唯物主义的态度理性对待“文化大革命”，不用政治取代一切，以事实说话，多角度记述“文化大革命”期间南京经济、社会重要情况。如1966—1976年全市工农业总产值年平均增长9.1%，还建成了南京长江大桥，研制成功中国第一部模拟10米天线卫星通信地面接收站等在全国有影响的重大项目。在第8册第66卷中共南京地方组织第3章要事记略中，专设“文化大革命”阶段一节；第70卷政务第2章施政纪要中，对南京市人民委员会时期和南京市革命委员会时期分设两节做详细记述，力争给后人留下尽可能丰富翔实的资料，并有所借鉴和启迪。

关于一些新方志成果中对民国内容的“粗”化处理，仓修良指出：“我所见过的新修志书，大多为洋洋百万言，论其字数不谓不多，但是关于民国时期的内容却少得可怜，这应当说是本届修志的一大失误，因为它直接影响着志书的质量。”《南京市志》对于民国时期，既重视记述新民主主义革命和中国共产党的成就，揭露帝国主义的侵略和国民党的统治，也用相当篇幅记述了国民政府定都南京在交通、工业、教育、科技等等方面取得的成就，而且注意既记述中央政府、也记述南京地方政府的情况。第8册专设中国国民党及其他党派卷，其中2/3的篇幅是记述国民党南京地方组织及驻南京机构的情况；在政务、社会团体、公安、监察、审判等卷也分类记述了国民党当政时的内容；第77卷军事既记录了新四军在敌后战场英勇抗日，也在第8章重要战事专设抗日战争南京保卫战条目，以9800字的篇幅真实还原了1937年那场惨烈战事，客观反映了正面战场和敌后战场在抗日战争中都具有重要的战略地位。第8册的其他各卷也从多方面涵盖了国民政府建都南京后从1927—1937年“黄金十年”的发展；1929年《首都计划》的颁行，奠定南京现代城市的基础，等等。《南京市志》努力做到理性判断，客观公正，“不隐恶，不溢美”，不简单化，不脸谱化，体现对这段历史的深度认识和把握，彰显民国时代特色和南京的地方特色。

综上所述，政治部类是志书的重要组成部分，其记述内容是社会分工不可或缺的必要部分，与经济、文化、社会发展更是息息相关。政治部类记述在保持庄重、严肃风格的同时，也需要编纂者在资料搜集整理、总体框架布局、篇目设计、记述尺度诸环节拓宽思路，求真创新，努力彰显政治部类的文献特色、系统特色、地方特色、时代特色，既全面系统，又个性鲜明，充满活力，充满魅力。如此，则可有效避免刻板雷同、千志一面之弊。

（原文刊载于《中国地方志》2014年第8期）

附：

南京简志（1986年版）

南京市地方志编纂委员会办公室编。1984年6月启动编纂，1986年12月由江苏古籍出版社出版，是中华人民共和国成立后全国大城市正式出版的第一部新编城市综合志书。主编杨之水，副主编田崇、王能伟，责任编辑马伯伦、金定国、杨永泉、管玉春、吴纪岫、狄树芝、于翠云、周建国、乐华云、吴福林、王家鼎、陈济民、汤惠兰、王天庆、夏万年。

全书1册，130万字，图片158幅（志首75幅、随文83幅），表格270张。记述范围为1985年南京市行政区域。记述上限不限，下限1985年。记、志、传、图、表诸体并用，以志为主。志首设序言、凡例，志末设历代修志记略。该志未设概述，大事记作为正篇列于最后，也无附录、编后记等通行内容。全志设26篇：建置、自然地理、人口、政党·人民团体·政协、政权、政法、军事、城市建设、经济管理、工业、交通邮电、农业、商业·饮食服务业·旅游业、对外经济贸易、财政·税收·审计、金融、名优特产品、教育、科学、文化、新闻出版、卫生体育、文物胜迹·纪念地、社会、人物、大事记。

《南京简志（1986年版）》目录

《南京简志（2014年版）》目录

该志从篇目设置到文字记述，均做开创性探索。篇目设计从当代社会分工、科学分类出发，突出反映中华人民共和国成立后南京的经济社会发展成就，具有浓厚的时代气息。全书"文简而明，事赅而要"。体例上简化层次结构，不设专志。未设杂志、附录，直接将有关的重要资料分别归入相关门类，以免杂而冗长。全书资料翔实、志史足征。选用资料历史部分多录自历代史志，近现代内容主要录自档案材料和各编志单位整理、校核的史实资料。

作为一部社会主义新方志，经济和同经济有关的内容占比很大，约占全书的一半。地域特色明显，对石油化工、电子仪表、机器制造、建筑材料工业四大支柱产业记述篇幅占工业篇40%，凸显南京作为新中国综合性工业城市的地位。农业篇专设奶牛业目，突出颇具规模和影响的南京乳业发展情况。教育、科学、文化、文物胜迹·纪念地等篇的设置，充分彰显南京悠久的历史文化和新时期科教名城地位。

该志图表运用得体，随文设《南京历代建都表》《南京气候资料与北亚热带气候指标对照表》等表格270张，兼具科学性和资料性。收录照片83幅，包括《中国人民解放军解放南京，占领总统府》《1956年毛泽东主席视察南京无线电厂》等珍贵照片，史料价值较高。

1993年，该志获全国新编地方志优秀成果三等奖。

（吕晓红）

附：

南京简志（2014年版）

南京市地方志编纂委员会办公室编。2010年12月启动编纂，2014年7月由南京出版社出版。主编张立新，副主编柳云飞、徐锦堂、沈梅芳、曹建国。总纂杨献文、薛兴祥、刘海东、蒋永才、李琳、乔鸣，副总纂饶纪安、叶军、王基林、田洪春、黄涛，分纂瞿丽侠、肖振才、吕晓红、李琳琳。

全书1册，81万字，图片40幅（集于志首），表格71张。该志是在《南京简志》（1986年版）的基础上，采用“续、补、创”方式重修的一部新简志，强化资政、育人功能。记述范围为2010年南京市行政区域。记述上限追溯事物发端，下限2010年，着力彰显南京作为“十朝古都”的城市特质。述、记、志、传、图、表、录诸体并用，以志为主。志首设序、凡例，志末设大事记、后记。全志设24篇：建置·区划、地理环境、人口、城市建设·环境保护、交通·邮政·电信、农业·水利、工业、开发园区、商贸服务业·旅游业、对外经济贸易·口岸、金融、财政·税收·审计、经济管理、党派·团体、人大·政府·政协、公安·司法、军事、教育·科学与技术、文化、卫生·体育、园林·文博、故都建筑、社会生活、人物。

特设故都建筑篇，将其从文物古迹中析出升格，在记述现存故都建筑的同时，补充史籍所载故都建筑，重点记述历代都城城阙、宫殿、社坛、园苑等，彰显故都历史风华，凸显南京城市最大特质——“十朝古都”的历史地位。首设解放前历代官制类目，这是南京市开展新编地方志工作以后的第一次，填补南京新编地方志在官制方面的空白。

内容方面，新简志求特不求全，求深不求细，文约事丰，简明可读。全志首重人文，次重自然，后及社会。

从类目看，重点记述每个类目中最主要、最稳定的事物，突出重点内容。结构形式上，新简志层次简明，一般控制在篇、类目、条目3个层次。撰写方法上，资料不求多不求全，提要钩玄，抓住主线，突出拐点、要点，将事物发展的起点、顶点、低点和终点连成主线，采用“兴衰起伏”法和记“节点”法进行记述，条目记述所跨年度较大，遵循“详今明古”的基本原则。修志模式上，变第一轮修志的“众手成志”为“专家修志”模式。

（乔　鸣）

玄武区志

南京市玄武区地方志编纂委员会编。1999年4月启动编纂，2005年2月由方志出版社出版。主编杜耀庚，副主编李旺儒、饶纪安。编辑吴庆成、贾沛生、刘滨滨、储玲仪、孟进、徐兴昶。

全书1册，187万字，图片255幅（志首179幅、随文76幅），表格460张。记述范围为1999年玄武区行政区域，历史上析出地域，一般记载析出前史实；划入地域，一般从划入后开始记述，划入前择其要记述，以完整反映其历史原貌。记述上限尽可能追溯事物发端，下限1999年，图片、概述、大事记延至2002年。述、记、志、传、图、表、录诸体并用，以志为主。志首设序言、凡例、概述、大事记，志末设综录、条目索引、编后记。全志设24编：建置·地理·人口、园林名胜、文物古迹、城区建设与管理、经济综合管理、农业、工业、商贸·服务·旅游业、交通·邮电、财税·金融、党派·群团、人大·政府·政协、街道、公安·司法、军事、民政、劳动·人事、教育、科技、文化、卫生、体育、社会、人物。

为彰显区域特色，志书设园林名胜编、文

《玄武区志》目录

物古迹编，其中园林名胜编设古代园林、中山陵园风景区、玄武湖风景区、古城墙风光带等章，突出玄武山水城林的独特自然风貌。为突出主城区特色，设城区建设与管理编，记述市政建设、房屋建设、房地产管理、市容管理等内容；设商贸·服务·旅游业编，记述商贸服务业发展情况。综录收录重大历史事件纪略、文件辑存、历代名人咏玄武风光诗词选、新评金陵四十景区内十三景楹联摘抄、六朝故城考图、明宫城图、明灵谷寺图、清代金陵四十八景区内八景图，内容丰富，具有较高的史料价值。

2006年，该志获江苏省地方志系统优秀成果一等奖。

（刘心林）

【编后记（节选）】

1984年12月，成立玄武区地方志编纂委员会（简称编委会），下设办公室，征集和整理了大量区情资料。1987年，编志工作因故停止。1998年7月，重新成立编委会及区地方志办公室。1999年4月，为加强对编纂工作的领导力度，对编委会成员进行了调整。此后，《玄武区志》编纂工作开始启动，经历宣传发动、组织队伍、制定计划、设计篇目、搜集资料、撰写志稿、总纂评审、上报验收等阶段。

1999年5月，召开全区修志工作动员大会，部署区志编纂工作。会后，各承编部门和单位明确了分管领导，成立了编写小组，指定了执笔人。区志办在加强对承编部门、单位指导的同时，依照社会分工和科学分类的原则，在省市志办领导和行业专家的悉心帮助下，对区志篇目结构先后进行五次大的调整。2000年5月，各承编部门、单位基本完成部门（专业）志稿的资料采编和撰写任务。汇集到区志办的初稿及各类原始资料共计1981万字。同年6月，区志分纂工作开始。2001年5月，完成区志内审稿。在报送区委、区人大、区政府、区政协分管领导审阅的同时，要求各承编部门、单位领导以不愧对历史、不愧对后人的责任感审改所在部门、单位的志稿，校正讹误，补充疏漏，提出完善志稿的具体意见。2001年底始，按照“广纳百言，择善而从，实事求是，以我为主”的原则，进行总纂合成，着力考订校核史料，增补删改志文，调整篇目结构。至2002年7月，预审稿完成，共24篇，计114万字。2002年10月始，根据省、市志办对预审稿的评析意见，以“不错、不乱、不漏、无疑，突出重点、凸现特色”为标尺，对志稿进行全面磨改。2003年6月，完成区志终审稿，志文内容增加到165万字。2003年8月，通过省市志办终审后，区志办全体编辑按照严把政治观点关、资料史实关、体例文风关和语言文字关的要求，历时八个月完成验收稿。2004年6月，通过省、市志办验收，同意《玄武区志》出版印刷。为使《玄武区志》体例更完备、结构更合理、内容更丰富、史料更准确、行文更规范、语言更通畅，完整地反映玄武区历史进程轨迹和社会嬗变的脉息，对验收稿又进行一次认真的推敲校核、修改。2005年2月，《玄武区志》由方志出版社出版发行。

秦淮区志

南京市秦淮区地方志编纂委员会编。1984年启动编纂，2003年11月由方志出版社出版。总纂杨献文，副总纂朱平、仇良矩、魏守馀、戴定平、束德成、王莉莉。总纂编辑徐庆贞、宗庆生、窦云龙、杨松涛、邵连富、于曰良，分纂编辑朱平、仇良矩、魏守馀、杨献文、宗庆生、徐庆贞、丁长荣、束德成、马剑宾、王莉莉、窦云龙、丁曰良、陈事恒、许根友、邵连富、顾秀美。

全书1册，188万字。图片377（志首143幅、随文234幅），表格214张。记述范围为1997年秦淮区行政区域。记述上限不限，下限1997年，概述和大事记延至1999年，图片延至2004年。述、记、志、传、图、表、录诸体并用，以志为主。志首设序、凡例、概述、大事记，志末设综录、索引、编纂始末。全志设24编：自然地理·建置区划、人口与计划生育、城市建设、秦淮风光带、旅游业、商贸、工业、经济综合管理、财税·金融、党派社团、政权·政协、政法、军事、民政、劳动人事、教育、科技、文化、诗文选、艺文、体育、卫生、民俗·宗教·方言、人物。

秦淮区历史文化悠久，该志重视文化类各编的记述，篇幅占全志近四分之一。其中，诗文选编辑录秦淮区众多诗文成果；艺文编详细列出秦淮区的地方文献目录，载录三国吴至当代的著作1446种；民俗·宗教·方言编对特有民俗、宗教发展、南京老派方言做了记述和介绍，展示秦淮区浓郁的地方特色和丰富的文化内涵。设秦淮风光带编作为重点篇目，设十里秦淮、名胜古迹、夫子庙、秦淮风味饮食、名人与秦淮5章，各章内容相互补充，协调一致，记述秦淮河两岸的风光全貌和历史兴衰变化，提高志书的文化品位和可读性；商贸编设计划供应票证章，收录20世纪在秦淮市场流通的票和券37种，实物票样329张，全部票证分成9类，对于每种票证都分别作简要说明，反映时代特征。综录设文告辑存、史迹掌故、逸闻传说、拾遗，择要记录秦淮区从古至今的历史典故、名闻要事和重大事项。索引含条目、地名、人名、诗文和表格5个部分，方便读者寻找使用。

2006年，该志获江苏省地方志系统优秀成果特等奖。

（宣宸宇）

【编纂始末（节选）】

1984年，秦淮区地方史志编纂委员会成立，下设史志办公室，动员修志，至1985年因故停止。1998年4月，重新启动，成立区志编纂委员会（简称编委会），初拟区志篇目、编写规定，开始编写部门专业志。2000年5月，经编委会领导同意聘请志界行家5人，担任《秦淮区志》特约编审。调整区志篇目，在把握区情定位的基础上，采用“中编”体式，设专志23编及大事记、附录，删除“交通编”，将“体制改革”“群众团体”两编并入有关编章，增设“秦淮风光带”“艺文”“旅游”三编并作为特色篇；改变节下不设目的做法，采用“一步成书法”，新设条目1058条。该月，编委会召开扩大会议，表彰12个修志工作先进单位，并再次动员各部门、单位，深入开展编纂工作。会后，全区58个部门调整编志班子和部门志主笔，区志办公室举办编辑培训班、部门志主笔培训班；分系统召开8个修志人员座谈会，听取意见，解答难题；招集滞后部门小型会议，加速进度。据统计，全区计有200余人参加收集资料、撰写志稿等工作。之外，还聘请有关专家和热心人士兼职撰写“艺文”“民俗”“方言”等编章志稿。

2001年5月底，征求意见稿完成，180余万字，打印装订成册后分送区委、政府、人大、政协四套班子领导审阅，进行区内审稿，并征求省市修志界人员意见，得500余条。6月开始，

《秦淮区志》目录

进行分纂和资料补充工作，年底结束。2002年3月，总纂开始，至9月底完成。10月24日召开《秦淮区志》评审会议，并通过。评审会后，办公室组织整理评审意见，修改、完善志稿。2003年6月2日，将区志验收稿送交省地方志办公室验收，当月22日收到批复，通过验收，准予出版。9月，接受全国方志界学者浙江大学教授仓修良先生意见，在"商贸"中增写计划供应票证一章；把"附录"改为"综录"，设"文告辑存""史迹掌故""逸闻传说""拾遗"四个部分；并将原"艺文"编改为"诗文选"和"艺文"两编。2004年3月，印刷出版。

【志评】

十里秦淮谱新章

——读《秦淮区志》

仓修良

秦淮河是南京第一大河，南京的历史文明都与此河息息相关，因此，她便成了南京的"母亲河"，从某种意义上来说，她可与南京齐名。就是这样一条河流，经过两千多年的历史演变，特别是六朝定都，竟使她流淌出一条十里文化长廊。沿河两岸，先后出现了许多人文景观和名胜，这些景观和名胜，如镶嵌在秦淮河上的一串明珠，从而使这条河流充满着浓郁的文化气氛。只要提到"十里秦淮"，人们不由自主地就会联想到六朝文化余韵。可见秦淮河丰厚的文化积淀与影响是如此深远。正因如此，作为秦淮区的最大特点，就是历史悠久和文化积累的深厚，编修《秦淮区志》，理所当然要把它作为重点而加以突出。我想即使是南京市志的编修，这一内容同样应当受到重视，并且在设置的篇目中应当占有相当重要的地位，因为南京所以能够成为历史文化名城、全国六大古都之一，都与这些内容有着密切的关系。况且民国时期又是国民政府所在地。这就是秦淮区"最根本、最重要，也是最本质的地情特征"。当然有必要作为重点加以突出。

《秦淮区志》的编纂者们认识到这一内容的重要性。因而在第四编就设立了《秦淮风光带》，并且作为重点篇目加以编写。下设十里秦淮、名胜古迹、夫子庙、秦淮风味饮食、名人与秦淮5章。在十里秦淮章，分设灯船画舫、古渡名桥、河厅河房三节。作者们搜集、征引了大量记载秦淮风光的前人著作，以使历史上的秦淮繁华景象和风光尽可能展现在读者面前。在十里秦淮一章的小序中，作者是这样告诉读者："'十里秦淮'在南京城市的发展史上具有独特的作用，曾是漕运要道，也曾是古城南部的主要屏障。六朝时期，此区是江南经济文化中心。唐代至近代，仍是处于金陵城市的主导地位。这里的河流、山岗、古渡、名桥、河房、水阁等传统的景观内容大部分方位依旧、遗迹犹存。"这就把"十里秦淮"与南京城市自古以来的密切关系，向读者作了简要的说明。并特别指出是"江南经济文化中心"。至于"十里秦淮"的历史文化状况，则在概述中作了概括性的叙述，使读者在阅读该编之前，对其历史与文化已经有了初步的轮廓，起到了导读作用。而在本章的灯船画舫节，开头首先告诉读者："六朝时，以淮为天险，总设二十四浮航。战时，有警则断舟栅流；平时则是高门鼎族，魁岸豪杰经常渡舟出游、欣赏风光的场所。"可见，较早的时候，这里还是十分重要的军事设防要地，到了平时则成为高门大族欣赏风景的游乐场所。当然，到了后来，便完全变成了世家大族、文人雅士休闲娱乐场所。他们不仅日里流连于此，许多人更是热衷于夜游秦淮。文献记载，“自明以来，灯船之盛，甲于天下。”对当时的夜游场面，《板桥杂记》曾作了生动的记载：“薄暮须臾，灯船毕集，火龙蜿蜒，光耀天地，扬槌击鼓，踏顿波心，自聚宝门外水关至通济门水关，喧阗达旦。桃叶渡口，争渡者喧声不绝。”“两岸河房，雕栏画槛。绮窗绉障，十里珠帘。”短短数语，就将秦淮夜市的喧闹情景，展现在读者面前。这是当年“十里秦淮”繁荣的一个缩影。为了帮助读者的进一步理解，作者还概括指出：“十里秦淮融船景、水景、街景、市景于一体，是为秦淮灯船之游盛期。”游秦淮必须乘船，《秦淮广记》就已指出：“游秦淮者，必资画舫。”因此志书中特列画舫类型一目，将曾经流行过的15种船只分别作了介绍，从形状大小，到各类船只的功能，特别是某类船适合于某类人群的使用，都有较为详细的记载。为了全面反映往日秦淮的余韵，志书还特地将古渡名桥与河房都单独列节，对古渡名桥名称的来历和所在位置都分别作了记载。如“桃叶渡”：“遗址在东水关西面，青溪与秦淮交汇处。桃叶渡，系六朝古渡，渡名因东晋书法家王献之曾在此迎送爱妾桃叶而得名。”又如“麾扇渡”：“遗址在镇淮桥附近。据《晋书》记载：‘陈敏，踞建业，出军临大航，顾荣以扇麾之，其军遂溃’。西晋后期的这场著名战役发生在大航，即朱雀航，今日的镇淮桥。”诸如此类的简明介绍，既让读者知道了名称的来龙去脉，又使人们增长了历史知识。因此，作为志书来说，这样的内容非常必要。当然，秦淮河两岸的建筑和风光景点，随着时代的变迁也不断在发生变化，对此志书的相关部分也都作了相应的记载，说明秦淮河两岸的文物景点大多存在着陈陈相因的情况，自然也就体现了文化积淀之确实深厚。

秦淮河两岸名胜古迹之多，实属情理之中，单独成章加以记载，也就非常必要。在这众多的内容中，我最感兴趣的首推园林和名人故居两个内容。因为江南许多城市都有园林建筑，而这些园林建筑，原来都是私家花园，而秦淮河两岸的私家花园，有名可考者志书竟列出40多处。数量之多，称得上江南之最。可惜的是，能够像苏州园林那样比较完好地保存下来却实在太少。唯瞻园经过多次维修尚能保留明清园林风格，据称它与上海豫园、无锡寄畅园、苏州拙政园与留园，并称为“江南五大名园”。可见这里的园林，若是不被毁坏而多保存几座下来，着实可与苏州的园林相抗衡。至于名人故居，在秦淮河一带那就更多了，因为自东吴以来，1000多年间，一直是王公贵族、商贾名流聚居之处，虽经历史变迁，有的早已不存在了，如今根据文献记载，指出其位置之所在还是很有意义的，这一做法很值得提倡，因为这些名人故居，本身就体现了历史文化的内涵，何况像王谢故居影响深远，吴敬梓等故居，一直为人们所敬仰。

夫子庙，由于其历史悠久，地位独特，尽管它也是秦淮河畔一个人文景观，但因其地位与影响而单独成章，亦是顺理成章之事。从历史来说，仅明清时期的江南贡院其影响就可想而知，民国以来，其作用与地位变了，同样又产生了巨大影响，成为每年庙会、灯会集散场地，与北京的天桥、上海的城隍庙并列为全国著名的三大庙会市场，理所当然升格列章。

特别要指出的是，编纂者们在该编还设置

秦淮风味饮食一章，我觉得很有必要。饮食文化在我国不仅有着悠久的历史，而且有着深厚的优良文化传统，这是世界各国所公认。由于各地的饮食风味不一样，所以各地的饮食文化最容易反映这个地方的特色。各地新修方志都应当写好这一内容。就以各地食用鸭子为例，据我所知，就有北京的烤鸭、南京桂花盐水鸭、南京板鸭、嘉兴的文武酱鸭、江西的板鸭、宁波的卤鸭，等等。单是鸭子，就有那么多食用方法。遗憾的是，许多新修方志对此不大重视。1959年初夏，国家副主席董必武在湖北视察时，曾谈起各地要修县志之事，并指出应增加方言志、风俗志和食品志，如红安的绿豆丸子、黄州的豆腐、麻城的肉糕、蕲春的油姜、浠水的鱼片、广济的酥糖、黄梅的蓑衣丸子和乌鱼片、罗田的板栗等。上个世纪50年代，董老就已提出新修方志中应当增加食品志。因为这些内容地方志如果不及时记载，其他著作就更加不可能记载了。

秦淮河的独特风光，加上千百年来陈陈相因的深厚文化层，曾吸引大量的文人墨客前来游览或怀古凭吊，并留下大量的吟咏秦淮风光的诗篇，其中如刘禹锡的《乌衣巷》、杜牧的《夜泊秦淮》等，都成了千古绝唱。还有许多人在此留下遗闻佚事。志书编纂者们，为了较全面反映秦淮风光带的历史和现状，又因地制宜地设置了名人与秦淮一章，不仅增加了本编的文化气氛，给读者以较多的有益的历史文化知识，而且还填补了本编见物不见人的现象。让读者们领略到历史上许多名人都曾与秦淮结下了不解之缘。只可惜这样的内容实在太少，按照想象这类内容肯定相当丰富。总之，《秦淮风光带》的内容是很丰富的，特别是五章的内容，能够做到互补作用，协调一致，使人感觉到互相间有着内在联系，而不是随意的拼凑，从而将2000年来秦淮兴衰的历史和内在的文化内涵，全部展现在读者面前，这对于提高本志书的文化品位和可读性都将起着重要的作用。还要指出的是，志书在概述中十分自豪地告诉读者："秦淮河经过多年的治理，河水变清，十里秦淮，碧波荡漾，再现桨声灯影的秦淮河的优美意境。夫子庙和秦淮风光带已成为集中展示南京古都风貌和改革开放的重要窗口，成为来宁游客必到之处。"

对于人物传的编写，志书《凡例》有规定："对东晋设侨县安置'南渡'移民史实，特突破'以本籍为主'框框，本籍、客籍兼收。"这充分体现了该志编纂者们的灵活机动原则，因为东晋南渡建立政权以后，北方的世家大族纷纷南逃，并且将他们在北方的"郡望"亦带到南方，因为这些"郡望"都是他们高贵的标帜，如琅琊王氏、陈郡谢氏等等。而东晋政权为了取得这些世家大族支持，对他们自然言听计从，于是在南方纷纷设置了"侨置州郡"。晋成帝咸康元年（335）在江乘县境内设置了第一个侨郡——南琅琊郡（为了和北方的琅琊郡区别，故加"南"字）。此后又在京口（今镇江）界内设置南徐州和南兖州，在广陵（今扬州）界内侨置南青州。而在今常州一地便设置十五六个郡级和60多个县级的流寓郡县。这些世家大族到了南方后，便广占良田，建立庄园。单是王、谢两大家族，在江浙一带就占据大量良田。王导仅在建康附近，赐田就达80顷，到了刘宋时期，其后代"广营田业"，不计其数。谢安一家的田地，遍布江苏句容及浙江吴兴、绍兴一带。他们的祖籍虽然都在北方，南下后不仅定居下来，而且生了根，在当地社会地位显赫，因此，为这些人立传自属情理之中。在这些人物传略中，还有一个特点值得指出，志书将在旧社会不登大雅之堂的一些说书艺人、名妓如马守贞、柳敬亭、陈圆圆、柳如是、董小宛、李香君等也都分别立了传。这些人在当时都生活在社会下层，而她们的活动毕竟丰富了秦淮文化的内容，应当与那些文人学士一样予以立传。

2000多年来，秦淮河畔曾孕育出一批又一批文人学士，他们不仅留下了许多名篇佳句，更留下了许多内容丰富的各类著作，这些著作既丰富了地方文化的内涵，也为祖国文化宝库增添光辉。因此，志书编纂者们将艺文单独成编是非常必要的。令人遗憾的是，许多新修方志不知什么原因都将这一内容丢了。我觉得在20世纪80年代初期修志时，由于没有经验将这内容丢了还情有可原，但是到了后期修成的志书，还不记载这一内容就太不应该了。从1992年开始，我曾多次发表文章，指出新修方志内容中艺文志绝对不可缺少，不是可有可无的内容。因为它是具体反映了一个地方人民对祖国文化创造和积累上所作的贡献，就如《秦淮区志·艺文志》就体现了秦淮人在2000多年来对祖国文化的繁荣和发展所作出的贡献。同时，方志艺文志的设立，还在于保存一方之文献，此志不设，这一地方文献就很难查找。况且上一届修志进入中后期时，方志学界许多同仁纷纷提出，新修方志应当提高学术文化品位。大家一致公认新编《绍兴市志》是一部学术文化品位很高的新方志。该志的“艺文志”篇幅很大，占全志书篇幅的1/10强，收录自古及今绍兴人各类著作8000余种，足见编纂者们见解确实不凡。《秦淮区志》的编纂者们，花了不少精力，将产生于秦淮河畔的诗文和各类著作，成艺文一编，共收古今著作1454种，可见他们是很有魄力的，这在区志编修中是很少见的。很显然，这正是他们在为提高《秦淮区志》的学术文化品位所作的努力。

这里还要向大家特别推荐的是，《秦淮区志》将人们记忆中早已消失的“票证”写入志书，这可以说是20世纪80年代修志以来一大创举。众所周知，新中国是在战争的废墟上建立起来的，建立之初，满目疮痍，百废待兴，经济恢复工作的艰巨是尽人皆知的。待经济稍有恢复发展，又出现了三年困难时期，这期间，所有物资都很奇缺，为了渡过难关，全国不得不实行所有物资计划凭证、凭票供应。以粮食而言，国家工作人员每人每月定量27市斤，城市居民每人每月24斤，小孩按年龄档次定出不同标准，大中学生每月32斤。肉每人每月半斤，食油4两，老酒、盐、肥皂、棉花、布等一律都凭票供应。当时外出必须带有粮票，出省还要有全国通用粮票。当时到饭店吃饭，到食品店买糕点等都要粮票。因此，在那些日子里，各类票证真是五花八门，手表有表票，自行车、缝纫机等无不有票。全国人民就是靠这些票证渡过了难关。如今青年们听到当年凭票供应的情况，就如同天方夜谭。这段困难的日子早已过去了，当年多余的票证恐怕也很少有人再保存了。按理讲新修方志应当将这些内容记载下来，可是新修方志很少见到这样的记载。《秦淮区志》的编纂者经过多方努力，搜集到300余张票样。这些票证，有江苏地方的，有全国通用的，还有军用的。全部票证分成9类，对于每种票证都分别作了简要说明，如购煤证：“1962～1975年发放使用，每户一本。南京市印制。1976年改用煤票证，即在一册之装订年度内12个月的分月煤票，购买时撕下该月之票，当年11～12月发放次年新票。1994年停止使用。”要知道这些内容对于研究新中国建立之初经济发展这一情况有着十分重要的价值，现在不抓紧搜集记载，再过十年二十年，再想记载那就晚了。地方志既然称之为地情书，那么这些曾经发生在秦淮地区的事情，理所当然应当加以记载。可以肯定，这一编内容的记载，随着时间的不断推移，时间愈久，就会更觉得这一内容的重要性。元朝徐硕的《至元嘉禾志》，共32卷，而其中碑碣一门多至17卷，由于这些石刻都很有价值，也就成为这部志书得以流传的重要因素。这里还要附带说明一点，由于房地产业近年来在各地兴起，该志在城市建设编特地设立房地产一章，可以说是非常及时。可见编纂者是很注意在志书中及时反映新生事物，这自然也应当值得称道的。

志书亦有可商榷之处，如引用文献典籍，最好能注明卷数，尤其是部头比较大的著作。尽管有些瑕疵，这还是一部内容丰富，编纂亦别具匠心的志书，她能够紧紧围绕着以秦淮文化、秦淮风情为中心而展开，叙述2000多年来秦淮文化的发展与变化，体现这条文化长廊的几经沧桑变迁，尽量突出地方特色，写出古老文化的新生，作为区志来说，做到了别具特色。

（原文刊载于《江苏地方志》2003年第5期）

《白下区志》目录

白下区志

南京市白下区地方志编纂委员会编。1984年7月启动编纂，1988年12月由江苏科学技术出版社出版，为全国首部公开出版的城市区志。主编常康平，副主编朱伯涵、张志明、黄秀华、曹茂遐。编辑耿文春、史笔、谭徽祺、周得让、郑文轩、刘临锋、赖天聪、钱天顺、张寿南、孔令仁、黎庆成、刘默如、齐子灿、黄国祥、何贤如。

全书1册，50.8万字，图片126幅（志首47幅、随文79幅），表格172张。记述范围为1985年白下区行政区域。记述上限不限，重点记述1931年白下区建区以后的历史，下限1985年。述、记、志、传、图、表、录诸体并用，以志为主。志首设序、凡例、概述、大事记，志末设附录、编后记。全志设26章：沿革·地理、人口、街道、城区建设、工业、交通、邮电、商业、劳动工资管理、工商行政管理、财政·金融·保险、中共白下区委、区人民代表大会、区人民政府、政治协商委员会、政党·群团、司法·社会治安、军事、教育、科技、文化、体育、卫生、社会、人物、文物古迹。

志书篇目上多反映现代城市特点门类，体现城区特色的行业多设章节、多立目；有别于新编的县志、省志、地区志，工业、商业、交通运输、城区建设和科教文卫占全志近三分之二；为突出该区商业繁荣特色，扩大商业章篇幅，对粮油、副食品、饮食、燃料、百货、土产、物资回收、服务行业都做了详细记录，专设商业街节，记载太平南路商业街和花牌楼书店街的历史发展和现状。正确处理区志与市志的交叉关系，以突出本城区的特色内容，在交通、邮电方面，只略记在本区内的设施和运营历史和现状，而没有根据业务详细分工展开作全面记述。重点记述具有突出特色的事物，如五老村开展爱国卫生运动所取得的成绩和经验推广。

除设概述外，该志绝大多数章还设无题概述，记述各行各业大势大略和发展脉络，在同时期志书中并不多见。志首除收录《白下区行政区划图》外，还收录《白下区工业、商业分布图》《白下区文教卫生设施分布图》，附录记载

1986年、1987年白下区概况，使读者对志书下限之后、出版前两年白下区的发展情况有所了解，这也是该志的特色之一。

（宣宸宇）

【编后记（节选）】

南京自东晋以来历时1600多年，先后有《丹阳记》《建康实录》和府志、县志、市志和各种专业志，但从没有区志。为了适应社会主义现代化建设的需要，我们编纂了这部《白下区志》。这是白下区有史以来的第一部志书。

《白下区志》的编纂工作，开始于1984年7月，至今定稿付印，已跨越五个年头，经历了五个阶段。

第一阶段（1984年7月至9月），成立区地方志编纂委员会和办公室，全区成立了60个编史修志小组，组织编写人员认真学习社会主义新方志的基本理论，创办了《区志通讯》，拟订了区志编纂方案。

第二阶段（1984年9月至1985年8月），主要是广泛发动群众，征集资料，编写白下区和区属各部门的沿革、概况、大事记。这一阶段通过查档、走访、开座谈会等形式，共征集到书面和口碑资料1200万字。区志办公室和各部、委、办、局以及各街道的编史修志小组，分别完成了区及各部门、各街道的沿革、概况、大事记。还有15个部门写出了36年发展史。

第三阶段（1985年9月至1986年10月），继续征集资料，编写部门志和街道志。到1985年底资料征集达1600万字，图表、照片200多件。1985年9月开始编写部门志、街道志。区志办公室先后通过抓先进、树样板，召开多次经验交流会，引导全区各单位前进。至1986年10月全区完成了部门志、街道志60册。先经各部门、各街道领导审查签批后，又经区志办公室审查、整理，并经区志编委会审核批准，连同第二阶段写成的15个部门的发展史，打印后，合编成《白下区部门史志汇编》，共分装7个分册，即城建分册、经济分册、党群分册、政法分册、文化分册、街道分册（一）、街道分册（二）。这一套140万字的部门史志汇编，实际上是《白下区志》的长编，也是白下区修史编志的重要成果，它完整地保存了全区各部门、各街道的史志，同样具有资治、教化、存史的功能。

第四阶段（1986年7月至1986年12月），是总纂《白下区志》阶段。从1986年7月在全区各单位史志大多数完成时，并对摘抄、制作的3122张资料卡片，进行了系统整理后，即开始了区志的总纂工作。先从全区136个编志人员中挑选了20位区志编纂人员，充实了区志办公室的力量。通过总纂业务学习，试纂、试评后，总纂工作全面展开。到1986年底，总纂出40万字的《白下区志》初稿（即第一稿），油印成册。初稿包括概述、大事记和23个分志，一志一章，章下设节，节下设目。

第五阶段（1987年1月至1988年6月），是志稿审议、修订阶段。1987年1月至4月先在区志编委会内部进行初审。根据初审的意见，经过修改、调整，总纂成《白下区志》征求意见稿（即第二稿）。5月打印后，分送区各级领导、各单位的知情者，广泛征求意见，并送给省、市地方志编纂委员会办公室进行预审。到8月底共征得各方面的意见1672条。6月至11月区志办公室继续收集资料，调查走访，对区志第二稿进行了全面的修改补充，形成了《白下区志》送审稿（即第三稿）。打印成册，分装为14本，正式报送江苏省、南京市地方志编委会、江苏省社会科学院、南京师范大学等领导、专家学者进行审查。1987年12月份先后召开由区的现任四套班子领导和历届老区长、老书记参加的区内审查验收会，提出了235条补充、修改意见后，通过了审查。1988年1月又召开了由省、市地方志编委会领导、专家学者和各地修志同行参加的《白下区志》审查验收会议。会议对区志第三稿一致给予肯定，通过了验收，并提出了100多条具体修订的意见。1988年2月开始，区志办公室组织编纂人员深入挖掘材料，再一次进行了认真的、全面的补充、修订，至6月上旬，完成了《白下区志》付印稿（即第四稿）。6月16日经南京市地方志编委会办公室正式签署批准后，《白下区志》于1988年6月底交付江苏科学技术出版社印刷出版。

《南京市白下区志（1986—2005）》目录

南京市白下区志（1986—2005）

南京市白下区地方志编纂委员会编。2006年5月启动编纂，2011年9月由方志出版社出版。主编刘广春、王安玉，执行主编蒋永才，副主编曹薇薇。总纂蒋永才，副总纂陈家荣、狄树芝。编辑王红霞、付依宝、朱建华、李金春、邢汝华、杨俭余、陈家荣、陆永贵、狄树芝、康华、曹薇薇、蒋永才、蒋凌云。

全书2册，251.5万字，图片215幅（志首163幅、随文52幅），表格321张。记述范围为2005年南京市白下区行政区域。该志为《白下区志》（1988年版）续志，记述上限1986年，衔接前志，下限2005年，图片延至2010年。述、记、志、传、图、表、录诸体并用，以志为主。志首设序、凡例、总述、大事记，志末设前志补遗、文献辑存、索引、编后记。全志设29编：建置区划·自然环境、人口、城市建设与管理、房地产、商贸·服务·旅游、新街口商贸商务中心区、工业、经济综合管理、财政·税务·金融、改革开放、中国共产党、人民代表大会、人民政府、人民政协、民主党派·工商联·社会团体、街道、治安·司法、军事、劳动·人事、民政、精神文明建设、教育、科学技术、文化、文物·古迹、卫生、体育、社会生活、人物。

白下区是商贸大区，而新街口是商贸商务、金融、文化等比较集中的区域。为彰显白下区地方特色，志书打破传统的“以事分类”原则，除设商贸·服务·旅游编外，升格设置新街口商贸商务中心区编。为突出改革开放的时代特点，对改革开放的内容采取集中与分散相结合的方法记述。除在全志中注重贯穿改革这个主线外，专设改革开放编，重点记述区委、区政府关于改革开放的重大决策以及经济体制改革等方面情况。精神文明建设也是20世纪80年代以后全区的重点工作，设精神文明建设编，对白下区的精神文明建设作系统记述。为突出重点，彰显特色，升格记载太平南路商业街和南京理工—白下科技园的高新技术产业发展，“城镇一体化”战略和城区管理体制改革等内容，展现白下区发展。内容上，注重与前志的衔接，在各编综述和章、节无题序中适当追溯事物源头。尽可能完善前志未记的内容，如自然地理、市政建设、公共设施及文物等。后置前志补遗和文献辑存，收录大量历史资料，增强志书资料价值。

（宣宸宇）

【编后记(节选)】

《南京市白下区志(1986—2005)》续修编纂工作于2006年5月启动,先后经历搭建班子、组织学习、设计篇目、搜集资料、撰稿成文、分纂合成、终审验收等工作阶段,历时五余载,数易其稿,反复斟酌,经区政府批准,于2011年9月付梓印刷。

2006年5月,区委、区政府成立以区长许卫宁为组长,区各套班子分管领导为副组长,各部门、各街道主要领导为成员的白下区新一轮修志工作领导小组。领导小组下设办公室,并从区机关部门退居二线和退休人员中选调4人担任区志的编辑和分纂。7月12日,区委、区政府召开新一轮区志编纂工作动员大会,区委常委、副区长张立新作《继承传统修新志,无愧盛世创佳作》报告,动员并部署白下区二轮修志工作。区长许卫宁对修志工作提出具体要求。8月起,区志办组织编纂人进行学习培训,先后去秦淮、江浦、高淳等区县学习,赴上海普陀、江苏扬州等地地方志办公室取经,并请省、市方志界专家为全体修志人员进行业务培训和辅导。其后,由李金春等初拟区志篇目。在篇目设置中,我们结合区情实际,单设新街口商贸商务中心区、改革开放、精神文明建设等时代特色编;并增设前志补遗编,以弥补前志疏漏。篇目设置完成后,请区四套班子领导及承编单位负责人审核,并邀请有关专家对区志篇目设置的科学性进行论证,广泛听取各方面意见,进行修改,先后六易其稿。12月7日,区政府召开区志编纂工作会议,对区志编纂进行目标分解。区委常委、副区长张立新代表区政府与各承编单位负责人签订目标责任书,对编纂工作实施目标管理。区地方志办公室主任王安玉和全办人员积极做好行政、后勤保障工作,为编纂区志提供了较好条件。

2007年4月始,区志编纂工作进入搜集资料、撰写部门志工作阶段。由于两次区划调整,人员变动频繁,资料缺失现象比较普遍,资料收集难度大,各承编单位想方设法收集资料,以历年《白下年鉴》为资料线索,认真查阅档案、工作总结等各种资料,广泛搜集资料。2008年,分管地方志工作的副区长车明军带领修志办人员到修志工作后进单位督查,进一步加大修志工作力度。至2008年年底,各承编单位基本完成部门志初稿,区志稿进入"三审"(自审、复审、联审)阶段。区志稿自审由承编部门领导审核把关。自审稿修改后,由区志办相关人员组织复审。在复审的基础上,区志办会同区志特约编审以编为单位组织联审,并召开联审会,做到成熟一编,联审一编。

2009年6月,成立由3人组成的总纂工作班子,分工进行区志总纂。至年底,完成送审稿,分别送区各套班子领导及区志编纂委员会成员审核。2010年3月11日,区政府召开地方志编纂委员会成员会议,对区志稿进行审查。4月14日,区志办特邀请省、市方志界11名专家学者对区志稿进行会审。在此基础上,区志办编纂人员用了3个多月时间,综合各方面意见对志稿进行认真修改,重点解决志稿中存在的史实不准、归属不当、文字冗长、文表不一、交叉重复等问题,于8月份完成区志终审稿,送市志办进行终审。10月,我们又对市志办提出的志书体量过大,少数编章记事过细等方面的修改意见,本着"实事求是,择善而从"的原则,再次对志稿进行为期1个多月时间的修改，删冗补缺，校核史实，力求使志稿篇目更加合理、文字更加精练，区志文字总量作适当的删减。11月29日，市志办召开专家终审会，通过终审。会后，区志编纂人员根据终审组成员提出的意见，结合本区实际情况对志稿再次进行认真修改，反复推敲，不断完善，至2011年2月，志稿通过市志办验收。

首部《白下区志》曾走在全国前列，同时也为续修区志增添了压力。为保证新一轮区志编纂进度和质量，区政府采取以下几项措施：一是采取专家修志与众手成志相结合的编纂办法，保证志书质量。区志编纂工作开展之后，我们先后聘请了市地方志办公室修志专家帮助工作，并聘请原市地方志办公室编研处处长蒋永才担任区志主编。区志编纂实行地情专家与修志专家相结合。二是实行目标责任制。区委、区政府把续修区志纳入全区“十一五”奋斗目标和年度工作目标，月月抓进度，事事抓落实。三是实行主编负责制。修志业务由主编全权负责，行政做保障、配合。四是实行内部分工负责制和部门志稿“三审制”（初审、复审、终审）。修志人员分工负责，全过程跟踪指导，并参与分管编章稿的修改、分纂。2007年3月，区政府专门发文，对区志实行“三审”规定，以确保志稿质量。五是聘请修志专家为特约编审，自始至终参与区志稿的联审工作，成熟一编，联审一编，先后审稿20余场。为了确保区志编纂质量，在志书出版前又作了一次核校，发动区地方志办公室和区档案局所有工作人员参加校对，核事实，找差错，以最大限度地减少差错率。

续修的《南京市白下区志（1986—2005）》，如何做好与前志的衔接，既要保持与前志的延续性，又要保持所记事物的完整性，以及续修区志相对独立和整体性。我们在编纂过程中作了积极的探讨：一是关于篇目结构安排，没有采取简单地与前志对接的方法，而是注重内容上的衔接。同时尽可能地突出地方特色和时代特色。关于地方特色：白下区是商贸大区，而新街口是商贸商务、金融、文化等比较集中的区域。该地区社会消费品零售总额在2005年占到全区总量的85%。为了彰显特色，我们打破传统的“以事分类”原则，单独设《新街口商贸商务中心区》编，浓墨重彩进行记述。关于时代特点：续修区志的20年，正是处于改革开放的重要历史时期。这20年白下区所取得的重大成就，都是和改革开放紧密联系在一起的。记述改革开放，是最大的时代特点。我们除了在全志中注重贯穿这个主线外，专设《改革开放》编，重点记述区委、区政府关于改革开放的重大决策以及经济体制改革等方面情况。另外精神文明建设也是20世纪80年代以后全区的重点工作，我们也设专编对白下区的精神文明建设作系统地记述。二是关于与前志的衔接，重视在内容上的衔接。我们采取以下几种处理方式：在综述、章下序和节下序中，对所记事物的源头、发展脉络，特别是前志所疏漏的事物，作必要的交代，展示续志与前志之间的联系，反映事物的完整性。对条目中所记的具体事件或事物，发生在前志与续志之间，为了保持所记事件或事物的完整性，不简单的搞一刀切，时间适当上溯，交代背景，譬如，具体工程建设、领导人任职、企业的发展变化等。对前志所记的事物，有些变化不大，如果续志不记又影响志书的整体性，我们还是进行记述，同时尽可能完善前志未记的内容。譬如，自然地理、市政建设、公共设施及文物等。

建邺区志

南京市建邺区地方志编纂委员会编。1993年3月启动编纂，2003年7月由方志出版社出版。主编赵永江、庄会柏，总纂庄会柏，总纂编辑刘敏、傅庭龙、周耀初、李庚铭、袁斌泉。分纂编辑方功烈、王火发、史祖兰、仲巧林、任松福、任新民、刘寿松、孙景波、朱宜忠、汤立群、齐厚培、何永生、何剑峰、吴阒、岑岚、张文荣、张明、张革联、张莲芬、张鉴冰、杨秀平、杨海超、杨南生、杨倩、杨艳、沙伟、狄芸、郤伟荣、陈士琴、陈伟宁、周亚龙、周耀初、林基东、武时雨、洪鹤年、胡季华、徐政广、袁斌泉、郭晶莹、曹庆倩、梁锦荣、傅庭龙、蒋齐华、虞欣、路永进、蔡新民。

全书1册，234.3万字，图片497幅（志首234幅、随文263幅），表格413张。记述范围为1999年建邺区行政区域。记述上限因事而异，追溯事物发端，下限1999年，大事记延至2002年。述、记、志、传、图、表、录诸体并用，以志为主。志首设序言、概述、大事记，志末设综录、索引、编后记。全志设28编：建置区划·自然地理、居民、民族·宗教、文物·古迹·名胜、城市建设与管理、环境卫生·环境管理、房地产、交通·邮政·电信、商业、工业、多种经营、财税金融、经济综合管理、改革开放、中共建邺区地方组织、人大·政府·政协、街道、民主党派·社会团体、治安司法、军事、民政、劳动·人事、科学技术、教育、文化、卫生、体育、人物。

为体现地方特色，志书设文物·古迹·名胜编，记载以朝天宫、莫愁湖等为代表的古建筑、古文化遗址，反映建邺历史文化。为反映城区特色，增加城市建设与管理、房地产2编，记述旧城改造、新区开发、房地产经营等内容。以商业编为代表的服务业也是该志重点记述的内容，如记述商业市场、街市、小店群、超市、商品经营、饮食服务业、名店、名品等内容，记述全面，特色突出。为突出改革开放的时代特征，设改革开放编，以重大改革章、对外开放章集中记述机构改革、城市经济体制改革、社会保障体制改革、住房制度改革等一系列改革和对外开放等内容，把改革开放的精神贯穿于全书其他篇章之中。综录收录区域内留存的序跋碑记、诗词楹联、小说散文、地名溯源、街巷传说、民间故事、歌谣谚语、文件文献等，内容丰富，资料性、可读性兼具，颇有特色。此外，该志使用大量图表，增强志书的资料性和信息量，在同期同类志书中比较突出。

2006年，该志获江苏省地方志系统优秀成果特等奖。

（岳　鑫）

【编后记（节选）】

《建邺区志》
目录

1984年12月，首届建邺区地方志编纂委员会成立，下设办公室，曾进行资料搜集和指导各部门编写大事记等工作。1999年3月，建邺区地方志编纂委员会再次成立，下设办公室，正式启动境地有史以来第一部地方志书的编纂工作。经历宣传发动、组建队伍、制定计划、设计篇目、搜集资料、撰写志稿、总纂评审、上报验收等阶段，历四载艰辛，终告成书，2003年5月付梓。

修志甫始，区地志办编辑人员即到兄弟区取经，参加省、市地志办组织的专业培训。邀请熟悉建邺历史的老同志座谈，探讨如何体现地方特色和时代特色。经反复推敲，初步形成《建邺区志》首目（讨论稿），并编写了《建邺区志》编纂工作手册。1999年6月，召开第一次区志编委会和第一次全区修志工作会议，部署区志编纂工作。会后，全区65家承编部门和单位将修志摆上工作日程，成立编志领导小组和编写小组，共组成近300人的编志队伍，其中执笔人员百余人。区志办多次举办培训班和召开交流会、座谈会，努力提高修志人员的政治、业务、写作水平，并经常走访各承编部门、单位，了解修志人员、办公地点、工作时间、经费等落实情况以及指导搜集资料等。各部门、单位修志人员深入史料馆、档案馆、图书馆查阅史志典籍、存档资料，并深入基层走访调查，共搜集各类原始材料8000多万字、图照4000余幅。至2000年8月，无一例外地完成了部门（专业）志稿的撰写任务，志稿总计约400多万字。2000年9月，区志编写进入分纂阶段。区志编委会从全区各承编单位编纂人员中，遴选出57位同志担任区志28编分纂主笔、副主笔，并以区政府名义向他们发了聘书。分纂中采用分散与集中相结合的形式分编统稿，围绕提高志书质量这个中心，反复磨改，每编少则三遍，多则七八遍，有时为补充一处材料，考证一个年代，核实一个数据，寻根探源，去伪存真，再三斟酌，细致推敲，至2001年8月完成内审稿（白皮书），总计170万字。2001年9月，修志进入总纂阶段，区志编委会召开第四次全体委员会议，对区志稿内审工作进行动员和部署。会议要求依靠大家的智慧和力量，校正讹误，补充疏漏，完善志稿。请区四套班子领导和离退休老领导审阅，在通览的基础上对内审稿提出总体修改意见。并要求各部门、单位主要领导以对历史、对后人高度负责的态度审改自己所在部门志稿，提出明确意见。为了掌握好审稿的标准和尺度，区志办拟订《建邺区志总纂稿审改须知》，要求在审稿过程中把好政治观点关、资料史实关、体例文风关和语言文字关。经广泛征求意见，区志办共征得各种修改意见和建议近2000条，按照“广纳百言，择善而从，实事求是，以我为主”的原则，全体编辑进行总纂合成，着力考订校核史料，增补删改志文，调整结构体例。至2002年4月完成预审稿（蓝皮书），总计180万字。2002年5月31日，在建邺大厦召开《建邺区志》预审会议。志办全体人员根据省、市志办专家学者的意见，对区志篇目进行新一轮的论证和调整，对资料史实进行再校核，对体例结构进行再推敲，对语言文字进行再斟酌，使志书脉络更清楚，归属更合理，行文更规范，使志书体例、数字、资料更统一，至2002年8月，完成终审稿（黄皮书），总计190万字。2002年9月，区志编纂进入终审验收阶段。月初，《建邺区志》终审稿（黄皮书）正式向省、市志办报审。2002年10月17—18日，举行《建邺区志》志稿评审会，省、市志办领导和专家对区志送审稿作了精辟评析，并给予高度评价，一致同意通过终审。会后，区志办编辑参照省、市志办领导和专家的评析意见，以“不错、不乱、不漏、无疑，突出重点，凸显特色”为标尺，本着精益求精的精神，对区志送审稿再次进行全方位的补正润色。2002年10月底，南京市区划调整。原建邺区朝天宫街道、止马营街道划归白下区管辖，莫愁湖街道汉中门大街以北划归鼓楼区管辖，原雨花台区沙洲街道、双闸街道和江心洲镇以及鼓楼区江东街道汉中门大街西沿至长江边以南地区划归建邺区管辖。根据区划调整后的区情，志稿中又增加了新划入街道的概况和2000—2002年建邺区国民经济和社会发展目标执行情况等内容，使志稿愈益充实和丰富。2003年3月交付验收。

《建邺区志》共设28编、118章、452节、1686目和概述、大事记、综录，计200多万字；卷首照片234幅，随文插图263幅，列表413张。泱泱建邺，历史悠久，人文荟萃，文化底蕴深厚。但历史上建邺区尚未编修过区级志书，此次编纂《建邺区志》乃拓荒性工作，前无经验可资借鉴。民国时期，区划调整频繁；新中国成立后，区划也多次调整，建邺领属迭有变更，治所几经迁徙，加之受“文化大革命”影响，档案管理混乱，文史资料十不存一，致使搜集资料犹如沙里淘金、海底觅针，给区志编纂工作造成了极大的困难。

在如此困难的情况下，《建邺区志》之所以能如期高效地编纂完成，一是在于全区上下各级党政领导高度重视。区四套班子领导始终把编纂区志当作一项跨世纪的文化工程纳入工作计划和议事日程，除在人员、经费、办公条件等方面给予充分保证外，还经常过问进展情况，作具体指导。二是在于省、市志办领导和专家的深情关注、悉心指导以及驻区各单位、社会各界人士的热情帮助、鼎力支持。省、市志办领导和专家，自区志编纂工作启动始，就全面介入，悉心帮助，为我们排忧解难，释疑去惑。三是广大区志编纂工作人员的倾情投入，无私奉献。全区百余编纂人员，无论是专职、兼职还是外聘，无论是青年、中年还是老年，痴心修志，乐于“三苦”。广大编纂工作人员淡泊名利，无私奉献，殚精竭虑，辛勤耕耘，确实可敬可赞。区地方志办公室连续三年获全市区志编纂工作一等奖，成为南京市地方志系统先进集体，这是对《建邺区志》整个编纂工作以及广大编纂工作人员倾情投入的最好认定。

为方便读志用志者携带和电脑阅读，本志全部内容由南京艺海潮图文艺术制作中心刻制光盘，随志发行。

附：

《建邺区志》编纂体会浅谈

庄会柏

1999年3月，建邺区地方志编纂委员会成立，下设办公室。同年6月，召开第一次区志编委会和第一次全区修志工作会议，部署区志编纂工作。经历宣传发动、组建队伍、制定计划、设计篇目、搜集资料、撰写志稿、总纂评审、上报验收等阶段，历四载艰辛，终告成书，于2003年5月付梓，10月出版，2004年1月正式发行。《建邺区志》共设28编、118章、452节、1686目和概述、大事记、综录，共235万字；卷首照片234幅，随文插图263帧，列表413张。区志编纂质量得到省、市志办领导、专家以及方志出版社的认可和好评。

建邺区历史悠久，人文荟萃，文化底蕴深厚，但历史上尚未编修过区级志书。此次编纂乃属拓荒性工作；加上区划调整频繁，领属迭有变更，治所5次迁徙，档案、文史资料十不存一，给区志编纂工作造成了极大的困难。在如此困难的情况下，《建邺区志》之所以能高效优质地编纂完成，作为主编，我仅以亲历者的身份谈点感悟，供修志同仁们参考。

积极争取领导支持，是保证修志顺利开展的前提。

区志内容广泛，要记载区域内自然和社会

的古今全貌，涉及辖区内党、政、群、团各部门和各行各业，只有领导高度重视，积极支持修志事业，才能调动方方面面的力量。为此，我们积极争取区委、区政府领导的支持，经常主动汇报修志工作，反映修志工作中的困难和需要解决的问题，把区志编修工作纳入书记、区长办公会议议事日程，使领导在定期研究区志工作中了解编修进度，解决遇到的问题，加深对编修区志重要意义的认识和对编修区志的重视。四年来，区委、区政府除在人员、经费、办公条件等方面给予充分保证外，还经常过问进展情况，作具体指导。区人大常委会原主任朱长禄、区政协主席杨炎明担任顾问，始终对区志编纂给予关心支持。原区长徐国庆担任编委会主任期间，多次主持会议，专题研究区志编纂工作。原分管修志工作的副区长于常洁与志办人员一道参加省、市专业培训，并带领志办人员先后到秦淮、白下、栖霞等区取经，经常到志办了解编纂情况，提供有关资料信息，帮助解决疑难问题。区长陆志鹏、副区长戴航担任编委会主任、副主任后，多次关心修志工作，慰问鼓励志办人员，要求做到精益求精，不断完善。各街道、各部门及时抽调人员，建立机构，拨付经费，安排用房，为区志编纂工作提供种种方便。从区四套班子领导到各街道、各部门，几乎所有的领导同志都以对历史、对后人高度负责的精神，认真审改区志稿，提出了许多独到见解和修改意见。特别是姜涵铭、江绘五、邓瑞祥等数十位区四套班子离、退休老领导，不顾年迈体弱，积极参加座谈、审改志稿，纠正了许多难以发现的谬误和缺漏。

树立修志立志观念，是保证志书质量的根本。

一个集体如果没有一种精神维系着，就如同一盘散沙，毫无战斗力可言。方志事业是一项长期而艰巨的伟大而光荣的著述大业，是代代相续的基础性文化建设，历来是极其艰辛，既“苦”又“累”的。因此，修志者置身修志事业，有一个需要很好解决的重要问题，就是要修志立志。立志修志，这和“志不立，天下无可成之事”“有志者事竟成”等道理一样。我们在启动修志伊始，就对参与修志的百余名编纂人员进行立志修志、倾情投入、无私奉献的教育。大家充分认识到，志向和抱负是一种动力，动力的大小，决定着搏击力的强度和内驱力的恒久性。远大的志向、崇高的抱负，能鼓舞自己，策励自己克服困难、战胜险阻，攀登事业的高峰。编修区志是高层次的思维活动，又要花费艰苦的劳动，要靠内在的动力，靠自身的主动性、积极性、创造性。在当代社会主义市场经济条件下，这种动力的作用更为重要，更要求人们加强自主意识、竞争意识。在四年的编纂过程中，全区编纂人员，无论是专职、兼职还是外聘，无论是青年、中年还是老年，都痴心修志，乐于“三苦”。大家耐受隆冬严寒、盛夏酷暑，为搜寻零落散失的点滴资料，不辞辛劳，多方奔波；为按时抢出初稿，废寝忘食，案牍劳心，笔耕不辍。分纂磨稿，蒋齐华、孙景波、梁锦荣等数十位主笔、副主笔加班加点，倾心投入，认真阅读原稿，细致核查资料，不言苦，不言累，不言功；总纂合成，志办刘敏、傅庭龙、周耀初、李庚铭等总纂编辑，虽年过花甲，仍孜孜不倦，刻意求精，不知放弃多少节假日，也不知熬过多少通宵夜，只见鬓发更白，镜片更厚。各种艰辛，难以言表，唯亲历者方可体味，谓之“字字皆心血，句句凝汗水”，实不为过。广大编纂工作人员淡泊名利，无私奉献，殚精竭虑，辛勤耕耘，为确保区志质量提供了根本保证。

坚持创新，是保证修志事业发展的动力。

修志事业要发展，必须解放思想，更新观念，与时俱进，树立创新意识。所谓创新，乃创造性思维。当然，一旦不同于此前的标新立异的创造性思维一出现，往往引起惊世骇俗争议，甚至是非议，这是创造性思维的必然现象。可它却是事物得以发展，社会得以进步的原动力。创新也是马克思主义的辩证发展观。正像江泽民同志指出的那样："创新是一个民族的灵魂，是一个国家兴旺发达的不竭动力。"编修新时代的志书，同样要发扬传统，锐意创新，把修志事业推向更高更科学的水平。我们在编纂《建邺区志》的过程中，做了一些积极的探索。一是突出改革开放的时代特征，把改革开放提升为编，专门集中记述1984年10月中共十二届三中全会以来境内机构改革、城市经济体制改革、社会保障体制改革、住房制度改革等一系列改革和对外开放等内容。同时把改革开放的精神贯穿于全书其他篇章之中，以体现改革开放是时代的特征，是各项事业发展的动力。二是突出以人为本的理念。科学地谋篇布局，调整层次。坚持联系实际，突出重点的做法。如我们在居民篇中增设人民生活一章，将家庭收入、家庭消费、业余生活等内容翔实记录下来，使人们读志时明显感到新中国特别是改革开放后居民生活的变化和提高。把民族宗教编前置，紧随居民编，以充分体现建邺少数民族人口较多的地域特征。三是出光盘，使志书更好地体现服务功能。光盘是最新文化载体，能融文本、图像、声音于一体，且容量大，携带方便。《建邺区志》电子版的出版，已凸显纸质志书无法比拟的优势，方便了利用，为读者提供了更加方便快捷的服务，提高了志书的利用率。

修志四年，感触颇多，既有成功的喜悦，也有很多遗憾。一是知识面较窄，首次参加修志工作，缺乏修志经验；二是时间紧、任务重，所修志书时间跨度大，境域变动多，且资料散缺，挖掘搜集、查证考核难度大。所以，《建邺区志》仍有很多不足之处，敬请各位领导和修志同仁阅读时予以纠谬补漏。

（原文刊载于《江苏地方志》2004年第3期）

鼓楼区志

南京市鼓楼区地方志编纂委员会编。2000年8月启动编纂，2006年3月由中华书局出版。主编勾文迪、张国防、周国平（执行），副主编王永田，特邀副主编吕武进、宋绍光、张尚金。编辑王永田、王爱德、曲志清、周国平、谢玉敏。

全书2册，280万字，图片201幅（志首179幅、随文22幅），表格348张。记述范围为2000年鼓楼区行政区域。记述上限尽量追溯事物发端，下限2000年。总述、大事记、专记、丛录、照片延至2003年。述、记、志、传、图、表、录诸体并用，以志为主。志首设序言、凡例、总述、大事记，志末设专记、丛录、跋、编后记、索引。全志设29编：建置区划·自然环境、人口、城市建设与管理、房地产、商贸·服务·旅游、工业、财税·金融、经济综合管理、中共地方组织、人民代表大会、政府、政协、党派·社团、街道·社区、政法、军事、民政、劳动人事、教育、科技、文化、文物古迹、卫生、体育、社会、地名、经典民国建筑、湖南路文明街、人物。

鼓楼区是南京的中心城区，为突出其区位

《鼓楼区志》目录

优越和地情特色，志书把有突出地位或实用性强的内容从常规篇目中分出单独设编。该志将鼓楼96处民国建筑群集中记述，并作升格处理，设经典民国建筑编。鼓楼湖南路商业精品特色街在全国的影响很大，该志将其从商贸·服务·旅游编中析出，升格设湖南路文明街编。志书设地名编、文物古迹编，记载岗丘、河塘·道路、广场、桥梁、区片、居民区地名、历史地名和文物古迹，反映鼓楼的自然与人文地理信息。工业编设南京大学—鼓楼高校科技园节，科技编设高新技术产业街区节，反映鼓楼科教文化资源丰富。

志书注重反映时代特征，体现新理念和新事物。设房地产编，记述主城区房地产发展与管理，专设江东新区开发与建设章，记述河西地区开发作为城市向外扩张发展历史进程。设商贸·服务·旅游编，记述特色市场，在旅游章中比较完整地记载区内主要宾馆酒店和旅行社，突出鼓楼旅游和商贸业发达。设街道·社区编，突出鼓楼区社区建设在全国的领先地位。政法编设社会治安综合治理章，反映社会治理成效。经济综合管理编设税源经济管理章、外向型经济管理章，反映经济管理新动向。

志书合理处理区属和驻区的关系，记述好驻区单位在鼓楼历史发展中的地位和作用。该志体裁多样，突出专记的使用，设《鼓楼之最》等11篇专记，集中记载与鼓楼区有密切关系的自古至今既重要又有特色的题材。这些专题既有对某一历史事件的深入记述，又有对某一问题的专门记载，增加记述深度，并有较强的可读性。此外，全志还编有条目索引、地名索引、人名索引、表格索引，方便读者查阅。

2018年，该志被评为江苏省地方志书优秀成果综合优秀二等和篇目设计、内容记述2个单项优秀。

（张惠君）

【跋】

修志难，创修志书更难。用五年的时间创修一部纵贯古今2000年，横涉百科280万字的志书，更是难上加难。如今，这件难事却被南京市鼓楼区做成了。笔者衷心祝贺《鼓楼区志》的编纂出版。

对于《鼓楼区志》，笔者有幸全文拜读过征求意见稿“白皮书”，也有幸全文拜读过终审稿“黄皮书”。最近又见到了正在付印中的“总述”排版样。笔者的阅读感觉是一读新鲜，再读不厌，三读受益。志稿一次比一次修改得体，真正做到了“与时俱进”。作为一部城市区志，《鼓楼区志》是部高质量的志书，堪称上乘之作、一流之作。

怎样的志书是“上乘之作、一流之作”？笔者认为，它应该是部实事求是之作、资料翔实之作、特色鲜明之作、具有创意之作、处置有度之作和精雕细刻之作。《鼓楼区志》基本具备了这些条件。

实事求是，是一部志书的灵魂。志书如果不可信，其他一切都无从说起。《鼓楼区志》编纂中有个“五不入志”制度，即“事实不搞清不入志，数据不核准不入志，政治观点不正确不入志，资料相互矛盾不入志，无典型性、代表性、影响不大的事件不入志”。这就是一种实事求是的态度，一种严谨科学的态度。实事求是是指导思想，贯彻于志书编纂的各个方面。完整、详细地评价，显然不是笔者这篇文章所能承担的。但可以举个典型实例，就是对民国时期的记述。一般志书，记述内容，总有点拘束，也很少使用颂扬性话语。《鼓楼区志》从实际出发，全志记有大量民国时期的内容，单升格所设“经典民国建筑”专编，文字量就长达五六万字。“总述”中还这样说道：“民国政府定都南京，对于南京城市发展具有划时代历史意义”，并说民国时期鼓楼区境内道路的命名（以全国政区、大城市和名胜古迹命名）“展现了宏大的国家意志和宽广的胸怀、恢宏的气势”，等等。乍一看，似乎在为民国说好听的话，实际上却实实在在地体现了编者的历史唯物主义和辩证唯物主义的态度。

资料翔实，是一部志书的根基。“志之重要，在于资料。”著名学者周谷城的这句话是大白话，也是至理名言。一部没有多少资料可资人们利用的志书，是很难成为一流之志的。也许有人会说，明代韩邦靖的《（正德）朝邑县志》和康海的《（正德）武功县志》都很简洁，却都是被人称道的名志。其实，时人称道他们的，是“体例谨严”“笔墨疏宕”“训词尔雅”“义昭劝鉴”，等等，是从政治标准和书写标准方面着眼的，对于资料标准，则向来受到批评。清代方志学家章学诚曾谓此二志“简而无当，潜滥荒疏”。当代人刘光禄评价其“有些内容仅能起到目录、索引作用，史料价值不大，难于发挥地方志书作用”。此二志，一为5700字，一为25000字，如此篇幅，能存多少史料！而《鼓楼区志》，洋洋洒洒280万字，文字量远远超过一般区志的篇幅。笔者自然不敢说它无法再“减肥”，或者说尚可精炼文字、严格取舍。但现在的《鼓楼区志》资料存量十分丰富，应该是个不争的事实。单以志中的附表而论，下述表种往往是其他区志中没有或者少有的：历年人口迁入、迁出表，人口籍贯（分省市）表，民国道路拓建表，主要下水道（合流管道）表，出租汽车经营单位表，街头绿地、小游园表，房屋建成年代、产别、用途、结构、月租表，民国里弄新村分布表，高层建筑表，主要餐馆、旅馆、宾馆、洗染门点表，农贸市场表，工业普查表，主要产品标准目录表，老人公寓表，古树名木表，科普教育基地表，50年传染病发病情况表，重要居民区名称表，地名变更表，废弃地名表，民国优秀建筑表，驻区单位两院院士表，等等。这些表格多数为一览表，具有难以收寻、资料齐全等特点。只要看一下表名，我们就知道这都是非常有用的资料。就像宝塔一样，只有资料的塔基雄厚，塔身才能逾千年而屹立。

特色鲜明，是一部志书的靓丽容颜。地方志是“地方”之志，地方特色应该是志书的基本特征。已经出版的首轮新志，给人们留下深刻印象之志，也往往是具有鲜明地方特色之志。《鼓楼区志》无疑是一部亮点较多的好志书。翻开篇目，就有“文物古迹”“经典民国建筑”“湖南路文明街”等特色编。在“专记”中，又有“鼓楼之最”“石头城与金陵邑”“龙江宝船厂”“鼓楼”“随园与《红楼梦》中的大观园”“南京安全区国际委员会”等特色事物。《鼓楼区志》的“总述”列有“鼓楼：南京城区文明的摇篮和城市地理中心”“石头虎踞：南京古都历史上的军戍区和城北郊区”“民国首都新区：见证近现代历史的城市化进程”“省会精华：得天独厚的驻区资源”“区政方略：打造‘江苏首善、全国同类一流’的现代化城区”五大部分，把总述写作的“分块式”与“通史式”有机结合，既可视为鼓楼区的一部2000多年文明的浓缩简史，又可看作鼓楼区地情特色和发展思路的准确凸现。不仅读后使人振奋，对鼓楼区经久难忘，而且对于志书总述的写作也是一种新的尝试。

具有创意，是一部志书的魅力所在。中国地方志已经有2000多年的发展历史，形成了良好的传统，为历代修志工作者所接受、继承。我们社会主义时代的新方志当然也不能例外。但地方志的编纂又必须随着时代的发展而创新，不然的话，就会被时代所淘汰。任何一部名志、良志，它们都有其高明、独到之处。比如民国《川沙县志》就因为记事内容的更新、大事年表的设置，特别是“概述”的创新之举而为人们所津津乐道。《鼓楼区志》按照胡乔木同志提出的用“三新”的观点编写新方志的要求，从记述内容到编纂方式也多有创新之举。《鼓楼区志》虽然属于首轮新方志，但因其下限已记至2000年，故其记述内容远比20世纪80年代所编新方志为新。如私营（民营）工业、股份制改制工业企业、外商投资工业企业、三资企业出口创汇、民营科技企业、税源经济管理、外向型经济管理等记述内容，80年代所出志书是很难或者很少加以反映的，因为改革开放才刚刚开始。《鼓楼区志》“总述”所列举的“实施‘教育强区’，确立人文环境优势”“实施‘科教兴区’，发展城区高科技产业”“实施‘三产兴区’战略，优化产业结构，创新城区经济形态”“实施‘江东城市化，城区现代化’创建优良人居环境”“整合资源，共建社区，建设和谐的城区社会”的区政五大方略，以及“富强鼓楼”“科技鼓楼”“绿色鼓楼”“平安鼓楼”“文化鼓楼”“惠民鼓楼”等新提法的入志，劲吹的已经是21世纪之风。志书要有时代特点，《鼓楼区志》的新时代特点是相当明显的。不仅如此，在志书的编纂方法方面，实行“专家参与、三位一体”，专家直接参与总纂班子，主笔、责任编辑、专家分工负责、共同把关，也是一种创新之举。总之，凡上乘之作必然有创新，没有创新的志书是不可能成为名志、良志的。

处置有度，是一部志书成熟的标志。地方志编纂是专门学问，志书是现实社会的客观记述，仅凭编纂者的热情和理解是不够的。它必须以马克思主义政治理论和方志学的基本原理为指导，正确处置种种复杂关系。《鼓楼区志》在遵循方志体例方面对“度”的把握恰到好处，在处理记事内容的广泛性与志书容量有限性关系时，把握“全”“特”“精”“省”四个字；处理区属与驻区关系时，既坚持统写全区，又做到“详区属略驻区”“先区属后驻区”“区属重微观，驻区重宏观”的原则；在处理继承与创新关系时，既严格坚持志体、志规，又不拘泥于旧框框，在工作思路、工作方法、体例架构、志书内容等方面进行创新；在处理纪实性与保密性关系时，既秉笔直书、如实记述，又严格执行有关保密规定；在处理详与略和交叉、重复关系时，做到详略恰当、此详彼略、详异略同、详近略远、详关键性、阶段性内容，详典型性、首创性、贡献大、影响深、知名度高、反映规律性的事和人，略一般过程和常规性内容，做到详不烦琐重复，略不缺门少类，能说明来龙去脉，做到分工有序、交叉参见、轻重相宜。一个2000年才开始修志的城区，对修志中的种种复杂问题为何能如此老到地处置有度？有个经验值得总结。《鼓楼区志》的编纂成功，除了区里领导重视、自身努力学习、坚持众手修志、省市志办加强指导等是根本保证之外，区地方志办公室聘用了几位原本在省市志办长期从事省志总纂、市县志指导、现已退休的方志学者自始至终参与区志的编纂，也是一个重要原因。“人才是个宝”，有行家里手进行全程指导，不仅少走许多弯路，而且直接带到了方志学理论研究的前沿阵地，从而使区志编纂既有较深厚的底蕴，又有一个高的起点。目前，从第一轮修志岗位上退下来的高手越来越多，如何利用这些“绩优股”，大有文章可做。

鼓楼区的做法，值得全国同行借鉴。

精雕细刻，可以为一部志书锦上添花。20世纪80年代的修志者创造了一种修志模式，叫作“一稿抢、二稿磨、三稿雕”，应该予以肯定。修志事业是千秋大业。俗谚云“性急吃不了热豆腐”，急就章快是快了，但问世后往往难遂人意，留有遗憾。《鼓楼区志》的编纂历经准备、初纂、分纂、内审、总纂、预审、终审、验收等8个阶段，才进入付印出版程序。其间对种种疑问、交叉重复进行了查漏补阙、推敲核实、增删减留等精雕细刻过程，从而使志稿日臻成熟、完美。“青灯黄卷，案牍劳形”，精雕细刻工作是一项非常枯燥、单调、琐碎、费神的工作。但笔者相信，这种上对祖宗，下对子孙的功夫是绝对不会白费的。

由于笔者虚挂了一个《鼓楼区志》编纂顾问的头衔，鼓楼区志办的同志便再三要求写个跋，盛情难却。待写完以上文字辍笔细看，这哪像是跋？分明是篇志评而已。转而又想，跋无常形，笔者本是志中之人，也就只能在志言志。所言若有差误，恳请更多的志中之人和读者批评指正。

姚金祥

二〇〇五年九月

【编后记（节选）】

《鼓楼区志》编纂工作于2000年8月底正式启动，近五年来，区志编纂工作在省、市地方志办公室的关心、指导下，在区委的正确领导和区政府的精心主持下，在全区各部门、各街道和驻区单位的大力支持下，全体编纂人员顽强拼搏，不懈努力，克服了一个个困难，度过了一段段艰辛的历程。2000年8月开始为准备阶段，主要是进行宣传动员、制定计划、编制篇目、人员培训和搜集资料等，完成一系列前期基础性工作。2001年1月开始为初纂阶段，至同年6月30日，全区61家参编单位按照区志编纂工作的要求分别编写部门（街道）志稿，总计成稿430余万字。从2001年7月起为分纂阶段，就是将60多个单位完成的志稿初稿按类分成32编进行编纂，落实每编主笔，由各编主笔按编目要求编纂区志征求意见稿（白皮书）。从2002年4月起为内审阶段，结合区志分纂，将210万字区志征求意见稿（白皮书），分批呈送给区领导、区志编纂委员会委员和有关单位负责人审阅并征求意见。先后共收到各类反馈意见1万余条。从2002年12月起为总纂阶段，重新调整篇目，梳理反馈意见，逐条对照修改白皮书稿。同时，进行全志统稿，处理交叉重复，补充缺漏，消灭差错。从2003年6月起进入预审阶段，将总纂稿编成预审稿（蓝皮书）报送省、市地方志办公室审查，并于同年11月召开预审会。预审会对预审稿给予充分肯定，也提出许多重要意见。从2003年12月起进入终审阶段，根据预审会上省、市志办领导和专家提出的意见，制定预审稿修改方案，突出六个重点对预审稿进行全面修改，于2004年4月底完成终审稿，并呈送省、市地方志办公室审核。2004年8月，省、市志办联合在华东饭店召开《鼓楼区志》终审会，区志顺利通过终审。2004年8月起进入验收阶段，根据终审意见对终审稿进行修改后编纂成验收稿，于11月送省志办审验，12月通过验收。同时，区志稿也通过区保密委员会的保密审查，2005年1月起进入出版阶段。2月，区政府正式批准出版区志。区志稿随即送中华书局审编。4月，出版社审编完成并同意付印。2005年5月起进入印刷、发行阶段。区志稿进行最后修改校对后，印刷成书并向社会公开发行。

一、基本做法

《鼓楼区志》是我区历史上第一部区志。它要求全面、准确、科学地记述区境范围内从自然、社会到政治、经济、文化等各个方面的历史与现状。时间跨度上溯到事物的发端，下限至2000年（总述、大事记、专记、丛录、照片等延至2003年）。作为我区历史上首次修志，我们从事的是一项从无到有的拓荒性工作，缺乏专业知识、修志经验和专门人才。更为突出的是，由于社会变革、领属变迁、机构改革，特别是“文化大革命”的影响和破坏，各种资料严重缺乏，给编写区志带来极大的困难。加上我区这项工作起步晚，时间要求紧，工作上压力很大。面对如此严峻的形势和诸多矛盾困难，区地方志办公室及其先后与之合署的区档案局、区委党史办和全区广大编纂人员，以抢救鼓楼区宝贵资料为己任，以编纂一部精品良志为目标，惕惕自厉，孜孜以求，精心谋划，咬紧牙关把区志工作一步一步推向前进。

（一）严密组织、科学安排，保证编纂工作顺利进行

1.把区志编纂作为一项指令性任务，深入思想发动，扎实做好准备

编纂区志是国务院和省政府下达的一项重要任务。作为首次修志，任务艰巨，责任重大。尽管编纂时间很紧，我们还是不打无准备之仗，扎扎实实地做好各项前期准备工作。一是广泛深入地进行宣传发动。2000年8月30日，我区召开《鼓楼区志》编纂工作动员大会，全区各部门、各街道的主要领导和有关人员参加会议，孙宁副区长对区志编纂工作进行具体部署，时任区长的叶皓同志到会做重要讲话。他特别强调，“编写鼓楼区志是一项指令性的工作任务，务必不折不扣地完成。”会后，我们认真宣传、贯彻叶区长的讲话精神，大力宣传区志编纂工作的重要性。还通过编发区志工作简报，发布在全区范围内广泛征集区志资料的通知等，使编纂区志的深刻意义以及计划、步骤、要求等不断深入人心，形成浓厚的舆论氛围。二是制定切实可行的实施计划。根据省市对区志编纂的要求，我们以区政府的名义下发《关于开展鼓楼区志编纂工作的通知》，确定区志编纂工作计划和具体实施步骤，并将任务分解到全区61个承编单位。工作进行的每一个阶段，还制定阶段工作计划和按季、按月分解计划，明确责任和进度要求。进入总纂、预审、终审阶段前，又分别制定详细的总纂工作方案和修改方案，对总纂的目标、任务，修改的重点和工作分工做了部署，并在征得区有关领导同意后组织实施。确保编纂工作有计划、有指导、按步骤向前推进。三是组织业务培训。区志工作启动后，我们于2000年9月举办一期编纂业务培训班，邀请省、市方志专家、学者专题讲课，全区170余名参编人员参加培训，初步掌握修志工作的基本原则和业务知识。同时，编辑印制《鼓楼区志》编纂工作手册供编纂人员参考。进入分纂阶段后，又利用召开主笔会议的机会对主笔进行业务培训。四是精心编制《鼓楼区志》篇目。篇目是志书的大纲。在广泛吸收上海、广州、天津、扬州等地区志篇目设置经验的基础上，结合我区特点，先后对篇目作了六次大的修改，为承编单位收集材料、编写志稿和区志总纂提供“操作指南”。

2.把区志编纂作为一项系统工程，严密组织实施、明确双重责任

编纂我区第一部志书，既要客观、全面、系统地记录鼓楼的历史与现状，但又不能事无巨

细，记成流水账，必须科学地提炼和提高，编成一本著述性的资料书。参与编纂工作的不仅是区属61个单位，还涉及驻区大专院校、科研院所、宾馆饭店、金融证券、工厂商店等500多个企事业单位。这是一项系统工程，必须统一协调，严密组织，科学分工，合理安排。一是建立双重责任制。即行政上的领导责任制和业务上的主笔责任制。在区志编纂工作动员会上，叶皓区长与全区61个承编单位的主要领导签订责任书。在区志分编主笔会上，明确主笔责任制。并由分管区长颁发聘书，从而使主笔们既增加光荣感，又增强了政治责任感和使命感。建立双重责任制，就等于建立了"双重保证"。二是采取三结合的编纂形式。即专家、责任编辑和主笔"三位一体"共同编纂。我们长期聘请三位专家在业务上进行指导。同时由区志办的工作人员担任责任编辑，负责审稿、编辑、总纂和协调、联络。由各编主笔负责组稿和修改完善。并将全部任务进行分解，落实到3名专家和5名责任编辑，各负其责，包干到底。三是加强指导，搞好协调。我们重视对承编单位的业务指导。在编纂的不同阶段，分别提出相应的编写规范和工作要求。先后会同区计经委、教育局、旅游局、科委等单位召开驻区单位区志稿组稿会，对驻区单位提供资料提出具体要求。对于少数进度较慢的单位，多次登门造访，督促检查，不让个别单位拖全局的后腿。同时，注意做好编写任务有交叉、联系的单位之间的协调工作，既明确任务、防止重复劳动，又避免互相扯皮推诿，影响任务完成。

3.把区志编纂作为我区先进文化建设的重要组成部分，建立专门队伍，注重人才培养

区志编纂是一项浩繁的工作，从全区各单位编纂部门志、街道志，到分编编纂专业志，再到总纂成稿，需要一支专门的队伍。根据区政府的要求，区志工作动员会后，全区各承编单位均落实一名分管领导和部门志编写主笔。并组建规模不一的编写机构。区公安分局、建设局、民政局、五台山街道、中央门街道、人武部等单位均成立5~7人的编写班子，区委办、政府办、组织部、商业局、统战部、计经委、教委、房地产局、鼓楼街道、华侨路街道等单位成立3~4人的编写小组，其他单位也都明确1~2名编写人员。全区上下很快建立一支老、中、青，专、兼、聘相结合，200余人参加的修志工作队伍。这个队伍中的修志人员大都具备阅历丰富、事业心强、文笔较好的特点。由于有了这支庞大的队伍，全区只用半年多的时间，就完成各行各业、条条块块、方方面面的资料搜集工作，并于2001年6月底前，基本完成60多个部门志的初稿编写工作。

建设一支精干有力的主笔队伍，是区志编纂的重要环节。区志进入分纂阶段后，分编主笔的作用显得十分重要。我们按照"工作热心，阅历丰富，事业心强，文笔较好"的原则，精心挑选。28名同志担任32个分编的主笔、副主笔。在2001年8月召开的分志编纂动员暨主笔工作会上，由分管区长代表区政府向每位主笔颁发聘书。各编主笔工作非常负责，认真按照志书编写要求将相关单位提供的初稿进行合成，并精心做好资料的筛选、补充、核实工作。在一年多的时间里，完成32个分编的区志征求意见稿（白皮书）。

重视做好修志人员的思想稳定工作是修志队伍建设的重要内容。修志是一项冷门工作，不易引人关注。加之社会上有一种流行的说法叫"不得志者修志，修志者不得志"。为防止这种片面的说法对修志人员产生不良影响，避

免时间长了有的同志产生厌烦情绪，我们注意利用会议、简报、改稿会等各种机会反复宣传修志的意义，着重强调修志也是一种人才的锻炼和培养，使广大修志人员“立志修志、修志得志”，树立“修志必有志，无志不修志，立志修好志”的世界观，全身心地投入到修志工作中。同时，也及时向各单位领导汇报修志人员的工作成绩，特别是年轻同志的工作表现，引起单位领导的重视和支持。实践证明，修志工作横陈百科、通古博今，既动手又练脑，既长知识又磨意志，确是一项锻炼人的工作。广大参与修志的同志在近几年的修志实践中，思想基本稳定，工作积极投入，自身也得到了锻炼和提高。2003年区委领导又从进入机关很少的几名研究生中安排一名同志到区志办工作，既是对地方志工作的加强，也是对年轻人的锻炼和培养。

4.把区志编纂作为千秋大业，严格“三审”制度，狠抓编纂质量

质量是志书的生命，区委、区政府领导从一开始就提出了要将《鼓楼区志》编成一部精品良志的目标。要求首部志书一定要做到一全（全面记叙鼓楼自然、社会的历史与现状），二精（资料精确、文字精练），三特（有时代特色、鼓楼特色、专业特色），四美（思想美、体例美、文字语言美、装帧美）。为了达到这个要求，区志编纂工作始终坚持把质量放在首位。全区修志人员认真学习修志业务，熟悉地方志的体例规范，不断增强质量意识和责任意识，以对社会负责，对后人负责的态度精心修志。资料是志书的基础，全区各单位为了编出高质量的区志初稿，都投入了大量的精力做好搜集资料的工作，走遍了南京各大档案馆、图书馆及有关部门的档案资料室，搜集各种资料2000余万字。在资料使用上，坚持科学性和真实性的原则，力求不放过一个疑点。在志稿编写中，严格坚持志书的体例规范，力求做到内容丰富，资料翔实，文字精练。为了把好质量关，编纂中制定了“一、二、三、四、五”的工作原则和制度，这就是“一”个原则，即质量第一的原则，坚持编目服从内容，进度服从质量。“二”即两个底线，就是整个区志要横不缺要项，纵不断主线。“三”就每一稿都有三级审核，初稿由部门领导一审，区志办责任编辑二审，专家把关三审。总纂稿由区五套班子领导及编委会委员和有关部门负责人一审（内审），省、市志办联合二审（预审），省、市志办三审（终审）。“四”就是把好四个关，即政治关、史料关、体例关和文字关。“五”就是五不入志，即事实不搞清不入志，数据不核准不入志，政治观点不正确的不入志，资料相互矛盾的不入志，无典型性、代表性、影响不大的事件不入志。通过层层把关，级级负责，保证志稿质量达到较好的水平。

在狠抓质量的同时，我们也不放松编纂的进度。在区志编纂中，始终注重质量与进度的统一，在保证质量的前提下，提倡“一稿（征求意见稿）抢、二稿（预审稿）磨、三稿（终审稿）雕”的做法，抢时间，抓进度，科学进行人员分工，灵活安排工作方案，充分利用工作时间，不断调整工作目标，力争赶上先行区的步伐。

（二）遵循志体、注重规范，努力编纂一部精品良志

编纂首部区志，区领导一开始就提出了很高的要求。我们在边干边学的同时，注重学习前人的经验，注重依靠专家的指导，严格遵循志体规范，并且大胆实践、大胆探索、敢于创新，努力编纂一部有鼓楼特色的志书。编纂工作中，我们注意处理好以下几个方面的关系：

1.正确处理纪事内容的广泛性和志书容量

的有限性的关系

著名方志学家来新夏教授主编的《方志学概述》指出："从方志的纪事内容和内容广略方面，可分为繁体和简体两类。"中指组《关于地方志编纂工作的规定》指出："志书的篇幅不宜过大，今后续修，字数要相应减少。"《鼓楼区志》是我区历史上的首部区志，篇幅如何掌握，我们经过了反复研究。我区是南京市的中心城区，历史悠久，建区已有70年历史，从未修过区志；经济发达、科技、教育、文化、卫生、体育事业，在全市乃至全省、全国处于领先地位，为全国高校最多的城区之一；人文荟萃，入志的已故知名人士达332人，仅已故的军队少将以上高级将领就有92人，在世的中科院、工程院院士达34人；鼓楼区曾是民国时期全国的和新中国成立后江苏省的政治中心，尤其是中共十一届三中全会以来，在社会主义物质文明、政治文明和精神文明的协调发展中取得了显著成绩，不少领域处于全市乃至全省全国的先进地位。为了节约人力、物力，区内各部门、各街道短期内一般不再准备编印出版专业（部门）志。为此，我们编修的第一部鼓楼区志，将是一部"内容广泛，资料详尽，史料价值大"的繁体类志书。全区61个单位的200多名修志人员搜集各种资料2000余万字。因此，在篇幅的掌握上我们注意四点：一是尽量全面记述，突出一个"全"字；二是突出个性，简略共性，体现一个"特"字；三是筛选资料，掌握标准，强调一个"精"字；对资料性不强的内容，果断删除。对入志领导、人物、奖励级别等都做了严格规定。四是避免重复，详略互见，注意一个"省"字；对交叉内容集中一处详写，其余略写或用互见法处理。

2.正确处理区属和驻区的关系

《鼓楼区志》作为一方之全史，是一部地域志，是广义上的大区志。我们坚持统写全区的原则，不仅记述区属、区管事物，而且记述驻区事物。鼓楼区有"七大七多"：大机关多、大企业多、大专院校高科技人才多、大医院多、大宾馆多、大科研机构多、大干部和社会名流社会贤达多。记述好驻区单位在鼓楼历史发展中的地位和作用，是鼓楼区志的重要任务。但是对区属和驻区事物又不能不加区分、同等对待、一一记述。这样势必会主次不分，重点不明。我们注意正确处理区属和驻区的关系，在记述中注意掌握三个原则：一是在记述内容上详区属略驻区；二是在记述顺序上先区属后驻区；三是在记述视角上区属重微观，驻区重宏观。当然在具体编纂中有些地方也注意灵活掌握，如在重点编湖南路文明街中，一些驻区单位为文明街建设做了大量工作，在记述时也给予了适当的篇幅。

3.正确处理继承和创新的关系

中国地方志经过二千多年的发展，形成了固定的模式和独特的风格。我们在区志编纂中注意发扬方志编纂的优良传统，严格坚持志体、志规。但是继承传统也不拘泥于旧框框，努力实践"三个代表"重要思想，按照胡乔木同志提出的以"新观点、新内容、新材料"编写新方志。在编纂的工作思路、工作方法、体例架构、志书内容等方面进行探索创新。如在编纂方法上实行"专家参与、三位一体"的工作方法，请专家直接参与总纂班子，由主笔、责任编辑和专家分工负责，共同把关。在篇目设置上，重点突出反映时代、地方、专业三个特色。把有突出地位或实用性特强的内容从常规篇目中分出单独设编，如把本应在有关编分散记载的"经典民国建筑""湖南路文明街"这些特色内容升格为编；把中共地方组织从党派社团中分出，以反映中共的领导地位以及鼓楼区委在党的建设方面的突出成绩；把劳动人事管理从国民经济综合管理中分出以反映该项管理在“以人为本，人和社会、自然协调发展”中的重要作用；把实用价值和存史价值特别大的本应在建置区划和民政中分散记述的地名单列成地名编；本应在文化编记述的文物古迹独立成编。另外把商贸和旅游、街道和社区并列为编名，以突出旅游的重要作用和鼓楼区社区建设在全国的领先地位。把文化、社会仍分别列编，这是方志界20多年来一直有争议的问题，实因文化、社会确有大、中、小的不同内涵而引起不同的看法。这里还要提一下两个大胆尝试的问题。第十五编习惯称“公安司法”或“治安司法”，我们称为“政法”，比其他的县（市、区）志增写了社会治安综合治理章，以反映现代社会的实际分工。第八编经济综合管理，比其他的县（市、区）增加了税源经济管理和外向型经济管理两章，反映经济管理出现的新动向，解决“三外”（外贸、外经、外资）归到商贸不恰当、单列成编资料又不足的问题。在工业编还保留了1953~1995年工业普查与2000年调查资料。

4.正确处理志书的纪实性和保密性的关系

《鼓楼区志》内容较多，涉及面广，编写时，必须做到秉笔直书，如实记述，但又要严格执行有关保密规定，凡属于党和国家秘密的，均不得载入志书。如何才能做到既保持必要的透明度，增加方志的信息量，同时又不违反保密规定。我们认真学习了上级的有关规定和前人的一些经验。国家保密局关于泄密问题定义为六大部分：一是危害国家防御能力；二是危害国家政权的巩固和使国家机关依法行使职权失去保障；三是影响国家统一、民族团结和社会安定；四是妨碍国家外交、外事活动正常进行；五是损害国家经济利益和科学优势；六是妨碍国家重要保卫对象和保卫目标安全。我们在区志编纂中注意掌握上述规定，对保密问题既重视又不任意扩大范围。志稿定稿前，我们又通过了区保密委员会的保密审查。

5.正确处理详与略以及交叉与重复的关系

在区志篇目设置和内容记述上，我们注意做到详略恰当，此详彼略，详异略同，详近略远，详关键性、阶段性的内容，详典型性的、首创的、贡献大的、影响深的、知名度高的、反映规律性的事和人，略一般过程和常规性的内容。做到详不烦琐不重复，但略也不是不记，做到略不缺门，不掉类，能说明来龙去脉。如人物编把区范围内过去和现在（到下限为止）已故的符合入志要求的人记得较多，但也注意了详略得当。详记贡献大、影响深、有特色的人物，突出记其对区内影响大的事迹，对其他人物用“录”和“表”略记其具有信息量的要素。

为保证区志的全面性和完整性，各篇章之间的交叉是正常的，但简单的重复则不允许存在。在白皮书和蓝皮书的修改中，我们花了较多的精力处理交叉重复问题。一是根据不同编的分工详略有序；二是采用参见法处理，把大量资料记述在特色编、章及有关专记里，其他相关编章的内容均服于该特色编、章；三是在资料使用上注意选准不同的角度。如城建、旅游、文物古迹中相关内容的处理，某一建筑做到在城建编主要记述建设情况、旅游章从旅游资源角度记述，文物古迹编则简介文物价值。

二、主要体会

《鼓楼区志》能够顺利编纂出版，我们的主要体会是：

（一）党委领导、政府主持的工作体制是编好区志的关键（略）

（二）专家参与、众手修志是编好区志的重要保证

修志是一门学问。编修区志对全区修志人员都是第一次，缺少经验。为了保证区志编纂工作顺利开展，我们聘请了江苏省地方志学会理事张尚金、吕武进和《江苏省志·乡镇工业志》副主编宋绍光等三位有一定知名度的方志学者参与总纂工作。三位修志专家工作认真负责，运用他们多年的修志经验和对志书规范的熟练把握，对我们的区志编纂工作进行全程指导，从初稿起就进行严格把关，防止编纂进程中“炒夹生饭”，让我们少走了不少弯路。编修区志还是一场小型的“人民战争”。区志涉及各行各业、包罗万象。前期要依靠各系统、各单位提供资料，后期有众多的领导和专家、学者参与审稿。包括一些离退休的原区领导，都多次参加区志办组织的座谈会，对志稿提出了很多有益的意见。四年多来，参与《鼓楼区志》搜集资料、编写初稿、审稿核稿的领导和有关人员已达400余人，正所谓“众手成志”，《鼓楼区志》正是众人共同努力的结晶。

（三）全面记述、体现特色是编好区志的必然要求

作为首部区志，我们尽量全面记述鼓楼的历史和现状，尽可能多的搜集资料，尽量增加区志的信息量。同时，又注重体现时代特征和鼓楼特色，在志书中重点记述闪耀着时代光辉的事物，体现出时代的精神风貌，浓墨重彩地记述和反映我区改革开放和社会主义现代化建设的历史进程和伟大实践。1.反映时代特色，记述改革开放的丰硕成果。重点记述体制改革、经济发展、房地产开发、旅游开发、环境保护等内容。2.反映鼓楼特色，展现鼓楼优秀业绩、人情风貌。重点记述全国文明街湖南路，社区建设，教育、文化大区，优秀民国建筑等内容。鼓楼境内在抗日战争时期曾是“国际安全区”所在地，我们在军事编和专记中记述和收录了发生在安全区内的一些重要事件，如日军暴行和人民所受的苦难。3.反映城区特色，突出城市工作特点。城市区和县的一个重要区别是县内绝大多数单位和部门都归县管辖，而区正好相反。这就造成城区工作的重点是服务和管理，这一点随着时代的发展越来越明显。我们努力在区志中反映城区工作的特色，注重记述城市管理、房地产管理、社区服务和社区建设等内容，增加城市综合管理的分量。

（四）艰苦奋斗、无私奉献是编好区志的精神支柱

地方志工作是一项“三苦”（艰苦、辛苦、清苦）的工作，青灯黄卷，案牍劳形，工作枯燥，单调、费神。需要修志人员有坚韧不拔的精神和艰苦奋斗的作风，坐得住冷板凳，耐得住寂寞。正如已故方志学家董一博老先生所说：“完成伟大事业的篇章，与其说是智慧的结晶，毋宁说是献身精神的写照。”我区区志办相比较其他区，人员不多，但全体编纂人员视修志为一项崇高的事业和难得的机遇，不怕艰苦，不辞辛苦，耐得清苦，不为名，不为利，默默无闻、任劳任怨，积极投身于地方志工作中。编纂初期全区参加编纂工作的有210余位同志，他们认真负责，辛勤工作，积极走访调查，广泛搜集资料，为区志编纂打下了坚实的基础。区志办的编辑人员中多数是即将退休和已经退休或退居二线的老同志，他们不仅负责编纂工作，有的还是许多编的主笔，从收集第一手资料到最终成稿，付出了许多的心血。四年多来，他们本着对历史负责、对

社会负责、对后人负责的态度,埋头苦干,兢兢业业,广征博采,核实论证,布局谋篇,斟字酌句,体现了强烈的敬业和奉献精神。在区志编纂中他们始终把区志质量放在首位,树立高度的全局观念,工作中既有分工负责,更有配合协作。区志编章结构曾有多次调整,编辑人员的任务分工相应的亦有多次变更,大家每次都能愉快接受,并精心做好每一项工作。

(五)社会各界鼎力支持是编好区志的力量源泉(略)

【志评】

继承创新　显地情之特

——《鼓楼区志》略评

诸葛计

一

《鼓楼区志》是南京市属一个区的志书。城市区志,是从二十世纪七八十年代开始以来的首轮修志中才出现的一个新志种。一种事物新品种的出现和形成,不是零星的偶发现象的出现就算成立,而是要经若干人的共同实践,并经过若干时间的探索,成为有一定规模的事物,才算它的形成。而且这种新品种出现之后,在不太长的时间内,便会有其代表性的典型出现。如宋代乡镇志出现之后,就有《澉水志》为其代表。同样,明代的边关志出现之后,便有《四镇三关志》《山海关志》为其代表,卫所志出现之后,便有《天津卫志》《宁远卫志》为其代表。自首轮修志中城市区志出现之后,经过广大区志修纂者(人数总可以千计)近20年的共同努力,至今出版的城市区志到底有多少种,笔者手头没有这方面的统计资料,但说其数量已达近百部,大概是不会错的。不但有近百部的区志出现,而且还形成了编纂城市区志的一套理论,仅这方面的专著就不止一种,相关的论文更是难以胜数。时至今日,说这个新志种的已经出现和形成,是毫无疑义的了。

那么,这个新志种是否已经有了可以称得上其典型代表的志书了呢?笔者想是应当有的,不过笔者现在还说不出来罢了。思想文化产品与一些具体的事物还有所不同,它的得失优劣,尤其是这种新产品的典型代表者,是要经过历史的检验,由后人放在历史的长河中去加以定论的。但这并不是说,当代人就不可以对这种新事物加以评论。而且笔者还认为,这种当代人的评论也是探讨其是否可以成为这种新事物典型代表的重要组成部分。应该说,就已经出版的诸多城市区志而言,大多各具特点。就这些志书而出现的评论,也大多是实事求是,客观公正,言之有物的,对于推动这个新志种的形成也是功不可没的。

今天,笔者对《鼓楼区志》进行评论,丝毫没有为其力争在方志史上地位之意,而旨只在和本界同仁一起,来对其得失进行经验总结,共同推动城市区志的成熟和发展而已。

二

《鼓楼区志》编纂者们在编纂过程中提出了全、精、特、美的四字原则,这是一个很高的要求,更是对志书编纂理论的重大丰富,在方志理论上是一个不小的贡献。对于在这四字原则指导下修纂而成的这部志书,姚金祥先生在书的《跋》语中作了全面总体的评估。认为是一部实事求是、资料翔实、特色鲜明、具有创意、处置有度、精雕细刻之作,是一部高质量的志书,堪称上乘之作、一流之作，给予了很高的评价。本人对志书读之不细，对于它的优长一时还难于有一个全面的把握，作出全面的评价。在此只能谈一点读后的印象。读完这部《鼓楼区志》后得出一个较深的印象，就是它在继承传统和努力创新方面都下了较大的功夫，取得了多方面值得注意的成果。如果要用一句话来归纳，那就是在反映地方特点上下了较深的功夫。

编修地方志是中华民族的一项优良的传统，这是人所共知的不争事实。但这是就总体而言的，并不是说这种传统在全国各个地区的表现都是均衡的。正是基于这样的原因，所以才有“方志之乡”的这种说法。一些不称或者说称不上“方志之乡”的地区，并不是说中华民族这个共同的传统在它那里就没有表现，而只是它与“方志之乡”相比较而言，显得相对逊色一些而已。江苏地区有历史以来，不但修成志书数量多、品种多，而且出现了很多在全国影响大的名志。《四库全书总目提要》中共收入明代以前“都会郡县志”之“尤雅者”是24种，江苏就有6种，占收录总数的1/4。而且在这里还孕育出了在中国方志学史上影响深远的丰富的方志理论。南京历来就是江苏政治、经济、文化的中心地区，在方志学史上它也居于一个中心的地位。前述的24种“尤雅者”的志书，南京就有《景定建康志》和《至正金陵新志》两种。所以笔者斗胆地说，将南京称为中国“方志之都”也不是不可以的。在这样一个“方志之都”的地方来新修志书，就面临着一个比其他地方更为严峻的如何正确对待传统和创新的问题。既不能割断历史，不顾传统，又不能泥古不化，为传统束缚住手脚而不进行创新探索。处在这个特殊地区的《鼓楼区志》（还有整个《南京市志》），在这个问题上处理得恰当与否，就是新修志书成败优劣的一个关键。读完这部《鼓楼区志》，笔者认为他们对这个问题的把握是适度的。

鼓楼区不但是南京的属区，而且是南京城区文明的发祥地。南京建置历史悠久，曾是东吴、东晋、宋、齐、梁、陈、南唐、明初、太平天国、民国等10朝都城，城垣宫殿建筑宏伟；“虎踞龙蟠”的山川险要形势，是古代重要的军事要塞；名胜古迹众多，人文荟萃显赫等历史特点，在这个区内都有集中表现。当代的鼓楼区，又是全省政治、经济、文化中心，全国首批科普工作示范区、全国城市教育改革试点区、全国首批社区建设实验区和全国首批社区服务示范区，有着全国创建文明城市活动示范点和全国百城万店无假货示范点，等等。志书中不但抓住了这些特点，而且着力地反映了这些特点。对于鼓楼区这些古今特色，书中可以说是采取全方位的反映。具体来说，志书采取了4种形式的做法：

一是篇目设置上突出特点。志书的篇目设置应当有一个基本的格式要求，但又不能限于统一的模式。地方志书是反映地情的书，地情多样性及各自特点的存在，决定了它只能实行因事创例，例以义立。南宋时周淙修《乾道临安志》时，因为当时临安是南宋都城所在，为了区别于一般郡志，于是首设《行在所》一编，以记其宫阙、官署。周应合在修《景定建康志》时，也因“建康又非江陵比也，自吴以来，国都于此，其事固多于江陵。若我朝建隆、开宝之平江南，天禧之为潜邸，建炎、绍兴之建行宫，显谟承烈，著在留都，凤阙龙章，固宜备录。然混于六朝之编，列于庶事之目，宫府杂载，君臣并纪，殊未安也。”故“先修《留都宫城录》冠于书首”。这都是因事创例、例以义立的典型例子。这一点对于当代《南京市志》和《鼓楼区志》的编修是不无借鉴意义的。

《鼓楼区志》限于自己仅是南京的一个区，只限于自己区内的特点，在志书的编一级上，特设了《经典民国建筑》《湖南路文明街》两编，还有未入编序的《专记》一编。在章一级上，设有《江东新区开发与建设》《工业园区建设》《驻区政府机构与外国使馆》《创建全国社区建设实验区》《民国机关、政要名流旧址》《古典式建筑》《近代式建筑》《别墅与庭院建筑》《全国文明城市活动示范点》《“全国百城万店无假货”活动示范街》等。这些编、章的特设，就方便了反映本区古今最突出的特点。至于其他特点，就放在其他编、章和具体记述中去体现。甚至在一些细微之处也没有放过，如在《人口构成》章内，设有籍贯一目，《人口控制》章内有特殊人群管理一目。前一目之设表现了城市区志与县志之不同；后一目则不但体现了城、县之不同，又体现了新时期人口流动性增大的时代特点。

二是在写法上注意突出特点。该志采用中编体，入编序的29编，加上未入编序的《专记》《丛录》，共31编。除了首编之外，其余的编、章都有无题序言。为了反映历史悠久这个特点，许多古代内容放在编、章的无题序中加以追述。如《人口》编和《科技》编的无题序中，都追述至五六千年前的新石器时代和商周时期的“湖熟文化”。除了在编、章的序言中反映之外，对《教育》《文化》《文物古迹》等编都特别加重分量。笔者特别进行了统计，各编中篇幅最大的是《人物》编，占134页；其次是《城市建设与管理》，占82页；第三位的是《教育》编，占80页，如果将性质相近的《科技》编的22页计算在内，就是102页。为了反映本区形势之重要，历来为兵家必争之地这个特点，在《军事》编中的军事设施一节内，详记了从周显王时楚国在区境内首建金陵邑起，直记至民国时的军事工事。在军事院校一节内，以3目19个细目分记了有史以来设在这里的军事院校达19所之多。驻军一节内，对中华人民共和国成立以前的驻军分5目加以记述。在重大战事一节内，共记了历史上有名的9次大战，包括1949年中国人民解放军渡江解放南京之战。为了反映这里曾是国民政府首都中心区的特点，专设有国民政府驻区机构一节，分记了国民政府设在区内的行政院和12个部（局）。外国使馆一节分记了外国设在区内的大使馆27家、公使馆12家。在《城市建设与管理》编的城市规划节内，专门介绍了民国首都计划的部分内容。为了反映教育发达、人文荟萃这个特点，在《教育》编的书院学堂一章内，分节记述了崇正书院和惜阴书院，还有受西方影响最早建立的江南水师学堂、江南陆师学堂和汇文书院。在驻区大、中专院校一章内，除专门介绍了现在的南京大学、中国药科大学等20所大学之外，还补记了停办或外迁的大学4所。还有不少的文化知名人士的事迹，则放在《古迹》和旅游景点介绍中去介绍。这里还应当特别提到《专记》一编。本编中共设11目，将最能表现鼓楼区特色的事物，一一详细开列进行记述，将古今特点通过具体事物体现出来，可以说是鼓楼区特色荟萃之编。

三是在图片设置和运用上加以突出。图片入志，在首轮修成的志书中已被广泛应用。入志图片之多，内容之广泛、精美，都是此前的志书无法比拟的。这对于深化志书内容、直观地反映地情特点、美化版面、增强可读性等方面都是不应低估的。但是由于技术原因的限制，绝大多数志书的图片都只集中在书的卷首，与记述内容人为地拉开了距离，从而减弱了这些图片的存在意义。只有极少数的志书试行了图片随文而出的做法。如《绍兴市志》就是做得很好的一部，故其一出版立即受到了志界广泛好评。《鼓楼区志》也是尽力克服技术上的难题，采取了这种做法，随文而出的图片有20余幅。这些图片大多搭配得当，与记述文字自然结合，大大增强了地方特点的突显。如文物介绍中“七孔石刀”条下，文字说明了这件新石器时代制品的质地、大小、形状、色泽、制作特点等。如果仅有这些文字说明，读者对此只能凭各自对记述文字的理解，去构想它的大概形状。至于它实际所达到设计之精美、制作技术之纯熟程度等，都还留有不小的想象空间。此处实物照片的插入，则令这个空间缩小至最低限度，让人们了解新石器时代的制品，其制作工艺已经达到的叹为观止的程度。又如《专记》中龙江宝船厂条目下，插入的龙江船厂图也大大增强了实物感。《卫生》编中，建于1892年的基督医院住院部的照片也很具存史价值。

四是有一篇写法特别的《总述》。关于这点，很值得多花一点文字展开来加以说明。

三

总述（或称概述），是在首轮修成的志书中必不可少的一个重要构成部分（除了早期修成的几部没有外），这是对民国时期新创成果的继承和发扬。在首轮修志中，各地的方志工作者对总述篇如何写进行了广泛的摸索探讨，形成了几种模式。有的论者归纳为5种，即浓缩式、特点串联式、史纲式、策论式、诸体综合式等（梁滨久归纳）。笔者则认为分为4种比较符合实际，即地情简介型（包括浓缩式和特点串联式）、历史述论型、兴利除弊策论型、诸体综合型。

这部《鼓楼区志》的《总述》，是笔者看到的比较特别的一篇。从大的类型来说，可以归入诸体综合型。说它特别主要就表现在写法上。综合一篇是鼓楼区的地情简介，但它不像多数这种概述那样，只从志书的各编章中抽取精华，搞成一份精华集萃的“压缩饼干”。从它的重点上来说，是在阐述鼓楼区的地情特点，将其归入特点串联型亦无不可。但它又不像多数特点串联型概述的写法，只将该地区的特点罗列而已。从全文中可以看出，它指出了鼓楼区有如下诸多的显著特点：一是南京城区文明的摇篮——有距今五六千年的“北阴阳营文化”遗址、商周时期的“湖熟文化”遗存以及大量的文物古迹。二是南京古都历史上的军事戍区——从金陵邑算起，石头城作为军事要塞至少已有1200多年的历史。三是南京最重要的城市中心地区——历史上是十朝都城的中心地区，而今还是全省的政治中心——名副其实的省府大道和省行政中心走廊，文教中心——南京高校最为集中地区，新兴商业中心。四是近现代城市化进程的代表区域——民国时期出现的中国传统宫殿式建筑、西方古典式建筑、中西结合的新民族建筑、西方现代派建筑和日本和风式建筑等不同风格的杰作，使鼓楼区堪称“民国建筑展览馆”，是诸多社会显达名宦住宅区的集中地。五是具有得天独厚的驻区资源优势，除了是名副其实的全省政治、军事中心之外，本区还具有高校和科研院所多，集中了大批优秀人才；文化机构和文化设施多；大企业多；具有一流设施的高级宾馆多。这些优势的存在，都为鼓楼的今后发展提供了十分有利的条件。

说它特别，更特别在对于上述这些特点，它不是简单地罗列其存在的事实和表象，还注意去记述其历史演变过程，更悉心探讨这些特点形成的自然和人为的因素。关于自然因素对特点的形成，如说“在远古时代，临水的台地往往是文明的诞生地。鼓楼岗高爽的地势，孕育了南京城的市河金川河，同时孕育了南京城区最早的文明”，故有五六千年前新石器时代中期的“北阴阳营文化”和商周时期的“湖熟文化”。“区境这种丘陵起伏的地理形势，不仅使鼓楼区长期扮演着金陵古城西部滨江军戍和城北郊区的角色，而且为民国时期的国都新区建设提供了空间。”对于人为的因素而造成的地域特点，如说“国民政府定都南京，给南京留下一笔丰厚的历史遗产，这笔遗产的相当部分留在鼓楼区”。有人这样评论说，“明清建筑看北京，民国建筑看南京，经典民国建筑看鼓楼”。“由于区境在国都的特殊区位，众多重大历史事件发生在鼓楼地区”，仅一个湖南路10号大院就可称是民国历史的聚焦点。“1995年，地处长江之东、秦淮河的江东镇划归鼓楼区，伴随着南京新一轮城市建设高潮的到来，河西地区成为南京主城区向外扩张的热土，大规模的整体开发已使这一地区成为南京市现代化新城区的主要窗口”，等等。

《总述》的第五部分写的是区政方略。如果说前述的诸多特点都属于历史范畴的话，那么这一部分则是鼓楼区在改革开放道路上形成了自己现实的新特点。这个特点就是在市政放权基础上出现的新体制形势下，鼓楼区委和区政府带领全区人民，因地制宜地将本区打造成为“江苏首善、全国一流”的新城区。是鼓楼人在前面诸特点丰富历史积淀基础上创造出来的当代辉煌。这是鼓楼区的改革过程。首轮修志中，对改革开放如何记述，一直是方志工作者努力探索的一个重点问题，第二轮修志起步之后，这个问题仍还是探索的重点。《鼓楼区志》没有用多数志书那样设立专编的做法，就是在党、政编的《要事纪略》和《政事纪略》中也没设立专目，但它对鼓楼区的改革开放还是写得很充分，不设专门编章，而是分在各行各业的编章中去写。其中《总述》部分对鼓楼区的改革开放的反映可以说写得恰如其分。

总之，这篇《总述》是笔者所见新方志中比较有特色的一篇。它特就特在既综括了全志的主要内容和特点，但又不是志书内容的简单提炼汇总，而是将这些内容加以升华，写成了对鼓楼区情高水平的一篇宏论，来源于全书，又高出全书。

四

《鼓楼区志》是一部质量上乘的志书。是不是说这部区志就完美无缺，做到无可挑剔了，提不出任何可以改进、使之更上一层楼的地方了呢？笔者认为还是有可以提出讨论或加以改进的一些地方。这些想法不专门针对《鼓楼区志》，也可作为其他地方志书修纂中的参考。

第一是随文图片的插入，数量还是太少。既然有“经典民国建筑看鼓楼”之说，鼓楼区是“民国建筑博物馆”，在这里多出现一些典型建筑的图片应当是理所当然的，但却一幅也没有。教育发达是本区的一个突出的特点，也是一幅都没有。如果能找到崇正书院、惜阴书院、汇文书院或金陵大学的有关历史图片插入，效果就会更好。《专记》中记了“全国之最”共52项，现在插入的图片也太少。如果在金陵大学师生建造旗杆记一条内，插入两幅图片（一幅北大楼的，一幅金陵大学在新旗杆下举行升旗的图片），将会让人无须读志文，仅看图片和说明，对先贤们崇敬之情、爱国情怀便会油然而生。《志》以地名，地以《志》传，或许一两幅特有价值的历史图片的出现，便确立了这部志书的历史地位。

或许有人会说，你提到应当有的图片在志首已经有了，在此再出现就会有重复之嫌，这正是笔者要进一步建议的。以后出的志书，希望第一步做到凡是涉及地情某一部分的黑白图片，都应当放到随文部分。第二步逐步做到涉及具体地情的彩色图片，也尽可能地分散到相关的条目中出现。做到志首和《总述》中的图片只收涉及全局的，与具体地情有关的都插入志文中去。当然这样一来，志书的成本要提高，但这个成本的提高不要加到读者头上，应由政府来承担。成本高恐怕也不致高到政府都无法承受的地步，现在不少的报刊都已做到了。现在一些地方建一些公益工程，还有的搞形象工程，动辄成十成百成千万的投入，一部志书的出版经费，充其量又能高到哪里去？这可是百年大计、千年大计啊！如果说全国多数市、县的财力还做不到这一点，像鼓楼区这样发达城区不可以一试吗？这样一来，《鼓楼区志》的创新之举又会增加一项。

第二个提出可以讨论的问题是，关于人物编入志名录的问题。该志的《革命烈士名录》收入鼓楼籍革命烈士10名。将遗属现在本区的烈士225名也收入，这在已经出版的志书中是一个特别的做法。不少部队的干部病故于南京的，也入烈士名录，也是一特，笔者不了解这方面的政策，是不是凡到一定级别的军人，病故之后都可称为烈士？是民政部门认可的吗？心存疑问。专列寓居区内现代军政界知名人士录一节，收入老红军、解放军高级将领100名，国民党高级官员27名。有劳动模范、先进人物表，收入有国家级的，国家部委级的，有省级的，有市级的。对此笔者没有想法。但区属或寓居区内的只有一个“驻区单位两院院士表”，收入36人，其他有高级职称的各方面的专业人物却找不到踪影，在人物录中没有，在志内相关编章中也找不到。教育、科技、卫生、文化等编中，除《卫生》编里有区属高级职称者40人的数字表外（没有高职医务工作者的具体人名），其余各编中，高级职称的教育工作者、高级职称的文化人、高级职称的科技人才等，都是既无表列数字，更没具体人名。与前面所列的表相对照，那些仅在此居留过，并未对此有何实绩的将军、高级官员、社会名人可以列表列名，难免不让人产生重官轻民之嫌。与那些市级劳动模范相比，又会产生重事轻文的想法。对于因教育强区、科教兴区，并在这方面总结出成功经验的地方，这种做法有点让人难以理解。

可以讨论的第三个是比较具体的事物处理问题。举三点为例：一是在编一级的目中，各种社会事业、社会团体、党派，用的都是全称，而唯独《中国共产党》一编用“中共地方组织”的简称。如果说因字数太多而简省的话，一些民主党派的名称比中国共产党的名还要长，用的都是全称。行文中用“中共”云云，无可厚非，但在编的篇目中，笔者认为还是应当用全称。二是“建国”一词在书中的频繁出现。关于这一点，笔者已经在相关的文章中说明，作为口头用语，或简便的报刊宣传中用一下未尝不可，但作为担负存史使命、要永久流传的地方志书，不宜用这个不确切的提法。中国已经存在了数千年，1949年建的是新中国，并不是建立中国。三是在民主党派与工商联一章中，只在中国农工民主党鼓楼地方组织一节中，有“农工民主党南京地方组织与中共南京地方组织风雨同舟”一句，其他党派的记述中，虽列了这些党派的进步作用，但却没有类似的句子，这样的处理办法社会效果可能不太好。

此外，志书的校对也还有疏忽的地方。

人们在评价一件事物时，往往会使用“瑕瑜互见”“瑕不掩瑜”这两句话。在此笔者也只好用它一次。瑕不掩瑜，《鼓楼区志》仍不失为一部质量上乘的志书。并祝它出版之后，在推进鼓楼区的发展上发挥它应有的作用。

（原文刊载于《中国地方志》2006年第4期）

体现方志本质的典范之作

——评《鼓楼区志》

梁滨久

《鼓楼区志》（以下简称《区志》）是笔者所阅读的新编城区志中文字量最多的，是文化品位较高、编写质量上乘的区志。对这样一部280余万字、内涵十分丰富的区志进行评论是不容易的，可以多方面地研究评议。总体评价需对指导思想、观点、内容、体例、语言文字进行分析研究，最后得出一个综合结论，这是笔者胜任不了的。也可以就某个局部进行研究，比方说，《区志》的《总述》是一篇学术性很强的精彩综述文章，可以就此写出一篇评论文章。但这样就失去了全面学习研究《区志》的机会。还可以从某一方面、某一视角来分析研究，如就志书体现地方特点进行研究。相当多的评论文章都喜欢从这样一个角度来评论新编方志。对《区志》笔者想从体现方志本质这一角度来研究和评论。

说起方志的本质，方志界还研究得不多。方志界研究得很多且十分热烈的是方志的性质问题，有方志是史书、地理书、政书、资料书、地情书、百科全书、信息大全、科学文献、资料性著述等多种说法。实际上，方志的本质问题是方志学基础理论中更为根本的问题，是方志的内在规定性，是认识方志的性质、特征、功能和编纂规律等问题的基础。在一篇评论文章中是不必详述方志的本质的，在此只说一下笔者的研究结论，笔者认为方志的本质是资料、地情资料、综合性资料、一定断限内的资料、经过撰著的资料。最主要的、关键的词语是“撰著的资料”。以此来看《区志》，笔者认为这是一部体现方志本质的典范之作，其全面、系统、准确、翔实，并经精心撰著的资料，为鼓楼树起了一座历史丰碑，也为《区志》成为良志佳品奠定了雄厚的根基。

《区志》编纂者对编纂目的和资料的重要性是有明确的认识的。编纂区志实际上是在为鼓楼区重建“集体记忆”系统。一个人是不能没有记忆的。美国历史学家卡尔·贝克尔则把失去历史记忆的人称之为“失去心灵的人”。一个地方也是不能没有历史记忆的，没有历史记忆的地方就难有一方持续发展的文明。一个人的记忆多凭本能，随意性很大，许多琐屑的事情往往不经意地记住了，而且挥之不去，而一个地方的集体记忆则应是一个自觉、有目的重建过程。区志编纂初始就确定要把《区志》编写成内容广泛、资料详尽、史料价值大的志书，这个决策是非常正确的。实践结果是形成了宏大的叙事构架，巨大的文字规模，全方位的内容含量，这对鼓楼区作为南京文明的发祥地，南京市最重要的政治中心、文教中心和新兴商贸中心是相衬的。《区志》在精心撰著资料方面是下了大功夫、取得了丰硕成果的。

一是全面详尽地辑录资料。方志界有一名

言叫“横不缺项、纵不断线”，后来调整为“横不缺要项，纵不断主线”。这说明，缺不缺项，断不断线，只是相对而言。《区志》在遵循此项原则的基础上，在类目上以全面为要，在资料上以详尽见长，与许多区志相比，增加了一些类目，有的内容更为详尽。比如在政法编中增设了社会治安综合治理章。社会治安综合治理是一个社会系统工程，在党委和政府领导下，由公检法司和人民群众相结合实行管理，还有工商、税务、劳动、文化等部门也参与。一些区志从公安角度记述，只记治保组织及治安联防等与公安局工作相关的活动，内容较少。《区志》拓宽了视野，增加了创建安全文明小区、村镇、单位和倡导见义勇为等内容，体现出这是一项全社会共同参与的综合管理工作。再如儿童保健，分为散居儿童保健和集体儿童保健，比一般区志合在一起写容纳了更多更详细的内容，如3岁以下儿童保健、儿童系统管理、托幼机构的保健制度等。记方言，一般从方言的语音、词汇、语法3个方面去记，后面是标音举例。而《区志》增写了趣味词汇、方言中的数字、方言缩略语、方言话空子、新生代的方言等带有生活情趣的内容。为他志所忽略，或因下限至2000年而为他志未能记上的内容，或调整类目因而充实了资料的，还有婚育新风进万家活动、税源经济管理、外向型经济管理、价值咨询、价格评估、党建研究中心和网站、中心组学习、人口信息管理、特种户口管理、突发性事件处置、防止民事纠纷矛盾激化、对举报有功人员奖励、检察建议、回访制度、少年刑事审判、“148”法律服务专线、国防动员潜力调查、科技动员试点、趣味婚俗数字、校园新童谣、文化习俗、鼓楼忆旧、科普画廊、科技特色学校、少儿科学院、全民健身工程建设、票友戏剧演出等内容。

二是突出地方特色资料。突出地方特色是编成优秀志书必备的重要条件。《区志》在全面详尽辑录资料的基础上，下大力气突出地方特色。《总述》对区情的总体特点有精辟的分析、归纳、概括，指出鼓楼区是南京城区文明的摇篮和城市地理中心，南京古都历史上的军戍区和城北郊区，见证近现代历史城市化进程的民国首都新区，有着得天独厚驻区资源的省会精华之区。这一高屋建瓴的认识，指导着对具有地方特点事物记述布局的合理安排和笔墨分配。《经典民国建筑》《湖南路文明街》两个特色编，无疑是全志最为靓丽的篇章，其体现地方特点的分量和作用是不言自明的。专记石头城与金陵邑、龙江宝船厂、鼓楼、随园与《红楼梦》中的大观园、南洋劝业会、湖南路10号大院、拉贝任主席的南京安全区国际委员会等，所选都是鼓楼历史上的重大、典型或独特事物，因不受篇章节目行文的约束，可以放开笔墨完整地、详细地记述，也是突出地方特色的重要方法。其他如发展税源经济、社区建设、发达的文教事业、雄厚的人才资源等也都得到了浓墨重彩的记述。《区志》还注意记述与地方特色事物相关的事物，使之印证和照应地方特色。如随园遗迹与《红楼梦》相关，《区志》记述了区内使用的见于《红楼梦》的方言词汇“拿大”“巴巴儿”“今儿”“怪道”等，以此说明鼓楼地方确有《红楼梦》所描写的语言文化习俗。通过种种方法浓墨重彩地突出地方特色，实际上也是典型资料的扩充。

三是灵活处理驻区事物资料。凡城区志都存在一个正确和恰当处理区属事物与驻区事物的关系问题。毫无疑问是要记入区志的，但在记述内容上要详区属略驻区；在记述顺序上要先区属后驻区；在记述视角上区属重微观，驻区重宏观，这已成为城区志编写的一般性原则。《区志》也把握了这一原则，但做到了区分不同情况，灵活处理。许多事物和区内经济发展、人民生活有着密切关系，也给予了详细记述。有的事物只有驻区，如驻区科研机构分属中国科学院、中央有关部委和省市有关部门，还有驻区重点实验室，那就实事求是记述，而无详区属略驻区的问题。

有的事物区属薄弱，而驻区强大，就把记述重点放在驻区上。如藏书楼、图书馆，重点记述南京大学图书馆、江南图书馆等，区图书馆则列后。再如驻区文艺团体，南京市小红花艺术团，比区属文艺团体中的艺术学校记述内容丰富。驻区医疗卫生单位南京鼓楼医院、江苏省人民医院等，比区属医院记述的字数多，其他如驻区主要体育场馆、驻区宾馆酒店等也是这样。实际上有些驻区事物恰恰体现了地方特点，如鼓楼区大机关多、高等院校多、科研院所多等，才造成人才资源、教育科学文化资源雄厚可资区里利用的地方特点，如果拘守一般详略原则即体现不出地方特点，也不符合区情的实际。

有的事物虽然有隶属关系的不同，但服务对象是没有区别的，如文艺活动场所，青少年宫，文化娱乐场所，书画、音像、报刊发行店等，则放在一起记述，平等对待。

以上对驻区事物的灵活处理，考虑到了与区的紧密联系，扩充了不少记述资料。

四是不漏记已消失事物的资料。有些在历史上存在过但现已消失的事物，如果不加以记载，很可能就湮没无闻了。正因为存在这种危险，就越显记载这些事物资料的宝贵价值。《区志》注意搜集已消失事物的资料。如在20世纪50年代区境存在过200多个大小水塘。这些水塘起着蓄洪抗旱、调节气候的作用。随着城市的开发，到2000年，这些水塘已基本消失，《区志》予以记载，并详列《2000年鼓楼区内已消失水塘数量统计表》，保存了珍贵的资料。其他如43处里弄新村住宅房，在20世纪80~90年代旧城改造时大都被拆除改建，《区志》也给以详细记述。其他还有对停办或外迁学校的记述等。充分说明，《区志》在资料的辑录上考虑得非常周到。

如果用高标准来严格要求的话，《区志》也是有不足之处的。如两个特色编位次可以前移至相关位置。文化习俗条记《毛主席语录》风行于世，中国国际书店向全世界117个国家和地区发行共80万册，这超出了区志的记述范围，应由市志或省志去记述。人民生活中的衣食住行，应从经济条件的角度记，注意与风俗习惯相区别。宗教信仰中记宗教应和民间信仰区分开来。老百姓接受了一些佛教思想属民间信仰，与宗教信仰本质不同，似可不记。

（原文刊载于《中国地方志》2006年第4期）

首善之区的精彩华章

——《鼓楼区志》特色简评

陈　华

“盛世修志，志载盛世”。我省“首善之区”的第一部志书——《鼓楼区志》（以下简称《区志》）出版问世了。这是一部用280余万言记载2000多年文明史的鸿篇巨制，是一部广大编纂者历经5年多、2000多个日日夜夜的呕心沥血之作。作为特约编审，本人全程参与了该志的编修，深切感到，修好一部志书特别是一部高质量的志书是多么艰难，那真是“句句皆辛苦，字字是心血”，非亲历者所不能体会。

《区志》的起步较晚，但令人欣喜的是，“后来者居上”。该志的编纂者在总结、吸收他人经验的基础上，成功地编纂出了富有个性特色的志书。她的成功经验，对今后特别是目前新一轮修志工作，具有较高参考价值和借鉴意义。

《鼓楼区志》有许多可圈可点的地方，但最突出还是表现在以下五个方面：

一、结构严谨　体裁多样

《区志》共设29编（专记、丛录不列入编序）、130章、448节，2000多个目和子目。对这样一部涉及众多门类、内容广博的鸿篇巨制，如何谋篇布局，的确是一件不易的事。修志伊始，该志的编纂者一方面学习有关志书体例结构的理论，并广泛吸收其他区志在篇目设置方面好的经验；另一方面，充分了解、熟悉区情，掌握自身特点，做到“知彼知己”，为制定一个既科学合理，又有体现特色的志书篇目奠定了基础。经过反复论证，最后确定区志篇目为中篇体结构，一般设编、章、节、目四个层次（个别节下不宜再划分的，便不再设目；少数目下因事而异，设子目），以更好地体现事物间的逻辑关系和内在联系。专志部分按先自然后社会，先经济基础后上层建筑的顺序排列，首列建置区划、自然环境、人口、城市建设与管理，其后依次为房地产管理与开发、商贸服务旅游、工业、财税金融、经济综合管理、中共地方组织、人民代表大会、政府、政协、党派社团、街道社区、政法、军事、民政、劳动人事、教育、科技、文化、文物古迹、卫生、体育、社会、地名、经典民国建筑、湖南路文明街、人物，最后殿于专记和丛录。通观全志，结构设计科学合理，严谨有序，不愧是六易其稿的心血之作，为编修一部高质量的志书奠定了坚实基础。

体裁多样，也是这部志书的一个特色。新方志的基本体裁包括述、记、志、传、图、表、录，以志为主体。上一轮所修志书大体都按上述体裁编写。《区志》在继承传统体裁的基础上，增设专记，丰富了新方志的体裁，拓展了志书的记述内容。

专记，即专题记述，是对某一问题或某一事件作专门性的深入记述。在早期所修的新方志中，专记的形式并不多见，它是上一轮修志后期所创设的一种新体裁，并逐渐为大家所接受，近年来更有被广泛使用之势。《区志》的编纂者吸收这一方志理论成果，并在修志实践中加以使用，在人物编后、丛录之前设专记。该专记集中记载了与鼓楼区有密切关系的自古至今既重要又有特色的题材，设“鼓楼之最”等11篇。这些专题既有对某一历史事件的深入记述，又有对某一问题的专门记载，从而弥补了《区志》在某些事件和问题上平面记述之不足，增加了记述深度，并有较强的可读性。

此外，全志还编有索引，大大方便了检索。上一轮修志，绝大部分志书只有目录，只有极少数志书编制过目录索引。而《区志》在志末不仅设有条目索引，还有表格索引和人名、地名索引，不仅弥补目录的不足，方便读者检索，而且扩大了志书的实用性。

二、把握区情　彰显个性

准确反映地方特色，是编写地方志的根本任务之一。体现特色，突出志书个性，避免“千志一面”，是评价志书质量的重要标志之一。

突出地方特色最直接的表现方法，就是将有特色的事物集中记述，在篇目中设计出反映特色的篇章，或将有特色的篇幅作升格或前移处理。只有把具有地方特色的内容升格到一定层次，才能使其独特性凸显出来只有把具有地方特色的内容前移到一定位置，才能使其别具一格的色彩更吸引人。

鼓楼区是南京的中心城区，《区志》编纂者紧紧抓住鼓楼特殊的区位优越，将经典民国建筑、湖南路文明街分别作升格处理，单独设编，在第一层次上凸显该区的特色。经典民国建筑按其性质，应归属房地产开发与管理编。但鼓楼区在民国时期曾为全国的政治中心，区境内至今保留有许多民国建筑，其中有大使馆、国民政府党政军机关办公楼、教育文化金融服务设施、政要及社会名流旧居、佚名旧居等。为了充分展现这些民国文化遗产的精华，区志将其中较为优秀的96处民国建筑（群）集中记述，并作升格处理，特设经典民国建筑编。这样处理，不仅抢救性保存了大量民国建筑的珍贵史料，更重要的是，它是吸引读者眼球的一大亮点。诚如众多建筑家所言，“明清建筑看北京，民国建筑看南京，民国经典建筑看鼓楼”，更印证了《区志》设经典民国建筑编的重要性和必要性。

湖南路商业精品特色街在全国的影响是很大的，它是全国创建文明城市示范点和全国百城万店无假货活动示范街。湖南路的创建工作，被全国和省市众多新闻媒体跟踪报道，党和国家领导人也相继前来视察，可见其在全国的影响和知名度。如按其性质，应属商贸流通，归在志书的商贸服务旅游编中。但如果这样处理，不仅这条文明街的影响和地位降低了，而且鼓楼区少了个特色，《区志》更是少了个亮点。该志的编纂者是充分认识到这条街的意义的，因此并没有按其性质，把它设置在商贸服务旅游编中，而是将其升格设置为一编——湖南路文明街。这样处理是完全合理的。

此外，在章一级层次上，也设置了不少体现地方特色的专章，如驻区政府机构与外国使馆、书院和学堂、驻区大中专院校、民国机关和政要名流旧址等。在内容记述时，对这些特色内容也是浓墨重彩。

三、紧跟脉搏　记录时代

任何志书都是时代的产物，也必须反映它所处的那个时代特点。

《区志》上限不限，下限至2000年，内容上虽说通贯古今，但记述的重点为新中国成立后特别是党的十一届三中全会以后的这20多年。这段时间具有鲜明的时代特点，改革开放是时代的主题，社会的进步和人民生活水平的提高有目共睹，新事物层出不穷，新东西目不暇接。这些都为志书篇目设置提出了新问题，增加了新门类，提供了新内涵。具体反映到志书篇目设置上，必须锁定时代发展的这条特色主线，紧紧抓住要点、新点、热点，突出时代特色，设置特色编，给予新时代、新事物充分反映和展示的位置和舞台。如果仅仅沿袭前志的篇目结构，是不可能把这些时代发展的特点和新事物包容在其中的。

《区志》在谋篇布局上首先将房地产管理与开发从城市建设与管理编中析出专门设置一编。上一轮修志之初，我国的房地产业刚重新起步，尚未真正形成完整、独立的产业，在经济发展中的地位不高，对国民经济的影响也甚小。又由于它和一地的房地产管理部门有着割不断的联系，所以，绝大多数志书从房地产管理的角度，在城乡建设中记载，其中对房地产的开发只是略有记述。20世纪90年代开始，房地产业逐渐形成独立、完整的产业，其作用和影响也越来越大。因此，那些房地产业相对比较发达，志书下限又在世纪年代末的地方，开始重视对房地产业的记述，大部分志书将其与房地产管理合设一编，形成独立板块。如南京的《建邺区志》设房地产编、《下关区志》设房地产编、海南的《海口市志》设房地产业编等。很显然，《区志》的编纂与上述志书的编纂者一样，都充分认为到了房地产业的重要性和突出地位，设置有关房地产的专编，以反映时代特点。但之所以将行政管理和产业合在一起，这是由计划经济向市场经济过渡阶段的特殊性造成的，它们之间既有联系又有区别。

此外，《区志》在章一级层次上，反映时代特点更多，如商场与市场、旅游、工业园区建设、经济体制与改革、税源经济管理、外向型经济管理、经济技术协作、创建全国社区建设实验区、社会治安综合治理等章。在具体内容记述时，该志也给予了较多的笔墨，作了重点记载。

四、重点突出　详略得当

《区志》是创修之作，通贯古今，横陈百业，篇幅是目前国内区志体量最大的一部。对于如此的鸿篇巨制，该志的编纂者不是不分详略，面面俱到，而是在记述全面的基础上，突出重点，详细记述反映区域特色、时代特点和城市志特点的内容，以及对人物的记载。

一是重点突出区域特色和时代特点的内容。关于反映特色，《区志》不仅在篇目结构上体现，篇目升格主要还是为了加大记述容量，大结构才有大容量。上文提到的经典民国建筑、湖南路文明街、房地产建设与管理等编和一些特色章，都是为了加大记述容量而作的结构设置。上述这几部分的字数达30余万字，占总字数的11%。

二是重点突出城区志的内容。城区志与县志不同，它更注重对城市建设、大众服务、文化教育的设施以及功能的记述。鼓楼区是南京市的文化教育、卫生体育、商贸经济中心，以及与之相配套的城市建设重点区域。该志编纂者对于这些内容作了详细记述，以充分反映城区志的特点。这主要体现在以下诸编内容上：城市建设与管理、商贸服务旅游、街道社区、教育、科技、文化、文物古迹、卫生、体育等。上述这几部分的字数达74万余字，占总字数的27%。特别是对城市建设与管理，编纂者用较大的篇幅详细记述了鼓楼区的城市规划、市政建设、公用事业、城市绿化与园林建设、环境保护、市容管理等，更能体现鼓楼区中心城区的特征。该编共设7章33节，近14万字，占总字数的5%，是仅次于人物的第二大编。（还不包括析出去单设的房地产管理与开发。如将其计算在内，字数达22万，占全志的7.9%，成为该志的第一大编）该志对教育的记述也是浓墨重彩，不仅记述了区属教育的发展，还详细记载了驻区的20所大、中专院校，突出了该区的教育优势，充分体现了该区是全国著名的教育大区、教育强区的特征。该编共设9章25节，近13万字，占总字数的4.6%，是仅次于人物、城市建设与管理的第三大编。

三是突出对人物的记述。人是推动历史发展的主动力。我国正史和地方志一向重人物，旧志就有“古来志书半人物”之说——虽然有点夸张，但说明志书对人物的记述是十分重视的。鼓楼区区位优越，人文荟萃，各行各业群贤毕至。该志编纂者充分认识到人物入志的重要性，人物编以人物传（又分传略和事略）、人物表、人物录等多种形式，记载各类人物1605人（次），其中立传人物341人（其中传略233人、事略108人），人物录共收录360人（其中鼓楼籍烈士10人，遗属驻区内的客籍烈士225人，寓居区内的老红军、解放军高级将领以及解放前寓居区内的国民党高级官员125人），人物表共记载938人次（其中市级以上劳模先进

904人次、驻区单位两院院士34人），篇幅达18万多字，占总字数的6.4%，是全志的第一大编。

上述诸部分总字数达143万字（含房地产内容），如再加上下文“人无我有”的社会、地名两编的17万字以及6万字的专记内容，《区志》重点和特色内容占全志的近60%。

五、人无我有　敢于创新

创新是一个民族发展的灵魂。编修志书也一样，如果总是“循规蹈矩”“亦步亦趋”，就没有自己的个性，也就不会有进步和发展。

我所看到的志书专门记载地名的不多——也许是孤陋寡闻，而《区志》不仅记载了地名，而且还将有关内容集中并单独设编，这是该志编纂者的一个大胆创新。那些即使是记载地名的志书，不是将地名归民政就是归在社会编记载，而且多是泛泛而记，在某种程度上使地名的记载失去了历史和文化的意义。地名特别是城市地名，不仅反映着城市的发展和变迁，还是一座城市的特征和标识、城市的名片和大众的“集体记忆”，具有悠久的历史和深刻的文化内涵。《区志》的编纂者对地名的处理，体现了他们对这座城市历史和文化的重视。

此外，《区志》设社会编，记载人民生活、社会文明、宗教信仰、风俗民情、方言，也是“人无我有”的好内容。一般城区志不设社会编，更不记风俗民情和方言的内容，理由是这些内容与同一城市的其他区大同小异，由市志记载即可。这个理由值得商榷。一则，不管是风俗民情，还是方言，一个较大城市的不同区域总有不同的地方，如《区志》中记载的本区“解放初的渊声巷”“芦柴厂忆旧”“旧时的鼓楼花园”等，其他区志是不可能记到的。再比如方言，位于城北的鼓楼区的方言就与老城南的方言不完全一样。二则，市志是对全市内容的记载，有它的详略处理方法，不可能细及其中的一区一域，一些细节的记述还是要靠区志。因此，城区志既受市志的影响，还应该保持自己的独立性和完整性，这一点是很重要的。

诚然，《鼓楼区志》是部优秀之作，但并不是没有值得再商榷的地方。如第二十七编经典民国建筑、第二十八编湖南路文明街的位次是否可以前移，使特色更加突出呢？比如将前者置于第四编房地产管理与开发之后，将后者置于第五编商贸、服务、旅游编之后。又如人物表中，除收录劳模先进、两院院士外，是否可以收录其他有高级（正高）职称的各方面专业人物呢，除了记载“大人物”外，还有没有其他感动人的“小人物”呢？如此，可以更加突出人才优势。随文图片偏少（目前只有20多张），特别是人物没有配照片或画像，甚为遗憾。尽管《区志》还有这样或那样的瑕疵，但瑕不掩瑜，她仍然是志书中的佼佼者。

（原文刊载于《江苏地方志》2006年第3期）

城市区志的理念与编纂技术

——以《鼓楼区志》为个案分析

吉　祥

城市区志是政区志中的一种，同时也是新方志编修中产生的一种新志种。首轮修志之初，由于没有纳入当时的三级修志之列，城市区志所出不多。从方志编纂理论方面来说，对城市区志的研究也远远不如市县志的研究深入，以致后来不少的城市区志都沿袭了市县志的编纂模式，而忽视了城市区志的特殊性。

城市区志的特殊性在于：一方面，城区是城市的有机组成部分，但在相当程度上其城市功能处于非独立的状态，从而给志书记述收录范围的界定带来很大的困难；另一方面，它是城市志的一种，但要反映的城市性又不同于有辖区、辖县的中心城市的市志，区志的结构和表现形式应当有别于市志。

南京市《鼓楼区志》（以下简称《区志》）是迄今为止全国已出版的区志中规模最大的一部，全书达280余万字，分上下册出版，同时，这部区志因所要反映的特殊区情——省府首脑机关驻地和众多高校科研院所所在的特殊地位——而备受瞩目，城市区志所要面对的若干城区特殊性在这部志书中也显得更加突出。因此，从《区志》的分析可以窥见城区志的若干问题。

一、城市人文环境在区志中的反映

区作为城市的有机组成部分，其区志无疑要体现城市志的特征。

城市是人口、产业集聚的地方，特别像鼓楼这样的中心城区，由于人口的高度集中，原先的自然环境几乎全部被人工改造，因此，城市区志所要反映的环境除了极少的自然环境外，更多的是人工环境或人文环境，这样的环境包括街巷里弄、居民区、建筑、城市公共空间以及名胜古迹、历史文化遗存等要素所构成的城市街区。如何反映城市人文环境是城市区志需要探讨的课题之一。

《区志》专设了地名编，记载了岗丘、河塘、道路、广场、桥梁、区片、居民区地名以及历史地名，这种方式就是以地名符号的记述反映城市自然与人文地理信息，实际上是对城市环境的一种延伸记载。与此类似，该志反映城市人文环境的还有街道社区编、经典民国建筑编、湖南路文明街编，城市建设与管理编中旧城改造的住宅区，高层建筑、民国时期的鼓楼地域里弄（新村）房屋分布，1984—2000年鼓楼区万平方米以上的住宅建筑一览表、城市建设中的道路、桥梁与地下人行通道、广场、排水管网中的下水道，房地产管理与开发编的江东新区开发与建设，商贸编中商贸中心（商圈）的概念——山西路·湖南路商贸中心、三牌楼·和会街商贸中心、宁海路商贸中心，工业编中的工业园区建设章所设桥北工业园、鼓楼豪威工业园、南京大学—鼓楼高校科技园、鼓楼清江、里圩工业园区，文物古迹编中的具体实体，这些都可以看作是城市人工化的环境元素或地理空间单元。这些城市人文环境，正是地方志中的“方”的概念在城市环境中的具体体现。

《区志》在城市人文环境的反映上比先前的一些志书有了进步，不过这种意识在志书中运用得仍然不够充分。与之相比，苏州的城区志普遍都将古典园林、文物古迹、街巷河桥、城市建设等卷作为城市的环境部类置于志书的最前列，尤其是街巷河桥卷的设置，充分地体现了城市人文环境的意识。对于城市区志来说这是一个很好的编纂思路。

按照我个人的理解，居民居住区（社区）和街巷一样，同样是城市的重要环境单元，对于城市建设改造和文化保护来说，这样的居民居住区既是一个城市地理单元，又是一个重要的社会单元，但到目前为止，还没有出现以这种意识完整反映城市环境的城区志。

二、城市业态在区志中的体现

城市是产业集聚的地方。城市的产业结构与县有着极大的不同，主要是以工业和第三产业为主。以南京城市为例，20世纪90年代后由于推进“退二进三”的战略，一些工业企业陆续退出主城区，主城区重点发展第三产业。城市的第三产业与县不同，不仅仅是传统的商贸业，还有为满足城市居民生活服务需要的房地产业、教育、医疗、文化、旅游休闲服务业等等，特别像鼓楼这样的以教育、科技发达著称的城区更应当要把文化部类的内容置于更为突出的位置。即使是服务业，城市的很多新兴的服务业也早已突破了传统的服务业范畴。只要看看城市的电话号码簿，就能看出有很多城市服务业的内容没有进入城市志的范围，这是以往城市志存在的普遍缺陷。

《区志》将“房地产管理和开发”作为一编，并置于志书较前的位置，是符合鼓楼发展实际的。上世纪90年代南京市调整城市发展总体规划，将河西开发作为城市向外扩张发展的重要步骤付诸实施。1995年江东镇被划入鼓楼区，随后鼓楼实施了“江东城市化”战略，鼓楼的房地产尤其是河西板块的房地产开发如火如荼，这是90年代中后期突出的鼓楼现象之一。区志在该编中专设了江东新区开发与建设章，反映了这一段重要的历史进程。

90年代后，根据南京城市“退二进三”的城市产业结构优化调整战略，鼓楼区一方面将区街中小工业企业集中向江北和江东新区搬迁转移，异地建设工业园区发展经济，另一方面将城区让出的黄金地带用来发展以商贸、金融为主体的第三产业。作为这一战略实施的结果，鼓楼区先后在浦口区的泰山镇桥北村和建邺区租地或征地，创办桥北工业园和鼓楼豪威工业园，《区志》在工业编第四章工业园区建设章中先后设置了“鼓楼桥北工业园”“鼓楼豪威工业园”等节，这种异地开发的工业园区是其他一些城市不多的一种工业布局形态。作为发展第三产业的具体举措就是倾全区之力打造湖南路—山西路商圈，出现了闻名全国的湖南路一条街，《区志》也为此专设了一编“湖南路文明街”。此外，在商贸旅游编中记述了特色市场，在旅游章中比较完整地记载了区内主要的宾馆酒店和旅行社。

城市是科技人才集中的地方，鼓楼是全国同类城区中专业技术人才最为集中的城区之一，利用驻区科技资源进行科技成果转化是鼓楼最大的特色之一，《区志》在工业编中为此专设了“南京大学—鼓楼高校科技园”节。此外在科技编中设有“高新技术产业化”节，也是反映这种体现创新型城市、创新型城区的城市产业形态。

《区志》对一般志书所写的服务业作了一些突破，如商贸旅游编中记载了香港超妍美容集团有限公司、南京超妍美容中心、南京丽人美容院、南京姹而明美容美发中心、天地缘婚纱摄影中心、广惠拍卖行等一些新兴社会服务业实体，文化编中对区内的主要休闲歌舞娱乐场所作了全面记载。这些城市服务业的内容在以前的很多志书中都没有交代。

城区志的总体框架需要根据城市的产业特征和本区特点进行设计。我认为，城区的商贸、金融、旅游、房地产、教育、医疗、文化、社会服务等内容都应作为第三产业的范畴，这些内容在区志的结构排序上应相对靠近，而不必拘泥于一般志书的先环境再经济、政治，最后文化、社会的排序方法。不仅如此，商贸业的内容还应根据城区的状况从原先的一卷中解放出来，灵活地加以设计，可以设立多卷。和很多志书一样，《区志》将“财税金融”合设为一编，我认为这一设计理念欠妥，金融属于第三产业的范畴，而财税则基本属于政府经济管理的范畴。

三、全面反映区情与“城市—区”关系处理

前中国地方志指导小组组长李铁映曾讲志书是特殊的国情书。事实上，修志的过程在某种意义上就是一次国情的普查过程。对于城区来说，区情主体包括两个方面，一是区直接管辖的，二是驻区单位。全面的城市区情应当包括这两个方面。

驻区单位是构成区情的重要组成部分。相对于其他城区来说，鼓楼区大量驻区单位的存在是该区的一个鲜明特点。新中国建立后，江苏省党政机关、军事机关、高校、科研院所先后进驻鼓楼区，鼓楼逐渐形成“七大七多”的特殊区情，即大机关多，大企业多，大专院校高科技人才多，大医院多，大科研机构多，大干部和社会名流、社会贤达多。《区志》对驻区单位的记述是比较到位的。如在政府编中专设“驻区行政机构”章，包括民国时期国民政府驻区机构、外国使馆以及解放后人民政府驻区机构；在军事编中专设驻军和军事院校章，不仅记驻军，而且记军事院校；在工业编中记专设驻区工业企业章；在商贸旅游编设市属商业企业以及驻区的旅行社、主要宾馆酒店；在教育编专设驻区大、中专院校章；在科技编机构中列驻区国家重点实验室简介、驻区科研机构简介；在卫生编专设驻区医疗单位及私立医院诊所节；在文化编写驻区团体与学院，并专列驻区新闻出版单位节；人物编设立驻区两院院士一览表。《区志》篇幅之所以较大，与记述了众多的驻区单位有关。在以往的一些区志编修中，一些修志工作者常常认为驻区单位与本区无关而不加记载，鼓楼区的认识则与他们不同。在鼓楼区决策者的眼中，这些驻区单位和人才对于鼓楼来说是至关重要的资源，鼓楼区发展的很多举措就是立足于利用这些驻区资源而引发的，如利用驻区高校科技资源建立南京大学—鼓楼高校科技园；把驻区单位作为社区建设的重要资源和发展税源经济的基础，区志专设了街道社区编和税源经济管理章，记述了鼓楼创建全国社区建设实验区和培植税源、改善投资环境、保护税源使区级财政收入迅速增长等情况；卫生编设“联合办医与社区卫生服务”节，反映利用省、市级医院在区内相对集中的有利条件，先后与大医院挂钩开展医疗协作，建立各科联合病房、专科门诊，缓解“看病难”“住院难”的矛盾。科技编反映了利用驻区资源开展科普，创建全国科普工作示范城区的情况。没有这些驻区资源，上述这些举措是根本不可能实施的。

驻区资源要记，但如何记、记述到什么程度则是区志普遍感到棘手的问题。有些驻区单位本身就是作为城市的基础服务设施而为所在区域居民提供服务的，如医院等，那么就需要像对待区属单位一样同等记述，而有些驻区行政性机构，如省委、省政府等，只要点到为止，交代何时进驻本区即可，不必铺展开来。《区志》基本上是遵循这样的原则处理的。

区是城市的有机组成部分，一方面，区在某些方面体现了一个城市的发展轨迹和脉络，另一方面，区又不可能离开城市的整体发展而存在。基于这样的理念，作为《区志·总述》的特约作者，我的写作思路就是将鼓楼地域置于南京整个城市历史发展的大背景下进行“城市—区”的对应关系的考量，抓住不同时期鼓楼地区在城市中所扮演的主要功能进行书写。如第一部分“鼓楼：南京城区文明的摇篮和城市地理中心”，就是从早期南京的地理环境出发，写因鼓楼岗及金川河诞生的北阴阳营遗址产生了南京城市最早的文明；第二部分“石头

虎踞：南京古都历史上的军戍区和城北郊区”，是写鼓楼地区在1927年以前南京城市发展中所起的主要区域功能；第三部分“民国首都新区：见证近现代历史的城市化进程”，是写民国定都南京后鼓楼区域在南京城市中承负的区域功能；第四部分“省会精华：得天独厚的驻区资源”，是对新中国建立后鼓楼区在南京城市中区域功能的具体细化。整个总述并没有完全按照朝代时序不间断地书写，而是按照鼓楼在南京城市发展进程中功能发挥的大的阶段进行梳理和勾勒。这个进程既是对鼓楼区域整体走向的把握，同时也是对南京城市发展节奏的把握。

区志与市志应当有所分工，与本区有关的城市背景需要采取一定的形式加以反映。从城区志编纂技术的角度看，《区志》中的“鼓楼之最”（包括全国之最、全省之最、全市之最）和“专记”是城市区志很值得研究的两种表现形式。“鼓楼之最”的形式并不是鼓楼的首创，而是参考了天津《北辰区志》第三编“北辰菁华”第三章“北辰之最”的做法，这种做法的好处是将一个区所处的城市背景以“之最”的方式处理，那些“之最”的事项有不少并不是区管的，但是发生在区内，实际上就是以变相的方式提供与本区相关的城市历史文化背景。“专记”则是记南京城市发展进程中的重大事件或事项，专记部类包括11个方面：一、鼓楼之最，二、石头城与金陵邑，三、龙江宝船厂，四、鼓楼，五、随园与《红楼梦》中的大观园，六、南洋劝业会，七、湖南路10号大院，八、金陵大学师生建造旗杆记，九、南京安全区国际委员会，十、侵华日军在区境内暴行史实，十一、全民动员抗击“非典”。这种专记的形式对于突出区境内城市的亮点是非常适合的。

过去曾有人说地方志是一方之全史，虽然此说只是一个比方，但是这一说法用在城区志上则值得推敲。对于覆盖全市性的城市功能和管理，区志是否都要详细记述，我认为似可不必。城市的整体性功能在区一级并不是独立的。以《区志》中的一些内容为例，自来水价表、公交车的票价、房地产管理中的房屋租金标准、计划经济时期的粮油价格等等都是全市统一的，小学教学课程、教材以及中学的教学课程、学时等也基本是全市统一的，区志都作了记载，我认为没有必要。这些内容应属于市志记述的范畴。同样，社会编的民情部分的内容非常富有情趣和可读性，但很多也是全市性的，本来也应是市志记述的内容。

和市志有所不同，区志要对城市的底层（包括城市环境、城市设施和社会组织状况）以及区级施政的内容进行更细致的记述。在这方面，《区志》在很多方面的记载都比较具体实在，但仍然存在不足，如对区内上百个住宅片区没有全面地作为实体来反映，对区管的小学也没有全部进行实体介绍。20世纪80年代后，城市工作重心下移，在区级的表现就是社区的出现和“社区意识”的觉醒，《区志》将“街道社区”设为一编，反映了80年代后街道向居委会再向社区的演进，过渡显得顺理成章，并且在每一个街道的记述中都交代了驻在本地域的重要单位，社区资源的意识非常突出。80年代后，南京市进行了城市管理体制改革，城市放权到区，区级有了行政自主权，使像鼓楼这样的城区可以根据自己的独特区情进行定位，走适合自己区情的发展道路。《区志·总述》的第五部分“区政方略：打造江苏首善、全国同类一流的现代化城区”，就是从这一层面总结了鼓楼实施的诸多富有个性的发展战略，包括：1.实施教育强区，确立人文环境优势；2.实施

"科教兴区"发展城区高科技产业；3.实施三产兴区战略，优化产业结构，创新城区经济形态；4.实施"江东城市化、城区现代化"，创建优良人居环境；5.服务社区，建设社区，共建和谐的城区社会。除了总述外，《区志》还专设编章节反映鼓楼区的战略举措，如税源经济管理、湖南路文明街、工业园区异地开发、江东新区开发，这些内容是其他区志没有的，却正是鼓楼独特的发展道路。

四、城市人口的流动性与"人物事略"的采用

城市的居民有很多都不是土生土长的原住民，一个城市的城市化过程，一方面是通过乡村人口进入城市，将农民转化为市民实现，另一方面城市也在通过吸纳汇集各地人才精英来确立城市的优势竞争力实现。改革开放后，各地纷纷提出人才战略，城市集聚人才的现象更加突出。城市精英从籍贯上来说有很多都不是原来这个城市的。在人身自由流动度空前的今天，一个人从一个城市到另一个城市"漂"着已经见多不怪了。

城市人口的流动性给城区志记述人物带来了新的难题，对于一个在城市居所和工作都经常变动的人来说，区志是否有必要对他的生平完整记述？我觉得没有这个必要。一个名人与某个区的关系，可能只是他一生中的某个片段，因此，城市区志的人物记述体裁有必要创新，《区志》人物编中"人物事略"的采用就是一种适合城市区的新形式，事略只记人物与该区相关的活动或事迹片段，兹举该志人物事略二例：

鲁迅（1881—1936）原名周树人，幼名樟寿，字豫山，后改豫才，笔名鲁迅、迅飞、旅隼，浙江绍兴人。清光绪二十四年（1898）来南京，5月24日考取江南水师学堂轮机科。因讽刺一个不学无术的教员，鲁迅遭到学堂除名的处分。当年10月15日，鲁迅报考附设于江南陆师学堂的矿务铁路学堂被录取。光绪二十五年初，鲁迅进入矿务铁路学堂学习。其间，鲁迅学业名列前茅，是矿路学堂学生中唯一获得金牌的人。光绪二十八年（1902）初参加毕业大考，以一等第三名的资格领到毕业执照。宣统二年（1910）秋，鲁迅组织绍兴府中学堂200余名师生来南京参观南洋劝业会，寄宿于丁家桥南洋劝业会浙江馆，进行为期一周的参观。民国元年（1912）2月下旬担任南京临时政府教育部部员，工作之余常去龙蟠里的国学图书馆借抄古籍。

李济深（1886—1959）原名济琛，字任潮，原籍江西，生于广西苍梧。民国18年（1929）3月21日，李济深应蒋介石邀请去蒋的官邸，被蒋的卫士收缴副官龙飞群的手枪及李的公文包，并以"对抗中央"的罪名，当晚将李送到南京汤山幽禁起来。当年7月30日才准许李恢复"自由"，让其回到他的私宅——南京鼓楼头条巷5号（今北京西路3-1号）居住，但仍派人监视，不准李离开南京，实为软禁。"九一八"事变爆发后恢复自由。1951年，李济深写信让徐恭让（曾任过李的秘书）将鼓楼头条巷的私宅出售，售房得款全部捐献作抗美援朝经费。

这种写法的好处是避免将人物与本地无关的内容收入，以尽量减少不同地区的志书对同一人物记述内容的重复，同时放大了与本区有关的细节。这种人物事略的写法值得关注和提倡，而且收录范围应当更广一些。

城市是人口高度集聚的地方，有大量居住在本区但工作、社会活动又与本区无关的人物，区志对于他们的记述应当要适可而止。如

区志人物编收驻区两院院士表是有必要的，但收录遗属驻区内的客籍革命烈士225人就显得宽泛。体育编从鼓楼区输送体育人才的角度写体育名人角度是正确的，但将这些人输送出去后他们代表省以及国家所获得的成绩荣誉就不应当作为区志的重点进行记述，现在的区志恰恰就存在这样的问题，先后在体育编的竞赛成绩中收了新中国成立后鼓楼区输送的运动员参加奥运会、亚运会、国际比赛等成绩表。区志记载体育的角度应当是写输送人才以及在区境举办体育赛事，而不应该将走出去的运动员所获得的成绩拉到鼓楼区的体育中来，这就是区志与市志、省志的错位记述需要注意的地方。

（原文刊载于《江苏地方志》2006年第3期）

《下关区志》目录

下关区志

南京市下关区地方志编纂委员会编。1999年4月启动编纂，2005年6月由方志出版社出版。主编徐书华、陈冲，副主编梁同乐、刘武臣、袁永宽。编辑马大成、王铮、吕华清、李国林、沈春生、吴兆承、陈秀明、范宇容、赵洪平、赵贯高、姜尊松、高鸿秋、唐士至、潘良霞。

全书1册，182.8万字，图片218幅（志首117幅、随文101幅），表格294张。记载范围为1999年下关区行政区域。志书上限追溯至事物发端，下限1999年。综述、大事记、近现代大事专记、附录、图片延至2004年。述、记、志、传、图、表、录诸体并用，以志为主。志首设序、凡例、综述、大事记和近现代大事专记，志末设附录、索引、编后记。全志设26编：建置区划·自然地理、人口、市政建设·公用事业、防汛抗洪、房地产、环境管理·园林绿化、交通、商贸、商品市场、工业、财税·金融·保险、经济综合管理、中共下关区地方组织、民主党派·人民团体、人大·政府·政协、街道、民政、劳动·人事、政法、军事、科技、教育、文化·旅游、卫生、体育、人物。

下关因其特殊的地理位置，在政治、经济、军事、交通、人文诸方面都有鲜明特色和独特作用。在篇目设置上，设《南京条约》与下关、侵华日军南京大屠杀在下关、渡江战役胜利与下关、南京长江大桥、阅江楼等专记于志首，记载近现代历史时期区境内发生的在国内外有重大影响的事件。为突出地区特点、城市特色，志书设市政建设·公用事业编、房地产编、环境管理·园林绿化编、商贸编、商品市场编，记述市政建设、园林绿化等公用事业发展情况，同时突出房地产业和商业，体现城区特色。设防汛抗洪编、交通编，记述重大水灾、抗洪工程和5次抗洪纪实和交通发展情况，体现下关沿江发展的区位特征。附录收录碑铭、诗词、散文、文献等，内容丰富，资料性强。

2006年，该志获江苏省地方志系统优秀成果特等奖。

（张惠君）

【编后记（节选）】

《下关区志》编纂工作于1999年4月正式启动，至2005年6月交付出版，前后五易其稿，度过六个寒暑。

六年来，区志编纂工作大致经历了七个阶段。

1999年4月至6月为准备阶段。这阶段主要是组建班子、制定计划、宣传动员、培训骨干、设计篇目等前期准备工作。

1999年7月至2000年12月为编纂部门志、专业志阶段。全区61个部门和单位通过多种渠道搜集资料1000余万字。区志办公室采取抓点带面、组织研讨等方法分类指导，确保志稿编纂有序地进行。共完成部门志、专业志初稿计350万字。

2001年1月至9月为编纂内审稿阶段。按区志所设篇目分编撰写初稿，而后送区各部门和有关领导审阅。

2001年10月至2002年12月为编纂预审稿阶段。对区志初稿进行修改，统一体例文风，处理交叉重复，核实史料。至2002年10月，完成预审稿计138万字，分别上报省、市志办审阅。12月24日，召开评审会，邀请省市志办领导和专家对志稿进行了评审。与会人员在肯定志稿的同时提出了许多独到见解和修改意见，为区志最终完成奠定了基础。

2003年1月至12月为修改完成终审稿阶段。根据预审会上省、市志办领导和专家提出的意见，区志办采取"突出重点，突破难点"的工作思路，分四个步骤开展磨稿工作。一是对评审意见进行分类整理，结合下关实际统一修改方案；二是调整篇目，将107章调为106章、387节调为363节、897目调为1208目；三是分编修改；四是总纂合成。9月底，完成区志终审稿162万字并上报省、市志办。12月24日，举行《下关区志》志稿评审会，省、市志办领导和专家对志稿作了精辟评析和高度评价。一致认为，《下关区志》篇目设置科学合理，较好地体现了时代特征和地方特色；资料比较丰富，并做到图、文、表并茂；事物记叙较系统完整，语言简洁、流畅，文风端正朴实；全志设综述，各编有概述，各章有无题序，能从不同层次涵盖全貌；其中综述很有特色，尤其第三部分勾勒出下关六个鲜明特点，不仅定位准确、恰当，而且语言精练、雅致。同意通过终审。

2004年1月至11月为磨稿完成验收稿阶段。终审会后，区志办根据省、市志办领导和专家的评审意见，认真参照再次磨稿，在核准史料、优化篇目、凸显特色上下功夫。11月，完成验收稿180万字上报省地方志办公室审定验收。12月24日，省地方志办公室批文通过验收。

2005年1月至5月为完成付印稿阶段。其工作重点是校核史料、设计装帧、编写索引等。

中共下关区委、区人民政府高度重视《下关区志》的编纂工作，始终坚持"党委领导、政府主持"的原则，把修志当作一件全局性的重要大事来抓。区委、区政府先后4次召开全区性会议，进行动员部署，明确修志工作是各部门、各单位的一把手工程，定期听取工作汇报，检查工作进度，帮助解决困难。区成立地方志编纂委员会及办公室，各街道、各系统和各单位均成立了编纂领导小组和写作班子，从组织上保证了修志工作顺利开展。

《下关区志》凝结了全体修志人员的心血和奉献精神。根据"众手成志"的修志方法，建立起区志办和基层两级修志网络，形成了一支老中青、专兼聘相结合的修志队伍。初期参加资料采编人员达140人，分编合成阶段和总纂阶段有编辑14人。区志的顺利完成，是集体智慧的结晶。尤其是负责编辑的老同志，无论是盛夏酷暑，还是隆冬严寒，总是兢兢业业，任劳任怨，埋头苦干，一心扑在修志事业上，确实可敬可赞。

在区志编纂过程中，我们始终把提高志书质量作为全部工作的出发点和归宿。根据修志的一般工作方法，着重抓了四个环节。

第一，认真抓好修志理论学习和研讨。一是采取走出去请进来的方法，先后到兄弟区学习修志经验，请省、市专家学者专题讲授业务知识。二是分别于1999年5月11日和2000年6月28日，举办全区性专题培训班2次，参训人数达240人次，使编纂人员逐步掌握修志工作的主要原则和有关业务知识。三是组织修志理论研讨。区志办公室组织综合性修志理论研讨会4次，组织分专业小型研讨会21次。通过研讨，统一了认识，明确了写作方法和要求。

第二，精心编制《下关区志》篇目和工作手册。1999年4月，为便于收集资料，编制了《下关区志》篇目初稿。之后，经过反复研究和讨论，吸纳省、市志办领导和有关专家的意见，五易其稿，于2000年5月形成了《下关区志》篇目第五稿，作为分编合成依据。在分编合成阶段，我们又紧密结合区情和资料占有情况，对篇目进行修改和调整，使之日臻完善。为了便于广大编纂人员掌握和运用修志原则，我们编辑印制了《下关区志》编纂工作手册，规范区志编纂工作。

第三，周密计划，精心组织。1999年4月，区委办公室和区政府办公室联合下发《下关区志》编纂工作方案，确定了总体实施计划。之后又根据工作进程不断明确每一工作阶段的责任人和进度要求，确保了修志工作有计划有步骤地向前推进。

第四，抓重点，抓典型，突破难点。修志初始阶段，为以点带面，区志办确定中山桥街道、法院、城建等专业志先行一步，从中摸索经验，以点带面。之后，我们又根据编纂工作中出现的重点、难点编章，采取“集中力量重点突破”的方法，先后对近现代大事专记、财税金融、政法、工业等编，集中人员和时间，加大工作力度，保证了志稿的质量和进度。

江浦县志

江浦县地方志编纂委员会编。1982年2月启动编纂，1995年12月由河海大学出版社出版。主编刘海东，编辑毛国梁、叶祥苓、成永生、朱军玲、刘增礼、张荫材、狄维辛、姚大年、梁渊秋、夏汉平、黄松安、黄祖龙、凌竞欧、滕脉华。

全书1册，119.2万字，图片92幅（志首46幅、随文46幅），表格217张。记述范围为1987年江浦县行政区域。记述上限因事而异，力求追本溯源，下限1987年，概述、大事记、人物、附录延至1993年。述、记、志、传、图、表、录诸体并用，以志为主。志首设序、凡例、概述、大事记，志末设附录、编修始末、跋。全志设28章：建置、自然地理、人口、农业、林牧副渔、水利、工业、交通、邮电、城乡建设、商业、经济管理、财政税务、金融、政党社团、政权政协、治安司法、民政、人事管理、军事、科学技术、教育、文化、卫生、体育、民俗宗教、方言、人物。

在记述特色上，该志设农业章、林牧副渔章、水利章，突出江浦县农业立县的特色。人物章以传略、简介、名录等方式收录177人，扩大记述对象范围。附录辅以文告、事记、诗歌，并附29部新编专业志简介，丰富志书的资料内容。

1997年，该志获江苏省地方志奖优秀奖。

（刘海东　徐　源）

【编修始末（节选）】

1982年2月，县党史办公室成立后，即开始进行编写新县志的资料征集工作。1984年6月，中共江浦县委、县人民政府成立江浦县志编纂委员会，下设办公室，与县党史办公室合署办公，由党史办公室副主任石惠南主持日常工作。

1986年7月，县志办公室单独建置，为县政府直属局级常设机构，定编4人（实际到岗5人），汤炳南任办公室副主任，主持日常工作。1987年3月，县政府颁布《关于征集江浦县志资料的通告》，寄发、张贴于县内外。同年6月，调整县地方志编委会成员，县长吕从余任主任委员，刘海东出任县志主编。7月，县政府办公室发出《关于江浦县志篇目与承编任务分工的通知》。8月7日，吕从余主持召开全县地方志工作会议，出席会议的有编委会成员，县机关部、委、办、局领导、秘书，县直属单位负责人，县志办及开展修志单位的全体编志人员。会后，全县相继建立修志机构51个，组织编修人员200多名，初步形成“众手成志”的局面。为了提高修志人员的业务素质，县志办连续举办两期培训班，结合草拟的县志篇目，着手探讨新方志的基本属性、编纂原则、体例结构及篇目拟定等问题，全县修志工作从此步入新的阶段。

1988年初，办公室安排滕脉华等主要人员，分赴南京图书馆、江苏省档案馆、中国第二历史档案馆及滁州、扬州、镇江、六合、江宁等市县档案馆、修志单位，调查有关江浦资料底细，并将所有资料索引目录集中分类，打印分发，为修志单位提供资料信息。为了使资料征集做到“按图索骥”、有的放矢，县志办于3月初调整县志篇目，将原先的大篇模式（概述、大事记、地理、经济、政治、军事、文教、社会、人物及附录10篇、41章、120节）改为中篇模式，共设24篇、109章、348节，并将志书下限由1985年延至1987年。当年8月12日，召开县地方志编委会扩大会议，会上有20个单位汇报、交流了修志工作情况，增强了各单位对修志工作的责任感，从而进一步加强领导，落实措施，加速资料征集和整理工作进度。至1989年12月，全县征集档案、图书、报刊、私人著述等各种文字和口碑资料2200多万字，照片等实物资料430多件；整理资料和编写资料长篇69份，约460多万字。这些资料和资料长编均为县志初稿撰写提供了可信的底本。

1989年6月起，着手编写县志初稿（征求意见稿），至1991年12月，初稿编辑成册。每篇志稿成册后，分送县委、县人大、县政府、县政协领导，县志编委会成员、各部门领导和修志人员、县内外专家学者及知情人士审阅；每篇参评人员少则50人，多则80余人，陆续收回修改、质疑、建议等千余条。

1992年初开始总纂送审稿，至1993年6月完成，历经准备、通读、审议、修改、定稿五个阶段，工作重点从宏观上审视政治观点，调整篇目结构，从微观上审查入志资料，统一行文规范；对地方特色较浓的重点篇章一律充实内容，补充资料，非重点篇章反复删改，控制字数，少数不合格而又难以修改的篇章，从零开始，重新编写。总纂后的送审稿体例结构由原来的篇、章、节改为章、节、目，计28章、146节、464目。1993年7—10月，组织有关人员对送审稿进行通阅通审，计填漏、补缺、匡正纠错1500多处。11月10日，县政府报请南京市地方志办公室同意召开《江浦县志》稿评审会。11月30日至12月2日，省、市地方志编委会暨

《江浦县志》目录

办公室及方志界、高等院校等有关单位26位专家、学者和同仁莅浦审稿，县“四套班子”主要领导出席了会议，县长朱泰山致开幕词，县委书记戴宗宝作了总结讲话，县志主编作了本届修志情况的汇报发言。

评审会以后，县志办公室对送审稿作了认真细致的修改，调整了部分章、节，订正了一些文字，补充了较多的资料，增写了各章小序，于1994年7月写出县志第三稿即验收稿。8月13日，志稿经市志办验收合格，并报请省地方志办公室核审，9月2日，省志办批复同意《江浦县志》稿付印出版。此后，编纂者根据验收意见，于1995年4月完成定稿本。5月，县长程晓蔚为县志写跋。

《江浦县志（1988-2001）》目录

江浦县志（1988—2001）

南京市浦口区地方志编纂委员会办公室编。2006年2月启动编纂，2010年12月由方志出版社出版。主审邹元岱、副主审吴国华，主编刘海东，编辑卢仕松、刘海东、杨万友、杨宇金、张荫材、周世泉。

全书1册，185.8万字，图片221幅（志首63幅、随文158幅），表格332张。记述范围为2001年江浦县行政区域。2002年4月，撤销江浦县、浦口区，设立新的浦口区。该志为《江浦县志》（1995年版）续志。记述上限1988年，衔接前志，个别内容适当上溯，下限2001年，部分内容延至2002年4月行政区划调整。述、记、志、传、图、表、录诸体并用，以志为主。志首设序、凡例、总述、大事记，志末设附录、索引、后记。全志设31章：建置·地理、人口、土地管理、城乡建设、环境保护、交通·邮政·电信、水利·电力、农林牧渔业、苗木花卉业、工业、建筑业·房产业、商贸服务业·旅游业、金融·保险、财政·税务、经济综合管理、中共地方组织、地方人民代表大会、地方人民政府、地方人民政协、民主党派·群众团体、政法·武装、科学技术、教育、文化·体育、求雨山文化园、卫生、人事和劳动社会保障、民政、社会生活、精神文明建设、人物。

该志设土地管理、环境保护、苗木花卉业、求雨山文化园、精神文明建设等章，反映江浦县政治文明、精神文明、社会文明和生态文明建设协调发展的时代特色，彰显全国生态示范区试点县、“花木之乡”和“当代兰亭”的地域特色。采取集中与分散相结合的方式，对改革开放内容进行充分记述，在章下设节或目、子目集中记述，不便标出节、目的随志文分散记述。对续志时限内出现的新事物、新经验、新成果设章立目，彰显改革开放的县情特色，如将苗木花卉业和求雨山文化园升格成章。注重发挥志书的教化功能，对去世人物予以补记，对在世人物采用专文、列表等形式予以记述。在部分章、节，以附录的形式，节录相关文章、文献或专记，介绍特色事件、重要活动和典型人物，以增强志书的资料性。注重与前志的传承和创新，采用复记和补记的方法处理与前志的关系。附录中收录对前志补遗和纠正的内容，体现编者严谨的治学态度。

2018年，该志被评为江苏省地方志书优秀成果综合优秀三等。

（刘海东　徐　源）

【后记(节选)】

《江浦县志(1988—2001)》(以下简称续志)编纂工作于2006年全面启动,至2010年12月定稿付梓,历经组织发动、资料长编编写、初稿编写、总纂合成、终审验收五个阶段。各个阶段的工作,无不体现出全体编审人员勇于探索、敢于创新、践行科学发展观的修志理念,认真履行全省二轮修志联系点单位的应尽职责。

一

2006年2月15日,区政府办公室同时下发《〈江浦县志〉续修工作规划》和《关于聘请〈江浦县志〉(续修)编纂人员的通知》。全区87个续志承编单位分别落实分管领导和资料员。3月31日,召开全区《江浦县志》续修工作动员会议,在南京市率先启动二轮修志工作。4月初,开展资料征集工作,至2007年10月,在续志编辑人员配合指导下,80%的单位按县志篇目完成资料长编编写任务,约200万字。2009年2月,根据调整后的县志篇目,除工业章外,写出续志初稿(初审稿)30章,170万字。同年3月5日,续志总纂篇目通过市志办公室论证。2010年2月,完成续志一轮总纂稿(复审稿),计34章182万字;6月完成二轮总纂稿(终审稿),全志设总述、大事记、分志及附录4部分,其中分志31章、172节、605个目、1052个子目,计185万字;8月,续志稿通过市志办公室终审;12月,续志稿通过市志办公室验收、省志办公室审核、方志出版社编审,由区人民政府批准出版。

二

在续志编纂中,编纂人员严守续志体例,强化对改革开放的县情记述,注重提高志书的整体质量。

(一)把握体例,处理好续志与前志的衔接。续志仍沿用前志的中小篇结构体式,设章、节、目、子目4个层次,通过对前志篇目的保留、合并、扩展、分解和增设,续志由前志28章调整为31章。其中保留人口、工业、城乡建设、财政税务、经济综合管理、民政、科学技术、教育、卫生、人物章;建置与自然环境章合并为建置·地理章,农业与林牧副渔业章合并为农林牧渔业章,交通与邮电章合并为交通·邮政·电信章,治安司法与军事章合并为政法·武装章,文化与体育章合并为文化·体育章,民俗宗教与方言章合并为社会生活章;水利章扩展为水利·电力章,商业章扩展为商贸服务业·旅游业章,金融章扩展为金融·保险章,人事管理章扩展为人事·劳动社会保障章;政党社团章分解为中共地方组织、民主党派·群众团体章,政权政协章分解为地方人民代表大会、地方人民政府、地方人民政协章;新增土地管理、环境保护、苗木花卉业、建筑业房产业、求雨山文化园、精神文明建设章。在内容记述衔接上采取3种方法:一是为保持续志的独立性和完整性,对基本县情如建置沿革、地质、地貌、生物及方言词汇等前志内容作适当复记;二是直接承接前志下限时间的次年即1988年记述,这是续志主要采用的对接方法,如在“学校设置”目下记载:“1988年,全县有小学157所,873个班……”;三是对某些目或子目,从事物或组织机构的发端或发展阶段记起,接续记述续志限内的发展。例如在“公证”目下记载:“县公证处成立于1981年,1988年有公证员4人。”

(二)着眼县情,彰显时代和地方特色。改革开放是二轮志书时限内最鲜明的时代特点,续志首先以章（编）为单位采取集中与分散的方式给予充分的记述，即在章下设节或设目、子目集中记述，不便标出节、目的随志文分散记述，诸如土地管理、农林牧渔业、工业、商贸服务旅游业、金融·保险、科学技术、教育、卫生等章均首设体制改革节，在建筑业、水利行政监管、计划管理、统计管理、物价管理、财政、税务、政府机构、人事管理、劳动管理等节下分别设体制改革目或子目；其他方面的改革内容多随志文记述，体现改革在事物发展和工作过程中的推动作用。其次，以续志时限内出现的新事物、新经验、新成果设章立目，彰显改革开放的县情特色。诸如流动人口、老龄人口、土地管理、环境保护、开发区建设、苗木花卉业、房产业、服务业、旅游业、招商引资、县委重大决策、党风廉政建设、建设服务型政府、政府施政思路、富民工程、社会治安综合治理、职务犯罪检察、少年刑事案件审判、普法宣传、中小学素质教育、老年教育、文化市场、非物质文化遗存、求雨山文化园、承办三城会足球分区赛、公务员制度、人才市场、社会保障制度、扶贫工程、小康县建设、精神文明创建活动等章、节、目，特别是苗木花卉业和求雨山文化园分别从农林牧渔业、文化体育两章中析出，升格成章，重点记述，从一个侧面集中反映江浦的发展变化有别于周边区县、市的鲜明特点，在志稿“复审”中受到普遍肯定。

（三）以人为本，增强志书的教化功能。对去世人物予以补记，其中人物传略增记8人，人物表增记离休干部92人，附录增记民主革命时期英雄谱30例。对在世人物采用多种方法予以记述，如在相关章、节附以《德高益寿，勤劳健身——记百岁老人孙翠莲》《映日荷花别样红——记艺莲苑业主丁跃生创业人生》《乡村教师的精彩人生——记五里行知小学校长杨瑞清》《鏖战晓桥——记1991年江浦军民抗洪斗争事迹》等专文，记述个体和群体人物的先进事迹，附记出席省市党代会代表和人代会代表103人（次）；以列表的形式收录种植、养殖专业户户主161人，省市明星企业家39人（次），高级专业技术人员367人。

三

二轮修志较之首轮修志，虽然时间跨度不大，档案资料比较齐全，但由于区划调整，机构撤并，企业改制和少数单位对修志工作认识不足等原因，修志工作仍存在诸多困难。在此情况下，续志编修工作之所以能健康有序地推进，主要在于：

其一，各级党政领导履行职责，确保修志基本条件落实到位。续修工作开始后，区政府将地方志工作列入议事日程：一是为做好地方志工作提供组织保证。5年来，由于区政府人事变动，区政府5次及时调整地方志编纂委员会成员，每次都由区长担任编委会主任，同时配备1名副区长任常务副主任，区政府办公室主任、区志办公室主任分别任副主任，机关党政部门主要负责人任成员；凡省、市重点调研活动、续志总纂篇目论证、志稿终审等专题会议，区主要领导亲自过问，分管领导直接参与。二是提供人力、财力和工作方面的合力支撑。区志办公室领导由1名增至2名，工作人员由2名增至3名，续志编辑人员稳定在5~6名；编修经费列为区、镇（街）财政预算，按时足额拨付；续志编纂规划等主要文件均由区政府办公室行文印发；面上修志工作纳入部门、镇（街）年度一体化考核，保证县志续修工作健康运行。

其二，依法按章行事，落实志书“三审”验收制度。区志办公室执行《江苏省地方志书审查验收及出版办法》，坚持志书“三审”（区志办公室组织初审、区地方志编纂委员会组织复审、市志办公室组织终审）和验收制度。2010年2月，续志一轮总纂结束后开展志稿初审。为了发挥编辑人员的群体作用，办公室组织主编和编辑通读志稿，并从思想观点、篇目结构、资料运用、记述方法、行文规范、图表设计等方面开展评议活动，纠正勘误300余处，议定修改意见。7月初，续志终审稿成册后，连同审稿“提示”，分发到87个续志承编单位，进行面上“复审”，计返回修改意见310条。8月27日，市志办公室组织召开《江浦县志（1988—2001）》终审稿评审会议，与会领导及评审专家组成员在充分肯定终审稿编纂质量的同时，提出450余条修改意见和建议。会后，办公室组织编辑消化、梳理专家意见，制订续志验收稿修改方案。经过2个多月的打磨，续志验收稿得到整体优化：在处理与前志衔接上，既注意时限上的对接，又注意记述内容的衔接，纠正终审稿在时限上存在拦腰“砍”断的现象；调整章、节、目、子目53个，增补县名来历及含义、水系水文、生育政策、土地市场、商业股份合作制、财政预决算管理、县委和县政府重要文献目录、古代书目等内容，扩写内容22处，删除涉及保密等内容11处；消除语病、错漏字及数字书写、计量单位、标点运用不规范等200余处。12月13日，续志稿通过市志办公室合格验收。

其三，实行分工负责制，严格目标管理。为了按时按质完成各个阶段的修志任务，办公室分别制订年度工作计划和阶段性工作计划。如2010年2月，续志一轮总纂稿完成后，即制定二轮总纂稿（终审稿）实施方案，对二轮总纂稿基本任务、编纂人员职责、总纂步骤和方法提出明确要求；在具体运作方法上采取三步制：第一步，编辑人员按主编意见，逐章逐节修改各自负责编辑的志稿；第二步，由主编总揽全局，一支笔统稿；第三步，由区志办主任、副主任审读，形成定稿本。通过抓平衡，促进度；抓责任，保质量等工作方法，编辑人员经常利用节假日休息时间，自觉加班加点，至7月底，按计划完成终审稿总纂任务。

浦口区志

南京市浦口区地方志编纂委员会编。1999年6月启动编纂，2005年7月由方志出版社出版。主编方敏嘉、马德金、刘海东，常务副主编焦品先，副主编李志明、张祖藩、吴国华，编辑朱福钧、杨宇金、朱军玲、李志明、张祖藩、薛为钧、檀加法。

全书1册，142.7万字，图片121幅（志首56幅、随文65幅），表格238张。记述范围为2001年原浦口区行政区域。记述上限不限，下限2001年，部分内容延至2002年5月。述、记、志、传、图、表、录诸体并用，以志为主。志首设序、凡例、概述、大事记，志末设附录、索引、编纂始末。全志设24编：建置·地理、乡镇街道、人口与计划生育、名胜古迹、城镇建设、交通·邮电、农业·水利、工业、开发区·度假区、商贸、财税·金融、经济综合管理、中国共产党地方组织、人大·政府·政协、党派群团、政法、民政、人事·劳动、军事、教育·科技、文化、卫生·体育、社会、人物。

《浦口区志》目录

篇目结构上，志书设名胜古迹、城镇建设、交通·邮电3个特色编并前置；将名胜古迹从文化编中独立并升格为编，设定山珍珠泉风景名胜区、胜迹、文物古迹、文物管理4章，反映浦口悠久的历史和灿烂的文化。设开发区·度假区编，置于商贸编前，突出浦口区水陆交通枢纽的区位优势，展示改革开放的时代风貌。附录所收的诗词碑记、文献史料，具有较强的资料性。

（刘海东　徐　源）

【编纂始末（节选）】

1998年12月4日，成立浦口区地方志编纂委员会，下设办公室，与区党史办合署办公。1999年6月，召开全区编志工作动员大会，提出《〈浦口区志〉编纂工作的实施意见》；10月，全区56个承编单位分别成立修志领导小组，并明确负责人和主笔，全区形成一支老中青、专兼聘相结合的150余人修志队伍；12月，发布《关于征集〈浦口区志〉资料的通知》，举办修志人员业务培训班，在全区形成"众手成志"的喜人局面。2000年7月，调整地方志编纂委员会组成人员。经过初拟编目、征集资料和部门（专业）志编写等步骤，至11月，开始步入区志分纂阶段。为了尽快地抢出初稿，区志办人员由最初的3人陆续增加到8人，明确主编、常务副主编和副主编人选。至2001年底，完成分志初稿编写任务。2002年7月，总纂成区志稿，除概述、大事记、附录及部分章节未完稿外，全志共24编、102章、358节、1149目，约90万字，并分送江苏省、南京市地方志办公室评审。因南京市江北地区行政区划调整，编志工作暂停，志稿评审工作也未能如期进行。

2003年1月28日，新的浦口区人民政府以浦政发〔2003〕14号文发出《关于成立南京市浦口区地方志编纂委员会的通知》，编委会下设办公室。2004年3月12日，调整区地方志编纂委员会组成人员。4月15日，区政府办公室发出《关于聘请〈浦口区志〉编纂人员的通知》，22日，召开区志新老编辑人员交接会议，28日，发出《关于落实〈浦口区志〉资料员的通知》，至5月初，各乡镇、区委各部门、人大办、政府各办局、政协办、法院、检察院、人武部、区各直属单位及驻区有关单位分别明确分管领导和资料员。5月13日，召开区志稿修改意见交流会。根据市志办的意见，鉴于区、县合并的实际情况，决定区志下限由1999年底延至2001年12月，大事记延至2002年5月。会后，编志办公室制订区志编纂方案，强化目标管理，实施战役攻坚；编辑人员倾注全力，指导和参与各部门、单位征集2000—2001年资料工作。自7月中旬起，在资料征集工作基本告一段落的基础上，对原志稿的编、章、节、目逐一推敲，并加以调整。《乡镇街道》编从第十四编调为第二编，列《建置·地理》编之后，作为建置内容的延伸和补充；《开放开发》编由第五编调为第九编，列《工业》编之后、《商贸》编之前；《人民代表大会》《民主党派》和《珍珠泉》等章、节、目分别作了升格处理。保留《名胜古迹》《城镇建设》和《交通·邮电》3个特色编前置位置；充实志稿内容，补写《概述》、《开放开发》编的第五章《南京高新技术产业开发区》、《社会》编的第四章《方言》、《中国共产党地方组织》编的《工作纪略》、《人大·政府·政协》编的《施政纪略》、《城镇建设》编的《环境质量监测》以及各编章节目下限（2000—2001年）的内容。至11月初，完成区志联审稿，共24编、108章、373节、1202个目，约130万字，较原志稿增加6章、15节、53个目，近40万字。志稿成册后，及时分送区委、区人大、区政府、区政协领导、区志编委会成员、各部门分管领导和修志人员审阅，并报请南京市地方志办公室评审。

2005年1月14日，召开《浦口区志》联审会，市志办领导和修志同仁对区志送审稿作了精到的评析，提出修改意见850余条。联审会以后，区志办领导和编辑人员以联审意见为参照，惕惕自厉，矻矻以求，精心磨稿。首先，将第三编《人口》改为《人口与计划生育》，第一编第二章《自然地理》改为《自然环境》，第八编第四章《驻区大中型企业》改为《驻区工业企业》，第十二编第三章《物价管理》改为《价格管理》；增加第四编第三章第七节《馆藏文物》及第二十一编第五章《图书、档案、方志》，增写《大事记》46条。其次，纠正考证疏误、史实、人名、地名、数字、年代记述不准，行文、记事相互抵牾，以及语病等方面问题750多处。

2005年3月29日，召开《浦口区志》终审会，市志办领导及与会者对区志终审稿作出实事求是的评析和评价，并一致同意通过终审。4月初，区志办从宏观与微观两个方面，分别审视政治观点、入志资料、行文规范，全方位地删冗、补缺、纠错，将第九编《开放开发》改为《开发区·度假区》。于5月底完成验收稿，并报请市志办审查验收。7月4日，市志办对《浦口区志》(验收稿)作出“通过验收”的批复。区志办根据市志办在验收中提出的“审读意见”，着重审查保密问题和表述的规范化问题；继续调整结构，对第九编《开发区·度假区》等个别编、章、节作了修改。组织力量复核数字，消除志文中的“硬伤”。当月，《浦口区志》稿经区人民政府批准，由方志出版社出版。

附：

浦口简志

南京市浦口区地方志编纂委员会办公室编。2014年9月启动编纂，2019年4月由方志出版社出版。主编陆先明、马文媛，副主编吴国华、李永胜，撰稿刘海东、朱军玲。

全书1册，45.6万字，图片25幅(集于志首)。记述范围为2015年浦口区行政区域。记述上限溯至事物发端，下限2015年，图片下限适当下延。述、志、传、图诸体并用，以志为主。志首设序、凡例、概述，志末设后记。全志设7章：建置、环境、政治、经济、文化、社会、人物。

在篇目设置方面，从区情实际出发，精简篇目。所设节、目，力求突出专业的实体性事物。内容上，该志详今略古，突出重点，凸显地情特色和时代特征。老山和长江、滁河浦口段是浦口区具有地标性的生态资源，环境章自然环境节对老山的岭、�、凹、冲、溶洞等特色地貌及长江、滁河浦口段的流域、径流、水位、汛期、含沙量、潮汐等水文特征分别作详细记述。文化章是该志篇幅最大的一章，约占全书篇幅近四分之一，突出记述传统文化特别是诗词文化和书法文化，反映浦口区“民间文化艺术之乡”的地域特色。该志还对环境保护与生态文明建设、经济开发园区、房地产业、对外经济贸易、旅游业、精神文明建设、社会保障等内容重点记述，集中反映这些领域、行业改革开放的历史进程，充分体现时代的主旋律。

2020年，该志在江苏省地方志书质量评定

《浦口简志》
目录

中被评为优秀成果。

（刘海东　徐　源）

【后记（节选）】

2014年9月，在党的群众路线教育实践活动中，区志办公室就地方志工作如何实践群众路线、更好地为广大群众服务的问题，集中办公室全体成员和离退休人员的意见，决定拟编一部内容简明扼要、纵贯古今的《浦口简志》，作为地方志书的普及本。并于9月26日向区政府报送《关于开展〈浦口简志〉编写工作的请示》及《〈浦口简志〉编纂工作方案》。令人鼓舞的是，区政府很快予以批示，同意区志办编写《浦口简志》，并将简志列为区委、区政府开展群众教育实践项目之一。10月10日，以浦政发〔2014〕99号文件印发《〈浦口简志〉编纂工作方案的通知》；同时成立区《浦口简志》编纂委员会，区长任编委会主任，1名副区长任编委会常务副主任，区政府办公室、区地方志办公室负责人任副主任；编委会下设简志编纂办公室，具体负责简志实施工作，办公室主任由区档案局负责人兼任。

2015年1月，简志工作进入实施阶段。为了实现编纂简志的初衷和目标，编撰人员注重在志书体例把握和内容记述两个方面作了新的尝试。在篇目设置方面，遵循志书的基本体例要求，采用章节与条目结合体；从区情实际出发，精简篇目。全志初设10章，即概述、建置、环境、政治、经济、文化、社会、人物、大事记、附录；结合现代社会分工，参照国民经济行业分类标准，章下设40节；按事物内在逻辑，节下分设条目和子目。所设节、目，力求突出专业的实体性事物，政治类设党政机关、群众团体的组织机构，经济类设农业、工业、建筑业·房地产业、国内贸易、对外贸易、旅游业、金融等主要产业，以体现篇目简明、科学的特点。在内容记述方面，首先，重视资料的搜集和整理，为修志夯实基础，为志书质量提供基本保证。撰稿人员在稽阅已出版的40多部志书和年鉴、2002—2015年《浦口区志》资料长编的同时，查阅了区委党史办、区政协、区文广局、区统计局等部门编印的《中共南京市浦口地方史（1949—1978）》《中国共产党南京市浦口区历史（1978—2002）》《中共南京市浦口区委执政纪事》《浦口文史》《浦口文韵》《浦口文华》《今浦口》《求雨山书画》报等数十种图书、报刊，从中获得许多新资料。其次，重视简志的编写规范问题。简志编写采取“一步成稿法”，即将稽查的可入志资料经过鉴别整理，去伪存真，去粗存精，分别注明名称、出处、时间编号，再逐一定位到简志节目；记述方法上，按时序记述事物或事件的历史与现状；内容记述做到精选和提炼，力求突出地方性和时代特色。老山和长江、滁河浦口段是浦口区具有地标性的生态资源，自然环境节对老山的“岭”“峌”“凹”“冲”“溶洞”等特色地貌及长江、滁河浦口段的流域、径流、水位、汛期、含沙量、潮汐等水文特征分别作了详细记述。文化章是简志文字量最重的一章，突出记述传统文化特别是诗词文化和书法文化。环境保护与生态文明建设、经济开发园区、房地产业、对外经济贸易、旅游业、精神文明建设、社会保障等内容的记述，集中反映了这些领域、行业改革开放的历史进程，充分体现了时代的主旋律。

2019年4月初，简志稿通过方志出版社初审、复审和终审。当月，地方志办公室组织人员根据方志出版社审稿意见，对志稿进行全面修改。5—6月，撰稿人员对简志进行全面加工、合成，增写概述章、自然灾害与灾害测报节，合并国内贸易节与对外经济贸易节为贸易节，删除大事记、附录章、中国国民党节，全志为7章43节。7月，简志几经打磨，如愿付梓。

栖霞区志

南京市栖霞区地方志编纂委员会编。1999年4月启动编纂，2002年9月由方志出版社出版。主编吕佐兵，副主编沈松园、方可畏。总纂编辑李彩元、王本林、倪国强、徐兴昶、王贵宏、管秋惠。分纂编辑沈春发、王春林、管秋惠、王艺为、倪国强、柏冶诚、钱立根、李彩元、徐应卿、任长松、许能、陆解纯、管建国、戴琳、郑龙、王志钱、刘颐堃、伏广东、王本林、张金玲、汪秦丰、尹军、陈丽君、张农、蔡现军、丁颖、葛义兴、黄忠洋、王国梁、张亚平、张永生、王维亮、汤学军、徐广生、孙宇彤、郭振平、徐雪琪、凌翔、孙梯群、马春成、罗耘、胡澄清、刘先明、胡国富、徐兴昶、古琳、戴升强、刘宁宁。

全书1册，235万字，图片304幅(志首222幅、随文82幅)，表格460张。记述范围为1999年栖霞区行政区域。记述上限不限，追溯事物发端，下限1999年，图片、大事记延至2002年。述、记、志、传、图、表、录诸体并用，以志为主。志首设序、凡例、概述、大事记，志末设综录、索引、编后记。全志设24编：建置·地理、人口、风景名胜·文物古迹、城乡建设、经济综合管理、交通·邮政·电信、工业、农林水利、商贸·旅游、财税·金融、中共栖霞区地方组织、人大·政府·政协、镇乡、南京经济技术开发区、民主党派·群众团体、政法、军事、民政、劳动·人事、教育·科技、卫生·体育、文化、社会、人物。

为突出重点、显示特色，该志对有关内容作升格或前置处理。因区名源于栖霞山和栖霞寺，在建置·地理、人口2编后，设风景名胜·文物古迹编。教育·科技编设乡村师范教育节，又专设陶行知教育思想研究、晓庄师范目，记载人民教育家陶行知和晓庄师范。军事编设侵华日军暴行、难民营纪实2节，对日军在栖霞地区的暴行作具体的揭露和记述。尤其可贵的还有目击侵华日军幕府山大屠杀、日军眼中的幕府山大屠杀两段原始资料，铁证如山地记下日军当年杀害中国人民的滔天罪行。该志概述内容浓缩区情精华，提纲挈领，钩玄提要；构架上先横后纵，纵横结合，描写手法上平行分类与夹叙夹议结合；语言运用上，既有文采，又十分精当。

2006年，该志获江苏省地方志系统优秀成果特等奖。

（张永芳）

《栖霞区志》
目录

【编后记（节选）】

《栖霞区志》编纂工作于1999年4月正式启动，先后九拟编目，六易文稿，历三载艰辛，终告编竣，即将付梓。

到目前为止，《栖霞区志》编纂工作大体经历了准备、初纂、分纂、总纂、内审、终审、定稿付印等七个阶段。准备阶段。1998年6月，区地方志编纂委员会和办公室成立，但由于体制、人手、经费以及认识方面的原因而启动未果。1999年1月27日，区委、区政府决定重建区志编委会及其办公室，一方面理顺工作体制和机制，另一方面物色确定主编人选，至4月12日，区志编纂工作开始实际运作，用五个月时间，完成宣传发动、组建队伍、制定计划、设计编目、业务培训等前期准备工作，为区志编纂工作夯实了基础。初纂阶段。从1999年10月起至2000年1月，全区66家承编单位，按区志编委会的工作部署，无一例外地完成了部门（专业）志稿的撰写任务，志稿总计约485万字。从2000年2月起为分纂阶段。区志编委会从全区各承编单位编纂人员中，遴选出44位同志分别担任区志24编分纂主笔、副主笔。各编主笔以部门（专业）志稿为基础，会同部门原有编纂人员，按照区志编目进行整理组合，至8月底，陆续完成24编分纂初稿。接着，区志主编与分纂主笔一道对分纂初稿逐编进行少则三轮、多则七八轮的细致磨改，并于2001年3月，形成区志24编征求意见稿（白皮书），总计约180万字。总纂阶段。从2001年3月起，在广泛征求区四套班子领导、区属各部门、各单位领导以及省、市志办领导、专家的意见后，区志主编用三个月时间，对24编分纂志稿进行总纂合成，着力对史料进行考订校核，对志文进行增补删削，对结构体例进行撤并调整，于2001年6月30日，编印完成区志24编修订稿（蓝皮书），总计约170万字。从2001年7月起，进入内审阶段。区志办公室通过召开区志编审委员会联席会、省市专家志稿评析会、离退休老干部座谈会等形式，共征得各种修改意见和建议2000余条，按照“广纳百言，择善而从，实事求是，以我为主”的原则，对区志修订稿进行新一轮的校核、补充和磨改，并采取“全封闭”形式，对各编全面进行资料史实的再校核、体例结构的再推敲、语言文字的再斟酌以及交叉重复的再芟削，至12月18日，编印完成区志（含《凡例·编目》《概述》《大事记》《综录》）送审稿（黄皮书），总计约200万字。终审阶段。2001年12月20日，《栖霞区志》送审稿（黄皮书）正式向省、市志办报审。2002年3月28至29日，举行《栖霞区志》志稿评审会，省、市志办领导和专家对区志送审稿作了精到的评析和高度评价，并一致同意通过终审。定稿付印阶段。从2002年4月起，区志总纂人员以省、市志办领导、专家的评析意见为参照，以“不错、不乱、不漏、无疑、突出重点、凸显特色”为标尺，再次封闭一个月时间，对区志送审稿进行全方位的删冗补缺、勘谬去讹、校核定稿，于2002年7月交付出版。

在历史上，栖霞区尚未编修过区级志书，编纂《栖霞区志》实属拓荒性工作，前无经验可资借鉴。新中国成立后，由于区划朝分夕合，领属迭有变更，治所频繁迁移，加之受“文化大革命”的影响，档案管理混乱，文史资料十不存一，以致搜寻资料犹如沙里淘金、海底觅针，给区志编纂工作造成了绝大的困难。

在如此困难的情况下，《栖霞区志》之所以能如期编纂完成，其一在于，全区上下各级党政领导高度重视。无论是区四套班子领导，还是各镇乡、各部门领导均把编纂区志当作一项跨世纪的文化工程纳入工作计划和议事日程，除在人员、经费、办公条件等方面给予充分保证外，还经常过问进展情况，甚至参与其中。区委书记梁学忠在病中阅读修志简报，并作出重要批示。区人大常委会原主任苏学林（已退休）主动要求担任编纂顾问。区政府七位区长分别担任编委会正、副主任委员和评审委正、副主审，负责督促、协调各自分管部门的修志工作。区长张宁生主持，先后8次召开区长办公会和政府常务会议，5次召开区志编委和评审委会议，专题研究区志编纂工作。区政协原主席蒋荣华（已退休）献出私人珍藏史籍资料供编纂参考。各镇乡、各部门及时抽调人员、建立机构、拨付经费、安排用房，为区志编纂工作提供种种方便。区财政局先后两次挤出办公场所供总纂人员集中核稿。在区志编纂过程中，绝大多数单位主要领导都能做到身体力行，直接参与修志工作。从区四套班子到各镇乡、部门，几乎所有的领导同志都以对历史、对后人高度负责的精神，认真审读区志“三稿”（征求意见稿、修订稿和送审稿），提出了许多独到见解和修改意见。特别是朱德明、韩佃信、杜述孔等数十位区四套班子离退休老领导，不顾年迈体弱，不辞心力劬劳，主动请战，参加座谈，提供资料，审阅志稿，纠正了许多难以发现的谬误和缺漏，避免了区志出版后的种种遗憾。

其二在于，省、市志办领导和专家的深情关注、悉心指导以及驻区各单位、社会各界人士的热情帮助、鼎力支持。省、市志办领导和专家，自区志编纂工作启动之时，就全程跟踪，及时帮助排忧解难、释疑去惑。四次人员培训，九次审定编目，六次磨改文稿，无一不凝聚着他们的心血汗水。其间，我们先后九次召开驻区企事业单位及部队负责人会议，共商区志编纂大计，各有关人员均如邀而至，有求必应，并主动提供大量文字、图片资料。百岁老人袁晓园、著名高僧茗山法师欣然命笔为区志题词作画。扬州市广陵区的修志同仁曾多次来区交流修志经验并赠送书刊。《中国青年报》驻南京记者站记者戴袁支主动提供独家采编的侵华日军暴行以及江南水泥厂难民营的文献资料。龙潭村王亚龙骑车十余里无偿献出先父遗存的编志资料。乌龙村洪德功、栖霞中学陈宝贵阅读刊载在《栖霞报》上区志《概述》（征求意见稿）后，专函校正文中讹误。此类修志佳话不胜枚举。

其三在于，区志办精心谋划，精心组织，方法科学，安排得当。具体表现在，第一，宣传发动到位。自1999年4月开始，先后召开全区范围动员部署会议3次，以镇乡和部门为单位的小型动员会20余次，在《栖霞报》开辟专版、专栏6个，在区有线电视台开设专题节目5次，编发“工作简报”34期约24万字，制作宣传横幅8条，运用各种传媒手段反复宣讲编纂区志的意义、目的和要求，报道编纂工作动态，在区内形成人人关心修志的良好氛围。第二，注重队伍建设。初纂阶段，各承编单位均按照“熟悉区情，德能皆备”的条件和“专、兼、聘与老、中、青相结合”的要求，挑选精兵强将组建编纂队伍，先后举办全区规模业务培训班3期、专题研讨会4次，以镇乡和部门为单位的小范围培训10次，利用会议作专题知识讲座8次，并且编制《区志编纂工作手册》上下两册，约25万字。分纂阶段，从全区250多位编纂人员中，遴选44人担任各编主笔、副主笔，又先后4次举办与“总揽”有关的主题培训和研讨，使大家业务水平得到再提高，逐步从“门外汉”而成为修志的行家里手和中坚。第三，指导方针明确。区志初纂开始后，针对时间紧、任务重、困难多的实际情况，区志办及时提出“倒计时、破常规、抓重点、保质量（出精品）”的工作思路，后经编委会研究，确定为区志编纂工作的指导方针，使之统驭修志全过程。“倒计时”，就是比照完成区志编纂工作的既定目标，把时间倒过来进行安排，狠抓序时进度，限期完成。“破常规”，主要指工作步骤和时间安排上不机械效仿别人的做法，注重实际，灵活穿插，做到初纂抢稿先搭框架不怕粗，分纂磨改反复斟酌不惜时，总纂合成精益求精不放松。“抓重点”，即始终把能显示地区特色、提升区志品位的编、章、节、目，牢牢抓住不放，倾注全力，使之出彩。“保质量”，就是始终以出精品良志为“悬剑”，惕惕自厉，矻矻以求，决不因时间紧、困难多而粗制滥造，草率从事。第四，实施双重责任制。一方面坚持“党委领导，政府主持”的修志体制，厉行行政首长负责制，由区政府与各承编单位负责人签订区志编纂责任书，若行政管理工作不力，追究部门负责人责任；另一方面，厉行主编（主笔）责任制，区政府分别与各承编单位主笔和分编总纂主笔签订区志编纂责任书，若编纂工作延误时间，出现讹错，则追究主编（主笔）责任。“双重责任”无异于“双重保险”，从而确保了编纂工作的顺利进行。第五，适时组织战役攻坚。区志分纂开始后，根据当时形势和任务，决定实行第一次战役攻坚，把动员部署会开成“作战会议”，提出刚性的质量和进度要求，“迎难而上，百日攻坚”，取得了第一次战役攻坚的全胜，如期完成了部门（专业）志稿的撰写任务。此后，我们先后组织过六次战役攻坚，均如期实现了预定目标。第六，力倡新型“志观”。在修志过程中，我们始终以“无志不修志，修志必有志，立志修好志，修志能得志”的新型志观激励修志人员，反复强调修志也可以出干部、出人才，并在修志工作中不断发现和举荐人才，充分调动编纂工作人员的积极性和创造性，使一批年轻干部崭露头角，受到重用。

其四还在于，广大区志编纂工作人员的倾情投入，无私奉献。全区250多位编纂人员，无论是专职、兼职还是外聘，也无论是青年、中年还是老年，痴心修志，乐于“三苦”，已蔚成风气。为使自己尽快成为修志的行家里手，大家耐受炎炎酷暑，不顾汗流浃背，聆听专家授课，钻研编纂业务；为搜寻零落散失的点滴资料，寒冬脚踏冰雪，盛夏头顶骄阳，不辞辛劳四方奔波；为按时抢出初稿，大家废寝忘食，案牍劳形，笔耕不辍；分纂磨稿，全体主笔加班加点，倾心投入，认真阅读原稿，细致核查资料，不言苦，不言累，不言功；总纂合成，主纂人员四次集中，两次封闭，足不出户，谢绝来访，孜孜不倦，刻意求精，不知放弃多少节假日，也不知熬过多少通宵夜。编修区志三年，个中繁复艰辛，难以言表，唯亲历者方可体味，谓之“字字皆心血，句句凝汗水”，实不为过。广大编纂工作人员淡泊名利，无私奉献，殚精竭虑，辛勤耕耘，确如区委、区政府领导所言，“可圈可点，可歌可赞”。区志办公室连续三年获全市区志编纂工作一等奖，成为“南京市地方志系统先进集体”，另有15人次受到市、区表彰，则是对整个区志编纂工作以及广大编纂工作人员倾情投入的最好认定。

【志评】

满山红叶似彩霞

——读《栖霞区志》

仓修良

读了《栖霞区志》以后，有三点感受最深。

首先是这部志书的地方特色可以说是“锋芒毕露”。也许因为这个区的得名来之于栖霞山和栖霞寺，因此，志书的编纂者在篇目设置上，就来个开门见山，在“建置·地理”“人口”之后，就推出了“风景名胜·文物古迹”。这虽说是出于因地制宜，但难得的是编纂者不仅看到了、想到了，而且作出了如此安排。这就说明人家是经过深思熟虑的，这与那些明摆着自身优势而看不到的显然不同。这样编排起码能够让读者早些知道栖霞山和栖霞寺的来历，因为栖霞山的名气很大，知道南京的大多知道这里还有一座游览胜地栖霞山，然而真的能够知道其名称来历的人恐怕并不多。如很简单的一个问题，即先有栖霞山还是先有栖霞寺，恐怕回答者大多会说自然是先有栖霞山，因为按照一般常规，山是早就存在，而寺庙总是依山而建。我在未看这部志书之前，就是这样想法。对于栖霞山来说，事实却相反，该志在“栖霞山风景名胜区”这一章的第一节“栖霞山”里这样写道：此山“主峰形状如伞，古称‘繖山’（繖，同伞），因山上‘金药举，可以摄生’，又名摄山。南朝齐永明七年（489，一说永明元年），明僧绍舍宅礼佛，创建‘栖霞精舍’（栖霞寺）后，始名栖霞山。”可见是先有栖霞寺，山乃改今名。仅仅几句话，就讲清了山名、寺名的来历与关系。读者看了志书，自然也就长了知识。同时，读者看了这一篇后，再加上阅读“建置”，于是对栖霞区的古往今来的概况自然就有了个底。因此，我觉得这一篇这样编排，突出了栖霞的特点，也就突出了栖霞的方方面面。

栖霞山所以早已就享誉国内外，据说是因为满山遍野的红叶，一直吸引着众多的国内外旅游者，成为人们向往的地方。该志在“栖霞山风景名胜区”里有四个地方记载了关于枫叶之事。一是在“栖霞山”这节里讲“栖霞山，春则花木青葱，秋则枫叶流丹”，点出了春秋两季景色同样宜人。另外两处是在“景点胜迹”节里，在“栖霞丹枫”一目曰：“在南京，古来就有‘春牛首、秋栖霞’之说。每当秋高气爽，万里霜天，层林尽染，游人登山赏枫，趋之若鹜。红叶种类有枫香、乌桕、槭木等。1984年，‘栖霞丹枫’被列为新‘金陵四十景’之一。1999年，在龙山南麓辟红景园，占地29.97万平方米，植红枫万株。”又在“霜红苑”一目曰：“坐落在虎山脚下。1985年，依其自然地形地貌而建，占地面积约2万平方米，得名于杜牧诗句‘停车坐爱枫林晚，霜叶红于二月花’。园内有草坪600平方米。红叶、红果类树种十多科共几十个品种，一年四季都能观赏到各类红叶、红果。其中，以红叶类葡萄绿品种最为珍贵，在南京为稀存树种。”第四处记述红枫，是在“园林风光”一节的“栖霞山公园”一目，也是用记实手法，记述了1978年以来，园林工人为了养护好“栖霞丹枫满山岗”的胜景，多方面引进优良品种，经过多年努力，终于形成“层林尽染”的秋游胜地。这四处记述，文字都非常简洁，无任何形容、渲染和夸张的描写，充分体现了志书文字的表达述而不论、叙而不染的本色，对于“霜红苑”的命名，也仅引用杜牧的诗来说明，恰到好处，作者没有再作任何的“添油加醋”。这才是修志工作者的真功夫。因为志书的文字表述是由志书的性质与功能所决定，必须做到朴实而可信。1986年，胡乔木同志在全国地方志第一次工作会议的闭幕式讲话中就已经指出，“地方志应该是一部朴实的、严谨的、科学的资料汇集”，“是一部科学文献”，因此，在文字上“应当要求地方志做到一句也不多，一句也不少。一定要在编辑的地方志中，杜绝任何空话。”他还进一步解释说：“地方志应当做到详细，同时应当做到简略。所谓详细，指它所应讲到的方面都讲到了；所谓简略，就是指每个方面的说明，要像打电报、编辞书的那样精炼，要惜墨如金”。我在拙著《方志学通论》（修订本）中引了此话后，曾有这样几句话：“这些要求自然是比较高的，如果按照这个标准来衡量，恐怕在第一轮修志过程中所编修的志书，很可能有一批志书是不符合要求的。”实际上，文字的表述也正是地方志与其他著作区别的重要标志之一，所以胡乔木同志才作如此反复强调，然而长期以来，在方志的编修和评论中，很少有专门谈论志书的文体要求，特别是在评论中，更是很少见到。因而，在看了《栖霞区志》以后，深感这部志书的文字功底深厚，写得精练而朴实，有必要向广大修志工作者推荐。

从新修方志来说，教育编能够写出特色的很少见到。然而，《栖霞区志》的“教育”编，必然会引起人们的重视。因为在这个地方，曾产生过在中国现代教育史上轰动一时的人民教育家陶行知和晓庄师范。为了反映这一事实，该志特设“乡村师范教育”一节，下面又专设了“晓庄师范”和“陶行知教育思想研究”两个目。志书首先介绍了在民国初年，军阀混战，民不聊生，许多爱国志士，纷纷提出各种救国主张。而以陶行知等人为代表的知识分子，在国外留学期间，“从美国重视乡村教育，丹麦等国通过教育家深入农村，从事乡村教育而使国家复兴的经验中受到启示，怀爱国之心，抱强国之志，投身农村，从事乡村教育，乡村师范遂应运而生。时江苏省就先后办起界首、栖霞、洛社、吴江、黄渡等多所乡村师范学校。以办学理念、规模成效衡量，当首推民国16年（1927）陶行知所创办的南京实验乡村师范学校即晓庄师范”。从这简单的背景介绍中，人们可以了解到陶行知的教育思想并不是凭空产生，而是受到国外的先进教育思想影响和启发，结合我国农村实际情况而创造发展起来的。晓庄师范，“校址在小庄村后的老山，原名南京实验乡村师范学校。陶行知后改老山为劳山，小庄为晓庄，寓‘劳力上劳心’、前途光明之意，通称为‘晓庄学校’或‘晓庄师范’”。学校设董事会，袁观澜为董事长，王云五为司库，陶行知任校长兼秘书。改组后，蔡元培任董事长。校内设两院，第一院为小学师范院，赵叔愚任院长，第二院为幼稚师范院，陈鹤琴任院长。这些人都是中国现代著名的教育家，竟能够聚集在一所乡村师范，这所学校的地位与影响也就可想而知。正因如此，所以学生来自北京、上海、安徽、湖北、江西、浙江以及苏州、镇江等地。这些学生中，有的来自清华大学在校学生，也有收入优厚的高级职员，“他们怀着救国救民，献身教育的宏愿，不畏艰险，冒着炮火”，不远千里而来，为了一个共同的目标。书中对这所特殊的学校入学考试科目、教学活动和教学方式方法都作了较为详细的记述，为研究中国现代教育史积累了重要的资料。如五门入学考试科目为：农事或土木工操作、智慧测验、常识测验、作国文一篇及三分钟演讲。这样的考试科目与内容自然是少见的。在“陶行知教育思想研究”一目中，志书作者将陶行知的教育思想归纳为六大部分，其中，我觉得二、三两个内容最为重要。二是讲他的教育理论，陶行知认为“生活即教育”“社会即学校”，应当做到“教、学、做合一”。第三点是关于德育的要求，陶行知认为，“道德是做人的根本”，因此，“千教万教教人求真，千学万学学做真人”，教育就是要把青年培养成“追求真理的真人”。对于陶行知的丰富的教育思想，我是看了《栖霞区志》后才得以了解的，如此丰富而系统的教育理论和实践场面，在全国也是不多见的。也许志书的编纂者已经意识到其重要意义，因此，在志书中这样写道：“陶行知与黄质夫的乡村教育事业都发轫并植根于栖霞大地，是栖霞人民心中巍峨的丰碑。”其实何止于栖霞，即使在中国现代教育史上，这也是一件应当大书而特书的大事。我们可以这样讲，晓庄师范在当时的社会条件下，在社会上所处的地位、价值及其重要影响，远远超过一所名牌大学。所以我说这一内容自然就是这部志书的亮点、特色。可以想见，将来了解和研究陶行知的教育理论和实践，《栖霞区志》将成为必读之书。

对于《栖霞区志》，我要向大家推荐的第三个内容，就是编纂者的忧患意识，不忘国耻，警钟长鸣，以史为鉴，警策世人。众所周知，南京大屠杀是日本军国主义在侵华时犯下的最惨无人道的法西斯暴行，它给中国人民特别是南京市民留下了刻骨铭心的伤痛。因此，在新方志编修过程中，凡是遭受过日军烧、杀、抢掠的地方，都应当认真负责地作调查访问，搜集资料，如实记载，让子孙后代不忘国耻。《栖霞区志》在军事编中专门设有“侵华日军暴行”和“难民营纪实”两节，对日军在栖霞地区的暴行，作了具体的揭露和记述，其残暴行为简直令人发指。在“草鞋峡惨案”一目中，具体记录了在此一处，日军就杀害了我国军民5万多人。“民国26年（1937）12月18日，入侵南京城的日军在燕子矶草鞋峡江边，将渡江难民和解除武装的中国士兵共5万多人，围禁在沙滩上，架起数十挺机枪，疯狂扫射，中国军民惨遭杀戮，尸横遍野，部分尸体漂浮河流江面”。书中还记载了许多无辜百姓惨遭杀害、妇女遭受轮奸而死的事实。都是有名有姓，有明确时间和地点的。尤其可贵的还有“目击侵华日军幕府山大屠杀”和“日军眼中的幕府山大屠杀”两段原始资料，前者为“目睹了侵华日军在燕子矶大屠杀的惨况，参与了掩埋同胞尸体的过程”的钮先铭，事后所写的《还俗记》；后者则为参与幕府山大屠杀的日军十三师团六十五联队分队长栗原得一的证词，他以加害者身份记述了屠杀情况，并绘制了现场示意图。这两段史料自然都是非常重要、非常宝贵的，它铁证如山地记下了日军当年侵杀中国人民的滔天罪行。而在“难民营纪实”一节中，除了记述“栖霞山难民营”和“江南水泥厂难民营”里5万多难民悲惨情况外，还记载了难民营由于有德国人京特和丹麦人辛德贝格的主持，才有可能使难民营得以存在，也才使数万难民免遭日军的杀戮。这两位国际友人，为保护中国人民免遭日军屠杀而不辞辛劳，四处奔走的动人事迹，志书除了在“难民营纪实”中详加记述外，还在人物编为他们立了传，记载了许多鲜为人知的历史事实。如他们向南京安全区国际委员会秘书、拉贝先生和德国使馆等先后送去揭露日军暴行和难民们求助的信件，有些内容在后来审判日本战犯时都起到了重要的作用。也就是在这一节里，还辑录了《拉贝日记》中相关内容，京特当年所拍的41张照片反映的内容和南京安全区国际委员马吉当年所拍的日本侵略军在南京暴行的电影中相关内容，因为马吉当时带着电影摄影机在栖霞住了两天，将侵略者在栖霞犯下的罪行都摄入了镜头。所有这些内容，都非常珍贵，非常重要，我们必须重视它！再过数十年，知道的人就很少了，再想了解当年日军在南京、在栖霞所犯下的屠杀罪行，只有从相关书籍记载中查找了，《栖霞区志》必然将成为首选之书，因为志书不仅有这方面内容的记载，而且还可以从中得到许多重要的线索。

以上是我看了这部志书所得到的感受，在有些问题上，感受得还特别深刻。这些内容，也可以讲就是这部志书所表现的地方特色。是否如此，广大读者也可提出看法。在阅读中，也曾一直在考虑，当初在篇目设置和内容归类上，如果能够稍作调整，地方特色或许还会更加突出一些。如可将栖霞寺、佛教和佛学院三者合在一道，设“佛教圣地栖霞山”一篇。单此标题而言，就相当醒目，内容也相当集中，特色也自然更为显著。又如教育编的乡村师范教育一节，应当升格为章，这样“晓庄师范”一目就可单独立节，在篇目中也可以出现了。要知道晓庄师范在当时的社会上影响是很大的，影响也是深远的。再就是“侵华日军暴行”一节，就其内容来说，即使不能单独成篇，也应当单独成章，将其放在“历代战事”章之下实为不妥，尤其是将“难民营纪实”与其并列，更不妥，因为先有日本侵略军的暴行，然后才产生无家可归的难民。因此，我觉得是否可设“侵华日军暴行”一章，其下设“侵华日军暴行”“难民营纪实”两节，再将《拉贝日记》节录、历史照片和影片印证那段悲惨历史等内容作为第三节，标题就是“国际友人目睹侵华日军暴行”，同时也应当将京特保存的当年41张图片适当选登，可以更好地揭露当年侵华日军所犯的罪行。以上设想是否妥当，这里提出与该志编纂者和广大读者共同讨论，以便在新一轮修志中更上一层楼。

（原文刊载于《江苏地方志》2004年第3期）

略评《栖霞区志》“概述”

杨杏芝

几读《栖霞区志》（以下简称《栖志》）“概述”，感受颇深，对栖霞区情有了一个总体的认识，对“概述”之特点，也有一点粗浅之见。现略举几点。

力透纸背的手笔

栖霞地域，已有7000余年历史。栖霞区是南京市的一个区位优越、山川壮美的历史文化名区和快速崛起的滨江新区。“概述”围绕这一主线，以大家手笔，从五个方面概述了区情总的特色。其一是建置沿革悠久。从7000年前的古文化遗址，到秦置江乘县起，迄今有2200多年；从南朝齐栖霞冠名至今，也有千五百年，其特点是“半部金陵史”的浓缩，与南京互为魂魄关系。其二是山川壮美。栖霞山川形胜，气势磅礴，瑰丽多姿。既有栖霞山氤氲缭绕，又有燕子矶惊涛拍岸，更有南京长江二桥长虹卧波。既有“栖霞丹枫”和沿江凸显的众多自然景观，又有堪称我国中古时代最富特色的石刻艺术瑰宝南朝墓葬石刻，更有自然与人文和谐交融的文化珍品、人文杰作唐代明征君碑。可谓是江山如此多娇，具有无限的魅力和美好前景。其三是人文资源丰厚。“概述”中列举了俊杰满目的风流人物，如历史上对栖霞地区产生巨大影响的第一人秦始皇，涉足栖霞地区的第一个外国人印度圣僧达摩，以文化传媒向世界介绍栖霞山水的意大利航海家马可·波罗，第一个吟咏栖霞山水的南朝陈尚书令江总，创办栖霞地区第一家现代工业企业的民族实业家姚锡丹，又如冠名栖霞的处士明僧绍，过海大师鉴真，封建帝王中对栖霞影响最巨者清乾隆皇帝，人民教育家陶行知，无尽意翁赵朴初，新中国领导人毛泽东，等等。他们或在栖霞驻足流连，指点江山，或游览山水，吟诗抒怀，或建功立业。这些大家巨擘、雄才硕彦和天之骄子影响过甚而决定着栖霞地区的命脉。千百年来，他们不仅使栖霞声名日隆，饮誉中外，也使栖霞地区历史文化不断变得丰富，灵动而令人神往。其四是人民的抗争和奋斗。栖霞的区位在不同的时代、不同的社会制度下，产生和显示着不同的作用。旧社会栖霞地区人民因江、因山、因地势险要，饱受旱、涝和战争之灾，但同时苦难也铸就和磨砺了栖霞人民敢于斗争和牺牲的精神。他们面对外国侵略势力、面对国内反动势力、面对一切敌人，不屈不挠地抗御，尤其是在中国共产党的领导下，不惜抛头颅、洒热血，为了新中国的诞生，不少人宁死不屈、慷慨就义。“概述”列举的未满18岁的袁咨桐烈士的事迹，其节、其义、其勇，“足以叫天地惊而鬼神泣”！栖霞人民抗争与奋斗精神，如今成了栖霞人民建设美好家园的一笔宝贵财富和巨大的动力资源。其五是现代化建设。基于对区情的深刻认识，对区位优势、条件、资源的正确把握和利用，栖霞区历届区委区政府通过不断探索研究，于1995年作出了建设“滨江新区”的决策，这一决策的目标是要把栖霞区建设成为“经济繁荣、人民富裕、社会文明，融现代工业、港口贸易、都市农业为一体”的新区。“概述”的第五部分，从四个方面记述了栖霞人民在党和政府的领导下，两个文明建设所取得的巨大成就。工业在南京市工业经济中“三分天下有其一”，农业已逐步向现代农业、都市农业、生态农业和旅游观光农业迈进。农民的生活水平、生活质量和生活方式已基本城市化。第三产业从单业到多业迅猛发展，许多新兴的门类应运而生。社会事业和精神文明建设与经济发展协调同步。栖霞人民按照“滨江新区”的功能定位，正在实施“科教兴区、依港兴区、外向带动”三大战略，一个新的栖霞正在腾飞。同时，从栖霞地区的建设成就看，也反映出时代变迁与城市化进程的步伐，反映出科技这一生产力和文化资源的巨大作用。

整部区志围绕着区情特色这条主线，以24编200多万言记述了栖霞的历史和现状，“概述”正是在这个基础上，以1万多言浓缩区情特色精华，这一概括提纲挈领，钩玄提要，对全志起了导读作用，也与全志的内容相辅相成，一脉相通。读了概述，读者即能产生阅读全志的兴趣。作者或主编，如果没有对区情的熟悉和了解，没有对区情的深入研究和深刻理解，没有抓住和把握区情的本质特征，是断难写出如此容量之大、概括之精、提炼之美的“概述”的。

形质相应的构架

“概述”的内容反映了区情本质特征，“概述”的形式也与之相适应，构架了反映区情特色的内容表述形式。此篇“概述”的构架特点，是从反映栖霞区情特色的整体出发，采用平行分类、夹叙夹议的手法和先横后纵，纵横结合，层层推进，十分严谨的结构形式组合而成，这种结构形式在纵横两个方面，都环环扣紧，内在联系和逻辑性很强。

栖霞区情的特征，即是区位优势、历史文化名区和滨江新区。区位优势是得天独厚的。在“概述”的导语和第一部分，就记述了区位和历史。由于区位的优越和历史的悠久，栖霞的山川形胜壮美，名人、名事、名文特多，“概述”的第二、三部分，对此突出地作了记述。栖霞的区位在历史上也有它的负面影响，如沿江的洪涝、血吸虫病及兵家之争等，但栖霞人民在悲愤中抗争，在奋斗中创业，造就了栖霞人民自强不息、百折不挠等极其宝贵的精神资源。“概述”的第四部分记述了这方面内容。优越的自然景观资源，丰富的人文资源和宝贵的精神动力资源，在社会主义制度下，在今天的现代化建设中，发挥出了独特的作用。栖霞的历届区委、区政府认识了这一点，正确地把握、科学地决策和构想，制定了三大战略和奋斗目标，在现代工业长足发展，传统农业实现跨越，第三产业方兴未艾和社会事业与时俱进的基础上，又迈开新的步伐。栖霞腾飞正此时，一个完全现代化的“滨江新区”指日可待。

“概述”的第五部分和结语的“展望”，把一个现代化建设蓬勃发展栖霞的今天和具有广阔而美好前景的栖霞的明天呈现在人们面前，使人读了振奋，更使栖霞人民感到欣慰和鼓舞。

从上可以看出，“概述”从头到尾，横向排列，层层推进，步步扣紧，内在联系十分明显和突出。

“概述”在记述每一类特色事物纵向发展时，以时为序，由远而近，突出重点，突出与栖霞地区的关系，突出地方和人、事、物的历史地位与作用。如第三部分记述人文方面，从秦始皇到毛泽东等，按时序由远而近记述，既有人物活动的时间、地点、事件，又有人物的地位及对栖霞产生的影响。在对栖霞产生影响的历代帝王中，清代乾隆皇帝为影响最巨者，遗泽如“江之永矣”，作者对此作了重点记述。“概述”的第五部分，根据记述内容的需要，从实际出发，又采用横中之横的方法，分工、农、三产、社会事业等4个方面，再按时序纵述。总之，一切服从地情和特色，不拘某种固定的格式，怎么利于表述地情和特色，就怎么去记述。这就是实事求是，这就是创新和拓展。

灵动隽永的语言

“概述”在语言运用上也是很成功的，既有文采，鲜明、生动、活泼，又十分恰当、精到，言简意赅；既有诗情画意，引人入胜，又有寓意深刻的哲理。文中引用的诗词佳句，朗朗上口，更增加了“概述”的可读性。现择其感受较深的几点简述之。

一是设问和悬念。文中多有设问之处，如史学界对“一座栖霞山，半部金陵史”的定见，作者设问“所以然者何?”第二部分文中，作者提出的隋文帝缘何“首选栖霞寺建舍利塔”等连续几个设问，如此等等，问出了栖霞与南京的魂魄关系，问出了“栖霞壮美恐他无索解”的内容。这些设问，给读者产生悬念，急于要了解答案，从而吸引读者解读下文。

二是文言和引文的引用。文中“信哉斯言”“美哉”“壮哉”“属自然耶？人文耶”“盖人文者”“观夫历史”“然以……论之”，等等，用得自然贴切，不但没有不伦不类之感，反而增加了语言的古朴魅力，加强了语气和感情色彩，又与所述古代内容相得益彰。引文的运用更是精妙，如“概述”第5页，引用今人郑奇对辟邪“石狮子”的赞云“远观之”如何，“近视之”如何，给人的感觉如何，等等，仅用200多字，就将“石狮子”的形象、神态和特征表现得清清楚楚，栩栩如生，语言之美，给人一种艺术的享受。

三是句式的排比和韵味。“概述”中，四字、五字的短句很多，不但精练、精彩，而且朗朗上口，好读。如“栖霞丹枫”“丛林尽染，飞火流丹，美不胜收”“一石吐江，三面悬绝，状若飞燕”“横空出世，雄峙江东”“薄暮登崖，新月当空，澄江如练”，等等，比比皆是。引用的诗词佳句和句式的排比，也非常具有韵味，无论是“第一金陵明秀山”“所欣初遇足空前”，还是“万树霜枫赤似霞，惹得人称二月花”，或是朱元璋气魄宏大、一派帝王之慨的打油诗，都让人喜闻乐读。句式的排比，有大有小。大而言之，如第二部分，各段之首句“栖霞壮美，久在人口”“栖霞之壮美，在于山川形胜”“栖霞之壮美，还在于文化积淀丰厚”“栖霞之壮美，更在于自然与人文的和谐交融，浑然如一”，层层递进。小而言之，“栖霞之壮美，在自然、在人文、在自然与人文之合一”，等等。还有一种句式的运用也很好，如“君不见”如何，“诚可见”如何，等等，给人一种说服力和震撼力，增强了表述的效果。

四是叙述和策论融为一体。《栖志》在“凡

例”第五条中写道：“概述夹叙夹议，叙议相融，策论区情，为全志之纲。”细读“概述”，确实如此。第二部分作者叙述了栖霞壮美之后，在最后议论写道：“如果说，自然是其形质，那么，人文则是其神韵，唯其如此，自然才获得生命，人文也才获得永恒。”揭示了自然与其人文的内在联系和相互依赖的关系。第三部分在概述了栖霞人文特色后，又议论道：“人以地传，地以人传。栖霞盛名，因地而增其胜，因俗而宏其化，因人文而雕琢其成。”“栖霞地区的历史文化，因此不断变得丰富、灵动而令人神往。”特别是第五部分，引用孙中山先生所言燕子矶一带区位优势一段，既是叙述，又是议论，是叙议完美的结合。在这一部分的第四自然段，对建设“滨江新区”这一决策的评议，更是一种大手笔的策论，使人们加深了对区委、区政府决策重大意义的理解，从而更自觉地贯彻之，为实现建设“滨江新区”的目标而奋斗。

综上所述，《栖志》之“概述”是一篇成功之作，值得研究和学习。

（原文刊载于《江苏地方志》2003年第4期）

附：

栖霞简志

南京市栖霞区地方志编纂委员会办公室编。2017年4月启动编纂，2018年7月由方志出版社出版。该志是《栖霞区志》（2002年版）的简化本。主编吴炳根，副主编吕佐兵、方可畏、胡国富。执行主编冯宗雷、张永芳，编辑王旭东、赵建华、张双全、贾志忠。

全书1册，47.7万字，图片41幅（志首39幅、随文2幅），表格15张。记述范围为1999年栖霞行政区域。记述上限不限，尽可能溯源至事物发端，下限1999年，重大事件延至2002年。述、记、志、传、图、表、录诸体并用，以志为主。志首设凡例、概述、大事记，志末设附（综录要目）、后记。全志设24编：建置·地理、人口、风景名胜·文物古迹、城乡建设、经济综合管理、交通·邮政·电信、工业、农林·水利、商贸·旅游、财税·金融、中共栖霞区地方组织、人大·政府·政协、镇乡、南京经济技术开发区、民主党派·人民团体、政法、军事、民政、劳动·人事、教育·科技、卫生·体育、文化、社会、人物。

该志保持原志的总体框架不变，不设节，章下直接设目，减少层次和章、目数量。保留原志中对现代化建设仍有参考价值的内容，强化有时代特色、栖霞地域特色的内容，反之，或删去或减缩。该志体量是原志的五分之一，便于查阅。

2020年，该志在江苏省地方志书质量评定中被评为优秀成果。

（张永芳）

《栖霞简志》目录

雨花台区志

南京市雨花台区地方志编纂委员会编。1999年4月启动编纂，2002年12月由方志出版社出版。主编秦峰，副主编陈复竞、高寿荣。编辑万杨、丰友芳、尹宏、倪海啸、王茂才、王洪清、田露、叶桂堂、史居敏、许 慎、许发俊、刘小楚、刘忠生、刘辉、刘建祥、孙晨、孙春阳、任伯亭、安彦霞、朱长根、李平、李江、李广庆、李君毅、李春全、李建媛、宋晓磊、何频、何敏莹、沈强、沈鲁孝、汪丹彦、汪浦林、张镭、张伟、张家福、张建设、陈 苏、陈积华、陈迈林、陈德毅、陆纬栋、邵美玲、林萍、林厚彬、金玲、杨开祥、杨厚庆、杨世伟、杨雄生、孟凡杰、欧阳怡谨、董松安、施伟、赵进珍、陶晓峰、徐兆平、龚建华、黄顺、黄蓓、黄永祥、鲍福华、储正、程凤茂、蒋红、蒋岩坚、鲁山、谢德琛、管炜、熊卫国、蔡忠勇、魏红艳。

全书1册，143.9万字，图片119幅（志首83幅、随文36幅），表格260张。记述范围为1999年雨花台区行政区域。记述上限因事而异，量事追溯，下限1999年，大事记延至2000年。述、记、志、传、图、表、录诸体并用，以志为主。志首设序、凡例、概述、大事记，志末设图表目录、编后记。全志设21编：建置区划·自然环境、镇（乡）街道、居民、土地管理、城乡建设、工业、农林水利、商贸·旅游、经济综合管理、财税·金融、党派社团、人大·政府·政协、公安·司法、军事、民政、劳动人事、教育·科技、文化·体育·卫生、风景名胜·文物古迹、人物、丛录。

《雨花台区志》目录

《江宁县志》目录

该志为彰显区域特色，设商贸·旅游编，记述商品经营、粮油经营、饮食服务、市场、旅游等内容，体现作为主城区的商贸特色。工业编记述工业门类较为齐全，专设乡镇工业节，体现该区乡镇工业的重要作用。设风景名胜·文物古迹编，重点记述雨花台风景名胜区和其他风景名胜区、文物古迹。设丛录编，专门记述雨花台地区的名人轶事、名人吟咏和出土珍贵文物，丰富志书的人文资料。图表目录的编制，便于读者使用。

（李　静）

江宁县志

江宁县地方志编纂委员会编。1984年12月启动编纂，1989年9月由档案出版社出版。主编李荣潮、陈祖贻，特聘编纂呼延夫、张存实、彭年德。分编编辑徐兴钊、何荣其、潘月华、潘有耀、张龙生、韩一鹤、肖玉梅、余荣鹤、卢荣信、范仕麟、沈念恩、王仲模、耿顺桂、吴椿年、吴忠耀、周孟薇、侯鸿淇、陈国坤、时训明、陈礼经、孙鸿图、孙实全、沈铸、蒋福庚、李一莽、张咸玉、张贻祥、冯继容、高海宁、张家柏、周传平、支瑞良、张秋萍、许翔、黄金虎、裴国强、陈美玲、蒋劲松、刘明泉、孙忠诚、王石岑、王瑾、庄金兰、夏荐锦、许治华、许亚立、李正鹄、陆毓麟、许世华、许维钧、张先学、黄金康、皮立保、丁万柏、薛义琰、张克征、潘怀兴、李昌清、董德华、王庭玉、周正凯、刘谨胜、郁南、朱谦之、张建龙、金大玄、张镛祥、赵恒林、李存寿、王玉文、陶厚林。

全书1册，155.1万字，图片91幅（志首83幅、随文8幅），表格120张。记述范围为1985年江宁县行政区域。记述上限一般从1911年开始，部分篇章适当上溯，下限1985年。述、记、志、传、图、表、录诸体并用。志首设序言、凡例、概述、大事记，志后设附录、编后记。全志设36个专志：建置、自然地理、人口、农业、林桑渔牧、水利、县属工业、乡镇工业、电力、交通、邮电、城乡建设、商业、供销合作、粮油、物资、物价、工商行政管理、财政、税务、金融、党派群团、政权政协、政法、民政、劳动人事、军事、科技、教育、文化、名胜古迹、卫生、体育、新闻传播、社会、人物。

为突出江宁地情特点，志书设农业志、林桑渔牧志，记述农牧渔产业发展内容。为体现江宁工业发展特色，设县属工业志、乡镇工业志。单设名胜古迹志，与文化志、教育志并列，突显江宁的风景名胜和历史古迹。记述内容上加大水利志篇幅，专设治理秦淮河章。新闻传播志集报纸、有线广播、电视、通讯报道等内容于一体，在同期同类志书中并不多见。附录收录旧县志序文、历代名人咏江宁诗选、江宁县气候历史资料、1986—1988年大事纪要等内容，丰富志书资料。此外，每专志设小序，在当时学界、业界引起较大反响。

（张新贵）

【编后记（节选）】

在社会主义盛世，中共江宁县委、县人民政府大力组织领导编修新县志。从1984年开始，五易寒暑，经全体修志人员辛勤努力，终于编成一部百余万字的一方“百科全书”。新县志能为社会主义现代化建设提供一份有用的资料，发挥“资政、教育、存史”的作用，参与修志的人都会感到欣慰的。

县委、县政府在部署修县志的同时，组织各部门、各乡镇落实专人，广集资料，撰写行业志与乡镇志，为县志提供翔实资料。全县组成一支300多人的修志队伍，编、采、写上下一起行动，形成“众手成志”的好局面，志书编纂，得以顺利进行。在修志的全过程中，一批熟悉情况有相当水平的离退休老同志，热情参与组织和撰写志稿工作，起了积极的促进作用。

《江宁县志》的编纂，得到中共南京市委书记、南京市地方志编纂委员会主任张耀华的亲切关怀和支持，他亲自审阅了《江宁县志》送审稿，在多份分编志稿上作了批示，提出了很有份量的修改意见，对县志的形成起了重要鼓舞作用。在编纂过程中，还得到省、市地方志办公室的热情支持和具体指导。几位对方志或一方面专业有所研究的专家教授，应聘审阅了志稿，提出了诸多建设性意见。省、市博物馆和省、县档案馆以及图书馆等单位为修志提供了图书资料和部分文物照片。县级各单位、各乡镇修志小组，为撰写县志部分章节提供了翔实资料。

南京市江宁区志

南京市江宁区地方志编纂委员会编。2006年11月启动编纂，2014年10月由方志出版社出版。主编郭传华、王瑞林，执行主编苏子懿、杨俭余，副主编刘广亮、汪腾平、黄东，编辑杨俭余、濮潇、金明清。

全书4册，563.6万字，图片1027幅（志首236幅、随文791幅），表格764张。江宁县于2000年12月撤县设区，该志记述范围为2007年江宁区行政区域。由于江宁建置多变，适当兼顾现境以外、旧境之内的事项。该志以《江宁县志》为基础进行重修，记述上限追溯事物发端，下限2007年，个别重大事件及图片向下延伸。述、记、志、传、图、表、录诸体并用，以志为主。志首设序言、凡例、总述、大事记，志后设丛录、索引、主要参考文献、编后记。全志设47编：南京猿人与湖熟文化、建置·区划、地理环境、国土资源、人口、地名、城乡建设、环境保护、水利、电力、交通运输、邮政·电信、经济总

《南京市江宁区志》目录

览、农业、工业、经济园区开发、建筑业、房地产业、商业贸易、商贸市场、服务业·旅游业、金融·保险、财政·税务、经济监督管理、中国共产党地方组织、代议机构·地方人代会、地方政府、政协地方组织、其他党派·社会团体、法治、军事、精神文明建设、教育、科学技术、文化、历史文化遗产、艺文、古代诗文选、医疗卫生、体育、劳动·人事、民政、居民生活·社会保障、宗教习俗、方言·语言生活现状、街道、人物。

为突出地方特色，传承历史文化，该志设南京猿人与湖熟文化、地名、历史文化遗产、艺文、古代诗文选等编，彰显江宁地区深厚的历史文化底蕴。将体现时代特征内容升格处理，设经济园区开发、精神文明建设、居民生活·社会保障等编。为全面、综合、宏观地反映区域经济发展情况，设经济总览编，记述生产关系变革与社会主义改造、经济体制改革、国民经济发展等内容。志末设丛录编，专门记述江宁与南京、江宁金箔、千年古镇、江宁物艺、轶闻掌故、名人与江宁、江宁旧方志、文件辑存、江宁人民革命斗争纪略、侵华日军在江宁暴行等，又将2008—2013年经济社会发展概况、第六次全国人口普查主要数据公报与解读收录，增强资料性。

（张新贵）

【编后记（节选）】

根据全国、省、市关于开展社会主义第二轮地方志编纂工作通知的精神，江宁区委、区政府决定编纂一部内容全面、资料翔实、贯通古今、质量上乘的《江宁区志》，下限到2007年。区志编纂工作始于2006年1月，至2014年12月出版发行，历经8个春秋。其间，大体分为启动准备、街道（部门）志编纂、区志总纂合成、评审修改四个阶段。在8年的编纂过程中，我们始终以精品良志作为努力目标，并贯穿于修志全过程。

启动准备阶段（2006年11月至2007年12月）。主要包括宣传发动、组建队伍、制订计划、设计篇目、业务培训和收集资料等前期基础性工作。2006年11月，区委办公室转发关于《做好新一轮修志工作的决定》。11月23日，区政府在江宁宾馆召开全区新一轮修志工作动员会，副区长陆蓉与110余家承编单位领导签订“修志工作责任状”，并将修志工作纳入年度工作考核目标。12月26—28日，区地方志办公室在汤山举办新一轮修志首期业务培训班，区志办领导分别与各承编单位主编签订责任状。会后，多数单位将修志工作纳入单位的重点工作之一，并逐步落实“五到位”（领导到位、机构到位、经费到位、队伍到位、条件到位）。全区110多家修志单位组成300余名专、兼职修志队伍，这为区二轮修志工作提供了组织保证。随后制订篇目，开展资料收集工作。2007年5月25日、10月19日，区志办分别在区档案馆、区委党校举办两期修志业务培训班，共培训400多人次。经过一年的努力，各承编单位共收集资料500多万字。

街道（部门）志编纂阶段（2008年1月至2011年1月）。主要包括撰写初稿、评审修改、终审验收、出版发行等工作。对于部门志和街道志的编纂，区志办始终坚持“质量第一”的原则。为了做好街道（部门）志评审修改工作，制定下发《江宁区街道（部门）志审稿验收办法》。凡是出版发行的志稿一律实行“三审一验收"制度。至2011年1月，共出版发行街道志9部、部门志19部。在短短的三年多时间内，出版街道（部门）志28部、300多万字，这是新中国成立以来江宁区最为浩大的方志编纂工程，不仅为编纂《江宁区志》夯实了坚实的基础，也为全区、全市乃至全省的方志事业做出了贡献。

区志总纂合成阶段（2011年2月至2013年3月）。为了做好区志总纂合成工作，2011年年初，区志办邀请省内外8名方志专家，对《江宁区志》篇目作了论证，经过论证后修改，形成总纂篇目。随后，市志办专家组亦对篇目作了审查通过。2011—2012年，在总纂合成的同时，围绕部分资料缺失，继续做好资料查找和资料补征工作。围绕资料空白，做好社会调查工作，先后开展商贸市场、服务业和金融业社会调查。围绕"冷门"资料、专业资料的缺失，做好对外承包工作。对外发包的篇章主要有：民国江宁、江宁古诗词选、古代人物传略、方言和江宁与南京。我们还请江苏年鉴社副社长吉祥撰写区志总述。经过修志人员两年的辛勤劳动、呕心沥血，于2013年3月完成了《江宁区志》征求意见稿。

评审修改阶段（2013年4月至2014年8月）。自2013年4月开始，组织各承编单位自审、区志办人员内审、有关人员专编专审、区四套班子新老领导抽审、专家会审等。在评审中，普遍对志稿作了充分肯定和高度评价，同时提出修改和勘误意见500多条。这些修改意见特别是专家学者的意见，对志稿编纂理念提炼升华，亮点、长处发扬光大，缺陷、舛误得以纠正作用很大，这为确保志书质量，提升志书品位，打造精品良志提供了条件。在梳理意见基础上，按照"以我为主，择善而从"的原则，制订修改方案，按原来分工分头修改。再由执行主编一人统稿，搞好"三通"（通读、通审、通纂）。在"三通"过程中，既坚持突出重点，又注意兼顾全面；既强化统一文风，又注意基础规范；既严把政治关，又严把史实关；对大事记、人物进行反复斟酌，力避史实错误或与文中矛盾；对凡例、丛录进行反复修改，力争符合志书要求，为打造精品良志奠定扎实基础。2014年5月，形成500万字终审稿。7月7日，举行《江宁区志》终审会，副区长于茂高到会讲话，市志办领导和专家对区志终审稿作了精到的评析和高度评价，并一致同意通过终审。终审会结束后，区志办在认真梳理评审意见基础上，组织编纂人员对全志篇目结构进行再完善、再优化；对志稿内容进行再调整、再斟酌；对行文规范及语言文字进行再打磨、再锤炼。至9月底，形成验收稿。12月，验收稿通过省、市地方志办公室验收并交付印制。

《江宁区志》能够顺利编纂出版，得力于区委、区政府的高度重视和各级领导的大力支持。无论是区四套班子领导，还是各街道、各部门领导都把区志当做一项文化系统工程纳入工作计划和议事日程，除在人员、经费、办公条件等方面给予充分保证外，还经常过问进展情况，甚至参与其中。区志总纂合成后，还认真审读区志三稿（征求意见稿、复审稿和终审稿），提出许多独到见解和修改意见，纠正许多难以发现的谬误和缺漏，避免区志出版后留下种种遗憾。

《江宁区志》能够顺利编纂出版，得力于广大区志编纂人员倾情投入，无私奉献。全区30多位编纂人员，无论是专职或兼职还是外聘，也无论是青年、中年还是老年，痴心修志，乐于"三苦"（清苦、辛苦、艰苦）。为了弄清一个疑点，核对一个数据，顶烈日串门走访，向专家学者请教；为按时抢出初稿大家废寝忘食，案牍劳形，笔耕不辍。编纂区志八年，不知放弃多少节假日，也不知熬过多少不眠夜。个中繁复艰辛，难以言表，谓之“字字皆心血，句句凝汗水”，实不为过。2005年、2007年，两次获市地方志工作一等奖；2006年，区地方志办公室被评为全省地方志先进集体和市地方志工作考评特等奖；2013年6月，再次被评为省方志系统先进集体。这是上级领导部门对江宁区二轮修志工作以及广大编纂工作人员倾情投入的最好认定。

六合县志

六合县志编纂委员会编。1984年启动编纂，1991年10月由中华书局出版。主编卞琛，副主编王有宝、张霖。编辑卞琛、王有宝、郭文华、邬培元、刘明禄、张霖、孟继舜、宋文治、方正、陈焕新、杨如立、叶声朗。

《六合县志》目录

全书1册，110万字，图片83幅（集于志首），表格315张。记述范围为1990年六合县行政区域，对历史辖境的事物，择其要者记述。记述上限不限，大事力求追溯发端；下限1987年，大事记延至1990年8月。述、记、志、传、图、表、录诸体并用，以志为主。志首设序、凡例、概述、大事记，志末设跋。全志设29篇：建置区划、自然环境、人口、农业、林业、畜牧·水产、水利建设、工业、交通运输、邮政·电信、城乡建设、商业、工商行政管理、财税·金融、政党群团、政权·政务、治安·司法、民政、劳动人事、军事、教育、科学技术、文化艺术、卫生、体育、人物、社会、方言·谣谚、附录（含编修始末）。

为突出六合地方特色，对重要地方特点有选择介绍。自然环境篇对六合的自然条件不是泛泛而谈，而是根据其基本特点，突出重点，在广泛论述全县自然状况的同时，着重记述丘陵冈地的地表特征与地下自然资源状况。六合是粮食生产先进县和水利建设先进县，农业篇设农业生产关系、农业生产结构、耕地和作物产量、耕作制度、农技农艺、农业机械化等章，在记载粮食生产取得巨大成绩的同时，还以完整系统的资料彰明因果。水利建设篇设堤防工程、河道工程、蓄水工程、滁河水利枢纽工程、机电排灌、农田水利建设和防汛、防旱等章，重点记述江堤与河堤建设，既保持水利工程体系的完整性，又因地制宜、突出特点。军事篇将六合的军事纳入整个中国军事的范围，从全国大的历史时期分节，这是县志军事篇体裁的突破。在记载具有地方特色的事物时，不是简单采用升格或其他的方法来从形式上突出特色内容，而是以严简的方式进行表述。如只用近500字介绍四合乡农民画的历史和现状，既有代表人物，又有代表作品，还写出农民画的特点和影响。

1994年，该志获江苏省地方志工作优秀成果二等奖。

（张朝阳）

【编修始末（节选）】

编纂《六合县志》先后花了六年时间，大体经历了四个阶段。

第一阶段，主要是建立机构，组建班子，培训人员，明确任务。1984年下半年成立六合县志编纂委员会，抽调和聘请人员组建工作班子，召开各部门负责人会议，反复宣讲编纂县志的重要意义，共同认识到这是承前启后，继往开来，服务当今，惠及子孙的千秋大业。在半年多的时间里,全县有35个部门建立起修志专业组织,配备155名修志工作人员,出现了“父子修志”“叔侄修志”上下同心修志的局面。

第二阶段,重点是征集资料、分类整理、试写练笔、编写分志。在这一阶段里,全县先后于北京、上海、河南等地征集资料,摘编成资料汇编1000多万字。县志办、专志组各试写成《六合县大事记略》《对私营工商业进行社会主义改造》等10个专题,进而编写《水利建设》《劳动人事》《交通运输》等21个长编,为编纂《六合县志》试笔练兵。同时,县志办公室先后编印《六合史志》7期,印发《光绪·六合县志点注本》250部,为部门提供编写分志的历史资料。全县共写成的专志有商业、供销、物资、教育、卫生、医药、交通、粮食、水利、电力、土壤和瓜埠乡志、冶山镇志。

第三阶段,反复敲定篇目,核查资料,进行分类编纂。县志的体例和篇目设计,是在反复学习、不断探索中敲定的,经过了从粗到细,从大篇到小篇的三次修改。志书下限原定1985年,为更多地反映改革和开放的记事,决定延伸到1987年,大事记则补述至1990年。征集的资料,有的来自历史文献,有的来自档案藏卷,有的来自口碑记录。具有不同的时代,不同的观点,不同的表述含义。编者对此进行了多方的考证:有的向专家学者请教,有的进行了实地考察。林业篇中的“荒山造林”,就调查了40多个山头,终于核清这些山地何时有林,何户所有,何时被毁,何时重栽的史实。

第四阶段,专家分审,县内自审,省、市主管部门会审,分层次地全面评审志稿。在以上四审中,与会人员对评审稿表示了充分的肯定,同时,对志稿提出修改、充实、质疑等意见共1400多条。编者对这些意见反复地进行了学习、消化、考证后,写出县志审定稿。1990年6月8日,省、市地方志办公室联合召开《六合县志》稿验收会议,批准出版付印。

【志评】

读《六合县志》

吴福林

再次拜读《六合县志》,深感该县志确实是一部颇有特色的新县志。六合县,古为“冀鲁之通道,江北之巨镇,军事之要地,京畿之屏障”,今为南京之卫星城,被国务院列为沿海经济开放区。《六合县志》纵而通贯古今,横而容纳百业,全面完整系统地记载了六合县自然、经济、政治、军事和文化诸方面的历史和现状,实为六合的百科全书。这篇短文不可能对如此博大的巨著作全面论述,只能就阅读学习中感触最深之处谈一谈管窥之见。

读完《六合县志》,首先感觉到的是洋溢于字里行间浓郁的地方特色,足以引起六合人对家乡的自豪,引起身在异乡的六合人的乡情。《六合县志》作为一地之地情总汇,向我们展示了六合县的地方特点。

六合县具有特点的事物很多,就大处而言,其重要特点之一便是粮食生产先进,先后被江苏省政府、国务院命名为“粮食生产先进县”,《六合县志》以确凿的资料翔实地记载了这一史实。1987年全县粮食总产88699万斤,几乎是1949年粮食总产的5倍,提供商品粮39980万斤,超过1949年总产量的一倍。《六合县志》在记载该县粮食生产取得巨大成绩的同时,还以完整系统的资料彰明了因果,这便是农业生产关系的变革、农业生产结构的变化、耕作制度的改进、农技农艺的推广和农业机械化程度的不断提高。这些内容都在农业篇中有较为充分的反映。此外，科学技术篇中对农业发展包括粮食生产发展的重要推动因素——农业科技也有相当充分的记载。六合县最大的科研机构，是农业科学研究所。农业机械研究所也具备相当的实力。六合县有四级农科网，拥有农业技术人员125人。1978年到1987年获奖最多的科技成果，是农业科技成果，有56项，其中获国家奖3项，省级奖37项。

六合县又是全国水利建设先进县，亦有“鹅乡”之誉，还是国家文化部授予的“中国现代民间绘画画乡”。这些内容。在《六合县志》中都以极为朴实的手法记载得相当丰富。

值得一说的是，《六合县志》在记载具有地方特色的事物时，并没有采用“升格”或其他的手法来从形式上“突出”特色内容。这引起我的深思，我赞赏此法。地方志是资料书、科学文献，不但给当代人借鉴，还要传诸后世。以此而言，地方志书亦带有工具书的性质，主要以内容取胜，以史实丰富见长，以资料确凿取信。只要在内容上分充地记载了具有地方特色的事物，结构的科学性和逻辑性并不一定要打乱。反之，如果内容单薄，虽然采取种种手法来做形式上的“突出”，不但容易自乱体系，而且并不能真正给人们留下有价值的资料。

其次，《六合县志》在表述方面的“严”“简”颇为引人注目。“严”者，严谨是也。全志采用篇章节目结构，共设29篇134章420节，110万字，井然有序。篇章节目之间，层层相辖，有条不紊。全志又采取序、述、记、志、传、图、表、录诸体并用之法，诸体各自发挥所长，各得其所，相得益彰。

“简”者，简要是也。胡乔木同志生前一再要求我们，修志下笔要惜墨如金，要像打电报那样一个字不多一个字不少。《六合县志》编纂者深得要领，力求简要，努力用尽量少的文字，包含尽量多的内容，纵而通贯古今，横而囊括百业，亦即资料是密集型的，是有相当浓度的。水利建设，是六合县的重要特色内容，1989年被水利部授予“水利建设先进县”称号，1990年又获江苏省本年度“大禹杯”水利建设先进单位称号，县志设专篇而写，也不过用了约4.3万字，除了必要的行文，来写六合县堤防工程、河道工程、蓄水工程、滁河水利枢纽工程、机电排灌、农田水利建设和防汛、防旱，而且行文干净利落，没有水分，再以种种表格，诸如《1987年圩口基本情况表》《长江、滁河历史水文有关特征值表》《滁河六合站历年最高、最低水位情况表》《塘坝分布情况表》等，把拥有众多数据情况的内容浓聚在一起。如此文表相辅，就使志书表述既简又明。六合县于1987年被国家文化部命名为“中国现代民间绘画画乡”，《六合县志》虽然多处提及，以示其重要，但要言不烦，并没有花费很多的笔墨。首先以6幅彩图给人以直感，概述中只写了一句话，约60字，大事记上了2条约60字，乡镇概况章介绍四合乡时也写了一句话，用24字，在文化艺术章书画一节中用笔最多，也不过用了420字不到一点，一起加起来也不到500字。但是，虽然文字不多，却写出了四合乡农民画的历史和现状，既有代表人物，又有代表作品，还写出了四合乡农民画的特点和影响。

最后，我想向修志同仁推荐《六合县志》的概述。这篇概述约1000字，概括性极强，确实起到总揽总括的作用。概述首段主要总述六合县在历史和现实中的重要地位，同时，用一句话揭示在旧社会“人民终年辛苦，难得温饱”。接着写六合县的自然状况，又突出了六合县形胜颇多和资源丰富的特点。再写六合县人民具有革命斗争的光荣传统，从隋代农民起义写到抗日、解放战争。如果概述的首段没有写到六合人民在旧社会的苦难生活，就缺少伏笔，前后就不能呼应。现在前呼后应，可见行文之严谨。下面，概述的重点，详写六合县的社会主义建设事业，在综述六合县的重大变革和变化之后，分述农业、工业、交通、水利、文化教育、医疗卫生的前进发展，与此同时，又突出了六合县是江苏省政府、国务院命名的“粮食生产先进县”，水利部命名的“全国水利建设先进县”，国家体育运动委员会命名的“全国体育先进县”，六合县四合乡是文化部授予的“中国现代民间绘画画乡”，还又在总体上用一段文字强化了改革开放的巨大成就。概述的结语，指出建设社会主义的新六合，任重而道远。全文既全面完整，又抓住了特点，有详有略，详略得当，重点突出。

概述行文流畅，极为得体。在写形胜时，佐以文采，甚至用对句，适当勾勒，如写“灵岩山，山不高而清秀，峰不锐而险峻，青山幽谷，四时宜人”，在写成就时，多用数字对比，如写志书下限1987年工农业生产总值与1950年工农业总产值的对比；在写优势时，多用展示六合县在全国的地位的断语，如全国“粮食生产先进县”、全国有“鹅乡”之誉等。

当然，《六合县志》也还有不足之处，一些地方用墨过于悭吝。第七篇水利建设，记载全县水利建设的具体资料颇详，这是十分必要的，资料极有价值，但是，水利工程的管理内容就记得不够，特别是篇序所述：“1980年以后，结合农业包产到户的新情况，建立了水利承包责任制，农田水利建设进入重配套、讲效益的新阶段，被水利部授予‘全国水利建设先进县’的称号。”而在志文中，对这些重要内容就没有具体记载。当然，六合县获此称号是1989年的事，但是，绝非两年之功，志书1987年以及此前也应对此有所记载。还有，志书对群众体育的内容记载过略，不能反映该县是“全国体育先进县”。

总之，《六合县志》是一部有特色的新县志，它填补了六合县断修近百年史志的空白，功德无量，意义远大。白璧微瑕难掩其辉。

（原文刊载于《江苏地方志》1994年第2期）

六合县志（1988—2002）

南京市六合区地方志编纂委员会编。2008年9月启动编纂，2013年12月由方志出版社出版。主编卢立才、刘献华，副主编薛大林、崇立宪、张玉秀，执行主编王学仁，执行副主编詹秋金、翁永鹤、王守玲、张朝阳、王志荣。

全书1册，204.4万字，图片179幅（志首81幅、随文98幅），表格304张。记述范围为2002年六合县行政区域。该志为《六合县志》（1991年版）的续志，上限1988年，下限2002年4月（为撤销六合县，设立六合区之时），个别内容适当上溯或下延。述、记、志、传、图、表、录诸体并用，以志为主。志首设序言、凡例、总述、大事记，志末设附录、索引和后记。全志设31篇：建置·地理、人口、土地、环境保护、经济体制改革与开放开发、农林牧渔业、水利·电力、工业、城乡建设、建筑业·房地产业、交通·邮政·电信、商贸服务业·旅游业、财税·金融·保险、经济综合管理、中共地方组织、

《六合县志（1988–2002）》目录

地方人民代表大会、地方人民政府、地方人民政协、民主党派·工商联·社会团体、公安司法·人民武装、精神文明建设、人事和劳动社会保障、民政、科学技术、教育、文化·体育、民歌《茉莉花》·农民画·雨花石、医疗卫生、社会生活、人物、乡镇。

为体现地方特色，志书部分内容作升格处理，如民歌《茉莉花》·农民画·雨花石从文化门类中析出，单列成篇。用集中的方式，设篇记述经济体制改革与开放开发，并设专记记述六合县改革开放及其成果之“最”，附调研报告记述农村改革中的难点及其特点。对财政、税务、金融、计划、价格、统计等体制改革和教育、科技、卫生、劳动就业等社会事业改革，采用分散的方式，在相关篇、章中设节、目分别记述。志书着眼体现社会变革之新、之变，设置环境保护、土地、人口、服务业、证券业、市场建设、房地产、国有资产管理等篇、章、节，形成全方位、多角度、多层次记述改革开放的格局，并增设精神文明建设篇，使志书具有浓郁的时代气息。为整体反映基本县情，志书在附录中，对棠（堂）邑、棠（堂）城的源头、变迁，以及新中国成立后历次政治运动等前志遗漏或误写的内容分别进行追溯补充。此外，工业特色产品、名菜名点、土特产以及县内外有影响、有特色的农田水利建设、农业资源综合开发等工作，在相关篇中设章、节、目记述。

在记述特色上，对基本县情如建置沿革、地质、地貌、生物及方言词汇等前志内容作适当复记，保持续志的独立性和完整性。承接历史，补遗前志，对前志遗漏或淡写的内容分别进行适当追溯、补充。

（张朝阳）

【后记（节选）】

《六合县志（1988—2002）》（以下简称续志）编纂工作始于2008年9月，披删五载，易稿多次，终告编竣，于2013年12月付梓面世，令人欣慰至极。

一

续志历经组织发动、资料收集整理、初稿编写、总纂合成、终审验收五个阶段。2007年11月30日，区政府下发《关于〈六合县志〉续修工作的实施意见》。2008年9月，成立由5名老同志组成的续志续修编辑部，开展资料收集整理工作。2010年8月始，区志办公室组织修改、完善续志篇目，于12月28日通过市志办公室的评审验收。2011年2月起，按照审定后的续志篇目，继续收集整理资料，至2012年6月，陆续完成资料长编编写任务。7月起，采取分纂和总纂同步进行的方式统稿。2013年5月，续志总纂基本结束后，开展志稿初审。6—7月，将续志送审稿印成分册，连同审稿“须知”，分发到121个续志承编单位，进行面上“复审”。经单位科室、分管领导、主要领导审阅，并由主要领导签字、加盖公章后送区志办公室。8月30日，区志办公室召开续志稿征求意见会议，与会领导和专家提出300余条修改意见和建议。经过修改和调整，全志设总述、大事记、分志及附录4部分，其中分志31篇、131章、453节、1226目，计204.4万字。11月，续志稿通过市志办公室终审。12月，通过市志办公室验收、省志办公室审核、方志出版社编审，由区人民政府批准出版。

二

续志编修面广量大，是一项复杂的系统工程。各级领导恪尽其责，善成其事；承编单位尽献珍章，鼎力相助；编撰人员详考细察，把握体例，强化对改革开放的县情记述，着力提高志书的质量。

在组织领导上加力度。2008年1月11日，区政府召开续志编纂工作会议，区委常委、常务副区长向军作了动员讲话，并与121个承编单位签订承编责任书。续志编纂工作启动后，区委书记李世贵多次强调，对续志续修工作的认识、投入要到位，编纂人员要敬业、精业，如期完成编纂任务。区政府先后3次调整地方志编纂委员会成员，每次都由区长担任编委会主任，常务副区长、区政府分管领导、区两办（区委、区政府办公室）主任、区志办公室主任任副主任；将区志办公室领导由2名增至3名，续志编纂人员稳定在5名。区政府分管领导陈有昌、吴继才，先后以年初全区方志工作会议为契机，对续志编纂工作进行部署和动员，提出要求。各级党委、政府将修志工作列入议事日程，切实做到“一纳入”（纳入区、乡镇经济社会发展计划和一体化考核内容）、“五到位”（领导到位、机构到位、队伍到位、经费到位、条件到位），实现“两个超越”（超越部门工作、定向思维的界限，把修志工作提升到事关全局工作的高度上来；超越党政机关固有的工作模式，统筹协调开展修志工作）。全区形成“众手成志”的局面。

在资料收集整理上下功夫。一是开展业务培训，夯实资料提供基础。2008年3月，在区委党校举办续志业务培训班，专兼职修志人员参训140余人。区志办公室下发《新编地方志续修手册》，印发《鼓楼区志·环境保护》《邗江县志·杭集镇》等资料，供修志人员学习参考；不定期编印《六合方志简报》，登载修志业务基础知识，先后宣传农林、公安、教育、竹镇等8个部门（街、镇）收集资料的做法和经验；在县志续修编辑部办公室打出各单位修志进度表，使前来讨论和交稿的每个部门撰稿人都能知晓本单位此项工作所处的位置，加快资料收集工作；组织编辑部成员先后到浦口区、高淳县志办公室学习修志经验。至2013年，每年结合年初方志工作会议，以会代训分管领导和专兼职修志人员，计600多人次；以系统（街、镇）为单位办班32期，培训专兼职修志人员近400人次。二是及时指导，解决资料收集中的“难点”问题。针对有的部门档案管理不善、资料难以查找，领导不够重视的问题，区志办公室领导带领编辑部成员先后到15个部门（街、镇）召开县志续修推进会，经动员宣传，较好解决了少数领导的畏难情绪，共同研究资料收集办法。有的部门机构撤并，资料收集整理难落实，区志办公室通过做工作，把原单位的力量整合起来，共同编写。如工业篇，由工业局党委书记牵头，分别从原工业局、乡镇企业管理局、化工公司机关抽出业务骨干，成立联合编写组，集体研讨方案，分头查找资料，完成编写任务。区商务局所属企业管理体制变化后，有些资料已无单位可查。区志办副主任崇立宪多次带领编纂人员与商务局党政领导共同策划，通过召开动员会、知情人座谈会、填写调查表格、调整篇目等多种形式收集资料。承编单位初稿上交后，针对质量较差、要素不全、资料缺乏系统性、文字臃肿等问题，分系统召开志稿评议会，提出修改意见，由编辑部分纂责任人协助承编单位修改完善。三是挖掘、考证、引用新资料。区志办邀请原区志办的朱振堂、瓜埠中学教师骆远荣、原县法制局的王德松，分别对棠邑境内第一仗、棠邑城所在地及棠邑辖地、棠邑第一位行政长官——伍尚的任职时间、清乾隆至光绪县城四大门和6座水门的遗址，以及六合“文化大革命”等资料进行挖掘，考证后纳入续志。

在与前志衔接延续中求突破。续志沿用前志中小篇结构体式，设篇、章、节、目、子目5个层次。谋篇布局一是注重在内容上与前志对接，同时根据时代进步，县情变化的情况，对前志的篇目进行合并、扩展、分解和增设，续志由前志28篇调整为31篇。其中，保留人口、工业、城乡建设、民政、科学技术、教育、卫生、人物篇；建置区划与自然环境篇合并为建置·地理篇，农业、林业和畜牧水产篇合并为农林牧渔业篇，交通运输、邮政电信篇合并为交通·邮政·电信篇，公安司法与军事篇合并为公安司法·人民武装篇，文化艺术与体育篇合并为文化·体育篇，方言与谣谚并入社会生活篇；水利建设篇扩展为水利·电力篇，商业篇扩展为商贸服务业·旅游业篇，工商行政管理篇扩展为经济综合管理篇，财税金融篇扩展为财税·金融·保险篇，劳动人事篇扩展为人事和劳动社会保险篇；政党群团篇分解为中共地方组织、民主党派·工商联·社会团体篇，政权政务篇分解为地方人民代表大会、地方人民政府、地方人民政协篇；新增土地、环境保护、经济体制改革与开放开发、建筑业·房地产业、民歌《茉莉花》·农民画·雨花石、精神文明建设篇。二是对基本县情如建置沿革、地质、地貌、生物及方言词汇等前志内容作适当复记，保持续志的独立性和完整性。三是承接历史、补遗前志。为整体反映基本县情，续志在附录中，对棠(堂)邑、棠(堂)城的源头、变迁，以及新中国成立后历次政治运动等前志遗漏或淡写的内容分别进行追溯、补充。四是对各籁概述和部分目(子目)，从事物或实体的源头记起，以保持记事的连续性和发展阶段的完整性。

在彰显续志时代性和地方性上出亮点。续志把改革开放作为重点、要点，采取集中、分散的方式记述，即对经济体制改革与开放开发设篇集中记述，篇后设专记，展示改革开放及其成果之“最”，并在农村经济体制改革章后附调研报告，反映农村改革中的难点及其特点。而对财政、税务、金融、计划、价格、统计等项体制改革和教育、科技、卫生，劳动就业和用工制度改革等社会事业改革，采用分散的方式，在相关篇、章中设节、目分别记述。同时，触及政治体制改革，重点围绕党政机关机构改革、干部人事制度改革、扩大基层民主等内容，在相关节、目中分别记述。还着眼体现社会之新、之变，设置环境保护、土地、人口、服务业、证券业、市场建设、房地产、国有资产管理、学习“模范团政委”杨崇元等篇、章、节。形成全方位、多角度、多层次记述改革开放的格局，使志书富有浓郁的时代气息。其次，立足县情实际，突出地方特色。部分内容作升格处理，如“民歌《茉莉花》·农民画·雨花石”，从文化门类中析出，单列成篇。工业特色产品、名菜名点、土特产以及县内外有影响、有特色的农田水利建设、农业资源综合开发等工作，在相关篇中设章、目记述。

大厂区志

南京市大厂区地方志编纂委员会编。1999年4月启动编纂，2006年7月由方志出版社出版。主编杨俭余、吴九成。编辑纪宝辉、王守玲、齐加权、徐娟、王德宝、姚玉忠、金文生。

全书1册，181.3万字，图片197幅（志首137幅、随文60幅），表格323张。记述范围为2001年大厂区行政区域（2002年4月撤销大厂区，所辖区域归属今南京市江北新区和六合区）。记述上限尽量追溯事物发端，下限2001年，部分章节及大事记延至2002年6月。述、记、志、传、图、表、录诸体并用，志为主体。志首设序、凡例、概述、大事记，志末设附录、索引、编后记。全志设28编：建置区划·自然环境、人口、城市建设、土地房产、环境保护、驻区大型企业、工业·建筑业、交通·邮政·电信、商业、农林·水利、财税·金融、对外开放、经济综合管理、中共大厂区地方组织、人大·政府·政协、街道、民主党派·工商联·社会团体、政法、军事、劳动人事、民政、科技、教育、体育、文化·新闻、卫生、社会、人物。

大厂区是中国重要的现代工业基地，素有“中国化工摇篮”之称。为展现地区特色，设驻区大型企业编，介绍大厂成名、发展和繁荣历程，着重介绍驻区南京化学工业有限公司、南京钢铁集团有限公司、扬子石化、南京电热厂和华能南京电厂等大型企业。为反映时代特征，设对外开放编，下设招商引资和对外经贸、外商投资企业、大厂经济开发区等章节，着重介绍对外开放等内容。大厂区有着悠久的历史文化传统和丰厚的历史文化遗存，文化·新闻编设文物古迹·雕塑·纪念性建筑章，记载以庙山、团山新石器时代文化遗址、长芦寺遗址等为代表的文物古迹。附录记载大厂史话，包括大厂区域内千年古寺、诗词碑文、传说故事、地名文献等，增加志书可读性和资料性。

（赵冰玉）

【编后记（节选）】

纂修志书，鉴往知来。《大厂区志》披删六载，易稿四次，终于成书问世，令人欣慰至极。

城市区志，类似县级志书，为社会主义新方志百花园中一朵新的奇葩。《大厂区志》以鸿篇巨制列于新志之林，更为盛世修志增添新的光彩。

编修《大厂区志》乃一项系统工程，面广量大，艰难复杂。为此，1998年11月，成立了以区长为主任、分管副区长为副主任的大厂区志编纂委员会；区划调整后，南京市副市长、中共六合区委书记、沿江工业开发区管委会主任陈维健明确指出“大厂区志应该完成，善始善终”。2003年10月，成立了以沿江工业开发区管理委员会领导组成的大厂区志编纂委员会；各部门、各街镇、驻区企事业单位落实专人，广集资料，撰写志稿。先后参与征集、编纂、审稿的有300余人，查阅档案500余卷，查阅照片1000余张，走访当事人和知情人100余人，征集各种资料、志稿1000余万字。各级领导恪尽其责，善成其事；各界人士尽献珍章，鼎力相助，形成“众手成志”的大好局面。

负责具体编纂工作的《大厂区志》编辑部同志，反复敲定篇目，核查资料，进行分类编纂。区志的编目设计，八易其稿，是在不断学习、不断探索、不断实践中敲定的。征集的资料有的来自历史文献，有的来自档案藏卷，有的来自口碑记录，具有不同的时代、不同的观点、不同的表述含义。编者对此进行多方考证，往往为了弄清一个疑点，核对一个数据，顶烈日串门走访，向专家学者请教；冒严寒实地勘查，废寝忘食查阅案卷。对于反复核查无定论的，则通过分析研究，综合论证，去伪存真，

《大厂区志》目录

去粗取精。经过艰苦努力，劳形案牍，《大厂区志》编辑部在200多万字初稿基础上，本着严格志书规范、体例的原则，逐编、逐章、逐节修改，经过“抢、磨、雕”几个阶段，即集中力量，抢出区志征求意见稿；广泛征求意见，反复研讨，磨出区志送审稿；送审稿聘请省、市主管部门有关专家学者以及区各级领导审改，根据审改意见，反复进行学习、消化、考证后，雕出区志审定稿。2005年11月28日，沿江工业开发区管理委员会召开《大厂区志》终审验收会议，经审查批准，正式出版。

溧水县志

《溧水县志》目录

溧水县编修县志委员会编。1984年7月启动编纂，1990年6月由江苏人民出版社出版。主编殷东俊，副主编张登元、钱文祥、张习林，编辑丁世模、茹彩华、黄宙国、胡晓钟。中共中央顾问委员会委员、中共江苏省委原书记江渭清为志书题词。

全书1册，120万字，图片82幅（集于志首），表格206张。记述范围为1985年溧水县行政区域。记述上限因事而异，追溯事物发端，下限1985年，个别内容适当下延。述、记、志、传、图、表、录诸体并用，以志为主。志首设序、凡例、概述、大事记，志末设附录（含编修始末）。全志设30篇：建置、自然地理、人口、农业、林业、多种经营、水利、工业、交通、邮电、商业、粮油经营、工商管理、财政税务、金融、城乡建设、政党社团、政务机构、公安司法、民政、人事劳动、军事、科技、教育、文化、卫生、体育、社会、方言、人物。

记述特色上注重突出溧水丘陵山区农业特色，设农业篇、林业篇、多种经营篇。水利篇记载溧水县因地制宜，修筑水库塘坝，开展农田基本建设。方言篇记录溧水境内方言的分布状况、语音系统、词汇和语法等。附录辑录部分文告、碑文、古今诗词辑选、历代县志目录、历代县志序跋选、宋元明清知县名录等历史文献，丰富志书资料。

2014年，溧水区地方志编纂委员会办公室组织修订再版工作，修订398处。2016年，《溧水县志》修订版由江苏人民出版社出版。

（韦　静）

【编修始末（节选）】

溧水修纂县志，源远流长，宋、元、明、清各代延绵不辍。但自清光绪《溧水县志》出版后，迄今已中断一百余年。民国期间，议修未成，50年代末，溧水重始修志，然只初拟了“十年大事记”而告一段落。

1981年后，编史修志逐步在全国展开，县委、县政府非常重视地方志的编修。1984年7月，成立了溧水县地方志编纂委员会，同时设置办公室，开始新《溧水县志》的编修工作。首先拟订了县志编纂工作方案，初步设计了县志篇目和分工意见。县政府颁发了《关于征集溧水县史志资料的通告》，晓谕和发动全县人民在县内外广泛征集资料。

1985年3月召开第一次县志编委会扩大会议，确定编修新方志的指导思想，讨论审定编纂县志的工作方案和基本篇目，部署编写县志、专志的要求、步骤和工作方法。会议以后，各修志部门和单位相继成立领导机构，组建写作班子。全县共建修志机构50多个，配备工作人员250余人。1985年5月，县开办了修志培训班，组织修志人员学习方志基本理论以及编写要求、编写方法。

1985年7月至1986年，全面开展征集和整理资料工作。全县修志工作者不畏艰辛，跋山涉水，调查走访，查阅档案、书籍，共收集文字和口碑资料2500余万字。县志办通过多种渠道在中国社会科学院历史研究所、北京图书馆、南京图书馆、南京大学图书馆、扬州图书馆、江苏省档案馆、中国第二历史档案馆、县档案馆等单位拍摄、复印了明万历、清顺治、康熙、乾隆、光绪5部《溧水县志》，以及宋《景定建康志》，征集了民国期间的《溧水征访册》《江苏六十一县志》（溧水部分）、《江苏省乡土志》和《溧水县政实习报告》等历史资料。

1986年6月，县志办召开了部分年长者小型座谈会，与会人员彰扬盛世修志，纵谈溧水古今，提供了不少很有价值的口碑资料。

为积累资料，交流编志业务，县志办出刊了《溧水县史志资料》。1986年6月至翌年10月共付印4辑，累计30余万字。《资料》出刊后，得到社会各界人士和广大修志工作者的关注，他们撰文写稿，挖掘了很多历史资料，推动了修志工作的开展。

1986年8月，召开第二次县志编委会扩大会议，总结交流经验，由县林副业局、粮食局、档案局、洪蓝乡介绍了修志情况，并进一步部署了修志工作。9月，县志办召开各部门主笔会议，结合编志实际，贯彻县第二次编委会扩大会议精神。11月，县编委会领导成员分组检查各单位编志工作进展情况，增强了各单位对修志工作的责任感、紧迫感，从而进一步加强领导，落实措施，以保证按时按质完成编志任务。

1987年1月，开始初稿（征求意见稿）编撰。3月，再次召开各单位主笔会议，就志稿的质量问题进行讨论研究。3月以后，初稿编撰进入紧张阶段。初稿中部分篇章由县志办直接采编，大多数由各单位报送资料由县志办总纂而成。每成一篇，即打印分发，广泛征求意见。至1988年4月，按原定篇目，31篇约122万字的初稿先后告成，陆续收到书面和口头意见、建议约600多条。

1988年7月，召开第三次县志编委会扩大会议，着重部署对初稿的审议事宜。会后，各部门及时组织有领导成员、专业干部和编志人员参加的审稿活动。对综合性的志篇，如大事记、建置、人物、社会、方言、附录等，由县志办邀请有关行家、知名人士、知情人座谈讨论。经过半个月的审议，吸收意见约300余条。在这个基础上，县志办作了认真的修订补充，开始了第二稿的编辑。经过半年多时间的努力，到1988年12月，完成了约百万字的送审稿。

1989年3月下旬，召开《溧水县志》稿评审会议，邀请省、市志办领导、有关方面的专家、学者和南京市属兄弟县县志主编参加评审。在两天的评审活动中，与会人员对送审稿充分肯定并提出了修改意见。会后，县志办再一次对志稿进行了全面认真的修改补充。历时3月，到6月份，完成了第三稿。7月送县委、县政府审查，8月先后报南京市志办审批和江苏省志办验收，9月经批准付梓出版。

溧水县志（1986—2005）

溧水县地方志编纂委员会办公室编。2007年12月启动编纂，2012年11月由方志出版社出版。主编巫永发，副主编卞新宏、徐友华，执行主编刘迎春，顾问蒋永才、陈家荣，编辑刘迎春、刘春兰、李淑萍、张惠麟、赵德生，特约编辑卞巧生、闵小红、杨孟良、吴赟兰、徐小明。

全书1册，172.2万字，图片165幅（志首108幅、随文57幅），表格176张。记述范围为2005年溧水县行政区域。该志为《溧水县志》（1990年版）的续志，记述上限1986年，衔接前志，下限2005年，部分内容适当追溯和下延。述、记、志、传、图、表、录诸体并用，以志为主。志首设序、凡例、总述、大事记，志末设附录、索引、编后记。全志设34篇：建置区划·自然环境、人口与计划生育、土地管理与环境保护、改革开放、城乡建设、农业、水利·农机、工业、建筑业、交通、邮政·通信、供电、商贸·服务业、旅游业、金融、财政·税务、经济综合管理、中共地方组织、地方人民代表大会、地方人民政府、地方人民政协、群众团体、公安司法、国防、人事劳动和社会保障、教育、科学技术、傅家边农业科技园、文化·体育、医疗卫生、民政、社会生活、乡镇、人物。

《溧水县志（1986–2005）》目录

为体现地方特色，该志将旅游业升格设篇，全面反映旅游业的兴起和发展过程。傅家边农业科技园作为全国农业科普示范基地，将其升格设篇，集中记载其科技示范、农业产业化经营和农业旅游等特色内容，凸显地方经济新面貌。记述特色上突出时代特征，设改革开放、环境保护、农业资源开发、生态农业、房地产、国有资产管理等篇、章、节。改革开放篇采用大集中的记述方式，集中记述经济体制改革、机构与人事制度改革、招商引资、对外经贸、开发园区建设，彰显溧水县经济社会发展的重大变革。注重在内容上贯通前志，保证记事相对完整性，篇、章下统设无题序，节下视情况设无题小序，通过无题序适当追溯事物发端，反映事物发生、发展和消亡的全过程。卷首图片设置颇具特色，设置大事回眸、城市建设、风光揽胜、文华精粹、文物古迹、乡土风情6个板块，其中大事回眸又设经济建设、社会事业、基础设施、重大活动4个小板块，选择续志断限内具有标志性、代表性的图片，生动形象地再现历史变迁。

2018年，该志被评为江苏省地方志书优秀成果综合优秀三等。

（韦　静）

【编后记（节选）】

《溧水县志（1986—2005）》（简称续志）编纂工作于2008年3月全面启动，至2012年10月定稿付梓，历经组建队伍、收集资料、编写初稿、总纂统稿、终审验收等工作阶段。其间，反复修改，数易其稿。全志主体篇目34篇，志首设总述、大事记，后缀附录、索引。

2007年12月，县政府办公室下发《〈溧水县志〉续修工作规划》，溧水县地方志编纂委员会办公室（简称县志办）编制完成《溧水县志（1986—2005）》篇目。2008年3月28日，县政府召开《溧水县志（1986—2005）》续修工作动员大会。随后，县志办建立由5人组成的县志续修编辑部，各承编单位配备续志撰稿人员1~3人。2008年下半年起，县志办采取分口培训、召开座谈会、编印简报等形式，指导各镇（区）、各部门及各有关企事业单位撰稿人员广泛征集资料、撰写初稿。2009年3月起，各承编单位陆续上交初稿，但初稿普遍存在事实记述笼统、要素不全、资料缺乏系统性、文字臃肿等问题。对此，编辑部采取改稿、催稿、补充资料同步进行的方式，对已经形成的稿件反复修改加工，逐步提高稿件质量；对一些修志工作进度较慢的单位，编纂人员主动与承编单位分管领导和撰稿人联系、沟通，帮助解决修志过程中遇到的实际困难；对志稿中存在的资料不足问题，编纂人员多渠道帮助查找资料。2010年8月，各承编单位基本完成初稿编写任务。同年10月，县志办在人力、经费不足的情况下，采取分纂与总纂同步进行的方式，由一支笔负责统稿，以减少交叉重复，确保续志稿件质量。2010年12月，南京市地方志办公室（简称市志办）针对溧水县修志力量相对薄弱的现状，提前介入审稿，认真审阅已经形成的8篇总纂稿，并给予充分的肯定，增强了全体编纂人员的信心。2011年起，县志办加大总纂工作力度，全体编辑团结协作、加班加点，编辑部每周召开工作推进会，县志办领导亲自参与稿件修改工作。2011年6月底，完成续志征求意见稿。

2011年7月起，县志办采取多种途径和办法审查修改续志征求意见稿，一是请县四套班子领导从宏观上审阅稿件，把好稿件思想政治关；二是请熟悉县情、热爱地方志工作的老同志审阅稿件，把好重大史实关；三是请承编单位领导和撰稿人员审核稿件，把好事实和数据关；四是请市志办领导和专家帮助审查稿件，把好志稿体例关。编辑部根据各方面的反馈意见认真做好资料的删、补工作，修改完善质量不高的稿件。2011年10月初，邀请5位省、市专家全面系统地审阅志稿，各位专家在充分肯定的基础上，提出许多中肯的修改意见。编辑部认真梳理专家提出的每一条意见，结合溧水县情，进一步修改完善稿件。同年11月底，形成续志终审稿。2012年2月9日，续志通过市志办组织的终审。

续志通过终审后，编辑部全面汇总每位专家终审意见，找出续志稿中的薄弱环节，按照中国地方志指导小组《地方志书质量规定》，作认真细致的修改。一是优化框架结构，使其内容更具有条理性、逻辑性；二是平衡完善资料，过细之处删繁就简，不足之处补充资料，尤其是强化社会生活、民风民俗内容，县志办会同县文化广电局开展社会调查，收集整理反映时代变迁的民风民俗；三是提高编校质量，组织人员精心打磨文字，力求精炼、准确、朴素。2012年6月底，形成续志验收稿。7—8月，编辑部广泛收集续志卷首图片，设置大事回眸、城市建设、风光揽胜、文华精粹、文物古迹、乡土风情6个板块，其中大事回眸板块又设经济建设、社会事业、基础设施、重大活动4个小板块，选择续志断限内具标志性、代表性的图片，生动形象地再现历史变迁，唤起人们回忆。9月，续志验收稿通过市志办组织的验收。2012年11月，续志稿通过江苏省地方志办公室审核、方志出版社编审，由县人民政府批准出版。

续志在编纂过程中，始终坚持实事求是、质量第一的原则，追求资料真实准确、文字简洁流畅，严格按照志书编纂体例合理分类，努力把握时代脉搏，彰显地方特色。

一是把握时代特征。二轮志书时限内最鲜明的时代特征是改革开放。改革开放带来的变化涉及社会各个领域，根据“凡事聚则显，显则著，著则传”道理，续志在编纂过程中采用大集中、小分散方式记述，设改革开放篇，篇下设农村经济体制改革、企业体制改革、机构与人事制度改革、招商引资与投资服务、对外经济贸易、开发园区建设等6章，集中记叙二轮志书时限内具有标志性的、引领经济社会发展走向的重大事件，充分体现时代主旋律。而对于财政、税务、金融、文化、教育、卫生等领域中的专项改革，则在相关篇下设章节目记述，使之与相关内容融为一体。随着社会主义市场经济的建立和发展，社会生活变得丰富多彩。为此，续志强化社会生活记述。社会生活、民风民俗真实反映随着物质财富的丰裕，人们衣食住行和生活方式逐渐发生的变化。

二是彰显地方特色。志书是县情的载体。在编纂过程中，注重彰显地方个性，突出本地区特色产业、特色产品。将旅游业升格独立设篇，集中展示县内美丽的自然景观和丰厚的人文资源，全面反映旅游业这一新兴产业的兴起和发展过程；将傅家边农业科技园升格独立设篇，集中记载其科技示范、农业产业化经营和农业旅游等特色内容，浓墨重彩反映傅家边农业科技园建设与发展；将建筑业独立设篇，拓宽记述的广度与深度。

三是在内容上与前志保持衔接。二轮修志所记述的时限正处于两个世纪交替之间，政治、经济和社会事业都已发生崭新的变化，记述内容与首轮修志相比要复杂得多。首轮志书的篇目大都不能适应二轮志书，而续志又与前志存在着彼此相承相续的关系。根据"纵述史实把握事物的发端、变化和现状"要求，注重在内容上贯通前志，保证记事相对完整性，通过篇、章下无题序适当追溯事物发端，反映事物发生、发展和消亡的全过程。

四是尽可能避免重复。续志编纂注重从事物的整体出发，集中一处记述，必要时采取内容参见的方式。在处理不同篇章重复内容时，注意错开角度记述，力求做到交叉不重复。篇、章下无题序的撰写注重概括性、综合性、揭示性，注意把握好层次，做到各有侧重，各有分工，尽可能与志稿正文不重复或少重复。

《高淳县志》目录

高淳县志

高淳县地方志编纂委员会编。1981年10月启动编纂，1988年8月由江苏古籍出版社出版。主编薛兴祥，编辑邢志刚、孙家贵、李遵澳、李代苗、陈后翔、陈安昆、杨春福、秦志远、徐航、高连生、陶福田、童维生。全国人大常务委员会原副委员长彭冲为志书题词。

全书1册，140万字，图片150幅（志首115幅、随文35幅），表格207张。记述范围为1985年高淳县行政区域。记述上限不限，下限1985年。述、记、志、传、图、表、录诸体并用，以志为主。志首设序言、凡例、大事记、概述，志末设附录（含后记）。全志设28篇：建置区划、自然环境、人口、农业、多种经营、水产、水利、交通运输、工业、邮政电信、商业、工商物价计量管理、财政金融、城乡建设、政党社团、政务机构、公安司法、民政、劳动人事、军事、教育、科技、文化、卫生、体育、社会、方言、人物。

为突出地方特色，志书设水产篇，从养殖、捕捞、渔业管理、河蚌育珠4章介绍全县水产情况。设多种经营篇记述林特业、畜禽业、种植编织业、国营茶林场，突显高淳"鱼米之乡"特色。高淳是防汛抗洪的重点地区，设水利篇，介绍高淳水利建设和管理、防汛抗洪的经验方法。文化篇中设古今著述章，在同期志书中并不多见。社会生活篇中设姓氏会馆章，也是该志特色内容之一。附录设有《高淳县志》历代纂修考、高淳历代县志序选，有一定的资料价值。

1993年，该志获全国新编地方志优秀成果二等奖。

（史锡伟）

【后记（节选）】

《高淳县志》的编纂工作始于1981年10月，六度春秋，五订篇目，三易其稿，于今问世。

《高淳县志》的编纂共历五个阶段。

1981年10月至1982年6月为组织准备阶段，主要是搞好“三落实”。一是组织落实。先由县委党史领导小组统一抓，后成立县志编纂委员会（后更名县地方志编纂委员会），由县委、县人大、县政府、县政协和有关部门的领导组成（主任先是县委书记兼，后是县长兼）。县直各部门和各乡镇场成立编史修志小组，以单位领导为主，吸收有关人员参加。二是人员落实。先从有关单位借调7人，在县委党史办公室设县志编纂组，后成立县志办公室，与党史办公室合署，计定编12人。县直各部门和乡镇场也采用“挤”“请”“借”的办法，落实人员，组成编写组，计有150人。三是任务落实。编委会把各专业史志和乡镇场志的编写任务落实到有关单位，并要求各乡镇场搞好专题调查，为县志编纂提供资料。

1982年7月至1985年3月为征集资料阶段。在大搞思想发动的基础上，根据“先活后死”“先内后外”“先近后远”的原则，通过召开知情人座谈会、个别采访、重点约稿和到县档案馆、图书馆、文化馆搞文档摘抄等渠道收集资料，并先后派人到南京、镇江、苏州、上海等地档案、图书、文博、党史部门摘抄资料。同时，指定专人抓各专业史志和乡镇场志的编写，以点带面，开始抓编写纲目，当中抓经验交流，以后抓修志成果。在征集资料过程中，坚持边征集、边整理，先后铅印出版了5期《高淳史志资料》，共36万字。最后还搞了条目试写，集体评议，共同提高。

1985年4月至1986年8月为县志总纂阶段。经过2年半的努力，县直部门编写了59部专业史志，23个乡镇场全部编写了乡镇场志，加上县地方志办公室收集的，形成了2000万字的资料。这就为县志总纂创造了条件。在这个基础上，于1985年4月召开县地方志第二次编委扩大会议，审查县志编写纲目，落实编纂任务。鉴于县地方志办公室在人员数量及知识结构等方面与所承担的编纂任务不相适应，根据“总体规划、分头进行、按志分工、包干到底”的原则，按县志纲目，把县地方志办公室的编写人员与各专业史志主要编写人员统一组织起来，先由各专业史志编写人员写浓缩稿，再由本办人员进行综合分析、研究、取裁、填补、润色而成为县志有机组成部分。在总纂中坚持了“四性”，即强化时代性、注意科学性、突出地方性、注意整体性。经过1年多时间的辛勤笔耕，于1986年8月总集成一部174万字的《高淳县志》征求意见稿。

1986年9月至1987年6月为志稿征求意见和修订阶段。这一阶段是分两步进行的：第一步，征求意见，第二步，进行修改。为了搞好征求意见的工作，县地方志编委会召开了第三次扩大会议，作了研究和部署。征求意见主要是掌握自审、分审、总审3个环节。自审，即由本办人员集体审议，花了近1个月的时间，通过先学习有关文件和规定，再阅读志稿，再由专志到总体结构进行评议，共提出525条修改意见。分审，即以专志为单位，组织有关单位的领导、知情人和专业技术人员逐个进行审议。前后用了2个月的时间，开了19个审稿会，参加的有367人次，经过众口评志，众口寻疵，共提出1623条意见。总审，即在自审、分审的同时，把志稿打印成册分别寄给有关领导、专家行家和兄弟单位，请他们在总体上给予把关。不仅请进来，我们还派人走出去，到合肥、南京、苏州等地，向省、市地方志办公室的领导，向专家学者和修志同行征求意见。1987年1月本办人员对来自各方的意见进行了汇总、分析、消化和决定取舍的工作，并制订了修改方案。在征得县地方志编委会领导认可后，于2月开始分头进行修改。经过1个月的删繁就简、认真修改，至1987年6月形成了近百万字的送审稿。

1987年7月至同年11月为志稿审定阶段。送审稿形成后，经再次打印分送县委、县人大、县政府、县政协的领导，县地方志编委会委员，本志顾问和省市地方志办公室领导及特约的专家学者、修志行家，共94人，请他们给予审稿。县"四套班子"领导和编委在各有重点、分头审阅后于8月14日开会，正式通过了志稿，并同意报请市地方志编委会、省地方志办公室审批验收。同月18、19两日，在事前审阅志稿的基础上，省、市地方志编委会暨办公室的领导同志，以及常州、镇江、如东、武进、高邮、上海奉贤等市县地方志办公室负责同志莅淳，对《高淳县志》进行了审批验收。随后，又经过3个月的认真推敲、修改，于11月底将志稿交江苏古籍出版社出版。

《高淳县志》的出版问世，得力于各级领导同志的重视，各方有识之士的支持，当然也是与修志人员的积极努力分不开的。

县级党政领导对修志工作的高度重视与积极领导，是《高淳县志》编纂工作得以顺利进行的根本保证。1981年在贯彻落实上级部署的党史资料征集工作时，县委、县政府的领导同志高瞻远瞩，把编纂县志的工作，作为社会主义精神文明建设的大事来抓，在成立县委党史办公室的同时抽调人员负责县志编修工作。一些涉及面工作部署的会议，均以县委或县政府办公室名义发通知，由分管的书记或县长主持，并由县委、县政府批转修志工作报告或会议纪要。平时对修志工作也坚持每年议论几次，听取本办工作汇报，帮助我们解决工作中的困难和问题。1984年县级机关机构改革时，县地方志办公室非但没有撤销，而且从临时机构改为常设机构，工作人员也从临时借调改为正式定编。县人大、县政协对修志工作也抓得很紧，并大力支持。1984年5月，县第八届人大常委会第一次会议所作的第一个决议即是《关于编修〈高淳县志〉的决议》。县政协不仅在人力、物力上给予支持，而且政协文史资料委员会还与县地方志办公室同办《高淳史志资料》。在一些关键时刻，县里领导还亲自出面作组织发动工作。如征集资料开始时的总动员，总纂中各专志的牵头人，审稿时各专志的主审人，均由县委主要领导或"四套班子"的领导出面或分工负责。

各方有识之士的大力支持是《高淳县志》得以编纂成书的关键。

资料是修志的基础。为了把各方人士动员起来积极提供资料，在修志工作一开始我们就采取多种形式广泛地开展了宣传发动工作。首先是编印了《宣传提纲》和征集资料《公告》，供各地宣讲和张贴，并通过县广播站广播。其次是结合各种会议或专门召开会议，由县委、县政府领导出面进行动员。再次是抓住"六老"进行重点发动，即把了解高淳历史情况的县内外160多名老党员、老干部、老工人、老农民、老教师、老商人及旧公职人员作为重点对象，发动他们提供资料。经过宣传发动，引起了广大干部、群众对修志工作的关注，许多热心人纷纷来信来访，献计献策和提供资料，出现了许多动人事迹。有主动献出珍藏多年《高淳县乡土志》的，有年近八旬的老翁陪同修志人员下乡征集文稿的。

县直各部门的专业史志和各乡镇场志是县志编纂的重要资料来源，在县直各部门和各乡镇场领导同志的重视下，编就的59部专业史志和23部乡镇场志，为县志总纂提供了500万字的资料，许多部门还为县志提供了浓缩写稿，有的专业志的主体部分实际上也是县志专志的雏形。

高淳县志（1986—2005）

高淳县地方志编纂委员会编，2006年6月启动编纂，2010年12月由方志出版社出版。总纂组组长薛兴祥，总纂组成员夏孝栋、华国桢、夏佳祯，分纂孔建顺、史锡伟、华国桢、陈为庆、陈后翔、张月华、夏孝栋、夏佳桢、曹达正、翟光华、薛兴祥。

全书2册，246.8万字，图片259幅（志首154幅、随文105幅），表格285张。记述范围为2005年高淳县行政区域。该志为《高淳县志》（1988年版）的续志，上限1986年，衔接前志，下限2005年，专记和图片延至2008年。述、记、志、传、图、表、录诸体并用，以志为主。志首设序言、凡例、高淳史略、大事记，志末设专记、附录、后记、索引。全志设34篇：政区·环境、土地·人口、城乡建设、交通·邮电·供电、水利、经济体制改革与开放开发、农业、“固城湖”螃蟹、工业、民营造船与水运业、建筑业、商贸服务业、旅游业·高淳老街、金融业、财政税务、综合经济管理、政治体制改革、中共地方组织、地方人民代表大会、地方人民政府、地方人民政协、工商联与社会团体、公安司法·人民武装、教育、科技、文化·体育、医疗卫生、精神文明建设、人事和劳动社会保障、民政、社会生活、方言、人物、镇街概况。

志书以史略代替传统的概述，时经事纬、贯通古今，以承接历史、补遗前志。对建置区划、自然环境、历史文化和民风民情等基础地情资料，亦作适当复述。为反映时代特征，设经济体制改革与开发开放、精神文明建设、环境保护、农业资源开发、房地产、数据与多媒体等篇章。改革开放采用大集中、小分散的方式记述，对经济体制改革与开发开放、政治体制改革分别设章集中记述，而对各项调控体制改革、社会事业改革则分散在相关篇、章中记述。为反映全面建设小康社会和建设生态高淳的历程、成效，另设2篇专记。为反映地方特色，对高淳县三大特色经济，设建筑业篇、民营造船与水运业篇、“固城湖”螃蟹篇，并将高淳老街升格与旅游业平列为一篇。为突出食用菌产业，在农业篇蔬菜业章设食用菌节。

该志人文色彩浓郁，如史略中古代文明，建置沿革中的建县时间考，人口中的婚姻家庭，“固城湖”螃蟹中的蟹食文化，旅游业中高淳老街等人文旅游资源，文化中的文学艺术、艺文、文物古迹与非物质文化遗产，社会生活中的民性民风、姓氏宗谱、宗教，以及方言等均有体现。尤其是方言篇充实该学科新研究成果，社会生活篇增加富有创造精神的民性内容。与前志相比，增加10余个随文附录，形式

《高淳县志（1986–2005）》目录

有考、记略、简介、调查报告等多种体裁，紧贴在各个部类不同章节之中，内容大多是人文方面的，为政治、经济等部类增添鲜活、可读的材料。坚持“述而精作”，除在史略和各篇概述中做到有叙有议、史论结合外，还在正文中做客观分析性记述。该志通过“述”这种体裁，系统完整地记述事物，做好与前志的内容衔接。

2018年，该志被评为江苏省地方志书优秀成果综合优秀一等和篇目设计、内容记述、特色创新3个单项优秀。

（史锡伟）

【后记（节选）】

《高淳县志（1986—2005）》的编纂始于2006年6月，历经组织发动、收集资料、编写初稿（资料长编）、总纂合成、评审修订、终审验收六个阶段，历时四年半，至2010年底付梓面世。全志主体篇目34篇、2个专记，志首设《高淳史略》、大事记，后缀附录、索引、后记。

（一）

在《高淳县志（1986—2005）》的编纂工作中，我们始终坚持质量第一、时间服从质量的原则，把确保志书质量作为中心任务和头等大事贯穿于修志全过程。

在组织发动阶段，于2006年6月9日召开的全县修志动员大会上，县长印幸福明确提出良志的要求。会后经过深入发动和县志办及时督导，大多数承编单位很快做到领导、经费、机构、队伍、条件“五到位”。这就为志书顺利编纂提供了可靠保证。

在收集资料阶段，由于区划调整、机构撤并、企业改制和人员变更等原因，给一些单位资料收集带来困难，工作比较滞后。针对这种情况，我们特请县委、县政府领导出面，专门召开两次征集资料推进会。工业篇原来因机构撤并，任务难落实，会后相关单位联合成立编写组，共同承担编写任务。为解决在经济体制改革以后，由于管理体制的变化，有些资料已无单位可查的问题，我们把它作为工作的重点、难点，给予具体帮助。通过召开知情人座谈会、上门采访、深入重点企业调查等多种渠道广泛收集资料。

在编写初稿（资料长编）阶段，为进一步加强编纂业务指导，2007年5月成立县志总纂组，由具有一定修志经验和文字功底的四位退休干部组成，并由前志主编担任组长。同时，采取“抓两头、带中间”的方法，推进编写进度，提高初稿质量。我们先后在砖墙镇、县公安局等5个单位召开志稿评读会，吸收相关单位撰稿人参加，以会代训，进行业务辅导。对一些编写任务重、难度大、矛盾比较多的单位，则由县志顾问（原县政协主席）王来兴率相关人员，前往面对面协调和具体指导。

在总纂合成阶段，我们吸取前志经验，采用二级总纂法，做到分纂、总纂联手互动。分纂在总纂的指导下整合修改，总纂在分纂配合下把好“五关”（政治关、史实关、体例关、记述关、文风关）。并注意发挥总纂组的集体智慧，先按分工每人负责总纂一大块，即一轮总纂，同时总纂组成员之间交叉审读修改，即二轮总纂。如此，变原先一双眼睛为四双眼睛审读，集四人智慧于修改，从而起到了知识互补、能力互补的作用。在分纂、总纂的基础上，一笔统稿，搞好“三通”（通读、通审、通纂）。分纂和一轮二轮总纂都是以篇为单位进行的，都只是一个局部，全志要搞好三通，还必须有一人立足全志，驾驭全局，一笔统稿。唯有如此，方能使全志从内容到形式，从史实记载到文字表述，前后呼应、上下贯通、左右协调、有机联系而浑为一体。搞好“三通”，重点是搞好观点、体例、内容、记述、文风“五统一”，“众人修志如出一人之手”。

在评审修订阶段，自2009年10月中旬始，通过组织县志办人员自审、各承编单位联审、新老县领导抽审、专家会审，至12月底告一段落。在此期间，组织8次自审活动，召开11次联审会议，2009年12月12至13日在高淳宾馆召开了续修《高淳县志》征求意见稿评审会议，邀请的省内外14位专家学者全部莅会。评审中，普遍对志稿作了充分肯定和高度评价，同时提出修改和勘误意见4481条。这些修改意见特别是专家学者的意见，对志稿的编纂思想、理念提炼升华，亮点、长处发扬光大，缺陷、舛误得以纠正作用很大，这就为确保志书质量，提升志书品位，打造精品良志提供了条件。在梳理意见的基础上，县志办修志人员按“以我为主，择善而从”的原则，对评审意见进行分析消化。自2010年3月起，进入志稿修改阶段。首先制订修改方案，接着由各分纂按原来分工分头修改，再由总纂组组织通审、通改，最后由一人统稿、一人文字复核、一人数据审核，流水作业，一气呵成，形成183万字的终审稿，并于9月29日由南京市地方志办公室终审通过。

（二）

在志稿编纂实践中，我们着力在以下几个方面作了积极探索与追求。

一、正确理解“续志”，谋篇布局注重创新性

二轮编纂的《高淳县志》是1988年出版的《高淳县志》的续志。我们认为，志书的“续”仅是时间上的延续，而非内容上的完全对接。基于这样的理解，我们对志书的谋篇布局注重处理好两个方面的关系。首先，在横分门类上处理好续志的延续性与创新性的关系。前志采用中小篇结合的体式设28篇，续志以原名保留12篇，合并11篇为5篇，分解3篇扩至7篇，扩充2篇，即前志保留26篇。在延续前志的基础上，根据时代进步、县情变化的情况，在续志中新增8篇，即经济体制改革与开发开放、政治体制改革、“固城湖”螃蟹、民营造船水运业、建筑业、旅游业·高淳老街、精神文明建设、镇街概况。其次，在纵述史实上处理好续志的接续性与记事的相对完整性的关系。为整体反映基本县情，对前志中的建置区划、自然环境、历史文化和民俗民情等内容，续志作适当复载；为承接历史、补遗前志，续志专设《高淳史略》，时经事纬、贯通古今，分设章节、条目记述；为保持记事的连续性和发展阶段的完整性，各类事物的源头在各篇概述或记述实体中适当追溯，改革开放自中共十一届三中全会以后记事，全面建设小康社会、生态县建设两个专记，上限从实际出发，下限断至2008年。

二、突出时代特点，分章立目彰显时代性

“新时期最鲜明的特点是改革开放”。我们认为，改革开放是二轮修志记述的重点、要点，记述好了也是全志的最大亮点。改革是一场伟大的革命，是一个非常繁杂的系统工程。“凡事聚则显，散则隐”。我们记述改革采用大集中、小分散的方式，即对经济体制改革、政治体制改革分别设篇集中记述，而对财政、税务、金融、计划、价格等调控体制改革和教育、卫生等社会事业改革则在相关篇、章中设立节、目记述，加上“史略”中从宏观上对改革起点、发展、深化全过程的记述，就从宏观、中观、微观上形成全方位、多角度、多层次记述改革的格局。政治体制改革虽然相对比较滞后，但根据江泽民在中共十六大报告第五部分列举的政

治体制改革的九个方面志书还是有内容记述的。我们对此采取积极探索的态度，结合县情试选了民主政治建设、党政机关机构改革、事业单位机构改革、干部人事制度改革、司法体制改革、扩大基层民主等6个重点内容集中记述。为彰显时代特点，续志还专设自然资源、环境保护、土地人口、数据与多媒体、房地产、农业资源开发、市场建设、服务业、证券业、国有资产管理、精神文明建设、道德楷模等篇、章、节。

三、立足县情实际，内容安排凸现地方性

“地情是立志之本”。志书内容必须反映地方特色，追求个性。高淳县东部为丘陵山区，西部是水网圩区，易旱易涝。为反映这一地情特色，续志《水利篇》中既设“防洪排涝工程”，又设“蓄水保水工程”“引水提水工程”。建筑业是全县经济支柱产业之一，高淳县曾两度被省政府命名为“建筑之乡”。高淳的民营造船水运业有“中国民间造船水运第一县”美誉。“固城湖”螃蟹是全国第一个取得国家环保总局认证的有机螃蟹。由此，建筑业、民营造船水运业、“固城湖”螃蟹是高淳县三大特色经济，2005年全县农民人均收入6226元，其中来自这三业的即达4615.7元，占74.2%，故志书将其升格分别设篇。造船、水运本不属一类，由于高淳县西部历史上为“三湖”环抱，民间素有造船运输的传统，造船为水运，水运必造船，两者密不可分，至今两者亦未分离，故将造船水运合为一篇。高淳历史悠久、风景优美，旅游资源丰富，近十年来旅游业发展很快，为高淳后发崛起的新兴产业。志书突出了旅游业，并将有“金陵第一古街”之称的“高淳老街”升格与之并列设立“旅游业·高淳老街”篇。篇目的升格，按形式逻辑是打破了志书的结构与层次，但是内容决定形式，形式要为内容服务，“升格”是对事物辩证思维的结果。辩证法认为，主要矛盾和矛盾的主要方面决定事物的性质，三者“升格”是符合辩证逻辑规律的。高淳县全面建设小康社会，已经省统计局等三部门发文确认：2008年，高淳县“全面小康指标整体达标，核心指标全部达到和超过目标值”；高淳县生态建设，在先后建成省级生态农业县、国家级生态示范区的基础上，建设国家级生态县，2008年国家级生态县建设5项基本条件和22项指标已全部达标，等待国家验收。据此，志书设立了《高淳县全面建设小康社会纪略》《高淳县生态建设纪略》两个专记。高淳县文化底蕴深厚，民风淳朴，志书除在文化·体育篇中设立“艺文”“非物质文化遗产”“民间体育”等章节外，还在社会生活篇中设了民性民风章。高淳方言复杂难懂，尽管前志已作详尽记述，但随着人口构成的变化、人口流动量的增加和普通话的大力推广，方言在近20多年中也发生了显著变化。为此，续志仍然将方言立篇记述。

四、广度深度并重，记述事物强化深刻性

志书是“百科全书”，记述事物没有广度便谈不上深度，仅有广度没有深度也会大大影响志书质量。在这方面除常规性的要求外，我们刻意从三个方面作了探索：一是在志首《高淳史略》中对前志拾遗补漏。首轮修志受“详今略古”“三宜三不宜”思想影响，对古代资料挖掘使用不够，对近现代资料特别是民国时期政治、经济方面的资料使用尤为不够，对新中国成立后历次政治运动和两次重大失误的记述更是心有余悸，甚至有意回避。对此，我们原想在《附录》“前志补遗勘误”中补遗，由于面广量大，补不胜补，于是决定专设《高淳史略》，一方面承接历史，理清历史发展脉络，一方面

对前志进行系统补遗。《高淳史略》既要全面覆盖历史，记述历史重大事件、地域文化光辉点、古今县情亮点，又要体现历史发展轨迹，反映社会发展规律，难度很大，不全面系统收集资料，不站在纵观历史长河的高度，没有历史学家的睿智是难以成就的。我们智力不够，编写提纲和古代高淳、近现代高淳两部分的初稿还请省内十多名方志专家进行审阅和修订。二是拓展各种体裁表述的空间和范围。志书增加“附”“考”“简介”等体裁，增强资料性，强化深刻性。其作用：(1)佐证。针对嘉靖《高淳县志》在“建置”“县名”两目下，对高淳建县时间有明弘治四年、五年二说，前志在“建置”中采弘治四年之说，对此存有异议的状况，续志在《政区环境·建置区划·建置沿革》下，附童维生文《高淳建县时间考》；为证明胥溪河不是《禹贡》三江之一的中江，而是人工运河，续志在《政区环境·自然环境·水文》下，附水利史专家汪家伦等文《胥溪河是人工开凿的运河》。(2)备考。在《文化体育·文物古迹与非物质文化遗产·文物古迹》下，附南京市文化局等单位文《薛城遗址的发现及初步认识》，薛兴祥文《古固城考》。(3)存史。在《医疗卫生·卫生保健与疫病防治·传染病防治与地方病防治》下，附《抗击非典型肺炎纪实》。(4)深化内容。为深化志文“农村居民年均人收入并不代表大多数”的记述，在《社会生活·人民生活·收入水平》下，附吴志清专题调查“农民收入差距知多大——高淳县农民收入调查和思考”。三是增加个体记述。企业是社会经济活动的主体。志书在经济部类中简介的企业，工业有上市公司南京红太阳股份有限公司、江苏高淳陶瓷股份有限公司和南京红宝丽股份有限公司等13个，造船水运业有南京武家嘴船舶制造有限公司及其集装箱运输有限责任公司等9个，建筑业有6个，商贸业有6个，旅游业有9个。其他部类有的也设了“单位简介”。这样，既有面上情况的综述，又有点上记述，点面结合，加强了记述的深度。

【志评】

着力五个注重　打造精品良志

——《高淳县志(1986—2005)》编纂特色评析

陈　华

高淳，位于江苏省西南隅，面积800多平方公里，人口40多万，为全国百强县，以“地高民朴”闻世。这里有编修县志的传统，历史上曾经8次编修县志。新中国成立后，该县又较早地完成了首轮社会主义新方志，并于1993年获得全国新编地方志优秀成果二等奖。《高淳县志(1986—2005)》采用中篇结构章节体的形式，共设34篇。此外，志首设有《高淳史略》《大事记》，志后殿以《专记》《附录》和《索引》。该志图文并茂，装帧精美，堪称佳志。该志的编纂特色主要体现在以下五个方面。

一、注重反映时代特点、地方特色

地方志要体现时代特点和地方特色已是学界共识，无须笔者赘言。那么，《高淳县志(1986—2005)》在哪些方面具体体现了特点特色呢?

其一，该志的篇目设计充分反映地方特色。地方志是地情的记录，而地情又是有鲜明个性和特色的。如何了解和把握一地的基本特色，并充分反映到志书中特别是篇目中，追求个性，避免“千志一面”，是各地编纂者着重思考和解决的问题。《高淳县志（1986—2005）》的编纂者们显然在地情方面做了许多调查研究，对于自身特色有了充分的了解，并体现在篇目设计中。比如，该县境内水系发达，江湖河沟贯通，民间素有造船运输的传统，有“中国民间造船水运第一县”的美誉。据志书记载，2005年，该县农民人均收入的1/5强来自造船水运业。依靠造船水运业发展起来的武家嘴村，被费孝通先生誉为“中国民间造船水运第一村”。又如，该县水域资源丰富，总面积235.3平方公里，占全县总面积的近1/3，其中湖泊有固城湖、石臼湖。从20世纪90年代初开始，该县即利用丰富的水面资源进行螃蟹养殖，到2005年，养殖面积发展到20.5万亩，总产量7750吨，农民人均收入的1/8来自该产业。其中“固城湖”螃蟹已成为知名品牌，并形成四个第一。以螃蟹养殖为主的水产养殖业的快速发展，成为该县农业增效、农民增收的重要产业。此外，建筑业是该县的支柱产业，曾两度被省政府命名为“建筑之乡”。2005年全县农民人均收入6226元，其中来自这三产业的即达4615.7元，占74.2%。由此，造船水运业、水产（螃蟹）养殖业、建筑业三大支柱产业形成了该县的特色经济。为此，该志将此三产业分别升格设篇，既在情理之中，又彰显特色。该县历史悠久，风景优美，旅游资源丰富，近10年来旅游业已发展成为当地的新兴产业。高淳老街雏形于宋代，繁华于明清，是该县政治、经济、文化中心，原长1135米，现尚存800余米，是省级文物保护单位，被费孝通先生誉为“金陵第一古街”。该街经过多年修缮保护，已成为与安徽屯溪老街齐名的全国保存最好的一对“姐妹街”，老街风景区被国家旅游局评为AAA级景区。为此，志书将其升格与旅游业并列设为旅游业·高淳老街篇，使读者一目了然老街是高淳旅游业的特色，是高淳的地方名片。

其二，该志的篇目设计充分体现时代特点。任何志书不仅是地情的记录，更是特定时代背景下的地情记录，所以必然会体现出时代精神，烙下时代的印记。因此，反映时代特点也是第二轮志书编纂者们肩负的使命。第二轮修志的时限基本是从20世纪80年代改革开放初期至21世纪初的20年（有的志书上下限干脆设在1978—2008年，以更全面完整地记载改革开放30年的历程），这段历史时期最鲜明的特点就是改革开放。因此，改革开放是第二轮修志记述的要点、重点，记述好改革也是第二轮志书的一大亮点。该志不仅集中设置经济体制改革与开放开发篇、政治体制改革篇，而且还为体现时代精神，根据该县20年的发展情况增设一些新的篇、章、节，如精神文明创建篇、市场建设章、生态保护与建设节、数据与多媒体节、生态农业建设与农业现代化示范工程节、农产品质量安全保障体系建设节，等等。目前，志界对改革开放内容的篇目设置主要有大集中、大集中与小分散、分散记三种。《高淳县志（1986—2005）》为更好地突出改革开放这个时代特点，根据实际情况采用大集中与小分散的记述方法，既将经济体制与开放开发、政治体制改革分别设篇集中记述，又把财政、税务、金融、计划、价格等调控和教育、卫生等社会事业方面的具体改革放在相关篇章记述。有聚有分，既突出特点，又便于操作，相得益彰。此法非常可取。据笔者粗略统计，目前已经出版的志书约有一半以上是采用这种方法记述改革开放的，而且笔者相信，今后会有越来越多的志书会采用这种方法。

其三，志首照片的编排也比较好地反映地

方特色。该志为了加深读者对该县地方特色的直观了解，在照片的编排上也颇具匠心。比如，为了体现该县的历史悠久，志首彩页第一部分就是《文明古邑》，两个版面共有《濑渚邑——固城遗址》、《汉校官之碑》、嘉靖《高淳县志》（书影），以及原载于嘉靖《高淳县志》的一幅高淳县古图。又如，生态农业的发展是该县作为一个农业县的特色和亮点，所以，该志设置生态农业专版，共有3个版面，有《青山双低油菜生产基地》《定埠有机大米生产基地》《桥李千亩有机茶种植基地》等11幅反映生态农业的照片。再如，建筑业、造船水运业、水产养殖业是该县的经济特色，照片中分别设这三大支柱产业的专版共4个版面15幅照片。此外，为体现该县旅游特色，设置旅游观光专版，其中有景点2个版面7幅照片，佳肴和手工艺品各1个版面共16幅照片。

在志书中，篇目和照片都是最直观明了反映一地特色的有效载体，可以说，《高淳县志（1986—2005）》都很好地利用到了。

二、注重继承创新

《高淳县志（1986—2005）》继承创新方面最突出的表现在以下两个方面：

一是以史略代替传统的概述。概述的由来，最早始于民国期间黄炎培主编的《川沙县志》。该县志在每志之前都设有概述一篇，其用意在于"简略说明本志内容之大要"，使读者"读概述后进而济鉴全文，其繁者可以用志不纷，其简者亦将推阐焉而有得，或竟不读全文而大致了了"。自此以后，概述作为一种志书体裁渐为志界采用，并从宏观取材，以高屋建瓴之势把概述从编前移向志首，对一地之自然地理、历史发展和各项成就进行概而述之，名称一般用总述或综述。由于受体裁的限制，概述一般采用分志浓缩式（也称板块拼盘式）、特点勾勒式、总体论述式（也称策论式）以及综合上述几种写法的综合写作式等几种体式。几种方法各有利弊。分志浓缩式的写法相对简易，但容易面面俱到，重点内容以及地方特点不易显现，且易与编章无题序重复。此种体式有被逐渐弃用之势。特点勾勒式是在分志浓缩式的基础上发展而来，更强调突出地方特点或特色。这种体式的优点是能给读者留下深刻的印象，过目难忘。目前此种体式使用者较多，但对编纂者的要求较高，要对一地的特点准确把握，提炼到位，否则容易引起争议。总体论述式的优点是高屋建瓴，夹叙夹议，言简意赅，对读者有较强的启示作用。但是其归纳难度较大，叙议结合中议论的把握也不好控制，对编者要求较高，因此，敢于或善于使用者并不多。综合式的写作模式能起到一定的扬长避短的效果，但给人感觉是主体性不强，每种体式都是浅尝辄止。上述各种体式皆因志而生，重于横分，过于注重事物的局部，且或多或少与编章无题序重复，缺乏纵向的大势大略感，缺少对一地的历史发展脉络的了解。有鉴于此，首轮修志江苏省《淮阴市志》（淮阴即今淮安）首创用史略代替概述，其写作模式是采取史体的写作方法，将历史时期划分为若干阶段，分时段进行纵述，夹叙夹议，史论结合。由于这种写法对写作的要求较高，比较难于把握，敢于使用者寥寥。第二轮修志，就笔者了解的情况而言，除《高淳县志（1986—2005）》外，还别无他志。该志史略分为引言和古代高淳、近现代高淳、当代高淳三章，8万余字。对于史略的作用，《淮安市志》主编荀德麟指出："通过对全局发展有重大影响事件的评述，有助于读者把握地情的整体特色，有助于当政者从整体特色出发，得到有益的资政启示，有助于志书以史之长，补志之短。”而对于续志而言，史略式的写作体裁，则更有助于读者对地情的全面了解和整体把握。一县之域，较少编史。《高淳县志（1986—2005）》的编纂者于修志之际，成一县简史，史志合一，相得益彰，功莫大焉。但学界也有人认为史略式的缺点是史体，容易忽略事物的局部，在全貌上反映有所不足。对此，笔者不敢苟同。首先，作为体裁，史体与志体没有本质上的区别，都是记录历史、记载地（国）情的载体。其次，史略不仅能反映轨迹，也能反映全貌，比如《高淳史略》的第三章当代高淳的后三节内容——开创中国特色社会主义建设新局面、加快改革开放和现代化建设步伐、在和谐的道路上奔小康，基本是续志时限内该县经济社会发展的概貌，就相当于志书的综述、总述。再次，学科之间互相取长补短，“以史之长，补志之短”，更加有利于方志的学科发展。

二是做到“述而精作”。述而不作是志书编修的传统原则，首轮修志也强调“寓观点于资料之中”，即使要分析议论，也只能在概述和无题序中体现。因此，读者看到的一般只是是什么，而不知道为什么，缺乏记述深度。针对志书述而不作的弊端，学界提出了“述而有作”“述而精作”的理论，也有将这些理论付诸修志实践的案例，《高淳县志（1986—2005）》即是其中之一。比如，该志在史略中采用史体的写作模式，夹叙夹议，史论结合。“明正德七年（1512年），苏常水患……且赋额不减，民不堪负，人口大减，经济社会事业一蹶不振。直至清代康雍二朝改革赋税，奖励垦殖，人民负担减轻，农田增加，加之镇市经济的恢复和发展，高淳经济社会方得以复苏。至乾嘉年间（1736—1820年）人口骤增，经济社会已呈兴旺景象。”又如该志在土地、人口篇的概述中有这样分析：“全县土地管理，1988年前为多头分散管理体制，形成各自为政、政出多门的局面，一度出现乱占滥用、浪费土地的现象。1957—1987年的30年中，全县耕地减少4013.34公顷，平均每年减少133.34余公顷，加之人口的增长，人均耕地亦由0.12公顷降至0.08公顷。”诸如此类的分析议论几乎每篇概述中都有。除在史略和各篇概述中做到有叙有议，史论结合外，该志还表现为在正文中做客观地分析性记述，时有画龙点睛之笔。例如，记述境内民族人口增加的主要原因是“婚姻迁入”，全县出生人口男女性别比略呈扩大趋势的原因是“这与传统的重男轻女思想、滥用医学技术进行人为的性别选择有关”，等等。此类写明原因、理清因果关系的分析性记述，在其他如种植业、水产业中也有使用。对事物变化作分析性记述，使志书的深度和著述性得到增强。

“述而有作”的意义在于展示了深度的历史。对一些主要状况、重大变化做实事求是的客观分析（并不是凡事都做分析性记述），本身也是一种记述，是对历史的客观反映。地方志要有效发挥资治功用和对大众的普遍启迪作用，写出“为什么”是非常必要的。地方志总的来说是一种记述性文体，不主张空发议论，但采用记述体，并不表明只能记“是什么”，而不能写“为什么”。恰恰是那些写“为什么”式的分析性记述，可以帮助我们理解历史发展的动因和走向，尤其是第二轮修志所记述的时段是中国社会结构发生大转型的时代，社会运行中的矛盾以及社会价值观念非常复杂，准确地把握这个时代就要求我们的方志编纂者必须要有基本的分析判断。

三、注重内容衔接

续修志书的一个弊端就是事物的记述没有

源头，完整性相对缺失，给读者阅读和理解带来不便。续志如何做到与前志衔接，保持事物的相对完整性，是第二轮修志理论探索的一个课题，各地也都有实践，做法各有不同。《高淳县志（1986—2005）》的做法是其中比较好的一种。一是该志通过述体这种体裁，比较系统完整地记述事物。该志除史略自古至今进行叙述外，篇下概述也根据事物发展的具体情况适当追溯，以图比较完整反映事物的发展脉络。比如，政区·环境篇的概述从距今6000～6300年的新石器时代写起；交通、邮电、供电、工业等篇的概述从解放前后开始叙述，等等。二是该志在条目记述时，对于该志上限（1986年）之前的事物，一般从新中国成立后开始作简要叙述（之所以一般从新中国成立后记起，可能是因为便于一个时代的完整性）。文字不多，但能反映发展变化的基本情况。做法比较典型的如教育篇，每个条目的记述都作了简要追溯。如记幼儿园布局调整，“解放前，高淳县没有幼儿园。1952年，县城区小学、东坝小学首开幼儿教育之先河。当年秋季各自附设1个幼儿班，配备1名教养员，入园幼儿共72人。此后，特别是中共十一届三中全会后，幼儿教育稳步发展。至1985年，全县有幼儿园233所，一般为一园一班，共270个班，教职工296人，入园幼儿7705人，适龄幼儿入园率54.7%”。又如，农业篇在记述粮食作物时这样写道：“解放前，由于耕作技术落后，品种低劣，肥料不足，农机具简陋，加之自然灾害频发，水稻亩产一般在120公斤～150公斤，三麦亩产40公斤左右。解放后，特别是实行家庭联产承包责任制后，农民的生产积极性高涨，粮食生产得到快速发展，产量逐年提高。1986年……亩产350公斤。”三是对于组织机构、医院学校、厂矿企业等个体事物从其成立之日起写起，并简要记述1986年前的发展变化，以保证事物的完整性。比如，记县公安局：“1949年6月10日，县公安局成立，‘文化大革命’开始后，由中国人民解放军高淳县公检法军事管制委员会统一行使公安司法机关的职权。1973年12月5日，恢复公安局建制。1985年，县公安局内设机构17个，干警在编人数123名（不含武警编制人员）。1986年……”在对于事物的记述，先作适当追溯，接着再写1986年以后的具体发展变化情况，这种写法保证了记述事物的完整性、连贯性，同时便于读者对事物发展的理解。

四、注重秉笔直书

志书具有资治的功能，因此，唯有坚持实事求是的精神，秉笔直书，既记成绩和经验，也记问题和不足，才能更有效地发挥其作用。《高淳县志（1986—2005）》在这方面有所尝试。比如，该志在记述乡镇环境设施建设时写道：“高淳县农村集镇原来对环境设施建设重视不够。……桠溪镇政府所在地由于地势低洼，加上河道淤积变浅，排水功能减弱，若连续降雨150毫米以上，集镇街道便一片汪洋，居民叫苦不迭。”“定埠镇政府所在地只有沿河一条街，街道高低不平，道旁露天粪坑臭气扑鼻。”在河道治理文中写道：“经历次疏浚，虽使运粮河的状况有所改善，但因事涉邻省邻县协作，航运、引水问题未能根本解决。”在记述乡镇机构改革的原因时写道：“机构臃肿、人浮于事、办事效率低下，财政经济困难日益成为农村经济社会事业发展的制约因素。”在记到县内由于耕地面积减少，粮食总产下降的情况时写道：“而且这种下降的趋势仍在继续，这不能不令人担忧。”在乡镇农技体制改革中写道：“农技体制改革虽然达到了机构重组、人员精减的目标，但由于农业服务中心农技人员的活动经费和工资仍依靠服务收入解决，而服务收入又很不稳定。因此，既影响了科技活动的开展，也挫伤了科技人员的积极性。加上农业服务中心的公益性职能与经营性职能划分不清，农技人员在履行农技推广等公益性职能的同时，亦要为维持自身利益而从事农资经营等其他经营性活动，这种状况，直接影响了科技服务工作的正常开展。”

实事求是，坚持秉笔直书，是我国优良的史学传统，历史上曾经出现了许多具有“史鱼之直”的史家，为后人留下了宝贵的精神财富。志与史一样是历史的记录，志者和史家同样也需要有“史鱼之直”的精神，实事求是，秉笔直书。然而，可能是由于官修体制的缘故，或是编者自身认识的原因，目前真正能做到这点的为数不多。即使能做到的，也是在某些无关大局的地方点到为止，一般不会触及“深水区”，唯恐产生“不良后果”。志界离真正的秉笔直书还有不小的距离，还需要假以时日。这也许是整个志界所期待的。

五、注重人文特色

如何突出人文特色，使志书更具有地方性和可读性，也是第二轮修志的着力点。总的来说，《高淳县志（1986—2005）》的人文色彩比较浓郁，比如史略中古代文明，建置沿革中的建县时间考，人口中的婚姻家庭，“固城湖”螃蟹中的蟹食文化，旅游业中高淳老街等人文旅游资源，文化中的文学艺术、艺文、文物古迹与非物质文化遗产，社会生活中的民性民风、姓氏宗谱、宗教，以及方言，等等。在诸多人文内容中，笔者觉得其中的方言和民性难能可贵，可圈可点。

首先谈谈关于方言的记述。续修志书要不要记载方言，学界有两种观点：一种是认为基本没有变化，不必再记。另一种则认为20多年间方言发生了变化，应该记。即使没有变化，类似方言这类基础地情，也应该有所反映。而《高淳县志（1986—2005）》的方言，则在前志的基础上重新组织专家进行方言调查，撰写成方言篇，重点记述20年来该县方言的发展变化。该篇设四章：第一章高淳语言生活现状，包括不同场合语言使用状况，语言习得，语言能力，语言态度等；第二章语音变化，主要记述高淳方言语音发生的变化和目前的状况；第三章词汇、语法，主要记述词汇语法目前的使用状况，包括一些新词的使用，以及交际语言、礼貌语言发生的变化；第四章谣谚与歇后语，则是对前志作必要的补充。通过这次方言调查显示，历经20多年，由于人口的大量流动以及经济社会发生的巨大变化，加之普通话的不断推广，方言也发生了变化。20多年前，该县可以说普通话的人并不很多，说流利而标准普通话的人更少，绝大多数高淳人依靠方言进行交际。而如今在高淳街头，满耳可以听到字正腔圆的普通话，连在街头设摊卖货的大爷大妈都可以用不太标准的普通话给买家介绍货物，讨价还价。据调查，目前该县至少流行四种不同的说话方式：第一种是原腔原调的高淳方言；第二种是加了一些普通话特点的高淳话，高淳人戏称为“高普”，即高淳普通话；第三种是不太标准的普通话，也就是带有高淳方言腔的普通话；第四种是说的比较好的普通话。许多高淳人都掌握了其中的两三种说话方式，根据不同的交际需要，自如地使用其中适合听话人的一种。

高淳方言属古吴语，与现代吴语在语音、词汇和语法方面存在着明显的差异，即便同是高淳方言，内部也有较大区别。据初步考证，早在6300多年前的新石器时代，这里土生土长的高淳人就开始用原始的高淳方言交流，至今这里还流传着不少唐音。目前学界普遍认为，高淳古方言应归于吴语系，但因为其较完整地保留了中古时代的发音，属于古吴语，在全国方言里独此一家。高淳土话发音轻，语速快，多用浊音，即嘴唇轻动而气流从鼻腔发出，素有“语言活化石”的美称。此外，高淳土话从古至今一直无法书写，也缺乏音标体系，只靠当地人口口相传流传至今。语言专家表示，高淳古方言历经4000年绵延不绝，较好地保留了中古时代的发音，非常珍贵和难得。然而在时代变迁中，这一独特的语言与许多传统文化一样，正日渐萎缩甚至消亡。据高淳县世界非物质文化遗产申报领导小组办公室袁家旺调查显示，高淳方言随着会讲正宗高淳土话的老人逐渐离世，最多还有20年，原汁原味的高淳土话就将销声匿迹了。因此，《高淳县志（1986—2005）》设方言篇显得尤为珍贵。方言发生了变化，作为“一方之全史”的志书，理所当然要记载这一变化，这样才能记录社会的全貌。但是，据笔者了解，至少有一半以上的续修志书没有方言的内容，有的即使记载了，也基本是前志的复载而已，实质是志书的一项重大缺漏。续修志书设方言篇，不仅是志书内容的需要，更是文化传承的需要、科学研究的需要。这一点应该引起尚未出版志书的地方的重视。

再谈谈关于民性的记述。“民性是某一特定区域的人们在相同或相近的自然环境、社会环境下，通过长期的、反复的生产、生活实践，逐步形成的一种特有的社会心理现象。它是特定区域内人们行为方式和思维方式所体现出来的精神面貌、价值观念、理想信念与性格特征的复合体，是做人处事时一种特有的生活态度，是区域内民众共同体全体成员意识深处的一种心理状态，是积淀在传统文化中最深层的内容，直接地决定着区域文化的整体特征和价值取向。”“开展对于民性的研究，努力认识人们在长期实践和社会生活中形成的优良品质、传统和作风，以便人们更加自觉地将这些品质、传统、作风传承下去，弘扬开来，同时将那些落后于时代，不适应现代社会要求的惰性因素展示出来，以便于人们认识其本质，看清其危害，并最终摒弃它们，不断提高国民的自身素质，是社会发展的需要，同时也是摆在区域文化研究工作者面前的一个迫切任务。”民性是某一特定区域民众的一种社会心理现象，具有鲜明的地方性，而且开展民性研究具有很好的教化作用，因此，应该是志书记载的必要的、很好的内容。然而，极少有志书记载此内容，《高淳县志（1986—2005）》是笔者到目前为止在省内所仅见的记载民性的志书。该志在社会生活篇中设民性民风章，第一节记载民性，2000余字。文字虽然不多，但对于当地民性形成的自然环境、社会因素以及民性特点都有记述。“高淳地处江南水乡。……山水相依，环境优美。生活在这里的居民，长年沐浴在幽美、灵动、空蒙博大的自然环境中，心境平和开朗，性情淳厚朴实”“居民历来讲孝义，尚勤俭，重廉耻”“高淳人民历来崇武尚文”“信佛信道之风自古盛行”“居民长期囿于自给自足的小农经济环境，向以温饱为满足”。民性记载既记传承也写变化。“解放后，特别是改革开放以来，交通日益发达，网络联系更为便捷。源源不断的信息输入，令勤劳智慧的高淳人心胸为之敞开，视野拓宽。人们纷纷跨出县门，去外地打工、经商，开创自己的事业。年轻人一批批漂洋过海，去国外求学创业，取得优异成绩。

昔日封闭保守的藩篱，正在被开拓创新、敢为人先的改革大潮所冲垮。”《高淳县志（1986—2005）》对于民性的记述目前还是个案，笔者希望今后能有越来越多的志书记载当地的民性，供学者研究，供当政者资政，启迪民众，充分发挥志书的存史、资治、教化的作用。

编纂志书，是一项在编纂理论和实践经验指导下的以基本地情为研究和记录对象的学术活动。《高淳县志（1986—2005）》的编纂者们以地情研究为基础，边编纂，边研究，边思考。同时，他们也吸收学界最新理论成果，用以指导修志实践，真正做到理论与实践结合，研究与编纂结合。《高淳县志（1986—2005）》的“五个注重”，不仅是该志的编纂特色，也是编者编纂思想的体现，以及将研究成果落实到实践中的具体表现。诸多实践表明，只有把修志当成一门学问去做，重视研究，才能修好志书，才能修出精品良志。

（原文刊载于《中国地方志》2011年第10期）

《高淳县志（1986—2005）》人文特色浅析

缪小咏

首轮新方志编修基本完成后，不少人提出，新志纠正旧志“重人文轻经济”的偏向，但矫枉过正，人文的内容过于薄弱，过犹不及，成了新的偏向。进入新世纪以来，我国经济和社会建设快速发展，思想活跃，社会转型，经济全球化，同时，也带来了大量的社会问题，产生了道德和信仰的许多新思考。人们在物质生活得到满足的基础上，更关注精神的需求，呼唤人文的回归。人们需要重新审视文化的价值，重新充实精神的家园。地方志作为传统的地方人文精神基础读物，理所当然要担起这个重担。因为，地方志所记的是某一方土地上的人的活动，属于人文学科，不是自然学科。在地方志中，人和自然、文化和经济、精神和物质，应该有合理的安排。在第二轮修志中，修志工作者通过反思普遍认为，地方志记人文与记经济同样重要，两者不可偏废。“志书其实就是人文之作。”在第二轮修志的实践中，各地对增加人文色彩进行了有益的探索。最近出版的《高淳县志（1986—2005）》就是其中比较出色的一种。

一、对体裁篇目进行革新增益，增加了人文内容的表现形式

与首轮《高淳县志》相比，《高淳县志（1986—2005）》新增了史略、随文附等体裁，拓展了人文内容表现的空间和范围。该志用《高淳史略》取代前志的《概述》，“一方面承接历史，理清历史发展的脉络，一方面对前志进行系统补遗”。编者选择若干影响本地发展的重大事件，以及地域文化的亮点，一事一目，既抓住历史发展主线，揭示社会主要矛盾，发挥史体纵横贯穿彰明因果的作用，又突出当地历史文化和人文传统等方面的光辉点。一般来说，概述着重空间和面上的记述，而史略注重时间和大事的记载。史略来源于传统史书的纪事本末体。地方志采用这种体裁，增加了著述性和人文色彩。续志与前志相比，还增加了十多个“随文附”，或随章后，或随节后，形式有考、纪略、简介、调查报告等多种体裁，不拘一格。作者在后记中总结了“附”的作用是“增强资料性，强化深刻性”。如《高淳建县时间考》《胥溪河是人工开凿的运河》这两个“附”起佐证作用；《薛城遗址的发现及初步认识》《古固城考》起备考作用；《抗击非典型肺炎纪

实》起存史作用；《农民收入差距知多大——高淳县农民收入调查和思考》起深化有关内容的作用等。这些“附”文紧贴在各个部类不同章节之中，内容大多是人文方面的，为政治、经济等部类增添了鲜活、可读的材料。续志在人文方面增益的大篇还有精神文明建设、旅游业·高淳老街、经济体制改革和开发开放、政治体制改革等几类。此外，方言篇充实了该学科新成就的内涵；社会生活篇增加了难度较大富有创造精神的“民性”一节，凡此种种，虽然只有数千数百字，但都凝聚了编写者可贵的尝试努力。

二、对资料进行深度挖掘，增添了人文内容的丰富内涵

精神文明建设篇内容充实，重点突出。全篇共3章9节，其中道德楷模章有5节，占全篇的大半篇幅，节下的条目基本上是一人一事，简洁的标题点明主题，如《把婆婆当亲妈的陈来娣》《卖房救弟的孔长云》，等等。这些事情的主人公大都是平民百姓，而且大都在世，因而不够入传的资格；但以新人新事这种形式进入志书，使志书增加了人物的分量，而且记述生动，文笔活泼，事迹平凡感人，富有生气，有很大的教化作用。

《高淳县志（1986—2005）》在民性民风章中设民性节，这是笔者在众多方志中所仅见的。在新方志的理论探讨中，曾有人认为方志要写思想意识、精神世界，但因为难度比较大，还没有看到有人实践过。中国古代传统文化对民风民性一向十分重视，古人云“入境而问禁，入国而问俗，入门而问讳”。又有学者说“因人见风俗，入境闻方言”。在旧志中，常有民性的描述，但往往笼统而简略，诸如“民性剽悍”“民风淳朴”之类。民性节分析了高淳民性与自然环境的关系：“高淳地处江南水乡。东部低山蜿蜒，树木葱茏，西部湖泊环连，河汉纵横。山水相依，环境幽美，生活在这里的居民，长年沐浴在幽美、灵动、空蒙博大的自然环境之中，心境平和开朗，性情淳厚朴实。”还列举了高淳民情的种种特点，如讲孝义、尚勤俭、重廉耻等。并提出春秋战国的吴韵楚风，以及西汉末、南北朝、南宋时士大夫阶层南迁给当地民情的孕育产生的影响。续志对民性的分析没有简单化、表面化，对民情的弱点也作了辩证的分析：“居民长期囿于自给自足的小农经济环境，一向以温饱为满足。”这些论述对人和自然环境的感应关系作了分析，体现了对人性的尊重和宽容，比较全面得体。

该志的人物传共收录21人，包括书画家、名医、教师、工程师、劳模、木匠等，也有一些基层干部。其中篇幅最长的是一位教师，记述中有许多生动细致的细节描写，使事迹更加感人。这种以平民大众为记述对象的理念，突破了传统官修史志偏重上层人物的束缚，闪烁着灿烂的人文光芒。人物篇中有一份劳模先进人物表，栏目中不仅有常规的性别、出生年月、工作单位、荣誉授予单位、获奖时间等内容，还有主要事迹介绍一项，如孔令俊的事迹是“积极探索教改新路，建立健全乡、片、校三级教改网络，提高教学质量。凤山乡成为全县第一个普及初等教育先进乡。”记述文字简明扼要，比较具体，读后使人产生见贤思齐的效果。

该志的方言篇有一些特别值得一提的做法。各地的首轮地方志中，大都按方言的三个要素，记载了该地的语音、语法、词汇三方面的资料。但语音、语法在二三十年中不会有什么变化，词汇也不会新增多少。因此，不少修志者认为，续志中似可不必再有方言这一章节。

《高淳县志（1986—2005）》编纂者却不以为然，他们通过调查研究，发现高淳人民的语言，在二三十年间有了很大的变化。在这段时间里，经济发展，对外开放，外来人口增加，人口流动频繁，旅游活跃，语言的使用也随之发生了巨大变化。“20多年前，高淳可以说普通话的人并不很多，说流利标准普通话的人更少，绝大多数高淳人依靠方言进行交流。如今在高淳街头，满耳可以听到字正腔圆的普通话，连在街头设摊卖货的大爷大妈，都可以用不太标准的普通话和买家介绍货物，讨价还价，达成交易。”这就是说，普通话已经不单是教学语言，而且扩展到了公务、商务、社交的各个领域。这种变化，正是地方志应该捕捉和反映的。因此，《高淳县志（1986—2005）》不单保留了方言这一篇，而且在设章立目上也有了创新。方言篇分为4章：第一章，反映高淳语言生活现状，包括不同场合语言使用状况、语言习得、语言能力、语言态度等；第二章，记述高淳方言语音的变化和现状；第三章，调查讨论词汇、语法的目前使用状况；第四章，对前志中谣谚、歇后语等作补充。

方言的撰写，是南京大学中文系博士点的科研成果，前志由鲍明炜教授负责，续志由他的博士生负责。方志中的方言篇是他们博士论文的浓缩和通俗版。这种文化的传承、学术的赓续是中华文明人文血脉源远流长的写照，也是方志生命力的活水源头。

在丰富人文内容方面，续志还传承了旧志的一些传统门目。如补记了前志所没有的世族、宗谱之类。名门世家一目，列举了梁氏骨伤科世家，始祖梁兴禄从摆地摊起家，后来成为当地名医，其子孙有十多人从医，造福乡里。潘氏教育世家，20余人教书育人，桃李满园。宗谱一节列举了现存的宗谱13种、宗谱目录21种，所述名门望族，或簪缨相继，有仕宦政绩；或文人辈出，著作传世；或积善行德，造福乡梓。宗族世家文化是中华人文传统的重要组成部分，对今人有激励警戒的积极作用，家学、家教、家训都是我国的优良传统，一些优秀的品德、精湛技艺往往靠家族系统传承，所以，名门世家不能一概否定，应该成为地方志发挥教化作用、增加人文色彩的有机组成部分。

续志在人文内容的记述上，虽然作了许多增益，但全书中人文内容所占的比例还是比较低的。旧志内容有“半人物”之说，人物和艺文要占全书的一半篇幅。续志全书约220万字，大事记、史略、文化、社会和人物等人文方面的内容约70万字，三分之一不到。续志比前志140万字增加了80万字，但增加最多的还是政治和经济部类。前志政治部类16.2万字，续志35.2万字；前志经济部类44万字，续志82万字，增加都在一倍左右，而且所记的具体内容中，“以事系人”未能充分体现，人文气息不够。在文化和社会等部类还缺少一些细节和鲜活的资料，如口述材料、个案分析、典型调查等。

马克思、恩格斯在《神圣的家族》中曾指出：“历史不过是追求着自己目的的人的活动而已。”一部好的地方志，必定是突出人的主体地位的人文之作，贯穿在全书中的红线，应该是人的精神、人的活动、人的创造，这是志书的灵魂。以人为本是中国共产党和全国人民要贯彻落实的理念和一切工作的出发点，也是修志工作者必须秉持的指导思想。打造地方志人文之作的探索之路，还将继续下去。

（原文刊载于《中国地方志》2011年第10期）

无锡市

1980年12月，江苏省第一个市级地方志编纂委员会——无锡市地方志编纂委员会成立，开始推动《无锡市志》《无锡县志》的编纂工作。1981年，无锡市崇安区志编纂委员会成立，为全国最早成立区志编委会的两个单位之一。《崇安区志》《南长区志》等区志编纂工作相继开展。至1995年，全市共出版和内部刊印市县两级综合志书8部，总字数1266万字。其中，市级志书1部：《无锡市志》；县（市、区）级志书7部：《江阴市志》《无锡县志》《宜兴县志》《南长区志》《崇安区志》（内部刊印）《北塘区志》（内部刊印）《无锡市郊区志》（内部刊印）。无锡首轮市县（市、区）志编纂整体起步较早，尤其是区志编纂，完成速度较快，多部志书在国家级、省级质量评比中获奖。在1993年全国新编地方志优秀成果评比中，《江阴市志》获一等奖。在1997年全国地方志奖评比中，《无锡市志》获二等奖。

无锡市二轮市县（市、区）志编纂工作于2006年正式开始，其中《锡山市志（1986—2000）》于2004年先行编纂，主要为志书续修。至2019年12月，无锡市完成二轮修志工作任务，全市共出版市县（市、区）志10部，总字数2012万字。其中，市级志书1部：《无锡市志（1986—2005）》；县（市、区）级志书9部：《江阴市志（1988—2007）》《宜兴市志（1988—2005）》《锡山市志（1986—2000）》《无锡市崇安区志（1986—2005）》《无锡市南长区志（1988—2007）》《无锡市北塘区志（1986—2005）》《无锡市郊区志（1986—2000）》《无锡市马山志》《无锡市惠山区志》。《无锡市志（1986—2005）》《宜兴市志（1988—2005）》等多部志书获评江苏省地方志书优秀成果。

无锡市志

无锡市地方志编纂委员会编。1981年1月启动编纂，1995年10月由江苏人民出版社出版。主编庄申，副主编朱文熙、杨锡根、浦耀煌。编辑张文轩、陶士范、郁有满、程屏、杨锡根、张慰冰、沈荣源、盛旭明、钱耀兴、胡兰庚、高永明、吴佳佳、王敏毅、杨永良、孟佳晨、朱文熙、朱邦华、浦耀煌、薛新奇、秦锦荣、陈钟英、钱建中、顾洪兴、许琴华。时任国家副主席荣毅仁题写书名。

全书4册，500万字，图片255幅（志首117幅、随文138幅），表格75张。记述范围包括中华人民共和国成立前为无锡县行政区域，中华人民共和国成立后为市、县分设的无锡市行政区域，1983年市管县后兼及江阴、无锡、宜兴三县行政区域。记述上限追溯事物发端，下限1985年，大事记延至1990年。述、记、志、传、图、表、录诸体并用，以志为主。志首设序、凡例、总述、大事记，志末设编纂始末。全志设59卷：建置·区划、区县概况、自然环境、人口、城市建设、环境保护、胜迹、旅游、交通运输、邮政电信、建筑业、经济综述、工业经济综述、纺织工业、丝绸工业、电子工业、机械工业、轻工业、冶金工业、煤炭工业、化学·医药工业、建材工业、电力工业、乡镇工业、农业、水利、商业经济综述、商业·饮食服务业、粮食业、对外经济贸易、财政·税务·审计、金融、计划·统计、工商管理、劳动、中国共产党、民主党派、中国国民党及其他党派、社会团体、人民代表大会、政府、人民政协、公安·司法、军事、民政、外事·侨务、教育、科学、文化、档案·方志、新闻出版、卫生、体育、风俗、方言、宗教、人物、专记、附录。

《无锡市志》目录

该志为突出地域特色，篇目因情视事、轻重开合，经济部类设28卷，占总卷数的近一半，充分反映无锡工商名城的历史底蕴和发展成就。所设纺织工业卷、丝绸工业卷、粮食业卷等，契合无锡支柱产业的传统渊源与现实地位，乡镇工业卷重点记述无锡乡镇企业异军突起的辉煌历史。分设胜迹卷、旅游卷，记述太湖明珠无锡人文自然遗存的保护开发以及旅游业发展状况。

该志注重展示无锡工商名城、人文胜地特质。记述明清以降无锡形成布、米、丝、钱“四大码头”，民国时期位列全国“工业六强”（6个主要工业城市）之一，20世纪80年代成为中国乡镇企业发祥地和全国15个经济中心城市及13个较大城市之一的经济重镇发展历程，同时以14卷、占总卷数23.7%的人文部类篇幅，解析支撑无锡发展的人文积蕴和精神内涵。

资料方面，志书广征博引、备陈史料。档案·方志卷详考备述历代县志、专志、乡镇志、乡土志和风俗志，并开列散佚旧志47种；新闻出版卷列表反映从1898年至1985年无锡255份报刊概要（其中晚清民国报刊有226份）；附录卷辑选先贤吟咏无锡词赋73首、重要碑刻12方，载历代文进士540人、武进士8人，重要文献要目184种，辑录从宣统三年（1911）到1985年无锡地方法规310部；风俗卷备陈古今无锡民间风俗；方言卷存续无锡方言史料。这些珍贵史料都极具研究价值和文化价值。

体裁创新上，该志突出用好“述”体。全

志卷首设总述勾勒无锡发展脉络和重要史实；各卷之首设概述，记述行业或事业发展的历史与特点；经济部类设经济综述卷，并分置工业经济综述卷、商业经济综述卷。通过设总述、概述、综述，既形成全志立体化、提引式框架，又揭示各领域各行业内在关联、相互依存的发展规律。尤其是经济部类所设3个综述卷，从不同角度勾勒全市经济发展的大体轮廓与基本质态，弥补各产业卷因分类过细导致相互联系记述不足的缺憾，起到提纲挈领作用。以志述史、以志及史，除以大事记记述无锡历史发展的大事要事外，专记卷设近代历史事件章，由点及面地记述近代以来无锡人民反抗黑暗统治和外来侵略、谋求民族独立自由和解放的史实。

1997年，该志获全国地方志奖二等奖。

（樊锡刚）

【编纂始末（节选）】

《无锡市志》编纂始于1981年。1980年9月，中共无锡市委、市人民政府转发了市委办公室、市委宣传部、市档案局《关于编写无锡地方史志的意见》的报告，决定成立无锡地方志编纂委员会。12月11日，无锡市地方志编纂委员会召开第一次全体会议，讨论通过《无锡地方志编写工作计划》，确定无锡市、县编写"三志一史"，即《无锡市志》（上限1949年4月，下限1980年）、《无锡县志》（上限1881年，下限1949年4月）、《无锡县志》（上限1949年4月，下限1980年）和《中共无锡地方组织斗争史》。随即召开全市第一次修志工作会议，进行全面发动。提出市和各部、委、办、区、局以及有关基层单位三级修志的办法，确定67个部、委、办、区、局编写专业志、区志和简志，574个基层单位编写基层史。

1981年1月，无锡市地方志编纂委员会办公室正式建立，根据编纂任务，办公室内设县志、市志、革命斗争史（12月改为中共无锡市委党史办公室，同地方志办公室两块牌子、一套班子）三个编写组和秘书组。各承担编史修志任务的部门和单位，也都相继抽调人员，建立编志办公室或编志小组，形成一支有783名（其中部、委、办、区、局126名，基层单位657名）专（兼）职人员的修志队伍。市地方志办公室采取举办培训班、组织业务讲座、外出参观学习、印发业务学习材料（共8辑）等多种形式，帮助修志人员了解和掌握编纂新方志的基本知识和工作方法。并通过新闻媒介宣传修志工作的重要意义。同时采取印发《征集资料启事》，举办《无锡地方文献、档案资料展览》，召开社会人士座谈会和查阅书刊档案，走访踏勘等形式，广泛搜集资料。1982年，在初步调查的基础上，制订了《无锡市志（1949—1980）》《无锡县志（1881—1949）》两个编写纲目，经第二次编纂委员会全体会议和中共无锡市委常委会会议讨论原则通过，印发各单位。市委、市政府并批转无锡市地方志办公室《关于分口分行业搜集、整理资料和编纂无锡地方志的意见》。至1984年，全市已有部分部、委、办、区、局整理编写出专业志的初稿或资料长编，有173个基层单位编印出厂史、店史、校史、医院和街道地区史。

1984年10月，市地方志办公室同市党史办公室分开。地方志的编纂经反复酝酿，并经市地方志编纂委员会全体会议和市委常委会会议讨论，作了全面调整，决定改原由市、县合编三部志，为市、县分开编修；改原《无锡市志》上限1949年、下限1980年，为上限1881年、下限1982年；改层层修志，为集中力量编修《无锡市志》。根据调整要求，市地方志办公室重新制订了《无锡市志》编写纲目，提出市志的总体设计和任务分工，调整了内部科室，按业务指导和自编两个方面的要求，分别设立第一、第二编辑室。1985年，国务院办公厅转发中国社会科学院关于加强全国地方志编纂工作领导的通知后，及时组织传达贯彻，充实调整了市地方志编委会领导成员。10月，编委会全体会议审定和通过《无锡市志》总体设计、编写纲目和任务分工。确定《无锡市志》按编、卷、目排列，设17编、94卷，卷首冠以总述、大事记，全志控制在500万字以内，下限延伸至1985年，并明确由114个部门和单位分工承担市志中75个专业卷的编写任务，在12月召开的第六次全市修志工作会议上作出具体部署。市委办公室、市政府办公室于1986年1月批转市地方志办公室《关于加强领导，进一步做好地方志编纂工作的报告》，提出了加强领导，明确任务，落实措施，早出成果的要求。同年6月25日，市委、市政府又组织已退下来的市委、市政府和主要部门领导担任市志顾问，建立无锡市地方志编纂委员会顾问组，为市志的编纂出谋、把关。全市修志工作进入一个新的阶段。各承担市志编写任务的单位进一步建立和健全修志班子，明确分管领导，充实和调整修志人员，围绕市志纲目，进一步搜集资料，制订篇目，开展专业卷的编写。市地方志办公室进一步加强业务指导，针对编写过程中碰到的一些共性问题，先后召开7次全市性的专题研讨会，帮助修志人员提高业务水平和志稿的编写质量。当一部分专业卷编写出初稿时，1986年11月24至30日举办了首次《无锡市志》专业卷稿评议会，就煤炭、医药、物资、邮电、房地产、人民防空和体育等7部专业卷稿，逐个进行评议，对志稿中存在的带有普遍性的问题，就实论虚，展开探讨和研究。在此基础上，制订了《无锡市志》各专业卷的评审方案和《无锡市志》书写规约，对专业卷稿的质量、评审方法和程序等提出了具体的要求。此后，各部门按要求对完成的专业卷初稿及时组织评审，先后召开评审会达49次。在部门评审的基础上，市地方志办公室按工交、财贸、城建、上层建筑等口子召开了4次规模较大的评审会。1989年，在市志70%专业卷志稿基本完成的基础上，市地方志办公室进行市志总纂的准备，拟订总纂方案，制定志书凡例，调整总体设计，将原定的17编、94卷，按城市志的要求和“事以类从、类为一志，层层统属”的原则，采取撤编并卷，改为7个分册、59卷；原定上限1881年，改为上限不定。经市地方志编纂委员会全体会议讨论通过后，办公室按总体设计，制订了《无锡市志》总纂篇目。市政府正式聘任总纂主编、副主编。市地方志编纂委员会聘任了各分册的主编、编辑。编委委员也作了具体分工。主编、副主编、分册主编和编辑都明确工作职责。市地方志办公室组织全体总纂人员进行了为期3天的业务培训，举行了5次总纂研讨会。1990年起，全体总纂人员认真贯彻“质量第一”的方针，对专业卷志稿仔细审核，反复修改。对总纂中的难点，及时组织攻关或开展研讨活动加以解决。1991年，完成市志总纂稿被列入无锡市精神文明建设目标管理项目，办公室进一步强化了总纂人员的责任制，制订了进度计划。1991年底完成《无锡市志》总纂送审稿，送审稿共设57卷、333章、1037节，卷首冠以总述、大事记，有图、表1082幅。

1991年12月6日，市地方志编纂委员会召开全体会议，讨论通过了关于《无锡市志》稿评审意见，提出为确保志书质量，组织各方人士，采取自审、专审、联审、通审、终审等形式，开展对志稿的评审活动。市政府办公室向全市各单位批转了关于协同做好《无锡市志》评审工作的意见。市地方志办公室在将总纂送审稿分送给各编委委员和顾问组成员进行自审的同时，又按卷分别返回81个原编写单位组织审核、复议。1992年3月起，在各编委和顾问组成员自审的基础上，由编委分工按分册邀请有关领导和行家进行联审和专审，先后召开评审会13次，参加评审的人员共164人次，其中现任和原任市级领导21人次。对一些专业性强的志稿，约请有关专业人员和熟悉情况的同志审阅。7月28日至31日，江苏省地方志编纂委员会组织有关领导、专家和学者共32人，对《无锡市志》送审稿进行全面的评审，对志稿作了充分的肯定，认为是一部基础较好，较为成功的送审稿，获得通过。同时也提出许多宝贵的意见和建议。在经过多层次、多形式的评审后，市地方志办公室对收集到的3000多条意见和建议及时作了梳理，提出《无锡市志》稿修改方案，经市地方志编纂委员会批准和省地方志办公室同意后，组织总纂人员花近一年时间继续进行全面修改。增设了《商业经济综述》和《档案·方志》两卷。章节调整为323章、1124节。1993年10月，《无锡市志》修改稿经省地方志编纂委员会验收，正式批准交付出版。

围绕《无锡市志》编纂，全市共收集无锡地方资料2亿多字（不含3县），其中市地方志办公室搜集资料608卷，达8000余万字。

《无锡市志》的编纂始于1981年，到1993年交付出版，历经13个春秋。回顾这13年，是在缺乏经验、缺少借鉴的情况下，不断探索的13年；是在艰苦的条件下，殚精竭虑、埋头苦干的13年。13年间，在市委、市政府的重视和关怀下，编纂工作得到全市人民和各界人士的关心和支持，以及市档案馆、图书馆、博物馆、党史工委、统计局、保密局、城建档案馆等单位的有力配合。全国地方志指导小组领导和著名方志学家梁寒冰、朱士嘉、陆天虹和来新夏、杨静琦等亲临无锡，给予精心指导。为无锡的修志工作，全国政协副主席陆定一题写了“无锡地方志”，陈翰笙、薛暮桥、董一博等同志也都题了词，国家副主席荣毅仁还为《无锡市志》题写书名。

【志评】

十年一剑　坦露地情

——《无锡市志》读后

来新夏

无锡久称江南富庶之区，自古以来，人文荟萃，经济发达，共享苏锡常丰饶之美誉。修志历史亦极为悠久，其事始于宋，历代相因不辍，今所存元以来旧志凡9部，专志36部，乡镇志8部，文化积累不可谓不富；唯自清光绪以还，其事中断殆百余年。洎80年代，时见盛世，百废兴举，当轴者极谋为无锡纵说古今，横述地情，用以鉴古知今，垂典后世，遂于1980年定策修志，乃广求人才，穷搜资料，尽十年磨剑之功，终撰成此四巨册500万字之巨帙，不仅陵铄前贤，亦足傲啸当代。此非当轴之有胆识与无锡之雄于赀，曷克臻此！我有幸应邀两莅锡城，亲见修志诸君孜孜于志业，甚受感动，今又得全套市志，虽篇帙过大，难以细读，而粗加涉猎，已有目不暇接之感，爰记其管窥所得，或有裨于读者。

修志之要，莫过于定体例。《无锡市志》一依常例，按事立卷，共59卷，即人物亦入于序列，而隐隐中又有自然、经济、政治、文化、人物之次序。卷下有章有节，详记其事，颇得条理顺序之便。分卷编排，又得归类明确，标题清楚之效。其叙事则述、记、志、传、图、表、录诸体并用，以各得其宜。卷首置总述、大事记，卷末有附录，使志书成混一整体。有此四册巨帙插架，设有所需，则无锡地情可翻检立得。

总述一体，已为新编方志所接受，但各志编写方法有所不同，或分类论述，或浓缩全书，或分段提要，或按阶段概括，诸式并存，尚难一致，似亦无需一致。《无锡市志》之总述始于6000余年前之先民活动，止于1985年，大体按历史发展脉络分四阶段论述，即古代沿革、近代发展、建国后之经济建设以及1979年以来之改革开放，虽文字不满2万，而无锡一地之古今纵横，了然于目。此固无需斤斤于史笔志笔之优劣。各卷卷首除个别卷外，大都立概述一小篇，文字不长，而总括全卷要旨，亦颇便于读者。

大事记为一志之纲，又可供检阅全志大事记述之有无遗漏，而一些虽为大事而难以详述于志文者，则可以记事本末之体入于编年大事之中，可具取精用宏之效。《无锡市志》之大事记记载较备，亦颇合详今略古之例。唯宜注意古今比例之恰当。《无锡市志》大事记大略分三段：第一段自商武乙（公元前12世纪）起至1911年，约3000余年，占全文14.1%；第二段自1912—1949年，共38年，占20.5%；第三段自1949—1985年，共计36年，占65.4%。这一分配使人感到36年记事为3000余年之4.5倍。是古代部分似宜略加充实，而第三段中亦有可精简之处。如一般机构设立，某项活动之开展，县以下之区划变化，等等，大多已见于志文，则大事记可从略。如大事过于繁细，则大事亦难见其为大事矣。

图表已久为新编志书所采用。《无锡市志》尤多所垂注，卷首置彩图32页，计117幅，城建、胜迹、经济、名特产品、文化教育、艺术等皆有代表性彩图。至随文插图更得左图右史之妙。所附宋明清县城图，既可备历史沿革之参考，更可增读者之感性认识。《无锡市志》于表之使用也较恰当。如区划表、郊县合并表、经济成分构成表，等等，皆能随文附入，节省文字，增强认识。又时出注释，虽见于新编志书者尚鲜，但确有新意并有利于读者。如建置区划卷之建置章出注四条，对古建置沿革有所诠释，给后人以明确概念。风俗卷更出注多则，使人对锡城习俗有深入充分的了解。

《无锡市志》之论述也有其独到处。无锡行政区划曾有所更改，市志叙述编排难以确当。遂立区县概况专卷，于市属四区三县作集中全面之概述，既与市志明晰区分，又使无锡市所辖地情全而不漏。有的章节则颇具特色，如城市建设卷之绿化章为他志所不经见，而此志所写分城区绿化、公园绿化、山岭绿化、花木盆景、古树名木和苗圃等六节进行详尽的全面叙述，显现出新时代的特色。其科学卷，以社会科学专立一章，是编者之独具识见，唯于无锡学者之成就未立专节似有微憾。无锡为人才辈出之地，自宋以来经史名家之影响已非一地，如宋尤袤为版本目录之祖，明之东林学者又不仅限于学问，清初顾祖禹之《读史方舆纪要》至今犹为历史地理学者奉为经典，晚近之钱基博、唐文治等莫不以著述蜚声士林。若立《著述》专节，内容当有可观，较之该章末列高等之成果表，尤能体现锡地之学术文化水平。卷58之《专记》允为编者破史志鸿沟之佳作，记自太平天国至无锡解放之重大历史事件，保存完整史事，破除史志不容混用之陈规，并入于正卷之列，足称特识。

人物为一志之灵魂，见物见人，斯为整体，但诸志多单立人物传以示别立于志体，《无锡市志》以人物排入卷57序列，不单独称传，肯定人物为志书必备之体。入志者遵生不立传之志例，颇称允当。唯以传主卒年为序，实难苟同，我于此已屡有所言，此不独锡志为然，固未知由何而始？以卒年为序实不合发展轨迹。如胡雨人（1867—1928）与胡明复（1891—1927）本为亲叔侄，二人相差24岁，且明复少时尚从读于其叔雨人，如以生年为序，则雨人列明复之前，顺理成章，无可怪异；今以卒年为序，侄仅早卒一年而高居于3035页，而叔仅晚卒一年，乃居侄后而列于3039页，岂非颠倒？又胡刚复（1892—1966）为弟，胡敦复（1886—1978）为兄，因依卒年而兄弟易位，深望后之修志者当以生年为序，则幸甚矣！又人物有传、表、录之分列，其中皆记有为革命献身之烈士，但分收界限不清。人物卷之概述曾说："在抗日战争、解放战争、抗美援朝战争时期的历次战争中牺牲的无锡籍战士（含武装工作队队员）较多，因篇幅有限，这一部分烈士列入英名录。"定义含混，难以理解。因传、表、录中均有自抗战以来牺牲之烈士，所以以时间作分收标准，实不够明确，如称因材料不足难以成传者则视材料情况而分入表、录，尚可备一说，若将"这一部分"改为"有一部分"也可勉强成说。

修志为一代一地之大事，《无锡市志》为《档案·方志》立卷58，可见编者于志业之重视，可惜虽按志书之不同类型而立四节，但所述内容率皆旧志，而将新编方志之宏业，仅写编纂始末，贬入书末附录之后，似感不足。设以新编方志之实践及理论入于方志专章之下而自立专节，则不仅可颉颃于旧志，亦以显现新志书编者之自我价值，不亦善乎？

四册巨帙，匆匆涉猎，难获周遍，仅就蠡测一得，草成一文，或可供修志诸君和续修时略加一顾。深知掌厨调味之艰难，袖手指点之称易，愿读者于所述激切不当之处，多所指正！

（原文刊载于《江苏地方志》1996年第3期）

太湖明珠　璀璨夺目

——读《无锡市志》

沈嘉荣

盼望已久的《无锡市志》，终于在这世纪之交、继往开来的重要历史时期面世了！这是全国方志界也是江苏人民文化生活中的一件盛事。在历史上，无锡本非府治所在地，亦非军事重镇或所谓口岸城市，无锡人民凭借得天独厚的区位优势和艰苦创业、敢为天下先的精神，崛起于明清，发展于近代，再造辉煌于当代。无锡的知名度隆隆日上，赢得世人瞩目。从一个普通县，一跃而为经济富庶、环境优美、人文荟萃的"小上海""太湖明珠"——著名的开放型区域经济中心城市。

名城出名志。《无锡市志》的编纂人员是

按照名志的高标准、严要求开展工作的，历时15个寒暑，筚路蓝缕，努力探索。笔者翻阅这部志稿，备受鼓舞，获益良多。作为一部大型的城市志，如何编纂，怎样反映该城市的面貌及其特点，《无锡市志》有所创新，有所发展。

一、规模宏大，体例完备

无锡有志，始于宋代，其书已佚。现存最早的一部县志，是元代至正年间王仁辅撰成的《无锡志》28卷，后编为4卷。宋元以后，代代修志，明清尤盛。最后一部县志是光绪七年（1881年）刻印问世、由秦缃业主纂的《无锡金匮县志》40卷，首1卷，末附6卷。先后共纂修过县志9部，其后中断长达整整100年。本届修志面临的问题是：社会分工之细密，行业门类之繁多，涉及专业之广泛，百年风云变幻之复杂，远远超过了历代志书的深度、广度和难度。以崭新面貌呈献给读者的《无锡市志》共4册，500万字，设59卷、319章、1127节，共配有122幅彩照和123幅黑白照片，堪称展示无锡近现代方方面面的一部百科全书。其体例继承传统而有所创新，充分运用述、记、志、传、图、表、录等多种表述形式；使各类材料各得其所。卷首冠以总述、大事记，让读者先获得总体印象，然后可细读某一门类；在各卷中又设概述在前，进而分章铺陈，在经济部类中分别介绍重点工矿、企业、商店。这样安排，使纵横条块结合，宏观与微观相结合，有助于提高阅读和利用志书的效益。

二、详略得宜，特色鲜明

在时间上，详今略古，体现当代性。着重记述清末以来，特别是中华人民共和国建立以来的史实，既可以同百年前的《无锡金匮县志》保持衔接，同时又突出社会主义新方志的特点。在空间上，详市区略郊县，体现城市志的特点。《凡例》提出："本志记述范围，解放前为原无锡县，解放后为市、县分设后的无锡市。1983年实行市管县体制后，兼及江阴、无锡、宜兴三县。""兼及"二字是很高明的，不"兼及"就无法体现市管县的体制，如平均使用力量，势必落入旧府志格局，而且会导致不必要的重复，因为江阴、无锡、宜兴三县另有单独志书。在内容上，记述二、三产业为主，兼及农田水利，体现工业化与城市化两者密不可分的关系。

无锡，有"小上海"的辉煌，是经济大市；历代人才辈出，是人文荟萃之区；又有太湖明珠的美誉，是集江、河、湖、泉、洞、山于一体的旅游胜地。《无锡市志》的编纂者们从市情的实际出发，为了充分展示地方特色，是费了不少心机的。

关于"小上海"的辉煌。志书勾勒了无锡经济发展的脉络：无锡地处苏南产米区中心，京杭大运河贯穿全境，其城北运河段河面宽阔，可泊船千艘，明清之际，就是东南诸省的粮食集散地。米市的繁华，促进了百业兴旺。无锡很早就有米码头、布码头、丝码头之称。甲午战争之后，无锡是近代民族工业的发祥地之一。民国时期，无锡的经济地位，志稿用数据作出表述：资本总额在全国工业城市中居第五位，年总产值仅次于上海、广州，居第三位，产业工人数仅次于上海居第二位。建国以后，特别是中共十一届三中全会以来的16年，无锡成为全国15个经济中心城市、13个较大城市和10个重点旅游城市之一，跨入了全国城市综合实力50强、投资硬环境40优的行列。

关于人文荟萃。古往今来，在太湖之滨这块风水宝地上，涌现过许多杰出人物，有画家、诗人、能工巧匠、实业巨子、科学家、教育家、外交家、革命家。志稿以人物传、人物表两种形式收录。值得一提的是，近代无锡实业家在兴办企业的同时，重视投资于文化教育，反映了无锡实业家的远见卓识。光绪二十四年（1898年）在上海开设第一家华商机器碾米厂（源昌机器碾米厂）的祝大椿，在家乡无锡与丁某共同集资创办平民学校2所，在上海出资创设无锡旅沪公学。在上海开办大有油厂、经纬纱厂的陆培之，将经营所得在无锡家乡创办培之等小学几所。荣氏兄弟（荣宗敬、荣德生）在创办实业获利后，致力于在家乡兴办教育事业，先后创立公益小学、竞化女子小学、公益工商中学、江南大学和大公图书馆，等等。由于这批实业家的提倡和支持，在无锡城乡建立起工业学堂、商业学校、师范学院、女校和刺绣学校，形成较完备的教育体系，对提高无锡人的文化素质大有裨益。

关于旅游胜地。根据无锡山水秀美、人文景观众多的特点，志稿特设《胜迹》和《旅游》两个专卷，分别作了诗情画意般的介绍，令人神往。

三、资料翔实，文风朴实

资料是否翔实，是衡量一部志书质量高低的重要标志。我们通常所说的地方志有"资治、教化、存史"三大功能，"存史"则是基础，有存之久远的史料，才谈得上"资治""教化"，否则即是一句空话。而存之久远史料，必须是翔实的史料。据笔者所知，修志工作人员在资料上是下了很大功夫的，从众多资料中反复筛选，去粗取精，去伪存真，即便是一个人名、地名、数据，都参阅多项资料核实，甚至实地调查而后定。因此，《无锡市志》所提供的全面、系统反映该市历史与现状，社会与自然的资料，是极为珍贵的。例如，在《建置区划》卷所附宋、明、清5幅无锡县境、县城图，有助于人们形象地了解无锡县城变迁的过程。又如第59卷所附古代吟咏无锡诗词选、碑刻选、历代进士名录、地方著作要目、地方法规要目，都有一定的史料价值。尤其引人注目的是关于日本侵略军对无锡严重破坏情况，为其他书刊所难见其详。《大事记》载：1937年10月6日，日机轰炸无锡火车站地段，工运桥堆栈的千百吨粮、棉、丝、布尽付一炬，8日、16日、18日、20日，日机又轰炸西门、周山浜工业区和惠山等居民区，大批工厂、商店、民房被毁，炸死320多人。11月24日，日军在东亭许巷放火焚烧全村，用机枪杀害群众223人。11月25—29日，日军残暴屠城，……据不完全统计，被杀戮同胞14150余人，烧毁厂房18537间，商店54268间，校舍8614间，机关团体房屋1626间，名胜建筑2105间，居民住房65600间。《总述》载，1937年11月25日，日军侵占无锡后，业勤、广勤、豫康等一批工厂焚毁殆尽，庆丰、振新、申新三厂等一度被日军占有。缫丝工业损失更大，缫丝车比1931年减少66.9%，产品外销断绝。在《粮食业》卷又载，日军侵占无锡后，北塘米市中心被毁，粮食行业损失60万元，面粉工业损失616万元，茂新一厂被毁，油厂损失50万元，堆栈存粮被封近200万石，被日军劫掠130万石。以上所记日军在无锡的暴行，有时间，有情节，有数据，就是翔实的弥足珍贵的资料。

文风的朴实，主要表现为让史实讲话，而避免了空洞的推理或采用华丽辞藻的表述方法。例如，以吃、穿、用、住几个方面来反映城市居民生活水平的提高（具体数据此处从略）：在吃的方面，主食支出比重下降，副食支出比重上升；在穿的方面，服装讲究多样化，款式趋向个性化；在用的方面，至1985年底，平均每人年用电量居全省首位，文娱用品、书报杂志费用明显增加；在住的方面，住房面积扩大，设备改善。这种简明朴实的表述是富有说服力的。又如，用对比数来反映无锡作为江苏省经济中心城市的重要地位：财政收入居全省第一位，外贸收购总值居全省第一位，全市人均工农业总产值、财政收入均居全省第一位，机械工业产值居全省第一位；在全国15个经济中心城市中，无锡的位次是，工农业总产值列于上海、北京、天津之后，居第四位，社会商品零售总额居第十三位，外贸收购总值居第七位，地方财政收入按人均计算列于上海、北京、天津之后，居第四位。读了这一系列的对比数，无锡市的经济中心地位，令人一目了然。

总之，《无锡市志》内容丰富，质量上乘。它的公开出版，必将引起社会各界的关注。对于党政机关干部认识市情、做好工作，提供了完备的借鉴；对于青少年了解家乡，建设家园，是一份生动的爱国主义乡土教材；对于学术文化界深入地多视角地研究无锡，敞开了一座丰富的宝藏。

《无锡市志（1986—2005）》目录

《无锡市志》也存在一些需要讨论的问题。例如，《人物》卷中立传的282人，每人都从姓名、字号、生平事迹写下来，读完才知道其人其事，是否可在每一人物开头加一简明断语，如顾恺之，东晋大画家；计六奇，明末清初历史学家；薛福成，近代外交家；郭纲琳，近代女革命家。在人物的排列上以卒年为顺序，似乎有些别扭，孙荆楚比杨根新大41岁，因迟卒6个月，孙在杨后；顾毓珍比姚桐斌早生15年，因迟卒1个月，姚前顾后；沈端洲比杨昌龄早生12年，因迟卒1个月，杨前沈后。如若严格按照人物所卒年月日排列，亦不失为一种方法，但竟有一些生早、卒早而排在生迟、卒迟之后者，侯学愈比顾衡早生42年，早卒3个月，却顾前侯后。

（原文刊载于《江苏地方志》1996年第3期）

无锡市志（1986—2005）

无锡市地方志编纂委员会编。2006年2月启动编纂，2015年7月由方志出版社出版。主编王耀元、郑晓奇、许建军，副主编张卫星、郁有满、李皆奇、葛红。编辑许琴华、李皆奇、张卫星、张瀛辰、杨永良、郁有满、周胜忠、葛红、周建军、顾洪兴、樊锡刚、汤静芬、杨荫萍、徐云、龚伟。

全书4册，506万字，图片593幅（志首124幅、随文469幅），表格513张。记述范围为2005年无锡市行政区域，以市区为主，兼顾江阴、宜兴，展现全貌。该志为《无锡市志》（1995年版）续志，记述上限1986年，衔接前志，建置沿革、山水、姓氏·望族·家谱、杂记、补遗等有所追溯补记；下限2005年，志首彩页延至2010年。述、记、志、传、图、表、录诸体并用，以志为主。志首设序言、凡例、历史概略、总述、大事记、特记，志末设专记、杂记、前志勘误·补遗、附录、索引、编后记。全志设45卷：政区、环境、人口、胜景·旅游、城乡建设与管理、水利、交通、邮政·电信·信息化建设、经济综述、经济体制改革、开放·开发、民营经济、农村·农业·农民、工业、乡镇工业、房地产·建筑业、商贸·服务业、金融、财政·税务、综合经济管理、人力资源、中共无锡市地方组织、无锡市人民代表大会、无锡市人民政府、政协无锡市委员会、民主党派·工商联、社会团体、政法、军事、科学、教育、卫生、体育、文化、文博、新闻传媒、史志·档案、图书·著述、社会·生活、社会保障、民政与社会事务管理、精神文明创建、姓氏·望族·家谱、人物、市(县)区概况。

为突出地域特色,该志专设特记,从无锡市树、市花、市歌、城市精神、国家级荣誉、基本实现全面小康、国民经济主要指标等方面勾勒出城市轮廓和特征。志首彩页部分,用专题图片对"七个无锡"进行提炼和反映,也成为该志的一大亮点。无锡是山水兼备的旅游城市,该志专设胜景·旅游卷和山水章,补充新增景点,反映无锡优美的地理环境。无锡市是吴文化发源地,该志专设吴文化研究章。杂记汇集轶闻掌故、文化风俗、老行当等珍贵资料,专记留存重大节庆、四大特色工程(再就业、希望、送温暖、新市民安居乐业)以及重大事故等史料。以附记收录已消失的生物、街巷、名人故居等内容,体现社会变迁。

为体现时代特征,该志的谋篇布局体现无锡20年来经济社会发展的重点、要点、特点、亮点,反映在党的领导下,无锡各项事业的新思考、新实践和新发展。围绕率先基本实现全面小康所设置的经济部类篇目,反映无锡通过改革开放,配置市场资源、激活发展潜力,统筹城乡发展所取得的辉煌成就,体现无锡作为经济重镇的城市地位与个性。社会事业部类篇目,反映无锡在经济与社会事业协调发展方面,在以人为本、重视民生方面取得的重要进展。人文部类篇目,反映无锡历史人文方面的丰厚积淀和对城市发展的深厚滋养。

体裁上,该志以历史概略,承续前志内容,使续志贯通古今、统合前后。以总述提炼全志主体内容,发挥全志提要和导读作用。图、照、表的大量运用,版式设计新颖,给读者带来直观、生动的阅读体验。以前志勘误·补遗弥补前志内容上的讹误与不足。重要文件目录、重要文献选辑(重要文件、调研报告、重要文章)等附录内容,具有较强的资料性和较高的参考价值。

2020年,该志在江苏省地方志书质量评定中被评为优秀成果。

(唐　萍)

【编后记(节选)】

根据国务院办公厅《关于进一步加强地方志编纂工作的通知》和省政府办公厅《关于做好新一轮地方志编纂工作的通知》精神,2006年2月,无锡市召开全市地方志工作会议,启动《无锡市志(1986—2005)》(简称"市志")编纂工作。2010年末,形成38卷、380万字的市志初稿。2011年9月,市志分纂工作基本完成,全志调整为44卷、410万字。11月29日,省地方志办公室组织有关地方志专家对市志总纂篇目进行评审,我办根据专家意见对篇目进行修改和完善,形成48卷的市志总纂篇目。2012年初,市志进入总纂阶段,至6月,基本完成总纂第一稿。此后,经过一年多的分类评审和修改、完善,至2013年10月末,形成市志复审稿。12月9日,市政府召开市地方志编纂委员会成员会议,对《无锡市志(1986—2005)》复审,市长、市地方志编纂委员会主任汪泉,常务副市长、市地方志编委会副主任黄钦出席会议,副市长、市地方志编纂委员会副主任华博雅主持会议。会后,我办根据评审意见进行修改，形成终审稿。与此同时，按照《江苏省地方志书审查验收稿质量评估办法（试行）》的要求，聘请保密、档案、历史、经济、地方志等方面的领导和专家对市志进行质量评估，评估结果达到要求。2014年7月16日，省地方志办公室在无锡市召开《无锡市志（1986—2005）》终审会议，同意志稿通过终审。根据终审和专家评审意见，我办组织人员对志稿进行修改、统稿，进一步消除差错、减少交叉重复、补充缺漏、消灭硬伤。2014年12月，形成45卷、500万字的验收稿，交省地方志办公室验收，并交方志出版社审稿。此后，修志人员又对志稿进行了多次修改、校对，得以定稿，并付梓面世。

该志内容涵盖政区地理、城乡建设、政治、经济、军事、文化、社会等各方面、各领域，涉及全市184家供稿单位、200多名撰稿人员和修志工作者，时间跨度长，组织难度大，质量要求高，专业性强。该志的顺利出版，得益于无锡市委、市政府的高度重视和有力支持，省地方志办公室的悉心指导，社会各方面专家的热心参与，更是全体修志人员孜孜以求、精益求精、辛勤耕耘的结晶。

【志评】

《无锡市志（1986—2005）》与首轮《无锡市志》比较与进步

郁有满

《无锡市志（1986—2005）》（简称二轮市志）在卷目与内容上与首轮《无锡市志》都有很大的不同，特别是在突出反映发展、改革开放、社会人文和地方特点上，精彩纷呈；在志稿的磨与雕中，使志书更加出彩；同时，也弥补纠正了首轮志书的不足与缺陷，显得更加科学。新版既显示了鲜明的时代特征，又体现了时代所赋予的方志学的进步。2017年，方志出版社副总编辑李江在《无锡市志（1986—2005）》首发式上高度评价道："这部志书与时代同步，具有鲜明的时代特征。"两相比较却有许多变化、不同，实是一种深入的解读。

一、结构卷目及层次上的相同与不同之处比较

清代无锡的几部续志，一般都沿袭原有志书框架结构，只是在内容上有所增补。现代志书大不相同。特别是1986年以后的20年，经济社会飞速发展，如果按照首轮志书的结构已不能适应客观事物与变化的需要，同时修志者的思想认识也在与时俱进，原地踏步或照抄照搬首轮志书结构，几乎是不可能的。但与首轮志书相比，却又不是一切都需要变化，保留了其延续性或可借鉴的部分。这对修志者来说就需要作分析研究，通过研判作出选择。从已出版志书来看，二轮市志除了新增内容外，在体例结构上表现出更多的不同。大体如下：

（一）断限不同

二轮市志断限为1986—2005年，时间跨度20年，即断代志。首轮市志上限不作限定，从事物开端写起，下限为1985年，即"统合古今志"。方志界为断限曾有争议。最终无锡还是采取断代形式，为弥补因断代之不足，在志前设历史概略，在建置沿革、山水、姓氏・望族・家谱、杂记及补遗中记述断限前的内容，以作追溯、衔接与补充。

（二）卷目不同

首轮市志59卷（含列入序列的专记），二

轮市志作很大调整，设45卷，加上不列入序列的专记、杂记、勘误补遗。增设的卷目，有的为前志所没有，有的是从前志卷中章节分出升格为卷。增特记，以突出重要事件与事物。增经济体制改革卷、开放·开发卷，以突出改革开放；增民营经济卷，以突出发展迅猛的民营经济。增精神文明创建卷。从原文化卷中分出文博、图书著述两卷，扩大文化部类规模。增社会生活卷、社会保障卷和姓氏·望族·家谱卷，以增强社会人文部类。增前志勘误·补遗，为续志所必备。增索引，以方便检索。共计增9卷和2个卷外（特记、索引）。在所增加的卷中，可以看出既增加了经济与发展，又增加大量文化、社会的内容。

有的卷名改变，比原先卷含意更深远。原建置区划卷改为政区卷，建置区划只是作为一章，增设边界等节。自然环境卷改为环境卷，增山水章，增强无锡山水名城的特色；将原城建中的环境保护以及科学卷中的气象预测、防震减灾移至此卷，共5章。邮政电信，增加信息化建设，成新的一卷。劳动卷改为人力资源卷，将原人事管理等移此卷。原农业卷改为农村·农业·农民卷，即“三农”，内容扩展。商业·饮食服务业卷改为商贸·服务业，包含对外经济贸易。原建筑卷改为房地产·建筑业卷，从原城建卷中分出房地产与原建筑卷合并。类似的有7卷。

压缩、合并的卷有：将胜迹与旅游两卷合并为胜景·旅游一卷。将纺织、丝绸、电子、机械、轻工、冶金、煤炭、化学·医药、建材、电力等10卷合并为工业1卷。对外经济贸易卷并入商业卷。将计划·统计卷，工商管理卷并入综合经济管理卷。外事·侨务卷并入政府卷，风俗卷、方言卷、宗教卷并入社会生活卷。共并掉18卷。因调整或已不再设的删减的卷有：工业经济综述卷、商业经济综述卷、粮食业卷、中国国民党卷及其他党派卷，共减4卷。

（三）相同卷目的微调及因卷目调整带来层次上的变化

保留或基本不动的卷有人口、城乡建设、水利、交通、经济综述、乡镇工业、中共、人大、政府、政协、民主党派（工商联）、社会团体、政法（原公安司法）、军事、科学、教育、卫生、体育、文化、新闻传媒、史志·档案（原档案·方志）、人物、市（县）区概况等23卷。占原59卷的40%不到，表明大部分有调整与变动。有的即使卷目相同，但仍是特色，而单独设置的，如乡镇工业卷，正是反映实行体制改革前后的情况，有重大意义。如水利，因无锡城市水利发达，而与农业剥离。

由于大量的合并或调整，许多原来为卷的现已下降改为章，依次顺序下排，许多章下降改为节，甚至节都减少、压缩，许多节改为目。因此，原来可以从节即开始竖写的，现在有必要再按类横排立目，甚至子目，从目开始甚至从子目竖写。原来在卷下设概述的，现改为在章下设简述。原来章下设无题小序的，现改为在节下写无题小序，亦可称为（发展）沿革，亦可称为概况。有的在沿革中已全部写清楚，就不需要再加目，有的则还需要横排加目再写。一般来讲，从原卷下降到章，相应原章下降为节的，特别是一个单位、一个行业安排到仅一节位置上的，都需再横排立目。

二、内容上的不同与彰显特色

二轮市志与首轮志书的很大不同，主要体现在内容上，同时也表现在处理的方式上。首轮志书在突出以经济为中心的思想指导下，用大量篇幅记述了经济部类的内容，相对而言，其他部类较为单薄。

无锡市的修志者曾经对首轮《无锡市志》进行了理论总结，又借鉴兄弟城市的经验，并对无锡地情作了多次研讨。地方志是一部全面记载地情的科学资料性汇编，首先要全面完整地记述各方面的情况，各个部类都应重视，而不能畸轻畸重，真正成为一方之全史。然后在这基础上，再确定所要反映的特色与重点。新版市志从一开始就提出要有精品意识、质量意识，要编纂出名志、佳志。很重要的是突出时代特征、突出地方特色。最终，确定了要突出发展、突出改革开放、突出社会人文三方面内容。

（一）突出发展

二轮市志所反映的记载的是社会急剧变化的20年，也是经济社会大发展的20年。有人会说，整个志书所记载的内容都是发展，这话虽不错，但还需要通过设置单独的篇目来反映。无锡最重要的特征是通过争创“两个率先”，至2005年初步实现了基本达到全面小康社会的目标。因此，在特记中，设立“无锡市基本实现全面小康社会目标”，和“无锡市国民经济主要指标在全省、长三角洲、全国位次”两节。信息化建设与现代物流业、现代服务业都是首轮志书中没有的，这次都相应列入。

（二）突出改革开放

改革开放是时代特点。二轮修志所囊括的时间段，正是一个转型变革期。从广义上说，这部志书就是一部无锡市改革开放志。现专设经济体制改革卷，开发·开放卷，并放在较前位置。又例：我市争创“两个率先”，作为战略决策拟放在市委“重大决策”条目中记述，其实施结果放在经济综述中记述。改革涉及各行各业，因此在有关卷中都会有所记述。如在政府卷中设“行政事业体制改革”章，在社会保障卷中设“社会保障体制改革”章等。在教育、卫生卷中也设置相关章节。

将农业改为农村农业农民，意为突出“三农”。“三农”是中国经济持续发展的“软肋”。二轮市志中如光写农业，不能很好地全面地反映党的“三农”政策，为此专门立“农村·农业·农民”卷。一些同仁反对专设此卷。但无锡的编纂者觉得虽有些内容可能与其他卷重复，如农民生活，但还是须单列此卷，并把重点放在此卷，否则无以反映客观现实情况。

设立经济体制改革与精神文明创建两卷，也曾有某些同仁提出不同意见。在要不要设立这两卷上，曾争议很长时间。这实际上牵涉到是集中还是分散记述的问题。无锡主张采取集中与分散相结合的方法。而集中又采取既有大集中又有小集中的写法。不集中无以突出时代气息与亮点，所以坚持他们的做法。

现在回头看，在突出改革开放方面所设立的开发·开放卷、三农卷、经济体制改革卷与精神文明创建卷，正是二轮市志中的“文眼”与亮点，也是时代所要求的不可或缺的内容。这是强烈的时代气息所给予无锡修志者的不懈追求所致。

（三）突出社会人文

鉴于以往修志重经济轻人文，二轮市志不再停留在单纯的经济发展上，而是更加注重突出社会、人文方面的内容记述，更加突出生态与民生，更加突出社会管理与发展方式的转变。这就使原来政治、文化、社会等部类相对薄弱的现象有所改观，在志书中的位置得到加强。二轮市志更加突出环境保护方面的内容，仅其中“环保”一章，就从环境质量、环境监测、太湖综合整治、工业污染防治、生活污染防治等12个方面，详细记述了改革开放20年间，无锡市在注重经济发展的同时，大力加强环境保护的史实。二轮市志人物卷篇幅没有因断限年代短而减少。首轮志书从古代至1985年列人物传282人，这次20年列265人，标准并不降低。前志漏载人物中被列传的有67人，载入补遗中。这些人物有一些过去编志时尚未了解，或当时认识有局限。如古代第一个状元蒋重珍；大善人余治；很少宣传的革命世家华老太及其华氏子女；赴苏留学、中共最早培养的飞行员，后参加苏联空军而牺牲的李乾元；民族资本家华艺三等。在烈士中则有近年涌现的革命烈士钱劲松、高云燕等。这次人物卷还增加人物简介100人，人物表的内容也有增加。总体上人物的数量、篇幅都比首轮志书大大增加。有一些多重性人物，被历史湮没人物也有了增补。有人对二轮市志记载这么多人物持怀疑态度，实时代不同，古代与近现代不可比拟。方言是首轮志书已有的章，这次特邀请由江南大学教授组成专家团队，着重于对无锡的方言变异作了梳理，分声母、韵母、声调三个方面记述；还专设方言通用本字考核表，用国际音标标注。该章内容是一项新的突破。

另外，增设社会生活卷，其中有民俗民情、无锡特产、轶闻掌故，此都为首轮志书所没有或有所增补。

（四）突出无锡地方特点

李江认为，该志首设特记，为全国首创。特记从无锡市树、市花、城市精神、荣誉、小康社会目标、在全国位次6个有关无锡“脸面”的内容进行记述，让读者对这座古今辉映、经济发达、山水相依、精致优美的城市个性有深刻印象。无锡是山水兼备的城市，为此特别列出了山水一章，反映无锡优美的地理环境。无锡是风景旅游城市，首届志书设胜迹卷、旅游卷，这次合并为一卷，补充了新增景点，但仍置于较前的位置，放在人口卷之后，排列第四卷。无锡市是工业发达城市，但事实上传统工业多、国有企业多、中小企业多，因此，二轮市志不再像首轮志书将行业一一立卷，而是在合并卷目后，下降为章，有选择地立了一些重要行业，以避免过于细化。无锡市是吴文化发源地，首轮志书没有记载。二轮市志在文化中专设吴文化研究章。又设立了“太博会”作为专记之一。

三、在资料的挖掘与志稿的“磨与雕”中使志书更加出彩

从《无锡市志》的总纂稿到终审稿，我们经历了一个不断修改、完善的过程。修志行话，叫“一稿抢、二稿磨、三稿雕”。这次二轮市志在最后阶段更加重视磨与雕，也更加认识到提升志书的质量内涵需要有相应的资料来承载。

从开卷的历史概略始，就彰显了志书的长处。无锡市借鉴而发扬，并起到了与首轮志书相衔接的作用，完整地反映历史与现状。总述以“在改革开放的大潮中激流勇进”“在经济社会的发展中创新突破”“在城市特质的传承中奋发前行”三个部分，以点睛之笔记载了20年间的发展变化与个性特色。这两个重要部分都是志办笔杆子自己写的，反响很好。同时，各专业卷起始都设概述，作概括性、分析性的记述，不仅写出了“是什么”，还解答了“为什么”，并告诉读者今后能“借鉴什么”，这种记述方式展示了历史的深度，克服了志书述而不议，难以凸显事物全面性、规律性等缺点。

首轮志书原来只有专记，无杂记。而专记与杂记确有不同。杂记是二轮市志的一大亮点。轶闻掌故既具有史料价值，又有可读性。设老行当章。老行当是记载已消失或已少见的行当。分为匠作与杂业两类，或如民间所说的百业，如钉碗、补锅、补缸等。杂记卷内容丰富多彩，编者选取的每一条内容虽然零散，但均如沧海遗珠，是珍贵史料，且可读性强。李江认为，“这一有益尝试，值得全国推广”。

勘误补遗是二轮市志的另一大亮点。增加了“侵华日军在锡罪行”一节，集中反映这些调查收集整理的新史料。过去限于当时认识“忌讳”的一些问题，这次载入了市志。如设立新中国成立后重大历史事件一节，取自于近年出版的《中共无锡地方党史》第二卷的成果，对新中国成立后的历次政治运动有所反映。

在这一过程中，无锡志办继续挖掘、增补资料，特别是典型性的细节微观资料，以让志书更加充实，增强志书存史功能。如在居民生活中，增加了贺星允家庭1978—2005年收支情况对比表和1989—2003年部分账目摘录两张表。还有如湮没街巷、私营企业创业典型等。资料的翔实与否永远是志书的根本。如增补了大量人物及人物照片。同时，增加了一些无单位可提供的，全靠自己收集的资料。如在体育中增补户外运动及城市雕塑篇目。

回看《无锡市志（1986—2005）》，比上一届志书，虽然只写20年，但内容丰富多彩，特色纷呈，优点不一而足，显示出时代与地方志发展的进步。

（原文刊载于《江苏地方志》2018年第5期）

续修志书体例继承与创新的典范

——评《无锡市志（1986—2005）》

陈郑云

20世纪90年代中后期伴随着首轮各级志书陆续出版，启动了第二轮方志编修。第二轮修志主体是续修，此外有少量的重修，个别的增修，以及部分的新修、创修。除新修、创修者外，无论续修、重修，还是增修，都不能脱离之前所编修的方志，对于续修志书而言，前志尤为重要。任何一部续志，都是以前志为基础，脱离前志内容，续修亦无从谈起。

《无锡市志（1986—2005）》（以下简称《续志》）是《无锡市志》（以下简称《前志》）的续修志书。《续志》从2006年2月启动编修到2015年7月出版，前后历时9年多。全志共4册，45卷500多万字，内容涵盖政区地理、城乡建设、政治、经济、军事、文化、社会等各个方面和领域，突出时代特征和地方特色，是一部特点鲜明的精品良志。《续志》“凡例”称：“本志上限与前志衔接，为1986年，建置沿革、山水、姓氏望族家谱、杂记、补遗等内容有所追溯、补记。下限断至2005年，彩页部分下限延至2010年。本志记述范围为无锡市行政区域，以市区为主。”即主要记述1986—2005年间无锡市区的发展变迁状况。

一、体例继承创新

修志就是用志书体例记载地情，无论何时修志，志书的主体体例不会改变，但记载的客体地情总在发生或大或小的变化。为适应变化了的地情就必然对志书的体例做必要的调整和完善，即是对志书体例的继承与创新。《续志》“凡例”称：“本志遵守以类系事、横排竖写的原则，卷目设置按事物的属性分类编排，力求科学归类与社会分工相结合；以时间顺序记述事物的发生、发展过程。主体卷下设章、节，节下视需要设目、子目。卷下设概述。”

《前志》采用章节体，分卷、章、节、目四级，除总述、大事记、编纂始末外，主体设59卷。《续志》的体例结构在继承《前志》的基础上有所创新，使其更为完善，仍为卷、章、节、目四级，共计45卷，加上不列入序列的专记、杂记、勘误补遗。《续志》对《前志》的篇目进行了优化调整：

一是新增。新增“特记”，以突出重要事件与事物；新增“经济体制改革”和“开放·开发”，以突出经济体制改革与改革开放成就；新增“民营经济”，以突出发展迅猛的民营经济；新增“精神文明创建”“社会生活”“社会保障”“姓氏·望族·家谱”等卷，以强化社会文化部类记述；新增“前志勘误·补遗”，为续志所必备；新增“索引”，以方便检索。共计新增8卷和2个卷外（特记、索引），从所新增卷目中可以看出，《续志》既增加了经济部类的记述，又增加了社会文化部类的内容。二是更名。将部分卷更名，比《前志》卷名更富深意。将原“建置·区划”改为“政区”，“建置区划”只是作为一章，增设“边界”等内容。将原“自然环境”改为“环境”，增设“山水”，突出无锡山水名城特色；将原“城市建设”中的“环境保护”以及“科学”中的“气象预测、防震减灾”移至“环境”卷中。将“邮政电信”改为新的一卷“邮政·电信·信息化建设”；将“劳动”改为“人力资源”，将原“人事管理”等移此卷；将原“农业”改为“农村·农业·农民”，即“三农”，扩展了内容；将原“商业·饮食服务业”改为“商贸·服务业”，包含对外经济贸易的内容；将原“建筑”改为“房地产·建筑业”，从“城市建设”中分出“房地产”与原“建筑”合并。三是归并。将“胜迹”与“旅游”归并为“胜景·旅游”一卷；将纺织、丝绸、电子、机械、轻工、冶金、煤炭、化学医药、建材、电力等10卷合并为“工业”一卷；将“对外经济贸易”并入“商业”；将“计划统计”与“工商管理”并入“综合经济管理”；将“外事·侨务”并入“政府”；将“风俗·方言·宗教”并入“社会生活”。共归并18卷。四是微调。保留或基本不动的卷目有人口、城乡建设、水利、交通、经济综述、乡镇工业、中共、人大、政府、政协、民主党派（工商联）、社会团体、政法（原公安司法）、军事、科学、教育、卫生、体育、文化、新闻传媒、史志·档案（原档案·方志）、人物、市（县）区概况等23卷，占《前志》的40%左右，表明大部分有调整与变动。有的即使卷目相同，但仍是特色，而单独设置的，如“乡镇工业”卷，主要反映实行体制改革前后的乡镇工业发展情况；“水利”卷，因无锡城市水利发达，而让水利与农业分离。五是拆分。从原“文化”中分出“文博”“图书·著述”2卷。六是删减。因调整或已不再设而删减的有“工业经济综述”“商业经济综述”“粮食业”“中国国民党卷及其他党派”，共4卷。

二、内容衔接紧密

在内容记述方面，《续志》采用略记、追记、复记和补记的方法处理与前志的关系，但在具体问题处理上又作了灵活变通的一些处理。

一是对下辖市（县）区的内容采用略记。将《前志》中的第二卷“区县概况”改为“市（县）区概况”，并移至第四十五卷，从地理人口、城乡建设、区镇经济、工商业、农业水利、开放型经济、民营经济、社会事业、综合治理、社区建设、人民生活等11个方面，略记无锡市下辖江阴市、锡山市、宜兴市3个县级市和锡山、惠山、滨湖、崇安、南长、北塘、新区7个区的主要内容。这样设计准确地把握了市志的属性与内涵，总体上达到了详市区略属县（市）的协调统一。

二是对《前志》内容作择要式的复记。《前志》已记述的基本地情，《续志》择要酌情复记。《续志》卷首专门“历史概略”采用复记的方式，对前志所记无锡的历史、政治、经济、文化、社会发展以及辖区自然、名胜古迹、风土人情等状况简单勾勒概括。而“大事记”紧接前志的下限，从1986年写起，与《前志》一脉相承。

三是适度追述《前志》限内概况，接续记载《续志》限内情况。如《前志》下限为1985年，而《续志》第三十七卷“史志·档案”载：“1980年9月，无锡市恢复和建立地方志、党史、档案工作部门。80年代，组织开展中共无锡党史和地方志编纂工作。各市（县）、区、乡镇（街道），市各部门、各企事业单位相继编纂各类史志……各市（县）、区及各部门、单位相继建立档案馆（室），建立形成档案工作网络和专兼职档案管理队伍……”接着记述1986年以后的情况，这种方法在《续志》中使用比较普遍。

四是对《前志》未记的内容追溯发端。《续志》虽然断限为1986年至2005年，然而对于《前志》未记的内容，采用追记发端的方法，以实现统合古今。如第四十三卷“姓氏·望族·家谱”中“概述”载：“2005年末，无锡市区共有姓氏993个，其中单姓970个、复姓23个，人口分别为2347311人、1147人。无锡望族自泰伯奔吴始起。吴姓从泰伯至夫差，世泽600余年。吴亡后，泰伯后人流散各地，但在无锡仍然是大族。泰伯之后从中衍生吴氏宗亲的12个姓。吴亡，越尽有其地，勾践之后裔成为顾姓，也是无锡大姓……宋代有李、尤、张等姓，元代有强、倪等姓，明代有秦、顾、邹、安、华、孙、谈、高等姓，清代有嵇、杨、徐、薛等姓，民国有荣、唐、周、沈、蔡、陆、钱等姓……新兴的实业家大都成为新的望族，而以科技、教育、文化成名的世家也不在少数。自宋代始，无锡就有编修家谱的传统，代代相传。清代晚期、民国时期尤盛。新中国成立后一度中断。80年代后，民间又自发恢复编纂家谱。无锡图书馆和民间都收藏大量旧家谱与新编家谱。无锡市区柏某自80年代起收藏家谱，达130个姓氏、8000多册。”这样追溯无锡历史上的姓氏、望族、家谱情况。

五是直接承接《前志》记述，内容上相对接。如第七卷“交通”载：“1986年，无锡市有管养公路1025.3公里、内河航道1655.97公里、民用航空线两条。无锡火车站发送旅客812万人次，运输货物143万吨。全市全年完成客运量5385.59万人次、货运量6359.1万吨、港口吞吐量1492.21万吨。”第二十八卷“政法”载：“1986年后，全市各级政法机关把维护社会稳定作为全局性重点工作，打击敌对势力，惩治犯罪，保护人民，服务和保障大局，促进改革开放和发展，实行党政领导责任制和工作目标责任制，并列入市委、市政府两个文明建设目标管理。”与《前志》所记1985年的有关内容相连接。

六是补记《前志》遗漏。《前志》遗漏的重要内容，《续志》力求在相关章节中补记，或在志后设专文补遗。如第四十四卷“人物”的记述，采用接续前志、补记等方法，处理与前志相衔接的关系，但也并非简单的衔接。其中，“人物传略”涉及上限以前的人物有20名，以卒年为序，上起清咸丰三年（1853），下迄1987年，均为前志未收录的人物，以为前志之补遗。《续志》在“前志勘误·补遗”中设“侵华日军在无锡的罪行”“帮会、会道门”“新中国成立后重大历史事件”“增补人物”等四节内容。

三、体裁运用规范

《续志》“凡例”称：“本志以述、记、志、传、图、表、录为表述形式，语体文记述。”卷末设有“索引”，实际体裁与《地方志书质量规定》的体裁为“述、记、志、传、图、表、录、索引”八种相一致，即体裁运用具有规范性。

一是述体运用完善。为增强志书记述的综合性，新方志一般均在卷首设置概述。概述篇的创立者董一博曾说：一篇好概述，当为志书增色五成以上。概述是志书的“窗口”，是志书最为重要的一篇。如《续志》“总述”采用提炼式写法，在综述地情的基础上，重点以在改革开放的大潮中激流勇进、在经济社会的发展中创新突破、在城市特质的传承中奋发前行三个板块，高度凝练了无锡各方面的成就与成功经验，展现了“无锡这颗璀璨的太湖明珠”的良好形象。现在相当多的第二轮志书卷、章均有无题述（小序），然卷与章无题述（小序）间的简单重复时有所见，且篇幅长短不一。《续志》仅于卷首设无题述，每卷无题述篇幅大体相近，多控制在400~600字，除横通各目、勾勒本卷内容变化概括外，多提示2005年下限年的状况，有些还作画龙点睛式的议论或总结。如第三十八卷“图书·著述”的“概述”：“至2005年，除新区外，各市（县）、区都有图书馆。无锡市、江阴市、宜兴市图书馆为国家一级图书馆，北塘区图书馆为国家二级图书馆，其余均为国家三级图书馆。各乡镇图书馆大都有万册以上藏书，被撤并乡镇的图书馆大都以社区图书馆的形式保留。无锡市城乡图书馆逐步形成馆网。全市各级图书馆开展形式多样的读者服务活动和读书活动。”

二是图、表运用得当。图、表是志书均采用的体裁，其优势在于能弥补文字记述的某些不足，增加版式的美感，丰富信息量，提高资料性。然而，如果图表与文字的比例失当，或放置的位置不合适，效果有可能适得其反。《续志》地图继承《前志》地图的规范，图上设有图例、比例尺、审图号等标志。创新之处是图片根据需要随文设置，作为文字的佐证。《续志》图片分卷首彩图与文中插图两种形式，卷首彩图120余幅，彩页部分叙事下限延至2010年，便于读者了解无锡近年来发展情况。如第四卷“胜景·旅游”，插入“鼋头渚‘横云’和‘包孕吴越’石刻”等34幅照片。志书中“表”也是随文设置，如“1986—2005年无锡市港澳台和国际旅游接待情况表”等3份表。这些表格对正文均起补充作用，文字叙述与表相得益彰。

三是其他体裁灵活使用。1.记体。《续志》“大事记”为编年断代体，按年月为序，记断限内1986—2005年区境内大事，年均30余条；另设“特记”“专记”“杂记”。2.志体。志体由分志构成，按照横排门类、纵述史实的志规，《续志》设45卷，为志书之主体。3.传体。主要是“人物传”，列265个人物传记。4.录体。除卷末“附录”外，随文设置“小目录”，旨在全面展现情况。5.索引。《续志》设卷末“索引”，按汉语拼音字母顺序排列，方便读志用志，提升志书的学术价值。从体裁上考察，《续志》继承《前志》述、记、志、传、图、表、录七种体裁，并增设索引，以志为主，运用规范，为全面系统记载无锡市情提供了科学载体。

四、突出时代特点与地方特色

无锡是国家历史文化名城，自古就是鱼米之乡，素有布码头、钱码头、窑码头、丝都、米市之称。无锡是中国民族工业和乡镇工业的摇篮，是“苏南模式”的发祥地。《关于地方志编纂工作的规定》要求：“全面真实地反映当地自然和社会的历史与现状，为改革开放和社会主义现代化建设服务。”《地方志书质量规定》要求：“记述社会主义时期的内容，应体现社会主义时代精神风貌，全面反映发展中国特色社会主义事业的历程和成绩。”因此，集中记载改革开放以来无锡在政治、经济、社会、文化、教育等方面的成就是《续志》的首要任务。

一是突出时代特点。《续志》所反映的记载的是改革开放以来无锡社会急剧变化的20年，也是经济社会大发展的20年。无锡最重要的特征是通过争创率先全面建成小康社会、率先基本实现现代化“两个率先”，至2005年初步实现了基本达到全面小康社会的目标。为此《续志》在“特记”中设立“无锡市基本实现全面小康社会目标”和“无锡市国民经济主要指标在全省、长三角、全国位次”两节记述无锡基本达到全面小康社会的目标。20世纪90年代起，无锡市启动信息化建设，因此《续志》第八卷设“信息化建设”专章，记录无锡市发展信息化产业，开展网络宽带化和信息化小区建设，相继实施政府、企业、学校、家庭四大上网工程。进入21世纪，无锡市假日休闲经济和黄金周消费持续走热，物流、中介等新兴产业发展迅速，绿色保健、品牌时尚、电子数码类商品以及汽车、家居用品、装潢材料成为消费热点，电子商务初露端倪。所以《续志》第十七卷设“商贸服务业”“现代服务业”详加记述。1992年中国物资储运总公司南京公司无锡仓库最早尝试发展现代物流业。《续志》设“物流业”专章反映无锡迈进物流时代。《续志》所囊括的时间段正是一个改革转型的历史时期。为全面反映无锡市改革开放的主要成绩，《续志》专设“经济体制改革”“开发·开放”两卷，并放在较前位置。改革涉及各行各业，因此在有关卷目中都有所体现，如“政府”卷中设“行政事业体制改革”，“社会保障”卷中设“社会保障体制改革”，“教育”卷中设“教育改革”，“卫生”卷中设“卫生管理与改革”等。“三农”是中国经济持续发展的“软肋”。《续志》中若只写农业，不能很好地全面地反映党的“三农”政策，于是将《前志》的“农业”改为“农村·农业·农民”，旨在突出“三农”问题。

二是突出地方特色。《续志》首设“特记”，从无锡市树、市花、城市精神、荣誉、小康社会目标、在全国位次等6个有关无锡“脸面”的内容进行记述，让读者对这座古今辉映、精致优美的城市个性有深刻印象。无锡是山水交辉的城市，《续志》“环境”中设“山水”，反映无锡优美的地理环境。无锡是风景旅游城市，《前志》中分设“胜迹”“旅游”两卷，《续志》合并为“胜景·旅游”一卷，补充了新增景点，排列的位置相对靠前。无锡市是工业发达城市，但事实上传统工业多、国有企业多、中小企业多，《续志》调整《前志》按照行业一一立卷的模式，统一合并为“工业”，有选择性地为各工业门类分章记述。无锡市是“苏南模式”的发祥地，为充分展现农民依靠自己的力量发展乡镇企业、以集体经济为主的乡镇企业所有制结构、乡镇政府主导乡镇企业的发展等特点,《续志》依然设“乡镇工业”,全面记述被邓小平誉为“异军突起”、飞跃发展的苏南乡镇工业,以集体经济为主的经营体制,被誉为对中国改革开放产生重大示范作用的“苏南模式”。无锡市是吴文化发源地,《前志》中没有记载,《续志》在“文化”中设“吴文化研究”专章,全面记述了吴文化研究的主要机构、学术活动、重要成果。同时,又设“无锡太湖博览会”“重大节庆活动”等专记,集中展现独具特色的无锡民间文化艺术。

三是突出社会文化。《前志》也较重视无锡特色的记载,但经济部类明显多于社会文化部类;《续志》则“双轨并行”,对无锡经济与社会文化等各方面的特色皆予以较多的体现。如《续志》更加突出环境保护方面的内容,仅其中“环保”一章,就从环境质量、环境监测、太湖综合整治、工业污染防治、生活污染防治等12个方面,详细记述了改革开放后20年间无锡市在注重经济发展的同时大力加强环境保护的史实。《续志》“人物”卷篇幅没有因断限年代短而减少。《前志》从古代至1985年列人物传282个,《续志》20年间列265人,标准并不降低。《前志》漏载人物中被列传的有67人,载入“补遗”中。此外,还增加“人物简介”100人,“人物表”的内容也有增加。《续志》中“方言”承续《前志》内容,着重分声母、韵母、声调三个方面梳理了无锡的方言变异,专设《方言通用本字考核表》用国际音标标注。在新增“社会·生活”卷中记录无锡的民俗民情、无锡特产、轶闻掌故等内容进一步彰显地域文化特色。

此外,《续志》中也有一些值得商榷之处。如第二十二卷“中共无锡市地方组织”中“民族宗教事务管理”节与第三十九卷“社会·生活”中“宗教”章的内容可以合并;第二十七卷“社会团体”与第四十一卷“民政与社会事务管理”中“民间组织管理”的界定与区分;“凡例”中“新中国”一词用“中华人民共和国”可能更好;“索引”还可增设图、表索引;“人物传”章中缺部分传主肖像。

综上所述,《无锡市志(1986—2005)》在首部《无锡市志》基础上,对方志体例继承创新;资料全面、系统,具有存史、资政、教化、宣传、学术等价值功能;编纂实践中所形成的适度上溯,在《前志》基础上对市情增、删、补,详市区略属县,对于志书续修,尤其是市志续修具有借鉴意义。其缺失与问题应引起修志者的关注,以强化志书精品意识,提升续修志书的质量。

(原文刊载于《江苏地方志》2020年第2期)

无锡县志

无锡县志编纂委员会编。1981年启动编纂,1994年1月由上海社会科学院出版社出版。主编谈汗人,副主编袁家麟、李广平。总纂负责人谈汗人、袁家麟、蒋国治、祝梅英。总纂人员谈汗人、张伏英、李惠珍、祝梅英、许海泉、王正俊、袁家麟、荣宝甫、蒋国治、李广平、杜晓江、言国强、钱新华、陈祺生、汤煜琴、廖志镛。中共中央顾问委员会常务委员陆定一,中国科学院学部委员钱伟长为志书题写书名。

《无锡县志》目录

全书1册,186万字,地图21幅,照片118幅(集于志首),表格291张。记述范围为1985年无锡县行政区域,主要为今无锡市锡山区、惠山区。记述上限因事而异，适当追溯，下限1985年，大事记延至1992年。述、记、志、传、图、表、录等诸体并用，以志为主。志首设序、凡例、概述、大事记，志末设附录、后记。全志设30卷：建置区划、乡镇、自然环境、人口、农业、水利、乡镇工业、工业、交通运输、邮政电信、城乡建设、商业、财政税务、金融、经济管理、党派社团、政务、公安司法、民政、人事劳动、外事侨务、军事、教育、科学技术、文化、卫生、体育、社会、方言、人物。

无锡县是中国乡镇工业的主要发源地之一，乡镇工业是无锡县的经济支柱，该志对乡镇工业列卷记述，突出无锡县经济发展的优势和其存史价值。以典型作为存史资料，是该志存史的一个特点。如交通卷中的双曲拱桥，商业卷中的无锡米市，文化卷中的锡剧，教育卷中的普及教育、校办工业、无锡县捐资兴教概况等。为充分反映时代特点，尤其是改革开放新的特点，记述堰桥乡“一包三改”及其在全县的推广和发展商品经济中出现的新情况、新事物。此外，全书附录《史记》吴泰伯世系，《吴地记》太伯世次，无锡县历代地方志书简表，历代县志序选，历代进士名录，碑文选，吟咏无锡古诗词选，后汉至清无锡县令、知县名录，1986年至1992年无锡县经济统计资料，内容丰富，资料性强，也是该志一大特色。

1994年，该志获江苏省地方志工作优秀成果一等奖。

（袁　渊）

【后记（节选）】

自1981年起，全县170余个单位的400多名专兼职修志人员坚持质量第一，广征博采，去伪存真，聚沙集腋，历经十二寒暑，《无锡县志》终于付梓出版。全志凡30卷，180余万字。

《无锡县志》的编纂工作，始终在县委、县政府的直接领导下进行，经历了制订纲目，征集资料，分卷编撰，总纂合成，评审修改，校核定稿的过程。1980年9月，无锡市、县联合建立无锡地方志编纂委员会。同年12月，无锡地方志编纂委员会召开第一次会议，商定市、县共同编写解放前的《无锡县志》，同时各自单独编写解放后的《无锡市志》和《无锡县志》。1981年4月，无锡县志编纂委员会成立，下设办公室。11月，县志办公室与县委党史办公室合署办公，为一套班子、两块牌子。10月，县委批转了县志编纂委员会《关于搞好全县编史修志工作意见的报告》。12月，县委召开第一次全县修志工作会议，部署了县志编纂工作。县志办公室拟定了解放后的《无锡县志》编写方案和纲目，并着手征集资料，编写大事记。1984年10月，无锡地方志编纂委员会决定，无锡市、县不再共同编写解放前的《无锡县志》，由无锡县志办公室单独编写一部通贯古今的《无锡县志》。1986年3月，县人大九届三次会议将编修《无锡县志》列为县“七五”期间的一项系统工程。同年4月和5月，县委、县政府先后召开县、乡两级修志工作会议，进行全面发动，对县机关各部门和各乡镇下达了修志任务，县志办公室重新制订了县志编纂实施方案和县志纲目，先后举办4轮县乡两级修志业务培训班，培训骨干200余名，加强对部门和乡镇的业务指导，有计划、有步骤地全面开展县志编纂工作，全县修志工作形成新的局面。修志人员北上南下，到各大档案馆、图书馆查阅档案4100余卷，报纸2万余份，先后走访1000余人次，发函6000余件，共积累资料9000余万字。至1990年9月，各部门陆续完成了县志21个专业卷的初稿或资料长编，办公室自编了8个专业卷并概述、大事记、附录，《无锡县志》初稿全部完成。10月起，县志办公室集中力量对志稿进行总纂，至1991年底完成。为提高质量，将志稿分送专家、行家预审，同时返回相关部门复核，再作修改。

1992年6月，志稿通过县四套班子的评审。8月，通过无锡市地方志办公室的初审。9月，在蠡湖宾馆召开《无锡县志》稿终审会，省市有关领导、专家学者、《无锡县志》顾问、兄弟市县的修志行家和出版部门编辑共20余人参加评审。会后，县志办公室对志稿作了认真修改。为加强地方特色和时代特色，根据评审意见增设了"乡镇工业"卷，并将大事记延伸至1992年。1993年3月，经江苏省地方志办公室验收批准，付梓出版。全国政协副主席陆定一、全国人大常委会副委员长钱伟长、著名方志学家朱士嘉关心家乡修志事业，为《无锡县志》亲笔题词。

附：

修志六记

——编修《无锡县志》的回顾与思考

谈汗人

1984年3月，我受命参与《无锡县志》的编修工作，并忝列主编。这是我一生中最后的一次改行。已过知命之年，又得从头学起，从事自己所不熟悉的工作，真怕力不从心，愧对"江东父老"。而面对热火朝天的商品经济大潮，一头扎进历史资料的冷门，能不茫然？当时，修志界已流传"修志不得志，得志不修志"和修志工作"三苦"（清苦、辛苦、艰苦）之说。而社会各界对修志，更是不甚了解。

星移斗转，世事沧桑。如今，《无锡县志》已经正式出版发行，洋洋186万言，蔚为大观。回首往事，感慨良多。尤其是每每想到志书质量，犹似履薄临深，惶恐不已。这十年，正是不断提高认识，克服一个又一个困难，团结奋斗的十年；是边干边学，不断探索，聚沙集腋，众手成志的十年；也是全体修志同仁耐得寂寞，安于淡泊，苦中有乐的十年。为聊寄情怀，志以备考，特撰此六记。

一、众手成志

地方志是严谨的科学的资料性著述，素有地方百科全书之誉。编修一部上百万字的县志，绝不是少数几个人能够办到的。因此，"众手成志"就成为修志的一个基本特点。我查阅了几部旧志，署名的编纂人员，大都在20人以上。清光绪七年（1881）的《无锡金匮县志》署列监修、总纂、分纂、采访、收掌、总校、分校共31人。何况现代社会分工更细，事业门类更多，经济发展更快，社会面貌变化更大。不像旧时，经过几十年以至上百年，城镇面貌、居民村落、道路桥梁、阡陌田野，大都依然如故，变化不大。加上旧志重人文轻经济，不免陈陈相因，后志照录前志的比重不小。而本届修志，从指导思想到篇目结构，从继承到创新，无论广度、深度及其难度，均非旧志可比。这就需要更加广泛地宣传发动，更加精心地组织协调。编修一部县志，不失为一项全社会的文化系统工程。我县先后参加编修《无锡县志》的有170多个单位，400余人。作为采编、摄影、绘图，及评审人员载入县志的就有179人。先后参加志稿评审工作的老党员、老干部、老职工达3000余人次。提供口述资料的“三老”累计达2000余人次。新编《无锡县志》，不仅凝结了全体修志人员的心血，融和了全县人民的热情关注，而且，得到了县志编委会顾问的悉心指导和县内外专家学者的支持帮助。《无锡县志》堪称集体智慧的结晶，全县人民的共同财富。

二、质量第一

方志乃传世之作，不仅服务当代，且亦泽惠后世。因此，“千秋大业，质量第一”，已成为方志界的共识。各地修志同仁均以此为己任，竭尽全力。地方志的质量要求，一般认为，主要体现在五个方面：即观点正确，体例完善，资料翔实，特点鲜明，文风端正。在《无锡县志》编修过程中，我们始终坚持了质量第一的观点。坚持实事求是、存真求实的原则。从上述五个方面，作了全面努力。由于地方志是以资料为基础的综合性地情载体，因此，资料性是地方志最本质的属性之一。地方志的权威性，正是来源于资料的丰富性、科学性和可靠性。因此，必须首先在资料质量上下功夫。我们组织人员广征博采，并注重反复考证。除各种载籍外，我们还注意了采录口碑资料，选择典型单位进行实地调查，形成了一批十分宝贵的新资料。全县先后共收集了约一亿字的资料。

在体例结构方面，《无锡县志》采用中编卷志系章节的体式。一般设卷、章、节、目、子目五个层次，述、记、志、传、图、表、录诸体并用。除卷首（主要为概述、大事记）及附录外，凡30卷、149章、589节。全志用照片118张，地图21幅，设表格291张。从内容比重看，经济部类占36%，文化部类（教科文卫体、人物、社会）占30%，政治部类（党政军法）占16%，自然地理部类占9%，卷首、附录占9%。为保证县志文风端正，一方面，我们通过学习培训，明确统一要求，制订具体规范，连表格设计、表头文字也明确了排列顺序。另一方面，则坚持主编一支笔统稿把关。先后统稿达三次，尽力保持行文规范和文字格调的基本统一。

三、队伍建设

无锡有志，始于宋代，其书已佚。元有至正王仁辅修《无锡志》四卷。明凡三修，景泰、弘治、万历皆有志。清康、乾、嘉、道，历经修纂，而以康熙庚午志最为善本，光绪七年（1881）的《无锡金匮县志》，为无锡历史上的最后一部县志。民国期间，虽曾两度开局议修，但均因人事及经济等原因而未果。县内修志，实际上已中辍100多年。

由于一部县志，涉及数千年，纵横百余里，且事关百科。对修志人员的要求是很高的。修志人员必须具有较高的思想理论水平和文化知识素养及写作能力，具备一定的史德、史识、史才、史学。如清代著名方志学家章学诚所主张的“三长”，即“识足以断凡例，明足以决去取，公足以绝请托”。而本届修志，由于理论准备不足和队伍准备不足，各地修志大都仓促上马。因此，修志队伍的建设就显得特别重要和迫切。而边干边学就成了必然的也是最好的选择。在编修县志过程中，我们注意了修志队伍的建设，坚持思想建设与业务建设并重。尤其是把学习贯穿于修志全过程，我们先后组织去如东、奉贤、武汉等地参观学习共40多人次，派员参加省内外专业培训班15人次，主要人员都经过专业进修。为修订县志篇目，我们走访了苏州大学历史系吴奈夫教授和我国当代著名方志学家、湖北省文史馆馆长朱士嘉教授。特别是年已耄耋的朱老，对家乡修志倍加关怀。在他寓所多次为我们悉心指导。1987年，朱老还亲临家乡指导修志。直至谢世，同我们一直保持着联系。

由于地方志工作涉及数十门学科。因此，我们特别强调，修志人员必须努力自学钻研，不断补充各自分工所需要的知识。为保证学习需要，办公室先后购置了1500多本文史资料和工具书。订阅了《中国地方志》《江苏地方志》《历史知识》《人物》《求是》等十余种报刊，使每人拥有如《新方志编纂讲义》《新方志编纂学》《方志管理学》《中国方志学》《中国旧志名家论选》等十多种方志理论专著，并坚持理论联系实际，结合修志进度，自办了多次专题培训和研讨会。同时，还注意了搜集旧志，提倡阅读旧志，长期保持了良好的学习风气。

功夫不负苦心人。全体修志人员在修志实践和长期学习中，得到了多方面的提高。有4人在《江苏地方志》等刊物上发表了方志论文、随笔共12篇，并有一人参加了全国性方志理论学术研讨会，在会上宣读了论文。同时，在县志概述的撰写方面，有所创新。《无锡县志·概述》在《江苏地方志》发表后，获得了普遍好评。在县志终审会上，被专家论为"代表了江苏的水平"。

四、地方特点

本届修志，在反映地方特点方面，各地都十分重视，并不断有所突破。《无锡县志》主要是从两方面入手的。

首先是从宏观上把握全县经济和文化的基本特点，加强整体性的全面记述，充分反映无锡县三个"发祥地"和三个"高水平"的特点。即古代吴文化主要发祥地之一，近现代民族工业的主要发祥地之一，当代乡镇工业的主要发祥地，以及全县经济发展的高水平，文化教育的高水平和小城镇建设的高水平。

其次是从微观上抓住单项特点，突出有关章节，在各卷中作重点反映。如《交通》卷中的双曲拱桥，《商业》卷中的无锡米市，《文化》卷中的锡剧，《教育》卷中的普及教育、校办工业，以及突出反映了地方办学和群众办学的积极性，《教育》卷中的附录"无锡县捐资兴教概况"，更是十分宝贵的资料，为一般县市志所缺乏。

在努力反映地方特点的同时，我们也注意了反映时代特点。一方面，抓住各个时代社会变革的主旋律，反映各个历史时期的基本特点，另一方面，充分记述现状，反映新的时代特点，尤其是改革开放新的特点。如堰桥乡的"一包三改"及其在全县的推广和发展商品经济中出现的新情况、新事物，以及反映科学技术是第一生产力的新情况、新特点。

五、评审把关

从一定意义上讲，地方志是官修的信史，具有行政的权威性。本届修志正是由党委领导、政府主持，有组织有领导地展开的。因此，同样需要有组织有领导的具有权威性的评审程序。江苏省地方志办公室为此作出了"三审一验收"的规定。我们认真贯彻执行了这一规定。《无锡县志》稿，经过了分志稿的基层初审，县级的复审，市级的终审，最后经修改后报送省志办验收，经批准后送出版社正式排印出版。这样的评审程序应该说是比较严密、慎重的，对保证志书质量的作用是巨大的，而且具有严肃的行政的权威性。此外，我们注意发挥老党员、老干部、老职工的作用，也注意了在评审会上进行适当的宣传，扩大修志工作的社会影响，争取更广泛的社会支持，收到了较好的效果。

六、服务现实

由于地方志具有“资治、教化、存史”的功用。人们历来以“经世致用”来说明地方志的功利性。强调志书为现实服务，已成为修志的良好传统。本届修志，在编修省市县志的同时，各地都注意了编修专业志和乡镇志，以及“市县概况”“乡镇概况”“年鉴”一类的资料书，及时提供县情乡情资料，为现实服务。我们在编修县志的同时，同样注意了尽可能使地方志工作联系实际，为现实服务。我们先后编写了《无锡乡镇概况》《无锡县概览》《无锡县情》等书，受到县乡领导干部，特别是文秘人员的普遍欢迎。我们还辅导编写出版了18部专业志和乡镇志，也受到普遍好评。此外，还配合有关部门，在多种报刊上发表了10多篇反映无锡县情的地方文史专稿。为配合抗洪救灾，及时编写了太湖流域无锡地区水涝灾害的历史资料。为领导干部和驻军作了10多次县情报告，受到好评。

编修地方志，是地方文化的系统工程。一般是几十年修一次。人在一生中，有机会参加修志工作，确也难得。十年修志，甘苦备尝。是考验，也是磨炼。诚如著名史家范文澜所言：“板凳要坐十年冷，文章不写一句空。”修志工作者是更需要“不以物喜，不以己悲”的思想素养的。人生不该单纯以得失好恶论是非，也不该以个人穷贱富贵论得失，正是应该以奉献看人生。受命修志，那就应该“衣带渐宽终不悔，为伊消得人憔悴”。

（原文刊载于《江苏地方志》1994年第4期）

【志评】

评《无锡县志》的存史、资政、教化功能

盛思明

地方志的功能，历来有存史、资政、教化之说。无锡县素称华夏第一县，名列全国农村综合实力百强县之首。因此，人们对于《无锡县志》抱有更高的期望，希望它在县志功能上写出自己的特色，发挥更大的社会效益，是完全可以理解的。现在看来，新编《无锡县志》没有辜负人们的期望。它突出记述了无锡县经济社会发展的优势，显示了特有的存史功能；它充分描述了无锡县自己的发展道路，显示了特有的资政功能；它有力表述了无锡县优秀的历史文化传统和当代精神风貌。这是一部在发挥地方志功能上写出了自己的特点的难得的志书。

一、从存史的角度看，《无锡县志》突出记述了无锡县经济社会发展的优势。这是抓住了无锡县作为华夏第一县的核心资料。这可以从以下几个方面看到：其一，无锡县自市、县分设以后至县志问世之前，一直是有县无城。它自身缺乏城市功能的辐射作用，它的经济社会发展的优势在乡镇。因此，突出记述乡镇的工农业发展和小城镇建设，就有了特殊的存史价值。《无锡县志》除了在各卷都重视乡镇经济社会发展的记述，在第二卷专设“乡镇卷”，可能正是出于这样的考虑。该县志对于乡镇的记述，以经济建设为重点，兼述社会发展的各个方面，包括教育、文化、卫生、文物古迹、人民生活等，上溯历史，重在当代。在经济建设方

面，除记述工农业总产值、乡镇办企业数量等，还注意介绍其主要行业、特色产品、第三产业发展和乡镇建设。力求用最简洁的文字，对乡镇作全面而又有重点的记述。尤其值得称道的是“乡镇卷”的卷前小序，对全县乡镇概貌进行综合记述，使人既见树木，又见森林。概述乡镇，当然要写乡镇工业，这就难免要同“乡镇工业卷”的卷前小序发生交叉，甚至重复。但在“乡镇卷”小序着重记述工业总量，而“乡镇工业卷”小序则重在记述工业发展历程和经济效益，这就有了明确的分工，也可见其安排的匠心。其二，无锡县是中国乡镇工业（原称社队工业）的主要发源地，而见其发展速度一直居于省内乃至全国的前列。乡镇工业是无锡县的经济支柱。1985年全县乡镇工业产值35亿元，占全县工业总产值的80.83%，全县农民人均从集体经济分配的754元中，50%以上来自乡镇工业的收入。1985年无锡县乡镇工业总产值占全国的2.46%，占江苏省的9.37%，全国有2000多个县（市），江苏省有61个县（市），可见无锡县乡镇工业在国内、省内的重要地位。正因如此，《无锡县志》对乡镇工业列专卷记述，无疑也是突出了无锡县经济发展的优势和它特有的存史价值。《无锡县志》的“乡镇工业卷”分发展概况、结构、生产经营、管理、分配等章进行全面、详尽的记述，以尽其存史之责，这对于后人认识他们的先辈在中国现代化进程中走过的路，具有不可替代的史料价值。例如在“发展概况”章，附了3张表格，具体记载无锡县1958—1985年乡（镇）、村两级企业各种主要数据，1985年乡（镇）工业产值构成和1971—1985年乡、村两级工业产值在全国、全省的比重，这都将成为后人认识无锡县乡镇工业发展轨迹的重要史料。其三，作为中国农村综合实力百强县之首，无锡县的优势除了乡镇工业的高度发达，还表现在经济、社会、教育、文化、卫生、乡镇建设和人民生活等多方面要素的综合优势。《无锡县志》在有关各卷都以相应的章节，作了重点记述。如在“城乡建设卷”，专设“农村建设”一章，并专节介绍2个新村的建设。在“社会卷”“人民生活”章，把农民生活放在第一节作专题介绍，并重点介绍了西塘村村民生活的变化。它作了如下对比：“今日西塘村既无贫困户，又无暴发户，人民生活安定幸福，成为共同富裕的典型。”而昔日的西塘村，直到60年代，还是穷得出名的“生产靠贷款，吃粮靠返销，用钱靠救济的‘三靠队’”，以致当地流传着“有钱不借西塘村，有女不嫁西塘人”的民谣。最能说明一个县农村经济发展状况的，无过于普通农民生活的变化，因为它反映了多种经济指标的综合因素。典型往往是最有说服力的。《无锡县志》很善于用典型来显示自己的综合实力。如在“教育卷”专题介绍了全县“捐资兴学”的情况，在“卫生卷”专节介绍“以工助医”的情况。说明无锡县虽是一个财政大县，但它的社会事业的发展，不单纯靠国家财政拨款，而是在基层潜藏着一股自力更生、自求发展的伟力，这也正是无锡县的农村经济综合实力不断增强的显示。以典型作为存史的资料，并用以突出自己的综合实力优势，这也是《无锡县志》存史的一个特点。

二、从资政角度看，《无锡县志》突出记述了无锡县经济社会发展的自己的路，这也就是被称为“苏南模式”的发展道路。地方志的资政功能，主要通过丰富的地方史料，为人们提供可资借鉴的经验。地方志没有总结经验的任务，但一部好的志书，却能使经验在丰富的资料记述中力透纸背。有心的读者，就可以从读志中得到有益的借鉴。《无锡县志》正是这样一部饱含着丰富的发展经验的地方百科全书。县志的“概述”，在这方面是表现得比较突出的。它既高度概括地记述了无锡县经济社会发展的历史进程，又高度集中地写出了无锡县经济社会发展所走的自己的路，包括：抓住机遇发展社队工业，大批转移农村劳动力，理顺农村经济关系、实行“一包三改”“三制”配套，提高科学管理水平；重视科技发展、设备改造和技术进步，加速现代化进程；以经济建设为中心，推进全面的体制改革；在增强经济实力的基础上，加强科、教、文、卫和小城镇建设，等等。这里包含了被称为“苏南模式”的主要经验，但它是通过无锡县自己的实践概括起来的。地方志的“概述”当然是概括性的记述，其理性成分要多一些，但又绝不是纯抽象的概括，而是述中有概，寓概于述。《无锡县志》的“概述”正是具有这样的特点。此外，在一些卷前小序和属于概况、综述性的章节中，也有类似的特点，读志时不可忽视其重要性。当然，无锡县的发展道路及其经验是极其丰富而具体的，我们要更多地从中得到有益的借鉴，千万不可满足于志书概括出来的结论性见解，还应该把这些见解作为一种提示，而从志书的具体记述中去发掘更为丰富生动的资料，并通过自己的理性思维去作新的探求。那样，我们从志书中得到的启发就会更丰富、更深刻，志书的资政功能也就可以得到更加充分的发挥。

三、从教化的角度看，《无锡县志》突出地记述了无锡县的优秀文化传统和现代精神风貌。无锡县经济社会发展的奇迹，是无锡人民用自己的聪明才智和艰辛劳动在社会主义制度下创造出来的。在这个创造历程中，人的精神素质无疑是十分重要的。《无锡县志》不仅重视物质文明建设的成果，而且十分重视精神文明建设成果，特别是人的精神风貌的记述。无锡县历来人才辈出，而且其知识分子有一种极其可贵的精神品质，那就是关心天下事，为坚持真理而献身的精神。早在明代后期的东林学派，就有一幅名联：“风声雨声读书声，声声入耳；家事国事天下事，事事关心。”其代表人物高攀龙不仅身体力行，而且抗暴身殉。这是无锡传统文化精神的一个代表。到了近、现代，这种传统的精神风貌有了进一步弘扬，尤其是无锡籍的共产党人，更把这种精神升华到崇高的境界。其杰出的代表如著名的马克思主义经济学家孙冶方，他在受“四人帮”的迫害身陷牢房时，仍坚持要“为真理而活下去，要在死之前把自己的见解留下来，让人民去作公正的判决”。在获释以后，表示“一不改志，二不改行，三不改变自己的观点”，并继续撰文，为党在新时期的经济方针提出自己的新见解。实践已经证明了他的许多观点的正确性。正是这种勇于坚持真理和探索真理的精神，使无锡人民及无锡县的党政领导，在社会主义两个文明建设中，勇于抓住机遇，不断开拓进取。在70年代初，乘着北方农业会议要求加快农业机械化，社队要大办农具厂、农机厂以及与农业有关的其他行业的机会，无锡县适时地提出了“围绕农业办工业，办好工业促农业”的口号，提出了“以副养农”“以工补农”的方针，把社队工业引向积极发展的道路，并利用无锡特有的优势，在1973年就使无锡县成为社队工业最早突破1亿元的县。在那个时候，这是要冒一点风险的。到新时期，无锡县又适时总结乡镇工业发展的经验，率先创造和推广了“一包三改”“三制”配套等改革举措，不断提高乡镇工业的管理水平和经济效益。在无锡县两个文明建设发展进程中，处处显示出它实事求是，敢为人先的精神风貌。这种精神风貌是同它的传统文化精神一脉相承的。《无锡县志》在这方面的记述，也是极为充分而有特色的。地方志的教化作用，正在于具有地方特色的精神风貌对于人的潜移默化作用，这也正是地方志的灵魂所在。

地方志的存史、资政、教化作用是互相依存，互相渗透，不可分割的。存史是资政、教化的基础，这就是论从史出，资政、教化是存史的目的，这就是以史为鉴。《无锡县志》的优点很多，作为一方之全志，这里只是讲它的一个侧面，也是我读志的一点心得。当然，《无锡县志》也有缺点。其中最使我不能满足的一点是，这部县志在1994年出版发行，而它的下限却截止于1985年。虽然“大事记”延伸到1991年，“概述”却没有作相应的延伸。这就使其后几年有声有色的新事业新发展不能及时地在县志中得到比较充分的记载，这是不能不令人感到遗憾的。假如它能早三四年编成出版，这种遗憾就无从产生。尽管有多方面的原因，仍不能不觉得它12年的编纂时间过长了。

（原文刊载于《江苏地方志》1994年第4期）

锡山市志（1986—2000）

锡山市志编纂委员会编。2004年启动编纂，2008年8月由方志出版社出版。主编顾伟伦，特约编辑曹柏楠，编辑杨永良、程锡荣、陈继忠。著名红学家、国学大师冯其庸为该志题签书名。

全书2册，136万字，图片459幅（志首63幅、随文396幅），表格299张。记述范围为2000年锡山市行政区域，记述内容特别是统计数据不包括县改市时已析出的硕放镇、胡埭镇及新安、梅村、坊前镇的19个行政村。该志为《无锡县志》续志。1995年6月，国务院批准无锡县改设锡山市，2000年12月，国务院批准撤销锡山市，其境域分设无锡锡山区、惠山区、滨湖区和新区。记述上限1986年，下限2000年，部分内容为反映全貌适当追溯。述、记、志、传、图、表、录诸体并用，以志为主。志首设序、凡例、前志概要、总述、特载、大事记，志末设附录、索引、主要参考书目、后记。全志设31篇：市域·区划、自然环境、土地、人口、环境保护、城乡建设、经济体制改革、开发·开放、农业、水利、工业、交通·邮电、商业·服务业、财税·金融、经济管理、政治体制改革、党派·社团、政务、司法、国防建设、教育、科技、文化、体育、卫生、社会保障制度改革、民政、人民生活、精神文明创建、人物、杂记。

20世纪90年代，锡山市连续三次位居中国农村综合实力百强县（市）第一，被誉为“华夏第一县”，为突出地方特色，志书设特载专篇列于卷道，收录中国农村综合实力百强县评比“三连冠”史料。正文31篇则记述百强县奋斗之路，资料翔实。该志突出时代主旋律，对改革开放采用分散与集中相结合的记载方式，翔实有特色。设置经济体制改革、开发·开放、政治体制改革、社会保障制度改革4篇，集中记述改革的历程与成果，将改革的主线在志书中贯穿始终。突出时代特点，设土地、人口、环境保护3篇，紧接自然环境篇之后，更显科学、合理。突出以人为本的新时代理念，设人民生

《锡山市志（1986—2000）》目录

活、精神文明创建2篇。善用述体，在志首设总述，在各篇之首设概述，在某些类目之首设无题小序，增强志书的综合性、著述性。该志内容的最大特色是资料丰富性，卷首设前志概要，使读者明了锡山市之前身和发展基础。总述勾勒锡山市15年的发展之路和该志基本内容。全志设《1991年抗洪救灾纪实》等6篇专记，突出地方特色和时代特征，增强记述深度。杂记篇所录45首民谣、255条谚语、8则故事传说，既作前志之补，又富有地域人文气息。附录选录涉及经济和改革的重要政府文件、乡镇企业发源地溯源观流记等资料，思想性、可读性、资料性俱强。索引设主题索引和图表索引两部分，为备查考还列主要参考书目于志末，方便读者查阅志书资料和原始史料。

2018年，该志被评为江苏省地方志书优秀成果综合优秀二等和特色创新单项优秀。

（袁　渊）

【后记（节选）】

编修《锡山市志》启动难。享有“华夏第一县”美誉的锡山市，曾在1999年计划以2000年为下限，编修一部《无锡县志》（下限为1985年）的续志——《锡山市志》。但2001年初，锡山市被撤销，原辖区分属无锡市的锡山区、惠山区、滨湖区和新区。此时再议编修《锡山市志》，情况就变得复杂起来。首先，已撤销的锡山市，还要不要修志？这在领导层中认识并不统一。其次，如要编修，由谁来牵头组织？人员、经费怎么解决？这又是一个难题。面对新情况，在无锡市史志办公室的积极建议和推动下，无锡市政府先后两次召集锡山区、惠山区、滨湖区和新区的有关领导，专题协商《锡山市志》编修工作，并形成会议纪要。2004年10月，成立了以副市长麻建国为组长的锡山市志编修工作领导小组。在第一次领导小组会议上，明确《锡山市志》编修由锡山区、惠山区承办，滨湖区、新区协办。经过近两年时间的酝酿，在各方的努力下，《锡山市志》编修工作终于在锡山市撤销后的第四个年头得以正式展开。

修志队伍组织难。承办编修《锡山市志》的锡山区和惠山区，在区划调整后都没有设立修志机构，而原锡山市地方志办公室的人员已分散到两个区的有关部门，再要重新集中起来修志困难很大。在此情况下，市、区有关领导希望原锡山市地方志办主任顾伟伦能主持《锡山市志》编修工作。为解决修志办公室编辑人员，经锡山区、惠山区领导同意，计划从两区各抽调2~3名熟悉情况、掌握政策、文字功底较好的人员到锡山市志编修办公室工作。但在具体落实时未能如愿。无奈之下，修志办的编辑只能由清一色的退休人员组成。各专志的编纂，由于是两个区合编，部门协调难度较大。后根据锡山、惠山两区人员的具体情况，在分解任务时明确以一区为主，另一区配合，资料互通有无，初稿共同审核；两区都无法落实的，则由修志办公室直接采编或特邀人员采编，这也是无奈之举。

修志资料征集难。《锡山市志》的断限为1986—2000年，按理说，时间离得近，跨度也不大，资料征集应相对容易。但修志工作开始后，发现实际情况并非如此。原因是2001年初撤市设区时，对原锡山市形成的各类资料如何交接，并没有提出明确的要求，更无严格的交接手续。以致一些部门在分区后，随着时间的推移，逐步将这些资料视为累赘，有的甚至把它当作过时的"废品"，或出售、或销毁，给编修地方志造成很大困难。面对现实，修志人员采取到上级相关部门查询、邀请有关知情者座谈和上门走访等形式广泛征集资料；同时充分挖掘、利用原锡山市统计部门汇编的各类统计资料，党史、地方志部门编纂的多种地情资料，档案部门入库的有关文书档案资料，上级有关部门在锡山市的调查资料等，千方百计使《锡山市志》的编纂有一个较扎实的资料基础。

"抢"字当头编志稿。编修《锡山市志》，从某种意义说，是对原锡山市地情资料的一项抢救性工作，加上遇到的种种特殊情况，要求这次修志必须打破常规，速战速决。2004年10月20日《锡山市志》编修工作会议后，全体修志人员立即按照《锡山市志》纲目，抢抓资料，抢编初稿。锡山修志办公室除完成自编稿《前志概要》《大事记》《总述》《特载》《市域·区划》《商业·服务业》《文化》《人民生活》《人物》《杂记》《附录》等初稿外，还主动介入有关部门专业志的采编。至2005年末，形成近百万字的《锡山市志》初稿或资料稿，并经相关部门初步审核。2006年，办公室4名编辑人员集中精力，按照《锡山市志》的凡例和编写要求，对初稿逐篇进行增补、调整、修改。为争取时间，采取编完一篇，排印一篇，返回有关部门和知情者复核一篇，报送无锡市史志办初审一篇的办法交叉进行，并根据返回意见，对志稿再次作了修改。至年末，近120万字的《锡山市志》征求意见稿全部完成。2007年初，将征求意见稿分送原锡山市有关领导、锡山市志编委顾问、省市修志专家学者预审，并先后召开三次评稿会，听取有关领导、专家学者对《锡山市志》征求意见稿的意见。会后，对评稿意见认真梳理，并确定了修改方案。2007年4月起，对志稿进行了一次较大幅度的修改。根据初审意见，增设了《自然环境》篇。为加强志书的地方特色和时代特色，在《农业》《工业》《政务》等篇增设了有关专记、附记。为使志书图文并茂，映现锡山市时代风貌，通过挖掘、征集、抢拍，在修改稿中增加了400余幅随文照片。2007年11月，130余万字的《锡山市志》送审稿排印4个分册，正式报送锡山市志编修工作领导小组、锡山市志编委会、江苏省地方志编纂委员会办公室和无锡市史志办公室。2008年1月，召开《锡山市志》稿终审会。会后，又经3个多月的修改，最后统一文风，规范体例，字斟句酌，形成《锡山市志》定稿本。经江苏省地方志编纂委员会办公室和无锡市地方志编纂委员会验收批准，交付方志出版社付梓出版。三年多来，《锡山市志》编纂马不停蹄，一气呵成。基本实现了"三年脱稿，四年出书"的目标。

【志评】

从难字堆出来的良志

——研读《锡山市志》的一点心得

李　明

手捧新近出版的《锡山市志》（方志出版社2008年8月版），心中的喜悦之情无以言表。《锡山市志》虽未金题玉躞，然不失清丽典雅，且体例完备，颇多创新，真可谓"笼天地于形内，措万物于笔端"，我还真有点"相看两不厌，只有敬亭山"的感觉。

锡山市于上世纪90年代，连续三次位居中

国农村综合实力百强县（市）第一，被誉为“华夏第一县”。这在中国历史上，可谓千古一县啊！可在千禧之交，锡山市被一分为三，分别组建了三个行政区。撤县建市时间虽只短短数年，却取得了极其辉煌的成就。然锡山市建制不存在了，这段历史要不要独立成志记载，由谁家来承办，又由谁人来编修，尤其是经费从何处出？议而难决，拖了数年。

方志学鼻祖章学诚说过修志有“五难”，我读了该志主编顾伟伦先生在“后记”中写的一连串的“难”字，便觉得《锡山市志》的成书历程才是修志史上最艰难的，最大的难点是主修单位不存在了，这是史所未见的大难题啊！但锡山人珍惜殊荣，珍惜历史，无锡市政府出面组织，牵头主修，聘请原锡山市志办已退休的修志人员肩负起编纂《锡山市志》的重担。5位老同志在主编顾伟伦的带领下，以愚公移山的大无畏精神，刀过竹解，克服了一切困难，仅用两年时间完成了近120万字《锡山市志》征求意见稿。继又用一年时间修订完志稿，实现了“三年脱稿，四年出书”的目标。这使笔者想起在首轮修志之初，在北京图书馆里读到过民国方志学家邬庆时《方志序例》一书，书中说“修志不在人多、钱多，尤不在时间长。”邬庆时曾编纂过七部县志，相信这是经验之谈，于是我们用心求索，三年修成了《如东县志》。事后，也总结了一句话，“人不过十（专职），时不过三（年），钱不盈万（元）”，这曾引起方志界的热议。笔者没有想到25年后又遇知音——《锡山市志》，含英咀华，品读志文，心如春风骀荡。

《锡山市志》成书出版正逢二轮修志启动，是志的问世对本轮修志颇有借鉴意义，笔者粗析有以下三点：

一、如何与前志对接。《锡山市志》作了有益的探索。一是在志首设“前志概要”，5000余言，作史略式勾勒，述说无锡县解放前、建国后特别是三中全会后的发展历程。“前志概要”与新志“总述”实为上下篇。“总述”的篇幅与“概要”相等，主要述说锡山市农民自己办工业，就地实现“农转工”，走出了一条与西方国家完全不同的工业化道路；而且锡山市依靠现代农业，用占全国万分之一的土地，养育了占全国千分之一的人口，每年还向国家交售商品粮1亿公斤。“概要”与“总述”的对接十分完美。二是在志书中，“对某些事物为反映其发生、发展的全过程，其上限适当追溯（‘凡例三’）”。但这种情况不多，文字量不大。有些为补前志之遗，设有“考”，如在“市域·区划”篇下附有“无锡建县时间考”。三是在志末，附有《无锡县志》全文光碟，以供读者索用。

二、如何突出时代主旋律。《锡山市志》对改革开放记载有了新开拓。首轮修志虽然普遍注意突出对改革开放这一新生事物的记述，但由于下限时间一般截至80年代中后期或90年代初，受到实践时间不充分的限制，故对改革开放的记述在广度和深度上受到一定的影响。本轮修志就不同了，改革开放30年史料齐全，内涵也充实了许多。《锡山市志》对改革开放的记载明显强于《无锡县志》，前志是分散记，新志是分散与集中相结合，显得翔实，有鲜明特色。如设有经济体制改革篇，分别记述农业经营体制改革、工业体制改革、流通体制改革；设有开发·开放篇，分别记述开发区、对外开放、商品检验、海关；设有政治体制改革篇，分别记述党政机构改革、公务员制度、事业单位改革、人事制度改革、民主与法制建设；设有社会保障制度改革篇等。其中政治体制改革和社会保障制度改革两篇在首轮志书单独设篇记述的不多。凡事聚则显，散则隐。将改革开放作相对集中记述以彰显时代精神和社会的进步，是一种不错的选择。

三、如何增强志书的可读性。《锡山市志》在运用彩照上下足了功夫。一是量大，全书用照片459幅，其中彩照多达424幅。笔者读过的新志书运用照片最多的是《绍兴市志》，多达773幅，而彩照只有98幅。二是突出民生，在459幅照片中，大多与民生相关，没有机关门楼。志首彩页63幅，反映农业生产的9幅，工业生产的8幅，商业经营的4幅，基础设施的10幅，其余都是当代居民生活的。如石塘湾镇居民住宅区、长安镇居民住宅区、羊尖镇居民休闲区、西塘村公寓楼、水墩上民居、新开河村别墅区、雅西村别墅群、堰桥吴文化公园、查桥吼山公园、前洲锦绣公园、洛社镇中公园、东升村农民公园、玉祁文昌公园，等等，读着这些鲜艳亮丽的民居、公园的彩照，对锡山人的现代生活，即使不读志文也能明白许多。三是精细入微，掀开志书的扉页，映入眼帘的便是阔幅的太湖自然风光图，在图的左上角镶嵌着当代锡山市的街景照，右上角是数行勾勒锡山特色的文字。细细品来，十分新颖。全志新设31篇，篇名下全页彩照，篇与篇相隔，读来有翻山越岭的感觉。照片的选用很有讲究，大多选用与实体内容相关的有代表性的照片，如城乡建设篇名下选用了锡山市城乡面貌的航拍照片，很是得体，也很有气势；经济体制改革篇选用的《人民日报》头版报道堰桥乡镇企业全面改革一年见效的新闻及评论员文章《把“包”字引向乡镇企业》，这幅照片寓意很深，将看似难以具体体现的颇为抽象的事物具体化了，形象化了。这种有起助读功能的照片在志文记述中运用也较普遍，如在自然资源记述中，对有地方特色的动植物，像黄钩蛱蝶、松果菊、紫盘金背等18种动植物资源均配有彩照，读其文、观其形，印象深刻；在农田基本建设目下有一子目——“三暗”工程，文中插了两幅田间暗降设施的彩照，读文观照就很容易理解志文。《锡山市志》精细入微还不仅仅体现在运用彩照上，全志用表290种，均用浅天蓝色作底纹，条目之间，除字号大小有别外，还用不同墨色相区分。醒目而不花哨，有益于志文阅读。

《锡山市志》值得我们学习的地方还很多，但最值得借鉴的还是该志编者“做第一流的工作，创第一流的水平，创第一流的志书”的雄心与抱负，有了这种精神，二轮修志胜过前人就不是一种奢望了。

（原文刊载于《江苏地方志》2009年第3期）

续前志创新为要　彰市情特色为魂

——读《锡山市志（1986—2000）》感言

任根珠

自第二轮志书编修开展以来。虽山西省内的市县志书已出版十余部，但外省市的市县志还见之甚少，江苏省《无锡县志》的续志——《锡山市志（1986—2000）》（以下简称《锡山市志》）新近出版，自然很乐意一睹为快。该志确是一部印制精良、装帧精美、特色鲜明、大气厚重的良志佳作。一经翻检，便爱不释手，细阅之后，感受颇深，获益匪浅。该志优长之处颇多，寸纸难书，笔者只评述其中一二，其他优长还有待众人评说。

一、善用述体，增强综合性

在首轮新方志编纂中，为增强志书的整体性、综合性、科学性、可读性，在全志之首设了概述篇；为宏观勾勒某一部类（指志书中的自然、经济、政治、文化、社会五大部类）整体发展的兴衰起伏，彰明因果，显示特点，揭示规律，创设了经济综述、政治综述、文化综述（其中以经济综述运用较多）篇；为客观反映某一事物的总体面貌，科学地继承旧志的优良体例，在志书的各门类之首（也称之为各卷篇之首）设无题小序。述体形式的多样化，不仅丰富了新编志书的体裁，同时也将传统志书的体裁由记、志、传、图、表、录六项增为述、记、志、传、图、表、录七项。二轮志书的编纂，首先要继承首轮志书的优良体例，把好的经验传承下去；同时，在继承的基础上与时俱进，大胆创新。新编《锡山市志》秉承了这一优良体例，在全书之首设总述，在各篇之首设概述，在某些类目之首设无题小序，既增强了整部志书的综合性，同时也增强了志书的著述性。

《总述》出新意。董老一博生前异常重视概述篇之设置，并称概述为全志之灵魂。《锡山市志》的编纂者深得此间要蕴，为二轮修志概述篇的撰写，提供了一个成功的样板。通览《总述》全文，特点有三：其一，体式新颖，篇幅适中。笔者在拙著《新方志"概述"点评》一书中，将概述篇的体式分为浓缩式、特点式、综述式、策论式四种类型，是志的《总述》是浓缩式与特点式的综合体，给人耳目一新之感。与前志《无锡县志》的《概述》篇相较，《总述》的篇幅大大压缩，全文仅5300字，与笔者提出的县志概述篇字数应为5000字左右正相吻合，篇幅适中，读者在较短的时间内即可览全志之精华，进而使总述的功用得到充分发挥。其二，中心突出，特色鲜明。全文立意高远，以锡山市改革开放15年来经济与社会发展的巨大变化，作为《总述》篇的一条红线贯穿始终，使文章结构紧凑，中心突出。编者化繁为简，不仅将特点充分展示出来，同时也将与时俱进、以人为本的时代特色和理念尽情展现，使读者看到"华夏第一县"的靓丽风采。其三，叙议结合，文辞简约。篇首用380字的篇幅，三个自然段，分述区位优势、自然状况及面积人口、建置、民族，语言精练，特色突出，名片效应尽显。主体内容分列乡镇工业、农业、城镇建设、人民生活四项，用序号分割，眉清目楚。行文以叙为主，夹叙夹议，其议论多为画龙点睛之笔，使所述内容得以升华，地域特色尽情展现。

笔者阅读了山西省及兄弟省市区二轮市县志的50余篇概述，笔者以为《锡山市志·总述》是最优秀的一篇，可作为二轮续志概述篇的范本，供修志同仁借鉴、学习。该篇《总述》若去掉分段序号，再加一小段展望性的文字作为结尾，就更加完满了。

《概述》善归纳。在志书各篇（卷）之首设无题小序，是旧志编纂的一项优良体例，新志编纂理应继承这一做法，以救志书"偏于横剖，缺于纵贯"之弊。但综观首轮新方志编修，对这一优良体例继承者却较少，"往往侧重甚至注重于新志编写，视旧志于可有可无之间，甚有摒旧志而不视者，畸轻畸重，难称允洽"。以山西首轮新编市县志为例，采用篇首无题小序的志书仅20余部，不及全省130部市县志的1/5。从另一个侧面也反映出，撰写篇首无题小序具有一定的难度。新编《锡山市志》的编纂者迎难而上，在每篇之首设概述（是志因在某些类目之首设了无题小序，故把篇首无题小序升格为概述，进而又把全志之首的概述称之为总述，亦为情理中事）。全志共设31篇，每篇之首设有概述，字数多寡不一，最长的为教育篇，1730字；最短的为杂记篇，仅40字。概述篇的写作以概括篇内内容为主，亦有接续前志简述历史的，如《市域·区划》篇；亦有反映优劣之势的，如自然环境篇；亦有接续前志、交代背景的，如土地篇，等等，不一而足。写法多样，行文灵活，概述的功用得到淋漓尽致地发挥，为增强志书的著述性、概括性、整体性起到了积极的作用。是志概述篇的撰写，使笔者深深感到，设与不设志书各篇之首的概述（或无题小序），其效果大不相同。《锡山市志》秉承前志、继承传统的做法，值得后来者效仿。

二、多体并用，突出地方性

地方志要充分反映地方特点，这是众所周知的道理。在首轮新方志编纂中，不少地方在修志之初，便首先研究当地的地方特点，通过志书中多种体裁的运用，用以记述和体现当地的特色事物，创造出许多成功的经验。《锡山市志》的编纂人员在总结首轮新方志编纂经验的基础上，以高起点、高目标为方向，以出精品、出佳志为准则，充分运用多种体裁和编纂方式，着力真实、全面、客观、科学地反映锡山市改革开放和社会主义现代化建设的宏伟业绩。

《特载》增亮度。传统志书并无特载这一体裁。首轮新方志编纂中，少部分志书借用他书的体裁，设特载反映地域亮点，可称之为是在志书体例和篇目设置上的一大创新。据笔者所知，在中国地方志指导小组办公室编、方志出版社2004年出版的《全国第二轮修志工作文件及志书篇目汇编》一书中，曾见到相同篇目，如《椒江续志（1991—1994）》篇目，前设概述、特载、大事记三项内容。《濉溪县志续编（1986—1996）》篇目，前设特载、大事记两项内容；《芜湖市志（1978—2000）》篇目，前设概述、大事记、特载三项内容。但实例还是初次见到。是志的特载专篇列于卷首，其内容有三项：一为《党和国家领导人视察》，前列中共中央总书记胡耀邦、全国政协主席李先念、国务院总理李鹏视察无锡县的文字及照片；后列《1986—2000年党和国家领导人视察锡山市一览表》，共62条。二为《中国农村综合实力百强县评比“三连冠”》，分列《首届中国农村综合实力百强县评比名列第一》《第二届中国农村综合实力百强县评比再登榜首》《第三届中国农村综合实力百强县评比又获“冠军”》三文。三为《建置区划调整》，分列《撤县设市》《撤市设区》二文。特载篇所列的三项内容，正是锡山市在上下限15年间发生的重要的、影响巨大的、最具地方特色的事物，如此单独立篇，并设于卷首，使时代特色和地方特点得到完美展现，起到了突出的宣传效应，继而大大增强了志书的史料性、可读性，以及进一步加深了地情记述的深度。《锡山市志》这一做法既是一种新的尝试，同时也使整部志书熠熠生辉。

《专记》掘深度。记是志书使用的一种传统体裁。在首轮新方志编纂中，专记这一体裁已得到一定的运用，但普及面未像概述篇那样广泛。由于专记所运用的材料比较系统、详细，史料价值较高，记述较有深度，因而广泛受到好评。《锡山市志》在专记的运用上。更有独到之处。全志设专记6则，共12800字，占12页，虽仅占志书总字数的0.94%，但其作用不可小视。如在农业篇《概述》下设《锡山市农业和农村现代化试验纪略》，在饲养类下设《小鹌鹑成就大产业》；在水利篇防汛抗旱类防汛抗洪条下设《1991年抗洪救灾纪实》；在工业篇《概述》下设《锡山市乡镇工业发展纪略》；在政务篇人民政府类施政纪要条下设《锡山市扶持集体经济薄弱村纪略》；在人民生活篇农村居民生活类消费结构条下设《无锡县“十村千户”家庭文化消费调查》。这6则专记，均属于难以归类或勉强归类难以充分记述的重要事项。该志通过专记这一形式，使志书更有效地突出时代特征、地方特点和专业特色，进而增强了志书记述的深度，也使志书的质量得到大力提升。中国地方志指导小组在《关于续修地方志的几项规定》（讨论稿）中，把专题记述列为续志五个方面的内容之一，并指出专题记述是“对正文未能充分记述的重要问题作出的专题调查和专题报告”。笔者以为，专题记述宜少而精，忌多而滥。《锡山市志》所列的六则专记，堪称专记中的典范。

该志在突出地方特点上，多种体裁并用，多方位、多角度全面反映。如全志设附11则，采用小五号字体（比正文小半号），增强了志书的信息量；又如全志选用照片多达527幅，拓展了记述内容的深度与广度。正是由于体裁多样性的广泛运用，地方特点才尽显其中。

三、篇目创新，彰显时代性

设计二轮志书的篇目，首先要研读首轮志书的篇目。让我们先看看首轮《无锡县志》的篇目。该志的篇目为：前设概述、大事记，中设建置区划、乡镇、自然环境、人口、农业、水利、乡镇工业、工业、交通运输、邮政电信、城乡建设、商业、财政税务、金融、经济管理、党政社团、政务、公安司法、民政、人事劳动、外事侨务、军事、教育、科学技术、文化、卫生、体育、社会、方言、人物30卷，后置附录。为小编体结构，科学合理。首轮志书通贯古今，时间跨度为两三千年。续志《锡山市志》记述的时间虽仅为15年，但这15年是不同凡响的15年，无锡县由县变市，连续三次夺得中国农村综合实力百强县第一名的骄人成绩，荣获“华夏第一县”的美誉，经济与社会发展突飞猛进，人民生活率先达到小康水平。如果套用第一轮志书的模式，就很难反映其深刻的内涵。二轮修志的篇目接续前志，又大胆创新，更全面，更系统，有新意，有深度。与前志相比，接续前志的有自然环境、人口、城乡建设、农业、水利、商业、经济管理、政务、民政、教育、科技、文化、卫生、体育、人物等15篇；改变名称的有市域·区划（前为建置区划）、党派·社团（前为党政社团）、国防建设（前为军事）、司法（前为公安·司法）等4篇；合并名称的有交通·邮电（前为交通运输、邮政电信）、工业（前为乡镇工业、工业）、财税·金融（前为财政税务、金融）等3篇；从原卷中析出并升格的有土地（前为自然环境卷中节的内容）、环境保护（前为自然环境卷中章的内容）、服务业（前为商业卷中章的内容）、人民生活（前为社会卷中章的内容）等4篇；撤销的篇目有人事劳动、外事侨务、社会、方言等4卷；新增的篇目有经济体制改革、开发·开放、政治体制改革、社会保障制度改革、精神文明创建、杂记等6篇，以及卷首的前志概要、特载和卷尾的索引、主要参考书目。

续志篇目中的亮点有三：其一，紧跟时代步伐，把握时代特色，突出改革开放主旋律，设置经济体制改革、开发·开放、政治体制改革、社会保障制度改革等4个专篇，集中记述改革深化的过程、改革的曲折、改革的成果，将改革的主线在整部志书中贯穿始终。其二，与时俱进，突出时代特点，设置土地、人口、环境保护等3个专篇，紧接自然环境篇之后，与“三项基本国策”（国土资源保护、人口控制、环境保护）

暗中相合，既避免了明确以"三项基本国策"单独立篇的弊端，又突出了时代特色，篇目更显科学、合理。其三，突出以人为本的新时代理念，设置人民生活、精神文明创建等两个专篇，既是学习、借鉴首轮其他志书的先进经验，又弥补了前志的不足和遗漏。篇目上的创新还有许多，如接续前志的前志概要篇，反映地域特色的特载篇，与时俱进的服务业篇，为前志补遗的杂记篇，以及卷尾的索引、主要参考书目等，无不体现出编纂者的新思维、新角度，凸显出浓郁的地方特色和时代气息。

四、些许不足，瑕不掩瑜

《锡山市志》的确可称之为一部成功的优秀志书。但人无完人，志无完志，所以还存在些微瑕疵和可商榷之处，现列出与同行探讨。

其一，《无锡县志·凡例》第九条为纪年内容，似觉缺漏了有关历史纪年如何表述的内容。因志中的《前志概要》《市域·区划》《人物》等篇均涉及历史纪年，依行文表述看，是以"清代以前用旧纪年，夹注公元纪年；中华民国时期，用阿拉伯数字夹注公元（一节内，同一年号一般只注首次，省'公元'和'年'字）；中华人民共和国成立后，用公元纪年"来表述的。而《锡山市志·凡例》中未作明确表述，志书行文中出现了不规范、不一致的地方，如：《前志概要》中，有"1895年，杨艺芳、杨藕芳兄弟投资白银24万两，创办无锡第一家近代工业企业——业勤纱厂"；有"荣德生先后在荣巷开办了公益小学、竞化女子小学和公益工商中学（后为公益中学），1947年创办了江南大学"；此二句中的"1895年"和"1947年"，直接用公元纪年表述，未按历史纪年括注公元纪年，与该文中多处出现的历史纪年表述不一致。又《人物》篇中，有"钱穆，原名思鑅，字宾四，1912年改称穆，号未学斋主"，句中的"1912年"直接用公元纪年，而紧接下文中又有"清光绪二十一年（1895）""宣统三年（1911）""民国元年（1912）"等语，很明显此处表述不准确，应为民国纪年括注公元纪年，后文中的"民国元年"不应再括注公元纪年。

其二，《凡例》第六条载："结构为篇、类、目三个层次，条目为记述实体。为叙述方便，根据需要在文中加若干小标题作为细目。"依笔者理解，细目即目下的又一个层次，属第四级篇目。翻阅志书，笔者发现细目之下还有小目（暂且以此称呼，属第五级篇目），且条数还不少。据笔者粗略统计，全志的小目分别在自然环境、土地、城乡建设、工业、交通·邮电、财税·金融、党派·社团、政务、司法、卫生等篇中出现，共282条，另还有细目下单领一条小目的也有十余条，总共近300条。志中的小目均排为楷体，与正文相别，作者很明确地标示出其为一级标题。以此而论，应在凡例中明白无误地告诉读者，"细目之后根据所记事物的需要，加列小目"之语。

其三，目录中漏载了人物篇中人物传、人物简介的有关条目。读者了解一地之人杰地灵，人物篇首当其冲。但笔者翻阅目录，竟无人物的条目；再查索引，其中也无，实感是一缺憾。以条目体志书而言，人物传、人物简介中的具体人，应理所当然地为条目体志书中的条目，《人物》篇与其他篇相较，《人物传》《人物简介》是类，具体人物是条目，三级标题一清二楚。以全志而论，人物传、人物简介中具体人物的条目，也应加方括号标示，以示全志统一。但此种做法在辞典性类书中较为常见，而志书却较为少见。就以现在的志书而言，目录中的条目加方括号标示，明显有违出版界的常例。据笔者与国内知名出版社的资深编辑讨教，此种做法有违常规，不合体例。若去掉目录中条目的方括号，人物传、人物简介中具体人物的条目就可自然而然地进入目录之中，达到两全其美之效。再多说一句，按国内出版界的通例，扉页（书名页）、目录中的标题及附于书后的主要参考书目名称均不应加书引号或方括号，以示与正文相别。

其四，个别内容有不合之处。如卷首的《特载》中，第一项为《党和国家领导人视察》，其中列有1986—2000年党和国家领导人视察锡山市一览表（以下简称“一览表”），共62条。《大事记》中载有国家正副部级官员视察锡山市的条目15条。《大事记》中记载的内容，明显要比一览表宽泛。据此推论，一览表中的62条理所当然地应为《大事记》必记的内容，但经笔者细查发现，《大事记》中仅记一览表中的20条，其余42条漏载。另《大事记》中1986年“6月1日，中共中央顾问委员会副主任、中共中央整党工作指导委员会常务副主任薄一波视察前洲乡”条，按一览表的要求，此条完全够格入列，但一览表中漏记。如若想避免同一内容在志书中多处出现，进而造成内容重复的问题，可定为凡入一览表的内容，《大事记》不再重复记述，也是一法。市志中的此种记法欠妥。

其五，卷首的内容排列似可商榷。是志卷首部分，与首轮《无锡县志》相较，增设了《前志概要》《特载》两项内容。设《前志概要》，其动因是该志为前志的续志，又是断代志（“断代志”的提法本身就欠妥，暂先以此称谓），意为接续前志和补历史之概貌。设《特载》，意为彰显地方特色或当地要事。在新出版的二轮市县志书中较为鲜见（笔者偏处山右一隅，全国二轮市县志书见之更少），只是在前面提到的《全国第二轮修志工作文件及志书篇目汇编》一书中，见到过此类篇目。如《常州市郊区志（1984—2000）》篇目，前设概述、大事记、前志概略；《椒江续志（1991—1994）》篇目，前设概述、特载、大事记；《商丘地区志》（续卷）篇目，前设总述、要事选载；《三河市志（1985—1996）》篇目，前设概述、三河历史概况、大事记；《濉溪县志续编（1986—1996）》篇目，前设特载、大事记；《芜湖市志（1978—2000）》篇目，前设概述、大事记、特载；《宜昌市志（1979—2000）》篇目，前设总述、大事记、特记；《潮州市志（1992~2005）》篇目，前设概述、专记、大事记。《锡山市志》编纂者的创新精神可嘉，但此四项内容的排列次序似有商榷的必要。该志《凡例》第六条即言明，“全志以总述、大事记统摄”，而《前志概要》却放在了《总述》之前，减弱了《总述》在全志中的统摄地位和重要性。与前述的《常州市郊区志》《三河市志》相较，笔者以为后者较妥。再者将《特载》放在《大事记》之前也欠妥。《总述》《大事记》一横一纵统摄全志，远比《特载》重要，前引的《芜湖市志》的排列较合理。笔者以为，《锡山市志》按总述、大事记、特载、前志概要为序排列似乎较为妥当。

上面提到的五点可商榷之处，亦是笔者的一家之言，多有偏颇之处，有些也仅是笔者的思考而已，还有待实践的检验。用半个月时间翻阅全书，仅发现个别标点错误、第一人称表述等些微瑕疵，达到国家新闻出版总署评选优秀图书的标准，《锡山市志》足可跻身于全国优秀志书之列。

（原文刊载于《中国地方志》2010年第2期）

无锡市惠山区志

无锡市惠山区史志编纂委员会编。2011年10月启动编纂，2019年7月由国家图书馆出版社出版。主编邓小伟，副主编章淑君，顾问顾伟伦，编辑何宝龙、安静伦、陈正清、梁爽、王子龙。

全书2册，206.8万字，图片216幅（志首92幅、随文124幅），表格269张。记述范围为2010年惠山区行政区域。记述上限2001年，下限2010年。大事记、惠山区荣誉、志首图片等内容延至2016年。述、记、志、传、图、表、录诸体并用，以志为主。志首设序、凡例、惠山区的成立、综述、荣誉、大事记，志末设附录、索引。全志设34篇：政区、自然环境、土地、人口、环境保护、城镇建设与管理、交通、水利、开放·开发、工业、农村·农业、商业·服务业、财政·税务、经济管理、人事·劳动、中国共产党地方组织、地方人民代表大会、地方人民政府、地方人民政治协商会议、民主党派·工商联·人民团体、公安·检察·审判·司法行政、国防建设、教育、科技、文化、历史文化遗存、卫生、体育、民政、社会保障、社会生活、社会风尚、街道（镇）概况、人物。

篇目设置上，该志设城镇建设与管理、开放·开发、农村·农业、历史文化遗存、社会风尚等篇，以突出时代特征和地方特色。记述内容上，在全书综述前，设《惠山区的成立》专文，以突出该区的沿革历史。对人物篇进行扩充，人物传略除收录断限内的惠山籍作出较大贡献、有较大影响的去世人物外，还收录《锡山市志（1986—2000）》未收录的有较大影响的惠山历史人物58人；人物简介收录本籍87位在世的优秀人士，并附《无锡县志》《锡山市志（1986—2000）》中惠山籍的立传人物和简介人物名录57人。附录所收政府工作报告、无锡市惠山区国民经济和社会发展第十一个五年规划纲要（草案），不仅增强资料性，而且能发挥志书的资政功能。

该志未写编后记（编纂始末），为一大体例缺陷。

（赵　丹）

《无锡市惠山区志》目录

无锡市郊区志（1986—2000）

无锡市滨湖区地方志编纂委员会编。2007年5月启动编纂，2014年7月由方志出版社出版。主编华水平，编辑丁鸣鹤、过仲德、董晓敏、任逸霞。

全书1册，125.1万字，图片165幅（志首8幅、随文157幅），表格92张。记述范围为2000年无锡市郊区行政区域。该志为《无锡市郊区志》（1992年版）续志，记述上限1986年，衔接前志，因事追溯，下限至国务院批准无锡市郊区更名为无锡市滨湖区的2000年。述、记、志、传、图、表、录诸体并用，以志为主。志首设凡例、序、总述、大事记，志末设专记、杂记、附录、索引、主要参考书目、编后记。全志设28篇：建置区划·自然环境、山水·胜迹、人口与计划生育、国土资源管理、环境保护、城乡建设与交通、经济体制改革与对外开放、农村·农业·农民、工业、商贸流通业与旅游业、

无锡市郊区志（1986—2000）》目录

财税·金融、综合经济管理、中国共产党无锡市郊区地方组织、人民代表大会、人民政府、人民政协、民主党派·群众团体、法治、军事、教育与科技、文化与体育、卫生、人事·劳动·保障、民政、居民生活与精神文明创建、民俗·方言、人物、乡镇·街道概况。

志书通篇紧扣“神州第一郊”主题，卷首设荣誉榜和《无锡郊区颂歌》，专记以两章介绍“神州第一郊”由来和郊区精神。设经济体制改革与对外开放、农村·农业·农民、商贸流通业与旅游业3篇，聚焦反映经济发展的地域个性、规模质态和力量支撑。设山水·胜迹、民俗·方言2篇，揭示郊区深厚的人文积淀。设居民生活与精神文明创建篇，反映郊区“两个文明”建设齐抓并重的社会风貌。该志注重对人文史料的发掘与呈现，民俗·方言篇展示乡情民风；人物篇中的补遗人物，弥补前志缺憾。专记、杂记收录的荣氏史料反映出无锡郊区作为荣氏故里的人文标识；附录辑录的《发展城郊经济的成功之路》《郊区民规》等史料，弥足珍贵。编制主题索引、图表索引，方便读者使用。增加主要参考书目，实现文献资料资源共享。

2018年，该志被评为江苏省地方志书优秀成果综合优秀三等。

（吴宁花）

【编后记（节选）】

在《无锡市郊区志》志稿即将付梓之际，六个寒暑的甘苦实难以言述，酸甜苦辣百感交集，一点也不为过。

第二轮修志工作启动以来，滨湖区的修志方案一时难以确定，是只编修一本志还是编修三本志？区划调整后已经不复存在的郊区要不要修志？这在领导层中认识并不统一。2007年5月，滨湖区决定编纂《无锡市郊区志》。随后，滨湖区史志办公室拟定修志方案，落实修志人员、办公用房和修志经费，设计纲目和篇目，明确初稿编撰责任单位和部门，使修志工作得以顺利推进。

《无锡市郊区志》的断限为1986—2000年，按理说，时间离得近，跨度也不大，资料收集应相对容易。但修志工作开始后，发现情况并非如此。原因是2001年的区划调整以及随后的几次办公地点的搬迁，一些部门将原郊区形成的各类资料或遗失、或销毁，给编修地方志造成很大困难。面对现实，我们采取多种形式广泛收集资料，充分挖掘、利用原郊区统计部门汇编的各类统计资料和党史、地方志部门编纂的多种地情资料以及档案部门入库的有关文书资料等，千方百计使《无锡市郊区志》的编修有较扎实的资料基础。但尽管如此，还是有一些单位和部门的资料既缺又少，以至于有些章节的内容比较单薄，甚至有明显缺漏，令人遗憾。

编修《无锡市郊区志》，从某种意义来说，是对原郊区地情资料的一项抢救性工作，虽然遇到种种困难，2007年9月后，全体修志人员立即按照《无锡市郊区志》纲目，抢抓资料，抢编初稿。区史志办公室除完成自编稿《大事记》《总述》《建置区划·自然环境》《山水·胜迹》《居民生活》《民俗·方言》《人物》《专记》《杂记》《附录》等初稿外，还主动做好有关单位和部门志稿初稿编撰的业务指导。至2009年末，形成80余万字的《无锡市郊区志》初稿。2010—2011年，编辑人员集中精力，按照《无锡市郊区志》的凡例和编写要求，对初稿逐篇进行增补、调整、修改，形成分纂稿返回有关单位和部门，并根据返回意见，对志稿再次进行修改。同时调整《无锡市郊区志》篇目，2012年12月，《无锡市郊区志》总纂篇目通过无锡市史志办公室组织的评审。2013年1月起，按照《无锡市郊区志》总纂篇目，对《无锡市郊区志》分纂稿进行总纂，经过多次修改，形成《无锡市郊区志》总纂送审稿，分送原郊区的主要领导和有关人员进行预审，并根据反馈意见对志稿进行修改和完善。2013年8月，召开《无锡市郊区志》稿终审会。会后，对评稿意见认真梳理，并确定了修改方案，又经2个多月的修改，最后统一文风，规范体例，字斟句酌，形成《无锡市郊区志》定稿件。通过江苏省地方志编纂委员会办公室和无锡市史志办公室验收，经滨湖区人民政府批准，交付方志出版社付梓出版。六年多来，《无锡市郊区志》编纂马不停蹄，按照原定的时序完成各个阶段的目标，基本达到了时序进度。

无锡市马山志

无锡市马山志编纂委员会编。2007年启动编纂，2015年12月由南京出版社出版。主编徐惠红，编辑吴士康、陈朴、庄建新、宋贵夫。

全书1册，55.3万字，图片106幅（志首27幅、随文79幅），表格59张。记述范围分为3个阶段：围湖造田之前的马迹山地区；围湖造田之后含马圩，包括无锡市人民政府马山办事处、无锡市马山区（包括马山区梅梁街道办事处）、无锡太湖国家旅游度假区；无锡市马山区撤销后，马山镇包括马圩。记述上限不限，下限2005年。述、记、志、传、图、表、录诸体并用，以志为主。志首设凡例、序、概述、大事记、党和国家领导人视察马山，志末设附录、索引、编后记、主要参考书目。全志设33章：建置区划、行政村和居民委员会、自然环境、人口、无锡太湖国家旅游度假区、胜景旅游、节庆活动、城乡建设与管理、水利、交通·运输·邮政·电信、经济制度与体制改革、农业、工业、生物医药产业、商贸业、财税·金融、综合管理、中国共产党马山地方组织、人民代表大会、政务、人民政协、党派·社会团体、政法、军事、科技·教育、文化·卫生·体育、精神文明建设、民政、社会·生活、风土人情、人物、专记、杂记。

马山为无锡市的旅游度假胜地和生物医药产业集聚区，该志设无锡太湖国家旅游度假区、胜景旅游、节庆活动、生物医药产业等章，记述旅游和医药产业集聚发展状况。设经济制度与体制改革、精神文明建设2章，彰显时代特征。马山地区行政层级历经更迭，设政务章，替代常规设置的政府章，分别记述马迹山山政委员会、无锡市人民政府马山办事处、马山镇人民政府、马山区人民政府、梅梁街道办事处、无锡太湖国家旅游度假区等政务工作。记述内容重视社会人文类史料的记述，设12章，占总章数36.3%，其中风土人情章记述民俗、方言、歌谣、特产等传统风物。专记章收录马山革命斗争故事、日军暴行录、马山围湖造田纪略、修复祥符禅寺建造灵山胜境纪略等重要史实，以史入志，增强志书的厚重感。杂记章除收录地名掌故、名人轶闻、土特产掌故外，还记载已消失或将消失的事物，如家用什物、衣饰物、劳动工具、农活以及其他事物，具有很强的资料性和可读性。编制主题索引、图表索引，方便读

《无锡市马山志》目录

者使用。增加主要参考书目，实现文献资料的延伸阅读。

（吴宁花）

【编后记（节选）】

马山自古就有修志的传统，自明代嘉靖年间里人钱孝首修《马迹山志》以来，本次修志已为第七次。此番修志历经八个春秋，六易其稿，终将付梓问世，甚感欣慰。八载寒暑，青灯黄卷，个中甘苦，感慨万千。

本志记载的是无锡市人民政府马山办事处、无锡市马山区、马山镇、梅梁街道办事处、无锡太湖国家旅游度假区的发展历史。如此众多，而且不同性质、级别的机构，如何设置体例、安排篇目成为难题。再则，这些机构不是撤销就是合并，一些机构的资料或遗失，或销毁。加上时间跨度长达20余年，资料的收集也成为最大的难题。尽管如此，编纂人员采用多种途径广泛征集资料。顶严寒，冒酷暑一次次到无锡市图书馆、博物馆、档案馆，滨湖区档案馆以及相关部门和单位，收集历史文献、档案资料、统计资料、资料汇编、报纸杂志等相关资料。还不厌其烦地走访曾经在马山工作过的老领导、老干部、老同志，曾经在马山战斗过的新四军老战士。还向在全国各地的乡贤发信函征集资料。并到各村、社区和企事业单位收集资料。千方百计收集更多的资料，尽量使《无锡市马山志》有较为扎实的基础资料。尽管如此，有些资料还是严重不足，导致有些章节的内容比较单薄，甚至有明显的缺漏，令人遗憾。

《无锡市崇安区志（1986—2005）》目录

自《无锡市马山志》初稿完成起，至终审稿，就向曾经在马山工作过的老领导、老同志以及相关社会贤达送阅志稿，一直广泛征求意见。不少老领导、老同志热情来信、来函提出修改意见。有的在外地工作的老同志特地远道而来，送珍贵的历史资料，提修改意见。机关各部门、各村、社区和企事业单位也热情相助。一部《无锡市马山志》凝聚了全体马山人民和社会各界人士的心血与智慧，令人感动。

无锡市崇安区志
（1986—2005）

无锡市崇安区地方志编纂委员会编。2007年4月启动编纂，2015年3月由方志出版社出版。主编唐海，执行主编孙怡，编辑孙怡、刘振华、秦民华、鲁湘东。

全书2册，243.6万字，图片594幅（志首100幅、随文494幅），表格376张。记述范围为2005年崇安区行政区域。该志为《崇安区志》（1991年内部版）续志，记述上限1986年，衔接前志，部分内容视情上溯，前志未记事物记自发端；下限2005年，总述、大事记、志首图片延至2010年。述、记、志、传、图、表、录诸体并用，以志为主。志首设序、凡例、总述、大事记，志末设编后记、索引。全志设35编：地理·人口、崇安寺街区、城区建设、崇安新城、城市管理、经济综述、商贸·服务业、工业、农村·农业·农民、对外开放及与港澳台交流、民营经济、综合经济管理、财税·金融、体制改革、中共崇安区地方组织、人民代表大会、人民政府、政治协商会议、民主党派·工商联·人民团体、政法、武装、社会事务管理、文化、历史文化遗存、阿炳与《二泉映月》、精神文明建设、教育、科学技术、卫生、体育、宗教、民生·民俗、街道·社区、人物、前志补遗。

为突出地方特色，设崇安寺街区编、历史文化遗存编、阿炳与《二泉映月》编、崇安新城编。将商贸·服务业编置于经济部类之首，突出记述建设“商贸崇安”的历程。设体制改革、对外开放及与港澳台交流、民营经济、农村·农业·农民、精神文明建设等编，记述新体制、新机制、新政策、新事物，突出时代特征。为强调新时代的城市管理，把城区建设、城市管理、街道·社区等编章作为重点，着力展现城区区域特性。设置主题索引、图表索引、照片索引、人名索引4种索引，方便使用。

2018年，该志被评为江苏省地方志书优秀成果综合优秀二等。

（高珂婷）

【编后记（节选）】

新一轮《崇安区志》编纂工作于2007年4月正式启动，先后八拟编目，五易文稿，历八载艰辛，终告编竣付梓。

《崇安区志》编纂历经准备、初纂、分纂、总纂、终审、验收出版6个阶段。2007年4—9月为准备阶段。2006年2月无锡市召开新一轮修志动员大会后，区委、区政府就着手筹备二轮修志工作，抽调人员，搭建班子，外出学习，拟订方案，设计篇目，成立区地方志编纂委员会和办公室，为全面启动奠定基础。2007年4月6日，召开崇安区地方志工作动员大会，区委、区政府向58家承编单位下达任务书。会后，各承编单位按照全区地方志编纂工作的总体目标和要求，从“一纳入”（修志工作任务纳入街道、部门的年度目标）和“五到位”（领导、机构、经费、人员、条件）着手，狠抓落实，全区专兼职修志人员达170多人，举办全区性业务培训2次，搜集资料等工作全面展开。2007年10月至2008年12月为初纂阶段。各承编单位按照责任分工，陆续组织编写。至2008年底，形成180余万字的区志初稿和200余万字街道志初稿。2009年1月至2010年12月为分纂阶段。分纂工作实行主编责任制，区志办内部实行分工负责制。24家主编单位以初稿为基础组织分纂；区志办各编辑按照分工负责的篇目，对口联系承编单位，并督促主编单位抓好分纂。至2010年底，完成145万字、37编的区志分纂稿，280.9万字的6部街道志通过市审定，进入出版阶段。2011年1—8月为总纂终审阶段。街道丛志首发仪式于2011年1月27日举行。区志总纂采取分工合作的方式展开。至2011年7月，形成含彩页、篇目、凡例、总述、大事记在内的36编、152万字的区志总纂稿（绿皮书）。2011年9月，《崇安区志》通过市终审。2011年9月至2013年11月为磨改阶段。根据市专家在终审会上提出的修改意见，区志办采取集中智慧、一支笔统稿的方式逐篇磨改，纠错讹，除硬伤，补缺漏，核史实，提亮点，对体例结构再推敲，志稿断限再统一，编章小序再提炼，语言文字再斟酌，交叉重复再芟削。经过2年多全方位的删冗补缺、勘谬去讹、校核定稿，形成区志验收稿。2013年12月至2015年3月为验收出版阶段。组织志稿审定，送市验收，交方志出版社出版。

本轮区志是在1991年编纂完成首轮《崇安区志（1951—1985）》基础上的续修，它要求承前启后，既要承接上一部志书，但又不能照抄照搬；既要大胆创新，但又不能脱离志体，面对既缺乏专业知识、修志经验，又缺少专门人才和前志记述缺漏等诸多难题，实属开拓性工作，更为突出的是，这一时期社会变革迅猛，领属变更频繁，档案资料丢失严重，给新一轮编志带来极大挑战。

新一轮《崇安区志》的顺利编纂，是全区上下群策群力、众志成城的成果。其体会有三：

其一，在于各级党政领导的高度重视，精心组织。

其二，在于省、市志办领导和专家的深情关注、悉心指导，以及驻区单位、各界人士和友好城区修志同仁的热情帮助、鼎力支持。

其三，在于认真谋划，严密组织。一是正确定位。二轮修志启动前，区委、区政府就确定把地方志编成“四个有”（有分量的史书、有深度的百科全书、有内涵的文化丛书、有价值的工具书）的目标定位。此后，又提出要编成“像样、有用”地方志的工作要求。在编目设置和内容记述把握上，不断探索和创新。把“崇安寺街区”“崇安新城”“阿炳与《二泉映月》”升格为编，突出崇安区与众不同的地域性。把“商贸·服务业”编置于经济部类之首，突出记述区委、区政府建设“商贸崇安”的历程，展现崇安区超群独立的个性。把“城区建设”“城市管理”“街道社区”“社会事务管理”等编章作为重点，着力展示城区区域特性。此外，设置“体制改革”“对外开放”“民营经济”“农村·农业·农民”“精神文明建设”等新编目，记述新体制、新机制、新政策、新事物，突出时代特征。二是狠抓质量。在区志编纂中，始终把质量放在首位，立足“质量第一”“既快又好”的原则，坚持编目服从内容，进度服从质量，实行“一稿（初稿）抢，二稿（预审稿）磨，三稿（终审稿）雕”的做法。落实层层把关、逐级负责制，把好政治关、史料关、体例关、文字关。坚持“党委领导，政府主持”的修志体制，实行行政首长负责制。区志办内部实行编辑负责制、责任一贯制，确保志书质量达到较好水平。在省志办2009年5月组织的“县（市、区）志优秀志稿评读活动”中，《崇安区志》第五编第一章商业街区（4节）从66篇志稿中脱颖而出，被评为江苏省二轮修志优秀志稿，录入《江苏省二轮修志参考资料》第五辑。三是队伍稳定。170多名修志人员把编纂地方志作为一项崇高的事业和难得的机遇，不畏艰苦，不辞辛苦，耐得清苦，不为名，不为利，不言功，默默无闻，任劳任怨，从收集资料到最终成稿，付出许多心血和汗水。区志办编辑人员视质量为志书生命，立足全局，把握大局，科学分工，密切配合，取长补短，携手共进，逐步从“门外汉”而成为修志的行家里手和中坚。地方志编修八年如一日，案牍劳形，笔耕不辍，广征博采，核实论证，谋篇布局，斟字酌句，孜孜不倦，刻意求精，不知放弃过多少节假日，个中繁复艰辛，难以言表，唯亲身经历者才有体味。

《无锡市北塘区志（1986—2005）》目录

无锡市北塘区志（1986—2005）

无锡市北塘区志编纂委员会编。2006年启动编纂，2016年11月由方志出版社出版。主编王悦风、王晓辉，执行主编陈建初，编辑陈建初、陈国柱、潘颂麟、周玮璐。

全书2册，132.8万字，图片186幅（志首37幅、随文149幅），表格169张。记述范围为2005年北塘区行政区域，辖区内部、省、市属单位简要记载；因区划调整而进入北塘区的单位，前略后详。该志为《北塘区志》（1991年内部版）续志，记述上限1986年，衔接前志，下限2005年。政区建置、自然环境、历史街区、文物古迹、立传人物等内容适当追溯，以体现事物的完整性；惠山古镇编下限延至2013年。述、记、志、传、图、表、录诸体并用，以志为主。志首设序、凡例、概述、大事记，志末设索引、后记。全志设28编：地理·人口、城市建设与管理、惠山古镇、工业·农业、商贸·服务业、对外及对港澳台经济贸易、民营经济、财税·金融、综合经济管理、中共北塘区地方组织、北塘区人民代表大会、北塘区人民政府、政协北塘区委员会、民主党派·工商联·社会团体、政法、国防、教育、科学技术、文化、历史文化遗存、医疗卫生、体育、社会事务管理、精神文明建设、街道、人物、诗文·方言·俗语、杂记。

为体现城市区志特点，设城市建设与管理编；为突出地域特色，设惠山古镇编，彰显惠山古镇特殊文化地位。设对外及对港澳台经济贸易、民营经济2编，记载改革开放以来北塘经济社会大发展。设历史文化遗存编，把区域内的历史街坊、运河经济文化遗存、文物古迹以及非物质文化遗产串联记述。设诗文·方言·俗语编，彰显区域人文特色。设杂记编，丰富史料的收录范围，一事一专题，采用纪事本末体详记始末。

2020年，该志在江苏省地方志书质量评定中被评为优秀成果。

（高珂婷）

南长区志

无锡市《南长区志》编纂委员会编。1981年1月启动编纂，1991年10月由上海人民出版社出版。主编过继德，副主编张月安、邵秋涛，编辑过继德、张月安、邵秋涛、屠宪云、钦颂、朱锡甫。

全书1册，58万字，图片70幅（志首56幅、随文14幅），表格123张。记述范围为1987年无锡市南长区行政区域。记述上限不限，尽量追溯事物发端，下限1987年，重点记述1951年建区后历史。述、记、志、传、图、表、录诸体并用，以志为主。志首设序、凡例、概述、大事记，志末设编后记。全志设地理、经济、城建、政治、文化、社会6篇，共36章，地理篇设自然环境、建置区划、人口3章，经济篇设工业、商业、农业、交通·邮电、人事劳动、工商行政管理、物价管理、财政·税务·金融8章，城建篇设城市建设、城市管理、房地产管理与开发3章，政治篇设中共南长区委、区人民代表大会、区人民政府、区政治协商委员会、军事、公安司法、民主党派与群众团体7章，文化篇设教育、文化艺术、科技、体育、卫生、计划生育6章，社会篇设人民生活、民政、社会新风、人物、文物胜迹、寺院庙祠、风俗习惯、方言·民谚、杂记9章。

记述内容上，为反映南长区工商业发展历史，该志工业章、商业章详细记载自明清后南长工商业发展。为突出城市区志的特点，城建篇设城市建设、城市管理2章。该志专设文物胜迹章，反映该区历史文化底蕴。方言·民谚

《南长区志》目录

章记述城乡语言的区别，有一定的学术研究价值。杂记章所记重大事故、救火会、抢米风潮以及传闻、轶事，尽可能保存史料。

（朱海录）

【编后记（节选）】

自西汉无锡建县以来，至今已2000余年，历代无锡县志对南长地区虽均略有记载，但尚未有过专记南长地区的志书。1951年建区后，南长地区的面貌发生了巨大变化，为了适应社会主义现代化建设的需要，我们编纂了这部《南长区志》。

《南长区志》的编纂，始于1981年1月。在中共南长区委、南长区人民政府领导下，建立了南长区编史领导小组（后更名为《南长区志》编纂委员会），下设办公室负责具体工作。经历10个寒暑，至1991年6月终于定稿付印。

《无锡市南长区志（1988-2007）》目录

回顾10年来的编纂工作，大体分4个阶段：

第一阶段，即从1981年1月至1982年12月。这个阶段主要是组织发动，抽调人员，建立班子；制订计划，研拟纲目；培训编志人员，学习方志知识。同时发动各部门、街道、企事业单位编写部门志、街道志、单位志，或提供有关资料。

第二阶段，即从1983年初至1985年12月。这个阶段主要是集中力量，上下结合，广征博采，搜集资料。截至1985年12月止，编志办公室和各部门共搜集文字及口碑资料1000余万字，制作资料卡片2500余张，为编写志稿打下了坚实基础。

第三阶段，即从1986年1月至1990年12月。这个阶段主要是编写初稿，继而进行易稿总纂。1987年11月完成了下限至1982年的初稿；1987年12月至1989年11月，将初稿下限延伸了5年，完成了下限至1987年的修改稿；1989年12月至1990年9月，又将修改稿改写为送审稿。在此过程中，区志编纂委员会分别不同层次、不同对象，先后于1987年11月、1989年11月、1990年9月至11月，召开了有在南长区工作多年的老同志，有各职能部门负责同志，有区现任领导和历届老领导参加的3次志稿评审会议。经过四改纲目，五易其稿，至1990年12月，志稿基本定型。

第四阶段，即从1990年12月至1991年6月。这一阶段主要是审定、验收。1990年12月15日，南长区人民政府向市人民政府报送了《关于报请审批〈南长区志〉送审稿的报告》，1991年1月23日，市地方志编纂委员会办公室受市政府委托，召开了有市地方志编纂委员会办公室领导和各兄弟区编志办公室负责人参加的《南长区志》审定会议。根据审定会议上提出的意见，我们又对志稿认真地进行了加工修改，并于1991年5月10日再送请市地方志编纂委员会办公室审阅。最后，市人民政府于1991年6月12日正式下文批复，同意出版。

无锡市南长区志
（1988—2007）

无锡市南长区志编纂委员会编。2006年9月启动编纂，2013年5月由方志出版社出版。主编陈锡伦，副主编陈兴华、徐越，编辑周汝财、陈国柱。

全书1册，80.7万字，图片41幅（集于志首)，表格135张。记述范围为2002年调整后的南长区行政区域。该志为《南长区志》(1991年版)续志，上限1988年，下限2007年。地理、老街区、古运河、政治、政法、社会、文化、人物及杂记中有关章节追溯补记；志首图片延至2010年。述、记、志、传、图、表、录诸体并用，以志为主。志首设序、凡例、概述、大事记，志末设附录。全志设地理、老街区·古运河、城市建设、经济、政治、政法·军事、社会、文化、人物、杂记10篇，共48章。地理篇设建置区划、自然环境、人口、街道4章，老街区·古运河篇设清名桥历史文化街区、南门水弄堂、老街区历史遗存3章，城市建设篇设城市规划建设、国土资源管理、城市管理、房地产·建筑业4章，经济篇设综述、工业·农业、商业·服务业、外向型经济、专业市场、财政·税务·金融·审计、安全生产、工商管理·物价8章，政治篇设中共南长区委、南长区人民代表大会、南长区人民政府、南长区人民政协、民主党派·社会团体5章，政法·军事篇设社会治安综合治理、公安、检察、审判、司法行政、军事6章，社会篇设民生、民政工作、社区建设、精神文明建设、民族·宗教5章，文化篇设教育、科技、文化事业、卫生、体育5章，人物篇设人物传、人物简介、人物表3章，杂记篇设消失古迹、掌故轶事、百业、风俗·俗语、诗文5章。

为体现城市区志特色，设城市规划建设、城市管理、社区建设等章。为突出时代特征，设外向型经济、专业市场、安全生产、精神文明建设等章。为突出区域特色，升格设置老街区·古运河篇，记述清名桥历史文化街区、南门水弄堂、老街区历史遗存等内容，显现南长古运河、老城区的独特风采，展示吴文化、运河文化；单列杂记篇，记述消失的古迹(主要记载宋代至清代在南长区域内书院、庄园、庵堂、官亭等古迹)、掌故轶事、百业、风俗·俗语、诗文，详细记载区域内自然、人文、历史风貌。此外，附录设前志补遗、前志勘误，体现编者严谨的工作作风和治学态度。

(高珂婷)

江阴市志

江阴市地方志编纂委员会编。1985年6月启动编纂，1992年11月由上海人民出版社出版。主编程以正，副主编严伯英、吴金虎。编辑王萍芳、李汝钦、李汝洪、张梦如、徐建平、顾铁林、童启铃、程云鹤。

全书1册，202.7万字，图片249幅(志首130幅、随文119幅)，表格310张。记述范围为1987年江阴市行政区域，对1962年划归沙洲县(今张家港市)的部分，简略记载至1961年。记述上限因事而异，适当追溯，下限1987年，大事记延至1991年。述、记、志、传、图、表、录诸体并用，以志为主。志首设序、凡例、总述、大事记，志末设附录、编后记。全志设44卷：建置区划、城区·乡镇、自然环境、人口、城乡建设·环境保护、农业经济综合、种植业、林牧副渔业、水利、工业经济综合、纺织工业、机电冶金工业、轻工业、化学·建材工业、能源工业、建筑业、交通运输、邮政电信、商业经济综合、商业、粮食、物资、对外经济贸易、金融、财政·税务、经济综合管理、人民生活、党派·社团、政权·政协、军事、治安司法、民政、劳动·人事、教育、科学技术、文化艺术、文物胜迹、新

《江阴市志》目录

闻、档案·史志、卫生、体育、宗教·民俗、方言、人物。

该志所记内容全面翔实又注重突出重点与个性，具有鲜明的地方特点和时代特色。突出对地域人文积淀的发掘记述，文化艺术卷所辑历代367名邑人的著述920种，档案·史志卷所辑历代志书提要（述略）及历代邑志序选，人物卷以传、表、名录等收录人物2125名，尤其是收录现当代人物976名，数量之多，在新方志编纂中并不多见。体裁上，全志"述"之运用尤为出彩。总述采用述论结合方式，分延陵古邑、江海门户、鱼米之乡、工商名区、忠义之邦、人文渊薮6个方面加以阐述，可称得上为江阴之史纲。经济部类设农业、工业、商业经济综合3卷，通过强化宏观性、整体性记述，避免因设卷多而带来的支离感。另外，各卷所设无题小序简明扼要。附录所收录孙中山1912年10月19日在江阴各界欢迎会上的演说、江浙农民的痛苦及其反抗运动（摘录）、江苏学政节署历任学政名录、清及前代行政长官名录等史料弥足珍贵。此外，古诗吟江阴，不仅反映江阴的历史文化底蕴，还增加可读性；1987—1991年全市国民经济和社会发展主要指标，对于研究江阴经济社会发展也具有较高的参考价值。

1993年，该志获全国新编地方志优秀成果一等奖。

（党　辉）

【编后记（节选）】

《江阴市志》的编纂工作大体经过5个阶段：

组织发动。1985年6月第一次修志工作会议全面发动后，通过培训修志人员，修订县志纲目，评议专志纲目，促进各级修志机构、人员和任务的"三落实"，形成党委领导、政府主持的格局。至1985年底，所有承担修志任务的69个部门和30个乡镇，普遍建立起修志小组，明确分管领导，有修志人员370余名。

资料征集。县志办公室在1985年下半年抓面上发动的同时，组织自身力量查阅县档案馆旧档1200多卷，向旅外人士发出征询函件700余封，为征集资料摸清"家底"，沟通渠道。1986—1987年，根据纲目要求，采取"统分结合""内外结合"的办法，广泛征集文字、实物和口碑资料。以南京为重点，组织力量，分批到省档案馆、中国第二历史档案馆、南京图书馆特藏部、南京大学图书馆查阅资料，累计约1000个工作日。接着，在苏、锡、虞、京、沪、杭等地图书、档案馆查补民国前期的资料。改修市志，延伸下限后，又及时做好资料的增补工作。全市共征得各种资料8000余万字，并征得散失已久的明正德，清康熙、乾隆、道光县志及海外孤本明崇祯县志。

分纂初稿。1988年全面转入市志各专志的编写，在机关修志单位推行编写承包责任制，实行定任务、定质量、定时限。按分工，46个单位承担29个专志，23个单位承担部分章节，市地方志办公室直接承担8个专志，完善纲目设计，指导评议修改。至1989年3月完成初稿编写。30个乡镇上报了120万字的资料汇编。

总纂成稿。从1989年4月开始，市地方志办公室按照编委会审定的总纂方案，立足于反映县级市形成和发展的历史特点，修订纲目，对《江阴市志》实施总纂。总纂组成员分工合作，对各卷作精心修改，编辑人员参与各专业志成卷及资料的考订增补。到11月，全部完成

《江阴市志》总纂稿，168万字。

审稿定稿。总纂告竣，市地方志办公室于12月会同各编委和专卷编修单位，先后召开39次专审会，参加者有各部门历任领导、业务骨干和修志人员共800余人次，重在史实把关，会后逐卷修订。1991年1月23、24日，由市委、市人大、市政府、市政协联合召开审稿会，有市四套领导班子成员、编委会委员、部分离退休老干部和市委、市政府办公室主任等53人参加，对全志进行通审并原则通过。交由市统计局对主要数据审核校正，并请中共无锡市委保密委员会作保密审查。会后以4个月时间慎加修改，形成《江阴市志》送审稿，147万字。6月21—24日，召开评审会，省、市有关专家、学者、修志同行和上海新闻出版部门的同志共41人参加。会议确认《江阴市志》在总体设计上有所创新，是一部文字基础较好、编纂特色比较鲜明的志稿，同时，也对若干不足之处提出了修改意见。接着又以5个月时间，对全志从难从严作进一步的考订、补充和润色，形成《江阴市志》修订稿。12月经省地方志办公室验收、定稿，交付上海人民出版社。

附：

追忆首届《江阴市志》的编修

程以正

1985年4月，我有幸受命于江阴新修地方志初创之际。在市委、市政府的领导和各方面的支持下，依靠修志人员的共同努力，新编《江阴市志》终于在1991年12月付梓出版。

经中国地方志指导小组遴选，该志列入1993年1月全国评论新志会议5部参评的县（市）志之一，被专家学者视为上乘之作；9月在全国新编地方志优秀成果评奖中，获得一等奖的殊荣。我作为首届《江阴市志》主编，回首峥嵘岁月，和修志同志们休戚与共，经历了三种境界。

昨夜西风凋碧树，独上高楼，望尽天涯路

我长期在县级党政机关从事宣传教育文化工作，1980年4月，我和宣传部好友叶永忠向县有关领导提出开展编修新县志的建议。次年5月，江阴党史工作开始，我被任命为县委党史办副主任。到1984年底，主编的《江阴人民革命史》基本完成。1985年元旦过后，县委决定修志工作上马，命我具体负责。我年已52岁，义无反顾地全力投入。此时正赶上参加苏、锡、常三市县志协作会议，感到江阴修志要迎头赶上。我以三个月时间拟订了《江阴县志纲目》初稿和《编纂江阴新县志的实施方案》，并对修志人选作了酝酿。4月初，县委成立以县长田庆白为主任，副书记翟怀新、副县长张怀西为副主任，老领导萧国衡、朱志宏为顾问，有委员21人的县志编委会，下设办公室，我以副主任主持工作。我们借实验小学对面刚废弃的幼儿园作为办公用房，核给编制10人（4名从工厂、学校招聘），另聘5名离退休人员。6月，江阴修志工作全面发动，县志办在协助编委会推动县级机关和乡镇修志机构、人员、任务“三落实”的同时，组织自身力量调阅县档案馆旧档1200多卷，摘录120余万字；以县志办名义向旅外党政干部、专家学者发出700多份征询函件，收到回件200多份。上海86岁的老教授、陆家桥人孙遂初捐赠珍藏60多年周水平主编的《星光旬刊》和部分20年代的江阴报纸。11月，政

协召开的各界人士修志工作座谈会上，82岁的政协原副主席祝铨寿兴奋地作了两次发言，提供江阴近现代上百个著名人物的名单。进入1986年，机关各部门和各乡镇修志机构普遍建立，配备专、兼职修志人员370多人。我们在发动面上征集时，针对本地1946年前各种报纸俱缺、1937年前档案资料无存的情况，以南京为重点，统一组织力量，分期分批到省档案馆、中国二史馆、南图特藏部查摘资料。每批7~10人，由我办领导骨干带头，一轮21天，累计达1000个工作日，共查阅旧档案900多卷，旧报刊资料300余种，摘录和复印资料400余万字。这年6月，张副县长和萧国衡顾问到南京分三次召开江阴旅宁人士修志工作座谈会，应邀参加的有陶白、张志强、王鹏、章臣桓、江伟文、谈风樑等党政领导、专家学者40余人，大家积极提供了许多有价值的资料和线索。这一年我办4位青年平均在外150天，顾铁林多达180多天。尽管县志办条件艰苦，工作辛苦，生活清苦，但所有同志都经受住了时间的考验。刚从部队转业的办公室副主任吴金虎及原是中学教师的编纂股副股长严伯英，都是学有专长的大学毕业生，他们坚持从零开始，学习方志理论，潜心研究外地修志成果，在较短时间内取得了指导修志业务的发言权。严伯英还和卞文达以20天时间去北京采访17条线索，其中拜访了陈翰笙、冰心、叶子龙等，弄清了早期革命先烈高仁山、著名社会学家吴文藻和原中央警卫局副局长王敬先等生平事迹。为提高业务水平，4位同志自费购置了200元一套的《二十五史》缩印本。我办金玉良、童启铃两位老同志经多方努力，从上海、南京、北京征得了失散已久的明正德，清康熙、乾隆、道光《江阴县志》，并查明崇祯《江阴县志》藏于哈佛大学。承旅美史学教授王伊同的帮助，从哈佛燕京图书馆带回了复印件和缩微胶卷，至此，江阴存世的明清两代8部县志征集齐全。

衣带渐宽终不悔，为伊消得人憔悴

1987年4月，县委副书记、编委会副主任翟怀新在全省第一次地方志工作会议上作《精心组织，落实责任，力争修志工作后来居上》的介绍，此时全县共征得各种资料8000余万字。在县修志工作会议上，继任编委会主任、县长许祖元表彰了22个机关和乡镇修志先进单位。随着撤县设市，市委、市政府决定改修《江阴县志》为《江阴市志》，继任编委会副主任、副市长徐海锋在机关修志人员会议上及时作了调整部署，将志书下限从1985年延伸至1987年，完成总纂的既定目标不变。市志办变压力为动力，将编辑力量作适当分工，我与吴金虎、严伯英以面上辅导为主，完善纲目设计，抓好资料增补，指导各专志的评议修改；6位同志集中精力完成市志办自身承担的8个专志编写任务。23岁的王萍芳原为中学民办教师，所承担的地理志部分，如地质、地貌、土壤、矿产等专业性很强，她勤奋好学，已写出25000字的初稿。《军事卷》分量较重，由李汝洪、徐建平合作，边征集、边撰写专题。徐建平的《江阴炮台兴废》《江阴沦陷前抗日将士血战御敌纪实》有较高存史价值；李汝洪为弄清30年代建于黄山港、由蒋介石兼任校长的海军电雷学校情况，除在二史馆查阅档案外，他采访知情老人，实地踏勘遗迹，绘制出校址的示意图，写成《海军电雷学校》专稿。《方言卷》是写作难度很大的专卷，周边县市的做法是请大学教授完成，但成本太高，因在无锡中专任教的申港人黄坤主动请缨，我办让69岁的程云鹤配合，他本已担任民俗部分编写，积极协助黄坤择城乡5个片19个点录音采集。为早出成果，我抓紧对撰成的专题精心修改，多个专题经省、市级报刊发表。由于编委会在机关69个修志单位推行编写“三定”承包责任制，至1988年初，46个单位已完成29个专卷初稿，23个单位已完成承担部分章节的编写。我办与各修志单位密切配合，开展志稿评议，指导加工修改。五六月间，我参加苏州大学全国地方志主编研究班学习。这对我是一次很好的“充电”机会，所交的结业论文为《江阴市志总纂的思考》。10月中旬，苏、锡、常、镇4市14县（市）的修志同行在江阴举行历时3天的工业卷编写研讨会，我办推出了市志工业经济综述、纺织工业、电力工业3卷志稿，获得较高评价。1989年4月开始，市志办按照编委会审定的总纂方案，对《江阴市志》实施总纂。编委会确定以我为主编，严伯英、吴金虎为副主编，新聘张梦如参加总纂。我们认识到，总纂是贯彻质量第一的方针，优化体例，对志稿深化和精加工的过程，必须通力合作。由严伯英、吴金虎分担市志经济部类为主的27个专卷总纂；我由张梦如协助，直接从事市志的总述、大事记、附录及概貌以及政治、文化、社会、人物等部类的17个专卷总纂，而后由我对全志通览。历经3年多的修志，正副主编体质都已下降，面对众多部门、众手执笔的三四百万字初稿，要通过一年半时间总纂合成，对我们来说，每花上十多天纂毕几万字的一卷，就好像搬掉一座小山一样艰巨。大家知难而进，不怕疲劳，每天“挖山”不止。记得1989年10月的一天下午，正在伏案改稿的吴金虎突然痛苦地倒在沙发上呻吟，经诊断为肾结石急性发作。他住院的第二天，我的胆病亦发作了，医生要我休息，因总纂正处紧要关头，次日照常上班。15万字的《人物卷》是市志的“重头戏”，其中158个古今人物传，我花了37天逐一考证核实，笔削文字，有的重新改写。5万字的《党派社团卷》由9个单位供稿，我以一个月纂成。如何准确记述中共党组织领导的成就和“左”的失误，国民党组织的兴衰，我很费斟酌。对此一卷接一卷长年累月超负荷地工作，主要靠意志和毅力来支撑。

众里寻他千百度，蓦然回首，那人却在灯火阑珊处

我们在实践中感受到，江阴有着优良的修志传统，代有名志问世。为继往开来，使新编《江阴市志》立于良志之林，就成了我们这一届修志工作者共同追求的目标。市志总纂经过一年努力，到1990年3月已陆续印发了37个专卷、120多万字的征求意见稿。对这批志稿的质量，我们怀着忐忑不安的心情。为了更好地坚持质量第一的标准，市志办在编委会领导的支持下，别开生面地邀请省社科院研究员沈嘉荣、苏州大学教授吴奈夫、省志办县志指导室主任李明、无锡市志办副主任朱文熙、武进县志办主任张尚金等8位专家进行了为时6天的预审。与会者对已成稿子作了认真细致的评审，并就志书尚需修改的主要方面展开深入研讨，意见中肯具体，使我们得益匪浅。按照专家预审所提要求，正副主编对各自负责的工作面从“强化特点、加强重点、攻克难点”上再作努力，同时组织编辑人员汇集各方面2670余条的审阅意见，加以认真梳理考证核实。9月，《江阴市志》初稿44个专志连同大事记及附录已经基本总纂完毕，剩下的《总述》是例由主编于“篇成乃作”的“压轴戏”。我没有照搬一般县志所采取的“分志浓缩”式的“概述”写法，而是采用述论结合的“总述”方式，分“延陵古

邑”“江海门户”“鱼米之乡”“工商名区”“忠义之邦”“人文渊薮”6个方面加以阐述，以20天时间一气呵成。得到专家学者们的肯定。天津南开大学著名史学教授来新夏称：“《江阴市志》的总述另辟蹊径，文采立意，自具特色。”12月初，转入审稿阶段，市志办先后会同各编委和专卷编修单位召开了39次专审会，参加者有各部门历任领导、业务骨干和修志人员共800余人次，重在史实把关，会后形成专卷修订稿。1991年1月，由市委、市人大、市政府、市政协联合召开《江阴市志》审稿会，有市四套班子成员、编委会委员、部分老领导等53人参加，以两天时间对全志进行通审并顺利通过《江阴市志》的审定意见，主要数据交由市统计局审核校正。会后我办以4个月时间慎加修改，形成147万字的送审稿。6月下旬，由无锡市地方志编委会在澄召开《江阴市志》评审会，有省志办审稿组、上海新闻出版部门及有关专家、学者、修志同行42人参加，历时4天。会议确认《江阴市志》总体设计合理，资料丰富翔实，文风朴实精练。志稿从江阴经济文化发达的县级市实际出发，采取了近似中等城市志的小篇结构，紧扣江阴地区社会历史发展的主线，加强经济部类宏观性、整体性记述，详尽记载了各时期党派社团、政务及军事等方面的重大活动，具有鲜明的地方特点和时代特色。会后，我们对志稿尚存的不足之处，又以5个月时间作进一步的考订、补充和润色，彩照、随文图表等准备齐全，形成《江阴市志》定稿本。报经省地方志办公室验收后，在12月份准时交付上海人民出版社。1992年第一季度志稿进印刷厂发排，为确保出书进度并把差错消灭到最低限度，我办主动配合出版社，组织全体同志冒着盛夏酷暑，以“一人数卷，一卷数人”的流水作业法，完成了印刷字数202万字《江阴市志》的两轮校对任务。这年秋天，中国地方志指导小组来江阴考察修志工作，市委书记翟怀新接待并作汇报，不久行文确认《江阴市志》入选为代表当今修志水平的全国5部志书之一参加即将在北京举行的新志书评论会。当《江阴市志》样书一出炉，就由徐建平乘飞机直送20册至北京，第一批《江阴市志》运到，就将300册直送市档案馆珍藏。

（原文刊载于《江苏地方志》2007年第1期）

《江阴市志（1988-2007）》目录

江阴市志（1988—2007）

江阴市地方志编纂委员会主持，江阴市史志办公室承编。2006年7月启动编纂，2012年12月由方志出版社出版。主编吴海英、李阳，执行主编王萍芳，副主编俞也平、李孜渊、王荣方。编辑邢盈、成苏萍、延克俭、纪晓华、李缉宁、陈学超、承鸿、赵本金、赵修平、赵谷怀、谢诚。

全书2册，341.9万字，图片639幅（志首139幅、随文500幅），表格517张。记述范围为2007年江阴市行政区域。该志为《江阴市志》（1992年版）续志，记述上限1988年，部分内容视情适当上溯，前志未记事物记自发端，下限2007年。述、记、志、传、图、表、录诸体并用，以志为主。志首设序、凡例、总述、特记、大事记，志末设专记、附录、前志摘要、前志纠误补遗、编后记、索引。全志设32卷：建置区划·自然环境、土地资源管理·环境保护·水利、城乡建设与管理、交通·邮政·电信·供电、港口口岸、经济总情、农业、工业、建筑业·房地产业、开放型经济、沿江开发、企业上市、商贸流通·社会服务业·旅游业、金融业、财政·税务、经济综合管理、中国共产党地方组织、地方人民代表大会、地方人民政府、地方人民政协、民主党派·人民团体、政法·军事、科技、教育、文化、卫生、体育、社会工作、居民、方言、人物、街道·镇。

篇目设置上，根据20年间江阴经济社会发展的主轴与特点，突出开放开发，设港口口岸卷、开放型经济卷、沿江开发卷，记述全域特别是利用沿江临港优势扩大开放开发的成就。突出以改革增活力，经济总情卷设经济体制改革章，并在全志中融合反映行政审批制度改革、人事制度改革、教育改革、医疗卫生体制改革、劳动用工制度改革等内容，展示改革带来的社会变化和成果。突出经济发展，设企业上市卷；在工业卷设重点工业企业章，记述企业资本结构多元化、产品技术高端化、经济总量规模化的发展质态水平。

该志凡例打破一般志书惯例，由总则、通例和分例三部分组成。总述是全志亮点，坚持述论并重，尤其是对江阴20年的发展经验进行简要提炼，对未来"幸福江阴"进行展望。卷首彩页部分置沈鹏手书、胡山源所撰《忆江南·江阴好》，以及城乡建设、经济建设、沿江开发、社会事业、人民生活、胜迹文物等主题彩页，充溢书卷气和感染力。内容上注重与前志衔接，设置前志摘要和前志纠误补遗。沿用前志收录人数众多做法，人物卷收录1141人。方言卷反映普通话环境、社会开放环境下的方言发展。注重反映时代变迁，居民卷运用专题调查资料，记述改革开放极具时代特征的江阴六类新社会阶层的基本情况，以及职工、妇女儿童、农民工情况。经济总情卷设名优述略章，记述制造业"全国之最""世界先进"、工业名牌产品、传统土特名产以及名菜名点。注重积聚重要文献史料，专记所载《"江阴精神"的提出》《江阴及全国"徐学"研究纪略》《"长江三鲜"的变迁》，附录所辑《科学发展的先行者——江苏省江阴市经济社会发展调查》等，为研究江阴历史和时代发展提供史料。编制主题索引、人名索引、表格索引和图片索引，方便读者使用。

2018年，该志被评为江苏省地方志书优秀成果特色创新单项优秀。

（党　辉）

【编后记（节选）】

2006年下半年，江阴市史志办公室根据是年5月国务院公布的《地方志工作条例》规定和江苏省、无锡市政府统一要求，在市地方志编委会部署下，进行全市第二轮地方志编修（简称"续志"）的准备工作。7月，开展续志编修调研活动，根据江阴经济社会发展状况制订篇目，请示市地方志编委会确定志书命名，明确各单位撰稿任务和撰稿要求。随后，市地方志编委会分四批主持召开了全市各单位入志篇目的论证会。11月20日，市史志办发文，明确主编、副主编的编纂分工；确定责任编辑的编辑分工和工作要求。至此，续志前期准备工作完成。

12月7日，全市召开第二轮地方志编修工作会议，标志《江阴市志（1988—2007）》这部续志的编修工作正式启动。这次会议明确了120多个扎口承编单位的修志任务，下发了承编工作责任书；市长、市地方志编委会主任王锡南作重要讲话，并对续志编纂提出了明确要求。是日，市地方志编委会下发《江阴市地方志编纂委员会成员在〈江阴市志（1988—2007）〉编修工作中的分工》《关于印发〈江阴市志（1988—2007）〉篇目的通知》等文件。市史志办根据市地方志编委会目标要求，全力推进各项编修工作。各承编单位迅速组建修志领导机构，搭建修志班子，落实修志人员，提供修志设施，并保证修志经费。

12月14日、15日，市史志办举办全市修志骨干业务培训班，指导各单位修志人员如何细化纲目，进行资料搜集、考订、整理工作，会后下发指导意见，确定2007年为资料搜集整理阶段。市史志办各责任编辑根据分工负责相关单位资料征集的指导工作，进行跟踪督促。在细化纲目中发现并及时补充了部分漏记内容，入志单位由原来的120余个增加到160余个。至此，全市修志工作进入实质性发展阶段。

《江阴市志1988—2007》编纂工作前后经历了六个阶段。

一是资料征编和初稿编写阶段。资料搜集整理计划1年时间。市史志办指导江阴日报社完成资料汇编、国土资源局完成资料长编后，作为范本在全市推广，指导各单位资料整理工作。但由于部分单位没有足够重视，部分单位修志人员缺乏修志经验，因此各单位资料工作参差不齐。2007年底全市仅有50%的承编单位完成或基本完成资料搜集、考订、整理工作，转入撰写初稿阶段。为了加快进度，市地方志编委会成员与史志办人员分组到各单位进行督察，并于2008年2月28日，召开修志工作推进会，促使资料征集工作后进单位加快进度。至年底，全市资料工作全部完成，各承编单位累计收集资料共计1000多万字，进入初稿编写的各单位编写入志初稿共400万字。至2009年，各承编单位入志初稿编写基本完成，完成率达98.5%。

二是分志编纂和单位自审阶段。从2008年下半年起，市史志办就按编辑初审、副主编二审、主编三审的内部三审流程进行志稿的编审工作，在此过程中，为确保质量、稳定进度，实施编审人员月度计划公示、月度编辑工作质量考核制度。与此同时督促未完成初稿的单位加快进度，指导志稿通过三审的单位进行自审。到年底完成初稿一审135万字、二审65万字、三审34万字。有15个单位对市史志办基本通过三审的入志文稿进行了内部初审。2009年，市史志办完成初稿一、二审190章，占98%；三审178章，占91.8%；基本通过三审145章，占74.7%。另有66.9%的承编单位完成入志文稿内部自审。2010年5月，全市所有承编单位百分之百完成入志初稿撰写任务和内部自审。市史志办承担的专志外的前志摘要、总述、特记、大事记、专记、附录、前志纠误补遗等全部完成。

三是分纂和第一次总纂阶段。2010年初，续志初稿全部完成，史志办组织开展全志修改完善和图片征集工作。7—8月，3位副主编进行分纂。9月初，根据分纂情况，重新调整续志篇目。9月15日，进入总纂的续志篇目通过无锡市史志办评审验收，10月，开始第一次总纂工作，至2011年3月完成。

四是市内领导复审和专家评审阶段。2011年5月4日，市地方志编委会组织召开志稿复审会，市四套班子在职领导和老领导、市地方志编委会成员单位领导及续志主编、副主编近100多人参加复审会。市领导高度重视此次复审会，市委书记朱民阳在会前和会议结束时作了两次重要讲话，市长、市地方志编委会主任王锡南主持会议。会上分4个小组对续志志稿进行认真评议，畅所欲言，提出意见和建议数百条，顺利完成对志稿的复审并原则通过。6月11—12日，召开志稿专家评审会议，邀请全国12位方志专家对续志进行全面系统评审并提出修改意见和建议。

五是修改完善与二次总纂阶段。2011下半年起，市史志办集中力量，对《江阴市志（1988—2007）》复审会和专家评审会上领导、专家提出的意见建议进行逐条分类整理，认真梳理。8月，组织修改完善《江阴市志（1988—2007）》行文规范，制订志稿修改计划，确定采用编辑负责、集体研讨、三级把关的形式，以集中与分散相结合的方式进行修改。自是月起，每周组织若干卷的集中研讨会。各责任编辑根据主编、副主编定好的修改方案进行逐卷修改。至10月，通过10余次研讨，修改完善工作全部结束。11月，执行主编对志稿进行第二次总纂。12月，二次总纂结束，形成300余万字的终审稿送无锡市史志办终审。

六是通过终审、验收和付印出版。2012年1月，志稿通过无锡市史志办终审。市史志办根据终审意见，对志稿进行补充完善，完成验收稿。2月，续志通过无锡市史志办验收，随后报江苏省地方志办公室备案。7月，志稿通过方志出版社审阅。7—8月，江苏省地方志办公室邀请省内经济、文化、民族宗教、涉台工作、新闻出版等方面专家对志稿进行审核。9月中旬，《江阴市志（1988—2007）》由江苏省地方志办公室推荐参加全国地方志精品工程评选，成为江苏省第一部参加全国地方志精品工程评选的志书。9月下旬，经过全国11位方志界专家的评选，《江阴市志（1988—2007）》成功入围。市史志办随即根据评审专家意见，对续志稿又进行了系统修改完善。执行主编调整优化结构，增补特色内容，进一步统一行文规范，完成第三次总纂。12月，续志完成修改，正式付印。

附：

《江阴市志》总纂的主要做法

李　阳

《江阴市志（1988—2007）》编修工作于2006年12月动员部署。经4年艰苦努力，2010年10月起进行总纂，今年2月底告一段落。经过增要删繁、调整合并、复核纠错、规范统一和提炼升华，全志基本达到总体设计要求，形成了浑然一体、风格一致，可提交市地方志编委会进行复审的完整志书。总结《江阴市志（1988—2007）》总纂的做法，主要有以下三点。

一、做好总纂的充分准备

总纂基本条件的准备主要体现在总纂客体、总纂主体、总纂理论三个方面。总纂客体方面的准备是指经过编辑部一、二、三审程序，被主编原则确认，承编单位完成内部初审，编辑部继而完成分纂的志稿全部齐备，并按确定的版式发排出样。总纂主体方面的准备是指承担总纂工作的人员到位，职责任务明确。根据江阴市本轮修志实际，决定采用主编“一支笔”统到底，全体责任编辑协助配合的总纂模式。总纂理论方面的准备是指进一步用地方志基础理论指导实践，明确总纂的基本任务是把好观点、资料、体例、内容、语言五关。其学术要求是：实现志书设计的总体性，确保体例结构的严谨性，务求资料运用的合理性，复核入志内容的可靠性，强化个性事物的地方性，提高志稿行文的概括性，增强纵述史实的深刻性，促进行文规范的一致性，力求全志文风的协调性。此外，他们还重温中指组《地方志书质量规定》，将其视为总纂工作必须遵循的准绳。

二、攻克薄弱环节，进行志稿再创作

（一）增补缺漏的重要内容。例如：《建置区划·自然环境·人口》卷原设《建置》《区划》《自然环境》《人口》4章，未记“地名”，上一轮修志也未记。根据有关方面的意见，争取民政部门的支持和配合，指定专人搜集、考订、整理地名资料，加写了《地名》章，篇幅达2万余字。经济部类原设《农村工作和农业》《工业》《建筑业·房地产业》《开放型经济》《企业上市》《商贸流通·社会服务业·旅游业》《金融业》《财政·税务》《经济综合管理》9卷，未设反映全市经济概貌的独立卷章。改革开放后，江阴市逐步成为全国县域经济的领头羊，经济总量连续多年在全国同类城市排名第一，知名度不断提升。这样一个经济发达的先进典型，只反映经济各业的发展变化而不单立卷章，从宏观上、总体上记述经济总情，这是志书篇目设置的疏漏和不足。为此，我们采纳有关专家的意见，专门增设《经济总情》卷，并将其作为经济部类的首卷。此卷由《综合实力》《经济结构》2章组成，前者辖《生产总值》《财政收入》2节，后者辖《所有制结构》《产业结构》《固定资产投资结构》《从业人员结构》4节，从宏观角度扼要反映志书断限内江阴市经济的总体情况。

（二）调整不合体例的分志文稿。例如：原《区划》章所辖《行政村区划》《社区（居委会）区划》等2节均以街道、镇为单位设目，导致设目琐碎，数量过多，反映区划变动的脉络不够清晰。总纂中，我们按行政村和社区（居委会）区划调整的时间顺序重新设目，重新编排材料、组织文字，克服了原稿存在的缺陷。原《邮政》章所辖5节排序为机构、业务、资费、网络、设备，排序逻辑上不顺，后被调整为机构、网络、设备、业务、资费，较好体现了事物内在的逻辑联系。《机关党建》原为《中国共产党地方组织》卷的第九章，但该卷第六章第三节《基层党组织建设》下设《农村党建》《社区党建》《企业党建》3目。从事物分类看，机关党建属基层党组织建设范畴，应归入《基层党组织建设》目，与该节已有3目并列，否则会出现同一层次事物地位高低不一的现象。据此，原《机关党建》章被作降格处理，改为第四目移入《基层党组织建设》节。

（三）处理交叉重复的记述。方法是从不同角度记述，或此详彼略，或用互见法。例如：原《大事记》对党、国家、军队领导人到江阴视察、考察、调研、出席有关会议均一一记载，而《中国共产党地方组织卷》有关节也无一遗漏地记载了相同的内容，区别是前者用文字，后者用表格，但记述要素基本一致。为避免机械重复，他们删去了《大事记》中的记述，同时在其末尾加注，说明党、国家、军队领导人到江阴的活动均记于本志何卷何章何节，《大事记》不重复记述。《城乡建设》卷《城市管理》章《国家卫生城市创建》一目，记述江阴创建国家卫生城市的情况。《卫生》卷《爱国卫生》章《卫生创建》节设置《卫生城市创建》一目，也记载了上述内容，两处记述明显重复。针对这一问题，他们用此详彼略法进行处理，即前者所记内容全部保留，后者压缩篇幅，删改为略记，同时括注参见本志某处相关内容。江阴市创建国家卫生城市活动明确由城管部门扎口并牵头,《城市管理》章予以详记较为合理。后者保留所设目,内容精炼,旨在保持所在卷章框架结构的相对独立性和完整性。

(四)复核全局性、宏观性数据。江阴市志总纂人员认为,志稿采用的数据大致可分为非全局性、宏观性数据和全局性、宏观性数据两大类。前者的真实性、可靠性应由承编单位内部初审时解决;后者的真实性和可靠性不仅承编单位要重视,全志总纂时还须进一步复核,以求准确、可信。此类数据主要有:境域面积和人口、地区生产总值及构成、人均地区生产总值、财政总收入及人均财政收入、社会从业人数、工业总产值、农业总产值、固定资产投资、社会消费品零售总额、利用外资、存贷款余额、全社会用电量、城镇居民人均可支配收入、农民人均纯收入、城乡居民人均住房,等等。中指组《地方志书质量规定》第三十九条明确:统计数据以统计部门公布的法定数据为准;统计部门没有统计的,采用业务主管部门的统计数据。江阴市认真贯彻执行这一规定,总纂中坚持用统计部门公布的法定数据对照检查志稿采用的全局性、宏观性数据,发现不相符、有矛盾就妥善处理。例如:《金融业》卷《银行业》章中的历年居民储蓄额,与《社会生活》卷《居民收入消费积累》章中的同一记载有8个年份不一致。后由责任编辑与承编单位人民银行、市统计部门联系沟通,找出存在差异的原因,并经市统计部门同意作了调整。至此,两处历年居民储蓄额互相抵牾的问题得到解决。

(五)纠正明显的常识性、逻辑性错讹。这类错讹在志稿中往往难免,有些还不容易发现。江阴市志总纂人员凭借生活经验、知识积累、逻辑分析和一丝不苟的认真精神,解决了一个个在初稿编审和分纂中一度疏漏的问题,取得明显成效。例如:《市政建设》节列表记载:城区秦泾桥长2207米、宽16米。这两个数据,宽度似乎差不多,长度让人觉得离谱,因为江阴城区至今尚无这么长的桥梁,所记秦泾桥只是一座普通的小桥。后与承编单位联系,由他们派人到实地测量,得出的准确数据是长20米、宽18米。据此,原稿误差得到纠正。《旅游业》章在记述徐霞客文化旅游区时说:"该旅游区位于徐霞客镇南旸岐村,由徐霞客故居、晴山堂石刻、徐霞客墓址、仰圣园、胜水桥、徐霞客旅游文化博览园等人文景点组成,总面积96.7平方公里。"这一面积让人产生怀疑:该旅游区所在的南旸岐村有这么大吗?江阴最大的村是进入21世纪后多次扩展的华西村,总面积也不过34.38平方公里。这个旅游区人文景点相对集中,徒步参观一次只需两小时左右,怎么有如此之大的空间范围呢?为此,总纂人员向市园林旅游局园林规划科咨询,答复是:96.7平方公里是对该旅游区未来总面积的规划,原稿表述不准确,应改为该旅游区"核心区域面积3.11平方公里"。

(六)从形式、细节等方面规范统一全志。①规范统一数量单位。如,涉农面积用"公顷",不用"亩"。②规范统一随文表格。③规范统一随文图片。④规范统一"附""无题概述"标题及正文的字体、字号。⑤规范统一行文注释。全志采用页末注,重复出现时用互见法,同时注明"详见本志(卷)×××页相同注释"。

(七)精心推敲语言文字。江阴市志稿经总纂前主编逐卷逐章逐节逐目梳理、删削、修改，语言风格基本符合地方志要求，基础较好。总纂中，我们精益求精，再下功夫。重点是：重写或修改某些质量一般的卷首概述和章下小序，剔除少数无实际内容和存史价值的大话、空话、虚话、套话，删去个别追溯过远、无必要与前志重复的多余的记述，调整措辞欠妥、有失偏颇、把握不当的文字，提炼拖泥带水、概括力不强的部分段落，减少形容词及的、得、地、着、了等助词的使用。经过总纂中的再次推敲、打磨和润色，全志语言文字更加严谨朴实、简洁流畅，风格更加协调一致，总体水平得到提升。

三、发扬优良作风，切实发挥总纂主体作用

总纂是一项业务要求很高的十分艰苦的工作，是对总纂人员综合素质的全面检验和挑战。搞好总纂，不仅需要总纂人员具有与总纂工作相适应的思想理论素养、政策法规水平、文化知识积累和业务工作能力，而且要求总纂人员具有强烈的事业心和高度的责任感，能够恪尽职守，自觉发扬总纂需要的优良作风，从而较好发挥总纂主体作用。江阴市志总纂人员在这方面做到了以下几点：①对肩负的光荣使命和重大责任有清醒的认识和足够的思想准备，对完成好总纂工作有决心、有信心。②修志伊始便深入业务之中，对已有志稿的框架结构、内容编排、记述重点等基本情况了如指掌，知道总纂中该抓什么。③精品意识强烈，能够结合实际，认真贯彻执行《地方志书质量规定》。④有开门总纂的民主作风。如在总纂过程中及时以口头或书面形式，与各志稿责任编辑交换意见，取得他们对处理有关问题的理解和配合。重要问题则通过召开主编办公会集体研究，听取多数人的意见。⑤遇到棘手问题亲自动手解决，不踢皮球。如在时间紧迫、有关单位工作繁忙、修志班子已解散的情况下，统筹安排手头工作，抽出时间搜集、研究资料，亲自撰写增补的《经济总情》卷。⑥集中精力，一鼓作气，争分夺秒，连续作战，提高总纂工作效率。⑦发扬不怕吃苦、任劳任怨、甘愿奉献的精神，节假日、双休日放弃休息，坚持工作。以上几点，是江阴市志总纂工作顺利推进并达到预期目的的主要原因。

（原文刊载于《江苏地方志》2011年第3期）

宜兴县志

《宜兴县志》目录

江苏省宜兴市地方志编纂委员会编。1984年7月启动编纂，1990年5月由上海人民出版社出版。主编韩霞辉，副主编谢敖萍，编辑韩霞辉、谢敖萍、吴达如、邵少华、陈慧君、周伯初、毛敏燕、杨玉芳、吴建群、吴坤培。全国政协原副主席周培源为志书题词。

全书1册，142.1万字，图片107幅（志首53幅、随文54幅），表格199张。记述范围为1987年宜兴县行政区域。记述上限不限，下限1987年，重点为民国元年（1912）至1987年宜兴撤县建市。述、记、志、传、图、表、录诸体并用，以志为主。志首设序、凡例、概述，志末设大事记、附录和编后。全志设30卷：建置区划、自然环境、人口、城乡建设、农业、林业、水利、工业、陶瓷、商业、旅游、交通运输、邮电、财税金融、经济综合管理、人事劳动、党派团体、政务、公安司法、民政、军事、教育、科技、文化、新闻、卫生、体育、社会、方言、人物。

为突出地方特色，该志设置林业、陶瓷、旅

游、人物等卷，体现陶都、洞天、竹海、茶园及“教授之乡”等自然人文禀赋。其中陶瓷卷以10章篇幅介绍制陶业的原料、分类、工艺、生产组织、获得奖项以及销售情况，系统记述“陶都”历史。卷首概述作宏观分层提挈，主体部分突出重点、精准记述，卷末大事记纵向贯通，既有总体概念，又有立体结构，真实完整地反映宜兴的古往今来。系统征集乡贤资料，人物卷收录1246名乡贤。卷首彩页为该志一大亮点，以陶都、洞天、地产、工商、文教、胜迹等为主题，彰显地方特色。

1993年，该志被评为全国新编地方志优秀成果三等奖。

（史月波）

【编后（节选）】

宜兴修志世代相传。早在西晋，邑人名将周处编纂了《阳羡风土记》。北宋，邑人进士单子发编纂了《续风土记》，进士单锷编纂了《吴中水利书》。明代修县志4次，刊印2部。清代修志更盛，修县志5次，刊印17种版本。民国7年至10年，编纂刊印了清代最后一部县志——《光宣宜荆续志》。历代县志，记述了宜兴的珍贵史料，人们把县志看成是了解熟悉宜兴的信史。在社会主义建设新的历史时期，县委、县政府决定编修社会主义《宜兴县志》，以期起到资政、教化、存史的作用。

新县志的编修，于1984年7月25日成立《宜兴县志》编纂委员会，下设办公室具体负责日常工作。1985年4月召开第一次编志工作会议，进行动员部署，至1989年5月定稿交出版社。共经历了准备、发动、搜集整理资料、编写、总纂、修改、审批验收、定稿发稿8个阶段，形成了党委领导、政府主持修志的格局。整个修志，五度寒暑，八订纲目，经初纂、再纂、终纂，三易其稿，由宜兴市、无锡市、江苏省三级审定。

新县志年代跨度长，是宜兴修志史上记述时间最长的一部县志。它具有鲜明的时代性和地方特色。全书以大量事实，充分反映社会主义制度的优越性，反映解放后特别是党的十一届三中全会后改革、开放、搞活的宜兴巨变。并充分突出了宜兴陶都、洞天、竹海、茶园的个性特点。全志主体设30卷，横向分类排述；卷首概述，作宏观分层提挈；卷末大事记，纵向顺时贯通。既有总体概念，又有立体结构，真实完整地反映宜兴的古往今来。志书在征集资料2500多万字的基础上，编写成184万字的资料长编，然后，按纲目组合总纂而成。值此大功告成之日，谨对76个编志单位的重视支持和200多名专兼职修志人员的辛勤工作及奉献精神，致以崇高的敬意。

宜兴市志（1988—2005）

《宜兴市志（1988-2005）》目录

宜兴市地方志编纂委员会编。2006年3月启动编纂，2012年12月由方志出版社出版。主编芮占良，执行副主编耿海华，副主编徐海友、倪锦豪、周克平、汤虎君，编辑丁盘生、毛敏燕、叶绿、吕浩、刘全忠、朱敏、汤虎君、吴艳、吴建群、吴法林、张澍、李阿根、李明毅、杜浩军、陈惠萍、陈有富、周克平、周惠成、赵琴芬、倪锦豪、徐海友、耿海华、黄文婷、崔德平、程保卫、蒋纪伯、管新元。

全书2册，273.7万字，图片528幅（志首

38幅、随文490幅），表格317张。记述范围为2005年宜兴市行政区域。该志为《宜兴县志》（1990年版）续志，记述上限1988年，下限2005年，部分内容视情上溯或下延，中国陶都、教授之乡、书画之乡、环保之乡等卷追根溯源，大事记下限延至2010年，对一些发轫于断限内、而其结果超出志书下限的重要事件，采用专记或页末注办法记述始末。志首设凡例、总述、大事记，志末设补遗、勘误、索引、编后。述、记、志、传、图、表、录诸体并用，以志为主。全志设城市名片、人与自然、城乡发展、改革开放、经济纵横、政治文明、文化概览、社会建设8编，共48卷。城市名片编设中国陶都、教授之乡、书画之乡、环保之乡、中国优秀旅游城市5卷，人与自然编设政区·环境、建制镇·集镇、地名、人口、居民生活、人物6卷，城乡发展编设城乡建设、水利·电力、交通·通信3卷，改革开放编设改革、对外开放、园区开发3卷，经济纵横编设经济总情、工业、建筑业、农业、林业、商贸服务业、房地产业、金融业、财政·税务、科技、综合管理11卷，政治文明编设党政要务、中共宜兴市委员会、宜兴市人民代表大会、宜兴市人民政府、政协宜兴市委员会、民主党派·工商联·社会团体、公安·司法、军事8卷，文化概览编设精神文明建设、文化事业、文化遗产、艺文、方言、宗教·风俗6卷，社会建设编设社会保障、社会管理、生态保护、教育、医疗·卫生、体育6卷。

首编城市名片，集中诠释“中国陶都”“教授之乡”“书画之乡”“环保之乡”“中国优秀旅游城市”五大城市名片，将分属于产业经济、文教发展、城市管理等不同领域的相关内容集零为整，集中推出。人与自然编将人口、居民生活、人物与政区、环境、资源、地名、胜迹等融为一编，体现人与自然和谐共处的理念和人本意识。城乡发展编记述冲破城乡二元结构、统筹城乡发展的史实。改革开放编改革部分涉及政治、经济、社会保障及社会事业等诸领域体制改革和制度创新，开放部分记述“三外”工作、开发园区和工业集中区建设以及出入境服务监管。政治文明编体现对建构政治文明生态和新型城市秩序的理念与实践。党政要务的设置，将党委政府实施的重要事务集中记述，既突出每个阶段的工作重点，又避免记述上两者实施内容的交叉重复。社会建设编呈现社会事务管理和社会事业发展的探索和成效。政区·环境卷设山水溶洞章，凸显山水城市、“洞的世界”两大地域特色。文化遗产卷统合物质文化遗产和非物质文化遗产，体现国家历史文化名城的底蕴。生态保护卷突出宜兴作为国家环保模范城市、国家生态市的生态建设举措和成就。

该志记述注重以新的站位和理念统揽编纂，将劳动就业、信访工作、社会治安综合治理、人民调解、流动人口服务管理、安全生产和食品药品监督管理、生态保护以及教育卫生体育等社会事业内容统合进社会建设编。注重突出地域文化积蕴和发展个性，反映地方文化的有16卷，占全志总卷数32%。关于紫砂的记述占中国陶都卷40%，突显紫砂这一最具地域特色的文化标记。关于风景名胜的记述占中国优秀旅游城市卷近60%，突出宜兴的胜迹景观。林业卷中特设茶、竹2节，展示宜兴作为江苏最大的茶叶、毛竹产区的地位。农业产业化章占农业卷40%，突出农业产业化在农业现代化、城乡一体化进程中的重要作用。科技创新章占科技卷33%，反映宜兴作为全国科技进步先进县（市）的创新实力。随相关内容所附的《宜兴陶瓷公司简史》《宜兴环保产业发展简史》《宜兴建成中国优秀旅游城市》《宜兴撤县设市》《宜兴建成国家园林城市》《华东宜兴抽水蓄能电站建设》《生产经营型事业单位体制改革》《宜兴茶文化》《创建国家环境保护模范城市和全国生态示范区》《宜兴建成国家卫生城市》等专记，不仅深化特色内容的记述，而且保留历史的细节，增强可读性。中共宜兴市委员会卷所附重要文件摘要，宜兴市人民代表大会卷所附重要决定、决议摘要，宜兴市人民政府卷所附重要文件摘要，政协宜兴市委员会卷所附重要文件、社情民意摘要，展现各自工作的重点，增强资料性。

此外，该志注重形式设计和细节处理。卷首彩页部分以要事图说、数字见证、荣誉印记为主题，再现经济社会发展的辉煌成就和历史瞬间。卷末补遗勘误部分弥补《宜兴县志》的缺憾与讹误，使两部新方志前后通贯。该志凡例分设通例、分例和特例，使读者明了编纂意图和志书内容。索引细分条目、人物、图片3类索引，方便读者使用。

2018年，该志被评为江苏省地方志书优秀成果综合优秀一等和篇目设计、内容记述、特色创新3个单项优秀。

（史月波）

【编后（节选）】

根据国务院办公厅《关于进一步加强地方志编纂工作的通知》和省政府办公厅《关于做好新一轮地方志编纂工作的通知》精神，2006年3月，市政府办公室印发《关于转发市史志办公室〈宜兴市新一轮地方志编纂工作计划〉的通知》，提出《宜兴市志（1988—2005）》编纂工作计划。4月，市政府召开全市地方志工作会议，启动编纂工作。8月，经近4个月的修订纲目、筹建班子、落实人员，市史志办公室在丁山公路职工休养所举办编纂业务培训班，培训全市修志人员。此后，编纂工作进入资料征集和初稿编写阶段。2007年10月，市地方志编纂委员会召开全体成员会议，总结前阶段工作，部署、安排下阶段工作。2008年4月，初稿基本完成，进入分纂阶段。2010年10月，纲目通过无锡市史志办公室审定。2011年1月，进入总纂阶段。经过10个月的工作，进入审核、验收和出版阶段。送审稿分别于2011年10月和2012年6月通过无锡市史志办公室和宜兴市地方志编纂委员会终审。2012年9月，送审稿通过省地方志办公室终审验收和方志出版社的审核。11月，志书交付印刷。12月，志书正式出版发行。

在6年多的编纂过程之中，我们始终以良志佳作为努力方向，力争做到彰显改革开放时代特征、突显宜兴地方特色、展现志书鲜明个性。为此，在五个方面一以贯之、紧抓不放。一是坚持借智引力，弥补自身不足。为弥补修志人员经验不足的问题，在加强内部学习交流、提高业务水平的基础上，采取“走出去、请进来”的办法，借鉴修志先行、先进地区经验，以期达到事半功倍的效果。邀请省地方志办公室、无锡市史志办公室的领导、专家多次到办公室辅导业务；奔赴江苏省武进、常熟、丹阳、金坛、泰兴、邗江、启东，浙江省绍兴、萧山、余杭、奉化、德清、常山，上海市奉贤，江西省景德镇、婺源等地学习取经，得到修志同行的热情帮助和大力支持。二是创新纲目设置，彰显个性特色。为弥补原纲目继承有余、创新不足，稳健有余、灵性不足，共性有余、个性不足的缺憾，在志书初稿已大部分完成的情况下，我们把力求体现地方特色、体现以人为本、体现沿海经济发达地区共性特点、体现志书整体性作为追求目标，大刀阔斧地对原纲目实施重新设置和整合，志书纲目由原38卷增加至48卷。三是强化过程管理，提升编校质量。为强化工作责任心，保证志稿质量，我办建立定期交流研讨、志稿流转阅改评议、志稿完善情况督查、工作质量考核等机制，保证了编纂工作有序、优质推进。四是实施无缝衔接，加强业务指导。为提高工作的针对性和时效性，我办设立6个指导组，每组又设甲、乙两个小组，每小组负责若干个承编单位的沟通联络和业务指导，随时现场解决承编单位遇到的各种问题和困难，达到进度、质量“双保证”。五是实行统分结合，重视统稿工作。根据编纂工作的阶段性特点，我办适时成立分纂审稿组和总纂审稿组，划定任务，明确要求，实行跟踪管理。在审稿组基本完成任务后，立即安排专人负责最后阶段的总纂统稿，实行一支笔审改，全权负责完善纲目、增删内容、核查史实、统一文风和处理交叉重复等工作。经过2轮统稿，志书综合质量不断提高，达到预期目标。

徐州市

徐州市首轮修志工作最早肇始于1980年编纂的《丰县志》，其他市县志书编纂工作主要于1983年以后启动。区志编纂主要于1987年开始，均为内部刊印。至1995年，全市共出版和内部刊印市县两级综合志书12部，总字数1399.3万字。其中，市级志书1部：《徐州市志》；县区级志书11部：《丰县志》《沛县志》《铜山县志》《睢宁县志》《新沂县志》《邳县志》《贾汪区志》（内部刊印）《云龙区志》（内部刊印）《鼓楼区志》（内部刊印）《徐州市郊区志》（内部刊印）《徐州市矿区志》（内部刊印）。为了推动志书编纂和使用，部分县区内部刊印了《丰县简志》《沛县简志》《新沂县简志》。徐州首轮市、县（市、区）志多次在省级质量评比中获奖。1994年，《铜山县志》获江苏省地方志优秀成果一等奖；1997年，《邳县志》获江苏省地方志奖优秀奖。

徐州市二轮修志工作于1999年由《贾汪区志》编纂先行开始，2006年全市正式启动，主要为首轮编纂县区志续修。至2019年，徐州市基本完成二轮修志工作任务，全市共出版市县两级综合志书11部，总字数1917.7万字。其中，市级志书1部：《徐州市志（1978—2005）》；县区级志书10部：《新沂市志（1978—2008）》《睢宁县志（1978—2013）》《邳州市志（1978—2006）》《沛县志（1978—2008）》《丰县志（1978—2005）》《铜山县志（1978—2010）》《徐州市泉山区志》《徐州市鼓楼区志》《徐州市云龙区志（1948—2005）》《贾汪区志》。其中《贾汪区志》《铜山县志（1978—2010）》《睢宁县志（1978—2013）》《丰县志（1978—2005）》在江苏省地方志书质量评定中被评为优秀成果。《九里区志》因区划调整，仅完成送审稿，未及出版。

徐州市志

徐州市地方志编纂委员会编。1985年春启动编纂，1994年3月由中华书局出版。主编董献吉，副主编胡家荣、武玉栋、许经亚，编辑文阳、许经亚、许晓峰、杨茂胜、武玉栋、徐鹏、胡家荣、萧波、戚云龙、董秋云、董献吉、满振民。

全书2册，350万字，图片67幅（集于志首），表格612张。记述范围为1985年徐州市行政区域。记述上限因事而异，量事追溯，下限1985年，人物延至1990年，大事记延至1993年。述、记、志、传、图、表、录诸体并用，以志为主。志首设序言、凡例、总述、大事记、政区沿革，志末设附录、后记。全志设62卷：自然环境、种植业、林业、畜牧业、渔业、水利、农村变革、煤矿业、电业、建材·建筑业、冶金业、机械·电子业、化工业、轻工业、纺织·服装业、医药业、乡镇企业、规划建设、房地产管理、园林绿化、铁路、公路、水路·航空·管道、邮电、商业、供销合作社、粮油购销、物资供应、对外贸易、计划统计、物价管理、工商管理、税务、财政、金融保险、中国共产党徐州地方组织、中国国民党徐州地方组织、民主党派和工商联、群团组织、政权机构、军事、公安、检察、审判、司法行政、民政、劳动人事管理、外事·侨务、教育、科技、文化艺术、卫生、体育、电视广播、报业、人口、宗教、民俗、方言、人物、地名、档案管理。

《徐州市志》
目录

徐州是江苏的煤都、华东火电基地之一，志书为反映地方特色，设煤矿业卷、电业卷，对煤田、煤炭生产、发电、供电、用电等内容作重点记述。为体现徐州是苏、鲁、豫、皖四省交汇的交通枢纽城市，志书设铁路卷、公路卷、水路·航空·管道卷。为突出城区主体地位，志书设规划建设卷、园林绿化卷、房地产管理卷，对城市的公共设施，居民小区的规划和建设，以及城市环境的绿化作全面记述。徐州是商品粮和多种农副产品基地，志书设种植业卷、林业卷、畜牧业卷、渔业卷、水利卷、乡镇企业卷、农村变革卷，详细记述广大农村的农事农物。尤其是农村变革卷，用相当的篇幅记述从土地改革到联产承包责任制在生产关系方面的重大变革，以及农业机械化过程等生产力发展的变化。其记述之详尽，为同时期出版的市县志中鲜见。

该志总述采取特点勾勒模式，以现行行政区划为范围，将徐州特色概分为历史文化名城，"五通汇流"的立体交通枢纽，江苏煤都、华东火电基地，商品粮和多种农副产品基地，兵家必争之地。突出徐州历史悠久、文化灿烂、地理优越、交通发达、军事重镇、矿产丰富等特点，写得较有特色。除全志设总述外，各卷设有分述，对每类事物钩玄提要，叙述发展脉络，时属创新之举。附录收录旧志简介和新编县、区志简介等资料，体现修志的连续性。

（李同意）

【志评】

淮海古彭有新篇

——评《徐州市志》

朱锡通

"八五"期末，《徐州市志》如期出版了。笔者虽未具体参与编修，但略知其中甘苦，故由衷地感到欣慰。对徐州志办同仁为徐州父老乡亲完成这一千秋功业，谨致以热诚庆贺。

徐州历来是军事要地，水陆交通枢纽，工农业生产颇具规模，是一个区域性的中心城市，80年代又被国务院批准为历史文化名城。徐州的重要地位决定了《徐州市志》的社会经济价值，《徐州市志》的问世必将引起世人的瞩目。

《徐州市志》是洋洋350万言的巨著，短期内不克深研，仅就翻阅所及，说一点看法，算是对《徐州市志》的评介。

《徐州市志》凡例提出，“全志立足徐州城区，全面系统地记述徐州市现行区划内自然、社会的历史和现状”。这里界定了徐州市志应该记述的时空范围，也规定了市志编纂应实现的基本要求。应该说，《徐州市志》是认真贯彻了并切实实现了凡例提出的这一基本要求的。笔者认为，这是《徐州市志》编纂的主要成功之处。《徐州市志》把徐州市现行行政区划作为市志记述的地域范围；市志记述的各卷虽有详有略，有所侧重，但没有偏颇，没有缺漏。市志把全市（含辖县）作为记述的地域范围，但没有替代县（市）志，而是从宏观上覆盖全市各个领域，科学地汇集各个门类的情况和数据资料。

第一，作为一部市志，城区这一块《徐州市志》用了足够的篇幅，充分展开，记述是完备的详尽的。徐州城区的主体是工业，志书设置了煤矿业、电业、建材·建筑业、冶金业、机械·电子业、化工业、轻工业、纺织·服装业、医药业等9卷，共34章，对徐州工业作了历史的全面的记述。徐州作为江苏的煤都、华东火电基地之一，市志对煤矿、电力两卷作了重点记述，内容所及，与省志专业志的结构相近似。其次，徐州是苏、鲁、豫、皖、冀五省交汇的交通枢纽城市，志书为了记清楚这一城市特点，将交通这一门类分设了铁路、公路、水路·航空·管道3卷，共12章，作了过细的记述，使读者了解徐州确是个“五通汇流”的枢纽城市。再次，为了记好城区，《徐州市志》设置了规划建设、园林绿化、房地产管理等3卷，共12章，对城市的公共设施，居民小区的规划和建设，以及城市环境的绿化、美化，作了全面记述。据此，可以认为，《徐州市志》对城区的记述是充分的，是令人满意的。

第二，《徐州市志》除了记述城区，还记述城区以外的徐州市辖区范围内广大农村更广泛、更丰富的内容。《徐州市志》设置了种植业、林业、畜牧业、渔业、水利、乡镇企业、农村变革等7卷，记述了广大农村的事及物。它的视角是全市，从宏观上记述市辖各县（市）的有关内容。例如种植业卷，在分述中，概述了徐州市辖区内种植业发展的历史脉络，从新沂、邳州新石器时期遗址发掘农具、炭化粟米记起，证明徐州地区早在6000年前种植业已进入萌芽阶段，接着记述了东周时期徐州“宜稻麦”，产稻已仅次于长江流域的荆、扬两州，记述了北宋时期“水稻、小麦、大豆普遍种植”，直到南宋时期，黄河决口夺泗入淮，从此水系紊乱，旱不能灌，涝不能排，水田变旱地，水稻逐渐被耐旱、涝、脊、碱的高粱、大豆等低产作物代替。这种状况一直持续到建国初期。建国后，经大力兴修水利，大搞农田水利配套设施建设，水稻面积迅速扩大，加上其他一些措施，使昔日的洪水走廊成为今日重要的粮、棉、油基地。种植业卷的分述，字数不多，但把徐州地区种植业发展的兴衰起伏，勾勒得一清二楚。分述以下，该卷设置了良种推广、作物栽培、植物保护、肥料及土壤改良、农技推广及培训等5章，分别从宏观上记述全市的有关情况及相关数据资料。该卷站在全市的高度，全面、系统地记述了全市种植业的历史和现状，详略把握恰当，所用篇幅不多，但宏观上的记述是清楚的，也是县（市）志所不能做到的。

第三，《徐州市志》设置了农村变革专卷，用相当的篇幅记述了从土地改革到联产承包责任制在生产关系方面的重大变革，以及农业机械化过程等生产力发展的变化。其记述的详尽为迄今为止已出版的市、县志所未见。例如，该卷的人民公社化章，设置了创办、“大办”和“五风”、整顿、反右倾、社会主义教育运动、基本路线教育运动、人民公社的经营管理等7节。又如，社会主义教育运动节，记述了从1962年底贯彻《人民公社工作条例》（60条）到1963年起贯彻社会主义教育运动中的“双十条”（前十条和后十条），以及1965年“文化大革命”前夕贯彻《二十三条》，详细地记述了当时徐州广大农村开展的社会主义教育运动全过程，以及运动中清理出的财、物及挨批的干部等统计数据。从存史及汲取历史教训的角度来看，这是必要的，可取的。据了解，这些记述深受广大农村干部的赞许，他们认为，志书还原了历史的本来面貌，很有教育意义。

从以上三点看，《徐州市志》凡例提出的基本要求是实现了的，这也是不容易的。《徐州市志》的最大成功之处就在这里。

笔者认为，作为一部市志，设置反映广大农村有关事物门类的专卷是完全应该的，也是十分必要的，否则只能说是城市志或城区志。本届修志由于种种原因，全省各省辖市志篇目的设计是不尽相同的。譬如，有些市志编修起步较早，在1983年之前，当时的省辖市没有辖县，当然设计的市志篇目只能是城市志的篇目；再则，1983年前还没有那个地区计划修地区志，地市合并后有些市就没有打算扩充市志记述的地域范围，他们已按原设计篇目走了相当的一段路，不想再重起炉灶，从头开始。就这样，出现了不同的省辖市市志篇目，不同的记述范围，或不同的记述重点。这是历史原因所造成的，本届修志只能认可。况且省政府的修志机构成立于多数省辖市修志已经起步之后，省府修志机关不能以一个模式、一个篇目去强求不同背景下编修的各市市志，这也是情理之中的事。

《徐州市志》总述是一篇撰写难度大的力作。难就难在它采取了特点勾勒模式。这种模式的总述长处或优点，在于能给读者一个鲜明深刻又不易抹去的印象，而采取这种模式的难处就在于特点不容易抓准。再有这些特点如何正确地表述，形象地描绘，也不是容易的事；这种模式的总述，在文字修饰上要求更高，要讲究一点文采。

《徐州市志》总述勾勒徐州有五大鲜明特色：历史文化名城、“五通汇流”的主体交通枢纽、江苏煤都、华东火电基地、商品粮和多种农副产品基地、兵家必争之地。这五大特点抓得是准的。这些特点是由徐州的历史背景和地理条件形成的，是客观存在，也较具体地勾勒了徐州市的时空形象。但其中的“商品粮和多种农副产品基地”，看作是徐州的一大特点，可以算，也可不必算。因为对徐州来说并不突出，不具备独特的个性，譬如相邻的淮阴市，也是商品粮和多种农副产品的基地。因此，这一点就突不出来。但是，另有一个特点，倒是徐州与其他地方相比更显个性，可称之为独有的特点，这就是徐州地区固有的民风。龙争虎斗几千载，在这块饱尝战乱之苦的土地上，熏陶出徐州人民不畏强暴的抗争精神和剽悍好勇的尚武民风。早在北宋，苏轼任徐州知州时就说过：“其民皆长大，胆力绝人。”“汉高祖沛人也，项羽宿迁人也，刘裕彭城人也，朱全忠砀山人也，皆在今徐州数百里间耳，其人以此自负，凶桀之气，积以成习。”这里有褒有贬，但描绘这里的尚武民风，跃然纸上。徐州的这种民风有一个演变形成过程。据古籍记载，秦以前，“淮海间，其气宽舒，禀性安徐，故曰徐”。“徐方，邹鲁旧国，尤有儒风”。那时的徐民儒雅尚文。秦汉以后，民风由柔变刚，“风俗劲悍，有霸王之遗风”“士子侠任节风，好尚宾游”“质直，重然诺”，以上这些，《徐州市志》都已提到，只是没有归纳起来，明点出来罢了。据此，把徐州的民风历史地、辩证地勾勒出来，这倒是徐州的一个鲜明地方特点。

《徐州市志》是一部观点正确，内容丰富，资料翔实，结构合理，体例完备，文笔畅达的新编市志。《徐州市志》有很多特色和长处，这是主要的。与此同时，数百万字的巨著，出自众人之手；百科进入方志，而方志修纂者又不可能精通百科。因此，不足、缺憾之处，实属难免。

《徐州市志》设置地名专卷，详记了徐州地区主次干线的起讫点，长宽度及路况、曾用路名等，这既有备查的实用价值，又有存史研究价值，也是一般志书所不备。这是志书的优点。但如进一步要求，似又嫌不足。徐州是历史文化名城，地名既设有专卷，记述内容可更求详备。如《苏州市志》，设置了城巷河桥专卷，其中街巷章，记述了城区路、街、巷、弄、里、坊等共计1143条，主要路、街、巷、弄列名详记，一般路、街列表略记，可谓详尽完备，无一缺漏。又如《常州市志》设置地名专卷，其中地名章，列表记述了城区路、街、巷、里652条，记述了这些路街巷里的起讫点、长宽度、路名来源及曾用路名等项内容，十分详细。但《徐州市志》地名卷，对城区地名，仅记了主、次干道共99条，而其他街、巷、里、弄一概不记。相比之下不仅逊色，也实为惋惜。既然立了地名专卷，为什么不记得更完备一些呢。

《徐州市志》的人口卷，严格地说不是成功之作。它仅是民国时期几个年份的人口资料和建国后三次人口普查资料的汇编，既没有徐州历史人口的记录和近现代人口的变动情况，也没有当代徐州人口结构主要方面的统计数据。这些都是编纂人口卷的最基本的资料和统计数据，缺了这一些，人口卷就很难撑起来了。

对《徐州市志》仅是粗粗地翻阅，以上看法不尽正确。不当之处在此就教志界同仁。

（原文刊载于《江苏地方志》1996年第2期）

铸古镕今　继往开来

——《徐州市志》读后

来新夏

在《连云港市志》稿评审会上，我有幸收到刚刚出版的《徐州市志》。当拿起书时，首先映入眼帘的是这两部巨册新编志书封面背景上隐约可见的八个题字：“铸古镕今，继往开来。”这是当代国画大师、徐州名人李可染专为市志所书。这八个字不仅笔墨酣畅，气势磅礴，得真朴之美；而且也是对全志的概括与评定。更包含着乡贤达对故乡的真情期望。读竟全志，果如其言，诚无愧于名家之大手笔！

《徐州市志》成稿较早而出书较迟，中经周折，几番琢磨。据闻当志稿评审时，曾经议论纷出，我憾未与会，未逢其盛。在评审会后，主编者面临若干批评与建议，虽有压城之重，而无摧颓之念。乃虚心整理意见，条分类析，是者是之，非者非之，深思熟虑，自定去取，然后集中力量，运如椽之笔，反三复四者又数年，终成此数百万字之巨制，此非有坚忍不拔之志，连续奋战之精神，曷克臻此？历来我时以“虚怀若谷，自有主张”评骘志书主编之素质及其对待评审之态度。设如传闻则《徐州市志》之主编，其庶几乎！有此素质与精神，方有今日《徐州市志》之成果。应该说这种精神乃是修志者的最大成就。“待到山花烂漫时，她在丛中笑”，其斯之谓欤？

《徐州市志》以突出地方特色为贯穿全志之主线。卷首总述即以此立意，以现行行政区划为范围，将徐州特色概分为五目，即（一）历史文化名城，（二）“五通汇流”的立体交通枢纽，（三）江苏煤都、华东火电基地，（四）商品粮和多种农副产品基地，（五）兵家必争之地。以此五目为纲，徐州一地之特色跃然纸上，而徐州之总体亦一目了然。《徐州市志》之总述体例，虽异乎他志，但自开生面，颇有创新立意。如按图索骥，则读全志可豁然贯通。此可备借鉴者一也。

篇章结构为全志之筋骨。《徐州市志》以小篇结构而隐以大类为序，虽有异于当前篇卷章节之组合，但亦学有所本。清代学者孙星衍撰祠堂书目，虽细分为十二类，而前后顺序仍暗合四部，得移步而不变形之效。《徐州市志》无大篇统辖而按册分上下部，细加品味，似上部为经济基础，而下部则为上层建筑，则又隐示主编之以马克思主义基本理论为指导。有此上下二部，虽分卷繁细，亦若有所统系，而不致有茫无头绪之感。在处理发展城市中市与所属区县写法上，《徐州市志》较为恰当，既减少城乡割裂痕迹，又不显主次高低之区分，使城乡相融，全面系统记述新徐州的整体风貌。此可供借鉴者二也。

是志所设《政区沿革》不入序列，独立成篇。其所以如此，妄加揣测，一则在理论上可免混淆基础与上层建筑之分部；二则本篇叙述已近史体，卓然别出，划清史志二体之不同。其用心之绵密，著述之谨严，可于此约略窥知。此篇上起于得名之始，下至于现行区划，文简意赅，尤引人注目者，厥惟所附历史地图。随文所附各图，自秦至现代共有21幅，虽为示意而大略可见。左图右文，自有悠久传统，而看图读史，尤得形象之趣。其后所附《徐州历代建置沿革表》，朝代、时间、沿革变化分栏排列，眉目清醒，别具匠心，节读者翻检史文之劳。此可借鉴者三也。

至若资料之丰富，论述之完整，文字之可读，处处皆可见编者之敬慎其事，备历辛劳。功在当代，利在子孙，洵非虚誉。

《徐州市志》62卷350万字，不仅超越明清以来旧志，于新编方志中，亦属巨帙。工程浩大，求全责备，本非所宜；而主编者力求精益求精，垂询及我。不揣固陋，妄加吹求，小疵固无伤大醇也。

大事记为志书中通贯古今之篇，自当详今略古，徐州为历史文化名城，古代记事似应加详，而新编志书于建国前似简略，建国后部分则似过于繁琐，令人有比例失调之感。

盛世修志，历代艳称，新编县志，尤称伟业。近读某志已为修志事业立专章，既论其事，复记其书，历代修志传统，览卷可见，今人磨剑辛劳亦得扬眉吐气，是修志之事固不可无记。徐州既前有多种旧志之丰硕成果，今又数历春秋，备尝甘苦，撰成巨著，又何可无专卷记其事。《徐州市志》既有第六十二卷档案管理专卷之设，又为何摒志书内容于附录？若以附录之Ⅰ Ⅱ再加以本志编修始末，当可成专卷，即使难以单独立卷，于档案管理卷下立专章，又有何难？

志书中之人物传记最为人所瞩目，今新编方志于入选标准，古今比例，生平事迹，资料繁简，评价高低等均倍加注意。《徐州市志》分人物为历史名人与英烈录，概念不清，因英烈无一不为历史名人。英烈录之分名录与简录实无截然划分之界限，徒增人为烦扰，不如分录、表二项，以生平事迹有足述者入录，其余则列表传世。人物务详其生卒，《徐州市志》近代名人张亮基有传谱多种，系生于清嘉庆十二年（1807），卒于同治十年（1871），颇易检得，而此志竟失载其生年。

他如各卷卷端有短篇引言，前此各地修志有标小序者，有标叙录者，有标引言者，有作无题者，而《徐州市志》独标分述，词意不明，易与总述相比附，不如作无题为佳。徐州为遐迩闻名之历史文化名城，应有名胜古迹专卷，不宜分散述及。此不仅有关弘扬传统文化，也为当代开发旅游资源所需用。

天寒体衰，草草读过，所言得失，难副其实，聊贡刍言，或备参酌。

（原文刊载于《江苏地方志》1996年第2期）

徐州市志（1978—2005）

徐州市地方志编纂委员会编。2006年8月启动编纂，2017年12月由江苏人民出版社出版。主编宋余东，副主编黄景坤、武玉栋、李云翔、邢艳玲、张颖颖。分纂人员王文英、王成雷、邓明建、刘亚丽、孙士军、况冬、张颖颖、陆刚、柳彦、董志军、董秋云、蒋锋、鲍书玉。总纂人员王文英、刘亚丽、孙士军、宋余东、张颖颖。

全书3册，468万字，图片823幅（志首110幅、随文713幅），表格367张。记述范围为2005年徐州市行政区域，以市区为主，县（市）区简要介绍。该志为《徐州市志》（1994年版）续志。为完整记述改革开放，该志上限1978年，下限2005年。为保持事物的完整性，气候、经济开发区等内容适当上溯或下延。大事记延至2015年，图片延至2016年。述、记、志、传、图、表、录诸体并用，以志为主。志首设序、凡例、总述、大事记，志末设附录、索引、编后记。全志设42篇：建置区划・自然环境、人口、环境保护・国土资源管理、城乡建设、公用事业、建筑业·房产业、交通运输、邮政·电信·信息业、水利、经济发展与体制改革、经济开发区、外向型经济、农业、工业、商贸流通业、服务业、旅游业、金融业、财政・税务、综合管理、中国共产党徐州地方组织、地方人民代表大会、地方人民政府、地方政治协商会议、纪律检查（监察）、民主党派地方组织・工商联、社会团体、政法、军事、精神文明建设、科学技术、教育、文化艺术、地域文化、新闻传媒、卫生、体育、民政事务、劳动和社会保障、社会生活、习俗・方言、人物。

为体现地方特色，志书设交通运输篇，记述公路、铁路、水运、民航、输油管道等内容，体现徐州“五通汇流”的交通枢纽地位。工业篇设煤炭工业、电力工业、工程机械制造业、烟草工业等9章，记述徐州的主导产业和特色产业。为彰显徐州国家级历史文化名城特色，该志适当增加文化部类的内容，专设地域文化篇，记述徐文化、彭祖文化、楚汉文化、军事文化、苏轼文化；文化艺术篇专设民间文艺章，除记述民间文学外，重点记述睢宁儿童画、邳州农民画、邳州年画、丰县糖人贡、邳州蓝印花布、徐州唢呐以及剪纸、布艺、面人等民间艺术，彰显出浓郁的徐州地方特色。

为突出时代特征，设经济发展与体制改革篇，记述经济总量、经济结构、农村和城市经济体制改革，宏观反映徐州地区改革的整体历程、重要措施和主要成就；设经济开发区篇、外向型经济篇，重点记述开发区建设和对外贸易、招商引

《徐州市志（1978—2005）》目录

资等和改革紧密相关的内容。为体现物质文明、精神文明“两手都要抓，两手都要硬”，设精神文明建设篇，突出时代主旋律。附录收录重要文件，选录徐州地方性法规和政府规章、徐州市获得江苏省社科奖项目，辑录碑文、箴铭、赋颂、杂记以及徐州诗咏等，丰富内容，增强资料性。

（刘亚丽）

【编后记（节选）】

《徐州市志（1978—2005）》的编纂工作在中共徐州市委、徐州市人民政府领导下，由徐州市史志办公室组织实施。始于2006年8月，市政府下发《徐州市新一轮编修地方志五年（2006—2010）工作规划》，召开全市新一轮编修地方志工作会议，对新一轮修志工作进行动员部署，正式启动《徐州市志（1978—2005）》的编纂工作。

2006年9月，市史志办采用电话调度、上门走访等方式，督促承担修志任务的254家单位落实修志人员。编写《徐州市新一轮编修地方志手册》，作为修志人员的培训教材。2007年4月，举办全市修志人员培训班，聘请专家进行授课，对280余名修志业务骨干进行培训。同时印发《关于〈徐州市志（1978—2005）〉篇目及任务分工的通知》，明确各承编单位的修志任务、工作进度及编纂要求。

2007年5月，市志进入资料征集阶段。市史志办建立督查制度，抽调业务人员组成4个督查组，通过上门指导，召开调度会、协调会、座谈会等方式，分片、分系统对承编部门和单位进行工作督促和业务指导。编辑《徐州市修志工作简报》，为修志人员和热心史志研究的社会人士提供交流的平台。先后制定印发《关于在新一轮修志工作中加强业务指导工作的意见》《关于印发〈徐州市志（1978—2005）〉承编单位志稿评审验收办法的通知》《徐州市地方志书编纂质量标准》等一系列文件，保证了修志工作规范有序开展。至2008年底，绝大多数单位完成了资料征集和资料长编编写工作，形成45篇1100余万字的市志初稿。

2009年2月，市志进入初审和分纂阶段。市史志办组成3个编辑室，分别对各单位提供的初稿进行评审。通过反复修改、补充和完善，于年底前完成43篇450万字的市志初纂稿。2010年初，成立总编室，组织3个编辑室开始对市志进行分纂。先由责任编辑按照初稿的内容对篇目进行调整，并对编写内容进行自评、试写，完稿后再报编辑室进行逐篇逐章的互评，直至最后定稿。年底，完成了绝大部分篇章的分纂工作。同时，将多次修改调整后的市志篇目上报省地方志办公室审核并顺利通过评审。

2011年5月，市志进入总纂阶段。由业务处室及聘请的专家组成总纂班子，在总编室的领导下开展工作。分别制定总纂任务分解表和进度表，责任到人，确保总纂工作按序时进度推进。在总纂过程中，市史志办始终坚持“三审三把关”制度，即每月对完成的总纂志稿先由协作小组自审把关，修改后报请总编室审定，最后再由总纂班子共同对志稿进行定稿。至2012年6月，基本完成市志43篇350万余字的总纂初稿。

2012年7月，市史志办将总纂稿分送各承编单位征求意见，先后征集到120余家单位近千条意见与建议。同时，总编室聘请多名修志专家和行业专家，与总纂人员一起对总纂初稿进行自审，并将自审意见与各承编单位反馈的意见结合起来进行统一梳理，组织业务骨干再次赴相关单位和档案馆征集资料，对志稿进行进一步的补充、修改和完善，对志稿的行文进行统一、规范和打磨。2013年12月，完成43篇330余万字的总纂修改稿。

2014年，市志进入复审阶段。5月，市志送审稿印刷完成后，市史志办在报送市编纂委员会成员进行复审的同时，聘请保密、档案、军事、法律、政治、文化等业务部门的十多位相关专家对志稿进行审读，于2015年3月召开复审会。其间，市史志办总纂人员按篇章内容对已有图片和人物进行梳理，列出所缺图片、人物的名单，先后赴省档案馆、市各相关单位及摄影协会进行补充征集。复审会召开后，按照复审意见对志稿进行再次修改和完善。11月底，完成43篇310余万字的终审稿，并上报省地方志办公室申请终审。

2016年3月，市志进入终审阶段。3月3日，《徐州市志（1978—2005）》通过江苏省地方志办公室终审。市史志办对终审意见进行分门别类地梳理，组织总纂人员对志稿进行再加工再打磨。同时，按照“齐、清、定”的要求，对正文进行图片插入。10月，形成42篇320余万字的市志验收稿，报省地方志办公室申请验收。11月，《徐州市志（1978—2005）》顺利通过江苏省地方志办公室验收。12月，经江苏省地方志办公室、徐州市人民政府验收批准，《徐州市志（1978—2005）》交由江苏人民出版社出版。

【志评】

比较两轮《徐州市志》篇目谈二轮修志之继承与发展

张颖颖

《徐州市志》（下限至1985，以下简称首志）是始于80年代中期徐州第一轮修志工作的产物，共62卷350万字，主要记述了徐州近百年，特别是中华人民共和国成立后至1985年，徐州现行区划内自然和社会的沧桑巨变，百业成败与兴衰。自2006年8月，徐州市第二轮修志工作启动后，我们在认真研究首志篇目及内容的基础上，编制出了《徐州市志（1978—2005）》（以下简称新志）的篇目。对照两轮志书的篇目，本文重点谈谈二轮修志的继承与发展问题。

《徐州市志（1978—2005）》为了完整地记录改革开放以后徐州经济社会发展的历程，与首志有8年的重叠之处，但这种重叠并非简单地重复，我们要求参与修志的各单位不能简单地照搬照抄，而是要进行概括、补充和完善，因此，仍可视为首志的续篇。既为续志，就要有继承和发展，两者紧密结合相辅相成，是发展中的继承和继承中的发展。

首先，新志的篇目继承了首志的小篇设计和章节体

首志共分62卷，新志则分45篇，均为小篇设计。这样设篇，各篇的内涵及外延界定起来清楚明白，标题也清晰明白，容易做到题文一致。新志的篇目比首志少了17篇，原因有三：

一是首志设62卷，分类过于详细，有时有割裂整体内容之弊，显得较为松散，影响了志书的整体性和系统性，因此新志篇目对其进行了归类合并。比如，首志篇目中将“农业”分成“种植业”“林业”“畜牧业”“渔业”“农村变革”5卷来记述，分类很细，但却看不到全市农业发展的全貌及各业态之间的联系。新志篇目设“农业”篇，将农村变革的内容放至“经济发展与体制改革”篇中集中记述，将种植业、林业、畜牧业和渔业设成农业篇的各章。首志虽单设成卷，但文字量并不是太大，新志在编修过程中只要适当加大各章的文字量即可将各类农业业态记述清晰完整。之后，在篇下设“综述”来综合记述全市农业发展的脉络及各业态之间的联系，并增设“农业机械”“农业科研”“农业资源开发”3章，归类综合记述各业态中的相关内容。这样做旨在加大对全市农业全貌及农业各业态之间联系的记述与反映。

二是有些行业在下限前已萎缩或消失，分量不够单独设篇。如“乡镇企业”“轻工业”“商业”“粮油购销”“物资供应”等，新志篇目中将它们分别归入同类或相近的篇中加以记述。

三是首志中有记述、新志断限内发展变化不大的各篇，为避免重复不再作详细记述，只记变化的内容及对首志补充的内容，篇幅亦不宜单独成篇，也归入相同类别中加以记述。如自然环境、自然资源、人文景观及民俗、方言等。

其次，新志篇目中保留了首志记述的所有内容

为了便于读者查阅、对照、使用，新志中理应保留首志中的所有内容，以便做到前后连贯，相互呼应。首志中的所有内容在新志中均有所反映，只是记述时有的进行升格处理，如“环境保护”“审计监督”“保险”“卷烟业”“食品业”“服务业”“两汉文化”等的相关内容；有的进行降格处理，如“皮革业”“服装业”“计划”“地名”“档案管理”等内容。

有继承就要有发展，志书贵在发展，在继承中发展以适应时代的需要和读者的需求。新志对首志的发展主要体现在以下八个方面：

一、志书断限没有墨守成规

首志的下限断至1985年，新志既为续志，本应从1986年修起，但为了全面完整地记录徐州改革开放这一时期的历史进程，保持改革开放时期徐州各项事业数据的完整性，以便于读者使用，我们在确定新志的上限时突破了过去一贯的做法，采取上溯的方法，将上限定在1978年中共十一届三中全会召开以后，也就是徐州市各项社会事业发生变化的开端。这样做内容上虽与首志有8年的重叠，可能会出现重复现象，但我们在指导时要求各单位尽量避免简单的重复，在使用首志的资料时要坚持三个原则：一是补首志之缺。对于首志中漏载的内容要千方百计地查找资料补上；二是详首志之略。凡首志中可能因为当时事物处于萌芽时期，对其认识不够或因资料缺乏该详写而没有详写的内容，要收集资料加以充实；三是概括首志之详。对于首志详写的内容，我们要求绝对不能照抄照搬，要以精练的语言进行概括，与新志中相关的内容进行衔接。

二、基本原则有所变化

首志的编修起于1985年，当时篇目设置的原则是严格按照中国地方志指导小组和省地方志办公室要求的“横不缺项，纵不断线”来设计的，总体上感觉比较平淡，没能将徐州是省煤炭能源基地、历史文化名城、两汉文化发祥地等地方特色很好地彰显出来，对奠定新中国解放大业的三大战役之一的“淮海战役”记述得也不够充分（此评价来源于浙江大学仓修良教授审阅完首志后给我们写的信）。我们在制定新志篇目时对首志的编修原则进行了补充调整，确定了以下原则：以特为主、不缺要项、归类调整、增新扩容、强化综合、丰富体裁。在此原则指导下，新志从形式到内容与首志相比都发生了很大的变化。

三、篇目结构有所变动

首志共分62卷，其中经济部类占了全书的55%，超过了一半，文化部类占了11%，占九分之一左右。为了克服经济部类过大而文化部类偏小的弊端，新志在设计篇目时有意识地调整了各部类在全书中所占的比例，将经济部类的比例缩小到30%，文化部类扩充至20%，改变了首志中经济部类占半壁江山的格局。

四、丰富志书的体裁，增加了“专记”与“文献”

增加“专记”和“文献”两种体裁，是新志的一项创新。尽管“专记”与“文献”在首志中也有不同形式的使用，“专记”有时是放在相关篇章之后，有时则集中收在附录里，“文献”则多出现在附录中。新志则从记述的需要出发，增设了“专记”和“文献”两个独立的内容。新志中“专记”，暂时列出了9个有关徐州市全局的重大事项和事件的专题，如“徐州获得的国家级荣誉称号”“徐州都市圈”“淮海经济区”“高速公路建设”“众志成城抗击‘非典’”“四城同创”“1997年抗洪救灾”“新城区建设”“农民减负”等，今后在编修过程中再根据各单位提供的资料进一步丰富、补充和完善。增设此内容的主要原因在于：可对重点问题作系统、详细、深入的记述。“文献”主要收录徐州地方出台的文件及重要的文献资料，强调地方性，作为彰显地方特色的又一窗口。

五、丰富了志书的记述方法，增强志书的可读性

首志中没有设立“专记”，因此在记述方法上比较单一，只采用了记叙的手法，严格地按时序来记述。这样做固然符合了志书的要求，但单一的手法也同时削弱了志书的丰富性、可读性和感染力，把握不好部分章节就会显得空洞、枯燥，有只见森林不见树木之嫌。新志则从坚持科学发展观，树立“以人为本”思想出发，采取点面结合的方式，在各篇章之后附以调查报告、专题文章、定型的研究成果介绍、纪实性的报告文学等，对各行各业中涌现出的典型事件、人物进行深入地记述，以求完整、系统、深入地反映事物，克服只见宏观不见微观，只见事不见人，只作表面介绍缺乏深度记述等弊端。

六、增设反映时代特点的内容

1978年至2005年是徐州经济社会发展最快、变化巨大的历史时期，也是改革开放由初期摸着石头过河阶段逐步走向成熟、步入健康发展的快速轨道的转型时期，新事物层出不穷，旧体制日渐消亡，成就与问题并生，经济社会日趋复杂，如何把握住时代的脉搏，在新志中体现出这一时代的特点是我们在制定篇目时考虑最多之处。新志篇目中主要在如下方面体现了时代特点：

（一）采取集中与分散相结合的方式来记述改革开放的内容。新志中设置了“经济发展与体制改革”、政治“综述”和文化艺术篇的“综述”，集中对“农村经济体制改革”“城市经济体制改革”“民主政治与民主法制建设”“党政机构和干部人事制度改革”及“文化体制改革”等涉及全局的重要改革内容进行全面系统的记述，从宏观上反映徐州地区改革开放的整体历程、重要政策措施、主要成就，突出了时代的主旋律。对于各行各业的具体改革措施及改革所取得的成绩与带来的问题，则分散放到各篇章的概述或具体的节目中加以记述，如教育、卫生、体育、科技等行业的体制改革的内容放到了各篇下的综述中加以记述。这样设置意在说明改革开放是全方位的，是与各行业密切相关的，有利于从微观上反映徐州改革开放的广泛性、群体性与深刻性。

（二）增设新的篇章节来记述改革开放时期出现的新事物。改革开放使徐州的经济社会生活发生了巨大的变化，出现了许多新生的事物，为了突出反映这一巨大的变化，我们在新

志的篇目中增设了几十个新的篇章节。如增设了“经济开发区”“区域协作”“环境保护”“旅游业”“精神文明建设”“劳动和社会保障”等篇；“农业资源开发”“农业科技”“信息业”“物流业”“会展与中介服务业”“出租车”“城市照明”“质量技术监督管理”“安全生产监督管理”“食品药品监督管理”“住房公积金管理”“市容管理”“科技服务”“科学技术普及”“文化市场管理”“就业与再就业”“社会保险”“居民生活”等章；“污染防治”“新城区规划”“物业管理”“专利管理”、体育“产业管理”“无线寻呼”“家政服务业”“会展业”“普通话推广”等节。

（三）采用升格的方法突出改革开放以后重要性日趋显现的内容。新志篇目中分别对“环境保护”“国土资源管理”“房产业”“民用航空”“移动通信”“农业机械”“农业科研”“烟草工业”“食品工业”“建材工业”“建筑业”“医药工业”“保险业”“典当拍卖”“纪律检查（监察）”“人民防空”等内容进行了升格处理，加强对这些改革开放以后在徐州经济社会发展中发挥重要作用内容的记述，如实记录徐州发展的历史。

七、增设彰显地方特色的内容

徐州历史悠久，古为九州之一，占据着南北交通要道，为五省通衢，军事地位相当重要，地下矿藏极为丰富，是江苏省的能源基地。改革开放以后古城徐州焕发出更加耀目的光彩，徐工工程机械、维维豆奶、红富士苹果、两汉文化遗存等享誉全国，彰显出浓郁的地方特色。新志在设置篇目时给予这些地方特色内容以充分的篇幅，本着“人无我有，人有我特”的原则，设置了“地域文化”“习俗方言”等篇；设置了“民间文艺”“民间收藏”“淮水北调”“蚕桑业”“煤炭工业”“烟草工业”“拥政爱民军民共建”及在徐各大企业、高校选介等章节。

八、采取分散记述的方式进行补遗

新志对于首志中遗漏或记述不够全面细致的内容，不设专门的补遗篇章，而采取分散到相关篇章节中进行拾遗补阙。如在附录中增录徐州碑文、箴铭、赋颂、杂记、诗咏，对徐州有史以来的艺文方面的内容进行补遗；在文化艺术篇中设“民间文艺”“民间收藏”两章及“电影放映”一节，对首志中没有详记的内容进行补充。其他不需单独设章节的内容则在记述中进行补遗。

由于二轮修志的情况比较复杂，再如首轮修志那样单纯地采取行政命令的方式来编修志书，恐怕有些篇章很难编纂完成。因此，设置新志篇目时，有些章节不得不考虑到实际操作问题。比如，工业篇中的“电子工业”，如果严格地按照行业的性质来分类，就要分成“仪器仪表”“汽车电子”“电子测量仪器”“电子元器件”等，但这样分类，有些电子工业在断限内存在过，但现在已萎缩不成规模或已消失，已不宜再单独设章节，且要将所需大量的详细材料收集上来也不太容易。为此，我们采取了一个折中的办法，即将这一章分为“概述”“主要门类”“主要产品”“重点企业”四个部分来记述，只要能将全貌展示出来，再辅之以“重点企业”这些点，做到有面有点，点面结合就可以了。再如“社会服务业”，我们将其分为“生活服务业”和“物流业”“会展与中介服务业”，外延较为广泛，几乎涵盖了当今社会上所有的与人民生活息息相关的生活与商务的服务行业。在设置时，我们尽量从理论上设置全面一些，但实际操作起来恐怕很难尽如人意，只有视搜集到的资料情况再作定夺。

（原文刊载于《江苏地方志》2008年专刊）

徐州市鼓楼区志

徐州市鼓楼区地方志办公室编。2008年10月启动编纂，2016年12月由江苏人民出版社出版。主编史长青、汤文华、刘海鹏、沙波、张义松（执行）、魏立华。编辑王世平、刘阳、闫玉红、陈琼、张义松、季丹丹、费宁宁、郝凡。

全书1册，140万字，图片176幅（志首160幅、随文16幅）、表格103张。记述范围为2005年徐州市鼓楼区行政区域。记述上限追溯事物发端，下限2005年；总述及有关专志中部分特殊事件延至2009年，大事记及个别图片延至2014年。述、记、志、传、图、照、表、录诸体并用，以志为主体。志首设序、凡例、总述、大事记，志末设丛录、索引、编后记。全志设30篇：政区・自然环境、人口、环境保护・国土资源管理、城市建设和管理、经济结构与体制改革、民营经济、农业、工业、商贸流通业、服务业・旅游业、财政・税务・银行、综合管理、政治综述、中国共产党鼓楼区地方组织、地方人民代表大会、政府、地方政治协商会议、纪检・监察、民主党派地方组织和工商联、社会团体、政法、军事、社会主义精神文明建设、教育、文化艺术・科学技术、卫生、体育、社会生活、劳动和社会保障、人物。

该志为徐州市鼓楼区建区后第一部公开出版的地方综合志书。志书加大城市建设和管理篇的分量，体现城市建设方方面面的快速发展。工业篇设工业门类章，记述全面，重点突出机械工业和烟草工业。政府篇设政事纪略章，按建立巩固人民政权与恢复经济、全面建设社会主义、“文化大革命”时期、建设有中国特色的社会主义4个时期，记述政府所做的主要工作。军事篇记述军事设施、历代战事等内容，体现鼓楼的战略地位。为体现时代特征，志书设经济结构与体制改革篇，记述宏观经济结构和城市与农村经济体制改革；设民营经济篇，记述乡镇企业和个体私营经济发展历程和发展情况。设政治综述篇，记述民主政治与民主法制建设、党政机构和干部人事制度改革，在同期志书中并不多见；设社会主义精神文明建设篇，重点记述鼓楼区文明创建、思想道德教育、破除歪风陋习树立文明新风等精神文明建设实践活动。鼓楼区是徐州市主城区，境内名胜古迹众多，商贸旅游繁荣。志末设丛录，选录鼓楼区历史故事传说、特别事件活动等专题介绍，增加志书的可读性和资料性，并收集留存历代名人有关鼓楼区诗文，作为重要资料，增加志书的传承性和学术性。

（刘　静）

【编后记（节选）】

新编《徐州市鼓楼区志》工作，从2008年10月开始，经历了组建队伍、拟定篇目、搜集资料、分志编写、评议修改、总纂合成、审议定稿等阶段。2009年10月完成资料收集，2012年6月形成送审稿，2014年10月通过专家评审验收，2016年12月印刷出版，先后四易其稿，度过八个春秋。全区76个修志单位和140余名修志人员为之付出努力，作出了贡献。

区志编纂工作开始后，各修志单位都及时建立修志机构，明确分管领导，落实专兼职修志人员。全区先后举办5次修志业务知识培训和讲座，到市和先行区对口部门修志办学习取

《徐州市鼓楼区志》目录

经，召开主笔会、工作会议、经验交流会，开展研讨活动，编印了《鼓楼区修志工作简报》，坚持强化调度，实施典型引路。

对区志篇目，先后作了5次设计和修订，并请市志办领导、专家审议篇目。进入编写志稿和总纂合成阶段，又先后3次对篇目进行了“微调”，从而使区志篇目更趋于完善合理。

志书的生命在于资料的严谨和翔实。从2008年10月到2009年10月，在为时一年的搜集、整理资料过程中，全区修志人员顶酷暑、冒严寒，走遍区属单位及区内的省（部）、市属单位收集情况，到市、区档案馆、图书馆查阅资料、寻找线索。同时，积极走访老同志、知情人和当事人，获取口碑资料。还利用信函方式征集资料。全区广征博采入志资料，至志书完稿，摘录的资料计约2120万字，经严格筛选和严密考证，去粗取精，去伪存真，选择入志。

《徐州市云龙区志》目录

进入编写阶段后，各分志编写人员先后写出初稿、送审稿，一般经过两次评议，根据各方面意见反复修订后报区志办。2011年初，区志进入总纂阶段。区志办组织了总纂班子，全力投入总纂工作，狠抓了“统一”“完善”“纠误”“提炼”四个环节，即统一志稿的取材标准，统一文体、文风；补充完善志稿内容，努力达到系统、全面、真实地反映区情与特色；全面纠正思想观点、史料取舍、层次结构、体例章法、数字运用、图示表列、交叉问题、语言文字、标点符号等方面的谬误；搞好内容提炼和文字提炼，为志稿把好政治关、史实关、体例关、文字关和数字关，力求“政治观点正确，资料翔实，门类齐全，篇目设计合理，文字表述通畅，较好反映地方特色”的基本要求。经过一年多的努力，于2012年6月完成了《徐州市鼓楼区志》预审稿，报市史志办预审。从2012年下半年开始，根据市史志办领导和专家的预审意见，又从充实内容、调整结构、统一体例、修正谬误等四个方面进行了认真修改和打磨，形成送审稿报审。

徐州市云龙区志

徐州市云龙区地方志编纂委员会编。2008年4月启动编纂，2016年12月由江苏人民出版社出版。主编耿云玲，副主编周东、赵文仿、冯驰、谢培基。

全书1册，138万字，图片162幅（志首120幅、随文42幅），表格212张。记述范围为2005年云龙区行政区域。该志上限追溯事物发端，下限2005年，图片、大事记延至2014年。述、记、志、传、图、表、录诸体并用，以志为主。志首设序、凡例、总述、大事记，志末设附录、索引、编后记。全志设29篇：政区·自然环境、人口、环境保护·土地管理、城市建设、房产管理·建筑业、经济结构与体制改革、农业、工业、商贸·服务业、旅游业、财税·金融业、综合管理、中共云龙区地方组织、区人民代表大会、区人民政府、区人民政协、纪律监察、民主党派与工商联·群众团体、法治、军事、文化·科技、教育、卫生、体育、民政、人力资源管理·社会保障、社会生活、街道·乡、人物。

为突出云龙区悠久灿烂的历史文化，志书旅游业篇设旅游资源章，记述云龙山景区、户部山景区、汉文化景区等风景名胜。文化·科技篇设文物·遗存章，记述云龙区的遗迹遗址、乾隆行宫、名人故居、古街巷等；设非物质文化遗产章介绍云龙区面塑、剪纸、香包等非物质文化遗产，配以图片，直观展现非遗魅力。

为体现时代特征，该志设经济结构与体制改革篇，集中记述宏观经济结构、经济体制改革、民营经济、外向型经济等内容。附录收录重要文件选录、1997年抗洪救灾纪实等，增强志书的记述深度和资料价值。

（周　东）

【编后记（节选）】

首部《徐州市云龙区志》正式出版了，这是全区政治文化生活中的一件大事。《徐州市云龙区志》编纂工作从2008年4月1日启动，先后经历拟定篇目、搜集资料、分志编写、评议修改、总纂合成、审议定稿等阶段。2015年7月，完成了《徐州市云龙区志》送审稿，报市史志办预审。2016年9月，报江苏省地方志办公室终审。先后八易其稿，全区77个单位和部门的77名修志人员为之默默耕耘，做出不懈努力。

区志编纂工作开始后，区委、区政府在人员、经费、业务学习和硬件设施等方面给予全力支持，区政府每年将区志编纂工作写进《政府工作报告》，列入各单位、各部门年度考核工作目标。各单位明确分管领导，落实专兼职修志人员，把修志工作摆上议事日程，列入年度工作计划，定期督促检查。区地方志办公室运用各种形式宣传修志意义，提高各级领导和修志人员的思想认识，增强“众手成志”的自觉性，为全面搞好修志工作提供坚实的思想、组织和物质保证。区地方志办公室先后4次到市和先行区对口学习取经，参加5次省地方志办公室举办的编纂人员培训班，举办2次修志业务知识培训和讲座，3次召开区各单位和部门主笔会、经验交流会等研讨活动。其间，以《云龙区修志工作简报》形式，通报单位和部门修志工作进展情况，推广经验，实施典型引路，促进全区修志工作的顺利进行。

拟定篇目阶段，开始借鉴先行区经验，结合区实际，制定区志篇目初稿，作为搜集资料的提纲。而后采取上下结合的方法，逐篇研讨、修订，并请市志办领导、专家审议，再次修订篇目，先后作了8次设计和修订。进入编写志稿和总纂合成阶段，又先后5次对篇目进行了微调，从而使区志篇目符合区情，更趋完善合理。

志书的生命在于资料的严谨和翔实。从2008年4月到2009年10月，为搜集、整理资料过程，区地方志办公室人员遍访区属单位及辖区内的省（部）、市属单位收集材料，到市、区档案馆、图书馆查阅资料。同时，采取多种形式向老领导、知情人和当事人寻找线索，获取口述资料，有些老领导还专门写了相关材料专程送到区志办，令人感动。全区广征博采入志资料，至志书完稿，共收集资料计约600万字，经严格筛选和严密考证，去粗取精，除伪存真，选择入志。2010年下半年，进入编写阶段，各分志编写人员先后写出初稿、送审稿，一般经过两次评议，根据各方面意见反复修订后报区志办。2013年夏，区志进入总纂阶段。区志办组织了总纂班子，全力投入总纂工作，2014年底基本定稿之后，专请了市史志办专家对初稿进行把关，同时人员进行专门分工。后根据市史志办专家的意见，补充材料，进一步修改完善。2015年7月，完成了《徐州市云龙区志》送审稿，报市史志办预审；9月，邀请相关区内老领导，专家对志稿进行区内评审；10月16日，召开由全区71家单位参加的《徐州市云龙区志》编纂工作推进会，通过内部评审及推进会征集了300多条意见和建议，针对这些意见和建议，编纂人员进行进一步核实、补充、完善。最后形成29篇、约140万字的评审稿。

2016年3月23日，区召开《徐州市云龙区志》评审会，到会领导、专家10余人，提出意见、建议159条。围绕这些意见和建议区志办精心加工、精心打磨，狠抓了统一、完善、纠误、提炼四个环节，即统一志稿的取材标准，统一文体、文风；补充完善志稿内容，努力达到系统、全面、真实地反映区情与特色；全面纠正思想观点、史料取舍、层次结构、体例章法、节目设置、数字运用、图示表列、交叉问题、语言文字、标点符号等方面的谬误；搞好内容提炼和文字提炼，为志稿把好政治关、史实关、体例关、文字关和数字关，力求达到撰写史志“政治观点正确，资料翔实，门类齐全，篇目设计合理，文字表述通畅，较好反映地方特色”的基本要求。9月29日，徐州市地方志编纂委员会办公室批复同意《徐州市云龙区志》出版；10月21日，江苏省地方志编纂委员会办公室批复同意《徐州市云龙区志》出版；2017年9月23日，区政府批复同意《徐州市云龙区志》出版。

《贾汪区志》目录

贾汪区志

徐州市贾汪区地方志编纂委员会编。1999年1月启动编纂，2002年11月由方志出版社出版。主编王吉林，副主编朱林。编辑王吉林、朱林、马艳梅，特约编辑王素华、刘同华。

全书1册，96万字，图片136幅（集于志首），表格191张。记述范围为2000年贾汪区行政区域。记述上限从明万历起，下限2000年。述、记、志、传、图、表、录诸体并用，以志为主体。志首设序、凡例、概述、大事记，志末设后记。全志设22篇：政区、自然地理、采煤业、工业、农业、水利、交通邮电、商贸金融、城乡建设、综合经济管理、党派群团、人大政府政协、公安司法、民政、劳动人事、军事、教育科技、文化体育、卫生、社会民情、人物、丛录。

为展现贾汪因煤成矿、因矿成区的特点，该志设采煤业篇，并前置为第三篇，记述煤田地质、煤炭开发、煤炭生产、安全管理、企业管理等内容，突出贾汪百年煤城的特色。军事篇将贾汪起义等在苏北乃至全国军事史上有重要影响的军事组织和历史战事升格为节。为保持区志的完整性，将驻贾单位内容纳入正篇，有针对性地在教育、工业等篇中增设相关章节，增强志书的整体感。农业篇设副业章，下设蚕桑、养蜂等节；在篇目中增设养鹿、养奶牛、养蝎子等特种养殖业目，体现出市场经济体制确立后，贾汪农业产业结构的变化。丛录篇收录碑文选录、重要文献选录、贾汪起义史料选录、掌故传说、地名考，将一些无法归集的珍贵历史资料收录，便于读者使用。

2006年，该志获江苏省地方志系统优秀成果一等奖。

（王海峰）

【后记（节选）】

1999年春，贾汪区人民政府根据省、市编修地方志规划和本区发展的实情，决定重新编纂《贾汪区志》。区委、区政府成立了贾汪区地方志编纂工作委员会，列入区政府工作议程，由区档案局、地方志办公室具体组织实施。

新编《贾汪区志》工作，大体经历了组织准备、拟订篇目、征集资料、总纂合成、修改审定五个阶段。2000年完成资料征集，2001年形成初稿，2002年6月经过省、市专家组评审验收，是年11月印刷出版。历时四年，艰巨纷繁，数易其稿，终成志卷。

在新《贾汪区志》编修过程中，中共贾汪区委、贾汪区人民政府先后5次下发文件，召开7次专题会议，区有关分管领导十分关心并定期调度工作进展情况，及时解决实际困难和问题；区各部门及驻区单位认真组织人员整理提供志书资料；许多老干部、专家及广大热爱方志事业的有识之士，不断向修志部门提出建议，提供资料或线索；原《贾汪区志》及其编纂人员留下了许多有价值的基础资料以供参考；江苏省志办、徐州市史志办、徐州市档案局、铜山县档案局、徐州矿务集团档案馆等单位给予了大力指导和协助，正可谓众手成志。没有各方面的支持协作，便不会有新编《贾汪区志》的完成。对此，我们深表敬意和由衷地谢忱！

贾汪历史建置多变，部门行业职能多有转换，尤其是1993年底区划调整之后，区内各方面发生的重大变化，给新区志编纂技术处理带来很大难度。为此，我们在遵循志书体例原则的前提下，力求做到广征博引，据实借鉴，体现特色，丰富内涵，写出一部合格的志书。

徐州市泉山区志

徐州市泉山区地方志编纂委员会编。2008年启动编纂，2016年11月由江苏人民出版社出版。主编王先友，主编助理夏婷、孙乙平、王魏娜、卢珊、方焕焕。

全书1册，165万字，图片221幅（志首163幅、随文58幅），表格164张。记述范围为2010年徐州市泉山区行政区域。记述上限因事而异，适当追溯，下限2010年。大事记延至2014年。述、记、志、传、图、表、录诸体并用，以志为主。志首设序、凡例、总述、大事记，志末设附录、索引、编后记。全志设34篇：政区·自然环境、人口·国土资源管理·环境保护、城乡建设与管理、建筑业·房产业、水利、交通·邮政·电信、经济综述、农业、工业、商业·外经外贸、服务业·旅游业、财政·税务·金融、经济综合管理、中国共产党地方组织、地方人民代表大会、地方人民政府、地方人民政治协商会议、纪律检查与监察、民主党派·工商联·群众团体、政法、军事、科学技术、教育、文化·体育、卫生、民政、人力资源和社会保障、社会生活、人物、街道。

泉山区历史上是黄河泛滥区，该志在政区·自然环境篇设自然灾害节，记述黄河在区境内泛滥的主要情况，真实记录黄河泛滥给居民的生产、生活造成的巨大灾难。境内名胜古迹和红色景点众多，服务业·旅游业篇除记述传统服务业内容外，还设节记述物流业、软件研发与物联网、动漫产业等新兴服务业；设旅游资源节，记述淮海战役烈士陵园、云龙湖、汉画像石艺术馆等景点。泉山区战略地位重要，历史上发生战事400多次，该志在军事篇设战争与兵灾节，简记历史上的战事。商业·外经外贸篇设对外贸易与经济合作章，记述对外贸易、外资利用、对外经济合作。附录收录诗文选录、文件选录、新闻报道选录，资料类型多样，增加志书的可读性和资料性。

（王先友）

《徐州市泉山区志》目录

【编后记（节选）】

2000年，江苏省政府办公厅发布修志规划，规定徐州市泉山区要修志。因上世纪80年代徐州市郊区未完成第一轮修志任务，市地方志办公室要求泉山区这次两轮修志任务合并进行，记述区境内4000余年从自然到社会的情况。

2007年10月，区政府部署《徐州市泉山区志》的编修工作。同月，举办撰稿人员培训班。2008年3月，区成立编委会。2008—2009年，区属各部门、各单位陆续交稿。

2012年9月，区政府决定重启区志编修工作。同年10月，编修人员编写区志目录（草案），送市地方志办公室审核。试写5万余字样稿，送市地方志办公室审核。同年10月，区志目录经市地方志办公室修改后交区志办公室，样稿通过审查。

2012年10月，开始区志的编写工作。在编写过程中，查阅参考书30余部，开座谈会4次，单独采访100余人次，打电话核实情况2000余次，部门和单位补写稿件100余份。2014年5月，区志初稿交印刷厂排版。同年6—11月，面向社会各界人士征集照片，共征集到900余幅，选用其中的200余幅编入区志。同期，5次修改版式。同年11月，将文字稿与图片合编，印刷区志征求意见稿。

《铜山县志》
目录

2014年12月，将120本征求意见稿分送区领导、区机关各部门、各基层单位、离退休干部征求意见，对文稿进行修改。同月，区政府常务会议听取区志编委会办公室关于区志编修工作情况的汇报。2015年6月，将修改后形成的区志稿再次发送各部门、各单位征求意见。同月，征求编委会成员的意见。将第二次修改后形成的区志评审稿送市地方志办公室。

2015年8月21日，市地方志办公室在区召开区志评审会。市、区分别聘请的专家、学者和相邻区派出的代表参加评审。评审会按志书编修的要求，全面审查《徐州市泉山区志》的内容和篇章结构，讨论涉及的若干学术问题。区志通过终审。会后，根据评委们的建议，对区志稿再次进行修改。

2015年12月15日，中共泉山区委办公室、区政府办公室发文并附相关文稿，要求各部门、各单位对文稿进行校核，并向区地方志办公室报送修改意见和反馈单，以示对文稿内容负责。2016年2月，将区志分别送江苏省地方志办公室、江苏人民出版社审查。2016年3—10月，根据江苏省地方志办公室、江苏人民出版社的审查意见，再次修改文字和版式，增补图片。2016年10月，完成编纂、修改、校对的全部工作。

铜山县志

江苏省铜山县县志编纂委员会编。1986年9月启动编纂，1993年6月由中国社会科学出版社出版。主修汪为群、高之均、郭希忠，监修曹开林、高之均，主编韩大鹏。编辑叶淮、叶华华、孙化荣、刘广华、陈敏、夏柏林、韩大鹏、张传礼。

全书1册，158.7万字，图片128幅（志首73幅、随文55幅），表格279张。记述范围为1985年铜山县行政区域。记述上限不限，因事而异，下限1985年，大事记延至1990年。述、记、志、传、图、表、录诸体并用，以志为主。志首设序、凡例、概述、大事记，志末设附录、后记。全志设28篇：建置区划、自然环境、人口、农业、水利、工业、交通、邮电、商业、财政·税务、金融、城乡建设·环境保护、经济综合管理、政党、社会团体、政务、治安·司法、民政、人事、军事、教育、科学技术、文化、卫生、体育、方言、社会、人物。

为体现地方特色，志书工业篇工业门类章重点介绍电力、煤炭、建材、冶金、纺织等工业门类，记述全面。军事篇设战事纪略章，记述清末农民战争到解放战争时期的战事，体现铜山兵家必争的战略地位。文化篇设文物名胜章，记述文化遗址、古建筑、出土文物、风景名胜等，体现铜山深厚历史文化。附录收文献选辑、诗文选萃、碑文选录、历代县志序跋选，突出志书存史功能。

1994年，该志获江苏省地方志工作优秀成果一等奖。

（仇　彬）

【后记（节选）】

《铜山县志》历经五载，数易其稿，而今终于问世。

1986年9月，在全国修志工作全面展开，势在必行的大气候下，铜山县成立由县长汪为群任主任委员，各部、委、办、局主要负责人41人组成的铜山县地方志编纂委员会，下设办公室，自此县志编纂工作被纳入政府工作序列，逐步开展起来。

《铜山县志》的编纂工作大体历经了建立机构、宣传发动，拟定纲目、征集资料，总纂、定稿出版三个阶段。

1986年9月至1987年4月为建立机构、宣传发动阶段。为提高广大干部群众对修志工作的认识，办公室成立后，在努力抓好自身学习的同时，采取多形式、多渠道、多层次进行广泛宣传发动。通过汇报情况、编纂委员会全体成员会议等形式向领导宣传，通过召开专门会议向修志人员宣传，通过报纸和广播等向全县人民群众宣传。通过宣传，全县干部群众对编修社会主义新方志的重要意义有了新的认识，为开创全县地方志工作的新局面奠定了思想基础。与此同时，县政府下发《关于加强地方志编纂工作领导的通知》，对各乡镇、各部门建立修志工作领导机构、成立修志工作班子等问题提出具体要求。至1986年底，全县73个县直机关单位、39个乡镇、18个县属企业及7所完全中学，先后建立有领导参加的修志领导班子，大部分单位配备3—5名修志人员。为尽快提高修志人员的业务水平，适应工作要求，县志办公室人员先后赴武进、丰县等县志办登门求教，并集中一段时间系统学习修志理论。在此基础上，举办有15人参加的全县修志骨干培训班，为全县开展修志工作奠定了人才基础。

1987年5月至1989年底为拟定纲目、征集资料阶段。铜山县是历史悠久的大县，历史上由于战争频繁，建置多变，区划不一，治所不定，建国前的资料散失各地，给征集工作带来很大困难。为此，县志办公室同档案局联合印发了《关于征集铜山县历史档案资料的布告》，并先后三次修订新编《铜山县志》纲目，然后采取“先内后外”“先近后远”的步骤，采用抄录、复印、走访、座谈等方法，全面开展资料征集工作。先后计征集资料6000余万字。在征集资料的同时，编印了40万字的《铜山概况》一书，在实践中提高了修志人员的业务水平。

1990年初至1992年6月为县志总纂、定稿出版阶段。为确保县志质量，县志办公室人员、有关部门人员、特约人员“三结合”，按照总体规划，分工撰写，主编把关。对个别专业技术性较强的篇、章，县志办特约一些专家、学者和从事专业技术工作的同志撰稿。经过大家的通力合作，于1991年6月完成《铜山县志》评审稿，计28篇，140余万字。后经县领导、各有关部门审阅，省市专家、学者、修志行家评审，中共铜山县委、县人大常委会、县人民政府、县政协批准，江苏省地方志编纂委员会办公室验收合格，终于付梓。

铜山县志（1978—2010）

《铜山县志（1978-2010）》目录

徐州市铜山区地方志办公室编。2007年启动编纂，2014年11月由江苏人民出版社出版。主编单兆民，副主编杨冰，特邀编审武玉栋。编辑许鹏展、夏柏林、李贤君、曹树银、宋曙光、王惠敏、马立军、赵继飞、赵杰。

全书1册，156万字，图片220幅（志首163幅、随文57幅），表格310张。记述范围为2010年铜山县行政区域。该志为《铜山县志》（1993年版）续志。为完整记述改革开放历程，记述上限1978年，下限2010年，大事记延至2012年。述、记、志、传、图、表、录诸体并用，以志为主。志首设序、凡例、总述、大事记，志末设附录、索引、后记。全志设34篇：政区、自然环境、人口、环境保护、国土资源管理、城乡建设、房产业、交通运输、邮政·电信业、供电、水利、经济结构与体制改革、外向型经济、经济开发区、农业、工业、商贸·旅游、金融业、财政·税务、综合经济管理、政党群团、人民代表大会、人民政府、人民政治协商会议、政法·军事、科学技术、教育、文化·体育、卫生、民政、人力资源管理与社会保障、社会生活、镇场·街道、人物。

为体现地方特色，志书设环境保护篇，介绍铜山作为煤炭、建材、造纸大县，在环境污染治理、自然生态环境保护方面采取的措施及成效。工业篇设维维集团章，记述县内最大企业、国家食品行业龙头企业成长过程；设名优产品章，记述全县各行业的名牌产品。为体现改革开放的时代主线，设经济结构与体制改革篇，记述宏观经济结构及城市与农村经济体制改革；设外向型经济篇、经济开发区篇，重点记述对外贸易、招商引资、开发区建设等内容。附录收录重要文件、铜山革命斗争史略、史籍典故、诗文选萃、历代县志序跋、专志辑存等资料，增加志书的资料性。

2018年，该志被评为江苏省地方志优秀成果综合优秀二等。

（仇　彬）

【后记（节选）】

《铜山县志（1978—2010）》自2007年启动至2014年付印，历时八载，数易其稿，于今问世。纵观编修历程，总体上可分为两个阶段：

第一阶段（2007—2010年）

2007年下半年，根据省、市有关要求，县政府决定开展二轮修志工作，下发《铜山县新一轮编修地方志五年（2006—2010）工作规划》，县委同时下发《关于成立铜山县地方志编纂委员会的通知》，并在县档案局设立办公室，续修县志工作正式启动。年底，县地方志办公室初步拟定志书篇目，并报徐州市史志办公室审定。

2008年1月，《铜山县志（1978—2008）》篇目设置及任务分工发至21个镇（场）、100余家县有关单位。各镇、各单位明确分管负责人，配备编纂人员。10月，县志办公室聘请市史志办专家培训撰稿人员。2010年底，90%的单位完成县志资料长编，县志办共收到部门志稿或资料长编400余万字。此后，由于县志办编写人员未能落实到位，编纂工作一度停滞。

第二阶段（2012年4月至2014年11月）

2012年4月，按照省、市地方志办公室提出的工作要求，区委、区政府调整铜山区地方志编纂委员会成员，再次启动县志编修工作，并将下限延至2010年。6月，区委办、区政府办下发《关于补充2009—2010年资料的通知》《关于征集入志人物及图片资料的通知》等文件，聘请7位长期在铜山工作、经历丰富、责任心强且文字水平较高的老同志，组建了包括原地方志人员在内的10人专职县志编修班子。7月，开展编纂人员业务培训，派业务骨干参加全省新方志业务学习培训班，组织修志人员到昆山、南京、沛县、新沂等地学习，进一步审议、修订县志篇目，县志编纂工作全面推开。2013年6月，县志初稿分纂完成，进入总纂。下半年形成《铜山县志（1978—2010）》初稿后，聘请铜山籍和长期在县内工作的15位老领导、专家、学者、教授对《铜山县志（1978—2010）》进行内部评审。针对评审意见，经过4个多月的梳理、消化、修改，于2014年2月底形成评审稿。3月20—21日，徐州市史志办公室组织召开《铜山县志（1978—2010）》评审会，市、县分管领导和市内10名方志专家，安徽省灵璧县、萧县、宿州埇桥区与徐州市所辖县（市）区史志、档案部门的领导、志书编纂人员30余人参加评审。6月，形成送审稿，上报徐州市史志办公室验收。10月，报江苏省地方志办公室审核，按照审核意见再加以认真订正。12月，《铜山县志（1978—2010）》出版发行。

丰县志

丰县县志编纂委员会编。1980年启动编纂，1994年3月由中国社会科学出版社出版。主修于瑞茂、王玉柱、刘广哲、朱向阳，副主修靳允良、李玉岭、任泽华、孙裔诚、刘勇、刘尊彦、张克强、张学胜、袁奉岭、曹明、曹文泉、蔡文见、王建华、王华超、孙敦禄、孟宪华、郑全举、丁善启、营从超、张敬群、吴长银、张洪昌、褚珠洪，监修孟庆华、鲁少时、田瑞声、朱继荣、晁家宽，助修王广建、俞民、李海明、董德寅、王荣生、罗庆模，编写王文升。

全书1册，160万字，图片93幅（志首78幅、随文15幅），地图和示意图30幅，表格167张。记述范围为1990年丰县行政区域。记述上限因事而异，适当追溯，下限1990年。述、记、志、传、图、表、录诸体并用，以志为主。志首设版前贺辞、前言、序言、引论、凡例、概述、大事记，志末设附录、跋、编写后记。全志设27篇：建置区划、乡镇村庄、人口、地理环境、水利、农业、工业、城乡建设、交通邮电、商业、财税金融、经济管理、党派群团、县政、军事、公安司法、民政、劳动人事、教育、文化、体育、卫生、科学技术、民俗·宗教·道会门、方言·传说、人民生活、人物。

该志注重突出地情特色，在水利篇设“三河”开发章，详细记述20世纪80年代中期，丰县分阶段治理黄河故道、大沙河、苗城河的过程，展现“三河”流域建成多种经营基地的成绩。农业篇设林业章、种植业章，对创建成全国平原绿化先进县、全国棉花生产先进县、全

《丰县志》目录

国粮食生产先进县等内容浓墨重彩加以记述。工业篇设获奖工业产品章，集中介绍产品情况，展现20世纪80年代丰县在食品、机械、棉纺织业多次获得国家级、省级奖励等成绩。文化篇设小凤凰豫剧团节，介绍其发展历程和表演特色。乡镇村庄篇吸收1980年地名调查成果，记述全县村名的由来。设民俗·宗教·道会门篇，并对道会门不同门派进行客观记述，在县级志书中较少见。附录收录地方文献、古代碑文选、各版旧志编修简况及修志活动、县志旧序选等，资料丰富。

（高昌忠）

丰县志（1978—2005）

《丰县志（1978–2005）》目录

丰县地方志编纂委员会编。2006年10月启动编纂，2019年8月由江苏人民出版社出版。主编刘鸿，执行主编高昌忠，副主编许继蔼、张波、赵本宇，特聘总纂武玉栋，分纂编辑李振钧、李琳、于世臣、于圣连、王玉松、王光明、史友亮、师忠诚、孙启善、程洁箴、谢学军、张庚、郑义勤，总纂编辑高昌忠、赵本宇、李振钧、李修银、高霭亭、陈民、王志强、许鹏展、杜吉华、夏柏林、曹树银。

全书1册，138万字，图片180幅（志首87幅、随文93幅），表格175张。记述范围为2005年丰县行政区域。该志为《丰县志》（1994年版）续志。为完整记述改革开放的历程，记述上限1978年，并适当追溯1994年版县志未记的某些事物源头，以保持记事的连续性和事物的相对完整性。下限2005年，部分图片延至2019年。述、记、志、传、图、表、录诸体并用，以志为主。志首设序、凡例、总述、大事记，志末设附录、索引、编后记。全志设30篇：政区·自然环境、人口、国土资源管理、环境保护、城乡建设、交通·邮电、供电、水利、农业、工业、商贸服务业·旅游业、财政·税务、金融业、综合经济管理、中共地方组织、地方人民代表大会、地方人民政府、地方人民政治协商会议、社会团体、政法·军事、文化、教育、科学技术、医疗卫生、体育、民政、人力资源管理与社会保障、社会生活、镇·场、人物。

该志根据丰县经济、文化发展的客观实际，突出记述特色产业及特有事物。农业篇设种植业、林果业、畜牧·水产、农业资源综合开发等章，着重记载20世纪70年代起，该县引进、选育品质上乘的红富士苹果，改写黄河故道地区不能生产优质苹果的历史，成为全国水果生产十强县；记述该县粮食生产、棉花生产、秸秆养羊业走向全国领先地位的过程；记述该县营造林网、治理沙荒、栽植经济林的情况，被评为全国平原绿化先进县、全国治沙先进单位、全国经济林之乡。工业篇突出记述果汁生产、蔬菜加工、木材加工、机械制造等县优势产业。文化篇记述小凤凰梆子剧团、民间戏曲，富有地方特色。中共地方组织篇记述农村经济体制改革、工业管理体制改革、精神文明建设等内容，彰显时代特征。

2020年，该志在江苏省地方志书质量评定中被评为优秀成果。

（高昌忠）

【编后记（节选）】

《丰县志（1978—2005）》的编纂工作，由中共丰县县委领导、丰县人民政府主持、丰县史志办公室组织实施。2006年6月县史志办成立伊始，适值全省新一轮修志工作启动。8月1日，县政府常务会通过《丰县新一轮编修地方志五年（2006—2010）工作规划》，县志续修工作摆上政府重要议事日程。10月26日，新一轮编修地方志工作会议召开，并成立县志编纂工作领导小组，全县7大系统、14个镇（场）154家承编单位出席会议，《丰县志（1978—2005）》编纂工作全面启动。12月中旬，县史志办举办全县新一轮修志业务培训班，承编单位120名初纂主笔参加培训。会后，由县史志办主任许继蔼牵头、4名副主任分工负责，每人联络、督导两个系统的县志资料征集与编纂工作。

2007年初，县志进入资料征集阶段。为尽快完成资料长编编写工作，县史志办在5月到7月间，先后分批次、分系统召开14场撰稿人员经验交流会。2008年1月、5月，县委常委、县委办主任李杰先后主持召开全县修志工作调度会、推进会。截至2008年底，全县130余家承编单位完成初稿上报工作。

2009年初，县志进入初审和分纂阶段。县史志办组建由4位副主任牵头、10位外聘编辑参与的4个编审室，分别对各单位提供的初稿进行审编。通过反复修改、补充和完善，于年底完成36篇近150万字的分纂稿。12月底，全省部分市县修志工作调研座谈会在丰县召开，省市史志部门的主要领导和业界同仁，均对丰县修志工作给予较高评价。

由于丰县是全省新一轮修志工作9个重点督察县之一，肩负着为全省修志工作"总结经验、开拓创新、探索规律、树立典型"的重大责任，因而在2007年到2009年的初纂与分纂阶段，县志编修进度和质量一直处于全省领先地位。但是，由于特殊原因，在此后长达4年多的时间里，县志编修工作从2009年末的全省先进，逐步下滑到2014年末的全省后进，此前形成的分纂稿也全部流失，留存下来的初纂稿也残缺不全。2015年到2017年间，县史志办主任高昌忠重新组建编撰班子，经过历时三年的不懈努力，于2017年10月完成分纂稿。

2018年1月，县志进入总纂阶段。县史志办主任刘鸿2017年底履新后不久，便成立由市史志专家武玉栋任总纂、11名同志为编辑的总编室，按照总纂工作年度序时计划快速稳步推进。经过责任编辑、主编、总纂等三个层面"三审三把关"，4月上旬完成总纂初稿。

4月17日，县委常委、组织部部长曾鹏主持召开全县修志工作推进会，部署对总纂初稿拾遗补缺、纠错勘误等工作，并将总纂稿反馈给各承编单位和特聘方志专家征求意见。4月30日，征集到120余家单位的反馈意见。5月，组织责任编辑分别到相关单位和档案馆征集资料，对志稿进一步修改补充，对行文进一步统一规范，5月底完成总纂修改稿。

6月，县志进入复审阶段。县史志办将总纂修改稿报送县四套班子部分离退休老同志，以及保密、军事、法律等相关专家进行复审。经过两次评议、三易其稿，7月上旬形成计30篇、138万字的终审稿。7月12日，县史志办将终审稿分发给代表省市县3个层面较高水准的8位方志专家和专业专家审阅。

8月，县志进入终审阶段。8月24日，《丰县志（1978—2005）》通过徐州市史志办公室终审。与会的领导、专家、学者对志稿的规范统一、合理归属、交叉重复、增补删减等问题，提出139条意见与建议。总编室对终审意见分门别类地进行梳理，组织总纂人员对志稿进行再加工再打磨。同时，按照"齐、清、定"的要求，对正文进行图片插入。2019年1月18日，县史志办将终审修订稿报市史志办验收。2月22日收到市办反馈意见后，又经过为期两个月的精心打磨，彻底打通了县志编纂“最后一公里”，4月底将验收稿报省方志办，5月27日即顺利通过省级审核。7月30日，经丰县人民政府批准，《丰县志（1978—2005）》交由江苏人民出版社出版。

沛县志

沛县地方志编纂委员会编。1983年启动编纂，1995年9月由中华书局出版。主修庄华平，监修肖俊，主编郑善谆，副主编何健吾、马培堂、赵厚廷、杜运梅。编辑石祖凤、杜运梅、赵超、马培堂、何健吾。

《沛县志》目录

全书1册，140万字，图片139幅（志首122幅、随文17幅），表格280张。记述范围为1990年沛县行政区域。记述上限不限，重点记述中华人民共和国成立以后沛县史实。下限1990年，大事记延至1994年，县主要领导人名录延至1995年7月。述、记、志、传、图、表、录诸体并用，以志为主。志首设序、凡例、概述、大事记，志末设跋、后记。全志设34编：建置区划、地理环境、湖区·湖田、人口、农业、林牧副渔、水利、工业、交通运输、邮电、能源、商业贸易、供销合作社、粮油经营、财政·税务、金融、城乡建设、经济综合管理、政党、社会团体、政务、人事劳动管理、民政、治安·司法、军事、教育、科学技术、文化、医药卫生、体育、武术、方言·俗语、风土民情、人物。

为体现地方特色，该志设湖区·湖田编，并前置为第三编，记述湖区区划、湖田、湖产、湖区水利、湖区纠纷纪略，体现沛县靠近微山湖的区位优势和特色。自然资源章，突出煤炭资源，记述大屯煤矿等企业生产。志书注重展示沛县特有的汉文化资源，人物编收录刘邦等为代表的各类著名人物，体现沛县“千古龙飞地”“一代帝王乡”特色。文化编设汉皇遗迹节，记述歌风台、《大风歌》碑等遗迹。设武术编，记述武术组织培训、武术门派、武术表演竞赛，反映沛县尚武之风。附录收录碑文选录、诗文选粹、旧县志序跋选、刘氏族谱资料选载等，增加志书资料性。

（翟文静）

【后记（节选）】

《沛县志》历经十载，数易其稿，而今终于问世，这是全县百万人民值得庆贺的一件大事。

新编《沛县志》的完成，首先得力于各级领导的关心和支持。在编修工作之初，县委、县政府一直把《沛县志》的编修工作作为一件大事，列为一项重要的文化建设工程，并从财力、人力、物力等方面给予保障。在整个修志工作过程中，始终得到省、市地方志办公室的具体指导，省志办主任汪文超亲自来沛参加《沛县志》稿的评审，市志办主任董献吉多次来沛听取汇报，帮助解决一些实际困难和问题。

在县志编修过程中，始终坚持“众手成志”的原则，县内广大热心于修志的干部群众，踊跃提供资料，献计献策。全县先后有500多人参加了县志资料的征集工作。县档案局、统计局、党史工委、政协文史办公室、保密局等单位给予了大力支持。还有许多离退休的老同志，不辞辛劳，不计报酬，热情支持修志工作。县志办的全体同志淡泊于名利，不畏寒暑，呕心沥血，以高度负责的精神，献身于修志事业。可以说，《沛县志》的完成，是集体智慧的结晶。

《沛县志》以新观点、新材料、新方法，尽可能地展现沛县近百年来政治、经济、文化多方面、多层次的演变特点，有着十分重要的史料价值和借鉴作用。因此，希望全县广大干部群众，充分发挥地方志书的作用，努力研究乡情地情，确定经济和文化建设的正确导向，切实为社会主义经济建设服务。

沛县志（1978—2008）

沛县地方志编纂委员会编。2009年6月启动编纂，2016年12月由中华书局出版。主编朱晓沛、欧英俊、徐安伯，副主编翟文静、朱本信、张永谊、燕善勇，编审武玉栋、马培封，编撰人员马培封、吕继明、黄清华、赵厚廷、宋传恩、王明照。

全书1册，140万字，图片249幅（志首223幅、随文26幅），表格201张。记述范围为2008年沛县行政区域。该志为《沛县志》（1995年版）续志。为完整记述改革开放历程，记述上限1978年，下限2008年，部分内容适当上溯或下延。大事记延至2015年，个别图片资料延至2016年。述、记、志、传、图、表、录诸体并用，以志为主。志首设序、凡例、总述、大事记，志末设附录、索引、编后。全志设37编：政区、自然环境、人口、环境保护、国土资源管理、城乡建设、交通运输、邮政·通信业、电力、水利、农业、工业、商贸服务业·旅游业、外向型经济、矿区经济、金融业、财政·税务、综合管理、中共沛县县委、县人民代表大会、县人民政府、政协沛县委员会、社会团体、政法·军事、教育、科技、卫生、体育、文化、新闻传媒、艺文、精神文明建设、民政、人力资源管理与社会保障、社会生活、镇场·区、人物。

为体现地方特色，该志设矿区经济编，记述大屯煤电（集团）有限责任公司、徐州矿务集团等重点企业和矿区管理，突出矿区治理和复垦情况。文化编设文化遗存章、汉文化章，全面展示沛县丰富的汉文化资源，特别是被评为全国特色节庆活动的刘邦文化节。设艺文编，收录沛县籍人士或在沛县工作过的知名人士在自然科学、社会科学领域的著述名录和部分文学作品。体育编设武术章，记述武术历史沿革、门派、主要成绩，以体现该县是“武术之乡”“冠军之乡”。社会生活编设民风、村名渊源等章，对该县崇文尚武、重礼豪饮、助人敬老的民风进行客观记述。为体现时代特征，志书设外向型经济编，记述对外贸易、招商引资等情况，对改革开放采用分散记述的方法，在相关编设章节进行记述。记述方法上，用复记和补记的方法处理与前志的关系。附录部分收录重要文件辑存、沛史钩沉、专记、逸闻轶事、旧志序跋、历代知县表、古碑选介，既是对前志相关内容的补充和完善，也丰富志书资料。

2020年，该志在江苏省地方志书质量评定中被评为优秀成果。

（翟文静）

睢宁县志

睢宁县地方志编纂委员会编。1986年5

《沛县志（1978—2008）》目录

月启动编纂，1994年5月由中国社会科学出版社出版。主修韩振美，主编朱绍根，副主编英成勇、顾景苒。编辑乔文斌、倪广鸣、王宗月、胡子杰。

全书1册，120万字，图片127幅（志首93幅、随文34幅），表格209张。记述范围为1987年睢宁县行政区域。记述上限因事而异，量事追溯，下限1987年，大事记延至1992年。述、记、志、传、图、表、录诸体并用，以志为主。志首设序、凡例、概述、大事记，志末设附录、后记。全志设26篇：建置·区划、地理环境、人口、农业、多种经营、水利、工业、交通邮电、城乡建设·环境保护、财政金融、商业、经济综合管理、政党·社会团体、政务、公安·司法、民政、劳动人事、军事、教育、文化、科学技术、体育、医药卫生、风俗民情、方言、人物。

《睢宁县志》目录

该志为展现地方特色，设农业篇、多种经营篇，记述该县农业生产和畜牧业、林业、渔业、副业的生产情况，特别是名牌土特产品山羊板皮。睢宁县属于黄泛区，历史上水害严重，水利建设对全县发展至关重要，设水利篇，重点记述河道治理、蓄水工程、灌区建设、农田水利分区治理、防汛抗旱、水利工程管理等。工业篇突出该县纺织、机械、化工、食品、轻工、建材等主导工业，介绍“鲸”牌管子钳、“宝石”牌钢锯条等名优产品。文化篇设文学艺术、儿童画、文物古迹等章，记述众多古迹和特色文艺，反映睢宁文化源远流长。该志将和正文紧密相关的资料以附记的形式分散在相关章节，增加志书记述的深度。附录收录碑文、历代县志序选和编修人员名录、县地图出版、民间传说，增强志书资料性。

（王苗苗）

【后记（节选）】

1980年12月中共睢宁县委、睢宁县人民政府决定重修《睢宁县志》。修志工作由县编史修志办公室负责。1985年底曾编出《睢宁县志》草稿8篇46章约40万字。随着地方志事业的发展和上级业务部门对地方志提出新的要求，1986年5月建立睢宁县地方志编纂委员会，并设立县地方志办公室。1987年又重新拟定了县志编纂篇目。

1991年底新编《睢宁县志》初稿完成。1992年7月，江苏省、徐州市两级地方志编纂委员会暨两委办公室在我县召开了《睢宁县志》评审会议。参加会议的有省、市志办公室负责同志，有关专家学者和徐州市属县及周边县代表共30余人。会后县志办全体同志对评审会提出的意见，进行了认真地讨论，对志稿又作了为时9个月的反复修改。1993年5月修改稿上报省、市两级地方志办公室，验收合格。7月，《睢宁县志》稿经中共睢宁县委、县人大常委会、县人民政府、县政协四套班子领导审阅后，批准出版。10月送中国社会科学出版社出版。

新编《睢宁县志》是继清光绪十二年《睢宁县志》问世，到中华人民共和国建国后编纂的第一部县志。县党政领导对修志工作的高度重视是编纂工作得以顺利进行的根本保证。在修志关键时刻，保证修志人员编制稳定，同时尽可能改善办公条件，当遇到财力、物力困难时，县领导总是及时给以解决，从而使修志工作人员得到极大的宽慰和鼓舞。省、市地方志办公室领导人对《睢宁县志》的编纂十分关心，在业务上，信传口授，具体指导。市志办领导还多次莅临与县领导商讨修志过程中遇到的具体问题。

资料是修志的基础。在各有关部门的大力协助、各方有识之士的大力支持下，编纂县志基本素材得到了保证。县直各部门和各单位编就的专业史志和乡镇志达23部之多，尤其是县档案局（馆）和县党史工委为县志总编提供了丰富的资料；在修志人员编采过程中，有的部门领导人还指定专人帮助搜集整理资料。民国26年县志编纂主任傅蕴斋的后人傅中华及其亲属郑建华，除了把傅的民国大事记原本捐赠给县志办外，还把增补大事记手抄本提供给县志办翻印；张清兰还把珍藏的康熙五十七年《睢宁县志》借给县志办长期使用；浙江宁海编志名家干人俊，1948年曾编写的《民国睢宁县志稿》（仅残存两册十卷），为我们编写县志提供了难得的资料。更为感人的是，县志办在向外地工作的睢宁籍或在睢宁工作过的外籍老同志和有关人员发出征询函后，绝大部分同志都能及时回信提供有关史实资料和线索。

《睢宁县志》的出版，是与修志人员的辛勤工作分不开的。现在百万字的县志，是从千百万字资料中精选成书的。在修志整个过程中，修志人员查找从中央到地方档案部门中有关睢宁的文献资料近千册，摘抄、摘录文字累达近700万字，征集古籍、图片、实物、信函近百件。为了力争做到资料的准确性和可靠性，以至不贻误世人和后人，在资料调查核实方面，经常反复地进行考证和甄别，去伪存真。

睢宁县志（1978—2013）

睢宁县志办公室编。2006年12月启动编纂，2015年11月由江苏人民出版社出版。主编马玉营，副主编许敏。编辑李敦玉、陈祥伯、卢同武、周本春、吴临津、宋暖、肖文琴、王丹迪、张彤彤、高宇俊、薛波、朱梅方、马安阳。

全书2册，130万字，图片810幅（志首129幅、随文681幅），表格443张。记述范围为2013年睢宁县行政区域。该志为《睢宁县志》（1994年版）续志。为完整记述改革开放发展历程，记述上限1978年；下限2013年，大事记和图片适当下延。述、记、志、传、图、表、录诸体并用，以志为主。志首设序、凡例、概述、大事记，志末设附录、索引、编纂始末。全志设29篇：政区、自然环境·资源、人口·计划生育、国土资源管理、环境保护、城乡建设、交通、邮电·通信、电力、水利、农业与农村经济、工业、商贸·流通、开放·开发、金融业、财政·税务、综合管理、政党群团、人大·政府·政协、政法、军事·人防、科技·教育、文化·体育、卫生、劳动·人事、民政、社会生活、方言、人物。

该志注重体现地情特色，志首专题图片设“县城面貌”“交通设施”“工业经济”“种植养殖”“城乡贸易”“文教卫生”“社会生活”“书画文物”8个板块，通过大量照片直观体现睢宁风物。睢宁是农业大县，设农业与农村经济篇，记述农村经济体制改革、种植业、林业、蚕桑业、畜牧业、渔业、农业机械、农业资源开发、农村能源等情况。工业篇记述所有制结构情况，工业门类主要突出纺织服装工业、白色家电工业、皮革皮具工业等，体现该县的主导产业。文化·体育篇设睢宁儿童画章，记述儿童画发展、展赛、交流等情况。人物篇设睢宁好人章，记述凡人善举，弘扬社会主义核心价值观。为体现时代特征，设开放·开发篇，记述对外经贸、招商引资、园区发展

《睢宁县志（1978—2013）》目录

等。附录收录文学作品选载、重大事件专记、睢宁菜做法、睢宁县自然村庄名录、睢宁农村部分传统生产生活用具、历代县志序选和编修人员名录。尤其是12篇重大事件专记，涉及政治改革、重大工程、重点项目、精神文明创建等各方面，类型多样，增加志书记述的广度和深度。

2018年，该志被评为江苏省地方志优秀成果综合优秀三等。

（王苗苗）

【编纂始末（节选）】

2006年，根据省、市要求，县政府决定续修《睢宁县志》。为确保续修《睢宁县志》工作有序进行，成立睢宁县志编纂委员会，编纂经费列入财政预算。当年12月召开动员大会，部署续修《睢宁县志》工作。随后，县志办公室制订编修方案，拟定基本纲目，发布征收资料通告。2007年4—5月，举办4期培训班，对全县110余家承修单位撰稿人员进行培训。其后，各单位开始搜集资料，编写资料长编；县志办先后聘请5名退休（养）人员帮助工作，对承编单位进行督导，对各单位报送的资料长编进行审核完善。2011年，基本完成资料长编编写工作。主编进行总纂。2012年，对初纂志稿分送各镇（园区）、各单位进行审核；将下限由2005年延至2013年，全面记述中共十一届三中全会到十八大期间睢宁政治、经济、文化、社会等方面的发展变化；特邀江苏师范大学苏晓青教授编写"睢宁方言"。2013年，结合各镇（园区）、各单位审核意见，对志稿进行补充、修改。2014年3月，完成《睢宁县志（1978—2013）》初稿；4月，组织人员初评；10月将初评后的修改稿报徐州市史志办初审；市史志办对《睢宁县志（1978—2013）》初稿予以肯定，同时提出修改意见。经6个多月的修改形成复审稿。

2015年5月19日，徐州市史志办公室在睢宁组织召开《睢宁县志（1978—2013）》评审会。会后，县志办根据评审意见对志稿再次修改，于7月形成验收稿，报徐州市史志办公室验收。9月，报江苏省地方志办公室审核。县委、县政府同意出版。同月，省地方志办公室批准出版。

《新沂县志》目录

新沂县志

新沂市地方志编纂委员会编。1984年9月启动编纂，1995年8月由江苏科学技术出版社出版。主编周维仁，副主编徐之俭，编辑李强、陈文波、周维仁，特约编辑陆保伦、陈祖忻。全国人大常委会原副委员长、全国政协原副主席，著名社会学家，人类学家，民族学家费孝通为志书题词。

全书1册，127.5万字，图片77幅（志首52幅、随文15幅），表格213张。记述范围为1988年新沂县行政区域。1949年建置前的内容，间有涉及有历史联系的宿迁、沭阳、东海、邳县等地域。记述上限追溯事物发端，下限1988年，大事记、附录延至1990年撤县建市。志首设前言、序言、凡例、概述、大事记，志末设附录（含编后记）。全志设24篇：政区·人口、地理环境、水利、农业、工业、交通·邮电、能源、商业、工商·物价·标准计量管理、财政·金融·审计、城乡建设·环境保护、政党·社团、政权·政协、公安·司法、民政、劳动·人事、军事、文化、教育、科学技术、医药·卫生·体育、社会、方言、人物。

新沂县地处沂、沭、泗三大水系下游，历史上水患严重，水利建设对全县发展至关重要，志书设水利篇，并前置为第三篇，记述河道治理、蓄水工程、灌排工程、农田建设、防汛抗旱、水利管理等内容，突出中华人民共和国成立初期开展的“导沂整沭”工程。农业篇重点记述粮油棉生产、林业、畜禽饲养、渔业、副业、农业机械等内容，突出骆马湖水产业、肉兔、水貂、果干、桑蚕、烟草等农副产品基地建设。新沂境域内历史文化悠久，文化篇中对花厅古文化遗址等遗址遗迹进行详细地记述。新沂自古以来是兵家必争之地，也是革命老区，志书对民国期间境域内的历史状况，尤其是老区革命活动进行整理，分别记入大事记、军事、人物等篇。军事篇设战事章，记述抗日战争和解放战争时期的战事。人物篇约占全书篇幅的12%，其中革命烈士英名录记载2000余名革命英烈。为突出新沂特有的历史特点，大事记后附沭西、邳东、宿迁北乡大事纪略（1912—1948年）。

该志是新沂县建置以后的第一部县志，填补有县无志的空白。

（戚玉成）

【编后记（节选）】

一部《新沂县志》，历经8个春秋，四拟篇目，五易其稿，终于在1991年底，经省、市专家、学者审定，1992年获省地方志办公室批准出版。

《新沂县志》的出版问世，是全（市）县各级领导和全体编纂人员共同努力的结果。早在1981年5月，中共新沂县委印发《关于成立新沂县编史修志委员会的通知》，决定由县人大常委会主任张金池同志主其事，并立即调集人员，设立办公室，开展工作，但当时对“史”和“志”两者的界线未作明确划分，工作偏重于党史资料的征集。

1983年7月，中共新沂县委印发《关于调整党史资料征集小组的通知》，决定党史、县志分开办公，明确张金池统领全局，侧重于县志工作，另设县志办公室，由周维仁同志出任主任，李文俊、戴尚夫（兼）任副主任，并经县长办公会议研究决定抽调5位同志从事县志编纂工作。至此，县志编纂工作正式展开。

1984年9月至1985年3月，县志办公室用半年多时间组织编修人员认真学习中国地方志协会关于编纂新县志的方案和《新编地方志工作暂行规定》，并组织外出参观学习省内外修志先进单位的经验，通览了新沂历史上分属邳县、宿迁、沭阳、东海四个周边县的有关历史资料。在初步掌握修志业务和本地历史和现状的基础上，制定了新编县志的凡例、纲目和实施规划。

1985年4月至1987年4月的两年间，县志办公室广泛开展了资料征集工作，并按纲目要求先行编写了1949年—1984年建县后的大事记，邀请了在新沂工作过的县委、县政府的老同志来新斧正。1985年12月，徐州市地方志办公室委托县志办公室在新沂召开了由徐州市和下辖六县地方志领导同志参加的大事记编写座谈会，周维仁同志在会上作了《关于编纂新沂县志大事记的几点说明》。1986年7月，中共新沂县委印发《关于成立新沂县地方志编纂委员会的通知》。自此，由县委、县人大、县政府、县政协和有关部门领导组成的编委会成立，主任委员由县长唐朝双兼任，张金池同志被聘为顾问。县直各单位和各乡镇政府成立了编史修志小组。在健全机构的基础上，县志办公室组织了全县修志骨干培训，按《纲目》提示的统一要求，开展资料征集工作。全体修志人员本着先内（县内）后外（外地），先古（民国及以前）后今，先访（访问老同志）后查（查档案、图书资料），先录（记录）后考（考证），以及条块结合、征访结合等方法，广征博采，先到县档案馆、图书馆、文化馆以及临近邳、宿、沭、海四县档案、图书馆查阅，后派员到省市档案、图书馆和文史、党史部门查访摘抄资料。同时指派专人以点带面抓乡镇和专业志的编写。在征集资料过程中，坚持边征集、边整理，白天征集、晚上整理，不怕跑破鞋、磨破嘴，先后征集、整理了2500万字的资料，并于1987年整理出版了22万字的《新沂县简志》。

《新沂市志（1978–2008）》目录

1987年5月至1989年4月，县志办公室编纂人员用近两年时间进行试写。将原来的大编式（7大编），改为中小篇结合式（24篇），试写条目，集体评议，共同提高。

1988年5月至1990年6月为县志总纂定稿阶段。经过4年的努力，县直各部门及26个乡镇皆形成了资料长编，部分乡镇和县直部门出版了专业志和部门志，全县形成了2500多万字的资料，为县志总纂创造了条件。在志稿总纂中，始终坚持强化时代性、注重科学性、突出地方性、注意整体性，并将志书的下限从原来的1985年延伸至1988年底。经过上下左右共同努力，于1990年6月纂成了一部近百万字的《新沂县志》征集意见稿，分送编委成员及临近各县征求意见，然后经过补充修改，考证纂成115万字的送审稿，于11月送省、市地方志办公室审查。

1991年1月9日至11日，由江苏省地方志编纂委员会办公室和徐州市地方志编纂委员会办公室主持，邀请各有关方面专家、行家及临近四县志办公室领导，在新沂市宾馆举行了《新沂县志》送审稿评审会议，会议对本志的指导思想、结构体例，资料翔实情况及文字图表，都给予了肯定的评价。同时，对若干不足之处提出了补充修改意见。会后，县志办公室用了半年多时间，对所提意见逐条梳理，作了再一次地调整和修改，至1991年9月分别送省、市地方志办公室审定批文，并送江苏科学技术出版社出版。

新沂市志（1978—2008）

新沂市地方志编纂委员会编。2008年3月启动编纂，2010年9月由凤凰出版社出版。主编戚玉成，副主编李强、时云泽、牛丽雯、张清斌，编辑庄树奎、乔凯明、许莉、李如璞。

全书1册，182万字，图片124幅（志首84幅、随文40幅），表格287张。记述范围为2008年新沂市行政区域。该志为《新沂县志》（1995年版）续志。为完整记述改革开放历程，记述上限1978年，对前志未记述内容，突破时限予以记述，下限2008年，大事记和图片延至2009年，部分附录内容延至2010年8月。志首设序、凡例、概述、前志大事记选载、大事记，卷末设附录、编纂始末。全志设29篇：政区·人口、自然环境、国土资源管理·环境保护、基础设施建设、信息产业、农村经济、水利、工业经济、商业外贸、旅游·服务业、建筑·房地产业、财政·税收、金融·保险、综合经济管理、政党·社会团体、政权·政协、劳动·人事、社会保障、军事、公安·司法、教育、科技·气象·防震减灾、文化、体育、卫生、民政、各镇概况、社会·生活、人物。

新沂市是农业大市，该志设农村经济篇，记述粮食作物、经济作物、畜牧业、水产业、林业、农业机械、农业资源开发等内容。新沂市为苏鲁交界的交通枢纽城市，改革开放后基础设施建设飞速发展，设基础设施建设篇，记述城乡规划、城区建设、交通运输、能源建设等内容，涵盖内容丰富。人物篇人物简介章收录戏曲老艺人、文艺名人、部分劳动模范、杰出人物，人物表列载劳动模范、各单位主要负责人、部分在外乡贤，内容丰富。该志注重与前志的传承和衔接，志首设前志大事记选载。附录设《前志勘误补漏表》，对前志漏记的人物和方言进行补遗，形成完整全面的记述。

该志编纂用时2年6个月，是全省二轮修志用时最少的志书。

（戚玉成）

【编纂始末（节选）】

2005年5月31日，江苏省政府召开全省第四次地方志工作会议，启动全省第二轮修志工作。新沂市史志办公室随即着手准备续修《新沂市志》工作，制定修志规划，拟定纲目和编纂方案，并上报市政府。2007年底，续修《新沂市志》被提上工作日程。2008年3月10日，市政府印发《新沂市新一轮编修地方志工作规划》，成立新一届地方志编纂委员会。2008年3月21日，市政府召开全市地方志工作会议，全面启动新一轮修志工作。全市各镇、各部委办局分管负责人参加会议，副市长孙红对续修地方志工作进行了部署。会后，各单位成立了编纂工作领导小组，确定编纂人员。5月16—17日，新沂市史志办公室举办全市续志工作培训班，并印发了《新沂市续志工作手册》，100多个承编单位的编纂人员参加了培训。2008年内，史志办公室又以各大条口为单位，进行了两轮调度工作，各单位的资料收集工作有条不紊。

2009年初，新沂市委主要领导要求在新沂撤县建市20周年之际，也就是2010年，完成《新沂市志》的编纂出版工作，这给编纂人员增加了更大的压力。2009年2月25日，新沂市委、市政府召开全市续修地方志工作推进会，市委副书记章勇、副市长孙红在会议上对加快续修地方志工作进行动员和部署，要求各单位进一步加快工作进度，确保完成续志工作任务。

新沂市史志办公室全体工作人员变压力为动力，制定了详细的工作计划，实行分工负责制，倒排工作日程，全员取消休息日，下决心按时完成续志工作任务。为了加快工作进度，提高工作效率，编纂人员及时调度工作进展情况，深入各单位进行督促和指导。史志办公室还编辑印发了5期《续志工作简报》，及时通报各单位续志工作进度，交流续志工作经验，促进续志工作高效运行。

2009年3月，各承编单位开始报送志稿，编纂人员组稿和分纂工作同时进行。10月，报送稿件达90%以上，进入总纂阶段，工作也进入攻坚状态。对少数难点行业和单位，编纂人员加强调度，多次上门进行督促指导，使工作难题逐个化解，至12月，完成初审稿。从报送志稿到完成初审稿其间不到1年时间。2010年2—5月，志稿进行了初审和二审。2010年7月27日，新沂市政府和徐州市史志办公室在新沂市召开《新沂市志》稿评审会，徐州市史志办公室和徐州各县（市）、区及新沂周边郯城县、东海县、沭阳县和宿豫区的专家学者，对志稿进行了认真的评审，提出了许多建设性的意见。编纂人员根据评审意见，进行了认真的修改，使志稿更加完善。8月2日，《新沂市志》稿通过徐州市史志办公室验收。

邳县志

邳州市地方志编纂委员会编。1986年4月启动编纂，1995年2月由中华书局出版。主编张冠星、王朝堂，副主编戴启汉、杜吉华，编辑王乐沛、冯仰三、田青、闫志明、张清吉、张慕文、沈昌玲、陈俊才、曹培元、焦凯平。

《邳县志》目录

全志1册，131.6万字，图片125幅（志首98幅、随文27幅），表格137张。记述范围为1987年邳县行政区域。记述上限一般始自1912年，下限1987年，大事记延至1992年10月邳县撤县设市。述、记、志、传、图、表、录诸体并用，以志为主。志首设序、凡例、概述、大事记，志末设附录、跋。全志设27编：建置区划、自然环境、人口、经济发展与管理、农业、林业、养殖业、水利、工业、交通、邮电、城乡建设、商业、财税金融、政党社团、政务、公安司法、民政、武备战事、教育、科学技术、文化、卫生、体育、民俗与宗教、方言、人物。

为体现邳县从昔日“洪水走廊”发展为江苏省农业大县及全国平原绿化县的地方特色，志书加大农业、水利2编的记述分量，农业把历史上作为贡菜的特种蔬菜苔干设节记述，水利重点突出河道治理、圩区建设、灌区建设、水利设施、防汛抗旱、工程管理等。林业编设水杉章、银杏章，记述育苗、栽植和经济效益等内容，突出“天下水杉第一路”——邳苍公路水杉带和邳县作为全国五大银杏基地之一的特色。

为突出地方文化特色，文化编设群众文化章、文艺创作章，并将带动一方文化产业发展的民间剪纸、农民画升格记述。附录收录文献、旧志序言、战讯、咏邳诗歌以及明清邳州进士、举人、贡生名录，内容丰富，资料性强。

1997年，该志被评为江苏省地方志奖优秀奖。

（宋正超）

【跋】

在新中国建立四十五周年、邳县撤县设市两周年之际，《邳县志》编就付梓，这是邳州百万人民的一大喜事，可嘉可贺！

邳州有六千多年历史，修志事业历代相继。从明清至民国，先后七次修志。新中国成立后，特别是党的十一届三中全会以来，政通人和，百业俱兴，为编纂社会主义新方志创造了条件。1985年成立县志编纂委员会，翌年设办公室，遴选人员，着手编纂《邳县志》，经过宣传发动、拟定纲目、征集资料、分撰总纂、评审验收、定稿出版等阶段，广征博采，艰苦笔耕，八历寒暑，四易其稿，于1994年5月交中华书局出版。

在悠悠的历史长河中，地方志作为祖国宝贵的文化遗产占有非常重要位置。《邳县志》坚持辩证唯物主义和历史唯物主义观点，全面记述了邳州自然与社会的历史和现状，纵贯古今，横陈百科。方志是信史，全志各编，记人叙事坚持实事求是，寓褒贬功过于记述史实之中，融思想性、科学性、资料性于一体。

编纂社会主义新方志，是一件十分艰苦的工作，也是一项崭新而又浩繁的工程。《邳县志》在编纂过程中，得到了各级党政组织、社会各界的关心和支持。历届县（市）委、县（市）政府领导经常听取汇报，深入编志办公室了解情况，帮助解决实际问题，使修志工作得以顺利进展；省和徐州市地方志办公室领导多次莅临指导，提出不少修改意见；各乡镇、各部门单位积极编写专业志和简志，为编纂《邳县志》提供大量翔实的基础资料；市政协晏文军、徐师院中文系李申应邀编写《方言》编，国际文化名人、邳籍娄正纲女士欣然为本志题签，邳籍上海市人大常委会原副主任李培南抱病审阅志稿；中华书局承担出版、印刷业务。在《邳县志》告竣之日，谨向关心支持志书编纂工作的各级党政组织、各位专家学者及各方人士表示诚挚谢意！

《邳县志》凝聚着全市修志人员的心血。特别是市志办公室同志不负众望，齐心协力，夜以继日，呕心沥血，终成史册，可敬可佩！

《邳县志》业已成书，虽力求完善，但因水平所限，疏漏与讹错诚所难免，恳请各级领导、方志界专家及广大读者不吝赐教！

邳州市人民政府市长　杜文生

一九九四年八月

邳州市志（1978—2006）

邳州市地方志办公室编。2007年启动编纂，2017年12月由江苏人民出版社出版。主编陆东坡、胡海英、张允庆，副主编沈昌玲、赵静、肖国旺，总纂娄可丰，编辑王严明、陆东坡、沈昌玲、杲怀倩、周伯之、郑书田、娄可丰、曹培元、薛家友、潘志辉。

全书2册，164.7万字，图片320幅（志首200幅、随文120幅）。记述范围为2006年所辖行政区域。该志为《邳县志》（1995年版）续志。为完整记述改革开放历程，记述上限1978年，下限2006年，大事记延至2013年，志前彩页图片延至2016年。述、记、志、传、图、表、录诸体并用，以志为主。志首设序、凡例、总述、大事记，志末设附录、编后记。全志设28编：政区·人口、自然环境、环境保护、国土资源管理、城乡建设、建筑业·房地产业、交通运输、邮政·通信·电力、水利、农业、工业、商贸·服务业、外向型经济、财政·税务、金融·保险业、经济综合管理、中共邳州市地方组织、人大·政府·政协、群团组织、人事·劳动、民政、政法·军事、教育、文化·体育、卫生·科技、精神文明建设、社会生活、人物。

为体现邳州市作为农业大市的地情特色，志书设农业编，记述农田基本建设、种植业、养殖业、林木栽培等内容，将大蒜栽培、银杏种植单独设节，体现农业特色。工业编记述工业体制与结构、工业生产，将石膏业、板材加工业、建材工业、银杏加工、大蒜加工单独设节，突出主导产业，体现“工业立市、产业强市”目标。为体现时代特征和新发展理念，志书将环境保护提升为编。设城乡建设编，展现新时代农业农村、城市建设、镇村建设的发展历程；设外向型经济编，记述招商引资、对外贸易和开发区建设等内容；设精神文明建设编，记述思想道德建设、文明创建、文明典型，弘扬社会主义核心价值观。社会生活编设社会保障节，从养老、失

《邳州市志（1978–2006）》目录

业、医疗、工伤、生育及社会最低生活保障等方面记述社会保障各项措施。志书注重和前志的衔接与创新，在保证主体内容不跨限记述的前提下，彩页内容打破时限，选取体现境内各业发展彩图200余幅，以弥补因编纂时间长，一些事物无法在正文体现的不足。附录收录重要文献、邳州建置沿革、邳州姓氏选辑、邳州梁王城遗址2006—2007年考古发掘收获和邳州历史上地方志书编纂梗概，增加志书资料性。

（宋正超）

【编后记（节选）】

2007年7月，市政府批准《邳州市地方志工作“十一五”规划》后，下发了《关于启动〈邳州市志〉续修工作的通知》，同时召开动员会，组建编纂班子，着手资料征集。2008年7月，编修工作因故停止。

2010年12月5日，市政府第53次常务会议决定重启编修工作。12月24日，召开市地方志编修工作推进会，聘请长期在邳工作、经历丰富、责任心强、文字水平较高的8位老同志组成编纂班子。2011年1月4日，市史志办公室召开编纂人员会议，就资料征集工作作了具体分工。2012年4月底资料征集工作结束，计征集文字资料约1000万字。其间，市史志办公室向全市有承编任务的160余家单位下发了资料征集参考纲目，分期分批培训资料采编人员，编印《续志简报》7期。

2012年5月，着手资料汇编。编纂人员依据内容决定形式的原则，对照征集来的资料，调整修订资料征集纲目，形成资料汇编纲目后，依据此纲目，将征集资料删繁就简、去粗取精、去伪存真，并通过查阅档案文献资料、专访知情人、发邮件等途径找依据、核史实、补漏缺，至翌年底，完成《邳州市志》初稿，计200余万字。

2014年3月，进入总纂阶段。邳州市地方志编纂委员会聘请中学高级教师娄可丰任总纂，按徐州市史志办公室审定的《邳州市志》总纂纲目总纂志稿。是年底完成总纂初稿，分送70家部门单位审议。2015年5月，总纂针对审议反馈后的意见和建议，并按照中国地方志指导小组《地方志书质量规定》《江苏省地方志行文规范》等规定，再次调整编纂纲目，力求分类科学、归属得当、层次分明；对内容反复审核梳理筛选。力求重点突出、详略得当，突出地方特色；对文字反复推敲，字斟句酌，力求行文规范、语言精练、表达准确。9月底送审稿完成。

2015年11月，《邳州市志（1978—2006）》（送审稿）先后通过邳州市地方志编纂委员会组织的复审和徐州市史志办公室组织的终审。根据复审和终审提出的意见和建议，总纂再次对全志进行修改和补充完善，翌年9月验收稿完成。

2017年初，张允庆调任史志办主任后，就志稿“图”的征集、志稿审校、编纂完成时限等工作作出具体安排。2月，聘请专业摄影人员补拍图片200余幅，史志办全体人员分工审校志稿；4月，报徐州市史志办公室验收；6月，报江苏省地方志办公室审核；8月，汇总整理徐州市史志办公室、江苏省地方志办公室的验收、审核意见及建议，按“宁缺毋滥、宁缺毋错”原则，采取分审合改办法，进一步规范志稿、去伪存真、核实史实、纠正讹错；10月，报请邳州市人民政府审核批准后，由江苏人民出版社出版发行。

常州市

常州市首轮修志工作肇始于1981年编纂的《天宁区志》《戚墅堰区志》，其他志书编纂工作主要于1982—1985年启动。至2006年，全市共出版和内部刊印市县两级综合志书9部，总字数1400.6万字。其中，市级志书1部：《常州市志》；县级志书8部：《溧阳县志》《金坛县志》《武进县志》《钟楼区志》《天宁区志》《戚墅堰区志》《常州市郊区志》（内部刊印）《广化区志》（内部刊印）。常州首轮市、县（区）志不乏精品佳作，多部志书在国家级、省级质量评比中获奖。其中，《武进县志》在1993年获全国新编地方志优秀成果一等奖；《常州市志》在1997年获江苏省第五次哲学社会科学优秀成果一等奖；《金坛县志》《溧阳县志》《钟楼区志》在1994年分别获江苏省地方志工作优秀成果一等奖、二等奖、三等奖；《天宁区志》在2006年获江苏省地方志系统优秀成果一等奖。

常州市二轮修志工作起步较早，于1998年编纂《常州市郊区志（1984—2000）》先行开始，2006年正式启动全市二轮修志工作，主要为首轮编纂志书续修。至2017年，常州市基本完成二轮修志工作任务，全市共出版市县两级综合志书6部，总字数1465.2万字。其中，市级志书1部：《常州市志（1986—2010）》；县级志书5部：《溧阳市志（1986—2007）》《金坛市志（1988—2007）》《武进志（1986—2007）》《钟楼区志（1986—2002）》《常州市郊区志（1984—2000）》。《常州市志（1986—2010）》《常州市郊区志（1984—2000）》等多部志书入选国家工程和获评江苏省地方志书优秀成果。《常州市志（1986—2010）》在2017年入选中国志书精品工程，成为全国第四部、江苏省第一部国家级精品志书。《常州市郊区志（1984—2000）》在2006年获江苏省地方志系统优秀成果一等奖。《金坛市志（1988—2007）》《武进志（1986—2007）》在2018年分获江苏省地方志工作优秀成果二等奖、江苏省地方志工作优秀成果内容记述单项优秀。2020年，《溧阳市志（1986—2007）》在江苏省地方志书质量评定中被评为优秀成果。

常州市志

常州市地方志编纂委员会编。1983年3月启动编纂，1995年10月由中国社会科学出版社出版。总纂组组长黄元裕，副组长薛奇达、徐瑞清，成员包树森、郑德舫、高岳言。编辑徐瑞清、郑德舫、查洪年、王宏、薛奇达、丁红宝、黄元裕、汪玲、高岳言、李步东、杨惠明、何永才、包树森、陈勇、管志怡、宗清元、臧秀娟。著名书法家刘海粟为志书题写书名。

全书3册，510.8万字，图片225幅（集于志首），表格697张。记述范围在1983年3月实行市管县体制前，以常州市区（城区、郊区）为主；此后记述内容含武进、金坛、溧阳3县。记述上限1840年，因事而异，上溯发端，下限1985年，大事记、志首照片延至1994年。述、记、志、传、图、表、录诸体并用，以志为主。志首设序、凡例、总述、大事记，志末设附录、修志始末。全志设52卷：建置·地名、县·区概况、地理环境、环境保护、人口、城市建设、综合经济、城市经济体制改革、工业综述、纺织工业、轻工·手工业、电子工业、机械工业、冶金工业、煤炭工业、电力工业、化学工业、医药工业、建材工业、食品·饲料工业、区乡工业及其他工业、建筑业、房地产业、交通运输、邮政电信、农业、商业·供销、粮油购销、物资、对外经济、财政、税务、金融、党派社团、政权政协、公安·司法、劳动·人事、外事·侨务、军事、自然科学、社会科学、教育、文化、新闻出版、卫生、体育、民政、民俗、方言、宗教、人物、专记。

《常州市志》目录

为突出地方特色，该志工业部类采取多卷并列格局，设有工业综述、纺织工业等13卷，扩大对工业的记述体量，较好地体现常州工业发达、门类齐全的特色。设立专章、专节或专门部分反映地方特色，如城市建设卷的宅第园林，纺织工业卷的灯芯绒，轻工·手工业卷的自行车制造、梳篦，机械工业卷的农机制造，人物卷的古代名人选录补遗等。各门类的内容记述中突出地方特色，如为反映常州自西晋以来即为郡、州、路、府署和专区所在地，在建置·地名卷的建置章，沿革、境域、政区中均记述郡、州、路、府、专区的变革，地理环境、城市建设、交通运输3卷分别从不同角度记述市区城乡河道，反映江南水乡的特色，工业综述卷突出常州工业发源早、发展快、曲折多、形势好的特点。

为体现时代特征，采取专卷记述的办法，设综合经济、城市经济体制改革2卷，反映常州经济发展全貌和经济体制改革历史进程，加强市情记述的整体性和时代性；设社会科学卷，记述社会科学研究组织和队伍、部分学科的科研活动及成果等，体现社会科学和自然科学并重；重视职业道德记述，民俗卷的风尚章多角度记述职业道德，有医德、师德、商业道德、警德、邮德和其他职业道德，主要记录相关行业人员表现出来的良好职业道德及典型事例。专记卷记太平天国在常州、日军侵常罪行录、帮会与会道门、“文化大革命”纪实、重大事故、历代修志纪略，着重记述重大事件或重要著述。附录所收历代文件选录、历代常州府（毗陵）志序选录、市区部分史志目录、常州市地方志（史）获奖成果目录，内容丰富、资料性强，地方特色鲜明。

1997年，该志获江苏省第五次哲学社会科学优秀成果一等奖。

（常云峰）

【修志始末（节选）】

1981年10月，中共常州市委、市人民政府为全面掌握和研究市情，为振兴和开发常州提供历史依据，成立党史资料征集小组办公室，内设地方志组，着手筹划修志工作。11月17日，常州市和武进县联合召开第一次编史修志大会，明确提出编纂新志、整理旧志、编印史料、编辑年鉴等四项任务。会后，立即着手调集人员、草拟纲目、搜集资料。鉴于常州和武进的渊源关系，原拟编纂三部志，即市县合编《1879—1949年常州武进70年志》，解放30年市、县分编《常州市志》《武进县志》，并二拟纲目。1982年8月14日，中共常州市委决定，成立常州市地方志编纂委员会（下称市志编委会），由市委副书记颜诚任主任委员；下设办公室，具体负责修志业务工作，并举办修志人员培训班，编印修志业务学习材料3辑、《编志手册》1种。市志编委会决定，常州、武进各自编修市、县志书，不再合编，并原则同意办公室拟定的编纂《常州市志》工作方案和《常州市志》编写纲目。9月，以市志编委会名义发出《关于征集〈常州市志〉资料的公告》。同时，《常州地方史料选编》第一辑内部印行。12月25日，《常州史志通讯》创刊，旨在指导修志、培养骨干、交流信息。

1983年3月，市级机关机构改革，经市编制委员会核定，常州市地方志编纂委员会办公室（下称市志办）与中共常州市委党史资料征集小组（后改称党史资料征集研究委员会）办公室为正局级常设机构，实行两块牌子、一套班子、合署办公，人员编制35人，内设秘书科、革命史编辑室、地方志编辑室。市委、市政府从常州实际出发，明确提出在市区范围内采取“层层发动，三级修志，由下而上，逐级完成”的修志路子，即先编基层志，再编行业（部门）志，在此基础上最后形成一部完整的《常州市志》。经过层层发动，各单位普遍建立两套班子：一套领导班子（编纂委员会或领导小组），一套工作班子（修志办公室或编志组）。市志办采用组建落实一批，培训巩固一批的办法，逐步形成一支三级修志人员队伍，最多时达1045人。在提高修志人员业务知识的基础上，市志办组织修志人员广泛收集资料，明确1983年、1984年为搜集资料工作年，并适时拟订资料工作规范化的若干规定。市委、市政府以及分管领导为进一步推进修志工作，除经常听取办公室工作汇报，及时给予指导并解决实际问题外，还从1983年起每年召开一次全市性的编史修志大会，总结部署工作，表彰鼓励先进。同年7月28日，市志办副主任黄元裕应邀赴山西太原出席全国城市志工作座谈会，并代表市志办，就中小工业城市的特点如何拟订市志纲目在会上做了交流。1984年3月，《常州史志通讯》改名《常州地方志通讯》，并由不定期出刊改为季刊。同年，为开展修志业务交流和协作，参与发起并组织苏锡常市、县志协作交流，采用民主协商、轮流承办、专题研讨、各抒己见的办法，切磋方志理论，受到各市、县领导的支持和修志工作者的欢迎。1984年12月21日，市政府办公室还就修志人员在生活福利待遇方面的问题专门发出通知，重申对修志人员生活福利待遇要和原单位人员一视同仁，对稳定修志队伍起了一定作用。1985年4月，国务院办公厅《关于加强全国地方志编纂工作领导的通知》和中国地方志指导小组《新编地方志工作暂行规定》的下达，为编史修志工作注入新的活力。到年底，市区已内部印行基层志书164部，另有不少单位抓紧编写、修改或定稿付印。1986年2月，市志办调整科室，分设市志编纂一科、市志编纂二科、资料编辑科，与党史办公室合设秘书科。面对基层志书即将大量完成的状况，为把好志书质量关，1986年5月8日市志办下发《关于做好地方志书审定出版工作的通知》，明确提出志书的定稿标准、审稿程序、出版审批和报送存档等要求。同时首批评出6部基层志为优良成果，给予奖励，还在方志刊物上组织评论文章，既肯定特色和长处，又指出其不足和问题，引导修志人员在加快进度的同时，注意提高志书质量。6月底，市志办主任黄元裕应董一博之邀参加山东潍坊市的地方志研讨会，并与潍坊、马鞍山、徐州、哈尔滨结成"姊妹志城市"。11月4—8日，中国地方志指导小组成员、中国地方志协会副会长董一博应邀来常州讲学，并指导修志工作，根据他的建议，将《常州市志》篇目第五稿发往全国十多个城市征求20多位方志行家的意见，经过消化吸收，从第六稿起改变纲目式结构，撤大编，采用一级并列体，以分志实体"卷"为单位，并列设置50个卷，按先建置、地理、经济，后政治、文化、社会、人物的顺序排列。

1987年，鉴于基层志编修任务大部分完成的状况，市志办适时地把主要精力转向行业（部门）志的成书和市志分志试写及全面编纂准备工作上来。9月下旬，市志办邀请苏州、无锡、镇江、徐州、蚌埠、哈尔滨、沈阳、潍坊、马鞍山等城市修志同行来常州，参加城市志研讨会，着重就城市志工业部类纲目设置和城市志如何反映经济体制改革等问题进行研讨，会议对《常州市志》专设《城市经济体制改革》卷并形成初稿，给予充分肯定，也提出许多建设性的意见。11月2—5日，全国地方志协会工作会议在常州召开，会议期间，邀请中国地方志协会副秘书长朱文尧、左开一、欧阳发与市修志人员座谈提高志书质量等有关问题。

1988年3月20日，市政府批转市志办《关于〈常州市志〉各分志分工编写的意见的通知》，下达了各单位承编《常州市志》的任务分工，全面开始《常州市志》的编写。多数分志由专业部门承担编写或合成，少数分志由各部门提供资料、市志办分工专人编写，按先易后难的步骤，逐步完成各卷的征求意见稿。1988年3月27日，市志编委会改组，由市长曹锦成任主任。并经市志编委会会议决定成立由7人组成的市志总纂组，着手市志总纂方案、凡例、行文通则等的制订，并在抓紧分纂的同时，按照总纂要求进行通审初纂。1991年9月21日，中共常州市委决定调整市志编委会，由市长杨晓堂任主任。四季度发动全办公室人员开展对已打印成册的《常州市志》（征求意见稿）16卷进行内部评审，收到了统一标准、培训骨干、集思广益、提高质量的效果。1992年9月，市志编委会第四次调整，由代市长（后任市长）孟金元任主任。年内，《常州市志》稿进入全志复审总纂阶段，由市志总纂组组长黄元裕，副组长薛奇达、徐瑞清对全志进行统审统改、严格把关，年底形成送审稿36卷。1993年上半年，以市志总纂成稿打印装订为中心，环环紧扣，确保了《常州市志》约460万字送审稿的全部完成。7月底，分送市四套班子和市志编委会审查，8月26日，以市志编委会扩大会议的形式对《常州市志》（送审稿）进行内审。9月21—23日，接受省地方志编委会组织的联审。

两会一致肯定《常州市志》稿基础扎实、结构合理、层次清楚、资料翔实、特色鲜明、语言流畅，“是一部较为成熟的体现江苏市志编纂水平的送审稿”。同时，也对志稿存在的各方面问题提出1765条意见。市志总纂组在听取各方面意见的基础上，以高标准、严要求，达到新水平为目标，按照“观点正确，史料翔实，体例完备，文风端正”的质量标准，制订了《〈常州市志〉稿修改方案》，经省、市编委会审核同意后，分成综合、经济、政治文化3个修改组，综合组由总纂徐瑞清、郑德舫任正副组长，经济组由总纂薛奇达、高岳言任正副组长，政治文化组由总纂黄元裕、包树森任正副组长，办公室责任编辑、助理编辑分属各组，集中精力、集中时间，全面修改。经各组正副组长审改通过，再由总纂组正、副组长交叉统审统改并定稿，报省验收。至1994年7月，修改任务全部完成，经省志编委会验收合格，交出版社公开出版发行。至此，历时12年的本届修志工作圆满完成。

【志评】

《常州市志》记述精神文明的优长

盛思明

《常州市志》历经12个春秋，终于以510余万字的皇皇巨著面世了。面对这3巨册的市情百科全书，欲做全面的评论，是很困难的。所幸我曾参加了市志送审稿的评审工作，在评审会议上聆听了与会专家的评审发言，对志书的全貌获得了较为系统的认识。《常州市志》总纂组又在评审会的基础上，归纳了各方面的意见，共1765条，以高标准、严要求，达到新水平为目标，按照“观点正确，史料翔实，体例完备，文风端正”的质量要求，制订修改方案，加强总纂，分工协作，集中时间，集中精力，对送审稿又做了全面的修改。因此，我们可以相信，现在出版的《常州市志》在原有比较丰厚扎实的基础上，又更上一层楼，达到了市志编纂的新水平。

常州市不论是在历史上，还是在社会主义建设的新时期，都以经济发达、文化昌盛著称于世。这就赋予《常州市志》以全面记述全市物质文明和精神文明相互推进、协调发展的重任。新编地方志，历来重视物质文明，主要是经济发展的记述。这无疑是符合历史唯物主义以经济为基础的观点的，《常州市志》也是按照这个观点进行编写，在物质文明的记述上下了很深的功夫，写出了自己的水平。但偶见有的新编地方志，对于精神文明的记述时有忽视，或记述平平。《常州市志》在重视物质文明记述的同时，对于精神文明的记述也同样重视，而且写出了一些特色。我就从这一个角度，谈一点个人阅读的心得。

一、发展教育事业是建设社会主义精神文明的首要任务。邓小平同志早就指出，全党全国工作重点的转移，这个重点应当包括教育，而且要求：“各级领导要像抓好经济工作那样抓好教育工作。”地方志当然应该贯彻这个精神，编好教育这一卷。《常州市志·教育卷》写得比较好，而且很有特色。它的主要特点是突出记述了教育工作各个重要环节的实施，而且以“实施”立章，设置了“德育实施”“智育实施”“体育实施”“业余教育实施”等专章。当然，它也没有忽视其他方面，如学校设置、教育改革、教育研究、教师、学生、教育经费、教育管理等，也都有专章记述。

但它为什么要把德、智、体和业余教育的实施作为记述的重点呢？从这几章记述的内容来看，我认为编纂者的用意是要把教育卷中看似比较虚的内容，尽量落到实处来写，以突出重点，加强分量。以“智育实施”章为例，分为“课程设置”“教学方法”“教学措施”“课外活动”4节。而“教学措施”节又立了“备课”“公开教学”“教学手段”“考试”“教改实验”“自编教材”等6个目。在“课程设置”“教学方法”等节，对各级各类学校都分别立目记述。其他如“德育实施”“体育实施”“业余教育实施”等章，也都对其实施内容分节立目，做了系统翔实的记述。这在同级同类志书中，对教育实施的重要环节如此系统而详尽记述的，确实不多见，因而成为《常州市志·教育卷》的一个重要特点和优点。

二、科学技术是第一生产力。科技工作对常州市的经济发展作出了重要的贡献。《常州市志》对科学技术工作的记述也是下了很深的功夫，而且独具慧眼的。人们对于科技的认识，往往把目光集中于自然科学和生产技术的研究，这当然是符合传统观念，也是有道理的。因为能够比较直接地转化为生产力的，确实首先非自然科学莫属（有一些自然科学基础理论研究也不能直接转化为生产力）。但如果把社会科学置于科学的视野之外，那就大谬不然了。可惜的是，我们看到有不少志书只列“科学技术”，而无“社会科学”。很少见到像《常州市志》那样，并列“自然科学”“社会科学”各一卷，而且两卷记述的分量并不悬殊。那么“社会科学”卷记述的内容是否单薄了呢？事实也并非如此。它分了“研究组织和队伍”“科研活动及成果”2章，全卷41页，约为“自然科学”卷的五分之四。其“科技活动及成果”章，分“经济研究”“思想政治工作研究”“史志研究”“其他社科研究”4节。在“经济研究”节，列“经济体制改革研究”“经济发展战略研究”“区域经济研究”“企业经济研究”等分支学科，我们能说它们与社会经济发展没有直接关系吗？这些都是长远作用于社会生产力发展的研究。在“其他社科研究”节，包含着“科学学研究”“语言学研究”“图书馆学研究”“人才学研究”“人口学研究”“心理学研究”“法学研究”等学科，记述的内容是相当丰富的。试想，如果不列“社会科学”这一卷，上述有许多内容势必缺漏，岂不令人遗憾。而列入这一卷，丝毫不会动摇自然科学在科学领域内传统的主体地位。所以，《常州市志》把社会科学放在它应有的地位详加记述，正是编修者全面尊重科学和尊重社会主义精神文明的表现。

三、社会风尚是一个时代社会风气和人民精神面貌的集中表现，也是社会主义精神文明建设的重要内容。《常州市志》在“民俗卷”设“风尚”一章，下设“善举”“新风”“职业道德”“规约”4节。除了“善举”记解放前各种值得肯定的修桥补路、济贫救困等公益慈善事业，其他各节所记，都是新中国建立以后的社会主义新风尚。如“新风”节列有“讲文明、讲礼貌、讲卫生”“见义勇为”“舍己救人”“尊老爱幼”“济贫扶难”等目；“职业道德”节列有“医德”“师德”“商业道德”“警德”“邮德”等目；“规约”节列有“爱国公约”“市民规则”“文明公约”“乡规民约”等目。每一节的各目，都记有能体现社会主义新风尚、新品德的好人好事。编撰者并不追求惊天动地或耸人听闻的大事、异事，而是从普通人的日常生活中去发现人人都有可能做到的好思想、好作风、好品德。他们中有居民、职工、街道干部、民警、教师、学生，等等。正因如此，才能称为社会风尚，形成道德规范。为了使人物的行为有所遵循和规范，在“规范”节，不仅记了“爱国公约”“市民规则”“文明公约”“乡规民约”，而且附有《常州市民文明公约》（1987年）和《新闸乡乡规民约》（1983年），以见其一斑。地方志的一个重要功能在于教化，社会风尚和道德规范的教化作用是尤其不可忽视的。社会主义新风尚、新道德的树立和发扬光大，是新编地方志责无旁贷的事，《常州市志》在这方面做得也是比较好的。

四、常州历来是人文荟萃，英雄辈出的人才之乡，因此诗人赵翼有“江山代有才人出，各领风骚数百年”的千古名句。《常州市志·人物卷》可以说是常州市的人才宝库，其中藏龙卧虎，有数不尽的英雄豪杰、饱学文人、革命志士，可以作为后人敬仰和学习的楷模。正因其可以入志人物之众多，对于古代人物，采取“名人选录、补遗”的办法，把重点放在近现代人物的记述，其所占篇幅的比例约为1∶6，这个比例是适当的。在近现代人物中，又以本世纪20年代以后在世的人物为主，约占这一时期人物篇幅的80%，而这也正是中国新民主主义革命和民族民主革命运动风起云涌的年代。其中有很多人不仅光耀乡邦，而且名闻全国，甚至震惊世界。为人们熟知的有中国共产党早期领导人瞿秋白、张太雷、恽代英；有著名民主战士，名列“七君子”的李公朴、史良；有为共产主义事业奋斗一生的外交家章汉夫、新中国电信事业创建人王诤、革命活动家冯仲云；有著名戏剧家洪深、史学家吕思勉、语言学家赵元任、新闻工作者恽逸群、画家马万里；有爱国实业家刘国钧，等等。这里仅仅是就本世纪20年代以来精英人物中举其要而言。这些精英人物之孕育成长，离不开常州市丰厚的历史文化传统的影响，他们又必将成为常州市宝贵的精神财富，哺育一代又一代新人的成长。《常州市志》在记述这些人物的时候，写到重要处，不吝以浓墨重彩，点染人物独到的精神境界。如对恽逸群1973年写的《平凡的道理——略谈个人崇拜》，用了近600字来阐述这篇文章的观点，占了全篇传记近五分之一的篇幅。这正因为在那个年代，阐述这样一个平凡的真理是要冒杀头的危险的，这也正是恽逸群作为一个新闻工作者最可贵的精神境界。人既是社会物质的创造者，也是精神财富的创造者。就一个地方来说，最值得乡亲父老骄傲的，莫过于乡邦人物为国为民创造的丰功伟绩以及从中显示的精神力量。那才是可以传之万世而不朽的。《常州市志·人物卷》之所以格外令人瞩目，也正因为它有着特别丰富的人物资源可供开发。

《常州市志》对于精神文明的记述，在文化、新闻、出版、广播、电视等方面也各有优长，限于篇幅，不能一一论及。“总述”是全志之集大成者，其中有这样一句话：“常州，曾以2500年辉煌的文明史、数百年繁荣的经济发展史崛起在中国东南沿海，富饶的沃土曾经孕育了一代又一代的中华精英。今天，常州人民正凭借历史的宏大根基，顺应时代前进的激流，满怀信心地回顾过去，实施当今，展望未来。”我坚信，未来是属于常州人民的。常州人民将凭借着精神文明的优势和物质文明的雄厚根基，在常州这块土地上，书写出更加辉煌的篇章。

（原文刊载于《江苏地方志》1996年第3期）

《常州市志》三议

林衍经

在当代编纂出版的地方志书中，常州市志共三册，52卷，另有“附录”1卷，篇幅达510

万字，称得上鸿篇巨制。据卷末的《本届修志始末》介绍，早在成书前，市和省两级地方志编委会对“送审稿”审评，便一致肯定了志稿“基础扎实，结构合理，层次清楚，资料翔实，特色鲜明，语言流畅”等优点之后，市志总纂组又在听取各方面意见的基础上，“以高标准、严要求，达到新水平为目标，按照‘观点正确，史料翔实，体例完备，文风端正’的质量标准”，进行了全面修改。所以，我们现在读到的这部市志，不仅比送审稿的质量更高了，而且是一部值得称道的质量优秀的志书。但是，书成众手，如此大部头的志作，难免有谋虑欠周的疏失，这也是事实。有鉴于此，本文拟就三事略作评价，以求明其所长所短，利于借鉴参考。

一议体例篇目

《常州市志》的体例篇目，既有与当代新编志书类似的共性，述、记、志、传、图、表、录等体裁皆备，又体现了若干个性，“专记”之设便是一个例证；分志各卷卷首冠“概述”，也展示了整饬划一的特色。全书设52卷之多，其中工业分立为十多卷，也是不多见的。

统览全书，就体例篇目而言，有几个独到之处值得我们重视，不妨做一番探议：

一是地理环境、环境保护二卷连排，分别置于第三、第四卷的位置。这一安排，改变了一般志书把自然环境与环境保护拆散的做法，使通常置于城乡建设卷（篇）的环境保护章，升了格，并且位置趋前。这是很正确的，不仅有连类立卷之善，而且体现了保护环境、保护生态平衡在当今世界的重要性。这种篇目设置不多见，极见匠心，有推广价值。

二是第五十二卷专记，以专题记述的形式，分题列录了太平天国在常州，日军侵常罪行录，帮会、会道门，“文化大革命”纪实，重大事故，历代修志纪略。这些记载，事具始末，叙述详明，汇于一卷，既有存史价值，也能发人深省，从中吸取历史的经验教训。与通常所见将日军侵略罪行、重大事故作有关卷（篇）的附录，“文化大革命”内容分散记述，历代修志纪略置于全书之末的“附录”中等做法相比较，这样处理，位置安排更得当，显示主题更鲜明。

三是篇目设置注重从深层和内质来体现时代特色和地方特色。例如第八卷城市经济体制改革及其下属六章，第三十卷对外经济其下的对外贸易、利用外资、对外经济技术合作、进出口商品检验等章，便使常州市在改革开放方面的鲜明特色得到了充分反映；十多卷工业篇目，更是突出地、醒目地体现了常州市这座新崛起的工业城市的辉煌雄姿。这些，既是当今改革开放时代特色的映现，又是常州迅速发展繁荣伟大成就的纪实，比通常所见那种以拔高手法设置篇目来体现两个特色的做法，显得更自然、更实在。自然科学和社会科学分别立卷，固然直接反映了常州市自然科学和社会科学研究之盛，同时也反映了从事科研工作的人才之众、成果之多，从而便深刻地显示了科研繁荣的时代特色和地方特色。

四是注意运用括注、表后注、页下注等多种办法，来增进和提高志书的可读性，行文的简洁度。括注，主要注明“详见”本志书的某卷某处，以求彼详此略，避免雷同重复；粗略统计，全书括注有10多处。表后注，用得较多，有的是一表多注，所注内容也多种多样，视需要而定。页下注，也有40多处，一般多作解释说明用。多种注法并用，这是《常州市志》的体例特点之一，在志书中起到了良好作用。

在读志过程中，笔者注意，《常州市志》体例篇目也有某些疏失不周和值得商讨之处，例如大事记中载入了一些不是在常州发生的事，纪年和称谓也有个别欠规范，但这些小疵无伤大雅。关于篇目，有的则需要讨论的：

志书《凡例》第四条中规定："卷、章横分门类，节以下从实际出发，宜横则横，宜纵则纵，纵横结合。"应当说，这个规定是可行的。但志书篇目中却出现了与此不合的情况：第九卷名曰"工业综述"，第五十二卷名曰"专记"。"综述"和"专记"，都是记述的方式方法，并非门类，就全书看来，这显然造成了一级篇目的不和谐之弊，即50卷"从现代化社会分工和科学分类的实际出发"列类设卷，2卷以记述的方式设卷。这是立类标准不一、自坏其例的毛病。愚识以为，如果把前者改成"工业结构和管理"的卷名，把后者从卷的序列中撤出，使"专记"与"附录"并列，或许会更得体一些。

民政志列于民俗之前，排在第四十七卷的位置，也似有不妥。因为民政工作内容，都是由民政行政管理的职能部门即政府的民政厅（局）掌理执行的，与旧时的社会慈善事业不同，以之置于公安司法、劳动人事二卷之间，才是比较合理的做法。

此外，新闻出版卷里"地方报"节下分设解放前地方报、解放后地方报二目，卫生卷里"医院"节下分设解放前医院、解放后医院二目，虽合于《凡例》中"宜纵则纵"的规定，但多少反映出一些敷设政治色彩的情况，大可不必。其实，农、工、商各业和党派群团、文化教育各个方面，无不有解放前后之别，都在篇目中一一写明，岂不烦赘？这些既可不标解放前后，何以地方报和医院又作此特殊之举呢？

二议所载内容

80年代中，方志界曾讨论过志书的篇幅字数问题，并试图有所控制。实践表明，篇幅大小，字数多少，不宜绝对化，关键在于志书所载内容是否博赡丰实有价值。《常州市志》篇幅大，字数多达510万，其内容之丰富，资料之翔实，自不必说，其资治、兴利、教育、存史的价值，尤其是对国内外宣传、介绍常州市情方面的意义和作用，都足以令人侧目。志书所载内容之所以能有这样良好的实效，无疑与广泛深入地搜集资料，和正确地衡鉴与选择材料密切相关。据称，由于广征博采，搜集的"各类文字、口碑资料达3亿多字，其中征集原始资料400余件，市内各种报刊27种500多份，县（区）、局、公司、直属单位、厂、矿、乡镇、街道、医院、学校志427种1229册"（见《本届修志始末》）。有了这样广博厚实的资料基础，便为进一步选择运用资料提供了良好条件和回旋余地。

统观《常州市志》选材用材，除了准确反映本市历史和现状这一总体要求，还十分重视资料的价值。因而，全书内容体现了求实务实的特点，不但有广度，而且有深度和力度。这一优点，我们撮录数例略做析议，便可明了：

在人口卷里，有"残疾人"一节，以具体数据记载了1985年各类残疾人的人数、各区分布状况、教育、就业状况（见第一册444—445页）；同卷记载计划生育的"技术措施"节里，设了"病残鉴定"目，且列表载录了1980—1985年市区儿童病残鉴定情况统计（第一册451页）。这些内容，既体现了志书记载的广度，还分别反映了社会对残疾人的关心和执行计划生育政策的科学举措与求实精神，都有一定的深度。

城市建设卷的第四章公用事业，以详明的资料反映了城市照明、城市供水、供气和公共交通状况，第五卷环境卫生，内容包括街道清扫、垃圾处理、粪便管理、环卫设施和工具、市容市貌，兼及古今，详今略古，极显变化发展。这二章选用的材料，既具体而微，又反映全面，从两个侧面体现了市区建设的发展和生活环境的改善与提高，从而使读者感受到党和政府对人民群众生活的关怀和重视。

劳动人事卷里，第五章劳动保护，分节记载了安全生产、工业卫生、女职工特殊保护、未成年工人保护及锅炉、压力容器安全监察，材料具体丰富，真切地反映了劳动保护的全面情况，生动实际地体现了社会主义制度的无比优越，感人至深，不但有深度，也有感染力和说服力。

志书中记载的内容表明，编纂者十分重视志书的正确导向作用。其表明，以下三例可得其概略：

例之一是关于经济效益的内容。除了在若干卷章中设“经济效益”节，具体记述企业，一般都记载了税利和创汇情况；在记述工业管理方法的变革时，以大部分篇幅记述了市区推广应用现代化管理的情况和取得的经济效益（详见第一册795—796页）。这类内容的导向意义是很清楚的，大量事实资料令人信服地认识到，经济效益是企业的努力目标，而应用现代化管理手段则是实现这一目标的一条重要途径。

例之二是科研型工厂的内容。“科研型工厂”是1984年常州市经济研究中心和市科委建议的一种企业模式，被市政府接受后发展为全市科技改革的重点内容之一，实施中取得了很好的成绩。志书在自然科学卷的第一章科研机构里，以4000字的篇幅专文附载，具体反映了这一企业模式的要求、创建活动和实施效应；其中《1985年度常州市科研型工厂指标完成情况统计表》《1985年度常州市科研型工厂7项指标完成情况统计表》，以详明确切的大量数据显示了所取得的巨大成就（详见第三册225—227页）。显然，记载这些内容不仅仅为了存史，而在于以事实来启示和导引其他厂矿企业，自觉地选择和参与创建这一企业模式的活动。

例之三，民俗卷第五章风尚，分四节记载了善举、新风、职业道德、规约。所载内容，条理明晰，事例具体，给人以“学有榜样，赶有目标”的感受，能引导读者积极向上，有促进精神文明建设的作用。

志书的选材重视内容和导向作用，是志书编纂者有高度责任感的表现。《常州市志》之所以质量优秀，无疑与此密切相关。这是一个重要的编纂经验。

《常州市志》内容，也体现了实事求是的编纂原则。关于记人方面，下一节里将作专门探讨，勿予赘说。这里谈谈关于记事的情况。志书中所载各种事实情状是否真实准确，笔者未做考实，不能妄评；但有三个方面却留下了深刻印象：

第一，卷首编印了200多帧彩色照片，有两个特点：一是不见机关楼宇形迹，二是以小型照片居多。这其中颇有平常而又深刻的道理，即不以机关楼宇显示气派，多用小张照片，利于增加容量，从全面发展来反映时代新气象、本地新风采。正是这个缘故，所以笔者在开卷之初，便对常州市在改革开放年代的腾飞形象，体会得真切，发出了惊叹！这表明，实事求是处理比装点表面风光的做法，更具魅力。

第二，尽管新中国成立后，特别是改革开放以来，常州迅速崛起，国民经济和社会事业成就卓著，但志书在记述发展和辉煌的同时，也实事求是地记述存在的不足和问题，不仅记载了许多事实表现，而且在有关卷的卷首概述里指出症结所在，例如第四卷里说的“环境污染的严重势头尚未从根本上得到控制”（第一册376页），第五卷里说的“人口增长还是过猛、过快。人口问题仍然十分严峻”（第一册414页），第六卷里说的“城市建设也存在一些突出问题”（按：实指具体问题详见第一册455页），第九卷里说的“常州工业尚存在不足的一面”（详见第一册758页），第二十六卷里说的“出现人心背农现象”等多方面问题（详见第二册744页），等等，都体现了“报喜”同时也“报忧”的实事求是精神。因此，便给人以客观公正和可信的印象。

第三，记载旧时事物不受政见所囿，做到了据实而书，例如记述武进县商会的主要活动，便分条详载了推动工商业者创办实业与洋货竞争，为地方公共事业、公益事业出钱出力，筑路、浚河，办理平粜，建商团、设救火会等五方面的情况（见第二册1216—1218页）。记述三民主义青年团常州分团部时，也据实载列了“发动辅华中学学生区队，在城内散发抗战传单”，以及“与国民党县党部在竞选县参议员和国民大会代表时，内讧激烈，……与县党部分庭抗礼”等情事（见第二册1219页）。这样选择和运用材料是正确的，有实事求是之意，无偏见之迹，增强了志书内容的质实品性。

总之，《常州市志》平实的内容反映出的广度、深度和力度，显示了编纂者认识和衡量、选择材料的价值尺度，即从反映历史和现状、所起的导向作用、体现真实性各方面着眼，而不单从某一资料本身孤立地判断其价值。这一点，可能正是该志获得成功的又一个好经验。

三议记载人物

志书中，各分志在记事中尽管有以事系人太弱之憾，但人物卷里的传记，却是写得很有特色、比较得体的。其中合计传主335人，包括了古今各方面的代表性人物。其形式，有单人传和合传二种，各篇以传主卒年为序排列。这些传记的编排，有三点值得评介：

其一，因常州古往今来人文荟萃，而志书的上限为1840年，所以突破上限增设了“古代名人选录、补遗”。这一做法，既照应了当地社会历史的特点，又遵守了志书《凡例》规定的上限，不失为两全其美之举。

其二，各篇传记的篇幅，短的百字左右，长的达三四千字，统以传主卒年依次排列，而不是像某些志书那样分成传记、传略二类排列，更见科学合理之善。

其三，志书中收录的传主，绝大多数是正面人物，也有少量复杂人物，还有极少数反面人物。这些人物，均按卒年顺序排列，而不像某些志书那样将反面人物剔出“打入另册”，排到最后，作形式上的贬抑。这是“寓论断于事实的记述之中”的做法，更切合志体要求。

读《常州市志》的人物传，犹如漫游于历史的长河中，参见了常州古今历史上的许许多多仁人志士、哲贤学者和英雄儿女，仿佛眼前森列着常州近现代历史上辈出的众多英才俊彦，对常州的人杰地灵、文风蔚盛，油然生发惊美仰慕的感情，对常州专家学者多、爱国名士多、革命家多、实业家多的鲜明地方特色，有了具体而深切的认识和感受。能够产生这样的效应，这是《常州市志》人物传的成功表现。

志书人物传反映的许多人物形象，尤其近现代历史上的爱国志士、革命先烈形象，令人钦敬，教育意义极为深远。谢荫昌力争收回日人控制的南满教育权的坚定立场和正义行动；恽代英严正拒绝敌人劝降，就义前痛骂蒋介石屠杀革命志士、献媚帝国主义的罪恶行径，高呼“打倒国民党”“共产党万岁”的英雄气概；

瞿秋白高唱《红军歌》《国际歌》，高呼革命口号走向刑场的英勇精神；身陷集中营、又患重病的张一阳，面对敌人诱降却宁死不屈的无私无畏的凛然正气；江真（女）在四面被围的困境下，为不被日军抓捕而毅然跳崖牺牲的壮烈行为；以及张太雷、李公朴、史霄雯等坚持革命斗争、爱国斗争的英雄儿女的舍生忘我表现，无不使人受到深刻的爱国主义和革命英雄主义教育、大公无私的崇高道德教育。

1926年便加入共产党的恽逸群的传记，写出了为革命奋斗一生的真正共产党员的耿耿忠心和铮铮铁骨。解放前的艰险环境他能坚持斗争，不怕牺牲；被日军抓捕后备受酷刑，他机智地保守秘密。解放后，在“三反”运动和所谓“潘杨事件”中，他蒙冤被捕，羁押十余年之久，并被开除党籍，但他对党的信念不改；“文化大革命”中，他受到残酷的折磨，却敢于冒着杀身之祸，写信著文，对林彪、江青反革命集团的反动言论进行批判，对“左”倾错误提出了尖锐的批评；粉碎江青反革命集团后他恢复自由，但奋斗精神依然，伏案写作、校勘，劳苦不辞。这样的传记，选材好，写得也好，称得上一篇优秀的革命教育教材。

实事求是，功过并载，是《常州市志》记载人物的一个特色。例如高谟传里，写了他曾“配合国民政府陆军向中国工农红军根据地‘围剿’”的经历，也详载了“他投入抗日行列”，并驾机与偷袭南京的日机激战，击落6架敌机，其后又“配合上海的抗日爱国将士，向日本侵略者轰炸”，给日军以沉重轰击，为抗日献出生命的功绩。董康传里，既记述其反对军阀武力割据，在国外搜访抄录流失在外的唐代法律史料、珍品古籍等事迹，也记载他在1937年华北沦陷后历任高层伪职的事实。对解放前去台人员的记载，也都体现了这种实事求是的精神。

读人物传后，总的印象是求实得体，有存史价值，褒贬得当，善恶分明，有教育意义。但有的传主的生平事迹，似记载尚欠周备，例如：闵仲谦卒于1956年，事迹只及于1927年；方毅卒于1958年，传记只写到1932年；朱雅竹卒于1959年，传中只写到1920年；金仲康1973年去世，也只写到1920年。一个传主有二三十年甚至五十多年的言行事迹失载，究竟是什么原因？读者不得而知，心存疑窦，无论怎么说，这总是个缺憾。另外，普通劳动者的优秀代表，甚少见，似亦属不足之处。

以上三议，只是笔者读《常州市志》后的浅识，容或有诸多失当妄论，欢迎识者批评是正。

（原文刊载于《江苏地方志》1996年第3期）

学读《常州市志》札记

梁滨久

历史悠久、人文荟萃的常州，是镶嵌在太湖平原上的一颗璀璨的明珠，十一届三中全会以后，更以改革先行、工业发达，成为全国瞩目的工业明星城市。名城出名志。《常州市志》稿在评审的时候，即得到了较高的评价，被认为是代表了江苏省城市志的编修高水平。成书之后质量又上了一个台阶。笔者学读之后，感到有许多创新之处，质量确是上佳的，无论从编写体例、内容到编写方法都为方志编纂学的研究提供了宝贵的材料，其观点把握、总体设计、地方特点体现、总述的体式和写法、改革记述宏微结合、工业分志模式确定、政治部类谋篇布局、党的会议的记述、内容交叉问题处理，等等，都是可以专门研究和很好总结的。笔者能力有限，把《常州市志》的精华和优长之处都研究透彻是做不到的，现仅就几个有所体会的问题谈几点看法，聊充对《常州市志》的评议。

内容特别丰富

《常州市志》共52卷，横分纵记，各行各业无一遗漏，达到了反映市情全貌的目的。尤其是许多市志中容易忽略的内容，也都有所记载，如地理环境卷记了云量，环境保护卷记了布局调整，多数工业卷记了结构体制，工业门类中除主导工业外还记了区乡工业和校办、民政部门办的其他工业，政权政协卷专写了临时机构，劳动·人事卷记了合资企业劳动管理、落实知识分子政策，自然科学卷记了科研型工厂，教育卷记了学生，卫生卷记了医用建筑，体育卷记了气功，民政卷记了精神病人收治、殡葬的民间机构和礼俗变革，民俗卷记了职业道德，等等，使人感到内容特别丰富，这对一本供查检的资料性著述来说，是最大的优点。

观点鲜明正确

《常州市志》于纷纭的史实记述中，分明地体现着编者正确思想观点，表现出编者对唯物辩证法的纯熟运用。总述、各卷概述对常州市历史发展进程及各行业的发展轨迹有科学的分析，如总述中记述“大跃进”，既指出在“左”的错误的指导下，动辄“大搞群众运动”，违反客观规律，造成严重的经济损失，加上自然灾害的影响，给工农业生产和人民生活带来很大的困难，又指出“左”的错误做法在执行过程中有所节制，市委、市人委注意把群众改变“一穷二白”面貌的迫切愿望和奋发图强、艰苦创业的积极性，引导到发展新兴工业和农业上来，解放思想，振奋精神，大胆探索和开拓兴办地方工业，发展地方经济。1958—1960年，市区新办275家企业，形成机械、冶金、电子、化工、医药、建材等工业门类，为常州工业的发展和工业体系的建立打下了基础。这种分析是实事求是的、唯物辩证的。总述中对“文化大革命”的概述和城市经济体制改革卷的概述对从解放前到中共十一届三中全会前常州市经济体制变化与作用的叙述和分析也很精辟。

在一些具体记述中，如政治部类的党政群团、公安司法、军事等以及一些重大历史事件，如太平天国、日军侵常、“文化大革命”等，都体现出鲜明、正确的政治观点。

今年元月，中华人民共和国国史学会举行了一次工作汇报会，会上指出最近有一股所谓“告别革命，远离政治，疏离主流，淡化意识形态”的思潮。这种思潮在历史领域也相当突出，不仅否定中国共产党领导的新民主主义革命和社会主义革命，而且否定孙中山领导的资产阶级旧民主主义革命，说辛亥革命导致军阀混战，阻碍了现代化的进程，由此追溯到六君子，认定谭嗣同是政治激进主义的先锋，以后一系列革命都是错误的，言下之意还是慈禧太后统治时期最好；不是十月革命一声炮响送来了马克思主义，而是鸦片战争一声炮响，送来了西方文明，以林则徐为代表的主战派坚持夷夏之分，是反对一切外国进步因素，而琦善是主张开放的进步人物；太平天国否定中国的传统文化，而曾国藩代表了当时中国现代化的中坚和主流。这些右的思潮和政治观点发展下去很危险，会成为资产阶级自由化和政治动乱的思想根源。由此可见，在史志领域坚持正确的政治观点，不仅关系到史志书籍的政治质量，而且有着更深远的意义。

专设社会科学卷目

本届修志有一个不足之处，就是社会科学

的内容比较薄弱，相当多的市县志甚至缺略社会科学的内容。主要原因是有些市县长期没有社科研究机构和管理机构；从事社会科学研究的人员分散在有关部门；社科的资料搜集不易，社科研究成果的评价较难。《常州市志》专设了“社会科学”一卷，记述研究组织和队伍、一些学科的科研活动及成果等，体现了自然科学和社会科学并重，是编纂上的一个改进。

全面深入记述修志

在新编志书中记述地方志的编纂情况，是逐步重视起来的。《常州市志》在这方面的记述至为全面，历代修志有纪略，历代府志有序选，本届修志有目录、有“始末”。与众不同的是设专节记述地方志研究，从宋代写起，重点写清代的方志学研究高潮和洪亮吉、李兆洛、孙星衍等修志名人。解放后主要记述本届修志期间随修志过程而展开的新方志学理论研究活动及其论著成果。在地方志书中专门记述地方志研究的市志还是很少的。《常州市志》的记述有突破意义。《本届修志始末》的写法也很有特点。不是仅就市志这一本书从资料搜集、志稿编写、总纂合成、审查修改到定稿出版的过程来写，而是全面叙述本届修志工作的开展情况：三级修志、年鉴编纂、学术研究、服务社会等，特别称颂了甘于“三苦”，乐于奉献，夜以继日，笔耕不辍的修志人员。这是对地方志工作作为一项事业的全面深刻理解，对围绕市志编修而进行的修志活动的多方面展示，立意较高。

教育篇目别具一格

新编市志的教育志篇目设置模式，一般都以教育类别分类为主，如分为幼儿教育、小学教育、中学教育、中专教育、职业技术教育、师范教育、成人教育等，外加教师和教育行政。而《常州市志》的教育卷按教育事业的要素分类，采用德智体、业余教育实施为主的格局，辅以教研、师生、经费、管理等内容。这种分类法的长处是：（一）和科技、文化、卫生、体育等均以事业要素分类的办法取得一致，增强了篇目的规范性。（二）就教育事业的各项要素而言，可记述得全面、完整。如智育实施，包括课程设置、教学方法、教学措施（备课、公开教学、教学手段、考试、教改实验、自编教材）、课外活动等。这些内容如分散到各类教育里去记，就零散了，有些因不好纳入就漏掉了。集中记述，智育的全貌就清楚地展现出来了。（三）教育事业的各项要素关系明确、主体突出。师生是教育实践活动的主人，德智体和业余教育是教育实践活动的主体内容，教改、教研、经费、管理等是教育实践活动的条件。教育事业的主体内容列前，然后是人的因素和物质条件和管理措施，逻辑关系非常明确，条理清楚，增强了内容间的有机联系。

重视职业道德记述

《常州市志》集中在民俗卷的风尚章里记职业道德，有医德、师德、商业道德、警德、邮德和其他职业道德。主要记各行业人员在工作中所表现出来的良好职业道德及典型事例。丰富了民俗卷的内容，是精神文明建设的好材料。教育卷教师章第四节为“师德”，与民俗章的记述角度不同，主要从党和政府及教育管理部门对教师的要求和开展为人师表教育等活动角度来写。《常州市志》从多角度记述职业道德，说明对职业道德记述的重视，其写法亦值得借鉴。

（原文刊载于《中国地方志》1996年第5期）

常州市志（1986—2010）

常州市地方志编纂委员会编。2006年5月启动编纂，2017年1月由方志出版社出版。主编朱玉林、虞建安、李亚雄，执行副主编王援、臧秀娟、宗清元、杜仁彬，副主编成国平、叶英姿、胡正伟、柯善学、樊百成、鞠烨。总纂组臧秀娟、杜仁彬、缪小咏、陈华、姚震。

全书4册，530万字，图片542幅（志首77幅、随文465幅），表格885张。记述范围为2010年常州市行政区域。该志为《常州市志》（1995年版）续志，记述上限为1986年，衔接前志，下限2010年，总述、无题概述等适当追溯或下延至2015年，志首图片下延至2016年。述、记、志、传、图、表、录诸体并用，以志为主。志首设序、凡例、史略、总述、大事记，志末设专记、索引、编纂始末。全志设50卷：政区建置、自然环境、人口、风景名胜、土地资源管理、城乡建设和管理、公用事业、水利·水务、交通邮电·信息化建设、环境保护、经济综述、经济体制改革、对外经贸·开发园区、农业、工业、乡镇企业·民营经济、建筑业、房地产业和住房保障、商贸服务业、旅游业、金融业、财政·税务、经济综合管理、出入境管理、中国共产党、人民代表大会、人民政府、政治协商会议、民主党派、人民团体、政法、军事、科学技术·社会科学、教育、常州科教城、文化·艺术、大众传媒、艺文·著述、文化遗产、医疗卫生、体育、精神文明建设、劳动·人事·人才、民政、社会生活、民族宗教、方言、风俗、县（市）区概况、人物。

该志为突出地方特色，设风景名胜卷，下设山水胜迹、古迹、公园、红色文化遗迹4章，彰显常州深厚的历史文化底蕴。设旅游业卷，下设旅游规划建设、旅游景区景点、旅游服务、旅游市场开发、旅游行业管理5章，系统记载常州旅游业发展的历史。将常州科教城升格立卷，彰显常州独特的科教实力。为突显“苏南模式”，升格设置乡镇企业·民营经济卷。强化艺文·著述、文化遗产、方言、风俗等文化部类，彰显常州人文荟萃、文化兴盛的特色。尤其是艺文·著述卷创新性地设置古代典籍、志书·年鉴、文学艺术、历史·地理、其他学科著作、诗文常州6章，全面收录常州古今编印出版的典籍、社会科学和自然科学著作，并收录涉及常州的诗词数十篇和散文3篇，既弥补首轮市志未收录典籍著作的遗憾，又保存大量珍贵的著述资料，实为该志一大特色。装帧设计方面，嵌入“江南水乡”元素，设计长幅拉页8面，展现常州20世纪八九十年代和21世纪初的市井画卷和都市航拍照5幅。

该志突出改革开放的主旋律，设经济体制改革、对外经贸·开发园区、精神文明建设等卷，突出改革开放时代社会高速发展的特征和辉煌成就。同时在城乡建设和管理、公用事业、交通邮电·信息化建设、建筑业、房地产业和住房保障、旅游业等卷，对涉及改革开放的内容进行重点记述。将风景名胜前置为第四卷，土地资源管理、城乡建设和管理置于经济部类各卷前，以体现城市志书的编排逻辑，增强全志的专业性、科学性。

体裁上，该志设史略，采用叙议结合的笔法，展示从远古至改革开放前各历史阶段常州的发展变化，方便读者了解常州的悠久历史。总述改变常规的“概览+横写”写法，采用按历史时期纵写，也是一大特点。专记收录13篇

《常州市志（1986—2010）》目录

文献，分为纪略、纪实两大类，主要为政府为民办实事、重大事件、重大工程等内容，资料丰富，保存大量不能入正文的重要史料。志末索引设主题索引、图照索引、表格索引、人物索引，既方便读者使用，又提升志书的学术价值。

2017年，该志入选中国志书精品工程，成为全国第四部、江苏省第一部国家级精品志书。

（常云峰）

【编纂始末（节选）】

十年心血　千手成志

——《常州市志（1986—2010）》编纂始末

一

（略）

二

修志，历来是一项浩繁的文化系统工程，多数城市都是“十年磨一剑”，常州也不例外。自2006年5月启动到如今付梓出版，历经十年征程。回顾十年风雨路，大致分5个阶段：

启动探索阶段（2006年5月至2008年5月）。以2006年5月12日全市地方志工作会议召开为标志，二轮修志正式启动。在最初半年，常州明确了修志的目标、任务、指导思想、推进计划和工作要求，并在广泛调研基础上，迅速完成资料征编篇目、承担部门、人员配备和业务培训等前期准备。这一时期，全市先后确定资料征编篇目34卷，调动部门178个，组织培训30多批次500人次。为积累更多资料和经验，还启动了《常州市改革开放丛书》编写。启动探索的头两年，为全面修志打下了坚实基础。

全面推进阶段（2008年6月至2011年6月）。以《常州市改革开放丛书》出版为标志，修志进入撰稿阶段。常州根据撰稿阶段的特点和要求，对资料征编篇目进行修改完善，初步拟定《常州市志》篇目，并在市地方志办公室内部实行了“全员参与、分卷到人、逐月考核、责任明晰”的工作机制，通过目标细化、责任传递，把修志撰稿的浩繁任务拓展、分解到基层各部门。其间，每月召开进度督查会，不定期上门指导沟通，2010年市政府还将市志编纂列入政府对部门的年度考核。这些措施的制定和执行，保证了2011年6月基本完成市志初稿。

编辑分纂阶段（2011年7月至2013年12月）。以2011年12月《常州市志》总纂篇目通过省评审为标志，修志进入编辑分纂阶段。这一阶段，围绕“突显改革主题、彰显江南人文、再显常州特色”的定位和思路，对市志篇目进行了新一轮优化提升，尤其对重要卷章进行了升格和扩写。各责任编辑与供稿单位围绕调整后的篇目，全力补充史实内容，形成分纂稿，为总纂攻坚打下扎实基础。

总纂攻坚阶段（2014年1月至2015年12月）。以2014年1月市政府提出“两年攻坚、确保通过省级终审”目标为标志，修志进入攻坚阶段。这一阶段，时间紧、任务重、要求高，只有两年时间，而任务却有620万文字总量，且必须集“调整、补充、提升、总纂、复审、统稿、打磨、终审”于一体。在这样的背景下，常州更新理念、改进方法、创新流程，强力推进“项目化管理、工程化推进、学术化编纂”。先后制订分纂提升、复审、总纂、统稿、终审等分步实施方案，确定标准、要求、时限、责任人和工作流程，召开问题分析、进度督查、意见协调等专题会，并采用同步、交叉、分流等立体化推进方式。正因为采取如此严密的措施，2015年底志稿才能如期通过省级终审。

冲刺精品阶段（2016年1月至今）。以市政府领导率队赴北京向中国地方志指导小组专题汇报为标志，二轮修志冲刺更高目标。常州认为，中国志书精品工程，不仅是荣誉，更是严苛标准；常州修志，不仅是任务，更是责任和担当。基于这样的认识，常州把争创精品工程作为新的攀高目标。在近一年的时间里，常州以更高标准和更严要求，重审了篇目、重改了要卷、重炼了特色、重磨了全稿、重新优化了装帧设计。常州的定位是：给精品一个严谨交代，给时代一个尽责答卷。

三

志书的价值，史料是基础，起点与定位是关键。而起点与定位，最终体现在指导思想和篇目设计上。

常州在修志之初，就反复研讨二轮修志的指导思想。常州思考了很多：作为一轮修志的续志必须精准把握"续志"的特定要求，作为新中国第二部新方志必须忠实遵循新方志的体例要求，作为新一代方志人必须全面传承"方志之乡"的优秀传统，而且还要精准把握特定时期修志的时代性、地域性和特色性，尤其在经济社会快速转型期，要充分发现和挖掘时代巨变背后所蕴含的深刻原因及发展规律，真正让传世志书记载和留住激荡时代的特有气息和脉动。

基于这样的认识，常州提出4条修志原则：

突出改革开放主旋律。志稿的焦点和重心，始终紧扣时代灵魂。尽可能完整记录改革开放的重要节点和脉络；尽可能完整记述常州在全国全省重大改革中的率先举措和特殊贡献；尽可能准确揭示常州在政治、经济、文化、社会、环境等方面，尤其在体制机制上的创新和转型，使市志更具时代性。

突出高速发展和显著成就。这一时期，常州经济总量翻五番，人均地区生产总值达到中等发达国家水平，各项事业全面高速发展，被称为历史上经济社会发展最快最显著的时期。作为盛世修志，在抓全面、全貌的同时，更要重点抓关键、抓典型、抓变化，更多记录代表性、典型性信息，让后世能还原这段历史。

突出信息的容量与质量。读数、读图、读表是信息时代最突出的阅读特征，也是形象、系统、准确记述历史的有效方式。新一轮修志要根据时代趋势，格外重视数据，以增强历史记述的精准度；格外重视表格，以强化数据对比的系统性；格外重视图片，更多地留存历史的珍贵瞬间。

突出人文的发掘与传承。常州有3200多年文字记载的历史，是长江文明和吴文化的发源地之一，是中国近代民族工商业发祥地之一，是国家历史文化名城。常州崇文重教、儒风蔚然、名士辈出，常州所倡导的"争先、务实、礼信、致用"传统，不仅缔造上溯千年的辉煌，也开启绵瓞未来的创新。新一轮修志必须高度重视和弘扬这些精粹的人文传统。

基于这样的认识，常州在篇目设计上紧抓三条：一是按照"体现全貌、横不缺项、繁简适当"的原则，选用志书的中编体结构；二是按照"要项覆盖、重点紧扣、特色升格"的原则，总揽设置卷章节目；三是按照"统一规范、科学合理、集散结合"的原则，科学处理集中与分散、交叉与重复等难题。目前，全志分环境、经济、政治、文化、社会5大部类、50卷、306章。为突显改革开放，专设了"经济体制改革""对外经贸·开发园区”卷；为突显苏南模式，升格了“乡镇企业·民营经济”卷；为突显江南人文，强化了“艺文·著述”“文化遗产”“方言”“风俗”等文化板块。同时对科教城、装备制造、花木业、多种经济组织等时代亮点与地域特色作了点睛处理。

四

常州这轮修志，从2006年启动就得到了市委、市政府的直接领导和有力支持。

首先，将修志工作纳入市委、市政府议事日程和考核目标，使之成为“官职”和“官责”。常州提出，认真履行新一轮修志是地方政府的历史责任，修志必须纳入地方经济和社会发展计划，主要领导必须亲自过问，分管领导必须具体负责，修志经费除纳入各年度财政预算，还要按实际支出足额安排。

其次，迅速成立由市长任主任、分管市领导任副主任、主要部门负责人为委员的市地方志编纂委员会。市地方志编纂委员会负责审定市志编修计划和方案，协调解决修志中出现的疑难问题，组织志稿初审、复审、验收和出版，不定期召开编委会会议研究决定重大问题。十年间，编纂委员会因领导变动或政府换届先后调整过4次，但每次调整，委员会主任和成员都尽心尽责。

再次，承担市志编纂的专门机构市地方志办公室，对修志更是百倍重视。十年间，坚持把修志作为部门的“头号工程”，除号召“全员参与，人人有责”“班子成员全员投入”外，还坚持“三个第一”：把修志列为各项工作第一位，把修志考核列为各项考核第一权重，把业务骨干优先安排至编纂第一线。

五

回顾十年修志，“千人会战”的场面犹历历在目。一座由千人到百人、由百人到廿人、由廿人到八人、由八人到五人、两人、一人的“修志金字塔”，完整记录了常州“众手成志”的历程和全貌。

千人参战。启动第一年，为调动一切可以调动的修志力量，常州实行“放手”措施，广泛吸引各行各业各个部门和单位参与。常州拟定了37个大类、161个中类的《资料征编篇目》，并根据征编方向，向178个部门撒网式布置。各部门和单位积极响应，根据具体职能细化到处室、下属单位和相关人员。当时全市抽调和承担修志工作的人数达1000余人。市建设局下属处室和单位有30多个，为确保资料征编不留死角，他们抽调的参与人员近70人，队伍可谓庞大。

百人会战。2009年，当基层各路资料征编基本结束，志书进入编撰。常州对撰稿人队伍实行理性收拢。一般要求各参与部门和单位明确1~2名熟悉业务、文字过硬、时间保证的人员任主笔，由他们在前期资料中整理提升、形成初稿，参与人数缩减至100人左右。

廿人请战。当志稿进入编辑加工阶段，修志重心由基层全线回缩到修志专门机构——市地方志办公室，修志工作也第一次由“人海战术”改为“行家主笔”。市地方志办公室23位骨干成员齐上阵、承担责任编辑，修志工作实现层级上移和行家介入。

八人主战。当志稿进入分纂提升，张开的手指再度并拢。常州确定市地方志办公室8位专家和专业人员作为分纂牵头人，由牵头人独立主持分纂，志稿进入由专家直接参与的专业化编纂加工阶段，众手成志转为众“家”成志。

小组决战。修志推进至总纂阶段。常州再次整合编纂力量，确立以“专家主导、内外结合”的方式，外聘省内3位修志专家参与联合攻坚，先后形成五人总纂组、两人统稿组和一人全志通稿。

除主笔撰稿、分纂、总纂，常州的“众手成志”还表现在志稿的审核和修改上。初审、复审、终审，都牵动了省市两级部门的领导；充分听取意见，动员了市内外各路专家和学者；征选历史照片，寻找了大批摄影家和摄影师；还有设计、排版、校对、改样……

修志一向被称为地方最大的文化工程，因为这项工程前后所涉及的人力和范围、所耗费的时间和精力，以及由此带来的协调跨度与组织难度，都是一般文化项目所无法比拟的。

六

志书的生命在于质量。常州修志自始至终绷紧“质量第一”这根弦，尤其注意从机制和责任两个方面入手。

通过严格的审核来保证质量。国家规定市志编纂必须经过“三审”。为把控质量，常州实行了“七审”。除了按规定严格完成初审、复审、终审外，常州在基层部门形成初稿时又自加了“三审”。即：编写组自审、单位主管复审、承撰单位终审，把质量关口前移到初稿撰写阶段。另外，常州在分纂与总纂之间还增加一次专家审读。邀请省内7位知名专家连续4天在常州会诊，并以匿名方式审读志稿，铁面、如实地指出存在问题。正是这4次审读“加餐”，有力保证了志稿质量。

借用关键的外智来提升质量。常州修志舍得“借力借智”，在重要和关键环节注重外部专家的借用与参与。如篇目结构定型阶段，常州坚持邀请巴兆祥、梅森、陈泽泓等方志名家出场把脉；在分纂提升阶段，常州主动吸收市内各行业专家主纂或修改相关专业卷；在总纂阶段，常州邀请省内修志专家直接参与三大部类的总纂；在志稿复审阶段，常州大范围邀请本办老领导、老专家，以及市内知名文史专家一起会审、听取意见。十年间，常州先后借力各类专家50余人次，其中高层次专家10余人次。可以说，本轮修志既是众手成志，也是众“家”成志。

采用科学的方法来强化质量。常州这轮修志探索了一些新方法，尤其在“项目化管理”方面，引入了许多新机制。比如，采用“减量求精法”，要求各编纂人员在每轮编纂中，都以压缩10%左右的文字量来倒逼和督促质量的提升；再如，实行“红蓝黑三色笔”责任备查制，编纂人用红笔“改”，分管主任和责任处长用蓝笔“注”，一把手领导用黑笔“定”，每一层意见都留在志稿上。整个过程，改什么、改哪里、改多少，都一目了然，既保存了底档，又督查了工作。对重要专卷，如“总述”“经济体制改革”“人物”等都直接请专家主笔。

强化把关的责任来保障质量。质量面前，常州不留沙子、不留情面。如在审读把关时，采用匿名评审，评审专家与撰稿人、主纂人“背靠背”，把严格的裁判权交给专家，让他们毫无顾忌充分发表意见；再如部门复审时，市地方志办公室提前给各部门“打招呼”，一方面印发“复审专函”，另一方面给部门一把手发“提示短信”，直言提醒：这是出版前的最后审核，也是市长最后签发的依据，必须由主要负责人亲自签字认可，并对入志内容承担最后把关责任。由于是真心提醒、责任提示，扭转了复审可能出现的“形式过堂、环节虚设”等情况。

七

创新是修志永恒的话题。一部志书能不能成为精品，一看质量，二看创新。常州十年修志，始终坚持“不为创新而创新、不为形式而创新”，致力探索“问题导向、需求导向”的务实创新路子。

管理上，寻求行政力推动与学术化编纂相结合的创新做法。修志，首先是业务活。志，必须一字一字修出来。但推进这项工作，却是管理活。很多时候，修志进度迟缓，与行政措施不到位、不落实有关。常州修志，强化行政推动下的“项目化、工程化”管理，即：修志工作有目标、目标完成有时限、时限之内有阶段、阶段逐个有方案，方案细化有标准、标准实施有考核、考核件件有督查、督查结果有评析。常州在市志最后攻坚中自加压力，确定两年完成省级终审目标。在目标之下，常州倒排进度，按照两年的总时长，分割确定“分纂、复审、总纂、终审”四个阶段，每个阶段分别制订周详的工作方案，在方案中明确要求、标准、时限、牵头人、责任人等。同时每周召开问题协调会，每月召开进度督查会，每阶段召开总结评析会。常州修志攻坚，正因为建立如此严格的项目管理制度，修志工作才保证达到分步实施、进度超常、质量保障、按期达标的理想效果。

内容上，寻求选题、用材、视角、笔法相融合的综合创新。以“乡镇企业· 民营经济”卷为例，乡镇企业是苏南模式，民营经济是常州支柱。如何保真还原历史面貌，既遵从志的体例、又吸收史的优长，常州探索了“宏观、中观、微观”三结合、“全貌、脉络、典型”全反映的记述笔法。对“乡镇企业”这一历史产物，定性记述了它的发展历程和特征，定量记录了各阶段各节点的发展成就，典型记载了乡镇工业园区和重点企业，点线面结合、立体完整再现了乡镇工业当年的风采与辉煌。再如“总述”，通行写法是“概览+横写”。常州打破常规，采取按历史时期“纵写”。常州认为，全志各卷已按体例横分，若“总述”再“横写”，历史脉络感就会过于弱化，改用“纵写”，与专志形成纵横结合，历史的方位感和轨迹就会明显凸现和强化。

形式上，寻求整体版式与微小细节相统一的设计创新。常州在志书外观与内页设计上，专门邀请国内知名公司担纲设计。在遵循江苏省志书出版设计规范的前提下，突出“史志底蕴、江南基调、人文品质、书卷气息”。特别是运用粉墙黛瓦、飞檐斗拱等江南建筑元素，匠心独具地把灵秀江南融进人文历史，让鸿篇巨制浸润江南气息。另外，志首创意设计的8面长幅拉页，把常州80年代、90年代及21世纪初的5幅市井长卷和都市航拍场景壮观呈览，再现现代版的“清明上河图”。同时，常州还精心摄制《航拍常州》视频，用无人机技术把航拍的城市风貌留给未来，也让志书从平面照片升级到立体动态画面。

当然，这部志书也有不少遗憾。比如倡导专家修志，但专家参与的程度还不够深，尤其是前期介入不够多；大量史料来自官方机构和渠道，鲜活反映市井生态的民间调查明显不足；人物传碍于资料来源，人物反映可能还不够充分、重要人物还可能缺漏、表述上还可商榷。再加上编纂者水平有限，书中错漏在所难免。

八

2015年12月22日，具有纪念意义的日子。这一天，《常州市志》通过江苏省专家组终审；这一天，也开启了《常州市志》新征程，申报“中国志书精品工程”。

自2015年底，《常州市志》通过终审进入出版程序后，从有关方面得知，中国地方志指导小组办公室正在实施“中国志书精品工程”。其目的是遴选国内优秀志书，经专家严格评审后纳入精品工程，以此倡导全国二轮修志的精品意识。常州市委、市政府了解后高度重视，认为常州必须冲刺更高目标。

2016年初，常州市政府派出由副市长张云云、市地方志办主任李亚雄带队的汇报组，专程赴省地方志办公室和中国地方志指导小组办公室专题汇报，提出正式申请。随后在市内迅速形成共识：再苦6个月，全方位提升志书质量，全力冲刺“精品工程”。为此常州采取6大步骤：

重审篇目。常州先后拜访请教国内3位方志名家巴兆祥、梅森、陈泽泓，请他们对现有篇目提出严格的优化改进意见。

重炼特色。对当时形成的50个卷逐一梳理排查，看既有特色是否彰显，应有特色是否疏漏，提炼特色是否到位。

重磨要卷。对“史略”“总述”“经济总情”“经济体制改革”“工业”“人物”等重要卷，安排骨干力量再度精改精磨，保证扛鼎卷章能充分出彩。

重启精校。在原有校对基础上，再组织5轮精校，包括编审组5位成员每人百万字的审读性校对、由专业机构推荐的专业校对、组织本办全体人员参与的全员校对，以及两轮黑马软件校对，目标是把可能出现的各种硬伤彻底消灭。

重统全稿。抽调市地方志办公室5位业务骨干，由4位主任、1位副调研员带队，分5组对全志5个部类进行再提升和再统稿，集中3个月时间打一场最后的攻坚战和歼灭战。

重新装帧。从封面、封套、内芯、扉页、书眉、彩页、标识、字号都按精品的要求重新进行一体化设计，确保志书的内容与形式高度统一、相互映衬。

九

都说修志人是伴“青灯、黄卷、长夜”坐冷板凳的人，相对于经济、建设等“火急火燎、速战速决”的热线部门，修志的“板凳”是冷些。然恰恰是这份冷，让修志人更安静、安心、严格与严谨。

在史志部门，经常会看到：为核一个数据，翻箱倒柜，折腾一上午；为寻一份史料，走街串巷，遍访知情人；为写几页精彩文字，昼夜兴奋、痴癫好几天。许多修志人在一部志书中度过了十年青春岁月；许多修志人在一张案桌上奋斗到白发、退休。《红楼梦》开篇词“满纸荒唐言，一把辛酸泪”，而修志是“字字珠玑文，一生心血成”。前者是小说，后者是著史。

今天，在《常州市志》即将付梓之际，要特别感谢一路来给修志工作送过鲜花、添过柴火、投注心血、倾心奉献的热心者、参与者和支持者。

【志评】

第二轮城市志的经典之作

——评《常州市志（1986—2010）》

梅　森

2017年6月，又一个金色的麦收季节，得知《常州市志（1986—2010）》（以下简称《常州市志》）被评为中国精品志书，可喜可贺！沉下心阅读该志，其优长之处力透纸背，其内容结构、特点特色、体例把握、锻文琢句，堪称城市志的经典。笔者一直认为，佳志良志、精品志书，必须具有四大条件：其一是记述对象具有可供彰显的内容；其二必须有卓见和统帅全志能力的主编（总纂），以及一支静得下心、兢兢业业修志的队伍；其三，必须具有科学并符合地方志特点的编纂方法；其四尤为重要，是地方党政领导的重视和社会各方面的支持。通读该志及其编纂始末，再次验证了以上四点。志评是方志学研究的组成部分，而中国志书精品工程志的评论，对修志的引领和方志学的建设更有价值，故拜读后写下这篇文字。

一、独特的市情和优秀的修志传统，是精品志书诞生的背景和根源

一谈到江苏，总要谈到"苏锡常"。常州有3200多年历史，南朝齐梁故里，"中吴要辅"；是长江文明和吴文化的发源地之一，是中国近代民族工业的发祥地之一，是长江三角洲地区中心城市之一；先进制造业和历史文化旅游闻名遐迩，大运河常州段入选世界遗产名录，改革开放后为苏南模式的重要组成城市，声名贯耳。

常州境内风景名胜和历史古迹众多，人文荟萃：自然风景区有春秋淹城、中华恐龙园、嬉戏谷等主题公园和天目湖、南山、太湖湾、滆湖等；名胜古迹有圩墩村新石器遗址、春秋淹城遗址、天宁寺、红梅阁、文笔塔、藤花旧馆、舣舟亭、太平天国护王府遗址、瞿秋白纪念馆、天目湖旅游度假区、金坛茅山风景区、东方盐湖城等；历史名人有吴公子季札，《昭明文选》作者萧统，抗倭英雄唐荆川，"南田三绝"恽格，被称为"常州三杰"的瞿秋白、张太雷、恽代英，数学家华罗庚，实业家盛宣怀、刘国钧，书画家刘海粟、谢稚柳等。常州特产丰富，有萝卜干、大麻糕、芝麻糖、天目湖鱼头、溧阳风鹅、野山笋、溧阳白芹、南山板栗、长荡湖螃蟹、常州梳篦、砖刻屏、景泰蓝掐丝工艺画、乱针绣、中国彩绒画、留青竹刻、金坛刻纸等，不一而足。悠久的历史，丰富的物产，杰出深厚的人文积淀，城市化的不断进步，改革中的不断创新，为《常州市志》提供了可记述的精品内容。

常州又是著名的"方志之乡"，自南朝编《毗陵记》起，至清光绪十四年（1888）编《武阳志余》，先后修过26部郡（府）县志和6部专志。其中，咸淳《毗陵志》共（30卷），距今730余年，为今人所能见到的最早的志书之一，也是全国仅存的10余种宋修府志之一。首轮修志，常州共出版各类志书500多部，形成3亿字的第一手文献资料，修志成果相当丰硕。

清朝"阳湖文派"参与修志，更是方志学必须研究的课题。清乾嘉年间的阳湖（今常州），经济繁荣，文化发达，被誉为中吴要辅，八邑名都，人心向学，教育普及，科第兴盛，其学风尤独领风骚。阳湖文派创始人之一，清乾隆年间阳湖人恽敬曾惊叹"吾州多异才"。"阳湖文派"中的方志名家李兆洛、洪亮吉、孙星衍和段玉裁，被所有方志史研究者公认为清代著名的方志学家。四大家修志数量多并精品迭出；洪亮吉修志主要在陕西、河南，纂有安徽《泾县志》、陕西《澄城县志》《淳化县志》《长武县志》、河南《登封县志》《固始县志》《怀庆府志》，共7部；孙星衍编纂了广东《三水县志》、陕西《礼泉县志》《直隶邠州志》、江苏《松江府志》、河南《偃师县志》、安徽《庐州府志》，共6部；李兆洛任安徽凤台知县时修纂《凤台县志》，还编纂了安徽《东流县志》《怀远县志》；段玉裁修纂四川《富顺县志》。其中，洪亮吉纂《泾县志》，孙星衍纂《三水县志》《偃师县志》《庐州府志》，李兆洛修纂的《凤台县志》均被收入《中国地方志辞典》。从其历代修志可见，追求精品良志的编纂是历代常州人地域文化的传统。优越的市情和优秀的修志传统，是这部精品志书诞生的背景和根源。

二、全面与重点、经济与人文、时代性与地方性并重，是精品志书内容的鲜明特征

方志编纂，内容为要，内容决定形式。方志学家傅振伦在1931年提出："编辑方志宜特加详于社会方面记载，宜加详于人文地理，侧重物质方面记述，宜广增科目门类，注重科学技术，应广增图谱、表格。要据事直书，不尚文辞。"《常州市志》编纂之初便提出4条修志原则：突出改革开放的主旋律，突出高速发展和显著成就，突出信息容量与质量，突出人文的发掘与传承。常州历史上就崇文重教，儒风蔚然，名士辈出，常州倡导争先、务实、礼信、致用传统，弘扬鲜明的人文传统。该志在谋篇布局上紧抓三条："一是按照'体现全貌、横不缺项、繁简适当'的原则，选用志书的中编体结构；二是按照'要项覆盖、重点紧扣、特色升格'的原则，总揽卷章节目；三是按照'统一规范，科学合理，集散结合'的原则，处理关联事物集中与分散、交叉与重复的难题。"内容上，寻求选题、用材、视角、笔法相融合的综合创新。比如在"乡镇企业·民营经济"部分，采用宏观、中观、微观三结合，全貌、脉络、典型全反映的记述笔法。

纵观《常州市志》，其内容有如下特点：一是经济和文化并重，二是改革开放特征明显，三是地方特色鲜明，四是文化气息厚重，五是信息含量大。该志凡例明确，全志按科学性、专业性与当代社会分工及突出地方特色与时代特色相结合的原则分类设目。寿鹏飞说"随时地为转移""因义生例"，编出的志书便不会"人云亦云，东涂西抹，不知取舍，不务剪裁"，成为"陈烂账册，杂碎字簿"。甘鹏云称，义例不定，"如裘无领，如网无纲"，将义例提到"纲"的位置。《常州市志》能成为精品就在于先立"义"，后生"例"，有自己的思想，不是人云亦云。从全面性看，全志总体结构按地理环境、经济、政治、文化、社会和人物六大部类暗系逻辑。全志除卷首设序、凡例、史略、总述、大事记，卷尾设专记、索引外，主体分设50卷、306章，共530万字，时间断限1986—2010年，全面系统。各卷具体是：政区建置、自然环境、人口、风景名胜、土地资源管理、城乡建设和管理、公用事业、水利·水务、交通邮电·信息化建设、环境保护、经济综述、经济体制改革、对外经贸·开发园区、农业、工业、乡镇企业·民营经济、建筑业、房地产和住房保障、商贸服务业、旅游业、金融业、财政·税务、经济综合管理、出入境管理、中国共产党、人民代表大会、人民政府、政治协商会议、民主党派、人民团体、政法、军事、科学技术·社会科学、教育、常州科教城、文化·艺术、大众传媒、艺文·著述、文化遗产、医疗卫生、体育、精神文明建设、劳动·人事·人才、民政、社会生活、民族宗教、方言、风俗、县（市）区概况、人物等。

全志为突出改革开放、反映时代特点，专设经济体制改革、对外经贸·开发园区、劳动·人事·人才、精神文明建设；同时设常州科教城、装备制造、花木业、多种经济组织等亮点特点事物；为凸显苏南模式，升格了乡镇企业·民营经济；为凸显江南人文，强化了艺文·著述、文化遗产、方言、风俗。为体现以上内容的突出，在结构方面进行创新布局，如在突出城市特点方面，将风景名胜作为第四卷前置；土地资源管理、城乡建设和管理置于经济部类各卷前，以体现城市志的特点。此外，总述改变常规的“概览+横写”的写法，采用按历史时期纵写，也是一大特点。

三、从记述的具体特点和亮点中鉴赏精品志书

断代续修是传统的难题。第二轮修志在处理续志与前志的关系时主要有自然断限法和勾连历史法。经过几年修志一线的编纂实践，我认为选择性的勾连为续修的最佳方案。2014年2月，习近平总书记在首都博物馆考察时指出：“把历史智慧告诉人们，激发我们的民族自豪感和自信心，坚定全体人民振兴中华、实现中国梦的信心和决心。”同年4月，李克强总理批示：“地方志是传承中华文明、发掘历史智慧的重要载体，……修志问道，以启未来。”发掘历史智慧，传播历史智慧是史志工作者的重要任务。续修志书发掘历史智慧就要对一地国计民生和人文历史精华进行勾连，特别重要的需要进一步彰显。彰显历史人文是《常州市志》的一大特点。第一卷第一章建置沿革分市区和各区县进行历史勾连，上溯到5000年前的新石器时期。行政区从周、秦记起。该卷第三章地名，其中历史地名彰显了人文底蕴，进行了历史文化的追溯。如龙城大道，借用洪亮吉《云溪竞渡词》“自古兰陵号龙城”、光绪《武阳志余》“吾郡古号龙城”解释地名的由来。中吴大道用了毛泽东“云横九派浮黄鹤，浪下三吴起白烟”予以释名。晋陵路勾连历史上曾存在过900多年的晋陵县和存在过200多年的晋陵郡。这样解析道路名称既增添知识与智慧，更能勾起乡愁。第四卷第二章古迹，通过遗址、遗迹、遗留文物勾连历史，不受1986年上限的限制，如淹城遗址、圩墩遗址分别从1958年、1960年发掘写起。名人故居随人物溯起，如孙慎行、孙星衍故居从明万历交代，洪亮吉故居追溯到乾隆四十八年（1783）。第三十四卷第一章基础教育，其学校选介均由创办写起，如常州市第二十四中学、江苏省前黄高级中学、常州市第一中学、江苏省华罗庚中学、江苏省溧阳中学都是从民国年间创办记起。第三十八卷第一章古代典籍，分经、史、子、集、诗词、记传谱序考录，选介东晋徐邈《五经音训》、南朝萧子显《南齐书》、萧统《昭明文选》等。表格设书名、编著者、刻印出版年份、卷数，收罗古代典籍255种。此外，艺文・著述部分，还收中华人民共和国成立前的诗词集34种、长篇小说26种，中短篇小说2种，散文集25种，文艺理论集13种，音乐作品集2种，书法作品集4种，戏曲曲艺集25种，美术作品3种。历史地理历史研究18种，地理6种，年谱、行状10种。其他还收录中华人民共和国成立前哲学、政治法律、经济、教育体育、语言、文化、心理、医药等著作。第二章志书・年鉴，收录郡州府志，选介咸淳《毗陵志》、永乐《常州府志》等6种；县志收明代1种，清代7种。尤其第六章诗文常州，收录客籍游旅常州吟咏当地风景名胜的诗词歌赋，以及常州籍文人歌吟家乡的诗文。客籍有唐代大诗人杜牧、白居易、李绅、杜审言、张祜，宋代司马光、王安石、苏轼、杨万里、文天祥，明代戏剧家汤显祖，清代袁枚、龚自珍。常州本地文人有孙星衍、洪亮吉的诗文。第三十九卷物质文化遗产（文物）部分，收录1986年上限以前命名全国文保单位4个、国家一级文物43件、二级240件。第四十六卷第二章宗教，其中天宁禅寺、清凉禅寺、九华禅寺、宝林禅师、万佛禅寺，道教的乾元观，伊斯兰教金坛清真寺，均属追溯历史性记述。第四十八卷风俗主要记述历史风俗，在历史风俗的基础上记述变化和新风。第五十卷人物注重突出常州“儒风蔚然，为东南冠”（陆游《修后河碑记》句）；反映“地以人贵，人以地传”“天下名士有部落，东南无与常匹俦”（龚自珍《常州高才篇送丁若士（履恒）》）。第一章“人物传略”对断限有所突破，在上限以前去世者，亦有收录。第二章人物简介收录中华人民共和国成立前8人。前志补遗补入著名民国报人史量才等11人。

经济部类是第二轮志书的重点部类，《常州市志》采用写全貌、写轨迹、写因果、写发展的方法，有机地利用综述与典型、结构与趋势、文与图表照、轨迹与特点等方法记述，做到面貌清楚，阶段鲜明，实体（业态）彰显。第十九卷商贸服务业把握商品流通的要素和环节，记述商品交易市场，包括市场体系、生产资料、农副产品和食品、花木交易、日用工业品、纺织品服装等八大类市场，在市场基础上再记商业街市和业态，包括南大街、莱蒙都会、花园街、通江路等商业街；再分各类商业行业写销售。既有结构和情况，又有典型的具象，全面反映当地商贸的地方特点和时代特点。第十五卷第一章工业综述写的就是全貌和总的发展轨迹，包括行业结构、产业规模、企业发展、产品结构、技术进步等。此后再分工业行业记述。

改革开放时代又是工业化和城市化的时代。第二轮志书另外一个重点内容就是城市化，对城市志尤其如此。《常州市志》第六卷城乡建设和管理、第七卷公用事业、第九卷交通邮电信息化建设、第十七卷建筑业、第十八卷房地产业和住房保障、第二十卷旅游业都重点反映了城市化情况。内容包括规划分区、生态环境、文化名城保护、综合防灾等规划。基础建设包括市政工程，具体是城市道路、桥梁、广场地道、园林绿化、供排水、污水处理工程、电网与供电、燃气工程与供气、公共交通、快速公交、出租车、城市照明、流域治理、防洪工程、机场空运、铁路、公路、水路、物流、邮政、电信、信息化，等等。建筑业第八章标志性建筑，用典型记述方法，记述常州奥体中心及国际会展中心等公共建筑14座、常州大酒店等商务办公建筑7处。旅游业第二章关于天目湖、环球恐龙城、春秋淹城、武进太湖湾、南大街等旅游景区景点和众多宾馆酒店建设的记述，也是城市化发展的重要内容。

事物是具有双重性的，部分志书对待经济建设和社会发展，只记成就，有意回避前进中的问题，导致志书总体的失真失实。《常州市志》在记述改革开放以来巨大成就的同时，也通过管理、稽查、执法、严打、综合治理等门类内容，记述了社会问题。在土地资源管理中，记述了违规违法用地、土地非法转让和批租、土地非法占用；在矿山开采中记述乱采乱挖破坏环境、无证开采、地灾隐患、废弃矿山、地面沉降、地裂等。在党的纪律检查中，反映了党员干部的经济案件、赌博案件、腐化堕落和道德败坏案件，此外监察中记述了行业不正之风。第十卷第二章环境污染防治，记述了各时期的污染源，包括煤烟型污染、二氧化硫污染、机动车排气污染、废水污染、噪音污染、土壤污染、固体废料污染等。生产流通管理，记述了合同违法、合同欺诈、假冒商标标识、假冒伪劣商品、无标生产、缺斤少两、工伤事故、伪劣食品药品等。

精品志书除有时代性和地方性事物的谋篇布局、结构安排外，还应该有其他创新做法。《常州市志》的创新，一是文风上，二是体裁上。该志除继承述、记、志、传、图、表、录、专记、索引等体裁外，同时增加了史略。史略为阶段历史的概况，共包括马家浜、崧泽、良渚、湖熟与马桥诸史前文化，商末至春秋的延陵开邑，秦以后毗陵建郡，隋以后江东望州，明清八邑名都，民国以后现代名城，共六大历史阶段，打通了全志的历史纵深，弥补续志上限1986年通贯不足的遗憾。史略是史体，故《常州市志》用之是一大创新。此外，作为史体的史略，体例上，其著述的史籍之后一定加有相关的注解、考证、注音、版本、字句校勘，《常州市志》并未采取注解、考证等，而是只取己所需，达历史通贯之目，做法甚妥。首轮修志以来，屡屡强调志书的语言平实，其实传统方志并非完全如此，笔者曾发表文章批评了当代志书文体语言认知的窄化机械，认为“绝对地而非相对地理解方志文体语言的有关规定，削弱了地方志书的表现手段和功能”，并指出风景名胜、艺文、建筑等应该适当地状物描写，还可以借用他人诗词歌赋予以抒情表达。适当的状物写景可增加文字的可视性、可读性，增加读者的向往，故人的思乡之情。《常州市志》第四卷第一章山水胜迹，与本人的主张暗合。如第一节名山写茅山：人工水库星罗棋布，湖光山色融为一体，“春见山容，夏见山气，秋见山情，冬见山骨”，是其独特的自然美景。溧阳瓦屋山条引用了唐李白吟诵该山的诗句：“朝登北湖亭，遥望瓦屋山。天清白露下，视觉秋风还。”顾龙山条，引用明嘉靖进士金坛人张祥鸢《春晓泛舟顾龙山》诗：“一春今日好，与客泛新晴。野水绿于染，青山近若迎。岩花娇送酒，谷鸟巧呼名。归线渔舟晚，吉扉敞月明。”第二节秀水天目湖，写道：“湖区群山环抱，岗峦叠翠，湖岸蜿蜒曲折，古树名木众多”，此类描写甚多。全志多数卷章平实简洁，部分章节状物描写，述体适当评点，为这部精品志书增色许多。

四、科学的编纂方法和海纳百川的用人思维是这部志书成为精品的又一原因

地方志内容涉猎百科，故需要广征资料，广纳人才。民国王葆心认为：宋人言地志取材之博者，可以证古而传久者。宋室中兴后，士大夫纂志之风甚盛，而为之亦至慎。尤见宋人修志之预备，既得人，又多考书，不厌求详。宋人修志取材勤笃如此！（故）周应合之《景定志》等遂为古今名作。故今创造精品不只是完成工作，而是从事一项事业，为此，就必须要在资料和人才上下大功夫，尤其是市场经济多元化修志的时期。该志凡例告诉大家，《常州市志》资料来自于《常州年鉴》、谱牒、报刊文章、调查报告、地情书、著作论文等渠道。2005年，我在文章谈到市场经济社会，要立足于多元资料渠道才能为编纂高质量的第二轮志书打下基础；否则仅仅依赖年鉴和工作总结，做“少米无盐之炊”只能修出流水账汇编似的所谓“方志”。精品《常州市志》产生的基础，源于立足“多元资料”。

在编纂组织和人才运用方面，通过《常州市志》第三任主编李亚雄先生撰写的《编纂始末》可知，该志的编纂称得上既出精品又出经验。首先，地方志工作被纳入市委市政府议事日程和考核目标，实施常州有史以来第一次依法治志。同时在修志人员中继续发扬古代“青灯、黄卷、长夜”“咽得下青菜根，坐得住冷板凳”的修志治学精神；认为只有“冷”才能“静得下心”修得好志。该志的编纂共分为5个阶段：2006—2008年为启动探索阶段，2008—2011年为全面推进阶段，2011—2013年为编辑分纂阶段，2014—2015年为总纂攻坚阶段，2016—2017年为冲刺精品阶段。启动探索阶段为收集

资料和积累编纂经验，编纂了“常州改革开放丛书”。全面推进阶段，即全面撰稿阶段，采取全员参与，分卷到人，逐月考核，责任明晰的编纂工作机制，每月召开进度督查会。编辑分纂阶段，围绕凸显改革主题，彰显江南人文，再显常州特色的定位和思路，对篇目进行了第一轮优化提升，对重要卷章进行了升格和扩写。总纂攻坚阶段，集调整、补充、提升、总纂、复审、统稿、打磨、终审于一体；在此基础上更新理念、改进方法、创新流程，推进项目化管理、工程化推进、学术化编纂，并采用同步、交叉、分流等立体化的方式推进。该志编纂者认为：“中国志书精品工程，不仅是荣誉，更是严苛标准；常州修志，不仅是任务，更是责任和担当。基于这样的认识，常州把争创精品工程作为新的攀高目标。在近一年的时间里，常州以更高标准和更严要求，重审了篇目，重改了要卷，重炼了特色，重磨了全稿，重优了装帧。常州的定位是：给精品一个严谨交代，给时代一个尽责答卷。”

《常州市志》编纂中正确对待行政权力和学术智慧的关系，寻求行政力推动与学术化编纂相结合的创新做法，充分发挥专家作用。他们认为，“专家所拥有的专业眼光、敬业精神和史学功底会大幅提高志书的专业性、权威性、著述性，也最终提升志书自身的利用和历史价值”。通过《十年心血 千手成志——〈常州市志（1986—2010）〉编纂始末》可以看到，该志编纂经历了由千人到百人，由百人到20人，由20到8人，由8人到5人、2人、1人的过程；由“人海战术”到“行家主笔”，再到“专家主导，内外结合”的过程。在江苏省内聘请3位专家，动员市内外各方面专家和学者（包括全国和高校专家），“借用关键的外智来提升质量”，重视省内外专家的借用、参与和咨询。市内摄影专家为志书提供500余张珍贵的城市经济建设社会发展的珍贵照片。可见，科学的编纂方法和海纳百川的用人思维以及多元资料是这部志书成为精品的又一原因。

《常州市志》之长还有许多，但金无足赤。常州是中国近代民族工商业的发祥地之一。经济部类在历史勾连中如适当地加强数笔就会让人感到更加完整一些。

（原文刊载于《中国地方志》2018年第2期）

体例完备出新意　细节把握见真功

——拜读《常州市志（1986—2010）》感言

任根珠

常州是国家历史文化名城，同时又是全国著名的方志之乡。历史上留下了诸如全国仅存十余种宋修府志书之一的宋咸淳《毗陵志》，以及元大德《毗陵志》、明洪武《毗陵续志》、明永乐《常州府志》、明万历《常州府志》、清康熙《常州府志》、清道光《武进阳湖合志》等20多部传世的旧志。方志编纂，可谓代有传承。首轮《常州市志》（1995年版）翔实记载了1840—1985年常州100余年间的曲折历史，曾荣获江苏省哲学社会科学优秀成果一等奖。二轮续修《常州市志（1986—2010）》是第二批入选“中国志书精品工程”的志书，全面传承“方志之乡”的优良传统，志书质量迈向了一个新的高度。

一、篇目设置特色鲜明

《常州市志（1986—2010）》（以下简称《常志》），常州市地方志编纂委员会编，全四册，硬精装加护封，内文全彩印刷，530万字，方志出版社2017年1月出版。前设编纂委员会及编纂人员名单，城市荣誉，集束彩图，序，凡例，组织机构名称简称全称对照表，总目录（配英文目录），目录；正文首设史略、总述、大事记，内设政区建置、自然环境、人口、风景名胜、土地资源管理、城乡建设和管理、公用事业、水利·水务、交通邮电·信息化建设、环境保护、经济综述、经济体制改革、对外经贸·开发园区、农业、工业、乡镇企业·民营经济、建筑业、房地产业和住房保障、商贸服务业、旅游业、金融业、财政·税务、经济综合管理、出入境管理、中国共产党、人民代表大会、人民政府、政治协商会议、民主党派、人民团体、政法、军事、科学技术·社会科学、教育、常州科教城、文化·艺术、大众传媒、艺文·著述、文化遗产、医疗卫生、体育、精神文明建设、劳动·人事·人才、民政、社会生活、民族宗教、方言、风俗、县（市）区概况、人物等50卷，尾设专记、索引（主题索引、图照索引、表格索引、人物索引）、编纂始末、撰稿审稿人员名单、审稿专家、审定单位名单。

在篇目中突出地方特点和时代特色，这是二轮续志编修中全国志界同仁比较一致的共识，改变首轮志书过分强调按逻辑分类而导致千志一面的窘境。从上文中可以看出，《常志》为小编体结构，采用卷、章、节、目体式。编者在突出地方特点和时代特色上，可谓煞费苦心，多有突出地方特点和时代特色的卷目，多角度反映常州市改革开放32年间的发展状况。

常州是历史文化名城，山水胜迹、古遗古建、古典园林、名人胜迹众多，历史文化资源极为丰富，故而在地理部类增设了“风景名胜”卷，内设山水胜迹、古迹、公园、红色文化遗迹4章，且随文插图达32幅之多，为各分卷之冠，文图并茂，相得益彰，突出了当地深厚的历史文化底蕴。正因为有如此丰富的旅游资源，旅游业发展迅猛，常州于2011年创建为中国优秀旅游城市，2010年跻身“全国二十大绩效高的旅游目的地城市”，2010年实现旅游总收入349.72亿元。为此在经济部类专设了“旅游业”卷，内设旅游规划建设、旅游景区景点、旅游服务、旅游市场开发、旅游行业管理5章，展现常州旅游业发展的实况。常州科教城是江苏省唯一的示范性高职教育园区和科技部认定的国际科技合作基地、国际服务外包人才培训基地、国际服务外包示范区；至2010年底，有17所外地大学的研究机构入驻科教城，9所高校建有研究院；入驻科研机构422家，汇聚科技人才达8280人。至2014年，常州市连续14年获得“全国科技进步先进市”称号。为突出这一技术成就，在文化部类将常州科教城升格立卷，内设规划建设、科研院所、科技创新、高等职业教育园区4章，翔实展示常州科教城的突出成就，彰显常州独特的科教实力。

除此而外，《常志》展现地方特点和时代特色的卷目还有经济体制改革、对外经贸开发园区、房地产业和住房保障、出入境管理、艺文·著述、文化遗产、精神文明建设等卷。正是在了解市情、吃透市情的基础上，使志书篇目展现出鲜明的城市特征，形成“明月与繁星”同辉的自身格调。

二、史略开篇纵述历史

史略，乃历史纪略的简称。在志书中增设史略篇，是将史体引入志书，进而强化一地域历史发展状况的综合记述，是志书在体例上的一种创新。只是史略篇的名称有多种，但在内容上并无二致，此种方式创设于首轮志书之中，延至二轮亦有应用，但因难度较大，应用面较小而已。如陕西《紫阳县志》卷一以“县史述要”立卷。卷下以章领目，内设自然概况、置县前的人类活动、明清时的山区开发、民国年间的战乱与建设、新中国成立后的发展与徘徊等5章，以史述笔法，宏观展示紫阳由古及今的要事。江苏《淮阴市志》在“总述”篇前设“史略”篇，内设古代的淮阴、近代的淮阴、现当代的淮阴3章：采用叙议结合的方式，展现出淮阴市数千年的历史画卷。河北《正定县志（1986—2005）》在卷首总述、大事记之前设“历史纪略”篇，全文3700余字，内设历史沿革、三关雄镇、文化名城、临济祖庭、商业重埠、文化名人等6目，侧重反映人文历史特色内容。

在继承基础上不断创新，应该成为新一代方志工作者牢固的观念和神圣的使命。作为续志而言，记述内容要重在当代、突出当代，同时也要兼顾古代，历史资料不能偏废，无古就显不出今天的变化和地方的特点。从目前已出版的二轮续修志书来看，多为断代体式，如何接续一地域断限前的历史，成为续志的一大重点和难点。在续修志书中设立史略篇，不失为弥补历史内容缺失的有效方式之一。

《常志》在卷首的“总述”与“大事记”之前，专设了“史略”篇，1.8万字，全篇分为文明肇始（距今7000年前后至夏商时期）、延陵开邑（商末至春秋战国时期）、毗陵建郡（秦代至南朝时期）、江东望州（隋唐至元朝时期）、八邑名都（清朝时期）、现代名城（民国至新中国成立后的1985年）六大部分，除第一部分以马家浜文化、崧泽文化、良渚文化、湖熟文化和马桥文化等分期记述外，其余五大部分均按政治、经济、文化三大块分目叙述。通篇采用叙议结合的笔法，展示各个历史阶段的发展变化，使读者对常州的悠久历史有了明晰的回忆，进而从久远的历史陈迹中，寻求到服务于现实的智慧和力量。同时，通过这些历史上留下的闪光印迹的内在联系，反映常州地域历史发展历程，使志书形成“纵述历史，横陈现状”的新格局，古今勾连，今古同述，既免简单重复之虞，又无割断历史之虑，使志书的科学性、严谨性、实用性和可读性显著提升，同时也使“一方之全书”的方志阐释得以完满展示。常州志人迎难而上的精神尤令人敬佩。

三、善用述体概括得法

志书的著述性、整体性在述体文字上表现得尤为突出，故而二轮续志的编纂人员特别重视述体的应用。述体包括全志之首的“总述”篇和各编、章之首的无题小序，为增强志书的宏观记述功不可没，亦得到志界同仁的普遍认可。在二轮续志中，市级志书多称为“总述”，县级志书多称为“概述”。《常志》的述体应用，采取了志首设“总述”篇，卷首与章首分别设无题小序的方式，文字编排采用变换字体的方式，即卷首序排为大五号细黑体（深蓝色），章首序排为大五号仿宋体，明显区别于正文。三级述体文字各司其职，使志书的整体性、著述性得到显著增强。

“总述”篇采用策论体式，史述笔法，共18页、2.52万字篇幅，除开头段外，内文分为5个部分。开头段（3个自然段）分述别名与区划、自然环境状况与民族宗教人口、风景名胜等基本概况。内文记述时段框定在1978—2010年的32年间，写作手法与“史略”分期叙述相似，前4个部分划分为1978—1982年、1983—1992年、1993—2002年、2003—2010年4个历史阶段，记述内容分列小标题，采用夹叙夹议笔法，分别叙述各个阶段的民主政治建设、经济体制改革、经济发展、城市建设、社会事业的发展状况，内容相因，层层递进，展现常州市

32年间改革开放发展的全过程。第五部分分列“改革开放始终走在时代前列”“经济与社会发展水平不断提高”“城市实力和形象日益提升”等3个小标题，总结全篇。由于限前历史内容有“史略”专篇记述，所以“总述”篇只记断限内的状况，但为完整体现改革开放的历史过程，将记述上限前探至中共十一届三中全会召开之时。“史略”重述历史，“总述”立足当代，二者相辅相成，呈现出常州市经济与社会历史发展的清晰脉络。通观全篇，立意新颖，自成一体，内容翔实，层次清晰，叙论结合，条分缕析，归纳到位，特点突出，从谋篇布局到炼词造句，均达到了一定的高度，使“总述”篇真正起到了统摄全志的功用。

卷首无题序是述体的一种，南宋以后历代旧志均有应用，首轮新方志虽有应用，但未普及，说明撰写卷首序具有一定难度；二轮续志卷首序应用的普及面有所扩大，写作手法出现多样化。《常志》吸取首、二轮的经验，在各卷之首设有无题序。卷首无题序总字数4.51万字，卷均900字；千字以上的15篇、千字以内35篇，分别占30%、70%，可见篇幅控制得法。字数排在前5位的是，“人民政府”卷2250字，“对外经贸·开发园区”卷1760字，“经济体制改革”卷1710字，“农业”卷1480字；最少的为“民族宗教”与“风俗”卷，均为140字。该志卷首无题序主要功能为概括本卷的主体内容，但并非断代体似的一刀切，对某些重点篇章采取灵活变通的方法（在《凡例》中言明），根据内容需要，大大方方地该接续历史的就接续历史，体现出作者求真务实的学风和对志书本质特性的理解与把握。该志卷首序提纲挈领地浓缩各卷的精华，概略地展现各卷的轮廓，简练地勾勒出各卷的地方特点和时代特色，使读者从中掌握和了解各卷之大要。是志编者将部分重要卷章无题序探前“追溯事物的由来”（《凡例》语）的做法值得赞赏。

卷首序行文灵活。全志50卷中，共设306章，除“人物”卷的4章未设章首序外，其余49卷的302章均设有章首序，总字数为11.26万字；章均373字，仅及卷首序卷均900字的1/4稍多一点。写法多样，或展示全貌，或综述特征，或纵陈发展，或综合对比，或突出优势，或揭示程度。

从总的方面看，该志三级述体撰写是成功的，述体的功用得到淋漓尽致的发挥，强化了志书各个层面的宏观记述，为增强志书的著述性、概括性、整体性起到了积极的作用。

四、图表设置别开生面

图文并茂是志书刻力追求的目标之一。首轮志书在照片的应用上创造出许多成功的经验，值得续志依傍；但受各种条件的制约，照片的应用并不广泛，尤其是正文插图普遍偏少，难以达到理想效果。志书是时代的产物，随着时代的进步而进步。进入21世纪，四色套印志书逐渐走进人们的视野。作为一地域官修的最重要的乡邦文献，理应跟上时代的步伐，体现当代的印刷水平，应是情理中事。《常志》为四色套印志书，编者充分利用这一有利条件，在图表应用方面下足了功夫，进而收到较佳效果，给人以耳目一新的感觉。

（一）图片配置恰到好处

《常志》内文为四色套印，图片应用采取卷首集束彩图与内文随文插图相结合的方式，全志用图总量达531幅，平均每万字用图1幅，在笔者阅览的二轮续志中，属用图适中的志书之一。其中卷首仍沿袭编排集束彩图的做法，卷首集束彩图46页，控制在3个印张之内，配图

78幅（照片76幅、地图2幅），占全志用图总量的14.7%；内文插图453幅，占85.3%，志首集束彩图与随文插图比例恰切。翻开集束彩图，首先映入眼帘的是16开的8联页图片，正面为“常州奥体中心、行政中心、市民广场”“红梅公园与常州中心城区”“武进区延政中大道”3幅大照片联排，画面精美、气势恢宏，展示常州独有的城市景观，夺人眼目；背页上下分别配置“80年代中期的常州城区主干道——和平路”“90年代后期的常州主要商业街——南大街西侧”2幅黑白照片，前后两页对比鲜明，展现出常州城市面貌在改革开放30余年间的惊人巨变。其后的彩图分列风景名胜、立体交通、城市建设、生态农业、现代工业、商贸服务、旅游休闲、科技教育、文化艺术、卫生体育、人民生活等11个栏目，展现常州经济社会发生的巨大变化，分类明晰，条理清楚，主题鲜明，且版面编排独具一格，照片幅面普遍放大，平均每页编排照片1.73幅，在笔者见到的已出志书中，属页均照片数最少的一部。尤其是照片选择精当，画面色彩艳丽，内容丰富多彩，给人以极强的视觉冲击力。彩照之后配置有《常州市城区图》《常州市行政区域图》2幅地图，均为4开折页篇幅，制作精细，画面与字迹清晰。从图片选择到版面编排都精益求精，使集束彩图起到了鲜明的窗口示范效应。

《常志》50卷正文中，除“经济综述”“经济体制改革”“艺文·著述”“方言”“风俗”“人物”6卷无随文插图外，余44卷均配有插图（包括照片、地图、示意图），内文插图共有453幅，卷均9幅，随文插图排在前5位的是，“风景名胜”32幅、“商贸服务业”23幅、“农业”20幅、“城乡建设和管理”19幅、“工业”18幅。版面编排亦有独到之处，大部分照片均在宽10厘米×高6厘米左右的版面面积，照片幅面几近版面的2/3的宽度，与已出志书相较，照片幅面增大了许多，从而增强了画面的清晰度，照片与文字配合密切，美观大方，达到了图文并茂的较佳效果。《常志》的编纂实践证明，志书内文四色套印较单色印刷具有较大的优势，图文并茂不再是可望而不可即之事，可视性、可读性显著增强，且为志书质量的全面提高提供了强有力的技术支撑。

（二）表格运用规范严谨

首轮志书的随文表格数量偏少，主要与编纂人员的重视程度不够有关。二轮续志普遍得到重视，随文表格激增，似有矫枉过正之嫌。表格也要占版面，每幅表格占篇幅少者几百字，多者几千字甚或上万字，用表越多，所占篇幅越大。从志书急剧膨胀的角度考虑，随文表格也要有所控制。笔者有个不成熟的建议，一般情况下，按志书文字总量谋划随文表格的使用量，可从三方面加以控制：一是用表总量限定在300幅以内；二是每万字配置表格限定在1.5幅左右；三是表格占全志版面篇幅限定在20%以内，这样三管齐下，表格的数量与篇幅控制就有了一个明确的标准与尺度。

《常志》用表879幅（包括专记篇中的3幅），卷均设表17.6幅，每万字用表1.66幅。50卷中，未设表格的有风景名胜、经济体制改革、县（市）区概况等3卷，占卷目总数的6%，其余47卷均设有表格。从志书五大部类分析，《常志》地理与基础设施部类（10卷）设表157幅、经济部类（14卷）设表371幅、政治部类（8卷）设表103幅、文化部类（9卷）设表184幅、社会与人物部类（9卷）设表61幅，分别占全志表格总数的17.9%、42.2%、11.7%、20.9%和6.9%。单卷表格超过30幅的有10卷，即“工业”59幅、“商贸服务业”58幅、“艺文·著述”58幅、“科学技术·社会科学”51幅、“土地资源管理”44幅、“经济综述”44幅、“乡镇企业·民营经济”36幅、“房地产业和住房保障”34幅、“民政”32幅、“农业”33幅。全志表格占篇幅448页，占50卷2808页（抛却正卷之外的码页）篇幅的16%，每幅表平均占0.5页。虽然用表数较多，但表格所占版面篇幅、每一万字用表量仍控制在笔者在《志书表格的数量与篇幅控制》一文中统计的平均数之内，合理恰切。且表格编排严谨、规范，均以浅灰色与白色交错作为衬底，且全志统一，既美化了版面，又给人以赏心悦目之感。《常志》表体运用规范，文表相辅。创新之处是增加用表范围，拓展表栏内容，增加了信息量，收“一表胜千言”之效。

五、细节把握恰到好处

重视细节严谨科学。“细节决定成败。”此为现代人的口头禅。修志同样要注重细节，只有各个细节都做好了，才能编纂出一部高质量的佳作良志。《常志》在体裁应用、资料挖掘、内容拓展、注重人文、弘扬文化诸方面均有突出展现。从体例、内容、版面编排，以及装帧设计诸方面均注重细节的把握，从而保证了志书质量的稳步提升。

（一）专家作序引领潮流

修志专家撰写序言，在旧志中是不可或缺的常规内容，几乎每部旧志都有主修和编纂人员撰写的序言或跋。这些序或跋，或阐述编修志书的意义，或说明编纂者的意图，或研讨编纂方面的问题，或探索方志编纂的理论，为后世留下了极其宝贵的方志理论财富。在新方志编纂中，跋（编纂始末、编后记）的运用较为普遍，唯独专家作序较少，绝大多数的序言为地方领导撰写，故序言的功能未能得到充分发挥。《常志》则很好地把握序言的应用，精心筹划，认真设计与组织，专家序和当地领导序二者兼顾，收到较佳的效果。《常志》共设3篇序，正合笔者“序不过三”的主张。其中专家2篇，常州市委书记、市长合作1篇。尤其是2篇专家序分别由方志界最高领导层的中国社会科学院副院长、中国地方志指导小组常务副组长李培林和中国地方志指导小组秘书长、中国地方志指导小组办公室党组书记、主任冀祥德分别执笔，档次之高，令人惊羡。方志界领导率先垂范，必将为新编志书序言的撰写起到积极的引领作用，进而有效地改变当地领导单一作序的尴尬局面。李培林在《序一》中强调，“实施‘精品工程’是地方志事业发展的根基所在”“实施‘精品工程’是各级地方志工作者的职责所在”“实施‘精品工程’是发挥地方志‘存史、资政、教化’功能的本源所在”“实施‘精品工程’是贯彻《规划纲要》的目标所在”，激励广大修志人员加强志书质量建设，打造出更多的无愧于时代的精品志书。冀祥德在《序二》中总结了《常志》编纂的经验，即“在修志过程中，常州还不断更新理念、改进方法、创新流程，探索出‘项目化管理、工程化推进、学术化编纂’‘借力借智’‘审读加码加餐’等行之有效的方式方法，探索出‘问题导向、需求导向’等提高编纂质量的务实创新之路”，为志书编纂提供可资借鉴的先进经验。此种做法值得大力提倡和推广。

（二）“城市荣誉”体现名片效应

《常志》在志首集束彩图的照片与地图之间，插有“城市荣誉”专页，集中展示常州市1992—2016年的15年间获得的26项国家级城市荣誉称号，诸如全国综合实力50强（1992

年)、全国城市投资硬环境40优(1992年)、全国卫生城市(1996年、2003年)、全国双拥模范城市(1996—2015年连续6次)、中国优秀旅游城市(2001年、2003年)、中国品牌经济城市(2006年)、中国投资环境百佳城市(2006年)、国家园林城市(2008年)、全国文明城市(2011年)、国家生态市(2013年)、国家历史文化名城(2015年)、全国创业先进市(2015年)、国家森林城市(2016年)等荣誉,个个响当当硬邦邦,充分展示出常州在改革开放中经济社会发展和城市建设等方面取得的巨大成绩,独特的城市魅力跃然纸上,名片效应展露无遗。

(三)组织机构名称简称全称对照表方便读者阅览志书

《常志》在凡例之后、总目之前列有《组织机构名称简称全称对照表》,用两个页码标示,罗列134个组织机构名称的简称与全称对照表。此种方式虽非独创,且在志书中应用较少,但体现出编者善于吸纳他志的经验与做法,站在读者的角度思考问题,起到方便读者、提示读者顺利阅读志书的功用,为读志用志提供了便利。

(四)总目编排自成一格

志书目录是篇目的终极体现,如何编排目录,更好地方便读者阅览志书、利用志书,是编者在志书付印之后,必须考虑和解决的问题之一。二轮续志编纂中创立先设总目(亦有称为"要目"的)、后设目录(详目)的做法。《常志》借鉴这一方式,但在编排上又有新的创意,即在第一册刊载全志的"总目录",其后各分册分别刊载该册的详目。"总目录"由一级标题(卷)扩展到卷、章两级标题,双栏编排,占8个页码,以此替代全志的总详目;紧接着编排了10个页码的英文总目。目录编排自成一体,别有创意。

(五)注重宏观把握全局

新方志与旧志的一个重大区别,就在于新志中突出经济志,起到为现代化建设服务的作用。在志书的经济门类之首设置"经济综述"卷,得到志界同仁的广泛认同,但在首轮志书中,实践者却不及"概述"篇的应用广泛。令人欣喜的是,二轮志书中普遍重视了"经济综述"卷的编纂。《常志》则更进一层,不仅在经济部类专设了"经济综述"卷,还在"农业"卷下设"农业综述"章,内设耕地状况、产业发展、农业资源综合开发、农业生态环境保护4节;在"工业"卷下设"工业综述"章,内设规划布局、行业结构、产业规模、企业发展、产品结构、技术进步、能源消耗7节。经济部类中最基础、最重要的行业——农业、工业,也有了中观层面的记述,使得志书宏观、中观、微观三者结合,两大行业的内容记述更加全面、系统,从而进一步克服了志书篇目分类中观记述的不足与弊病,为经济乃至整个社会的发展提供可资借鉴的依据。

(六)专记立篇拓展资料深度

突出地方特点上还有多种方法,专记的运用即是一法。专记最早始于江浙沪一带的首轮市县志书,二轮续志开展以来,各省市的市县志多有效仿,它的好处是可以挖掘志书记述内容的深度与扩展记述的广度,可以把一件事物比较完满地交代清楚,多通过实地调查获得新鲜的活资料,从而增强志书的可读性和利用价值。从目前已出志书看,专记的位置有三种:一是随各分志的内容放在一起,分散设专记;一是与附录同级别立一大类,不入卷编,将多篇专记集中应用;一是将集中起的专记单设一卷,进入正卷序列,放在附录之前,用来反映地方最重大的事物，进而体现地方特点。《常志》采用的是集中设专记、不入正卷序列的编排方式，罗列13篇专记，分为纪略、纪实两大类，或为政府为民办实事的纪略，或为抗洪救灾、抗击特大雪灾、承办省运会等事件纪实，或为创建文明城市、旅游城市、园林城市、卫生城市、双拥模范城等城市建设的纪略，或为运河改道、环城高架、"两站一中心"等重大建设工程中的纪实，以重大事件立题，展现常州城市建设的独特风貌和常州人民勇立潮头、奋力争先的拼搏精神，令人肃然起敬。

（七）索引编制便于读者利用志书

志尾设有主题索引、图片索引、表格索引、人物索引，构成全志的检索系统，既能为用志者提供方便，又可提升志书的学术价值。

六、些许商榷瑕不掩瑜

志无完志。为提高志书质量计，有些许可商榷之处冒昧提出，一家之言，仅供参考。

其一，李培林的《序一》中，将作者单位"中国社会科学院"误写为"中国社会社会科学院"，多了"社会"二字。

其二，中指办《地方志书质量规定》第七章第三十八条规定："文中图统一编号。"笔者以为，此处的"图"，即包括地图、示意图、手绘图及照片。《常志》的随文插图，只在地图和示意图下标注了编号，照片未标，似与《地方志书质量规定》的要求不甚相符；且标号为卷数、章数及该章图序号等3个序号，既无分卷用图的总序号，又无全志用图的总序号。从现出的志书看，"图"序号的标注比较混乱，与《地方志书质量规定》"文中图统一编号"不甚严谨亦有关系。依笔者意，"图"序号不宜太长，以卷数、分卷图序号、全志图总序号3个数较为合理，让读者即可知晓该图所在的分卷位置，又可知晓各卷用图的数量，还可知晓随文插图的数量。既方便读者，又利于编制图索引，可收一举两得之效。据笔者粗略统计，全志内文插图453幅（包括照片、地图、示意图），而志尾"图片索引"中标示出的为419幅，两者相差34幅。似乎是未加地图、示意图，或是有其他原因？不得而知。

其三，"总述"篇确是一篇好文章，但有些长了，2.5万余字的篇幅，阅读一遍需要四五个小时，从"省时捷取"考虑，压缩至万字以内才较合理。《新方志"概述"点评》曾归纳出首轮志书实践中概述篇的篇幅比率，即市级志书当在8000字左右。细细推敲，是志《总述》篇亦有铺陈之处，还多有可精炼的余地。

其四，个别标题还有推敲余地。如"人民代表大会"卷的一至三章标题标为"人大代表""人民代表大会会议""人大常委会"，前后题均简称"人大"，而中间则标为"人民代表大会"，简化不统一。中国人民政治协商会议的简称为"人民政协"，现第二十八卷卷名标为"政治协商会议"不合通常简称标法。"民主党派"卷下的7个章题，均用各党派的全称标注，不符合标题用简称不用全称的制作规范。"人民团体"卷下的8个章题，前2个用简称，后6个用半简称，简称法不一致。按志界常规，著述是包含在艺文内的，现设"艺文·著述"卷，卷名似存在"父子同堂"之弊，只标"艺文"，似乎更恰切一些。

其五，版面编排稍有缺憾。"政治协商会议"卷第二章第二节中，有6个段落（1730页第4自然段，1731页第2、第4自然段，1732页第2、第4自然段，1733第1、第3自然段）的内文变换了字体，改排为大五号黑体，与全志正文的大五号宋体不合。似乎是电脑编排出现问题，而编者未能发现差误所致。又,“人民团体”卷第五章“科学技术协会”的章首序字体为大五号楷体;第八章“青年联合会”的章首序为大五号宋体,此二例均与全志章首序大五号仿宋体不合。

（原文刊载于《江苏地方志》2020年第1期）

天宁区志

常州市天宁区志编纂委员会编。1981年11月启动编纂,后因故中断。1999年6月重启编纂,2003年1月由方志出版社出版。总纂钱达茂,副总纂金敏文,编辑钱达茂、金敏文、薛寿琴、糜永法、许伯欣、秦志毅、潘跃富、胡兴才、徐志华、朱梅萍、巢华康,特约编审包树森、张尚金、薛奇达。

全书1册,150万字,图片319幅(志首309幅、随文10幅),表格272张。记述范围为2002年天宁区行政区域,对驻区单位和历史上曾隶属于区境内的事物适当记述。上限不限,追溯事物发端,下限1999年,大事记延至2002年4月28日区划调整。述、记、志、传、图、表、录诸体并用,以志为主。志首设序、凡例、总述、大事记,志末设附录、修志始末。全志设31章:建置·区划·街道·地名、地理环境与环境保护、人口与计划生育、土地管理、城市建设与管理、房产管理与开发、工业、交通运输、国内贸易、对外经济、城区经济体制改革、经济综合管理、财政·税务·金融·保险、中国共产党天宁区地方组织、区人民代表大会、区人民政府、政协天宁区委员会、党派·社团、劳动·人事、公安·司法、军事、民政、教育、科学技术、文化、体育、卫生、天宁风景名胜区、社会、人物、专记。

天宁区历来是常州风景名胜集中、文人雅士荟萃之地,为体现地方特色,志书特设天宁风景名胜区章,分设天宁禅寺、文笔塔、东坡公园、红梅阁·红梅公园、古典园林、名人故居、延陵东路风景旅游带、历代名人题咏8节。为突出时代特征,设城区经济体制改革、对外经济2章,反映中共十一届三中全会确立以经济建设为中心后,该区的功能调整和区街经济发展历程。重视地名的记述,将其与建置·区划·街道合并设章,记述区域内路、街巷里弄、桥梁、居民新村名称来历,资料性、可读性俱强。专记章突出爱国主义和革命传统教育主题,记述太平天国在常州的战斗,辛亥革命常州光复时的指挥中心,解放前境内中共地下联络站(点),日本侵略军所犯罪行,1991年抗洪救灾等史实。

2006年,该志获江苏省地方志系统优秀成果一等奖。

（华文怡）

【修志始末(节选)】

1981年11月16日,中共天宁区委、区人民政府召开会议,传达贯彻市委党史资料征集工作会议精神,研究部署区党史资料征集和地方志资料征集编纂工作。11月21日成立天宁区征集党史资料和编修地方志领导小组,由区委副书记、区人大常委会主任姚翰春任顾问,区委副书记丁道元任组长及6名成员组成,下设办公室,具体负责修志业务工作。随后抽调专兼职人员58名,进行业务培训,制订工作计划,草拟纲目,开展资料收集。

《天宁区志》目录

区委、区政府从天宁区实际出发，强调各级各部门切实做到思想落实、组织落实，明确提出在全区范围内采取“层层发动，二级修志，由下而上，由上而下，上下结合，逐级完成”的修志路子，一手抓机关各科室资料的查找征集，一手抓基层单位资料的征集，召开各级老干部、老党员、老教师、老工人、老居民座谈会，形成三级征集资料网络。要求先编写部门、行业、街道和单位志，在此基础上最后编纂成一部完整的《天宁区志》。各单位普遍建立两套班子：一套领导班子（编纂委员会或领导小组），一套工作班子（修志办公室或编志小组），形成一支二级修志队伍，修志人员最多时达100余人。他们广泛深入开展征集资料工作，共查阅市、区有关文书档案780多卷，抄录卡片2400多张，45万余字。1985年4月，国务院办公厅关于加强全国地方志编纂工作领导的通知和中国地方志指导小组《新编地方志工作暂行规定》下达后，区委、区政府于1985年7月31日将区编修地方志领导小组调整为地方志编纂委员会，由区委副书记闻耀高任主任委员，副区长谢吟秋任副主任委员及9名委员组成，进一步加强对编史修志工作的领导，增添新的活力，推动了编史修志工作的进展。至1986年12月，有工业、民政、教育、文化、商业、财政、城建、劳资、工商、卫生、新丰街街道、朝阳桥街道、水门桥街道、天宁家具厂等26个部门和单位完成了初稿，其中工业志初稿达19万余字。

1987年1月，常州市城区实施体制改革，修志人员有了很大变动，加之其他原因，首届《天宁区志》编修工作停顿，未能完成编纂出版任务，但为后来开展编史修志工作积累了大量资料，提供了可资借鉴的宝贵经验。

1999年上半年，区委、区政府根据省、市志办要求，决定重新启动区志编修工作。6月2日以常天政字〔1999〕第41号文通知，调整充实天宁区志编纂委员会（以下简称编委会），由区委副书记、区长朱剑伟任主任委员，区委常委、宣传部部长吴洪法，区委常委、副区长朱小明任副主任委员，由区各部门、公检法和各街道办事处负责人为委员，共52人，下设办公室，抽调8名（后增至10名）现职干部和离退休（二线）干部参加，具体负责编史修志业务工作。1999年6月18日，召开第一次全区编史修志动员大会，区长、区编委会主任朱剑伟明确提出编纂区志目标、任务、时间、质量要求。反复强调一定要做到：认识到位、思想到位、人员到位、工作到位、投入到位、领导力度到位，抓紧开展工作。同时帮助修志人员解决一些实际问题，提供必要的工作条件，按照区委、区政府的计划，保质保量如期完成编修任务。会后立即制订计划，拟定纲目，编印修志业务学习材料，举办培训班，提高修志人员思想业务水平，着手整理原有资料，并先后去常州市戚墅堰区、郊区学习经验。由于间隔时间较长，人员变动和保管不善，资料流失过多，收集难度较大。1986—1999年天宁区正处在改革开放日益深入扩大、社会主义市场经济体制逐步建立、经济和社会事业持续快速发展时期，史志资料极为丰富。但部门、单位众多，收集资料面广量大，任务繁重，时间紧迫。区志办公室组织修志人员一面整理原有资料，一面广泛发动群众收集新资料。至2001年4月，经广征博采，整理材料，查阅市、区档案和各类报刊，共搜集文字、数据、口碑资料约2000万字，参与人员200多人。按先易后难的步骤，分工撰写，逐步完成各章初稿和征求意见稿、送审稿。2001年9月,《天宁区志》稿进入全面总纂阶段,10月底完成志书送审稿(蓝皮书),约130万字,分送区四套班子领导和区志编委会委员及区四套班子的历届老领导审阅,征求意见。同时报送省、市志办公室审查。2001年12月18日,省、市志办有关领导和专家、学者来区对《天宁区志》(送审稿)进行为期两天的预审。12月28日,以区志编委会扩大会议的形式,对《天宁区志》(送审稿)进行内审。根据预审、内审提出的2000多条意见,区志办公室编修人员认真进行修改,于2002年3月18日形成第二次志书送审稿(黄皮书)。2002年4月28—30日,省地方志办公室评审小组及省、市志办有关领导、专家对《天宁区志》(送审稿)进行了会审。在会审中,一致肯定《天宁区志》稿"结构合理,层次清楚,资料翔实,特点鲜明,语言流畅",是一部较为成熟,有一定编纂水平的送审稿。同时对志稿存在的各方面问题提出1200多条意见。区志总纂在听取各方面意见的基础上,以高标准、严要求,达到新水平为目标,按照"观点正确,史料翔实,体例完备,文风端正"的质量标准,制订《天宁区志》稿修改方案,分成综合、经济政治、文化社会3个修改小组,分工合作,集中时间,集中精力,全面修改。再由总纂和特邀编审交叉统审统改,7月31日报省地方志编纂委员会办公室验收。8月19日,经省地方志验收小组验收合格,交出版社公开出版发行。至此,历时21年(1981—2002年),实际编纂时间前者5年(1981—1986年),后者3年1个月(1999年6月—2002年7月)的本届修志工作圆满完成。

【志评】

滴漏磨杵　玉汝于成

——写在《天宁区志》出版之际

薛奇达

《天宁区志》的编纂起步虽早,但由于种种原因中途夭折。直至1999年6月才重新启动,历经编纂者三年不懈的努力,先后形成初稿、预审稿、送审稿、终审稿到最后的验收稿,其中大动干戈的修改就达5次,小的改动更是不下数十次,终于形成了今天这本洋洋150万字的志书。这是众手成志的成果,也是集体智慧的结晶。由于零距离的接触,对《天宁区志》的编纂有所了解,故借出版之际试作肤浅探析。

一、编纂的几个特点

1.该志在体例上因地制宜,不囿于小篇并列的模式,采用以章为实体,按章节目的基本层次谋篇布局,减少了篇(编)这个虚设层次,层次结构更加清晰。我个人认为这样设置有几个好处:一是可以避免小马拉大车、叠床架屋之累。因为区级机构及其下属内部机构相对比较简单,既不同于县,更有别于市,如果把框架拉得很大,极易造成头小帽子大,很难避免资料捉襟见肘的尴尬。三是可以解决一些内容难以过细分解的矛盾。如建置、人口、土地管理、体制改革、对外经济、科学技术、体育、民俗,等等,要把它们分解得很细,层次分得很多,有一定的难度,而以章为实体,以节和目展开记述就可以比较好地解决这个矛盾。三是可以照顾到一些分志起步较晚的困难。如土地管理,天宁区是1989年才建立机构并开展工作的，城区的经济体制改革也是从1987年才正式起步的，区的对外经济是1984年才有产品首次出口，1988年才有第一家合资企业创办，这些内容历史的陈迹相当有限。所以，减少层次是最好的办法。

2. 记述时限灵活变通，不搞一刀切。《天宁区志》对记述时限作了某些变通处理，上限方面：一是上限不限，适当追溯事物的发端。如为反映天宁历史悠久，人文荟萃的特点，人物章专设了古代人物传略，收录最早的有距今2500多年的先贤季札；为反映天宁经济繁荣的历史，工业章追溯到唐代的家庭手工业，商业章追记到宋代后河两岸（文化宫、小营前一带）的商市；为反映天宁交通便捷的特点，交通运输章记隋大业年间南北大运河贯通，天宁成了南往北来的交通枢纽。二是大事记起自清道光二十年（1840年），这一方面是因为它是中国近代史的起点，另一方面也缘于“事远难寻更难核”的道理，再往前已经很难找到佐证，难以确定年月，所以，只有从实际出发，不搞上限不限。三是区建置的确立应该视为该志实际意义上的上限，也是该志详记的重点，各行各业除了必要的历史追溯外，都得真实地详记它的起始。在下限记述方面则采用：一般断至1999年，但对断限内起步，断限外完成的，为更好地反映事物的连续性和完整性，则采用记事本末体的记述方法，记到搁笔时为止；大事记则延记到2002年4月28日区建置调整时止。

3. 谋篇布局上注意反映当今时代的主旋律。该志独立设置了城区经济体制改革、对外经济、科学技术三章。在中共十一届三中全会以前，区的社会功能比较单一，区长期没有自己的财政，区级经济始终发展不起来，区街企业稍有起色即被归口上升，像割韭菜似的割了一茬又一茬，区街经济基本被割殆尽。中共十一届三中全会确立以经济建设为中心后，区的功能也发生了很大变化，区街经济发展也勃发了生机和活力。1999年统计，全区工业产品销售收入8.45亿元，比1990年增加9.83倍，年均增长109.2%；全区商贸营销额18亿元，比1990年增加9.29倍，年均增长103.17%；财政收入1.08亿元，比1990年增加4.86倍，年均增长53.95%。在对外开放方面，到1999年全区共有中外合资企业56家，实际利用外资2404.76万美元，外贸出口21657万元人民币。这些变化虽还处于起步阶段，但已经预示着前进的方向，把这些内容突出出来独立设章，可以从一个区的发展轨迹侧面证明党的改革开放政策所具有的无限生命力。特设《天宁风景名胜区》，以体现地方特色。天宁区历来是常州风景名胜比较集中、文人雅士荟萃之地。《天宁区志》特设了《天宁风景名胜区》这个特色章，章下分设天宁禅寺、文笔塔、东坡公园、红梅阁·红梅公园、古典园林、名人故居、延陵东路风景旅游带和历代名人题咏等8节，较全面地反映了天宁区所独有的地方特色。

4. 在专记中突出爱国主义和革命传统教育的主题。过去的编志者往往把专记混同于杂记，凡是正文中无法归入的内容统统纳入专记，专记不专，却相当的杂。《天宁区志》编纂者有意改变这种状况，并根据本区人民有着光荣的革命斗争传统的特点，明确提出专记要有中心，要围绕一条爱国主义和革命传统教育的主线来组稿和选材。对与这个主题不相吻合的内容，如重大灾害、重大事故等，能归入正文的归入正文，实在无法容纳的则宁可忍痛割爱，也不以文害意，做到有所包也有所不包。

二、编纂力量的组织别具匠心

《天宁区志》在较短的时间里，较高质量地完成编纂任务并顺利出书，关键是编纂力量的组织体现了区委、区政府的匠心。该志的编纂力量由三部分人组成：一是以区委、区政府负责人和区各部委办局负责人组成的编纂领导班子——区志编委会。这个编委会不是徒有其名的空架子，他们确定编纂工作班子，制定编纂工作步骤，定期听取工作汇报，协调各方面的矛盾，帮助解决实际困难和问题，大胆放手地支持工作班子的工作，保证了编纂工作的顺利进行。二是编纂工作班子，这是编志工作能否顺利高效的关键。该志编纂班子由从区领导班子中退下来的两位负责同志担任正副组长和正副总纂，他们既能亲自动手负责编纂和审定，又能协调各方面的关系，应该说是最佳人选。在他们的参与下组成的工作班子，都是些精兵强将，他们大都是区机关退下来的负责同志，年龄虽然偏大（最大的78岁，最小的也已年近花甲），但长期以来养成踏实负责的工作作风，在编纂实践中得到了充分的体现。他们虚心诚恳，志稿往往反复修改，资料常常再三查对，不厌其烦，从无怨言。这种一丝不苟、乐于奉献的精神，确保了《天宁区志》编纂的高质量。三是区政府为了确保志书质量，特地聘请了三位有一定编纂经验的同志，担任特约编审，共同把好志书的质量关。

《天宁区志》已经出版，在充分肯定成绩的同时，也不应回避某些问题。如全志解放前都用朝代纪年，只有解放后用到××年代，全志正文断限到1999年，都在20世纪以内，按理不会产生疑义，用不着在年代之前加“20世纪”的字样，可全志多处出现“20世纪”，反而成了累赘。再如有个别地方下限不到位，这是因为一是有的单位已经撤销资料散失，无从查考；二是有的以数据保密为由，拒绝提供，给志书留下遗憾。

（原文刊载于《江苏地方志》2003年第4期）

钟楼区志

常州市钟楼区编史修志委员会编。1982年3月启动编纂，1992年10月由江苏人民出版社出版。主编陈涛、钱泰来，撰稿人员陈涛、巢正华、钱泰来、殷桂清、张文君、盛锡坤、李益民、李亮、恽维钧、蒋如才、李怀昌、魏振清、黄宁、王怀庆。

全书1册，62.1万字，图片15幅（集于志首），表格121张。记述范围为1985年钟楼区行政区域。记述上限1840年，部分内容适当上溯；下限1985年，大事记延至1990年。述、记、志、传、图、表、录诸体并用，以志为主。志首设序、凡例、概述、大事记，志末设编后记。全志设20章：地理、工业、交通邮电、城建、商业、财政金融、劳动管理、群众团体·人民武装、中共钟楼区委员会、人民代表大会、人民政府、人民政协、民政、公安司法、文化体育、教育、卫生、社会、人物、专记。

钟楼区作为常州中心城区、旧时府县驻地，商业繁荣、人文荟萃，志书无农业章，工业章设私营工业、区属工业、街道居委会工业、校办工业、工业管理、部省市属工业6节，商业章设私营商业、区属商业、个体商贩、集市贸易、粮食价格等节，记述不同类型工业与商业发展，有明显的时代印记。交通邮电章对水路的记述采用文字及表格相结合的形式，按照早期、民国和现代分别统计区域内码头信息，展现大运河作为钟楼区河道干流，水路与经济共

《钟楼区志》目录

同繁荣的景象。劳动管理章创新地将劳动制度、工资改革、精简下放、安全生产等进行融合与记载。专记章记载太平军、辛亥革命、反帝爱国斗争、解放前中国共产党组织活动、日本帝国主义暴行录、重大灾害事故、钟楼区常州之最、各种会道门等内容，再现地区重大历史事件，突出钟楼地方特色，史料价值较高。

1994年，该志获江苏省地方志工作优秀成果三等奖。

（李玲玲）

【编后记（节选）】

编修一部区志，工程浩繁，任务艰巨，非合众力不能成功。《钟楼区志》的编纂六易其稿，与各级党政领导的重视与支持，各部门的密切配合，兄弟区的帮助，专家的指导，广大群众的支持是分不开的。

《钟楼区志（1986—2002）》目录

《钟楼区志》的编修工作，于1982年3月开始，由常州市地方志编纂委员会直接领导，中共钟楼区委决定成立钟楼区编史修志委员会，由11人组成，领导《钟楼区志》及基层单位的编纂工作。下设编史修志办公室，负责具体工作。自此分派人员至市档案馆、区档案馆、市图书馆、上海历史档案馆、南通、苏州、无锡、镇江等地征集资料，摘卡汇编。同时根据常州市地方志编纂委员会办公室的要求，发动区下属各机关、部门、街道、企事业单位等搜集整理资料，编写单位志。在这段时间内，查阅数以千计的档案及大量书报杂志，制成大小卡片，编写资料150余万字，还征集到一些珍贵的照片。

1985年12月起为志书的编修阶段。在这期间全体编写人员在编就目录后，分工合作，分章编写。撰写出初稿后先由部门领导审阅提出意见，加以修改，而后陆续打印成征求意见稿，分发给有关部门和领导，以及召开有关人员座谈会，广泛征求意见。到1987年10月完成修改稿8册，约60万字。

1986年11月17日，经中共钟楼区常委讨论决定，由5人组成《钟楼区志》审稿委员会。尔后，转入区志稿的通纂阶段。对志稿资料错讹不足之处做进一步核对、调整和补充。1988年4月打印成合订本（送审稿）上、中、下共3册，约50万字，报区志审稿委员会审定。

1988年6月13日至15日，《钟楼区志》审稿委员会召开审定志稿会议，会后根据集体讨论的意见又做了多次修改。11月15日完成全志50余万字的修改稿，最后由常州市地方志编纂委员会办公室签署了审定意见。

钟楼区志（1986—2002）

常州市钟楼区志编纂委员会编。2001年3月启动编纂，2007年7月由方志出版社出版。主编倪良法，编辑张月华、鞠云、王继田、郭金俄、郑德全、陈庆荣、冷慧虹。

全书1册，98.8万字，图片226幅（集于志首），表格174张。记述范围为2002年4月钟楼区区划调整前的行政区域，对驻区单位适当记述。该志为《钟楼区志》（1992年版）续志。记述上限1986年，衔接前志；下限至2002年4月区建置调整，统计数据至2001年12月，大事记延至2005年12月。述、记、志、传、图、表、录诸体并用，以志为主。志首设序言、凡例、概述、大事记，志末设附录、修志始末。全志设30章：建置·区划·街道·地名、自然环境与环境保护、人口与计划生育、土地管理、城市建设与管理、房地产业、工业、交通运输、国内贸易、饮食服务、对外经济、城区经济体制改革、经济综合管理、财税·金融·保险、中国共产党钟楼区地方组织、区人民代表大会、区人民政府、政协钟楼区委员会、党派·社团、劳动·人事、公安·司法、军事、民政、教育、科学技术、文化体育、卫生、社会、人物、专记。

为突出“吃在钟楼”的地方特色，志书设饮食服务章，记述名点、名菜、名小吃、饮食名店等，弘扬饮食文化。为体现改革开放的时代主线，设对外经济、城区经济体制改革2章，记述利用外资、对外贸易和企业经营机制改革、企业产权制度改革、城区发展改革等内容，体现钟楼区适应改革步伐，扩大城区综合服务功能，大力发展第三产业和外向型经济的新局面。重视地名的记述，将地名列入建置·区划·街道·地名章的标题中，记述区域内道路、桥梁、街巷里弄、居民新村等名称来历，资料性、可读性俱强。为反映城市中心驻区单位多的特点，对驻区工业、交通、商贸以及文化、卫生单位等在相关章中设节或设目记述。志书通过概述、无题序、补记的方式处理好与前志的衔接。专记章收录断限内精神文明建设活动、1991年的抗洪救灾斗争等重点工作纪实及商市历史补遗等，其中选载的《钟楼区社区建设报告》《心系群众　情暖社区——李岚清副总理视察钟楼区西三村社区小记》，展现钟楼区在全国社区建设工作中走在前列的风采。

（李玲玲）

【修志始末（节选）】

1999年，市委、市政府召开全市地方志工作会议，要求市辖各区没有完成区志编纂任务的抓紧完成，有条件续修的做好续修准备。区委、区政府领导十分重视，2000年开始物色借调人员着手资料的搜集和纲目的拟订。为加强修志工作的领导和管理，2001年3月，成立钟楼区志编纂委员会，下设办公室具体负责区志的编纂业务。4月，召开全区第一次修志工作大会，部署区志编纂工作，要求各部门各单位立即行动，尽快报送分管领导和指定撰稿人或提供资料人员名单，初步形成上下互动，相互促进的修志格局。但是，由于区志办公室人手太少，进展缓慢。2003年5月，为尽快推进编纂工作，再次借调两名编纂人员，对区计经局、劳动人事局编纂人员力量薄弱，区志办公室派出两人协助他们编撰完成“工业”“国内贸易”“饮食服务”“科学技术”“对外经济”和“劳动·人事”等章。区民政局、卫生局、教育文体局、土管局、人大办公室等部门都外借人员，专职编纂完成本部门的章节，从而大大加快了区志的进度。与此同时，我们还选聘一名熟悉区情已退休的原区政府负责人和一名方志方面的行家里手当顾问，经过一段时间的工作逐步走上正轨，我们及时提出“抓紧、加快、出成效”的方针，对初稿、征求意见稿、送审稿、验收稿以及续志正式出版等环节，都有明确的时间要求。2005年初，我们专门设计了《钟楼区志》（续志）完成时间进度表，张贴上墙，使修志人员随时看到自己与其他同志的差距，从而进一步增强抓紧、加快、促成效的责任感和紧迫感。

2005年8月，按计划完成了90多万字的《钟楼区志》（征求意见稿），打印120套，分送续志断限内在区任职的新老领导和区属各单位征求意见。经一个多月的梳理征集，共收到各种意见和建议数百条。经过消化吸收，认真修改后，从2005年10月开始由区志顾问和编写人员一起逐章推敲，凡史实不准的千方百计搞准确，凡下限不到位的补充完善，凡前后不统一矛盾的加以统一，凡文字、标点、数据、表格不规范的作规范处理，并力求做到文句通顺流畅。与此同时，为确保质量，我们还专门聘请两位文字功底较好的同志捉错把关，区志主编通审通改，形成《钟楼区志》（送审稿）。

2006年9月28日，经市地方志办公室和特邀专家审稿，共提出审稿意见一千余条。会后，经反复酝酿，认真思考，决定对《钟楼区志》（送审稿）本着“补”（凡是有缺漏的尽量拾遗补阙）、“删”（凡是重复繁琐的删繁就简，力求简洁）、“改”（凡是篇目设置欠当、语句不通，错字漏句，标号符号运用不当的，发现一处修改一处）、“核”（凡是史实、数据、文表、报表不统一的，千方百计核准、核实、核统一，不留隐患）的原则，下苦功夫进行细雕精磨，力争把《钟楼区志》修成一部精品良志。经过两个多月的细致磨砺，于12月中旬完成《钟楼区志》（验收稿），报经市地方志办公室验收合格。2007年第二季度，送方志出版社正式付梓出版。

【志评】

始终坚持三个突出　着力打造精品良志

——有感于《钟楼区志》出版发行

薛奇达

常州市《钟楼区志》历经7年艰辛磨砺，一部条分缕析、朴实严谨、资料翔实、装帧精美的续修区志，终于呈现在读者面前。它较为翔实地记录了钟楼区1986年至2002年行政区划调整前17年的历史和现状。全志分设30章、134节、480目、174张表格，约98.8万字，内附225张彩照和一幅行政管辖图，较好地起到审视历史、彰显现状的目的。这部区志的出版，无疑将为常州乃至全省志书续修增添一点生机和活力，他们的某些做法不无借鉴作用。现就他们坚持“三个突出”，打造精品良志的做法作一介绍，供评说。

一、突出“吃在钟楼”的地方特色，弘扬饮食文化内涵。

历史上钟楼地区向为商铺林立、车马辐辏的繁茂之地。早在清代初期，文亨桥北堍的篦箕巷，因家家户户作篦箕，日夜赶制，灯火映入河中，形成“篦梁灯火”的胜景。咸丰年间，豆业市场始兴，每当新豆上市，豆船排成长龙，运河为之堵塞，年销量由数十万石发展到数百万石，常州开市豆价直接影响苏南各市。豆业之盛一度雄居常州四大商业（豆、木、钱、典）之首。光绪年间运河疏浚开拓后，常州木业市场从北门逐步转向西门，始有“豆、木、钱、典，木业为大”之说。与此同时，米市、土产北货业也逐渐兴起，公信、惠商两大商场隔河对峙，致使怀德桥一带经常是人头攒动、摩肩接踵，热闹非凡。南北客商的云集，给饮食服务业的发展提供了十分难得的机遇。为适应客流的需要开设有德泰恒、兴隆园、张生记、中油国际等菜馆、酒店，菜肴制作一般都兼有本邦、淮扬、苏杭、川菜等口味，也有专业经营淮扬菜系的绿扬饭店和从事清真菜肴的老长兴楼饭店。特色菜肴有糟扣肉、糟鸭、网油卷、红烧青鱼块、琥珀莲子、金钱饼、豆炙饼等。历史悠久的名点更是闻名遐迩，有道光年间首创的加蟹小笼馒头，有创制于咸丰年间的大麻糕、马蹄酥，还有蟹壳黄、酒酿元宵、三鲜馄饨、素火腿、虾饼，等等，不一而足。此外，还有火锅、大娘水饺、西部牛扒等中西名小吃的加盟，钟楼饮食之盛名闻沪宁。每逢周末假日，邀亲带友，品新尝鲜成为钟楼及周边群众家常休闲的好去处。有些餐饮业还在点心、菜肴上起一些别具文化韵味的彩头，让顾客既尝到美味，又增添饮食文化的知识和乐趣，一举两得。《钟楼区志》为此，专设饮食服务章，较为详尽地突出记述这一特色。

二、突出传承历史、彰显现实的续志模式，处理好续志与前志的衔接。

钟楼地区解放前分属南运、太平、卧龙、广化等7个乡镇。1952年7月始设西区。1955年改名钟楼区。1987年区划调整后辖8个街道，面积17.5平方公里。1991年曾编纂过《钟楼区志》，现在编纂的是衔接前志的续志。这样就有一个如何传承历史，又能彰显现实，更好地处理续志与前志的衔接问题。《钟楼区志》续志采取这样3种办法加以衔接：一是在全志《概述》中衔接。续志概述既不是接续前志从续志断限时记起，又不是统括前志的断限，而是从建区开始，按时段分段概述。第一段从1952年西区人民政府建立到1978年党的十一届三中全会前，其间，由于受传统观念的束缚，认为区政府的任务不是发展经济，而是为经济发展提供安定的社会环境，为经济发展搞好社会服务。为此，先后将13个区街工厂上调市各工业局，零售商业企业全部划归市商业系统管理，区域为纯粹的服务机关。第二段从1978年党的十一届三中全会到1992年邓小平视察南方重要谈话前，区的工作重点转移到以经济建设为中心的轨道上来，区街经济得到较快的发展，区街工业产值首次突破1亿元。第三段1992年邓小平视察南方重要谈话精神传达后，在邓小平“胆子再大一点，步子再快一点”精神激励下，工商企业得到较快发展，至2001年底，全区列入改制的工商企业1456家，其中“三资”企业39家，有国家重点产品8个，省高新技术产品12个，完成商业营销总额43.4亿元，城市建设日新月异，社会事业欣欣向荣，精神文明和民主法制建设全面推进，社会安定生活有序，是钟楼历史上最好的时期。这样就把前志和续志自然地衔接起来了。二是在各章的无题序言里适当追溯事物的发端。以《工业》章为例，小序有：“1950年，区境内有私营米厂30家、油厂6家、机器厂54家、纺织厂2家、染织厂6家、各种手工业工场1057家。1955年，开始对私营工业、手工业进行社会主义改造。1961年贯彻中共中央关于‘调整、巩固、充实、提高’的八字方针，对区、街工业进行调整、合并，有17家工厂分别划归轻工、重工、商业、仪表4个局管辖。1963年，区手工业厂（社）全部划归轻工、手工业局领导。1965年，区电子工业划归无线电局领导，1978年仅有的13家区属工厂归口市主管局管辖。1979年起，区属工厂从街道上升一批、自己发展一批，扩大了产业规模。1985年，有区属工厂7家、街道工厂13家，全区工业总产值1356万元，利润220.38万元。”有这样的追溯，后面的记述就很自然地衔接起来，不会感到突然。三是对前志缺失的内容加以补记。如前志在《社会》章中没有传统的民俗风情、节日、纪念日的记述，对清末民初钟楼地区颇具特色的豆（豆杂业）、木（木业）、钱（钱庄）行业，没有突出记述。续志在《社会》章中专设“传统节庆”和“民俗风情”两节；在《专记》章中专设“商市历史补遗”；在《人物》章中对前志漏记的历史名人费念慈、黄山寿、卢正衡、李宝嘉、谢仁冰、王洸、汤久芳等作了补记。

三、突出以人为本的用人理念，营造和谐高效的修志氛围。

要想修好志必先选好人，这是修志实践的共识，人员选配得当事半而功倍，反之，则耗时费工、事倍而功半。《钟楼区志》续志之所以能比较顺利地完成，源于以人为本的理念，充分发挥各人的长处，形成合力的结果。他们在人员选配上采用3个结合的办法：一是各业务单位的行家、专业人员与修志办的专职编辑相结合。续志编纂工作正式启动后，修志办先后选调4名专职编辑，在编纂纲目确定后，明确分工，责任到人，由专职编辑负责与各业务单位的编写人员联系，协助各单位编写人员细化纲目、收集资料、编写志稿。有的编写单位人员紧张，确实抽不出人来编写，则由各单位提供资料，交由修志办专职编辑代为撰写志稿，然后交各业务单位领导审核、修改、签字盖章，这样既避免出现常识性差错，又可以基本保证编写的进度。二是熟悉区情的老领导与长期从事修志工作的行家里手相结合，《钟楼区志》续志为了准确把握区情和确保区志编纂少走弯路，特地聘请了2位顾问：一人曾担任区长、区人大常委会主任，现为区关工委主任的老领导，负责把好史实关；一人是曾任常州市志办负责人的修志行家，负责把好地方志编纂的业务关。三是专职编辑、文学捉错编辑与出版社责任编辑、特约编辑相结合，把好出版质量关。《钟楼区志》续志在形成征求意见稿后，专门聘请两名文字功底较为深厚、工作较为细心的同志对志稿进行文字捉错，经过征求意见、修改补充后形成送审稿。审稿会后，专职编辑、文字编辑在消化吸收评审意见的基础上再次修改完善，形成验收稿。经过出版社责任编辑和特约编辑审验提出意见后，钟楼区志办集中精力，下最大决心，花最大力气，明确时间服从质量，不厌其烦地逐章逐段逐字逐句地校验，一个一个表格与数据核实，力求做到史实相符不出差错。

钟楼区志办对各位应聘同志，不管来自何方，聘任何种工作，都能一视同仁，工作上尊重信任，生活上关怀照顾，有问题集思广益，有困难大家帮助，形成了一个团结协调，互帮互助的和谐集体。在这里工作的同志都能自觉地发扬艰苦奋斗的开拓精神，辛苦修志的敬业精神，清苦自律的奉献精神。这应该说是修志的最佳组合。

（原文刊载于《江苏地方志》2008年第2期）

常州市郊区志（1984—2000）

《常州市郊区志（1984—2000）》目录

常州市郊区志编纂委员会编。1998年12月启动编纂，2003年4月由方志出版社出版。主编孟建发，副主编巢杏妹、章锡安、刘立标，编辑巢杏妹、章锡安、张真、江立群、谭宏文、金威、高永元，特邀编辑李步东。

全书1册，126万字，图片124幅（集于志首），表格211张。记述范围为2000年常州市郊区行政区域，对驻区单位和曾隶属于区境内的事物适当记述。该志为常州市《郊区志》（1988年内部版）续志。记述上限1984年，衔接前志，下限2000年，大事记延至2002年4月郊区撤销之时。述、记、志、传、图、表、录诸体并用，以志为主。志首设序、凡例、概述、大事记、前志概略，志末设专记、附录、编纂始末。全志设29编：建置区划·自然地理、环境保护、人口与计划生育、土地与管理、城乡建设、农村经济体制改革、经济综合管理、工业、农业、蔬菜、多种经营、国内贸易、集贸市场、对外经济、经济开发区、财税·金融·保险、中共常州市郊区地方组织、人大·政府·政协、民主党派·工商联·社会团体、民政、公安司法·人民武装、劳动人事·行政监察、科学技术、教育、文化·体育、卫生、社会、人物、乡镇。

志书结合区情,设蔬菜、集贸市场等编,展示郊区特点。文化·体育编名胜古迹章收录清凉寺、陈渡草堂、白荡、茶山、张太雷故居等,以及古遗址、古墓、古战场、古桥、碑刻等内容,增加志书资料性、可读性。志书突出改革开放主旋律,设农村经济体制改革、工业、对外经济、经济开发区等编,详尽记述农村家庭联产承包责任制、企业承包经营责任制、厂长(经理)负责制、企业产权制度改革、流通体制改革等重大改革,党政机构改革、干部人事制度改革、财政体制改革、教育科技改革、住房制度改革等记载于有关篇章。

为反映郊区历史,保持续志与前志的衔接,增加前志概略和2001年郊区发展概略,大事记作了追溯和延伸。专记收录群众性精神文明建设活动、创建卫生城市、友好往来、1991年抗洪救灾等内容,增加志书记述深度。

2006年,该志获江苏省地方志系统优秀成果一等奖。

(华文怡)

【编纂始末(节选)】

1998年12月,成立区地方志编纂委员会。同时,成立区地方志办公室。12月17日,区政府召开地方志工作会议,对区志续编工作进行动员部署。

郊区续志的编纂,从1999年3月收集资料起,至2002年4月完成送审稿,历时3年,大致分成四个阶段:制定编目、收集资料、编写初稿、修改定稿。61个部门100多人按分工编目收集整理资料,提供区志素材。在此基础上,区志编纂人员按29个编目写成初稿,经过反复修改,核实有关事实和数据,送各部门进行内审,把好政治关与史实关,再由主编修改成送审稿,分发给区四套班子领导、原区领导和全体编委会成员评审。根据评审意见,对送审稿再次进行修改,送省、市地方志办公室领导和专家审改。2002年4月8日和4月17日,区委、区政府两次召开《常州市郊区志(1984—2000)》送审稿评审会,省、市地方志办公室负责人和专家,区地方志编委会全体成员,以及区四套班子老领导参与评审。评审会后,区地方志办公室经过认真的修改,于2002年8月27日由省、市地方志办公室进行终审。2002年12月经省地方志办公室验收后,正式出版。

郊区续志的编纂,注重突出改革开放主旋律,充分体现区委、区政府贯彻执行中共十一届三中全会以来一系列路线、方针、政策,并联系郊区实际,制订出台若干具体政策和措施,保证改革开放的顺利进行。全书比较详尽地将农村家庭联产承包责任制、企业承包经营责任制、厂长(经理)负责制、企业产权制度改革、流通体制改革等重大改革记述下来,把党政机构改革、干部人事制度改革、财政体制改革、教育科技改革、住房制度改革等写进有关编目。在改革大潮的推动下,区委、区政府积极调整农村产业结构,稳定发展农业,大力发展乡镇工业、第三产业和外向型经济,全区经济不断跃上新台阶。特别是1992年邓小平南方谈话后,相继建立省级东南经济开发区和外向型农业综合开发区,增加出口创汇和积极利用外资,综合经济实力大大增强。同时，重视社会事业的发展、人民生活的改善。

郊区续志的编纂，注重突出时代特点和地方特色。围绕区委提出的“服务城市、繁荣郊区、富裕人民”工作方针，结合区情，设农村经济体制改革、工业、蔬菜、经济开发区、集贸市场等编，从不同侧面反映全区在改革开放中出现的亮点，成功实践了邓小平理论和“三个代表”的重要思想。

郊区续志的编纂，注重续志与前志的内容衔接。1988年8月，第一部《郊区志》为内部出版，上限为1949年常州解放，并因事而异，适当上溯；下限至1983年，少数内容延伸至1985年。续志上限为1984年，部分章节适当向上追溯；下限为2000年，个别内容延伸至2001年。为便于反映郊区历史，增加“前志概略”和附录“2001年郊区发展概略”，大事记从1949年记至2002年4月26日郊区所辖乡（镇）分别划归天宁区和钟楼区止。

《戚墅堰区志》目录

郊区续志的编纂，注重增加知识性、可读性内容。在《文化·体育》编设《名胜古迹》一章，将前志中有很高知名度的清凉寺、陈渡草堂、白荡、茶山、张太雷故居等，以及古遗址、古墓、古战场、古桥、碑刻等，都加以编录。在《社会》编里，增加风俗、方言、谚语、歇后语、民间传说与故事。在《人物》编里收录31名对社会有较大贡献的历史名人，也收录了2名比较典型的反面人物。

戚墅堰区志

常州市戚墅堰区志编纂委员会编。1981年11月启动编纂，后因故中断。1995年12月重启编纂工作。2006年9月由方志出版社出版。主编潘傲齐，副主编周煜明，编辑潘傲齐、周煜明、沈建林、俞丽萍，特约编辑陈华。

全书1册，99.8万字，图片153幅（集于志首），表格234张。记述范围为1999年戚墅堰行政区域。记述上限不限，下限1999年。大事记、附录及区域图、照片延至2004年。述、记、志、传、图、照、表、录诸体并用，以志为主。志首设序、凡例、概述、大事记，志末设专记、附录、编修始末。全志设30章：建置区划·乡镇街道、环境与保护、人口与控制、土地与管理、城乡建设与管理、房地产管理与开发、交通·邮电、工业、驻区工业企业、农业、国内贸易、对外经济、经济综合管理、财税·金融·保险、中共戚墅堰地方组织、人民代表大会、人民政府、人民政协、社会团体、公安·司法、军事、民政、劳动人事、教育、科学技术、文化、体育、卫生、社会、人物。

为突出戚墅堰区工业基础扎实、底蕴深厚，并有重要驻区企业的特点，该志在设工业章的同时，将驻区工业企业析出单独设章，记述戚墅堰发电有限公司、戚墅堰机车车辆厂等重点企业的发展，为研究提供重要资料。专记记述大革命时期的工农运动、日本侵略军暴行录、戚墅堰机厂工人“二月大罢工”、1991年抗洪救灾纪略和圩墩遗址发掘等5个该区发展历史上的重要史实。附录收录重要文件、2000年第五次全国人口普查戚墅堰区资料、碑记，增加志书资料性。

（任　可）

【编修始末（节选）】

1981年11月，中共常州市戚墅堰区委、区人民政府召开专题会议，传达贯彻市委党史资料征集工作会议精神，研究部署戚墅堰区党史资料征集和地方志资料征集编纂工作。同时成立区党史、革命斗争史资料征集和编史修志领导小组，由9名成员组成，区委常委、副区长吴世法任组长，沈林棠、金杏根任副组长。1986年5月，领导小组进行调整，改由14名成员组成，区委副书记徐浩清任组长。经过7年时间的努力，于1987年10月24日编修完成《戚墅堰志（征求意见稿）》，内部油印200本。后因人员变动及其他原因，区志编修工作停顿，未能完成编纂出版任务，但其为此后重新开展编修志书积累了一定的资料，提供了大量宝贵的线索。

1998年12月，区委、区政府根据省、市地方志办公室的要求，酝酿重新启动区志的编修工作。1999年5月，成立戚墅堰区地方志编纂委员会，由26名成员组成，区长刘国仁为主任，副区长金大年、政协副主席潘傲齐为副主任。明确由潘傲齐兼任区志主编，并抽调3名同志作为区志办专职或兼职工作人员。本着“突出重点，及早运作”的思想，第一步抓紧组织拟订区志纲目，并广泛征求意见。第二步依据任务轻重，分3个批次进行编志工作的动员、学习和部署，先后有178个单位参与撰稿或提供资料。在此基础上，编志办人员按志书要求进行充实、校核、整理、编纂，同时征求相关部门、单位意见，于2001年11月底形成《戚墅堰区志（初稿）》，报送常州市地方志办公室审阅。2002年6月，按市志办意见修改补充。在动作之时，省地方志办公室领导2次莅区指导，提出了许多涉及方向性、结构性的重要修改意见。区志从原先的26章增至30章。2003年7月，因区地方志编委会人员变动，再行调整领导与成员，由区长钱建林任主任，副区长章卫忠、区政协副主席潘傲齐（继任）任副主任。8月，在抓紧完成新编章节初稿征求意见的同时，主编着手进行统编统改，于10月7日完成《戚墅堰区志（送审稿）》，11月17日终将80余万字的书稿送达区四套班子、历届老领导和长期在戚墅堰区工作的老同志的案头，进一步征求意见。同时报送省、市地方志办公室审查。12月15日，区政府召开《戚墅堰区志》审稿会，对区志进行内审，区地方志编委会全体成员，区四套班子领导、历届老领导、老同志代表共32人参加。2004年1月15日，省、市志办的领导、专家、学者到区对区志进行预审。根据2次审稿汇总的2100余条具体修改意见，编修人员认真进行研究、消化并修改补充，志书增加了专记、附录，字数增至近100万字。2004年8月形成终审稿（黄皮书）。2005年4月12日，省、市地方志办公室评审小组对《戚墅堰区志（送审稿）》进行终审。认为《戚墅堰区志》书稿“结构合理，层次清楚，特点鲜明，语言明快流畅，资料丰富翔实”，是一部较为成熟、有一定编纂水平的区志送审稿。同时对志书存在的各方面问题提出了1200多条意见。按照“观点正确，史料翔实，体例完备，文风端正”的质量标准，制订《戚墅堰区志》稿的修改方案，明确分工，全面修改。最终再由主编统审统改。10月18日报省地方志编纂委员会办公室验收。2005年11月24日经省地方志验收小组验收合格，交方志出版社出版发行。

武进县志

江苏省武进县县志编纂委员会编。1982年2月启动编纂，1988年10月由上海人民出版社出版。总纂张尚金、毛文辉、吴之光、杨

《武进县志》目录

堤、毛学勤。分纂杨堤、陈新、巢志贤、王家升、费俊逸、周复达、王洪法、毛文辉、何国才、陈信、陈秋樵、王网海、谈玉中、张志康、冯悦群、丁中秋、毛学勤、李琪、徐维镛、王丁惠、丁志清、金振之、卞正观。时任全国人大常务委员会副委员长史良为该志题词。著名书法家刘海粟为志书题写书名。

全书1册，140.8万字，图片125幅（志首78幅、随文47幅），表格274张。记述范围为1985年武进县行政区域。记述上限因事而异，适当追溯，贯通古今，下限1985年，大事记延至1987年10月。述、记、志、传、图、表、录诸体并用，以志为主。志首设序、凡例、概述、大事记，志末设附录、跋。全志设25篇：建置·区划、区乡镇街、地理环境、人口、方言、农业、水利、工业、交通邮电、城乡建设·环境保护、商业、财政金融、经济管理、党派社团、政务、民政、治安·司法、军事、文化、教育、科学技术、卫生、体育、社会、人物。

“孟河医派”是我国著名医派之一，常州（武进）孟河地区历代名医辈出。该志卫生篇特设中医章，并将“孟河医派”设为专节，充分彰显地方特色。方言一般作为社会生活内容，篇目设置靠后，但该志将其置于人口篇之后，突出与“人”的共生关系，设计较为新颖。此外，该志重视资料收集整理，通过对数百位当事人和知情人的走访、采访，收集近亿字资料。如军事篇所附日军暴行，通过对各乡镇志调查，揭露日军暴行；人物篇通过对革命烈士的调查，补录一批革命烈士名单。附录收录文告、碑文、历代县志纂修记略、武进县历代进士名录等资料，丰富志书的资料性。

该志是全国首部向国内外公开发行的新编志书。1993年，该志获全国新编地方志优秀成果一等奖。

（万向阳）

【跋】

《武进县志》历经六个寒暑，数易其稿，终于在1987年6月经省、市编志工作的领导及有关专家、行家审定，付梓问世，这是武进县社会主义物质文明和精神文明建设的一项重大成就，为后代留下了丰富的历史资料，令人欣慰。

《武进县志》编纂工作自1982年2月始，与编纂各专业志、乡镇志同时进行，县级机关各部门和区乡均建立编史修志领导小组，全县编史修志工作者多达五百余人，他们独立编志又为县志提供大量素材。县志编纂委员会办公室在1982年6月起以两年时间遍历国家、省、市、县档案馆、图书馆，抄录有关历史资料，同时采访数百位当事人和知情者，行程万里，累计搜集资料近1亿字。边搜集资料、边整理、边核实，编印了《史志资料》40期，为编纂县志打下良好基础。编修社会主义时期新方志是一门新的科学工作，编纂人员虚心学习，多次赴各地取经，并参加全国南片县志评稿会议和苏、锡、常三市、县协作会议等活动，不断探索，曾6次修订纲目。1985年10月写成10编49卷约200万字的征求意见稿，然后求教于专家、同行、县内各方面负责人和实际工作者，多次召开座谈会，博采众议，总结经验，将下限由1983年延伸至1985年，补充各项资料，在征求意见稿的基础上又做了较大修改。1987年6月完成了送审稿凡24篇计120余万字，通过县领导同志及专家、行家分工审阅，由第十五次县志编纂委员会会议审查通过，经中共武进县委、县人大常委会、县政府、县政协以及常州市地方志编纂委员会批准，并由中共常州市委保密委员会办公室做保密审查，最后由江苏省地方志编纂委员会办公室验收合格，交上海人民出版社出版。

武进县志编纂委员会办公室除编纂县志外，并组织指导各部门专业志、乡镇志的编纂工作。全县39部专业志、66部乡镇志也次第编纂竣事。

《武进县志》记述全县自然和社会的历史和现状，纵贯古今，横及百科，突出经济，内容详备。许多篇章的资料搜集深细备至。如“人物篇”革命烈士的调查亦然，补入一批烈士名单，而且发现死在苏联、含冤九泉、鲜为人知的中共早期活动家董亦湘，经中共中央组织部批准，使这一沉冤获得昭雪。全志各篇章力求其翔实，而不失之苟简。方志是信史，真实可靠是它的生命和价值所在，《武进县志》记人叙事坚持实事求是。功过是非寓史实之中。全志内容层层审核严加校勘，各项统计数据由统计局及有关人员专门审核校正，某些史事疑而难决者宁删不留，务求正确无误。当然，限于我们的水平，加之总纂仓促，志书在思想性、科学性、资料性和文字简练等方面定有不足之处，甚至有所谬误，有望于各界批评指正。

编纂社会主义新方志，鉴前世之盛衰，考古今之得失，俾前有所稽，后有所鉴，有助于资政、教育和科学研究，意义深远，作用甚大。诚如已故全国人大常委会副委员长史良为《武进县志》题词所指：“教育后人，造福桑梓。”我忝任武进县长多年，今以余热承乏武进县志编纂委员会重任，情切桑梓，尤感肩负之重难以或释。自维汲深绠短，幸承中共武进县委、武进县人民政府重视和领导，各部门大力支持，赖修志同仁的同心勠力，玉汝于成。值得一提的是县志办张尚金、吴之光、毛文辉及其他各位同志为编纂县志，备极辛劳。心血凝志花，始知笔耕苦，修志洵不易。在此，向所有关心和支持编纂《武进县志》的各级领导，各专家、行家以及实际工作者表示深切的感谢。

潘汉东

1987.7.1

武进志（1986—2007）

常州市武进区地方志编纂委员会编。2007年3月启动编纂，2011年10月由方志出版社出版。总纂组组长赵小平，总纂组成员张尚金、薛奇达、许本源、杨贤政，分纂许本源、杨贤政、张尚金、李步东、王建伦、虞新华、石乾明、史复林、王国新、万向阳、万叶树、吴辛冠、奚玉平。

全书2册，268.8万字，图片608幅（志首101幅、随文507幅），表格537张。记述范围以1995年6月前武进县、1996年6月至2002年4月的武进市、2002年4月后的武进区为主，跨区设置的单位和驻区单位适当记述。该志为《武进县志》（1988年版）续志。记述上限1986年，衔接前志，下限2007年，总述、大事记、图片延至2011年。因建置多变化，该志名未按有关志书名称使用规定的“常州市武进区志”，取名“武进志”，为一特例。述、记、志、传、图、照、表、录诸体并用，以志为主。志首设序、凡例、总述、大事记，志末设附录、索引、修志始末。全志设40编：建置区划·自然环境、人口、国土资源、环境保护、城乡建设、交通·邮电·信息化、水利、经济体制改革、开发区、经济总情、农业、花木园艺、工业、建筑业·房地

《武进志（1986–2007）》目录

产业、商贸服务业·商品专业市场、金融、对外经济、旅游、财政·税务、综合经济管理、中国共产党、人民代表大会、人民政府、人民政协、民主党派·工商联·社会团体、公安·司法、军事、民政、机构编制·人事劳动与社会保障、精神文明建设、科学技术、常州科教城、教育、文化、大众传媒、医疗卫生、体育、社会生活、乡镇·街道、人物。

该志围绕展现记述时限内武进改革开放和经济发展领域极其深刻的变化，结合时代和地方特色，设经济体制改革编，对改革相关内容进行集中记述；设对外经济编，对引进外资、对外贸易、对外经济合作等进行记述；设开发区编，对江苏省武进高新技术开发区、江苏省武进经济开发区进行记述，展示开发区的主要产业和重要作用。设经济总情编，对经济总量、经济计划实施等宏观经济进行记述。设精神文明建设编，记述公民道德建设、文明创建活动和文明风尚。根据武进农村花木园艺的产业规模和产业优势的实际，将花木园艺从农业编析出，升格设编，记述花木园艺的栽培、销售、产业化经营等内容。突出商品专业市场在商品流通中的重要地位，将其与商贸服务业合并设篇，单独设章。将发展势头好、潜力大的旅游业从商贸服务业编析出，设旅游编，记述淹城旅游区、太湖湾旅游度假区等景区建设。将常州科教城升格立编，彰显武进雄厚的科教实力。将重要、特色资料以附的形式随文而出，如在城乡建设编中附《创建国际花园城市纪略》，工业编中附《艰难的道路，辉煌的业绩——武进乡镇工业的发展历程》，在经济总情编中附《武进的一天》等，丰富志书的资料性和可读性。附录设前志补遗、勘误等，编制主题索引、人物索引，体现编者的匠心精神。

2018年，该志被评为江苏省地方志书优秀成果内容记述单项优秀。该志名称未按相关规定定名，有“自作主张”之嫌。

（万向阳）

【修志始末（节选）】

2006年5月，国务院颁布《地方志工作条例》，明确规定“地方志书每20年左右编修一次”。年底，武进区地方志办公室根据省、市政府的统一部署，向区政府提出启动武进区新一轮修志工作和续修《武进志》的请示，得到区政府批准。在历时数年的编纂过程中，区地方志办公室始终坚持按规范程序操作，抓住每一阶段的工作重点，按计划有序推进。

2007年为《武进志》编纂启动年。上半年，区地方志办公室按照区政府要求，着手武进第二轮地方志编修的各项准备工作。3月，区政府领导授权区地方志办公室选调人员，组建编纂班子。4月，区地方志办公室先后邀请省志办、市志办有关专业人士以及首轮修志人员进行座谈讨论，形成《武进志（1986—2007）》征集资料篇目。7月，区地方志编纂委员会成立。7月20日，区委、区政府召开区第二轮地方志编修工作会议，动员部署全区二轮修志工作，下发《关于切实做好〈武进志（1986—2007）〉编纂工作的实施意见》，明确提出用4年时间，分5个阶段完成《武进志（1986—2007）》的编纂。区政府与各镇（街道）、开发区、机关各部门签订承编责任状，要求各承编单位成立修志领导机构，配备专兼职修志人员，正式启动《武进志》编修工作。8月24—25日，区地方志办公室举办修志业务培训班，对224名专兼职修志人员进行修志业务辅导。9月起，《武进志》编纂室人员按分工深入相关承编单位，协调落实区政府提出的领导到位、机构到位、经费到位、队伍到位、条件到位的要求，指导资料收集，征求篇目意见，初步形成“党委领导、政府主持、各方协力、众手修志”的格局。

2008年为《武进志》抢抓初稿年。年初，区地方志办公室结合承编单位和有关专家对篇目设置的意见，研究确定了《武进志》编修篇目共38编。篇目在继承传统、保留前志主要篇目的基础上，设置《经济体制改革》《对外经济》《开发区》和《精神文明建设》等编，以反映时代特点；设置《花卉园艺》《旅游业》和《商品专业市场》等编以体现地方特色。另外，根据事物的发展，单独设置《国土资源》《环境保护》《建筑业·房地产业》《机构编制·人事劳动与社会保障》《大众传媒》等编。同时，区地方志办公室制定《〈武进志〉责任编辑的主要职责》，将《武进志》各编及卷首、卷尾的初稿编写任务分解落实到每位责任编辑，明确工作任务和进度计划，实行督查推动与业务指导双轮驱动。编纂室分成三个小组，各组明确一位组长，逐编推进初稿编写。为保证初稿的质量，3月，区政府办公室印发《武进志》编写质量标准，随后区地方志编委会办公室印发《〈武进志〉行文规范》，明确志书行文要求。4月，区地方志办公室及时召开全区修志业务工作会议，进一步细化质量要求，并针对承编单位已提供的稿子进行分析，着力指导全区修志人员解决存在的共性问题。各责任编辑按分工全面介入承编单位资料长编编写工作，加强交流，熟悉情况，适时进入初稿编写。初稿编写中，区地方志办公室月月召开修志情况交流会，检查责任编辑初稿编写进度和质量，有效加快成稿速度。通过上下共同努力，在年底形成450余万字的初稿。

2009年为志稿规范完善年。年初，区地方志办公室将初稿分编打印，分送有关专家、承编单位和各责任编辑审阅。3月，在审阅的基础上，区地方志办公室通过研究，在篇目中增加《经济总情》《常州科教城》等反映武进地方特色的编，把篇目结构调整为42编；提出《武进志》初稿修改要做到“记述内容到位、篇章结构调整完善到位、文字精练压缩到位、行文规范统一到位、编章下无题序文字提炼概括到位和随文图片搜集到位”的要求；组织编修人员对初稿进行内审。4月，区地方志办公室将初稿修改任务按调整后的编目分解到每位责任编辑，制定修改工作计划，明确修改稿审阅把关人员。5月和6月，分别邀请上海、江苏的修志专家对志稿进行点评，提升编修人员初稿修改能力。初稿修改中，区地方志办公室定期了解检查修改情况，有计划推进修改工作。年底，按时完成全志修改任务，形成338万余字的《武进志》第二稿，比初稿压减文字100余万字。

2010年为志稿统审总纂年。新年伊始，区地方志办公室将第二稿打印成上、中、下3册，分送领导、专家、责任编辑及相关单位审阅。同时，区地方志办公室调整编修组织，成立由区地方志办公室领导和修志专家组成的《武进志》总纂组，并明确各位总纂工作分工，分口把关；各责任编辑负责分工编目的分纂，积极配合做好总纂工作。3月1日起，区地方志办公室安排15周时间对《武进志》第二稿组织集体审稿，逐编过堂，找准问题，明确修改思路和方法，增强分纂立足全志进行修改的大局意识。总纂组根据审稿意见，及时制定《武进志》二稿修改中文字压缩、表格数据审核、有关具体问题的处理和入志图片选送的要求，供改稿时掌握。5月，区地方志办公室再次专门邀请修志专家到武进指导，帮助编修人员提高认识、搞好修改。6月，再次调整篇目结构，将《商品专业市场》归入《商贸服务业》编，将《方言》归入《社会生活》编，撤销《专记》编，"武进乡镇工业发展历程""武进创建国际花园城市纪略"和"全面建设小康社会"等专记分别载入《工业》《城乡建设》和《社会生活》等编。全志最终设置40编，使篇目结构更趋合理、科学和完善。6月下旬，各分纂在承编单位的配合和总纂组的指导下按分工全面开展志稿修改工作。10月，基本完成修改，而后又对志稿进行打磨提高。年底，形成《武进志》征求意见稿。征求意见稿比第二稿压缩文字80余万字。

2011年为终审出版年。年初，区地方志办公室围绕正式出版《武进志》目标安排编修工作。1月，将征求意见稿打印成册，把200余套志稿送请编委会、区领导、专家、承编单位和方志出版社审阅，收回修改建议数千条。区地方志办公室认真进行梳理，组织分纂交互审改，总纂组进行统稿，于3月初形成《武进志》送审稿。3月29日，召开《武进志（1986—2007）》终审会议。评审会后，区地方志办公室抓紧评审意见的落实，分别召开总纂组人员和全体编修人员会议，认真梳理意见、建议，形成《关于做好〈武进志〉修改完善工作的意见》，由各位总纂、分纂人员逐一落实，对志稿进行修改完善。8月初，形成《武进志》验审稿。区地方志办公室在上报验收的同时组织全体编修人员进行校核捉错工作。8月下旬，《武进志》通过常州市地方志办公室验收；9月中旬，通过江苏省地方志编纂委员会办公室验收；9月底，经区政府审定；编纂室经再次核校捉错后于10月下旬付梓出版。

《金坛县志》目录

金坛县志

金坛县地方志编纂委员会编。1985年7月启动编纂，1993年10月由江苏人民出版社出版。主编孟济元，副主编陈书明，主编助理李金坤。编辑于洵、王杏源、王林东、王爱萍、王镕奎、尤长康、石楠、朱富林、仲榄证、任纪生、汤钟音、李金坤、李金庚、李济民、李德庆、汪光明、陈书明、陈永福、陈爱清、金人伟、周以才、周卓生、周秋生、孟济元、赵明夫、俞照、闻毅先、袁一非、符文锦、蒋东升。

全书1册，136万字，图片67幅（志首59幅、随文8幅），表格290张。记述范围为1987年金坛县行政区域，历史上属县境内的事物适当记述。记述上限1911年，下限1987年，对某些持续性重大事件适当上溯和下延，大事记延至1991年。述、记、志、传、图、表、录诸体并用，以志为主。志首设序、凡例、概述、大事记，志末设附录、本志编纂始末。全志设26篇：建置区划、乡镇概况、地理环境、人口、农业、水利、工业、城乡建设、建筑业、交通邮电、商业、财税金融、经济综合管理、党派社团、政权政协、公安司法、民政、劳动人事、军事、科学技术、教育、文化、卫生、体育、社会风土、人物。

该志在全面系统反映金坛县历史与现状的同时，突出农业、建筑业、军事、文化、人物等篇目，展现金坛人文荟萃的特色，特别是世界著名数学家华罗庚及以其名命名的公园、中学、纪念馆以及有关储光羲、戴叔伦、段玉裁等历史文化名人名胜。农业篇重点对蚕桑、水产、茶等进行记述，体现金坛"鱼米之乡"的特点；建筑业是金坛当时的主导产业，从城乡建设篇中析出独立成篇；文化篇文学艺术章设民间艺术节对金坛刻纸、金坛抬阁等民间艺术加以浓墨重彩地记述。人物篇设人物传、人物简介、人物表、烈士英名录4章，篇幅较大，约占全志篇幅的10%，收录众多历史名人和先进人物，发挥志书育人作用。附录收录文献、历代诗文选辑、历代修志记略，增加志书资料性。

1994年，该志获江苏省地方志工作优秀成果一等奖。

（夏　冰）

【编纂始末（节选）】

1983年10月，中共金坛县委、金坛县人民政府调配人员，着手新县志编纂的筹备工作，1985年6月17日，正式成立金坛县志编纂委员会（后改为金坛县地方志编纂委员会），下设办公室（以下简称县志办）。7月31日，召开全县第一次修志工作会议，开始发动、部署县级机关、企事业单位和乡、镇、场圃开展编修工作。此后，县属部门和各乡镇、场圃普遍成立修志机构。县志办组织骨干培训，收集整理旧志，拟订县志纲目。1986—1987年，重点抓县志资料的征集，县属部门和乡镇、场圃修志人员以县内为主，收集资料2000多万字；县志办采取集中力量、统一安排的方法，组织专兼职修志人员100多人次，不畏严寒酷暑，奔赴上海、北京、苏州、常熟、无锡、常州、镇江、南京、扬州、杭州等地档案馆、图书馆、博物馆查摘资料。并通过召开座谈会和登门拜访等形式，采集口碑资料，先后搜集1000多万字的资料。与此同时，县志办还抓基层志、部门志的编写，《指前乡志》《罗村乡志》《河头镇志》《城东乡志》《岸头乡志》《金城镇志》和《金坛县卫生志》《金坛县粮食志》《金坛县供销合作社志》《金坛县电力工业志》《金坛侨胞名人传记》等相继成书。这些都为县志的编纂打下坚实的基础。

1988年3月19日，县地方志编纂委员会第二次会议通过了《金坛县志编纂方案》。决定由自下而上层层修志改为集中精力主攻县志，并实行承包责任制和编委分工负责制，加快了县志编纂工作的步伐。是年5月6日，县委、县人民政府批转《关于〈金坛县志〉篇目编写分工的意见》。县志办受编委会委托，与有县志编写任务的68个县直单位签订承包合同，先后聘请17名同志为兼职编辑。综合性篇目由县志办专职编辑分工编写。对专兼职编纂人员均实行定任务、定时间、定质量、定稿酬的岗位责任制。县志办在试写卫生、教育、文化3篇的基础上，以点带面，至1989年底拿出了70%的县志初稿，印发有关单位征求意见。从1990年3月起，又先后聘请了对全县情况比较熟悉，有一定文字功底的6位同志为特约编辑，对已成志稿进行初步加工。1991年初开始总纂，至年底结束，全部志稿刊印送审。1992年3月，由常州市地方志编纂委员会主持召开会议，对《金坛县志》（送审稿）进行评审，参加评审的有省志办、市志办及省内外专家20多人。评审会后，先由专职编辑负责对志稿进行修改，最后由主编对志稿从头至尾再次进行修改润色，1992年9月形成验收稿，1993年10月经省、市审批后，12月交江苏人民出版社出版。

【志评】

评论《金坛县志》

——兼谈志书记述深度

黄元裕

《金坛县志》以概述、大事记为志首，附录等为志尾，志书主体部分有26个分志篇，辖138章、491节，共136万字。这三大部分使全志形成一个以横为主，纵横结合的总体框架，各分志篇首均冠以"无题序"，分别简述各类事业的大要，增强了志书的整体性、科学性，强化了各类事业间的纵贯、珠连效应，有助读者从总体上了解断限内的大体县情。

《金坛县志》从篇目设计到内容的记述上做到了科学性与地方特色相结合。他们从地情实际出发，以大类定篇，篇章结构，下设章、节，为记述实体。按建置、地理、经济、政治、军事、文化、社会、人物顺序排列。又根据本县实际，在"建置区划篇"后，单列"乡镇概况篇"；"农业篇"中，把茶、蚕、场圃单独列章；把建筑业从"城乡建设篇"中分出单列"建筑业篇"。在内容、文字、图片等方面，重点突出了金坛人文荟萃的特色，特别是世界著名数学家华罗庚及以其名命名的公园、中学、纪念馆以及有关储光羲、戴叔伦、段玉裁等历史文化名人名胜。科学地记述了本地重要的自然资源，突出地反映了本地人民革命斗争的史实。凡此种种，都给了我深刻的印象。

《金坛县志》坚持实事求是的原则，在叙述方法上寓观点于史实之中，据实写出了金坛县解放前和"社会主义初级阶段"的基本地情。对新中国成立后工作中的失误，尤其是"大跃进"和"文化大革命"，除在"概述"中作概括性叙述并总结其经验教训外，其他方面受影响的事实也分别于各篇章中，选取准确、典型的事实进行详述。例如，"商业篇"记道："1958年10月，全县农村兴办公共食堂1904个。1959年春，粮食紧缺，食堂吃粮水平极低，农民以'瓜菜代'充饥。1960年，城镇居民食油供应由每人每月4两缩减为3两（16两制）。"（本志370页）见之是非得失一清二楚。

《金坛县志》选用大量生动史实资料，对新旧社会作了鲜明对比的记述。笔者从志书中见到建国以来，特别是党的十一届三中全会以来金坛县工农商贸经济、社会文化事业建设的发展，人民群众的社会意识、思想观念发生的巨大变化和人民群众生活改善、提高的事实，很受感动。笔者认为，《金坛县志》是对广大人民特别是青年一代，进行坚持四项基本原则教育，进行爱国主义、社会主义革命传统教育的现实的、生动的、亲切的、富有说服力的教材。

《金坛县志》文字表述流畅，通俗典雅。如"文化篇"记述诗文、书画、音乐舞蹈、民间艺术，"社会风土篇"中的风俗习俗、方言等，都写得很有可读性。"人物篇"中的历史英雄传记写得形象生动，其中"独臂英雄"魏生荣、"一级战斗英雄"李小羊（见本志821、822页），读后如见其人。

总之，笔者认为《金坛县志》是一部体例完备、层次分明、结构严谨、观点正确、资料翔实、特点鲜明、语言流畅的新志、良志。但也有再商榷之处。其中重要一点和目前有些已出版的志书中存在的问题一样，有些分志篇、章节内容记述一般化，缺乏深度。如：有的资料不全，篇幅单薄，看不出事物发展的阶段性，缺乏事业起伏的典型资料；有的记述缺归纳分析，看不清事物发展的因果关系和发展规律等。为此，笔者借此机会对加强志书的记述深度问题谈些看法。

一、要从共性内容中寻找个性史料重点记，以突出事物的地方特色。新编志书要突出地方特色，要在详载地情上下功夫、花力气。重点记述本地独有、与外地不同的事物；共有事物略记；虽是共性事物，但本地优于外地的就详记；唯本地独有的事物就浓墨重彩予以特记。安徽给世界上最负盛名的游览胜地之一的黄山专设《黄山志》；陕西韩城是史圣司马迁的故乡，志书专列“司马迁墓祠”章。这些独有或占优势的事物取专志、专章记述，是符合上述原则要求的。也有把最具有特色的事物升格单列，集中系统地记述。但用高标准、高质量要求衡量，还要在内容记述的深度上下功夫，也就是要在共性中寻找个性。把重点放在个性角度志书就有深度，给人们读后留下的印象和启迪就会更深刻、更多一些。

二、要从事物联系中抓住本质资料综合记，以体现事物的发展规律。志书记述深度，是指志书记述事物本质的程度。志书记得有没有深度，要视志书所记事物是否展示事物的本质联系，反映事物的因果关系，反映事业的成败得失，体现事物的发展规律。体现事物规律至关重要的是择取事物具有本质意义的史料。这种史料，只要将整体的事物、连绵不断的事物、相互联系的事物的资料，严格按照志书“寓论于史”的体例要求，下功夫进行综合提炼，把各种客观规律寓于事物的发展过程、成败原因、隐藏着本质的异常现象的记述之中，事物的发展规律就不难体现。《金坛县志》的“经济综合管理篇”写得有一定深度，表现在突出记述计划、统计、物价、工商行政、审计、标准计量等专章内容时，既重点记述经济管理的成绩，又实事求是地写了失误和重视纠正失误的事实，揭示了经济盛衰的内在原因，使人从中引出经验教训。但有的章节就未写出深度，如“农业篇”中：80年代以后粮食耕地面积有下降趋势，但只在耕地面积表中列了数字，未探究其原因；农作物施用化肥，只写了总量，对科学使用化肥的效果，实践中的经验教训未作详尽记述；作物保护对病虫害的发生、发展的规律未予深化记载，等等。

三、要从翔实资料中精选典型事实强化记，以展示事物的深层内涵。志书之所以有较高的学术价值和实用价值，主要是因为它有丰富翔实的资料，能为后人提供经验和教训，起到借鉴作用。因此，修志者在记述一项事业，反映它的深层次的内涵时，精心选择该事业有开创性、转折性和有影响或有重大影响的典型事物的资料，并强化其内容记述，志书就能写出深度，《金坛县志》“文化篇”的文学艺术中，在记到扬名海内外的民间艺术刻纸内容时，精选了典型人和事，并运用以事系人的方法，强化记述了朱晓坤为代表的传统刻纸和周蕴华为代表的现代刻纸。作者写出了古今对照，写清了现代刻纸与传统刻纸的继承发展的关系，有一定深度。

四、从事物的差异中运用比较方法对比记，以反映事物的地位作用。有比较，才有鉴别。不同地区的同事物间、不同事物间的发展互相比较，能显示事物的差异或优劣。这种比较方法，是我们方志叙而不论，且能深化记述内容的方法。志书叙事通常用纵比和横比两种比较法。纵比，是记述同一事物在不同发展时期（或不同阶段）、或不同时代的发展变化时所作的纵向比较，它能揭示事物量的变化或质的差异。横比，也是修志者常用来记述同一事物在不同空间（或不同地区、不同层次）范围内的发展变化时所作的横向比较，它能显示事物的优劣差异。通过纵横比较，赋予入志资料以新的深刻含义。有一县志记述“玉石王”的形状之后写道：“玉石王重260.76吨，比缅甸‘玉石王’重3倍，是迄今世界最大的玉石。”又一县志写到该县人口出生率时，以1982年为例做比较：“全国为21.10‰，河南为18.07‰，本县为24.91‰”。前志写“玉石王”重量与外国作比较，显出该县“玉石王”为世界之最。后志写人口出生率，先后与全国、与河南的比率作比较，一比较便知比人家落后多了，激励了该县非采取新措施不可。运用比较写法，志书记述就有深度了。笔者认为金坛有许多可与其他县比的事物，如地方土特产、自然景观、自然资源，以及某些事物的数据等。为了提高地方优势的知名度和透明度，显示其地位、作用；便于志书写出深度，与省内外以至全国比，在地方志记述中也是允许使用的。

（原文刊载于《江苏地方志》1995年第1期）

《金坛市志（1988-2007）》目录

金坛市志（1988—2007）

金坛市地方志编纂委员会编。2007年2月启动编纂，2011年9月由中央文献出版社出版。主编张建华、王艳红，执行主编王浩明、赵利群，执行副主编盛南萍、陈书明、朱富林。编辑赵利群、王浩明、盛南萍、陈书明、朱富林、夏冰、赵萍、方骊、汤芬娣、黄生龙、王国荣、缪金华。

全书1册，220万字，图片151幅（志首115幅、随文36幅），表格455张。记述范围为2007年金坛市行政区域，历史上属市境内的事物适当记述。该志为《金坛县志》（1993年版）续志。记述上限1988年，衔接前志，下限2007年。人物、非物质文化遗产延至2008年，大事记、图片延至2010年。述、记、志、传、图、表、录诸体并用，以志为主。志首设序、凡例、总述、大事记，志末设附录、索引、后记。全志设36篇：建置区划·自然环境、名胜·古迹·名产、生态环境保护与建设、国土资源与管理、人口与计划生育、城乡建设与管理、体制改革、开放·开发、农业·水利、工业、建筑业、房地产业、交通运输、邮政·电信·信息化、商贸服务业、旅游业、金融业、经济综合管理、中国共产党、人民代表大会、人民政府、人民政协、民主党派·社会团体、精神文明建设、政法、国防·军事、人事·劳动·社会保险、科学技术、教育、文化、体育、卫生、民政、社会、人物、各镇概况。

为突出金坛地方特色，该志将名胜·古迹·名产篇前置为第二篇，记述茅山风景名胜区、洮湖风景旅游区、三星村遗址等名胜古迹，以及金坛国家级、省级名优产品。农业·水利篇设花木园艺业章，彰显“花木之乡”的特点。志首彩页注重收录金坛的山、水、非遗、文化等具有浓郁地方元素的图片，体现金坛地方特色。该志注重彰显时代特征，对改革开放采取集中和分散相结合的记述方法，设体制改革篇，对农村经济体制改革、工业企业经济体制改革、流通体制改革、调控体制改革、科教文体卫体制改革、行政管理体制改革进行集中记述。设开放·开发篇，对招商引资、开发区建设、进出口贸易、对外经济技术合作进行记述。在农业、工业、环境保护、城乡建设与管理等篇对新事物、新实践也给予较多篇幅记述。中国共产党篇、人民政府篇分别记述重要决策、施政要略，体现在党委领导下，政府具体实施的经济社会发展重要举措。精神文明建设为专篇，体现在抓经济发展的同时，重视精神文明建设的时代特征。重视对人物的记载，人物篇设传略、简介、名录3章，收录记载各行各业为金坛作出贡献和有影响的已故和在世人物843人，并对1993年版县志漏载人物补写。附录收录1988—2007年金坛市（县）获得的荣誉称号、重要文件选录以及“三城同创”和“新三创”等内容，增强资料性。

2018年，该志被评为江苏省地方志书优秀成果综合优秀二等。

（夏　冰）

【后记（节选）】

《金坛市志（1988—2007）》编修工作启动于2007年初。2月11日，市委召开常委会，专题研究新一轮地方志编纂工作。4月28日，市委、市政府印发《关于做好新一轮地方志编纂工作的通知》。5月11日，召开全市地方志工作会议，市委副书记张建华作动员，全面部署《金坛市志》编修工作。此后，各修志单位基本实现“一纳入、五到位”（纳入经济社会发展规划和各单位的任务之中，领导到位、机构到位、经费到位、编修人员到位、办公条件及待遇到位）。9月26日，举办全市修志人员培训班。12月18日，在《金坛市志》篇目历经形成初稿、深入研讨、集思广益三个阶段后，组织召开省、市专家评审会。并根据评审意见进行认真修改，形成较为科学合理的市志篇目。2008年2月22日，提交市志编委会讨论通过后，由市政府行文下发。

至2008年6月，全市各承编单位基本完成资料征集任务，共搜集资料近3000万字。为更好地指导志稿编写，7月22日，召开市志编纂工作推进会暨全市修志人员培训班，市委副书记张建华在会上提出“要以质量为生命”的修志工作要求。是年10月，完成250余万字的初稿。自10月中旬起，组织各单位对分志稿进行自审和市级评审。在此基础上，始行分纂和总纂工作。第一步，由各指导组进行分纂：检查各自的分篇与全志体例是否一致；检查有无缺失漏编现象；检查记述是否符合志体要求；提出交叉内容如何摆布和取舍意见。第二步，由评审组长根据总篇目和全书成稿情况，统一各篇（分志）的指导思想，把好政治关；调整现行篇目中不当归属，把好框架结构关；核实志稿所选用的资料，把好史实关；消除部门志的痕迹，把好内容交叉重复关；协调各篇（分志）记述内容，把好特点、特色关；做好图表处理与文字修改工作，把好行文规范关。第三步，由执行主编牵头挂总，组织总纂班子总纂：妥善解决重复、交叉问题；压缩无存史价值的史料，精简文字，统一文风。

为确保志书质量，我们在全市范围选聘14名熟悉各行业情况、政策水平高、文字功底强的同志担任兼职编纂，参与相关篇目修改，使市志稿质量有了进一步提升。

2010年5月7日，召开《金坛市志》评审会，邀请省、常州市10位专家评委参加终审，共提出千余条意见。2011年7月，由常州市地方志办公室验收通过。8月，由江苏省地方志办公室审核通过。同月，报经金坛市政府批准，交付中央文献出版社出版。

溧阳县志

《溧阳县志》编纂委员会编。1984年9月启动编纂，1992年12月由江苏人民出版社出

《溧阳县志》目录

版。主编钱选青，副主编王溶耕、王爱棠、俞智，编辑于宗勋、史介、居克善、房公泽、俞广隆、蒋祯祥、魏建复。

全书1册，143.1万字，图片63幅（集于志首），表格249张。记述范围为1985年溧阳县行政区域。记述上限，建置篇上溯春秋时期，其他各篇尽量追溯事物发端；下限1985年。为保持完整性，个别事物适当延伸记述。大事记延至1990年。述、记、志、传、图、表、录诸体并用，以志为主。志首设序、凡例、概述、大事记，志末设附录、编后。全志设26篇：建置区划、自然地理、人口、农业、水利、工业、交通运输、邮政电信、城乡建设、建筑起重安装、商业、财政·税务·金融、经济管理、党派群团、政权·政务·政协、劳动人事、治安·司法、民政、军事、教育、文化、科学技术、卫生、体育、社会、人物。

溧阳有“吊装之乡”的美誉，建筑安装业是其支柱产业，志书设建筑起重安装篇，记述建安组织、勘察设计、建筑管理、施工技术等内容。溧阳文化与旅游资源丰富，文化篇对溧阳特色的民间文艺、文物胜迹、名胜景点等进行介绍。该志对和正文紧密相关的重要资料和特色资料，以附的形式分散在相关章节，增加志书资料性和记述深度。附录收录文告、碑文、古今诗词选、历代溧阳县志序选及历代修志概况，增强志书资料性。

1994年，该志获江苏省地方志工作优秀成果二等奖。

（莫　俊）

【编后（节选）】

《溧阳县志》的编纂，始于宋代乾道年间，宋、元、明、清八百余年间共编修十次。但自清光绪年间《溧阳续志》刊行后，迄今已中断近百年。民国36年（1947），当时的县政府拟定修志未成。中华人民共和国成立后的50年代末期，曾经决定重修《溧阳县志》，但仅编了一个《十年大事记》初稿而暂告一段落。中国共产党十一届三中全会以后，在全国修志的热潮中，中共溧阳县委和县政府决定编纂一部社会主义时期的新方志——《溧阳县志》。

1982年9月成立了溧阳县地方志编纂委员会。1984年9月，为切实加强领导，中共溧阳县委决定建立领导小组，下设溧阳县地方志办公室，抽调人员，开始了新《溧阳县志》的编修工作。拟定了编纂工作方案，设计县志篇目，颁发征集资料通告，广泛征集资料。1990年4月，由于人事变更频繁，中共溧阳县委决定复建溧阳县志编纂委员会。修志工作开展以来，先后召开了三次规模较大的修志大会，从上到下、由内到外进行了发动，为新编《溧阳县志》创造了有利条件。县志办公室从1984年起，三年间遍历国家、省、市、县档案馆及图书馆，广搜资料，累计1000余万字，边搜集、边整理、边编纂资料。先后编纂了《溧阳县志》资料三辑48万余字，评注了清嘉庆《溧阳县志》一部80万字，《江苏省对外开放重点工业卫星镇》溧阳部分4万余字，出版后得到了各界有识之士的关注，并纷纷为《溧阳县志》撰写稿件，挖掘出一批较为珍贵的资料，为编纂新县志奠定了资料基础。同时各部门和单位相继成立领导机构，组建写作班子，对编写县志专业志的篇目要求、步骤方法，认真地进行部署和指导，有力地促进了县志编纂工作的顺利进行。1987年在广搜博采大量资料的基础上，试写了《溧阳县志》教育篇、交通篇。是年，苏、锡、常第五次县志研讨会在溧阳召开，与会行家进行了认真的研究和讨论，给予好评与启迪。1988年至1989年，一鼓作气，编纂完成了《溧阳县志》建置、党派群团、政务、自然地理等20篇。至1990年5月按照原定篇目，26篇约130万字的初稿全部脱稿，打印以后，分别送给中共溧阳县委和县政府以及省、市地方志办公室领导和特约审稿的行家、专家、教授进行初审、复审，从而修改成送审稿。历经七度寒暑，五订纲目，三易其稿，整个修志历经组建班子、全面发动、搜集资料、资料长编、初纂、再纂、总纂、审批验收、发稿付印等九个阶段。1991年5月由溧阳市、常州市、江苏省三级有关部门的领导以及专家、教授、行家聚会溧阳，历时三天会审定稿。

溧阳市志（1986—2007）

溧阳市地方志编纂委员会编。2008年7月启动编纂，2016年1月由方志出版社出版。主编朱洪伟、徐军芳、甘正富，副主编刘国力、孙渊灿，执行副主编卞德坤（常务）、潘鸿声、殷国富，编辑莫俊、董文博、袁杰、芮金川、晋阿彬、尹少鹏、陈正福。

全书2册，221.6万字，图片315幅（志首127幅、随文188幅），表格395张。记述范围为2007年溧阳市行政区域。该志为《溧阳县志》（1992年版）续志。记述上限1986年，衔接前志，下限2007年。为保持事物发展的连续性和完整性，大事记、图片延至2014年，总述和部分内容视情适当上溯，前志缺载事物记自发端。述、记、志、传、图、表、录等诸体并用，以志为主。志首设序、凡例、总述、大事记，志末设附录、编后记。全志设36篇：建置区划·自然地理、人口、国土资源管理、环境保护、城乡建设与管理、交通运输、邮政·通信·信息化、水利、经济体制改革、开放型经济、农业、工业、建筑业、房地产业、商贸服务业、旅游业、金融业、财政·税务、综合经济管理、中共地方组织、地方人民代表大会、地方人民政府、地方人民政协、民主党派·工商联·人民团体、综合行政管理、法治、军事、精神文明建设、科学技术、教育、文化·大众传媒、医疗卫生、体育、社会生活、乡镇、人物。

为反映时代特征，该志设经济体制改革篇，集中记述农村经济体制改革、工业经济体制改革、商贸流通体制改革、经济管理体制改革，并在其他篇章中分散记述改革内容；设开放型经济篇，记述招商引资、对外及对港澳台经济贸易、境外经济技术协作、海关·出入境检验检疫、省级开发区与镇工业集中区；设精神文明建设篇，记述工作机制、文明创建、公民道德建设。溧阳旅游资源丰富，设旅游业篇，重点记述天目湖旅游度假区、旅游服务、旅游行业管理等。溧阳是江苏省农业大市，志书加大农业篇记述分量，重点记述以丘陵山区为重点的农业资源综合开发，推进农产品质量建设，发展农业示范园区等内容。该志在建置区划·自然地理篇专设地名章，记述山岭、水域、集镇、自然村、居民新村（小区）以及路、街、巷名，丰富记述内容，增强可读性。中共地方组织篇、地方人民政府篇分别记述重要决策、施政纪要，体现在党委领导下，政府具体实施的经济社会发展重要举措。附录收录1986—2007年溧阳市（县）获得荣誉称号、溧阳百姓小康调查报告等专文和重要文件，拓展志书资

《溧阳市志（1986–2007）》目录

料类型和记述深度。

2020年，该志在江苏省地方志书质量评定中被评为优秀成果。

（莫　俊）

【编后记（节选）】

2006年下半年，溧阳市地方志办公室根据省、常州市政府的统一部署，开始全市第二轮地方志编修（简称续志）的准备工作。在历时数年的编修过程中，市地方志办公室坚持正确的指导思想，恪守质量第一的原则，切实履行责任，发挥职能作用，全力推进各项编修工作。

2007年上半年，市地方志办公室先后邀请本单位离退休干部和有关部门负责人座谈讨论，借鉴其他市（县）志篇目设置的科学方法，结合溧阳地方实际，拟制《溧阳市志（1986—2007）》征集资料篇目。2007年12月，征集资料篇目印发全市各部门征求意见。2008年7月，市地方志办公室结合部门和专家意见，研究确定《溧阳市志（1986—2007）》编修篇目设37篇。市志篇目在保留前志主要篇目的基础上，增设了《经济体制改革》《开放型经济》《精神文明建设》《旅游业》，以反映时代特征，体现地方特色；单独设置了《中共地方组织》《地方人民代表大会》《地方人民政府》《地方人民政协》《国土资源管理》《环境保护》等篇，以突出主体性。7月8日，溧阳市地方志编纂委员会成立；30日，市政府召开地方志编纂工作会议，首部《溧阳市志（1986—2007）》编修工作全面启动。

2008年8月初，各承编单位根据市委办公室、市政府办公室《关于切实做好全市第二轮地方志编纂工作的通知》要求，组建领导机构，抽调修志人员，提供修志设施，落实修志经费。8月19日，市地方志办公室举办全市修志业务培训班，就纲目细化，资料搜集、考订、整理和行文规范等进行辅导。同月起，市地方志办公室各责任编辑按分工深入相关承编单位，加强协调、指导和督促。2009年12月，各承编单位基本完成资料征集和整理。2010年起，各责任编辑介入市志初稿编写。至年底，续志初稿编写完成，计300多万字。

2011年起，市地方志办公室组织开展全志修改和图片征集。各责任编辑负责分工篇目的分纂。2012年1月，《溧阳市志（1986—2007）》总纂篇目通过常州市地方志办公室组织的专家评审；3月，成立由市地方志办公室领导和修志骨干组成的市志总纂审稿组，对各篇组织集体审稿，找准问题，明确修改思路和重点。2013年6月后，实行审稿组与各责任编辑面对面审稿，增强分纂责任意识，加快分纂修改进度，提高分纂质量；加强编纂力量，对部分篇、章重新组稿；调整篇目结构，将《语言》归入《社会生活》篇，全志最终设置36篇。2014年4月，审稿组基本完成任务，总纂工作展开。2015年4月，完成志稿总纂。

2015年5月起，总纂组结合专家复审和各方修改意见，对志稿进行修改打磨。9月，形成230万字的送审稿，送请编委会、市领导、修志专家、离退休老领导、社会知名人士、承编单位审阅。10月30日，召开《溧阳市志（1986—2007）》终审会议。市地方志办公室及时汇集和认真梳理终审意见及各方修改意见，对有关篇、章、节标题作了改动，部分内容重新归类。总纂组按分工反复修改完善，再度加工提高。11月，《溧阳市志（1986—2007）》通过常州市地方志办公室验收。之后，报经江苏省地方志办公室审核、市政府批准，交付方志出版社出版。

苏州市

苏州市首轮修志工作最早肇始于1980年编纂的《沙洲县志》，其他志书编纂工作主要于1981年启动，区志编纂在20世纪80年代初期也基本着手编纂。至2006年，全市共出版和内部刊印市县两级综合志书12部，总字数1816万字。其中，市级志书1部：《苏州市志》；县区级志书11部：《常熟市志》《常熟市志》（修订本）《沙洲县志》《昆山县志》《吴江县志》《太仓县志》《吴县志》《平江区志》《沧浪区志》《金阊区志》《苏州郊区志》（《平江区志》《沧浪区志》《金阊区志》《苏州郊区志》为内部油印本）。苏州首轮市、县（市、区）志数量多，质量精，多部志书在国家级、省级质量评比中获奖。在1993年全国新编地方志优秀成果评比中，《沙洲县志》获一等奖、《常熟市志》获二等奖。1997年，《苏州市志》获全国地方志奖一等奖。

苏州市二轮修志工作于1998年开始，主要为首轮编纂较早的县志续修以及内部油印本区志的重修。2005年，全市二轮修志工作正式启动。至2016年，苏州市基本完成二轮修志工作任务，全市共出版市县两级综合志书13部，总字数2787.8万字。其中，市级志书1部：《苏州市志（1986—2005）》；县区级志书12部：《张家港市志（1986—2005）》《常熟市志》（2016年版）《昆山市志（1981—2010）》《太仓市志（1986—2005）》《吴江市志（1986—2005）》《苏州市相城区志》《苏州市吴中区志（1988—2005）》《苏州市高新区（虎丘区）志》《苏州工业园区志》《金阊区志》《沧浪区志》《平江区志》。《苏州市志（1986—2005）》《张家港市志（1986—2005）》《苏州市相城区志》《太仓市志（1986—2005）》《苏州高新区（虎丘区）志》《吴江市志（1986—2005）》《吴中区志（1988—2005）》《昆山市志（1981—2010）》《常熟市志》（2016年版）等多部志书，获评江苏省地方志书优秀成果和地方社科优秀成果。

苏州市志

苏州市地方志编纂委员会编。1981年2月启动编纂，1995年1月由江苏人民出版社出版。主编陈晖，副主编谢效正、陈维新、邹立昌、金菊林、朱家康。编辑张学群、陆启东、徐云、孙无痕、姚伟、张维明、陈其弟。著名古籍版本学家、目录学家、书法家顾廷龙为志书题写书名。

全书3册，483.5万字，图片381幅（志首296幅、随文85幅），表格680张。记述范围，民国时期以吴县城厢为主，1949年4月后限于苏州市区。1983年实行市管县新体制后，所辖县（市）的情况设县（市）简况专卷，并在自然环境、交通运输、邮政电信、电力、对外经济、旅游、外事、文物诸卷中兼及之。记述上限因事而异，适当追溯，下限1985年，大事记延至1992年。述、记、志、传、图、表、录诸体并用，以志为主。志首设总述、大事记，志末设编纂始末。全志设54卷：建置、县（市）简况、自然环境、人口、方言、城市建设、城巷河桥、交通运输、邮政电信、建筑、园林名胜、旅游、人物、经济综述、丝绸工业、纺织工业、工艺美术、轻工业、电子工业、机械工业、化学工业、医药工业、食品饲料工业、建材及陶瓷工业、电力工业、冶金采矿、农业、商业、饮食服务、对外经济、物资流通、财政税务、金融、经济综合管理、党派、政务、治安司法、军事、政事纪略、社会团体、民政、劳动人事、外事侨务、教育、科学技术、文化艺术、报刊广播电视、图书、文物、卫生、体育、宗教、民俗、杂记。

《苏州市志》目录

为充分反映苏州历史文化名城、名胜众多的城市特色，该志设城巷河桥、园林名胜、文化艺术、文物等卷，重点记述苏州城垣街巷、河道桥梁、园林名胜、花木盆景、戏剧曲艺、文物古迹等。该志经济内容较为丰富，共设21卷，约180万字，占全书篇幅近40%。设经济综述卷，宏观介绍苏州经济情况；设丝绸工业、纺织工业、工艺美术、轻工业等卷，按行业编排，反映行业全貌，资料翔实；设农业、商业、饮食服务、物资流通等卷，展示苏州“鱼米之乡”和工商业发达的特色；设对外经济卷，记述进出口、外资外经等内容，彰显改革开放初期的时代特征，突出苏州经济发达的特色。该志设政事纪略卷，集中记述“苏路风潮”“五四运动中的苏州”等24项重大历史事件和政治运动，为同期志书中较少记述。

该志还以专记、附录的形式，记述重要数据、重大事件和特色事物，重视人文资料的记述。设有《苏嘉铁路建设与拆除始末》《历代苏州园墅名录》等附录32篇，设有《苏州的官府织造》《苏州洋炮局》等专记6篇。设杂记卷，记述《辛亥革命重要文献〈秋夜草疏图卷〉》《现代交通工具在苏州的出现》等逸事、珍闻96篇，提升志书的可读性、生动性和史料价值。

1997年，该志获全国地方志奖一等奖。

（金凯帆）

【编纂始末（节选）】

《苏州市志》的编纂工作，始于1981年，至1994年付梓出版，历经十四个春秋。其间，大体分作三个阶段：

第一阶段(1981—1985年),为准备、发动和群众性编写阶段。

1981年2月10日,苏州市地方志编纂委员会成立。编委会下设办公室,配专职修志人员。市地方志办公室建立后,根据第一次市志编委会会议精神,即拟订修志工作规划,草拟市志篇目,调集和训练专职修志人员,为在全市开展修志工作作好准备。1982年5月,市委、市政府召开首次地方志工作会议,全面部署市志的编纂工作,要求在各部门、各城区、各个方面自上而下广泛收集资料,编写基层志和部门专业志、各城区区志的基础上,修好《苏州市志》。会后,各区、局、公司和直属单位,陆续将修志工作列入党政工作的议程,组建队伍,制订规划,培训人员,广征资料,形成基层志、部门专业志与区志齐头并进的修志局面。至年底,市志办公室连续举办4期业务培训班,受训人员逾400人,培训面覆盖全市各行各业,时专、兼职修志人员达1300余人。1983年实行市管县新体制后,调整市志编委会,市委、市政府于同年6月20日批转市志编委会《关于进一步做好编史修志的意见》的通知,要求各单位继续加强领导,不能因为机构改革而使修志工作有所削弱。1985年4月国务院办公厅33号文件,同意中共中央宣传部关于加强全国地方志编纂工作领导的报告。苏州修志工作又乘这阵东风,加快部门专业志的编写步伐,并分别举办6期"纲目研讨会"和5期"编写研究班",有145名修志人员参加学习和接受业务培训。经四年努力,较好地完成第一阶段的工作。共编就512部基层志,编写出34部部门专业志、区志和部分资料长编,全市各区、局征集到大量的档案、报刊和口碑资料。市志办公室编辑出版了《苏州史志资料选辑》(至1992年共出20期),积累、保存了大量有价值的地方文献资料。为纪念苏州建城2500年活动,组织出版《盛世滋生图》和点校、整理《吴郡图经续记》《宋平江城坊考》《吴地记》《吴门表隐》《吴郡志》五部苏州著名旧志和地方文献,市志办公室三次修订市志篇目,苏州市志整体框架初步形成,并在详今略古、记述地域范围等几个问题上取得初步共识。

第二阶段(1986—1989年),为分志编写阶段。

自1986年起,市志编纂工作全面转入分志编写,市志编委会要求起步早的单位由部门专业志向分志过渡,新起步的单位直接编写分志,以便及早形成市志初稿。为此,市政府于同年9月16日批转市志编委会报告,对各单位、各部门所承担的任务和完成的时间提出了明确要求,同时同意将苏州市志下限由原定的1982年延伸至1985年。根据市政府的要求和市志总体设计,各单位、各部门调整力量,充实人员,多方扩充资料,全力以赴编写分志;在成稿的不同阶段,召开多种形式的座谈会、研讨会、评稿会,认真履行自审程序。与此同时,市志编委会和市志办公室组织三次全市性的试验评审,总结经验教训,以点带面,提高了对保证分志与市志整体质量的认识,发现了因下限延伸而有待解决的若干共性问题。采取以上措施后,到1989年底,完成70%的分志稿编写任务,包括部分初稿和资料长编。其间,对市志篇目又进行第四次到第七次修订,整体结构基本成型。

第三阶段(1990—1994年),为总纂、评审、出版阶段。

1990年开始,《苏州市志》进行总纂准备工作。完成市志总纂，已列入本市的“七五”计划。市志编委会主任会议，鉴于形势和任务的需要，决定及时进行市志总纂工作。市政府批转了《关于限期完成分志编写，确保〈苏州市志〉总纂的报告》，要求各单位必须采取措施，在保证质量的前提下，如期完成承编任务，绝不允许拖市志总纂的后腿。紧接着，市政府又一次增补市志编委会成员，任命陈晖等6人组成市志主编室。同时，市政府召开地方志工作会议，并表彰了一批修志先进单位和先进个人。主编室成立后，制定了总纂工作计划，明确了指导思想和工作原则。一、坚持一手抓进度，一手抓质量。将“抓成稿”列为总纂第一年的首要任务，采取多种有效措施后，至年底，除后补的少量章节外，市志初稿全部完成，结束了长期“等米下锅”的状况，为总纂奠定了基础。二、坚持开门修志，取得社会支持。向市人大、市政协通报修志工作情况；聘请顾问、专家，出谋划策；聘用特约编写人员，帮助撰写和修改部分志稿；请教授、教师对文稿的语法修辞和语言规范化进行推敲。三、坚持内议与外议并举，优化总体设计。发动各方面“会诊”市志总体设计，进一步谋篇立卷，市志篇目进行了第八次修订，同时使得一些长期争议的“热点”和议而不决的难点，基本都得到较好的解决。关于地域问题。下限延伸后市与县的关系处理，原定在记述现状时，允许兼带县情，但是，由于各分志情况各异，很难确定统一尺度。最后决定市志就写市区，对县情改分散带为集中记，设专卷集中记述县情；对一些有历史渊源和工作范围历来不受地域分割限制的几个卷，与市情融为一体记述。这样处理，一可客观反映市区发展的总脉络及历史与现状的延续性，保留了它的承袭关系和相应的可比性；二可集中反映六县（市）的大势大略，给读者提供一个完整的概貌；三可减少与县（市）志的重复。关于地方特色问题。为了充分反映苏州历史文化名城和风景游览城市的性质，首先从发挥地方优势出发，将“经济综述”“城巷河桥”“丝绸工业”“工艺美术”“园林名胜”“文化艺术”“文物”“商业”这8卷列为反映特色的重点志稿，写深写透；其次在其他分志稿内，也必须着力反映各自的特色。关于工业卷分类问题。总纂前绝大多数工业分志，部门志痕迹严重，也反映不出该行业的全貌，特别考虑到苏州众多的工业门类与产品都出自手工业和街道生产的自救小组，加上全民办工业的时代，不以行业为限，能生产什么就生产什么，需要生产什么就生产什么，结果各门类的产品，交叉地隶属于各个工业行政主管部门。总目中坚持打破部门志格局，按行业归口重新编排，在调整篇目、征集资料、组织队伍等方面另行落实配套措施，经全面改写，基本上形成符合国家行业分类标准的行业志稿。

1991—1992年，重点抓修订送审稿和送审稿的“审稿”工作，本着“积极稳妥，确保质量”的要求，有组织、有计划地开展各项活动。在改稿之初，主编室和办公室就提出把工作重点由“指挥部”向“编辑部”转移，并以此确定相应的职能体系，强化各个层次上的责任制。首先，坚持实行主编领导下的分工负责制。正副主编个个定位，人人有责，有各自的运转体系和服务网络。其次，强化编辑部职能，严格执行改稿程序，坚持内议和外议并重。内议，凡改稿前均由主编室逐一过堂审议；外议，对一些专业性、技术性、综合性比较强的志稿，则由主编室出面邀请专家、学者，共商改稿大计。

为了统一数据，除特约有专长的同志坐镇办公室核实外，还将全书委托给市统计部门逐一审定。在此期间，先后两次修订《凡例》《行文规范》，制定若干操作环节上的实施方案，使各个方面基本都有章可循。经过一年半拼搏，将分志送审稿改写成近500万字的市志送审稿，其改写程度，大体为重写的占45%，大改的占40%，小改的占15%。

《苏州市志》坚持成稿、评审交叉进行，面向社会，全面评审。市志进入总纂之日起就开始策划评审工作，并逐步形成计划性的实施意见。1991年3月6日，市委、市政府批转市志办公室《关于协同做好〈苏州市志〉评审工作的报告》。据此，我们组织了广泛的审稿队伍，建立了五个层次的评审网络。评审形式，采取会审与分审结合，有“分类审”“单项审”“分散审”。凡“分类审”“单项审”，均以行业归口组合和以部门为主；每一会审，均由市志编委会成员主持。其间，共召开43次评审会，单项评审27卷，分类评审20卷，共占总量的83%，部分单章评审还不在其内。以上几方面，共发评审稿1776本，其中以函件和上门形式，分发（寄）1106本，整理出评审意见5563条，评审效果十分显著。在大面积评审的同时，全套报送市级四套班子，选送各民主党派和工商联，市志编委会并将总纂以来对若干重大问题的处理意见，报送市委常委和市政府审定通过，同意如期请江苏省地方志编纂委员会来审稿，并授权市志编委会修改定稿、出版。1992年12月8—11日，江苏省地方志编纂委员会在苏州主持召开《苏州市志》稿评审会，组织30位专家学者和修志同行，对《苏州市志》进行全面评审。

1993—1994年，集中力量定稿、发排、校对、付印。省、市级评审后，我们以“名城出名志”的高标准要求，首先认真汇总评审意见，进一步开拓思路，研究与制定总体修改方案，每卷修改前，都由分工副主编提出具体修改意见，经主编室集体研究确认后动笔，建立集体领导下的主编终审、副主编分审的编审制度。接着，一鼓作气精心修改，严格分工，责任到位，定人、定卷、定质、定时，苦战9个月，终于全部改定，打印后分批报省验收、送交出版社。

【志评】

果然名城出名志

——读《苏州市志》的经济部类

沈立人

《苏州市志》问世了。这部近500万字的现代志书，篇幅浩大，令人惊喜。我得先睹为快，十分高兴。但在开卷之前，心中存有若干疑虑：一是与历代多种苏州志比，能否超越前辈；二是在已经出版和将要出版的千百种地方志中，能否独树一帜；三是与苏州这个名城，能否名实相当？掩卷之后，是相当满意的。名城出了名志，名志无愧名城。

现在仅就经济部类，感到颇有时代特色、地方特色和专业特色，表现在几个关系的处理上，确有难能可贵的成就。

首先是经济和文化的关系。“上有天堂，下有苏杭。”苏州本以历史文化名城和风景旅游城市著称，其经济地位如何，在一般人的心目中是逐步认识的，甚至还有不同评价。本书在总体设计上，匠心独运，弹出了很好的“文化、旅游、经济三重奏”。本来，历史悠久的吴文化，不能离开发达的经济基础。早在6000年前，苏州的先民已经种植水稻；苏州建城，有2500多年之久；唐宋以来，天下财赋自江南出，苏州是重要的商品粮基地；不久，成为全国最早出现的资本主义萌芽地区之一；我国近代工业的诞生，苏州也有一份。特别是中华人民共和国建立后，当工作重点转向以经济建设为中心，苏州进一步大展宏图。近几年来论经济规模和经济实力，苏州（包括所属六个市县）在各大城市区中跃居第四，仅次于沪京津。苏州经济的高速发展，有其文化背景，两者相互依存、相互促进。这在本书有很好的反映和联系，在文化各卷中内含经济，在经济各卷中背靠文化，有的专卷更难以截然区别开来。正是这样，现在全书中属于经济部类的有21卷，约180多万字，几占全部篇幅的近40%，同时适应了当前以经济建设为主旋律的要求。

其次是历史和现状的关系。如上所述，苏州的经济发展，由来已久。作为一本地方志，既要追叙历史，又要描绘现状，告人以历史是现状的渊源、现状是历史的延续的联系。本书按照“略古详今”的原则，在这方面是处理得很妥帖的。有些专卷，例如《丝绸工业》《工艺美术》和《饮食服务》，都是自古迄今，娓娓道来，引人入胜。今天的苏州，为什么形成这样的产业结构，很多方面有自己独特的优势，从此不难找到答案。当然，今天的苏州又不仅是过去的放大，同时也有新兴行业。把历史和现状相联系，不仅古为今用，还有推陈出新，一部志书就把历史感和时代感糅合起来，使读者体会到历史的力量和时代的光彩，认识了苏州经济的纵深度，也激发了“爱我苏州”“发展我苏州”的热情。

复次是共性和个性的关系。经济发展有其共同规律，特别在毗邻地区，例如苏州和无锡、常州，被称为“三胞胎”，怎样使外人一看就识别，并不容易。前几年的某些地方史一类著作，往往大同小异，举一反三。本书在这方面下了很大功夫，处处显示了地方性和乡土风情。这就是在总体结构上突出个性，在篇目设计上突出重点，把苏州的“丝绸之府”“工艺之市”“水乡之城”都浓墨重彩，给人以深刻印象。即使如《商业》卷，也显得层次众多、丰富夺目，从春秋战国的初兴“吴市”，讲到“鱼米之乡”，再讲到一批“百年老店”，在各卷中笔墨浓厚，说明当代苏州商品经济和市场经济的勃然崛起绝非偶然。在工业的若干卷中，不乏“小商品、大市场”，都有苏州特色，非其他地区或城市所堪傍比。这是地方志的生命力所在，本书在这些方面求特、求重、求深，是真谙了地方志的三昧。

再次是常规和独创的关系。与史一样，地方志不仅是志，也要志论结合，在大量资料中有议论、有概括，画龙点睛，使人们从感性了解中得到理性思考。但是，不能满足于一般常规，同样要有地方特色，突出本地独创，始有独立价值，并充实共同经验，对后来人有启迪。例如篇幅不大的《物资流通》卷，可能不易引人注意，而其中所述，从古代的木、石、煤、炭，到当代的原材料协作，后者在苏州有开拓性和领先度，对目前苏州物资中心的建立和壮大，作了很好的诠释。工业各卷中也不乏其例，如医药，同样是古有积淀，今有发展，并为今后的继续开发提供了有利条件，也是地方优势，将在现代化建设中再放异彩。这些，都不是什么资料堆砌，而是经过消化，上了层次。

最后是成功和挫折的关系。当代人和本地人写本地地方志，对当代部分，落笔有难言之隐，很可能自觉或不自觉地报喜不报忧或“为尊者讳”“为贤者讳”。有的地方志确是这样，一片莺歌燕舞，使人陶醉，失去清醒，是不足为训的。本书对成绩不说过头话，很少用“最”字，更不回避前进中的挫折，目的是接受教训，以免再犯。其中如对“大跃进”和“文化大革命”时期的经济工作，就能尊重事实，有失误记失误，并且不仅反映“面”上的失误，还承认“点”上的失误。特别是80年代的经济发展，也在肯定的前提下指出一些问题，例如增长过程中的周期性波动，并对经济效益指标的多数下降一一列出。直言不讳，有胆有识，其目的不在使人沮丧，而恰恰是为了发挥史志应有的资治功能。也只有这样，才能博得读者的认同。这对苏州在即将全面实现第二步战略目标后，继续向第三步战略目标前进，构筑跨世纪工程，无疑是大有裨益的。

本书之所以能够获得上述优点，是在编纂工作上坚持高质量、高标准，从指导思想到体例、方法、文字都不断下苦功夫，努力挖掘，执着追求，集思广益，精益求精。苏州是名城，为出名志提供了基本条件；但是能否实现，还取决于主观努力。现在，名志出自名城，对其他地区的编志工作有一定的示范效应。可以相信，即使知名度不如苏州的，也有希望出名志。盛世修志，一定会有名志成林的繁荣景象，当拭目以待！

（原文刊载于《江苏地方志》1995年第1期）

苏州市志（1986—2005）

苏州市地方志编纂委员会编。2005年11月启动编纂，2014年12月由江苏凤凰科学技术出版社出版。主编徐刚毅、叶正亭、邬才生，副主编林植霖、陈其弟、林锡旦、诸晓春。编辑林植霖、陈其弟、傅强、潘振亮、张伟应、金凯帆、林锡旦、徐维新、俞菁、丁瑾、庄建中、姚中讙、张振雄、刘振明、陆文元、徐敏、胡锡成。

全书3册，378.8万字，图片523幅（志首106幅、随文417幅），地图2幅（2005年苏州城区图、2005年苏州市域图），表格638张。记述范围为2005年苏州市行政区域，以市区为重点，兼顾所辖市（县）、区。该志为《苏州市志》（1995年版）续志，记述上限1986年，衔接前志，略作追溯，下限2005年，大事记延至2012年。述、记、志、传、图、表、录诸体并用，以志为主。志首设序、凡例、总述、大事记，志末设索引、编后记。志书为条目体（为第二轮修志鲜见），卷下一般设目、子目两个层次。全志设47卷：建置区划、市（县）区概况、自然环境、人口、土地管理、环境保护、园林、风景名胜、城市建设、水利水务、交通运输、邮政电信、经济综述、农业、工业、部属和市属企业、开放型经济、开发区、商业、旅游、财政税务、金融、经济综合管理、中共苏州市委员会、苏州市人民代表大会、苏州市人民政府、政协苏州市委员会、民主党派和工商联、人民团体、政法、军事、文化、历史文化遗产、文博、新闻传媒、艺文、科技、教育、医疗卫生、体育、民政、劳动人

《苏州市志（1986—2005）》目录

事、社会保障、人民生活、精神文明建设、宗教民族、人物。

该志在篇目设置和记述内容方面，采取集中记述与分散记述相结合的方法，注重全方位反映地方特色和时代特征。苏州是著名的历史文化名城，历史文化遗产丰富，该志设园林卷，记述古典园林和现代公园；设风景名胜卷，记述虎丘山景区、枫桥景区、盘门景区等14个景区；设旅游卷，记述旅游资源、旅游开发、特色项目、旅游节庆等；将历史文化遗产升格设置为卷，记述世界文化遗产、非物质文化遗产、历史文化名城、历史文化街区、历史文化名镇等；设文博卷，记述考古发掘、文保单位、文物管理、博物馆等；设艺文卷，记述文学艺术、科学技术、社会科学、地情文献、古籍整理以及译著等。苏州人杰地灵，院士众多，人物卷设院士名录，记述中国科学院院士、中国工程院院士和原籍苏州的境外工程院院士。

在体现时代特征方面，该志设开放型经济卷、开发区卷，记述对外贸易、利用外资、对外经济合作以及国家级、省级众多开发区，充分反映苏州的经济活力。此外，设经济综述卷记述改革开放、经济结构、经济协作、乡镇企业、民营经济，加强对宏观经济的记述。同时，该志设精神文明建设卷，重点突出“张家港精神”“昆山之路”“园区经验”，并附录苏州“三大法宝”的4篇《人民日报》评论员署名文章，以及新华社署名文章，充分反映苏州在探索实践发展道路上形成的“团结拼搏、负重奋进、自加压力、敢于争光”“敢闯敢试、唯实唯干、奋斗奋进、创新创优”“借鉴、创新、圆融、共赢”的精神内涵。

该志还以专记、附录的形式，记述重要政策、重大事件和特色事物。设有《明轩出口工程》《苏纶纱厂的百年兴衰》《苏州国有丝绸业结构调整实施政策性破产过程》等专记9篇，从不同角度对特色内容进行延伸记述。各卷共设附录30篇，如开发区卷的《优惠政策》，经济综合管理卷的《市属国有（集体）企业产权制度改革实施时间表》，文化卷的《特色文化乡镇》《市级特色文化乡镇名录》以及文博卷的《控制保护建筑》等，彰显地方特色，强化志书记述深度。此外，该志配有条目索引、表格索引、随文图片索引、人物索引，方便读者使用。

2016年，该志获苏州市第十三次哲学社会科学优秀成果二等奖；2018年，该志被评为江苏省地方志书优秀成果综合优秀二等。

（金凯帆）

【编后记（节选）】

《苏州市志（1986—2005）》的编纂工作始于2005年。是年9月，市地方志办公室向市长常务会议汇报新一轮修志情况，会议同意调整市志编委会和召开全市地方志工作会议，并决定将新一轮修志纳入全市“十一五”发展规划。10月，苏州市人民政府办公室发布《关于做好新一轮地方志编纂工作的意见》。11月，苏州市召开第四次地方志工作会议，对全市新一轮修志工作进行动员部署，正式启动《苏州市志（1986—2005）》编纂。

2006年1—2月，市志办采用电话或上门联系、落实各承编单位的修志人员，并着手编制《修志知识手册》，供修志人员培训所用。3—4月，市志办先后举办三期编纂业务培训班，各参编单位共174人参加培训。同时，市志办对市志的具体编排方案和市志总目进行多次探讨，形成除总述外共28卷的总目，拟采用分册出版的初步方案，总目利用“修志工作简报”向各单位征求意见。

2006年5月起，市志进入分卷初稿编写阶段。市志办各责任编辑按照分工到各单位督促检查修志工作，指导各分卷的细目制定和资料收集工作。其间，市志办组织各承编单位召开研讨会，对修志人员提出的问题和建议进行回答和研究，对志书编写进行指导。同时，根据承编单位的反馈信息和资料内容，对市志纲目反复论证，不断修改、完善纲目，力求更加突出苏州特色和时代特点。初稿编写历时两年多，至2008年，市志分卷的组稿工作基本完成。2009年起，市志进入分纂阶段。市志办每月举行一次业务学习，通过“以评代训”的方式，建立起内部质量控制体系和志书质量责任制，坚持“质量第一”的原则。对修志进度，市志办采用双月量化考核，运用半年度统计的方法，定期汇总进度，做到“时间服从质量”，志书编修力求做到“又好又快”。同期，向地方志编委会成员单位进一步征求市志纲目意见，邀请上海、南京、无锡等地的专家，苏州高校的学者，第一轮修志的编纂者等15位专家，征求对纲目的意见。6月，市志纲目在《苏州日报》刊登，再次向社会各界征求意见和建议。经过汇总，进行消化，形成包括基本情况、经济、政治、文化、社会民生五大板块45卷的总纂纲目。2010年，市志办建立“三上三下”的分纂制度，要求分纂稿必须经过责任编辑、分管主编的三次审稿、修改、上报的过程，消除资料稿的痕迹，达到分纂标准。10月，市志总纂纲目通过江苏省地方志办公室组织的评审。至2011年初，志稿分纂工作完成。

2011年3月，市志进入总纂阶段。市志办制定总纂进度表，每月确定总纂内容。主编室成员每月一次集中研讨，对各卷分纂稿一一过堂，针对前期分纂中存在的全志统一问题、交叉重复、详略取舍等，进行集中攻坚，打磨志稿。2012年5月，总纂稿通过主编室自审，形成市志总纂稿。

2012年6月起，市志办将总纂稿分送各承编单位征求意见，并对反馈意见专门研究、统一梳理、吸收精华。同时，组织力量，对总纂稿各分卷初评，分别召开了11次专题评审会。根据承编单位意见和初审中发现的问题，进行修改，形成总纂修改稿。

2013年，市志进入复审阶段。3月，市志办组织政法委、保密局、军分区、苏州高校及方志系统的9位专家，对市志终审稿进行复审。同时，市志办根据专家意见继续对终审稿在内部进行交叉互审，消灭硬伤，锤炼文字。4月，《苏州市志（1986—2005）》通过江苏省地方志办公室终审。来自全省各地不同部门的专家、学者，在充分肯定市志的同时，提出了宝贵意见。市志办围绕终审要求，对意见进行细致梳理、择善而从，对志稿进行修改加工。5—6月，市志办组织5位责任编辑，分册分工修改志稿，并定期召开由主编室成员参加的修改碰头会，专门研讨修改中遇到的难点问题，以求达成共识，统一修改口径。7月起，严格按照《地方志书质量规定》和《江苏省地方志行文规范》，由分工副主编逐卷统稿，进一步规范志稿的行文。到10月底，基本完成《苏州市志（1986—2005）》验收稿文字稿的修改任务。12月，按照“清、定、齐”要求印制的《苏州市志（1986—2005）》验收稿报送省志办。2014年3月，《苏州市志（1986—2005）》顺利通过省志办验收。经江苏省地方志办公室、苏州市人民政府验收批准,《苏州市志(1986—2005)》交由江苏凤凰科学技术出版社出版。

【志评】

续修市志的经典之作

——《苏州市志(1986—2005)》读后

巴兆祥

苏州是名副其实的方志之乡,不仅志书数量众多,而且佳志名作迭出,从唐陆广微《吴地记》,宋朱长文《吴郡图经续记》、范成大《吴郡志》,元杨譓《昆山郡志》,明王鏊正德《姑苏志》,清冯桂芬同治《苏州府志》,到新编《苏州市志》《沙洲县志》《常熟市志》《吴县志》等,多被广为赞誉。2005年苏州市启动第二轮修志,历经9年的精心打磨,《苏州市志(1986—2005)》终于大功告成。读罢该志,笔者觉得堪称续修市志中的精品佳作。

一、全市、市区、属市(县级)协调得当

我国目前的市,有县级市、地级市、直辖市3种。除县级市外,地级市、直辖市均下设区或区县(市)。遵照《地方志工作条例》的规定,各省、市、区、县都在修志,其所属县(市)、区也有志,这样就有市志如何与区志、属县(市)志辨体的问题。对此方志学界有不同的主张,有的认为市志只写市区,不记属县;有的主张市志应写属县,但不必全写,只在综述中写,主要记市区;有的以为增设"区县概况"一篇即可。苏州市2005年辖吴中区、相城区、平江区、沧浪区、金阊区、苏州工业园区和高新区(虎丘区)7个区,张家港市、常熟市、太仓市、昆山市、吴江市5个县级市,苏州市及其所属各区、市(县级)同时在修志,《苏州市志(1986—2005)》于此也进行了有益探索:首先,该志坚持修市志而不是城市志,"记述苏州市境域内自然、经济、政治、文化、社会等各方面情况",准确地把握了市志的属性与内涵。其次,站在全市的高度统一谋篇布局,把7区5市(县级)看作一个整体进行总体设计,将苏州各区、市(县级)的历史与现状概括于建置区划、市(县)区概况、自然环境、人口、土地管理、环境保护、园林、风景名胜、城市建设、水利水务、交通运输、邮政电信、经济综述、农业、工业、开放型经济、开发区、商业、旅游、精神文明建设等47个门类之中。尤其是各区、市(县级)在改革开放大潮中实现的"农转工""内转外""量转质"的历史性跨越、孕育的"张家港精神""昆山之路"和"园区经验"这"三大法宝"均在该志篇目中得到了较好体现,如开发区卷下分国家级开发区、省级开发区两种类型,分列昆山国家经济技术开发区、苏州国家高新技术产业开发区、江苏省张家港保税区、苏州太湖国家旅游度假区、苏州工业园区、江苏省苏州吴中经济开发区等15个开发区。再次,在对市志如何记载全市、市区、属市(县级)根据实际情况实施灵活处理。具体做法可以归纳如下:

其一,篇目体现。如苏州自古以来就是旅游胜地,名胜古迹众多,卷8风景名胜将虎丘山、枫桥、盘门、石湖、木渎、光福、穹窿山、东山、西山、角直10个市区风景区,以及同里、玉峰山、虞山、双山4个分属于吴江市、昆山市、常熟市、张家港市的景区设置为目。

其二,综合记述。苏州地处水乡,水利水务事关全局,卷10水利水务之河湖整治、城

市水利、农村水利、防汛防旱、水资源管理、供水、排水以全市为范围记述，不区分市区与属市（县）。卷13经济综述中的改革开放，记农村改革、城镇国有和集体企业改革、股份制改革和企业上市、对外开放也如此，文中常用"全市……"这样的字眼。

其三，详市区略属市（县）。如卷11交通运输中的公共交通、交通运输管理在顾及全市的基础上，重点记载市区，简要涉及属市（县）；卷38教育中的中小学教育也相同。

其四，全记市区。如卷9城市建设中的城市道路建设、城市桥梁建设、城市照明、市政设施养护与管理、住宅建设、公共建筑、整治改造等，卷19商业中的商贸中心、商业街、商场等，则集中记载市区而不及属市（县级）。

其五，全市概、市区详。卷19商业中的饮食业在概述中有这样的记载："80年代，饮食业包括菜馆饭店、面点馄饨、糕团小食品、饼馒生面、茶馆水灶等行业。80年代中后期，市饮食服务公司先后投入4000多万元，新建、扩建、改建网点50多个。……至2005年，全市餐饮业网点2.5万多个，营业总面积480.6万平方米，餐位约90万个，从业人员20.1万人，零售额116.95亿元。"后重点记载市区的菜馆饭店、面点馄饨、糕团小吃、早餐快餐。

其六，文述市区、表及属市（县）。如卷39医疗卫生记医疗事业，仅《1993年苏州市中医重点专科目录》涉及张家港、吴江、太仓，其余全载市区。

上述根据市志的定位、市与属区市（县）的职能分工，灵活地、有区别地、有联系地记载全市、市区、属市（县）的做法值得各地借鉴。

二、志稿撰写练达精致

志书编纂有一定的质量要求。关系志书质量的因素很多，资料当然是最重要的一环，但最终都是通过文本对资料的妥善处理来体现的。章学诚在《修志十议》曾提出，修志有"四要"："要简，要严，要核，要雅。"这部《苏州市志（1986—2005）》相当好地达到了这4项要求。

其一，体例谨严。苏州首轮市志采用章节体，设建置、县（市）简况、自然环境、人口、方言、城市建设、城巷河桥、交通运输、邮政电信、建筑、园林名胜、旅游、人物、经济综述、丝绸工业、纺织工业、工艺美术、轻工业、电子工业、机械工业、化学工业、医药工业、食品饲料工业、建筑及陶瓷工业、电力工业、冶金采矿、农业、商业、饮食服务业、对外贸易、物资流通、财政税务、金融、经济综合管理、党派政务、治安司法、军事、政事纪略、社会团体、民政、劳动人事、外事侨务、教育、科学技术、文化艺术、报刊广播电视、图书、文物、卫生、体育、宗教、民俗、杂记54卷，卷、章、节、目4级。《苏州市志（1986—2005）》改用传统的类目体，分类、目、子目、小目4级，同时对前志的篇目进行了调整：或归并，如工业不再拆分为丝绸工业、纺织工业、工艺美术、轻工业、电子工业、机械工业、化学工业等，而与农业、商业并列，用工业卷统之；方言改苏州话并入"人民生活"。或拆分，如园林名胜改为园林、风景名胜两卷，党派分解为中共苏州市委员会、民主党派和工商联两卷。或取消，如政事纪略、物资流通、杂记。或新增，如土地管理、水利水务、部属和市属企业、开放型经济、开发区、历史文化遗产、艺文、社会保障、人民生活、精神文明建设等。或微调，如文物变为"文博"，卫生改为"医疗卫生"，报刊广播电视调整为"新闻传媒"，宗教改为"宗教民族"。门类的排列，将"人物"移到最后，把“农业”调整到“工业”之前，“旅游”移到“商业”之后，“民政”“劳动人事”也挪到“人民生活”之前，组合成社会部类。这样的调整与排序，符合当前现实与历史传统，又兼顾惯例，从而使篇目结构更加合理。

其二，记述有方。《苏州市志（1986—2005）》在记载人、事、物时比较注意要素的齐全。如风景名胜卷中的东山风景区，记载了位置、面积、景观特色、景点景物、整修概况、投资额、游客接待数、旅游收入，一般读者和旅游研究者想了解的内容该志都有了，尤其是其中的游客接待数、旅游收入是众多第二轮志书所忽略的。对事物发展脉络的记载比较清晰。如工业卷中的丝织，先记载20世纪80年代初苏州市丝织产业进入黄金时期的表现，随后记述1988年江浙“蚕茧大战”及其后的市场疲软，苏州市丝织产业的突围，1999—2005年间“丝绸生产面临原材料价格上升和国内外市场竞争的双重压力，出现全行业亏损，苏州振亚丝织厂和光明丝织厂等企业实施债务破产重组，东吴丝织厂实施债转股试点，东风丝织厂、新风丝织厂和丽华集团公司等4家严重资不抵债的空壳企业进行了‘并壳’处理。东吴丝织厂搬迁至新区滨河路生产；新光丝织厂迁至吴中经济开发区生产。整个丝织产业进入调整阶段，一批民营丝织生产企业开始成长”，紧紧抓住苏州丝织产业在该志断限内的起点、转折点和终点（现状）。开发区卷对各开发区的记载基本包括管理体制、区域位置、开发建设过程、建设成效，开发区发展的历史脉络清晰明了。为反映所记内容的全面性与深度性，该志在记述中还较好地运用了“线、面、点”相结合的写作手法。如商业卷的商贸中心，先纵向记述：从20世纪80年代市区商贸中心开始记起，继记1988年、20世纪90年代商贸中心改造、更新；再记2005年的面：“市级商贸中心形成‘三核（古城、狮山、金鸡湖）’‘两副（元和、吴中）’‘三带（环古城风貌休闲商业带、环金鸡湖风情休闲商业带、环太湖旅游度假休闲商业带）’的格局；区域级商贸中心有黄埭、渭塘、木渎、越溪、东沙湖、独墅湖、蠡墅、金鸡湖西、太湖度假区、平江新城、金阊新城、沧浪新城12个；镇区级商贸中心有阳澄湖、望亭、东渚、光福、胥口、横泾、临湖、东山、西山、郭巷、角直11个；新型社区商贸中心星罗棋布。”其后以观前商贸中心、石路商贸中心、南门商贸中心、吴中商城、狮山路商贸中心、锦华苑商业中心、园区邻里中心、环金鸡湖商贸中心等作为重点予以记述。在这些重点记述的商贸中心中又包含了“线、面、点”结合。如观前商贸中心，由20世纪80年代初写到2005年，其中特别提及月中桂、黄天源、采芝斋、稻香村等老字号以及小吕宋、乾泰祥、老凤祥金店、亨达利黄金珠宝店、春蕾茶庄、三万昌茶楼、肯德基、必胜客等著名商店。

其三，体裁运用得当。述、记、志、图、表、录等多种体裁的综合运用是志书编纂的常态，但运用得是否恰如其分差异较大。该志也是多种体裁综合采用，以志为主，但有些体裁的使用有过人之处。如总述采用提炼式写法，在综述地情的基础上，记述了苏州各方面的成就与成功经验，展现了“最具活力城市”的形象。现在相当多的第二轮志书编、章均有无题述（小序），然编与章无题述（小序）间的简单重复时有所见，且篇幅长短不一。该志仅于卷首设无题述，每卷无题述篇幅大体相近，多控制在450~650字，除横通各目、勾勒本卷内容变化大要外，多提示2005年下限年的状况，有些还作画龙点睛式的议论或总结。如旅游卷“至2005年年底，各县（市）全部通过国家旅游局全国优秀旅游城市验收，苏州成为全国优秀旅游城市群”。人民生活卷“全市城乡人民生活从解决温饱到实现小康，收入水平逐年提高，消费结构、家庭资产、生活方式和生活习俗发生较大改变”。大事记突破下限，延伸至2012年，便于读者了解苏州近年发展大要。图表是第二轮志书均采用的体裁，其优势在于能弥补文字记述的某些不足，增加版式的多彩感，丰富信息量，提高资料性。然而，如果图表与文字的比例失当，或放置的位置不合适，效果有可能适得其反。《苏州市志（1986—2005）》图片分卷首彩图与文中插图两种形式，卷首彩图106幅，文中插图各卷不一，根据需要配置。表均随文设置。如农业卷种植业，插入“1999年，张家港塑盘育秧”1幅照片，“1986—2005年苏州市水稻播种面积、产量表”“1986—2005年苏州市三麦播种面积、产量表”“1986—2005年苏州市小麦播种面积、产量表”等10份表；旅游卷文中插图有“山塘街水上游”“市旅游局组织旅游企业到上海宣传乡村旅游”“寒山寺除夕听钟声”“吴宫喜来登大酒店”等11幅，表格有“2005年苏州市对外开放景区景点一览表”“1986—2005苏州市旅游业主要经济指标情况表”“2005年苏州节庆情况一览表”“2005年末苏州市城区旅游推荐购物商店一览表”4份。这些表格对正文均起补充作用，文字叙述与表相得益彰。

其四，叙述流畅简洁。如风景名胜卷写到“苏州的自然山水风景美丽，区域内人文荟萃，古城、古镇、古村落和太湖构成苏州众多而独特风景名胜。……人们在苏州的风景名胜区，可以领略太湖山水风光的美丽景色，体会枫桥夜泊和小桥流水人家的诗情画意，欣赏七里山塘和虎丘斜塔构成的独特风景，了解昆山昆曲、昆石、并蒂莲的奥妙之处。……”可见，该志纂者文笔老到，对地情有深刻的领悟。

三、特色把握与体现准确到位

苏州是我国首批中国历史文化名城，自古以来人杰地灵、英才辈出，创造了灿烂的传统文化与现代文明。“人文气息浓郁”一直是苏州的“城市名片”。同时，苏州又是经济发达地区，被誉为“红尘中一二等风流富贵之地”。改革开放后，苏州更是解放思想、抢抓机遇、开拓创新，经济社会发展走在全国的前列，孕育出著名的“苏南模式”“苏州经验”。苏州的特色不单单有古典园林、文化遗产丰富、开放式经济等单项特色，而且更具综合特色。

集中记载改革开放以来苏州在政治、经济、社会、文化、教育等方面的成就，是《苏州市志（1986—2005）》的主要使命，也是《关于地方志编纂工作的规定》《地方志书质量规定》对该志的要求。首轮《苏州市志》也较重视苏州特色的记载，但经济部类明显多于社会文化部类；续志则是“双轮”并行，对苏州经济与社会人文等各方面的特色皆予以较多的关照，并多方给予体现：

第一，在篇目设计上，将园林、风景名胜、交通运输、工业、部属和市属企业、开放型经济、开发区、商业、旅游、文化、历史文化遗产、文博、教育、科技、社会保障、人民生活、精神文明建设、人物设为卷类；在经济综述卷设置改革开放、经济结构、经济协作、乡镇企业、民营经济，农业卷设置农产品质量建设、外向型农业、农业综合开发，中共苏州市委员会卷设置重大决策，苏州市人民政府卷设施政纪略，劳动人事卷设人力资源管理、企业工资福利、外资企业劳动管理等目；在各卷的第三层次设置有外来暂住与流动人口、循环经济和生态园区、优美乡镇建设、创建国家卫生城市、服务经济、经济文化保卫、支援国民经济建设、共建精神文明等小目。这些类、目、小目既反映时代主旋律，又非常醒目地体现了苏州在经济与社会人文方面的地方特色。

与此同时，该志还把专记、附录两种体裁主要用来彰显苏州的特色。专记的使用，目前有泛滥的趋势。该志的专记有9篇，其中园林卷《明轩出口工程》《园林门票》、工业卷《人工饲养工厂化养蚕》《苏州国有丝绸业结构调整实施政策性破产过程》《苏纶纱厂的百年兴衰》、教育卷《苏州历史上的教会学校》《苏州城区中小学布局调整》《苏州外来民工子女教育》8篇，尽管每篇篇幅不长，但都从不同角度对相关特色内容进行了延伸。如《明轩出口工程》不仅反映苏州古典园林的杰出成就，而且还向海外输出，标志着苏州园林技艺走向了世界。附录有30篇，其中园林卷《庆云峰记》，开发区卷《优惠政策》，经济综合管理卷《市属国有（集体）企业产权制度改革实施时间表》，文化卷《特色文化乡镇》《市级特色文化乡镇名录》，文化遗产卷《控制保护古村落》，精神文明卷《比翼双飞看苏州》《伟大理论的成功实践——学习张家港市坚持两手抓的经验》《张家港：十年摘得文明城市桂冠》《"昆山之路"三评》《关于开展"学习昆山经验推进两个率先"活动的通知》《苏州工业园：以人为本展新貌》等20篇，与苏州的经济、社会、人文有关，为正文提供补充性或典型性资料，拓展了正文特色记载的深度。

第二，在内容记述上，该志以改革开放的时代主线为统领，对苏州的时代特色、地方特色实施集中记述与分散记述相结合。如苏州的古典园林是世界文化遗产，现代园林既有继承又有发展；苏州有"天堂"之称，自然环境优美，传统城镇古色古香，名胜古迹众多，是世界著名旅游城市；苏州是改革开放的先行者，探索农村发展之路，创造了乡镇企业发展的辉煌。20世纪90年代后，再更上一层楼形成"张家港精神""昆山之路""园区经验"，"三大法宝"成为苏州现代化建设的新名片。这些新旧苏州名片，都在相应的卷与目中有浓墨重彩的记述，但更多的则是在各卷目、小目中记述。如苏州各区县（市）发展乡镇企业，建立开发区，形成外向经济，带来了区域经济结构变化，吸引大量本地、外来人口就业，促进环境、市政设施、商业等发展。除开发区卷、昆山之路目外，外来暂住与流动人口、农业人口和非农业人口构成、流动人口计生管理、土地征用、对外贸易、利用外资、外资企业登记监督管理、重大决策、施政纪略等多有相关。苏州旅游业发达，尽管风景名胜与旅游卷有了集中记载，但外来暂住与流动人口、古典园林、现代公园、古树名木、盆景、河湖整治、市（县）区概况、城市规划、市政设施、湖泊治理、高速公路、公路客运、铁路、苏州太湖国家旅游度假区、苏州工业园区、昆山旅游度假区、商市、宾馆、非物质文化遗产、历史文化名城、历史文化街区、历史文化名镇、文物保护单位、博物馆等就有属于分散记述的内容。注重从全方位反映、记述时代特色、地方特色，应当是值得其他志书学习的。

当然，《苏州市志（1986—2005）》也有一些美玉之瑕。细究之，如个别照片缺提供人或拍摄人，服饰演变中对饰品记载较少，厂商开张不宜归入居住习俗，缺宗教管理，人物传缺传主肖像，“园区经验的形成”“园区经验的内涵”不合志书标题规范。本着尽善尽美的追求，这点瑕疵还是应力求避免。总之，《苏州市志（1986—2005）》当属第二轮志书的上乘之作，无愧于“天堂苏州”这个金字招牌。

（原文刊载于《中国地方志》2017年第4期）

苏州郊区志

《苏州郊区志》编纂委员会编。1998年3月启动编纂，2003年6月由上海社会科学院出版社出版。主编吴企新，副主编黄孟弟、袁养吾、宋建华、徐鍊、陈铭祖、金耀清。特约编纂石汝杰、张烈明。全国人大常委会原副委员长，全国政协原副主席，著名社会学家，人类学家，民族学家费孝通为志书题写书名。

全书1册，133万字，图片196幅（志首141幅，随文55幅），表格271张。记述范围为1999年苏州市郊区行政区域。由于境域数度变更，部分内容按当年辖区统计。记述上限尽量追溯事物发端，下限1999年，大事记延至2002年9月（2000年9月郊区更名为虎丘区，2002年8月虎丘区与苏州新区合并为苏州高新区虎丘区）。述、记、志、传、图、表、录诸体并用，以志为主。志首设序、凡例、总述、大事记，志末设编后记。全志设30卷：建置、自然环境、人口、名胜古迹、城乡建设、农业、蔬菜、多种经营、工业、交通运输、商业、对外经济、财税·金融·保险、经济综合管理、政党群团、政权政务、民政、劳动人事与社会保障、外事·侨务、治安·司法、军事、教育、科学技术、文化、卫生、体育、民俗、方言、人物、综录。

为体现地情特色，该志设名胜古迹卷，并前置为第四卷，记述“吴中第一名胜”——虎丘名胜和石湖景区等山水名胜，还记述古遗址、墓葬、亭桥园墅、寺庙庵堂、牌坊石刻。根据郊区的地理和物产优势，将蔬菜生产、多种经营从农业卷中析出升格设蔬菜卷，记述郊区的蔬菜生产情况，突出郊区茶花、席草、蚕桑、渔业生产情况，体现城市“菜篮子工程”基地的特色。工业卷设传统手工业章，记述手工业品和工艺品，工业门类突出轻工业、工艺美术业、纺织丝绸工业。为体现改革开放初期的时代特征，设对外经济卷，记述对外贸易、招商引资、对外经济合作等内容，反映郊区经济向外向型转变历程。设民俗卷、方言卷，突出郊区的地方文化特色。各卷首均设概述，概括各卷主要内容。志末设综录，收录和郊区有关的诗词、楹联、民谣、散文、杂记，增强志书资料性、可读性。

（许　丹）

《苏州郊区志》目录

【编后记（节选）】

《苏州郊区志》历经五度寒暑，数易其稿，终于付梓出版。此乃郊区历史上第一部志书，也是最后一部，因为郊区已在2000年9月更名为虎丘区，又于2002年8月苏州行政区划调整时与苏州新区合并为“苏州高新区、虎丘区”。

《苏州郊区志》的编纂工作，于1998年3月正式起步。此前，市政府郊区办事处（时与市农业局合署办公）根据编修《苏州市志》的需要，于1982年9月成立地方志编纂领导小组，下设办公室，抽调人员征集资料，着手编写《苏州市志》农业分志。1984年1月正式恢复郊区建置后，在区委、区政府领导下，地方志编纂领导小组和全区百余名专、兼职修志人员经过数年艰辛努力，于1988年3月编纂成《郊区志》（打印本），分上、下卷及大事记，共3册、40余万字，上限为1949年，下限至1985年。

《苏州市志》出版后，市政府于1998年将3个城区和郊区以及10个乡（镇）列入新一届修志工作单位。同年3月，郊区重建编史修志领导小组，下设办公室。区政府召开各部门、各乡镇长会议，区长亲自部署修志工作，要求做到“五个到位”（即领导、班子、修志队伍、资金和办公条件到位），发动各部门、各乡（镇）积极配合，提供有关资料，圆满完成《郊区志》的编修任务。由于1988年编修的《郊区志》（打印本）门类不够齐全，内容似嫌单薄，上下限时间亦不符合新编区志的要求，按照志书“横不缺门，竖不断线”的编纂原则，区方志办组织修志人员重新制订编纂纲目，增加相应门类，进一步充实内容，使《郊区志》真正成为全面记述郊区自然和社会、历史与现状的“一方之全书”。

与苏州几个城区相比，《郊区志》的编纂有其特殊的难度，因为1952年前郊区尚无独立建置，分别隶属吴县或苏州市管辖。1952年始建郊区政府，但在此后的30多年间，又数度撤建，行政区划变动频繁，有关资料散失较多，至1984年1月再度设立郊区政府建制时，区档案馆和有关部门所存历史资料严重缺漏。区志编修人员面对诸多困难，本着选材尊重历史、内容尽臻翔实、考证务达准确的精神，不辞劳苦，多次去市图书馆古籍部、市档案馆、市方志馆、市博物馆等单位及其他有关部门，从浩似瀚海的书籍、报刊和文书档案中查找有关郊区的历史资料和图片、实物，走访曾在郊区工作过的老同志，请教有关专家，深入乡镇和基层单位，多方采集第一手资料，然后，对诸多素材进行筛选，综合分析，权衡取舍，提炼编纂。各乡镇的编修人员亦密切配合，提供有关资料。浒墅关镇的修志人员为核实镇域桥梁的正确数据，一座桥一座桥实地丈量，令人感动。区、乡（镇）两级修志人员兢兢业业、对历史负责的精神可见一斑。

充分反映地方特色，是志书的生命与质量所在。在这方面，区志编修人员根据郊区的地理和物产优势，作了初步尝试和努力。如郊区的茶花、席草、蚕桑生产具有悠久历史，郊区又是城市“菜篮子工程”的基地，因此，将蔬菜生产、多种经营的内容从农业卷中提取出来，升格成卷，写深写透；名胜古迹和民俗、方言，是郊区的特色部分，也均独立成卷，以浓墨重彩落笔渲染；另有一些具有郊区特色的精彩内容，则编入综录卷中。

2002年6月，郊区修志领导机构更名为虎丘区地方志编纂委员会，成员进一步充实，办公室人员亦作了调整。是时，区志编纂工作已进入修改定稿阶段，修志人员对区志的质量严格把关，着重在志书的政治性、政策性和科学性上严格要求，在文字提炼、语言规范上精益求精，在章节设置、篇目安排上科学合理，在图表数据和文字表述的一致性等细节问题上一丝不苟，慎之又慎，有时为一字一句反复斟酌，为一个数据再三考证，不厌其烦，力求无误。有的同志加班加点，废寝忘食；有的同志不顾病痛，坚持笔耕。

2001年10月，《郊区志》打印成送审稿，报送区四套班子有关领导和苏州市地方志办公室审核。区方志办按照审稿意见，再次组织力量修改补充，苦战半年，终于定稿。最后经江苏省地方志办公室审核通过，付印出版。

苏州市高新区（虎丘区）志

苏州市高新区（虎丘区）志编纂委员会编。2007年2月启动编纂，2012年3月由上海社会科学院出版社出版。主编唐荣媛、陈永生，副主编吴企新、杨泉兴。编辑黄孟弟、潘康年、何国成、张烈明、陈英、杨素仪、张萍。

全书1册，132万字，图片149幅（志首126幅、随文23幅），表格253张。记述范围为2005年苏州市高新区（虎丘区）行政区域，由于境域数度变更，部分内容按当时辖区记述。记述上限适当追溯至事物发端，下限2005年，大事记延至2008年。述、记、志、传、图、表、录诸体并用，以志为主。志首设序、凡例、总述、大事记，志末设编后记。全志设21卷：建置·人口、自然地理、风景名胜、城区建设、开发建设、农业、工业、商贸·旅游、财税·金融、经济综合管理、党派·社团、政权·政协、民政·劳动人事、政法·军事、科学技术、教育、文化、卫生·体育、社会风情、人物、志余。

该志注重凸显苏州高新区（虎丘区）的新城建设、开发建设和真山真水园中城等地方特色。设城区建设卷，重点记述苏州高新区作为全国首批国家级高新区，从无到有、从小到大的建设历程。设开发建设卷，全面记述高新区开发建设的决策始末、政策法规、投资环境、建设历程、开发成果等内容。设风景名胜卷，记述石湖、阳山等景区以及遗址古墓、亭桥塔堤等古迹。工业卷设传统手工业、乡镇工业、现代工业3章，既展示以镇湖刺绣为代表的传统手工业，又体现苏南乡镇工业的发展历程，还记载电子信息工业、机械工业等各类现代工业门类，反映苏州高新区从“运河时代”迈向“太湖时代”，成为苏州经济重要增长极、自主创新示范区和全市高新技术产业基地的历程。该志是苏州市高新区（虎丘区）第一部志书，境内历史上建置沿革情况复杂，设建置卷，重点记述高新区（虎丘区）建置沿革。末卷志余，收录诗词楹联、碑文辑存、散文以及民间故事、逸闻轶事、抗日烽火、能工巧匠、“文化大革命”记略等，资料性强，增加可读性。

2018年，该志被评为江苏省地方志书优秀成果综合优秀三等。

（许　丹）

《苏州市高新区（虎丘区）志》目录

【编后记（节选）】

高新区（虎丘区）第一部志书《苏州市高新区（虎丘区）志》五度寒暑，数易其稿，终于付梓出版。它的面世为今年高新区开发建设20周年献上了一份厚礼。甚感欣慰。

2005年10月，苏州市人民政府将苏州高新区、虎丘区等五市（县）、四区列入新一轮修志工作单位。2007年2月，苏州高新区（虎丘区）成立地方志编纂委员会及其办公室，确定主编人选，组建修志队伍，邀请熟悉修志业务的5位同志参与其事。此后，便着手修志准备，重点制订《苏州市高新区（虎丘区）志》纲目。同年7月25日，高新区召开地方志编纂工作动员大会。8月15日又举行修志工作业务培训。区志编纂工作全面启动。2009年2月24日，区志纲目通过市方志办评审。是年2月全志初稿辑成，又花一年半时间完成分纂稿修改，2010年3月至11月通过二轮总纂，同年年底形成评审稿送市方志办评审。

苏州市

《苏州市高新区（虎丘区）志》的编纂有其特殊的难度，境内历史上建置撤建频繁，情况甚是复杂，记述颇费周章。辖区名称就涉及6个，即郊区、虎丘区、河西新区、苏州新区、苏州国家高新技术产业开发区和苏州高新区虎丘区，而现在的行政辖区还是2002年9月建立的，至志书下限时间仅两年零三个月。高新区（虎丘区）既是国家高新技术产业开发区，又是苏州市一个行政区，一部志书既记开发区，又记行政区，各地没有这方面的经验可借鉴。此外，在开发区初创期，新区管委会内设机构以综合管理为主，不强求上下对口，加之人员调动频繁，资料难免散失，增加了资料征集和编纂工作的难度。修志人员面对现状，本着对历史、对人民、对后代负责的精神，不辞辛劳，多次到市方志馆、市图书馆、市档案馆、区档案馆、区机关各部门、各镇（街道）及有关单位，从大量的书籍、报刊、文书档案中寻觅有关资料。甚至还冒着高温酷暑调查准海街商业街、狮山路金融街及部分企事业单位，千方百计广征资料。然后，对诸多素材进行筛选、梳理，综合分析，权衡取舍，力求选材尊重史实，考证务达准确，使志书内容尽臻翔实，质量务必保证。

充分反映地方特色，是志书的生命和质量所在。为此，修志人员在编纂过程中注意凸显高新区的新城建设、开发建设和真山真水园中城等地方特色，予以浓墨重彩渲染。区志专设“开发建设”一卷，全面记述高新区开发建设的决策始末、政策法规、投资环境、建设历程、开发成果等内容，以彰显特色。

经编纂人员4年的不懈努力，终于编成130余万字的区志评审稿。2011年2月16—17日，市方志办召开《苏州市高新区（虎丘区）志》评审会。尔后，区志编纂办公室编纂人员对评审意见进行反复推敲，认真梳理，本着“择善而从”“错误必纠”的精神，精心拟定了《苏州市高新区（虎丘区）志》送审稿修改方案。修改方案向市志办汇报后，得到市方志办领导、专家的充分肯定，认为送审稿修改可按此方案执行。至2011年12月，区志完成修改，并通过市方志办验收定稿，付印出版。

吴县志

吴县地方志编纂委员会编。1984年11月启动编纂，1994年2月由上海古籍出版社出版。主编詹一先，副主编李嘉球、张振雄、陈家骅、郁振国。编辑王文玉、包一鸣、卢韫、吴传良、李振作、李嘉球、张振雄、陆思长、陈俊才、陈家骅、陈家锜、郁振国、查建中、管显良。全国政协原副主席胡绳为志书题词。著名古籍版本学家、目录学家、书法家顾廷龙为《吴县志》题签。

全书1册，190.9万字，图片199幅（志首153幅、随文46幅），表格238张。记述范围为1987年吴县行政区域。记述上限1912年，适当溯源，下限1987年。大事记、人物传延至1992年。述、记、志、传、图、表、录诸体并用，以志为主。志首设序、凡例、概述、大事记，志末设志余、附录、编后记。全志设31卷：建置区划、集镇、自然环境、人口、农村生产关系变革、农业、水产、多种经营、水利、城建·环保、建筑、工业、交通邮电、商业、名特优产品、经济管理、财税·金融、党派·社团、政权·政协、公安·司法、民政、劳动人事、军

《吴县志》目录

事、教育、文化、文物·名胜·旅游、卫生、科技、体育、社会、人物。

为突出吴县地处江南水乡渔业发达、水产养殖比重较大的地域特色，志书特设水产卷，下设水产种类、水产养殖、水产捕捞与加工、养蚌育珠、渔业管理等章节，并设乡镇办渔场基本情况表和吴县捕捞渔业村基本情况表等表格。设水利卷，记述太湖堤闸、河道整治、圩区治理、禁围退耕、防汛抗旱等内容。为突出吴县物产丰饶的特色，设名特优产品卷，详细记述碧螺春茶、洞庭红橘、白沙枇杷等茶果，"太湖三白"、阳澄湖大闸蟹等水产。还记述"骆驼"牌电扇等各类工业产品，苏绣、缂丝、红木雕刻等工艺品，并用吴县名优产品名录以概述全貌。为体现时代特色，该志设农村生产关系变革卷，记述各个时期的农村生产关系，重点突出农村体制改革。此外，为突出吴县人杰地灵、人才辈出的特色，人物卷立传309人，其中不少为国内外著名人物，并附有近千名当代师、局级以上干部和高级知识分子名录，又在志余部分设《吴县·长洲·元和三县状元名录》，记录从唐咸通到清同治年间的32位文武状元。志余中设《历代地方志略述》，系统介绍吴县历代县志、乡镇志、山水志、专志的编修情况以及每部志书刻本及馆藏情况。此外，该志地图收录丰富，特别是前置彩页的《清吴县·长洲·元和图》《吴县城区图》《吴县地貌·矿产图》，建置区划章中的《(民国元年)吴县市乡图》《(民国19年)吴县行政区划图》《(民国24年)吴县行政区划图》《吴县太湖行政区地图》，以及自然环境卷的《吴县地层地质构造图》《吴县风向风速玫瑰图》《吴县潜水资源图》《吴县水文地质图》《吴县土镶类型图》等。地图绘制手段科学，要素明晰，较好地记载并传承吴县重要的历史地理文化信息。

1994年，该志被评为江苏省地方志工作优秀成果一等奖。

（陈　萍）

【编后记（节选）】

《吴县志》编纂工作，始于1984年11月，1992年底正式定稿，八度寒暑，三订纲目，数易其稿，终于杀青付梓。这是60多年来吴县一项最大的编纂工程，也是重要的精神文明建设成果。

修志伊始，我们特地聘请专家、学者来县讲课，或请兄弟县（市）来介绍修志经验。同时派人到北京、苏州等地的高等院校培训学习，又举办学习班，培训修志人员近200名。1985年1月，我们创办《吴县地方志通讯》，以此指导全县修志工作，搜集资料，交流经验，至1989年8月共编印"通讯"12期。

近代以来，国家历经战乱，文献史料散失严重。因此，参与其事的同志冒着严寒酷暑，仆仆风尘，南征北"钻"，奔走于苏州、常熟、上海、南京、北京、大连、四川等地的档案馆、图书馆、博物馆之间，查阅档案，摘录资料；或发函件，或访耆旧，累计搜集资料近5000万字。几经筛选，精核详考，才得以完成这近二百万言的巨著。

1988年2月，县志办公室主任周耀祖同志不幸因病早逝，办公室仅存2人，修志工作几为中断。县志编纂委员会多方抽调、借聘人员，充实县志办公室力量，1990年办公室人员增至12人。为充分反映吴县地方特色和改革开放的成就，1988年9月将县志纲目由原来的7编43章调整为31卷150章，将志书下限时间由1985年延伸至1987年，并增设苏州太湖国家旅游度假区、吴县经济技术开发区简介和1988—1992年吴县主要统计数据，吴县在外高级知识分子和地、师级以上干部名录等。至1991年初，各单位基本完成初稿编写任务。为提高志书质量，砥砺志稿内容，自1991年1月至1992年2月，全县先后召开志稿初审会52次，参加审稿的人员789人次，为核正史实、补充内容把住了基本质量关。1992年1月全面展开总纂，至5月完成县志总纂任务，打印成送审稿。由县委、县人大常委会、县政府、县政协领导进行全志审核；6月20日，通过县志编纂委员会评审认可。6月25—27日，江苏省与苏州市地方志办公室组织专家、学者对《吴县志》送审稿进行评审，苏州市所辖6县（市）、无锡县以及浙江省平湖市地方志办公室的领导，也参加了评审会，共计49人。会后，我们对专家、同行的意见认真整理，逐条研究分析，认真修改补充；并采纳有关建议，增设了《名特优产品》卷。然后，用半年时间集中力量修改，至1993年春节前全部定稿，送交验收，付梓出版。

【志评】

吴县方志史上新的里程碑

——读新编《吴县志》

陆振岳

新《吴县志》的编纂，自1984年11月起，到1993年3月定稿，在这十年的时间里，编纂者“辛勤笔耕，锲而不舍，匡谬纠错，一丝不苟而默默奉献”。（《序》语）终于完成了31卷（另有“志余”“附录”），190多万字的洋洋巨帙。在吴县的修志史上，又树起一座新的里程碑。

说起吴县的修志，有着悠久的历史传统。清人章宗源《隋书经籍志考证》卷六著录有“《吴县记》，卷亡，顾微撰”。并引《文选》五九王简栖《头陁寺碑文》注，有引顾微《吴县记》文作证。汪师韩《文选理学权舆》二注引《群书目录》上也有顾微《吴县记》。顾微是三国吴人，孙权时由署主簿至巴东太守。这是魏晋方志以县为记述对象的先导。其后，有文献可征的是北宋人罗处约的《吴县图经》。明清而来，吴县及其分置的长洲、元和，志书可说是层见叠出。有的被列入名志之林，明杨循吉的《吴邑志》便是。有的志书体例，还为府志所取法，公认为是善志的乾隆《苏州府志》，其“人物”的体制，就是仿效明皇甫汸纂的隆庆《长洲县志》。曹允源纂的民国《吴县志》，“人物”传受到普遍的赞许，朱士嘉特地替它作了《索引》。并有数十种乡镇志，其中也不乏善篇。修志的良好传统及其获得的成果，当然是今天新编方志的有利条件。

但是，这次编纂新志，上距民国志的纂修已经半个世纪，这一时间跨度已不算小，而况社会所发生的变化，真是天翻地覆。在这个时期里历经战争和动荡，尤其是抗日战争和“文化大革命”，各种文献所遭受的灾难，损毁的程度可以说是不可估量。而新时代所赋予修志的使命，又是超越于以往任何的历史年代。加之文化又受到某种“贬值”的冲击。所以，这次修志的难度之大，是不言而喻的。因此，新编《吴县志》的问世，和当前许多已修成的志书一样，显见其难能而可贵了。

“诗圣”杜甫有言：“不薄今人爱古人。”我以极为欣喜的心情，把吴县新志粗读一过，获得的印象是：这部志书，从体例到内容既对编纂的传统有所继承，又有所突破和创新，对现代科学成就的汲取及其手段的运用，渗透于许多篇章。于地方特色的记叙，也颇见匠心。文字也较顺畅。一篇短文，只能简略地谈几点浅见。

一、继承旧志"一方之全史"的传统，较为全面而系统地记述吴县自然的社会的各种现象。但是又突破了旧志受旧史学编纂的影响，着重于社会政治（人物、艺文）的模式，拓展了新内容，首先是加大经济（农业、工业、商业、金融等）内容的记述。这不仅是史观的变移，而且是社会的现实比以往有了长足的进展，必须对它作反映，这就是通常所说的时代性。立目可称周备，而内容允谓翔实。如果说这一体式，是当前修志界共同遵循的话，那么，新修的《吴县志》就不是仅仅满足于宏观的体式仿效，而是在微观的内容展开，能够于细微处见真实，略举两例：

1."人口卷"的记述人口迁移，不但记历史上出于种种原因北方和本省的北部、苏南的其他各县以及安徽乃至长江以南诸省的部分属县人口的徙入，而且记载了本地人口的外迁，尤其是近代迁往上海、港、澳地区以至国外。更加值得注意的是，志中这样记道："1980年后，从安徽、河南、四川及本省苏北农村招进一批劳力，充实到厂矿及乡村的企业。1987年登记入册的暂住人口为17900人，其中在厂矿的10616人，建筑单位2773人，经商1080人，其他3431人。"这一记载，可以看到编纂者的别具慧眼，不把这种暂住人口因其不属吴县籍而轻易放过，而是记载了他们的来源和工作、详细的数据。透过这一现象，可以揭示出重大的问题。主要的有二条：一是在中国共产党十一届三中全会之后，拨乱反正，改革开放，吴县和别的经济较发达地区一样，随着乡村工业的兴起，原有的劳动力已不敷需要，从而向外地敞开了门路。二是在全国范围内，经济的发展还不平衡，相对地说，吴县和许多市县是"先富"起来了。而劳动力外流的省县，还不怎么发达。尤其应注意的是：农民超脱了几千年的"安土重迁"的传统旧观念的束缚，来寻求新的生活。就思想文化的价值而论，这是应当给予较高的肯定的。

但是，事物内涵的价值观，总是多方面的。这种自发的劳动力的外流，倘使到了失控的程度，不但将影响本地的经济发展，而且到达输入地不能容纳的地步，又必然将产生社会问题。《吴县志》的记载，虽然没作这种剖析，而在事实上已作出了提示，不是吗？近年来出现的北方和西南几个省的"民工潮"，绝不是突如其来的。"见微而知著"，在于人们是否善于体察。

2.《自然环境》卷的"气候"一节，一般地记述了吴县的四季特征及其平均值而外，又记县内"气温的地域差异"。指出："冬季则存在着两个暖中心和一个冷中心。"两个暖中心是"洞庭东、西山及湖中一些小岛一带为全县气温的最暖中心区。其次是以苏州市为中心的区域"。而"阳山、穹窿山等丘陵山区是低温中心区"。如此地从一般到特殊，愈见翔实。记得50年代的寒假期间，与几位家在西山的朋友，谈起西山的气候比苏州市区要暖，为此而到西山、东山住过几天，果真两地气温不同。当时我们曾带上温度计作实测，这个数据现在已无从回忆。《吴县志》的这一记载，科学地答复了这个问题。我们还曾走访过果农，据老农称，东、西山之所以盛产枇杷、杨梅和柑橘（载入《名特优产品》卷），就是因为得气候独厚，老农说的世代积累的经验，证之“物候”一节所载柑橘、杨梅、枇杷的生长、开花、结果和成熟的时期，再和这些时期的气温比算，两者合得拢的。所以，尽管志书把气候、物候、名特优产品分别记叙，然而其内在的联系又是清清楚楚的。

二、关于图的配置。新修《吴县志》的图，于绘制技术全用现代的科学方法，这是不必细说的。卷首《吴县地图》是一幅总图。于四至八到而外。有县、乡镇人民政府驻地，以及场圃、村民委员会所在地。用不同的色彩，标明各乡、镇的辖境，乡镇境内以虚线表示村界。又有铁路、公路、堤、桥梁、河流、港口，渠道、湖泊、鱼塘、山峰、名胜古迹。接着总图的有四幅彩图：一是《吴县城区图》，由二个部分组成，即以吴县政区为中心的新区和吴县经济技术开发区；二是《苏州太湖国家旅游度假区规划图》；三是《清吴县、长洲、元和图》，清代的吴、长、元三县进入民国后合并成吴县，所以是吴县的历史疆域图（其中存在着差错，如甪直镇在清代，有一部分属于新阳县，民国后并入昆山，不全属元和县）；四是《吴县地貌矿产图》。这些图的功能，一看就知。这些却在新修成的其他志书中不多见。还不止如此，并在一些卷里配有相关的图，如《建置》卷有《吴县市乡图》（民国元年）、《吴县行政区划图》（民国19年）、《吴县行政区划图》（民国24年），《吴县太湖行政区地图》；《自然环境》卷有《吴县地层地质构造图》《吴县风向风速玫瑰图》《吴县潜水资源图》《吴县水文地质图》《吴县土壤类型图》。这些图，都是用现代的科学手段绘制的，配合文字记载，起到独特效果，可说是相得而益彰。虽然还有一些小的问题，如两幅民国时代的吴县行政区划图，沪宁铁路标了，缺漏了苏嘉铁路（文中曾记，抗战时，侵略者拆掉苏嘉铁路，于图却无从查考）。民国时，甪直镇分辖吴县和昆山，而图却全归入吴县（可能只是沿袭清的三县图的差错所致）等，但无害于大体。而且，似乎有些卷，还可以配制。

三、为集镇设专卷，这是极有见地的。《集镇》卷分“集镇”和“小集镇”两章。前者分“建置镇”“乡集镇”二节，后者有“乡镇属小集镇”和“历史街镇”二节。集镇的不同类属，产生和发展的历史，地理位置，经济的成分，文化教育设施等，均有扼要的记叙。

这样的记载，它的价值在于：一是对吴县以至太湖流域地区的经济发展史的研究，提供了依据，展示了一条清新的脉络。而对我国经济史的研究，以微观的区域经济而言，明清时期的太湖地区经济，有着显著的地位。如探讨明清时资本主义的萌芽，必然要深入于这一区域的初级资本主义手工业协作工场而至作坊。二是从历史伸展及当前的实际，其意义更见重要。在现实的经济生活中，苏南的乡镇工业，在国民经济中占有举足轻重的地位，是许多地方，尤其是内陆诸省无可比拟的。研究乡镇工业，基础在乡镇。需要探索目前乡镇工业勃兴的原委，必须着眼于乡镇这个细胞，总结它们共有的和特有的特征，而后总结其中规律性的因素。还可以和大中型企业以至“三资”企业作比较研究，判别相互间的利弊。而后着眼于我国物质文明建设和精神文明建设的总方向，自觉地把握机遇，扬长避短，发展再发展，开创再开创。可为决策者作有力的参证。

四、地下水资源。对于地下水的记叙，从目录来看，只是《自然环境》卷第四章“水文”

中的一节。但是，却吸收了现代水文科学的成就，设“第四系孔隙含水层”“基岩裂隙含水层”和“碳酸盐岩溶裂隙含水层”。分别记叙吴县地下水资源的赋存情况。蕴藏的丰富，其开采模数约11万吨/年·平方公里。

吴县素称水乡，地表的水资源，《水文》章《序》语说“河港纵横，湖塘密布”，似乎用水是可以取之不尽，绝不会闹什么供水缺乏的事件。可是事实又是不能盲目乐观的，据第十卷《环境保护》章载，水污染的事实，以1987年为例，“辖区内县及县属以下工厂企业废水排放量达3869万吨/年。”加上“化肥、农药大量施用，全年输入水体的总氮量5524吨，总磷量227.2吨。”还要“接纳苏州市区的工业废水和综合污水1.2亿吨。”因而使得地表水受到污染，除太湖、阳澄湖等水质尚好外，不少水域水已低于三级标准，近城和市镇周围则更为严重。照此下去，实在是足以担忧的。另一方面，用水量又在不断地增加，随着农村住房建设的改进，使用自来水将是必然的趋势，河塘水逐渐将弃而不用。地面水污染的整治，要想获得令人满意的效果，又不是那么轻而易举。因此，引用地下水的问题，终有一天会提上议事日程。

所以，《吴县志》专设“地下水”，并配以“吴县潜水资源图”，这种对水资源的揭示，毫无疑问，是为地下水的开发利用，提供了依据。虽然，目前要开汲可能要费很大的投资，也许一时还不易办到，但随着经济的增长，科学技术的进步，总是能够实现的。

五、太湖中小岛的查明。拿“吴县地图”和“清吴县·长洲·元和图”比较，可以发现，太湖中由南向北增加有小雷山、大雷山、竹山、平台山、乌龟山诸岛。这可能算不大的发现，然而其间费了一番经营，少不了要作些实地的调查，才能得到的结果，足见其用心和认真。

此外，《吴县志》的优点还有不少，以科学性而论，《自然环境》卷的诸章节，大都吸收了当代科学研究和实地勘测的成果。《人口》卷中汲取了现代的人口理论，照录全国人口普查的结果。《社会》卷的“方言”，吸收了由赵元任创立的语言、词汇、语法的科学体系。这都是值得称道的。

当然，《吴县志》还不能说已进入完美的境界。管见以为：现就较为重要的差错略举几例。

一、记述内容的取舍失当。一部志书，尤其像吴县这样的大县，历史的地位又较显著，要巨细不遗地记述，这是不必要的。应当有所取舍。但这种取舍，一定要深思熟虑，要相对的恰当。在这一方面，《吴县志》所记，有值得商讨的地方。

以《军事》卷第四章“兵事”为例，记民国时的史事，记了五个事件，其中从1927年3月的北伐军进苏州，一直到记1937年11月抗战“吴县沦陷”。记载抗战，只讲日军如何分路进攻，国民党军队如何溃退。这时抗日统一战线已经形成，日本侵略军侵占上海以后，防守苏州等地的国民党军队还是有抵抗的，指挥官张治中曾到过苏州，当时吴县人民的和来吴县的抗日著名人士抗日救亡活动极为活跃，极其慷慨悲壮。史料很多，并不难搜集。这是极为生动的爱国主义的行动，应当记载，它是一份爱国、反侵略的宝贵的精神遗产，对后来者有教育意义。不应该不记。

相比之下，有些又是无须记载的。如“清代”的一节，第一件记的是“太湖渔民起义”。此事的时代，在《凡例》所规定的断限以上300

多年。且不去说它，问题是是否值得记？应当指出的是，所记把赤脚张三其人其事，作了无坚实根据的拔高。张三是否是渔民的代表，他的作为称得上起义吗？常识告诉人们，任何一种起义，必须提出口号，即斗争的目标，还应有一支有组织的队伍。赤脚张三具备这些吗？所说“给官僚地主的严重打击”，不知何所据而云然。至于配合“南明官兵一举攻占苏州城”，这也是主次不分。这次活动，其性质是苏州人民自发的抗清斗争，发生的时间不是顺治四年，而是顺治二年闰六月十三日。起因是清兵无限止的派粮、派草、派役、剃发和奸淫烧杀而引起的。吴日生、陆世钥（严格意义上说，吴、陆的人马，当时并不是南明的官兵，所以称为民兵）这件事的史料很多，诗人赵执信的《甿入城行》的篇章，比较真实地反映了这一事件的全过程，倘使要记，应立“抗清斗争”的目，而不要什么“太湖渔民起义”。

有些弃而不载的史实，也有值得考虑的。《吴县志》把建国后的历次政治运动，记进《中国共产党》的一章，并且可能是遵循了“宜粗不宜细”的原则。对于这种体制和原则，限于篇幅，不能展开讨论。只说被遗漏的部分，鄙见以为抗美援朝和“反右倾”斗争。前者是一次反侵略的爱国主义运动，后者在吴县党内的影响也应当正视。还有“大跃进”和“人民公社化”，也是必须记的，因为它所带来的积极的和消极的作用，渗透到社会的各个领域，是不能也无法回避的。

讨论取舍当否的问题，较多地举了《军事》卷的例子。还有必要提出该卷的一个较为严重的问题。这就是“驻军”的节里，记叙“抗日战争时期”时，把日本侵略军醒目放在前列。这是不恰当的。因为一个独立国家的领土，除了在某种历史条件下，有必要时，经过协商并订立协议或条约，才可以允许有外国的驻军，否则是绝对不能的。我国的抗日战争，就是为了反对日本帝国主义的侵略，捍卫自己的独立。日本侵略我国的最高形式是军事，军队是入侵者，怎么可以和我国自己的军队一样列入“驻军”呢？不但如此，对汪精卫卖国集团的一切组织，如“国民党”“政府”“工会”等，都冠以“伪”，唯独“驻军”中的汪记几种“军队”，虽称以“伪”，但却记入正文，而不是附。这就造成了体例的不纯。

关于通贯古今的问题。《凡例》的规定：“本志上限原则为公元1912年，但为了反映历史延续性，承前启后，有些章节通合古今，适当溯源，下限至1987年。大事记、人物传增记到1992年。”鼓吹志书应通贯古今的议论，大有人在。还有以为这是旧志编纂优良传统。诚然，志书写成通史型，肯定应通贯古今。如果不是通史型，而是有断限的话，那么，作必要的历史追溯，也是应当在有些章节通贯古今，旧志是有此事实的，但这并不能当作是什么优良传统，恰恰相反，正是旧志编纂的一个弊端。何以见得，因为既然是有时限而不是通史型的体例，只是在有些章节（旧志最多的是建置沿革和人物两部分）古今通合，其结果是后来修成的志书，与前志重复。而新修成的志书又不能取代旧志，人们在研究该地的历史时，必须查阅旧志，这样，新修志书的与前志的重复部分，岂不成了多余？而且记叙较远的史事和人物，其史料来源，旧志是不可忽略的，甚至有些是完全照录旧志。这样去做，在今天又将遇到新的情况。那就是当前修志通行现代汉语的语体文，旧志都是古汉语的文言文，从文言文译成语体文并不简单，没有较高的语言文学的修养，往往会出现舛讹。所以，照抄旧志，还可能产生新的差错。

《吴县志》的通合古今，值得思考的也在《大事记》《建置沿革》《人物》几篇。以“人物”而言，有“古代人物”一目，自阖闾起到顾圻共58人，所记事迹很略，比不上旧志。而且被遗漏的应当入志的又是大量的。实在价值不大，并因为篇幅的关系，使得断限以内可以入志的人物被摒除在外，应当说造成了一种遗憾。对古代的人和事，不是绝对不能加进，应当限制在旧志失载而又重要的才补入。《大事记》也应这样，并且还应注意要记的必须是真正大事。如所记的清初事件有“哭庙案”。而在此前后，比哭庙影响更大的奏销案和科场案却弃而不载。那种记一个人的巡视、一次社议，对吴县并未发生重大的作用和影响，这就谈不上是大事而加以的记载。

上述种种，只是个人的读后感，不当之处，望得到指正。

（原文刊载于《江苏地方志》1994年第3期）

苏州市吴中区志（1988—2005）

苏州市吴中区地方志编纂委员会编。2006年2月启动编纂，2012年11月由上海社会科学院出版社出版。主编周凤鸣，副主编王明生、邹志一、张振雄、曹水男。编辑王明生、李健、邹志一、张振雄、周凤鸣、翁建明、黄福群、喻其水。

全书2册，195.6万字，图片238幅，表格406张。记述范围为2005年吴中区行政区域，对1988年至2001年2月吴县（市）辖区内的主要情况作如实记述。该志为《吴县志》（1994年版）续志，记述上限1988年，衔接前志，下限2005年。述、记、志、传、图、表、录诸体并用，以志为主。志首设序言、凡例、概述、大事记，志末设附录、编后记。全志设25卷：建置区划、镇·街道、环境、人口、体制改革·对外开放、经济综合管理、农业、水利·水务、工业、城乡建设、交通·邮电·电力、商业·贸易、财税·金融、名胜·旅游、政党·团体、政权·政协、军事·司法、民政、劳动·人事·社会保障、教育·科技、文化·体育、文物、卫生、社会、人物。

为突出地情特色和时代特征，该志农业卷重点突出水产业、畜牧业、副业、农业科技，并介绍吴中区的名特优农产品，体现传统农业向现代农业的发展历程。水利·水务卷设太湖治理章，重点记述环太湖大堤工程和望虞河工程。名胜·旅游卷记述苏州太湖国家旅游度假区、角直景区、木渎景区等为代表的风景名胜，突出旅游规划和管理。单设文物卷，记述吴中区文物保护单位、库藏文物、文物管理，体现吴中区古迹众多的特点。人物卷增设两院院士与高校校长书记名录、专家学者与著名人士名录，体现吴中区人文荟萃。设体制改革·对外开放卷，记述各行业的体制改革、对外经贸合作和经济开发区建设。为体现城乡一体化过程中建设成果，设城乡建设卷，记述城乡规划、城镇建设、城市管理、房地产业等内容。该志重视专记体裁的使用，共设《太湖大桥》《光福机场联航》《金秋洽谈会》《外向型经济》《乡镇工业》《吴中集团》《生态农业建设》《胥口书画》《环太湖体育圈建设》《抗击非典》等专记10余篇，增强志书记述深度。

《苏州市吴中区志（1988—2005）》目录

附录收录重要文献和名人歌咏吴中诗文，资料性、可读性兼具。

2018年，该志被评为江苏省地方志书优秀成果综合优秀三等。

（陈　萍）

【编后记（节选）】

《苏州市吴中区志（1988—2005）》的编纂工作，始于2006年2月，至2011年底付梓出版，历经6个春秋。其间，大体可分为三个阶段。在这三个阶段，我们始终围绕“全面、真实、有特色”的质量要求，采取了一系列积极措施。

第一阶段（2006年2月至10月）为准备发动阶段。2006年2月，区政府办公室下发《关于做好新一轮地方志编纂工作的意见》，成立区地方志编纂委员会，聘请主编、编辑，制订《苏州市吴中区志（1988—2005）纲目》，明确分工，确定各卷的责任编辑。8月，经过反复讨论、数易其稿，拟定《苏州市吴中区志（1988—2005）章节编写要求》，对各卷、章、节反映的内容提出要求。10月，召开苏州市吴中区地方志编纂工作会议，200多名修志人员参加会议，接受培训。

第二阶段（2006年10月至2007年12月）为收集资料、撰写分志初稿阶段。2006年10月起，分志121个承编单位根据《区志纲目》和《章节编写要求》，收集资料、撰写初稿。我们将分志承编单位按条线性质分成11个区志编纂协作组，各协作组分别开展5~7次交流、研讨活动，随时切磋、解决承编中出现的各种问题。各组还及时对本组比较成熟的稿子进行讲评，并印发给大家作参考。2006年6月起，不定期地编发《吴中区方志工作简报》14期，印发有关方志编写的业务知识，公布修志进度，指出存在问题，并交流有关情况和经验。曾及时介绍了区人口计生委、卫生局、科技局、旅游局、水利水务局等承编单位征集资料、编纂成稿和修改审核的经验以及有关纲目、志稿的示范稿。

区志编辑部不断加强自身建设，努力提高修志业务水平。认真学习中国地方志指导小组制订的《地方志书质量规定》和苏州市方志办编印的《苏州地方志编纂手册》，每两周召开一次业务会议，讨论和解决编志中出现的问题。先后赴淮安市、绍兴县、吴江市学习取经，多次参加省、市地方志办举办的培训会议，还派人去杭州参加有关方志业务的学习培训。平时，编辑部各责任编辑深入各组、各单位进行具体辅导，做好有关单位间的协调工作，还帮助调整人员、修改初稿。区委、区政府每年年初都召开区档案方志工作会议，对新一年的方志工作提出明确的目标要求。至2007年12月，分志初稿基本完成。

第三阶段（2008年1月至2011年12月）为区志分纂、总纂和审稿阶段。2007年12月，印发《关于〈苏州市吴中区志（1988—2005）〉分志稿的审稿意见》，明确提出分志稿的质量、审稿程序以及送审稿格式要求，强调把好初审、复审、送审、终审四关。2008年1月起，按照《意见》进行分纂。分志稿初审由责任编辑负责，他们不厌其烦，任劳任怨，反反复复与撰稿人磋商，进行具体修改。初审后，召开撰稿单位老同志、业务熟悉人员座谈会，听取意见，进行修改。2009年7月，苏州市方志办评审通过《苏州市吴中区志（1988—2005）纲目》，同意我们进行总纂，在初步核稿的基础上交分工副主编审稿，再交撰稿单位主要领导、分管领导审核，主编最后修改润色、统稿定稿，区地方志办公室主任陆卫平也审阅了全书。在总纂中，尽量消灭硬伤，解决卷与卷之间相关的矛盾和重复问题，进一步提高质量。

2011年7月，完成区志总纂任务，打印成送审稿报送区委、区人大常委会、区政府、区政协领导和编纂委员会成员审阅。我们对提出的意见认真地作了修改。9月，送苏州市方志办审阅，他们组织专家、学者对《苏州市吴中区志（1988—2005）》（送审稿）进行评审，提出宝贵意见。根据他们提出的意见，我们又作了修改。2012年1月1日后，由周凤鸣、翁建明、喻其水、李健、黄福群进行最后修改，5月志稿通过苏州市方志办验收，6月区志送交出版社出版。

苏州市相城区志

苏州市相城区地方志编纂委员会编。2008年4月启动编纂，2014年12月由江苏人民出版社出版。主编裔正明，分卷主编李嘉球、张振雄、林植霖、徐维新、黄福群。编辑王明生、孙柔刚、刘振明、李嘉球、张振雄、陈云江、吴启新、林植霖、顾筱棣、徐维新、徐鹏云、殷照明、黄福群、黄孟弟、薛勇良。

全书1册，80万字，图片813幅（志首137幅、随文676幅），表格307张。记述范围为2010年相城区行政区域。记述上限尽可能追溯，下限2010年，重点记述2001年设区后的10年。大事记延至2014年。述、记、志、传、图、表、录诸体并用，以志为主。志首设序、荣誉榜、凡例、概述、大事记，志末设附录、索引、后记。全志设28卷：建置区划、镇·街道、自然环境及保护、土地、水利、人口、城乡建设、农村经济体制改革、农业、水产、工业、开发区·园区、交通·邮电、商贸·旅游、财税·金融、经济综合管理、党派·团体、政权·政协、军事·司法、民政、劳动人事·社会保障、文化、非物质文化遗产、教育、科学技术、卫生·体育、社会、人物。

为体现地方特色，志书设水产卷、非物质文化遗产卷，记述包括水产资源及保护、养殖、阳澄湖大闸蟹、水产生产实体、捕捞、非遗普查及名录、苏州御窑金砖制作技艺、陆慕蟋蟀盆制作技艺、传统技艺、传统饮食、民间文艺，突出相城丰富的地方特产和浓郁的地域文化特色。此外，志书设自然环境及保护卷、水利卷，记述自然环境、环境保护、河湖治理、太湖治理、农村水利、水行政管理等内容，展现相城地理特色和“水相城”“绿相城”以及“水城、花城、商城、最佳生态休闲人居城”的发展理念。商贸·旅游卷突出记述了蠡口家具市场和渭塘珍珠市场。为体现时代特征，该志设农村经济体制改革、开发区·园区等卷，记录改革开放历程，彰显时代特色。志书前置荣誉榜，重点突出相城区有代表性的全国和省级荣誉，展现相城的特色名片。收录大量照片、图表，附录中的文告、碑文、旧诗、序文、杂记、民歌、说唱内容，进一步增强志书的直观形象性、传承性、可读性和地域特色性，不仅满足当下人们的阅读习惯，也具有一定的学术价值。索引包括条目和人物传略索引，既方便使用志者，又增强志书的科学性。该志充分利用地域特色，封面书名设计采用相城非遗御窑金砖元素，内芯版式页眉运用本土明朝画家、诗人沈周的水墨画

《苏州市相城区志》目录

作，展现相城深厚的历史文化底蕴。这也是该志版式在设计上的创新之举。

2018年，该志被评为江苏省地方志书优秀成果综合优秀二等。

（曹丽琴）

平江区志

苏州市平江区地方志编纂委员会编。1998年10月启动编纂，2006年11月由上海社会科学院出版社出版。主编陈云江，副主编张烈明、何国成，编纂人员陈云江、潘康年、黄鹤荣、戚涌海、沈虹、高长春、何国成、潘维基、张烈明、张定荣。

《平江区志》目录

全书2册，273.8万字，图片351幅（志首299幅、随文52幅），表格351张。记述范围为1999年平江区行政区域。记述上限尽量追溯事物发端，下限1999年，人口统计资料延至2000年11月1日零时第五次全国人口普查，街道居委会情况延至2000年，大事记延至2004年。述、记、志、传、图、表、录诸体并用，以志为主。志首设序、凡例、总述、大事记，志末设索引、主要参考书目、编后记。全志设23卷：建置·地理·人口、城巷河桥、园林名胜、文物古迹、文化艺术、城市建设与管理、交通·邮电、工业、商贸、饮食服务与旅游业、综合经济与管理、党派·社团、人大·政府·政协、街道·居委会·村委会、民政·劳动·人事、公安·司法·军事、教育·科技、卫生·体育、风俗民情、方言、宗教、人物、综录。

平江区地处苏州古城东北隅，境内水陆交通便捷，园林名胜众多，商贸旅游繁荣，文化底蕴深厚，志书从第二卷到第五卷，把最具地方历史文化特色的内容前置。设城巷河桥卷，记述本区4个城门水陆相通，古街旧巷纵横，小桥流水相依，航道内联外达的地理脉络；设园林名胜卷、文物古迹卷，记述历代园圃、庭院花木、古迹遗址、文物文博，突出平江区内园林名胜精华纷呈、文物昭著。设文化艺术卷，记述文学美术、戏剧曲艺、音乐舞蹈、群众文化等内容，尤其突出昆剧、木偶剧、锡剧、评弹等地方戏曲，地方文化特色鲜明。工业卷重点记述丝绸纺织工业、工艺美术工业。加大商贸卷的篇幅，重点记述商业街区、百货业、医药业、旧货日杂业，并选介名店，体现平江的商贸繁荣。设饮食服务与旅游业卷，记述平江区的菜馆酒家、糕点小吃、名店选介、旅游购物等，生产生活气息浓厚。在风俗民情卷中，记述岁时、生活、礼仪、社会习俗，详细记述商业经营中早已不用、濒临失传的行业切口，其中包括中药、绸缎店、百货业、旧货业、山地货、鲜果、理发、浴室、木行、茶叶等行业的行话暗语和数字切口，尤为珍贵。综录有杂记、名胜诗文、碑文，内容丰富，资料性与可读性兼具。索引设园林名胜文物古迹索引、街巷桥梁索引、立传人物索引，比较有地域特色。

（朱晓燕）

【编后记（节选）】

1998年底，平江区新一轮编史修志工作开始拉开序幕，此轮修志，是继上世纪80年代《平江区志稿》油印本后，全面反映平江辖区的第一部正式出版的区志。

《平江区志》的编写从开始至今已经历近

八个春秋，其中编写人员几经更替，分管领导亦有变化。虽然领导及人员不断变化，而编史修志工作却始终不渝，马不停蹄。如今，在《平江区志》通过省、市专家评审后，即将正式付印的时候，我们终于可以松一口气，说一声："总算……"

这又何尝不是呢，要编好一本书，修好一本志，谈何容易，其中艰难曲折唯有经历此项系统工程人员最清楚。

首先是资料问题，新一轮修志与以往志稿最突出的一个明显不同点是，作为一方之全书，不仅要写区级直属各方面历史，还普遍包括辖区内社会的、单位的、人事的方方面面。内容涉及政治、经济、地理环境、文物、科学、教育、卫生、文化、宗教、民俗、园林、城巷河桥等各个方面，如果说是巧媳妇，那也难为无米之炊，那么对于我们这些丑小鸭，面对八字还没一撇的将要完成的二三百万字的《平江区志》，更觉是如登蜀道之难，青云可望不可即。然而，修志须要有志，开弓没有回头箭，不管条件怎样，不管有什么艰难，我们只有鼓起勇气，勇往直前。

于是，我们召开了全区性动员和培训学习会议；我们以区委、区政府两办名义或区政府办的名义发出了一份份通知，明确要求和任务；我们组建了全区三级修志网络；我们联系辖区一个个单位，从发函到打电话，到当面碰头联系；我们走访了无数知情者，走遍大街小巷，了解熟悉人事、地情；我们跑方志馆、图书馆、档案馆、新华书店、古吴轩等，查资料，作笔记，打复印。终于汇聚拢点点滴滴的宝贵资料。

有资料，不等于成文。一部志书必须有纲目来统领，我们根据平江区特点，拟定了一份《平江区志纲目》，以纲目为指导，以内容为核心，反复修订纲目。在这期间，我们先后参照了《苏州市志》《广陵区志》《京口区志》《南长区志》，并向已经启动这项工作的金阊、沧浪、郊区学习经验。这样，到1998年底，基本形成了以《苏州市志》为蓝本，以其他区志为参考的具有自身特色的《平江区志纲目》，以后陆续修改，不断补充，使之更加符合平江区的历史和现状。

在近八年的编写过程中，《平江区志》的编纂工作大体经历了一个从"纲目出发找材料—编写成文—修改补充—调整结构（亦即是纲目调整、充实、完善）—再找材料再编写"的过程，大体经历了三个阶段，即初稿阶段、修改补充阶段和成稿阶段。

在第一阶段中，从1998年10月始，到2001年5、6月，基本完成了《平江区志》的初稿。第一步是从落实组织人员着手。1998年9月28日召开各局、各街道办事处、各直属单位、区委各部委办、区人大办、政协办、法院、区检察院会议，并邀请工商平江分局、公安、国土分局、国税一分局、地税一分局、区人武部工作人员参加，布置修志工作和任务，明确主要写法（横不缺项，纵不断线）和要领。1998年8月25日，即发文成立《平江区志》三级修志网络。1999年4月召开分管领导会议，区志办根据尚未完成志稿材料单位情况给予通报并进一步部署下一阶段工作。1999年9月向辖区各单位发出《关于征集编纂〈平江区志〉资料的函》。根据修志的进一步开展和省市要求，区修志办于2000年2月23日发文《关于明确编史修志下限的通知》。第二步是根据一些现有资料，如《苏州市志》、市年鉴、原《平江区志稿》、各街道志、区年鉴等，对相关资料进行摘录编写。第三步是紧紧依靠街道、居委会了解统计所辖地段内工商业、社会事业等单位情况，并且对人民生活、街巷路桥等作了细致的资料统计。

第二阶段，修改补充阶段，到2001年5、6月份，初稿手笔材料已成堆积之势，但电脑打字员始终未能解决，这时已经是一个必须解决的中心问题了，《平江区志》于2001年5月8日向区政府呈递了《关于紧急申请电脑及其工作人员的陈述理由》的请示，经过办公室主任於明扬与各局的多方商量，暂时由机关工作人员分头兼打。在这第二阶段中，区修志办进一步加强与各辖区单位的联系，并在2002年8月1日再次发出《关于征集编纂〈平江区志〉资料的函》，一方面在原有到位单位资料基础上进行再补充，一方面对空缺材料，再进一步联系有关单位，以便得到支持和配合。同时区修志办作了大量的资料采集工作，一是跑方志馆，借阅并摘录材料；二是求购复印相关古籍资料，对志书进行补充。然后，2002年、2003年3月先后两次向辖区单位发送《关于征集图片文字资料的函》。在这期间，初步收集到一些单位的历史照片，并拍摄一些主要街巷河道桥梁的照片。在这一阶段中，《平江区志》的内涵和分量上加大了力度，至2003年底，志稿的第一轮修改补充已基本结束。

第三阶段，在完成第一轮修改补充后，志稿逐步进入成熟和完善，这一阶段主要是对志书结构作进一步的调整和梳理，并对相关内容进行再补充。2004年10月8日向辖区单位发出《关于印送〈平江区志〉志稿材料的函》，要求各单位针对材料内容加以审阅。此时修改主要注意：(1)政治原则，不用过时语、过激语、套话；(2)对资料特别是一些数据、人名、时间、地点等进一步核实和校对，使之表表相符、文表相符、表内横竖项相符及卷卷相符、前后相符，并尽量使表格中不空缺。对资料引言找明来源；(3)经常注意凡例的补充和修改，不断检查结构是否合理，再调整纲目，尽量突出时代特点、地方特色、详略得当，处理好各章节间的交叉重复互见问题，加强“横排竖写”，对原来未设条目的地方“侧重条目”的编纂。在这阶段中同时完成了地图制作和整个照片的收集拍摄工作。

2005年4月18日成立了平江区地方志编纂委员会，使修志工作在组织上更加得到了保障。5月12日将送审稿递交苏州市地方志办公室进行审阅和修改，以便更趋完善。6月8日后，向区各部、委、办、局、街道办事处、直属单位发出《关于印送〈平江区志〉送审稿材料的通知》，使志稿更准确、更科学、更实事求是。志稿于8月中旬送达省地方志办公室，交付审阅，同时将送审稿送区委、区政府、区人大、区政协主要领导审阅。12月19日，召开由省、市方志办领导及专家出席的《平江区志》评审会议。

《沧浪区志》目录

沧浪区志

《沧浪区志》编纂委员会编。1998年4月启动编纂，2006年8月由上海社会科学院出版社出版。主编陈曙光，执行主编徐土根，副主编钱正、刘金冠、钱勤学、唐苏民、杨晋、韩宁。

全书2册，214.8万字，图片438幅（志首117幅、随文321幅），表格251张。记述范围为1999年沧浪区行政区域。由于境域范围数度变动，部分内容仅按当年辖区记述。记述上限尽量追溯至事物发端，下限1999年，重点记述1949年建区以后的历史。有关人口记述资料延至2000年，采用2000年11月1日全国第五次人口普查资料。大事记和卷首彩照延至2004年。述、记、志、传、图、表、录诸体并用，以志为主。志首设序、凡例、总述、大事记，志末设索引、主要参考书目、跋、编后记。全志设22卷：建置·地理·人口、园林名胜、文物古迹、诗文选、街巷河桥、城市建设、工业及对外经济、商业·旅游、综合管理、党派社团、政务、街道·居委会、治安司法、军事、民政、教育·科技、文化艺术、体育、医药卫生、民俗·宗教·方言、人物、杂记。

沧浪区是苏州的行政中心和文化教育中心，为充分反映地域特色，该志对区域内的特色文化历史等内容单独记述，设园林名胜卷，并前置为第二卷，记述沧浪亭为代表的古典园林、苏州公园为代表的现代园林和盘门景区等风景名胜。设街巷河桥卷，不仅记述存在的街巷河桥，还专门列出已废街巷、河道、桥梁，挖掘街巷河桥中的人文历史，增强志书的存史功能和可读性。设诗文选卷，收录和沧浪区有关的文选、诗词选和楹联选，体现沧浪区的人文渊薮。设文物古迹卷，记述文保单位、城址官署、祠庙寺庵、会馆旧宅、古迹遗址等。志书重视人文资料记述，记述文化、教育、历史的文字约占总量的50%，体现沧浪区历史悠久、人文荟萃、风物清嘉的文化内涵。志书在社会风俗章记载旧时儿童娱乐活动，具有存史价值。杂记卷收录历史春秋、地方掌故、人物轶事、科学文化、社会旧闻等内容，增强志书的资料性和可读性。索引设园林名胜文物古迹索引、街巷桥梁索引、立传人物索引，具有地域特色。志末列主要参考书目，增强志书的学术性和权威性。

（朱晓燕）

【编后记（节选）】

早在20世纪80年代初期，苏州市政府根据省政府的统一部署决定编纂《苏州市志》。为向《苏州市志》提供材料，沧浪区和其他城区一样，成立了编史修志办公室，着手编纂《沧浪区志》，区内各街道办事处也相应抽调人员编纂街道志。至80年代中期，先后完成《沧浪区志稿》7个分册计103.4万字（其中街巷桥梁、园林2卷材料齐全，受到市方志办好评）和公园、葑门、府前、胥江、人民桥5部街道志共约85万字。这些志稿虽未正式出版，但为《苏州市志》提供了大量资料。本次编纂区志，部分卷章是在1985年《沧浪区志》（油印本）的基础上重修的。

1998年4月，根据省、市政府关于全面开展省辖市区志编纂工作的指示精神，沧浪区以档案馆为主，档案馆长兼地方志办公室主任，馆内人员一并肩负档案管理与地方志编修的双重任务，并面向社会聘请人员，边学边干。编纂初期，受人员、经费等多种因素制约，加之经验不足，使修志工作一度进展缓慢。

2002年初，档案馆划归区委办公室后，区委副书记陈曙光极为重视，多次召开有关会议提出要求，并在人员、经费方面给予大力支持。同时请原区委常委、宣传部部长徐土根负责此项工作。徐土根发挥宣传组织工作特长，在区委、区政府领导下，统筹安排，精心组织，全面协调，注重落实，发动各部门和广大群众广泛征（收）集资料，请熟悉情况的原部门领导编写初稿。继续聘请原苏州博物馆副研究员钱正负责编志业务，请苏州市党史、文物、园林、旅游、民俗、艺文、杂记方面的专家起草部分专卷；聘请有区志编纂经验的刘金冠、钱勤学负责统稿。这样沧浪区的编志工作便迎来了第二个春天。

现在呈现在广大读者面前的这部志书已经是六易其稿了。第一稿是经过一年努力，于2002年底由各部门和特约作者撰写的初稿。第二稿是经区方志办首次修编于2003年6月完成的讨论稿。发给各级领导、主管部门和有关单位，征求意见和补充资料，其中不少专卷曾经提交市地方志办公室召开的区志研讨会讨论修改。第三稿是在广泛听取反馈意见后再次修改，于2003年底完成的送市审定稿。第四稿是按市地方志办公室审阅修改意见又一次修改后，于2004年9月形成的送省审定稿。第五稿是在省审定期间汇集区各部门意见、建议的再修改稿。第六稿是2005年6月省评审会后，按评审意见进行修改形成的正式付印出版稿。

《金阊区志》目录

资料是志书编写的基础。为六易其稿而进行的资料的大规模深入收集也至少有6次。编志工作一开始，即要求各主管部门、各街道办事处按《沧浪区志》纲目要求编写部门志，并提供符合志书体例规范的相应资料，为《沧浪区志》初稿奠定基础。2002年底初稿已具雏形，根据各卷实际需要，将需补充和修改的资料，分门别类列出目录，并召开编志工作会议将任务落到实处。再次是资料的深化、补充、完善阶段，主要解决难以收集而又非补充不可的重点、有深度的材料，力求使区志达到上级要求的高度；此外为了抓紧时间，我们从2003年6月起，每编好一卷志稿即打印送审，并分发有关部门审稿，达到送审一卷，讨论一卷，补充一卷。为了慎重起见，在形成送省审定稿的同时，分别送区四套班子领导以及熟悉本区情况的老同志审阅，听取意见，最后把关。各街道办事处和有关部门尽管一而再、再而三地接到征集资料的通知，仍不厌其烦地完成征集任务。7个街道送来的资料摞起来厚达2米之多。区编志工作人员也花费大量精力，做了大量工作，选购必要的参考书籍，到市方志馆、图书馆查阅有关史志和家谱，实地查勘街巷河桥的方位、结构，调查走访名人故居和旧宅。办公室每周定期召开碰头会讨论研究卷、章、节、目的调整修改，讨论和汇集各卷的修改意见和需补缺的内容，落实编写人员和进度等。有了这样扎实的资料基础，《沧浪区志》才能经过数年众手修志、专家编志而终告完成。

金阊区志

《金阊区志》编纂委员会编。1998年3月启动编纂，2005年5月由东南大学出版社出版。主编刘文保，副主编李德钧、金云、袁洪滨，特约编纂刘金冠、黄孟弟、钱勤学，编辑蓝磊、孙建中、周文欣。

全书1册，140万字，图片162幅（志首142幅、随文20幅），表格216张。记述范围为1999年金阊区行政区域，因建置更迭，为反映事物的完整性，部分内容仍按当时辖区记载。记述上限追溯至事物发端，下限1999年，重点记述1951年建区后的历史情况。大事记延至2004年5月，照片延至2003年。述、记、志、传、图、表、录诸体并用，以志为主。志首设序、凡例、总述，志末设杂记、大事记、编后记、主要参考书目。全志设17卷：政区概况、城巷河桥、园林名胜·文物古迹、城建城管·交通邮电、商贸·饮服·旅游、工业、经济综合管理、党派社团、人大·政府·政协、治安司法、民政、军事、教育科技、医药卫生、文化体育、方言·民俗·宗教、人物。

为体现地情特色，该志设城巷河桥卷，记述城门城垣、道路街巷、河道、桥梁，挖掘街巷河桥中的人文历史，增强志书的存史功能和可读性。设园林名胜·文物古迹卷，记述园林名胜、寺观庙堂、祠庄牌坊、遗址墓葬、古树名木等，彰显金阊区的深厚历史文化。工业卷升格设特色工艺章，专门记述苏绣、桃花坞木刻年画的发展和制作；工业门类章设工艺美术节，记述剧装戏具、红木家具和小件、漆器、扇子、灯彩、彩蛋、湖笔、国画颜料、民族乐器等，内容丰富，资料翔实，具有较高的资料价值。商贸·饮服·旅游卷设饮食服务章、商店选介章，记述菜馆酒楼、苏州船菜、名点小吃和特色商店，比较有地方特色。医药卫生卷设医药章，详细记载以雷允上为代表的医药生产和销售情况。志末杂记收录地方掌故、商市忆旧、政事拾遗、名人轶事、民间传说、碑文选录等，增强志书可读性和资料性。志末列主要参考书目，增强学术性和权威性。

（朱晓燕）

【编后记（节选）】

经过6年多的不懈努力，这部长达150万余字的《金阊区志》（以下简称《区志》）终于出版面世。

20世纪80年代初期，苏州市政府根据省政府统一部署，决定编纂《苏州市志》，为向市志提供资料，金阊区就着手编纂《金阊区志》，成立编史修志办公室，区内各街道办事处亦相应抽调人员编纂街道志。至80年代中后期，先后完成《区志》7个分册计45万字，以及金门、桃坞、石路、留园、山塘、中街路6部街道志，但均为油印本，未曾正式出版。自1986年起，金阊区档案馆每年都编印《金阊年鉴》。这些资料成为此次编纂《区志》的基础。如果把这段时间也统计在内，那么本《区志》的编纂时间就长达20年了。

1998年上半年，根据省、市政府关于全面开展省辖市区志编纂工作的指示精神，区建立地方志办公室，与金阊区档案馆是两块牌子一套班子。档案馆馆长即是地方志办公室主任，并在馆内抽调工作人员蓝磊任副主任，再聘请曾参与编纂市志的退休人员刘金冠担任主笔，编纂工作就此正式开展了。当时尽管我们有前期编纂的经验，有档案馆丰富的资料，但时间紧、任务重、人手少、经费不足成为突出的矛盾，它促使我们探索符合金阊区实际的、与众不同的修志新路子。

首先是利用原有资料，先搭框架，走方志工作与档案工作相结合之路。金阊区档案馆在江苏省辖市各区中首家晋升省二级档案馆，馆藏资料十分丰富，建馆15年来共编印包括《金阊区志》（油印本，下限至1985年）在内的各种资料和专题汇编32种，650万字。将这些资料充分利用起来，无疑是一条符合金阊区实际的修志"捷径"。区地方志办公室1998年3月就初步拟定《区志》纲目。在对纲目进行反复论证以后，1998年9月，以1个月时间将馆藏可用资料按纲目纵横分解，再将分解后的资料按志书要求进行梳理。至1999年底形成《区志》初稿。

其次是征集资料，走专人负责与发动群众相结合之路。编好《区志》的关键是素材的收集，仅仅利用档案馆的现成资料是远远不够的。但是如果在修志工作一开始就漫无边际的着手资料收集，面广量大，缺乏一定目标，可能会事倍功半。我们根据金阊区的实际，资料征集工作分三步展开。

第一步是修志工作的开始阶段。即在全区档案工作会议上，要求各街道、主管局按《区志》纲目的要求，编写部门志。1998年5月，区政府又召开区志编纂工作会议，专门布置资料征集工作，并将其列入考核先进的目标。地方志办公室出刊《区志简报》，交流各单位工作进度。至9月，大部分单位都按质按量完成任务，各街道编纂了《街道志》（1985）的续编，商业、教育、体育等部门志不仅资料翔实，且符合志书体例规范，为《区志》稿奠定了基础。

第二步为资料的补充、扩大再征集阶段。2000年2月，《区志》稿已具雏形，根据初稿编纂中的实际，将需要补充、扩大的资料分门别类，列出提纲，由区政府发文至辖区内各单位征集。3月，通过召开区志编委会议和街道修志人员会议，将区政府的通知精神落到实处。各街道、主管局都明确专人负责此项工作，区地方志办公室人员经常上门指导，运用《区志简报》交流征集进度，深入宣传编纂《区志》的重要意义，及时表彰先进典型。从2000年下半年起，每编写一卷志稿即打印送审，并在卷首附上需补充征集资料的题目，请区有关部门在审稿中予以补充。送审一卷，补充一卷。此外，在以后的志稿修改中，仍持续不断补充各项资料。可以说，资料征集工作贯穿于志书编纂的全过程。值得一提的是，各街道办事处及城建等部门，尽管一而再、再而三地接到征集资料的通知，他们都不厌其烦地一一完成了任务。《金阊区志》有如此众多的支持，才能于2002年上半年完成送审稿。至年底，95%以上的区属单位及85%以上的辖区单位圆满完成征集任务。

《吴江县志》目录

第三步是资料的完善阶段。由于前阶段的资料征集工作中尚有遗漏之处，亟待补充完善；另外在《区志》的编纂过程中，通过市地方志办公室召开会议研讨，集思广益，博采众长，使《区志》不断完善、提高。

发动群众征集资料的同时，区地方志办公室的工作人员也做了大量工作。进书店，选购必要的参考书籍；走访市方志馆，查找苏州市的专业志书；到城建档案馆、地名委员会办公室，查阅档案资料、核实情况；实地踏勘，确定街巷河桥的方位及结构。

这部志书自1998年开始起草，至正式出版，已是六易其稿。一曰初稿，是《区志》的雏形；二曰讨论稿，有一半以上的卷、章提交到市召开的区志研讨会上研讨；三曰区审稿，送区领导及各部门审阅；四曰市审稿，正式向市地方志办公室报审；五曰省审稿；六曰审定稿，正式交付出版社出版。

吴江县志

吴江市地方志编纂委员会编。1986年6月启动编纂，1994年7月由江苏科学技术出版社出版。主编韩铎、沈春荣，副主编杨晓容、浦德琪、李流芳，总纂编辑韩铎、沈春荣、杨晓容、浦德琪、李流芳、李克、许惠福，分卷编辑吴致和、沈春荣、吴松年、李克、王善启、周德华、潘根福、王燕、许惠福、陈敏芳、李流芳、徐佑永、陆中浩、朱云云、邹金林、李大山、杨煦华、王秩泉、吴大伟、时子钧、浦德琪、沈士芳、王卫平、杨晓容。全国人大常委会原副委员会，全国政协原副主席，著名社会学家，人类学家，民族学家费孝通题写书名。

全书1册，140万字，图片104幅（集于志首），表格250张。记述范围为1985年吴江县行政区域。记述上限因事而异，下限一般至1985年，大事记延至1992年5月4日吴江撤县设市。述、记、志、传、图、表、录诸体并用，以志为主。志首设序、凡例、概述、大事记，志末设附录、编纂始末。全志设26卷：建置区划、集镇、自然环境、人口、农业、水利、工业、丝绸、交通、邮电、商业、综合经济管理、财税金融、城乡建设·环境保护、政党社团、政务、治安司法、民政、军事、教育、文化、科技、卫生、体育、社会、人物。

为突出吴江地情特色，该志对特色内容采取升格或增加篇幅记述。吴江自古以来丝绸业发达，被称为“丝绸之府”，志书将丝绸业从工业卷中析出升格成卷，记述缫丝业、丝织业、印染业、丝绸加工、丝绸产品、丝绸贸易、丝织机器制造等内容。同时，农业卷设蚕桑章，全面展示丝绸的生产、制造、销售，彰显吴江丝绸的独特魅力。为突出吴江“鱼米之乡”的特色，农业卷中设种植业、渔业、畜牧业、林业等章，记载粮食、油料、蚕茧、水产品、禽畜的生产发展，体现吴江由单一经营向多种经营发展，传统产品经济向商品经济转化的过程。吴江地处太湖下游低洼地带，频遭水患，志书设水利卷，并增加该卷的分量，记述中华人民共和国成立后，吴江开展的大规模农田水利建设，实行河、田、林、路综合治理，堤、闸、站、桥、沟渠相应配套，增辟太浦河等东泄通道，分两期建成太湖大堤等举措。卫生卷设血吸虫防治章，记述疫区疫情和灭螺治病等内容；文化卷设文化团体章，记述吴江县锡剧团和电影放映队，都很有地方特色和时代特点。附录收录吴江县人民政府布告、吴江县人民政府指令、国耻纪念碑碑文、1986—1991年吴江县社会经济基本情况、吴江县历代方志提要，增强志书资料性。

（顾晓红）

【编纂始末（节选）】

1984年初，中共吴江县委、吴江县人民政府确定由县中共党史资料征集研究委员会办公室，负责《吴江县志》的编纂工作。1986年6月16日，吴江县地方志编纂委员会成立，17日召开全县第一次修志工作会议。会上，向县直机关各部门和各乡镇分发了《吴江县志·纲目（初稿）》和《吴江县志编写分工》两个材料。会议要求县直机关各部门立即组建修志工作班子，密切配合，用3年左右时间完成15部专业志，5年左右时间完成《吴江县志》；县属七大镇修纂镇志工作同步进行。会后，各部门或抽调人员成立专门办公室，或指定专人兼事修志工作，全县上下形成修志热潮。9月29日，县地方志编纂委员会办公室成立，设在党史办公室内。11月下旬，省地方志办公室要求各地参与编写《江苏市县概况》。据此，县地方志编纂委员会决定调整修志工作总体计划，先完成《江苏市县概况》中的吴江县部分，第二步完成县志，第三步编修专业志。12月8日，召开全县第二次修志工作会议，明确新的工作步骤和各部门、乡镇在《吴江县概况》中的编写任务。1987年6月底完成该稿。其间，县地方志办公室和部门的修志人员在集中精力撰写概况稿的同时，主要埋头于资料搜集。由于资料工作主要靠各部门分散进行，缺乏有力的协调，搜集中重复劳动比较多。县地方志办公室曾尝试统一组织力量外出搜集资料，终因人员分散在各部门，轮换时无法接续而作罢。资料收集工作得到了中国第一历史档案馆，中国第二历史档案馆，中国社科院近代史所，北京、上海、南京、杭州市的图书馆和大学图书馆，江苏、浙江省档案馆以及无锡市、苏州市、常熟市、湖州市、嘉兴市档案馆、图书馆，苏州大学图书馆等大力支持。吴江县档案馆和吴江县图书馆不遗余力，将尽可能多的地方史料提供给编修县志。在资料收集工作中，还得到了江苏省、苏州市和兄弟县（市）修志单位的无私支援。据不完全统计，从各单位着手收集资料到总纂工作基本结束，共收集到总数超过2000万字的文字资料和一些照片资料，为编修县志稿打下坚实基础。

1988年7月21日，调整县地方志编纂委员会及办公室成员，加强了修志工作的具体领导力量。其时，各单位根据县地方志办公室在3月份修订的纲目，进入试编写阶段。为了使编写工作责任到人，五六月间，县地方志办公室与各部门协商，除"农业"外逐卷聘定编辑。11月4日，在县地方志编委会全体会议上，委员们明确分工，各负责若干卷编写、审稿的检查督促和协调工作。1989年3月21日，在编委分工委员庞其才的指导下，县地方志办公室与水利局联合召开了《吴江县志·水利（初稿）》研讨会，邀请市、县水利系统的老同志、修志人员和《吴江县志》各卷编辑，对志稿的修订工作集思广益。5月27日，苏锡常第八次县志研讨会在吴江召开，吴江县向会议提交《吴江县志·水利》《吴江县志·卫生》两稿供研讨，志稿在会上得到好评。下半年开始，至1990年上半年，参照"水利"卷的做法，相继召开其他各卷稿的研讨会。每次研讨会后，县地方志办公室逐卷对纲目进行了第二次修订，并向各卷编辑明确了完成修改稿的时间。由于修志工作旷日持久，又没有一定的条件来稳定修志队伍，多数卷的修改稿没有按时完成，更有个别卷直到总纂时才由总纂编辑直接完成。

1990年6月，中共吴江县委、县人民政府决定将县地方志办公室并入档案局。县志总纂工作全面展开。县地方志办公室陆续从文化、水利、商业、卫生局和党史工作委员会等部门各借1名同志，或专事或兼职投入总纂。在主编主持下，总纂实行分组分工负责制，各卷的纲目、内容由主编统一规划，文字由各组根据志书凡例编定，主编也直接修改编辑有关卷稿。卷稿由总纂编辑编定后，一般经分卷编辑过目认可，再统一打印成送审稿。在总纂中，根据吴江县实际情况，局部调整了县志的纲目，并本着缺什么补什么的原则，多数分卷编辑积极提供补充资料，总纂编辑也千方百计到县档案馆、图书馆查找、核对有关资料，向一些当事人核实材料，集搜集资料、编写、编辑于一体。1991年10月26日，根据实际工作情况，县地方志编委会领导决定，明确县志总纂编辑，调整县志主编。12月中旬，完成《吴江县志》主体27卷送审稿的总纂工作。

1992年2月20日，召开《吴江县志（送审稿）》审稿会，中共吴江县委、县人大、县人民政府、县政协的领导、县地方志编委会委员和特邀同志参加会议。3月10日，江苏省地方志编纂委员会办公室暨苏州市地方志编纂委员会，召开《吴江县志》审稿会。两次审稿会后，县地方志办公室认真梳理了各方面的意见。修改工作于9月底结束。

一部志稿集数百人智慧，历八个春秋，搁笔掩卷感慨万千。洋洋百万言，工程不谓不浩大，各级领导要自始至终把修志工作摆上议事日程，地方志编纂委员会应该是一个各司其职的工作班子，要有一支切实明了修志意义、勇于自我牺牲的稳固的编写队伍，方可取一气呵成之功效。否则，旷日持久总是对人力、物力、财力的最大浪费。一点感想，供下届修志工作参考。

吴江市志（1986—2005）

吴江市地方志编纂委员会编。2006年9月启动编纂，2013年12月由上海社会科学院出版社出版。主编陈雷根、费云林、肖仲伟、张志远、姚海兴，副主编王怡、沈春荣、浦德琪，执行主编朱建明，编辑张园、朱云云、沈建春、钮舲、陈志强、余维荣、徐无忌、顾晓红、申乃刚、李流芳。

全书2册，206万字，图片268幅（集于志首），表格408张。记述范围为2005年吴江市行政区域。该志为《吴江县志》（1994年版）续志，记述上限1986年，衔接前志，下限一般至2005年，照片、大事记延至2012年10月。述、记、志、传、图、表、录诸体并用，以志为主。志首设序、凡例、概述、大事记，志末设丛录、全书索引、人物索引、后记。全志设35卷：建置·区划、自然地理、土地、人口和计划生育、城乡建设、环境保护、水利、交通、邮政电信、农业、水产业、工业、工业支柱产业、商业服务业、旅游业、开放型经济、财政税务、金融业、经济管理、中共吴江市委、吴江市人民代表大会、吴江市人民政府、政协吴江市委员会、民主党派·群众团体、治安司法、军事、民政、劳动人事和社会保障、教育、文化、科学技术、卫生、体育、社会、人物。

为体现地方特色，该志将水产业从农业卷析出单独设卷，记述种苗繁育、淡水养殖、养殖技术、养殖大户、渔业管理等内容，体现吴江"鱼米之乡"的特色。为突出吴江工业特点，设工业支柱产业卷，下设丝绸化纤业、电缆光缆业、电子信息业3章，记述吴江以盛泽为中心的传统丝绸纺织业、以吴江经济开发区为主产地的电子信息产业和以芦墟永鼎、七都亨通、震泽通鼎为主要企业的光电缆产业三大支柱产业。另外，工业卷为突出吴江"一镇一业"的板块经济，对铜罗的酿酒业、菀坪的缝纫机业、横扇的羊毛衫业、黎里的日用化工业、金家坝的彩钢板业、八坼的除尘设备业、莘塔的电梯业进行重点记述，凸显吴江人注重科技创新和品牌建设，发展特色产业，壮大产业集群的发展理念。为体现改革开放的时代特征和新的发展理念，志书设开放型经济，记述招商引资、对外经济合作、经济开发区建设等内容。设城乡建设卷、环境保护卷、旅游业卷，体现吴江城乡一体发展，重视生态保护和旅游业发展。人物卷注重对前志遗漏的记述，设1994年版《吴江县志》补遗专节；并将1994年版《吴江县志》立传人物、历代进士列表复载，人物简介为黄埔军校吴江校友专设一节记述，丰富人物内容。志末设丛录，收录重要文献、文学作品、新闻报道、碑铭，资料类型

《吴江市志（1986—2005）》目录

多样，可读性较强。志书记述资料使用上相对均衡，涵盖人文、地理、经济、政治等各个领域，全方位、多角度展现吴江各项事业的发展状况，充分彰显“吴风越韵，精诚致远”的吴江城市精神。

2018年，该志被评为江苏省地方志书综合优秀成果综合优秀三等。

（赵　玲）

【后记（节选）】

2006年9月4日，吴江市人民政府、市地方志编纂委员会召开第四次地方志工作会议，对全市第二轮修志工作进行部署。会上，市志、部门和乡镇志的125个承编单位与政府签订责任书。

10月9日，市地方志编纂委员会聘请8位同志担任市志编辑，并作具体分工。10月19、20日，市地方志办公室进行全市修志业务培训。11月8日，《吴江市志》编辑部成立。

2006年11月22日、27日，编辑部讨论基本篇目，尔后四易其稿，形成论证稿。12月2日，市地方志办公室邀请江苏省、苏州市地方志办公室的领导和专家到吴江论证，市志篇目得到认可。31日，吴江市地方志编纂委员会印发《吴江市志（1986—2005）基本篇目》。全志设：政区环境、人口水资源物产、语言习俗宗教、历史文化遗存、城乡建设和管理、水利、经济总情、经济体制改革、综合经济管理、开发与开放、农林牧渔业、工业建筑业、交通邮电、商贸服务业、房地产业、旅游业、金融、地方领导机构、民主党派工商联人民团体、劳动人事、民政社保、政法军备、外事侨务港澳台事务、社会主义精神文明建设、科技教育、文化、卫生体育、人物、费孝通与吴江、艺文，共30篇。

2009年5月15日，调整《吴江市志》编辑部成员，开始对市志总纂纲目作调整。9月18日，吴江市地方志办公室向苏州市地方志办公室上报《〈吴江市志（1986—2005）〉总纂纲目》，10月9日批复同意。

2010年1月22日起，每周安排一个下午，对志稿逐卷进行讨论，集思广益。对基本成形的志稿提出修改完善意见，未成形的则不断与编写单位沟通，要求他们提供具体资料。7月14日，苏州市地方志办公室在松陵饭店召开《吴江市志·工业卷》研讨会，吴江提供工业卷中成稿的“工业经济综述”“电力业”“建筑业”三章供讨论。10月21日，市志编辑部分卷讨论结束。12月27日，市地方志办公室根据原定聘期，除两位副主编留任外，其余人员聘期结束。此时，由于种种原因，全志正文37卷中，“政府”卷未最终落实编辑人员，“服务业”卷尚需继续收集资料，“工业、蚕桑丝绸、电缆光缆电子信息业、外向型经济”4卷只具雏形。

2012年1月4日，市地方志办公室下发审稿通知，各单位对市志总纂稿进行评审。2012年8月13日、14日，苏州市地方志办公室在吴江鲈乡山庄召开《吴江市志（1986—2005）》评审会，志稿顺利通过评审。8月15日起，市志编辑部在继续进行逐卷研讨的同时，综合苏州市评审意见，按照“集中消化、分头修改、统一把关”的原则，对志稿进行修改。再次调整志书纲目，将工业部类调整为“工业”“工业支柱产业”两卷，蚕桑内容回归“农业”卷，“乡镇”卷内容并入“建置区划”卷，将“民情风俗”改称“社会”。9月6日，编辑部逐卷评审工作结束。接着，对成稿进行互相交换审读。

11月26日下午，市地方志办公室召集编辑部会议，要求一丝不苟做好市志总纂收尾工作，要于12月20日完成报送苏州市地方志办公室的《吴江市志（1986—2005）》（验收稿）。经过全体人员努力，于12月18日完成验收稿。

2013年1月6日，吴江区地方志办公室把《吴江市志》（验收稿）呈交苏州市地方志办公室。2013年2月1日，吴江区政府召开常务会议，对市志稿进行审查并高度认可。2月27日，《吴江市志》顺利通过苏州市地方志办公室的验收，并根据验收意见作修订，至4月28日全面完成修改工作。5月初进入出版程序。

回顾本轮修志工作，有几点值得记取：其一，对志书记述范围熟悉了解、直接掌控修志进程并亲自动笔的主编要在工作一开始就到位，有利于合理安排全志的整体布局，使文风笔调达到高度统一，确保志书质量。其二，地方性综合志书的纲目首先要由各承编单位拟定，经地方志办公室协调平衡，最终形成全志纲目，并根据实际情况适时调整纲目。初步规定各承编稿的字数，使字字都能写到实处。其三，发挥地方志编纂委员会委员的作用，承编初稿形成后，由分工编委组织编写单位召开部门或条线审稿会，确保记述内容的完整和真实，重点突出。而让编写单位提供多多益善的资料长篇，由临时聘用的总纂编辑改写的方式是行不通的，隔行如隔山，最了解本行业情况的是编写单位自己。其四，由于志书秉笔直书、只记不议，有关专业知识的记述要使内行认可、外行也能看懂，与其他体裁有很大区别，即使动惯笔的人也需经过一段时间练习模仿才能适应。要重视对修志人员的业务培训，特别要经常组织各种志稿的研讨会，这是最切合实际的业务培训。其五，编写中所需的资料不能单靠查阅文书档案，其他参考书籍中的记载，熟悉本行业发展的人的口碑资料、日记必不可少，这是修志中容易忽视而造成志书缺憾的一大原因。其六，社会分工的细化，编写人员与编辑人员知识面、认识水平的差异客观存在，编辑与编写人员随时沟通切磋，互相取长补短，是修志工作的重要方法。

常熟市志

《常熟市志》目录

常熟市地方志编纂委员会编。1981年10月启动编纂，1990年11月由上海人民出版社出版。主编瞿鸿烈，副主编戈正明、杨载江、周文晓、郁宝健。编辑王雍、李乃成、袁文龙、王金保、孔萍、张九祺、李炎锠、李思奇、应炳元、陈富保、杨瑞民、言群明、周育期、钱子春、郭中和、徐本坚、徐振华、孙汉章、钱次龙、崔友萍、黄步青、曹家俊、曹润源、彭迈华、程海容、褚玄仁、龚绍东、蔡颖川、薛国平。《常熟市志》顾问、全国政协原副主席钱昌照为志书题签。著名历史学家戴逸为志书作序。

全书1册，167.1万字，图片137幅（集于志首），表格289张。记述范围为1985年常熟市行政区域。由于历代建置变迁较多，为反映事物的完整性，有些内容涉及邻县。记述上限一般起于1911年辛亥革命，下限1985年。为承前启后，自然地理、建置区域等编统合古今，其余各编上限均从实际出发。大事记延至1988年。述、记、志、传、图、表、录诸体并用，以志为主。志首设序、凡例、概述、大事记，志末设志余、编纂始末。全志设27编：建置区域、自然地理、城乡建设·环境保护、农业、畜牧·水产·林桑、水利、工业、交通、邮电、商业、工商管理、财税·金融、政权·政协、党派社团、民政·劳动·人事、公安·司法、军事、教育、科学技术、文化、新闻、藏书·著述、文物·园林·名胜、卫生、体育、社会、人物。

为体现常熟是中国历史文化名城的地域特色，特设藏书·著述编，设历代藏书、藏书家选介、今存善本书目（列经部、史部、子部、集部4节）、邑人著作书目4章；设文物·园林·名胜编，记述常熟古遗址、名人墓葬、古建筑、石刻、文物藏品、古树名木、革命遗址等，体现常熟深厚的文化底蕴。人物编分为古代名人传、近现代名人传、革命烈士、烈士英名录、英模榜（1950—1984），约10万字，内容丰富，约占全志的6%。该志各编设有大量的附，用于延伸阅读，补正文之不足，增加信息量。该志的志余约3万字，收录历代修纂常熟县志记略，县志序跋选载，明清以来常熟乡里志编撰述略，考辨与存说，乡里传说等，重点对常熟历代县志和乡村志的纂修情况、常熟置县时间，常熟旧县城位置，商代人物巫咸的籍贯，《招真治碑记》作者等进行详细考证，具有重要的存史价值。另外，对虞山与昆承湖的由来，历史名人孔子、吴王夫差、秦始皇、张旭、赵构、张士诚、唐伯虎与常熟的关系等传说收录在乡里传说中，具有较强的可读性。

1993年，该志被评为全国新编地方志优秀成果二等奖。

（陈建东）

【编纂始末（节选）】

《常熟市志》的编纂工作，始于1981年10月，至1989年10月定稿，经历了8个春秋。

本志编纂始终是在市（县）委、市（县）政府领导下进行的。1981年9月，苏州历史学会传达中国地方史志协会成立大会精神，提出了编写社会主义新方志的要求。县委、县政府领导对盛世修志极为重视，决定在已建的中共常熟县委党史资料征集领导小组基础上，扩大成立常熟县编史修志委员会，由县委副书记夏明波主其事，并立即调集人员，设立办公室。本志编纂工作由此起步。

1981年10月至1982年3月，用半年多时间进行了内部准备。其间，办公室成员认真学习了中国地方史志协会关于编纂新县志的方案和省内外修志先行单位的实践经验，通览了常熟历代纂修的志书，并在初步掌握修志业务以及本地历史和现状的基础上，制订了新县志的凡例、纲目和实施规划。

鉴于新志内涵广泛，历史跨度大，现代社会分工又细，编史修志委员会决定实行“众手修志”的方法。从1982年5月开始，经过半年多时间的宣传发动和骨干培训，承担修志任务的61个部门和34个乡、镇，普遍建起了修志组织，形成了一支专职与兼职结合的500多人的修志队伍，为修志工作的全面展开，从思想、组织与业务上作了准备。

1983年至1985年，用了近3年时间，按《纲目》提示，开展资料征集。1983年1月，县编史修志委员会发出了关于征集《常熟县志》资料的通告，全体修志人员齐动手，本着先内（县内）后外（外地），先古（民国及以前）后今，先访（访老）后查（查档案、图书等），先录（记录）后考（考证）以及条块结合、征访结合等方法，广征博采，并在沪、宁、苏等地建立了资料征集联络机构，先后累积近3000万字史料，各部门经过整理，按章节分工，撰写了资料长编或试写稿，为正式编写奠定了较好的基础。在此期间，根据上级史志机构分设的通知，成立了常熟市地方志编纂委员会，办公室则实行两块牌子，一套班子。同时，随着建置变化（1983年3月常熟撤县建市）、改革深入和对修志理论认识的深化，对志书纲目作了多次调整，下限从1982年延伸至1985年，《常熟县志》也正名为《常熟市志》。

1985年下半年，基于总纂条件日趋成熟，建立了编纂责任工作制，先后聘请主编1人，副主编4人，各分志责任编辑26人，特约编纂3人，根据总纂方案，全面进入编写市志初稿。

1987年，由市长高政兼任市地方志编纂委员会主任，并聘任已离休的夏明波为名誉主任，建立了每月一次市地方志编委会正副主任"修志日"制度，以及各委员分工挂编（分志）负责制，市地方志办公室也成为独立工作部门，归政府序列，定编10人。上述措施的实行，有力地加强了对修志工作的领导。至1988年10月，市志初稿得以全部杀青。其间，随着各分志初稿的陆续形成，采取穿插安排的方法，组织了由各部门历任领导、业务技术骨干和统计、保密专业人员参加的分志初审，先后召开初审会议23次（门类相近的分志组织合审）参审人员达958人次，为志稿基本质量把了重要的一关。经过初审，博采众长，精心修改，于1989年初形成了市志送审稿，由市委、市人大常委会、市政府、市政协领导和市地方志编委成员以及各民主党派负责人进行了全志审核，经认可，报请上级审定。

1989年3月9日至11日，由江苏省地方志编纂委员会办公室暨苏州市地方志编纂委员会办公室主持，邀请各有关方面专家、行家，在常熟梅园宾馆举行了《常熟市志》（送审稿）评审会议。中国地方志指导小组和全省县级市地方志办公室领导参加了会审。会议对本志的指导思想、体例结构、资料工作以及文字和图表，都给予了肯定的评价。同时，也对若干不足之处提出了补充修改意见。在此基础上，作了再一次的调整与修改。至1989年10月，先后三批分送省地方志办公室和苏州市志办批文审定，修订定稿后，送交上海人民出版社出版。

【志评】

把握和写好反映地方特色的专篇

——兼谈《常熟市志·藏书著述》的编写

周文晓

能不能把握和写好反映地方特色的专篇，这对一部志书的质量是至关重要的。《常熟市志》抓住历史文化名城这一特色，本着地方志应具有地方性的要求，特立了"藏书著述"这一分志，著名方志专家来新夏教授见到此篇后，"尽半日之功，一气读竟，回味咀嚼，未能自已"。他不无感慨地说："《常熟市志》有此一编，足可传世。"顾廷龙老前辈亦称赞说："常熟藏书久已载誉人口，此篇写得好，是《常熟市志》成功之篇。"我是《常熟市志》"藏书著述"编的编写人和分纂主编，很想就该篇编写过程中的经验和教训来谈谈如何把握和写好志书有特色的专篇。

把握地方特色要尊重客观史实

志书的地方特色是客观世界的真实反映，是自然而然地表现出来的，并不是凭作者主观意志决定的。《常熟市志》在最初的纲目中，是没有“藏书著述”编的，只是在“文化艺术”编的“图书馆”一章中列了一节，称“历代藏书”。但就常熟的藏书和著述而言，定在“节”这个格上似乎太低了，反映不了常熟在这方面的实际和优势，苏州大学吴奈夫教授在《新方志编纂学》中说：“对于某些特殊的事物，只要在它所记述的内容，已超越了统属范围的条件下，‘升格’才是合理和必要的。”常熟历代私家藏书有文字可据的始于北宋，至民国，较著名的达150多家。清末叶昌炽编《藏书纪事诗》，收全国藏书家691人，常熟占73人。1929年，由杨云诚、金步瀛合编，常熟俞运之校补的《中国藏书家考略》，收录全国藏书家741人，常熟占84人。1933年，吴晗编《江浙藏书家史略》，收录江苏、浙江藏书家149人，常熟占84人。吴晗在书序中称：“以苏省之藏书家而论，则常熟、金陵、维扬、吴县四地终为历代重心。”同时，常熟的私家藏书中，不论是版本、数量、考订、校雠等方面，都不乏佼佼者，如“汲古阁”毛晋，他不仅是一位藏书家，而且是著名的刻书家和抄书家，所刻十七史、十三经等600余部，这在我国雕版印刷史上是仅见的。又如钱谦益的“绛云楼”藏书，被称为集宋元版巨擘，可与当时的皇家图书馆媲美。清代的“述古堂”钱曾，根据家藏善本编写的《读书敏求记》，为我国现存的第一部详记、研究版本的目录专著。古里的瞿氏“铁琴铜剑楼”祖孙数代积藏精本、善本，是清代四大藏书楼之一。再则，由于常熟历代藏书蔚然成风，历史文化蕴蓄丰厚，从古到近现代，文章典籍的著述代有名家，这一切说明，常熟的藏书和著述有着别地所不具备的优势和特殊地位，应该在编目设计上给予它应有的定格。于是，我们在一些专家和教授们的帮助下再一次修订编目，将“藏书著述”上升为编，单列一个分志，以扩大记述容量。

如何编写好有地方特色的专篇

在征集资料、确定篇目以后，如何写好有特色的专编，这是说来容易实际很难的事情，其关键是如何把特色写出来。根据《常熟市志·藏书著述》的编写实践，我觉得必须抓住以下几个方面：

一、必须抓住事物的数量和质量，以反映某一事物在一地的优势。

所谓某一事物的特色，即是就其同类事物而言，它除有相同的属性外，还有其与众不同的方面，有事物内在的和外观的，有不同的发展过程和结果，有数量上的多寡、质量上的好坏，等等。只有抓住了这些与众不同的方面，加以重笔浓彩的记述，才能把事物的特色反映出来。《常熟市志·藏书著述》就是抓住了“数量”“质量”这些要素来反映优势和特色的。该编编首小序在反映“文章典籍的著述”代有名家时，既点了几个大家，又把常熟自先秦迄于清季的作者人数（1864人），著述种数（4191种）写出来。小序最后部分又把本编中所录善本书目（396种），邑人著作书目（1204种）揭于章前，这些数字的先后出现，使读者一目了然，对常熟在这方面的优势有了一个总体概念。当然，上述这些数字均不是现成的，而是编者经过精心选择和统计的结果，在具体运用时又应注意恰到好处。诸如此类，该编在第一章“历代藏书”中以表式列了北宋至民国143个藏书家的情况，在第二章“藏书家选介”中，将各家藏书的种数、册数、卷数、版本及其发展和散佚的情况也尽可能用具体数字表述，以体现各家藏书的特色。

抓数量还应抓质量，尽管数量也反映部分质量，但我们所指的主要是事物本身内在的质地和能体现特色的部分。藏书家多，著述多是一个方面；好不好，好在哪里又是一个方面，只有把握了后者，才能完整地、本质地反映事物的特色。如在写明代松石斋赵用贤藏书时，就选其所藏《稗统》及其后编和续编作为例子，《稗统》正编约千种，后编、续编约500种，为稀世孤本，且对明代后期数部丛书的研究，提供了线索。又举赵氏脉望馆抄校本《古今杂剧》242种，这是赵琦美亲手校、抄的元、明两代的剧本，此书先后经钱谦益、钱曾、季振宜、何煌、顾珊、黄丕烈、汪士钟、赵宗建、丁祖荫著名藏书家辗转收藏。抗日战争中，为郑振铎购得，郑氏视是书为仅次于敦煌卷子、居延汉简、内阁大库档案的重大发现。笔者认为，志书，特别是编写有地方特色的专篇，并非单纯辑集资料所能竣事的，而应注意选取质量较高的典型材料和事例，以使读者从中领略某一事物在一地所具的优势和特色。

二、必须在编写时对资料进行排比筛选，提炼深化，写出广度和深度。

资料完备是一个良好的前提，编写时如何选材，这里又有一个筛选排比，去伪存真，去粗存精，以及提炼深化的过程。如关于翁同龢“宝匏斋”的藏书情况，由于翁同龢长期在京任职，削籍归里后，大部分藏书的去向不明，有人说由其后裔在解放前夕运往国外，有人说大多散佚，也有人说私藏北京、天津。我们前后花了半年时间才将真实情况弄清楚，调查范围包括北京、天津、上海及国内的翁氏后裔等。原来翁同龢削籍归里后，大部分藏书由其曾侄孙翁之熹保管，私藏天津。解放后，1950年至1952年，翁之熹将善本及珍本图书分5批献给国家，共3779册，现藏北京图书馆，翁之熹还编有献交书籍的目录。其后，原北京图书馆馆长赵万里又在常熟翁氏故居发现部分藏书，其中有翁同龢之父翁心存的《知止斋遗集》111册，翁同龢《瓶庐丛稿二十六种》稿本30册等，这些书均已编入《北京图书馆善本书目》，“宝匏斋”藏书才得以真实地载入史册。又如道光年间张金吾“爱日精庐”的藏书情况，历史资料中说张金吾为买书负债累累，至道光六年，全部藏书被他的从子豪夺而去，自此逐渐散佚。正巧，我们从《读书》杂志上见到中国人民大学严绍璗教授的日本访书记，说他在日本静嘉堂文库见到“皕宋楼”秘籍，内有《三苏先生文粹》，书中有“张金吾藏书”白文方印和“月霄”（张金吾，字慎旃，别字月霄）朱文长印。严教授考证此书原出常熟张氏“爱日精庐”。可见，“爱日精庐”的藏书在清末或民国初期已有部分为“皕宋楼”所得。更有甚者，目前国内所存的《三苏先生文粹》为婺州刊小字巾箱本，而张金吾所藏此本却为宋刊大字本，是此书宋版本中之孤本。在编写“爱日精庐”这个条目时将这一最新发现写进去，以从一个侧面来反映张氏“藏书多宋、元孤本”的史实，并让读者了解该书辗转收藏的经过。上述事例说明，选材精当，才能有历史的突破，历史的填补和历史的发掘，才能真正写出深度。

广度和深度是有机的结合，广不等于越多越好。如写历代私家藏书，我们原先收集的资料可列150多家，但经考证、核实，有些私家藏书只是接续了别的藏书家散佚的部分，没有自己的特色和成就，且又很快消亡，可以说对藏书和学术上均无多大贡献，我在列表时就大胆地将其删除。

三、必须注意科学性、合理性和可行性。

志书的编写要以对历史高度负责的精神遵循严格的科学态度；同时又要从方便读者的角度注意灵活机动，使科学性和可行性并行不悖。《常熟市志》“藏书著述”编在“今存善本书目”和“邑人著作书目”中分别用了两种分类法，“善本书目”和“民国期间著作选目”是用经、史、子、集四部分类法；“建国以来书目”用的是中图分类法。在确定用哪种分类法时，我们请教了许多专家，听取了多方面的意见。“善本书目”原来已经专家分类，“民国期间著作选目”大部分存图书馆和文管会，也是用的四部分法，如果重新用中图法去分，难度较大，反而缺乏科学性。但是，建国以后的著作书目，如果仍用四部分类法，一是有些书很难分；同时，建国后所用的“中图法”不仅已实施了很长时间，而且行之有效，图书馆和读者在使用中比较方便，所以，从读者和管理人员的实际出发，使用了中图法。这种求同存异，是从科学性和可行性结合考虑的。

还如关于邑人著作书目，对于民国时期的著述，就把书的版本记在备注中，这是因为民国时期出版事业并不发达，即使许多内容很好的著作也往往以稿本或抄本存世，而且民国初期还通行刻本，不全是铅印排版，甚至还有活木字印本、钤印本、油印本、拓本等。在某种意义上看，有些不属于铅印本的著作其内容和存史价值要超过铅印本，所以收录范围就不可能只限于正式出版的铅印本，得到专家的赞同，认为这样才不至于把民国时期一些好书排除在外。

《常熟市志（修订本）》目录

此外，在遣词造句、行文表述等方面还必须注意规范化，时时处处注意专篇的特点。专篇的行文表述总的来说还是应遵循“凡例”等编写规定和要求，力求凝重简炼、文约事丰、文采雅驯。在编写“藏书著述”的编首小序时，虽然总字数不过1300左右，但前后花了近二个月时间，四易其稿。对于概述、编首小序而言，我认为应注意尽可能将工笔细绘改成速写，把泛述改用精例和数量、质量的引证，变直叙过程为突出阶段性的演变，删重复繁琐为扼要简练，等等。注意了这些方面，一般都是可以写好的。

（原文刊载于《江苏地方志》1995年第1期）

附：

常熟市志（修订本）

常熟市地方志编纂委员会办公室编。2001年10月启动修订，2006年7月由上海辞书出版社出版。修订工作由沈秋农、彭根华、浦君芝主持，修订工作主要人员有浦君芝、徐本坚、戈正明、袁文龙、苏仁杰、曹培根、李烨、周公太、钱文辉、刘品玉、范子平。

全书1册，190万字，图片137幅（集于志首），表格292张。

因《常熟市志》（1990年版）的需求量大，但库存不足，且有诸多差错与不足，部分内容当时没有记载。2001年，常熟市地方志编纂委员会办公室启动修订工作。全书共修订4000余处，增加7.5万字，重点对原自然地理、教育、文化、文物·园林·名胜、藏书·著述、人物6编及大事记进行修订。经修订，该志内容更加丰富、特色更加鲜明、史实更加准确。

（李　妍）

【修订后记（节选）】

新中国成立后的首部《常熟市志》问世于1990年11月，印数1万余册，而市志修订工作筹划于2001年下半年，起因有三：一是市志出版发行已经10多年，作为市地方志办公室的库存书不足10册；随着经济和社会事业的快速发展，来人来函来电索求者络绎不绝，为此地方志办曾数次向有关单位请求返销零星的志书，以应社会各界所需所急，然而区区数册难以应付；二是市志内容在广泛应用并历经数年“沉淀”以后，发现由于各种原因，存在比较多的差错与不足，而在使用中难以得到纠正；三是上个世纪80年代开展修志工作时还受着当时的环境和一些条条框框的制约，有许多重要内容没有得到记载，给读志用志者带来许多困惑和不便。为此，时任地方志办公室主任沈秋农产生了对《常熟市志》进行修订并再版发行的想法，并先后在省、苏州和邻市地方志办公室的领导和专家、同行以及常熟本地人士中广泛征求意见，得到了大多数人的赞同和支持。2001年10月下旬，市地方志办公室把《关于修订并重版〈常熟市志〉的报告》送达市政府。12月6日，时任市长胡正明又听取了沈秋农的有关情况汇报并当即表示“同意”。2002年1月8日，报告批复送达市地方志办公室。修订工作在沈秋农的主持下进入操作阶段。

为求得社会各界关心支持，市地方志办公室于2002年1月16日拟印了《修订〈常熟市志〉征求意见书》，寄往外地有关常熟籍知情老同志和本地有关人员，广泛征求修订意见和建议。

除了发函征求意见，地方志办公室还多次召开修订座谈会，听取各方面的意见。几次会议对市志修订的重要意义及如何展开修订工作进行了热烈而广泛的讨论，这些会议和《修订〈常熟市志〉征求意见书》的复函，为具体的修订工作打下了很好的基础。

《常熟市志》共167万字，“概述”“大事记”为卷首，专志27编为主体，“志余”殿于末。内容上至远古，近至当代，包罗万象，涵盖百科。如何做好修订工作？经过反复研究和召开多次座谈会讨论，根据实际情况，确定“点”“面”结合进行修订。“面”即重视对全书的修订，全书中凡是有人提出的意见都必须认真斟酌，对正确的意见建议加以吸收和消化；对没有提出的，也必须从史实内容到段落句子，甚至标点符号，全面梳理；纲目结构不变，不进行大幅度的“修”。“点”是把部分编作为重点修订内容，凡是使用频率高、读者特别有兴趣、差错与不足特别明显的编列为重点，综合各方面意见与资料下大力气进行修订，甚至编以下纲目进行调整；重点修订的当时定为“教育”“文化”“藏书·著述”“文物·园林·名胜”“人物”5个编及“大事记”，文字达48.7万字，约占全书总字数的29.2%；后来在实际修订中，“自然地理”编和“志余”也作了大幅度的修改，总修订文字量超过了全书的30%，修订工作任务十分艰巨。

为及时向省、苏州和本地关心修订工作的上级单位与领导及省内外社会各界人士通报修订进度，以达到扩大影响、传播信息、集思广益、匡正指谬之目的，市地方志办公室从2002年4月26日起开始整理编发《修订工作简报》，把各种来函来电、会议纪要、修订信息、谈话摘录等材料，通过整理，逐期编辑并广为寄发。

2003年春节前后，地方志办召开了数次小型座谈会，对下一阶段的修订工作特别是有关重点编如何进行修订，展开讨论，达成共识，明确修订方案。此后，在2003年上半年到2004年间，除了对全书文字作进一步修订与校核以外，主要开展了对重点编（后来增加到6个编）和相关内容的修订工作。

第十八编“教育”大幅度增加的内容有“旧学”一章增加小序、章后附录“历代进士名录”485名、“教育团体与教学研究”一章增补18个教育团体等，其余各章局部修订增补60处、删减65处、修改订正200余处。包括大幅度增加以及后来校对时发现的差错，总计修订的地方大约有780处（条），增加文字1万余字。

第二十编“文化”，在重点修订的编目中，此编需要修订的地方不是特别多。全编修订的地方大约有250处。

第二十三编“文物·园林·名胜”，全编增补内容比较大的有125处，增补或删改的有213处，移动内容或者文字的有32处，删除的有21处；特别是文物部分，字、词有许多用得不适当，包括错字、标点等其他差错，修订的地方大约有620处（条）。

第二十二编“藏书·著述”和第二十七编“人物”两部分，不仅部分内容有交叉，而且是全志修订工作量最多、难度最大且有争议的部分。从2003年4月11日起，至2004年2月27日，前后开了近10次小型座谈会，确定修订方案并不断完善。两编的基本修订情况为：

“藏书·著述”编，小序进行了改写。第一章“历代藏书”原志仅有“北宋以来常熟藏书家辑录表”，修订以后该章内容完全改写，正文根据常熟藏书特色增加了“私家藏书”“官府、书院、寺观藏书”2个小节。第二章章名原为“藏书家选介”，改为“藏书家与藏书楼”，原第一章的“北宋以来常熟藏书家辑录表”成为该章附录，收有141条藏书家、藏书楼条目，条目中的内容与各种文字差错非常多，修改时吸收了仲伟行等人的意见，这部分包括增补、删改、移动，修订有300余处。第三章“今存善本书目”改为“馆藏善本书目”，内容没有变化，只对里面数处错误进行纠正。第四章“邑人著作书目”改为“民国时期及新中国成立以来著述”，一是根据内容对原志顺序进行了重排，二是根据现有资料增加了大量新的内容。粗略统计，“藏书·著述”编共进行1000余处（条）修订，增加篇幅3万余字。

“人物”编修订完成以后，古代与近现代名人共增加83人，增加收录的名单是经过专家学者多次反复讨论过的：增加名人馆入馆人物34名；增加6个原来没有入选的状元、2个宰相；《明史》与《清史稿》中收入而市志中没有收进去的（名单在市志修订简报中有），经过核实后，全部收入；部分辞典如《辞海》《民国人物大辞典》所收录人物以及其他方面的人物等。“英模榜”增加75人，删移人物3人（汪伪时期3人移至第十七编“军事”末尾“附录：日军在常熟侵略暴行”后，作附录2处理）。其他修订，主要是小序文字与246个人物传中内容的增补、改写、删除、移动、纠错，还包括对1000多个革命烈士、英模表中的记载内容的错误纠正、改写与调整等。粗略统计全编大约有1000

余处（条）修订，增加文字近3万字。

第二编“自然地理”后改名“自然环境”。这个编纠错的有34处（大部分是土壤方面的），补充的有48处（包括整节的1节半），改写的有18处，删削的有16处，调整12处。另有200多处体例不当、语病、用错字词标点。大约共修订328处。

市志“大事记”前后增加、纠错、删改、内容补充与调整的大约有640处（条）。其中增加约有182条，删除的有36条，内容补充与调整移动的120余条，其他均为字、词增（或删）与纠错（包括年代纪年、体例错误、语病、前后矛盾与极少数的标点符号等）。

另外，对序言、志余部分进行了适当修改，改动纠错的有30来处。在“建置沿革”中根据有关同志建议增加了原志中漏掉的“虞山林场”一节。

2004年下半年，修订稿完成以后对全志进行了整合和3次校对，校对过程中又发现数十处需要纠正的差错。整个修订工作到2004年底基本完成，全书修订4000余处，其中一半以上是各种各样的错误，其他是补充与增加的，增加文字约7.5万字。

常熟市志（2016年版）

常熟市地方志编纂委员会编。2007年11月启动编纂，2016年1月由方志出版社出版。主编彭根华、王钢、祝慧江、周燕，副主编浦君芝、陈建东、戴仁璋、王金龙、王金良，编辑薛卫、刘品玉、邹萍、张军、虞柳、蔡玉芬、汤涵、杨沁怡、张喆、张健，特约编辑花亦明、李家成、周文晓、俞秉麟、徐本坚、钱臻兴、章明明、曹家俊、潘正言。

全书3册，423.2万字，图片883幅（志首146幅、随文737幅），表格534张。该志为第二轮修志为数不多的重修志书。记述范围为2008年常熟市行政区域，以市治所在地为重点，进行城乡一体记述。同时，因历史上境域变化比较大，涉及当时境域的有关情况亦做适当记载。记述上限尽量追溯事物发端，下限2008年，大事记延至2012年。述、记、志、传、图、表、录诸体并用，以志为主。志首设序、凡例、概述、大事记，志末设志余、索引和编后记。全志设46编：行政区划、镇场概况、自然环境、自然资源、人口、人民生活、城乡建设、环境保护、国土管理、农业、林牧渔副业、水利、工业、经济开发区、开放型经济、国内贸易、江苏常熟服装城、旅游、沙家浜旅游风景区、交通·物流、邮政·电信、经济综合管理、财政·税务、金融、中国共产党、议会·人民代表大会、政府、人民政协、党派组织·社会团体、法治、国防军事、民政·劳动·社会保障、人事·编制、教育、科学技术、文化、历史文化遗存、藏书、著述、史志·档案、新闻传媒、医疗卫生、体育、习俗·宗教·方言、人物、政治运动。

《常熟市志（2016版）》目录

常熟市是第二批国家历史文化名城，为江苏省县级市中首个国家历史文化名城。为彰显历史文化名城特色，志书在旅游、文化、历史文化遗存、藏书、著述、史志·档案、新闻传媒、人物8编和志余部分，集中记述和展示常熟深厚的历史文化底蕴，篇幅近百万字。其中文化编设文艺流派章，记述有虞山诗派、虞山琴派、虞山画派、虞山印派4节，虞山文化流派首次以篇章形式集中记载在志书中。历史文化遗存编设遗址·遗迹、历代墓葬、宗教建筑、旧学遗址·名人故居、祠堂·义庄·会馆、古桥·古井、砖石刻雕、园林·胜迹、名木古树、革命历史遗存、文物和其他收藏、文物保护12章。藏书编私家藏书章，记述明代至当代有名的藏书楼31个，北宋至当代的藏书家164人；公共藏书章记述有部门藏书、图书馆（室）藏书；馆藏善本书目章设经部、史部、子部、集部4节，记述书目500多种，2万多卷。著述编设商代至元代著述、明代著述、清代著述、民国著述、当代著述5章，涉及著作者2457人，著述6150种。人物编对当地著名人物深度挖掘、精心编排，收录人物3191人，打破以前按照时代分类的方式，按照人物贡献领域分成政治军事、文化艺术、经济科教、英烈楷模进行编排。常熟还有以沙家浜为代表的红色革命历史文化，志书专设沙家浜旅游风景区编，分景区景点、节庆活动、交通·食宿·购物、经营管理、文学作品《沙家浜》5章，详细介绍沙家浜旅游特色与红色文化。除深厚的历史文化底蕴外，改革开放后，特别是在二十世纪八九十年代，常熟市在县域经济，尤其是乡镇企业发展、工业经济、商贸发展方面成果明显，志书设经济开发区编、开放型经济编，把江苏常熟服装城从国内贸易编中的章升格为编。工业编设乡镇工业章，详细记述常熟以“碧溪之路”为代表的乡镇企业发展特色。

该志体裁上延续1990年版市志设志余，并设轶闻传说采撷、文献资料辑存、历代咏文选录，收录94篇资料。志书通过地图的运用，展现常熟厚重的历史人文气息，书前彩图的最后一幅以4跨页的幅度，展现常熟城区的风貌和特色。6幅常熟历代旧地图，既体现历史文化渊源，也直观地展现常熟城的发展变迁。索引有条目索引、随文图片索引、表格索引、人物索引，内容全面、科学，检索方便。

2020年，该志在江苏省地方志书质量评定中被评为优秀成果。

（李　妍）

【编后记（节选）】

2005年下半年，时值1990版《常熟市志》修订工作即将完成之际，市地方志办公室即着手准备第二轮修志工作，主要是进行通修还是续修的研究和讨论，同时进行修志方案、大纲的拟订。其间，地方志专家、浙江大学历史学教授仓修良先生多次到常熟，在他的支持下，经市委、市政府同意，初步决定编纂一部贯通古今的《常熟市志》。2007年11月上旬，市政府先后召开市长常务会议和市地方志编纂委员会成员会议，一致通过修志方案。是月13日，市政府召开全市地方志工作会议，动员部署全市开展第二轮修志和《常熟市志》的编纂工作。会后，市地方志办公室在《常熟日报》开辟专版，介绍二轮修志的计划和总体方案，宣传地方志法规和修志的意义，并在电台、电视台作宣传报道。市地方志办公室随即组织为期两天的地方志编纂业务培训班，邀请地方志系统的领导和专家到会授课，全市各单位参编人员150多人参加培训。同时，聘请多位社会各界参与过修志的人士担任编辑工作。

2008年开始，全市各相关单位根据全市地方志工作会议的要求，开始市志资料收集和资料长编的编写工作。市地方志办公室除了坚持每个月召开1~2次市志业务工作会议外，始终把工作的重点放在开展修志业务培训上，先后为各单位进行业务培训130多次。通过持续不断和多种形式的宣传、研讨、培训等，提高了各单位、各级领导和全体资料稿采编及编辑人员对二轮修志重要意义的认识，在全市形成了编史修志的浓厚氛围。至2009年底，资料长编稿和初稿撰写基本完成。

2010年至2012年5月，主要进行志稿的编辑和打磨，市地方志办公室坚持每个月召开2次以上的研讨会，就初稿的体例结构和内容进行研讨。2012年6月起，市志进入分纂和总纂阶段。至2013年5月，前后进行两次分纂和1次总纂。

2013年6月起，志稿进入评审和验收阶段。是月19日，《常熟市志》（终审稿）通过苏州市地方志办公室终审。终审会后市地方志办公室根据终审要求，对意见逐条认真梳理，对志稿进行修改和完善。

一是调整部分纲目。第十一编“多种经营”改称“林牧渔副业”；第十四编“国内贸易和服务业”中的第九章“江苏常熟服装城”升格成编；第十五编“开放型经济、经济开发区”分为“经济开发区”和“开放型经济”两个编；第十六编第一章第四节“沙家浜景区”升格为编，改称“沙家浜旅游风景区”；第二十三编“政权”分为“政府”和“议会·人民代表大会”两个编；第二十四编“政协·党派·团体”分为“人民政协”和“民主党派·社会团体”两个编；第三十编“政法”改称“法治”；第三十三编“藏书·著述”分为“藏书”和“著述”两个编等。全志书由原来的40个编调整为46个编。

二是开展专题研讨。就“人物”“著述”和“藏书”等编、章的内容，市地方志办公室多次召集相关人员进行研讨。“人物”部分主要是对人物的入志标准、编排分类、生平事迹及生卒年等进行进一步规范和考证；“著述”部分主要是进一步统一标准、调整体例结构，并对部分作者的著作进行查漏补缺；“藏书”部分主要是请市图书馆的专家重新进行分类编排。

三是延伸“大事记”。考虑志书计划出版日期，将志书“大事记”由原来的2010年延伸至2012年底，并对部分年代大事进行调整和充实。

四是遴选志书图片。遵循典型性、资料性原则，对入志的书前图片、地图和随文图片进行精心遴选，力争入志图片主题鲜明、图像清晰，具有代表性。

五是做好“瘦身”工作。反复修改编、章、节下无题小序，对内容交叉部分，厘清所属关系，精心调整，力求行文简洁。

至2013年12月底，形成《常熟市志》验收稿。2014年1月22日，《常熟市志》（验收稿）通过苏州市地方志办公室验收。在此基础上，市地方志办公室把志稿相关资料分别送市在职及历任领导，全市各镇、开发区、部门，文史专家和学者审阅，进一步征求意见和建议。至2014年6月初，在充分吸收各方面意见和建议的基础上，完成新一轮志稿修改。9月，完成插图。10月，送方志出版社审稿。至2015年9月，通过认真吸收出版社、相关部门和专家学者的意见和建议，市地方志办公室又对志稿先后进行了10多次认真的修改和校对。10月，省地方志办公室批复同意出版。11月，通过常熟市人民政府审定，志书正式付之梨枣。

《常熟市志》的编纂得到了社会各方面的关心和支持。历史学家、中国人民大学教授戴逸先生，以及地方志专家、浙江大学教授仓修良先生，被聘请为《常熟市志》顾问。戴逸先生热爱家乡，数度了解志书编纂情况，并提出意见和看法。仓修良先生高度关注志书的编修，多次专程到常熟听取市地方志办公室的汇报，为修志人员上课，特别在纲目的拟定、特色内容的安排等方面予以市地方志办公室极大的鼓励和帮助。

沙洲县志

张家港市地方志编纂委员会编。1980年5月启动编纂，1992年6月由江苏人民出版社出版。主编李恺民，副主编张纪荣、季留兴、黄瀛舫，分志主编刘振山、庄中秋、唐继尧、顾棣华、盛新生。

全书1册，148.2万字，图片107幅（集于志首），表格183张。记述范围为1985年沙洲县行政区域。记述上限力求追溯事物发端，下限1985年，大事记、人物传延至1990年。述、记、志、传、图、表、录诸体并用，以志为主。志首设概述、大事记，志末设志余、编纂始末。全志设29个分志：建置、自然环境、人口、集镇、城乡建设、国民经济综合、农业、水利、围垦、乡镇工业、工业、交通、邮电、商业、金融、财政税务、党派·社团、政权·政协、治安司法、军事、劳动人事、民政、教育、科学技术、文化、卫生、体育、社会风土、人物。

《沙洲县志》目录

该志记述力求体现“新陆”“新县”和“新兴”等时代特点和地方特色。设围垦志，对历史上的筑坝、围圩等围垦工程，围垦管理中诸如资金、劳动力组织、土地分配、纠纷处理等均有充分呈现。志书为突出沙洲县乡镇工业发展，设乡镇工业志，并和工业志作为一个整体，统筹兼顾。工业志主要记述工业体制、行业、产品和主要工厂简介，突出冶金工业和交通运输设备制造业；乡镇工业志主要记述工业结构、产供销、行业产品、管理和职工队伍。除行业产品有类似以外，其余各章均异，基本上避免重复。交通志设张家港港章，突出港口的重要地位。此外，专设集镇志，对衰落集镇、消亡集镇等作了系统详细的记述；设国民经济综合志，宏观记述经济计划、经济发展、经济结构、经济管理等内容，在早期首轮新方志起到引领作用。该志还对县办大学、塘桥三麦高产经验和农村文化中心等作重点记述，充分反映地方特色。志余收录碑文选辑、文件辑录、资料摘抄、乡土诗选、轶事传说、珍闻等内容，丰富志书的资料性。

1993年，该志获全国新编地方志优秀成果一等奖。

（朱永平）

【编纂始末（节选）】

编纂《沙洲县志》，是空前之举。整个编纂工作，是在中共张家港市（沙洲县）委和市（县）人民政府领导和支持下进行的。1980年5月，成立县地方志编修领导小组，设立办公室，借用人员，开始发动群众，收集资料。后增党史资料征集研究工作，而人员未加，史志二事，实难两全，遂以主力编史，方志工作几近停顿。1984年5月，调整机构，撤销领导小组，成立县地方志编纂委员会，增添修志人员重新组织发动，并将县志下限由原来的1980年延伸到1985年。1987年7月起，随着解放前的党史资料征集编写工作的逐步完成，办公室的力量随即全部转到方志工作上来。全办9名编写人员明确分工，定任务，定质量，定完成时间，集中全力，打总体战。前后6个寒暑，五易其稿，到1989年8月，基本完成《沙洲县志》征求意见稿。9月起，县志编纂委员会实行委员分工，组织部门审稿，参审人员300多人，历时半年，提出修改意见800多条。1990年开始，根据编委和部门审稿的意见进行修改，同时进行总纂，到8月底完成送审稿。志稿分29个分志和概述、大事记、志余等共32卷，其中办公室直接编纂的有22卷，在部门编写长编资料基础上办公室编辑的有10卷，共约120万字。9月起，编纂委员会、顾问、县级机关各部门和办公室内部对送审稿分别进行通审、汇审、复审和自审。10月24—27日，苏州市地方志编纂委员会办公室主持召开了《沙洲县志》评审会议。会后，办公室按照通审、汇审、复审、自审和评审提出的意见和建议，坚持一切从实际出发的原则，逐条研究，制订修改计划，然后集中全力进行修改、补充和核实。到1991年7月，经江苏省地方志编纂委员会办公室验审批准，同意出版。

《沙洲县志》尽力体现了新陆、新县和新兴这一沙洲的时代特点和地方特色，同时注意了对历史的追记。县志纲目先后作过7次较大的修改，增设了国民经济综合、乡镇工业、围垦、集镇4个分志，对张家港港、县办大学、塘桥三麦高产经验和农村文化中心等作了重点记述，使《沙洲县志》更好地反映沙洲的特点。

沙洲在1700多年的历史中，分治于常熟、江阴两县，无一部旧志。而常熟、江阴的旧志中，涉及沙洲的只是一鳞半爪。解放后10多年的档案资料也很不完整，这对编写《沙洲县志》增加了一定的难度。县地方志编纂委员会根据众手修志的精神，广泛发动群众，为编写沙洲县志提供资料。县、乡（镇）两级修志人员密切配合，广征博采，精心核查，搜集资料。仅县地方志办公室抄录收集的资料就有2500余万字。办公室的全体编写人员，以编好县志为己任，任劳任怨，默默耕耘，数年如一日，为编写县志尽了最大努力。《沙洲县志》的完稿，凝聚了全体编纂人员和资料征集人员的智慧和几年的辛勤劳动。

张家港市志（1986—2005）

张家港市地方志编纂委员会编。2006年9月启动编纂，2013年10月由方志出版社出版。主编陈建明、周新华、俞慧军、陈稳，副主编汪丽菁、卢德兴、陆正芳、朱永平、徐祖白，编辑黄宏庆、陆文琰、张洁、景力颖、沈立平、钱永浩、唐继尧、尤建中、徐玉洪、徐振旗、曹乾石、沈国民、金锦章、黄晓曙、沈晓波。

《张家港市志（1986–2005）》目录

全书2册，239.7万字，图片420幅（其中志首203幅、随文217幅），表格297张。该志为《沙洲县志》（1992年版）续志，记述上限1986年（1986年撤销原沙洲县，成立县级张家港市），衔接前志，下限2005年，志首照片、大事记、人物传记、人物简介延至2012年。述、记、志、传、图、表、录诸体并用，以志为主。志首设序、凡例、总述、大事记，志末设历史文化、专记、志余、索引、编后记。全志设38卷：政区、自然环境、土地、人口、城乡建设、生态环境建设、水利、交通、邮电·信息化、经济综情、农业、工业、保税区·工业园区、建筑业·房地产业、商贸·旅游、开放型经济、港口口岸、金融、财政·税务、经济综合管理、中国共产党、人民代表大会、人民政府、人民政协、民主党派·社会团体、司法·军事、精神文明建设、科技、教育、文化、艺文、卫生、体育、劳动·人事、民政、社会保障、社会风土、人物。

该志在篇目设计和内容记述方面，注重突出地方特色和时代特征。设保税区·工业园区卷，记述江苏省张家港保税区、张家港经济开发区、工业集中区等园区的发展历程，充分彰显全国首个内河港型保税区的地位和作用；设开放型经济卷，记述招商引资、对外贸易、对外经济技术合作等内容，体现其外向型经济的特色；设港口口岸卷，记述张家港港、海关、出入境检验检疫等，体现张家港口岸在张家港发展中的地位和作用。设城乡建设卷、生态环境建设卷，记述张家港城乡一体化建设和重视环保建设的历程，尤其是重点记述生态环境先进城市创建工作，获得国家生态市、中国人居环境奖等荣誉。设精神文明建设卷，全方位展现“张家港精神——团结拼搏，负重奋进，自加压力，敢于争先”的内涵、辐射效应和影响力，记述全国文明城市创建的完整过程。志末附历史文化，设旧时建置、古镇古村、物质文化遗存、非物质文化遗产、名门望族、历史名人6章，补充前志所缺。专记收录《全国精神文明建设经验交流会在张家港市召开》《江泽民到张家港市考察》《李鹏在张家港市指导“三讲”教育》《乡镇工业发展纪实》《抗击“非典”纪实》等专文，弥补志书记述上的不足，延展阅读空间。为增强与前志的衔接，在各卷和重要章节设无题序，部分内容酌情上溯，前志漏载的重要内容，在相关篇章予以补载，内容相应追溯。另外，志余中对前志作勘误补遗。

2018年，该志被评为江苏省地方志书优秀成果综合优秀一等和特色创新、篇目设计、内容记述3个单项优秀。

（朱永平）

【编后记（节选）】

根据国务院《地方志工作条例》的要求和江苏省、苏州市政府的统一部署，张家港市于2006年9月正式启动编纂《张家港市志（1986—2005）》。经过七年的辛勤笔耕，终于正式出版了。在编纂过程中，我们始终坚持“观点正确，体例严谨，内容全面，特色鲜明，记述准确，资料翔实，表达通顺，文风端正，印制规范”的质量要求，积极采取措施，扎实推进编纂进程。整个编纂过程可以分为五个阶段。

第一阶段，2006年初至2006年末，为准备发动阶段。上半年，市委党史地方志办公室着手准备二轮修志工作，成立由15人组成的编辑部，拟定《张家港市志（1986—2005）》资料征集纲目，并赴二轮修志试点地区学习经验。9月5日，市政府召开全市地方志工作会议，下发《关于做好我市新一轮地方志编纂工作的意见》，正式启动《张家港市志》编纂工作。各撰稿单位均按要求成立了编纂班子，明确分管领导、修志人员和资料采集人员。9月18日，市地方志编纂委员会成立。10月12日至13日，市委党史地方志办公室举办市志编纂业务培训班，全市250名专兼职修志人员参加了培训。11月至12月，先后召开20余次分志资料征集研讨会，指导各承编单位开展资料收集和撰稿工作。

第二阶段，2007年初至2008年末，为初稿撰写阶段。2007年1月起，各分志承编单位根据纲目，开始收集资料、试写初稿。3月，市委党史地方志办公室举办《张家港市志》编纂交流会，市文广局、计生委等单位就资料的收集、整理工作进行了交流发言，为全市200余名修志人员提供了借鉴。5月、10月，又先后两次举办初稿写作培训班，帮助修志人员提高业务素质。2008年4月8日，召开《张家港市志》编纂工作推进会，通报市志编纂进程，对9个编纂进展缓慢的单位提出具体要求。市委党史地方志办公室先后举办资料征集和初稿写作培训班5次，召开资料征集研讨会20余次、初稿修改研讨会30余次，开展承编单位调研督查5次。至2008年末，完成资料长编稿1200万字，形成初稿500万字。

第三阶段，2009年初至2010年末，为组织分纂阶段。在承编单位初稿基本合格的基础上，各责任编辑按照分工，开展分纂。为保证分纂质量，市委党史地方志办公室每月召开1至2次内部研讨会，每次研讨1至2个篇目，并将研讨结果以会议纪要的形式下发给各承编单位。为攻克重点、难点篇目，又组织召开"人物""工业""开放型经济""邮电·信息化"等篇目资料征集协调会、座谈会。各责任编辑不厌其烦，任劳任怨，反复与承编单位磋商，进行具体修改。其间，先后召开内部研讨会32次，下发会议纪要20余份，组织召开各类协调会10余次。2010年2月，总纂纲目通过苏州市地方志办公室评审。至2010年末，分纂基本完成，形成分纂稿250万字。

第四阶段，2011年初至2012年3月，为实施总纂阶段。为保证总纂工作的顺利进行，市委党史地方志办公室制定了总纂方案，成立了以主编、副主编、分卷主编为成员的总纂班子，并明确分工和总纂流程。针对分纂质量不高的实际情况，组织实施分纂"回头看"，继续开展内部研讨，先后召开内部研讨会11次，编发会议纪要11份。同时，为打牢总纂基础，组织开展单位审稿工作，先后召开单位审稿会议23次，共有142个撰稿单位参加。至2012年3月，总纂完成，形成送审稿180万字。

第五阶段，2012年4月至2013年10月，为评审出版阶段。2012年4月，《张家港市志》提交苏州市地方志办公室评审。6月18日至19日，苏州市地方志办公室组织召开《张家港市志》评审会，苏州市地方志办公室和各市（区）的专家和修志同仁对《张家港市志》提出了许多中肯的意见和建议。根据评审意见，各责任编辑对志稿进行了认真修改，并提交总纂班子审核验收。验收合格的志稿再由主编统改。至10月底，修改完成，志稿送印刷厂排版，11月送交苏州市地方志办验收。2013年1月14日，苏州市地方志办公室组织召开了《张家港市志》验收会议。验收会议后，经过两个月的进一步修改完善，3月提交省地方志办公室审核验收，并送出版社审稿。5月，省地方志办公室批复同意可正式出版。9月，通过市政府审定。经过十轮审校，并吸纳出版社审稿意见，《张家港市志》于2013年10月正式出版。

附：

抓好五个环节　打造精品佳志

——编纂《张家港市志》的实践与思考

陈建明

随着《地方志工作条例》的颁布实施、第二轮修志热潮的兴起，学习修志业务、探讨修志规律、提高修志质量，已成为方志部门当前和今后一个时期的工作重点。我们《张家港市志》也已从2006年9月启动编纂，至2007年末，共完成初稿写作294万字、初步完成编辑

108万字，分别占全志编纂任务的70%和40%左右。回顾前一阶段的修志实践，做好下一阶段的修志工作，我们深切地体会到：只有牢牢抓住“学习修志理论、研读上部志书、厘清发展轨迹、借鉴外地经验、创新志书编纂”这五个环节，才有可能编纂出可信、可用、可读的高质量志书。

学习修志理论　提高三个能力

组织实施好二轮修志，除了加强领导、保障经费之外，建好一支高素质的修志队伍至关重要。因为高质量的志书，来自高素质的修志人员。但由于诸多因素，参加过首轮修志的人员大多已离开方志岗位。就目前《张家港市志》的编纂队伍看，无论是编辑部人员，还是承编单位人员，基本上都是修志的“新兵”“门外汉”。要使“外行”变“内行”，除了加强学习之外，别无他路。为此，必须把修志理论的学习培训摆上重要位置，并贯穿于整个修志工作的全过程。

对于编纂人员来说，要适应并做好修志工作，关键是要有谋篇布局能力、驾驭资料能力和文字写作（编辑）能力，三者缺一不可。自市志启动编纂以来，为帮助修志人员尽快进入“角色”，我们紧紧围绕提高这“三个能力”，先后举办了两期业务培训班，聘请江苏省、苏州市地方志办公室的领导、专家到会作理论辅导，并专门召开了《张家港市志》篇目研讨论证会；编印下发了《张家港地方志编纂手册》上、下两本，近20万字，供修志人员学习。与此同时，我们还先后围绕资料征集、篇目制定、初稿写作、初稿修改召开了4次全市性的修志业务研讨会，组织大家在学中干、在干中学。但从实际操作看，较多编纂人员还不得要领，无论是资料的归纳整理，还是初稿的写作，都与志书编纂存在不小差距。为此，下一阶段还要继续结合志稿修改评议、成篇（志）编辑、评审验收等环节，有的放矢地抓好修志理论的学习培训，组织开展好相关业务研讨，以指导好修志实践。

研读《沙州县志》　把握上溯下续

由于二轮修志大都是前志的续志，因此研读上部志书显得尤为重要。否则会割断历史，造成续志与前志的脱节。

为了正确处理好前志与续志的关系，我们从修志准备阶段起，就一直强调并要求每个修志人员必须认真研读前志——《沙州县志》，并努力做到“三个把握”，以便在续志中正确处理好继承与创新的关系。

一是把握前志的篇目设置。即通过研读《沙洲县志》，分析前志所记载的事物在续志时限中的发展态势，以便在续志篇目中采用“承（保留）、缩（紧缩）、并（合并）、变（适当变更）、删（删除）、增（新设）、补（补充）”的方式，处理好与前志篇目的关系。

二是把握前志的志体（结构层次）。即通过研读《沙洲县志》，分析前志志体的得失，以便在续志中继承长处，克服和纠正不足，确定好续志的体式。

三是把握前志的入志内容。即通过研读《沙洲县志》，并在广泛收集读者对前志的评价、发现的差错和以后新发现的资料的基础上，处理好前志内容在续志中的复载、补载和续载。

在进入志稿写作阶段后，研读前志显得更为重要，因为撰写篇（章、节）下序时，更需要把握前志相关的记述内容，以便在续志中将部分内容尤其是涉及改革开放的内容适当上溯，力求保持续志的全面性、系统性和完整性。为此，我们考虑在下一阶段的志稿写作和修改中，将把研读《沙洲县志》一并纳入业务研讨、志稿修改评议的内容。

厘清发展轨迹　彰显地方特色

二轮修志记载的时限大多是上世纪80年代至本世纪初，这一阶段正处在中国改革开放深入发展的时期，处在从计划经济向市场经济转轨的时期，可以说是经济社会发展迅猛，三个文明建设成就巨大，新生事物层出不穷。因此续志无论是篇目设置，还是入志内容，都应该而且必须突出反映改革开放这一时代特点，并着力体现好地方特色。

就《张家港市志》而言，记载的内容是从1986年撤县建市到2005年实现"第一个率先"，建成全面小康社会。这20年，正是张家港从一个名不见经传的县级市一跃成为全国先进典型的20年，无论是全市性工作，还是各行各业，都创造了许多处于全国领先的业绩，形成了不少地方特色。为此，我们从收集资料一开始，就要求各承编单位采用"大事记"的形式，理清本行业、本部门、本单位20年来发展的基本脉络，尤其要分析和抓住20年中发展的重点和具有地方特色的典型做法与成功业绩，即特色，从而收集好翔实的资料，为完善篇目、调整结构、撰写初稿、彰显特色作好准备。

但从实际操作看，上世纪90年代中期前的资料相当缺乏，许多有价值的资料难以收集，再加上部分编纂人员对以往历史不甚了解，此段有特色的历史记载难度较大。为此我们将在下阶段结合初稿修改研讨，再次对各行各业的地方特色进行分析把握，尽量在志稿中加以反映和记述，同时通过媒体向社会广泛征集资料，并采取社会调查、询问当事人口述等方法加以补充。

借鉴外地经验　避免多走弯路

由于修志是一项涉及面广、时间较长的庞大的系统工程，且是一项极为艰苦的工作，若组织或管理不到位，难免会不走弯路。前志《沙洲县志》在编纂时，就因无经验可借鉴，曾有过进行第二次发动的教训。而在此轮修志中，不少地方相继组织了修志试点，有的已出版志书，这为我们提供了很好的示范引路作用。虚心学习并借鉴他们的修志经验，对于后来者就可以少走不少弯路。

我们在启动《张家港市志》编纂前，就曾组织编辑部的人员赴江苏省修志试点单位——扬州市邗江区学习；在资料收集阶段，又组织相关人员到浙江省海盐县、杭州市余杭区参观学习。同时邮购了《浦江县志》《高青县志》《奉贤县志》等已出版的第二轮志书，供编纂人员学习参考，以吸取长处、为我所用。在下一阶段，我们打算还将组织承编单位的修志人员分批到兄弟县市学习取经，这也是提升队伍素质、提高修志质量的一个重要举措。

当然，无论是学习外地修志经验，还是借鉴外地志书，都必须从本地实际出发。如外地编纂出版的第二轮志书，属欠发达地区的多，其纲目的设置、编纂的内容对于经济发达的苏南地区来说，只能作为参考，不能照搬照抄。这一点也需要我们在修志中加以注意的，特别要注重研究如何在借鉴、消化吸收的基础上加以创新。

创新志书编纂　打造精品佳志

无论是学习修志理论、研读上部志书，还是理清发展轨迹、借鉴外地经验，其目的都是为了编纂出高质量的精品佳志。首轮编修的《沙洲县志》曾在全国新方志评比中获得一等奖。而作为续志的《张家港市志》，必须立足于更高的质量和水平，才能无愧于改革开放的伟大时代和创造出辉煌业绩的张家港人民。

那么，什么是精品佳志呢？河南省地方志办公室主任许还平在《新方志续修100题》中提出，所谓精品，一是要经得起读者的公认，二是要经得起历史的检验。志书必须可信、可用、可读。而要编出精品佳志，关键在于精心设计、精心编纂、精心修改、精心校对、精心印刷。一句话，精益求精才能创出精品。为此，我们无论是在前阶段的修志实践中，还是在今后的修志安排中，都要立足于在三个方面下功夫。

首先，是在创新篇目设置上下功夫。俗话说"纲举才能目张"。《张家港市志》自启动至今，其纲目数易其稿，其中又先后将资料收集纲目、初稿撰写纲目下发至各承编单位试行。去年4月，我们又将经专家论证后的编辑（成书）纲目，通过《张家港日报》向全社会公布，再次征求意见，以便作进一步的调整修改。在编辑纲目中，我们分设市域概貌、城市设施、开发开放、经济、政治、文化六卷，依次排列，取中小编模式。同时根据张家港的实际，在卷首设特载"张家港精神"，在卷末设专记"历史文化"。并注重突出港口口岸、开发园区、经济发展"三足鼎立"（规模经济、外向型经济、民营经济）、城乡一体化建设、全国文明城市创建等具有地方特色的篇目；各承编单位则在相关的章节中重点记述本行业、本部门的特点与特色。随着志稿写作和修改的逐步深入，我们还将不断完善篇目结构，直至全志总纂定稿。

其次，是在创新运作机制上下功夫。运作机制涉及修志的组织管理。根据高效运作的要求，我们对编辑部的人员提出，各人都要按照篇（志）分工，在自身把握入志内容与要求的基础上，对承编单位要坚持做到"五盯紧"，即盯紧修志人员到位、资料收集到位、初稿写作到位，以后还要盯紧志稿修改到位、审稿验收到位。为此，在《张家港市志》启动后，我们已先后组织了三次集中性的督查活动，下发四期督查通报，对发现的问题及时加以解决。如去年3月，我们针对第一次督查中发现的部分承编单位修志力量薄弱的状况，及时召开会议，提出明确要求，并规定：凡设置篇（章）的承编部门原则上都要外聘修志人员，其他承编单位则要抽调专门人员，集中半年时间用于修志。至目前，全市共外聘修志人员86人，涉及32个主要承编单位。但目前仍存在着修志工作"一纳入五到位"较大的不平衡性，其中有13个篇目的编纂进度较为缓慢，占到全志编纂任务的三分之一。下阶段，我们将继续采取"五盯紧"的做法，加大宣传力度，紧抓薄弱环节不放，促进修志工作有序展开。

再次，是在创新志稿写作上下功夫。我们结合《沙洲县志》的志体，吸收借鉴外地志书的成功经验，确定了《张家港市志》的体式为篇章节与条目结合体。同时在去年5月召开的撰稿培训会上明确，初稿写作要在坚持政治标准的前提下，力争达到"结构合理、资料翔实、特色鲜明、存史性（价值）大、要素（基本）齐全、层次清晰、语句通顺、符合（志书）规范"这八条标准。下阶段，我们在形成初稿、修改志稿、成篇（志）编辑、总纂全书时，都将坚持这一标准，以努力编纂出高于《沙洲县志》质量的《张家港市志》。

（原文刊载于《江苏地方志》2007年第4期）

昆山县志

昆山县县志编纂委员会编。1986年9月启动编纂，1990年12月由上海人民出版社出版。主编王道伟，副主编顾厚德、巫文冠、王顺保、袁理。编辑田永祯、包兆福、陈宏亮、沈继生、吴鼎榈、袁理、薛志东。全国政协原副主席赵朴初为志书题签。

全书1册，136.9万字，图片114幅（志首108幅、随文6幅），表格255张。记述范围为1987年昆山县行政区域。记述上限不限，量事追溯，着重记载1911年辛亥革命后昆山历史；下限1987年，大事记延至1989年9月28日撤县设市。述、记、志、传、图、表、录诸体并用，以志为主。志首设序、凡例、概述、大事记，志末设附录、编后记。全志设27篇：建置区划、地理环境、人口、城乡建设·环境保护、农业、林牧副渔、水利、工业、交通、邮电、商业、财税金融、综合经济管理、政党群团、政务机构、公安司法、民政、劳动人事、军事、教育、科技、文化、卫生、血吸虫病防治、体育、社会、人物。

血吸虫病曾长期严重危害昆山人民身体健康，为突出昆山地方特色，该志将血吸虫病防治内容从卫生篇中析出，单独设篇，记述中华人民共和国成立后昆山开展大规模防治工作和取得的防治成果。文化篇专设昆剧章，记述昆曲的沿革、堂名鼓手、曲社等内容；设部分著作目录章，收录昆山历代文人著述；设文物胜迹章，记述昆山丰富的文化遗址和各类文物。工业篇记述门类齐全，突出昆山的主导工业，并记述1984年昆山经济技术开发区建成、1987年昆山外向型经济起步等历程，为昆山改革开放留下早期实录。人物篇附录昆山历代进士、县官名录，既为存史，又方便读者查阅使用。

1994年，该志获江苏省地方志工作优秀成果奖二等奖。

（杨伟娴）

【编后记（节选）】

《昆山县志》编纂工作始于1986年秋，历时三载，数易其稿，终于在中华人民共和国成立四十周年之际，经省、市地方志编纂委员会及专家审定，交上海人民出版社出版，这是昆山县文化建设方面的一项重大成果，令人欣慰。

昆山自民国以来，70多年未修志。随着社会主义现代化建设的发展，亟需有一部用于资政、教化、存史，有助于物质文明和精神文明建设的地方志书。为此，于1986年5月成立昆山县地方志编纂委员会办公室，同年9月建立昆山县地方志编纂委员会，专司其事。先后召开七次全体编委会议，对一些重要的问题，进行集体讨论决定。中共昆山县委、县人民政府对修志工作十分重视，将其列为昆山县第七个五年计划的内容之一。在1987年4月县第十届人民代表大会第一次会议上，又将编修县志作为一项任务明确提出来，并列入政府工作三年规划。在县委和县政府的关心支持下，全县有68个县属部门、20个乡（镇）相继组建了编志小组和史料征集小组，建立了一支有300多人参加的修志队伍。1987年2月，举办全县第一期修志人员培训班，使修志人员明确了编修新县志的重要性和艰巨性以及工作步骤、方法和要求，使修志工作迅速全面展开。

《昆山县志》目录

按照总体规划，1987年把征集资料作为全年工作的重点。步骤上采取“先内后外，先近后远，先易后难，先口碑后文字”的原则，上半年先由各部门“清理家底”，共查阅档案8087卷，摘录资料2440万字。同时张贴公告，通过广播、黑板报宣传，征集文献、文稿、文物等。然后，组织19个部门的采编人员60名，采取“外出一把抓，回来再分家”的办法，分赴南京、上海、苏州、常熟、镇江等地16所档案馆、图书馆和博物馆，搜集旧方志，查阅历史档案、古籍、书报杂志近千种上万册，摘录资料220万字。另外，还召开各种座谈会117次，参加者1244人次；走访知情人1305人次，共搜集口碑资料499.96万字；发函调信件1069封，提供资料76.54万字。总计摘录、收集3236.5万字的资料。另外，还搜集7种旧志以及一批历史照片、家谱等，为编写县志打下了良好的基础。1988年初，在占有资料的基础上，确定将工作重点逐步转入书写分志。4月，举办全县第二期修志人员培训班，为全面开展编写县志分志创造了条件。在编写的同时，有重点地继续搜集、考证资料。到1988年底，绝大多数单位完成了分志征询稿的编写任务。县志办公室担负全志三分之一的编写任务，其中包括序、纲目、凡例、概述、大事记、建置区划篇、社会篇、人物篇和编后记等，均由县志办编辑独立完成。是年，共印发县志征询稿107期，共134章、453节，约150万字。1988年6月，县人民政府决定由王道伟兼任县志总编（主编），顾厚德、巫文冠、王顺保、袁理兼任副总编（副主编）。主编对形成的征询稿逐篇进行审核，向有关部门的领导和熟悉情况的同志征求意见，提出修改的方案，然后再形成第三稿。1989年春，开始进入县志的总纂工作。首先由办公室的编辑对各篇进行修改、合成，交编委会有关委员审阅修改，然后由分工的副主编审阅，最后由主编定稿。在总纂过程中，我们根据中国地方志指导小组第八次会议的精神，对志稿逐字逐句进行推敲、琢磨，并先后两次召开在昆山工作过的副县长以上离休老干部座谈会，倾听他们对《昆山县志》稿的意见，对史实和数据逐个进行核实，力求提高志书质量。是年10月，《昆山县志》送审稿全部形成。在将送审稿报送省、市地方志编纂委员会审核的同时，中共昆山县委、县人大常委会、县人民政府、县政协也进行了审稿，并专门召开会议讨论，作出原则通过的决定。1989年12月7日至9日，江苏省和苏州市地方志编纂委员会在昆山召开《昆山县志》评审会议。评审会后，我们对志稿继续作了修改和补充，并经省志办审批验收后分批送上海人民出版社出版。

《昆山市志（1981–2010）》目录

昆山市志（1981—2010）

昆山市地方志编纂委员会编。2006年11月启动编纂，2013年11月由江苏人民出版社出版。主编王建东、郭秧全、蔡坤泉，执行主编张树成，副主编莫全明、张峰、顾向民、顾惠明、汤惠明、吴桂平、唐介明、章金兴、徐秋明、徐庚达。编辑张树成、顾厚德、徐永明、俞念椿、陈兆毅、茅斯明、陈兆弘、沈明、苏晔、胡鸣放、张水祖。

全书2册，180万字，图片112幅（志首105幅、随文7幅），地图2幅，表格406张。记述范围为2010年昆山市行政区域。该志为

《昆山县志》(1990年版)续志，记述上限1981年，部分内容适当上溯；下限2010年，图片、特载、大事记延至2012年。述、记、志、传、图、表、录诸体并用，以志为主。志首设序、凡例、史纲、特载，志末设大事记、附录、索引、主要参考书目、跋、后记。全志设38编：建置区划、自然环境、人口、土地管理、环境保护、城镇建设、交通运输、邮电·信息、水利、经济综述、外经外贸、开发区、农业、工业、商贸旅游、财税、金融·保险、经济综合管理、中共昆山市委员会、昆山市人民代表大会、昆山市人民政府、政协昆山市委员会、党务工作、民主党派、人民团体、公检法司和军事、劳动人事、社会保障、民政、科技、教育、医疗卫生、体育、文化、历史文化遗存、习俗、宗教、人物。

为体现时代特征和地方特色，该志设外经外贸编，记述招商引资、对外贸易等内容，彰显昆山外向型经济发展的特色；设开发区编，记述昆山经济技术开发区等园区建设，突出“昆山之路”的由来和发展升华，体现苏南模式从乡镇工业到外向型经济的嬗变。设历史文化遗存编，记述昆曲、非遗传承项目、玉峰“三宝”、古镇村保护等内容。该志注重人文内容的记述，搜录一大批政治、经济、文化、军事方面的历史名人，收录改革开放后为昆山发展作出贡献的有功之人。针对改革开放后新增140多万外来人员在昆就业创业的新情况，人口编特增设新昆山人章，真实地反映昆山“开放、融合、创新、卓越”的城市精神。此外，志书前置史纲，替代概述，纵向叙述昆山各个时期兴衰起落的概貌，以史之长，补志之短，承前启后，既为志书上限作好衔接，又通过对重大影响事件的评述，有助于读者把握昆山地情、社情等整体特色，同时避免概述与志书内容的重复。附录收录《自费开发及“昆山之路”三评》《消失的村庄》《历史街、路名变更》《巴城事件》等内容，丰富志书资料性和记述深度。

2018年，该志被评为江苏省地方志书优秀成果综合优秀三等。

(徐　琳)

【编后记(节选)】

这次编纂的《昆山市志(1981—2010)》，属于新中国建立以来第二次修志。对此，市委、市政府十分重视，2006年11月成立了昆山市地方志编纂委员会，下设编辑部，各部门和区镇相应组建了工作班子或办公室。同时下发了《关于做好新一轮地方志编纂工作的意见》，召开全市地方志工作会议，决定自2007年起用5至6年时间完成《昆山市志》编纂工作。接着，市志编辑部向市政府签订了《昆山市志》承编责任书，各级各部门陆续启动编史修志工作。

2007年8月，经市地方志编纂委员会审核通过的《昆山市志(1981—2010)》编目大纲，上报上级主管部门。2009年12月，上级主管部门组织召开领导、专家和同仁参加的“纲目”论证会，提出了较多的修改意见。2010年3月，上级主管部门对几经修改的新“纲目”予以审定，从43编调整为37编，并批准实施。全市各编修人员按照审定的“纲目”要求，全面开展采编，查阅改革开放以来有关重要线索和资料，召开各类座谈会，专访有关老领导，反复搜索核实，撰写长编，起草初稿。由于此次编志跨越时间长、史料不完全、情况较复杂、涉及面又广，工作困难比较多，各区镇和各部门分别撰写的初稿虽经多次修改，仍普遍存在体例不一、内容庞杂、文字粗糙、数据疏漏不全和事实出入有误等问题。据此，市志编辑部于2010年12月聘请6位熟悉有关方面业务的老同志作为编辑人员，对各级各部门交来的初稿进行分编审阅修改。修改稿形成后，多次召开编纂人员会议，交流情况，反复修改，交叉审核，纵横核对，逐编逐章分议总纂，尤其对编序、结构等反复推敲提炼，力求准确反映昆山改革开放30多年来发生的巨大变化，揭示其发展轨迹、特征、本质和规律。2012年6月，市政府召开各区镇和各部门分管领导及编纂人员会议，与会人员对形成的评审稿进行讲评点评。尔后，市志编辑部集中3个多月时间再次进行调整结构、规范体例、字斟句酌、打磨修改，形成送审稿后上报省、苏州市志办和有关专家、领导、特约编审及顾问审核。同年11月29日，苏州市志办召开有各县（市、区）编志负责人和专家、同仁参加的终审会议，指点“软肋”“硬伤”，提出宝贵建议，匡正诸多表达不准确、不规范和错漏等问题。会后，编辑部同仁颇费思量，对志稿又一次作了较大幅度的结构调整，增删修正，纵横核对，精益求精，基本实现了“三年采编、五年改稿、六年成稿”的目标。2013年5月3日，省地方志办公室委托苏州市志办对《昆山市志（1981—2010）》稿进行验收。经验收合格通过，报省地方志办公室备案。

《太仓县志》目录

太仓县志

太仓县县志编纂委员会编。1984年7月启动编纂，1991年9月由江苏人民出版社出版。主编龚乃光，副主编王振福、张昭、倪永浩、陶辛农。编辑王兆熊、王振福、朱文怡、沈周超、张昭、季位东、倪永浩、陶辛农、龚乃光。曾任中共中央书记处书记、全国人民代表大会常务委员会副委员长陈丕显为志书题签。中共江苏省委原书记韩培信，江苏省原省长顾秀莲为志书题词。

全书1册，131万字，图片73幅（志首67幅、随文6幅），表格171张。记述范围为1985年太仓县行政区域。记述上限因事而异，量事追溯，下限1985年，大事记延至1988年。述、记、志、传、图、表、录诸体并用，以志为主。志首设序、凡例、概述、大事记，志末设附录、编纂始末。全志设26篇：建置区划、自然环境、人口、农业、水利、工业、交通、邮电、商业、财税、金融、城乡建设、综合经济管理、党派社团、政务、治安司法、民政、劳动人事、军事、教育、科技、文化、卫生、体育、社会、人物。

为突出太仓滨江临海、水网丰富的特点以及境内水利的重要性，志书设水利篇，集中记述堤闸工程、河道整治、农田排灌等内容，特别是历史上对境内海塘、浏河塘、七浦塘等主要江海河道的治理。太仓水陆交通方便，境内刘家港为江海运输的重要港口，交通篇中设江海运输章，记述太仓历代海运和长江运输的情况，特别是漕粮海运、商贸海运内容，设置元明时代海运漕粮统计等表格，同时在页下注明关于漕运、海运史实的历代志书文献出处，增强学术性和权威性。太仓是明代郑和七下西洋起锚地，为突出这一重要的地域特点，志书在附录中特设专题《刘家港与郑和下西洋》，特约国内著名历史地理学家组稿，包括郑和在刘家港的史实概述、遗址遗存、文献摘录、习俗影响、重要人物等内容，为后人研究太仓与郑和下西洋的关系提供较为翔实的史料借鉴。特别是关于《天妃宫石刻通番事迹碑》碑文内容的记载，志书将明钱谷《吴都文粹续集》、明张采《太仓州志》、清顾炎武《天下郡国利病书》3部文献中该部分内容一并收录，互为引证，提高碑文的学术价值。附录设《历代地方志略述》，系统介绍太仓历代州县志、乡里志、专志的编修情况以及每部志书的提要，校正相关文献对该部分内容的记述，增强志书的学术性。此外，该志图表比较丰富，特别是卷首设置的《清太仓城图》，建置区划篇设置的《明弘治十年始建太仓州模拟图》《清直隶太仓州辖境图》《太仓州镇洋县合图》及《太仓县主要农作物与气候条件示意图》《明清时代州县人口统计表》等，较好地记载并传承太仓重要的历史资料。

（范志芳）

【编纂始末（节选）】

《太仓县志》经三更纲目，四易其稿，笔耕八载，并于1990年4月，由省、市地方志领导机构负责人、专家、行家评审，又经反复精心修改，报请上级验收批准，终于付梓出版。这是太仓县社会主义精神文明建设的一项重大成就。

自明弘治十年（1497）年建立太仓州后，代有修志，不绝如缕，起了资政、教化、存史作用。唯自辛亥革命后，迄至1985年，历75年未曾踵修县志。特别是中华人民共和国成立后，政通人和，百业竞荣，亟待书以志之。若误时失载，后将无考。县志为“一方之全书”，实乃一座巨大的信息库，这对全党工作转移到社会主义现代化建设上来，促进各行各业的发展，无疑是十分必要的。社会主义新县志又是一部极好的乡土教材，它可用以向全县人民进行爱国主义、共产主义和革命传统教育。缘于此，中共太仓县委、太仓县人民政府决定编纂太仓县志。1983年6月，成立了太仓县志编纂委员会（后改为太仓县编志修史委员会、太仓县地方志编纂委员会），下设办公室，开始配备3人，陆续增至7人，专事修志工作。

按县志征集资料纲目要求，全县分担提供资料的部委办局和乡镇共有70余个单位。他们于1984年7月后，相继成立了修志小组，抽调专业修志人员。从而在全县形成了一支有二百余人参加的群众性修志专业队伍。其任务：一是为县志提供资料；二是编写部门专业志。为提高这支队伍的业务素质，县志办公室组织了专业培训，请方志专家授课，并安排他们赴先行县对口学习取经。接着，开始征集资料。由于此次踵修县志，间隔年份长，时空跨度大，特别是民国时期的历史资料，因屡遭战乱，大多散失，县内幸存寥寥，且多属一般文书往来。为此，从1984年9月起，县志办公室组织各部门的修志人员100余人，采取集中力量，统一安排的方法，四出搜集资料，“资料是志书的生命”，许多年长的修志人员，冒着酷暑严寒，不避艰辛，四处奔走，采撷到不少弥足珍贵的历史资料。足迹遍历常熟、昆山、嘉定、苏州、无锡、上海、南京、北京等地的档案馆、图书馆、博物馆、文物管理委员会等处。历时年余，行程万里。同时，为避免老成凋谢，史随人亡，抓紧对县内外年事已高的知情人，采取发电、发函、走访或召开座谈会等形式，广泛搜集口碑资料。对解放后的资料，则采取分线作战的方法，由各单位自行安排力量，在县档案馆和各部门文书档案中搜集。前后累计搜集资料约

4500万字，不仅满足了编写县志之需，也推动了部门专业史志和全县各乡镇志的编写工作。为发掘、研究地方历史文化，对太仓县历代编纂的地方志进行了调查、整理，这对编写太仓新县志起到了重要的借鉴作用。并发现前人所修志书种类甚多，卷帙浩繁，存佚参半。同时也校正了清嘉庆王昶志和光绪王祖畲志有关序文中所谓“太仓历代地方志只存十之一二”的说法。

编纂新县志，工程浩大。除了动员进行全方位的资料收集外，在编写上也采取了“众手成志”的方法。由县志办公室负责编纂凡例、概述、大事记、建置区划、党派社团、政务、社会、人物、附录。其余为专业性较强的篇目，则分配给有关部门和单位负责提供资料或写出专题性草稿，然后由县志办公室汇集编辑。志书编写程序为：一、由采访写成长编，继之写成合成稿（征询稿），并组织初稿撰写；二、在广泛征求意见的基础上，按志书体例，进行总纂，编写成送审稿，并组织二审；三、根据省、市、县三级评审意见，修改成报批验收稿；四、经省、市地方志领导机构验收审定，最后修改定稿，交付出版。

《太仓市志（1986—2005）》目录

太仓市志（1986—2005）

太仓市地方志编纂委员会编。2006年10月启动编纂，2014年6月由方志出版社出版。主编张志华，总纂王维强，副主编陈妙生、殷秋娣。编辑范志芳、苏华、卞伟文、张天宁、丰文渊、李敏珺、王鉴清、章昌健、邢友来、朱敏峰。

全书2册，173.9万字，图片202幅（志首74幅、随文128幅），表格397张。记述范围为2005年末太仓市行政区域。该志为《太仓县志》（1991年版）续志，记述上限1986年，衔接前志，部分内容酌情上溯；下限2005年，大事记与部分图片延至2010年。述、记、志、传、图、表、录诸体并用，以志为主。志首设序、凡例、概述、大事记，志末设附录、索引、编后记。志书采用条目体结构，分为类目、分目、子目、条目，条目为基本记述实体。全志设29卷：建置区划、自然环境、环境保护、土地与水资源、人口、基础设施、江苏省太仓港经济开发区、开发开放、农业、工业、服务业、综合经济管理、中国共产党太仓市委员会、太仓市人民代表大会、太仓市人民政府、政协太仓市委员会、民主党派·工商联·人民团体、公安·司法·军事、科技、教育、文化、卫生、体育、民政、人民生活、精神文明·风尚习俗、方言、乡镇概览、人物。

该志在篇目设置和内容记述方面注重突出时代特征和地方特色。为突出断限内太仓以港强市、对德合作示范区建设的地域发展特色，志书专设江苏省太仓港经济开发区卷，下设港口建设、港区开发、德企招商等内容。同时还专设开发开放卷、服务业卷，记述招商引资、经济协作、对外贸易、外经合作以及信息传输、旅游等内容，体现太仓经济“由内转外”“由量转质”的时代特征。此外，该志专设流通体制改革、住房制度改革、金融体制改革、农村三大合作改革、卫生体制改革等改革类条目20个，反映太仓经济社会重点领域改革实践的过程和结果。该志另设《接轨上海》《中国生殖健康家庭保健培训中心》《全国第一个农村电气化示范县》《娄东文化四大品牌》《创建全国卫生城市》《创建国家科技工作先进市》《全国武术之乡》《全国桥牌之乡》等地方特征明显的专记14篇，使整部志书具有浓郁的改革开放时代特点和太仓地域文化特色。特别是接轨上海、娄东文化建设等专记内容，地域性较强，增添志书的可读性。志书还将方言单独设卷，并用太仓方言朗读所选词汇和文学作品，录音后整合志书其他图文内容，制成DVD光盘随书发放，方便读者使用，这也是该志的创新之举。附录收录重要文献和市（县）部委办局、乡镇、经济开发区、直属单位党政负责人，增强资料性；并附《太仓县志》勘误，纠正前志错误之处。主题索引、图索引、表格索引的制作，方便使用者检索查阅。

2018年，该志被评为江苏省地方志书优秀成果综合优秀二等。

（范志芳）

【编后记（节选）】

太仓，物华天宝，人杰地灵，在数千年的历史长河中，勤劳聪慧的太仓人民建设了精致和谐的美好家园，创造了意蕴优雅的娄东文化。对此，太仓历代志书已作了记载。1991年，《太仓县志》出版，为新中国成立后的第一部新方志，该志资料丰富，贯通古今，下限止于1985年。

上世纪80年代以来，是我国由计划经济向社会主义市场经济全面转型的重要时期，太仓人民踏着改革与发展的奋进鼓点，解放思想，与时俱进，抢抓机遇，开拓创新，从农村到城市，从经济领域到社会事业，太仓都发生了巨大的变化，形成了经济发展、政治稳定、文化繁荣、社会和谐的生动局面。盛世修志，志载盛世，为了留住太仓20年激荡人心的发展史，2006年《太仓市志（1986—2005）》编修工作正式启动。该志上承1991版《太仓县志》，着重记述了1986—2005年太仓市（县）改革开放和社会主义现代化建设取得的历史成绩和基本经验，反映了断限内太仓市（县）自然、经济、政治、文化、社会等方面的历史与现状，具有显著的时代特征和太仓特色。2014年6月，《太仓市志》正式付梓出版，整个编修工作历经近八个寒暑。在市志编修过程中，始终坚持“党委领导、政府主持、史志部门具体负责、各单位共同参与”的工作机制，实行“开门修志、众手成志”的编纂方法；始终坚持志书质量标准、按规范程序操作，抓住每一个阶段的工作重点，环环相扣，扎实推进了编修工作的完成。具体编修工作历经五个阶段。

第一阶段：启动准备。2006年上半年通过研读首轮修志所形成的理论、经验和优秀志书，学习和借鉴旧志的长处，并结合太仓的实际情况，确定了市志的编纂体例，形成了具有太仓特色的篇目大纲和工作方案。同时，选聘了6名责编人员，集中办公，确保组织、人员、办公场所的落实到位。9月18日，市史志办向市政府提交了《关于启动〈太仓市志〉编纂工作的请示》。10月18日，太仓市地方志编纂委员会成立，并设立办公室负责具体编修工作。同日，市委办、市政府办联合下发《关于做好〈太仓市志〉编纂工作的意见》。10月26日，召开太仓市志编修启动会议，正式启动《太仓市志》编修工作，会上下发了《〈太仓市志〉篇目征求意见稿》和《〈太仓市志〉编纂工作承编责任书》。会后，各单位相继同市地方志编委会签订责任书。同年12月14日至15日，举办全市《太仓市志》编修业务培训班，邀请省市方志专家授课、指导，各承编单位150余人参加了培训。至2007年1月15日，全市122家承编单位均组建了修志工作班子，落实了工作经费和编写场所，选聘、抽调了修志人员，为修志工作提供了有力的组织保障。

第二阶段：资料收集、初稿撰写。2007年初，进入资料收集和初稿撰写阶段。全市各承编单位相继开展纲目细化、资料收集整理和承编初稿的撰写工作，市志编辑人员同步进行修志业务指导、组织研讨、稿件修改、进度督促，并负责志稿部分内容的收集整理和编写。至2008年8月，122家承编单位按规定完成初稿承编任务，形成资料初稿近1000万字，市志主体组稿任务基本结束。其间，直接参与资料初稿撰写的人员近200人，间接参与资料收集的人员更多，他们中既有80岁高龄的耄耋老人，又有刚出大学校门的年轻人，既有单位中在职的业务骨干，又有本该含饴弄孙的退休人员。特别是一批60岁至70岁的老领导、老干部、老教师成了市志资料稿撰写的主力军，他们抱着对历史、对后人负责的态度，发挥自己熟悉情况的特点，查资料、跑单位、写初稿，为完成资料收集、撰写与报送工作付出了心血。同期，市志编辑人员采用大会推进、分片研讨、重点走访、业务检查、通报情况等方式，推进各承编单位编志工作的开展。该阶段，编辑人员深入各单位进行业务指导840余人次，其中个别单位走访10次以上。形成各种规范性文件、指导材料15万字，召开全市性大会3次，先后在经贸委、农林局、国土资源局、贸易局、司法局等单位召开各类分片交流会37次，将现场交流、典型引导、座谈交流、检查督促融为一体，取得了较好的效果。正是这种多方配合、多措并举的共同参与，为市志组稿任务的顺利完成起到了关键的作用。

第三阶段：分纂、总纂和征求意见。在组稿工作开展的同时，《太仓市志》责编人员按照市志质量要求及时对近1000万字的资料初稿进行修改，核资料、核数据、补缺、纠误，去粗取精，去伪存真，陆续形成分纂稿。此后，分纂稿经过初审形成第一次征求意见稿，向各承编单位反馈。至2009年12月，责编分纂稿基本完成。2010年3月，总纂纲目通过苏州市地方志办公室组织的评审。同年12月末，完成征求意见稿的返稿及修改工作。2011年1月进入总纂阶段。总纂工作从整体上考量，调整纲目，增删内容，历时一年，完成统稿工作。其间，按照形成一卷返回一卷的办法，向各承编单位第二次征求意见，并由各单位对志稿内容进行确认盖章。至年末，总纂稿的单位返稿及修改工作全面完成。

第四阶段：终审、验收。2012年1月，《太仓市志》形成送审稿报苏州市地方志办公室审阅。3月12日至13日，市志送审稿通过了由苏州市地方志办公室组成的专家组的终审。而后，根据终审意见，市志办进行认真梳理、修改，形成验收稿。8月20日通过了苏州市地方志办公室的验收。2012年11月至2013年2月方志出版社完成了《太仓市志》稿的三审三校。根据苏州市地方志办公室验收意见及方志出版社的三审意见，市史志办再次对志稿进行了修改完善。2013年4月10日报江苏省地方志办公室审核备案。6月9日，通过省地方志办公室审核，并同意报同级人民政府批准出版。

第五阶段：精雕细磨力出精品。2013年下半年，围绕提升志书出版质量这一主题，采用聘请省市专家特约审校、责编人员重点审校、市史志办人员通读审校等方法，打磨志稿，消灭“硬伤”，统一规范，进一步提升质量。7—8

月，市史志办人员集中各方修改意见，对志稿中一些重点内容、重要数据进行再审核、再把关，对志稿行文字斟句酌，再次进行精加工、细打磨，逐页进行了修改，特别是着重解决了史实性差错、行文规范不统一等问题。9—12月，上机排版定稿，其间形成出版样书报送太仓市政府。2014年3月，太仓市政府批准出版。同年6月，《太仓市志》正式付梓出版。

附：

苏州工业园区志（1994—2005）

苏州工业园区地方志编纂委员会编。2006年3月启动编纂，2012年4月由江苏人民出版社出版。主编李巨川，总纂李巨川、戚龙海，编辑李巨川、戚龙海、吴万铭、唐蓉蓉。

全书3册，150万字，图片794幅（志首90幅、随文704幅），表格116张。记述范围为2005年苏州工业园区区域。记述上限为国务院批准园区项目的1994年2月，部分篇章根据内容需要适度追溯；下限2005年，文前彩图不设时间下限。述、记、志、传、图、表、录诸体并用，以志为主。志首设序、概述、大事记，志末设志余、附录、跋。全志设22篇：区域、中新合作、合资开发、借鉴经验、招商引资、科技发展、产业经济、经济管理、新城建设、城市管理、党政要务、社会团体、公安司法、国防建设、教育、文化、卫生、体育、劳动和社会保障、民政、精神文明、特记。

为突出园区特色，志书设区域篇，将园区的立项建设、自然环境和人口整为一篇。专设中新合作篇，记述中新双方领导推动、各级政府支持、联合协调理事会、双边工作委员会、联络机构等内容；设合资开发篇，记述中新合资公司组建、双方财团、中新苏州工业园区开发有限公司等内容；设借鉴经验篇，记述借鉴经验的过程、原则和成果推广等内容；设招商引资篇，记述招商机构、招商活动、亲商服务等内容。志书翔实记载作为开创国家中外经济技术互利合作新模式的苏州工业园区创业发展历史，突出园区内涵与改革创新、注重反映实际，体现“借鉴、创新、圆融、共赢”的园区经验，是记载苏州工业园区开发建设早期历史最重要、最完整、最权威的官方历史文献之一。重视精神文明建设内容记述，设精神文明篇，体现时代特色。此外，志书专设特记篇，记述建区地情、遗址古迹、人物传略、文化家族、历史街巷、风俗人情、碑记序跋、诗文撷英。设志余，记述行者亲历、记者见证、史海钩沉，资料丰富，增加人文色彩。附录专设《2006—2010年大事辑要》，以延展后事，保持历史的完整性。

（程宏红）

《苏州工业园区志（1994-2005）》目录

【跋（节选）】

2005年5月，江苏省新一轮地方志编纂工作全面启动。10月，市政府办公室下发《关于做好新一轮地方志编纂工作的意见》，明确：要在2010年底前完成包括《苏州工业园区志》在内的10部志书。还明确：本轮修志内容的时间下限为2005年。

2006年3月，苏州工业园区志编纂工作启动，全体编纂人员参加江苏省第二轮修志培训班。2010年上半年，园区志初稿和分纂稿先后完成，送交编委会征求意见后，进入总纂。6月，江苏省地方志办公室批复同意苏州市10部志书编纂的期限延至2012年底，园区修志工作计划也作相应调整。8月底，《苏州工业园区志》纲目初稿在征求各编委意见的基础上形成，志书采用篇章结构，篇下设章，章下设节，并于2010年3月经苏州市地方志办公室审批同意。是年，全体修志人员参加苏州市第二轮修志研讨班，凡10期，通过“以评代训”方式深入学习贯彻国务院《地方志工作条例》。2011年1月，《苏州工业园区志》总纂稿完成，送交编委会审阅。7月，市地方志办公室召开《苏州工业园区志》评审会。12月，志书完成文字修改和配图。2012年2月，《苏州工业园区志》通过编委会和市地方志办公室验收，定稿付印。

南通市

南通市首轮修志工作肇始于1980年编纂的《如东县志》《如皋县志》《南通县志》《海安县志》，紧随其后《海门县志》于1981年启动，其他志书编纂工作和修订工作主要于1985—1986年启动，《崇川区志》则于1999年启动。至2007年，全市共出版市县两级综合志书9部，总字数1527.1万字。其中，市级志书1部：《南通市志》；县级志书8部：《海安县志》《如东县志》《如东县志》（修订本）《启东县志》《如皋县志》《南通县志》《海门县志》《崇川区志》。南通首轮市县两级志书编修不仅起步较早，1983年出版的《如东县志》，是新中国第一部公开出版的社会主义新方志，而且不乏精品佳作，多部志书在国家级、省级质量评比中获奖。其中，1985年出版的《如东县志》（修订版）在1993年获全国新编地方志优秀成果二等奖；《南通市志》《南通县志》等多部志书获评江苏省地方志书优秀成果和省、市社科优秀成果。

南通市二轮修志工作于2006年开始，主要为首轮编纂的市县两级综合志书续修或重修，以及已撤并市辖区港闸区区志的补修等。至2017年，南通市基本完成二轮修志工作任务，全市共公开出版市县两级志书8部，总字数2280.8万字。其中，市级志书1部：《南通市志（1983—2005）》；县级志书7部：《启东市志（1986—2005）》《通州市志（1993—2009）》《如皋市志》《海门市志》《海安县志（1993—2008）》《如东县志》《南通市港闸区志》。《南通市志（1983—2005）》《启东市志（1986—2005）》等多部志书获评江苏省地方志书优秀成果和地方社科优秀成果。

南通市志

南通市地方志编纂委员会编。1986年2月启动编纂，2000年12月由上海社会科学院出版社出版。主编邵建、乔显曾，副主编何惠斌、达少华、闻彬。主审戴致君、于志龙、钱泽麟、徐建红。编辑、编务彭庆云、何晓宁、姚毅、张建明、陈红、沙锦程、卢建汶、蒋枝林、王映霞、施邦其、王骥平、江流、卢岚、王春、陈云。

全书3册，435.2万字，图片228幅（集于志首），表格685张。记述范围为1987年南通市行政区域，详记市区，兼及辖县。记述上限不限，因事而异，下限1987年，大事记、人物和经济技术开发区延至1990年。述、记、志、传、图、表、录诸体并用，以志为主。志首设序、凡例、总述、大事记，志末设附录、编修始末。全志设74卷：自然地理、人口、居民家计、城市规划、市政建设、公用事业、房地产业、风景名胜·园林绿化、环境保护、南通港、交通、口岸、水利、电力、邮电、经济技术开发区、辖县概况、工商行政管理、物价管理、土地管理、标准计量管理、审计、统计、经济所有制变革、城市经济体制改革、经济计划、纺织工业、丝绸工业、轻工业、盐业、电子仪表工业、机械工业、化学·医药工业、煤炭·冶金工业、船舶工业、建筑材料工业、乡村·城镇工业、商业、供销合作业、物资经营、粮食业、对外经济贸易、农业、水产业、建筑业、财政、税务、金融、党派、人民代表大会、政府、政协、社团、民政、人事、劳动、外事·侨务·台务、公安、检察、审判、司法行政、军事、教育、科技、文化、卫生、体育、报刊、广播电视、档案、方言、宗教、风俗、人物。

《南通市志》目录

南通是一座新兴工业港口城市，河运、江运、海运业兴旺，码头多、港口多，为体现这一特征，该志将富有地方特色的内容作“升格”或位置前移处理。工业部类设11卷，记述各工业门类发展，另设南通港卷、口岸卷。南通有“江海门户”之称，设水产卷、盐业卷，展示濒江临海、富渔盐之利的特色。志书将水利卷置于工农业各卷之前，列于基础设施类中，体现水利建设在社会经济发展中的价值和地位。南通是“纺织之乡”，纺织业起步早，规模大，为反映这一地方特色，设纺织工业卷、丝绸工业卷、轻工业卷；南通是“建筑之乡”，设建筑业卷，记述南通建筑铁军的风貌和贡献，体现行业特色；南通是“教育之乡”，设教育卷，全面记述南通教育发展历程与取得的成就。南通作为全国首批进一步对外开放的14个沿海港口城市之一，对外开放和开发区建设较早，志书设经济技术开发区卷、对外经济贸易卷，记述外引内联成绩，进一步突显改革开放的时代特色。同时，设城市经济体制改革卷，记述企业机制改革、流通体制改革、综合配套改革，记录南通经济体制改革取得的巨大成就。该志除设总述外，各卷设概述，这些综合性文字对加强志书的整体性起了很好的作用。

2001年，该志被评为江苏省第七届哲学社会科学优秀成果三等奖、南通市第五次哲学社会科学优秀成果一等奖、江苏省地方志系统优秀成果特别荣誉奖。

（丁强强）

【编修始末（节选）】

80年代初全国编修社会主义新方志事业兴起。是时，中共南通市委、市政府要求市图书馆为编修南通市新志书做了一些资料收集工作。1986年2月14日，南通市地方志编纂委员会成立。编委会下设办公室，编制10人。办公室建立之初，即制订工作规则，筹备修志事宜，为全面开展《南通市志》的编纂作准备。12月，市人民政府召开第一次地方志工作会议，全面动员，部署规划，要求全市各部门、各单位加强领导，重视修志，摆上位置，落实措施，同心协力，为完成南通市第一部社会主义新方志作出贡献。会后，市地方志办公室人员不计清苦、辛苦与艰苦，拟定《南通市志》篇目，创办《南通今古》杂志，宣传修志意义，争取社会支持。一些主管部门及部分工厂、学校、医院等单位相继将修志工作列入议事日程，制订规划，组建队伍，收集资料，拉开了《南通市志》分志编纂序幕。1987年6月、8月、10月，市地方志办公室连续举办三期修志人员培训班，培训业务骨干100多人。同时，调整《南通市志》篇目，将修志任务分解落实到各相关承编单位。1988年，先后举办《电力工业志》《教育志》《水利志》《财政志》《工商行政管理志》《民族宗教志》等各类专志业务研讨会。组织有关人员赴无锡、常州、镇江等先行单位参观学习，加强联系，沟通信息，交流经验，促进了全市地方志工作的开展。1989年5月，市政府召开第二次地方志工作会议，要求各部门、各单位进一步加快修志步伐，以确保《南通市志》按时保质地完成。会上表彰了先进集体和先进个人，同时成立了南通市地方志学会。经过五年艰辛曲折的工作，至1990年底，全市已有40多个单位建立了修志机构，专职、兼职修志人员400多人，市地方志办公室编制增至15人。卫生、电力、邮电等10多部分志稿先后完成，并收集了大量的档案、报刊和口碑资料。是年，修订了《南通市志》篇目，参加省地方志办公室召开的篇目研讨会，《南通市志》整体框架初步形成。

1991年4月19日，南通市第九届人大常委会第二十一次会议通过《关于加强〈南通市志〉工作的决议》。《决议》要求，1992年底基本完成《南通市志》的编纂任务。6月19日，市政府召开第三次地方志工作会议，会议要求各部门、各单位必须认真贯彻执行市九届人大常委会第二十一次会议通过的《决议》，切实按照市政府的工作部署，落实目标管理责任制，强化措施，抓好修志工作。会上，全市各分志承编单位与市政府签订定期完成分志目标的责任书。市地方志办公室随之举办第四期修志人员业务培训班，编写《南通市地方志编纂手册》，以指导和规范地方志编纂工作的全面开展，并结合实际，采取编写—修改—评审—定稿交叉滚动的方式，开展各分志的编写、组织、协调工作。经多方努力，当年底完成分志稿40多部。1992年3月31日，市政府召开《南通市志》编纂工作会议，交流第三次地方志工作会议以来的《南通市志》编修情况。市地方志办公室针对分志评审中的有关问题，提出《增强质量意识，加快修志步伐，为编纂高质量〈南通市志〉而努力》的指导意见。会后向各分志承编单位印发了市人大、市政府有关领导的讲话及市志编修情况汇报。6月26日，市地方志办公室就有关分志送审工作发出通知，要求为确保志稿的质量必须坚持《南通市志》分志稿的“三审制”，并对自审、联审、市审，三审定稿的工作程序提出具体实施办法。11月20日，市地方志编纂委员会发出《关于抓紧〈南通市志〉分志编纂工作的通知》，督促有关单位抓紧部署，抓紧工作，按时保质完成任务。至年底，全市60多部约占全志80%的分志稿基本完成。1993年初，市政府工作报告把《南通市志》的编纂列为工作目标之一。3月15日，副市长、市地方志编纂委员会副主任李炎发出致全市修志工作者的一封信，感谢全市广大修志工作者付出的艰辛劳动。同时，督促极少数未完成志稿任务的单位务必在5月底前完成任务。市地方志办公室本着按时保质的要求，抓进度、抓修改、抓评审，三步并进，在制度上、责任上、业务上保证了各分志编写紧张有序地进行。6月底，除少数分志外，各分志编写任务基本完成，从而为《南通市志》总纂的顺利开展奠定了良好的基础。

1993年7月始，市地方志办公室加强对总纂工作的研究，进一步明确总纂思路，确立质量意识，并按地理、环境、经济、政治、人文等部类分工，责任到人，定目标、定计划、定时间、定质量，对所有分志稿深度加工。同时，为明确指导思想，统一操作规范，修订了凡例；为反映地方特色，体现时代特征，调整了篇目；对各卷的内容、概述的字数及书写的格式做了统一的规定，进一步加强了栏目的补缺和资料的正伪工作。并邀请部分专家、行家对方言、风俗、宗教等志稿进行专题研审，广泛征求意见。1994年5月市人大常委会领导同志召开市有关方面负责人会议，检查1991年《决议》落实情况，会后发出《会议纪要》，督促各单位认真执行《决议》。1994年8月，市地方志办公室发出《关于征集〈南通市志〉图片资料的通知》。1994年7月至1995年7月，市地方志办公室定期检查总纂进度，及时调整和解决总纂中的有关问题。1995年7月，市地方志办公室研讨编写《南通市志》总述。9月，形成《南通市志》送审稿。分别报送江苏省地方志编纂委员会，中共南通市委、市人大、市政府、市政协及南通市地方志编纂委员会各委员。12月26日，江苏省地方志编纂委员会组织省内方志专家、学者31人来通，对《南通市志》送审稿作评审，评审中，对送审稿作了肯定，同时提出修改意见。

《南通市志》送审稿经省地方志编纂委员会评审后，市地方志办公室根据评审意见，以及中共南通市委、市人大、市政府、市政协和南通市地方志编纂委员会各委员对志稿的意见，对照实际情况作了修改。其间，编稿人员进行了自改、互改、联组修改。还聘请有关人士对志稿的总述、大事记、市政建设、党派、政府、文化、教育、宗教、风俗、人物等卷，作了审阅指导，并召开了相关的评审会。对专业性较强的分卷，如自然地理等卷，召开了有关专业的专家、学者座谈会；对盐业、财政、粮油经营、方言、报刊、广播电视等卷，编稿人员再次作了修正。《南通市志》稿经修改再送省地方志编纂委员会评审人员复审后，江苏省地方志编纂委员会于1996年12月31日下达同意验收交付出版的批复。

1996年10月，市地方志办公室与市委党史工作委员会合并，《南通市志》的编纂工作，采取主任室领导下的主编负责制。1997年8月，《南通市志》送上海社会科学院出版社编辑出版。2000年5月，志稿各分卷校样文稿返送各承编单位审校，再统稿后付印。

【志评】

遨游半是志海里　始觉今朝眼界开

——浅析《南通市志》总体设计的个性把握

李　明

志书与人一样，乍看起来千人一面，志志相同，然仔细观察世上没有两个绝对相同的人，亦没有两部绝对相同的志书。这个矛盾特殊性的法则是世间万事万物存在的内在依据、存在的价值。从某种意义上说，个性就是生命，没有个性的志书就没有生命力，自然也就失去了它存在的价值。因此，对于方志工作者来说，如何在志书的总体结构上注意个性把握，也就成为一个重要课题。南通市的方志工作者在这方面做了很大的努力和深入的探索，综观整部志书可以用三句话概括：在结构上横排类目得体，在体裁上诸体并用得当，在章法上直书其事得法。本文仅就《南通市志》在总体结构、谋篇布局方面得失利弊浅说一二。

《南通市志》是市志中的一种。它是一部什么样的市志呢？该志"凡例"称："本志记述范围为南通市市区（即1983年3月1日前的南通市）及所辖海安、如皋、如东、南通、海门、启东6县。详记市区，兼及辖县。"这就是说，《南通市志》不是仅记城区的城市志，而是兼及所属6县的市管县的市级志书，即为我们通常所说的现行行政区志。这在篇目设置上明显区别于城市志的地方除设有《辖县概况》专卷外，相关的节、目中必须记述辖县中具有鲜明地方特色的内容。这种类型的市志比仅记城区的城市志在编纂难度上大得多，尤其是许多反映全市面貌的重要数据不可少，这在收集整理资料的难度上也是显而易见的。1983年我国实行市管县体制，作为一部省辖市政区志理应涵盖辖区全部，不应图编纂方便、省力而去编修城市志。全国有数百部市管县体制的市级志书，《南通市志》的总体结构的个性特点是怎么把握的呢？笔者的学习体会是：

认识特征　把握主线

南通市地处长江三角洲东北部，东濒黄海，南临长江，江海交汇，称为江海之门户。南通市于后周显德五年（958）始筑州城。《读史方舆纪要》载："州据江海之会，由此历三吴，向两越，或出东海，动齐燕，亦南北之吭喉矣，周显德取其地，始通吴越之路，命名通州。"这一独特的地理位置犹如人的胎记一般，将南通市与国内、省内的省辖市区别开来。南通市是我国民族工业的实业家张謇的故乡，因而也是我国民族工业的发祥地之一，时且在国内颇具规模，有较高的声望。清光绪三十三年（1907）南通大生纱厂就有纱锭6.68万枚，占全国民族资本纱锭数的13.8%，在国内各城市中位居第三。解放后南通工业进一步发展，至本志下限之1987年，工业总产值已达135.2亿元，占南通市社会总产值的62.2%。南通市的这一特征又将她与一些沿海地区的工业城市区别开来。南通市滨江临海，河江海贯通，经济发达，河运、江运、海运业兴旺，码头多、港口多，这便形成南通市第三大特征——港口城市。早在唐代，南通就已是一个航运的港口了。宋代以后，南通成为苏北漕粮、海盐的运输枢纽。明、清时，南通成为苏北平原重要的商品集散中心，福建、广东的商人来通买棉花、棉织物"巨艘千百，皆装布囊"。大规模、现代化港口码头的兴建还是在南通解放以后，尤其是1982年3月南通港获准对外籍船舶开放以来，南通港日益兴旺发达，其势如虹。至本志下限1987年，仅南通城区就有码头11座，泊位岸线1147.8米，有万吨级以上深水泊位3个，年货物吞吐量1132万吨，进入我国沿海大港行列。南通市的基本特征可以用这样一句话来概括：她是一座古老而又新兴的工业港口城市。南通市地情的这一基本特征构成了《南通市志》编纂的主线。《南通市志》这根主线体现在志书的总体框架上，除了设置了自然地理卷外，工业部类设了11卷，还设有南通港、口岸两卷，这样的框架结构便于编者浓墨重彩记述这根主线。笔者以为，无论是写千字文还是编纂数百万字的志书都应有一根主线，《南通市志》的编者做到了，也做好了。这是《南通市志》最亮丽的地方。

调整层次　突出优势

《南通市志》的编者为了强化反映地情上的宏观特色，在谋篇布局上采用调整层次，突出当地优势的做法是可取的。所谓优势，就是压倒性的长处，是“人无我有，人有我特”的独特之处。这种长处无论是在量上还是在质上都具有相当高的历史价值（地位），或是具有很大的开发潜质。此地的这种独特优势，往往具有标志性或象征性的意义。《南通市志》编者为了准确地客观地反映地情特色，冲破形式逻辑种属统辖的约束，即注重联系、突出重点的做法，按照辩证逻辑的思维，采取“升格法”“前置法”作灵活处置。按照形式逻辑，《南通市志》既设了交通卷，不可再设南通港、口岸卷，更不可置于交通卷之前；既设了轻工业卷，不可再设纺织工业、丝绸工业卷，更不可置于轻工业卷之前，因为这样做，打乱了概念的从属关系，不合逻辑。这在方志界曾引起过热烈的讨论，并逐步取得共识：志书的框架结构、谋篇布局要遵循形式逻辑和辩证逻辑相统一的原则进行安排，反映地情特征的特色事物的处理在符合科学性的前提下加以“突出”。《南通市志》的编者成功地吸收了前人的研究成果，使编纂一部地方特色鲜明的市志获得了成功。但在笔者看来有些地方还没有做到位，在军事卷重要战事章中，为什么不可以将明朝的抗倭、抗日战争中的反“清乡”斗争和解放战争中粟裕指挥的“七战七捷”这些惊天地、泣鬼神的大事设专章记述或立专节记述呢？如果将这些特色鲜明的实体在章节这个层次上实现出来，有助于进一步强化志书的个性内容。

综合记述　突出概貌

《南通市志》在志首设有“总述”，在各卷之首设“概述”，这些综合性文字对加强志书的整体性起了很好的作用。《南通市志·总述》要言不繁，用万余字篇幅将南通市情概貌和主要特点呈现给读者。文章写得也很有特色，全文七个部分，第一部分就写南通人民的革命传统、精神风貌，体现编者以人为本的指导思想，读来很有味道，这种写法在新编地方志中不多见。但也给人留了一点遗憾，文章只写到1987年，而未延至20世纪末，如将最近10多年的变化写进去，我想文章会更精彩动人的。

《南通市志》设了74个分志，即74卷，属小篇结构体式，这种体式的长处便于突出地方特色，亦便于组织编写，其短处是整体性弱些。弥补这一缺陷的唯一手段是加强综合记述，通过总述、概述的画龙点睛之笔加强各分志间的有机联系，前后照应，亦便于读者用志，在这一方面，《南通市志》的编者是下了一番功夫的，读者只要认真读一下总述和74个分志的概述便可领略一二了。

《南通市志》未设经济综述之类的分志专门记述宏观经济的状况，而是在经济部类的前面分“经济所有制变革”“城市经济体制改革”“经济计划”3卷完成的，这也是一种有益的尝试。这种设置方式的优点是便于编者操作，缺点是难以整体上反映南通市发展的规划、发展水平。编者若将经济计划卷改作经济发展卷似乎更好些。

《南通市志》在篇目设置上还有许多值得学习的地方，如第三卷“居民家计”比以往志书中设人民生活卷精当了许多。“人民生活”概念的内涵广阔，涵盖物质生活和精神生活两个方面，而志书中记述的内容又仅仅是前者，大有名不副实之嫌，而今《南通市志》以“居民家计”作卷名能很好地消除“人民生活”作卷名所带来的缺憾。同时该卷注意在收入章中立有收入来源和收入结构节，在消费章中立有消费水平和消费组成节，注意在收入与消费结构上做文章，有较高的资政作用。此外，《南通市志》将水利卷置于工农业各卷之前，列于基础设施类中，以体现水利建设在社会经济发展中的价值和地位；设经济技术开发区卷以记述新时期新经济的发展，反映改革开放的时代风貌；设建筑业卷，记述南通铁军的风貌和贡献，以体现南通行业特色，等等，这些都很值得我们在续修志书中学习、借鉴。

诚然，《南通市志》在总体设置上也有值得商榷的地方，比如未为“建置”设专卷记述，虽然在政府卷中记述了相当部分的建置内容，并附了《南通建置沿革表》，但这种处理方法无论是旧志还是新方志中都不多见。笔者认为，作为政区类的志书，“建置”是不可或缺的，而且要置于开篇的位置上。即使一些新兴的城市如大庆市，在其《大庆市志》的地理篇的疆域章，也还设了建置沿革节。南通历史悠久，1000多年前就有了州的建置，千余年的嬗变繁复纷杂，没有专卷记述是记不清楚的。

读罢《南通市志》掩卷遐思，真有点王安石登狼山的感叹：“遨游半是江湖里，始觉今朝眼界开。”《南通市志》是江苏省市级志书的压轴之作，编者多为在方志理论研究探索方面有所成就者，他们在吸取前人编纂成果方面做了许多努力，故才有今日之丰硕成果。这部志书虽说不上佼佼不群，与众不同，也许还有一些美中不足之感，然不失良志风骨，堪入佳构之林。

（原文刊载于《中国地方志》2001年第5期）

新编志库添佳作

——《南通市志》评析

荀德麟

作为首届社会主义新方志家族中的一员，可以说，《南通市志》是姗姗来迟者。然而，也正由于其“姗姗来迟”，得以避免先行者的曲折和失误，在新的起点上有所拓展，有所提高，从而为新编志库增添了一部不可多得的佳作。

不囿范式　精心谋篇

本届修志，创新之举甚多，如在全书之首创设概述（或称总述），省辖市志与地区志又多于卷首总述之外，于经济部类之前，设经济综述（有的称经济综情），很多获奖的良志，诸如《扬州市志》《无锡市志》《镇江市志》等几乎无一不如此，几成定例。《镇江市志》首设总述、大事记，次设65卷，尾缀专记2卷附录1卷，其中第二十四卷为“经济综情”。《扬州市志》于总述、大事记之后设76篇，其中第九篇“经济综情”设于经济部类之前，此外，又设第二十二篇“工业经济综合”于工业部类之前。《无锡市志》则于第十二卷设“经济综述”，第十三卷设“工业经济综述”，第二十七卷设“商业经济综述”。这样做的长处是增强了宏观整体性的记述，避免了志书记述上只见树木，不见森林之弊。然而，甚难规避叠床架屋之嫌。尽管编者苦苦变换记述的角度和层次，但是，作为读者，打开目录即生重叠之疑，翻阅内容难免雷同之感。同样是省辖市市志，《南通市志》打破了这一业已形成的定例成规，仅于卷首设不到2万字的总述和近20万字的大事记，主体部分的74卷中，无一卷“经济综述”之类的设置，通览其全书目录，最大的感受是：简洁明快，直视无碍。这种对新的定例成规的冲击之举，实际上也是对于这种定例成规的否定和批判。否定和批判本身虽不一定具有创新的意义，但其纠偏矫枉之功是显而易见的。

从《南通市志》的篇目设计和有关的记述安排来看，不仅形式和内容上无叠加重复，而且宏观性整体性记述并未减弱。两相比较，优势自现。即以上举几部省辖市志“经济综述”所记述的内容来看，主要有所有制的变革、经济总量、产业结构、固定资产投资、综合经济效益、人民生活等几方面的内容。对这些内容，《南通市志》在篇目设计上是这样处理的：关于所有制变革，以第二十四卷“经济所有制改革”全面系统地记述了农业和工、商、建、运、服务业所有制变革的历程，以及不同时期各种所有制构成的情况。关于经济总量、产业结构、固定资产投资、综合经济效益的内容，则在第二十三卷“统计”中有全面的记述和系统翔实的数据比较，往往一张表格，便能透彻入微，而收万言不敌之效。关于人民生活的内容，则以第三卷“居民家计”详加反映，居民家计卷卷首以概述开篇，下设3章，第一章“收入”设“收入来源”“收入结构”“收入结余”3节，第二章“消费”设“消费水平”“消费组成”2节，第三章“居住”设“居住水平”“小区配套”2节。而其具体的记述标准和手段，都明显地更先进，更能反映事物的本质，因而记述内容也更具有深度和广度。举此一例，虽不免管窥蠡测之嫌，然《南通市志》编纂者深入研究、洞析，并努力避免前车之失的苦心，似足资佐证。

把握特色　充分展示

能否记述好特色，能否充分展示特色，是衡量志书优劣的一条重要标准。在充分展示特色方面，《南通市志》做得非常突出。

一是突出了地方特色。南通，地处长江三角洲东北部，东濒黄海，南临长江，当江海交汇之处，有江海门户之称，富粮棉渔盐之利；交通发达，水运尤具特色，“南通”之得名，盖源于此；南通，因张謇的首创与倡导，近代的工业、农垦、交通、邮电、商业、外贸、金融、文化教育等事业起步很早，有好多全国之“最”，等等。这些地方特色，都得到了充分展示。例如：为了展示临江沿海、富渔盐之利的特色，设有水产和盐业卷；为了展示南通据江海门户，交通发达的特色，设有南通港、口岸和交通卷；南通轻纺工业因张謇创办，起步早，规模大，为反映这一地方特色，设有纺织工业、丝绸工业和轻工业卷。另外，南通建筑业异军突起，蜚声中外，设有建筑业卷。从篇目设计看，明显体现地方特色的有11卷，占全书的七分之一强。其他一些特色，有的加大记述篇幅，有的则渗透于字里行间，做到显隐结合，殊途同归。

二是强化了城市志特色。南通市作为省辖市，辖有海安、如皋、如东、南通、海门、启东6县。为了避免与辖县县志的大量重复，在记述范围上，坚持“详记市区，兼及辖县”的方针。6个辖县的基本情况，仅设1卷“辖县概况”加以记述，每县一章，每章设“区域、建置、环境”“经济状况”“教科文卫”3节，另有3个县多一节“名胜古迹”。南通市尽管农业非常发达，在全省乃至全国都很有名气，但却只设了1卷大“农业”，含“种植业”“畜牧业”“林果蚕桑业”“农业机具使用管理”等4章。这样的处理，大大强化了城市志的特色。与此形成鲜明对比和强烈反差的是，关于“城市建设”的卷却含有第四卷“城市规划”、第五卷“市政建设”、第六卷“公用事业”、第七卷“房地产业”、第八卷“风景名胜、园林绿化”、第十六卷“经济技术开发区”计6卷，占全书卷数约十二分之一，其记述之详尽，超过我所寓目的所有城市志。而同是省辖市志的《常州市志》，“城市建设”只设有1卷；《无锡市志》设有“城市建筑”和“胜迹”2卷；作为世界名城的苏州，其市志也仅设有“城市建设”“城巷河桥”“园林名胜”3卷。于此可见，编纂者在强化《南通市志》的城市志特色上，是煞费苦心的，也是颇为成功的。它不仅体现了城市在现代经济社会发展的“龙头”和主体地位，而且反映了编纂者对社会发展趋势的前瞻意识。因为城市化水平的大幅度提高，是实现现代化的重要指标和条件。

三是加深了时代特色。关于时代特色，在全志的各个部类，如“总述”“大事记”中都有浓墨重彩的记述，此外，还设置了“经济所有制改革”“城市经济体制改革”等卷，着力反映改革的内容。南通作为全国首批14个沿海开放的城市之一，对外开放和开发区建设较早，外引内联成绩较大，为反映这一特色，设有“经济技术开发区”卷和“对外经济贸易”卷。人口控制、国土管理、环境保护作为新时期实施可持续发展战略的三大基本国策，分别设有“人口”“土地管理”“环境保护”3卷。此外，作为“综合经济管理”的工商行政管理、物价管理、标准计量管理、审计、统计、计划等内容，在一般市志中大多仅设1卷，而《南通市志》中则分别立卷，详加记述。随着改革的深入发展和政府职能的转变，综合经济管理显得日益重要，《南通市志》对综合经济管理的内容分别立卷记述，正反映了其重要性的提高。

资料完备　记述征信

资料性是志书的主要属性之一。如果把志书的篇目比喻为人身之筋骨，那么资料就是血肉，资料充实完备，则血肉丰满，神完气足。反之，必干瘪羸弱，色暗形丑。《南通市志》资料匀称完备。试举数例：第五十七卷“外事·侨务·台务”是篇幅最短的卷，总共只有2万字，但读来却觉得非常充实。其第二章“华侨事务”第一节“侨情”开头写道：“20世纪初，南通商人漂洋过海，在菲律宾、爪哇、马来西亚等地贩卖土布，逐渐旅居当地。20—30年代，李春鸣、严南陔、徐秩公等赴南洋从事华文教育。李春鸣在雅加达创办中华中学。抗日战争期间，不少南通籍华侨捐资捐物，支援祖国人民抗击侵略，并参加当地的反法西斯斗争。抗战胜利后，一批南通籍学生赴欧美留学，逐渐滞留谋生，在海外站稳了脚跟。随着华侨自身的发展和居住国政治经济环境的变化，50年代始，不少华侨先后加入居住国国籍，成为外籍华人。”“1953、1960年，日本、印尼相继排华，有华侨和华侨学生来南通。南通中学最早接纳了华侨学生。1960年7月，市区归侨学生26人，分布在南通师范专科学校、南通医学院、市第一中学等学校……1965年，全市侨生总数为80余人，其中市区43人，分别来自……其中以印尼、泰国、马来西亚3国居多。归侨学生毕业后,绝大部分留在国内……'文化大革命'期间,侨生逐年减少。"这两段文字篇幅虽短,却使我感到编纂者所占有资料的全面系统,读来底气十足,而无浮赘之感。第三十八卷"商业"开篇写道:"唐代,通州尚未建置时,即开始盐业经营。宋以后,通州城西通官道,逐渐形成西门多官商聚居,纱庄、布庄、当铺、酒楼、京广货店多设于此;东门为猪市、手工业者设店摆摊的集中场所;南门城外多为农田和坟堆,街上香店居多,相对萧条,故有'富西门,穷东门,叫花子南门'之说。城内以州治前的十字街为中心,东、南、西3条大街,由住宅逐步转变为商店,主要的商店都设在这里。明朝以后,植棉业和家庭手工纺织业兴起,逐步发展成为苏北商品棉和土布的集散地。城镇布庄林立,有'土布之乡'的誉称。清道光二十年(1840)后,外地商人来开店的增多。安徽帮经营茶叶、杂货为主,宁波帮经营药材为多,兰州帮经营水烟为多,镇扬帮经营京货业、杂货业、香粉业等。19世纪末,有专营'五洋'的行业,还有专为外国洋行推销洋货的买办商。清光绪三十年(1904)成立通(州)崇(明)海(门)花布总会,宣统二年(1910)成立通崇海泰(泰县及泰兴)总商会。"透过这些文字,不能不折服编纂者对南通古代商业史料挖掘深、占有细。

本届修志的凡例中,一般都首先申明马克思列宁主义、毛泽东思想和邓小平理论为指导,坚持辩证唯物主义和历史唯物主义的观点,坚持实事求是,客观公正,以达到一个"信"字。是否可信,是衡量志书质量的一个最基本的标准。在求实存真、征信无伪方面,《南通市志》用功甚勤。特别是对挫折和失误,不仅认识到位,而且敢于秉笔直书,显示了求实存真的胆与识。试举二例:在"总述"的第二部分"工业"中有如下几段精彩准确的记述:"1958—1960年间,全民大办工业,大炼钢铁,大办人民公社,以资源浪费和经济严重失调为代价,换得了工业的一时发展。在此期间,一个多门类的工业骨架初步形成,一批老企业以老带新,'自行繁殖'了一批'卫星'企业。一批分散的手工合作社、工场、作坊,按行业'梳辫子''搓绳子',组成或过渡为新企业……1961年贯彻'调整、巩固、充实、提高'的八字方针,工业企业由1958年全市3161个(其中市区288个)调整为1039个(市区208个),工业总产值由全市5.27亿元(市区2.49亿元)下降至4.38亿元(市区1.84亿元)。1965年回升至8.35亿元(市区3.22亿元)。1966年'文化大革命'开始,南通一些企业在1967年、1968年的武斗中停产,造成较大的经济损失,1969年后开始恢复、发展。""近40年来,在探索建设社会主义经济的进程中,南通曾于'大跃进'中组织数百人的队伍,去句容县下蜀开挖铁矿,结果是得不偿失;'文化大革命'中,执行'改变北煤南运'的指示,派遣人员往靖江县的孤山开挖煤矿,投入200余万元,因井下涌水,最后停建。此外,还有某些违背客观经济规律的项目决策,生产指挥不当等失误,给南通市今后的经济工作均留下了可资借鉴的经验教训。"这些记述,客观公正,信实可靠,令人心悦诚服。此外,对国民政府的记述,也能坚持一分为二,善恶并书。

综上所述,《南通市志》无愧是一部成功之作。然金无足赤,也还存在一些不足和值得商榷之处。如民国时期的议会、议员未见记载,属漏载的内容。志书下限断至1987年,大事记、人物传和开发区的下限也仅延至1990年底,断限以下与成书时间相隔太长,而该志未能采取必要的补救措施，以增强志书的存史性、实用性。另外，对“文化大革命”和其他重大政治运动进行集中记述，是不少志书的成功经验，《南通市志》未能吸取，本人读来觉得遗憾，不知其他同仁是否有同感。再则，人物传中几乎未见有“反面人物”，似嫌太拘泥旧框框，个别人物传，如与顾迅逸一起遇害的郑英年、孙日新2人的传，分别为80余字，太短，应3人合传。搞索引是本届修志的成功经验，对此方志界无有异词，然《南通市志》却未搞索引，实属憾事。但是，瑕不掩瑜，这些不足不会影响《南通市志》的良志地位。

（原文刊载于《中国地方志》2002年第4期）

历经艰辛　为江海明珠增色生辉

——读《南通市志》有感

戴午林

《南通市志》，是南通著述史上空前的鸿篇巨制。

一部市志，最根本的任务就在于要以全面系统、丰富翔实的资料记录这个城市的历史与现状，为人们具体深入了解这个城市、研究这个城市、开发这个城市提供全方位的深层次的服务。《南通市志》就是这样一部能出色完成此项任务的成功市志。笔者检读《南通市志》，一页页志书在眼前翻过，一次次战斗，一组组数据，一张张表格，一个个人物在脑海闪现。南通，这个陌生的城市很快就在眼前鲜活起来，犹如一颗耀眼的江海明珠熠熠生辉。南通这块“崇川福地”正是投资者创业和施展宏图的理想所在，是人们生活工作的好去处。这是笔者检读《南通市志》的一大感想，也是《南通市志》的成功之处。

1995年12月，笔者曾有幸参加江苏省地方志编纂委员会和南通市政府联合召开的《南通市志》稿评审会。5年过去，再读志书，现在的《南通市志》已由送审时的338.71万字扩充为435.2万字，增加近三分之一的篇幅，内容主体由原来82卷调整为74卷，质量有了新的飞跃。

这5年期间，尽管南通修志工作的机构和人员经历了重要的变动，但南通同行们修改完善志稿的决心不变。他们克服了一个又一个困难，采取主任室领导下的主编负责制，根据评审会和各方面的意见，对照实际情况，组织编辑人员自改、互改、联组修改，填补缺漏，扩充资料，充分吸取已出志书的经验教训，调整篇目结构，制定了详细的行文校对规范，精炼规范文字表述。对总述、大事记、市政建设卷等组织专题评审会，对自然地理卷等专业性较强的卷则多次召开专家学者座谈会，广泛听取意见，对基础较薄弱的卷，请原编写人员充实修改，努力提高质量。经过5年多的艰辛努力，展现在我们面前的《南通市志》，资料更加丰富翔实，篇目结构更趋科学合理，是一部成熟的特色鲜明突出的市志。从方志编纂角度看，有以下主要特点：

1.凡例简洁明确。通例、分例、特例比较全面，对编纂指导思想、地域、断限、体裁、结构等方面的内容均有明确的规定，说明《南通市志》编纂指导思想明确，有章可循，有范可规。这正是志书成熟的重要标志之一。凡例用词亦十分精练准确。例如在有关地域范围的表述上用“详记市区，兼及辖县”而未用“兼及县区”，县和区虽然同属一级行政建置，但市区和所辖区在地域上是相重的，用“兼及辖县”来表述，虽一字之差，表现了用词的精当。

2.辖县记述到位。胡乔木同志在全国第一次地方志工作会议上提出，实行市管县体制后的市和辖县志书“两者之间工作怎样衔接，体例上怎样协调？如果处理得不好，会不会造成人力、物力上的浪费？会不会发生重复，甚至矛盾？这些问题现在不能说出什么具体意见，希望各地对这个问题好好考虑一下，怎样把两者关系处理好”。《南通市志》是这类市志中处理得较好的一部。《南通市志》凡例中明确规定：“本志记述范围为南通市市区（即1983年3月1日前的南通市）及所辖海安、如皋、如东、南通、海门、启东6县，详记市区，兼及辖县。”表明该志立足点是全市，重点在市区（中心城市实体）。从全志结构安排看，第十七卷以8万多字的篇幅（约占全志篇幅的1.84%），从区域建置、环境、经济、科教文卫、名胜古迹几个方面集中概略地反映辖县的基本情况，反映了辖县“兼及”的位置。笔者抽取以下3个部分作一简单分析：①大事记，选民国以来10个代表性年份统计，共设大事407条，涉及辖县的48条，仅占总条数的10.79%。涉及的内容为建置变化、重大自然灾害、在全国全省有影响的事件和全市工作涉及的事件等。②教育卷中的各类学校基本情况一览表，市区学校逐一全部列出，辖县学校不列。辖县情况仅在各章综合情况及重点学校介绍中涉及。③风景名胜·园林绿化卷中仅涉及了如皋县与历史名人冒辟疆有关的水绘园和海安县曾为苏北联合抗战座谈会会址的韩紫石故居（韩曾任民国时期江苏省省长），其他均为市区的内容。以上做法较好地解决了乔木同志担心的“浪费”“重复”问题，达到“衔接”“协调”的效果。

3.特色鲜明突出。资料性是地方志的本质属性，地方性则是其基本特征。《南通市志》在这两方面作了很大的努力，取得了明显的效果。南通古称通州，万历《通州志》云：“州之东北，海通辽海诸夷；西南，江通吴越楚蜀；内，运渠通齐鲁燕冀。故名通州。”宋代以后即成为苏北漕粮、海盐运输的枢纽。这种江海交汇的地理位置，临江通海的交通是南通这颗江海明珠的重要特色。志书除在总述中专列一个部分集中反映外，将与此相关的内容分列为南通港、交通、口岸和自然地理4卷，予以突出反映。在近代，以张謇为代表创办的近代民族工业和众多的社会事业均走在全国的前列，有着突出的地位。全国只有一个张謇，这是南通特有的内容。志书把张謇的文章做得很足。在人物传中，张謇的条目3000余字，详细介绍其生平与业绩，居立传人物之首。另据不完全统计，全书74卷中涉及有关张謇内容的纺织工业卷10万多字，在经济部类中是数一数二的大卷。在张謇“父教育，母实业”和“以实业和教育迭相为用”的思想影响下，南通近代教育创办较早，实现了多项全国第一。《南通市志》的教育卷达90多页、14.4万余字，为仅次于大事记和人物卷的第三大卷。这些做法，使地方特色鲜明而又突出。

其他诸如军事卷中“日伪军在南通的暴行举要”“中国工农红军第十四军建立及战斗”的资料，自然地理卷中动植物名录，从1081年起的历代水灾和风雹潮灾记录，起自1032年的旱灾记录，起自1156年的蝗灾记录和从1568年起的陆地地震记录，附录中的地方文献等等都有十分丰富的内涵，体现出《南通市志》资料丰富的特色，相信在今后的资政、存史、教化等方面，将发挥其独特的作用。

4.体例多有创新。全书运用小卷平列式，除总述、大事记、附录不列入卷序外，分设74

卷分志。表面上未设编的层次，实际上隐分五大板块。以前17卷为例，从自然环境到城市基础设施建设，从人口到居民家计，从交通到邮电通讯，从辖县概况到经济技术开发区，便于人们从更广的范围内了解南通的投资环境。这样的安排，避免了明设大编时，有些卷在归属上难以处理的困难，又做到大的部类相对集中，既便于检查和阅读，又有利于突出城市特点和地方特色。

关于居民家计卷的设立，有别于一般市志中设人民生活卷或在经济综述卷中设人民生活章的做法。“居民家计”将概念缩小，落到实处，所记城市居民收入来源和结构、消费水平和状况以及居住环境等内容，从一个侧面反映了投资环境，放在隐分的大环境板块中，确为创新之举。

关于工业各卷的写法也颇有特色。以精炼的概述开篇，从宏观上反映一个行业的大势大略，给人以总体印象，按大行业或大类产品设章立节，从南通实际出发取综合法为主竖写，以“企业选介”和“企业基本情况一览表”殿后。这样的安排，各有侧重，相互配合，能比较全面地反映出一个行业的历史和现状。“企业选介”的设立，对组织工业生产的实体、工业经济的基本细胞给予了足够的重视，是值得提倡的做法。在工业各卷中舍得浓墨重彩。如船舶工业和建材工业卷分别为14页约2.2万字，而纺织工业和轻工业卷这些南通的特色卷分别达到64页和86页，约为10.2万字和13.4万字。在纺织工业卷棉纺织章中，仅纱一节就写了万余字，从起始情况起，涉及设备、原料、产品、产量、商标、销路、技术、工人构成、工效及工资等内容，十分丰满。

毋庸讳言，《南通市志》也存在一些遗憾和不足。其一，是成书周期过长。这原是本届修志共同的问题，《南通市志》尤甚。志书下限定为1987年，鉴于成书较迟，2000年才出版，与下限相距13年之久，为克服志成后“明日黄花”感过甚的缺憾，一是将总述、大事记、人物传的下限延至1990年，稍补不足。二是彩色照片延至近年。近10年内照相技术突飞猛进，书前彩照虽增强了现实感和时代感，却与文稿产生相互脱节的新问题。一部具有一定的学术价值的巨著，下限数种，实不可取。近十多年，南通和全国一样处于变化最迅猛的时期，要想了解有关情况还需另寻他途，实在令人遗憾。

其二，是未设建置沿革专卷，而将其分散于总述、政府卷和大事记之中。笔者以为此举欠妥。此专卷的设立，可动态地介绍今日南通市的名称、隶属、地域、区划变化的情况，与卷首的地图配合，在地域方面给读者以明晰的概念和印象，为阅读以下各卷提供方便。现在的安排，在总述的引言部分花了千余字的篇幅叙述建置区划的内容，使总述的引言显得繁琐冗杂，又说不透彻。而政府卷中另设“建置沿革表”，难免重复，实不如集中设卷为好。

其三，将三民主义青年团归于社团卷青少年团体章，有待商榷。三青团是1938年4月由国民党临时全国代表大会决定设立，蒋介石亲自担任团长，还将其嫡系特务组织CC派及其他党内小派别并入，其内部派系之争不断。1947年选举“国大”代表时，又与地方同级国民党组织竞选，矛盾重重。结果，蒋介石决定党团合并，三青团员不再办入党手续，全部成了国民党员。承上所述，三青团从成立之初算起，其实质就不是一般性质的青少年团体，故此归属欠当。

（原文刊载于《江苏地方志》2001年第3期）

南通市志（1983—2005）

南通市地方志编纂委员会编。2006年启动编纂，2015年12月由中华书局出版。主编吴声和、严崇明，副主编钱泽麟、徐建红、张建明、茅建兵、陈红、尤斌、姚毅、何晓宁。执行主编徐建红、陈红、何惠斌、何晓宁。编辑卢建汶、沙锦程、杨柳、朱茜、周磊、江流、王骥平、陈俊华、吴秀华、钱维、李炎、王春、邓永定、朱慧、单志浩、张献、陈炎、黄波、焦学健、宋昀轩、吴钧伟、陈磊、陈云、葛芬。

全书3册，434.8万字，图片376幅（志首136幅、随文240幅），表格465张。记述范围为2005年南通市行政区域范围，详记市区，兼及辖县（市、区）。该志为《南通市志》（2000年版）续志。记述上限为实行市管县体制的1983年，下限2005年。为完整反映历史和地情，自然环境、民风民俗等基础地情资料作适当复载。为保持事物的连续性和完整性，部分内容视情适当上溯，人物延至2010年，大事记、志首图片延至2014年。述、记、志、传、图、表、录诸体并用，以志为主。志首设序、凡例、总述、大事记，志末设索引、编后记。全志设44篇：建置·区划、自然环境与资源、人口、环境保护、资源管理、风景名胜、城乡建设、水利、交通运输、港口、口岸、邮政·电信、体制改革、经济总情、开放型经济、农业、海洋开发与渔业、工业、建筑业、旅游、商贸服务、金融、经济综合管理（一）、经济综合管理（二）、中国共产党南通市委员会、南通市人民代表大会、南通市人民政府、政协南通市委员会、民主党派·工商联、社会团体、政法、国防安全、科学技术、教育、文化·传媒、文化遗存、卫生、体育、社会生活、劳动人事·社会保障、精神文明建设、语言、县（市、区）概况、人物。

《南通市志（1983–2005）》目录

为反映南通地方特色，志书设港口篇、口岸篇、海洋开发与渔业篇，突出南通靠江沿海的地理区位优势，记述南通对外经贸合作情况，反映沿海开发开放特色；精神文明建设的“南通现象”是南通的亮丽名片，志书将精神文明建设从宣传工作中剥离，单独设篇，并在精神文明建设典型节中重点记述“莫文隋”、江海志愿者和南通医学院优秀知识分子群体。志书体育篇设南通籍世界冠军节，工业篇设纺织工业章，人口篇设长寿现象章，建筑业篇设建筑施工章、建筑科技章，彰显南通“体育之乡”“纺织之乡”“长寿之乡”“建筑之乡”的地方特色。志书还对南通的教育、文化遗存、平安创建、侨务工作等进行重点记述，以展示南通“教育之乡”“文博之乡”“平安之乡”“新侨之乡”的风采。此外，设经济总情篇，加强宏观经济的记述，从整体上反映区域经济发展；中国共产党南通市委员会篇记述重要决策，南通市人民代表大会篇记述重要议案，南通市人民政府篇记述施政纪要，体现在党的领导下，民主决策、科学施政的现代治理体系。为反映时代特征，该志不仅专设体制改革篇、开放型经济篇集中记述经济、政治、社会保障领域以及行政事业单位的改革和对外开放情况，还在其他各篇章中分别记述各行各业的具体改革措施和取得的成就，全方位反映南通改革开放的历程和取得的突出成绩。

2017年，该志获南通市第十三届哲学社会科学优秀成果一等奖；2018年，该志被评为江苏省地方志书优秀成果综合优秀二等和特色创新单项优秀。

（王　婷）

【编后记（节选）】

《南通市志（1983—2005）》编纂工作在中共南通市委、市人民政府领导下，由南通市地方志编纂委员会办公室组织实施。编纂工作始于2006年。是年5月8日，市委办、市政府办发布《关于做好第二轮地方志编纂工作的通知》，转发《南通市第二轮地方志编纂工作实施方案》。5月15日，南通市政府召开市第四次地方志工作会议，对全市新一轮修志工作进行动员部署，正式启动《南通市志（1983—2005）》的编纂工作。

2006年5月下旬，市地方志办公室抽调曾从事首轮修志的人员、业务骨干等组成方志编辑部，编制《方志编纂指南》，供修志人员培训所用。6—9月，方志编辑部落实各承编部门和单位编纂班子与撰稿人员。同时，与各承编部门和单位对市志篇目进行多次探讨，不断修改完善，力求突出南通特色和时代特点。9月27日，市地方志办公室举办《南通市志（1983—2005）》撰稿人员业务培训班，各县（市、区）地方志办、市各部门及有关承编单位的200多名撰稿人员参加培训。9月起，市地方志办公室开始编印《修志工作简报》，内容涉及修志业务知识、各部门修志动态以及各单位各部门资料收集、撰写人员和评审人员信息等，为全市修志人员提供交流平台，便于大家及时了解修志信息，逐步推进二轮修志工作。

2006年10月起，市志进入资料征集阶段。续修《南通市志》涉及承编部门和单位137家。市地方志办公室各责任编辑按照分工到各部门和单位督促检查修志工作，并和承编人员进行篇目优化专题研讨，释疑解难，指导各篇细目制定、资料收集和志稿编写工作。对于志稿资料征集中不能落实到具体承编部门和单位的自然环境、姓氏研究、著述（历代艺文部分）、语言（方言和推广普通话部分）、习俗等篇章，由市地方志办公室牵头，面向社会招标。对一些重点、难点、资料征集落实难度大的部门和单位，市地方志办公室领导上门与其主要领导进行沟通，要求尽快落实人员，并共同想方设法完成资料的征编工作。至2010年底，除少数单位外，绝大多数单位和部门完成资料长编，形成市志初稿，共40篇1200多万字。

2010年起，市志进入初编和分纂阶段。由于部分篇章资料征集难度大，导致整部志稿资料征集进度差距甚大。市地方志办公室适时调整工作计划和安排，对资料征集与志稿初编和分纂采取滚动式工作方法，征集和编纂同时进行。对征集到的资料长编由责任编辑进行初步编辑和修改，并及时将修改补充意见反馈到承编部门；能够成篇的资料，由各责任编辑进行分纂。对一些重点部类资料，如农业、工业、金融、文化、政法、商贸、体制改革等，聘请9名熟悉情况且文字水平高的行业专家参与分纂、把关，确保资料的准确性和权威性。至2011年底，全面完成志稿的分纂工作。

2010年底起，市志进入总纂、分纂交叉进行阶段。2010年底，《南通市志（1983—2005）》总纂篇目初步形成，其后经过多次研讨、论证、修改、调整，形成总纂篇目43篇230章973节。2011年3月，市志总纂篇目通过江苏省地方志办公室组织的评审。随后，市地方志办公室制定《〈南通市志（1983—2005）〉总纂工作方案》，建立总纂领导小组，下设协调组、文字组和材料组，明确总纂人员、职责分工和总纂步骤。并制定《〈南通市志（1983—2005）〉行文与编纂注意事项》，规范总纂工作。2012年8月形成总纂初稿后，分送市政府聘请的10名总纂顾问审阅。根据审阅意见再次进行修改，于2013年6月完成总纂修改稿。为确保志稿质量，市地方志办公室又先后召开20多次总纂初审会议，组织熟悉情况的市内专家、志稿承编单位、市地方志办公室总纂人员、特约编审，对总纂稿从体例、框架、内容、文字等方面进行审稿，并及时抓好调整、修改、补充和完善工作。与此同时，展开市志志首彩页、随文图片的征集工作。至2014年12月，形成市志复审稿，计42篇400多万字。

《崇川区志》目录

2015年1月，市志进入复审阶段。市地方志办公室将复审稿呈送市委、市人大、市政府、市政协四套班子领导，分送经济、建设、教育、文化、军事、统计、档案等15家重点部门和单位，137家承编部门和单位以及20名特约审稿人进行审阅。3月26日，市政府召开地方志编纂委员会成员会议，对《南通市志（1983—2005）》进行复审。会后，市地方志办公室对专家意见逐一落实修改。同时，组织力量连续攻克总述撰写、44个篇下无题序编写、彩页图片编辑等关键工程，并对部分篇目进行大幅度调整补充，进一步优化篇目结构，优化内容记述，加强数据校核与有关重复交叉内容的处理，充实有关篇章内容。至7月底，形成《南通市志》终审稿。

2015年8月，市志进入终审阶段。市地方志办公室组织力量，对终审稿进行雕琢打磨，消灭各种硬伤。10月15日，《南通市志（1983—2005）》通过江苏省地方志办公室终审。来自全省各地不同部门的专家、学者，在充分肯定志稿的同时，提出宝贵意见。市地方志办公室围绕终审要求，对意见进行细致梳理、择善而从，对志稿进行修改加工。其间，多次召开修改碰头会，专门研讨修改中遇到的难点问题，达成共识，统一修改口径。

2015年11月10日，市地方志办公室完成终审修改，形成验收稿。按照“齐、清、定”要求，将市志验收稿报送省地方志办公室。11月20日，《南通市志（1983—2005）》顺利通过江苏省地方志办公室验收。经江苏省地方志办公室、南通市人民政府验收批准，《南通市志（1983—2005）》交由中华书局出版。

崇川区志

崇川区地方志编纂委员会编。1999年5月启动编纂，2007年10月由方志出版社出版。主修李雪峰，监修陆玉明、唐吉玲，总纂葛玉琴、朱沛林、沈建洪。主编陈汉坤、陆锡铭、袁增禄，副主编张将奎、徐健、达少华。主审王志宏、严晓蓓、顾俊杰。责任编辑杨凤英、洪涛。

全书1册，123.6万字，图片305幅（志首29幅、随文276幅），表格205张。记述范围为2002年崇川区行政区域。记述上限1979年，下限2002年，大事记、人物及有关章节上溯事物发端，大事记延至2005年。述、记、志、传、图、表、录等诸体并用，以志为主。志首设序、凡例、概述、大事记，志末设人物、后记。全志设50章：自然环境、建置区划、人口、国土资源管理、环境保护、城乡建设、城市管理、狼山风景名胜区、濠河风景名胜区、农业·水利、区属工业、第三产业、对外经济贸易、崇川经济开发区、计划统计、工商行政管理、物价、财政、审计、中共崇川区委员会、崇川区人民代表大会、崇川区人民政府、中国人民政治协商会议南通市崇川区委员会、民主党派、社会团体、社会治安综合治理、公安、检察、审判、司法行政、武装、人事劳动和社会保障、教育·体育、科学技术、文化、医疗卫生、民政、方言、风俗、宗教、观音山镇、狼山镇、钟秀街道、文峰街道、任港街道、城东街道、和平桥街道、学田街道、新城桥街道、虹桥街道。

崇川区风景秀丽，该志设狼山风景名胜区章、濠河风景名胜区章，记述崇川丰富的文旅资源。为体现改革开放的时代特征，志书设对外经济贸易章、崇川经济开发区章，记述改革开放后的新兴事物和重要事件。崇川区是南通的主城区，志书设城乡建设章、第三产业章，记述城市建设和发展，体现商贸业发达。崇川被誉为“土布之乡”，棉纺织业比较发达，志书设区属工业章，对纺织、服装工业的发展历程、重点企业、科技设备进行重点记述。志书设教育·体育章，全面记述崇川各级各类教育发展情况，突出教育改革内容，文化章设文化设施节、文物保护节、考古节等，记述崇川文博设施、文物保护和文化遗址，以展示“教育之乡”“文博之乡”风采。此外，人口章附录崇川主要姓氏来源，中共崇川区委员会章记述决策纪略，均富有特色。

（宋奔奔）

【后记（节选）】

1999年5月11日，崇川区地方志编纂委员会成立，《崇川区志》的编修工作全面启动。历经五年的艰辛努力，2004年12月28日《崇川区志》（初稿）完成。2005年8月31日，调整崇川区地方志编纂委员会。11月29日，江苏省地方志编纂委员会办公室、南通市地方志编纂委员会办公室召开《崇川区志》评审会。会后，专设《崇川区志》编纂办公室，在组织机构、人员力量、资金投入、办公条件等方面保证《崇川区志》编纂工作的顺利进行。2006年3月，崇川区召开修志工作专题会议，对《崇川区志》（初稿）进行调整、修改、充实。10月30日，《崇川区志》（修定稿）送交崇川区政府审定后，报送南通市地方志编纂委员会办公室。南通市地方志编纂委员会领导高度重视，组织人员集中力量对《崇川区志》进行审改。12月30日，《崇川区志》送交江苏省地方志编纂委员会办公室验审。2007年7月12日，《崇川区志》送达方志出版社审定后，付梓出版。

南通市港闸区志

《南通市港闸区志》目录

南通市港闸区地方志编纂委员会编。2000年4月启动编纂，2017年12月由中国文史出版社出版。主编蒋曦、王晓曙，副主编毛宏、何璧妍、薛文章、范锦坤、施明章，执行主编王晓曙，执行副主编范锦坤、施明章，编辑范锦坤、施明章、顾志宣、金乐苏、李建明、张琼。

全书1册，125.8万字，图片52幅（集于卷首），表格98张。记述范围为2005年港闸区行政区域，以1979年成立的南通市郊区、1991年南通市区划调整后新组建的港闸区为主体。记述上限力求追溯事物发端，下限2005年。述、记、志、传、图、表、录诸体并用，以志为主。志首设序、凡例、总述、大事记、专记，志末设附录、索引、编后记。全志设25篇：政区·自然、人口、城市建设与环境保护、农业、工业、建筑业、商业贸易、财税金融、经济监管、中共南通市港闸区地方组织、人民代表大会、人民政府、人民政协、群众团体、法治、军事、劳动·人事、民政·老龄、教育·体育、科学技术、卫生、文化、方言·习俗、乡镇·街道、人物。

港闸区是民族纺织工业发源地，为体现地方特色，彰显港闸近代工业文明，该志在大事记后增设《1895专记：港闸——中国近代民族工业发祥地》，记述张謇在港闸开展的“实业救国”实践，弘扬张謇精神；城市建设与环境保护篇的城市规划章，记述张謇规划思想与实践。文化篇设文化遗产章，记述大生纱厂、唐闸红楼等不可移动文物和季德胜蛇药制药技艺、港闸风筝等非物质文化遗产；设古韵遗迹章，记述港闸有历史价值的河港、路桥、街坊、建筑、地名等。附录收录原南通市郊区简介、重要文件、大生系统遗产企业简史，特别是详细记载南通大生纱厂及其系统企业，包括阜生蚕桑染织公司、广生油厂、大兴面厂与复新面粉公司、翰墨林印书局等，增加志书资料性和记述深度。

（宋奔奔）

【编后记（节选）】

根据省、市二轮修志计划，港闸区委、区政府于2000年4月5日召开区志专题工作会议，启动南通市港闸区地方志编纂工作，2005年初形成区志草本，2015年初按照正式出版要求再度组织编纂。用两年左右时间，在前期草本基础上，完成了志书编纂出版任务，前后经历5个阶段：

一、启动准备阶段。2015年5月，区地方志办公室传达省地方志第四次工作会议精神，专题研究全区第二轮修志工作，调整区地方志编纂委员会成员，调整《区志资料征集篇目》和《区志编纂工作实施方案》，充实修志人员，确定编辑分工，落实办公地点，添置办公设备，做到领导到位、机构到位、人员到位、经费到位、工作条件到位。2015年12月，召开全区地方志工作会议，将区志编纂任务具体分解到各街道、开发区，各有关部门，并按篇目分类明确牵头单位，实行单位承编责任制，各承编单位与区委办签订承编责任书，规定志稿完成时间和质量要求。志书编纂出版工作正式展开。

二、收集资料阶段。2015年11月，在对参与区志编纂的人员进行修志业务培训后，各承编单位按照《资料征集篇目》广泛收集资料（含档案资料、文字资料、音像图片资料等），同时区志办修志人员根据编辑分工分别与各单位对接，对资料进行核实，推敲论证，并按篇目整理汇集资料。

三、编写初稿阶段。主要是由各承编单位按照志书要求分别撰写各篇（分志）初稿，对合篇中由多家承编单位分别撰写的章节，统一归并给该篇牵头单位汇编。由于有些牵头单位本身工作业务与分工承编的篇章内容不能完成吻合，汇总整理存在困难，区志办有关责任编辑协助汇编和撰写篇下概述。编纂的初稿由承编单位初审（自审）后打印成册，报送区地方志办公室。

四、内审联审阶段。区地方志办公室分别于2017年1月、4月组织初稿内部评审。编辑人员共同参与对稿件逐篇过堂，依据编纂规范要求，认真研讨，提出具体意见，重点对志稿体例、资料运用、条目编排、文字表述等方面进行评议，各篇责任编辑按照内审意见加以修改形成编辑修改稿。同时，两轮邀请区离退休老领导座谈交流和征求意见，着重对志稿表述的观点、史实、重要数据等进行审核评议，提出具体修改意见和建议，然后再由责任编辑和撰稿人员斟酌修改和补充。

五、总纂统稿阶段。2017年初，总纂人员通过对志稿反复审阅，重点处理好内容重复交叉，统一体例文风，确定附录内容，筛选插配图片，编写索引目录，请统计部门和有关单位对志稿中的统计数据再进行校核修正。2017年2月，总纂稿报请南通市地方志办公室预审。根据南通市地方志办公室预审后提出的意见，总纂人员对志稿进行精心修改、充实后，于3月再次报送南通市地方志办公室终审。2017年4月14日，南通市地方志办公室邀请方志界专家和南通市所属各县（市）地方志办公室领导在港闸区举行《南通市港闸区志》终审评审会。会后，区志办总纂人员又对志稿逐篇梳理推敲，修改完善。2017年10月，报南通市地方志办公室验收。2018年1月报省地方志办公室审核，同年3月通过审核。

南通县志

通州市地方志编纂委员会编。1980年5月启动编纂，1996年8月由江苏人民出版社出版。主编庄奂，副主编陈利华、宋建人、赵鹤、熊耀琪、蒋志平、李培安。责任编辑王筱鑫、江流、陆牟机、顾杰、喻文广。

全书1册，185万字，图片97幅（集于志首），表格211张。记述范围为1992年南通县行政区域，并对1949年1月前原县域范围内发生的部分事件适当记述。记述上限一般自民国元年（1912）废通州设南通县起，重大事件适当追溯；下限1992年，大事记延至1993年2月撤南通县设通州市时为止。述、记、志、传、图、表、录诸体并用，以志为主。志首设序、凡例、概述、大事记，志末设附录、编纂始末。全志设37篇：建置、自然环境、环境保护、人口、农业、农机、多种经营、水利、工业、乡镇工业、建筑业、城乡建设、交通、邮电、电业、商业、对外经济贸易、财政·税务、金融、经济综合管理、政党、社会团体、政务、治安司法、军事、劳动人事、民政、教育、科学技术、文化艺术、新闻、档案、卫生、体育、民情风俗、方言、人物。

南通县濒江临海、河流纵横，为体现这一地理特征，该志自然环境篇中设海洋与江河章。围垦是南通县水利建设的重要内容，志书在水利篇中专设围垦章，记述海涂围垦、江滩围垦、开沙岛围垦。为突出地方特色，该志将农机内容从农业篇析出，升格设篇，展示南通县农业生产机械化程度高的特点。南通县乡镇工业发达，设乡镇工业篇，记述乡镇工业的经济构成、行业、生产经营、职工队伍等；设建筑业篇，记述建筑业的发展状况，展示"建筑之乡"风采。设对外经济贸易篇，突出时代特征。志书对风土人物、山川道里、施政建置以及各行各业的今昔演变、发展状况，都有较为详尽记述，且比较平衡。附录收录刻石碑志奏疏、政府文告辑要、历代诗文选录、地方史志钩沉，丰富志书对社会领域及民间资料的收录。

1997年，该志获江苏省哲学社会科学优秀成果三等奖。

（顾新国）

《南通县志》目录

【编纂始末（节选）】

通州从宋代开始纂修地方志，至光绪初年，先后共修州志13次，现存的仅有明嘉靖以来到光绪初的《通州志》，内容侧重记述州事，只是兼及属县。而通州“本土”，从后周显德五年（958年）起，经宋、元两代以至明洪武二年（1369年）一直都称静海县，400余年曾否修过县志无从查考。辛亥革命后，废州称县，由范铠、张謇先后主持，于民国10年（1921年）修成《南通县图志》。这是通地有文献可稽的第14次修志，也是南通县的第一部县志。《南通县图志》的内容，部分接续最后一部州志即《光绪通州直隶州志》，更主要的是记述清末民初通地实行地方自治的各项治绩，其编例、门类较之旧志大为革新，记述内容“贵重实事，利赖于人生”。纂修《南通县图志》的命旨与实践，虽然基本上脱却前人的窠臼，但是由于时代的局限性，加以文字简古，所以对于通地的历史与近事，仍不免有“未详未及者”。特别是县图志断限之年，恰逢中国共产党诞生，之后，在中国共产党领导之下，全国人民展开不屈不挠的革命斗争，中国历史掀开了新的篇章。中华人民共和国成立以后，又以亘古未有的速度与规模，取得各项建设的伟大成就。南通县和各地一样，发生了翻天覆地的变化。由于历史、地理、经济、文化等诸方面的原因，从民国10年之后到20世纪后半期，南通县发生的变化又有着一地独有之特点，有待于载入地方志乘的事项不胜枚举。为承先启后，借鉴以往，启迪未来，同时也为了发扬通地修志的优良传统，中共南通县委和南通县人民政府（当时称革命委员会）于1980年5月决定纂修一部社会主义的新《南通县志》，当月即成立南通县编史修志领导小组谋划纂修新县志的有关事宜。同年8月，从各单位抽调人员成立县编史修志办公室（后更名地方志办公室），具体贯彻中共南通县委、县政府决定，负责《南通县志》的编纂工作。9月，又成立《南通县志》编纂委员会，以加强对编纂新县志工作的直接指导。

本次修志，经历了一段较长的过程，从工作启动到志书付梓，为时达15年之久。其间，参与修志的人员数度更迭，累计人数不下几百，编纂过程大致经历了起步、摸索、重振和完善4个阶段，其始末略如下述：

1980年8月13日，编史修志办公室编纂人员在领导组成员率领下，先后赴各地向修志先行单位学习取经。从9月开始，编史修志办公室的工作着重于征集史料，同时认真探讨纂修新方志的理论与方法。在征集史料工作方面，当时充分认识到早年参加革命活动的仁人志士，已如硕果仅存，迅速寻访进行“抢史”极其重要。通过采访，获得一些资料、信息，便编印成《史料》，以利于深入采访核证。编史修志工作算是由此起步，这一段的史料征集工作，有所收获但还不太丰富。鉴于县内从民国10年之后发生的变化巨大，特别是自民国27年春日本侵略军占据南通之后，直到1949年2月初，南通城区及近郊与广大乡村、集镇先后处于日伪政权、国民党政权和人民政权对峙的情况下，双方辖区犬牙交错；政务、兵事、财经、文教等各方面的情况纷繁驳杂。县境全部解放后，遵上级决定，原县城及其附近乡镇析出另立南通市。因而计划先就解放后所定县域为范围，将境内起自抗日民主政府（人民政权）成立，下迄1980年的各种事情汇集起来，修成一部《新编南通县志》。当时，南通市与南通县尚无隶属关系，因此曾打算在修成《新编南通县志》以后，与南通市合作，再以解放前的旧县境为范围，纂修一部《续编南通县志》，记述辛亥革命后废州设县到新中国成立时为止的县境内事物。借以接续前志，贯通古今，形成通地州县志书系列。1980年10月，县编史修志办公室曾草拟出一份《新编南通县志参考纲目》，在县革委会副主任纪力主持召开的县属机关编史修志工作动员大会上发给了县直属各部门、各单位。随之，县直各单位相继抽调专人，共成立48个史志编写小组，立即按各自的门类展开搜集资料的工作。至此，县编史修志办公室才有了固定的工作场所，迁入北山路23号办公。

1981年7月，中共南通县委成立党史办公室，县编史修志办公室领导成员及主要力量基本上转为党史资料的征集、研究。编纂新县志的领导力量削弱，对各分纂单位的组织、指导工作有所放松，各志稿分纂工作进展不齐，少数单位形成自流状态。

1983年5月，根据中共南通县委、县政府决定，编史修志机构在组织上与党史办公室分开，便于独立发挥修志职能作用。修志工作人员仍按拟定纲目，协助、指导各单位及时完成分纂任务。与此同时，编史修志办公室与县政协文史委员会联合编印文史资料性质的内部刊物《南通史话》。为加强对编纂县志的领导，促进开展修志工作，1986年9月，县委常委研究决定，将县编史修志领导小组改建为县地方志编纂委员会。其办事机构正式定名为县地方志办公室，归于政府序列。除原聘用的离退休人员外，陆续调进专职干部负责地方志办公室的行政、编务工作。到这年年底止，地方志办公室共编印《南通史话》7期，辑成《新编南通县志》初稿31篇，内含60个分志。按原定纲目要求，尚缺15个分志未见成稿。已纂辑的分志初稿，虽然尚不合志体，但是却为以后的修志积累了有价值的资料。后来地方志办公室曾就已收集的资料，编纂出一部《南通县简志》稿，因失之粗略而未付印。1989年，根据对外开放宣传县情的需要，曾以简志稿为基础，另编成《南通县概览》小册子印发各有关单位作参考。

1983—1986年这一段的修志工作，实际上只是摸索阶段。由于地方志办公室人少、事繁，加之缺乏经验，虽然做了很多工作，但是在编纂县志这项主要任务方面，完成情况并不理想。不过，其已有成就和谋划不周之处，却有助于后来从正反两个方面在理论与实践相结合上加深认识和体会。

1987年3月，县地方志编纂委员会研究决定改弦更张，重新拟订《南通县志》的编例、纲目。入志内容以辛亥革命后废州设县以来各个历史阶段的沿革衍变为经，以境内各个领域攸关全县的事物及其发生、发展过程与结果为纬。着重载录建国后县内各项事业的突飞猛进和社会进步与人们精神风貌的变化。时间断限原则上始于民国元年（1912年）废州设县，有些事情则上溯到它的起源；下限到1988年末为止。为此，志书设政治、经济、文化、综合4大部类，根据1988年末县内各部门、各行业的实际情况，"事以类从"设立篇章，做到条分缕析，记载详备，努力修成一部庶可称为"一方之全史"的社会主义新县志。遵照编纂委员会要求，地方志办公室于1987年7月拟定县志纲目初稿，经与各分纂单位反复研究，四易其稿而后定局。即按4大部类设分志34篇，另加总述和大事记、附录等。各单位照这个纲目重整旗鼓进行分纂。1989年7月，南通市召开修志工作会议以后，是月19日，县内召开修志工作会议，副县长张秀兰代表县委、县政府对县直各单位领导及县志编写组负责人进行传达、动员，要求各单位限期保质地完成分志初稿。年末，有些单位开始将志稿送到县地方志办公室。为了增强编纂力量，1990年初县长办公会议讨论决定，聘请数位有志于修志事业的退休干部各担任若干分篇总纂。从当年开始，每当一篇志稿总纂初步结束，便由主持分纂单位邀请有关领导、行家和知情人士举行评稿会，听取批评意见，做到集思广益，进一步将该稿修改完稿。1993年春，各篇志稿基本总纂完毕，又由新改建的中共通州市委、市政府主要领导和有关编委、主审，按4大部类分组进行县级评审会，并整理出综合意见书。5月，江苏省地方志办公室暨南通市地方志办公室联合在金沙对《南通县志》（初稿）进行评审。在举行这次评审会之前，通州市委、市政府领导考虑到南通县于1993年初已撤县建市，为把历时80余年的南通县历史、地情完整地载入志书，拟将《南通县志》记述年代延长4年，即下限断在1992年末，做到既接续旧志，又“结束”县史，便于日后编纂通州市地方志书时，焕然新开历史篇章。这一设想得到江苏省暨南通市地方志办公室领导的重视与支持，还谆谆指示我们慎重行事。于是，市委、市政府迅即于6月1日晚召开“完善《南通县志》动员大会”，市委书记兼市长（原县长）马汉坤在会上阐述了完善县志的重大意义与作用。一直主管修志工作的副市（县）长张秀兰部署各分纂单位在已经编纂完成的志稿基础上进行加工，既要遵照省、市、县评审的意见，增补、修改原稿缺误内容；又要按延长下限的要求，增补1989—1992年发生、应予入志的内容。同时指出，对于新增4年材料，不是简单地缀续于后，而要与既成稿有机地融合，使之脉络贯通，浑然一体。诚然，工作要求是高的，时间又非常紧迫。全体修志同仁迎难而进，立即展开了志稿的“双补”工作。地方志办公室全体编纂人员，按照分工负责的原则，都深入到各单位进行辅导。当志稿“双补本”初稿送到地方志办公室后，责任编辑与总纂又全力以赴，重新进行精心编纂。编成后虽然没有再开评稿会，但是仍如前次一样，经过几上几下，反复核正而后编定县志稿送验本。在“双补”过程中，各篇对省、市、县评审会提出的意见，都一一逐条落实，并作出书面汇报。另外，根据通州市领导要求增设1篇分志，又按实际需要，将原设的工业篇、农业篇，改设为工业、乡镇工业、农业、农机4篇。到1994年年末，共编纂完成县志送验稿正文37篇和不列序数的概述、大事记、附录及本志编纂始末等文稿。

1995年6月，全部志稿报送省、市地方志办公室验收合格，再经江苏人民出版社专家指导、协助，于10月定稿付印。

《通州市志（1993—2009）》目录

通州市志（1993—2009）

南通市通州区地方志编纂委员会编。2006年7月启动编纂，2014年10月由中国文史出版社出版。主编赵振南、张建忠、王飞，执行主编王筱鑫，副主编蒋志平、徐起凡、阚新华。编辑王筱鑫、蒋志平、徐起凡、杨国胜、王兴相、沈志冲、徐振辉、成景、唐骅、许建香、陈菊、杨王军、马钰。

全书2册，221.5万字，图片213幅（志首172幅、随文41幅），表格407张。记述范围为

2009年通州市行政区域，对曾属通州行政区域的地域，按时空一致性在相关篇章予以记载。该志为《南通县志》（1996年版）续志。记述上限1993年，衔接前志；综述、建置区划等上溯至通州成陆。下限至2009年7月2日全境更名南通市通州区之时。述、记、志、传、图、表、录诸体并用，以志为主。志首设序言、凡例、综述、大事记，志末设附录、索引、后记。全志设33篇：政区·环境、人口、土地管理、城乡建设、环境保护、水利、交通运输、邮政电信、电力、开放开发、农业、工业、建筑业、商贸服务业、金融业、财政·税务、经济综合管理、中国共产党、人大·政府·政协、九三学社·工商联·社会团体、政法、军事、民政、劳动人事、精神文明建设、科学技术、教育、文化、卫生、体育、社会生活、乡镇、人物。

为突出地方特色，该志工业篇重点记述纺织服装工业、机械冶金工业、交通运输设备工业、食品工业、电子信息工业，体现通州的产业特点和发展历程。通州是“建筑之乡”，建筑业是其传统主导产业，志书设建筑业篇，对建筑企业、职工队伍、建筑设计与施工、建筑工程、建筑市场、建筑管理进行全面记述。为体现时代特征，设精神文明建设篇，记述思想道德建设和文明创建活动；对涉及改革的内容，采用分散记述的方法，在开放开发篇、农业篇、工业篇、商贸服务业篇均有章节记述。附录收录重要文件讲话、通州获得荣誉、前志勘误、前志补遗、前志概述、主要社会经济指标一览表等10类资料，增强志书的传承性、资料性和学术性。

2018年，该志被评为江苏省地方志书优秀成果综合优秀二等和篇目设计单项优秀。

（顾新国）

【后记（节选）】

1996年8月出版的《南通县志》，下限截至1992年。1993年初，经国务院批复同意撤销南通县、设立通州市。2006年初，中共通州市委、市人民政府决定开展新一轮通州市地方志编纂工作。2006年2月17日，通州市第十三届人民代表大会第四次会议将编修《通州市志》列入市“十一五”国民经济和社会发展规划。通州市委、市政府于7月7日召开有各镇政府和市直各有关部门负责同志参加的全市地方志工作会议，学习和贯彻国务院颁布的《地方志工作条例》，部署和启动《通州市志》编纂工作，确定志书记述上限为1993年，下限断至2005年，计划用5年时间完成编纂出版任务。2009年3月，国务院批复同意撤销通州市，设立南通市通州区。为使通州市志能完整地记载通州市情，经请示省和南通市地方志办公室同意，将志书记述下限延至2009年7月2日南通市通州区正式挂牌时止。

整个编纂过程历时8年，前后经历了7个阶段：

一、准备工作阶段。这一阶段历时约1年。2005年5月，市地方志办公室传达省地方志第四次工作会议精神，专题研究全市第二轮修志工作，调整市地方志编纂委员会成员，着手制定《〈通州市志〉资料征集篇目》和《〈通州市志〉编纂工作实施方案》，物色修志人员，确定编辑分工，落实办公地点，添置办公设备，做到领导到位、机构到位、人员到位、经费到位、工作条件到位。并先后组织修志人员到第二轮修志先行单位——扬州市邗江区和山东省高青县学习取经。2006年7月，召开全市地方志工作会议，将《通州市志》编纂任务具体分解到各镇、市直各部门和有关单位，并按篇目分类明确牵头单位，实行单位承编责任制，各承编单位与市政府签订承编责任书，规定志稿完成时间和质量要求，志书编纂工作正式启动。

二、收集资料阶段。这一阶段历时半年。2006年8月，在对参与市志编撰的人员进行修志业务培训后，各承编单位按照《资料征集篇目》广泛收集资料（含档案资料、文字资料、口碑资料、音像图片资料等），同时市志办修志人员根据编辑分工分别到各单位登门辅导，对资料反复核实，推敲论证，并按篇目整理资料长编。至2006年12月，整理完成600多万字的资料长编（音像图片资料除外），为编写志稿打好基础。

三、编写初稿阶段。这一阶段历时1年。主要是由各承编单位以资料长编为基础，按照志书要求分别撰写各篇（分志）初稿，对一篇中由多家承编单位分别撰写的章节，统一归并给该篇牵头单位汇编。由于有些牵头单位本身工作业务与分工承编的篇章内容不能完全吻合，汇总整理有一定困难，则由市志办的有关责任编辑协助汇编和撰写篇下概述。编撰的初稿由承编单位初审（自审）后打印成册，报送市地方志办公室。

四、内审联审阶段。这一阶段历时约1年半。2007年10月起，市志办开始组织初稿内部评审，全体编辑人员共同参与对稿件逐篇过堂，认真研讨，提出具体意见，重点对志稿体例、资料运用、条目编排、文字表述等方面进行评议，各篇责任编辑按照内审意见加以修改形成编辑修改稿。2008年4月至2009年6月，市志办分别会同承编单位的领导、专家及撰稿人员对编辑修改稿逐篇进行联合评审，共同把好政治关、史实关和专业技术关，着重对志稿表述的观点、史实、重要数据等进行审核评议，提出具体修改意见和建议，然后再由责任编辑和撰稿人员择善而从，斟酌修改和补充。

五、下延双补阶段。这一阶段历时半年。由于通州市撤市建区，经请示省和南通市地方志办公室同意，将市志记述下限从2005年末延至2009年7月2日。因此，从2009年8月起，区志办组织各承编单位在根据联审意见对初稿进行修改补充的同时，再补充收集整理下延时段的资料，增添志书记述内容。志办的责任编辑分别到各单位进行面对面的指导，将下延双补资料与原稿相关篇目进行无缝对接，保持记述的整体性。

六、精编分纂阶段。这一阶段历时1年半。2010年5月20日，南通市地方志办公室组织各县（市）、区修志专家在通州区专题召开《通州市志（1993—2009）》篇目论证会，会议强调志书必须充分彰显时代特色和地方特色，建议对部分篇目设置做适当调整。根据此次会议精神，区志办的编辑与各篇主要撰稿人密切配合，对已经形成的志稿认真梳理，反复推敲，调整篇目，补充资料，锤炼文字，进行细致的精加工，使之逐步完善。

七、总纂统稿阶段。这一阶段历时1年半。2012年初，志稿各篇编辑工作均已告一段落，交总纂班子汇总合成。总纂人员通过对志稿反复审阅，重点处理好内容重复交叉，统一体例文风，确定附录内容，筛选插配图片，并对前志补遗纠错，编写索引目录，请统计部门和有关单位对志稿中的统计数据再进行校核订正。2013年3—6月，总纂稿经打印分送给区地方志编纂委员会成员单位复审，同时报请南通市志办预审。根据区编委复审特别是南通市志办预审后提出的意见，总纂人员对志稿进行精心修改、充实后，再次报送南通市志办终审。

2013年10月31日，南通市地方志办公室邀请方志界专家和南通市所属各县（市）方志办领导在通州区举行《通州市志（1993—2009）》终审点评会。会后，区志办总纂人员又对志稿逐篇梳理推敲，修改完善。2014年5月，《通州市志（1993—2009）》通过南通市地方志办公室验收。全志最后定稿共33篇197章776节，另设综述、大事记和附录，总篇幅约210万字。

如东县志

如东县编史修志办公室编。1980年2月启动编纂工作，1983年9月由江苏人民出版社出版。总纂李明，分纂杨向东、陈有清、陈祥志、沈春华、杭继宗、胡骏、赵志毅、郭人和，编纂顾问刘光禄。

全书1册，86万字，随文图片140幅，表格231张。记述范围为1979年如东县行政区域。记述上限1940年，下限1979年，极少数内容向前追溯或迄于1982年。述、记、志、传、图、表、录诸体并用，以志为主。志首设序、凡例、如东县政区图、大事年表，志末设编后记。全志设概述、政治、经济、军事、文化、人物、杂记、附录8编，共44章。概述编设建置沿革、自然概貌、民族户籍、人民生活4章，政治编设党的组织、行政设置、统一战线、社会团体、政法、民政、重要文告7章，经济编设经济制度改革、农业、水利、海洋渔业、工业、盐业、商业、粮食、交通、邮电、基本建设、能源、财政、金融14章，军事编设武装建制、战事、民兵、兵役、支援前线5章，文化编设文化艺术、教育、科技、卫生、计划生育、体育、新闻事业7章，人物编设烈士、名人2章，杂记编设风俗、自然灾害、重大事故3章，附录编设如皋东乡人民斗争纪略、如皋志略2章。

为追本溯源，综述始末，政治篇、军事篇均冠绪言，经济篇、文化篇各章均冠小序，方便读者充分了解中华人民共和国成立前后该县政治、军事斗争和经济、文化发展概况，增强志书的科学性。为贯通古今，该志以民国《如皋县志》为主要依据，选录其中所载如皋东乡史实，编成如皋志略章，以资借鉴；辛亥革命至1940年新四军东进时期，关于该县的相关史料只散见于报刊，该志特设如皋东乡人民斗争纪略章，并附如皋东乡大事年表。有关章节尾加附记，以便辑录有参考价值的文献资料，以补足正文。

该志是全国第一部公开出版的社会主义新方志，对后期志书编纂产生一定影响。

（陈晓琴）

【编后记（节选）】

编修新县志，是一项巨大的工程，非合众力不能成功。《如东县志》在三年之内得以成稿，在于各级领导的重视，有关部门的配合，兄弟县市的帮助，专家学者的指教，广大群众的支持。

《如东县志》的编修工作，始于1980年春。这年2月21日，中共如东县委遵照中共中央、国务院〔1980〕16号文件中提出的关于“编史修志”的要求，决定成立县编史修志领导组，下设办公室，并指定8人组成县志编修班子。

自1980年3月20日起，至同年年底，为征集资料阶段。在此阶段中，县委发动县级机关各部门和各公社、集镇，收集、整理、编写史料；县商业局、水电局和掘港镇、潮桥公社等100多

《如东县志》目录

个单位，先后共编写出280多万字的史料。全体编修人员则集中主要精力，到省、地、县档案馆及有关图书馆、博物馆等单位，查阅1600多卷档案及大量书报杂志，收集到编修县志所需要的各种资料700多万字；还收集到一些老干部撰写的回忆录，达20万字。这一年，我们征集到各种资料有1000多个条目，计1000多万字，其中制成卡片或整理成史料的有500多万字；同时还征集到一些珍贵文物和照片。

自1981年初至同年年底，为县志的编写阶段。在此阶段中，全体编修人员分工合作，分编纂修，逐章征求县编史修志领导组成员及各有关部门负责同志的意见，于8月20日完成120万字的县志初稿。接着，集中力量对县志初稿加以核实、调整、修改和补充，于12月12日完成90余万字的送审稿。

自1981年12月中旬起，至1982年年初，为审定志稿阶段。1981年12月中旬，中共如东县委召集本县党、政、军主要负责同志30余人，集中会审志稿。经过再次修改，于1982年2月20日完成修订稿，全志约80万字。嗣后，县委将志稿报送中共南通地委和江苏省档案局审查。中共南通地委、江苏省档案局分别签署了审定意见。

《如东县志（修订版）》目录

附：

如东县志（修订版）

如东县编史修志办公室编。1984年启动修订，1985年8月由江苏古籍出版社出版。参加修订的主要人员是李明、杨向东、陈有清、郭人和、沈春华。学术审定委员会主任委员谭其骧，委员王春瑜、陈高华、严家其、葛剑雄。

全书1册，68.6万字，随文图片113幅，表格143张。记述范围为志书出版时的县境范围。记述上限1940年，下限1983年。述、记、志、传、图、表、录诸体并用，以志为主。志首设初版本序、初版本编后记、凡例、概述、大事记。全志设地理、经济、政治、军事、文化、社会、人物7编，42章。地理编设疆域和行政区划、自然概貌、自然资源、民族户籍、环境保护5章，经济编设经济制度变革、农业、渔业、工业、盐业、商业、交通、邮电、能源利用、城乡建设、财政、金融12章，政治编设地方国家权力机关、政府机构、司法和社会治安、政党、统一战线组织和人民团体5章，军事编设驻军、战事、民兵3章，文化编设文化艺术、教育、卫生、计划生育、体育、新闻6章，社会编设人民生活、社会福利、社会组织、风俗习惯、方言、陵园墓碑、寺庙、民间歌谣与传说8章，人物编设传记一、传记二、传记三。

该志在志首设概述，对如东的历史和发展做宏观介绍。修订本增设地理编，使县志体例及内容更趋完备。初版本表多、附记多等现象在修订本中得到纠正，全书篇幅得到压缩。经济编以经济学思想为指导，各章的资料性比初版本有明显增强；部分章节充实不少重要内容，解决1983年版县志失之过简的问题，使得全志详略更加得体。

1993年，该志获全国新编地方志优秀成果二等奖。

（陈晓琴）

【修订说明】

《如东县志》自1983年9月由江苏人民出版社出版后，受到各地修志工作者的重视和欢迎。但初版本由于编纂和付印较匆促，尚存在一些不够完善的地方。1984年6月中国地方志指导小组在北京香山召开如东等五部县志学术讨论会。会上专家、学者的发言，使我们深切感到有对初版本进行修订的必要。同时，初版本的下限至1979年，而党的十一届三中全会以来本县的巨大变化，在新编县志中尚未得到反映，不能不是一大缺陷。缘此二端，决定对初版本进行修订。

《如东县志》（修订本）比初版本在五个方面有了改进：一是修订本在篇首部分增写了“概述”，增设了《地理编》，使县志体例更趋完备。二是力求以政治经济学的观点指导《经济编》的编写，各章比初版本有明显增强。三是初版本有些章节“失之过简”，修订本充实了不少重要内容，从总体上看，详略更臻于得体。四是在文字上做了进一步推敲，全志约有四分之一的章节是重新改写的，使志书语言更趋精练。五是初版本“表”多、“附记”多等毛病在修订本中也得到纠正。

【志评】

一部具有特色的社会主义新方志

——《如东县志》读后

魏　桥

《如东县志》（修订本）是一部颇具特色的社会主义新县志。它着重记述现代历史和当前现状，比较充分地反映了时代特点，同时力求体现当地环境资源和社会发展的基本面貌，也较好地反映了地方特色。应该说该志是一部成功的社会主义新县志。

《如东县志》所反映的特色不是外加的，而是自然形成，围绕志体展开的，基本上做到了时代特点和地方特色相结合，其中有不少经验是值得我们借鉴的。

第一，注意从总体上反映特色，八十年代编修的地方志应具有强烈的时代特点。我们的时代是由中国共产党领导，经过长期艰苦奋斗，取得伟大胜利的社会主义时代。特别是党的十一届三中全会之后，社会主义建设进入了一个新的历史时期。新方志应该反映这个时代最基本的特点。该书初版下限为一九七九年，显然不可能反映三中全会以来所经历的巨大变化，修订本将下限推迟至一九八三或一九八四年，就比较能够反映当前伟大时代的巨大变革。

该书序文一、二由该县老、新领导同志来撰写，前者简述了一九四〇年新四军东进后分县设治的情况及以后的革命战斗；后者着重叙述建国以后，在社会主义革命和建设中的胜利和挫折，这些都为志书增添了时代色彩和地方色彩。

该志的“概述”一方面较全面地叙述如东县“据江海之会”“握襟带之薮”的自然环境；另一方面较系统地记载从一九二二年开始播下的革命火种，以及第二次国内革命战争时期、抗日战争时期、解放战争时期在当地进行的革命斗争，接着写了建国以来的成就等。“概述”这种写法可说是从时代特点和地方特点的结合上概述了全书。

在“经济编”“文化编”等的各章之前设有“小序”这不是戴帽，而是为了浓缩一章的基本特点。如农业章的小序指出：该县“是以粮、棉生产为主的农业县”“一九八三年，全县平均每人创造的农业产值……比建国初期增长二点五倍”。在下属各章节的安排上，做到从实际出发，按事设门，如农业方面只设农业、渔业两章，不设林业、畜牧业等章节，正是为了突出特点。在文化艺术章的小序中指出：“本县人民向有酷爱文化艺术的传统，形成富有地方特色的浒澪花鼓、新店山歌、马塘锣鼓、应泉民歌等民间文艺。”同时指出：“一九四八年县境解放时，‘乡乡有剧团，村村有歌声’。”这些叙述和安排对突出特点都是有好处的。

第二，从纵的历史发展过程中反映特色。《如东县志》的大事记是紧扣着当地特点展开的。大事记从一九四〇年十月中国共产党领导下建立抗日民主政府开始，体现了当地作为老解放区的特点。再从大事记的内容看，自一九四〇年至一九四九年共列大事二百三十三条，其中有关抗日战争、反蒋斗争的大事达一百四十八条，占百分之六十一，充分反映了当地革命斗争的艰巨性和复杂性。其他不少大事也是服从这个主题展开的。历史大事（公元四一一年至一九四〇年九月），作为如皋东乡大事记略附在后面，这样既突出了当代，突出了特点，又统贯古今，符合详今略古的原则，不失是一种可取的办法。

大事记要突出特点还必须处理好共性和个性的关系，事涉全国的大事，必然影响本地。但如果一般记录就会失去特点。该志采取对全国大事只记本地影响的办法，如一九四九年十月上旬“全县人民纷纷集会，热烈庆祝中华人民共和国成立”；一九六七年二月，“在‘一月风暴’影响下，各机关、学校、工厂、商店相继开展‘夺权战斗’……”这样就避免了一般记叙，突出了特色。

第三，从各个章节的安排及其内容上体现特色。一部县志的特色不仅是原则的，而且是具体的，应表现在各个章节之中。《如东县志》地理编自然灾害节中，不是依次叙述水、旱、风等自然灾害，而是将该县主要的自然灾害——连阴雨放在首要位置上，列举了连阴雨的三种类型及其危害的具体资料。在经济编经济制度变革章中，不是按常规从土改写起，第一节记的减租减息，列举了一九四六年实行土改前的地租情况及减租减息的斗争。在军事编中内容较一般县志要多，记载了抗日战争时期的二十余次战役和解放战争时期的三十次战役，并附图设表，充分反映了该地在战争中的地位，同时也可以从祖国一隅的战争看到新中国创建之不易。其他如“风俗习惯”“歇后语”等章节都有浓郁的地方特色。

一部志书的优点和缺点、长处和短处常常会同时存在。《如东县志》在反映特色方面有不少不足之处。

其一，在反映时代特色方面，尤其是反映党的十一届三中全会以来农村和城市深入进行改革的现实不够。如经济编第一章经济制度的变革，就未提及城乡经济制度的改革，其他各编章涉及改革的内容也甚少，这不能不是一个重大缺陷。其二，某些方面坚持详特略同尚嫌不够。全书六十八万六千字，总的看来仍有面面俱到之感，而有些章节失之太简。我认为一部县志对一个县的各个方面不必也不可能项项设章，事事列举。如财政、金融内容不多，现列为两章，似可合二为一；能源利用章，小序中已说明当地并无煤炭、石油等资源，因此专门列了煤炭、石油供应专节，也似无必要。其三，尚有不少脱离当地特点，纯属解释性的论述，如：

“经济制度变革”章中关于经济制度和生产力发展关系的论述；“风俗习惯”章中关于什么是风俗、风俗如何形成的论述；“人口规划”节中关于制订人口规划的意义的论述等，这些一般性的论述，既缺乏当地特点，又与志书体例不符，是应该略去的。其四，某些有特色的项目尚反映不够，甚至付之阙如。如如东县历史上倭寇为患甚烈，同时也出现了一些抗倭的英雄人物和壮烈牺牲的勇士；从“著作”节看清代如东人士著作尚丰，而人物传记 一、二、三章均无历史人物，致使上述人物均无法入传，这不能不是一个大缺陷。此外，还记叙了一些一般性的内容，如“生活习俗”中记本县“建国以前，农民都穿土布，市镇居民都穿‘洋布’”；居住方面记“群众喜住朝南房”，这些都缺乏当地特色。

从《如东县志》中使我想到一部志书成功与否，其中一个重要方面在于能否做到时代特色和地方特色相统一。有的志书所以流于一般，往往是与忽视志书的特色有关。究其原因是多方面的，有的修志人员习惯于照章办事，偏重按统一纲目或照抄外地经验编纂，结果容易变成千志一面；有的机械地接受方志是“一方之全书”，要“横不缺项”等说法，面面俱到，样样求全，结果湮没了自己的特色；也有一些地方从现象上看似乎没有什么明显的特色，因而止步，缺乏做深入的调查分析，揭示出其内在的特色。可见，一个地方的特色硬是要修志人员下一番苦功夫，认真调查，才能捕捉到。同时还要将它贯穿到整部志书和各个具体章节中去。

一部志书要能反映特色，前提是要掌握大量资料，因为特点是内在的，是要通过扎实的资料，通过认真的比较来显示的。我们只能在历史的回顾和对比中来体现时代特点；在与别地的横向比较中来反映地方特点。别地的编写纲目和出版的志书对我们来说不是照抄的依据，而是进行对比研究的好材料，从而可以找出自己的特色。我们相信一部能够充分反映地方特色的志书，才有可能成为全国的名志。

（原文刊载于《中国地方志》1986年第3期）

读《如东县志》（修订本）札记

梁滨久

《如东县志》在全国是很有影响的一部县志。在一九八四年北京香山全国五部县志学术讨论会上，《如东县志》得到了较高的评价。这次，又修订再版，改进完善之处不少。再加评议，以总结经验，无论是对新县志的编纂，还是对方志学的理论建设，都大有好处。笔者对《如东县志》学习不够，对如东县的情况缺乏了解，所以，不想对《如东县志》（修订本）进行全面的评论，仅就有所体会的几点，写一点札记。

一

安排志书体例的关键，是确定总体结构。总体结构是志书设计蓝图的骨架，是把握全局的。安排志书体例，首先要确立总体结构。《如东县志》以概述为纲，以大事记为经，以各编、章、节的记事为纬，全书的主体部分，采取政治、经济、军事、文化等大类分编排列法。这种结构布局是合理的，是符合志书体例和记述要求的。中国地方史志协会拟订过《县志基本篇目》，是按大类分编的，以后被人批评，认为存在内容偏沉现象，编一级层次是空档等。此后，按事业立为二十几志的编排方法兴起，上海《奉贤县志》、黑龙江《爱辉县志》都采用此法。而《如东县志》不改初衷，发扬按大类分编的长处，克服其短处，为新县志的体例结构安排提供了重要的实际经验，证明全国北片县志稿评议会《纪要》所说两种结构方法都是可行的，是确实如此的。

《如东县志》采用的大类分编法，总结起来，有下列长处：一、编下章一级，多数可看作是以事业立的志。但不出现志的名称，这就避免了全书叫志而各专志又叫志的重复现象；二、经济制度变革的内容，不单是农业或工业一个经济领域，如果以事业立志，有不易处理的地方，以大类分编，写上一章，就解决了；三、有些章，不拘泥于以事业立志的条规，只要有实体性内容，就可设章记载。这比以事业立志来得灵活些。如地理编的疆域和行政区划、自然概貌，经济编的能源利用，政治编的地方国家权力机关、政府机构，社会编的陵园墓碑、民间歌谣与传说等；四、全书以编统章，以章辖节，以节辖目，层次清晰，结构严谨。至于以大类分编容易产生的弊端，《如东县志》也力求避免。全书除经济编章节较多，似显偏沉外，其他编内容还较均衡；层次上，编一级全属空档，但由于《如东县志》的结构安排基本上控制到子目一级，所以还不显繁冗。当然，我们肯定以大类分编的长处并不是否定以事业立志的方法。以事业立志也有长处和比以大类分编优越之处，如内容均衡、层次简明等。我们应该提倡两花竞放，让两种体例结构编排方法互补短长，互相促进，在竞赛中使新县志的体例日臻完善。

二

志书体例上的一个重要的特点是横排门类，这是与史书体例相区别的主要标志。但志与史区别，不仅表现在体例形式上，而且表现在内容的记述上。《如东县志》在体例上和内容记述方法上，遵循了志书的特点要求。《如东县志》将概述和大事记都置于卷首，放在统括全书的地位。这样，志书的主体部分，即各编、章、节的记事，就都是按志体排列和编写的了。《如东县志》在横排门类之后的记事中，也坚持了志书的写法特点，即突出资料性。各编、章、节的记事，一般不像史书那样，以再现历史过程为主要目的，而是辑录事物历史发展过程中的重要资料。所谓“重要资料”，是指围绕事物发展兴衰起伏的主线，能体现特点，反映规律，显示趋势的标志性、典型性，有借鉴意义，可彰明因果的资料。必要的发展条件、背景资料也应适当记载。《如东县志》在这方面是把握得比较好的。

《如东县志》以事分类横排，一般到节目一级。节、目之后，横写的，如渔业章海洋捕捞节介绍主要捕捞工具，等等。大部分是竖写。竖写，也不是单纯地叙述历史，而是将事物在发展过程中发生了重大的或重要变化的资料依时序记载下来。《如东县志》记述外贸出口是这样记载的：“本县产品出口起始于建国初期。其时虽没有负责出口的专门机构，但基层供销社收购的各类畜禽皮张，为支援国家外贸出口提供了货源。六十年代初，县商业局设立外贸股，专管出口商品的生产和收购。一九六〇年，本县为德意志民主共和国孵育纯种狼山鸡一百只，由上海转运出口，被誉为优良鸡种。一九六一年，本县收购黄鼠狼皮一万八千张出口，名列全国第二，在当年全国土畜产公司召开的先进代表大会上受到表扬和奖励。自一九七二年起，本县出口商品，从单一的畜产品发展到海产品和工业产品。一九七五年，出口产品收购量超过一千万元，比一九七二年增长五倍。一九七七年建立外贸公司以后，出口商品从一九七二年的三十四个品种增加到八十多个品种，外销四十多个国家和地区。一九八三年，全县出口商品收购量为六千二百五十四万元，比一九七九年增长四倍多。”这一段竖写，分别写了建国初期、六十年代初、一九六〇年、一九六一年、一九七二年起、一九七五年、一九七七年、一九八三年的情况，除建国初期和从一九七二年起是概括性叙述以外，都记载了重要的，有意义的，或具代表性的资料，而不是摆流水账。资料取材标准，不是照顾历史过程的连续性，而是看资料的重要程度。这种记事方法，抓住了事物起始、发展、现状的兴衰起伏线索，着眼于记载有价值的资料，是对“志经史纬”“以史贯志”说的一个突破，充分地体现了志书写法的特点。

三

县志设置“概述”，已为许多县所接受。《如东县志》在编首设了《概述》，先概要横写地理环境，再纵写革命斗争的光荣历史和建国以来取得的伟大成就，最后是从战略高度，揭示如东的优势和发展方向。整个概述，重点突出，概括得法，高屋建瓴，很有气势。值得注意的一点是，《概述》从一个更广阔的全局角度，将本县在全省、全国有地位、有影响的事物点出来，构成全县总画面的精彩绚丽之笔，如如东一九七九年被评为全国水利建设先进县，荣获全国水电部奖状；棉花种植面积居全省第一，总产约占全省十分之一左右；县化工厂生产的加买酸远销西德等十多个国家；如东一九七一年即进入全国计划生育工作的先进行列，等等。这些都是如东县的骄傲和光荣，读到此，会油然而生对如东的热爱之情。《概述》的第四部分则是对本县十大优势的分析，指出了本县发展的大势大略。

但是有一点感到不足，就是《如东县志》的概述在展示人杰地灵、物华天宝和种种优势的同时，对本县发展的弊端和劣势揭示不足。从《如东县志》本身披露出来的情况看，如东工业发展缓慢，能源相当匮乏，农村和农业的生态平衡遭到破坏，林木覆盖率很低，等等。随着农村第二步改革的深入进行，农村产业结构不合理等弊端也会明显暴露出来，只有将这些弊端和劣势也同时揭露出来，才能找出如东发展受到阻碍的症结，对本县发展的战略性分析才有全面的材料基础。我们揭示弊端和劣势，不是给如东的美丽画图抹黑，而是述其兴衰利弊之由，求其扬长避短之策，总结经验，振兴如东，因此，我们在浓墨重彩地叙述优势和成绩的同时，也要敢于揭自己的短，当然不是过于渲染，这样才能使读者形成对如东总貌的全面性认识。

四

“以事系人”法是对人物传记的重要补充，它反映了人的因素在事业发展中的重要作用。《如东县志》是应用了这一方法的。如记述土特产品，介绍了朱锁一户开设草炉烧饼店，以精巧的技艺、讲究的配料、香美的口味，为乡镇顾客所欢迎。记述沼气利用时，介绍一九七四年栟茶菜场职工李雪民试建沼气池成功。记述林果生产时，介绍掘东区王荃乡第七村王长喜成为如东县第一个植树模范。记述民间医术时，介绍了“印家的嗓子，王家的疮，欧家的眼睛，钱家的跌打损伤”等。还有“以事系群体”的情况，如记述岔南公社幼儿园大力提高保教质量，成为后起之秀，荣获全国儿童少年工作委员会奖状和奖金。但总的看来，“系人”还显得不够。在经济和文化教育等事业专编中，所系的人寥寥无几。应该认识到，人的活动在经济生活为主的社会生活中是最积极的因素，虽然各事业专编以记述事物发展为主线，但人的活动，如重要的技术革新、发明创造，模范人物的先进经验，管理人员的重要决策，等等，对事业的发展，会有重要的影响和作用。因此，除立传记述已故重要人物以外，还应该深入挖掘与事业发展密切相关的人物资料，以使志书增色。

五

阅读县志或县志稿，每有表格太滥之感。《如东县志》精设表格对革除此弊，作了有益的尝试：

一是《如东县志》用了综合表。如一九五六年至一九七六年县人民委员会及一九六八年至一九七九年县革命委员会所属行政机构设置演变情况表，设计得好，“一表抵万言”，省却了在各章记事中都有一段机构设置演变的文字叙述。

《如东县志（重修版）》目录

二是《如东县志》许多表没有采取逐年排列的做法，而是选取几个关键的、重要的年份数字加以记载，力避繁杂。如全县几个年份工业单位数与总产值比较表，全县几个年份主要农副产品收购价格变化情况表等。当然，《如东县志》的表也有逐年排列的，如一九四九年至一九八三年全县人口增长情况一览表等。将一些带有全局性的表格，逐年排列，还是必要的。《如东县志》似应增加几个逐年排列的，反映全面情况的表格，如农业总产值、商品流转总额表等。看来，表失之于滥不好，苟简亦不好，但主要还是要解决精设表格的问题。

三是选取有典型意义、有重要变化的年份的情况表。如反映本县群众支援解放战争的情况，用了一九四六年至一九四八年十月全县临时民工出征情况表，一九四八年至一九四九年九月全县常备民工出征情况表和一九四九年四月份全县各区运往各地的粮草数量表。

反映本县抗日民主政权农民交公粮情况，用了一九四五年本县夏季每亩征粮定额表。反映党的十一届三中全会后农村改革给农民生活带来的可喜变化，用了一九八三年农民家庭主要消费品人均消费量和耐用物品年末拥有量表。根据文字表述的需要，选择一个或几个年份数字设计表格，也是一种精设表格的方法。

四是采用了比较表，只将需要的比较对照的年份的数字列表，如全县教育事业今昔对比表，只列一九四九年和一九八三年两年的数字。这比列几个重要年份的表还要简化，更加突出了比较的意义。但几个主要年份的表实际上也是一种比较表，只不过参与比较的年份较多而已。所以遇到这种情况不加“比较表”的名字，人们也会看作是一种比较。如“几个年份银行现金收支比较表”，可改为“几个年份银行现金收支表”。

（原文刊载于《中国地方志》1986年第3期）

如东县志（重修版）

如东县地方志编纂委员会编。2007年6月启动编纂，2015年12月由商务印书馆出版。总顾问李明，主修於小卫，总纂虞建宣，副总纂刘昌年、沈伯华、陈有清，分纂孙保林、沈春华、张德彩、罗文铭、顾祖林、符平。

全书2册，335.2万字，图片1352幅（志首325幅、随文1027幅），表格375张。记述范围为2010年如东县行政区域，历史上与周边县（市）之间分合期内的重大事件适当追溯。该志以《如东县志》初版、修订版为基础进行重修。记述上限因事溯源，以1940年建县后为重点，下限2010年。述、记、志、传、图、表、录诸体并用，以志为主。志首设序、凡例、总述、大事记，志末设附录、索引、编后记。全志设47章：建置区划、自然地理、人口与计划生育、建制镇、洋口港、城乡建设、水利、围垦、交通、邮政·电信、信息化、农林牧业、渔业与海洋管理、盐业、开放型经济、工业、电力与绿色能源建设、建筑业、房地产、商贸服务·旅游业、金融·保险业、财政·税务、经济事务管理、安全监督管理、环境保护、国土资源管理、中共地方组织、县人民代表大会、县人民政府、政协如东县委员会、社团组织、政法、民政、劳动·人事·社会保障、军事、科学技术、教育、文化、新闻传媒、卫生、体育、社会生活、民族·宗教、文物胜迹、民俗、方言、人物。

为突出地域特色，该志注重运用海港、海鲜、海韵和“东方深水大港、绿色能源之都、黄海旅游胜地”等凸显如东“海文化”的符号，通过记述洋口港、沿海开发、围垦、海堤护坡、渔业与海洋管理、电力与绿色能源建设、盐业等，彰显如东地情。为体现改革开放的时代特征，该志设开放型经济章，涉及改革开放的内容同时也在相关章节单独设节或目进行记述，如洋口港章设口岸开放节，农林牧业章设经济体制改革目，工业章设经营体制改革目、产权制度改革目等。全书随文增设附记50余条，深化记述内容，增加信息含量。附录设诗文选录、文献选存、史志鉴概览、历代书目、历代文职官员、历代武职官员、存世家谱、杂录轶闻等板块，内容丰富，增强资料性。此外，该志在图片的运用方面做到图文有机结合，除卷首集中展示如东胜景以外，正文图随文走，图文相辅相成。

2018年，该志被评为江苏省地方志书优秀成果综合优秀二等和特色创新单项优秀。

（陈晓琴）

【编后记（节选）】

2007年6月，如东县志第二轮编修工作全面启动。在省、市地方志编纂委员会办公室的指导和县委、县政府的领导下，至2015年5月，经历了“启动续修”“再拟重修”“两年停滞”；“另启重修”“分志编纂”“统稿总纂”；“反馈补充”“专家审读”“修改完善”；“三审（初、复、终审）打磨”“验收审核”“付梓出版”12个阶段，可谓“众手共襄，玉成其事”。综观始末，修志犹如农功，“日夜思之，思其始而成其终”。

《如东县志》重修，体现了如东史志人恰逢其时、高点定位的果敢抉择

1983年，中华人民共和国第一部社会主义新方志《如东县志》（初版本）率先在全国出版发行，引领了全国如火如荼的第一轮修志热潮。前辈们创下彪炳史册的辉煌业绩，对《如东县志》重修提出了非凡的要求。为此，在另启重修之初，站在前人开创的高起点上，总纂班子重心放在就如何处理好继承和发展的关系不断进行探索，并贯穿于整个编修过程，力求有所突破和创新，认真把握了3个根本性、方向性问题。

在编纂形式上由续修调整为重修，是一次自我挑战抬高标杆的跨越。二轮志书编纂的主体形式是续修。如东二轮修志启动之初，对全县整体部署的编纂形式也为续修。随着征编资料、研讨志书篇目等编纂前期工作的深入，大家感觉到《如东县志》虽是中华人民共和国第一部公开出版发行的新方志，初版本、修订本刊印曾创下2万册印数之最的辉煌业绩，然征订尚未结束便抢购告罄。30多年来，《如东县志》已经到了“一册难求”的地步。周边的如皋、海门两市二轮修志伊始就确定为重修。省、市地方志主管部门和部分方志专家在学习研讨时，也建议我们重修。2009年8月，拟定县志由续修改为重修。2012年3月，在因工作难度太大而经历两年多的停滞后，总纂班子反复酝酿后认为，县志重修难度固然很大，但意义重大，重修不仅是对《如东县志》的含英咀华之举，更能显现对如东历史演绎的无缝衔接，必须以舍我其谁的勇气和胆略迎难而上。鉴此，正式启动重修，以2012年6月14日召开《如东县志》重修工作推进大会为开端，重修工作步入正轨。

在记事时限上适度调整下延，是一次深度展示如东发展新貌的拓展。二轮修志启动伊始，将记事时间下限定为2005年12月31日，但随着重修工作的推进，我们意识到若下限不作调整，则如东经济社会发展在“十一五”时期取得的重大成就和实现的历史性突破，就不能在二轮修志中得到展现。借鉴周边县（市）做法，总纂班子经反复商讨后确定，将下限断至2010年12月31日。2013年2月14日，将调整后的篇目呈请有关专家审阅修订，得到省地方志办的原则认可。

在记述内容上融入地域地理元素，是一次如东发展个性特色彰显上的尝试。《如东县志》重修中，注重充分运用具有如东元素、如东符号的海港、海鲜、海韵和“东方深水大港、绿色能源之都、黄海旅游胜地”等象征着如东“身份证”的“海文化”特色，通过洋口港、沿海开发、围垦、海洋渔业、盐业、农业、风电、教育、计划生育等，彰显如东地情特色；形成主体类目、品牌栏目、亮点条目，重视人文回归，并渗透进志书的述、记、志、传、图、表、录，使如东个性特色成为《如东县志》重修版的内核和脸面。

《如东县志》重修，饱含着如东史志人殚精竭虑、续写华章的艰苦磨砺

以责任传递和任务细化分解为落实的关键。在组织落实上推动全县119个县志承编单位，建立健全承编领导协调机构和工作班子以及选好主纂“一支笔”。在责任落实上将组稿任务以“任务单”的形式分解下发给各承编单位，明确领导责任，任务分解到人，时间倒轧到人，责任落实到人。在措施落实上建立县“两办”牵头的督查组，将承编任务纳入整体目标考核，严肃工作纪律，推动各承编部门提高效率。

以业务指导点面结合靠前服务为落实的重点。在业务培训上，举办大小业务讲座150多场（次），培训对象普及到绝大部分承编单位中层以上干部。在破解难题上，县志总纂班子全程跟踪服务，将编纂工作中遇到的重点、疑点、难点问题解决在一线，及时面对面地指导。在重点帮扶上，注意为承编单位物色推荐主纂人选，以提高承编单位编纂质量和进度。

以示范引路媒体造势宣传推动为落实的抓手。通过典型引路带动。总结典型经验，拿出“范文”并配发“规范要求”“分析评点”等，示范引路。通过传媒造势推动。与传媒中心联合开辟“如东县志编修”栏目，刊载县志编修过程中的做法体会、成功经验、典型人和事等，推进面上编修工作。开辟专题促动。创办《〈如东县志〉编纂动态》；制发“《如东县志》各承编单位编纂进度一览表”，将编纂工作细化为16个指标，实时公布进度，以快促慢，以先带后。

《如东县志》重修，孕育着如东史志人锲而不舍、探索创新的生动实践

面对县志重修这项庞大的系统工程，编纂团队迎难而上，知难而进，以百折不回的勇气和史志人埋头苦干、不思张扬的意志品质，着力围绕增强修志人员专业素养、提高编纂效率和提升编修水平，探索创新，科学把握速度与质量的关系。

总纂班子的调整充实增强了工作底气。2012年3月，着眼于史志工作面临的新形势、新任务以及史志事业发展处于又一轮黄金发展期的新趋势，及时调整思路，陆续聘请部分在如东文化界享有较高声望、文史底蕴深厚、略晓志体的老领导、老同志加盟，他们分担了全志50个部类中40个部类的承编、初稿、自审、补遗、修订、完善任务和119个承编单位中112个单位的联系、指导、培训、反馈等工作。总纂班子驾驭县志编纂的业务能力得到很大提升。他们在工作中立学求道的敬业精神是县志编纂工作不断取得新进步的一大法宝，是史志事业永续发展的宝贵财富。

例会制度的建立并一以贯之增强了工作信心。2012年3月，新总纂班子建立后，制定每月两次“《如东县志》（重修）例会制度”。实行刚性约束，持续推进。3年中，我们先后召开了65次工作例会、9次人文部类专题会商会。以交流互动、总结讲评、学习辅导、落实任务、明确要求5个主要议程和重要环节，使全体编纂人员牢固树立目标意识、责任意识，集聚团队的集体智慧，统一了思想，增进了共识，提高了效率，加快了节奏，卓有成效地攻克了编纂工作中一个又一个难点、疑点。

业务指导的强化提升了工作基础和工作效率。针对规范难以把握，县志重修难度大等特点，通过正常例会制度专题安排相应的业务学习辅导。总纂通过采用讲授式、点评式、导入式、实时式、探究式等有效方式，最大限度地发挥业务指导在县志重修过程中的基础性作用。此外，结合如东实际，还将省、市专题培训会内容以及参加兄弟县（市）志终审会议有关专家的点评观点综合吸收消化，使全体编纂人员及时掌握二轮修志的前沿动态、编纂经验，知己知彼，为我所用。

质量意识的强化提升了“三审”通过的口碑和认可度。从2013年11月5日召开《如东县志》（重修）初审会，至2014年1月20日初稿“三大会审”结束；从2014年5月6日向各位评委送达复审稿，至2014年6月19日召开复审会；从2014年10月20日向市终审评审组呈送终审稿，至2014年12月4日市终审组在如东召开终审会，在历时1年零1个月时间内，我们共梳理、归类、消化、考证、修改、完善意见2357条，同时，共征集志书图片5281张，最终设计出志书置前彩页80页，计325张图片；插入正文图片1027张、表格375张。在“三审”过程中，我们审慎应对评委专家的意见观点，反复考证史实、完善体例、精炼文字、交叉审稿、集体讨论，定人定章精心修改后，交付市验收组顺利通过验收，并呈省地方志办公室完成审核。《如东县志》（重修）在滞后两年、续修一年、停滞两年、重修三年后，终于在2015年12月，由商务印书馆正式编审付梓。

【志评】

高点定位　更上层楼

——《如东县志（重修）》印象

林衍经

2015年，《如东县志（重修）》面世，幸得一读，印象良深。以下略述数端，与志界同道交流切磋。

一、别具一格的志首彩照和总述引人入胜

当代编修的地方志书，志首普遍有若干彩照，以展示一地风貌，其编排内容和方式，多种多样，有的且有敷设政治色彩或广告宣传之嫌。《如东县志（重修）》（以下略称“如东志”）志首彩照与众不同，可以说是别具一格、别开生面的。首先呈现在读者面前的，是“如日东升”“如意东方”二幅各占两个版页的巨照，既写实，反映了滨海大县的地域特色，又洋溢了诗情画意，让人联想如东的现代胜景和辉煌未来。紧接着，便以“东方大港”“绿色能源”“黄海旅游”三组共19张照片作为特色名片，把读者目光引领到实体事物上来，领略如东建设的成就和生活的美好。尔后，再一一观赏“海洋大县”“围海造田”“高效农业”“工厂新貌”“建筑之乡”“商贸服务”“海鲜之乡”等七个方面经济建设工程，以及“教育之乡”“民间文化”“书画艺术”“计划生育”“体育事业”“民生工程”“长寿之乡”等社会事业的发展成就，“乡村面貌”“平原绿化”“公园集锦”“通达工程”“安居工程”等胜状，“历史遗痕”“革命老区”的往事旧迹，最后，由数十件奖旗、奖状、奖匾等实物照片中展示的如东荣誉，从而呼应了领头二幅巨照的深义，使读者在心底升起对如东人民奋斗创业精神的深深敬意。

当代新编志书中的“概述”，亦称“总述”，是起统摄全志的作用的，系地方志的创新体裁。首轮修志以来，关于概述篇写什么、怎样写的问题，在新方志编纂实践中，各地都在探索创新，有浓缩式、策论式、特点式、纵述式等，写法多种多样，不拘于一。“如东志”的总述，于开篇简述如东区位、面积、人口、生产总值等之后，切块而述，写了地理沿革、革命斗争历史、经济发展、社会事业和人民生活、可持续发展的优势和前景等五个部分，不芜不赘，脉络清晰，读来既明大体，更且能引发起进一步阅读全志的欲念和兴趣。

“如东志”这篇总述，不但叙事简括，恰到好处，而且笔调清晰，篇首以诗意的“如东，扶海之洲，如意东方；如东，鱼盐之乡，东方港城”起笔，最后，更以聚珍的手法，充沛的豪情，诗意的语言，收结全篇。写道：

“如东，这方江湖海浪中生成的绿洲，衍生出农业强县、渔业大县、工业新县、科技名县；这方江海福地，孕育出东方深水大港、绿色能源之都、黄海旅游胜地，她正崛起在南黄海之滨、屹立在江海大地。

如东，如日东升！”

“如东志”的志首彩照和总述，在全面反映本县历史和现状方面，似乎与他志并无二致。但其编排思路和表述方式，却是别具一格、引人入胜的。

二、精心设计的篇目科学合理，得体实用

《关于地方志编纂工作的规定》第十四条指出：“地方志的篇目设置，应合乎科学分类和社会分工实际，突出时代特点和地方特色，做到门类合理，归属得当，层次分明，排列有序，形式上不强求一律。”“如东志”编纂者遵循“规定”的要求，精心谋划，采用章节体，全志设47章263节，以目为记述实体。表面看来，这样多章并列，不见统属。实际上，编纂者依照同类相从精神编排序次，全书的地理、基础设施、经济、党政军、科教文卫、社会、人物等七大板块，仍然显而可明。这种散而不乱、同类连排的做法，比起有的志书以“山河概览”“时代风云”“经济观潮”“政治举要”“社会经纬”“文化长廊”六大门类，或以“山河览胜”“人本扫

描”“改革逐浪”“经济纵横”“政治述要”“文化写真”几大板块名目命编的篇目设置，更显切实得体，且有其利于突出时代特点和地方特色的优点。

翻看总目录，信息化、开放型经济、电力与绿色能源建设、经济事务管理、安全监督管理、环境保护、国土资源管理等章鲜明反映时代特点的题名，洋口港、围垦、渔业与海洋管理、盐业等突出反映地方特色的章题，便一一赫然在目。如果不是采用章节体多章并列，是不可能出现这样彰然在目的效果的。至于节和目一级篇目，其彰显时代特点和地方特色的效应表现，更是显而易见。

从“如东志”多章并列的编纂操作来看，在各章文字篇幅相对均衡的掌控方面，也较易把握，有利于克服和避免大编体某些卷编篇幅悬绝的弊病。

有些篇目，可说是编纂者精心设计的创新之作，第十一章信息化便是一例。章下，分设了信息化设施、党政机关信息化、社会信息化三节。社会信息化的下面，又条分为事业单位信息化（包括教育系统、文化系统、卫生系统）、企业信息化（包括金融系统、工业系统、邮电系统）、农村信息化（包括农村科技信息化、农村信息化村建设）三个目。信息化是现代化的重要内容之一，这一章的篇目设置，不但有利于相关内容的集中记载，也体现了时代特点和如东县开始步入现代化的现实。

在新编市、县志中，一般都将国民经济计划、工商行政管理、物价管理、标准计量管理、统计、审计等项分别立节，合为经济管理（有的称综合经济管理或经济综合管理）卷篇。这样设章立节虽已成大势，但“如东志”没有趋同，而将章题定为“经济事务管理”，下辖宏观体制改革（包括计划体制改革、投融资体制改革、价格体制改革）、计划、统计、工商行政管理、物价、审计等六节。表面看，二者仅为章题的“经济管理”与“经济事务管理”之别，细为斟酌推敲，“如东志”这一篇目更显示了内涵与外延对称的优点。这样命题设章，尚属首见，编纂者精心思考谋划和创新精神，难能可贵，令人钦敬。

三、记述务实，从多角度、多层面突出时代特点和地方特色

“如东志”规模宏大，达320万字，堪称鸿篇巨制。读竟全志，对其务实的记述风格和突出重点、体现特色的编纂技巧，深为折服。关于篇目设置彰显时代特点和地方特色的具体表现，前文已为道及，兹勿赘说。这里，再从几个侧面略做例说考评，以见一斑。

从志书中看到，除了升格独立设置章节突出记载内容展示时代特点和地方特色，其他部分，也分散记载有能体现时代特点和地方特色的内容。例如大事记里，就有2002年1月条记载了英国、加拿大专家应邀到如东讲授英语；2007年1月条记载了江苏红蚬王鞋业有限公司投资720万美元在美国田纳西州开办鞋业有限公司的事。交通章第一节，还以260字的篇幅附记参加国外（马达加斯加、苏丹）公路建设的情况；建筑业章记载了80年代后如东建筑业开拓国外市场，1983年走出国门，南通五建建设工程公司先后在阿尔及利亚、安哥拉、俄罗斯等国家承建或分包工程100多项，在日本、新加坡等亚、非、欧10多国营业额达9350万美元，出国人数5933人，以及2010年新签涉外工程经济合同额4307万美元、完成经营额4216万美元的实绩。在县人民政府章，还列表记载了1986年1月—2010年接待国际组织、外国公司高管、专家学者和驻中国官员、职员到访、

洽谈合作的内容。凡此等等散点式的记载，无不折射出新时期实行开放政策的特点。

在志书里，还有若干看似平常，实际上意义重大的记载：

一是大事记2005年8月下旬至10月底条，记述了全县卫生系统为68万农民开展免费体检。

二是交通章交通工具节里，不但写下了全县拥有40万辆自行车，还具体写明：1985年全县私家拥有轿车14辆，到2005年上升为5033辆，2010年又猛增到2.59万辆；面包车，1985年仅有8辆，97座，2005年增加为4047辆，24282座。

三是人口与计划生育章里，以花名册形式设姓名、性别、出生日期、实足年龄、地址等栏目，记下了到2010年12月31日止如东县85位百岁寿星的情况，展示了长寿之乡的事实。

所记载的这些内容，看似没有关联，实际上都深刻反映了一个共同的现实，即：如东在实行改革开放以来，随着经济社会的持续发展，广大人民分享到了红利，得到了实惠，不但提高了物质生活水平，而且增进了健康福利，延长了生存期。

这些记载，据事直书，朴实无华，没有敷设政治色彩，却有发人深省的意蕴，展示的时代特点突出鲜明。

关于突出地方特色的写法，也大体相似，体现了务实记述的精神，除了某些事类升格为章进行记述，也在某些章节里记载有关内容，这样的事例很多：水利章有挡潮闸（11处），工业章有海（水）制产品，旅游业中有南黄海第一泉、海天情趣特色游，风俗章有渔业习俗、盐业习俗，方言章里有隐语；这些散点记述，都饱含地方特色。中共地方组织章记载的革命斗争活动，县人民政府章里的反日伪经济封锁斗争、锄奸惩特斗争、支援苏中战役、支援前线等，以及军事章里的人民军队、中共地方人民武装，红军时期军事斗争、新四军反击国民党顽固派军队、抗日战斗、国共军事斗争，人物传记中的革命烈士，更在总体上共同彰显了如东县是革命老区的特色。这样，不但突出了一个重大的地方特色，也透视了今天如东县经济社会快速发展的精神力量之所在，提升了志书的思想高度。

四、内容周备，但有误载之失

从“如东志”所载可知，由于搜集资料下了大功夫，所以记载的内容有周备详赡之善，其中有的还是他志所未及的。例如：

金融管理节的“反假货币”一目，就用了270字记载机构、宣传培训，至2010年全县缴假币214.21万元，破获假币案额10.40万元的事实，引领读者认识反假币的重要性。

关于药品监督管理，不但记载了日常管理（包括医疗单位管理、药品生产企业与制剂室管理、药品经营管理）、专项管理（包括专项执法行动、行政处罚、药品检验、中药资源普查、药品综合监管、稽查打假治劣），条理明晰，内容详赡，有较好的工作参考价值。

方言章记载歇后语，有47条还具体写出了来历典故，既明其义，又增强了可读性。至于隐语的记载，更是他志所忽或弃载的。

然而笔者认为，志书之所载，详备周全对于保存资料、提供参考固然有好处，但也应当慎思行事，办求详其所当详，备其所当备，否则，也可能酿成错失，有损志书质量。“如东志”里的自然资源记载，就存在这样的问题。

自然资源“一般指天然存在的自然物，不包括人类加工制造的原材料，如土地资源、矿藏资源、水利资源、生物资源、海洋资源等。是生产的原料来源和布局场所。”（《辞海》1979

年版，第4345页）因此，自然资源既是天然存在的不是人工种植、养殖、制造的，又是可以、能够被开发利用的。而"如东志"所载的自然资源中，却记载了大麦、小麦、玉米、高粱、水稻、棕榈、山药、油菜、白菜、苹果、桃、杏、梨、落花生、泡桐、西瓜、菊花等等数以百计的人工种植植物，以及螟虫、棉铃虫、食心虫、稻苞虫、蚜虫、小麦吸浆虫、白蚁、蟑螂、跳蚤、家鼠、田鼠等害虫害兽和家犬、马、驴、骡等家养动物，乖违了自然资源的本义。究其因由，显然在于对自然资源的认识模糊，贪多求全，将县境内常见的植物、动物按生物分类办法分门别类记载的错误所致。据志书编后记称，在成书过程中，曾经过"三审"（初、复、终审）打磨阶段。令人费解的是在"三审"竟未能发觉此一差错，或者有人指出了未被重视予以改订，以致留下了这个常识性的失误硬伤，损害了志书的科学性和质量。这个教训，值得各地修志工作者重视，在编纂和审读志稿中引以为戒。

五、结束语：我的总体评价质量优秀

修志之难，志界公认。首轮修志，《如东县志（初版本）》率先在全国出版发行，享誉大江南北。二轮修志要在这个起点上处理好继承与发展的关系，力求有所突破和创新，殊非易易。但是"如东志"的编纂者迎难而上，编纂出版了一部规模宏大、质量优秀的重修本《如东县志》，在编纂实践中创造了新的成就和宝贵经验。之所以能够这样更上层楼，我们在其编后记里可以找到答案，就是：高点定位的果敢抉择，殚精竭虑、续写华章的艰苦磨砺，锲而不舍、探索创新。这一切的总体目标，即是编纂一部高质量的志书。

（原文刊载于《江苏地方志》2016年第3期）

海安县志

《海安县志》编纂委员会编。1980年6月启动编纂，1997年6月由上海社会科学院出版社出版。主编吉光、陈毅明，副主编徐宏江、陈振东、陈志宽、张仁祥、崔平、王坚、周宏文。总纂吉光、陈毅明、徐宏江、陈振东、陈志宽，分纂于伯生、王坚、吉祥（特邀）、吉贻平、何忠斌、陈绍玲、李国良、周宏文、倪富明、贲卫华、钱劲、崔平、崔广华。

全书1册，180万字，图片180幅（志首132幅、随文48幅），表格226张。记述范围为1992年海安县行政区域。记述上限因事而异，量事追溯；下限1992年，大事记、照片、附录延至1995年。述、记、志、传、图、表、录诸体并用，以志为主。志首设序、凡例、概述、大事记，志末设附录、跋。全志设29篇：建置区划、地理环境、居民、农业、林牧副渔、水利、工业、建筑业、交通、邮电、商业供销、财税金融、城乡建设、土地管理、综合经济管理、党派社团、政权·政协、治安·司法、民政、人事劳动、军事、教育、科学技术、文化、卫生、体育、方言、风俗·宗教、人物。

《海安县志》目录

该志地方特色鲜明。农业篇、林牧副渔篇着力记载海安种植、养殖、加工和出口综合经营之路和蚕桑产业发展。单设建筑业篇，展现"建筑之乡"的风采。海安是革命老区，军事篇战事章记述抗日战争和解放战争时期的65次战斗战役；民兵章记述全国民兵工作的典型——角斜"红旗民兵团"；人物篇刊载革命烈士名录3000余人，为革命烈士46人立传，约占立传人物的50%。为反映党委政府的决策施政，在党派社团篇、政权·政协篇分别记述中共重大活动与决策、政府施政纪要等。风俗内容记述全面、系统，除记述传统的岁时习俗外，还记述农业、渔业、商贸、运输等生计习俗，穿着、饮食、居住等生活习俗，产育、婚姻、寿诞、丧葬等人生礼仪，以及神祇崇拜、赛会、巫术迷信、渔民禁忌等信仰习俗，这在其他志书中比较少见。文化篇设民间传说章，收录海安域内流传较广的地名传说、人物传说，语言叙述生动、可读性强。

（季陈娟）

【跋（节选）】

《海安县志》历经15个春秋，终于编纂告竣，付梓问世，确实来之不易。这是集体智慧的结晶，也是上下共同努力的结果。

《海安县志》的编纂过程大致经历了四个阶段。第一个阶段主要是组建班子，征集资料，从1980年开始到1986年。这一阶段，县委、县政府决定，于1980年6月建立了海安县地方志办公室，与县委党史办公室合署办公。人员以几位离退休老同志为主，他们设置了《海安县志》篇目的第一稿。1982年，又专门调配在职干部4人，正式建立县史志办公室，一边搞党史，一边着手搜集县志方面的有关资料。第二阶段主要是指导乡镇志和部门志编写，从1986年到1993年底。这一阶段主要做了三件事：一是指导海安、曲塘、李堡三镇和有关部门编写镇志和部门志。二是为了反映海安县建国40年来的辉煌成就，编纂了《海安四十年》。三是与民政局合编了《海安英烈传》两集，所有这些，都为县志的编写积累了资料。第三个阶段，全面开展县志编纂工作，从1994年初到1995年10月。1994年1月召开了《海安县志》编纂工作会议，再一次宣传、发动、组织。这是一次关键性的会议。会后，各部门、各单位纷纷上马，确定人员，组织班子，整理资料。商业、水利等部门以前曾整理过资料，因时间延宕，散失了，这些部门的领导下决心另起炉灶，重新搜集编写。史志工委内部也调整力量，明确责任，加大工作力度，加强与各单位的联系，接着又以县委办公室和政府办公室的名义发出县志《目录》和《凡例》，由于采取了一系列措施，大大推进了县志编写进度。至1995年10月，终于把28篇志稿连同序、目录、概述、大事记、附录等部类共近200万字全部拿了出来，分篇印刷成册，分送给有关专家、领导审阅。第四阶段是对志稿进行评审、修订、验收，从1995年11月到1996年12月。1995年11月底，江苏省地方志办公室方志评审组的专家们莅临海安，对《海安县志》送审稿进行了认真评审，提出了不少宝贵的修改意见。会议以后，县史志工委的各位分纂在认真梳理评审意见的基础上，对志稿的篇目结构进行调整，对数据、史实进一步核实、补正，对文字进一步字斟句酌。至1996年12月，整部《海安县志》稿终于完成了修订工作，经县志编委会批准，由江苏省地方志编委会验收合格，送交上海社会科学院出版社正式出版。

《海安县志》是海安数千年文明史上的第一部。从唐朝中期到民国的一千多年间，海安地区都分治于泰州、如皋、东台诸邑。民国32年（1943年）建紫石县以后，修志资料犹可搜寻，此前资料大都零散地沉睡在周围市、县档案馆藏存的史籍内，有的则分散在清代和民国年间海安留下的几部残编断简之中。把所有资料搜集整理起来，去粗取精，去伪存真，融会贯通，编纂成《海安县志》，实在是工程浩繁，筚路蓝缕。《海安县志》篇目设置先后经历7次调整修改，主体部分29篇，150章606节。这部志书第一次贯通海安数千年的建置演变和大事编年，第一次全面地搜集、筛选古往今来海安的历史名人，第一次理清工业、商业、交通等各业的历史发展脉络，第一次系统搜集整理海安地区的民情风俗和方言土语……《海安县志》是在前人没有走过的地方踩出了一条道路。在这个过程中，县史志工委的修志同仁们，甘受“艰苦、辛苦、清苦”，默默无闻地执着追求，他们翻遍二十四史，搜尽相关的文史典籍，以严谨的科学态度广征博采。他们甚至考订出清代《海安考古录》和民国《海陵丛刻》上的谬处。为了征集资料，他们遍访南京、扬州、泰州、苏州、如皋等地，并与北京、云南、贵州等地取得联系，备尝艰辛，玉汝于成，终成巨帙。

海安县人民政府副县长　储有杰

1996年12月

【志评】

开天辟地谱华章

——喜读《海安县志》

苟德麟

前不久，收到海安县志办主任、县志主编吉光寄来的刚刚出版的《海安县志》。吉光是我的大学同班同学，我又是《海安县志》稿评审的参加者，捧读起来更亲切、更兴致盎然。

《海安县志》是海安县历史上第一部县志，其创始发轫之功自不待言。就初面给我的直感而言，印刷质量上乘，装帧堪称精美。仔细翻阅全书，特别是查对了评审时本人审读的几篇，比送审稿均有较大的修改而臻于完善，因而又进一步产生了对全志的总体印象：《海安县志》外美内醇，堪称佳作！其尤足称道者，似有如下数端。

一、搜逸钩玄　资料详备

海安，东临黄海，南望长江，属江海冲积平原，已有6000多年成陆的历史，更有青墩新石器文化遗址等可供历史的考证、追寻。南朝宋泰始七年（471年）分宁海县置海安县，是为海安建县之始，然数度省并。特别是唐开元十年（722年）省并后，直至1943年1月成立紫石县前，在1220年中，其地皆分属数县，其间几乎没有任何完整的资料可供检索。《海安县志》是海安县历史上第一部县志，其创始发轫之难，首在资料。而资料搜集之功，又在横不缺项，纵不断线。查《海安县志》，洋洋180万言，采取中篇格局，全志以“概述”“大事记”置前，下设29篇，以“附录”殿后，门类比较齐全，体例允称完备。全志坚持“贯通古今，详今略古。上限因事而异，尽量追溯，下限迄于1992年。”志书遵循凡例，叙事记事，做到力溯发端，贯通古今，突出当代。而于1943年建县前资料，搜逸钩玄，用功尤勤。试举数例：

1.民政篇第二章第一节“福利事业”，首设“解放前的慈善机构”一目，列叙清代和民国年间境内的慈善机构和慈善事业，虽不足千字，但内容充实完整，文约而事丰，显见钩玄续绝之功。

2.军事篇第五章“战事”，首设“明清战事”一节，下置“海安抗倭”“西场抗倭”“缪景先抗清”三目，重点突出，叙事完整。爬梳之力，一睹便知。

3.文化篇第四章“图书”第四节“著作辑

目”，收录清代和民国时期邑人著作书目50多种，其中清代就有40多种。查新编县志，不少建县历史悠久、历史上曾多次修志的古老县份，也大多没有“邑人著作目录”，原因很清楚，赓续旧志断限后的邑人著作目录，难度较大。因此，连旧县志当中保存的邑人著作目录也一并弃而不录。两相比较，《海安县志》在资料搜集上用功尤著，否则，绝不可能臻此。

再如“财税金融”等篇，不仅文字叙述系统全面，而且一般的表格也多从1949年至1992年逐年排列，资料非常完整，因而其价值也更大。

二、系统全面　特色鲜明

《海安县志》系统全面地记述了全县的历史和现状，作为一部百科全书式的地情书，基本做到大事无缺，要人不遗。且篇、章、节归属得体，相呼相应。同时，该志又着力在体现本县的特色上下功夫。为了突出地方特色，《海安县志》根据本地的实际情况，从各个方面把握住风格独具的事物，浓墨重彩地展示地方特色。

1.如火如荼的革命老区。海安县地处我国东部沿海，位于江苏省中部地区的东缘，处于或接近中国近现代民族民主革命斗争的前沿。特别是抗日战争和解放战争时期，海安是中国共产党创建的革命根据地的重要组成部分，在这块红色的土地上，演出了多少可歌可泣、气壮山河的历史活剧。海安，是如火如荼的革命老区，关于这一点，不仅在“概述”“大事记”中有较侧重的记述，还在各有关篇章中得到充分反映。譬如，“人物”篇，从很多英雄人物的动人事迹中，可以看到当年如火如荼的斗争场景。因为是革命老区，所以往往烈士也多，《海安县志·人物》就刊载了3000多位革命烈士的名录；“人物”篇共“为97人立传，其中革命烈士46人”，几乎占到立传人物的一半。“军事”篇中记述更加充分，仅抗日战争和解放战争时期展开记述的战斗战役就有65次，而于“苏中七战七捷”之“海安阻击战”“奇袭李堡”等战斗记述尤详。除此以外，第四篇农业第一章“生产关系变革”、第七篇邮电第四章“战时交通邮政”、第十二篇财税金融、第十六篇政党社团、第十七篇政权政协，以及教育、文化、卫生等篇章，都从各自的记述侧面，浓墨重彩地记述了革命根据地的历史。

2.名副其实的建筑之乡。在《海安县志》整个29篇中，属于经济部类和基础设施建设部类的共10篇，如工业、农业、财税金融、商业供销均各占1篇，建筑业却单设1篇。可见其地位重要。通读此篇，不禁脱口称叹：海安是名副其实的建筑之乡！海安建筑工匠不仅历史上技艺高超，而且紧跟时代步伐，在掌握现代建筑施工技术方面处于前列，曾获全国建筑业最高荣誉鲁班奖；海安建筑队伍不仅遍及全国绝大部分省市自治区，还走出国门，在亚洲和欧洲不少国家承接建筑工程，曾以高质准时而名震波斯湾；海安建筑队伍庞大，1992年有专业建筑工人4.3万多人，占总人口的4.4%。该篇第四章“建筑管理”中，专设“QC小组活动”一节，QC小组活动，是建筑职工参加建筑企业质量管理的一种最新形式，是提高企业素质，推行全面质量管理的一个重要组成部分。80年代以来，海安县建筑业QC小组活动向科学性、经常性、全员性、有效性方面发展，从而使海安涌现出众多的高资质的建筑企业。再看建筑业在全县国民经济中的地位：“1992年，完成建筑业施工产值8.38亿元，占全县工农业总产值的20.4%，建筑业总产值8.41亿元，占全县社会总产值的18.5%。”仅这些惊人的数据，就足以说明，建筑之乡，名不虚传！

3.民兵工作的全国典型。海安县的民兵在革命战争年代，配合地方武装和野战部队作战，支援前线，袭扰敌伪军，巩固根据地，在反"扫荡"、反"蚕食"、反"顽化"等斗争中建立了不朽功勋。

新中国成立后，海安县党政军领导贯彻人民战争思想和积极防御的战略方针，认真做好民兵工作，加强国防教育，努力实现民兵工作"三落实"。角斜民兵团的先进事迹闻名全国，先后被江苏省人民政府、中共中央华东局和南京军区授予"红旗民兵团"的称号。《海安县志·军事》第四章"民兵"，以1.4万字的篇幅，对海安县的民兵工作作了全面系统的记述。该章分"组织建设""政治工作""军事训练""武器管理""重要活动""角斜民兵"6节。其中"政治工作"一节，一般地讲，很容易写得空泛，但志书不仅写得有点有面，有血有肉，而且资料充分完整，富于历史的纵深感，从而使读者对这一全国民兵工作先进单位心悦诚服。再如，第三节"军事训练"，从抗日战争时期到1992年，记述既具体又连贯，足见军训工作过得硬。第六节"角斜民兵"，下设"组织""业绩""练兵习武""劳动学习""荣誉"等5目，内容非常系统、充实。读后，会对这个"红旗民兵团"留下不可磨灭的印象，并从中受到深深的历史启迪。

此外，海安蚕桑丝绸之乡的地方特色，以及迫在眉睫的环境保护问题、国土管理问题等反映时代特色的内容，也都得到了充分记述。"环境保护"在第三篇地理环境中设专章记述；而第十四章土地管理，则专门记述国土管理的历史和现状。这在县级志书中是很少见的，可见此事已历史地提取到重要的位置上了。

三、客观公正　信实可靠

客观公正，信实可靠，是坚持辩证唯物主义和历史唯物主义，坚持实事求是原则的必然结果，也是衡量志书质量的一个最基本的标准。但是真正做到并不容易。阅读《海安县志》后，这种感受非常深切。具体地讲，有如下几个方面：

第一，对失误、挫折的记述，敢于秉笔直书。例如对于"整风反右"扩大化、"以阶段斗争为纲"的社会主义教育运动、"文化大革命"，不仅"大事记"中都有记述，而且"中国共产党"中都设有专目详述。再如，第三篇居民的"人口变动"一节记载道："1959—1961年经济困难时期为低出生、高死亡、低增长阶段。情况最为严重的是1960年，出生10128人，死亡16556人，出现了负增长。"其观点正确，资料准确固不待言，而正视与尊重历史的勇气尤为可嘉。

第二，重事实记载，不敷设政治色彩，不存偏见。这在陈才福、陈泰运、韩焘等历史人物的传略中，给人的感受尤深。如陈才福传中，对这位李长江的重要部下，开始阶段组织游击队抗日等经历，以及后来作为李长江与新四军闹摩擦的急先锋，并终于随其主子投降日伪，虐民为恶的种种罪行和最后下场，均做了记述，非常真实公正，令人毋庸置疑。韩焘作为国民党高等法院首席检察官，虽然于1949年去了台湾，但传略中在记述他的履历的同时，又重点记述他在苏北抗日敌后坚持岗位，以及抗战胜利后，韩焘担任公诉人，对大汉奸陈公博提起公诉，"列数其十大罪状"的事，凡此种种，不仅反映了编者实事求是的政治识见，也反映了求实的精神和勇气。

四、行文雅洁　图片精当

就《海安县志》的文字表述而言，其雅洁

主要表现在记事准确，言简意赅，文笔挥洒自如，可读性较强，但又毫无浮华藻饰之态。如该志对海安的“茶俗”记述：“海安地近黄海，旧时河水苦咸，故从海安镇向东，吃天水茶者普遍，并以李堡一带最为讲究。天水以时水、梅水为上。每逢黄梅季节，家家户户用缸坛经檐下的落水管等接天水，然后常以小口陶瓮盛放。为防变质，多用滚热的灶心土置于水中，瓮口以泥封闭存放。昔日李堡街上的茶馆，每日早晨的茶市都是用地道的隔年天水泡茶。这种茶轻浮飘逸，甘爽醇和，呷一口神清气爽。至今，海安人喝天水茶者，仍有沿袭。”再如对“跑祭”的记述：“民国时，为上层知名人士行丧礼多用跑祭。其祭礼因从江都嘶马传入，又称‘嘶祭’或‘西祭’。主持祭礼的多为有功名者和地方书香人士，分赞礼、引礼、读祝、祝嘏、司鼓、司典、传托、司香、司乐、司帛、民政部爵、司茶、司馔、司文、司燎等司祭人员，仪式颇繁。祭祀时，祭者每人一张小捧盘，盘中燃香，跑法有一人跑‘奠’字，二人跑滚绣球、流星赶月，五人跑五瓣梅花，人多跑的花式则更多。新中国建立后，西祭仪式逐渐淡薄。‘文化大革命’时，一切西祭服饰、帽靴及全部器皿被抄之一空，跑祭从此消失。”对这两种特殊习俗的记载，不仅要素齐全，源流清楚，形象准确，而且可以说雅洁到多一字嫌多，少一字嫌少的程度。记述中涉及好些不是一般读者一看就懂的带有一定方言色彩的词汇，如“天水”“时水”“梅水”等，撰写者却并不对这些词汇加以解释，而是用连贯的茶俗细节的叙述，使读者自然而然地理解领会这些词汇的准确含义。记述“跑祭”则对“赞礼”“引礼”等10多种职掌不同的司祭人员的名称罗列周备，而对这些名称的各自内涵和令人眼花缭乱、难以表述的仪式规矩，则一概摒弃不记，而以“仪式颇繁”一语带过，像快刀斩乱麻一样淋漓痛快。而对祭祀时的基本跑法，则采取画龙点睛的方法，抓住特点，几笔就勾勒得活灵活现，且给人以遐想的余地。读到此处，不禁拍案叫绝。像上述的这类例子，在“人物”等很多篇章中，都可以举出不少，限于篇幅，恕不一一列举。

《海安县志》中随文而行的图片共48幅，通观其设置，堪称精当。例如第四篇农业，既有六七十年代还在使用的中世纪的风车、水车、犁耙等农具的图片，又有现代化的耕作、收获机械；第十三篇城乡建设，既有现代化街市的鸟瞰图，也有原始居民就会建造的、解放前和建国初还有人住过的被称为“元宝屋”“顶头虎”的泥墙草房照片。选用这些图片，不仅可以节省大量描述的文字，而且具有文字所起不到的强烈的直观性和对比性，从而大大增强了志书的“历史穿透力”。

第五篇第二章“畜牧业”，选了一幅曾在《人民日报》上刊登过的“县长抓技”的照片，立体地记载了县长在县农业科技推广会上，手抓一只优质良种鸡，对着话筒进行讲解的生动刹那，读后使人难以忘怀，大大增强了志书的感染力。

《海安县志》也有美中不足之处。其一是“政党社团”中，没有“国民党”的记述。尽管在国民政府的行政区划中，没有海安县的建置，所以也就没有国民党海安县党部的设立，但是海安县域内，存在过国民党的基层组织则是无疑的。志书应当把其基本情况记述清楚，否则难辞“漏记”之咎。其二是除了卷末的“附录”外，还有篇后“附”、章后“附”，甚至节后“附”，难免给人以随意性之感。而且所附之“附”，包括好些重要内容，如“日伪军暴行”

等，均未在目录上反映出来，使读者在利用目录检索有关内容时，误以为漏载。其三，“著作辑目”所辑邑人书目未注存佚，存者亦未注明藏处，不便检索。但是瑕不掩瑜，这些不足之处，不会掩盖《海安县志》良志的光辉。

（原文刊载于《江苏地方志》1998年第3期）

新编方志的后起之秀

——《海安县志》建置区划、地理环境、居民篇评述

王庭槐

笔者长期参与江苏省市、县志的评审工作，《海安县志》评审稿给我留下了深刻的印象，1997年底《海安县志》出版后，再次拜读建置区划、地理环境、居民等篇，颇感其时代特色和地方特色浓郁，内容全面而丰硕，是一部上乘的地方志著作。

一、结构严谨　科学性强

一部百万字的县志，可谓文字浩瀚，但从学科归类上看，其中95%属社会科学范畴，属自然科学范畴的仅占5%；再者修志工作者以语文、历史等专业的同志居多，属自然科学专业的人员甚少。市县志中的地理环境篇属自然科学，因其涉及的内容广泛，加上新中国成立后，有关地理环境篇的内容较丰硕，编写该篇时使撰稿者甚难下笔。《海安县志》中的地理环境篇章节结构严谨，该篇下设地质地貌、气候物候、水系水文、土壤、自然资源、环境保护、自然灾害等7章，前6章先后排列完全符合自然界各要素间内在的相互联系和相互制约的关系。再如在地质一节中，下设地层、地质构造、断裂构造、工程地质、地震活动5个目，这样设目不仅结构严谨，而且突出了工程地质和地震活动等内容，具有浓郁的时代特色。随着经济的日益发展，多层建筑日趋增多，农村二层、三层的楼房也不断出现。建房为百年大计，只有在牢固的地基上，才能建造成牢固的房屋。县志中出现工程地质的内容，是时代特色的体现和社会的需要，符合时代精神。有关地震的内容放在地质一节中讲述，也是十分科学的，它导出了地震活动与地质间的因果关系。海安地处广阔的平原上，从地貌的角度上分析，很难得出海安境域有地震活动的可能性。但从地质的角度来看，因海安境域隐伏着栟茶断裂（又称海安—南港断裂）、梁垛—如皋断裂、三仓（弶港）—靖江断裂、海安—埤城断裂、泰州—弶港断裂。构造地震发生的原因之一，是在地壳大断裂附近，由于应力作用，使断裂两侧的岩体再次迅速地发生错动而引发地震。我国是一个多地震的国家，目前我国正处于本世纪以来第5个地震活跃期的高潮阶段，有可能发生数次7级左右及7.5级以上的强震和特大地震。志书面对这一时代特点，指出“海安—南黄海海域属于地震活动区，但不具备发生强震的地区构造条件和历史背景，不排除中强度地震的可能，陆地上最大地震不超过6级，海域有可能大于6级……但临近南黄海海域地震区是地震多发区，频次很高，震级较大，距海安较近，对海安的影响也较大”。对海安境内地震的预测，是充分建立在科学分析的基础上的，它道出了地质构造与地震的关系，亦科学地宣传了地震的知识。再如第四章第三节的土壤养分等级，对土壤的有机质、氮、磷、钾、微量元素等进行了科学的定量分析，指出海安县土壤的全磷含量很高，但土壤中有效磷的含量却很低，土壤

中速效磷的平均含量只有4.1ppm，致使县内大部分土壤严重缺磷。这一科学的定量分析，为海安县农田施肥提供了科学依据，即农业生产上施用磷肥，就可取得明显的增产效果。

《海安县志》中大量地应用了当代各方面的研究成果，所阐述的内容，除代表了当代的学术水平外，还具有较好的实用价值。而那些泛泛而谈的定性分析资料，对指导生产的意义则不大。

二、图表配合 扬其所长

《海安县志》除文字通顺、文风朴实、文简事赅外，还较多地应用了图、表等形式，以补充文字之不足，使文、图、表紧密配合，各扬其所长。

图、表具有形象性和综合性等特征，在旧志中亦普遍使用，例如疆域图、山川图……，沿革表、职官表……，可见使用图、表是志书的传统做法。本届修志时，各县、市虽重视了总图（例如市县图）的编绘，但在篇、章中使用地图普遍较少，没有能充分发挥地图在方志中的作用，这是一大缺陷。而海安县修志的同志们却重视了地图的编绘工作。

利用科学原理所制作的图件，除具有直观性外，还具有方位性和几何精确性。在地图上除可获得直接的知识外，还可获得很多的间接知识。这是文字所不能及的。《海安县志》中除使用彩图外，仅在建置区划、地理环境、居民篇中，计使用各类图件10幅，即录用旧志中的隋唐扬州图1幅、有关紫石县地图2幅、海安县城区域图2幅、县降水的直方图2幅、县水系图1幅、有关人口的塔形图2幅。使用图件之多，居全省市、县志前列。更为巧妙的是，在图件应用上，还采用了对比法。例如在绘制海安县城图时，使用了1950年海安镇区域图及1992年海安城区域图，两幅地图放在一起对照，使读者一目了然，深感其县城发展之快和变化之大。笔者在60年代初曾出差到海安县城，当年给我的感受是，仅一条东西走向的主要街道而已，是个中小集镇。这次细读了1992年的县城图，深感新建的街道，略呈经纬线走向，数十条街道分布有序。再从图幅对比上看，1992年的县城较1950年时扩大了10余倍。海安县城的建设和发展，使人刮目相看。

在地理环境篇的气候物候一章中，在讲述海安县历年（1959—1992年）降水及一年中各月的平均降水时，均采用了直方图形式。笔者拜读时的感受是：一是直观性强；二是印象深刻。若用文字叙述同一内容，不仅耗墨甚多，而且阅读时倍感枯燥无味。有人言：“志书中有图像，便可使观者形感而得之深。”修志大师章学诚曰：“图缺而志书不得不冗。”上述之言，皆切中要害。

表为志体之一，历为志书所用。《海安县志》中，也重视了表格的使用，例如行政区划、历年水位、土壤分类、各类土地面积、历年降水量、历年径流量、地表水水质监测、人口变化及人口密度等方面，都随文附入表格，做到文表互补，起到节省文字的作用。有些表格尚能从中得到余音，例如在1955—1992年县人口变化比较表中，其中1959—1961年间，人口死亡率居历年之首，人口自然增长处于负增长状态，从中可知当年的自然灾害和政策之失误。《海安县志》广泛使用表格，且表格设计规范，所用数据亦正确可靠。

有人把志书中的图表视为“无言之史”“无文之书”是十分恰当的。《海安县志》中文、图、表紧密配合，各扬其所长，使笔者阅读时，既能感受其文字雅洁整饬之美，又能直观其图、表的精美，可见是一部得体的好志书。

三、大胆创新　别具一格

本届市、县志中都设有人口一章(篇)。从科学意义上讲,人口章以研究人口的自然属性为主,例如人口演变、出生、死亡、增长、构成(性别、年龄、职业、行业、文化、民族等)、婚姻、家庭等,一般不涉及人民生活、信仰、宗教等内容。新中国成立后,尤其是十一届三中全会后,人民生活得到明显的提高,但这一材料在志书中却无合适的章节得以归属。海安的同志大胆探索,积极创新,把人口篇改名为居民篇,除保留了原人口篇的内容外,又增加了人民生活的内容,下设农民生活、城镇居民生活两节,用文字和一系列表格详细地记述了人民生活的变化情况。例如在1956—1992年,海安县农民人均年纯收入和口粮分配情况表中,以数据显示出在1978年以前,农民的人均年收入仅60元左右,但在改革开放后,农民的收入得到迅猛增长,人均纯收入1992年较1977年增长15.36倍,达965.19元,人均口粮分配1992年较1977年增长72.82%。从1978—1992年海安县几个年份农村每百户耐用品拥有量表及1984—1992年海安县农村居民住房状况表中,都显示出改革开放后农民生活水平的迅速提高。在城镇居民生活一节中,一系列表格和数字,同样表明了职工生活的提高,但其幅度明显较农民小。例如1992年职工年平均工资为2323元,较1977年增长4.19倍。

有关人民生活一章的一系列表格和数字,具有很高的存史价值,在思想教育、政策教育上也具有很大的说服力。笔者收藏的数十部市、县志中,在表述人民生活变化方面,像《海安县志》那样翔实、正确、具体、全面地反映的实属不多。

四、资料翔实　存史实用两佳

从整体上看,《海安县志》做到以资料翔实为基础,而且所收集的资料又以定量分析的数据为主体,它代表了当代各项科研和调查成果,充分体现出资料的时代特色和科学正确性。例如地貌一节,在叙述海安县的成陆过程中,充分利用了当今考古发掘的成果和现代科技手段(同位素测定),得出成陆的时间在6000年以上。再如在地下水的表述上,除讲述了潜水层和承压水层及每个含水层的埋藏深度外,还用一系列数据讲述了水量、水质的情况,对硬度、矿化度、铁离子含量、水温、单位涌水量等都进行了定量分析。这些资料除具有很高的存史价值外,还对生活和生产起到指导作用,具有较高的实用价值。笔者认为,志书中的定量分析材料是当今志书的生命所在,我们当今所使用旧志中的内容,其中有价值的,也是一些以事实为依据的定量材料,例如人口、土地、田亩等的数量以及行政单位数量、名称等,故志书在取材上应以突出定量分析材料为主。

五、有些内容　尚待完善

由于市、县志的内容涉及方方面面,可以说是包罗万象,一部洋洋百万言的巨著难免存在着一些疏漏或缺点。故而,《海安县志》也不是完美无缺的。例如居民篇中,疏漏了有关流动人口和残疾人口等内容。由于经济发展地域间的不平衡和农村劳动力的剩余等原因,使当今人口的流动性很大。据不完全的统计,全国有流动人口8000万。江苏有400多万,相当于全省总人口的1/20。流动人口对一地的经济发展起了积极的作用。但大量的流动人口,由于流动性强,加上情况复杂,也给社会带来了一系列矛盾和治安问题。人口的流动性大,这是当今经济改革开放后的一大特色,它是时代特色的体现。再如残疾人口,据残联统计,残疾人口约占市、县总人口的4%~5%。各级人民政府都十分关心他们的生活和工作。有些市、县和乡、镇还成立了残疾人联合会，积极帮助他们解决生活和就业问题。关心残疾人，是社会主义社会的新气象、新风尚，是时代特色。因此，有关流动人口和残疾人口等问题，都应在方志中有所体现。

在地理环境篇环境保护章中，在叙述各项环境管理时，疏漏了有关环境监测管理的内容。环境监测工作是衡量环境优劣的依据，是环保工作的前提，只有做好环境监测工作，辅之经济和行政手段加以管理，才能取得好的效果。

《海安县志》虽存在着这样或那样的不足，但从整体上看，仍属新编方志中的上乘之作，是本届编纂志书中的后起之秀。

（原文刊载于《江苏地方志》1998年第3期）

《海安县志（1993–2008）》目录

海安县志（1993—2008）

海安县史志编纂委员会编。2008年6月启动编纂，2015年5月由方志出版社出版。主编董玉龙，副主编杨斌、李仁旺、周宏文。总纂董玉龙、杨斌、周宏文，分纂董玉龙、李仁旺、杨斌、周宏文、崔广华、贲柠华、陈绍玲、吉贻平、李国良、季陈娟、赵蓉蓉、何忠斌、赵海群。

全书2册，234万字，图片556幅（志首238幅、随文318幅），表格223张。记述范围为2008年海安县行政区域，亦记述发生在县外与海安有关联的事物。该志为《海安县志》（1997年版）续志，记述上限1993年，衔接前志，下限2008年。大事记、建置沿革、自然环境、历史文化、民风民俗等基础地情资料，作适量复载；前志未记述的事物从发端记述。大事记下限延至2012年，图片延至2014年。述、记、志、传、图、表、录诸体并用，以志为主。志首设序、凡例、总述、专记《海安之路》，志末设大事记、附录、索引、编纂始末、跋。全志设34篇：建置区划、自然地理、居民、历史文化、环境保护、国土资源管理、水利、交通、城乡建设、供电·供水·供气、邮电·信息、开放开发、农业、工业、桑茧丝绸、建筑业、商贸服务、金融、财政·税务·审计、综合经济管理、政党群团、地方政权·政协、政法、军事、教育、科学技术、文化、体育、卫生、民政、劳动人事·社会保障、民俗·语言·宗教、精神文明创建、人物。

为体现地方特点和时代特色，志书将专记《海安之路》单列，置于总述之后，着力反映改革开放以后建设具有海安特色之路的历程和经验教训。较前志增设历史文化篇，突出海安江海文化之源和深厚的历史人文底蕴；将栽桑养蚕、蚕茧购销、丝绸工业分别从农业篇、商贸篇、工业篇中析出，设桑茧丝绸篇，展示海安“中国茧丝绸之乡”“中国湖桑之乡”的风采；在农业篇设特色农业之乡章，居民篇长寿之乡节设百岁老人选介，军事篇专设角斜“红旗民兵团”章，教育篇设支教章，体育篇设体育品牌章等，彰显海安“中国禽蛋之乡”“中国紫菜之乡”“中国河豚之乡”和国家文明城市、国家卫生城市、“教育之乡”的地方特点和优势。志书采用集中与分散相结合的方式，着力记好改革开放历史进程中出现的新事物、新实践，以体现时代特色。设开放开发篇，将海安经济开发区、海安工业园区、镇村工业园区、对外经济贸易、招商引资等集中记述，以突出海安大开发大开放的经济格局。将环境保护、国土资源管理、精神文明创建等时代性很强的事物单独设篇记述；农业篇设农村经济体制改革章，工业篇设工业企业改革章，建筑业篇建筑企业章设企业改革节等，全方位体现时代特色。该志专题图片设计较有特色，上册设“淳美海安”，前置116幅图片，分设“城市风貌”“旅游风光”“工业经济”“农业农村”“交通”“建筑”“社会事业”“文化艺术”“节会采撷”“奥运元素”10个板块，展示海安城乡风貌、旖旎风光、民风民俗和海安人的生活情趣，以及工农业、交通、建筑、文化艺术各业的成绩，既精致又充满文化艺术底蕴。下册设“古今海安”，前置122幅图片，包括摄影作品、历史照片、《海安考古录》的历史绘图等，生动形象地再现海安历史变迁。索引分主题索引、人物索引、表格索引、图片索引，便于使用。

2018年，该志被评为江苏省地方志书综合优秀一等和内容记述、特色创新、篇目设计3个单项优秀。

（季陈娟）

【编纂始末（节选）】

2006年，江苏省启动第二轮修志工作，并列入省“十一五”规划。根据国务院《地方志工作条例》和省市要求，2008年6月，续修县志编纂工作全面启动，至2015年定稿付印，历经组建队伍，搜集资料，编写初稿、分纂统稿、总纂统稿、三审验收等阶段。全志主体篇目34篇、194章、822节，志首设彩页专版、总述、专记，后缀大事记、附录、索引等，计230余万字。

2008年4月，海安着手拟订《海安县志（1993—2008）》纲目。5月，县委调整县委史志工委领导班子，制定《海安县第二轮修志实施方案》。6月，调整海安县地方志编纂委员会。6月18日，县委、县政府召开全县二轮修志工作会议。从此，以编修县志为主体、镇志及部门志同时编修的海安第二轮修志工作全面启动。会后，各镇各部门均根据县委、县政府要求设立史志联络员，组建修志工作班子。8月，拟定《海安县志（1993—2008）》征集资料纲目，召开全县修志人员培训会议。此后，县委史志工委采取召开座谈会、编发修志工作简报、赠送《江苏地方志》等方式，指导各单位广泛搜集县志资料、撰写初稿，指导有关区镇、部门修志。同时，县委、县政府将史志鉴工作列入三大建设考核内容和各单位年度工作目标之一，在《海安新闻》上公布各承编单位修志进度，以推进全县修志工作的进展。2009年11月起，各承编单位陆续上交县志初稿。2010年8月，《海安县志（1993—2008）》篇目经市地方志办公室组织专家论证，逐步完善，形成总纂篇目。是年12月完成县志初稿25篇，但少数单位迟迟未开展县志资料征编工作，一些条管部门未提供任何资料，来稿普遍存在事实记述笼统、要素不全、资料缺乏系统性、空话套话多等问题。对此，在县委、县政府分管负责人大力支持下，县委史志工委主动与承编单位负责人联系，上门督办催稿，帮助联系借用人员，辅导相关单位撰稿、改稿，编纂人员帮助查找资料与单位征编人员补充资料同步进行。至2012年年末，除语言、风俗、电信等少数章节外，《海安县志（1993—2008）》初稿基本形成。县委史志工委在人力、经费不足的情况下，未借用退休老同志，采取分纂与总纂同步交叉进行的方式，由一支笔负责统稿，以规范文体文风，减少交叉重复，明确修改完善思路，确保志稿质量。至2013年7月，《海安县志（1993—2008）》形成初审稿。

《海安县志（1993—2008）》稿初步形成

后，县委史志工委采取多种途径和办法征求意见，将县志初稿装订成册，分送县四套班子负责人，在海安的原县四套班子离退休负责人和县志编委会成员、县内部分知名人士手中，广泛征求意见。将志稿返回各承编单位校核、补充完善，并催促电信、联通等单位撰稿。同时，邀请方志专家审读初稿。2013年9月、10月，分别召开《海安县志（1993—2008）》初审、复审会议和原县人大、县政协离退休老领导座谈会，征求对县志初稿的建议和意见，并认真听取省有关专家的建议和意见。编辑部根据各方面的反馈意见，努力做好志稿的修改完善，对有关志书资料进行增补、删减、核查。至11月中旬形成终审稿，12月下旬《海安县志（1993—2008）》通过市志办组织的终审。

《海安县志（1993—2008）》通过终审后，编辑部全面汇总每位评委和市志办的终审意见，进行深层次总纂加工，对志稿中的不足之处，重新梳理，补充部分资料，个别篇章节重新编辑加工，按照中国地方志指导小组《地方志书质量规定》，对志稿作认真细致地反复修改。一是优化综合经济管理、建筑业等篇章节目的结构，使其内容更具条理性、逻辑性。二是强化历史人文方面的记述，增设历史文化篇，突出海安深厚的历史人文底蕴。三是提高编校质量，按中指组、国家语委会、新闻出版署有关出版物上行文要求的规定进行编辑加工，反复研磨，力求精练、准确、朴素，卷首图片设城市风貌、旅游风光、工业经济、农业农村、交通、建筑、社会事业、文化艺术、节会采撷、奥运元素板块，古今海安选择有标志性、代表性的图片，生动形象地再现海安历史变迁，唤起人们的美好回忆。至2014年6月，《海安县志（1993—2008）》形成验收稿，11月通过市志办组织的验收。2015年3月通过省志办审核、方志出版社编审，此后，县志编辑集中分纂人员逐篇审校志稿，消灭志书硬伤、软伤千余处，志书质量得到极大提高。6月由海安县人民政府批准出版发行。

《海安县志（1993—2008）》在编纂过程中，始终坚持实事求是、质量第一的原则，严格按照志书编纂要求，注意继承与创新的统一，努力凸显地方特点和时代特色。

1.坚持继承与创新统一。县志根据海安变化的实际情况，采取保留、紧缩、合并、变更、删除、新设、补充等方式，处理好与前志的关系。以原名保留20篇（合并2篇），分设4篇，改名5篇，增设5篇。在纵述史实上注重处理好志书的接续性与记事的相对完整性的关系，一般内容叙述从1993年开始，前志未记载的事物从发端记述，适当补记，篇序对1993年之前的内容侧重于概括叙述，以便读者了解事物整体概貌。建置沿革、风俗、灾害、河道、公路等事物简略概括1993年之前的内容，以体现完整性。大事记贯通古今，1993年之前适当复载、补充，以便读者检索海安古今之大事，历史文化适量复载，并补遗前志未记之人物。

2.突出海安地方特点。地情是立志之本，《海安县志（1993—2008）》努力追求个性，反映海安特色。根据省市志办专家建议，将专记“海安之路”单列，置于总述之后，着力反映改革开放以来建设具有海安特色之路的历程和经验教训。增设历史文化篇，以突出海安江海文化之源和深厚的历史人文底蕴。将栽桑养蚕、蚕茧收烘、缫丝、丝织分别从农业、商贸、工业篇中析出，设桑茧丝绸篇，以展示海安“中国茧丝绸之乡”“中国湖桑之乡”的风采。同时在农业、建筑、交通、教育、卫生等篇注意增加特色内容分量，以充分彰显海安"中国禽蛋之乡""中国紫菜之乡""中国河豚之乡""中国建筑之乡"和国家文明城市、国家卫生城市、教育之乡等地方特点。县志尽量做到篇篇有特点、章章有个性，如农业篇设特色农业之乡章，居民篇附设百岁寿星简介，军事篇专设角斜"红旗民兵团"章，教育篇设支教章，体育篇设体育品牌，等等，以充分反映海安的地方特点和优势。

3.彰显时代特点。《海安县志（1993—2008）》时限内最鲜明的时代特征是改革开放。《海安县志（1993—2008）》在编纂过程中采用集中与分散相结合的方式，努力记好改革开放历史进程中出现的新事物，以体现时代特色。设开放开发篇将县经济开发区、海安工业园区、镇村工业园区、对外经济贸易、招商引资等集中记述，以突出海安大开发大开放的经济格局。同时将环境保护、土地管理、文明创建等时代性很强的事物单独设篇记述。改革是一项非常浩大的长期的系统工程，涉及政治、经济、文化、社会生活等各个领域，《海安县志（1993—2008）》采取分散记述的方法，贯穿于各篇章节目之中记述。如农业篇设农村经济改革，工业篇设工业企业改革，建筑业设企业改革，党派社团设党政机构改革等，可以说是全方位体现时代特色。

4. 突出事物主体。《海安县志（1993—2008）》注意充分体现事物的本质属性，尽量以事件事物主体作标题，如在相关篇章中以土地二轮承包、土地经营权流转、产权制度改革、职工养老保险、新型合作医疗等为节目，以充分突出事物主体，索引也以事物主体为线索，以便查找利用。

5. 尽量避免重复叙述。《海安县志（1993—2008）》编纂注重妥善处理总述、专记、分志之间的关系，力避重复，有的内容集中一处记述，有的错开记述角度，有的采取参见方式，力求做到交叉之处一致。篇序注重概括性、综合性、揭示性，章节一般不设小序，以避免重复记述。

启东县志

启东县志编纂委员会编。1985年3月启动编纂，1993年12月由中华书局出版。总纂陈明山、张兴安、赵锦辉、李汉成，分纂卢今元（特邀）、卢淑芳、朱振亚、陆凤贤、李汉成、张兴安、沈陶真、陈明山、赵锦辉、秦礼昌、徐守祥。

全书1册，166.7万字，图片78幅（志首55幅、随文23幅），表格255张。记述范围为1985年启东县行政区域。记述上限追溯事物发端，下限1985年，大事记延至1990年2月启东撤县设市之时。述、记、志、传、图、表、录诸体并用，以志为主。志首设序、凡例、概述、大事记，志末设附录、编纂始末。全志设28篇：政区、自然环境、人口、城乡建设、农业、水利、渔业、盐业、工业、建筑、交通邮电、商业、财税金融、综合经济管理、党派社团、政权·政务、治安司法、人事劳动、民政、军事、教育、科技、文化、体育、医药卫生、方言、社会、人物。

《启东县志》目录

启东濒江临海，为突出地方特色，志书设渔业篇，记述海洋渔业、滩涂养殖、渔业企业等内容，对吕四渔场设节作重点记述；设盐业篇，记述煎煮盐、板晒盐、滩晒盐等不同制盐方式和制盐历史，凸显地方特色。此外，在水利篇突出记述固堤护岸特别是江堤、海堤建设和治坍等内容。附录中文献辑录收录《启东县一九六四年棉花栽培技术调查报告》《周恩来总理生前八次接见启东代表》等珍贵资料，展现启东以“粮棉双高产”闻名全国的历史地位。

1994年，该志获江苏省地方志工作优秀成果二等奖。

（仇赛君）

【编纂始末（节选）】

1979年底，成立启东县文史资料编辑委员会时，就打算编纂县志。1984年3月，还成立了启东县革命斗争史、县志编纂审查委员会。其间，发了《全党动手，编好县志》的宣传提纲，开展了乡镇志和部门发展史的编写工作，初步形成了一支200多人的修志队伍，拉开了县志编写的序幕。后因上级强调党史工作，县志编纂被搁置下来。

1985年3月，由县政府发文成立了县志办公室。10月初，县委副书记李志斌在各区和县部委办局负责人会议上作了编纂县志的动员。以后，组建了县志编纂委员会。副县（市）长、编纂委员会副主任刘静芳、陈南飞数次在有关会议上强调了编纂县志的意义、要求和做法、部署。与此同时，县直机关分系统召开发动工作会议，把编纂任务分别落实到有关单位。然后，落实人员，组织业务培训，征集资料，设计篇目，撰写初稿。至此，《启东县志》的编纂正式上马了，历时七载，七次修订篇目，五易其稿，二次评审，由政府组织编纂的启东第一部县志终于批准出版。

志书结构，取人之长，以期体例完善，门类设置合理。卷首大事记纵向贯通古今，概述扼要概括历史与现状，优势与前景，两者共起宏观导向作用；主体部分设篇章节目分门别类作横向展开，记述百科，篇首一般以无名小序勾勒概貌，连贯章节；序言、凡例和附录、编纂始末，阐明编纂宗旨、体例、过程和辑录珍贵史料，首尾呼应，组成县志有机整体。

编纂这部县志，首先遇到的困难是资料匮缺。启东历史上分属崇明、海门、南通3县，3县旧志编修断限不一，有关启东资料记载稀少凌乱。三四十年代社会动荡，六七十年代一场内乱，档案被毁坏或转移，残缺不全。全靠老干部、知情人回忆抢救了一批，采编人员赴崇、海、通、沪、宁、镇、扬等档案馆、图书馆、博物馆搜集了一批，各乡镇、县直各部门提供了一批，特别是党史、文史部门提供了比较系统而有价值的史料，累计约5000万字。入志资料经过上下左右多方核实考订，以取信于今，传之于后。在入传人物中，坚持实事求是地记述和评价经历复杂者的功过是非，恢复他们的本来面目。

最大的难题是如何提高社会主义新方志的编纂质量。编纂人员为此作了不懈努力。由门外汉变为内行，不仅去常州、秦皇岛、南通3次接受专业培训，而且个个参加了北京社会函授大学中国方志专业函授学习，经过考试，都获得了毕业证书。学到的理论，及时应用，边实践边探索。注重于篇目体例设计，反复比较利弊优劣；着眼于新旧社会、改革前后史料的排比，体现社会制度、经济体制变革的意义；弄清楚县情中最有启东特色的东西，以利于反映地方色彩。在分量上，经济部分为大头，并用相当篇幅记述了经济管理；反映光荣革命传统的军事篇、反映社会风尚的风俗和人物也作了重点记述，这些具有一定深度和广度的内容，无疑对两个文明建设有推动作用。

整个编纂过程，坚持集中精力，完成主体工程。县志办人员从3人起家，3年后调齐，一到就落实任务，承包到人，征集、编写、反复修改，主要编纂人员保持相对稳定，对有关部门只要求完成县志分工到的部分任务，不提倡编写部门志、专业志。县志办从领导到编写人员，不仅要完成自身任务，还负有督促、辅导有关部门编写的任务。审稿采取成稿一篇一章或一节，及时发征求意见稿的办法，做到少环节快周转，及时听取各方意见，适时汇总修改成送审稿，再送有关方面审查，这样，为整体审查打下了比较扎实的基础。

编纂实践表明，修好社会主义新方志，没有各级党组织和人民政府的大力支持和热情鼓励，修志的困难会更大；没有社会各界的倾心关注和配合，遇到的矛盾会更多；没有编纂人员几年如一日的埋头苦干，是难以承担起如此浩大、繁重、琐碎的征集、编纂、修订、定稿任务的。

启东撤县建市后，有人提出《启东县志》下限延至正式建市之日，这不无道理。但考虑到各个门类都增加四年的内容，工作量较大，许多部门原来抽借的修志人员，已回原单位，如延长下限，势必延缓出书时间，经请示省志办市县指导处后，决定下限维持在1985年。为弥补不足，我们将大事记延到建市，并打算编修《启东县志》续篇。

启东市志（1986—2005）

启东市地方志编纂委员会编。2006年5月启动编纂，2014年12月由中华书局出版。主编吴天昌、顾永辉、黄翠芳，副主编周磊、蔡晓荣、陆欣、沈冬云。编辑沈冬云、张兴安、张菊萍、陆金红、陈思品、周磊、赵锦辉、施建平、黄亦美、曹军华、张建国、蔡晓荣、杨智渊、陆欣、夏永红。

全书2册，250.5万字，图片884幅（志首136幅、随文748幅），表格303张。记述范围为2005年启东行政区域。该志为《启东县志》（1993年版）续志。记述上限1986年，下限2005年。为完整反映历史和地情，对建置区划、自然环境、城市建设、历史文化和民风民俗等基础地情资料适当复载；对前志未记的重要内容适当补录。专文和图片延至2011年。述、记、志、传、图、表、录诸体并用，以志为主。志首设序言、凡例、综述、大事记，志末设附录、索引、编修始末。全志设33编：建置·人口、自然·环境、经济总情、开放开发、城乡建设、交通·邮电·信息化、农业·水利、海洋与渔业、工业、电动工具业、建筑业·房地产业、商贸·服务业、金融业、经济综合管理、财政·税务、中国共产党地方组织、地方人民代表大会、地方人民政府、地方人民政协、人民团体、劳动·人事·民政、土管·计生·环保、公安·司法、军事、教育、科学技术、文化·体育、医疗卫生、精神文明建设、社会生活、地名、镇乡、人物。

《启东市志（1986—2005）》目录

为突出地方特色，志书设海洋与渔业、电动工具业、建筑业·房地产业3编，并在教育编中设江苏省启东中学章，文化·体育编中设版画章，展示启东“海洋渔业之乡”“电动工具之乡”“建筑之乡”“教育之乡”“版画之乡”五大名片。设开放开发、精神文明建设2编，反映时代特点。该志重视内容的广度与深度记述。如设经济总情编，记述经济发展战略、经济总量与结构、经济体制改革，综合反映经济改革与发展。设地名编，记载沙洲、路道、港口、镇村、社区等地名称来历，附录废弃港口和集镇，尤其是在镇名节中，记述启东现有86个集镇和已经消失的65个集镇，内容除记述镇名由来外，也简要记载集镇沿革、集镇规模和相关历史故事，既保留地名文化，也为研究集镇变化提供史料。附录设史略（620—1985），分启东建县前、土地革命战争时期、抗日战争时期、解放战争时期、社会主义改造时期、社会主义建设探索时期、“文化大革命”及拨乱反正时期、社会主义现代化建设新时期8个部分，简明扼要地介绍1986年之前启东的概貌，满足读者了解启东历史的需求。志书共有随文附录30篇，如苏岩礁、启东市农村土地使用制度改革的调查、启东寅阳镇实施“先售后股”企业改革调查、三甲盐场传统板晒工艺流程、启东工商促进培育电动工具品牌的调查、版画代表作品、新春喜听农民姐弟说增收、最后涨接启东大陆的沙洲等资料，志末又附《张謇在吕四场及外沙沿海开发史料》《吕四港：上海北翼第一海港》《桥港新时代美好新启东——写在崇启大桥建成通车之际》3篇专文，拓展志书信息含量，深化记述内容，增强志书的可读性。此外，志首图片收录历史遗存部分的15幅图片，如明万历年间（1595—1620）吕四人彭大翼所著《山堂肆考》照，清嘉庆十一年（1806）吕四场图，民国17年（1928）启东首任县长袁希洛撰写的《启东设县碑记》照，清代与民国时张謇创办的盐业公司、大生二厂和垦牧乡高等小学的图片，民国27年（1938）毛泽东赠启东民主人士施方白题词石刻照等，通过形象的画面，昭示启东人文的灿烂，实业的发展，伟人、名人与启东的关系。

2018年，该志被评为江苏省地方志书优秀成果综合优秀一等和内容记述、特色创新2个单项优秀。

（黄亦美）

【编修始末（节选）】

《启东市志（1986—2005）》自2006年5月全面启动编修，历经八年寒暑，数易其稿，如今终于定稿付梓。全志约253万字，主体分33编，首设综述、大事记，尾有附录等。市志编修过程大致经历以下六个阶段：

筹备启动阶段（2005年11月—2006年5月）。主要开展调研论证、方案拟订、队伍组建等工作。市地方志办在各单位推荐的基础上初步形成230多人的市志采编员网络。2005年12月，市政府常务会议讨论通过关于续修启东市志的有关报告，将此项工作纳入政府工作计划。2006年5月，市委、市政府召开《启东市志（1986—2005）》编纂工作动员大会，全面部署以市志续修为主体的二轮修志工作，并开展首次集中培训。

资料征集阶段（2006年6月—12月）。抓好队伍充实和业务培训工作。根据责任分工和组稿要求，各承编单位普遍进行市志采编人员的充实和调整。10月、11月，市地方志办分乡镇和机关部门两大块进行资料收集整理工作的指导。召开乡镇编目编纂业务培训会，推介海复、合作、北新等乡镇做法。对部门承编的市志资料以“供销合作商业”一稿进行案例解析。通过组织专题培训、召开小型座谈会和编发《启东史志动态》简报等形式，帮助采编人员理清思路，推进征稿进度，提高初次来稿的质量。至2006年12月底，乡镇初稿来稿率达80%，部门初稿来稿率超过50%。

初稿整理与修改阶段（2007年1月—2008年12月）。2007年起，修志工作重心从承编单位为主的供稿转到市地方志办为主的改稿上来。全办人员及聘用老同志实行一体化分工，每位责任编辑确保拿出1个以上“样板”篇目。对承担“章”以上编纂任务的50多家单位逐一面谈或上门指导。对编写难度较大的“农业”“教育”“文化”等重点编目进行专题探讨。2007年5月起，经市地方志办核定的初稿陆续上网，公开征求意见。2008年3月，启东市被省地方志办确定为全省二轮修志4家县级试点单位之一。2008年8月，首次进行各部门志稿编写进展情况公布，对后进单位进行督促，编辑部对所有志稿逐一过堂。至2008年底，各承编单位的初稿或资料基本到位，征集文字资料约3000多万字，经整理修改和初步审核合格的市志初稿占70%，形成初稿文字近50万字。

志稿分纂阶段（2009年1月—2010年3月）。2009年起，市志编修从广搜资料、初稿积累逐步转入志稿的合成、结构的理顺及资料补充征集等工作。针对这一阶段业务要求更高、组织程度更强的特点，市地方志办坚持内外结合，调动一切资源和力量，在业务研究、联合审查、引进“外智”上取得新进展。一是理顺和加强地方志编纂机构的组织体系。市委办公室、市政府办公室于2009年8月发出《关于成立启东市地方志编纂委员会的通知》，建立健全市级层面的组织机构，明确启东市地方志办公室为市地方志编纂委员会的日常办事机构。市编制部门同意志鉴编纂科与党史征研科分设。二是加强分纂责任，根据新阶段任务进行新一轮分工，定期跟踪进度。三是征集专题资料，先后通过媒体发出征集启东籍作者著述作品、启东人物、启东方言词语等启事。四是全面开展志稿审查。2009年5月、12月，南通市地方志办、省地方志办先后召开《启东市志》编目论证会，对《启东市志》编目作点评。2009年12月至2010年5月，市地方志办会同全市135家承编单位开展志稿联审。

总纂合成和三级审核阶段（2010年4月—2013年7月）。2010年4月，市地方志办制定《启东市志》总纂工作方案，市志编纂正式进入总纂阶段，成立3个总纂小组。8月起，面向社会开展市志图片征集工作。9月，形成200万字市志初稿，分送时任市级领导和有关专家审阅把关。11月，市地方志办组织志稿审读会，邀请省和南通、无锡、淮安、扬州地方志办等6名专家对《启东市志》志稿进行专题审读和现场会诊。2011年，广泛吸收修改意见，进一步开展志稿互评互改，对前志补遗、勘误，新志图表校对核实。12月，形成《启东市志》（复审稿）。

为确保市志总纂质量，市地方志办先后约请上海、河北、南京、无锡、苏州、扬州、南通等地30多位方志专家和熟悉市情的老同志，有侧重地对《启东市志》（复审稿）进行点评修改。同时聘请统计、审计、经济综合管理部门和出版、摄影等专业人士，对志稿的数据、文字、图片进行核实把关。6月，召开征求意见座谈会。11月，形成《启东市志》（终审初稿）。12月，再次召开《启东市志》征求意见座谈会。2013年4月，形成《启东市志》（终审稿），并提交终审。7月，志稿通过南通市地方志办终审。

补充校核和出版阶段（2013年8月—2014年12月）。2013年8月起，市地方志办认真梳理终审会意见，归纳为13个方面265条，采纳了171条。2014年3月形成《启东市志》（验收稿），4月中旬提交验收，6月通过南通市地方志办验收。此后，又吸收验收专家意见进一步补充校核，历经反复多轮修改。7月底，志稿送出版社审阅。12月，志稿送省地方志编纂委员会办公室审核。与此同时开展印刷、出版单位的招标，与承印单位进行业务对接，进入全书排版、装帧等最后阶段工作。

附：

志书总纂工作目标管理与质量控制

——以《启东市志》为例

蔡晓荣　周　磊

志书总纂是修志工作的关键阶段，是确保志书质量的重要步骤。编纂志书是一项系统工程，参与者众多。由于人员素质参差不齐、初稿成文有先有后、内容质量各不相同，抓好总纂阶段的目标管理，抓好总纂过程的质量控制，事关整部志书的成败。笔者试结合工作实践和体会谈一些初浅的看法，以期抛砖引玉。

一、正确理解总纂和总纂工作

总纂工作的意义在于使志书内容系统化、科学化、规范化。总纂不是初稿的"总串"，不是分志的简单相加或浓缩，而是通过全面地再梳理、再加工、再创造，使整部志书形成前后呼应、结构完整、风格协调的有机整体。因此，要做好总纂工作，首先必须对总纂工作有正确的全面的认识。

首先，它是前后贯通的工作。志书编纂一般可分为确定体例、草拟篇目、搜集资料、整理初稿、分志编写、总纂定稿、付梓成书等7个阶段，当然也有五分法，甚至三分法的。无论如何划分，在总纂之前的所有阶段都是向前看的，一步步向前推进，只有到了总纂阶段才需要兜底清盘，检点以往各环节工作的得失，在此基础上进行深度的整合和提升。因此，总纂工作的鲜明特点是瞻前顾后、前后贯通。其次，它是少数人的工作。在资料收集、初稿编写时讲的是大兵团作战，不仅发动所有的机关团体和乡镇、企业等基层单位，还动员社会各界参与，可以说不搞人海战术是捧不拢这么多资料的。总纂阶段，战线则收缩到编辑部内部。工作重心由收集资料转到地情研究，这一阶段的工作必须以一个明确而科学的编纂思想为指导。事实上，整个编纂过程中只有总纂（执行主编）等少数几个核心成员参与从框架设计到最终定稿的全过程。这种不可替代性决定了他们在总纂阶段要继续挑大梁，发挥骨干作用。而其他从事外围或局部工作的同志则继续做好服务和配套工作。第三，它是综合性的工作。修志如同建房，完成初稿和分纂相当于建筑物完成土建，砖石堆砌（各类资料）则雏形初显。总纂工作相当于后期的装修装饰，水电、泥木、油漆多兵种齐上，这时的工作有补、有建，有结构的改造，也有表面的润色，通过一系列工序的雕琢，内容表述的思想性、组织结构的系统性、体例文法的规范性达到预定要求，同时地方特色、时代特点更加鲜明。除了上述业务活动，总纂阶段还涉及人员的组织调遣，内外论证审核的活动更加频繁，组织管理的要求也更高。只有始终咬定编纂质量这一根本，遵循科学的编纂工作思路，才能编纂出高质量的志书。

二、主攻三大重点，妥善做好工作安排

做好总纂工作，首先要做好充分准备。一是制定一个切实可行的总纂方案。总纂方案包括指导思想、基本规则、任务分工、业务要求、完成时限等。二是对所掌握的资料进行兜底清盘，做到胸有全局。三是组建总纂班子，重新明确分工。这里要强调组建精干班子是工作顺利开展的关键。虽然一般来说执行主编负责总纂，但不是一人包打天下，而是主持笔政。古往今来都有人强调总纂一支笔，这在古代志书篇幅较小的情况下是可以办到的。但当代志书动辄上百万字，结构复杂，全靠一人之力很难做到。一般在总纂之下再设几个副总纂，组成精干班子，并作明确分工。在分工中要考虑知识结构、能力特长乃至性格特点等，保证优势互补、各尽其能。实施方式有分线统贯式、先分后合式、统分结合式等。《启东市志》编辑部在分工中，按照部类划分成4个小组，分别由1名业务能力较强的同志牵头，史志办及编辑部聘用人员统一分工全员参与，并明确牵头人（副总纂）及各位编辑的职责。通过责任落实，确保总纂把时间和精力投入到重点材料撰写和制定规范、组织协调、文稿审核等关键性工作上来。

分析总纂阶段的工作，有资料核补、内容优化、难点攻关等三大重点。资料核补，是分纂阶段主要解决的问题，在实际工作中由于前期掌握资料的局限和认识深度的不足，往往难以一次做到位，需要在总纂阶段弥补。编纂者要同前期资料采编人员沟通，核实背景、史实、名称、数字等要素，还要增补缺少的资料，做到既有主体资料又有背景资料，既有综合资料又有典型资料，直到无"料"可挖为止。内容优化，主要是调结构、正文辞，解决好内容的剪裁、层次的划分、前后的过渡，从而使主线突出，逻辑严谨。难点攻关，指前期工作中资料无着落、观点无定论，或因专业性强而搁置暂未解决的问题。《启东市志》编辑部在筹备总纂工作时，列出了十几个需要解决的问题，除了通过内部认领挖掘自身潜力外，还采取多种形式寻求智力支持。对"习俗时尚"等内容采取课题发包形式交给本市的文史专家；增聘1名老新闻工作者，重点负责工业、商贸服务业等内容繁杂或无主管部门的内容；约请原史志办老同志及党校、政协、经贸委等部门学有专攻的人士为顾问，经常请教问题，解疑释惑。通过一系列运作，做到内外结合，人尽其才，形成比较顺畅的工作链。三大工作重点也成为目标管理的重要内容，编辑部坚持每周一碰头、每月一汇总，确保月有进展，季有成果。

三、着力四个转变，统筹推进总纂进程

班子搭建后，总纂（执行主编）要把内部培训与组织研讨作为重要工作，统一思想，形成共识。一是学习对照首轮修志和先行单位的做法，吸取经验教训。据专家分析，首轮修志中一些志书由于没有经过很好的总纂，因而在著述性上大打折扣，主要表现在"体例不规范，有悖志体；文风不统一，风格不协调；交叉重复，一事多记；前后抵触，相互矛盾；画蛇添足或随意省略；重要史实记载有误以及数字不准，校勘粗疏等现象"。联系实际，首轮《启东县志》在校勘中也发现了很多差错，如明朝嘉靖年间组织抗倭的守将姓名有误、在"军事"章中遗漏了很多时段的组织机构变化等信息等。通过学习不仅做好前志的校勘，也为本轮修志提供借鉴。二是共同制定篇目、凡例、入志标准等规范性文本。通过共同商讨，集思广益，成为共同的总纂工作指南。三是组织评议研讨。选择有代表性的篇章召开研讨会，讲解编纂过程，分析优劣得失，探索资料运用的方式方法，及时交换对理论观点、社会现象的看法，形成相对统一的意见。通过这些细致的工作，增强目标的趋同性，总纂班子成员才能成为总纂延伸的手臂。

工作中，总纂还应时刻关注工作动态，推进

量变到质变的过程。重点关注和推进四个转变：

一是推进志书篇目由资料收集篇目向总纂篇目转变。自2006年《启东市志》资料征集篇目形成以来，篇目经过十余次修改，2008年初编辑部在全面梳理现有资料的基础上首次形成总纂篇目，2009年5月经南通市志办论证后进行认真修改。2009年12月，省志办组织试点单位篇目论证会再次进行评议。通过几上几下，篇目渐趋完善，全书32编，分市情综合卷、经济建设卷、政治军事卷、文化社会卷等部分。篇目的基本确定为下阶段的工作指明了方向。

二是推进资料征集由普遍收集向定向编研转变。通过近3年的资料征编，100多家承编单位的初稿已基本改定，大部分整合形成分志稿。但二轮修志中最大的难题是经济结构社会变革变化大，许多必须入志的资料在现行政府机构中找不到对应的责任单位；有些资料如典型企业情况（现在都改为民营）有民发局、发改委、工商联等多个部门与此相关，但没有一个能全面掌握具体情况；续志中还有一些属于基础地情的篇目、社会生活等内容无法通过常规方法布置落实，需要社会化采集。针对这一情况，我们委托经验丰富的老同志深入一线采访开展社会化调查，有针对性地破解资料收集难题。到目前，经济总情、工业门类、商贸服务业等篇目的相关资料已基本到位。

三是推进地情考证由常规分析向专题研究转变。本轮修志中，《启东市志》编辑部对改革发展中若干重要问题进行深入研究，分别作出合适的处理。如，在乡镇企业改制中“寅阳经验”名噪一时，省委曾组成调研组专程调研，但由于当时全省的大气候没有推广。我们认真分析后认为以“先售后股”为主要模式的“寅阳经验”不仅在当时有先进性，而且对以后推进乡镇企业、国有企业全面改制发挥了相当大的影响，可以说是开启东工业企业改革之先声。而之所以没有在全省推广是因为当时苏南集体经营模式在舆论上占上风，并不是否定“寅阳经验”。有了这个立论后，我们在初稿编写中有意识加大分量，突出其改革探索精神。再如，我们在研究启东建县这一重大历史事件中发现，当初袁希洛向国民政府呈文中对崇明北沙（即老启东县）的土地面积与实际面积有较大出入，后经咨询文史专家得知，夸大土地面积不是测量错误，而是在当时同霸占北沙土地的崇明地主斗争中，为赢得权益有意为之。如果依葫芦画瓢则可能永远发现不了这个玄机，造成谬种流传。此外，随着方言研究的深入，一些新成果不断推出，我们及时对“方言”部分的资料进行补正。

四是推进初稿审核，由单篇审核向分部类综合审核转变。对部门来稿逐篇修改完毕后，编辑部及时反馈原单位进行审核。随着编纂工作的深入，不少单位的来稿被拆分或整合，按照总纂篇目形成分志稿，审核工作也随之向深度转变。编辑部排出时间表，对经过内审的分志稿复印多份送达有关主管部门领导、有关老领导进行审核，并相继召开论证会集中听取意见。扎实的审核工作为全书通过审核打下了基础，部分篇目还在为相关部门制定政策、起草文稿及时发挥了作用。

四、扭住质量龙头，不断提高编审质效

总纂任务复杂繁重，其核心就是确保志书质量。作为质量总把关人的总纂（执行主编）的主要任务可概括为9点：实现志书设计的总体性；确保志书体例的完整性；务求材料取舍的全局性；复核史事记述的可靠性；强化反映地情的概括性；增强著述质量的深刻性；锤炼志稿表达的精当性；促进全志行文的规范性；力求全志文风的一致性。志稿总纂要经过通览全稿、诊断推敲、审改笔削等工序，具体说把好“五个关”，处理好“六个关系”。“五个关”，即政治关（立场观点正确鲜明）、资料关（全面、真实、系统）、表述关（符合志体）、语言关（文风端正、合乎规范）、保密关。“六个关系”，即事物之间的逻辑关系，总述、分述、大事记等呼应关系，重点和一般关系，文字与图表的关系，专业性与普及性的关系，充实资料与压缩篇幅的关系等。通过有效的目标管理和质量控制，才能使志书成为史实可信、表述适当、文辞严谨的精品良志。

（原文刊载于《江苏地方志》2010年第5期）

【志评】

为精益求精、精雕细刻点赞

——读《启东市志（1986—2005）》有感

姚金祥

编纂地方志书应该是一个地方、一个单位历时最久、动用人力最多、操作环节最复杂的系统文化工程。所以，在编纂的全过程中，无论是编纂委员会的领导或者是具体的修志人员，必须要有刻苦认真、持之以恒、精益求精、精雕细刻的精神，才能让志书达到一个理想的境界。这是我拜读由中华书局出版的《启东市志（1986—2005）》（以下简称《启东市志》）后的强烈感受。《启东市志》的不少做法，值得回味和效法。

一、重布局

篇（编）目是一部志书的基本框架，欲追求志书的高质量，首先得讲究篇目的高水平。方志学家李泰棻在《方志学》一书中说道：“纂志之道固多，而门类标题，则为首要。”所以，编纂志书，首要之事就是布局。启东市方志办的同行说到，《启东市志》编纂过程中，曾经“十订编目”。1993年版的《启东县志》全志卷首有《概述》《大事记》，正文设28篇，卷末有《附录》。2014年版的《启东市志》，全志卷首设《综述》《大事记》，正文设33篇，末有《附录》《索引》。比较前后两志的篇目，都很好，但续志的篇目更加能体现时代的特点和地方的特点。续志将前志中8编，合并成4编记载，即原《建置》《人口》两篇，原《农业》《水利》两篇，原《劳动人事》《民政》两篇，原《文化》《体育》两篇，都合成了一编；前志《党派群团》《政权政务》两篇分设成党、人大、政府、政协、人民团体5编记载。另一方面又用“升格”之法新设了《经济总情》《开放开发》《精神文明建设》3编反映时代特点，新设《电动工具业》等编反映地情特点。而在编下之章中，同样也用“升格”之法予以详载有特色的内容，如第二十五编《教育》中就单独为启东中学设立专章记述。这样，就能很好地体现启东是“海洋经济之乡、建筑之乡、电动工具之乡、教育之乡和版画之乡”（见《综述》第4页）的地方优势。而这样一个篇目并非一开始就定型，而是在广泛听取各方面意见，前后10次修改打磨中逐步走向成熟的。就篇目而言，笔者先后提出的修改意见，有些已被采纳。比如“乡镇”内容，在前志中置于首篇《政区》的第三章，在续志的初稿中，置于第二编，仍作为建置区划内容记载。笔者曾指出，全面介绍乡镇经济、建设、文化、社会综合情况的内容，置于建置部分是不妥当的，建议向年鉴学习，将其作为市的辖属单位介绍，放到全志末尾记述。现已移至《人物》编之前，作为全志倒数第二编，编名改成了《镇乡》。同时，笔者曾建议把“集镇”单独设编，将其放在《镇乡》编之后。对此，编者虽没有单设《集镇》编，但在后增的第三十一编《地名》中，却有《镇村社区名》章，其中第一节《镇名》记述了启东现有86个集镇和已经消失的65个集镇，内容除记述镇名由来外，也简要记载了集镇沿革、集镇规模和相关历史故事，这实际上已经将集镇单设篇目了。

二、勤修饰

编纂志书与文艺创作不同，文艺创作讲求“灵感”，灵感来了，文章或诗歌可以一气呵成，如果写写停停，文采文气可能就没有了。地方志书讲究的是记事准确无误，不缺不漏，不枝不蔓，所以需要反复修饰、推敲。他们“十订编目、十五易其稿，不厌其烦查漏补缺，反复核对数据，逐字逐句严格推敲，三番五次修改审核”。举几个例子来证明。如《凡例》中原写为“使用公历纪年”，但志稿中不少地方却有先历史纪年再括注公历的情况。出版时，此条已修改为新中国建立前使用朝代年号纪年加注相应的公元纪年，新中国建立后一律使用公历纪年。又如原《综述》开头有“启东历来是江海门户，战略要地”之句，笔者对此认为“前半句可以，后半句高了。因为‘战略要地’是不多的，启东恐怕在战略上没有那么重要，要实事求是地记载”。成书的《综述》中，“战略要地”四字已予删节。再如《综述》中在记载1986—2005年的改革开放给各行各业带来的巨大变化时，用“群众文化丰富多彩”为题去反映体育、广电新闻、文化市场等方面，显然是头大帽子小，无法涵盖。成书时，这一小标题已经改为“文化事业成果丰硕”，这就比较贴切。大凡修过志的人都有体会，志书没有出版时，总希望志书能早日问世；而一旦志书真的问世后，又常常提心吊胆，就怕被读者提出一个又一个的差错。所以，要想志书出版后少挨批评，就必须在志书出版前采用多种方法对志稿不厌其烦地进行琢磨和修改，力争将差错减至最少。志书出版前听到的批评意见愈多，对志稿的修改就愈有帮助，修志者一定要有听得进意见的气度和雅量。

三、学先行

修志工作者要有“板凳甘坐十年冷”的精神。但修志工作本身不能“关门修志”，要及时了解全国、全省（市）的修志动态，注意向修志的先行者们学习、取经。先行者的成功经验是修志工作者共同的财富，先行者的弯路或教训则是修志工作突破的起点。启东市的修志人员先后走访过江苏本省的扬州、高淳、武进、丹阳、宜兴、江阴、东台和上海奉贤等市县区，开阔了眼界，也了解了别人的亮点和创新之处。他山之石，可以攻玉，别人好的做法完全可以为自家所用。如《启东市志·附录》的第一个部分为《史略（630—1985）》，就是向高淳等地学习而来。在续修志书中，对前志已经记载过的内容适当进行复载，在续志上限之前设立《史略》（或曰“简史”“史事纪要”等），是江苏南京市《高淳县志》（续志）等志书的一个创新之举，受到志界普遍好评。《启东市志》中的《史略》，分“启东建县前”“土地革命战争时期”“抗日战争时期”“解放战争时期”“社会主义改造时期”“社会主义建设探索时期”“‘文化大革命’及拨乱反正时期”“社会主义现代化建设新时期”8个部分，共60个条目，用2.5万余字的篇幅，扼要简明地介绍了1986年之前启东的概貌，满足了读者阅读续志时不去看前志而能了解启东历史的需求和愿望。这是启东修志同行通过学习先行单位行之有效的做法和写法，达到不断提高修志人员的业务水平和自身所修志书的编纂质量，这应该是修出精品志书的捷径之一。

四、借外力

一部地方志书的具体执笔人数不是很多，知识面和眼界也是有限的。如果只依靠自身的力量修志，虽然也能修成志书，但志书的质量可能会受到限制。要解决这一困难，借外力是一种好方法。《启东市志》书末有一个特邀审稿人员的名单，计有29人。这些人员都是国家、省、市、县各级修志机构的专业人员，分布于北京、上海、河北和南京、无锡、苏州、扬州、南通等地。有大学和科研院所的专家学者也参与了相关记述内容的审核。总体上说，这批借用的外力都有较丰富的方志学科专业知识和修志经验，较久的修志资历，所以他们对志稿中存在的篇目、体例、行文书写等方面的问题比较容易发现。有这样的外力帮助把关，毫无疑问，对精益求精地打磨志稿，肯定大有裨益。不仅方志学业务方面可以借用外力，就是志书内容的各个方面同样可以借用外力，比如聘请统计、审计、经济综合管理部门和摄影、出版等行业的行家里手参与，为《启东市志》把关，确保了这些方面内容的准确性和科学性，同样至关重要。启东修志还借用了本市“智囊库”成员的智慧。这批人有几十人，是启东各行各业的业务专家。这些专家审读志稿近2个月，提出的修改意见数以万计。市志办将意见汇编成册，进行了消化吸收。2013年7月召开的志稿终审会上，搜集到的意见有13个方面共265条。市志办一条条进行研究，最后采纳了171条，抱着精益求精和诚恳的态度在修志。

五、互评改

一部志书中的相关分志（编）形成初稿后，是立即递交有关领导、专家评稿，还是先关起门来在编辑部内部评审？启东市修志同行的做法是先搞内评、互改。撰稿人员在修志过程中，必然会对自己承担编写的志稿进行反复修改。但修改到一定阶段，有时就会感到无法再深入修改，甚至有的对自生的“儿子”自鸣得意。但是，启东市志办将编辑们所撰之稿互相交换审阅之后，编辑们发现别人的志稿中问题不少，触类旁通，反过来也会发现自己所撰志稿中的问题。然后在编辑部内部互相评议、互相修改。启东市修志同行这种“自我体检”“自我会诊”“自我医治”的方法，是二轮修志中的一个创造。这种做法的好处是把一大批初级差错先行消灭于萌芽状态，不必再费神请专家学者们“就医”。而希望专家们捕捉隐藏得较深、编辑们难以发现的问题。同时，这种方法也使编辑们“汗颜”：原来我编的志稿中毛病还那么多！从而有利于克服自满惰性情绪，以“闻过则喜”的态度认真对待接下来的“三审一验收”考验。

六、严三审

关于地方志书的审稿，首轮修志时逐步形成“一评二定三验收”的审稿程序。2006年国务院颁布的《地方志工作条例》中明文规定：“以县级以上行政区域名称冠名、列入规划的地方志书经审查验收，方可以公开出版。”江苏省地方志办公室据此制定了“三审一验收”的审稿制度。《启东市志》在2009年先后2次召开篇目论证会，2009年12月至2010年5月，市志办会同全市135家承编单位进行了志稿联审。2010年9月，《启东市志》形成200万字的市志初稿，分送启东市党政领导审阅。同年11月，召开6名专家参加的审读会审读市志初稿，经市志办修改后，12月形成复审稿。然后市志办再次约请省内外30多位专家对复审稿进行点评形成终审初稿；在再次听取启东当地领导和相关部门负责人意见后，经修改遂形成终审稿。2013年7月，由南通市方志办主持召开《启东市志》终审会议并通过终审。启东市方志办对260多条终审会意见梳理修改后，于2014年3月形成《启东市志》验收稿，6月通过南通市方志办验收。又经反复核对，于年底送省方志办审核和排版付印。2015年年中正式问世。笔者荣幸，于2012年2月曾应邀对复审稿进行个别点评。2012年6月再次应邀与其他5位专家一起对做过修改的复审稿进行评审。2013年7月又应邀参加了《启东市志》终审会，这已是第三次参加对《启东市志》的审稿了。至两年之后，2015年10月，笔者收到了由上下两册组成的250万字篇幅的《启东市志》。从启东市方志办领导的介绍和志书《编修始末》中可知，在这两年中，市志办的编辑们始终没有闲着，一直在应对验收、修改和出书过程中的校核工作。可见，一部志书要达到比较满意的质量，严格执行审稿验收制度是个保障，是不可逾越的途径。

七、细校对

这一点本来可以不单独列出，但缘于《启东市志》出版之前，市方志办同仁们的实际努力情况，有必要将此单立一条。在2014年12月，《启东市志》已经完成出版印刷前所有必要工作和法定程序，出版样稿也已出来。按常规，只要主编签字"同意印刷"即可上机印刷。但主编抽查部分内容后发现还有问题，于是决定推迟成书时间，重新组织力量再度校对。在接下来的4个月时间里，连着又校对了5稿，纠正了不少差错。在印前校对中，他们采取了"特聘'外眼'内外同校""借助机器人机合校""利用年鉴志鉴对校"和"关注细节前后统校"等切实有效的办法。所谓"外眼"，就是请修志队伍外、文字能力强又相对较为熟悉地情的人员帮助校对，一个多月中，果真发现了大小差错600多处。修志人员看志稿时间久了，有时会产生"视觉疲劳"，而"外眼"有新鲜感，就容易发现修志人员以为不是问题的问题。所谓"机器"就是黑马校对软件，利用它校出不少错别字、多余字、不规范说法、地名差错，甚至政治性差错。年鉴记载时近易核，志稿时距较长，易出差错。如《启东市志》校样《公证》节中记到2003年4月公证处为350次强制拆迁提供保全公证，而对照年鉴所记并经当事人认定，实际只有30多次。这样的差错如果不与年鉴对照，很难发现，可见校对工作做得非常细致。"前后统校"主要是检查全志内容是否重复、提法是否一致、数据是否有出入有缺漏、图片与文字是否有矛盾等，也改正了不少毛病。如有一帧照片是海鸟在戏水，原文字说明为"白鹭欢歌"，校对时经核实发现实际不是白鹭，是海鸥在欢歌。经过这样三番五次地印前复校，虽然难说已经百分之百地消灭差池（如卷首圆陀角的通栏大照片，纪念碑上写的是"万里长江到此入海"，但文字说明却写成"万里长江由此入海"），但肯定比不经复校立马印刷少了许许多多的差错。我为修志人员这种对志书负责、对历史敬畏的"精雕细刻"精神所感动，也由衷地伸出拇指予以点赞！

启东市方志办是江苏省第二轮修志四个试点单位之一，《启东市志》的全面启动编纂始于2006年5月。自启动到2015年年中见书，已经过去了9个年头。作为试点单位，论进度算不上是快的，因为在此志之前已经有一批续志陆续问世。笔者或多或少地参与审阅并已经拿到书者，就已有《高淳县志》《武进志》《江阴市志》《宜兴市志》《江宁区志》《宿迁市宿豫区志》，其他已出版的续志可能更多。但启东市修志同行这种“重质量、细编校、缓成书”的做法是值得肯定的，从这个角度讲，启东的试点是有普遍意义的。

早在首轮修志之时，修志工作者就已形成“初稿抢，二稿磨，成书雕”的共识。中国地方志指导小组的领导也提倡修志组织发动、搜集资料、编写初稿、组织评审等步骤要快，而成书则要慢（简称为“四快一慢”）。这里说到的“磨”，并非磨蹭之“磨”，而是指反复琢磨；这儿说到的“慢”，同样不是要修志者不抓紧工作，而是指不要因仓促成书而粗制滥造，造成永远的遗憾，成书前要多推敲、多校核、多修改。从历史的长河来看，志书晚出一年半载算不得什么，修成高质量的精品良志才是百年大计，才是方志人的立“志”之本，也是终极目标。

（原文刊载于《江苏地方志》2016年第1期）

一部给人以诸多启迪的新志书

——读《启东市志（1986—2005）》有感

王广才

新编《启东市志（1986—2005）》（以下简称《启东市志》），由启东市地方志编纂委员会编，主编黄翠芳，副主编陆欣、沈冬云，总纂陆欣。中华书局2014年12月出版。大16开本，2505千字，印5000册。采用编、章、节、目体式，全志共设33编203章。由于该志是在探索、改进、完善中告竣的新志书，因此其带给了我们诸多有益的启示，这些对于正在编纂的二轮志书当有重要的借鉴意义。

一、牢记特性，详独略同

所谓志书特性，即“地方志志地方”。特性决定了志书必须详独略同、厚主薄次。《启东市志》作者深谙此理，牢牢铭记并尽力而为。卷首4幅通栏图片，可以说是开宗明义，是启东特质的宣示。第一幅《启东市区全貌》，说明文字简明扼要，一语中的。是文写道：“启东是一片不断拓涨的蓬勃绿洲，一座江海孕育的年轻城市。唐朝初年，长江口涨出东洲、布洲，后周显德元年始设吕四场；清朝中叶，又陆续涨出沙洲，至清朝末年连成一片。1928年，设立县治，因‘启吾东疆’而得名，1989年撤县建市。枕万里长江，襟浩瀚大海，乘改革春风，启东如同一颗江海明珠闪耀在中国东部黄金海岸线。”4句话132个字，把启东的起始、演变、建置、名称、地位表述得清清楚楚。《启东市志》这“第一笔”，用心良苦，令人称绝。第二幅是全国人大常委会原副委员长、著名社会学家费孝通为启东吕四港题书照片，其中言道“千古荒滩脱颖出”，始对“宝地感心折”，可见启东令“东海港口尽失色”的独特地位。此处为学者大家的考证，对上述志人的说明起到了很好的印证作用，使其更具有可信性。第三幅是黄海、东海、长江三水交汇于启东的航拍照。说明文字寥寥，但视觉的冲击力远胜过千言万语——展现在我们面前的是浩瀚的大海，似巨蟒跃出的滩涂，以及滩涂之上的金光水色。一幅图，勾起了读者的无限遐想，对接起了启东的昨天、今天和明天。第四幅是长江江堤达标工程纪念碑照。由碑照可见碑体刻有“万里长江由此入海”8个大字，碑顶圆形球体寓意着“启东为江海之明珠”。4幅图片，表象不同，但本质相同，反映的是一个主题，即启东为江海孕育之城（市），快速发展之城，充满希望之城。大图片，大视野，大主题，大寓意，大手笔，安排之妙就在这里。

如果把《启东市志》比喻为一座博物馆，前述4幅图片就好比是4把入馆的金钥匙，而文中的特色内容则是“镇馆之瑰宝”。从编、章层次说，具有启东特色的五大名片，即海洋经济之乡、建筑之乡、电动工具之乡、教育之乡、版画之乡，用墨浓重，淋漓尽致。海洋与渔业单为一编，下辖七章，达5.9万字，占全书的2.3%，33编字数排序为第11位。开放开发编中的吕四港开发、江苏省启东经济开发区、市级产业园区，分4章11节布设，达1.8万字。工业编中的船舶工业、制盐工业，字数达0.9万字。这几项共计8.6万字，可见分量之厚重。建筑业·房地产业为一编，达5章17节4.8万字，33编字数排序为第15位。电动工具业编达4章11节4.4万字，33编字数排序为第16位。教育编达9章30节10.7万字，33编字数排序为第3位。版画单为一章，达1.7万字。五大名片类内容共计30.2万字，占全书总字数的12%。

《启东市志》突出特色是全方位的，既有像海洋与渔业这样的大亮点，或曰高照的明月；也有像启东版画这样的中亮点，或曰耀眼的明星；更有不可胜数的小亮点，或曰闪烁的荧光，如江海潮汐、台风、龙卷风、滩涂、湿地、江海堤防、启东海鲜节、水路运输、船舶监理、海事巡逻、大洋港闸、特色名菜名点、江海旅游景点、沿海林带建设等。在章法上除广泛渗透性记述外，像教育中的学校特色节，还采取“抽丝剥茧”的方法，条分缕析，集中描述。如此众多中小亮点的累加，亦可使志书光彩夺目。

数量中包含着质量，数量的多少可以说明一定的问题。但考察一部志书的特色和质量，还要从内在的潜质方面来审视。《启东市志》的详异略同，既有数量的累积，更有内在品质的超出。如记海洋与渔业，当非《启东市志》一家，但可以肯定地说，此志是较全面系统的一家，把渔业科技与名优水产品结合记述的恐怕为数不多，而对水产品质量管理、渔业管理、海洋管理集中复合记述的当排前列。又如电动工具业，亦非“唯一”，那么《启东市志》便注意“人有我优”，除记小五金维修与营销、电动工具制造与管理、电动工具园区与会展、管理与服务外，特别记述了电动工具效应，包括产品效应、产业效应、区域效应。电动工具产品带动了启东的招商引资，带来了资金、设备和先进的管理理念。电动工具产业成为当地农民的致富产业，也带动了原材料产品和相关产业的发展，以及周边乡镇区域经济的繁荣。三大效应的凸显，标志着电动工业在启东有着突出的地位、显著的贡献率及众所期盼的经济与社会效益。这是作者修志理念的进步和成熟度的体现。如此记述，可使读者看出一地、一个企业经济的增长，是在低投入、低消耗、高技术、高效益基础上的增长，而不是走高投入、高消耗、低技术、低效益增长的路子，进而获知其趋大势、避老路、转方式、调结构所取得的经验及成就，为用志者提供借鉴的标本。编末还附载江苏省工商局、南通市工商局专业人员所写并发表在《中华商标》杂志上的调查，题目是《导向自主创新之路》，进而使该特色编更具厚重感和可信度。再如教育，对一些志书表现弱化的内容像教育改革、素质教育、校本课题研究、教育科研，《启东市志》都给予了更多的关注。

二、独具慧眼，精选资料

《启东市志》的资料不少是经过精选，对常规的资料注意筛选，坚持详主略次；对特色的资料注重挖掘，增加广度和深度。卷首图片历史遗存部分，置图15幅，每一幅都很珍贵，通过形象的画面，昭示启东年轮的嬗递，人文的灿烂，实业的发展，伟人、名人与启东的关系。志书还专设地名一编，将沙洲、路道、港口、镇村、社区名称形成的时间、缘由、沿革，指代物经纬度、四至八到、地位、分布、影响等，一一细述，让读者从中窥视到启东自然、人口、经济、社会的某些发展轨迹。其中所载录的废弃港口和集镇，更是“抢救”之举，极具“存史”价值。《启东市志》正文附录不多，但分量不轻，如自然环境中附的《苏岩礁》；经济体制改革中附的《启东市农村土地使用制度改革的调查》《启东寅阳镇实施“先售后股”企业改革调查》；电动工具业管理服务与产业效应中附的《启东工商促进培育电动工具品牌的调查》；文学艺术中附的《大地飞歌〈好收成〉创作》；版画中附的《版画代表作品》；居民生活中附的《新春喜听农民姐弟说增收》；沙洲、道路、港口名中附的《最后涨接启东大陆的沙洲》，都是扩展信息含量、深化记述内容的重要资料。其中《苏岩礁》之附甚优。苏岩礁是中国渔民数千年前发现的，附近海域一直是中国鲁、苏、沪、浙、闽、台等省市渔民劳作的传统渔场，清政府的北洋水师在其使用的海图上明确标有东海苏岩。从1995年开始，韩国在苏岩礁上建造“海洋科学基地”。中国政府就此多次向韩国政府提出交涉，指出苏岩礁是位于中国东海北部的水下暗礁，中国反对韩方在两国专属经济区主张重叠海域的单方面活动。在此背景下专文记述苏岩礁意义重大。附文946字，言出有据，字字可考，句句沉甸，段段厚重，堪称存真求实的典范。《启东市志》卷末的附文，不是一般文件或题目的述录，而是史略、专文、人物补遗、前志勘误类文字，其“功用”价值自然也不可低估。史略上起620年，下至1985年，纵跨1365年，但仅有2.4万字，可见勾勒脉络是以明了为准。也许有人会说，《启东市志》明明标的是“1986—2005”，如果部分突破，岂不是自乱体例？事实并非如此。1981年，中共中央做了一个重大决议，即《关于建国以来党的若干历史问题的决议》。上限是1949年，下限是1981年，跨度32年。但《决议》之首专设一个问题，即“建国以前二十八年的回顾”，这是对断限作出的一大突破。仔细体会，增加“回顾”与缺失此项是大不一样的，增加则自然、贯通、完整，缺失则失联、突兀、不完整。坚持辩证统一，事物才能达至善美。在断限问题上，《决议》与志书是相通的。时空有定规，特例亦相随，在这方面，可以说《决议》创制了典范，值得我们很好学习。专文包括3篇文章，即《张謇在吕四场及外沙沿海开发史料》《吕四港：上海北翼第一海港》《桥港新时代美好新启东——写在崇启大桥建成通车之际》，也都颇具保存价值。补录的14个人物，补得有理有据有益，1人为“初唐四杰”之一，4人为“节用为民”、体恤民情、为官清正的旧时官吏，1人为贡献突出的军事将领，余为烈士、劳模或战斗英雄，皆为值得效仿的楷模。

三、注重学术，汇聚文气

志书的学术性表现之一，是对资料的分析、归纳、提炼、综合、概括。这是“一种高层次的学术研究，体现着修志人员的学术素养。”志书的所有部类，都有一个分析、归纳、提炼、综合、概括的问题，但最能体现作者这方面学术功力的要数志书的三级“述”。就全志而言，《启东市志》着力将学术性融于资料性之中，注重对资料的认真考证、恰当取舍、精心编排。在此基础上，作者对三级“述”的研究和撰写，则花费了更多的精力。卷首《综述》，字达万言，划分5块，述总情、说改革、彰特点、示变化、论得失，思路清晰，勾勒到位，耐人回味。

编、章之述，源于志文但又高于志文，定性为主定量为辅，让轨迹、变化、特点、起伏、因果、联系等，通过分析、归纳、提炼、综合、概括之功，将功效力争发挥到最佳。

以民间艺术家的视角记民间工艺，以版画家的站位记述版画艺术，是《启东市志》注重学术、汇聚文气的又一体现。所见不少志书记文学艺术，多是何地、何类、何人、何作品、参加何展、获何奖项，细究为何获奖、发展演变、艺术特点、地位影响，则空空如也，让内行人看了感到书写不到位，外行人看了也觉得缺少新见识。而看了《启东市志》民间艺术和版画部分，则给人以耳目一新的感觉。民间工艺中的蓝印花布，计5个自然段798字，反映的信息多是专业方面的，有蓝印花布的源流、兴衰起伏、工艺、艺术风格、规模、品种范围、使用欣赏价值等，读罢犹如上了一堂蓝印花布的艺术课。微书微雕工艺，24行528字，用330字也就是2/3的篇幅，着重介绍微书微雕代表人物朱今更作品的质地材料和艺术特点。有此细腻准确的铺垫，然后说其何时何作品获何奖项和证书，就不至于让人感到玄虚缥缈了，反而对作者会更加肃然起敬，对其作品会感到惊叹不已。对启东版画、木刻风俗画、烙烫葫芦画、布袋木偶、布刻、章震贺卡，记述效果都是脉络清晰、信息丰富、专业在行、细腻庄雅，百读不厌，堪称佳作。

做好“双语”标示和注释工作，也是学术规范的应有之义。《启东市志》自然动植物中文与拉丁文的标示，据悉特请南京大学动植物系的专家为之，因此更为科学、准确和规范。书中注释主要采取页下注和表下注的形式，全部注释有234条，以简称注释居多，少数为背景交代注、专用术语注、特殊符号注。方志要进入学术殿堂，没有这种执着的精神是不行的。

毋庸讳言，在志书是否加注的问题上，志界是存有争议的。胡乔木讲：“过去修志是一些很有学问的人去做的，它本身是一项学术性的工作。”李铁映也强调：21世纪修志一定要“把志书的质量和学术品位提高到一个新水平”。中指组颁发的《地方志书质量规定》明确：“注释符合学术规范，便于查找原文。注释形式全书统一。引文和重要资料要注明出处。”但在研讨乃至实践中，“一般不注明出处”还比较盛行。但这并不意味着就代表事物发展的方向，早晚它是要被改变的。

四、强化服务，方便阅读

一是确权明责。《启东市志》卷末载有《承编单位、撰稿人及编纂人员一览表》，把编章类项、承编单位、供稿时单位负责人、初稿撰稿人、初稿审稿人、初稿责任编辑、分纂人员予以明确，载入史册。这种初期申明、终期兑现的做法，亦即将志稿质量的高低与个人的荣辱挂起钩来，极有利于增强前述人员的质量和服务意识。二是删增结合。过去一些志书主次不分，平分秋色，芜杂臃肿，既是质量不高的体现，也是服务意识淡薄的表征。《启东市志》坚持“突出重点、兼顾一般”的精神，充实前者，压缩后者，在提高质量、强化服务上迈出了坚实的一步。三是总分兼顾。过去一些志人重分疏总，致使志书“见木不见林”，整体性较差。此弊端自然带来阅读上的极大不便，因为人们的阅读习惯往往喜欢先总后分，在总揽全局下由宏致微递进品读。《启东市志》作者意识到这一点，便自觉予以改进完善，主要表现在卷首和编章三级“述”的运用、正文概括与选介及图表的结合上。工业中的发展概况和主要企业节的设置与记述，教育中的事业发展和实体载录等，都蕴含着作者巧妙的处事技巧。将前表附在本文当中，本身就体现着笔者对该做法的嘉许。这些图是作者精心制作而成，在“概全貌”上起到了很好的辅助作用，真正达到了“好读好用”“可读可用”的目的。四是图文并茂。《启东市志》卷首置图136幅，卷中插图787幅，起到了文图照应、活化版面、方便阅读、加深理解的作用。尤其是渔业产品、特色菜点、启东版画、文物胜迹几部分，着意加大图片比例，优化特色选项，形成浓烈的视觉效果。单说版画代表作品图片，行外人看了也感到题材广泛、构思巧妙、刀功娴熟、层次分明、表现力强，观之如临现场亲眼所见，吸引目光，不忍挪步。五是首尾照应。为方便多方面读者的需要，卷首安排了中英文两种版本的目录，卷末设置有主题词索引。

二轮《启东市志》有关部类综合图统计表

序号	部　类	图　名
1	建置区划	长江口主要沙洲分布示意图
2	人口	1990年、2000年6岁及以上人口受教育程度构成示意图
3	自然环境	启海平原成陆演变示意图
4		1990年启东水系现状图
5		清代江口以北岸线变迁示意图
6	城乡建设	启东城区变化图
7		2005年启东市电网地理接线图
8	交通邮电信息化	1986年启东县公路图
9		2005年启东市公路图
10		1986年启东县航道图
11		2004年启东市航道图
12	海洋与渔业	吕四渔场图
13	电动工具业	2005年天汾电动工具国内市场销售网络图
14		2005年天汾电动工具国际市场销售网络图
15	教育	2005年启东市中小学学校布点示意图
16	文化体育	启东市革命纪念地地址图
17	社会生活	方言区域图
18	地名	启东县境主要沙洲分布示意图（清代以前）
19		1992年启东集镇分布图

如同其他志书一样，《启东市志》也还存在某些不足，但瑕不掩瑜，其与笔者接触研读的全国一批二轮志书相比，仍为新志园地的一朵奇葩，值得学习。

（原文刊载于《江苏地方志》2016年第1期）

如皋县志

如皋市地方志编纂委员会编。1980年2月启动编纂，1995年6月由香港新亚洲出版社有限公司出版。主编李实秋，副主编蔡春明、邵元礼，编辑马向红、王辉、石明志、张正余、张奎高、吴凤山、沙海斌、周鸿图、钱正岗、黄凯、谢建奇。

全书1册，120万字，图片93幅（集于志首），表格135张。记述范围为1990年如皋县行政区域，因历史上的如皋县管辖范围较广，为反映当时全貌，涉及全县概况、重大事件等，一律以当时管辖范围载入志书。划县以后，不再载入。记述上限因事而异，量事追溯，下限一般至1990年，大事记延至1991年6月1日如皋撤县设市之时。志首设序、凡例、总述、大事记，志末设后记。述、记、志、传、图、表、录诸体并用，以志为主。全志设22卷：建置区划、地理环境、居民、城乡建设、农林牧渔业、水利、工业、交通・邮电、商业、财税・金融、经济管理、党派社团、政权・政协、民政・治安・司法、劳动人事、军事、教育、科技・卫生、文化・体育、方言、人物、文献。

《如皋县志》目录

为体现地方特色，志书农林牧渔业卷记述苗木产业规模和如派盆景发展历程，独具风采。如皋建筑“铁军”全国闻名，城乡建设卷设建筑施工节，记述建筑队伍、建筑劳务市场、设计施工等内容。加大教育卷的篇幅，体现如皋“教育之乡”特色。在全面记述基础上，志书侧重体现改革开放后如皋工农业生产发展状况。工业卷设纺织业、电子化学工业、缝纫业、工艺美术品制造业、名优产品等内容，记述如皋工业特色产业和支柱产业及名特优产品。交通・邮电卷对如皋204国道（通榆公路）、宁通一级公路（江平公路）、如皋机场等立体大交通体系做详细记载。

（王小星）

【后记（节选）】

如皋修志，始于明代天顺年间，历经明、清、民国，共11次修志。其中明代、清代各5部，民国1部。民国《如皋县志》下限断至清代末年。

本届修志机构，始设于1980年3月，初名如皋县续编县志领导组，下设办公室。次年改名县编史修志委员会，下设办公室。1986年定名县地方志编纂委员会，下设办公室。前期工作主要是广征博采资料，先后由县人民政府发布《征集县志资料布告》、县地方志编纂委员会印发《告皋邑旅居海内外同胞书》，同时发动县直66个部门、单位和18个乡镇成立修志机构，未成立机构的单位和乡镇也明确专人负责，共有360多人参加此项工作。累计征集旧县志7部（明代2部，清代4部，民国1部），345.2万字；档案资料2262件，1016万字；回忆录1163件，375万字；报刊资料5324件，633万字；各部门、乡镇完成专业志30部、乡镇志6部，3600万字。总计征集资料8855件，5969.2万字。本办先后编印《如皋史志资料选辑》12辑。县（市）政协文史委员会为配合修志，编印《如皋文史》7辑。各部门已公开出版的有《劳动志》，内部铅印发行的有《教育志》《交通志》《中草药志》《土壤志》等。市档案馆更是鼎力相助，为征集县志资料作出了巨大的贡献。

1987年10月，开始总纂，参加编写的12人，每人承担2~3卷。第一稿用10个月时间完成，分26卷、97章，计112万字，共打印150份，分送省、市县修志领导机关审阅。同时送各有关部门和乡镇征求意见。省、市分别组织专家、学者于南京、南通召开座谈会，对《如皋县志》一稿进行了审议。县地方志编纂委员会成员分卷负责审稿，同时由全体顾问集体逐卷通过，并邀请有关部门参加，从1989年11月1日开始至1990年1月5日结束，历时两个月，集中讨论38次，提出修改意见1303条。另随志稿发出的县志审定书400多份，收回369份，收到修改意见5381条，在广泛听取意见的基础上，组织全体编辑人员修改，历时1年，至1990年11月修改结束，分27卷、126章，总字数压缩为104万字，打印55部，分送省、市、县领导和专家。经省、市安排，于1991年1月，组织专家、学者14人来如皋进行评审，历时3天，提出修改意见2000多条。修改过程中，喜逢国务院批准如皋撤县设市，经报请市委、市政府批准，下限由1987年延至1990年撤县设市时止。经过2年奋战，终于在撤县设市2周年之际搁笔。

如皋市志

如皋市地方志编纂委员会编。2006年10月启动编纂，2017年1月由方志出版社出版。总纂褚建华，副总纂李亚平、徐亚军、张小波，编辑邱贵平、侯晖、姜小燕、顾健、黄亮。

全书2册，308.2万字，图片972幅（志首393幅、随文579幅），表格311张。记述范围为2010年如皋市行政区域，与周边县（市）管辖范围调整时期的相关情况亦以现行政区域为主体记载。遵循时空一致性原则，建置区划、全县概况、重大事件等按不同时期的管辖范围，依实记载；划出地区划出后的情况，不再载入。该志为重修，记述上限力求追溯事物发端，下限2010年。志首设序言、凡例、总述、大事记、专记，志末设索引、编纂始末。全志设24卷：建置区划与自然环境、人口与世界长寿乡、城乡建设、水利·交通·邮电·供电、土地管理·环境保护、经济总情·经济综合管理、开放开发、农业与花木盆景、工业·建筑业·房地产业、商贸服务与旅游业、财政·税务·金融、党派社团、权力机构·行政机构·参政议政机构、政法、军事、教育·科技、卫生·体育、文化·史志·档案、劳动人事·民政·信访、居民生活与精神文明建设、方言、建制镇、人物、文献。

如皋位于长江三角洲地区，由泥沙淤积成陆，志书在建置区划与自然环境卷自然环境章详细介绍如皋首次、二次成陆过程，以及江岸与滩涂变迁历史。如皋有1600年建县史，建置章重点介绍如皋置县、省入、复置县、析县的历史，并附如皋地名考释、如皋设县前隶属沿革考等。志书专设人口与世界长寿乡卷、农业与花木盆景卷，体现如皋“世界长寿之乡”“中国花木之乡”的地域特色。其中，世界长寿乡章设长寿现象及长寿遗痕、长寿乡认定、敬老·惠老、老年文体活动、长寿研究5节，对如皋长寿现象进行系统的概括、总结；花木盆景之乡章设花木、如派盆景、花木之乡认定、花事活动、花木栽培和销售5节，内容丰富、特色鲜明。志首彩页“江苏历史文化

《如皋市志》目录

名城”栏对如皋文化遗迹予以展示，包括古建筑、非物质文化遗产、书画作品等，充分体现如皋历史悠久和深厚的文化。志书设开放开发卷，突出如皋开放开发的显著成果，重点介绍如皋港国家一类开放口岸、如皋经济开发区、如皋软件园等起步及发展历程。重视精神文明建设，将其与居民生活合设为篇，并设精神文明建设章记述群众性文明创建活动、公民思想道德建设、爱心城市建设等举措与成效。为拓展记述内容，志书前置专记，收录2篇记述如皋重大事件的文章。《江海军旗红》记述江苏唯一中央序列红军——中国工农红军第十四军从建军到失败的历程，体现如皋作为苏中红色革命老区的历史地位。《敢叫高沙变良田》记载如皋人民在社会主义建设中，历时50年开展百万亩高沙土改造、建设的事迹。全书各篇有关章节附录如皋地理成因、如皋长寿现象探源、城区部分填废河道等专文或史料数十则。志书专设文献篇收录碑铭文赋、诗词楹联、旧志序选等内容，异于其他多数志书作为全书附录的设置形式。

（王小星）

【编纂始末（节选）】

《如皋市志》启动编修至定稿付梓历时近10年，经历方案确定、资料征集、分纂、总纂、“三审”（初审、复审、终审）、验收、审核备案、出版等阶段。

2006年10月22日，《如皋市志》编纂委员会建立并设立办公室。至年底，《如皋市志》编纂委员会办公室先后聘请4位退休老同志具体负责编写工作。2007年3月，《如皋市志》编纂工作方案形成。鉴于中华人民共和国成立后第一轮修志形成的《如皋县志》因故被封存，编纂委员会决定《如皋市志》为通志，上限追溯至事物发端，下限根据中国地方志指导小组统一部署截至2005年末。4月7日，市委、市政府召开全市地方志工作会议，正式启动《如皋市志》编修工作。

2007年8月，《如皋市志编目（初稿）》形成。9月13—15日，市志编委会办公室举办修志业务培训班，印发《如皋市志资料长篇承编任务分解》，以第一轮所修《如皋县志》为基础，以“节”“目”为资料征集基本单元，落实市志资料长篇承编任务，明确编写体例与时间要求，《如皋市志》资料征集工作全面启动。此后，各部门、乡镇和相关单位根据编纂委员会分工和要求，将市志资料征集、资料长篇编写与部门、乡镇志修编结合起来，建立编写小组，抓紧资料搜集整理；市志编委会办公室人员分赴各部门、乡镇进行具有针对性的指导，并编发《市志编修简报》，先后7次公布资料长篇完成进度，同时根据市志纲目同步搜集查阅旧志、档案、年鉴、报刊、书籍、族谱等获取基础资料。至2008年11月，市志编委会办公室共搜集市志基础文字资料近3000万字，承编单位提供资料长篇91篇，约占承编单位总数的70%。

2008年年底，具体负责市志编写工作的老同志各选择1个编目进行试分纂，市志编修进入分纂阶段。

2011年4月，《如皋市志总纂篇目》通过南通市地方志办公室论证。

2012年初，经市委、市政府和南通市地方志办公室同意，《如皋市志》下限从2005年末延至2010年末。此后，市志资料补充征集、总纂编目调整和分纂工作结合进行。

2012年8月，《如皋市志》总纂合成。2013

年8月，由市长任组长的市志编修推进协调组建立。9月，近500万字的总纂初稿形成。9—11月，市志编委会办公室邀请有关专家，部门、行业老干部，地方历史研究专业人士参与市志初稿审读把关。12月30日，市志编委会召开《如皋市志》（初稿）复审会。

2014年初，市委、市人大、市政府、市政协分管领导综合复审中专家、顾问的意见，决定全面调整市志编目，并对志稿完善提出明确意见。市志编委会办公室重组总纂组，补充征集相关资料，并面向社会广泛征集彩页和随文图片。2015年3月，市志编委会办公室再次重组总纂组，围绕“详今明古，统合古今；详独略同，彰显特色；事以类从，力避重复；多考强审，求真存实；精编细校，务求规范”的要求，进一步修改完善志稿。11月，《如皋市志》终审稿形成并提交终审。同时，约请省地方志办公室专家评点修改，约请市统计、民宗、保密等部门专业人士对数据、相关文字内容等审核把关。

2016年3月29日，志稿通过南通市地方志办公室组织的终审。4月起，市志编委会办公室认真梳理、吸收终审中提出的11类209条意见，共采纳相关意见198条。8月，《如皋市志》终审验收稿形成。10月，志稿通过南通市地方志办终审验收，并送出版社审阅。12月，志稿通过江苏省地方志办审核备案，市政府批准《如皋市志》出版发行。

海门县志

海门市地方志编纂委员会编。1981年4月启动编纂，1996年1月由江苏科学技术出版社出版。主编俞茂林，副主编施裕岩、施有勇、周洪斌。编辑邱健、季耀祥、陈鼎元、周洪斌、施有勇、施裕岩、俞茂林、保建中、顾良生、徐东潮、黄耀进、徐铁生、王凤生、陈一工、张一平、张乃兵（甲）、张乃兵（乙）、徐彦伦、梁玉宏、薛汉昌。

全书1册，162万字，图片149幅（志首116幅、随文33幅），表格230张。记述范围为1990年海门县行政区域，对历史上隶属海门的地区适当旁及。记述上限力求追溯事件发端，下限1990年；人物记述、文献辑录延至1993年；大事记延至1994年6月27日海门撤县设市；照片延至1995年8月。述、记、志、传、图、表、录诸体并用，以志为主。志首设序、凡例、综述、大事记，志末设县志编纂始末。全志设40卷：建置、乡镇场、自然环境、人口、围垦治坍、国民经济综合、农业、林牧副渔、水利、工业、乡镇工业、城乡建设、建筑业、交通运输、邮政电信、能源利用、商业、粮油经营、财政税务、金融保险、经济综合管理、党派社团、政权政协、公安司法、军事、民政、外事外经侨务港澳台事务、职工干部管理、教育、科学技术、文化艺术、卫生、体育、报纸广播电视、人民生活、风俗、方言、宗教、人物、文献辑录。

《海门县志》目录

海门濒海沿江，有“江海门户”之称，为体现地方特色，该志在自然环境中重点记述海门成陆、水文等情况；设围垦治坍卷，记述海门江滩、海涂、垦殖和治理江堤、海岸塌陷情况。林牧副渔卷重点记述畜牧业、副业、渔业发展情况，记载海门山羊、香芋、文蛤等土特产品。设建筑业卷，记述海门建筑队伍、设计勘探、施工管理等情况。为体现时代特征，增设国民经济综合卷，从经济综合管理卷中析出，记述经济计划、经济发展、经济结构等宏观经济情况；将农业卷中的经营管理改为经营水平，以反映海门农业生产的整体发展。人物卷增记在外地的海门籍各界部分人士，以展示海门的人杰地灵。文献辑录卷收录布告与规定、碑文、旧志序选、文记等。建置卷中所附《通东地区1949年之前的行政区划》，乡镇场卷所附《废集镇》，围垦治坍卷所附《沙案》，农业卷所附《三益区的土地分配》，林牧副渔卷所附《捕猎黄鼬》，交通运输卷所附《铁路》，商业卷所附《名菜·名点·特产》，金融保险卷所附《银楼·金店》，人民生活卷所附《中兴村农民生活状况调查》《三南村农民生活状况调查》《建新村农民生活状况调查》等，虽为附属，实则重要，丰富志书内容，增强资料性。

1997年，该志获江苏省地方志奖优秀奖。

（张　静）

【编纂始末（节选）】

1981年4月，中共海门县委、县人民政府根据国务院及上级有关部门指示精神，作出关于编修海门县志的决定，随即建立海门县编史修志委员会及其办公室，至今已14个年头。其间，大体经历这样几个阶段。

一是建立班子，组织发动。1981年5月，抽调人员组建办公室，制订《海门县志》纲目、凡例和工作计划，召开县级机关各部门有关负责人会议，进行动员和业务培训，参加者150余人。随后，县级机关绝大多数部门建立相应的领导小组，由各部门负责同志挂帅，抽调人员，明确任务，展开工作。全县形成党委领导、政府主持修志的格局。1986年11月，海门县第九届人大常委会第22次会议，对《海门县志》的编纂工作报告进行专题审议，并作出《关于编纂海门县志的决议》，这对促进本志编纂，起到重要的法定保障作用。10余年间，县志编纂委员会成员做过5次调整，县志办公室人员调动不下30余人次。县级各部门及各乡镇先后参与修志的人员约300余人，可谓“众手成志”。

二是广泛征集资料，不断优化志稿体例。资料征集是修志的基础工作。首先通过各种渠道和方式进行广征博采，有计划、有步骤地抓好资料征集工作，广泛发掘包括县、市、省、国家四级档案资料。先后组织10多批100多人次，前往南通、扬州、镇江、南京、上海等地档案馆、图书馆，收集海门县志所需的材料。但最基本的资料主要由农水、交通、邮电、供销、财政、税务、教育、文化、科技、卫生等县属有关部门提供。海门地方党史资料和县政协文史资料，也是重要的资料来源。此外，尚有通过知情者提供的资料，先后派人走访300余人次，收集到大量难得的口碑和实物资料。另外，还通过启东市、南通县等邻近县市，抄录有关今属海门县境的资料。这样，先后约计收集资料1500余件，字数在3000万以上。然后根据编纂要求，分门别类，分为主体资料、背景资料、考证资料，尽可能地使县志资料全面、系统、真实、准确。为了达到这一要求，还不断进行核实订正补充，资料的收集工作，贯穿于县志编纂的全过程。

在收集资料的同时，对县志纲目，先后作过5次修改调整。1982年7月，初订纲目为8编52章，上限1912年，下限1982年；1986年12月，学习外地经验，对纲目作了重大调整，改为条目式，有综述、大事记及主体部分共37篇，上限至建县或事件发端，下限至1985年，形成《海门县志》的框架雏形。条目式的编纂比较自由，以一类一事记载为主体，篇目放得开，记事收得拢；好像字典一样，一翻目录，即可找到你所需的内容，便于查找利用；条目式的缺点从总体上讲比较松散。为弥补这个缺陷，在卷首设综述、大事记，每卷均有无题概述，以达到统摄全局的目的。1988年，根据省地方志工作会议精神，第三次修改纲目，下限延伸至1988年。1992年12月，为尽可能全面反映海门县情，吸取外县经验，并征询省、市地方志办公室领导和专家意见，第四次修改纲目，成为送审稿的纲目，下限至1990年，人物、大事记则延伸至1992年。1993年11月，根据县志评审会的意见，第五次修改纲目，人物、文献辑录卷延至1993年底，大事记延至1994年6月27日撤县设市，县志照片截至1995年8月。县志下限的一再延长，可以较充分地反映改革开放10多年来所取得的发展变化，诸如展示农村家庭联产承包责任制、工业体制改革、财税体制改革、人事劳动制度改革等。在设置卷目时，将围垦治坍、乡镇工业、建筑业、外事侨务等方面升格立卷；在内容上，尽量压缩共性，增加个性，充分反映地方特色；背景材料简洁明了，起衬托主体内容的作用。

注意吸收方志界研究的新成果，增设国民经济综合卷，把它从经济综合管理卷中抽出来；将农业卷中的经营管理改为经营水平，以反映海门农业生产的整体水平；在人物卷中，增记在外地的海门籍各界部分人士，以展示海门人杰地灵及对中华民族作出的贡献；对往往容易忽略的统计、土地、地名管理等内容，均作较为详细的记载；在各部类内容的布局上，既重视经济部类的记述，并占有较大的篇幅，同时也不减轻对政治部类记载的分量，尽可能做到比例适当，尊重历史。

三是部门负责，分纂初稿。1986年后，在广泛征集资料的基础上，进入县志各专业卷的分纂阶段，县各部门根据县志纲目、凡例，提供丰富、翔实的资料，交县地方志办公室编辑成稿。这一工作虽然开始就定任务、定质量、定时限，但发展极不平衡。为此对进展慢的单位，采取上门发动，具体指导，帮助解决问题，使这些单位的领导重视，达到后者居上。

四是全力以赴，总纂成稿。1992年10月，县志进入全面总纂阶段。为此，制订总纂工作实施方案，明确指导思想，全体编纂人员深刻领会县志纲目、凡例及行文通则，共同把好质量关，并进行总纂的具体分工，明确任务，经过一年时间的奋战，终于完成138.5万字的送审稿。

五是逐级审稿，把好质量关。送审稿经过有关主管部门负责同志审阅并签名盖章。在召开审稿会前，把送审稿送交县委、县人大、县政府、县政协四套班子负责同志分别审阅，他们都认真审阅并提出许多宝贵的意见。1993年11月，召开由省、市地方志办公室领导和专家参加的《海门县志》评审会，会上提出修改补充意见1000多条。此后，又请原四套班子中离退休老同志对县志稿提出修改意见，对上述意见进行综合梳理，消化吸收，又经过一年的最后修改，送南通市、江苏省地方志办公室验收，在验收的同时，将志稿再次交各有关部门作史实上的订正修改，最后交付出版。

海门市志

海门市地方志编纂委员会办公室编。

2006年12月启动编纂，2014年12月由方志出版社出版。主编张凤斌，副主编张静。编辑李元冲、李文标、陈平、范本模、俞茂林、施裕岩、徐东潮、徐思善、高广丰、梁启余。

全书2册，370.8万字，图片476幅（志首176幅、随文300幅），表格380张。记述范围为2008年海门市行政区域，为保持事物的完整性，发生在市外与海门市有关联的事物亦予适当记述。该志以《海门县志》（1996年版）为基础进行重修，是江苏省第二轮修志为数不多的重修志书。记述上限力求追溯事物发端，下限2008年。大事记、人物延至2010年，志首图片延至2014年6月。述、记、志、传、图、表、录诸体并用，以志为主。志首设序、凡例、综述、大事记，志末设索引、后记。全志设38篇：建置·区划、自然环境、人口、环境保护、城乡建设、水利、经济总貌、开放开发、经济体制改革、农业、工业、叠石桥家纺业、建筑业、商贸服务业、交通运输、邮电·信息化建设、金融业、财政·税务、经济综合管理、党派社团、政权·政协、军事、政法、民政、人事·劳动、教育、科学技术、文化、卫生、体育、精神文明建设、人民生活、风俗·宗教、方言、人物、著作·诗文、镇乡场、丛录。

为体现地方特色，该志将海门全国闻名的家纺业、建筑业单独立篇。设叠石桥家纺业篇，记述家纺业生产、销售、技术创新、市场建设等情况；设建筑业篇，记述建筑队伍、建筑企业、建筑工程、建筑市场、建筑管理等方面。将海门民歌、海门山羊在相应篇章作升格处理。为体现时代特征，该志设经济体制改革篇、开放开发篇、精神文明建设篇，以及劳动和社会保障章、小康建设章，较好地展现社会主义新时期的时代风貌。党派社团篇、政权·政协篇分别记述党委重要决策、政府施政纪要等，反映在党的领导下，各个历史时期政府工作的重点内容，既是历史记录，也是观照未来的资政文献。著作·诗文篇设著作目录章、诗文选萃章，收录明清至该志下限期间海门籍人士的著作目录600余部，展现海门的深厚文化底蕴。风俗·宗教篇风俗章，新增民性节，对海门居民特有的民风与习性进行阐述总结。方言篇专门记述海门通行的2种方言的语音、词汇、语法举要等，设置新词语节。和正文紧密相关的重要资料以附的形式随文而出。丛录篇设重要文献、列宁文献摘录、志书序选、碑记4章，资料类型多样。

2018年，该志被评为江苏省地方志书优秀成果综合优秀一等和篇目设计、内容记述、特色创新3个单项优秀。

（张　静）

【后记（节选）】

2006年12月，《海门市志》编修工作正式启动，经修志人员八年不懈努力，于2015年3月付梓面世。《海门市志》上限为事物发端，下限为2008年12月31日，是一部贯通古今、全面系统记述海门行政区域自然、政治、经济、文化和社会的历史与现状的地方文献。海门自明嘉靖年间邑人崔桐主修《海门县志》始，至民国时期编纂成书的《海门县志》，前后有8部。1996年1月，《海门县志》正式出版，为新中国成立后海门第一部由政府组织、编纂的地方志书，体例结构合理、内容全面系统、资料翔实可靠、文字流畅精练，曾获江苏省地方志工作成果三等奖。为使《海门市志》更加彰显新中国成立后海门经济社会的历史性巨变，全面反映城乡面貌日新月异的变化，系统记述海门人民生活水平不断提高的状况；并使市志更具资料的系统性、可读性和实用性，经与省、南通市修志专家多次论证后，市委、市政府决定将《海门市志》作为通志编纂。2006年5月，南通市第四次地方志工作会议后，市地方志办公室认真传达贯彻会议精神，组织学习国务院《地方志工作条例》，明确二轮修志的目标任务；制定《海门市志》编纂工作实施方案，拟订凡例，草拟市志篇目讨论稿，编写《市志编纂指南》；聘请身体好，有一定文字功底和社会阅历，热心地方志工作的9名责任编辑，与市志办两名在职人员组成《海门市志》编辑部，为《海门市志》编纂工作启动作好准备。10月，市委办公室、市政府办公室印发组织开展《海门市志》编纂工作通知，明确指导思想、目标任务、基本要求、质量标准和工作步骤，并明确了主编人员。12月6日，市委、市政府召开编修《海门市志》动员大会，全面部署市志编修工作。12月15日，市志办举办《海门市志》编修业务培训班，各乡镇、市属各部门、单位近200名修志人员参加。培训结束后，全市各承编单位共组建120多个修志工作领导小组，选配380多名修志人员，并确定审稿人员。

《海门市志》编纂工作大体经历五个阶段：

资料收集和初稿编写。这一阶段历时两年多。一是制定篇目大纲。通过召开有关人员座谈会，到承编单位征求意见，吸取兄弟县（市）纲目编写经验等途径，拓宽工作思路，并经反复推敲论证，确定初稿编写大纲。二是运用多种形式组织业务培训。邀请省、南通市及海门市的修志专家授课，市志编辑部分行业、乡镇，对撰稿人员实施专题培训，编辑人员带着问题同撰稿人员面对面解疑释惑。市志编辑部还确定审计局、交通局、货隆镇、包场镇为初稿撰写先行单位，并将多次修改后的志稿印发全市各承编单位作为样稿，较好地解决了初稿撰写开头难问题，撰稿人员业务水平得到明显提高。三是广泛收集资料。各承编单位按照市志编写大纲，从市委市政府历年重要会议重要活动、《海门县志》《海门年鉴》、部门志、乡镇志、口述资料及大量档案资料、报刊资料中收集相关内容，通过去粗取精、去伪存真，形成1000多万字的资料长编，并在此基础上编成近400万字的市志初稿。

分纂。这一阶段历时近两年。首先，编辑部制定分纂规则，组织编纂人员认真研读，使大家熟练掌握编纂要领。其次，编纂人员每人试编一章内容，由编辑部集体评稿，总结试编工作经验，寻找不足和需要着重解决的问题，为全面推进分志编纂开好头、起好步。第三，市志办聘请参与首轮县志编修的俞茂林、施裕岩两位原主任为修志顾问，对分纂的志稿进行审读，提出修改意见。在分纂过程中，资料补充和纲目修改贯穿始终，使资料更加翔实，纲目更趋成熟。

总纂。这一阶段历时一年多。由主编、副主编、顾问4人，组成总纂工作班子，并由主编实施志稿总纂。总纂工作中，对一些重点、难点篇章与编辑人员反复沟通，进行加工；对体例文风进行调整和规范，力求全志整体统一；对各篇内容交叉事项进行妥善处理，避免内容出现重复；对语句进行润色，加强文字锤炼，使志稿总体达到送审要求。

内审和初审。这一阶段历时近一年。2012年3—10月，在编辑部内部认真开展志稿审读工作，9名编辑人员在规定时间内同时审读同一篇志稿，然后集中进行评议、修改，每篇志稿一一过堂，较好地解决了总纂过程中的疏漏问题。2013年初，将志稿反馈各承编单位进行初审，征求意见，在广泛吸收初审意见基础上，形成复审稿。

复审、修改、定稿。这一阶段历时一年多。请市领导、编委会成员及担任过海门党政主要领导职务的老同志审阅志稿，把好政治和重大史实关；请省、南通市修志专家审读志稿，把好篇目、体例、文风关；请市统计局工作人员核对数据，把好数据关。同时，经过编辑人员修改，形成终审稿。2014年3月，南通市地方志办公室召开《海门市志》评审会，对志稿进行评审，提出许多修改意见和建议。围绕评审会的要求，编辑人员认真梳理，对志稿进一步加工修改后，经省、南通市地方志工作主管部门和市政府批准，交方志出版社出版。全志共38篇，另设综述、大事记，总规模370.8万字。

《南通市经济技术开发区志》目录

《海门市志》的编纂工作，始终在市委、市政府的正确领导下进行。2006年12月，市委、市政府召开全市地方志工作会议，全面总结首轮修志工作经验，明确二轮修志工作的目标任务和总体要求，强调修志工作必须做到领导到位、机构到位、经费到位、队伍到位、条件到位等措施，并确定将二轮修志纳入全市国民经济和社会发展第十一个五年规划纲要中，将修志工作经费列入市年度财政预算。2007年9月，市委书记曹斌在一份报告批示中指出“编修史志，是利在当代、功在千秋，功德无量的工程”，极大地激发了全体修志人员的工作热情。2007年10月，市政府召开市长办公会议，确定将《海门市志》的编修下限由2005年12月31日延至2008年12月31日，使改革开放30年海门经济社会历史性巨变完整地记入市志。2008年12月，市委、市政府再次召开《海门市志》编修工作会议，深入贯彻落实国务院《地方志工作条例》和省地方志工作会议精神，回顾总结《海门市志》启动以来的编修工作情况，部署后一阶段全市修志工作，促进全市上下认识再统一，工作再提速，措施再加码，确保高质量完成修志任务，进一步推动了全市修志工作再上新台阶。市委、市政府曾两次调整地方志编纂委员会组成人员，先后由市委副书记、代市长姜龙，市委副书记、市长杨曹明任编委会主任，为协调市志编修工作提供了强有力组织保证。市委办公室、市政府办公室，在初稿撰写、志稿初审等阶段多次印发通知，通报修志情况，提出工作要求，全力推进修志工作。市政府分管地方志工作的领导到编辑部了解情况，帮助解决工作经费、办公用房等具体问题，确保修志工作的正常进行。

附：

南通市经济技术开发区志

南通市经济技术开发区地方志编纂委员会编。2006年4月启动编纂，2014年12月由方志出版社出版。主编陈德新、屈宝贤，执行主编羌强。

全书2册，另附题词与照片汇编，图照89幅，表格328张。记述范围为2005年开发区所辖区域，上限追溯源头，下限2005年，大事记、地图分别延至2010年、2014年。述、记、志、传、图、表、录诸体并用，以志为主。志首设序、凡例、综述、大事记、特载，志末设专记、附录和编后记。全志设11篇：区域概况、基础设施、招商引资、经济发展、科学技术、重点企业、社会事业、政法工作、管理服务、镇场街道、人物。

全志以综述为总纲，全面记述南通开发区从1984年建区至2005年共20余年发展的历程、业绩和经验。志首的特载，选取“顾秀莲与南通开发区”的文章，回忆顾秀莲在担任江苏省长、化工部部长时为南通开发区设立和发展所作的贡献。为体现特色，志书设招商引资篇，将招商理念、招商组织、招商政策、招商推介、招商形式、招商服务、招商成果等详细记述，体现了开发区对招商的重视。同时设重点企业篇，介绍园区内的直属企业、外商及港澳台投资企业、内资企业、钢丝绳企业等。在人物篇中，对开发区的历任领导，开发区机关各部门，经济开发区总公司、江苏炜赋集团，镇、场、街道及驻区单位的负责人，历届市以上党代会、人代会的代表，政协委员，市级以上劳动模范等，均用表格形式记述。其中开发区机关各部门，总公司、炜赋集团，镇、场、街道及驻区单位的负责人，只记到副职。革命英烈以简介形式记述。为增加下限至出版时的资料，特设2个专记，记述2006—2010年全区经济和社会发展概况、2006—2010年为民办实事工程。附录收录有关历史文献和开发区历任主要领导的回忆文章，增加记述深度。

（卢建汶）

【编后记（节选）】

《南通市经济技术开发区志》（简称《区志》），由南通市经济技术开发区地方志编纂委员会编纂，南通市地方志编纂委员会办公室评审验收。

按照国务院统一部署，2005年在全国范围内，各级政府启动了二轮修志工作。2006年，中共南通市委、南通市政府决定在全市范围内开展第二轮地方志编纂工作，市委办公室、市政府办公室发出了《关于做好第二轮地方志编纂工作的通知》。

2006年4月30日，南通开发区党工委、管委会决定启动南通开发区地方志编纂工作，建立南通市经济技术开发区地方志编纂委员会（简称“编委会”）。党工委书记、管委会主任陈德新同志任编委会主任，党工委、管委会领导曹震、李俊、严宪、范新泉、董克新、周健、陈强、丁秉华、陈佩芝、范志强、何哲明同志任编委会副主任，党工委、管委会机关各部门，总公司，各镇、场、街道及各驻区单位主要负责人任编委会成员，李晓斌同志任编委会办公室（简称"区志办”）主任。5月8日，党工委、管委会召开区志编纂工作动员大会，党工委、管委会全体领导出席，全区53个部门（单位）主要负责人作为区志参编部门（单位）责任人参加。党工委书记、管委会主任、编委会主任陈德新同志主持大会并讲话，党工委委员、管委会副主任，编委会副主任董克新同志作动员报告，会议阐明编纂区志的重要意义，并对编纂工作提出四项要求：一要提高主动性，二要树立责任心，三要具有紧迫感，四要发挥攻坚力，确保尽早编纂出版经得起历史检验的南通开发区第一部志书。

编委会成立后，迅速展开了区志编纂工作。2006年5月上旬，经党工委、管委会主要领导同意，管委会调研员、党工委原副书记、管委会原常务副主任、编委会副主任何哲明同志筹划。区志办组建了以市政府原副秘书长、市政府办公室原主任管长江同志为牵头人的区志编纂工作班子。5月下旬，区志办经反复讨论修改，拟就了《区志》篇目。5月30日，对六十多名区志编纂联络员（撰稿人）集中进行了业务培训。2007年3月30日，又对经贸、规划、建设、招商等区志资料撰稿工作量大的部门联络员（撰稿人）再次集中培训。此外，还下基层个别辅导二百余次。百余名区志资料撰稿人、审核人绝大多数是开发区建设事业的创业者、亲历者，现又成了开发区发展史的记录者。

区志办根据实际情况，将编纂工作分项穿插进行。2006年7月~2007年2月，在征集资料、业务辅导的同时，区志办查阅了二千余册档案资料，完成了26万字的《南通市经济技术开发区大事记汇编》（讨论稿）的编纂工作。2007年4月18日、5月11日，党工委、管委会分别邀请开发区历任主要领导，以及分管领导和办公室负责人座谈，征求他们对大事记汇编（讨论稿）的意见，区志办据此作了补充和修订。2009年1月，区志办根据收集到的大部分区志资料编纂成志书初稿，呈报党工委、管委会主要领导审阅，同时请求党工委、管委会对部分基本上未提供资料的参编部门（单位）进行催办，为此，党工委、管委会将区志编纂工作列入当年机关部门重点工作考核。2009年3月至2010年12月,区志办集中力量对志稿中缺项部分进行补写。

2011年1月，党工委主要领导又请市政府原副秘书长、开发区原党委副书记、管委会原副主任钱中怡同志参加区志编修工作。区志办在对总数一千多万字的初稿进行筛选、编辑之后，形成了基本完整的区志修改稿。第二次报党工委、管委会主要领导及分管领导、办公室负责人审阅。同年4月底，区志办将再次修改形成的区志合成稿报党工委、管委会全体领导审阅，同时将相关内容分送53个参编部门（单位）征求意见，由部门（单位）主要负责人审核后签字、盖章确认。同年底，陈德新同志审阅了合成稿，并提出了具体修改要求。区志办认真汲取各方面意见，逐项逐条地推敲、考证，前后用一年多时间进行了多次系统的修改，于2012年3月完成了《区志》评审稿。

2012 年3月，区志办将《区志》评审稿报送地方志主管部门领导和省、市方志专家审读；同年5月,《区志》评审获得通过，并由市地方志办公室出具了《关于〈南通市经济技术开发区志〉的评审意见》，同意《区志》交付出版。随后，区志办根据评审意见，对全稿平衡疏密，填平补齐，规范体例，并举一反三，查找瑕疵，再次进行了修改。

2013年2月起，根据编委会的要求，区志办增编了“十一五”期间的《大事记》，使全志的《大事记》时间跨度增至27年（1984—2010年）；并增设《专记》，以《概述》简要反映“十一五”期间的成就，收录这5年中全区经济和社会发展的数据及为民办实事工程的相关资料。

2014年5月,《区志》送审样本印出后，区志办多方征求意见。对《区志》有关部分进行了调整、充实、提高。同年9月，志稿送方志出版社,《区志》进入出版、付印阶段。根据出版社“三审”（初审、复审、终审）意见，区志办集中力量再次修改，使《区志》在指导思想、体例结构、记述内容、资料运用、行文风格、编校质量等方面获得肯定的基础上，更趋规范。同年11月底，《区志》定稿。

《区志》是全区上下一心、内外协作、锲而不舍、众手成书的成果：一、区志编纂工作始终是在党工委、管委会领导下进行的，陈德新同志及2011年8月新任开发区党工委书记屈宝贤同志、管委会主任羌强同志总抓，董克新、陈强、李晓斌同志先后分管，多次听取区志办工作汇报，关注编纂工作进程，切实解决了许多实际问题；党工委、管委会领导班子及部分部门负责人任职虽有调整，但对区志编纂工作始终予以关心和支持，体现了开发区在抓经济建设的同时，对精神文明建设、文化建设和历史传承的重视。二、国务院原特区办有关领导审阅了《区志》全稿，并给予充分肯定。三、市政府原副市长袁瑞良同志亲自撰写特载《顾秀莲与南通开发区》，首次正式披露了南通市列入中国第一批进一步对外开放港口城市序列的过程，记述了顾秀莲同志在其中发挥的重要作用，以及对南通开发区的一贯的关心和支持；2009年10月，时任市委书记罗一民同志、市长丁大卫同志认真审阅了这篇文章，十分感佩顾秀莲同志为南通市的进一步对外开放、南通开发区的建立和发展所发挥的关键作用；此文于2009年11月3日在《南通日报》发表，为尚未面世的《区志》提前扩大了影响，彰显了《区志》的历史厚重感。四、曾经先后担任开发区主要领导职务的陈士荣、张振刚、陈华汝、张琛、张小平、顾静珍、宋飞等同志先后审阅了《大事记》及《区志》全稿，并满怀深情地撰写了各自在开发区工作的回忆文章；已经调离开发区的其他领导同志也对区志编纂工作表示关心。五、党工委、管委会办公室将区志编纂工作列为部门的一项重要工作，办公室负责人多次率区志办工作人员赴参编部门督查、推进；区内参编部门（单位）在人少事多、日常工作繁忙的情况下，相关人员加班加点，为区志提供并核对资料；新开镇一位老同志年逾八旬，夜以继日地撰写志稿；市地方志办公室指派专人给予指导；市、区档案部门和区统计部门给予方便和支持。在此，我们谨向所有为区志编纂工作作出贡献的单位和人员表示衷心感谢。

本志编纂过程中，对各参编部门（单位）和七十余家重点企业、高新技术产业企业所提供的资料，区志办根据志书编纂规范，在不影响主要内容完整性和资料真实性的前提下，作了一些删节和技术性的修改。

经济技术开发区是20世纪80年代中期我国改革开放大潮中诞生的新生事物，开发区志是全国二轮修志中出现的新志种。本志在内容上既注意完整性、系统性，横不缺要项，纵不断主线，又把握突出重点、详略得当；在体裁上以志为主，述、记、图、照、表、录兼备。本志以区域概况、基础设施、招商引资、经济发展、科学技术、重点企业、社会事业、政法工作、管理服务、镇场街道、人物各篇横向排列，以《大事记》纵向贯通；以序、凡例、综述、目录缀于前，以专记、附录、编后记殿于后，力求在遵循修志规范、继承修志传统、借鉴兄弟开发区修志经验的基础上，根据实际情况，探索具有南通开发区特色的志书新体例。

本志是南通开发区的第一部地方志，时间跨度大，涉及领域广，涵盖内容多，全书约223万字，工程浩繁，备尝艰辛。由于建区初期档案文献有所缺失，资料不甚完整，区志办收集资料，填补缺项、去伪存真的工作量很大；开发区机关人少事多，日常工作特别是经济建设、招商引资等任务繁重，资料提供时有断炊之虞，因此，涉及机关部门的志稿绝大部分内容由区志办自查档案、自找材料、自行撰写，这方面的工作占用了很多编纂时间。区志编纂人员克服各种困难，肩负“为开发区写史”的使命，遵循“对前人负责、对今人负责、对后人负责”的宗旨，资料收集不厌其烦，历史记述务求真实，志稿合成如琢如磨，用8年时间完成了区志编纂工作。本志编纂人员系非专业人员，编纂史志的业务知识较为缺乏，学识、阅历有限，志书中不妥之处在所难免，祈请专家和读者不吝赐教。

连云港市

1984年,《灌云县志》在连云港市率先开始编纂,1986年,《连云港市志》和其他县志开始编纂。1990年,《海州区志》等区志开始编纂。至2000年,全市共出版和内部刊印市县两级综合志书9部,总字数1334万字。其中,市级志书1部:《连云港市志》;县级志书8部:《赣榆县志》《东海县志》《灌云县志》《灌南县志》《连云区志》《海州区志》《新浦区志》《云台区志》(内部刊印)。《连云港市志》《连云区志》《新浦区志》等多部志书在省级质量评比中获奖。

连云港市二轮市、县(市、区)志编纂工作于2005年正式开始,主要为首轮志书续修。至2018年8月,连云港市完成二轮修志工作任务,全市共出版市县两级综合志书8部,总字数1986万字。其中,市级志书1部:《连云港市志(1984—2005)》;县级志书7部:《赣榆县志(1990—2009)》《东海县志(1990—2010)》《灌云县志(1984—2005)》《灌南县志(1984—2005)》《连云港市新浦区新志》《连云港市海州区志(1986—2005)》《连云港市连云区志(1990—2005)》。《连云港市志(1984—2005)》《东海县志(1980—2010)》等多部志书获评江苏省地方志书优秀成果。

连云港市志

连云港市地方志编纂委员会编。1986年8月启动编纂，2000年6月由方志出版社出版。主编秦光汉，副主编陆永学、徐惟学、宣德新，主编助理钱梅。

全书3册，418万字，图片135幅（志首128幅、随文7幅），表格588张。记述范围为1990年连云港市行政区域。记述上限追溯事物发端，下限1990年，图片延至1999年。述、记、志、传、图、表、录诸体并用，以志为主。志首设序、凡例、总述、大事记，志末设附录、跋、编纂始末。全志设60卷：自然环境、建置区划、区县概况、人口、城乡建设、环境保护、经济综情、经济综合管理、农林业、水利、畜牧业、水产、盐业、轻（手）工业、纺织工业、皮塑工业、工艺美术、食品工业、医药、化学工业、机械工业、电子工业、建材工业、建筑业、电力工业、矿产、乡镇企业、开发区、口岸、交通运输、邮电、名胜旅游、商业、供销、对外经济贸易、粮油购销、物资流通、财政、税务、金融、政党、政务、民政·信访、治安司法、军事、人事、劳动、外事侨务、社团、教育、科技、文化、文物、报刊·广播·电视、卫生、体育、宗教、民俗、方言、人物。

《连云港市志》目录

连云港市依山傍海，域内有名山云台山。为突出地方自然特色，该志在自然环境卷设云台山章，记述锦屏山、花果山，体现“东海第一胜境”特色；设海域章，记述海岸类型、海岸变迁、滩涂、岛礁。海州湾渔场是全国八大渔场之一，志书设水产卷，重点记述海洋捕捞、海产品养殖、加工保鲜等内容。淮北盐场是全国四大海盐产区之一，志书设盐业卷，记述盐的生产、运销和缉私等内容。为突出连云港市地方和历史特色，志书设名胜旅游卷、文化卷、文物卷、人物卷，分别记述旅游景区、文学艺术、文物古迹和历史人物，突出连云港是《西游记》的文化发源地。为彰显连云港市作为中国首批沿海开放港口城市和新亚欧大陆桥东桥头堡的独特风貌，志书设开发区卷、口岸卷。为加强对宏观经济的记述，设经济综情卷，记述域内经济发展概况、经济结构、人民生活等内容，比较详细记载连云港经济发展总貌。附录专设乡土文存和金石碑文，收录连云港历史上重要文献资料；设旧志序跋，收录部分连云港旧志序跋原文，展现连云港悠久的方志文化。

2001年，该志被评为江苏省第七次哲学社会科学优秀成果三等奖、江苏省地方志系统优秀成果特別荣誉奖。

（邱仕明　贾栋钰）

【跋】

《连云港市志》编纂工作始于1986年，历时14余年，先后经历了4届编纂委员会，在世纪之交由方志出版社出版发行，是值得庆贺的！

连云港市，古称海州。秦统一中国后，在海州设朐县，属东海郡。1949年11月更名为新海连市，1961年9月，经国务院批准更名为连云港市。《连云港市志》是连云港市在中华人民共和国成立后的第一部地方性的、全面记载自然、政治、经济、文化等方面内容的综合性志书。它真实地叙述了连云港市的形成、建设与发展的历史，勾勒出全市人民为开发建设这块土地，特别是在中国共产党的领导下，为了人民的解放事业，前赴后继、艰苦奋斗、不怕牺牲，谱写的一曲曲可歌可泣的动人事迹。本书着重反映了全市人民为建设社会主义伟大事业，以“敢叫日月换新天”的豪情壮志，勇于开拓创新，将一个渔村小镇建设成为初步繁荣的、对外开放的、现代化的新型港口城市的发展历程。

《连云港市志》全书400余万字，由序、凡例、总述、大事记、60分卷、附录、跋和编纂始末组成，并附有100余幅彩色照片。按照自然环境、建置区划、人口、城乡建设、环境保护、经济综情、农业水利、工业交通、财政金融、商业贸易、政治军事、教育科技、文化、卫生体育、社会治安、宗教民俗、方言等分类顺序记述。上限追溯历史起始发端，下限至1990年。各分卷记述方法遵循横不缺项，纵不断线，全面记述连云港市的历史，并着重对中共十一届三中全会以来改革开放的成就予以翔实记载。史实证明，在中国共产党的领导下，中共连云港市委、市人民政府带领全市人民在建设有中国特色社会主义现代化伟大事业中政通人和，业绩辉煌。

编史修志是中华民族的优良传统，是继往开来的系统工程。哲人有言：“欲知大道，必先知史”，这不单是传统修志的本源，更是时代的呼唤，人民的期望，资政的需要。尤其是历史进入20世纪80年代后，随着社会主义初级阶段基本路线、方针、政策的深入贯彻，改革开放不断扩大，连云港市已跃入新的发展阶段，将成为一个区域性国际贸易中心、环境优美的旅游中心、现代交通枢纽和国际港口城市，屹立于世界沿海城市之林。“盛世修志”势在必行，志书咏古代文明，述说山海风情，描物华，绘天宝，歌人杰，可昭示当代，可启迪后人。她不仅是一部教科书，也是一部典籍式的“工具书”。《连云港市志》的出版发行，对于认识连云港、研究连云港、规划连云港、建设连云港，为连云港的振兴发展，必将起到重要的史鉴作用。

《连云港市志》的编纂出版，是连云港市社会主义两个文明建设的又一巨大的文化建设工程，充分体现了市委、市人大、市政府、市政协领导的关心与支持，全市各部门、各单位积极配合，动员了上千人参加志稿编修工作。广大修志工作者甘愿常年在条件艰苦、工作辛苦、生活清苦的岗位上，以修志为己任，以奉献为乐，默默耕耘，呕心沥血，付出艰辛的劳动。许多离退休和退居二线的老同志，对修志工作表现出极大的热忱。无论在编写阶段，还是在评审阶段，许许多多的干部、群众热情地提供大量的宝贵资料，在志书的评审中，来自各个方面的专家、学者本着实事求是、客观反映历史的原则，坦诚地提出许多宝贵意见和建议，为志书的编写和完善作了巨大贡献。在此，向他们表示诚挚的敬意。

“修志之要，在于得人”。作为志书的组织者，首要任务是组建起一个坚强有力的修志专业班子。这套班子必须遴选那些具有献身修志事业的高尚品德，而又具有一定专业知识和较好的文字功底者。在人员组成上要有一定数量的专职人员，同时又聘请一批阅历较深、知识面广、熟悉地情、具有志德志才的兼职修志人员。班子确定后，尤其是要选配好主编。由于首届修志任务繁重，要求极高，历时较长，对起主导作用的主编的选配，从本市修志业务班子的实际情况出发，采取不断充实、完善的办法，到总纂阶段，逐步形成了一个主编群体，实行集体领导，分工负责。

在修志过程中，领导不仅要宏观指导，而且要具体参与。既要认真学习修志理论与业务知识，组织对重大业务问题的研讨并作出决策，又要参与撰稿、审稿、定稿，这样才能从实践中取得发言权和领导权。

修志工作领导者与专业人员必须休戚相关，甘苦与共。领导者一方面要充分运用自身的优势，既为专业人员当“公关主任”，争取党委和政府及社会各方面对修志工作的坚强领导与关心支持，又为专业人员当好“后勤部长”，提供较好的修志工作条件与环境，适时解决他们难以解决的人力、物力、财力等诸多困难。另一方面，由于修志工作特别“艰苦、辛苦、清苦”，领导者对专业人员更应关怀入微。十多年来，凡参加编修工作的人员，往往是夜以继日，埋头笔耕。他们放弃许多节假日休息，尤其后期，加班加点改稿、审稿、核稿，真可谓“十年磨一剑，用破万人心”。完全可以这样说，新方志的编写，凝聚了一批具有崇高献身精神的专家、学者和修志专业人员的无私奉献。所以，市志的出版，不仅仅是铸造了一座留传后世的文化史料的丰碑，更是谱写了一曲全市从事和关心、支持此项事业的专家、学者的颂歌！

在连云港工作、生活已近二十年，我能为这方美丽富饶的土地和生活在这方热土上勤劳勇敢而富有智慧的人民，主持编修第一部社会主义新方志，深知任重道远，一直心系于此，致力于此，未敢稍怠。经历了“十月怀胎”的艰辛后，志书“一朝分娩”，固感欣慰，然“千秋大业”得以告成，应归功于市委、市政府强有力的领导、市志编纂委员会的集体筹划、省志编纂委员及市内外专家、学者的悉心指导、社会各个方面人士的关心支持，特别是修志专业人员的辛勤耕耘。作为主其事者，对此将永志不忘，并特致深深的敬意。

高有为

2000年4月

【编纂始末（节选）】

《连云港市志》的编纂工作始于1986年8月，至2000年6月出版，历时14年，大致可分为四个阶段：

第一阶段（1986.8—1991.12）组建机构，宣传发动

1986年8月7日，连云港市人民政府成立连云港市地方志编纂委员会，办公室设在市委党史工委。1987年8月，市政府召开市第一次地方志工作会议，传达全国及江苏省地方志第一次会议精神，部署新编《连云港市志》编写任务，时任市长、编委会主任唐贯淮到会作了重要讲话。市志办初拟了市志篇目（第一稿）。1989年4月，根据省政府指示，市政府决定市地方志办公室单设，属市政府直属机构，配备三名专职人员。同年8月调整市志编纂委员会，拟定了《连云港市志编纂方案》和《凡例》。在修志之初，有的部门对修志的意义认识不足，参与修志人员都是首次修志，经验不足，机构编制、经费不落实，有畏难情绪。1990年4月，召开全市第二次地方志工作会议，总结工作，交流经验，表彰先进。时任市长、第二届编委会主任王稳卿到会讲话，进一步组织发动，市部、委、办、局普遍建立了修志机构，配备专兼职修志人员1000多人，明确任务，全市修志工作全面展开。

1989—1991年，市地方志办公室把宣传发动、组织培训、建立良好的修志队伍作为工作重点，采取专题培训、专业指导、个别辅导等方式，先后举办16期修志人员培训班，参训人员达700多人次，培训面覆盖全市各行各业，形成了一支素质较高的修志工作队伍，为保证修志任务的顺利完成打下了基础。

第二阶段（1992.1—1995.10）征集资料，编写初稿

自1992年1月开始，各分志全面进入收集资料和撰写志稿阶段。为了加快进度，按时完成初稿编写任务，市志办在这一阶段主要是加强业务指导，督促检查。将市志办工作人员分为五个组划片对口进行联络，对各分卷编写进展情况定期检查，掌握进度，发现问题及时解决。根据各部门征集资料及编修的实际情况，市志办着重解决完善篇目和分卷内容交叉重复问题。

1994年1月，针对有些分卷进度过于滞后的情况，市志办定期召开会议，服务上门，检查督促，分类指导，责任到人。市人大办公室、市政府办公室会同市志办分组对全市修志工作进行检查，落实省志办关于1995年底前结束市志评审工作的统一部署，限期完成分卷编修任务，修志进度明显加快。

为了保证志书质量，市志办实施“三审一验收”（自审、联审、评审、验收）的程序，着力提高各分卷编修质量。各分卷初稿形成后，先由单位自审，然后由市志办组织相关单位部分修志工作者和专家联审，再由市人大、市政府、市政协及相关综合部门组织领导、专家、学者参加，进行市级评审。依据提出的意见建议，帮助加工修改，交付评审验收。1995年10月，各分卷编写任务全部完成。至此，市志办共组织召开志稿评审会近百次，并从成稿实际出发，进一步修订市志篇目、凡例，制定总纂行文规则，承修的《大事记》《建置》《人物》《县区概况》等也相继成稿，报送省志办评审。

第三阶段（1995.11—1999.7）评审修改，调整充实

1995年11月，市政府再次调整市志编纂委员会。1995年12月12—14日，《连云港市志》（稿）评审会召开，市委、市人大、市政府、市政协领导出席会议，和江苏省地方志编纂委员会评审组以及国内、省内共30多位修志专家、学者进行评审，原则同意《连云港市志》（稿）通过评审，并提出一些修改意见。评审会后，市志办组织全体人员分类梳理专家所提出的修改意见和建议，制定总纂修改方案，组成政治、经济两大部类的总纂班子，对志稿进行修改、补充、核实资料，将原定下限为1988年延至1990年，需增加两年的内容，收集整理资料工作量很大。为争取时间，市地方志办公室全体同志以对工作高度认真负责的态度，用了一年多时间对60分卷的下限资料补充全部到位，在总纂志稿过程中对篇目再次调整完善，力求志稿资料翔实、准确。行文方面按照规范化统一要求。志稿总纂后，分批报省志办验收。1998年4月，《连云港市志》（稿）全部通过省验收。1999年5月，市政府第四次调整市志编纂委员会。

第四阶段（1999.8—2000.5）重新总纂，出版印刷

1999年8月，向省地方志办公室、连云港市志编纂委员会综合汇报《连云港市志》书稿修改完成情况。在省地方志办公室的帮助下，确定由方志出版社出版。方志出版社针对《连云港市志》（稿）的诸多问题，要求重新进行总纂。1999年8月起，对志稿史实、数据全面核对；对《自然环境》《化学工业》《军事》《经济综情》《经济综合管理》《大事记》《方言》等卷重新撰写；调整篇目、充实内容、修改定稿；收集整理《附录》材料；征集图片等。在方志出版社和市地方志办公室的共同努力下，于2000年6月出版。

连云港市志（1984—2005）

连云港市地方志编纂委员会编。2005年4月启动编纂，2017年12月由方志出版社出版。主编徐勤飞、苏中保，副主编张斌、赵廷旗、陆瑞萍、魏鹏。总纂陆瑞萍，副总纂姜龙才。编辑贾栋钰、徐敏、郭云、王佳生、戴义春。

《连云港市志（1984–2005）》目录

全书3册，410.2万字，图片826幅（志首117幅、随文709幅），表格565张。记述范围为2005年连云港市行政区域。该志为《连云港市志》（2000年版）续志，记述上限1984年，下限2005年。为保持记述历史的完整性，政区、环境、花果山、文博等卷从事项发端写起，前志已载的基本地情等事项酌情复载；前志漏载的某些事项予以补载。志首照片下限延至2017年。述、记、志、传、图、表、录诸体并用，以志为主。志首设序、凡例、总述、大事记，志末设附录、索引、编后记。全志设43卷：政区、环境、人口、花果山、连云港港·口岸、连云港与新亚欧大陆桥、城乡建设与管理、交通、水利、经济综情、开放型经济、海洋经济、农业、工业、建筑业·房地产业、商贸服务业、旅游业、信息化建设、金融业、财政税务、经济综合管理（上）、经济综合管理（下）、中国共产党连云港地方组织、地方人民代表大会、地方人民政府、地方人民政协、民主党派·工商联、群众团体、政法、军事、科学技术、教育、文化、新闻出版、文博、卫生、体育、精神文明建设、劳动人事、民政、社会生活、区县概况、人物。

该志将具有地方特色的花果山、连云港港·口岸、连云港与新亚欧大陆桥升格为卷，并前置于基本地情的政区、环境、人口卷后，突出连云港市作为《西游记》文化发源地、中国首批沿海开放城市和新亚欧大陆桥东桥头堡的地域特色、时代特征和连云港城市发展的新特点。设海洋经济卷，记述海洋渔业、海岛与滩涂开发、海水制盐、海水化工、海域管理与渔业执法等，具有浓浓的“海味”，地方特色鲜明。此外，设旅游业卷，彰显连云港作为中国优秀旅游城市的独特魅力；设文博卷，反映连云港丰富的历史文化遗存。设开放型经济卷，记述外贸体制改革、对外及对港澳台贸易、招商引资、对外及对港澳台经济技术合作、国内经济技术协作、开发园区，时代气息浓郁。设精神文明建设卷，不仅有思想道德建设、文明创建、树立文明新风，更有雷锋车、志愿者等最美连云港人的记载，突出时代特色。设经济综情卷，记述经济体制改革、经济发展、经济结构等经济发展总貌，强化对宏观经济的记述。中国共产党连云港地方组织卷记述全面推进各项改革、实施“三大战略”、发展民营经济、规划建设国际性海滨城市、加强党的建设、加强社会主义民主法治建设等主要工作及重要决策，不仅充分体现党的全面领导，还能清晰地看到不同时期的工作重心与发展方向。地方人民代表大会卷收录连云港市出席江苏省人民代表大会代表和全国人民代表大会代表名单，是大多数志书所忽略的内容。地方人民政府卷设政务运行章，除记述政府机构外，记载会议制度、施政纪略、政府建设与管理等，很有特色与价值。政区卷、环境卷分别附记《连云港市消失的区划地名》《消失的山体》，留存历史记忆。志书在索引部分设置主题索引、表格索引、人名索引，方便查找资料。

2020年，该志在江苏省地方志书质量评定中被评为优秀成果。

（邱仕明　贾栋钰）

【编后记（节选）】

《连云港市志（1984—2005）》从2005年启动编纂到2017年出版发行，历经12个寒暑，终于成就了一个浩大的文化工程。

市志编纂工作历经组织发动、资料征编及初稿撰写、汇总编纂、终审验收付印4个阶段。

2005年4月至2006年2月，为组织发动阶段。2005年4月起，市地方志办公室根据江苏省二轮志书编纂总体部署，进行篇目准备、编纂组织安排等前期工作。10月11日，市政府召开第50次常务会议，研究二轮修志工作。10月28日和31日，市地方志办公室分两次召开《连云港市志》篇目研讨会，邀请10多名方志专家、地情学者对二轮市志篇目进行系统论证，并印发各单位广泛征求意见。11月15日，市政府办公室印发《关于做好新一轮地方志编纂工作的通知》。11月16日，市政府办公室印发《关于〈连云港市志（1984—2005）〉资料征集篇目的通知》，将修志任务分解到全市170个部门、单位和各县区。11月18日，市政府召开全市第三次地方志工作会议，全面启动《连云港市志（1984—2005）》编纂工作。

2006年3月至2014年5月，为资料征编及初稿撰写阶段。这一阶段，各参编单位根据《关于〈连云港市志（1984—2005）〉资料征集篇目的通知》安排，广泛开展资料征集工作。2006年3月1—2日，市地方志办举办全市二轮修志培训班，近200人参加培训。此后，市地方志办先后印发《连云港市续修志行文规范》《修志编鉴手册》《地方志编写指南》等修志指导材料，供编修单位参考。2007年6月，市地方志办将126个牵头承编单位分为农业类、工商类、城建类、文化类、社会事业类等11个修志协作组，定期开展研讨活动，相互借鉴，协同推进。2011年11月22日，《连云港市志（1984—2005）》总纂篇目通过省地方志办组织的评审。在这期间，市政府召开市志编修推进会6次，开展市志编修进度督查2次；市人大开展二轮修志情况调研1次；市地方志办分片召开市志进度过堂会8次，组织召开部门志稿评审会98次。至2014年5月，全市建立修志机构的部门、单位152家，召开各类业务培训会、推进会102次；承编单位完成资料征集合计3.5亿字，其中市属部门（单位）2.1亿字、辖县（区）1.4亿字，完成资料长编合计5100万字，征集图片1150张，向市地方志办提交初稿710万字。

2014年6月至2016年9月，为汇总编纂阶段。此阶段分为分纂和总纂两步。2014年6月至2015年3月为分纂阶段。市地方志办制定分纂工作方案，成立6个分纂小组，分工负责分纂任务。分纂小组合成、修改各卷内容，遇到问题集体讨论，确定修改意见，修改完善志稿。2015年3月，分纂稿完成，计43卷440万字。2015年4月至2016年9月为总纂阶段。市地方志办制定总纂工作方案，成立总纂工作班子。按照中国地方志指导小组颁发《地方志书质量规定》逐篇、逐章、逐节过堂，校核资料，规范体例，精练字句，统一文风。对不符合总纂要求的卷、章、节，进行修订或重新撰写；对交叉重复记述的内容，或集中一处记述，或区别有侧重处理，或使用“参见”；对资料不足、记述不清的志稿，理清主线，补差补缺。其间，召开总纂集体研讨会5次，专家审稿会9次；要求原承编单位补充资料、厘清史实2800余处。至2016年8月，总纂稿告竣，计43卷400万字。9月初，总纂稿分别印发126个牵头承编单位征求意见。9月底，连云港市地方志编纂委员会召开《连云港市志（1984—2005）》复审会。按照复审会提出的评审意见，市志总纂小组进一步优化篇目结构，加强对入志资料、数据等内容处理，统一规范体例，消除前后抵牾。经过精心打磨，2016年10月形成《连云港市志（1984—2005）》终审稿。

《连云区志》目录

2016年11月至2017年12月，为终审、验收、付印阶段。2016年11月24—25日，江苏省地方志办公室在连云港市召开《连云港市志（1984—2005）》终审会。终审会后，市地方志办公室邀请全省方志专家审校，提出修改意见1000余条；邀请本办老领导、老专家以及市内知名文史专家把脉会诊，提出修改意见数百条。在此基础上，市地方志办组织人员对终审意见逐项梳理，逐条修改、补充、完善、核校，形成市志验收稿。按照“齐、清、定”要求，将验收稿报送省地方志办公室、连云港市人民政府验收。经省地方志办公室、连云港市人民政府批准，《连云港市志（1984—2005）》于2017年12月交由方志出版社出版。

连云区志

连云区地方志编纂委员会编。1990年9月启动编纂，1995年12月由方志出版社出版。主编张树庄，编辑郭士鹏、周永刚、张海波。

全书1册，62万字，图片35幅（集于志首），表格95张。记述范围为1990年连云区行政区域。记述上限因事而异，量事追溯，下限1990年，概述、大事记、建置、图片延至1994年。述、记、志、传、图、表、录诸体并用，以志为主。志首设序、凡例、概述、大事记，志末设跋、修志始末。全志设22章：自然地理、建置·区划·人口、城乡建设、交通·邮电、口岸、水产、农林水利、工业、商业、经济综合管理、财政·税务·金融、政党·社团、政务、治安司法、民政、劳动人事、教育·科技、文化·体育、民俗·宗教、卫生、军事、人物。

该志抓住连云区依山傍海的地理优势，设口岸章，介绍连云区古代海上与陆上丝绸之路的历史，连云港港口与陇海铁路的建设，新亚欧大陆桥桥头堡的位置和作用，以及作为全国十大海港之一的连云港港的建设和发展。注重对连云区海洋经济发展情况的介绍，设水产章，重点记述连云区海洋资源、海洋捕捞、海水养殖等内容。突出对紫菜养殖、加工、销售等各个环节的记述，并对紫菜生产的悠久历史加以梳理。

1997年，该志被评为全省地方志奖优秀奖。

（张树庄）

【修志始末（节选）】

《连云区志》编纂工作大体上经历了五个阶段。

1990年5月至11月为准备、发动阶段。1990年5月5日，连云区政府下发了《关于成立连云区地方志编纂委员会的通知》。9月25日，召开连云区地方志编纂委员会第一次全体委员会议，讨论并通过了《连云区志编纂方案》及《凡例》（试用稿），并要求各分志承修单位于10月底以前建立机构、选派干部、任命主笔。10月9日上午，召开连云区修志工作动员大会，区各部、委、办、局及乡镇主要领导和主笔近70人参加了会议，周敬芝区长作了动员报告。11月8、9、10日三天，举办了连云区修志干部培训班，有33个单位共37人参加学习，并确定每月5号这一天召开主笔例会。

1990年12月至1992年11月底为征集资料、撰写初稿、编纂分志稿阶段。这期间，大部分承修单位积极行动，广泛征集资料，精心设计篇目，认真撰写初稿。1990年12月5日，区志办召开首次主笔例会，并形成了制度，至1992年3月5日，共召开主笔例会16次，对加强修志理论的学习，通报修志信息，推动修志工作的进展，起到了重要作用。1991年有4家写好分志初稿，1992年有33家写好分志初稿。

1992年12月至1994年5月，为分志稿评审、修改，交付区志办验收阶段。1993年元月2日，印发《连云区地方志编纂委员会关于志稿评审问题的通知》，要求各分志承修单位严格审稿程序，分志稿要先通过本单位的自审，再组织人员进行评审。分志稿的评审必须有本单位的主管领导、分管领导，市相对应单位的领导，区分管领导及本单位的老同志参加，凡评审过的分志稿，均形成《评审纪要》，印发各承修单位，并交有关单位保存。通过评审、修改，然后交区地志办验收。1992年12月2日，在区粮食局召开《粮油志》评审现场会。1992年有5家通过评审，1993年有17家写好初稿，37家通过评审，24家通过区志办验收。1994年最后两家完成初稿，9家通过评审，28家通过验收。经区志办验收的分志稿，又分批送市志办预审。市志办的编辑同志经过认真地审阅、修改，再反馈给我们。有些志稿，由区志办亲自写，共计15万字。这一阶段的工作最为艰难，各承修单位认识有别，进度不一，差距也大，区志办的两位老同志克服重重困难，终于精诚所至，金石为开。

1994年5月至1994年10月20日为总纂阶段。从1994年5月底开始投入总纂工作，首先学习有关文件，制定总纂计划，并严格按计划制定的步骤进行。这一阶段的工作最为辛苦，一是工作量大，对每一篇志稿都进行了大量的增、删、并、转，有的甚至推倒重来，有的打乱次序重新组合，有的内容不完整，再次征集资料进行补写。1994年夏，天气炎热少雨，且高温持续时间长，办公条件差，虽挥汗如雨，亦未停笔。至7月28日分纂工作基本完毕，从7月29日开始将市志办预审修改过的志稿及区志办两人分纂的志稿进行总纂，由主编一人执笔，至9月初总纂完毕。

1994年10月20日至1995年2月底为市级评审、修改定稿、交付验收阶段。1994年10月20日，在碱厂招待所召开《连云区志》志稿评审会。志稿同时交区志编纂委员会全体委员、区委、区政府、区人大、区政协、区纪委领导审核，各分志稿交各承修单位审核。从1994年11月17日集中各方面修改意见，对志稿进行修改，至1995年2月6日全部修改完毕。1995年3月8日，将修改好的志稿交付市志办验收。1995年12月出版。

连云港市连云区志（1990—2005）

连云港市连云区地方志编纂委员会编。2005年11月启动编纂，2013年12月由方志出版社出版。主编兼总纂王继澍，编辑张树庄、刘春文、张丁元、张名柱、王兆华、赵斯岩。

《连云港市连云区志（1990—2005）》目录

全书1册，193万字，图片1173幅（志首127幅、随文1046幅），表格169张。记述范围为2005年连云区行政区域。该志为《连云区志》（1995年版）续志，记述上限1990年，衔接前志，部分内容适当上溯，下限2005年，大事记延至2010年，图片和附录延至2012年。述、记、志、传、图、表、录诸体并用，以志为主。志首设序、凡例、总述、大事记，志末设编纂始末、主要参考文献、索引、后记。全志设32编：建置·区划·人口、环境与资源、环境保护与土地管理、城乡建设、交通运输·水利、港口·口岸、邮政·电信、经济综述、开放型经济、工业、农业、海洋经济、商贸服务业、旅游、财税·金融、经济综合管理、中共地方组织、连云区人民代表大会、连云区人民政府、政协连云区委员会、民主党派·工商联·社会团体、公安·司法、军事、教育·科技、文化·体育、文化遗存、卫生、社会事务管理、社会生活、民俗·方言、人物、街·镇·乡。

为突出连云区海滨城区的地域特色，该志将港口口岸、海洋经济、旅游分别升格为编进行记述。除升格记述外，还加大升格部分的分量，海洋经济编设8章，占全书2.38%；旅游编分量占全书4.31%，设主要旅游景区、特色旅游景点、“连云港之夏”、江苏渔民文化节等节，既突出地方特色，又增强志书可读性。突出改革开放时代特征，设开放型经济编，记述招商引资、对外贸易与劳务合作、开发区。设经济综述编，加强对经济体制改革、经济结构、经济运行等宏观经济内容的记述。针对连云区历史文化积淀厚重的实际，为弥补前志记述的不足，设文化遗存编，详细记述连云地区的遗址、墓葬、古建筑、石刻、非物质文化遗产等内容，约占全书的7.8%。除重要文献集中在附录外，将与有关章节联系紧密的资料以附或专记的形式附于章节之后。除主体记述外，全志设54处“相关链接”，扩充背景资料。该志图文并茂，除在志首设置政区图、地貌图、交通图和有代表性的重要图照以外，千余幅图片随文设置，增加志书的可读性和资料性。

2018年，该志被评为江苏省地方志书优秀成果篇目设计、特色创新2个单项优秀。

（王继澍）

【编纂始末（节选）】

2005年11月，《连云区志（1990—2005）》编纂工作正式启动。历经8年，至2013年12月，193万字的连云区续志终于面世。

《连云区志（1990—2005）》的编纂工作，主要经历了以下几个阶段：

一、前期准备

2005年11月18日，全市地方志工作会议之后，连云区政府及时贯彻会议精神，编制《连云区地方志工作“十一五”规划》，调整连云区地方志编纂委员会组成人员。2006年8月，恢复连云区地方志编纂委员会办公室，即连云区人民政府地方志办公室（简称区地志办）。10月13日，召开全区地方志工作动员大会，对续修《连云区志》和编修《连云年鉴（创刊号）》工作进行全面部署。会上下发《关于做好新一轮地方志编纂工作的通知》《关于调整地方志编纂委员会的通知》《连云区新一轮地方志、年鉴编纂方案》《连云年鉴（2007）》篇目（征求意见稿）。2006年10月18日，区志办召开篇目研讨会，邀请市志办领导、新浦、海州、开发区的地方志主编人员，对《连云区志（1990—2005）》资料征集篇目和《连云年鉴（2007）》篇目框架进行座谈讨论。区志办根据各方的意见，对篇目做了修改，最终形成《连云区志（1990—2005）》和《连云年鉴（2007）》的篇目。2006年10月27日，区地志办举办全区地方志编写人员培训班，参加学习64人。培训班上下发《地方志工作条例》及修改后的区志、年鉴篇目、编纂方案、篇目说明等文件。

二、初稿编写

2006年11月，各承编单位根据实际情况修改篇目，编写资料长编，并开始撰写初稿。区地志办人员先后到有关承编单位征集资料，进行辅导。2006年11月28日，召开第一次主笔会议。其后，又先后召开7次主笔会议，学习有关文件，研究具体问题，推进全区的修志工作。2007年3月8日，在区教育局召开现场会，区内20多家重点部门参加会议。会上，教育局介绍修志的具体做法。2007年5月28日，区地志办印发《关于征集〈连云区志（1990—2005）·人物篇〉资料的通知》，对区志人物篇的资料征集工作提出具体要求。

2007年是编写资料长编、初稿征集阶段。区地志办做出具体分工，由三名编辑人员分别负责联系有关承编单位，对其初稿编写进行指导，并督促对初稿进行修改、补充和加工。有的初稿经过多次反馈修改，直到基本符合要求为止。至2007年年底，有70家承编单位初稿基本成型，占初稿编写总量的87%。

三、初稿评审

2007年5月29日，连云区政府办公室印发《关于做好〈连云区志（1990—2005）〉分志稿评审工作的通知》，明确分志稿初审的主体，要求落实审稿人员，明确审稿范围，严格审稿程序，并根据评审意见认真修改志稿。分志稿的初评过程为：承编单位先进行自审，再组织人员进行评审。初评会由承编单位组织召开，由承编单位主管领导、分管领导、市相对应单位的有关人员、承编单位的老同志、区分管领导及区地志办人员参加。评审会按修志情况介绍、志稿内容介绍、评审发言、区地志办归纳评审意见、宣读《评审纪要》等程序进行。《评审纪要》需全体与会人员签名，本单位盖章，由本单位和区地志办各保存一份。会后，评审单位按评审意见对志稿进行修改、补充，后交区地志办验收。

2007年8月7日，连云区二轮修志首场评审会在区粮食局召开。会议对粮油分志稿、商业贸易分志稿进行了评审。评审会按规定程序进行。至2007年12月24日，共有17家初稿通过评审。2008年1月17日，区审计局承编的分志稿通过评审。至2008年12月16日，全年共有29家初稿通过评审。2009年，初稿评审工作进入扫尾，先后有区委办、区人武部、区建设局等单位的初稿通过初级评审。通过初评的分志稿，经承编单位的修改、补充、加工后，基本上都通过了区地志办的验收。

四、初稿总纂

根据全区大多数分志稿已完成的实际情况，2009年2月4日，区志总纂工作开始。总纂工作由主编一人进行。总纂时，根据整部志书撰写要求，对每一篇志稿进行重新组合或改写，工作量巨大。总纂时，方觉初稿的缺陷与不足。有的需要重新征集部分资料予以补充，其耗时耗力异常艰难。至2009年年底，初稿总纂已完成60%。

2010年初，由于人员变动，对地方志工作产生一定影响。但由于调整及时，区地志办各项工作正常运转。总纂工作一刻也没有停顿。虽然总纂总量过半，但越到最后难度越大。除极个别单位初稿未过关继续督促修改外，有些志稿需主编总纂亲自撰写，加之材料要亲自收集，其难度超乎想象。至2010年12月20日，经2年的不懈努力，《连云区志（1990—2005）》总纂基本完成。区志总纂稿约135万字。完成的总纂稿除正文外，还包括目录、凡例、概述、大事记、附录及区志编纂委员会成员名单、区地方志办公室成员名单、区志初稿承编单位名单等。

五、志稿复审

2010年12月6日，总纂稿开始逐篇校阅。在此基础上，主编进行全稿回头看，对志稿进行修改、调整、补充。总纂稿复查、校核历时4个月。2011年4月14日，区政府办公室下发《关于做好〈连云区志（1990—2005）〉总纂稿审稿工作的通知》，要求各有关承编单位积极配合做好稿件校核工作，并将总纂稿的相关内容印发各单位广泛征求意见。区志主编认真吸收各方面意见，对区志总纂稿再次进行修改补充，最终形成复审稿，提交区地方志编纂委员会复审。

2011年4月14日至30日，连云区地方志编纂委员会对《连云区志（1990—2005）》复审稿进行复审。区地方志办公室根据区地方志编纂委员会的复审意见，对区志复审稿进行再加工，最终形成终审稿。2011年5月16日，连云区人民政府副区长李超签署终审申请，同意将修改后的复审稿作为终审稿报送市地方志办公室进行终审。5月20日，区地方志编纂委员会正式向市地方志办公室报送《关于上报〈连云区志（1990—2005）〉终审稿的报告》《连云区地方志编纂委员会关于〈连云区志（1990—2005）〉复审稿的复审意见》《江苏省地方志书终审申请表》及区志终审稿。

六、终审验收

2011年7月15日，《连云区志（1990—2005）》终审会议召开。根据评审会的意见，区地志办着手梳理各评委的意见，择善而从，并开始对全志稿进行细致修改、加工甚至改写工作。修改工作主要由主编进行，历时一年，三易其稿，至2012年6月15日基本完成。同时，组织专人对修改后的志稿进行审读和校对。2012年6月下旬至9月下旬，完成志书资料照片的前期筛选插配工作，增补并确定附录内容，完成志书目录、主要参考文献等编写工作，加强了志书的整体性。2012年10月至2013年1月，按省地方志编纂委员会办公室规定的对提交验收的志稿必须做到“齐、清、定”的要求，对准备提交验收的志稿进行查漏（“索引”

除外）、校核、初期排版、审定等工作，做好提交验收的各项准备工作。2013年2月27日，向市地方志办公室正式提交《连云区志（1990—2005）》验收稿，同时报送《验收申请表》《申请验收报告》。2013年4月19日，验收稿获市地方志办公室验收通过。4月22日，对验收稿的修改调整工作开始。2013年7月后，经省、市地方志主管部门和连云区人民政府验收批准，交方志出版社审定，最终形成区志付印稿。

较为少见。民俗篇设社会交际章，记述文明行为、请客送礼等内容；设行业习俗章，记述农业、手工业、商业、服务业等领域习俗，均颇具特色。附录收录历代诗人咏海州作品30余篇，强化志书传承性，丰富志书内容，增强志书可读性。

2001年，该志被评为江苏省地方志系统优秀成果二等奖。

（马善臣）

海州区志

连云港市海州区地方志编纂委员会编。1990年8月启动编纂，1999年7月由方志出版社出版。主编周恒泰，副主编孙海平、万士全，总审校谷胜玉、高重云。编辑陈士英、梁乐声。

全书1册，79万字，图片76幅（集于志首），表格26张。记述范围为1992年海州区行政区域。记述上限追溯事物发端，下限1992年，大事记延至1996年。述、记、志、传、图、表、录诸体并用，以志为主。志首设序、凡例、概述，志末设附录、后记。全志设28篇：政区、地理环境、人口、城乡建设、交通邮电、农业、水利、工业、商业·粮油、财税、金融、经济综合管理、人事劳动管理、政党社团、政务、治安司法、民政、军事、教育、科技、文化、文物、医疗卫生、体育、民俗、儒学·宗教、方言、人物。

海州历史悠久，文物古迹众多，该志重视对域内历史文化的记述，设文物篇，记述古遗址、古墓葬、古建筑、石刻等；突出儒学在传统文化中的地位，设儒学·宗教篇，并将儒学单独设章，记述文庙、祭孔、教谕，在同期志书中

【后记（节选）】

海州区修志工作从1990年8月开始至1997年10月编印，历时七年，经历四个阶段。一是建立组织，发动、部署修志工作。按照国务院和省、市的统一部署，1990年8月7日区政府成立海州区志编纂委员会，把修志列为政府工作的一项目标，设立办公室，深入宣传发动、具体部署修志工作。至1991年3月，在全区建立起近200人的专兼职修志队伍，区志编修工作正式拉开序幕。二是搜集资料，做好篇目设计。1991年3月至1991年10月，区志编委会先后举办三次修志骨干培训班，进行业务培训；召开了四次海州地区知名老人、离退休干部座谈会，征集历史、口碑资料；并请市志办牵头在我区召开全市修志工作研讨会，专题研讨志书篇目设计和资料搜集问题。这一阶段在搜集包括中国第一、第二历史档案馆档案资料在内的各种文字材料、口碑材料共约2000万字的基础上，编制了《海州区志》篇目设计。三是完成区志资料本和初稿的编写工作。从1991年10月开始编写资料，1993年底，调整完善区志资料编写实施计划，加快修志进度。

《海州区志》目录

1995年5月完成初稿编写工作。四是修订总纂。从1995年5月开始，对区志初稿进行集体审校，逐篇、逐章、逐节修改，历时一年，于1996年5月基本形成送审稿，共28篇、134章、442节，另附大事记、概述、序、附录和后记，共约80万字。1996年12月27日通过市级评审。根据市评审意见，志办人员对志稿进一步精雕细刻，严把质量关。

连云港市海州区志（1986—2005）

《连云港市海州区志（1986—2005）》目录

连云港市海州区地方志编纂委员会编。2006年5月启动编纂，2013年12月由方志出版社出版。主编孙大伟，总审校谷胜玉，编辑孙大伟、谷胜玉、张峦耀、马善臣。

全书1册，188.9万字，图片229幅（志首183幅、随文46幅），表格298张。记述范围为2005年海州区行政区域。该志为《海州区志》（1999年版）续志，记述上限始于海州区恢复建置的1986年，下限2005年；照片和大事记下延至2012年。大事记、古城海州、宗教、人物等编追溯至事物发端，前志记载的基本地情等内容酌情复载或简载，前志漏载的事项补载。述、记、志、传、图、表、录诸体并用，以志为主。志首设序、凡例、总述、大事记，志末设附录、编纂始末、索引。全志设36编：建置·区划、古城海州、环境、人口、国土资源、城乡建设、交通·邮政·电信、水利、经济总情、开放型经济、开发园区、农业、工业、商贸服务业、旅游业、金融业、财政·税务、经济综合管理、中共海州区委员会、海州区人民代表大会、海州区人民政府、中国人民政治协商会议海州区委员会、民主党派·工商联·社会团体、法制·司法、军事、科学技术、教育、文化·体育、卫生、精神文明建设、劳动和社会保障、民政、社会生活、宗教、镇·街道、人物。

为展现海州悠久历史、灿烂文化和民俗风情等历史传承和发展脉络，设古城海州编，并将其前置为志书的第二编，设古城池、古遗址、古建筑、古墓葬、石刻·石雕、方志、诗词、非物质文化遗存等章节，力求将海州古老文明的内涵全面、细致、翔实地集中记述。为体现改革开放的时代特征，设开发园区、开放型经济等编，各个领域内的改革开放置于所属编第一章详述。设精神文明建设编，记述思想道德教育和建设、文明创建、文明新风，反映时代特征。附录包括文件、调研报告、金石碑文、海州文化研究等内容，资料性与可读性皆具。勘误修改前志史实、文字等讹误245处，以表格形式标注前志错误、所在页码和修改结果，简明易懂。

2018年，该志被评为江苏省地方志书优秀成果特色创新单项优秀。

（孙大伟）

【编纂始末（节选）】

（一）

《连云港市海州区志（1986—2005）》的编纂工作，自2006年5月启动，至2013年12月交付出版，历时7年，大致可分为四个阶段。

第一阶段　组建机构，搜集资料

1999年《海州区志》出版后，区志编纂委员会及工作班子没有撤掉，而转入年鉴编纂工作。2006年，遵照省、市统一部署，区政府召开新一轮志书（二轮修志）编纂工作启动会议。调整充实区志编纂委员会成员；健全工作班子，聘请曾经参与这段时期工作的原区领导孙大伟、谷胜玉分任主编和总审校，充实区志编辑部和承编单位志稿撰写工作班子；举办两期修志业务培训班，开展资料搜集；主编起草《凡例》和编目设置方案，2007年1月底通过市志办审定；制定工作计划，预计到2012年完成志书编纂工作。

第二阶段　编写初稿，组织评审

2007年3月始，区志编辑人员开始按编目设置和各自分工撰写初稿，同时继续开展资料征集；各位编辑在承编单位提供的资料长编基础上编成初稿，经主编修改后，请各承编单位主要领导同志审阅并提出修改意见；再经原编辑补充和调整，主编再次修改，形成分志稿。至2011年6月，志书设置的36编分志稿基本完成编纂工作。7月，区委办、区政府办联合发出《关于做好〈海州区志（1986—2005）〉分志稿评审的通知》，由各承编单位主持，区志编辑部参与，邀请所属系统专家、前任领导及知情者，分别对各分志稿进行评审，并逐编形成《评审纪要》。

第三阶段　志稿总纂，通过终审

2011年10月，《连云港市海州区志（1986—2005）》总纂稿编目设置上报市志办组织评审，获得通过，市志办提出了一些修改建议。主编据此及《评审纪要》对分志稿逐编修改，在此基础上总纂及起草《总述》。2012年5月形成送审稿。市志办邀请市区各方志主编和苏州、扬州地方志办公室负责同志及主编对志稿进行审阅。7月24日，市地方志办公室在海州区召开《连云港市海州区志（1986—2005）》终审会，通过终审，同时提出一些修改意见和建议。

第四阶段　调整充实，验收出版

2012年8月始，本着打造精品良志的目标，主编对评审意见进行系统的梳理、吸收一些可采纳的意见和建议，对终审稿在突出地方和时代特色、统一体例、调整结构、完善框架、横向平衡、增补遗漏、删繁就简等方面精心打磨。志稿于2013年5月通过市志办验收。2013年8月通过省地方志办公室审核。2013年9月，连云港市海州区人民政府海政复〔2013〕10号文批复，同意正式出版《连云港市海州区志（1986—2005）》。

（二）

在起草《凡例》及《连云港市海州区志（1986—2005）》编目设置时，编纂工作注意把握的一个重要问题，就是如何处理好与前志的衔接及突出地方和时代特色。

海州是一座有两千多年历史的古城，其悠久的历史、灿烂的文化和民俗风情，至今仍超越时空和辖区，并代代相传。在续修海州区志时，坚持按照详今略古的原则，简述古海州的历史传承和发展脉络，承上启下，使续志成为既能简单了解地方历史，又能详细掌握现状的地情书，而不是抛开历史，单述断限内的现状。所以，续志在凡有历史传承的编章中，均在编下序中简要地追溯历史，实现与前志的衔接。

鲜明的地方特色，是一部名乘佳志必备的条件。中华人民共和国成立后，古城海州尽管已成为连云港市所辖的一个区，但她那古老的文明、风俗及其影响和辐射力，仍以割不断的乡情连结着一代一代海属地区的老百姓。古城海州当然也成为当今海州区最突出的地方特色。为此，续志特设《古城海州》

编，力求把海州古老文明的内涵全面、细致、具体、翔实地集中起来，作为一笔历史财富完整地奉献给世人，并作为全书的第二编彰显其特色。

海州新修的续志，断限为20世纪80年代中期以后的20年，改革开放无疑是续志最为显著的时代特色。续志在醒目的位置上突出改革开放，将其放在每编的第一章详述，同时单独设置了《开发园区》和《外向型经济》等编，把断限内海州区改革开放的做法和业绩完整、详尽地留在历史的记忆中。

新浦区志

《新浦区志》目录

连云港市新浦区地方志编纂委员会编。1990年7月启动编纂，2000年8月由方志出版社出版。主编韩世泳，副主编邵来成。编辑徐一德、周志明。曾任主编唐维汉，曾任副主编张绍民。曾任编辑瞿绪成、孙振琪。

全书1册，98.8万字，图片24幅（集于志首），表格204张。记述范围为1990年新浦区行政区域。记述上限尽量追溯事物发端，下限1990年，图片延至2000年。述、记、志、传、图、表、录诸体并用，以志为主。志首设序、凡例、概述、大事记，志末设附录、跋和编修始末。全志设25编：自然地理、建置区划、居民、商贸、工业、农业、城市建设、交通、邮电、财税金融、经济综合管理、党派社团、人大·政府·政协、民政、治安司法、军事、劳动人事、教育、科学技术、文化、体育、医疗卫生、民俗、宗教·帮会、人物。

该志在篇目设置上具有创新意识，将传统的人口编改为居民编，除记述人口构成、人口调查、计划生育等内容外，还增设居民生活章，记述家庭收入、家庭支出、业余生活；设居民组织章，记述保甲制、居民自治组织，拓展记述内容。突破传统志书记述顺序模式，将商贸编内容前置记述，凸显新浦区委、区政府提出的“三产兴区”战略格局，反映中心城区商贸业发展。设城市建设编，记述城区规划管理、市政建设、公共事业、园林绿化等内容体现城区特色。将与正文相关的资料以附的形式随文而出，增加记述深度和广度。附录设文件辑存、碑记考证、民谚民谣，增强志书资料性。

2001年，该志被评为江苏省地方志系统优秀成果一等奖。

（王恒亮）

【编修始末（节选）】

《新浦区志》历时十个春秋，数次修改，终于结稿，即将成书。其编修过程，大致分为四个阶段。

1990年7月13日，新浦区地方志编纂委员会及其办公室正式成立，拉开了《新浦区志》编修工作的序幕，全区各部门相应抽调人员，建立区志各分志编修机构，形成修志工作网络。区领导集体研究并邀请专家、学者研讨，确定了编纂指导思想和具体方案。区志办公室着手培训编修人员，组织并指导大家搜集整理资料、编写初稿。至1992年底，各分志初稿基本完成。1993年初至1994年4月，区志办对区志各分志稿进行内部评审。1994年11月8日，召开《新浦区志》稿评审会，请市地方志办公室和各兄弟县区地方志办公室的同行和各界专家、学者进行评审。评审肯定了《新浦区志》稿的编修工作成绩，也提出了中肯的意见和修改建议。评审会后，区志编修工作中断。此为第一阶段，历时4年3个月。

1995年秋，区政府调换区志主编及编修人员。编修人员到岗后，立即熟悉区志志稿内容，认真分析研究评审会上提出的意见和建议，进一步完善编修方案。首先，调整了原志稿篇目设置方案，扩大容量，改章、节结构为编、章、节结构（必要时节下设目，目下设子目），该方案征得区地方志编纂委员会和市志办领导同意后，即全面开展搜集补充资料和编修工作。1996年6月17日，区政府再次调整区志编纂委员会成员，区长李建平亲任主任，切实加强区志编纂工作领导。1997年3月底，区政府又聘请两名退休干部为区志编辑。1998年冬起，区志办只有三名离、退休干部从事编修工作。在人手少、任务重、时间紧的情况下，大家一心一意，坚持区志编纂指导思想，用大量精力到市、区档案馆查阅档案，专程去浙江天一阁、南京雨花台等地查找核实资料，并采取登门访问、书信联系、开专题座谈会、查阅史志书籍等办法，了解情况，补充材料。在此基础上，区志办三人以原志稿为基础，按新定篇目重新进行编纂，至1998年底，25编志稿基本完成。此为第二阶段，历时3年。

1999年初起，区志稿开始总纂。编修人员在通读志稿的基础上，对照编纂指导思想要求，立足全志，逐编分析，共同研究制定总纂计划及其注意事项，后由主编总纂。总纂过程中，坚持一人执笔，集体把关，每修改一编，集体研究一次，再行定稿，用11个月时间，完成了98万字的志稿总纂及分编打印、装订成册工作。于1999年12月24日，再次邀请市及兄弟县区志办的同行、专家、学者、区志顾问，对《新浦区志》稿进行评审。同时，区志办将志稿分送给区各位领导、各职能部门、部分长期在新浦区工作的老同志及市有关专家、学者审阅、把关。在此期间，还征集照片资料500余张。此为第三阶段，历时1年。

第四阶段为历时4个月的精编工作。评审会结束后，区志办人员立即将大家提出的意见和建议进行综合整理，逐编对照进行修改，或删繁就简，或充实内容，或调整章节，从编章设置到语言表述、图表编排等，力求规范。

连云港市新浦区新志

连云港市新浦区地方志编纂委员会编。2005年11月启动编纂，2014年12月由方志出版社出版。主编韩世泳，副主编王恒亮、孙寿鹏、李云高。该志为重修志，为区别于2000年版《新浦区志》，定名为《连云港市新浦区新志》。

《连云港市新浦区新志》目录

全书2册，296.6万字，图片685幅（志首355幅、随文330幅），表格289张。记述范围为2005年新浦区行政区域。记述上限尽量追溯发端，下限2005年，大事记、图片、附录延至2014年7月8日新浦区建置撤销为止。述、记、志、传、图、表、录诸体并用，以志为主。志首设序、凡例、概述、大事记，志末设附录、索引、编修纪略。全志设39编：建置·区划、自然环境、资源、人口、国土资源管理、交通运输、城乡建设与管理、环境保护、经济综情、商贸业、生活服务业、粮油购销、信息产业、旅游业、房地产业、开放型经济、工业、农业、水利、财税·金融、经济综合管理、政党、人大·政府·政协、团体、法治、军事、科学技术、教育、文化、艺文、卫生、体育、精神文明建设、社会保障与社会生活管理、宗教、民俗、方言、乡镇·街道·农林场、人物。

根据域内多山的地貌特点，志书在自然环境编专设山章，记述山名，山体、山脊、山头，崖、石、洞，沟、涧、潭，井、泉、池，特色鲜明，内容全面。为反映时代特征，设开放型经济编，记述招商引资、外经外贸、工业园。设经济综情编，记述经济发展概况、经济结构、规模效益、"五年计划"执行情况。该志生活服务业编记述餐饮住宿业、洗理美容业、家庭生活服务业以及照相、洗染、文印、喷绘、眼镜修配等服务业，还介绍域内餐饮企业和名菜，记述全面，内容丰富。为凸显新浦区作为中心城区资源丰富、人才荟萃等特点，志书传承古海州志注重艺文类记述的传统，设艺文编。文化编设志谱编修、文物、民间收藏等章，其中民间收藏章记述收藏组织与阵地、收集渠道、收藏展示以及钱币收藏、照相机收藏等18种品类，内容颇具特色，其他志书鲜有记载。志书设10篇专记，对在全国、全省、全市享有盛名的新浦汽车总站"雷锋车"、陇海商业步行街等予以详细记述。在政党、政权记述方面，突破首轮修志只记人事更迭、会议召开的做法，增设区委重大决策要略和区人民政府施政程序、施政要略等相关章节，具体记述历届区委常委会、区人民政府重大决策的形成、实施及取得的效果，以更好地发挥地方志的资政功能。设精神文明建设编，并通过人物编及其他编章，采取人物传略、简介及以事系人办法，详略有序地记述460多位人物，强化志书的育人功能。在志首图片安排上，改变传统的版面设计，设"美丽新浦""物华新浦""便捷新浦""实力新浦""繁荣新浦""文明新浦""人文新浦""宜居新浦"8个专题，开卷即将新浦区的特色展现给读者；设立"旧貌留存"专栏，保存48张具有代表性的老照片，增强志书存史功能。

2018年，该志被评为江苏省地方志优秀成果篇目设计、内容记述2个单项优秀。

（韩世泳）

【编修纪略（节选）】

《连云港市新浦区新志》编修工作自2005年11月底启动，至2013年12月，历时8年，完成志稿；于2014年3月通过市地方志办公室验收。整个编修工作大致经历前期准备、宣传发动、分志撰写编纂、志稿总纂和终审、验收5个阶段。

2005年11月，遵照国务院和省、市人民政府部署，区委、区政府将二轮修志工作作为全区一项文化工程摆上日程。区地方志编纂委员会根据全国二轮修志要求和因行政区划调整，新浦区地域范围扩大数倍，自然环境、产业结构等方面均发生巨大变化的实际情况，决定按照2005年底的区域范围重新编修一部贯通古今的区志，以便完整地记述全区各个方面的变化发展情况，更好地发挥区志存史、资政、育人功能，服务全区改革开放和经济社会发展。为别于一轮新修志期间编修出版的《新浦区志》，新编区志定名为《连云港市新浦区新志》。据此，区地方志办公室即开始制定编修计划、凡例，初定编章结构和编修目录的征求意见稿等各项工作。此为前期准备阶段。

2006年5月19日，区委、区政府召开全区二轮修志工作会议，进行宣传发动，将区志编修任务落实到各乡、镇、街道及全区相关部门、单位。各乡镇、街道、部委办局先后成立地方志工作领导小组，确定修志工作具体负责人和撰稿人。6月28日，举办全区二轮修志人员培训班，请市地方志办公室领导进行业务辅导，提高基层修志人员思想认识，初步掌握志稿编写基本要求。此为宣传发动阶段。

2006年7月，全区各分志承修单位全面开展资料搜集、资料长编整理和初稿撰写工作。经过两年半的努力，绝大部分单位完成分志稿撰写任务，区地方志办公室也基本完成大事记、建置区划、自然环境、艺文、宗教、民俗和方言等相关自写编章志稿。2009年1月起，区志办按程序先后对各分志稿进行个别指导、修改加工并逐编召开评审会，邀请相关的市主管部门、地方志办公室专家和部门、单位领导、熟知情况的老同志参加评审。根据评审会上大家提出的修改意见，撰稿人进行加工修改，符合要求后报区志办，由各责任副主编进行分纂。此为分志撰写编纂阶段。

2011年1月起，区志稿开始进入总纂阶段。先由主编“一支笔”按照“凡例”和调整后的编目进行编纂。形成总纂初稿后，区志办进行集体讨论，再由主编调整修改，几经加工，于2012年年底完成总纂稿。此为总纂阶段。

2013年3月12日，市地方志办公室召开《连云港市新浦区新志》终审会。参加会议的各位领导和专家在充分肯定《连云港市新浦区新志》志稿同时，对志稿也提出很多中肯的意见和宝贵的修改建议。区志稿原则通过终审后，区志办根据评委们的意见和建议，从结构调整、资料补充到行文规范等方面作进一步加工修改，于2013年12月完成并向市志办报送了呈请验收稿。于2014年3月通过验收，准予出版。此为终审、验收阶段。

2014年7月初，中共连云港市委、连云港市人民政府，根据国务院批复和江苏省人民政府通知精神，对部分行政区划进行调整，撤销新浦区、海州区，设置新的海州区。建区59年的新浦区完成历史使命。为保存《连云港市新浦区新志》下限2005年以后至新浦区撤销前的有关重要资料，区志办又抓紧时间搜集资料，将“大事记”由原记至2013年12月底，延伸为记至2014年7月8日；同时，在《附录》部分增录了《2006年1月—2014年7月5日新浦区党政领导人更迭情况表》和《中共连云港市委、连云港市人民政府关于调整部分行政区划的通知》。

《连云港市新浦区新志》编修工作得以顺利进行，其根本保证是区委、区政府高度重视。全区二轮修志工作开始后，区委、区政府领导即指出，这是全区一项系统的文化工程，要求全区各单位高度重视，认真参与。并按照国务院颁布的《地方志工作条例》要求，做到“一纳入”“五到位”；在编修过程中，区委办公室、区政府办公室还多次组织有关人员到各单位进行督查、指导，印发督查情况通报；区政府坚持每年召开一次地方志工作总结表彰会，促进全区二轮修志工作不断深入开展。

全区各单位的积极、认真参与，为区志编修工作提供了组织和人力保证。修志工作启动后，全区各乡镇、街道及部委办局都相应成立修志工作领导小组，确定各分志稿撰写人员，提供工作条件。全区先后有200余人参与分志编修领导和撰写工作，使区志分志编修工作从始至终有人管、有人干。

全区二轮修志工作得以顺利进行的另一个原因是区志办及其编修人员的共同努力。区地方志办公室虽非正式机构，区志办主任、副主任（均为兼职）换了几任，但大家对区志办工作关心、支持力度没有变，区志编修中遇到具体困难，均能及时得到解决；区志办的编修人员虽都是应聘退休人员，但大家都以编修良志为己任，认真做好各个环节的具体工作，坚持质量第一原则，坚持以人为本，坚持将体现志书功能作为出发点和落脚点，力求资料丰实、真实，先后4次对区志总纂稿进行较大的调整加工，即使在通过验收后，仍根据专家建议，再次对志稿个别编章进行调整、增补，力求凸显新浦区是连云港市政治、经济、文化、教育、信息中心，域内资源丰富、人才荟萃的区情特色和改革开放的时代特色，以更好地发挥志书存史、资政、育人的功能。

《赣榆县志》
目录

赣榆县志

赣榆县县志编纂委员会编。1986年5月启动编纂，1997年10月由中华书局出版。主编杨少华、郑涛，执行主编孙继和，副主编盛志良、葛永明，编辑张广金、李冰，顾问孟昭荣。

全书1册，180万字，图片146幅（志首145幅、随文1幅），表格314张。记述范围为1990年赣榆县行政区域。记述上限追溯事物发端，下限1990年，大事记、人物和个别有延续性的重大事件、图片延至1996年。述、记、志、传、图、表、录诸体并用，以志为主。志首设序、凡例、概述、大事记，志末设附录（含编纂纪略）、跋。全志设29篇：建置、自然环境、人口、农业、渔业、水利、工业、盐业、交通、邮电、城建环保、商业、财政税务、金融、经济管理、政务、党派社团、民政、人事劳动、治安司法、军事、教育、科学技术、文化、卫生、体育、社会生活、方言、人物。

秦山岛是江苏省为数不多的近岸海岛。志书在自然环境篇地形章中设秦山岛节，记述该岛地形地貌、历史遗迹和主要景点。设盐业篇、渔业篇，重点记述盐业生产、海洋捕捞、海水养殖等，彰显赣榆盐业、渔业的悠久历史和地域特色。水利篇收录历代治水纪略，比较有特色，兼有存史价值。人物篇设人物传略、名人简介、人物表，为汉代以后对赣榆有影响的60位已故人物立传；为132位革命烈士和古代名人作简介；革命烈士表收录烈士1806人，英模表收录获省、部、军级以上表彰的先进人物316人，贡举表收录历代进士、举人、贡生632人。附录留存大量史料，包括赣榆建县年代与县名来历研究、徐福研究、赣榆县碑文选、赣榆县古诗文选，对赣榆历史研究具有一定的参考价值。

2001年，该志获江苏省第三次地方志系统优秀成果志书类一等奖。

（李家君）

【编纂纪略（节选）】

建国后县志编纂机构与人员配备。赣榆县1959年10月成立县志编纂委员会，借调工作人员3名。1961年5月修志工作停顿。1963年1月成立县志编修文献委员会，借调工作人员4名。1966年5月“文化大革命”开始，修志工作停止。1980年底成立县志编纂委员会，下设办公室，借调工作人员8名。1982年1月，县志办公室与中共赣榆县委党史办公室合署办公。1986年2月重新成立编纂委员会，县志办公室定编7人。

《赣榆县志》资料征集。1980年，中共赣榆县委要求县直机关各单位编写发展史。1981年底，有半数单位编成了发展史初稿，为编写县志保存了许多资料。1986年5月2日，赣榆县人民政府发布关于征集新编《赣榆县志》资料的布告。1989年7月，中共赣榆县委、县人民政府召开县志工作会议，要求县直机关各单位编修专业志、报送县志资料，各单位共报送县志资料160余万字。1959年10月至1993年，全县修志人员奔波5万余公里，共查阅文献2800余卷，抄录资料1080万字；采取发函、专访、开座谈会等方式，向在赣榆县工作过的老干部征集了大量回忆录、专题材料等。

《赣榆县志》编纂。1994年5月，县志办公室广泛征求县内方志界老同志和各专业行家的意见，拟定县志篇目。县志总纂稿由编辑分工执笔。在编写过程中，发现县志资料有不少漏、误。经过1年又4个月的共同努力，完成了200万字的县志总纂稿。1995年9月28日，通过江苏省地方志办公室组织的专家评审。10月，县志办公室将县志总纂稿分送给中共赣榆县委、县人大、县政府、县政协领导和县直机关各单位、各乡镇，广泛征求意见。1996年8月完成县志验收稿。1997年2月通过了江苏省地方志办公室的验收和中华书局的终审终校。1996年10—11月、1997年3—9月在石桥镇石岭村和中共赣榆县委党校完成6次校稿。1997年10月由中华书局出版。

赣榆县志（1990—2009）

连云港市赣榆区地方志编纂委员会编。2006年10月启动编纂，2018年4月由方志出版社出版。主编王淙，执行主编徐学鸿，副主编王洪德、葛均坡、陈博林，编辑王铜起、戚贵森、葛永明、王诵诗、何宜隆、吴茂祥、庄青、徐宝田、祝新华、陈艳、王贤华、尚衍壮、朱落心、刘传贤、王秋艳、王英、王帆、夏彩玲、王霞。

全书2册，210万字，图片572幅（志首117幅、随文455幅），表格139张。记述范围为2009年赣榆县行政区域。该志为《赣榆县志》（1997年版）续志，记述上限1990年，衔接前志，部分内容适当上溯，下限2009年，志首图片延至2016年。述、记、志、传、图、表、录诸体并用，以志为主。志首设序言、凡例、总述、大事记，志末设附录、索引、后记。全志设36篇：政区·资源·环境、人口、城乡建设与管理、交通、水利、经济综述、开放型经济、农业、海洋经济、工业、盐业、建筑与房地产业、商贸服务、旅游、信息产业、金融业、财政·税务、综合经济管理、中共赣榆县委员会、赣榆县人民代表大会、赣榆县人民政府、政协赣榆县委员会、工商联与人民团体、公安·司法、军事、科学技术、教育、文化·广电·体育、徐福文化、卫生、人事·劳动、民政、社会生活、方言、人物、乡镇。

《赣榆县志（1990—2009）》目录

以海洋渔业为主的海洋经济是赣榆的特色产业，志书升格设海洋经济篇，记述海洋与渔业管理、海洋捕捞、海淡水养殖、水产品市场、渔港、渔业企业与园区，内容丰富，特色突出。设盐业篇，记述盐务管理、盐业体制改革、盐业生产销售和盐田建设，地域经济特色显著。为体现改革开放的时代特征，该志设开放型经济篇，记述对外经济贸易体制改革、招商引资、对外贸易、经济技术交流与合作等内容。为突出体制改革，对涉及外贸、农村经济、工业、盐业、住房、商贸、财税、教育、文化、卫生、人事等改革进行分散记述，在相关篇单独设章节进行记述。为加强对宏观经济的记述，设经济综述篇，记述经济结构（所有制结构、产业结构、劳动力结构）、经济发展（固定资产投资、地区生产总值、产业发展、财政收入、在全省经济发展位次排名）情况。注重地域文化记述，设徐福文化专篇，记述相关研究和节庆活动，放大徐福故里的名片效应。附录列出前志勘误表，对前志的史实错误、文字错误等修订近200处，体现编纂者的严谨风格和负责精神。

（李家君）

【后 记（节选）】

根据国务院办公厅《关于进一步加强地方志编纂工作的通知》（国办发〔1996〕47号）和省政府办公厅《关于做好新一轮地方志编纂工作的通知》（苏政办发〔2005〕84号）文件精神，2006年10月，作为全省二轮修志试点单位的赣榆县政府召开全县地方志编纂工作动员会，全面启动二轮县志的编纂工作。十年间，赣榆区（县）政府适时成立和调整县志工作领导小组4次，赣榆区（县）委办、区（县）政府办先后下发《关于催报相关县志所需材料的通知》《关于报送二轮志书编纂工作所需材料的通知》等10多次。我办先后下发《关于续修〈赣榆县志〉资料长编的编写要求》《关于续修〈赣榆县志〉大事记资料的编写要求》《关于续修〈赣榆县志〉入志图片的要求》《关于续修〈赣榆县志〉人物资料的编写要求》等修志材料达20份，组织全区（县）性的动员、督促、培训会议7次。2015年2月志稿进入分纂阶段，2015年10月进入总纂阶段，2016年1月送审稿件通过连云港市地方志办公室的终审验收。2016年12月，《赣榆县志（1990—2009）》（验收稿）通过连云港市地方志办公室的验收，且志书通过方志出版社的审核，同意出版发行。2017年9月，江苏省地方志编纂委员会办公室下发关于《〈赣榆县志（1990—2009）〉审核并同意报同级人民政府批准出版的批复》。2018年1月，赣榆区人民政府批准《赣榆县志（1990—2009）》出版。

由于《赣榆县志（1990—2009）》记述时间跨度长，记述内容广，资料收集难度大，加之在首轮县志修编完成后相关修志人员的退休和转岗，志稿修编的难度较大。在10年的修志过程中，我办始终坚持质量第一的原则，以佳作良志为目标，全力彰显地方特色和文化特色。为提高修志质量，我办在县志修编过程中聘请了有首轮修志经验或者有编修县志专长的老同志参与修志工作，组建修志编辑部，出台县志质量考评制度和学习研讨制度，并组织县志编纂人员先后到江宁、海安、溧阳、浙江宁波等地考察、交流与学习。结合《赣榆县志（1990—2009）》续志编写的具体情况，我办对志稿的时限、体例、审稿等都作了严格的规定，统一各单位、各部门的编写口径，在编写时力求突出重点，避免重复。在总纂稿完成后，我办陆续开展三个层面的征求意见活动，分别向涉及的相关单位和部门征求意见，向区委、区政府现任和离退休老领导征求意见和向省内外的修志专家同仁征求意见。

东海县志

东海县地方志编纂委员会编纂。1989年7月启动编纂，1994年3月由中华书局出版。主编张永安、袁堂贵，执行主编樊继苏，副主编花景庭、余震西、蔡中堂，编辑刘超、吕士兵、余震西、花景庭、周宛儒、蔡中堂、樊继苏、薛清渭。

全书1册，132.8万字，图片63幅（集于志首），表格256张。记述范围为1990年东海县行政区域。记述上限尽量追溯事物发端，下限1990年，人物传、大事记延至1993年。述、记、志、传、图、表、录诸体并用，以志为主。志首设序、凡例、概述、大事记，志末设跋。全志设33篇：建置、自然地理、矿藏、人口、城乡建设、经济综述、农业、多种经营、水利、农业机械、工业、交通、邮电、商业、粮油、金融、财政、税务、综合经济管理、政党社团、政务、治安司法、民政、人事劳动、军事、教育、科学技术、文化、方言、民俗·宗教、卫生、体育、人物。

为突出地方特色，志书设农业篇、多种经营篇、农业机械篇，全面展示东海作为农业大县之物产丰富，其中农业机械单独设篇，在同期志书中较少见。设水利篇，记述河道治理、排灌工程、农田水利、水库涵闸工程等，展示东海县的治水历程和治水成果。东海县矿藏资源丰富，该志设矿藏篇，记述宝玉石等非金属矿及地下热水（温泉）、矿泉水等地下水资源等内容，特色鲜明。为加强对宏观经济的记述，设经济综述篇，记述社会总产值、国民收入、国民生产总值、国民财产、工农业总产值、人民生活等内容。东海是革命老区，该志重视对英雄人物的记述，革命先烈、仁人志士和英雄人物立传32人、入表208人、入英名录1462人。

1994年，该志获江苏省地方志工作优秀成果二等奖。

（张守忠）

【跋（节选）】

东海建县83年，无一部县志。民国政府议修未成。50年代末，曾组织几位老人编修，两年时间征集万余字资料。80年代初成立县编史修志委员会暨办公室，3年时间征集大量资料，整理编辑《东海县革命斗争史稿》《东海县大事记（1912—1982年）》，后因人事调整，修志工作再次中断。随着经济、政治和各项社会事业的深入发展，亟待编修一部志书，以发挥资政、存史和教育作用。为此，1989年组建修志机构，选调人员，拟订方案，着手实施这项巨大文化工程。1990年初，县直83个单位相继成立修志机构，配备200余名专（兼）职修志人员；聘请两位老干部为办公室顾问；举办全县修志人员培训班，明确修志意义、要求、方法和工作步骤。从此，县志编修工作紧张有序地全面展开。

按照总体部署，全县各乡（镇、场）、县直各单位编写部门志和专业志，为县志提供基础资料；县志办公室负责资料的征集、整理和县志编纂工作。1991年，县志办公室工作人员

《东海县志》目录

先后到中国第二历史档案馆、省档案馆、南京图书馆、省社会科学院、省地方志办公室资料室等部门和单位，查阅档案资料382册，抄录、复制民国时期有关东海史料751件，约57.5万字；赴苏州、杭州、哈尔滨等地，征集资料20余万字；在县档案馆查阅档案900多卷，抄录卡片1000余张，约200万字。至12月共征集和整理资料2300余万字，抄录卡片2000张，约400万字。1991年底，县志办公室开始县志总纂。至1992年，83个单位全部完成部门志和专业志。1993年3月完成县志总纂稿。在广泛征求意见的基础上，先后进行两次修订，并请省市专家进行预审。7月完成《东海县志》送审稿，凡33篇，130万字。10月上旬《东海县志》稿通过省市评审。评审后，县志办公室对志稿再一次进行全面修改补充，历时3月，完成验收稿。1994年1月经省市县批准，送中华书局出版。

东海县人民政府副县长　刘恒益

《东海县志（1990—2010）》目录

东海县志（1990—2010）

东海县地方志编纂委员会编。2006年初启动编纂，2016年10月由方志出版社出版。主编朱荣、张辉，执行主编张守忠，副主编王忠新、唐其德。总纂胡利民，副总纂尚爱民、俞爱祥、程思久、孙立、米恒林、樊振。编辑王宗富、王秋侠、王科生、陈宗照、金兴华、周文林、葛坤山、谢兆勤、解学亮、肖保进、樊振。

全书2册，238.2万字，图片487幅（志首87幅、随文400幅），表格369张。记述范围为2010年东海县行政区域。该志为《东海县志》（1994年版）续志，记述上限1990年，衔接前志，下限2010年，部分内容适当追溯或下延。对于前志已载的基本地情等项，志书酌情复载或简载；前志漏载的某些事项，志书给予补载；建置·区划·人口、宗教、民主党派等编从事项发端时写起；人物收录时间上限不限，对上一轮志书收录的人物，予以复载，下限延至2016年10月。述、记、志、传、图、表、录诸体并用，以志为主。志首设序、凡例、总述、大事记，志末设附录、索引、编后记。全志设36编：建置·区划·人口、自然环境、东海水晶、羽山温泉、东海少儿版画、城乡建设与管理、环境保护、交通·能源、水利、经济综述、开放开发、农业与农村工作、工业、建筑业·房地产业、商贸服务和旅游业、金融业、邮政·通信、财政·税务、经济综合管理、中共地方组织、人民代表大会、人民政府、人民政协、民主党派·工商联·社会团体、政法·军事、科学技术、教育、文化·体育、诗文·著述、卫生、精神文明建设、人事·劳动·社会保障、民政、民俗·宗教·方言、乡镇场及省属单位、人物。

为彰显地方特色，志书把东海“三件宝”——东海水晶、温泉、少儿版画分别从环境、旅游、文化等编中析出，升格处理，设东海水晶编、羽山温泉编、东海少儿版画编，并前置。东海水晶编设水晶资源、加工与贸易、水晶市场等章，反映东海水晶的储量、质量、开采、贸易情况；另设水晶文化章，收录水晶文化品牌、水晶文化传播、水晶纪事、水晶名人、咏水晶文学作品、水晶歌曲等，书后附录还有3篇与水晶有关的文章。工业编将东海县支柱工业、特色产业硅工业从工业门类中析出，升格为章，全面反映东海县作为全国硅材料产业基地的特色。该志突出时代特征，设开放开发编，集中记述东海县开放型经济的发展历程；设精神文明建设编，从文明创建、思想道德建设、文明新风、爱国主义教育等方面设章立节，全面系统记述东海县社会进步、观念更新和人的精神面貌的变化。

在记述方法上，部分内容记述采取突破上限、贯通古今的方法，如建置·区划·人口、自然环境、东海水晶、羽山温泉、东海少儿版画、诗文·著述等编。突破单一志体的局限，将文学作品、通讯报道和歌曲曲谱录入正文，在同期志书中不多见。在人物编，打破时间节点，采取复载的办法，使该编资料更翔实、可读性更强、联系面更广。

记述内容上，该志重视人文内容的记述，其中教育、文化·体育、诗文著述、精神文明建设、民俗·宗教·方言、东海少儿版画、东海水晶等9编分量占到全书的四分之一。中共地方组织编中的重大决策章，设推进思想解放、制定发展战略、坚持改革开放、建设特色东海、优化发展环境、加强精神文明建设6节，记述县委对当地改革开放发挥的领导作用。经济综述编中居民生活章、经济体制改革章，从农村到城市，从农业到工业、商贸服务业，从体制到机制，从产业到居民收入，全景式再现东海县改革发展历程。此外，全书收录专记6篇，内容涉及中国东海新水晶城建成、东海县被授予“世界水晶之都”称号、援川施工、石梁河水库污染、重大安全事故等。

2020年，该志在江苏省地方志书质量评定中被评为优秀成果。

（张守忠）

【编后记（节选）】

从2006年启动，到2016年正式出版发行，《东海县志（1990—2010）》历经了整整十年。全志主体篇目36个编，志首设序、凡例、总述、大事记，后缀附录、索引、编后记。全志共238万字，选用插图400余幅，直观形象，图文并重，以期能更好地展示东海面貌。

盛世修志，是中华民族的优良传统。2006年，东海县正式启动二轮修志工作。6月，县政府召开第十四届第五十六次会议，听取东海县续修志书工作初步安排的情况汇报，研究通过关于修志工作的建议方案，对修志的人员、经费进行落实。7月，全县修志工作动员大会召开，印发相关文件。11月，全县修志工作培训班成功举办，150多名县志修编人员参加脱产培训。2008年7月，成立县志编辑部，各乡镇、各部门相应成立修志编纂机构并落实专门修志人员。2008年年底，完成部分资料收集工作。2010年5月，全县地方志工作推进会和培训会召开，下发《关于切实做好二轮修志工作的通知》，对修志方案和篇目进行修订，将下限时间从2005年延长至2010年，志书时间跨度从16年变为21年。同年6月，聘请和抽调8名同志担任责任编辑，加强稿件的编辑整理工作。2013年年初，县志办明确副主任张守忠专门负责县志续修工作，聘请3名总纂人员，修志工作稳步推进。2014年年初，对原总纂组人员进行调整，新聘2名总纂人员和1名编辑人员。2014年5月22日，全市史志工作推进会在东海召开，市党史办（地方志办）领导对东海县修志工作的经验做法给予充分肯定。2014年年底，完成初稿。2015年7月，完成征求意见稿；9月，完成终审稿，终审稿同时报方志出版社审查；10月，市地方志办对县志进行终审。2015年底，方志出版社审查通过。2016年2月，完成验收稿，报市地方志办验收，并征求县四套班子领导意见。根据终审、出版社审查和验收中发现的问题与不足，广泛听取修志专家和县领导的意见和要求，编纂者精心修改、反复打磨，数易其稿。2016年9月，报省地方志办进行审核后同意交付制版。2016年10月定稿付梓。

编纂一部县志，就是学习和探索的过程。回顾十年的修志之路，主要有以下6点做法：一是落实编纂责任。县志办公室全体人员，每人负责一定量的篇章推进任务，把指标分解落实到人头，做成图板挂到墙上，逐条落实，按期推进，确保千斤重担众人挑，人人头上有指标。二是致力攻克短板。对于撰写工作滞后的篇章，逐篇攻克。如《工业》《经济综述》《经济综合管理》《人物》等编，聘请专业人员进行撰写。三是建立例会制度。每两星期召开一次例会，督查进展情况，分析存在问题，研究后续工作。四是重视业务学习。组织集体学习《地方志工作条例》《江苏省实施〈地方志工作条例〉办法》等有关文件精神，订阅《中国地方志》《江苏地方志》《咬文嚼字》《连云港史志》等业务刊物，安排总纂组全体人员参加省、市修志业务培训班，多次到苏南、苏中、山东、浙江等修志先进单位学习取经，不断提高业务知识水平、开阔视野。五是强化工作创新。对篇章结构进行科学性、创新性的调整，例如，在体例安排上，把东海三件宝——水晶、温泉、少儿版画的内容由章升格为编，并前置。在人物编编纂过程中，打破时间节点，采取复载的办法，使该编资料更翔实、可读性更强、联系面更广。六是提高工作效率。第一轮总纂稿在2014年年底完成后，由总纂组5个人以及主编、副主编分工包干，对每编稿件以流水线式的工作方法进行修改，从不同角度精心打磨，查漏补缺，最后由总纂一支笔统稿。

【志评】

十年一剑书沧海

——读《东海县志（1990—2010）》

陆瑞萍

《东海县志（1990—2010）》系《东海县志》的续志，她以200余万字的篇幅客观、系统地记述了1990—2010年间东海县自然、政治、经济、文化、社会等方面的历史与现状，突出展现了东海县改革开放取得的重大成就和发生的变化。全书内容丰富，资料翔实，体例科学，文字流畅。读后掩卷回味，给我留下印象最深的是“四新”——新时期、新地情、新写法、新体裁。

一、记述了新时期

第二轮志书区别于旧志的最大特色，是要反映各地改革开放时代背景下的新发展。这一时期，是以改革开放为主旋律的时代，是人们精神面貌焕然一新的时代，是新生事物层出不穷的时代。《东海县志（1990—2010）》浓墨重彩地反映了鲜明的时代特色。

经济体制、文化教育社会事业各领域的改革和经济的对外开放是二轮志书的记述重点。《东海县志（1990—2010）》的编纂者深谙此道，他们把改革开放作为一条主线贯穿全志。大事记中记述了全县改革开放的大事、要事。设开放开发编，集中记述东海县开放型经济的发展历程。中共地方组织编中的重大决策章，分推进思想解放、制定发展战略、坚持改革开放、建设特色东海、优化发展环境、加强精神文明建设6节，记述县委对当地改革开放发挥的领导作用。经济综述编中的居民生活章、经济体制改革章，从农村到城市，从农业到工业、商贸服务业，从体制到机制，从产业到居民收入，全景式地再现了东海县21年间波澜壮阔的改革发展历程。本轮修志的20余年间，社会主义精神文明建设方兴未艾，成为新时期的一个重要特征。《东海县志（1990—2010）》专设精神文明建设编，从文明创建、思想道德建设、文明新风、爱国主义教育4个方面设章立节，全面详细地记述了东海县社会进步、观念更新和人的精神面貌的变化。对新时期经济和社会发展中出现的新事物，如环境保护、生态建设、民营经济、农业社会化服务、东海经济开发区、保险业、证券业、旅游业、社会保险、互联网与多媒体等内容，《东海县志（1990—2010）》也倾注了足够的笔墨。

二、反映了新地情

地方志姓“地”。因此，一部志书是否恰如其分地反映了地方特色，不仅是新编地方志的一项基本要求，也是衡量其质量优劣的一条重要标准。一个有水平的主编，总是要在志书的篇目上反复推敲，光耀智慧，并反映其对地情的认识和见地。

《东海县志（1990—2010）》的编纂者将东海“新三宝”——水晶、温泉、少儿版画从环境、旅游、文化等编中析出，加以升格处理，设置为独立的编，且前置于书首，使读者一拿到书，就能对东海的资源和经济、文化有一个突出的第一印象。特别是对于水晶，编纂者倾注了极大的热情和心血，在第三编水晶中，设置了水晶资源章、加工与贸易章、水晶市场章，来反映东海水晶的储量、质量、开采、贸易情况，另外专门设置水晶文化章，收录水晶文化品牌、水晶文化传播、水晶纪事、水晶名人、咏水晶文学作品、水晶歌曲等，书后附录还有3篇文章与水晶有关，可谓琳琅满目，异彩纷呈。无论是在内容的容量上还是反映的层次上，《东海县志（1990—2010）》都应该是国内书写水晶比较全面、权威的文献，无愧于东海县作为中国水晶之都、世界水晶之都的美誉。同时在本轮修志中，《东海县志（1990—2010）》突出了文化以及与文化有关内容在全志中的分量。全书共设36编209章，其中，属于文化范畴的内容有教育、文化体育、诗文著述、精神文明建设、民俗宗教方言、东海少儿版画、水晶等9卷55章，占到全书的四分之一。在工业编中，编纂者将东海县支柱工业、特色产业的硅工业从工业门类中析出，升格为章，下设石英砂、硅微粉、石英玻璃管、石英电光源、晶体元器件5节，全面反映东海县作为全国硅材料产业基地的特色。东海县是国家级生态示范区，是连云港市污染较少、生态保护良好的县域之一，也是江苏省最早开展新人新事月度评选的县，《东海县志（1990—2010）》设立了环境保护编、精神文明建设编，既是对东海县1990—2010年间时代发展特色的反映，也是对本县地情和发展环境的彰显。

三、采用了新写法

不拘一格，增强资料性。总结第一轮修志的经验，最大的收获是抢救了一大批珍贵的历史资料。即便如此，第一轮志书许多资料还是缺失过多，尤其是过于偏重经济、轻视人文社会内容，结果是人文社会部类占比过少，许多事物记述不清，留下遗憾。新编的《东海县志（1990—2010）》在弥补这类缺憾方面做了一些工作，如建置区划、自然环境、东海水晶、羽山温泉、少儿版画、诗文著述等编，在记述时限上采取突破上限（一般从事物发端写起）、贯通古今的方法，在记述内容上采取汇集资料、集中记述的方法，在记述方法上突破单一志体的局限，将文学作品、通讯报道和歌曲曲谱录入正文，这在其他县区志中是少见的，是一个大胆的尝试。诗文著述编收录东海籍作者歌咏东海的诗歌、散文、小说、戏剧作品40篇和150部著述的版本情况。此外，在水晶编、温泉编中，也收录了有关歌咏水晶、温泉的诗歌若干首，可以引起读者浓厚的阅读兴趣。《东海县志（1990—2010）》对入志资料的慎重选择，对于进一步挖掘和弘扬东海县悠久的历史文化和深厚的人文底蕴，必将发挥恒久的影响。

详略得当，突出重点。胡乔木同志在全国第一次地方志工作会议上指出："地方志应做到详细，同时应做到简略。"这就要求编纂者既要有明确的指导思想，能对材料进行科学筛选；又要有扎实的语言功底，能对筛选的内容进行准确的表述，详其应详，略其应略。就《东海县志（1990—2010）》来看，详今略古、详主略次、详异略同，是编纂者宏观把握的基本原则；就某一章节、某一条目或某个事物的表述来看，编纂者不仅巧妙地恪守了这些原则，而且还依据事物的特点以及在全编或章节中的位置，注意采用多种方法处理详与略的问题。志稿中用的最多的是"参见"，如因为单独设立了水晶编、温泉编，旅游章中的相关内容就只作参见，以避免重复。文化编中的文学创作章艺术创作节设了民间文艺目，第四章又单设了民间文化章，就注重从不同视角作此详彼略的介绍，民间文艺目简写，民间文化章详写；民间文艺目主要写获奖情况，民间文化章主要录歌曲、谚语、民间故事的具体内容。

语言简约，朴实雅重。地方志是"一方之全史"，方志内容的广泛性、资料性、可靠性、地方性、科学性，决定了其语言的风格务须严谨、朴实、流畅、简洁，而且原则上应该述而不论，主要通过事实来说话，寓理于事，述中寓评。在这点上，《东海县志（1990—2010）》银装素裹，不俚不华，耐人品读。东海县是文化大县，地灵人杰，文才荟萃，历史上曾出过鲍照、朱自清等文章大家，但新县志的编纂者并不以此自傲、信笔挥毫，而是严格按照新方志的编写原则，文风尚简，点墨求实。这不仅表现在对一般事物的表述上，就是对本境的优势、名胜、闻人、特产的记述，也毫不例外。比如境内的羽山温泉闻名遐迩，沈鹏、林散之、费新我、费孝通、胡绳、尉天池等都曾为之题字。《东海县志（1990—2010）》的编纂者们也深知其价值之所在，所以，在志稿中单设一编加以反映，但在篇幅和行文上却真正做到了惜墨如金，朴实简洁。羽山温泉编设3章8节，不足5000字，不事雕饰，不枝不蔓，述而不论，显示了编纂者较高的驾驭语言的能力。"浮华未必真娇艳，淡雅之中见丽人"，志书的语言和文风当如是。

四、运用了新体裁

《关于地方志编纂工作的规定》指出："地方志的文体，采用规范的语体文。"这是毫无疑义的。但由于记述内容的不同，在具体表述时，则往往不拘一体，要记、述、志、传、图、表、录等各种体裁并用。

图表。《东海县志（1990—2010）》前有专题彩页，正文中随文用图393张，表369个。数量之多，在县区志中是少有的。最难能可贵的是，编者在有些编章，有意识地选用了同一主题或同一地点的前后对比图，使东海日新月异的变化跃然读者眼前。再如环境编气候章矿产资源节、建置编人口章的表格，将复杂的内容浓缩在方寸表格中，既清晰又完整，一目了然，增强了志书的资料性、科学性。编纂者在图表的总体设计上进行了认真的构思和巧妙的编排，因而使选用的这些图、表不但成了志文的有机组成部分，进一步丰富和深化了志书内容，而且有效地活跃了版面，增强了可读性，构成了该志质量上乘的又一要素。

专记。《东海县志（1990—2010）》凡例三：“本志按照现实社会分工和科学分类相结合的原则，共设36编。志首设地图、彩页、序、凡例、目录、总述、大事记。专记附有关编末。志末设附录、编后记。”说明专记作为方志非常规体裁，受到了该志编纂者的重视。全书共收录6篇专记，内容涉及中国东海新水晶城建成、东海县被授予世界水晶之都称号、援川施工、石梁河水库污染、重大安全事故等，以独特的内容、动人的细节、生动的语言，给人留下深刻的印象。

索引。索引是辞书、年鉴、百科全书等工具书常用的体裁。首轮社会主义新方志编纂过程中开始运用于志书的索引，其实也是志书的一种新体裁，应该纳入方志诸体之中。任何事物都在发展变化，方志体裁也不是一成不变的，它必须随着时代进步而不断更新。《东海县志（1990—2010）》编制了主题词索引，收录词条万余条，按照首字母的拼音顺序排列，增加了读者目录之外的检索途径，方便了读者查找阅读。

如同世界上没有完美无缺的事物一样，《东海县志（1990—2010）》也有其不足和欠当之处。比如个别地方交叉重复；有些条目资料时间跨度大，未能全面反映21年间发展全貌；随文图片说明要素不全、资料性不强；部分人物传略内容显得平淡，不够生动、感人等。尽管如此，《东海县志（1990—2010）》在近几年出版的新县志中，仍不失为佳志。

从2006年启动编修，到2016年成书出版，《东海县（1990—2010）》的编纂者们付出了艰辛的努力。十年一剑书沧海，在这部大书中，东海县的过去、现在和可以想见的美好未来正在我们面前徐徐展开……

（原文刊载于《江苏地方志》2017年第1期）

灌云县志

灌云县地方志编纂委员会编。1984年10月启动编纂，1999年9月由方志出版社出版。总纂袁洪宝，副总纂孙明、范庆余、史国成、孙绪文、冯桂祥、郑厚忠、江尧运、汤成奋，编辑平淑娟、史国成、冯桂祥、孙绪文、江尧运、陈鹏、汤成奋、郑厚忠。

《灌云县志》目录

全书1册，176万字，图片99幅（集于志首），表格265张。记述范围为1990年灌云县行政区域。记述上限追溯事物发端，下限1990年底，人物、大事记延至1998年。述、记、志、传、图、表、录诸体并用，以志为主。志首设序、凡例、概述、大事记，志末设附录、跋、编后记。全志设30篇：建置区划、自然环境、人口、城乡建设、水利、交通、邮电、农业、盐业、工业·建筑业、商业、粮油、财政、税务、金融、经济管理、党派社团、政务、民政、劳动人事、治安司法、军事、教育、科技、文化、卫生、体育、民俗宗教、方言、人物。

为突出灌云作为淮盐重要产区的地方特色和盐业规模化生产的产业特色，该志设盐业篇，记述制盐历史、工艺、产量和盐业的运输与管理等内容。为体现时代特点，突出粮油的重要性，特别是在中华人民共和国成立后计划经济时期发挥的重要作用，志书设粮油篇。为彰显地方民俗文化特色，民俗宗教篇设渔民·盐民习俗章。该志重视人物等人文内容的记述，篇幅约占全书的十分之四，其中人物篇约占全书的十分之一。灌云是革命老区，人物篇分乡镇专门记述灌云地区的革命烈士名录。文化篇记述文艺创作、乡谚、童谣、故事以及文物古迹、文物藏品等，丰富了地域文化的内容。附录收录文告、碑铭记、古诗吟灌云、文选等内容，增强志书的资料性和传承性。

2001年，该志获江苏省地方志系统优秀成果一等奖。

（孙惠芹）

【编后记（节选）】

灌云县始建于民国元年（1912）。民国23年（1934）10月，国民政府曾议修县志，成立县志局，因抗战未果。50年代末，县文化馆组织人员收集整理了部分资料。1984年10月，中共灌云县委、县人民政府发出《关于成立灌云县地方志编纂委员会的通知》，并调集人员，设立办公室，开展工作。

1985—1995年的10年间，主要工作大体分为收集资料，议定提纲，试写篇目，总纂、评审。办公室初建时，首先安排编修人员学习中国地方志指导小组关于《新编地方志工作暂行规定》和省志办有关文件，组织参观省内修志先进单位。在此基础上，制定了新编县志纲目和实施规划，着手收集资料，编印《县志通讯》。并帮助县有关部门建立修志机构，先后指导各有关部门出版了10余部专业志。在收集资料过程中，坚持边征集、边整理、边核实，先后共收集整理资料2000多万字。根据省志办的要求，1987年编印出版了《灌云概况》。

从1989年起，又陆续编印了1912—1949、1949—1959、1960—1969、1970—1980、1981—1995年《灌云县大事记》（征求意见稿）。按照县志的编写要求，参考有关县的县志篇目，结合收集的资料，突出地方特色，先后5次议定篇目，确定全志书为30篇167章，并以第22篇《军事》试写，集体评议，从中汲取编写志稿的经验教训。

1995年下半年，根据有关单位提供的专业资料，县志办公室建立工作责任制，实行任务到人，定期完成。

1996年1月17日，邀请省、市地方志办公室及有关县区和单位的领导、专家、学者，在伊山宾馆举行了《灌云县志》稿评审会。会后，根据评审意见对志稿作了调整和修改。1997年12月报请省志办验收。1999年4月，《灌云县志》进入总纂和校订阶段。

灌云县志（1984—2005）

灌云县地方志编纂委员会编。2006年9月启动编纂，2018年8月由方志出版社出版。主编刘盾，副主编张再楼、耿学贵、何洪斌、夏玲、孙惠芹，总纂张再楼，副总纂江尧运、陈鹏，分纂潘润华、朱崇辅，编辑韩玉亮、张远、朱璐、谢晓菲、孙越、王春、杨兴松、吴士礼、范庆鸿、贺守能。

全书2册，229万字，图片566幅（志首236幅、随文330幅），表格385张。记述范围为2005年灌云县行政区域。该志是《灌云县志》（1999年版）续志。记述上限1984年，下限2005年，对前志的重要篇章作适当复载，对各类事物源头作简略追溯，大事记、人物、附录中收录的文献资料及图片等延至2017年。述、记、志、传、图、表、录诸体并用，以志为主。志首设序、凡例、总述、大事记，志末设附录、索引、后记。全志设34编：建置・人口、自然环境、城乡建设与管理、交通、水利、经济综述、开放型经济、农业、工业、商贸服务业、旅游、邮政・通信、金融业、财政・税务、经济综合管理、中共灌云县委员会、灌云县人民代表大会、灌云县人民政府、政协灌云县委员会、社会团体、法治、军事、科学技术、教育、文化、卫生、体育、劳动和社会保障、民政、社会生活、精神文明建设、乡镇・场圃、驻灌省属单位、人物。

为体现灌云山海相拥、水网密布的地方特色，该志自然环境编设海域、海岛、滩涂、潮汐4章，水利编设挡潮工程、新沂河治理工程2章，旅游编设山地景观节，记述大伊山、开山岛等景观。灌云旋耕机制造业在全国有一定知名度，在工业编设旋耕机产业章，并前置。灌云文化底蕴深厚，文化编设文物章，并设《镜花缘》研究节。该志设驻灌省属单位编，记述东辛农场、灌西农场、五图河农场，在同期志书中也较少见。为突出改革开放的时代特征，该志设开放型经济编，包括对外及港澳台贸易、国际劳务与技术输出、招商引资、工业园区4章。围绕改革开放这一主线，全面记述各领域的改革。农业编设农村经济体制改革章，工业编设工业体制改革章，商贸服务业编设流通体制改革章，教育编设教育体制与教学改革章，文化编设文化体制改革节，卫生编设卫生体制改革章，金融业编有体制改革节，财政・税务编财政、税务2章分设体制改革节，经济综合管理编有计划体制改革、土地使用制度改革、价格体制改革3节，体制改革记述全面。重视精神文明建设，体现时代精神，设精神文明建设编。在记述内容上，重视对宏观经济的记述，设经济综述编，记述经济发展战略、发展计划与执行、经济状况等宏观内容，具有资政价值。重视人物等人文内容的记述，篇幅约占全书的十分之四，其中，人物编约占全书的十分之一，分别以人物传略、人物简介、人物表收录对灌云有影响的人物和在外有影响的灌云籍人物2800余人（传略62人、简介265人、表录近2500人），数量较同期同类志书中为多。

（谢晓菲）

《灌云县志（1984–2005）》目录

【后记（节选）】

灌云县建县后的第一部县志于1999年9

月出版发行，断限至1990年。根据省、市统一部署，灌云县第二轮县志续修工作于2006年9月启动，确定新一轮《灌云县志》续修内容时限为1984年1月至2005年12月，时间跨度22年。修志工作大致分为五个阶段：

第一阶段，组建机构、征集资料阶段（2006年9月至2011年12月）。其间，县政府专门召开二轮县志续修工作动员会议，对县志续修工作进行部署安排，并及时调整县地方志编纂委员会及办公室成员；县地方志办公室下发县志资料征集方案，指导承编单位建立相应的机构并落实编写人员，先后举办多期业务培训班，并组织编纂骨干人员参加省、市举办的编纂业务培训，提高业务人员的能力与水平。县地方志办公室还组织人员深入承编单位指导资料征集工作，为做好编纂工作打下良好基础。

第二阶段，纲目评审、初稿编纂阶段（2012年1月至2014年12月）。2012年2月20日，县委办公室和县政府办公室联合下发《关于进一步做好〈灌云县志〉续修工作和〈灌云年鉴〉2012版编纂工作的通知》，对二轮县志编纂工作进行安排；5月14日，省政府召开全省二轮志书编纂工作电视电话会议。灌云县针对编纂工作实际情况，制定《关于加快推进第二轮〈灌云县志〉编纂工作的实施意见》，并多次召开县志续修工作推进会，全县二轮修志步伐明显加快。至2014年底，全志34编初稿编纂完成，并顺利完成分编初审和复审工作。

第三阶段，调整补充、完成验收阶段（2015年1月至2015年12月）。2015年，县地方志办公室加强编纂队伍建设，从事志书编纂工作的专兼职人员达7人，并根据编纂工作需要，对人员进行合理分工，明确责任和要求，较好地推进志稿充实完善工作。6月23日，县政府办公室专门下发《关于做好〈灌云县志（1984—2005）〉分志稿评审工作的通知》，严格履行初审、复审和终审程序。总纂稿完成后，形成征求意见稿报县委、县人大、县政府、县政协等有关部门审阅，并呈请县部分离退休老干部征求意见。9月16日，连云港市地方志办公室组织专家组，对《灌云县志（1984—2005）》志稿进行终审并获得通过。根据终审组提出的修改意见和建议，编纂人员对志稿进一步进行调整、充实、完善，并于2015年底形成《灌云县志（1984—2005）》验收稿，报市地方志办公室评审验收。

第四阶段，完善提高、上报审稿阶段（2016年1月　至2016年12月）。2016年3月，连云港市地方志办公室审查验收小组书面反馈验收意见，同意通过审查验收，经修改后可以出版。4月起，根据市地方志办公室验收意见，对文稿中资料不全的问题进行再补充，并把需要补充的内容逐一整理，列出清单，与全县所有涉及单位直接见面，明确指出补充意见和时间要求。10月份，全面完成送审稿，报送方志出版社。12月份，通过方志出版社初审、复市和终审，提出了具体的审稿意见。

第五阶段，审核修改、提交出版阶段（2017年1月　至2018年8月）。2017年，根据方志出版社的三审意见，坚持做精做细目标，组织人员对志稿内容进行再充实、再完善、再提高，将志稿印发各责任单位，要求各相关单位安排专门人员对文字内容进行认真审阅，对相关数据进行认真核实，对志稿内容进行审定把关，并由单位主要领导签字加盖公章予以确认。同年8月，完成《灌云县志》审核稿，上报江苏省地方志办公室最后审核。同时，将志稿呈送县四套班子领导、部分离退休老领导，再次征求他们的意见和建议。同步报请连云港市、响水县、灌南县地方志办公室有关专家对志稿进行审阅把关。12月，通过省地方志办公室的审核批复，原则同意《灌云县志（1984—2005）》报同级人民政府批准出版，并提出了修改意见。2018年起，对照省地方志办公室提出的修改意见进行逐一完善，同时对志稿中有关史实再核准、个别用词再推敲。8月，签字付印，正式出版发行。

灌南县志

灌南县地方志编纂委员会编。1986年8月启动编纂，1995年6月由江苏古籍出版社出版。主编张新济，副主编谷通亚、于永宜。编辑汪传信、陈悦忠、孙金龙、尹源、杨培军、孙华。

全书1册，127万字，图片46幅（集于志首），表格272张。记述范围为1987年灌南县行政区域。记述上限追溯事物发端，下限1987年，大事记、人物延至1993年。述、记、志、传、图、表、录诸体并用，以志为主。志首设序、凡例、概述、大事记，志末设附录、编后记。全志设30编：建置、自然环境、人口、农业、林牧副渔业、水利、工业、交通运输、邮电、财政·税务·审计、金融、商业、粮油经营、工商行政管理、经济综合管理、城乡建设·环境保护、党派社团、政权政协、治安司法、劳动人事、民政、军事、科技、教育、文化、体育、医药卫生、社会、方言、人物。

灌南是农业大县，志书设农业编、林牧副渔业编，记述灌南农业生产和多种经营的发展状况。灌南地处淮河、沂河、沭河等下游，素有“洪水走廊”之称，志书设水利编，记述河道治理、排灌工程、防汛抗旱、水利管理等内容。灌南是江苏著名的酒乡，为突出地方特色，工业编设酿酒章，记述槽坊、酒厂、工艺、技术革新等内容。粮油经营编收录计划经济时的购物票券，反映时代特色。附录收录文告、碑记、墓志铭等文献资料以及选录的诗文，增强志书资料性。

（徐 亮）

【编后记（节选）】

灌南县第一部县志的编纂工作始于1986年8月，九度春秋，三易其稿，终于问世。《灌南县志》的编纂过程共经历四个阶段：1986年至1988年底为准备阶段，建立修志机构，组织修志队伍。县成立灌南县地方志编纂委员会及其办公室，乡镇及县直单位成立了修志工作领导小组，全县共组织300多人参加修志工作。1989年至1990年为资料搜集阶段。县、乡修志人员全面系统地搜集资料，足迹遍及县内外，查阅摘抄的档案资料、图书资料、口碑资料等共有2000余万字，并在此基础上，分门别类，整理成资料长编。1991年至1993年10月为志稿编写阶段。县志办公室编纂人员分工执笔，写出分志初稿后，由办公室全体同志进行评审，提出修改补充意见，交责任编辑修改，形成征求意见稿，再约请熟悉情况的有关领导、工程技术人员、业务骨干进行审阅，着重把好政治关、史实关。经责任编辑再次修改，打印成送审稿。1993年11月至1994年上半年为评审、修改阶段。省、市地方志办公室组织专家、学者于1993年11月26、27日，对《灌南县志》

《灌南县志》目录

送审稿进行评审，提出许多宝贵意见。嗣后，县志办公室将评审意见分析归类，整理成《〈灌南县志〉修改意见汇编》，又经半年多时间的删削增补，推敲琢磨，于1994年8月底修改结束，完成《灌南县志》的编纂任务。

在《灌南县志》编纂中，我们始终坚持以马列主义、毛泽东思想为指导，坚持“四项基本原则”。志中着重记述灌南县的历史及现状，纵贯古今，横及百科。资料来源大体是：清及清以前资料，多取之于史志书籍的记载；民国时资料，来源于灌云、涟水两县的史料记载；新中国成立后至建县前的资料，主要摘录于灌云、涟水两县的档案馆；建县后的资料大部分由本县档案馆提供，部分由乡镇和县直各部门提供。此外，我们还去北京、南京、淮阴、连云港等地，采访一些曾在本地工作过的老干部，搜集了部分口碑资料和实物资料。全志设概述、大事记、30个分志和附录，计155章、502节，约110万字。

《灌南县志（1984—2005）》目录

灌南县志（1984—2005）

灌南县地方志编纂委员会编。2006年2月启动编纂，2016年7月由江苏人民出版社出版。总纂韩翠林，主编韩翠林、于洪景，副主编杨培军，编辑于洪景、王士宁、王正中、王昭强、孙金龙、李锦华、杨培军、金磊、韩翠林。特邀编辑于永宜、王开忠、成杰生、张中、张玉贤、陈悦忠、周达芝、胡家章、顾华、辜森林、嵇会成。

全书1册，220万字，图片141幅（集于志首），表格282张。记述范围为2005年灌南县行政区域。该志为《灌南县志》（1995年版）续志，记述上限1984年，下限2005年，个别事物上下限有所突破，志首图片、大事记、党政机关部门正职领导更迭情况及人物介绍、名录均延至2014年。前志已载的建置沿革、基本地情等，酌情复载或简述；前志漏载的某些事项，视情予以补录。述、记、志、传、图、表、录诸体并用，以志为主。志首设序、凡例、总述、大事记，志末设专记、附录、索引、编后记。全志设34编：建置·区划、自然环境、人口、土地资源管理、水利、城市建设与管理、交通、通信、开放型经济、园区建设与灌河半岛开发、工业、农业、商贸服务业、金融业、财政·税务、经济综合管理、中共灌南县委员会、灌南县人民代表大会、灌南县人民政府、政协灌南县委员会、群众团体、政法、军事、民政、劳保人事、科学技术、教育、文化·体育、卫生、传媒·史志·档案、精神文明建设、社会生活、乡镇、人物。

为突出改革开放主要成果，设开放型经济编、园区建设与灌河半岛开发编，重点记述招商引资、对外贸易、园区建设、灌河半岛经济圈概况和发展规划。为体现农业农村的快速发展，农业编突出反映农村经济改革、农村扶贫、农业开发、农业机械化等内容。突出经济部类和人文部类的记述，内容安排错落有致，使志书能够见物观人。在建置·区划、人物等篇，突破上下限束缚，追溯历史，补充前志没有记述的内容；在当代人物表录中，收录省市劳动模范、省级以上表彰的先进人物和高级职称人员，宣传学习先进典型。为传承社会风尚，在社会生活编设民风民俗、方言等章。科教文化类各编章的记述突出科技发明及科技成果引进与推广、教育教学改革、文学创作及文艺活动和文化遗产保护。政治经济各编章中，突出改革开放后政治、经济体制改革及全县政治新面貌、产业发展新格局的时代变迁。专记收录《汤沟美酒万里香》《灌河开发的战略构想》《江苏灌南刘氏墓志与吴承恩的祖居地》等有关汤沟名酒、吴承恩祖居地考证的文献，增强志书的资料性、可读性。附录收录文件辑存、诗文撷萃、特产选介等，有较强的实用性。

（徐　亮）

【编后记（节选）】

灌南县第一部方志《灌南县志》于1995年6月出版，断限于1987年。续修《灌南县志（1984—2005）》工作从2006年2月启动，到2016年4月完稿。前后历时10年，大致经历四个阶段。

机构组建、资料征集阶段（2006年2月—2011年12月）。按照省市统一部署，县政府调整充实县地方志编纂委员会成员，落实县志编辑部和承编单位志稿撰写工作人员，先后举办多期业务知识培训班，健全工作班子，并完成《凡例》起草和编目方案设置。2007年1月，县政府召开《灌南县志（1984—2005）》编纂工作动员会，对各承编单位所要记述的具体内容和进度安排等做出明确规定。县地方志办编辑人员围绕上下联络、督促检查、业务指导等实行明确分工，对各单位呈报的分志稿进行核实验收，同时，开始部分志稿的编辑工作，率先完成《邮政》《城乡建设》等5编（后部分编名有调整）分志稿，分发至各承编单位，发挥示范引领作用。

初稿分纂、纲目验收阶段（2012年1月—2013年12月）。编纂人员按工作经历和业务熟悉程度实行分工执笔、协同共进。分志完成初稿后，先在编辑部内进行交流互改，交由办公室全体人员评审，提出补充意见后，再交责任编辑修改。形成征求意见稿时，再约请熟悉情况的县领导和老干部以及各承编单位的专业技术人员和业务骨干对志稿进行审阅，并作进一步的补充和完善，着重把好政治关、史实关和数据关。其间，初步完成15编分志稿，经总编和责任编辑集体讨论后再度进行修改和加工，如此环环相扣、步步推进，有效地保证了志稿的质量。2013年底，顺利通过市地方志办的初次审查验收。

志稿续修、完成总纂阶段（2014年1月—2015年9月）。2014年3月，根据省政府办公厅通报和县委、县政府主要领导批示精神，办公室从技术层面聘请四位文字功底好、业务能力强、热爱修志工作的中青年同志从事县志续修工作，他们除对剩余编章及总述、大事记和专记、附录等进行编辑外，还根据市地方志办领导和专家意见，对原有纲目进行再次调整充实，并对已通过市地方志办初审的20编分志稿内容进行深度加工。到2014年10月底，所有分志初稿基本完成。11月4日，市地方志办对33编分志稿进行初审，提出一些具体的修改意见和建议。编纂人员对纲目及所有各编再次进行修改完善。2015年7月，完成志书总纂，并打印送审文本60套分别报送江苏人民出版社、市地方志办、县四套班子领导和各承编单位及部分老干部再次征求意见。

评审验收、修改完善阶段（2015年9月—2016年4月）。县政府于2015年9月24日主持召开《灌南县志（1984—2005）》终审会，县领导吕洁、伏开清出席并讲话。市地方志办组织省市11位专家参与评审工作。终审组认为：《灌南县志（1984—2005）》篇目设置科学，门类齐全，排列布局合理，归属得当；体例规范，体裁完备，文字简洁，语言流畅；官修立场分明，政治观点正确；纂辑充分，材料丰富翔实；特色比较鲜明，总体记述反映时代特征，专记材料彰显地方特点，是一部成熟的志稿，并一致意见予以通过。从10月起，编撰人员又用半年多时间对专家提出的862条意见和建议认真进行梳理、消化和吸收，进一步做好补充完善工作。总编围绕志书编写体例与结构、行文与规范、风格与特色等反复进行推敲和打磨，尽量避免"硬伤"、减少"遗憾"，使志书质量在原有基础上有了很大提高。同时，还根据终审意见，增加了《精神文明建设》编，这样就形成了除总述、大事记和专记、附录外，共34编、183章、724节，220万字的县志稿。2016年1月，将《灌南县志》稿报送市地方志办审查验收；3月下旬，收到专家组审查验收意见，认为《灌南县志（1984—2005）》验收稿观点正确，符合社会主义新方志的要求；史料丰富，具有较高存史价值；体例规范，框架构建完整有序，是一部较为成熟的验收稿，并一致同意通过审查验收，经修改后可以出版。随后，编辑部根据市审查验收意见，组织人力对全部志稿内容再度进行补充、修改和完善，于4月中旬完成定稿，并报江苏人民出版社审查和印刷单位排版。本着打造精品良志的目标，所有编纂人员自始至终以务实的科学态度和严谨的治学精神，突出志书思想性、科学性和史料性的紧密融合，坚持"质量第一"原则，对资料进行广征博采、悉心考究，去芜存精、用心取舍，仔细推敲、精心打磨，如此反复，直至定稿，终于完成了这部充满文字张力和文化底蕴的地方志书。

淮安市

淮安市首轮修志工作肇始于1980年编纂的《盱眙县志》，其他志书编纂工作于1981年开始陆续启动，区志编纂主要于1999开始。至2003年，全市共出版市县两级综合志书8部，总字数1467.3万字。其中，市级志书1部：《淮阴市志》；县区级志书7部：《淮阴县志》《淮安市志》《涟水县志》《洪泽县志》《盱眙县志》《金湖县志》《清河区志》。淮安首轮市、县（市、区）志不乏创新之举，《淮阴市志》在全省首创史略，编制索引的做法，在方志界有一定影响，多部志书在国家级、省级质量评比中获奖。在1993年全国新编地方志优秀成果评比中，《盱眙县志》获三等奖。1997年，《金湖县志》获全国地方志奖二等奖，《淮阴市志》获江苏省优秀社科成果二等奖。《洪泽县志》《清河区志》分别于2001年、2006年获江苏省地方志系统优秀成果特等奖。

淮安市二轮修志工作于2005年开始，主要为首轮编纂较早的县志续修。至2020年，淮安市基本完成二轮修志工作任务，全市共出版市县两级综合志书8部，总字数2122.6万字。其中，市级志书1部：《淮安市志（1978—2008）》；县区级志书7部：《洪泽县志（1988—2010）》《盱眙县志（1986—2008）》《金湖县志（1986—2005）》《涟水县志（1978—2007）》《淮安市楚州区志（1978—2008）》《淮安市淮阴区志（1998—2008）》《淮安市清浦区志》。《淮安市志（1978—2008）》《涟水县志（1978—2007）》《洪泽县志（1998—2010）》《盱眙县志（1986—2008）》《金湖县志（1986—2005）》等志书获评江苏省地方志书优秀成果和社科优秀成果。其中，《淮安市志（1978—2008）》获江苏省第十七届哲学社会科学优秀成果三等奖。

淮阴市志

淮阴市地方志编纂委员会编。1986年3月启动编纂，1995年6月由上海社会科学院出版社出版。主编荀德麟，副主编王立仕、刘功昭、陈凤雏、胡苏陵。编辑王乃扬、汤志能、朱晓京、施爱春、顾兴文、殷飞、倪皓、谈政、唐斐然、童超贵。

全书3册，450万字，图片222幅（集于志首），表格474张。记述范围为1987年淮阴市行政区域，以市辖清河、清浦、淮阴、淮安、涟水、灌南、沭阳、泗阳、宿迁、泗洪、洪泽、盱眙、金湖13个县（区）为准，包括现淮安市、宿迁市以及连云港市部分管辖区域，突出市区，覆盖全市。记述上限因事而异，量事追溯，下限1987年，人物卷延至1993年。述、记、志、传、图、表、录诸体并用，以志为主。志首设序、凡例、史略，志末设事件索引、人名索引、编纂始末和有关问题的说明。全志设54卷：建置、区县概况、自然环境、人口、环境保护、城市建设、交通、邮电、经济综述、种植业、垦殖、畜牧业、林果蚕桑业、水产、水利、洪泽湖、烟酒工业、轻手工业、纺织工业、机械工业、电子工业、化学医药工业、建材矿冶工业、电力工业、建筑业、乡镇企业、商业、粮油、对外经济贸易、财政、税务、金融、经济综合管理、中国共产党、中国国民党及其他党派、社会团体、政权政协、治安司法、民政·外事·侨务、干部职工管理、军事、教育、科技、文化、新闻出版、文物胜迹、卫生、体育、宗教、风俗、方言、人物、杂记、历代修志考述。

《淮阴市志》
目录

为突出地方特色，志书设畜牧业卷、林果蚕桑业卷、水产卷，体现淮阴农业大市的特点。设垦殖卷、洪泽湖卷、烟酒工业卷，体现淮阴屯垦业发达、洪泽湖的快速开发以及闻名遐迩的烟酒工业。加大水利卷的篇幅，记述河道堤防、湖泊水库、涵闸泵站、灌区、农田水利、水政管理、防汛抗旱等内容，展现淮阴市水利建设成就蜚声全国的特点。

该志突破新编地方志设概述、大事记的固有模式，以史略代之并前置，分设引子和古代的淮阴、近代的淮阴、现代的淮阴3章，近10万字，较好地展示各时期历史发展的主体脉络和地方特色。以时间为序，编制事件、人名两个索引于书后，开江苏志书设索引之先河，既方便用志者，又增强志书科学性。该志重视人文资料的记述，如人物卷约占全书篇幅的14%，社会文化类各卷共约占18%，政治军事类各卷占14.6%。设杂记卷，专门记述淮阴地区的匪患、帮会、珍闻、碑碣墓志刻文，极大丰富志书对社会领域及民间资料的收录。设历代修志考述卷，系统介绍辖区内的历史修志情况，并对亡佚志书进行考证，增加志书的传承性和学术内涵。

1997年，该志获江苏省优秀社科成果二等奖。

（王若霜）

【编纂始末】

淮阴历为古之名郡，素有编史修志传统。中共十一届三中全会以来，随着社会主义现代化建设的蓬勃发展，编修社会主义新方志被逐步提上议事日程。先是盱眙、涟水等辖县成立县志编修班子，1986年春，中共淮阴市委、市人民政府也作出编修《淮阴市志》的决定，并成立淮阴市地方志编纂委员会办公室，作为常设工作机构。到1994年完成编纂任务，交付出版。历时8载有余，其间大体经历三个阶段。第一阶段为组织班子，准备资料阶段；第二阶段为加强力量，编纂总成阶段；第三阶段为修饰补充，定稿出版阶段。这是就不同时期的工作着重点而言的，其实几个阶段往往互相渗透，特别是资料补充，一直到送交出版，签字付印才结束。

第一阶段大致从1986年3月开始，到1989年底告一段落。1986年3月中旬，市委、市政府开始筹建市地方志编纂委员会办公室。6月，成立淮阴市地方志编纂委员会，同月，召开了淮阴市第一次修志工作会议。此后的3年半时间，做了大量的宣传发动、人员培训、上门辅导、征集资料、拟订篇目及审查修改基层志稿工作。此间，召开由市直各单位和各县（市、区）参加的全市性修志工作会议4次，市志办公室先后举办业务培训班4期，为市直各单位和部分县（市）培训修志骨干400余人次，还帮助市直单位举办基层修志人员培训班20余期，参加基层修志工作会议400次以上，并先后4次修订市志篇目，指导基层单位根据时空范围，围绕篇目搜集修志资料。在这阶段，市志编委会领导及时采纳市志办公室的建议，于1987年初主持召开市直修志单位负责人会议，落实修志公证合同的签订工作，加强对这项工作的约束力，从而保证了修志的进度和质量。此间，还一度确立每月半天的“市长修志工作日”，帮助市地方志办公室解决许多本身难以解决的问题。到1989年底，市直各单位总共向市志办公室提供经过整理的市志资料数千万字，连同市志办公室人员搜集的资料，总字数有亿字左右。

第二阶段，从1990年初到1993年底，为加强力量，编纂总成阶段。随着编纂工作的到来，市志办公室的编辑力量显得不足。1989年第四季度，根据市志办公室的要求，市委、市政府决定增加市志办公室人员编制（由8人增至15人），并实行面向社会招聘选拔，从而保证了新增人员的综合素质。市政府还把总纂《淮阴市志》工作连续三年列为一级岗位目标，强化管理。1990年6月，对《淮阴市志》篇目进行第5次修订，成为总纂篇目，并制定总纂方案。同时，对市志凡例、行文通则、志稿评审验收等作了明确规定。稍后，对有关部门提供的资料较翔实的部门或系统志稿，按照市志总纂篇目进行分纂试写。1991年，学习外地“一稿抢，二稿磨，成功一卷，编纂一卷”的经验，结合工作实际，提出“深入发动，深度介入，抢磨结合，分卷突破，坚持质量，确保进度”的工作方针，对分纂工作起到重要的指导和推动作用。在组建总纂班子方面，吸取外地经验，不设虚职，不挂空名，总纂组成员必在其位，必谋其政，责任明确，从而确保总纂工作的顺利进行。至1993年初，完成了600多万字的《淮阴市志》分纂稿。1993年4月，对总纂篇目再次修改调整，并对各卷的篇幅进一步加以限制。此后，市志编纂进入最关键最艰苦的攻坚阶段。有的同志承接的分纂志稿的资料缺口仍比较大，他们主动“找米下锅”，到处挖掘资料，填空补缺，保证志稿按期完成。有的同志编纂工作时间被其他工作占用或承担的编纂任务过多，就加班加点，熬更守夜，牺牲节假日，保证任务按时完成。有的同志生病治疗，一边服药输液，一边坚持工作。经过整整8个月的奋力拼搏，如期完成400万字的《淮阴市志》送审稿。

第三阶段为修饰补充，定稿出版阶段。1994年1月下旬，省地方志编纂委员会组织30多位专家学者和修志同行在淮阴召开《淮阴市志》稿评审会，对《淮阴市志》送审稿进行全面评审。会议对志稿在总体上给予肯定，同时提出了许多中肯的意见和建议。会后，时值春节临近，市志办公室同志连续作战，对与会者提出的意见和建议进行全面梳理，并打印成册。春节后一上班，就进行讨论消化，逐条落到实处。6月份以后，陆续报省评审组验收。7月份以后，又结合出版社的编辑意见，对验收稿再一次逐卷复查，精细加工。到1995年3月份，《淮阴市志》终于完成编纂、校对，签字付印。

附：

善于继承　勇于创新　勤于锤炼　不惮繁难

苟德麟

我自1986年初被市委、市政府安排筹建市地方志办公室以来，一直是行政主任、业务主编一肩挑，个中酸甜苦辣，非亲历者难以体味。近十五年中，我先后主编过十多种地方史志著作和综合年鉴，其中格局最大、历时最长、用力最勤、吃苦最多、体会最深的一项工作，便是完成《淮阴市志》的编纂出版。《淮阴市志》全书400余万字，于1995年10月正式出版发行，1997年获江苏省优秀社科成果二等奖。我作为该书的主编，从纯业务的角度讲，最深刻的体会是，志书主编必须善于继承、勇于创新、勤于锤炼、不惮繁难。

一

1986年，刚开始搞地方志工作时，省内如东及其他省已有一些县级志书出版发行。我们购回新志书学习篇目设置等方面的一些基本做法，同时，我们组织编辑骨干到外地学习，并请外地专家为我们上课。我作为主编，对二十五史中涉及淮阴的内容认真地查阅、梳理、钩沉，对淮阴历史上的旧志认真地学习和研究，一方面了解淮阴历史发展的情况，一方面研究旧志在篇目设置上的特点。通过对旧史志和新方志的学习比较，总觉得新方志尽管有很多创新和突破，如抓住时代特点和地方特点，抓住经济建设这个中心浓墨重彩地写，等等。但是，在可读性等方面，却多不如旧志；人文部类的记述比重太少，有矫枉过正、失之偏颇的大趋势。

通过反复的比较、揣摩和志书编纂实践，我提出《淮阴市志》要继承旧志重视人文部类记述的优良传统，要扩大人文部类，增加志书的可读性。在历史上，有“古来方志半人物”的说法，很多名志，人物比重都很大。淮阴地处淮河下游，历史悠久。古邗沟、古泗水和隋炀帝所开通济渠均在境内与淮河交汇，黄河夺淮七百年间，处于黄、淮、运交汇处，控扼交通襟喉，每承平之世，四方辐辏，有人文荟萃之誉；战乱之时，干戈云集，南北对峙，为拉锯地带，多武功显赫之材。不仅产生了项羽、韩信等不可一世、名垂千古的英雄人物，还产生了枚乘、鲍照、张耒、吴承恩、鲁一同、陈白尘、吴强、陈登科等文学大师，更产生了一代伟人周恩来。除了这些彪炳史册的伟人、名人外，还有大量的立功、立德、立言的地方性名人，真如满天繁星。这些地方性名人，国史记不上，如果方志人物入选标准太高，就会被历史湮没。

所以，我们在入志人物的遴选上，以主体篇幅记载本籍的地方性名人。同时，适当选载在淮的客居名人和在淮阴地区有卓著业绩的循吏良将。《淮阴市志》共为495人立传，“简介”收入409人。从所选人物的类别和层次看，我们注意了行业上的涵盖，阶级、阶层上的代表，如近现当代人物，既有叱咤风云的民族英雄、视死如归的革命烈士，又有扒河治水的劳动模范、身怀绝技的能工巧匠。既有乐善好施的开明士绅，又有武艺高超的豪侠之士，以及著名的和尚、道士和“巫医乐师百工之人”。

我们在人物志的编写上，不仅继承了旧志的优良传统，而且进行了大胆的创新。

一是在“人物”的篇目设置上进行创新。旧方志将人物分成名臣、名贤、忠节、孝义、文学儒林、方外等门目，一些新编方志将人物分为政治界、经济界、文化界等门类，《淮阴市志》则将人物卷分为传略、简介、表录三个层次，再在传略、简介之下各设古代人物、近代人物、现代人物三节，以上则按卒年先后依次排列相关人物。这不仅可以避免因人物的复杂性，简单归类所产生的误差，而且还能将旧社会的所谓下层人物与帝王将相并列编排，使他们平起平坐。

二是在表录方面，仿旧方志人物表，并进行必要的创新，设置了《中国党政军淮阴籍高级干部名录》《淮阴籍国民党军政要员名录》《淮阴著名文化人名录》《旅居海外及台港澳实业文化界名人录》等7种人物表录。表录共收录各种人物2953人。

三是突破了旧志只记正面人物，不记反面人物和复杂人物的违背历史唯物主义的“陈例”，也适当选载假丑恶者和所谓复杂人物。譬如抗日战争时期，淮阴地区臭名昭著的大汉奸、杀人魔王周法乾、王培坤，《淮阴市志》都立了传。一些历史复杂、很难评价的人物，如曾经是我党叛徒，解放战争时期又积极从事反蒋倒戈活动，并最终死于国民党屠刀之下的陈治平，我们也如实地作了记载。

《淮阴市志·人物卷》洋洋53万字，占全书的13.5%。这个比例，尽管在总体上没有旧方志的比例高，但在江苏省11部省辖市志中，所占的比例最高，篇幅也最长。即使包括众多的县级志书，达到或接近这个比例的也为数极少。《淮阴市志·人物卷》被一些方志专家称誉为“传统文化与创新意识的结晶”“是历史人物的万花筒”，“读了《淮阴市志·人物卷》，就不由得激起创作小说的欲望和冲动”。不少旅居港澳台和海外的淮阴籍人士也盛赞“人物卷”写得好，并主动向我们提供缺漏的人物资料，为我们续修志书进一步充实、完善“人物”内容提供了一定的资料基础。

二

本届修志，以《如东县志》设置“概述”为首创，后出的志书，争相效法，几无例外。创用“概述”，无论在理论上，还是在实践上，都是本届修志的一大成就。然而，“概述”多以浓缩地情为主，虽然荟萃精华但由于过于简略，展示纵深揭示规律不够，要发挥提纲挈领之效，实在是勉为其难。且大多数新编方志首设“概述”，紧随“大事记”。大事记一般为编年体，记述零散，事件之间缺少有机的联系，要其充任经纬之经，亦难荷其任。尤其是概述与大事记并立志首，其意均在统领贯通全志，实有两纲并立之弊。我们在设置《淮阴市志》篇目，进行主体框架设计的过程中，开始几年，篇目改过四五稿，都是首设概述，次设大事记。直到1991年上半年，市志总纂细目基本形成时，这种设计框架还没有变。但是在这之前的一段时间内，我通过深入研究淮阴市的历史，先后主编和执笔撰写《淮阴要揽》《淮阴县交通史》《淮阴城镇史话》《淮阴市历史》等书，对淮阴市历史发展的总体脉络和各个时期、各个方面的重要历史断面有了比较全面、深入的认识。这些积累，深化了我对已出版的新志书的概述和大事记的欠缺和弊端的认识。因此，从1991年下半年开始，我就萌生了以"史略"代替"概述"的想法，并于1991年10月付诸实践，年内完成了约13万字的"史略"初稿。后又反复推敲、修改完善。定稿的"史略"11万字，以"引子"开篇，其内容，包括淮阴的得名，淮阴市的地理位置、下辖县区、面积人口、地貌特征、气候资源等。然后转入对淮阴史前地理状貌的描述，为淮阴曲折而生动的文明史拉开帷幕展示最初的舞台。"引子"以下，分为古代的淮阴、近代的淮阴和现当代的淮阴三章。章下设节，每一节又设若干目。这些目的记述内容，有的反映影响该时期的重要历史事件，有的记述该时期的经济、社会盛衰特点和主体内容，展示历史发展的主体脉络。例如，第一章第六节明至清中叶时期，设置了"明朝前期的大移民""明代的军防建设""清江浦的兴起""抗倭斗争和明清之际的战乱""黄河水患染指淮南""黄、淮、运的治理及河工之弊""黄河对淮阴地理的改造""农业的衰落和土地兼并的加剧""特色鲜明的手工业""食盐运销与盐政改革""两淮城市的畸形繁荣""明清时期的文化"等12目，较好地展示了该时期历史发展的主体脉络和时代性、地方性特点。这些内容在一般志书的概述中仅能作粗线条的交代，难以展开记述、评说。《淮阴市志·史略》通过对全局发展有重大影响事件的述评，有助于读者把握地情的整体特色，有助于当政者从地情的整体特色出发，得到有益的资政启示，有助于志书以史之长，补志之短。

"史略"初稿完成之后，我又主持编纂出版了43万字的《淮阴史事编年》，然后又总纂《淮阴市志》。有了"史略"，还要不要"大事记"，一度颇难抉择。通过对《淮阴史事编年》与《淮阴市志》总纂稿比较，觉得重复实在太多。所以，我断然决定，《淮阴市志》不再设置"大事记"，以"史略"来取代"概述"和"大事记"的双重任务。从已写的"史略"稿看，已足当此任。因为，一般的志书"大事记"承担"经"的任务，但以时间为序，以一个一个的事件为载体，记述历史的发展，难免有跳跃或延伸，出现时断时续。涉及具体事件，又显得零星琐碎，读后很难形成一条明晰的历史脉络。就"概述"而言，因限于篇幅，只能宏观上粗线条地勾勒轮廓，无法展示细节，这就造成纬粗经细，横陈显露，纵述模糊的结果。"史略"之长正克服了上述的不足。当然，"史略"毕竟不可能全部取代"大事记"的功用。为了弥补这一不足，我们在市志"索引"中首设"事件索引"。"事件索引"分三个栏目，一是时间、一是事件名称、一是所在页码，按时间先后排列，每事只占一行，既是"事件索引"，又可以把它作为"大事年表"来读，显得简洁明快，一目了然。

三

宋代大文学家欧阳修曾说："文章不厌百回改。"好文章无一不是反复修改"磨"出来的，更何况洋洋400余万字的鸿篇巨制呢！《淮阴市志》编纂过程中，我不仅要求每一位编辑认真修改，反复推敲，而且我本人对全部初稿进行通审，并逐一提出修改意见，有的提出不止一次的修改意见，有的径直补充资料和进行文字加工。汇总后，我又进行了通篇笔削。对于一些重点篇章、特色篇章，做到反复推敲、反复修改。修改过程中，我们特别注重两方面的意见，一是各行业专家的意见。我们把修改好的志稿反馈给他们，请他们提出意见，然后我们再作一些必要的技术调整。另一方面，我们非常重视修志专家的意见。1994年1月底《淮阴市志》稿评审会刚结束，我们就将专家的评审意见逐条梳理，分类打印成册，有些问题和不足，专家们没有提出来，我们也进行了认真的修改。譬如，《淮阴市志·水利卷》，我们不仅按照水利史专家张经文评委的意见反复修改，还对该卷进行了认真地回头望。淮阴的历史在很大程度上是一部与水斗争的历史，特别是新中国成立以后，淮阴人民开展了规模空前的水利建设，从1949年到1987年底（志书下限），淮阴累计投入26亿个工日，所用劳动积累37亿多元，共完成土方56亿多立方米，建成各种水工建筑物19万多座，基本建成了能蓄、能排、能引、能提、能调、能灌、能降、能通航的水利系统，为“洪水走廊”变粮仓提供了坚强的基础和保证。为了生动再现这部可歌可泣的与水斗争史，我们在市志验收稿上报前夕，又多次到市水利局找“老水利”座谈，让他们谈感天动地的人和事。我们把感染力最强的、最具典型性的人和事选择出来，增补到水利卷中去，修改到感觉“像”了、“动”了为止。“水利卷”验收稿上报以后，张经文评委在验收稿的封面上写了一段热情洋溢的赞语，给予充分肯定和高度评价。

1995年春，市志的校对已经结束，我们决定搞索引。当时，我们所见到的志书，还没有一本搞索引。志书搞索引，既方便用志者，又增强志书的科学性。索引要在志稿出清样定稿之后才能着手。索引分事件索引（计1500多条）和人名索引（近7000人名），两种索引整整花去办公室修志一班人4个月时间，几个综合者几乎是昼夜兼程干的。制作索引过程中，我们发现，尽管志稿经过多次校对，但仍存在400多处不协调的地方。譬如，同一个人名，或用真名，或用笔名，或同音不同字；同一事件，不是事件经过表述不一致，就是时间不一致，这实际上就是“硬伤”。通过搞索引我可以大胆断言，凡是没有搞索引的志书，无论编纂者多么细心用功，很多“暗伤”是不可能发现的。换言之，任何一部已出版的志书，如果补搞索引，都会发现一批不协调的地方。

我们原打算在事件索引和人名索引之外再搞个地名索引，但终因过于繁难而流产了。《淮阴市志·索引》的问世，被方志学家李明称为“人人意中有，人人笔下无”之作，其着眼点也就是编制工作过于繁难令人望而却步的缘故。《淮阴市志》尽管在继承、创新、打磨等方面获得了方志界的广泛认同和赞誉，但仍有不少欠缺。如照片的选用有些缺少个性，没有随文图片，缺少人物照片；历史地图的采用也嫌不足；志文中有些条目的记述尚欠量化资料，民国时期的资料总量也嫌不够，资料深度不足；少数后补的现代“简介”人物仍有“履历表”现象；工业类设卷仍然嫌多，等等。这些欠缺或差错，有的只能留下永久的遗憾，有的容待在《续纂淮阴市志》中弥补。

（原文刊载于《江苏地方志》2001年第2期）

【志评】

独具特色的《淮阴市志》

朱锡通

《淮阴市志》是一部特色独具的市志。这里说的特色，不是指它为洪泽湖，为烟酒工业设置专卷等突出地方特色而言，而是指在市志总体结构中，以史略替代通常志书设置的概述、大事记，以及在志尾增设事件索引和人名索引。这样的志书总体结构，在全省市、县（市）中还没有先例，就是在全国已出版的市（地、州）县志中也还没有见到。以史略代替概述、大事记，无疑是志书结构上的一个突破；全志设置事件、人名索引，也是一项创举。这些突破和创举，产生在本届修志的后期，不是偶然的。这是对本届前期、中期修志实践反思的结果，是方志界不断探索，精益求精，追求良志的结果，也是淮阴市志办的同仁没有因袭既成模式，一边学习，一边思考，敢于创新的结果。

本届修志以来，人们都遵循着以大事记为经，以专业分志为纬“编织”一个地域的自然和社会的历史与现状，使之成为“一方之全史”。这样的模式，似乎已被公认为无可挑剔的最佳结构。但是，实践的结果，这种概况、大事记与专业分志组成的经纬结构，暴露了某种明显的不足。人们不难发现，各专业分志构成的纬，记述各类事物，排列有序，轮廓清晰，内容充实，读后给人以一种满足感；而以大事记为主构成的经，则记述历史的发展难免跳跃式延伸，出现时续时断现象，涉及具体事件，又显得零星琐碎，读后很难形成一条明晰的历史脉络。这不能不说是一种不足和缺憾。冷静下来思考，造成这种缺憾的原因，笔者以为是由于大事记记述的事件过于琐碎，上下事件之间相互孤立，互不相联，同时也不问大事、小事（相比较而言），都仅用百多字，甚至几十字，记下一个十分模糊的印记，使读者难明事件的全貌。就概述来说，因限于篇幅，只能从宏观上对一市或一县勾勒一个大致的轮廓，无法作细节的描绘。这就造成纬粗经细，横陈显露，纵述模糊的结果。史略的长处，正是克服了上述的不足。《淮阴市志》史略，循着历史的发展，设了“古代淮阴”“近代淮阴”“现当代淮阴”三章；每章仍按历史时期设若干节，如古代淮阴，设“史前至商周时期”“秦汉时期”“魏晋、南北朝时期”“隋唐五代时期”“宋元时期”“明至清中叶时期”六节；每节按这一时期内淮阴发生的重大事件，包括自然的、军事的、政治的、经济的、文化的各个方面，设目竖写。如“明至清中叶时期”，立了“明朝前期的大移民”“清江浦的兴起”“抗倭斗争和明清之际的战乱”“黄河水患染指淮南”“黄河对淮阴地理的改造”“食盐运销与盐政改革”“明清时期的文化”等12目。这样，史略就像长藤结瓜，一事接着一事，相互连贯，但又不机械地套接，且叙事有典型有归纳，以叙为主，辅之以议，画龙点睛，给人显示了一条清晰的历史发展脉络。这是史略记事述史的优点，也是史略替代概述、大事记的长处。

也许会有人说，志书缺了高屋建瓴、鸟瞰全貌的概述，对于希望用最少时间了解一个概貌的人来说，也是个缺憾；少了大事记，对如自然发生的异常现象，历史出现的某一新事，地方主要行政领导人任免年限，等等，史略又不能作为一个题目来写，志书就不记述，同样也会产生遗憾。

笔者以为，事物总是一分为二的。史略替代概述、大事记也不是十全十美的。这里可贵的是，提出了新的结构模式，并付诸实践，给人以启迪，让人们进行比较，在比较中不断改善志书结构，提高志书质量，推动方志事业向前迈进。

志尾设置索引，几年前已有人提出这一设想，目的是便利读者查阅。现在《淮阴市志》已付之实施，取得成功。志书设置事件、人名索引，其利可谓多矣。

其一，方便读者查阅。这一点无需赘言。

其二，事件索引，一定程度上弥补了不设大事记的不足。《淮阴市志》的事件索引，按历史顺序列了近1900条事件，这就接近了一般大事记的事条数，但它的记事远比一般大事记要详细，因为它是多角度地记录了一件事情。如泗州城沉没一事，通过索引可以告诉你，这件事在史略、区县概况章的泗洪县、自然环境章的自然灾害、洪泽湖卷的湮废城镇章等4处都有记述。这就不仅记述了沉没本身，而且记述了沉没的原因，沉没前后的状况，等等，这是一般大事记的记事所不可比拟的。当然，志书多角度记述事件的功能是客观存在的，但是因为没有设置事件索引，这种功能就没有被开发出来。

其三，同样的道理，人名索引开发了志书多角度记述人物的功能，补充了人物传记的某种不足。例如《淮阴市志》为吴承恩、周恩来、李一氓等立传，同时通过人物索引，可以查到全志记述吴承恩有18处、周恩来有22处、李一氓有25处，这无疑是对人物传记的补充和充实，使立传人物更加丰满。

其四，人名索引对一些有重大贡献的在世人物，提供了丰富的资料。因为生人不立传，一些对革命、对某项事业有重大贡献，或在地方有重大影响的人物，志书没有立传。但志书通过以事系人，又大量地记录了这些人物的活动。因此，如果需要，就可以借助索引把分散零星的资料集中起来，可以成为较为系统的资料。如在《淮阴市志》中就有25处提到张爱萍，其他在世的如党政领导人，以及科技界、教育界、医务界、文化界等著名的在世人物，通过索引都可以查到他们在淮阴的活动及其事迹。

其五，通过编辑事件、人名索引，可以纠正志稿中存在的差错。修志同仁都清楚，由于众手成志，资料的来源又不尽相同，因此在志稿中往往出现不同场合记述的同一事物不相一致，出现前后矛盾。又由于一部志书一百几十万字至几百万字，篇幅浩繁，要核对和纠正这类差错，谈何容易，编索引则是解决这一难题的有效办法。编索引，需要整理每一人物、每一事件全志出现过多少次，以及在什么页码，这就要前后查索，与此同时，就核对了事实。据淮阴市志办的同志说，他们在编索引的过程中，又纠正了不少差错。这是一项收获颇丰的“副产品”。

综上所述，史略代替概况、大事记，是本届修志在结构上的一项突破，其优点是明显的。当然，它不排斥更不否定传统的以概述、大事记为经的结构，两者可以在今后实践中进一步比较，扬长避短，使志书结构更趋科学、合理。志书编索引有诸多长处，这是提高志书质量，方便读者查阅和使志书为更多的读者所接受的一项重要措施；在志书完成之后再花一番功夫编索引是可取的，有价值的。限于见到志书时间很短，上述的见解是粗浅的，写出来就教于修志同仁。

（原文刊载于《江苏地方志》1996年第1期）

《淮阴市志·史略》的创例意义

梁滨久

本届修志，无论省市县志，首设概述（总述）、大事记，几成定例。而其写法，概述（总述）多以浓缩地情为主，虽荟萃精华，但要其发挥提纲挈领之效，是勉为其难。大事记则一般为编年体，记事零散，事件之间缺乏有机的联系，要其充任织“纬”之“经线”作，亦不可能。尤其概述（总述）与大事记并立志首，一个“纵述历史、横陈现状”，一个按时序条记历史事件，都想统领贯通全志，实是两纲并立，各自的职责并不明确，作用也难发挥得好。充其量，概述（总述）是个地情概况，大事记亦不过是个事件索引。

有鉴于此，革新概述、大事记之议遂起，编写上力图突破概述、大事记并立志首格局者亦有之。如以策论式或史纲式概述（总述）代替“分志浓缩型”概述（总述），以纪事本末体大事记代替编年体大事记等。

但是，志首部分的统筹安排并没有得到解决。如史纲体概述（总述），紧接着又有大事记，两条“纵线”，两纲并立的问题并未解决。以纪事本末体写大事记，前面又有概述，还是两纲并立，废掉编年大事记的供检索备查作用也是个遗憾。

近几年，许多地方志书增写“重大政事”“政事纪要”。从时间上，只从历史长河中截取一段，或从近代写起，或从中华人民共和国成立后写起，不是贯通整个历史发展的脉络。再方面，“政事纪要”主要是写事件，亦代替不了对历史发展的全面、系统、完整叙述。因为社会历史的发展是由大事撑起骨架和增添异彩的，但不是由一件件的大事连缀而成的，而是由生产力与生产关系、经济基础与上层建筑的矛盾斗争交织而成的，是经济、政治、文化、社会意识形态等诸多因素综合作用的结果。其中，既有质变促成的历史的飞跃前进，又有量变的逐步积累。所以，历史事件记得太详，也不能代替对历史发展脉络的展示。

《淮阴市志》以《史略》取代了概述和大事记，是新方志在总体格局上的新创造，其在新方志编纂学上的创例意义应给予充分肯定。

首先，解决了以何为纲的问题。对新方志以何为纲，有过争论，一种意见是以概述（总述）为纲，一种意见是以大事记为纲。前面我们已分析过，二者都难以为纲，且有两纲并立之弊。现在，《淮阴市志》志首只一《史略》，这就明确地告诉人们：以史为纲。

志书以史为纲是否科学合理，我们来分析一下。一个地方社会有个整体发展的问题。社会系统是一个由生产力、生产关系、上层建筑诸要素构成的结构复杂的有机整体，除政治、经济、文化等方面的相对独立的发展之外，还有由普遍联系和交互作用所导致的整体发展。这个整体发展，既是社会系统各要素交互作用的结果，又是各方面发展的总原因。依据社会主要矛盾发展的线索，分时期、分阶段地把地方社会整体发展的脉络廓清，就能为记述各门类事物提供一个总的历史背景，也为理解各类事物的发展奠定下坚实的基础。这是以史为纲科学合理的内在原因。瞿宣颖说：“一切学问，贯穿最难。史也者，正所以奏贯串之功者也。”贯通全志，并非是把全志中的重要内容提取出来概述一遍，而是以历史发展的线索去贯穿。

从《淮阴市志》来看，《史略》充任全书纲领，当之无愧。《史略》引子以下分古代、近代、现当代15个时期，全面、系统地叙述了淮阴的历史概貌，重点叙述了引起淮阴地区重大变化的历史事件和自然变迁，也叙述了在各个历史时期的经济与文化的发展。整个叙述，今详于古，脉络清晰，记事辩证，论断恰当。对各个时代、历史时期的叙述，成为理解全志的一个基础，如《史略》指出：夏商周时期，淮阴是淮夷、徐戎的活动范围；魏晋南北朝时期，淮阴地区几乎都处于战争和对峙的前沿；隋唐五代时期，由于安定的环境得以较长时间的保持，造成经济的持续发展和重新繁荣；南宋时期，由于淮阴处于南宋与金元对峙的前沿，淮阴人民再度受到兵火的荼毒；明清时期，两淮城市呈现畸形繁荣；晚清，黄河北徙，漕运式微，造成运河沿线城市的渐形衰落；近现代，淮阴经历了民主革命、社会主义革命和建设等。这一切都为各分类的记述提供了总的历史背景。因为各分志的记事不能处处提及历史背景。所以以《史略》来总提一下是非常必要的。同时，揭示一地的整体发展，也是反映地情的一项重要内容。

其次，明确了编年大事记的作用。编年体用于新志大事记之后，方志界对其位置与作用有过探讨。一种意见要其置前起“经线”即纲领作用，一种意见要其置后起检索备查作用。《淮阴市志》后置《事件索引》，每行三项内容，一是时间，二是事件，三是页码。只备前二项，类似大事年表，与编年体大事记同一性质。将其置后，已说明对其作用的认识已有了改变，不再让其承担“经线”的重担，而只让其起备查检索作用。以索引名之，并标页码，对其作用的认识就更加明确了。这是在有的志书后附大事年表的基础上的一个改进。

第三，扩大了运用史体的规模。本届修志，已较普遍地纳入了史体的表现方法，在某种程度上实现了史志结合。因为史叙过程、志记系统，一个事物既有历史发展过程，又作为系统的事物存在。事物的过程显现和系统状态的呈现是密切联系在一起的，过程是系统事物的发展过程，系统是处在发展过程中的系统。事物的发展过程和系统表现不可分割，为史志结合，以志体为主兼纳史体奠定了基础。但是，许多志书只是在条目中和分志中采用了史体，如设“地质”章节叙述地质演变史，在政治类设“政事纪要”，在军事志里设“兵事纪略”，在经济综述里记经济发展史等，这些局部、某一方面、某一时段的史述都构不成一地纵贯古今的历史发展脉络。从最高层次上，写一通贯几万年的地方简史，据笔者所知，仅有几部市（州）志。设《史略》，大大拓展了运用史体的规模，使对地方社会史的简述，由局部到全局，由某一方面到生产力、生产关系、上层建筑几大构成要素，由某一时段到全部历史，史之表现力与作用亦随之大增。

如果说，《史略》还有不足的话，就是近现当代的划分问题还值得研究。史学界比较一致的意见是，近代史是指1840年鸦片战争起到1919年五四运动止，现代史是指1919年五四运动起到中华人民共和国成立时止，当代史则是指中华人民共和国成立后的历史。《史略》把近代史写到淮阴解放，淮阴解放之后为现当代史，是否妥当，请淮阴市志办的同志们研究。

（原文刊载于《江苏地方志》1996年第1期）

淮堧绽开二月花

——喜读新编《淮阴市志》

李　明

新编《淮阴市志》(上海社会科学院出版社1995年6月版，以下简称《淮志》)历八载，九转丸成，宛如一朵鲜艳的奇葩绽开在江淮大地上。

笔者曾在《中国地方志》(1993年第5期)上发表过一篇《试析良志标准》的文章，以文中所说的五条标准来衡量《淮志》，它具备独创、辩证、精确、美观、实用五个方面的长处，确是笔者心目中的一部良志。本文不想从五个方面作全面分析，仅就其独创性作点粗浅剖析，也许对将来研究续修志书的框架有所补益。

(一)

《淮志》用“史略”取代“概述”“大事记”，起到了概述、大事记起不到的作用。

创用“概述”(又称总述)，无论是理论上，还是实践上都是本届修志的一大成就。其意在于从宏观上展示地情，辅以大事年表，以弥补志体横分的不足。它纵谈本地历史，横剖本地现状；揭示当地大事、要事、新事的时空地位；从社会和自然的规律上评述政治、经济大势，以激起读者的爱乡之情，亦有利于领导者决策资治。行文也颇重精要，大多在万字上下。《淮志》在方志界首设“史略”于志首，不入卷序，以取代“概述”和“大事记”。“史略”分设“引子”及“古代的淮阴”“近代的淮阴”“现当代的淮阴”三章，近10万字。其篇幅小于或等于一般志书的“概述”“大事记”的分量，约占《淮志》的2%。

从“史略”所记述的内容看，可视为史略式概述的延伸和发展。它不仅强化了宏观方面的综述，且对历史发展起过重要作用的中观方面的内容亦能较充分的展开，使整个历史画面更为充实完整。“史略”章下所设诸节以时期划分取于史法，然下设之目却多记实体取法于志。但章之节也不是取法通史，不是每个朝代、每个时期必记，而是有选择地书写，选择对淮阴历史变化起过重大作用的历史时期作分析，又选用历史长河中的浪花作特定镜头详书。诸如突出唐代以前的淮阴地区经济、文化的繁荣；突出黄河夺泗、夺淮给淮阴发展带来的转折性的影响；突出近代的农民战争；突出中共领导的人民革命斗争；突出建国后“左”倾冒进、“文化大革命”给淮阴带来的危害；突出改革开放在淮阴地区发生的重大变化和成就，等等。再如“现当代的淮阴”章之“‘文化大革命’时期”一节分别以“文化大革命”的开始和动乱局面的形成、“打倒一切”的全面内乱、贯彻“左”倾方针的“斗、批、改”、国民经济在动乱中的起伏及随后的调整、1975年全面整顿及其挫折、农业学大寨、工业学大庆、“文化大革命”中的淮阴经济建设等七个目作记述。这些在一般志书的概述中仅能作粗线条的交代，难以展开记述、评说。“史略”通过对全局发展有重大影响的某个历史时期重大事件的述评，有助于读志者把握地情的整体特色，有助于当政者从地情的整体特色出发得到有益的资政启示，有助于志书以史之长补志之短。

笔者认为，“史略”对于篇幅长、多部头的志书来说，它的设立既能起到概述、大事记的作用，又能起到概述、大事记起不到的作用。可否视之为是新编地方志强化整体效应，是继概述、大事记之后的又一创新之举？这里应当说明，“史略”应用成功，与主编荀德麟同志精通淮阴地方史、厚积薄发分不开的，也就是说一般志书的编者是难以为之的。

（二）

《淮志》谋篇布局，以辩证唯物主义作指导，突破形式逻辑的常规，将洪泽湖独辟一卷，使淮阴的区域优势得到充分展示，读来又无叠床架屋、志中设志的重复感。

洪泽湖是我国著名的四大淡水湖之一，是淮河中下游的重要水库，接纳21万平方公里来水，水域面积2060平方公里，水生生物资源丰富，水体蕴藏着巨大的开发潜力，为联合国粮食计划署和国家综合开发项目。洪泽湖为淮阴市湖，周边被所辖洪泽、盱眙、泗洪、泗阳、淮阴5县环抱。按形式逻辑的要求，洪泽湖只能在志书的自然环境和水利建设中置于节或目的位置上记载，如此则势必影响与淮阴市发展息息相关的这一重大事物的记述。

为了突出地方特色将地方上突出事物作升格记述处理，这在方志界已成共识。但像洪泽湖这一区域范围十分广泛的事物，可不可升格记述？会不会造成“志中志”，出现过多的交叉重复的不良后果呢？《淮志》作了有益的探索。

洪泽湖在《淮志》的自然环境卷，水系、水文章，湖泊一节中立“洪泽湖”一目，从水系水文的角度记述了400来字；又在水利卷，湖泊水库章立“洪泽湖”一节，从水利建设角度记述了800来字。在洪泽湖卷中，除设概述外，立成湖、湖盆、洪泽湖大堤、湖区开发、湮废城镇五章十五节，4万余字，从湖区的自然特性以及开发利用方面对洪泽湖作了详尽记述。可见节、目、卷所记内容各有侧重，互不涵盖。若不设洪泽湖一卷，《淮志》只能以很小的篇幅记载洪泽湖，这对存史、资治都很不利。常识表明，凡事散则隐、聚则显。《淮志》的编者将洪泽湖设卷升格记述以显示它在淮阴市的突出地位，以及洪泽湖的开发利用与淮阴市的兴衰发展的密切关系。《淮志》辟洪泽湖卷的成功，给笔者一个启示：内容沾溉宏富的某种事物要独辟专卷、专章记述时，一定要把握住该事物的个性特征，即抓住矛盾的特殊性而后展开记述，便不会与志书其他篇目的相关记述出现简单重复。同时也启示笔者，一部志书的框架设计，不仅要从一般概念的逻辑关系上“正视”，还要从辩证逻辑的角度去“调视”，更要从发挥新志书的功能效益的角度去“审视”。

（三）

《淮志》设事件、人名两个索引于书后，化议论为实践，开我省志书设索引之先河，既方便用志者，又增强志书的科学性。

本届修志进入90年代以来，有不少探索者撰文倡议在志后设事件、人名等索引，但未见过实践者，原因可能只有一个字：“难”。据《淮志》主编说，索引要在志稿出清样定稿之后才能着手，该志两个索引（事件索引1500多条，人名索引近7000条）整整花去修志一班人三个多月的时间，中途曾因过于繁杂而数度想打退堂鼓。试想，没有一批科学态度十分严谨的人团结合作，共渡难关，谁甘愿在出书前再去吃大苦呢？然而，功夫不负苦心人，《淮志》的索引不仅搞成了，而且还得到了意外的收获，即在制作索引的过程中，发现了志中400余处“不协调”的地方，这实际上就是硬伤。

《淮志·索引》的问世，可谓“人人意中有，个个笔下无”之作，又为新志书体例的完善添上了一朵花。

《淮志》非圣人之作，亦难免有不周之处，譬如志首的照片选用还不够精，有些缺少个性；一些照片的题名从存史的角度考虑还有欠缺。志文中有些条目的记述尚欠量化资料，如笔者翻阅风俗卷陋习迷信章陋习一节想知道淮阴历史上吸毒的具体情况，只有"吸毒的人员多"，吸毒人"完全丧失劳动能力，到后来都是家破人亡"之类的泛泛之语，等等，但诸多微观上的瑕点自然掩盖不了她的冰肌玉体。

（原文刊载于《江苏地方志》1996年第1期）

淮安市志（1978—2008）

淮安市地方志编纂委员会编。2005年8月启动编纂，2020年10月由方志出版社出版。总纂荀德麟、周平，副总纂刘功昭、马国顺、方宏伟、王信波。编辑方宏伟、王信波、毛立发、刘功昭、刘志平、李想、杜涛、周平、周永达、陈晓明、荀德麟、徐和平。

《淮安市志（1978-2008）》目录

全书3册，470.8万字，图片368幅（志首213幅、随文155幅），表格389张。记述范围为2008年淮安市行政区域，兼及1978年至2008年境内三次行政区划重大调整所涉及区域。该志是《淮阴市志》（1995年版）续志，为完整记述中共十一届三中全会后淮安市经济社会发展情况，记述上限溯至1978年，下限2008年，人物延至2015年，志首彩页延至2018年。述、记、志、传、图、表、录诸体并用，以志为主。志首设序、凡例、史略、大事记，志末设专记、附录、编后记。全志设39卷：地理、国土资源、环境保护、人口、城市建设、建筑业·房地产业、交通、水利、邮政与信息化建设、开放开发、中共淮安市地方组织、淮安市人民代表大会、淮安市人民政府、政协淮安市委员会、民主党派·工商联、群众团体及组织、人力资源与社会保障、民政、政法、军事、财税、综合经济管理、农业·农村、工业、商贸流通·服务业、淮扬菜之乡、旅游业、金融业、科学技术、教育、文化、大运河遗产、艺文、卫生、体育、精神文明建设、社会生活、区县概况、人物。

延续首轮志书前置史略的传统，呈览淮安历史发展脉络与古今文明赓续。兼设编年大事记，根据时序，提炼1978年至2008年间淮安地区发展重大事件、重点工作、重要人物，场景式展现淮安的发展脉络。创新史略与大事记相结合记述方式，详略结合，展示概貌，呈现形式更加丰满立体。

为反映淮安地方特色与深厚文化历史底蕴，设淮扬菜之乡卷，集中展示淮扬菜发展历程、美食文化节、名菜名店等餐饮文化内容；设大运河遗产卷，记述清口枢纽遗产、高家堰与引清刷黄工程遗产、康乾南巡与清口枢纽、其他运河遗产、大运河非物质文化遗产等内容。为反映时代特点，设立邮政与信息化建设卷、开放开发卷、旅游业卷、精神文明建设卷；对于经济体制、政治体制和社会事业改革，则在工业、农业·农村、商贸流通·服务业、中共淮安市地方组织、淮安市人民政府等卷相对集中记述，同时在各相关卷中重点详述。

为继承地方志重视人文记述的传统，充分展示淮安人文荟萃底蕴，适当加大人物卷的记述分量，并设艺文卷。志书注重记述经济发展、人文社科、社会民生，篇幅分别占全书的28%、20%、21%。其中，农业·农村卷为该志单卷最大篇幅，记述淮安作为农业大市，在改革开放后农村面貌发生的翻天覆地历史性变化，展现新时代农业农村的跨越式发展；文化卷篇幅紧居次位，着重反映淮安文化事业发展昌盛、群众文化生活日益丰富的繁荣景象；自古淮安便有“交通、灌溉之利甲于全国”的美誉，设交通卷、水利卷，突出淮安作为重要交通、水利枢纽的作用，展示淮安市改革开放后大规模开展交通及水利建设取得的瞩目成绩；艺文卷沿袭古代旧志中诗征、文征之设，征录自隋唐起历代吟咏淮安的诗词歌赋，辑存历代书写淮安的碑文记载，展示厚重文化积淀，传承悠久文脉，书写时代精神。

记述内容方面，中共淮安市地方组织卷记述经济体制改革及重要决策，突出“稳农兴工、搞活流通”“科教兴市”“富民强市”“外向带动”以及城市化等发展战略，淮安市人民政府卷记述经济体制改革、“三农”工作、城市化建设、为民办实事等政府施政情况，与中共淮安市地方组织卷经济体制改革及重要决策内容前后呼应。农业·农村卷除记各业微观生产外，对农村经济体制改革、农业管理、农业综合开发宏观情况以及农村经济的重要支撑乡镇企业的发展情况和新农村建设都有记述，内容全面。工业卷首章设综述，记述工业企业改革、工业经济规模、工业经济结构、工业投资、技术改造、工业经济增长速度，从宏观层面反映区域工业的发展变化。

志末设专记，收录《京沪高速公路淮安段“3·29”液氯泄露特大事故》《“运河之都”城市名片的打造》，增强重大事件记述的客观性和全面性。附录收录政府发布的重要决策和2009—2015年大事记，增强志书资料性。

2022年，该志获江苏省第十七届哲学社会科学优秀成果奖三等奖。

（王若霜）

【编后记（节选）】

《淮安市志（1978—2008）》的编修工作发轫于2005年8月。江苏省续修地方志工作电视电话会议结束后，淮安市政府迅即召开会议部署《淮安市志》编修工作，向各县（区）政府，市直各部门、各单位提出修志工作“三落实”具体要求。随后，市地方志办公室组织编写修志教材，培训基层修志人员，拟订并印发市志初步篇目。此外，聘请几位参加过首轮修志工作的老同志，参与市志编修工作。

2005年11月后，市地方志办公室承担市委、市政府打造“运河之都”城市名片的工作任务，并确定为压倒一切的中心工作。《淮安市志（1978—2008）》编修工作遂暂时放缓。市志办全体人员转变工作重心，全力以赴投入“运河之都”城市名片打造工作。从2005年11月至2008年12月，相继组织点校整理出版“淮安文献丛刻”9卷、编辑出版“运河之都丛书”论著9卷；作为中坚力量，参与组织、召开两届“运河之都——淮安”全国学术研讨会，编辑出版会议学术论文集2部；参与组织、筹办第四届中国大运河文化节及高峰论坛。2008年9月底，淮安市被中国古都学会授予“运河之都”匾牌。“运河之都”城市名片的打造工作圆满完成，淮安市地方志办公室成为全国方志界读志用志、服务经济社会发展的先进典型。此后，市志编修工作进行重新部署、调整，市志篇目也先后三次进行微调。

随着时间的推移和全市经济社会的发展，经省志办同意，2011年12月，《淮安市志》的下限由2005年年底顺延至2008年年底。2012年7月，市志篇目再次进行微调，记述的主体内容由42卷调整为41卷。

2015年5月，市志总纂工作启动。与首轮修志一样，本轮修志最繁难、最关键的依然是资料的搜集补充：绝大部分市直部门和单位经过三四次搬迁，资料损失严重；机构改革、企业改制和统计口径的多次变化，又为资料的搜集整理设置重重障碍。随着总纂审稿、各卷改稿的全面开展和逐步深化，资料缺口的问题愈发突出，烦恼愈甚。在深入挖掘资料仍不能如愿的窘况下，总纂篇目又几经归并增减，最终将主体记述内容确定为39卷。

2017年11月，《淮安市志（1978—2008）》顺利通过省志办组织的终审。此后，全体编辑按照省志办要求和终审意见，对稿件进行深加工、精编纂，最终于2019年5月形成验收稿。其间，于2019年1月完成本志的印刷出版招标工作。随后，总纂组组织带领全体编辑及市志办4位年轻同志，对验收稿进行了两轮自校、三轮互校，志书质量始觉比较满意。在此期间，安排专人负责前插彩页图片和正文图片的梳理和编排。最终，本志于2020年9月签字付印，2020年底正式出版。

《淮安市志（县级）》目录

淮安市志（县级）

淮安市地方志编纂委员会编。1985年底启动编纂《淮安县志》，1988年因淮安撤县建市，《淮安县志》改名《淮安市志》。1998年2月由江苏人民出版社出版。主编钟士和，副主编孙芝瑶、仇恒禄，编辑邵恒华、钱哨、胡明亮、孙建龙、于兆瑆。

全书1册，151.8万字，图片118幅（集于志首），表格178张。记述范围为1991年淮安市（县级市）行政区域，大部分为今淮安市淮安区，兼及历史上历次区划变动。记述上限因事而异，下限1991年，大事记延至1995年。述、记、志、传、图、表、录诸体并用，以志为主。志首设序、凡例、概述、大事记，附录作为正编，志末设后记。全志设30编：建置・区划、自然环境、农业、林牧副渔、水利、工业、商业、交通运输、邮电、城乡建设、财税金融、经济综合管理、党派社团、政权・政协、民政・外事・侨务、人事劳动、治安司法、军事、教育、文化、文物胜迹、新闻、医药卫生、体育、科学技术、社会、民俗、方言、人物、附录。

为突出淮安古城特色、交通枢纽作用和水利建设成就，建置・区划编设城垣章，记述城垣变迁和明清时期淮安城的城市规划布局；交通运输编记述交通运输体制、漕运和盐运、水上交通运输、陆上交通运输等内容，突出地方特色；水利编记述河道治理、淮安水利枢纽、农田基本建设、水利工程管理、水旱灾情和抗灾等内容，尤其是水利枢纽重点工程记述尤为详细。该志重视对经济发展的记述，经济发展方面的内容比重最大，约占全书的三分之一。同时注意对改革内容的记述，在农业编记述农村家庭联产承包责任制，在工业编记述经济体制改革。社会文化类占比也较大，占全志篇幅近四分之一，侧重展示淮安自古以来的社会文化风貌。文化编记述淮安文化事业的丰硕成果与发展历程，介绍历代淮安人创作的各类文学艺术作品；文物胜迹编着重介绍文物、遗址、古代建筑、名人故居、祠墓塔馆、名桥名巷、风景名胜等，体现淮安作为历史文化名城的丰厚底蕴。为反映淮安自古人杰地灵，志书加大人物编的分量，以传略、表、名录形式予以记述，其中传略收录人物160人，包括古代人物70人、近现代人物90人。设方言编，在记述淮安方言语音、词汇、语法等基础上，特设方言例释章，对《西游记》《老残游记》中的淮安方言进行例释，展示方言特色的同时，兼具研究价值。附录收录文献（文告、文件、信件）、碑记、咏淮安诗、楹联、邑人著作目录，丰富志书内容，增强志书资料性。

（殷　颖）

【后记（节选）】

《淮安市志》的编纂工作，始于1985年底，经过十年努力，十改篇目，四易其稿，终于付梓面世。

《淮安市志》的编纂过程大致经历三个阶段：1985—1989年为酝酿阶段。县志办公室成立后，办公室的工作人员进行了理论学习、宣传发动、人员业务培训、征集资料、上门采访、拟订篇目等工作。各有关部委办局和乡镇也陆续成立了相应班子，全县组织了近200人的资料撰稿队伍。1988年淮安撤县建市，《淮安县志》因之改名为《淮安市志》，并将市志下限由1985年延至1991年。1989—1994年为编纂阶段。这一期间，在陆续摘录、征集到资料的基础上，十易纲目，由市志办工作人员分工执笔，参阅出版的新志书及有关学术论文，博采众长，写出各分志初稿，并由全体工作人员及主编审阅，提出修改意见再由执笔者修改，并打印出征求意见稿。1994年上半年，完成《淮安市志》初稿。7月，召开评审会议，省、市地方志领导及专家、学者对志稿提出许多宝贵意见。1994年7月—1995年为定稿阶段。这一阶段，市志办公室将省、市评审组的意见逐条整理，对照初稿增补取舍，修改加工，逐条落实完善。1995年6月经省、市地方志办公室验收合格，同意出版。

《淮安市志》的记述范围，基本上遵循“贯通古今、详今略古”的原则。淮安是历史文化名城之一，自古以来人才辈出，群星璀璨，因此在志书内容上人物编所占篇幅最多。同时，名胜古迹等内容亦占有一定比例。在记述形式上，《淮安市志》采用记、志、述、传、图、表、录等诸体裁。全志设概述、大事记、分志，全书约150余万字。资料的基本来源是：清代以前的资料，多取之于史志书籍；民国时期的资料，大部分源于有关部门历史档案及采访记录；新中国建立后的资料，则源于本市档案馆、文史办公室和党史办公室，尚有一些内容取于《淮安报》。

淮安市楚州区志（1978—2008）

《淮安市楚州区志（1978—2008）》目录

淮安市淮安区地方志编纂委员会编。2006年2月启动编纂，2018年12月由方志出版社出版。主编王建志，副主编黄攸顺、严林、陈民牛、王战坚，编辑王建志、黄攸顺、严林、陈民牛、钱哨、王战坚、胡明亮、殷颖、李婷婷、马慕颖、宋怡平。

全书2册，230万字，图片331幅（志首61幅、随文270幅），表格287张。记述范围为2008年楚州区（2012年，改称淮安区）行政区域，对历史上隶属楚州区后划至区划外的地区，因内容所需兼有述及，以保持事物、事件的历史性、完整性。该志是县级《淮安市志》（1998年版）续志，为完整记述中共十一届三中全会后楚州区经济社会发展情况，记述上限溯至1978年（少数篇幅因内容衔接所需，适度溯至1978年前），下限2008年。述、记、志、传、图、表、录诸体并用，以志为主。志首设序、凡例、综述、大事记，志末设附录、编后记、索引。全志设33篇：政区·环境、人口、国土管理、城乡建设、水利、经济发展与体制改革、农业、工业、建筑业、交通运输、邮电、商贸服务业、旅游业、外向型经济、银行业·保险业、财政·税务、经济综合管理、中国共产党地方组织、人大·政府·政协、民主党派与工商联群众团体、法治、军事、人事·劳动、民政、教育、文化、周恩来纪念地、文物古迹、科学技术、卫生、体育、社会生活、人物。

楚州区是周恩来总理的家乡，为突出伟人故里的特色，弘扬周恩来精神，设周恩来纪念地篇，记述周恩来故居、纪念馆、管理与接待、纪念活动和周恩来研究等内容。鉴于楚州区丰富的红色及文化旅游资源，设旅游业篇，记述楚州区旅游业从无到有、从有到精的过程。为彰显时代特征，设经济发展与体制改革篇、外向型经济篇。在内容记述上，展示改革开放后楚州区经济发展情况取得的成就，经济发展类内容约占全志三分之一。工业篇设盐化工章，全面展示楚州区特色主导工业产业发展历程；农业篇设农业管理、农业资源开发等章，翔实记述改革开放以后农业产业化与现代化进程，以及一批农业龙头企业带动产业集群、促进乡村振兴的发展成果。社会文化类内容约占全志四分之一，其中文物古迹篇收录楚州区的文物、遗址、旧居、名树、名巷、名桥等，为城市旅游开发和文化建设提供资料依据。

（殷　颖）

【编后记（节选）】

《淮安市楚州区志（1978—2008）》历时十二载终于面世，其中饱含辛苦劳顿，五味杂陈。此次修志是为了反映我区改革开放三十年来各行各业发展状况及人民生活状态，总结和研究社会发展过程中产生的经验教训，积累和保存地方文献资料。全志主体共33篇，志首设序、凡例、总述、大事记，后缀附录、索引、编后记。全志共约230万字，选用插图300余幅，直观形象，图文并茂。《淮安市楚州区志（1978—2008）》编纂工作从2006年2月启动，到2018年12月完稿，前后历时12年，主要经历了以下几个阶段：

资料收集阶段（2006.2—2007.12）。各单位完成资料收集工作，并进行整理初加工。区志办组织各单位业务人员进行业务培训，提高业务水平，及时上门提供服务、定期交流、解决问题。2007年3月26日，区政府专门召开全区续修区志工作推进大会，区政府分管领导在大会上讲话，总结一年多来全区续修区志工作，着重就续修《淮安市楚州区志（1978—2008）》工作做了再动员和部署，重申工作职责、时间节点、质量要求。

初审阶段（2008.1—2013.12）。区志办进行汇总修编，进入分纂阶段，形成初稿。2010年10月27—28日，淮安市地方志办公室召开《淮安市楚州区志（1978—2008）》篇目评审现场会，经过专家论证，《楚州区志》篇目顺利通过市级评审。从2011年开展区志初审工作以来，为进一步提高分纂稿质量，对已完成的分纂初稿实行双管齐下的措施。一是请专家对分纂稿进行审稿，并将审稿意见组织全办修志人员学习、借鉴；二是组织参与编写人员开展内部评审，再安排时间以座谈会形式进行点评。同时，查阅2001—2008年《楚州年鉴》《楚州统计年鉴》，调阅档案数百卷，确保数据的准确性和资料的完整性。截至2013年年底，完成《淮安市楚州区志（1978—2008）》初审工作。

复审验收阶段（2014.1—2017.12）。通过初审及对志稿的进一步修改后，进入复审准备工作。我们聘请专家对《淮安市楚州区志（1978—2008）》进行统稿、通审和总纂，从志稿的观点、体例、内容、记述、资料、行文等方面进行全面审查，前后进行了三次通审，累计整理出修改意见数百条。我们将评审意见集中梳理，由区志办领导亲自带队跑乡镇，进部门，拾遗补阙，落实期限，修改到位。2016年11月中旬，终于完成区志终审稿并上报市志办申请终审。《淮安市楚州区志（1978—2008）》通过终审后，立即组织人员根据终审意见对区志进行修改补充。2017年11月份，《淮安市楚州区志（1978—2008）》通过淮安市地方志办公室的验收。

出版印刷阶段（2018.1—2018.12）。通过省志办验收，交付出版社出版印刷。2018年1月，我们根据出版社的审稿意见对志稿进行修改补充，对一些不太明朗的资料和数据进行反复核对，部分资料还重新进行征集、查找。与此同时，我们还对区志的图片资料进行了征集、筛选。5月中旬报省志办验收，于7月通过省志办验收，之后根据省志办审核意见再次修改志稿，11月交付出版。

淮阴县志

淮阴县志编纂委员会编。1986年6月启动编纂，1996年2月由上海社会科学院出版社出版。主编周立诚，编审杨维义、程玉华、孙建英。编辑朱光国、蒋宗武、周锦铭。

全书1册，142万字，图片75幅（志首71幅、随文4幅），表格270张。记述范围为1987年淮阴县行政区域。记述上限不限，因事溯源，下限1987年，概述、大事记、人物延至1992年。述、记、志、传、图、表、录诸体并用，以志为主。志首设序、凡例、概述、大事记，志末设附录、跋。全志设27编：建置区划、乡镇概况、自然环境、人口、农业、林牧副渔、水利、工业、交通邮电、城乡建设、商业、经济综合管理、劳动人事管理、财税金融、政党社团、政权政协、治安司法、军事、民政、文化、教育、科学技术、体育、卫生、社会、方言、人物。

为凸显地方特色，该志水利编首设洪泽湖治理章，详细记述洪泽湖的形成、洪泽湖的灾害、洪泽湖的态势、洪泽湖的治理，另用6章记录淮阴河湖治理、涵闸与农田水利建设、水政，让读者了解淮阴由水患变水利的历史。交通邮电编设水路运输、桥梁·渡口·码头2章，突出淮阴县发达的水运交通。设社会编、方言编、人物编，记述淮阴风俗习惯、方言谚语和优秀人才，展现淮阴的风土人情和人文荟萃。附录收录文告、碑文、有关淮阴的古诗选、历代县志纂修纪略及历代县志序跋选，并附旧淮阴县图，丰富志书记述内容，增强资料性。

（李　航）

《淮阴县志》目录

【跋（节选）】

《淮阴县志》经过十年的艰苦努力，在反复修改数易其稿之后，终于出版问世。她的出版，填补了淮阴县近百年无县志的空档，是值得庆贺的。

《淮阴县志》的编纂工作，经历了三个阶段。

第一阶段，从1986年6月至1989年年底。1986年6月，县委、县政府筹建淮阴县地方志办公室，7月，成立地方志编纂委员会。此后的三年中，县志办在人员少（4人）、条件简陋、经费紧张的情况下，做了大量的宣传发动、人员培训、组织参观、上门辅导、征集资料、拟订篇目及审查、评审基层单位的资料和专业志工作。此间，召开了两次县直部门和乡镇领导人的会议。举办了两次业务人员培训班，先后有61个单位263人次参加了学习，并在49个单位建立了修志领导小组。在这阶段，县志编委会领导及时采纳了县志办的建议，在1987、1988连续两年内将修志工作列上了目标管理责任状，年终进行检查和评比，从而保证了修志工作的进展。至1989年年底，县志各有关单位向县志办提供经过整理（也有个别未整理）的县志资料达千万字，连同县志办人员搜集的资料，总数约有1800万字。

《淮安市淮阴区志（1978—2008）》目录

第二阶段，从1990年春到1992年年底，即加强力量、编纂总成阶段。随着编纂工作的到来，县志办公室的编辑力量明显不足，加之此时办公室人员又连续流动，有经验的同志调出，新来的同志还不熟悉业务。经编委会领导的同意，我们聘请了具备修志能力的5位同志参加编辑工作。在编写过程中，根据我们的具体情况和外地的有益经验，采取了“一稿抢，二稿磨；成一篇，评一篇”的措施，既推动了修志的进度又保证了志书的质量。此时县志的编纂进入了最艰苦的关键性阶段，有的同志编写的志稿资料缺口很大，他们就主动“找米下锅”，到处挖掘资料，填补空缺。至1992年年底，160万字的《淮阴县志》送审稿终于完成。

第三阶段，修饰补充、定稿出版阶段。1993年3月，省、市地方志办公室组织30多位专家学者和修志同行对《淮阴县志》送审稿进行全面评审。会议对志稿在总体上给予了充分肯定，同时也提出了许多中肯的意见和建议。会后，办公室的同志连续作战，对与会者提出的意见和建议进行梳理，讨论落实修改方案。1994年5月份，修改稿报请省、市志办公室验收。此后又根据验收意见，对志稿再一次进行了修改加工，至1995年7月，《淮阴县志》终于完成了编纂任务，送交出版社付印。

淮安市淮阴区志
（1978—2008）

淮安市淮阴区地方志编纂委员会编。2006年4月启动编纂，2018年12月由方志出版社出版。主编严祖斌，副主编田平芝、汤永、吴海涛，编辑于行行、王昭龙、申海芹、包晓华、李航、吴翠莲、邱广洋、张赟、陆永生、周锦铭、蒋中武。

全书2册，223.8万字，图片351幅（志首127幅、随文224幅），表格389张。2001年淮阴县撤县设区，记述范围为2008年淮阴区行政区域。该志为《淮阴县志》（1996年版）续志，但为完整记述中共十一届三中全会后淮阴区经济社会发展情况，记述上限溯至1978年，对于首次入志的特定事物和内容记述上限有所突破；下限2008年，大事记、人物延至2015年，综述延至2016年。述、记、志、传、图、表、录诸体并用，以志为主。志首设序、凡例、综述、大事记，志末设附录、后记。全志设36篇：政区·环境、人口、乡镇·场圃、国土资源管理、环境保护、城乡建设、交通·邮电、水利、体制改革、开放开发、宏观经济、农业、工业、建筑业·房地产业、商业、服务业、金融业、财政·税务、经济综合管理、中国共产党地方组织、人大·政府·政协、军事、民主党派·工商联·社会团体、政法、科学技术、教育、文化·旅游、韩信故里、大运河清口枢纽遗产、卫生、体育、民政、劳动和社会保障、社会生活、精神文明建设、人物。

为突出地域特色，该志设韩信故里篇、大运河清口枢纽遗产篇。韩信故里篇以2.3万字篇幅记录地理形势、重大史事与故里名人以及文化景物与开发传承，有信度，亦有厚度。大运河清口枢纽遗产篇以3万余字篇幅记录枢纽遗产，内容涉及南运口与码头三闸，高家堰与淮口河、坝，中运河工程遗产，祠庙、驿站、金石以及清口枢纽地区非物质遗产，以翔实史料记载清口枢纽作为世界文化遗产中国大运河重要遗产区悠久的水文化。为彰显时代特征，该志设体制改革篇、开放开发篇、宏观经济篇，对改革开放内容进行集中记述。体制改革篇记述政治体制改革、经济体制改革、社会事业体制改革等内容，开放开发篇记述招商引资、对外贸易、外经合作、开发区建设等内容，宏观经济篇记述淮阴经济总量、结构与固定资产投资，以事实和数据反映淮阴经济的飞速发展。此外，专设精神文明建设篇，记述文明创建活动、传统美德，弘扬社会主义核心价值观。附录收录重要文件、碑记、咏淮古诗、记淮文录、楹联、墓碑记、墓志铭、史料辑录，种类多样，内容丰富，增强志书资料性。

（李　航）

【后记（节选）】

《淮阴区志（1978—2008）》自2006年4月启动至2017年10月付印，历时十余载，八修纲目，数易其稿，于今面世，虽非鸿篇巨制，亦属不易。

回顾编修历程，大致可分三个阶段：

一是提纲分纂阶段。2006年4月，区政府决定开启二轮修志，并印发专文，成立组织，全面发动。区级层面成立二轮志书编纂委员会，区志办组成专门工作班子，乡镇、部门均成立修志小组，明确专人负责。2007年7月，开展人员培训，邀请省、市志办专家开设讲座，上百个单位500余名撰稿、审稿人员参加培训。接着，各乡镇、各部门修志人员根据要求和所承担的任务迅速开展工作，查阅资料、实地察看、切块包干、分头撰写、组长合成。至2009年7月，初稿和图片基本完成并送交区志办。

二是总纂修改阶段。2009年8月，区志办组织区内行家对初稿进行阅评。2010年1月至2012年12月，特邀4名同志对初稿进行补缺、调整。2013年1月，聘请专家审读、梳理和修改。同时，组织人员到市、区档案局、图书馆及有关单位档案室查阅资料，走访当事人和知情者，对史实审核把关，对陈述内容的主次及时间顺序进行合理调整。2014年12月，区志办人员进行初审。随后将志书三审稿发回原单位再审再校再改。

三是评审报验阶段。2015年11月，邀请区内20多名专家、学者和退休老干部对志稿进行复审。其后，组织人员落实复审专家意见和建议，12月报请市志办终审。2016年1月，召开《淮阴区志（1978—2008）》终审会，市内外10位专家现场对区志提出1000余条终审意见和建议。区志办聘用两位退休老同志对这些意见梳理、归类，一人负责根据专家意见修改，一人负责审读修改稿；区志办负责人统筹把关，复看修改后的内容，发现问题，及时解决。2016年9月，根据省、市主管部门“限期完成”的要求，区志办又重新设定时间表和线路图，重新研判终审专家的讲话录音，进一步明确修改的重点和总体原则，加快对志稿的修改和完善。2017年11月，二轮志文字稿通过市志办验收，交方志出版社审定。同时，紧锣密鼓地组织图片搜集、拍摄、筛选和插补工作。2018年2月，由印刷厂排出样书，报省志办批准付印。其后，编修人员又多次对志书进行打磨、校对，还聘请省专家执笔修改，最后得以定稿。

此部志书付梓，与各部门和社会各界热忱关心、支持以及参编人员尽心尽责密不可分。2007年，乡镇、部门先后成立3至5人老中青兼顾的修志小组。这些同志充分发挥人熟地熟情况熟的优势，迅速进入角色，努力在第一时间拿出初稿。2015年10月和2018年3月，志稿两次发回重审，各单位一把手和分管领导皆高度重视，及时组织人员核对、修改，反馈意见，盖章确认。在长达十余年的时间里，全区直接参与资料收集和志稿编纂者600余人。他们恪尽职守，一丝不苟，为圆满完成二轮志编纂任务作出积极贡献。

《清河区志》目录

清河区志

《清河区志》编纂委员会编。1999年9月启动编纂，2003年1月由江苏古籍出版社出版。主编蒋兆扬，特邀主编郝亚江，副主编陈明春、何国兆。编辑张庆文、张平、杨义春、林海、胡建林。

全书1册，124万字，图片86幅（集于志首），表格164张。记述范围为2000年清河区行政区域。记述上限不限，因事溯源，下限2000年，概述、大事记、建置、图片及特殊事件延至2002年。述、记、志、传、图、表、录诸体并用，以志为主。志首设序、凡例、概述、大事记，志末设编纂始末。全志设34章：建置·自然、街道·名村、国土、人口、环境保护、城市建设与管理、工业、农林水利、蔬菜、建筑业、供销商贸、粮油、工商行政管理、市场、财政税务、金融·保险·证券、经济综合管理、中国共产党地方组织、其他党派与工商联、社会团体、人大·政府·政协、治安司法、民政、劳动人事、军事、教育、科技、文化、卫生、体育、社会生活、方言、人物、丛录。

该志篇目设计多处采取升格处理办法，以突出地域特色。清河区为淮安市主城区，蔬菜生产和供应对于居民生活意义重大，在农林水利章之外专设蔬菜章。清河区商业繁荣，商品流通活跃，除设供销商贸章外，又设市场、粮油2章。市场章专门记述市场建设与管理，同时，逐一记述15个区管市场和21个市管市场。粮油章专门记述粮油购销储运、饲料加工及粮食流通体制改革。将工商行政管理从经济综合管理章中析出,设专章,突出清河区工商行政管理的重要性。为更好体现城市街道特点,将街道·名村从建置章中析出,独立设章。针对清河区境内学校多、文化卫生单位多、居住在清河区境内文化名人多的特点,加大教育、文化、卫生等章的篇幅比重。为展现当地深厚历史文化底蕴,丛录章收录历代志书考述、碑记、民间传说(故事)、掌故轶事、民间歌谣、楹联(诗词)等古清江浦珍贵历史文化资料,增强志书的资料性和可读性。

2006年,该志获江苏省地方志系统优秀成果特等奖。

(张其书)

【编纂始末(节选)】

《清河区志》经历了五更纲目,六易其稿,笔耕四载,由省、市方志办领导和专家、行家审评,又反复精心修改,报上级部门审查验收批准,终于付梓出版了。

《清河区志》的编纂,大致经过三个阶段。首先编好部门志。全区有机关、工厂、学校、乡街办和企事业单位等122个,区志办根据编志需要,组织150多人的资料收集和编写队伍,举办了方志知识培训班,请方志专家讲课,提高编志人员的业务素质,为写好部门志打基础。从1999年9月开始,采取电话、发函、走访、座谈、翻阅档案、电脑查询等方法,四方奔走,广泛收集各类资料图片和数据,4名编纂人员冒酷暑、战严寒,节假日不休息,加班到深夜。经过一年多的努力,先后编写出部门志稿42篇,总计250万字。其次,撰编专业志。在部门志的基础上,经过认真研讨,将同类的内容合并,编写成26个专业志和7个综合性的章节。最后,按照区志总纂的要求,经过10个月时间,编纂成《清河区志》初稿。又经过四次磨稿,于2001年12月完成108万字的修改稿送市地方志办公室审阅,并于2002年1月11日召开区志预审会,根据预审的意见又进一步修改,形成98万字初审稿,送到省地方志办公室,请专家学者审改。2002年5月21日召开初审会,根据专家、同行们的意见,又细致地修改,形成96万字的送审稿。2002年9月28至29日,区委、区政府召开《清河区志》稿终审会,各方专家学者对区志送审稿给予肯定,并提出一些中肯的意见和建议。终审会后又用三个月时间作了进一步修改,并经区委、区政府领导审定,于2002年底定稿,报省地方志办公室验收批准出版。

在区志编纂过程中,我们注意掌握好以下关系。一是清河区与原清江市的关系。按地域划分,清河区是原清江市的半边城区,有其内在联系。在编写有关章节追溯历史时,对原清江市一些人和事作简要概述和介绍。二是区志和市志的关系。清河区是淮安市委、市政府的所在地,是全市政治、经济、教育、文化中心。区志是“区域志”,而不是“区政志”,应写这一政区的全貌,故对清河区域内涉及省、市属单位人和事,采取综合概括、典型介绍、简介和表录等方法在区志中反映,详市志所不能详,略市志所不能略。三是与周边县区的关系。清河区与清浦区过去同属清江市,与淮阴区(原淮阴县)在历史上都属清河县,后来几度分合,你中有我,我中有你,追溯历史重复难免。在清河区志选择史料时,角度上有所侧重,尽量减少重复。四是重点和一般关系。针对清河区境内学校多、文化卫生单位多、居住在清河的文化名人多的特点,在编写“教育”“文化”“卫生”等章节时尽量编写详尽些。针对境内各类商品市场和个体私营商业云集的特点,将

“市场”从原来的“供销商贸”章中分开；将“工商行政管理”从“经济综合管理”章中划出，单独立章编写。

淮安市清浦区志

淮安市清江浦区区志编纂委员会编。2005年10月启动编纂，2019年8月由江苏人民出版社出版。主编、总纂厉大勇，编辑张其书、周海峰、章树林、钱万平、杨义春、蒋长明、朱金林。

全书2册，222万字，图片267幅（志首87幅、随文180幅），表格233张。记述范围为2015年清浦区行政区域，覆盖现淮安市清江浦区里运河以南区域。记述上限因事而异，量事追溯，下限2015年。2016年10月，清浦区与清河区合并成立清江浦区，故该志将重大事件的记述下限延至清浦区撤销之时。述、记、志、传、图、表、录诸体并用，以志为主。志首设序、凡例、总述、大事记，志末设附录、索引、编后记。全志设34篇：政区、自然环境、国土资源管理、环境保护、人口与计划生育、综合经济管理、农村经济建设与农业、工业、商贸流通、交通运输、城乡建设与管理、建筑业·房地产业、水利、财政·税务、民营经济与园区开发、中国共产党地方组织、地方人民代表大会、地方政府、地方人民政协、党派团体、政法、军事、精神文明建设、科学技术、教育、文化·旅游、卫生、体育、人力资源和社会保障、民政、社会生活、方言、人物、清江浦纪事。

《淮安市清浦区志》目录

该志在篇目设置上，注意体现时代特征，如设国土资源管理、环境保护、人口与计划生育、民营经济与园区开发、精神文明建设等篇。清浦区虽为淮安市主城区，但南部4个乡镇产业经济以农业为主，故设农村经济建设与农业篇，所记的农村经济建设（农村生产关系改革、农村经济服务、农村财务管理、农村税费改革、村级集体经济和小康村建设）、农业综述（农业生产概况、农业结构调整、园区与基地建设、农业综合开发项目）等内容，是我国农村经济发展变化的一个缩影。工业篇记述工业经济体制改革，建筑业·房地产业篇记述住房制度改革与住房保障，均反映时代特征。清浦区城区为古清江浦的主要部分，设清江浦纪事篇，下设古城清江浦、寺庙祠堂、船厂船埠粮仓、园林桥闸、碑记奏章、地方志书、民间传说与诗词歌谣、匪患帮会8章，集中记述其厚重的历史文化，彰显地方特色。

（张其书）

【编后记（节选）】

1986年，淮阴市各县区开始首轮修志，清浦区由于建区不久未能及时开展这项工作。2004年，淮安市各县区开始第二轮修志，《淮安市地方志工作规划（2005—2010）》将新修《淮安市清浦区志》列为主要任务之一。2005年10月，《淮安市清浦区志》编纂工作正式启动，2006年初开始收集资料，2008年基本结束，但有的部门和单位到2014年底方完成材料报送。2015年初拟出全书篇目开始分纂，2017年8月形成初稿，至2018年3月完成总纂，其间反复修改，数易其稿。2018年9月，淮安市地方志办公室召开《淮安市清浦区志》终审会，原则同意《淮安市清浦区志》通过终审，并提出许多指导性修改意见。会后我们认真落实专家意见，字斟句酌，精研细磨，按照“齐、清、定”要求，形成验收稿，报送江苏省地方志办公室、淮安市地方志办公室、清江浦区人民政府验收，经审核和批准后，付印出版。

1992年1月，清浦区地方志编纂委员会成立，下设办公室，由区政府办公室管理。2005年8月，清浦区地方志编纂委员会组成人员进行调整，由区长任主任，常务副区长任副主任，委员由各有关部门主要负责人担任。清浦区政府多次下发专门文件，对修志工作提出具体要求；多次召开各单位、各部门主要负责人和分管负责人及具体修志人员参加的全区修志工作推进会，研究解决问题，部署工作任务；多次召开修志工作观摩现场会，交流工作经验；举办多期修志工作人员培训班，提高修志人员的专业水平。2016年10月，清浦区与清河区合并成立清江浦区，清江浦区委区政府采取更加切实有力措施加强地方志工作。2017年1月，区政府调整充实区志办领导班子和工作人员，要求地方志工作者进一步增强使命感、责任感，又好又快地完成《淮安市清浦区志》编纂工作。

2014年10月至2019年2月，省、市志办领导、专家先后十余次到清江浦区指导督查《淮安市清浦区志》编纂工作。对《淮安市清浦区志》质量标准和完成进度提出明确要求，对《淮安市清浦区志》总体篇目的设置、上下限的确定、材料的收集整理、结构的调整、体例的辨析、语言文字的规范、图片资料的选用等，提出许多具体的指导意见。此外，省、市地方志办公室的领导还多次通过电话、邮件等对《淮安市清浦区志》的编纂工作进行督查指导。

各乡镇街道、各部门、各企事业单位认真贯彻区委区政府有关修志工作的文件和会议精神，建立健全组织领导机制、职责分工机制、考核奖惩机制、经费保障机制，使修志工作得以顺利进行。很多单位除了安排专门的工作人员，还聘请有工作热情的退休老干部、老教师参与撰稿。不少单位提供的材料丰富翔实，基础较好。驻区的省市属学校、医院、工厂等单位积极配合，为《淮安市清浦区志》的编纂提供了十分宝贵的材料。

《淮安市清浦区志》的编纂出版，浸透了编修人员的心血和汗水。多年来，他们认真学习地方志工作理论和业务知识，努力提高理论修养和业务能力；虚心向省市专家及其他县区的同行学习，搬取“他山之石”；树立正确的修志观，以严谨认真的工作态度，力求记述客观、全面、准确；发扬敬业奉献精神，一心扑在事业上，有的老同志不顾年老有病，坚持工作，令人感佩。他们不辞辛苦，查阅大量档案、图书、报刊、书籍、统计报表等，收集文字和图片资料；有的材料系通过寻访当事人和实地考察获得。清浦区政府办公地点先后5次搬迁，给搜集资料带来很多困难，但在他们的努力下许多散失的资料得以弥补。

《淮安市清浦区志》最初定下限为2008年，2015年开始分纂时改定为2013年，2016年10月与清河区合并为清江浦区后，确定下限为2015年，重大事件截至2016年10月。由于编纂工作迟缓而产生的这种变更，固然给材料补充带来一定的麻烦，但却因此使得清浦区有了一部完整的志书，这让我们在深感愧疚之余又有几分庆幸。

洪泽县志

洪泽县地方志编纂委员会编。1989年1月启动编纂，1999年2月由中国大百科全书出版社出版。主编王德成，副主编汤道言、陈宗贤、唐以厚。编辑王德成、王海洋、毕传霞、刘金玉、汤道言、陈宗贤、陈超美、赵长龙、赵维勇、胡同成、唐以厚、徐雪梅、流畅、郭澄、凌学国、谢登红、楚恩新。

全书1册，168.5万字，图片176幅（志首166幅、随文10幅），表格382张。记述范围为1987年洪泽县行政区域，包括现泗洪县、盱眙县部分管辖区。记述上限不定，量事追溯，下限1987年，全县社会经济主要指标延至1995年。述、记、志、传、图、表、录诸体并用，以志为主。志首设序、凡例、概述、大事记，志末设附录、编后记。全志设33编：建置、地理环境、洪泽湖、人口、农业、渔业、林牧副业、水利、工业、乡镇企业、电力、交通运输、邮电、商业、粮油、财税、金融、经济综合管理、城乡建设、政党社团、政权政协、治安司法、民政·信访·外事、劳动人事、军事、教育、文化、科技、体育、医药卫生、社会、方言、人物。

《洪泽县志》目录

该志记述突出洪泽地方特色。洪泽县1956年建县，因湖设置，借湖得名。该志采用升格手法，设洪泽湖编，记述成湖、湖盆等自然地理内容，以及洪泽湖大堤和湖区开发等建设内容。为突出洪泽“鱼米之乡”的特点，设渔业编，记述水域资源、渔业生产关系变革、捕捞、淡水养殖、渔政管理及资源保护等内容。为彰显洪泽革命老区特色和历史渊源，志书对原淮宝县作适当记述，丰富志书革命传统教育的内容。附录收录碑文、祭文、文告、民约、修志文存、新志述略、1988—1995年全县社会经济主要指标等内容，增强志书资料性。

2001年，该志获江苏省地方志系统优秀成果特等奖。

（周凌晨）

【编后记（节选）】

本志为洪泽首修县志。此前面世的以全县为记述范围的史志仅有铅印本《洪泽十年史》（初稿）。此书近10万字，1959年为庆祝建国10周年由“洪泽县十年史”编写委员会编就，简略介绍了洪泽1949—1959年发展概况。受历史条件所限，此书政治口号居多，“史”的含量不足。编者本想将“初稿”增订修改后正式出版，终未如愿。

中共十一届三中全会以后，社会主义现代化建设蓬勃发展，盛世修志遂成必然。1984年12月24日，洪泽县成立地方志编纂委员会。1985年1月5日，成立洪泽县地方志编纂委员会办公室（以下简称“县志办”）；4月20日，县七届人大常委会作出关于编纂《洪泽县志》的决定，要求县政府和全县人民支持《洪泽县志》编修工作。

县志办成立后的一段时间内，在组建基层修志班子、培训基层修志人员方面做了一定工作，但在县志编修方面却无进展。为加快县志编修进度，1988年10月，县委、县政府对县志办工作人员作较大调整，先后调出9人、调入5人。同时根据“德才兼备、平等竞争”的原则，招聘修志工作人员10人。1989年1月

1日，调整后的县志办17名工作人员全部到岗。县志办根据年轻同志多、新手多的特点，连续举办为期20天的修志业务学习班。在系统学习修志业务、通晓修志人员职业道德的基础上，1月21日进行责任分工，把县志编写任务明确到人，实行修志目标责任制。6月，完成《洪泽县志》编目及编纂方案，正副主编、责任编辑、部门修志人员在资料搜集范围、编写质量要求等方面形成共识。8月10日，县委、县政府召开全县第五次修志工作会议，按照县志编修需要，对各乡镇、县直各单位作出部署。《洪泽县志》编修工作始得有序进行。通过县志办全体人员通力合作、奋力笔耕，1989年底完成14个分志初稿，占全志计划篇幅的三分之一左右。为统一思想、统一方法、统一文风，县志办组织全体工作人员对初稿进行评审，互相捡挑存在问题，共同探讨修改途径，使被评志稿在质量上上了一个新的台阶，待编志稿也进一步明确了编纂方向。对已完成的初稿，正副主编及时审阅，提出修改意见，再交责任编辑修改补充，形成征求意见稿。征求意见稿形成后，均打印150份成册，分送省、市志办，帮助把好体例关；分送县内外各有关部门、知情人士，帮助把好史实关。征求意见的范围达3万人次之多，征得意见数千条。在此基础上，县志办召开总纂会议。在主编主持下，由责任编辑根据收集到的意见，结合自己的认识，对各自负责的志稿提出具体修改意见，同时提出与其他志稿的交叉重复等问题，共同研究，当场解决。总纂会历时14天，对征求意见稿作了千余处修改，进而形成送审稿。1991年底，送审稿全部出齐，县志办实现了对县委、县政府“三年完成《洪泽县志》编纂任务”的承诺。

1992年1月，县志送审稿分送省、市志办及县委、县政府有关领导、有关部门审阅。5月19日，《洪泽县志》稿评审会召开，与会人员在充分肯定《洪泽县志》稿的成绩、肯定《洪泽县志》经过进一步修改加工后可以进入良志行列的基础上，众口评志、众目寻疵，对志稿修改发表了大量建设性意见。县志办集思广益，以主编“一支笔”为主，会后对志稿进行切实修改。其中，跨编章节调整的近10万字，删除交叉重复的近5万字，作文字规范化处理的近6万字，新增内容10余万字。千淘万漉虽辛苦，吹尽狂沙始到金。1995年12月28日，《洪泽县志》报批稿形成。1996年5月27日，省志办批准《洪泽县志》出版。10月23日，县志办与中国大百科全书出版社签订关于出版《洪泽县志》的合同，《洪泽县志》交付出版。

《洪泽县志》设概述作宏观分层提挈，大事记作纵向顺时贯通，主体设33编分类排述。既有总体概念，又有主体结构；既具备了县志的基本篇目，又突出了洪泽地方特色。考虑到《洪泽县志》是首修县志，在时间跨度上，县志办作了“上限尽量向上追溯”的选择。这一选择，使大量散落的文字及口碑资料得以辑存，使洪泽古颜今貌悉收志中，从而避免了断代的缺憾。考虑到洪泽是因湖设置、借湖得名的县份，1956—1985年的30年中，洪泽湖由洪泽一县统辖，县志办在志书中对洪泽湖作了专编记述。考虑到淮宝县政府设于岔河镇，今县境大部地区当时属淮宝县，县志办在志书中对淮宝县作了适当记叙。这些记叙，进一步体现了洪泽的老区特色，丰富了志书革命传统教育的内容。考虑到抗日战争、解放战争时期曾在淮宝、洪泽工作过的老同志，对洪泽地区的根据地建设以及解放后对洪泽的经济社会发展作出的重大贡献，从志书的功能出发，县志办将这部分同志中具有副县级以上的，不论是否洪泽籍，全部收入“人物编”，有的列传，有的入表。此项内容的增加，收到较好的社会效果。考虑到半城、临淮、淮河、成河四乡镇自1956年建县至1985年划出前一直属于洪泽，志书对上述四乡镇的历史和现状作了一定记述，1985年后的情况则未作记述。这一做法，虽有“越境而书”之嫌，但却体现了《洪泽县志》的系统性、全面性和真实性。

《洪泽县志》是在县委、县政府领导下，县人大、县政协关注下编就的。志书编修期间，县委、县政府召集全县修志工作会议5次，出席人员千余人次。全县建立近百个地方志编修机构。县政府关于收集《洪泽县志》资料的“通告”在全县城乡广泛张贴，县宣传媒体切实开展了对《洪泽县志》编修工作的宣传，使之家喻户晓。

《洪泽县志》是在全县修志人员奋力拼搏、无私奉献下编就的。本轮修志，全县上下形成了一支千余人的修志队伍。他们中有的在修志战线工作不足半年，有的则长达10余年。这支队伍中，有为洪泽“两个文明”建设作出过重要贡献，后已离休、退休或退居二线的老同志。这支队伍中，有许多不图名，不为利，不计条件差，不怕困难大，一心扑在修志事业上的中青年同志。县志办作为县地方志编纂委员会的办事机构，承担着对乡镇志、部门志编写工作的组织领导和县志编纂的双重任务，办公室同志恪尽职守，成为这支队伍中的一个重要力量。1989—1991年这三年中，县志办平均每人加班1500余小时，出勤率、上班正点率均保持在98%以上。他们用实际行动证实了自己的诺言：干第一流工作，修第一流志书，让白发与黑字同增，皱纹与志文同深，赤心与青史同存。

《洪泽县志（1988—2010）》目录

洪泽县志（1988—2010）

洪泽县地方志编纂委员会办公室编。2009年2月启动编纂，2016年11月由方志出版社出版。主编、总纂流新武，副主编朱来俊、周凌晨，特约副总纂胡泽民。编辑邵永芹、孙汉军、吕后臻、张健，特聘编纂胡泽民、赵廷香、谢金山、赵先明、高凤金、袁安泰、周曦。

全书2册，216万字，图片284幅（志首145幅、随文139幅），表格314张。记述范围为2010年洪泽县行政区域，包括省市驻洪单位和江苏油田洪泽基地。该志为《洪泽县志》（1999年版）续志，记述上限1988年，衔接前志，个别重要事物按记述需要，适当上溯，下限2010年。述、记、志、传、图、表、录诸体并用，以志为主。志首设序、凡例、综述、大事记，志末设索引、后记。全志设34篇：建置区划·自然环境、洪泽湖、国土资源管理、人口、环境保护、城乡建设、交通·电力、水利、农业·农村、邮政·通信、经济发展与改革、财政·税务、经济综合管理、开放开发、工业、建筑业·房地产业、商贸流通、服务业、金融·保险、中共地方组织、人大·政府·政协、社会团体、政法、军事、人力资源与社会保障、民政、教育、科学技术、文化、卫生、体育、社会生活、人物、辖镇·江苏油田洪泽基地。

洪泽县因湖设置，借湖得名，为凸显地方特色，沿袭前志，仍设洪泽湖篇，但较前志增加洪泽湖资源、洪泽湖渔业捕捞与管理、洪泽湖控制工程、洪泽湖抢险、洪泽湖开发等内容，记述内容更加全面系统。重视城乡统筹建设，农业·农村篇记述农业农村管理、农业开发、农业科技、生态农业、种植业、林业、桑蚕业、畜牧业、水产业、农业机械化等内容，以大农业的视角全面记述洪泽农业发展情况。为彰显时代特征，突出改革内容，采取集中记述的方式，设经济发展与改革篇，全面记述农村经济体制改革、工业企业改革、流通体制改革、计划体制改革、财政体制改革、税务体制改革、金融体制改革、价格体制改革等内容。此外，社会生活篇设社会主义精神文明建设章，记述文明创建、诚信洪泽建设等内容。为增强志书全面性，设辖镇·江苏油田洪泽基地篇，除全面记述洪泽县所辖6个建制镇外，还记述洪泽县三河镇境内的江苏油田洪泽基地发展情况。

2020年，该志在江苏省地方志书质量评定中被评为优秀成果。

（周凌晨）

【后记（节选）】

洪泽二轮修志工作于2009年2月启动，距2005年5月全省地方志工作会议部署二轮修志任务已过去3年之多。之所以启动迟，主要原因有二：一是人手奇缺。首轮《洪泽县志》1999年出版后，县志办在册在编年轻人陆续调出，聘用人员各寻门路，老人员相继退休，至2005年仅有一人留守，此时启动二轮修志，条件尚不具备。二是忙于年鉴编纂。2006年年中，周边县区尚处筹备二轮修志时态，市志办领导鉴于洪泽未编年鉴，向县分管领导建议利用现有人员（此时已调进3人，借用1人）先上马年鉴，得到县领导高度认同。根据市、县领导指示，县志办人员集中精力启动年鉴编纂，在加强自身业务学习同时，编纂了《年鉴撰写入门》手册，指导各单位供稿，于2007年底完成了首部年鉴编纂工作，次年3月由方志出版社出版发行，填补了洪泽没有年鉴的空白。接着又紧锣密鼓进行第二部年鉴编纂，二轮修志工作受到延宕。

洪泽二轮修志工作从2009年2月启动，到终审后修改定稿，经历了五个阶段。

一、启动后冷寂期。2009年2月修志工作终于启动后，县志办同仁松了一口气，可过了几个月，发现修志动静不大。当年9月，县志办分口召开座谈会，了解面上情况。从各家汇报情况看，都成立了组织机构，落实了人手，进行了资料收集，但感觉汇报底气不足，似乎未实话实说。通过赴几个单位实地查看，发现基本拿不出资料，先前的汇报多为应付，实情让人心急如焚。为什么热热闹闹动员会后又很快冷寂呢？冷静细想，大概有这几个原因。一是认识上有偏差，认为修志工作跨时长，不那么紧迫，而且单位主撰人多由办公室主任兼任，日常事务多，修志工作能缓则缓；二是修志业务培训没有跟上，仅靠宏观的几条要求让多数人对如何修志摸不着头脑；三是缺乏典型带动，大家互相观望，人家不动我也不急；四是县志办是个冷清部门，施压不够。凡此种种，造成修志工作启动后的冷寂。

二、重视后热络期。面对各单位几近按兵不动的情况，县志办积极寻求上级主管部门和县委、县政府领导的关注与支持。2010年1月6日，市志办领导亲抵洪泽，与县委主要领导当面沟通，共商推动修志工作之计。县委领导表态，要人给人、要钱给钱，全力支持修志工作。

也在这次面商中，决定根据洪泽县二轮县志修编启动偏迟等情况，将“十一五”纳入二轮修志范围，即洪泽二轮志书下限由原来省定的2005年延至2010年，县志时限涵盖由18年扩大至23年。

领导的高度重视，为修志工作带来了春风。1月7日，县委书记重视修志工作讲话内容在县内媒体上刊发，并明确2010年为修志工作突破年，以此引起各修志承编单位的重视。1月8日，县分管领导作广播电视讲话，进一步阐明修志工作的重要性、紧迫性及各修志单位配合县志办要做好的几项工作。县志办还和县目标办协调，将修志工作纳入全县社会事业年终目标考核，从制度上加强对修志工作的管控。接着，县志办多方物色人选。1月29日，召开全县修志工作推进会，常务副县长到会讲话，从修志目标要求、加强组织领导、重视队伍建设、确保经费保障、搞好协调配合、增强责任感使命感和加强督促检查等方面向与会者提出明晰要求和希望。

5月18日，县志办举办了一次业务培训，邀请市内修志专家授课。全县所有有修志任务的单位派人参加。

6月15日，县志办又邀请已完成县志总纂合成稿的泗阳县志办主任、《泗阳县志（1988—2005）》主编胡东凯到洪泽县传经送宝，分别举办了乡镇、机关两场座谈会，面对面就修志工作中遇到的实际问题现场解疑释惑，反响热烈。

8月份，县志办与县效能办联合对面上修志工作落实、进展等情况进行督查，并分好、中、差予以通报。1—10月份，县志办连续编发了9期简报，1期督查通报，反映面上情况，鼓劲加压。当年还购买了《邗江县志》《建湖县志》《大丰市志》《金阊区志》等市、县（区）志8套，供修志人员学习借鉴，并组织修志人员赴友邻县区学习取经，提高业务能力。

以上这些努力，使洪泽修志工作有了声色，走出低谷，进入了冷寂后的热络期。

三、常态后的整合期。2011年，修志工作由风风火火转入常态。县志办通过几个整合推动修志工作。一是人员整合。年初，县志办对办公室人员及聘用人员进行整合。一方面，明确本办人员侧重年鉴编纂，不能因修志工作而忽略编鉴，以保证年鉴逐年出版的连续性，同时兼及志书部分篇章编纂和志书公共部分任务，如邮政、电信、商贸流通、体育、综述、大事记、图片收集、入志人物收集等；另一方面，针对聘用人员中因个人身体状况、家庭特殊情况等因素有3位退出修志的情况，又续聘4人。二是篇目整合。因23年来有些部门和单位工作职能发生了许多变化，2008年拟定的篇目设置在实际操作中发现已有不能涵盖或设置不妥之处，有的甚或漏设，必须进行整合、补设，使篇目设置更趋合理。这方面工作反反复复，动了不少脑筋。其实有关篇目调整，直到总纂终审还在继续，此不赘述。三是任务整合。续聘的4人，有的在机关工作时间长，有的常年在政法系统，有的与乡镇联系紧密，有的人脉关系广，县志办则将原来由7人承担的任务进行拆分，因人而异，调整分工，合理安排。由于洪泽二轮修志下限止于2010年，根据惯例，很多单位上报数据，尤其一些评比奖项要到次年二季度甚至更晚才能出炉，欲快不能。但我们不等不靠，在关注催要的同时，对资料较全的分志稿着手分纂，重点突破。对镇域志稿撰写上门指导，逐镇过堂。要求聘用人员至少选择1家单位，重点辅导，尽快拿出像样初稿，既在干中学，又促面上推进。四是资源整合。随着资料的逐步收齐，修志工作进入分纂阶段。对于分纂工作，采取两条腿走路方式。一方面，由供稿单位提交分志稿，发挥其熟悉情况的资源优势，县志办聘用人员则负责联系对接，指导修改，对资料缺失、数据前后打架、失真等棘手问题，能自己解决的自己解决，个人解决不了的，县志办或出面协调，或集体讨论，集众人智慧解决。另一方面对于重点篇目如农业农村、工业、交通、水利、文化、卫生等篇，由相关聘用人员上手整合编纂，然后集体上门交流修改。对可比性较强的辖镇篇，一人打头，众人相帮，家家过堂。

为提高分志稿质量，2012年5月，由县志编委会发文，要求各单位配合县志办认真组织好分志稿评审工作。各单位除分管领导、主纂人员参加外，至少邀请2名单位原领导或熟悉相关业务人员参加评审。重点查核史实、数据、行业术语等方面问题，以还原历史原貌。县志办则派联系人和相关人员组成参评小组，全程参与分志稿评审，负责分志稿修改过程中篇目设置、内容调整等相关问题的解释说明，并逐项打分，当面交流，以评促修。此项工作主要在重点部门、单位进行，历时半年，对分志稿的完善起到了一定作用。

四、总纂评审阶段。2013年初，分志稿逐步成形，主编着手总纂合成。采取了先易后难、各个击破的方式，对较为成熟的分志稿先行修改，再交由具体责任人补充资料，核实史实、数据等。对资料缺失较多，或补设节、目，相关部门不甚配合等问题，县志办和具体责任人共商解决办法。是年7月，县志办组织对总纂稿进行初审，查找出篇目设置欠妥、上下限交代不明、文图不对应、表文有冲突以及前后数据差异等若干问题，逐一修改。同时，通过县内媒体发布和上门交流等机会，多次传递收录入志人物、图片等相关信息，保持这项工作常态化，力求应收尽收，少留遗憾。

2013年12月24日，洪泽县地方志编纂委员会委托县志办组织对《洪泽县志（1988—2010）》总纂稿进行复审。编纂人员针对复审评委提出的修改意见和建议，逐一消化，通篇修改，涵盖篇目微调、文字提炼、表格规范、挤压水分、入志人物增补、图文压缩等诸多方面，并增加了方言、篇下序等内容。2014年11月4日，将志稿提交市志办终审。

五、终审后的修改期。2015年2月9—10日，市志办组织对《洪泽县志（1988—2010）》总纂志稿进行终审。县志办编纂人员对各位专家、评委意见和建议认真梳理、消化，择善而从。是年8月修改了一稿，11月修改了二稿，于11月底提交市志办终审验收。12月18日通过验收。

2016年1月，按照省志办关于地方志书审查验收稿质量评估办法，侧重志书应达到“齐、清、定”等要求，再行修改、完善，于2016年8月送省志办审核验收。9月通过审核。

2017年11月，区志办将志稿样书连同《关于批准出版洪泽县志（1988—2010）的请示》报告一并报区政府。同年12月27日，区志办收到洪政复〔2017〕24号批复文，同意批准由方志出版社出版《洪泽县志（1988—2010）》。

涟水县志

涟水县地方志编纂委员会编。1981年9月启动编纂，1997年1月由江苏古籍出版社出版。主编王怀宝，副主编何振华、朱崇佐、李学曾，总纂王怀宝、何振华。编辑王永久、薛书民、汪宝林、王成邦、王文俊、孙华。

全书1册，174万字，图片57幅（志首49幅、随文8幅），表格262张。记述范围为1987年涟水县行政区域，兼及历史上的区划变动。记述上限尽量追溯事物发端，下限1987年，大事记、人物分别延至1993年、1994年。述、记、志、传、图、表、录诸体并用，以志为主。志首设序、凡例、概述、大事记，志末设附录、后记、跋。全志设32篇：建置区划、乡镇场圃、自然环境、人口、城乡建设、经济综述、农业、多种经营、水利、工业、酿酒、交通运输、邮电、商业、粮油经营、财税、金融、综合经济管理、政党社团、政权·政协、治安司法、民政、劳动人事、军事、教育、科技、文化、卫生、体育、社会、方言、人物。

《涟水县志》目录

为突出涟水“名酒之乡”特色，该志单列酿酒篇，设槽坊酒厂、生产、产品产量、管理等章，记述涟水县的酿酒历史、工艺特色和酿酒业发展情况。为体现涟水农业大县（首批国家商品生产粮基地县）的特色，在农业篇中全面介绍涟水的耕地面积、劳动力、耕作制度及其变革等情况，并设粮油棉作物章，详细介绍作物品种、产量、种子改良以及植保等情况，同时在多种经营篇中专设蚕桑章，介绍涟水桑蚕业的发展。专设粮油经营篇，记述粮油市场、粮油收购、粮油销售、粮油储运等内容。志书重视对宏观经济的记述，设经济综述篇，记述经济发展、经济结构、投资、收入及其使用，具有资政参考价值。附录收录重要文献辑存、诗词选、奇闻异事、历代县志（现存）序选、历代修志纪略，具有较强的资料性。

（王梦真）

【后记（节选）】

《涟水县志》的编纂，历经14年，数易其稿，终于问世。编纂过程大体上可分为三个阶段：1981年9月至1988年10月为第一阶段，主要是组建机构、成立班子、征集和搜集资料，初拟县志纲目，培训修志骨干。1988年10月至1993年5月为第二阶段，主要是编写志稿。特别是1990年10月制订县志编写总体方案、修改纲目、将大篇结构改为中篇后，进入全面编写阶段。初稿完成后，又送各部门和编委会成员征求意见，再经修改，完成送审稿，邀请省、市、县三级领导、专家、学者评审。1993年5月至1995年4月为第三阶段，根据评审会上所提意见，制订县志修改方案，再次调整纲目，对志稿删繁补遗，推敲琢磨，完成修订稿，送省、市验收。这三个阶段，搜集、整理、核实资料贯穿始终。我们先后到北京、上海、南京、苏州等外地档案馆和县内档案馆及有关部门查阅9000多份次档案卷宗和书籍、报刊；走访、函访650人次，摘录、制卡90多万字；征集66部部门志和30多部乡镇场圃志，计760万字的资料，为完成县志编修任务奠定了基础。

县志编纂采用明确分工，责任到人，层层把关的方法，一般经编写、分纂、总纂三道工序，严格按预拟编写方案、分纂及总纂规则进行。

涟水县志（1978—2007）

涟水县地方志编纂委员会办公室编。2008年5月启动编纂，2013年12月由方志出版社出版。主编戴从柏，副主编马君海、张晓永、陈全昌、谈培山、杨成顺。总纂徐和平、谈培山。编辑戴从柏、马君海、谈培山、杨成顺、孙华、罗会平、汪晓华、张晓永、陈全昌、徐和平、徐鸿、高为民、刘俊茹、刘锦国、孙雷。

全书1册，209万字，图片293幅（志首144幅、随文149幅），表格343张。记述范围为2007年涟水县行政区域。该志为《涟水县志》（1997年版）续志，但为完整记述中共十一届三中全会后涟水县经济社会发展情况，记述上限1978年，个别事件适当上溯，以弥补前志不足。下限2007年，大事记、人物延至2012年，个别人物延至2013年6月。述、记、志、传、图、表、录诸体并用，以志为主。志首设序、凡例、总述、大事记，志末设附录、索引、编后记。全志设31篇：政区环境、人口、乡镇、土地管理、环境保护、城乡建设、交通邮电、水利、农业·农村、工业、酿酒工业、建筑业·房地产业、开放型经济、商业·服务业、金融·保险、财政·税务、综合经济管理、中国共产党涟水县委员会、人大·政府·政协、群众团体、政法、军事、教育、科学技术、文化、艺文、卫生、体育、劳动·民政、社会生活、人物。

为突出涟水悠久的酿酒历史，设酿酒工业篇，介绍全县酿酒发展史、酒类产品产量产值、具有代表性的六大企业，并单设江苏今世缘酒业有限公司章，详细介绍该公司对高沟名酒的传承、发展与升华，以及今世缘品牌的诞生、发展和文化特色。设开放型经济篇，记述招商引资、对外贸易、经济技术合作、经济开发区，在社会生活篇记述文明创建活动、道德新风，彰显时代特征。重视对农业、农村的记述，设农业·农村篇，除记述各业外，还记述农业农村管理、农业区划、农业产业化、农业标准化、农村经济体制改革、农村财务管理、农村合作基金会、农民负担监督管理等内容。此外，该篇还记述生态农业、蚕桑业等特色产业，以及涟水捆蹄、涟水鸡糕、涟水千张等地方特产。设艺文篇，按现代著作分类方式，设文学艺术著作、社会科学著作和自然科学著作3章，对涟水籍作者著述情况进行总体记述，随文列出著作一览表，反映著述全貌，并对部分著作予以简要选介。附录中设诗词选录，收录前志未收录的与涟水有关的古代名人及当代人物的古体诗词。该志在附录后创新设置插图和表格目录，方便读者阅读、查询。

2018年，该志被评为江苏省地方志书优秀成果综合优秀三等。

（王梦真）

《涟水县志（1978—2007）》目录

【编后记（节选）】

涟水县第二轮地方志续修工作于2008年5月开始启动，在省市业务主管部门的精心指导下，紧紧围绕“前期‘抢’，中期‘磨’，后期‘雕’”的总体工作思路，坚持质量和速度齐抓，共用42个月时间，十易其稿，在全市率先完成209万字的鸿篇巨制。

在分志组稿阶段（2008年5月—2009年2月），县委、县政府召开动员大会，与各组稿单位签订《责任状》，对各单位要完成的字数、时序进度和班子组建等作出明确要求。出台《涟水县修志稿质量验收标准》，实行两级验收制度。县地方志办公室7名工作人员明确分工，负责上下联络、督促检查、业务指导和志稿验收。举办各类修志工作培训班。经过全县135个组稿单位计1000多名资料收集和撰稿人员的艰苦努力和紧张快干，在不到一年时间里全面完成490余万字的组稿和初稿撰写任务。

在初稿分纂阶段（2009年3月—2010年2月），县地方志办公室及时围绕“补、压、纠”制定36条分纂工作要点，由办公室7人按照各自分工进行第一轮分纂，然后从县内聘请4名有修志专长的人员，对照《分纂工作要点》先后进行第二轮分纂。

在总纂审稿阶段（2010年3月—2012年5月），利用长达2年多时间进行总纂，先后六易其稿。在此期间，邀请县编委会领导和业内专家对总纂稿进行复审，同时，对需要原供稿单位解决的2000多处史实和数据，再次进行核对和增补。

《盱眙县志》目录

在评审验收阶段（2012年6月—2013年11月），《涟水县志（1978—2008）》终审稿于2012年6月报市评审，市地方志办公室于7月召开评审会，全市多位方志界专家参加评审。评审结束后，我们用6个月时间对近2000处终审意见逐一进行“整理、消化、吸收”，同时，将志稿反馈到各组稿单位征询意见，并按照“清、定、齐”要求进行补充完善，于2013年4月通过市级验收，5月通过省级审核批复，8月正式通过出版社编审。

五年多来，县地方志办公室创新工作思路，有效克服和破解经费短缺、专业人手不足等诸多修志工作难题。通过篇目超前谋划、细化到位，使组稿单位能够有的放矢、迅速展开；初稿撰写中通过“三点一线一面”竖写法的总结培训，使各单位撰写人员面对志书这一陌生的体裁时能够迅速掌握撰写要诀；通过两级验收制度保证组稿质量，通过量化排名强化承编单位的责任；通过积极挖掘内部潜力、适当借助外力，有效解决修志人才匮乏的问题。

盱眙县志

盱眙县县志编纂委员会编。1980年10月启动编纂，1993年2月由江苏科学技术出版社出版。主编张恩钤，副主编张德勇、郁伯棣、徐启厚。编辑王支权、吉文成。

全书1册，140万字，图片94幅（志首82幅、随文12幅），表格333张。记述范围为1985年盱眙县行政区域。记述上限因事而异，多数自清末或民国初起，下限1985年，大事记延至1990年，重点记述中华人民共和国成立后，特别是中共十一届三中全会以后盱眙的发展。述、记、志、传、图、表、录诸体并用，以志为主。志首设序、凡例、概述、大事记，志末设人物、附录、跋。全志设34章：建置、乡镇、人口、自然环境、自然资源、经济制度、经济结构、综合经济管理、农业、林业、畜牧业、水产业、水利、工业、交通、邮电、财税、金融、商业、城乡建设和环境保护、党派社团、政权·政协、干部职工管理、民政、治安司法、军事、教育、科学技术、文化、文物·胜迹、卫生、体育、方言·谚语·歇后语、社会。

为突出盱眙丰富的自然资源，该志设自然资源章，记述水土资源、生物资源和矿产资源。设经济制度、经济结构2章，从宏观方面全面反映盱眙经济发展情况和历程。设文物·胜迹章，记述省级保护文物、山水风物、碑碣、庙宇等文物古迹，展示盱眙县悠久的历史文化。加强对党的领导的记述，在政权·政协章党委节记述重大决策的贯彻，在政府节记述人民政府政务纪要。附录收录古诗文选、文件辑要、修志文存，兼具资料性和可读性。

1993年，该志被评为全国新编地方志优秀成果三等奖。

（毛　雨）

【跋】

《盱眙县志》几经寒暑，数易其稿，终于付梓，即将问世，这是盱眙县社会主义物质文明和精神文明建设的一项重大成就，值得庆贺。

《盱眙县志》编纂工作，经历三个阶段。

1980年10月至1984年4月，为准备阶段。在这时间内，组建县编史修志委员会及其办公室（临时性机构），从县内外、省内外征集一批地方史料，编印《盱眙史志资料》8期，这一阶段工作，为编纂县志作了必要准备。

1984年5月至1987年6月，为编修专业志（史）阶段。1984年6月开始，县志编纂委员会在宣传口搞编修专业志试点，次年3月，县直机关62个单位编史修志，140余人参与工作。1986年6月，县编史修志办公室改为常设机构。在编修专业志（史）期间，县志编纂委员会及其办公室续编《盱眙史志资料》3期，编印《盱眙文史资料选辑》3辑、《关于地方志业务学习资料》3辑、《修志手册》1本。鉴于盱眙基本上没有建国前档案，县志编纂委员会于1985年组织10多名人员，分赴合肥、南京、滁县等地档案馆、图书馆查阅资料，摘录资料卡片2530张，复印资料1062份，从而填补了县内民国年间史料的空白。专业志（史）全面编修，为编纂县志奠定了基础。

1987年下半年至1991年10月，为编纂县志阶段。首先由县编史修志办公室确定专人试写教育章，接着采取专业人员、部门人员和聘请人员三结合的办法，全面开始编写。成稿后，全志分综合、经济、政治、文化4个部类进行分纂，正副总编4人各负责1个部类，并在此基础上进行总纂，编修人员各尽所能，通力合作。到1989年底，完成《盱眙县志》初稿。其间，县编史修志办公室编印《盱眙概况》《盱眙县旧志辑要》2本书，内部出版发行。为了确保志书质量，县志编纂委员会实行委员分工负责制，从1989年10月起，对县志初稿逐章评议，其篇目、结构、内容、史实、文字等方面均作了修改。1990年9月，《盱眙县志》评审稿完成。10月下旬，中共盱眙县委、县人大常委会、县人民政府、县人民政协的主要领导人以及县志编纂委员会全体成员，对其进行集体评审。11月下旬，省、市地方志办公室组织省、市方志界的专家、学者和友邻县的县志办公室负责人，对其再次评审。根据二审、三审提出的意见，县志编写人员用了10个月时间，对《盱眙县志》稿作了重大修改，1991年9月正式定稿。10月，《盱眙县志》稿由中共盱眙县委、县人大常委会、县人民政府、县人民政协审定。11月，《盱眙县志》稿经江苏省地方志办公室验收合格，交由江苏科学技术出版社出版。

盱眙县志（1986—2008）

盱眙县志编纂委员会编。2007年10月启动编纂，2017年12月由方志出版社出版。主编王行政，副主编郭永余。编辑罗昌林、许现高、田超、邵友红、沈明超、朱阳、侍步会、孙茂成、吴其霖、李婧、李静、张发林、杨杰。

全书2册，268万字，图片587幅（志首54幅、随文533幅），表格436张。记述范围为2008年盱眙县行政区域，兼及历史上数次区划变动。述、记、志、传、图、表、录诸体并用，以志为主。该志为《盱眙县志》（1993年版）续志，记述上限1986年，衔接前志，部分内容视情有所上溯，下限2008年。志首设序、凡例、概述、大事记，志末设附录、索引、编后记。全志设36篇：自然地理、建置·人口、国土资源、环境保护、经济管理、农业、水利、工业、城乡建设、建筑业·房地产业、交通、电力·能源、邮政·电信、金融业、财税、商贸服务业、中国共产党盱眙县地方组织、县人民代表大会、盱眙县人民政府、政协盱眙县委员会、群团组织、公安·司法、军事、民政、人事·劳动、科学技术、医疗卫生、教育、文化、体育、旅游、龙虾节庆、社会生活、精神文明建设、人物、乡镇（场）。

《盱眙县志（1986—2008）》目录

盱眙是农业大县，水利建设成就突出，该志增加农业、水利2篇的篇幅。龙虾产业是盱眙最具特色的重点产业，为突出地方特色，设龙虾节庆篇，分别从节庆运筹、节庆活动、节庆效应方面展现盱眙特色龙虾产业。为彰显时代特征，设精神文明建设篇，记述思想道德、城乡文明创建、文明城市创建和水冲港精神。志末设重要文件选目，收录农业、工业、建筑业·商贸服务业、城乡建设·社会事业、经济体制改革、政治等方面文件目录，方便读者查阅。此外，该志卷首图片，围绕“淮河明珠”“龙虾之都”“帝王故里”“生态家园”等盱眙名片精心编排，重点展现盱眙特色龙虾节、盱眙文物、生态盱眙等内容。

2020年，该志在江苏省地方志书质量评定中被评为优秀成果。

（毛　雨）

【编后记（节选）】

2007年10月，盱眙县人民政府发布《关于做好续修地方志工作的通知》，正式启动《盱眙县志（1986—2008）》编纂工作，县政府成立编纂委员会对新一轮修志工作进行动员部署。历经组织发动、资料收集、志稿编纂、终审验收等阶段。是月，县政府办印发《盱眙县地方志工作规划通知》和《〈盱眙县志（1986—2008）〉篇目分解任务》。各单位根据任务，明确专人认真组织编纂工作。至2008年11月，县志办深入乡镇、部门，提供范例、释疑解难，指导各单位做好资料收集、整理，初稿编修工作。各乡镇、部门、行业的修志小组认真组织采集资料、分工撰写、专人合成。2008年11月12日，召开全县各单位《盱眙县志（1986—2008）》资料展评会，要求把好政治关、史实关、体例关、文字关、保密关、审核关。

2009年1月—2012年12月，县志办聘请人员、组织力量开展汇总修编，认真核实资料，形成初稿。相继查阅1994年至2008年《盱眙年鉴》，1986年至2008年《盱眙统计年鉴》和《盱眙大事记》，调阅档案400余卷，确保数据准确；实地查看、走访当事人和知情者，审核历史资料的真实性；依据资料，对初稿进行补苴罅漏；对记述内容的主次及时间顺序进行合理调整。对具体编排方案和总目进行多次探讨，形成除概述、大事记、附录外共36篇的总目，采用分册出版的方案。

2013年1—8月，县志办编纂人员对志稿精修细改，并聘请专家审阅，完成志稿初审修改工作。9月，县志办编纂人员根据志书中存在的问题，调阅其他相关档案，认真核查资料；到部门或单位了解情况，分别深入淮安市博物馆、淮安市档案馆、盱眙县图书馆、盱眙县档案局、有关乡镇实地查阅；增加“龙虾节庆”篇，调整合并有关篇目图表，使志稿更趋系统性、科学性。

2014年11月—2015年5月，再次聘请专家审读志稿，并参与《盱眙县志（1986—2008）》统稿、合稿，从篇目结构设置、志稿内容、行文用语、遣词造句乃至标点符号等进行修改。2015年5月，根据专家意见反复打磨志稿，力求志稿真实、完善。12月完成“三审”工作，并将“三审”稿存疑部分发回各乡镇（场）各单位进行审核，提出具体要求。

2016年1月起，县志办广泛征求意见，组织验收审核和补充志稿工作。3月10日，《盱眙县志（1986—2008）》终审评审会召开，市、县及外省专家近20人参加终审会。3—10月，县志办围绕终审意见仔细梳理，逐条修改，落实意见。同时，利用县政务平台发送公文，要求59家单位增补资料。

2017年8月，完成增补资料后，继续用心雕琢志稿，精益求精。聘请志书专家对志稿进一步把关审核，统一统计数据口径，并专人审核前后文表格数字。11月，志稿送出版社和省地方志编纂委员会办公室审阅，完成验收审核。12月，县志办编纂人员根据出版社意见和省志办审稿要求，落实审阅意见。2017年12月，经江苏省地方志办公室、盱眙县人民政府批准，《盱眙县志（1986—2008）》交由方志出版社出版。

金湖县志

金湖县县志编纂委员会编。1986年4月启动编纂，1994年3月由江苏人民出版社出版。主编吴振宝，副主编马国顺、邵福增。编辑叶友林、徐国杰、陈学文、陈晓云、潘涛、张长和，特约编辑周慎钦、徐礼球、李义海、时洪青、翟登庸。

全书1册，117万字，图片61幅（集于志首），表格245张。记述范围为1985年金湖县行政区域。记述上限因事而异，下限1985年，大事记、人物延至1990年。述、记、志、传、图、表、录诸体并用，以志为主。志首设序、凡例、概述、大事记，志末设附录（含编纂始末）。全志设29编：建置、自然环境、人口、乡镇、综合经济、农业、林牧副业、水产、水利、工业、交通邮电、商业、粮油经营、城乡建设、财税金融、政党社团、政权政协、军事、治安司法、民政、干部职工管理、文化、教育、卫生、体育、科技、方言、社会、人物。

为突出金湖农业大县的特色，志书设农业编、林牧副业编、水产编、水利编。加大农业编的分量，真实反映金湖农业的发展过程，展现“禽蛋之乡”建设成果。设林牧副业编，记述森林资源，展示金湖获批“全国平原绿化先进县”的成果。为体现金湖“三湖一河”水网发达和水生资源丰富的特点，设水产编，详细介绍金

《金湖县志》目录

湖水产资源以及水产捕捞、淡水养殖、水生植物栽培与利用、水产品购销与加工的情况，反映金湖县水产业发展历史和现状。全志注重反映中共十一届三中全会后金湖县各项改革，如农村大包干（家庭联产承包责任制）、国有企业承包制、乡镇企业“一包三改”等内容。该志亦注重人文内容的记述，篇幅占全书的三分之一强。

1994年，该志获江苏省地方志工作优秀成果一等奖；1997年，该志获全国地方志奖二等奖。

（吴雯慧）

【编纂始末（节选）】

《金湖县志（1986–2005）》目录

有史以来的第一部《金湖县志》，经过五载编纂、四改篇目、三易其稿，终于问世。编纂过程大致经历四个阶段：1986年4月至年底为第一阶段。县建立《金湖县志》编纂委员会及办公室，各科局和乡镇也成立了专门机构，全县组织起200余人的编写队伍，并及时进行业务培训，学习方志理论和编写方法，以适应修志需要。1987年为第二阶段。各单位全面系统搜集资料，足迹遍及县内外有关单位，查阅摘抄大量档案资料、图书资料，调查采访知情人，收录一批口碑资料，共3000余万言，分门别类，整理出专业志资料本。1988年至1991年为第三阶段。县志办公室编纂人员分工执笔，参阅已出版的部分新志书、方志刊物上介绍的新经验，以及有关学术论文，博采众长，调整纲目，在专业志资料本的基础上，进行大量增删修改，写出分志初稿，由县志办公室全体编纂人员集体进行第一次评审，提出修改意见，经执笔者修改后，打印出征求意见稿，再由县志编纂委员会委员分工，约请有关熟悉情况的领导、专业技术人员、业务骨干进行二审评审，着重把好政治关、史实关，经执笔者再次修改后，打印成送审稿，报送省、市地方志评审组审阅。1992年为第四阶段。省、市地方志评审组的同志对送审稿分头审阅后，于3月18、19两日，在金湖进行联合评审，提出许多宝贵意见。县志办公室将省、市评审组意见认真整理，打印成《〈金湖县志〉稿修改意见汇编》；再经半年多时间的删削增补、推敲琢磨、逐条落实，于10月底完成修订稿。

《金湖县志》着重记述建县前后各个时期的历史及现状，纵贯古今，横及百科。其资料来源大体是：清及清以前的资料，多取之于史志书籍的记载；民国初期的资料来源于宝应、高邮两县民国时期编纂出版的志书及部分口碑资料；民国29年（1940年）至1949年根据地时期的资料则来源于本县党史部门和安徽天长县党史办、县志办以及滁县地区党史办、档案馆；建国初至建县前的资料，主要摘录于宝应、高邮县及扬州市档案馆；建县后的资料部分由本县档案馆提供，部分由各部门采取上下结合、内外结合进行搜集所得。此外，我们还去上海、南京、杭州、北京、武汉、合肥等地，采访曾在本地工作过的一批老干部，搜集了部分口碑资料和实物资料。

金湖县志（1986—2005）

金湖县地方志编纂委员会编。2008年9月启动编纂，2018年10月由方志出版社出版。主编丁兴、姜海舟，执行主编马国顺，常务副主编陈凤举，副主编徐承佑、徐国杰、高进超。编辑丁兴、徐承佑、徐国杰、陈凤举、陈一文、陈直前、王仁明、陈学文、李义海、杜传洲、姜瑞荣、李顺华、潘宝铭。

全书2册，283.2万字，图片373幅（志首96幅、随文277幅），表格537张。记述范围为2005年金湖县行政区域。该志为《金湖县志》（1994年版）续志，记述上限1986年，衔接前志，下限2005年，金湖油田、金湖秧歌、专记3篇以及少量记述单元上溯至事物发端，大事记延至2016年，卷首反映现貌的部分图片延至2017年。述、记、志、传、图、表、录诸体并用，以志为主。志首设总述、大事记，志末设附录、索引、编后记。全志设43篇：政区·自然环境、镇场、人口、国土资源管理、环境保护、城乡建设、交通与电力建设、水利、改革、开放·开发、宏观经济、农业、水产业、工业、机械制造业、金湖油田、建筑业·房地产业、国内贸易、运输业·生活服务业、旅游业、信息产业、名优特产、金融业、财政·税务、综合经济管理、中国共产党、人民代表大会、人民政府、人民政协、群众团体、法治、军事、科学技术、教育·体育、文化、金湖秧歌、卫生、民政事务·劳动管理、社会保障、社会生活、精神文明建设、人物、专记。

为突出金湖水生资源丰富的特点，设水产业篇，记述水产机构、水产养殖、渔业捕捞、水生植物种植、水产品购销等内容；机械工业是全县主导产业，设机械制造业篇，对产业规模效益、分布行业、科技研发、重点企业进行记述；金湖名优特产众多，设名优特产篇，集中展示地方各种名优产品和土特产。金湖蕴藏丰富的石油资源，是江苏主要产油区之一，金湖油田篇对油田勘探开发、分布情况等进行记述。设金湖秧歌篇，对国家级非物质文化遗产金湖秧歌进行记述，突出金湖特色。设专记篇，记述淮河入江水道、金湖大桥、金湖荷花艺术节、金石集团、爱特福公司5项具有全国影响力的重大建设与重要事物。在反映时代特征方面，该志设信息产业篇、改革篇、开放·开发篇、精神文明建设篇。附录收录诗词赋、散文、碑记、考证、文献等内容，兼具资料性、学术性、可读性。制作主题索引、人物索引、机构索引、图片索引、表索引，类型多样，方便读者查阅。

2020年，该志获淮安市第十五届哲学社会科学优秀成果二等奖，在江苏省地方志书质量评定中被评为优秀成果。

（胡　媛）

【编后记（节选）】

2008年9月，《金湖县志（1986—2005）》编纂工作正式启动，到正式出版，先后历经七个阶段。

第一阶段（2008年9月至2008年12月）：组织发动。全省二轮修志启动后，即着手金湖二轮修志筹备工作，参加省志办培训、到邗江区志办取经，编写并数度修改《金湖县志（1986—2005）》的编纂工作规划、篇目、凡例、进度安排，并进行人员物色与经费申请等。2008年9月，县政府召开续修《金湖县志》动员大会，印发《金湖县志（1986—2005）编纂工作规划》《金湖县志（1986—2005）篇目》；聘请编辑人员，并进行工作分工；在各供稿单位建立组织，确定撰稿人员；进行业务培训。

第二阶段（2009年1月至2011年5月）：征集资料。县志办指导各部门撰稿人员根据《金湖县志（1986—2005）篇目》搜集资料，并进行资料稿编写。因县志办与党史工委合署，因县里

淮安市

要求，编写出版建县50周年献礼书《辉煌的历程——金湖建县50年大事纪实（1959—2009）》《天南地北金湖人》《中共金湖地方史（第二卷）》以及与县委组织部合编《中共金湖地方组织史（第三卷）》等书，故时间拉长。

第三阶段（2011年6月至2013年4月）：初稿撰写。进行《金湖县志（1986—2005）篇目》的评审与修改；编辑人员进行初稿试写，进行试写稿评审，明确撰写要求；各编辑按照分工，根据各部门上报的资料稿，边补充资料，边进行初稿撰写，基本完成初稿。

第四阶段（2013年5月至2014年12月）：志稿初审复审与修改。组织全体编纂人员及部分专家对初稿进行初审，并进行第一次通纂。根据初审与通纂意见，编纂人员对篇目再次进行调整，增设“机械制造业”“金湖油田”“金湖秧歌”“专记”等重点特色篇目，继续进行资料搜集与撰写，完成复审稿。2014年7月，在全县选聘12名专家、学者，对《金湖县志（1986—2005）》修改稿进行复审，并将修改稿反馈给各镇、各部门征求意见，同时进行第二次通纂。编纂人员根据复审与通纂意见，再度进行资料补充与修改完善，完成复审修改稿。

第五阶段（2015年1月至2016年6月）：志稿总纂。制定《金湖县志（1986—2005）》总纂方案、篇目、凡例、技术规范；组建总纂班子，进行总纂分工；各总纂人员进行志稿总纂；进行志稿第三次通纂，总纂人员进行通纂意见补充修改，完成终审稿。

第六阶段（2016年7月至2017年7月）：终审修改。志稿送市志办终审，市志办组成终审委员会；2016年8月市志办主持召开志稿终审会；整理终审意见，制定终审修改工作方案；对照终审意见，调整志稿篇目，析分“人民代表大会”“人民政府”“人民政协”篇目，增设“水产业”“附录”篇目，对照终审意见逐条进行修改，完成验收稿；验收稿报市志办验收通过。

第七阶段（2017年8月至2018年10月）：出版校对。志稿送出版社审查；整理出版社三审意见，制定出版社审稿意见修改方案；逐一修改出版社提出的审稿意见；设计与制作卷首图片，配置文内插图；送省志办进行最后审核；根据省志办验收意见进行修改，进行志书校对，志书出版。

盐城市

盐城市首轮修志工作肇始于1980年编纂的《大丰县志》《盐城县志》，其他志书编纂工作主要于1984—1988年启动。至1998年，全市共出版市县两级综合志书9部，总字数1636.8万字。其中，市级志书1部：《盐城市志》；县级志书8部：《盐城县志》《响水县志》《滨海县志》《阜宁县志》《射阳县志》《建湖县志》《东台市志》《大丰县志》。盐城首轮志书不乏精品佳作，多部志书在国家级、省级质量评比中获奖。其中，《盐城县志》在1997年获全国地方志奖二等奖，《盐城市志》在2001年获江苏省地方志系统优秀成果特等奖，《阜宁县志》在1994年获江苏省地方志工作优秀成果二等奖，《建湖县志》《东台市志》在1997年获全省地方志奖优秀奖，《滨海县志》在2001年获江苏省地方志系统优秀成果二等奖。

盐城市二轮修志工作以1995年《大丰市志》重修为先行起点，于2006年正式启动，主要为首轮编纂的市县两级志书的续修和重修及市辖区志的创修。至2019年，盐城市基本完成二轮修志工作任务，全市共出版市县两级综合志书10部，总字数2330.4万字。其中，市级志书1部：《盐城市志（1983—2005）》；县级志书9部：《盐城市亭湖区志（1983—2009）》《盐城市盐都区志（1983—2009）》《滨海县志（1986—2008）》《大丰市志》《东台市志（1988—2005）》《阜宁县志（1986—2010）》《建湖县志（1986—2008）》《射阳县志（1986—2010）》《响水县志（1988—2008）》。《盐城市志（1983—2005）》《东台市志（1988—2005）》等多部志书获评江苏省地方志书优秀成果和地方社科优秀成果。

盐城市志

盐城市地方志编纂委员会编。1986年6月启动编纂，1998年4月由江苏科学技术出版社出版。主编韩建勋，副主编胡爱桐、杨志萍、朱爱良、茆贵鸣、于海根、王芳、周国志。

全书3册，482万字，图片167幅（集于志首），表格484张。记述范围为1987年盐城市行政区域。记述上限不限，追溯事物发端；下限至1987年，总述、县（市、区）概况延至1993年，大事记延至1994年，图片延至1996年。述、记、志、传、图、表、录诸体并用，以志为主。志首设序、凡例、总述、大事记，志末设附录、编纂始末。全志设60卷：建置区划、辖县概况、自然环境、人口、城乡建设、环境保护、交通运输、邮电、经济综述、农业综述、种植业、林牧渔业、海涂开发、水利、农机具、工业综述、盐业、纺织丝绸工业、机械冶金工业、轻工业、食品工业、化学工业、建材工业、电子工业、电力工业、煤炭工业、医药业、乡镇工业、建筑业、商业、粮食、供销合作社、物资、对外经济贸易、财政、税务、金融·保险、经济综合管理、中国共产党、中国国民党、民主党派、社会团体、政权·政协、公安·司法、军事、民政、劳动、人事、外事·旅游·侨务、科学技术、教育、文化、档案·方志、报刊·广播·电视、卫生、体育、少数民族·宗教、民俗、方言、人物。

《盐城市志》目录

盐城位于里下河地区和黄海海滨，水美土肥、盛产粮棉、渔盐丰富，为体现地方特色，该志设海涂开发、盐业、林牧渔业、水利等卷。环境保护卷设自然保护区章，记述沿海滩涂珍禽自然保护区、大丰麋鹿自然保护区、九龙口自然保护区。盐城是新四军重建军部和中共中央华中局机关所在地，志书加大军事卷的篇幅，在人物卷收录革命烈士和老红军，反映革命老区特色。盐城作为全国"三个半"杂技故乡之一和淮剧的发祥地，文化卷设杂技、戏剧2章对此作详细记述。志书力求反映时代特征，工业综述卷设工业体制改革章，农业综述卷设农业生产关系变革章，突出改革的作用。全志除设总述外，在经济部类中设经济综述、农业综述、工业综述、经济综合管理等卷，弥补志书横排门类时联系不足的问题。在卷、章中，分设概述和无题序，以彰明事物发展的概貌。除志书常用的体裁外，还运用纪略，加强对重大历史变革和重大历史事件的资料收集与使用。附录设地方文献、专记，收录民主革命斗争纪略、日军在盐城的暴行及盐城人民的英勇抗击、新四军重建军部及其历史意义等资料，丰富志书资料性。

2001年，该志获江苏省地方志系统优秀成果特等奖。

（潘其锐）

【编纂始末（节选）】

《盐城市志》的编纂工作始于1986年，至1996年交付出版，历经十载。其间，大致分为三个阶段。

第一阶段（1986—1988）为宣传发动、组织班子、培训骨干和征集资料阶段。

1986年6月，成立盐城市地方志编纂委员会，编委会下设办公室。办公室配备专职人员，与党史办公室合署办公，实行两块牌子、一套班子。市地方志办公室成立后，于1986年7月28日召开全市第一次地方志工作会议，全面动员，部署修志工作。不久，派员参加江苏省第一期修志培训班。此后根据全市第一次地方志工作会议精神，市志办开展了多种形式的宣传发动工作：编印"宣传提纲"；创刊《盐城地方志工作简讯》，共出刊47期；发布征集资料通告；拟定市志纲目初稿下发有关单位；还通过报纸、电视等新闻媒介，广泛宣传修志工作的意义。为了推动全市修志工作顺利开展，同年11月5日，市地方志编纂委员会召开第一次会议，市委书记金基鹏作了重要讲话。会后，向全市各县（区）及市直单位印发了会议纪要。要求尚未建立领导机构和工作班子的单位迅速建立机构，落实人员，以保证全市修志工作同步进行。11月8—15日，举办了全市首届修志培训班，市直各部、委、办、局、院、行、社、司90多人参加培训。培训期间，作了7次业务讲座，讨论了《盐城市志》篇目（第一稿）。此后，又陆续举办3期，共培训修志骨干300余人。1987年2月，按照省地方志办公室的统一部署，组织编写《江苏市县概况》盐城部分。同时着手编写《盐城市县概览》。同年4月，根据市志编委会主要负责同志的意见，在修订《盐城市志》篇目的同时，先行组织编写《盐城简志》。次年3月，市志办又召开各县志办主任会议，落实《盐城人物志》的编写任务。至1988年底，先后完成省志办下达的20余万字的组稿任务，内部出版了25万字的《盐城市县概览》，编写了120万字的《盐城简志》初稿和20万字的《盐城人物志》（胡乔木题写书名，江苏教育出版社出版）。落实市直单位专、兼职修志人员500余人，四易篇目，为编纂《盐城市志》从组织上、业务上、资料上做了充分准备。

第二阶段（1989—1993）为分志编写、联审阶段。

1988年5月，省志办在扬州召开市志纲目研讨会。会议期间，省志办领导建议盐城停编《盐城简志》，组织编写《盐城市志》。会后，市志办向市政府具呈报告，提出充分利用《盐城简志》初稿资料，集中力量编写关于《盐城市志》的意见，并拟定了《盐城市志》编纂方案、篇目和凡例。1989年3月23日，市政府办公室同意市志办的报告，并转发了《盐城市志》编纂方案、篇目和凡例。11月13日，召开全市第四次地方志工作会议，市直各单位分管修志工作的负责人和各县（市、区）地方志办公室主任100多人出席。此后，各单位进一步建立健全领导班子和编写班子，所有承编单位均成立分志编辑室。市志办对如何编修好市志做了认真调查研究，认为一部市志质量的高低，取决于构成市志的各部分志的质量。为保证分志质量，市志办在学习外市经验的基础上，从盐城市上马迟、人手少的实际出发，采取了一步到位的做法。即将市志中的大部分分志稿的编写任务落实到市直各有关单位，依靠各承编单位提供一部能够分纂的志稿，为了实现这个要求，市志办采取了以下一些措施：（1）优化设计。为保证志书篇目的科学性及实际编纂过程中的可操作性，市志办主任在吸取外地经验的基础上，集中大家智慧，对市志总体设计进行优化。并采取各种措施，努力提高办公室工作人员和分志编辑的业务水平。（2）跟踪指导。按照统一分工，市志办的分工编辑与市直单位的分志编辑，结成相对固定的、紧密的业务关系。从拟定纲目到搜集资料，从试写部分章节到完成初稿，均由分工编辑对分志编辑实行全过程指导，指导分志编辑严格按照市志总体设计要求实施。遇到特殊情况，则由市志办集体会办解决。（3）现场练兵。为了提高各分志编辑的业务水平，除对他们集中培训外，更多的是让他们参加有关分志的评审活动。坚持每个单位评审分志稿，均邀请其他承编单位编辑参加评审或旁听，使他们在修志理论与修志实践的结合上体会市志总体设计及编写分志的具体要求。在各分志评审的过程中，市直参评的分志编辑及有关人员达1200多人次，有的分志编辑参加四五次之多。（4）严格评审。市志办制定了分志评审标准和“三审制”的程序。“三审制”的程序是：单位自审，市志办分工编辑专审和三方联审。三方联审的参审单位是：承编单位、市志办和省直主管部门。实施程序为：每一部分志在自审、专审合格后，打印若干册，分发有关人员，经过一个月左右审阅后，将评审意见形成书面材料。由承编单位召开联审会议。联审会根据把好“五关”（政治关、体例关、史实关、文字关、保密关）的要求，让参评者畅所欲言，提出各种意见，最后由市志办主任归纳集中，在肯定成绩的基础上，提出修改意见。联审会后，由分志编辑再做进一步修改，形成送审稿报市志办。至1993年底，除市志办承编的部分志稿外，其他50多卷分志稿均按“三审制”程序逐一联审修改，交付总纂。

第三阶段（1994—1996）为总纂、评审和定稿出版阶段。

1994年初，《盐城市志》进入总纂。根据“千秋大业，质量第一”的要求，市志办拟定了总纂方案，进一步修改凡例，统一行文规范。在力量组织上，除市志办全体同志参加外，还聘请了几位老同志。其总纂程序为：先由市志办分工编辑和聘请的老同志对分工的分志进行分纂和审稿，后交市志办主任进行总纂、审定。在总纂过程中，大家对志稿的政治观点、体例结构、内容资料、语言文风、交叉重复、文表数据等方面进行全面审核、修改，字斟句酌，精雕细刻，有的夜以继日，牺牲了不少节假日，有的带病工作，一边服药输液，一边修改志稿，经过一年的紧张奋战，于1994年12月初，60卷分志全部总纂完毕，重新打印成册，交省志办验收。1994年12月26—29日，省志办在盐城主持召开《盐城市志》评审会，组织30多位专家、学者、修志同行，对《盐城市志》进行全面评审。1995年初，市志办集中力量，认真汇总评审意见，研究制定修改方案，严格分工，责任到人，定时、定量、定卷，苦战一年，全部修改定稿，年终报省志办验收，交付出版社出版。

1996年6月，出版社排出《盐城市志》清样，市志办即开始校对，先后校阅了五稿，总校字数达2500万字。1997年秋完成终校。

在编纂《盐城市志》的过程中，市志办在以下几个方面做了一些探索。

1.关于记述的地域范围问题。全省11个省辖市，除盐城外，有两种模式：一是城市说，一是笼罩全市说。前者以市区为记述范围（地改市前的省辖市），后者为突出市区，兼写辖县。市地方志办公室分析了盐城的实际情况：盐城市成立于1983年，管辖7县2区，在地改市前为盐城地区。治所所在地盐城镇，既不同于苏、锡、常等省辖中心城市，又不同于镇、扬、淮等地辖县级城市，盐城市的市区由城区和郊区组成，郊区实际上就是原盐城县的农村部分，城区就是原盐城县的盐城镇。当时的城市功能并不明显，根据1985年公布的《新编地方志工作暂行规定》，市志要以现行行政体制的地域为记述范围的要求，市志办确定《盐城市志》的记述范围为现辖7县2区。根据事物发展的全过程，立足全市，从整体上加以记述，该详则详，该略则略。当然，为了反映地改市后的城市功能，市志办在城乡建设、工交、商业等专业卷中也强化了这方面的记述。

2.关于志书整体性记述问题。全志除设“总述”之外，在经济部类中设“经济综述”“农业综述”“工业综述”“经济综合管理”等卷，以弥补志书横排门类、相互联系的不足。在每卷和每章中，还设概述和无题序，以彰明事物发展的概貌。全志还在附录中增设“民主革命斗争纪略”“日军在盐城的暴行及盐城人民的英勇抗击”“新四军重建军部及其历史意义”“盐阜区新民主主义教育概况”“五分区土地改革运动情况综述”“盐城市资本主义工商业的社会主义改造”等专记，以加强对重大历史变革和重大历史事件的宏观记述。

3.关于体现志书的科学性问题。胡乔木同志在全国地方志第一次工作会议闭幕会上的讲话中指出：“旧的地方志作为一种资料书是有价值的，但它的科学性很差，这不足为怪，新的地方志应该在这方面有很大的改善。”对于志书体例及体现志书科学性等问题，韩建勋同志曾去北京，请教乔木同志，他亲自接见，给予具体指导。市志办全体同志在这方面有意识地作了探索。尤其是对哪些资料应入志，更是注意研究和选择。在志稿的编写过程中，市志办的同志十分注意引导各承编单位的修志人员，千方百计收集反映事物发展的全过程资料，努力把握在事物发展中起主导作用的资料，以正确反映事物的规律性。70年代与60年代相比，盐城水稻产量获得大幅度增产，究其原因是多方面的，有水利建设，有土壤改良，有合理密植，有巧施化肥农药，有良种推广等，但起主导作用的是大面积推广优良品种杂交水稻。在记述水稻这节时，志书详细地记述了这一历史事实，客观地反映了这一时期水稻生产的客观规律。在此期间，有不少农村社队推广了“三熟制”，即两熟稻、一熟麦，由于辖境和南方相比，无霜期相对较短，违反了水稻生长的客观规律，影响了晚熟稻生长，造成了不应有的损失，结果三熟不如两熟，正如农民所说“三三如九，不如二五一十”。对于这些资料，志书也作了必要的记述，以使后人从中吸取教训。另外，在经济部类中，我们力求反映生产力决定生产关系、生产关系反作用于生产力这一辩证关系，如在“工业综述”中专设“工业体制改革”章，在“农业综述”中，专设“农业生产关系变革”章；我们还力求体现“科技是第一生产力”这一观点，除了在大部分专业志中设专章（节）记述各项事业的科技发展外，还在“科技”卷中专设了“科技应用”章，体现大科技的特点。

4.关于突出盐城地方特色问题。盐城市地处里下河地区，东部广阔的沿海滩涂有取之不尽的渔盐之利，中部和西部河网密布，水美土肥，盛产粮棉。为了充分反映这一特色，我们专门设立了“海涂开发”“盐业”“种植业”“林牧渔业”“水利”等卷。盐城又是新四军重建军部和华中局机关的所在地，为了反映革命老区特色，我们加重了“军事”卷的笔墨，增设了“民主革命斗争纪略”。盐城还是淮剧的发祥地和全国三个半杂技故乡之一，我们在“文化”卷中设了专章，作了详细记述。全志除对盐城特有的事物单独立卷设章和浓墨重彩以外，对其共有的事物则充分发掘事物的特殊性和个性，以反映其地方特色。

《盐城市志（1983–2005）》目录

盐城市志（1983—2005）

盐城市地方志编纂委员会编。2006年7月启动编纂，2019年10月由江苏凤凰科学技术出版社出版。总编茆贵鸣、徐城生，执行总编王海燕（2015年起），副总编于海根、王芳、王吉丰、周国志、赵丽，责任编校于海根、马汝达、王芳、王吉丰、王伯杏、江志荣、朱月潭、单爱珍、周国志、赵丽、陆鹤鸣、潘其锐。

全书3册，508.7万字，图片299幅（志首138幅、随文161幅），表格201张。记述范围为2005年盐城市行政区域，立足市区、涵盖全市，实行全市城乡一体式记述。该志为《盐城市志》（1998年版）续志，记述上限始于盐城撤区建市的1983年，与首轮市志1987年下限有4年复载。涉及首轮市志漏记或记述有误的内容，适当追溯前志，补遗考订；下限2005年，大事记延至2015年，志首图片延至2019年。述、记、志、传、图、表、录诸体并用，以志为主。志首设序、凡例、盐城史略、总述、大事记，志末设附录、索引、编纂始末、地图。全志设46卷：建置区划、辖区概况、自然环境、人口、国土、环境保护、城乡建设、交通、水利、通信业、经济总情、经济体制改革、开发园区、农业、工业、乡镇企业·民营经济、建筑业·房产业、国内贸易、经贸往来、服务业、旅游业、金融业、财政税务、经济事务、地方党委、地方人大、地方政府、地方政协、民主党派·工商联、群团组织、政务、法治建设、军事、科学技术、教育、文化、新闻出版、方志·档案、卫生、体育、精神文明、社会保障、民政事务、社会民生、民俗·方言、人物。

该志在部类构成上，适度压减经济部类，调整并充实政区环境与基础设施部类及社会部类，适度强化政治部类和文化部类，以保持部类之间的协调和平衡。在体裁选用上，除在志首设盐城史略，经济部类和政治部类的农业、工业、地方党委、法治建设等卷设特色专记；对与前志有衔接作用的重要史料、有争议的背景资料或重要引文资料，在相关分卷相应章节以附或链接等形式予以处理。在共享利用上，同步制作志书手机版二维码，加大信息量和资料共享力度，增强本志的收藏和利用价值。

该志注重时代性，采取大集中与小分散相结合的处理办法，把握改革时期的发展主线。“大集中”就是将关联全局、影响社会、拉动经济、推动发展、引领时尚、事涉民生的宏观性内容，设置专卷或专章，体现宏观性。设置经济体制改革、开发园区、乡镇企业·民营经济、通信业、经贸往来、服务业、旅游业、精神文明、社会保障、社会民生等卷；“小分散”就是设置水利改革、经济结构调整、农村经济体制改革、国有集体企业改革、流通体制改革、综合管理体制改革、对外及港澳台贸易、利用外资和港澳台资、思想道德建设、文明创建活动、新时期盐城精神等章。通过这种宏观与微观、集中与分散的结合，突出改革发展主线，展示时代风貌，歌颂时代精神，立体地、全方位地彰显时代特征。

在内容安排上，志书全面反映区域地情，充分展示城市特色。改革开放后，盐城由过去传统的农业大市，逐步发展为江苏沿海中心城市、长三角产业北拓承接基地和新兴工商业城市、世界湿地生态旅游城市。同时还是中国海盐历史文化名城，新四军重建军部纪念地的革命老区，建置历史悠久，文化积淀丰厚。该志自然环境卷设自然资源章，城乡建设卷设园林绿化章，交通卷设民用航空、港口2章，农业卷设生态农业、林业、蚕桑业等章，工业卷设汽车工业、制盐工业2章，文化卷设地域文化研究等章；并在相关卷章视情设置特色的节或目。通过不同层次的安排，全面反映区域地情，充分展示城市特色。

2020年，该志获盐城市第二十次哲学社会科学优秀成果奖特等奖，在江苏省地方志书质量评定中被评为优秀成果。

（潘其锐）

【编纂始末（节选）】

国有史，郡有志，家有谱，中华文化的传承历来如此。盐城是“方志之乡”。自汉元狩四年（公元前119）始建盐渎县起，2100多年的建置历史，修志传统由来已久，仅明代至民国年间就编修过各类志书30余种，目前已能考证出的就有县志（含县志稿）19种、专志2种、镇村志4种、乡土志2种，境内的盐城、阜宁、东台三个老县均有不同时期不同版本的旧志。正所谓“天下藩郡州邑莫不有志”。

20世纪80年代前后开始的新方志首轮编修，盐城作为江苏修志大市，切实履行责任担当，先后组织编纂并出版面世了9部市县级志书，同时还编纂出版了数百部基层镇村、部门行业、寺庙园林、院校农场、企业集团等各类志书。作为盐城这座城市文脉的重要载体，这些蔚为大观的地方志成果，已成为彰显盐城人文历史和地域文化的一道独特靓丽风景。

修志问道，以启未来。2006年起，根据国家和省市的统一部署安排，新方志第二轮编修启动，省市县三级志书的编修陆续展开。在盐城市委、市政府的领导下，由盐城市地方志编纂委员会办公室组织编纂的《盐城市志（1983—2005）》，历经10余年的艰辛努力，如今又将问世与读者见面。

（一）

第二轮组织编修的《盐城市志（1983—2005）》，是继1998年出版面世的第一轮《盐城市志》之后，全面记述、系统反映盐城市自1983年建市至2005年，全市经济社会历史与现状的第二部设区市的综合性地方志书，为第一轮《盐城市志》之后的续修“断代志”。

根据国务院颁布的《地方志工作条例》和《江苏省人民政府办公厅关于做好新一轮地方志编纂工作的通知》精神，盐城市地方志编纂委员会办公室确定续修《盐城市志》总的编纂原则是：坚持辩证唯物主义和历史唯物主义的立场、观点和方法，实事求是、与时俱进，突出时代特点和地方特色，全面系统地记述全市改革开放和现代化建设的奋斗历程及巨大成就，客观真实地反映全市自然、政治、经济、文化和社会的历史与现状，做到思想性、科学性、资料性相统一；坚持质量第一，严格遵循志书体例、篇目和内容要求，按照资料的入志原则、内容的记述要求和行文的规范统一，统筹谋划、科学实施、存真求实，精选精编；全志在借鉴首轮修志经验教训的基础上，综合运用现代科学理论和方法，注重创新创优，力求编纂出具有鲜明时代特征和地方特色，能够起到资政、存史、教化作用的经世致用的精品良志。

总体编纂思路为：以盐城市2005年行政区划为基准，立足市区、涵盖全市，市区为主、兼顾辖区，衔接前志、自成体系，把握整体、注重特色，实行全市城乡一体式记述。志书上限，除卷首盐城史略外，原则上起自盐城撤区建市的1983年，但涉及上限前因首轮《盐城市志》漏记或记述有误内容，可采取覆盖式、追溯式、补充式、修正式、考注式等方法对前志进行必要的补遗或考订，属于记述静态事项或变化不大事物的分卷，相关内容可据情况和需要对前志作适当追溯；志书下限，原则上截至2005年，大事记延至2015年，志首志末中的图片专版、序、编纂始末、编纂机构及审验单位和编纂人员名单等延至出版时间。全志既遵循传统志书横排门类，平列为卷，事以类聚、类为一志，以类系事、纵述史实的编纂体例，同时也综合运用序、史略、述、记、志、传、图、表、录注、专记、链接、索引等多种体裁形式，以志为主、诸体并用，史略古今、总述全志，图随文出、表随文走，注在页脚、附录殿后。文体采用规范的语体文记述体，大事记采用编年体，辅以纪事本末体，全志除盐城史略、总述、无题概述、专记、考注外，各记述实体一般不发议论、不加评论，其思想性、科学性以及是非得失、功过褒贬，寓于入志资料和内容记述之中；文风力求简明晓畅，遣词造句务求准确精当，语言表述注重文约事丰。入志人物坚持因事系人和生不立传原则，其中在世人物的事迹内容融入相关章节相应记述实体（或以表录形式载入），人物卷立传人物侧重收录对盐城经济社会发展作出过重要贡献或具有重大影响的盐城籍或非盐城籍已故人物，立传人物以卒年为序。

篇目架构和成书形式：篇目架构沿用首轮《盐城市志》卷章节目体，分为志首、志末和46个分卷三大板块。志首设图片专版、序、凡例、目录、盐城史略、总述、大事记等；志末设附录、索引、编纂始末等；46个分卷为全志的主体，按先自然后社会、先经济基础后上层建筑，以物质文明、政治文明和精神文明的逻辑顺序排列，依次分为政区环境与基础设施、经济、政治、文化和社会五大部类。五大部类中，除综合性分卷为二级志目一卷多志（如工业、农业、经济事务、行政事务、民主党派与工商联、群团组织、法治建设、社会保障等），其他分卷多为一卷一志的一级志目设置；各分卷设章节目三个基本层次，一般以目为记述实体（少数以节或条目为记述实体），部分章节或记述实体视市情特点、行业特色和入志内容需要，相应设置专记、简介、附、链接等，以加强记述深度，丰富版式和美感，增强直观视觉效果；卷章两个层次，分别统一设置无题概述，以宏观记述某项事业、某个行业或某件事物的总体概貌，展示发展轨迹、亮点特色以及经验教训；节下一般不设述体。成书形式，全彩印刷，分上中下三册，硬封圆脊精装，公开发行。

（二）

十年一剑著信史，个中滋味不寻常。《盐城市志（1983—2005）》自2006年7月动员部署，2008年11月全面展开，2015年4月攻坚扫尾，到2017年6月进入评审验收、2018年3月实施精品冲刺、2019年8月签印付梓出版，其主体工程历经十多个春秋。风雨征程路，春华秋实篇。回顾续修《盐城市志》十易篇目、六易其稿的整个编纂过程，大致可分为以下五个阶段。

筹划酝酿　组织发动　学习培训阶段（2005.6—2008.11）　2005年5月全省第四次地方志工作会议后，盐城市地方志办公室开始续修《盐城市志》的前期调研和筹划工作。2006年5月30日，市政府召开市长办公会，专题听取市志办主任徐城生《关于贯彻落实省地方志工作会议精神，启动我市新一轮修志工作的汇报》，会办研究市县两级新一轮修志工作。7月2日，市政府下发《关于做好新一轮地方志编纂工作的通知》，市地方志编纂委员会印发《盐城市地方志事业“十一五”规划纲要》，同时出台《盐城市新一轮修志工作实施方案》。7月26日，市政府召开全市地方志工作会议，动员并部署全市新一轮修志工作。以这次会议为标志，全市第二轮市县两级志书的编纂工作启动。2008年5月，全市新一轮修志工作从筹划酝酿、考察调研到动员部署、专题培训，已完成前期准备工作，同时进一步加强了对全市新一轮修志工作的组织领导，充实形成了一支续修《盐城市志》的编纂工作队伍。

完善机制　加快推进　全面铺开阶段（2008.11—2010.1）　市地方志编纂委员会调整后，市政府于2008年11月召开地方志工作推进会，进一步明确续修《盐城市志》的目标任务和措施要求，加大力度，突出重点，克难攻坚，扎实推进。随后，各地各部门及各承编单位迅速搭建工作班子，完善责任机制，加快篇目细化，并着手对资料征集和志稿试写的统筹组织，续修《盐城市志》工作全面铺开。为了保障面上工作的良性开展，市志办继续沿用并完善首轮修志期间形成的"跟踪指导法"：根据内部分工，各责任编辑全程跟踪承编部门单位，从篇目设计、资料征集到初稿试写，紧跟每个环节，及时给予指导，适时组织修志人员到兄弟市对口部门学习交流，拓展思路，提高修志水平。市政府、市地方志编委会、市志办分别出台文件、编出简报把握修志方向与进展。市志办先后与市政府督查室联合开展三次督查二轮修志工作，推动相关部门单位"一纳入、五到位"（后增为"一纳入、八到位"）的落实，进一步加快修志步伐。在此基础上，市志办定期组织承编单位修志人员分组（片）观摩学习、举办协作研讨会、开展初稿点评等活动，通过横向互动、情况交流、志稿点评、解疑答难等方式，相互学习、相互促进，保证修志进度的均衡发展和志稿质量的有效提升。

分志审验　篇目定稿　难点突破阶段（2010.1—2015.4）　随着面上工作的全面铺开，各分卷陆续形成初稿。为了规范志稿审查验收程序，建立健全地方志书质量标准体系和具体实施方案，市政府办公室于2010年出台《〈盐城市志（1983—2005）〉志稿审查验收办法》。市志办严格按"三审一验收"程序和环节，对相继形成的各分卷稿逐一进行评审验收。流程为：承编单位初稿形成后，需先经单位内部自审，修改后报市志办专审，经完善后启动联审，即由市志办组织专家组对分卷稿从篇目架构、体例规范、政治观点、入志资料、内容记述、文体文风、图表数据等方面进行全面把关，最后经修改完善并通过验收后报市志办分纂总纂。这是整部市志进入到由省志办组织"三审一验收"前的必经程序和固定环节。2012年3月，由茆贵鸣负责设计架构并经数次修订完善的续修《盐城市志》总纂篇目，通过省地方志办公室组织的专家组评审验收。这个总纂篇目进一步明确，全志的部类构成以"突出重点（突出改革主线）、强化综合（强化发展主题）、补充常态（反映社会民生）、保留不变（体现地域特色）"为原则，在适度调减经济部类、增补政区环境与基础设施以及社会部类的同时，加强政治部类和文化部类。分卷安排由原来35个分卷的中编架构调整为46个分卷的中小编架构。总纂篇目定型后，市志办在工作思路和流程环节上又及时作出调整，着力瞄准重点卷章和难点单位进行专项突破，并采取主动上门与主要领导沟通，当场落实攻坚克难举措，以一对一解决问题。比如对职能交叉、机构变化复杂的少数单位，通过登门协调，分解落实相关章节任务；对一时无法物色到修志人员的承编单位，想方设法帮助物色并推荐合适人选；对专业性较强且又无法落实承编单位的民俗·方言卷等，借助社会力量和高等院校专家学者，由市志办实行项目"外包"；对既无承编单位又无专家学者愿意“接包”的卷首盐城史略，最终由茆贵鸣利用业余和节假日时间自我加压、独自成稿。通过分类攻关、难点突破，实施一事一策、全面推进，续修《盐城市志》各分卷稿的编纂进程进一步加快。

攻坚扫尾　总纂统稿　评审复审阶段（2015.4—2017.7）　时至2015年春，续修《盐城市志》各分卷稿经审验修改后陆续汇总，但工业、农业、乡镇企业与民营经济、金融业等少数分卷尚未成稿。市志办一方面加大攻坚力度，持续做好扫尾决胜工作，同时着手谋划整部市志的总纂统稿。2016年3月1日，出台《〈盐城市志（1983—2005）〉总纂工作实施方案》，提出市志总纂坚持质量与时间兼顾的原则，分工到位、责任到人，重点突破、难点攻关，倒排时间、挂图销号，推磨式互动、滚动式推进，实行分纂总纂交叉同步、“一支笔”跟踪介入，协调有序地展开整部志书的分纂总纂。这项工作一直持续到2016年8月。9月起，进行“一支笔”的删繁就简和总纂统稿，着重从政治关、体例关、史实关、记述关、文风关等方面，做好观点的校正、结构的调整、缺项的补漏、史实的考订、交叉的规避、详略的处理、文风的统一以及全志的规范和篇幅的消肿等工作。2017年4月初，完成整部市志“一支笔”总纂统稿，原本800多万字规模经消肿压缩成500多万字的续修《盐城市志》稿，自此进入评审复审程序。5月10日，市委办公室、市政府办公室联合发出《关于组织对〈盐城市志〉复审的通知》。5月底6月初，编委会组织召开续修《盐城市志》评审会议。与此同时，市志办根据“两办”通知精神，通过书函和电话预约并登门访晤、召开座谈会议、主要领导给各地各相关部门单位的“一把手”分别发函并短信联系，广泛组织市志稿的复审工作，重点围绕政治观点是否正确、重大史实有无缺项遗漏、内容记述是否准确无误等，再次征求本市老领导、现任市“四套班子”领导、地情方面的专家学者及各县（市、区）和市直各承编部门单位等四个层面的审读意见，为续修市志稿的质量再提升打下良好基础。

终审提升　精品冲刺　验收出版阶段（2017.7—2019.7）　2017年6月30日，市政府召开《盐城市志（1983—2005）》终审会，与会专家在认真审读的基础上，对整部志稿进行了全面深入的点评。随后，市志办将终审会上的意见和建议，连同此前的评审会和陆续反馈的来自老领导、现任“四套班子”领导、地情专家及各县（市、区）和市直各承编部门单位四个层面的意见建议，一并进行认真的汇总梳理、充分的消化吸收，在此基础上研究制定并出台了修改完善、打磨提升、冲刺精品的工作方案。经5个月集中会战，至2017年底，各责任编审立足分工，逐条分析研判“三审”意见并认真修改完善后的各分卷稿，由出版社排出整部书稿清样。自此，续修《盐城市志》进入验收出版前编校期间的精品冲刺阶段。2018年3月，根据中国地方志指导小组《地方志书质量规定》以及国家、省有关最新规定，市志办重新修订并出台《〈盐城市志（1983—2005）〉行文通则》《〈盐城市志（1983—2005）〉行文与编纂规范注意事项》，以此作为精品冲刺阶段对市志稿编校纠改的依据和标尺，努力做到体例结构科学、内容记述严谨、文体文风统一、行文达意缜密、数据图表规范，尤其要把好政治概念、涉密事项、重要史实、人名地名及敏感性问题的记述关，切实将硬伤消灭在付印之前。在此基础上，通过实施自校、互校以及交叉校对和专项校对相结合的多轮校改，聘请保密、统计部门的专家专项审核涉密内容和数据计量单位，专项处理整部志书中的交叉重复并统一规范各分卷无题概述和脚注，组织专人征集制作图片专版和随文图片、增补卷末附录内容并进行索引制作等一系列举措，全面提升打磨水平和校改质量。7月，《盐城市志（1983—2005）》通过省志办专家组验收，9月通过江苏凤凰科学技术出版社审验。总纂人员认真吸纳并处理了验收审核意见后，着重在规范化上精益求精，徐城生、王海燕对全志特别是重点卷章再次规范完善。2018年2月起，茆贵鸣再度进行“一支笔”的整体打磨提升，至次年6月笔削成书、最终定稿。2019年7月2日，市志办将定稿的全套《盐城市志》样书呈报市政府，并以盐志办〔2009〕4号文向市政府提出《关于出版〈盐城市志（1983—2005）〉的请示》。8月2日，市政府正式作出《关于同意出版〈盐城市志（1983—2005）〉的批复》。根据市政府“希望你办高质量做好出版前各项工作，确保出版质量，争创精品佳志”的批复意见，市志办对整部市志进行最后的核校把关。2019年8月底，续修《盐城市志》签印出版。

（三）

地方志书，因纵贯历史、横设百科，其编纂出版是一项浩繁复杂的系统工程。从初期的总体设计、篇目架构、资料征集，到中期的志稿编写、分卷审验、总纂统稿，再到后期整部志书的评审验收、打磨提升、编校出版，不仅要求入志资料的全面系统、研究记述内容的分类归属，还要讲究志书体例的科学合理、注重结构层次的规范严谨、围绕地域特色的集中提炼，以使整部志书充分体现科学性，符合逻辑性，彰显地域性。与首轮“贯通式”的《盐城市志》不同，二轮市志是一部“断代体”的续修市志。在编纂实践中，盐城市地方志办公室主要着力于以下几个方面的探索与实践。

其一，注重科学性，着力志书体例的继承、创新 地方志书的体例，具有纲领制度和内容细则的含义，它是志书内容与形式以及服务对象等多方面的体现。续修《盐城市志》的框架构建和篇目设置，把握的原则重点是分卷和二级分志（卷和章）两个层次的确定与取舍，主要从科学分类和现代社会分工的实际出发，体现实事求是；基本的、必不可少的内容，要求门类完备、不缺要项，符合科学性；层次的升降和节目的增删，旨在体现时代特征、地方特色和专业（行业）特点；至于各层次的分类、领属以及前后位次的排列，则要做到横排合理、归属得当，结构严谨、层次分明，前后照应、排列有序，力求体现科学性、符合逻辑性。在继承传统志书“横排竖写”这一重要特征的同时，续修《盐城市志》在结构形式上，尝试志首设置盐城史略、志末设置索引，各分卷的节下层次原则上以目为记述实体，目下层次尝试引入年鉴条目体，避免叠床架屋、层次过多（年鉴条目体与续志章节体在此互为补充完善：章节为宏观结构，条目是微观形式，由此组成续志完整统一的资料体系。当然，引入志书的条目在类型大小、设置数量、标题制作及记述方法上，必须加以规范，以保持与志书体例结构的协调）。在部类构成上，适度压减经济部类，调整并充实政区环境与基础设施部类及社会部类，适度强化政治部类和文化部类，以保持部类之间的协调和平衡。在体裁选用上，除在志首、志末尝试引入盐城史略、索引外，在经济部类和政治部类的农业、工业、地方党委、法治建设等卷设特色专记，以解决竖写单元无法以横排竖写或此详彼略驾驭的重大事项或行业杰出人物的入志；对与前志有衔接作用的重要史料或有争议的背景资料或重要引文资料，在相关分卷相应章节以附或链接等形式予以处理。在共享利用上，尝试将同步制作的本志手机版二维码，与“盐城文脉”系列的《盐城简史》《盐城图志》二维码一起置于志首，通过手机“扫一扫”功能，加大信息量和资料共享力度，增强本志的收藏和利用价值。

其二，注重连续性，保持两轮市志的有效衔接 首先是时空范围的衔接。记述时限将上限定为实行市管县新体制的1983年，下限断至2005年；记述范围确定以2005年盐城市行政区划为基准，立足市区、涵盖全市，市区为主、兼顾辖区。这样的时空设定，既充分衔接首轮《盐城市志》，又全面展示盐城建市23年来的历史进程，系统反映盐城改革开放和现代化建设的巨大成就，深刻揭示盐城改革与发展的客观规律。其次是体例结构的衔接。篇目架构沿用首轮《盐城市志》卷章节目结构，并保持与其基本门类的有效衔接，但在部类构成和分卷布局上亦有很大调整；体裁运用在继承传统、承接前志的基础上，有突破、有拓展，尝试多角度、深层次记述特色内容的重大事项，加强记述的广度和深度。再次是入志资料的衔接。为了保持续修《盐城市志》与首轮市志的连续性及其自身的系统性和独立性，志首设置史略，将系统梳理、宏观记述盐城两千多年历史的盐城史略入志，使其与志首的总述一起，既承接前志又总述统领续志，从而将盐城一脉相承的历史与现状全面系统地呈现给读者。与此同时，将首轮《盐城市志》建市后的大事记加工整理后，与续修市志断限内的大事记合并形成一体，使建市后的盐城大事脉络更清晰、内容更全面、记述更完整。第四是记述内容的衔接。尝试以述体勾连首轮《盐城市志》并融入续修市志，以此处理两轮市志在记述内容上的衔接关系；同时，尝试以覆盖式、简介式、浓缩式、追溯式、铺垫式、补充式、修正式等记述手法，加强与首轮市志相关记述内容的衔接。第五是对前志的补遗考订。采用明暗结合的方法，谨慎负责地对首轮《盐城市志》进行补遗考订。“明”，即在志稿中对前志的差错明确纠错；“暗”，即将相关补遗内容融入述体或实体记述之中。由于考订属于纠错范畴，为避免误导读者、损及前志，续志不搞集中式“纠错”，而以分散处理的办法，解决前志非纠不可的错误或硬伤。通过上述有效衔接，体现两轮市志在体例上的继承与创新和内容上的接续与补充。

其三，注重时代性，把握改革时期的发展主线 第二轮续修《盐城市志》的记述内容是改革开放。如何精准把握这一特定时期续志编修的时代性，善于发现并充分挖掘时代巨变所蕴含的深刻原因及其发展规律，真正让传世志书记录下并留得住激荡时代的特有气息和脉动，这是我们这代修志人应重点思考并认真把握的问题。为此，我们将改革发展、开放搞活作为贯穿续修《盐城市志》的主线，尽可能地完整记录改革开放的发展脉络和重要节点，尽可能地全面记述盐城在全省乃至全国重大改革中的率先举措和特殊贡献，尽可能地系统展示盐城在政治、经济、文化、社会、生态等方面尤其是在体制机制上的创新和转型，突出时代主旋律，彰显改革开放时代特征，使续修市志更具时代性。基于这样的认识，续修《盐城市志》在相关的记述内容与表现形式上，主要是采取大集中与大分散相结合的处理办法。“大集中”，就是将关联全局、影响社会、拉动经济、推动发展、引领时尚、事涉民生的宏观性内容，分别以专卷或专章设置在全志的第一、第二层次，体现宏观性。比如：第一层次设置了经济体制改革、开发园区、乡镇企业与民营经济、通信业、经贸往来、服务业、旅游业、精神文明、社会保障、社会民生等分卷；第二层次设置有（土地）开发与保护、生态科技、城市房屋拆迁与综合开发、民用航空、港口、水利改革、水利科技、经济结构调整、经济技术协作、农村经济体制改革、国有集体企业改革、流通体制改革、综合管理体制改革、市场体系建设、社会保障体系建设、盐城经济开发区、县（市、区）经济开发区、沿海特色经济园区、农业综合开发、农业科技、生态农业、海洋渔业、汽车工业、个体私营企业、乡镇企业、民营企业、民营工业园区、房产业、商业市场、对外及港澳台贸易、利用外资和港澳台资、境外经济技术合作、物流业、商务中介、广告业、旅游开发、（地方党委）重大决策、（地方政府）施政纪要、政风建设、行政审批、政府法制、科技兴市、知识产权、科技交流合作、中等职业教育、民办教育、教育教学改革、文化体制、文化产业、地域文化研究、思想道德建设、文明创建活动、新时期盐城精神、就业与再就业、劳动关系管理、职业技能开发、社会保险、基层民主建设、最低生活保障等专章，“大分散”就是将行业内部的改革与发展内容分收至相关卷章，或以专门的节目或融入无题概序及相关实体进行渗透性记述，体现普遍性。通过这种宏观与微观、集中与分散的结合，突出改革发展主线，展示时代风貌，歌颂时代精神，立体地、全方位地彰显时代特征。

其四，注重区域性，彰显盐城特色的地域元素 地方志姓“方”名“志”；研究区城地情，展示特色风貌，是编修地方志书的基本要求。地处江苏沿海中部的盐城市，是全省区域面积最大、人口总量第二、海岸线最长、海涂面积最广的设区市。改革开放后，盐城由过去传统的农业大市，逐步发展为江苏沿海中心城市、长三角产业北拓承接基地和新兴工商业城市、世界湿地生态旅游城市，曾先后荣获全国双拥模范城（五连冠）、中国优秀旅游城市、中国投资环境百佳城市、全国科教兴市先进市、国家创新试点城市、国家可持续发展试验区、国家信息消费试点市、全国科技进步先进市、全国粮食生产先进市、国家园林城市、国家知识产权试点市、国家生态文明先进示范区、国家新能源示范市和新能源汽车推广城市、国家卫生城市、全国社会治安综合治理优秀市，以及全国综合实力百强市、中国最佳管理城市、中国和谐发展城市等称号。盐城又是全省唯一、全国第十个同时拥有空海港一类开放口岸的设区市。江苏沿海地区发展规划升格为国家战略之后，盐城作为江苏沿海开发“三极一带”的重要一极，迅速确立“东向出海”的总体战略目标，明确“四港联动、海河并举、滩涂造地、产业兴市”的基本思路，突出港口建设为龙头、产业发展为核心、滩涂开发为重点、港城建设为突破、生态环境为特色，推进由“背向大海”的传统内陆型经济向未来“面向大海”的现代沿海型经济的转变。盐城还是中国海盐历史文化名城、新四军重建军部纪念地的革命老区，建置历史十分悠久，文化积淀异常丰厚，独具地域特色的白色海盐文化、红色铁军文化、绿色湿地文化、蓝色海洋文化以及以淮剧杂技为主导的本色民俗文化等诸多城市文化名片，鲜明而厚重。针对上述这些区域特点和地情实际，续修《盐城市志》除了在第一层次突出农业卷的位次外，还分别设置自然环境、人口、国土、环境保护、水利、服务业、旅游业、社会保障、社会民生、民俗方言等分卷；第二层次分别在自然环境卷设自然资源（土地资源、湿地资源、港口资源、水资源、能源资源、矿产资源），城乡建设卷设园林绿化，交通卷设民用航空、港口（内河港、海港），农业卷设生态农业、林业、蚕桑业，工业卷设汽车工业、制盐工业，文化卷设地域文化研究等专章；在相关卷章的第三、第四层次，视情设置特色的节或目；另外，在自然环境、农业、工业、地方党委、法治建设、卫生、民俗方言等卷还设置特色专记。通过不同层次的设置和不同体裁的安排，全面反映区域地情，充分展示城市特色，为续修《盐城市志》彰显盐城特色和地域元素抹上了浓重的笔墨。

【志评】

融会贯通　匠心巧作

——读《盐城市志（1983—2005）》札记

王广才

近读江苏省《盐城市志（1983—2005）》（以下称《盐城市志》），深受启发。自古苏浙出佳志。新的时代，这一传统又得到发扬光大。《盐城市志》断限23年，分上、中、下三册，508万字。整部志书，如同终审会专家所一致认可的那样：其"思想观点正确、框架设计科学、层次结构严谨、入志资料翔实、记述内容规范、语言文字精练、地方特色浓厚、时代特征鲜明，是全省二轮修志以来进入终审环节总体质量最高的一部市志稿"。笔者对该志仔细研读，认为前述评价是实事求是的，经得起当今读者检验的，相信也经得起时间和历史的检验。有鉴于此，也还因为修志之难莫过于融会贯通、全面完整，因此不再作全面地述说，仅围绕"融会贯通、匠心巧作"谈些观感，以便与志人沟通交流，为修志提供必要参考。

一、古今融会贯通，匠心巧作，视厚重历史为现实优势

融会贯通中的"通"，着重取其顺畅、通达、普遍、全面之意；与其同音，并包含总括、统筹、系统之意的"统"字，二者有着密切的关系。因此，在本处是把"通"与"统"联系起来思考的。

融会贯通，不是特定的某朝、某代、某期、某轮修志的专属，而是一个唯物辩证的话题。自然与社会，充满着对立统一的状态和联系，反映这种状态和联系的志书，不管何朝、何代、何期、何轮，都避不开融会贯通这个核心问题，只是由于其过于重大，并牵扯到自然与社会、客体与主体、功力与局限等，这就造成最终的结果存有高下、优劣之分。在这方面，《盐城市志》作者有文化自觉，有新的探索，有自然的回报。其主要表现为：

一是志首设置"盐城史略"。关于卷首"史略"形式，现在已逐步得到人们的认可，因为《关于建国以来党的若干历史问题的决议》已有"建国前28年的回顾"，由此确立了"有遵循而不拘泥"的范例，方便了阅读、思考和利用。在志书中设置"史略"，并非盐城首开先河，但据本人检索相关志书的史略，认为"盐城史略"是写得很好的一篇，好在认识到位，实践有方，成效显著。作者的思路十分明确：即将系统梳理、宏观记述盐城两千多年历史的盐城史略入志，使其与志首的总述一起，既有史略承接前志，又有总述统领续志，从而将盐城一脉相承的历史与现状全面系统地呈现给读者，收到一卷在手、上下贯通、左右勾联、全局在胸的效果。该史略9.8万字，占志书总字数的3.8%，分古代盐城、近代盐城、现代盐城三章，下辖14节内容。读罢史略，盐城的起源、古淮的变迁、移民的旧事、部落的兴衰、重镇的隆兴、盐民的起义、抗倭的斗争、名人的涌现、沿海的兴垦、经济的发展、中共的活动，等等，高度凝练，一览无余——纵知千古事，横看截面中，甚至比到盐城考察半个月还要全面深刻。

二是建置区划卷专设古城遗踪，亦属贯通之举和“大成”之作。其统辖古城池、古街巷、古路桥三节，计1.4万字，不可谓不丰。记之则补史之缺，有利于读者知悉盐城的建城历史——东晋始建土城，明永乐年改建砖城，因城池似瓢状而称“瓢城”，其空间密布街巷、桥梁。为强化起见，作者还特意插录了光绪年间盐城城池图，以及3400多字的“瓢城春秋”链接。物由人主（主宰），写物而让人联想到人，可见当年人气勃升、车水马龙、五业兴旺之状态。唯有如此，才能将习近平总书记所期望的“让居民望得见山，看得见水，记得住乡愁”，变为可视可忆的情景。通古今之变，更让人们看到，今天城市的发展壮大，水泥沥青路面的出现，钢筋水泥桥梁的诞生，是在什么样的基础上演变而来的。真是“运用之妙、存乎一心”啊！

三是文化卷中的地域文化研究，站在今天，溯及发端，通过“研究”二字，沟通当下与过去的联系，有突破而不失规例。作者秉笔直书，落墨即道盐城地域文化，兼糅南北，纵贯古今，异彩纷呈，独具一格，其特色文化类项，主要有海盐文化、新四军文化、湿地文化、水浒文化、民俗文化等。海盐文化研究，寻根溯源，写出了6000年左右“煮海为盐”的历史。新四军文化研究，勾勒出军部重建、领导人活动、《江淮日报》和鲁艺华中分院创设、盐阜根据地文艺振兴几个关键节点。水浒文化研究，由纪念活动道出施耐庵诞辰700周年历史。民俗文化研究，通过古代、近代和现代生产生活用品的展示，再现里下河地区数千年民俗文化的地域特色。

二、天人融会贯通，匠心巧作，让地情特色光彩夺目

天人融会中的“天”，泛指盐城的自然环境。在一地时空范围内，特点繁多，但起决定作用的是地域特点。盐城东临黄海，海岸线绵长，海洋、滩涂资源丰富，港口合理分布，湿地名扬八方，河湖荡塘成网，被誉为鹤鹿天堂，四季分明，雨量充沛，宜业宜居。《盐城市志》编者以濒海地域特点为主线，以图文升华、互为照应为手段，举纲带目，纲举目张，让桂冠上的明珠连缀生辉。

卷首的图片板块，并没有按照地理、政治、经济、文化、社会来选图用图，而是围绕“海陆神作”来精选巧施，显示的是蓝天碧水、湿地脉络、鹤舞鹿鸣、草茂花香、林中城市、百业竞流、龙湖商圈、繁忙海港、海洋世界、金滩霞光、渔歌唱晚、芦荡迷宫等。看天地心旷神怡，看湿地如巨龙腾飞，看鹤舞鹿鸣叹万物共生，看多彩画面如彩练舞动。未入其境，未见其文，先观其影，勾人眼球，欲罢不能，为入门详读志文作了极为生动的铺垫。

针对盐城区域特点和地情实际，志书编纂者坚持“彰异求特”，对人无我有、人有我特、人特我优的事物，如湿地资源、海岸潮汐、滩涂开发、湖洼治理、环境保护、生态城市、港口设施、空港联运、海洋渔业、蚕桑业、制盐业、纺织丝绸、地域文化、移民习俗等，作了多层次、多形式的设置和安排，并进行浓墨重彩的记述。如果说卷首对地域特色的呈现是初步的直观的，那么遍布各章的特色文字，就是深入的由表及里的剖析，让读者形成多维多彩的深刻记忆。

三、述体融会贯通，匠心巧作，让经纬编织缜密有序

述体贯通中的“述”，是指志首的有题总述、卷（相当于编）首的无题概述和章下的简约小序，简称“三级述”。

恩格斯说过：“当我们深思熟虑地考察自然界或我们自己的精神活动的时候，首先呈现在我们眼前的，是一幅由种种联系和相互作用无穷无尽地交织起来的画面。”地方志要反映的正是这个交织起来的画面。因而，它就无法回避这一客观要求。只有沟通事物之间的“种种联系和相互作用”，才能正确反映各事物在普遍联系中的地位和作用。“三级述”是沟通事物联系的最佳载体之一。

志界对志书卷首和编下“述”多有论证，指出这两级“述”应总括事情，沟通联系，彰明因果，提炼精华，评量得失。或应略述源流，承上启下，纵述沿革，横陈现状，概述整体，展现形势，面中有点，展示特色，前后对比，反映变化；或应把握节点，述特彰异，总结经验，指出问题。这些要求，对于章下“述”也有重要参考价值。卷首、编、章之“述”，既有“相同”又有“不同”。其共同点在于：对下类都要有覆盖力，不能挂一漏万；都要注重概括，提炼精华；都要沟通联系，彰明因果；都要述特彰异，突出个性；都要喜、忧并述，唯物辩证。不同点是：总量不同。卷首“概述”一般控制在3000至5000字，编下“述”一般控制在千字左右，章下“述”一般在300至500字之间。层次不同。卷首“概述”为第一层次，属宏观概括，编下“述”为第二层次，属中观概括，章下“述”是第三层次，属微观概括。本体与属体的关系不能倒置。本体与属体的关系，是指卷首“述”与编下“述”、编下“述”与章下“述”的对应关系。本体内容源于属体材料，但本体又不能照搬属体，它应统辖和高于属体。这样把握就可避免不必要的重复。虚、实有别。上类“述”是抽象、概括多于具象、实写。而下类“述”是具象、实写多于抽象、概括。定性与定量的“度”有所不同。卷首与编、章三级“述”都有定性与定量的问题，但卷首“述”以定性概括为主，编下“述”定性与定量结合，定量会有所增加，但侧重综合数字的精选，而章下“述”会有定性、定量，但不排除会涉及微观数字。“缘”与“延”宽、严不同。缘即边缘，延即延伸。一、二级“述”“缘”与“延”稍宽，第三级“述”（即章下“述”）“缘”与“延”从严。

《盐城市志》的三级“述”，是本人所看到的认识到位、把握得当、力道最佳的述体作品。三级“述”中的可圈可点之处颇多，上面谈到的撰述要籍多有尝试，其中提携统揽、高屋建瓴、定性准确、照应错置、富有文采，更令人称道。另外，让人感到意外的是，编纂者还敢于在无样可依的领域趟路前行，在盐城史略、卷首总述、卷末人物部类之首等处，都写下了述体佳章。

四、市管融会贯通，匠心巧作，让志书整体性得到加强

市管融会贯通中的“市管”，是指市管县体制。章学诚曾说过：“通者，所以通府、州、县、卫之各不相通也。”就是说要合全省各府、州、县及布政使司、按察使司、都指挥使司而通记之。市、县两级，是分级管理，但又具有领属关系。修志中的通不通、如何通，是值得深入研究的。不通不行，不通则成了市区志或市直志，志书的整体性就会受到影响；草率通也不行，草率则不合章法，难免自乱体例。

《盐城市志》由于研究深入，做到或明或暗，当通则通，通而不杂，通而不乱，重要数字，求其完整，糅合暗通；环境要素，宜通忌封，记分布、记特异，顺藤蘖生，开花结果；所辖概况、县城建设、开发园区、体育设施，各归其位。所辖概况，有所揽有所不揽，突出重点，兼顾一般，揽历史文化、基础设施、经济发展、社会事业、风物特产、人民生活，兼顾的由“县情总貌”收拢，政治活动等有关内容则未予囊括。所辖概况与其他内容，前者综合，后者侧重，错开角度，统而不赘。

五、面点融会贯通，匠心巧作，让广度深度相得益彰

面、点融会贯通中的“面”“点”，前者指的是大范围的综合情况，其往往呈现出网络状态；后者指的是关键环节，典型看点，具有衔接胶着特征。两者融会贯通，有机结合，才能体现事物的多维和关联、广度和深度。

《盐城市志》在此方面颇为专注用心，效果也较为明显。如志书工业专卷，记述对象面宽点多，如果信马由缰，放手去写，恐难把控；但控制过严，又难以反映盐城面海开放、蓬勃发展、类别增多、工业经济主体地位显著提升的实际。编纂者解决的办法是：先设具有统揽覆盖作用的工业总览，将全局性的工业体制、产权制度、经营管理、企业上市、科技创新、品牌战略、资源利用、节能降耗归于其中。然后从实际出发，按十一大支柱产业分类，每类下设机构与管理、产品与销售、企业选介三节。这样类项不漏，突出重点，避免枝蔓，行业内部的三维立体结构得以显现，与上位的工业总览也得以照应，同时还收到了文约事丰的效果。

再如教育，亦为一个大类，面对的记述主体同样纷繁多样。为了统揽而又不臃肿，对其处理时坚持总体统一，适度灵活，多数记述实体，以发展概况、学制课程、园或校选介立题，部分酌情增加个性条目，这样类似摄影中的大画面和小特写，面和点就在有限的版面中统合起来了。

六、党政融会贯通，匠心巧作，让修志在革新中提高

党政融会贯通中的“党政”，是从广义的角度来理解。

党政融会贯通，匠心巧作，一是体现在对地方党委重大决策与地方政府施政举措的措置与照应上，前者着墨于重大宏观，后者偏重于规划和行政。党委的重大决策，着重落实知识分子政策、探索市管县体制、加快发展农业、深化经济体制改革、实施科技兴市战略、制定经济社会发展战略、推进城市化进程改善投资环境等方面。这些重大问题，唯有党委可以统领，做到民主协商、倾听民意、多措多方集智、科学决策。政府的施政举措，侧重经济社会发展规划制定、振兴盐城发展战略细化、专项规划修编、行政区划调整、“三农”工作、工业经济、新型业态、城市建设、基础设施、民生事业、为民兴办实事工程等方面。二者之间，既有照应、又有互补，但不强调内容和形式的整齐划一。

二是为了融会贯通的全面系统，注重补人（他人的修志活动）之弱之缺。补人之弱，把地方人大代表议案逐届综述，拂去人大代表“徒有虚名”的虚传；把行政机构的政风建设，由常见的“一笔带过”改为六节展现，其内容包括转变领导方式、规范有序施政、改革审批制度、打造“阳光政府”、建议提案办理、优化发展环境；民主党派、工商联部分，为切实体现参政党派（组织）的作用和实际，把以往暗含在活动中的参政议政、自身建设、社会活动，进行明面安排，并细化充实，让现实中的误解不释自消。补人之缺，中共机构中，除有市委常委名录外，还靠前载录了1984—2005年中共盐城市第一至第四届委员会委员及候补委员，以及同时段同层次代表大会代表姓名，出席江苏省和中国共产党全国代表大会代表姓名。本人反复呼吁，记中共地方机构，应按照党章行事，先后顺序不能倒置，保持完整而不能随意缺失，这一愿望在《盐城市志》中是得到实现的。人民代表大会部分，其机构中，既有人大代表名录，还有人大常务委员会组成人员，包括主任、副主任和常务委员，这比仅记人大常务委员会主任、副主任，其他作为“陪衬”或提一句或加个数字，要全面完整，更合规合法（属于依法修志的体现）。政协部分补人之缺，将断限内历届政协委员、住盐（盐城）省及全国政协委员如实记述，一个不漏，有名有实，有位有责，让履职与荣誉见诸史册（志书），作者深意不言自明。人物部分，除精心筛选、宽度覆盖、人民为本外，特对两院院士倍加关爱，增添了“突出贡献”内容，添得好，添出了积极的“舆论”和社会导向。

《盐城县志》目录

三是在党委领导、政府主持、编委会协调、方志办（编辑部）实施的修志工作，既要在载录历史和现状上熟稔地情、匠心巧作、“刻石留印”，又要在修志问道、总结经验、以启未来上多下功夫。就前者说，除以上评析之处，在对改革开放的全方位记述上；在尝试同步制作志书手机版二维码，与《盐城简史》《盐城图志》二维码一起置于卷首，通过手机“扫一扫”功能，加大信息含量和资料共享力度，增强志书收藏和利用价值上；在落实志书质量规定，自我加压穿插注释，维护志书的学术性；在语言的锤炼、精炼、老练上，也都值得分门别类细说。就后者说，修志事业，生生不息，代代相传，永不停歇。修一批志（包括部分名志佳作），练一批人（包括老人的“炉火纯青”和新人的“薪火传承”），留一批可鉴资料（包括经验教训），是我们的奋斗目标。《盐城市志》主导者、编纂者做到了，而且做得很好。最令我欣赏的重要一点，就是写出了一份1.4万字的范文性的编纂始末。全文包括四大部分，一为修志遵循，二为编纂阶段，三为业务探索，四为成稿动力。这是为修志后来者留下的宝贵财富。文后还附了11页的《盐城市志》主要撰稿审稿人员一览表。由过去只列人名改为分项细列，实际是在精准修志、加大责任上，强化了荣辱，弘扬了正气。

（原文刊载于《江苏地方志》2020年第3期）

盐城县志

盐城市郊区地方志编纂委员会编。1980年8月启动编纂，1993年10月由江苏人民出版社出版。主编严古咸，副生编胡爱桐、卢兆洛、杨文亮。分志撰稿王旭东、王振旅、史南城、刘必胜、孙志淦、汤建国、华晓明、成筱白、束克、宋竞、陈达夫、张树涛、苏晓青（特约）、陈康群、陈道宏、周俊鸿（特约）、周彩根、居德章、柳寅、凌申（特约）、袁玉付、徐瑞成、辅先林、葛逸峰、董德林、薛学义。马克思主义理论家、政论家、社会科学家胡乔木，张爱萍将军为志书题词。

全书1册，145万字，图片109幅（志首79幅、随文30幅）。记述范围为1983年盐城县行政区域。记述上限不定，因事而异，适当追溯；下限至1983年初撤销盐城县建立盐城市郊区为止。述、记、志、传、图、表、录诸体并用，以志为主。志首设序、凡例、总述、大事记，志末设附录、编纂始末。全志设28篇分志：建置志、自然环境志、人口志、农业志、水利志、工业志、交通志、邮电志、商业志、粮油志、财税志、金融志、经济管理志、城乡建设志、政党社团志、政务志、公安司法志、军事志、民政志、劳动人事志、教育志、科学技术志、文化志、卫生志、体育志、社会志、方言志、人物志。

盐城县农业资源比较丰富，宜粮宜棉，河网密布，适合淡水养殖，该志加大农业志篇幅，记述种植业、畜牧业、水产业、林业、副业等发展情况。设粮油志，记述粮油市场贸易、粮食统购统销、储运加工等内容，既反映盐城县粮油发展情况，又有很强的时代特征。盐城是革命老区，人物志收录革命烈士英名录。文化志记载邑人著作书目，颇具价值。附录收录地方文献、历代盐城县志编纂概略、历代盐城县志序跋选、盐城市郊区记事，类型多样，资料丰富，尤其是地方文献收录大量文告、领导报告、指示及碑文资料，如1941年6月刘少奇在盐城第二届参议会上的演说等，为研究中国革命史提供重要史料。

1994年，该志获江苏省地方志工作优秀成果一等奖；1997年，该志获全国地方志奖二等奖。

（刘　菲）

【编纂始末（节选）】

新编《盐城县志》的编纂工作，于1980年提上议事日程。是年8月2日，成立盐城县编修县志委员会，并设办公室，着手筹备工作。1981年11月13日，中共盐城县委决定，将党史资料征集小组办公室和编修县志委员会办公室合并，建立盐城县编史修志办公室，正式开始县志编纂的准备工作。1983年春，盐城建市、撤县设区，中共盐城市郊区委员会和郊区人民政府决定，由郊区继续承担《盐城县志》的编纂任务。同年5月19日，成立盐城市郊区党史资料征集暨县志续编委员会，原盐城县编史修志办公室相应改为郊区编史修志办公室，另设《盐城县志》编辑室，具体负责《盐城县志》的编纂工作。

县志编辑室成立后，在搜集资料、辅导部门志和乡镇志编写的基础上，集中力量开始县志的编修工作。1983年6月，起草县志篇目和凡例，并进行试笔。1984年7月，编成《盐城县志》草稿（第一稿），除卷首、卷末外，共分13篇，约84万字。草稿分发给有关单位、县志顾问和知情的离退休老干部征求意见，并就已征得的意见进一步修改补充。1985年6月，编成初稿（第二稿），仍为13篇，约76.5万字，分4卷装订。初稿完成后，分别召开县志顾问会议、各乡（镇）秘书会议和部、委、办、局负责人会议，并邀请部分曾在盐城工作过的老干部来盐座谈，同时发函给在外地工作的老干部，广泛征求意见。在此基础上，再次加工修改。1986年夏，改成未定稿（第三稿）。同年9月打印成册，分3卷装订。全志除卷首、附录、编后外，共设地理、政治、军事、农业、工业、商业、财粮、教育、文化科技、卫生计划生育、人物、文献、杂记13篇，计57.6万字。并附有图表、照片，设计了志书封面。未定稿完成后，继续分发给有关单位和人员征求意见。同时，将志稿上报省、市地方志办公室征求意见。

1987年10月31日，中共盐城市郊区委员会和郊区人民政府决定将党史和地方志工作机构分设，分别成立盐城市郊区党史工作委员会、盐城市郊区地方志编纂委员会，原编史修志办公室和县志编辑室所承担的县志编纂工作，相应地由区地方志编纂委员会办公室承担。是年12月16日，区地方志编纂委员会举行第一次会议，根据省地方志办公室和有关方面意见，确定重新设计篇目，全面征集资料。区人民政府于12月30日转发了会议纪要，要求各有关单位贯彻执行。1988年1月25日，召开各有关单位负责人和撰写人员参加的区地方志工作会议。会上，对志稿的修改工作进行全面发动和部署，将能够落实到有关单位修改的篇章逐一落实至各单位，按照初步拟定的编纂篇目进行修改、充实、完善。对涉及几个单位的专业志，明确其中一个单位负责牵头汇总。卷首、卷末部分和综合性的专业志，由区地方志办公室直接负责编写。此后，区各有关单位进一步加强对修志工作的领导，恢复、建立和健全写作班子，配备相应的力量，依照调整后的篇目，继续搜集资料，修改或重新编写志稿。在此期间，志稿篇目在省、市地方志办公室的指导下，几经修改。同年6月初，志稿篇目在市地方志办公室召开的县志篇目研讨会上基本得到认可。又经修改，报省地方志办公室审批。省地方志办公室原则同意，并派人来盐传达局部修改意见。经再次修改，由原未定稿的13篇改为28篇，省地方志办公室予以认可。

1989年初，中共盐城市郊区委员会和区人民政府决定，为区地方志办公室配备编制，调配专职人员5名。同时，区人民政府又从有关部门抽调12名有一定写作能力的修志骨干，充实地方志办公室的专业班子，并明确一名编委会副主任主持县志编纂的常务工作。此后，各有关单位的修志人员和地方志办公室的专业人员密切配合，渐次形成《盐城县志》征求意见稿（第四稿）。同时，采取穿插安排的方法，及时将各分志征求意见稿印发给分管编委、有关单位现任和前任的负责人、业务技术人员、上级主管部门以及其他知情的人员审阅。在此基础上，由分管编委和牵头汇总单位负责分别召开一审评审会，广泛征求修改意见。其间，还聘请省地方志办公室的专家进行业务指导，对征求意见稿逐篇进行审阅。1990年国庆节前后，完成《盐城县志》征求意见稿和部门评审工作。据统计，共有800多人参加了各分志的评审会，提出修改意见达2000多条。市直属有关部门负责人、区人民政府领导同志和原四套班子成员，也参加了有关分志的评审。根据一审评审会意见和省地方志办公室专家的意见，对征求意见稿进一步作了加工修改，于1991年2月底完成《盐城县志》送审稿（第五稿）。此稿完成后，上报省、市地方志办公室审阅，并请予评审。

1991年5月14—15日，省、市地方志办公室在盐召开《盐城县志》稿评审会。评审会后，首先将会上和会前征求的共1257条意见，进行分类整理，制定修改方案。经过半年多时间，进一步充实内容、考证资料、润饰文字，再次作了调整和修改。至1991年12月，完成了《盐城县志》验收稿（第六稿）。并于1992年1月，将验收稿和区人民政府申请验收《盐城县志》的报告，分别送省、市地方志办公室审定。1992年4月15日，江苏省地方志编纂委员会办公室以苏志办〔1992〕8号文件批复："经验收，全稿符合《新编地方志暂行规定》，同意交付出版。"同年6月，志稿送江苏人民出版社出版。

在出版社审稿、发排过程中，编纂人员协同责任编辑继续对志稿进行完善，直至1993年7月定稿付印。

《盐城县志》历经十二个春秋，六易其稿。在撰稿过程中，全区先后有300多人参加搜集资料和部分撰写工作，共查阅档案26680卷，查找各种报刊8293份，发函6076封，走访3513人次，召开知情人座谈会346次，参加座谈人员共3439人，累计摘抄、复印、整理各种资料1500多万字，征集照片、书画200多幅。

盐城市亭湖区志
（1983—2009）

盐城市亭湖区地方志编纂委员会编。1999年12月启动编纂，2014年12月由方志出版社出版。主编朱月潭，副主编姚猛华、刘桃、黄亚香、潘麟之。特约编辑王康道、王海港、郁祖周、吴建平、吉照远、胡化广、薛建民、徐宏林、王万松、徐新明、黄友宏、王旭、陈建洲、周彩根、顾邦政、王厚祥、李书洋、陈玉、孙九、倪宗棣、徐钧、吴阳生、徐一凡。

全书1册，209.9万字，图片213幅（志首41幅、随文172幅），表格311张。记述范围为2009年亭湖区行政区域。因亭湖区的建立、成长与盐都区、射阳县的区域变迁存在极为密切的联系，该志时空记述以《盐城县志》（1993年版）、《射阳县志》（1986年版）为重要补充。记述上限为亭湖区（原名城区）建立时间1983年，下限2009年。为保持事物的完整性，个别事物的上下限有所突破。为反映区域人文的历史性，人物篇大部分内容超出上限。大事记延至2012年。述、记、志、传、图、表、录诸体并用，以志为主。志首设序、凡例、总述、大事记，志末设专记、附录、索引、编纂记述。全志设35篇：建置·地理、人口、土地、水利、环境保护、经济总情、开放型经济、城乡建设、交通·能源·通信、工业、建筑·房地产业、商贸·服务业、农业、综合经济管理、财政·税务、金融业、中共地方组织、地方人民代表大会、地方人民政府、地方人民政协、民主党派·人民团体、政法、军事、人事、劳动和社会保障、民政、卫生、精神文明、科学技术、教育、体育、文化、语言·风俗·宗教、人物、辖区概况。

为体现地方特色，建置·地理篇设古城郭章，介绍亭湖的古城池、古街巷、古路桥。为体现时代特点，采用大集中与小分散的方式，彰显改革发展的主线，设开放型经济、精神文明等篇。加强宏观经济的记述，设经济总情篇，记述经济运行、经济结构、经济体制改革等。专记选取江泽民视察大洋村、“亭湖”区名考、下仓枯枝牡丹、盐南战役与五条岭烈士陵园，做全面主题记载。附录设荣誉亭湖、文华亭湖（包括文学作品、翻译作品、书画作品、摄影作品、民间艺术作品）、主要文件目录、参考文献，突显亭湖的人文底蕴，体现志书权威性、严谨性。

《盐城市亭湖区志（1983—2009）》目录

2018年，该志被评为江苏省地方志书优秀成果综合优秀二等。

（潘正亚）

【编纂记述（节选）】

“十月怀胎，一朝分娩”，分娩不易。亭湖区志的编纂肇始于20世纪90年代末，远超十年，可谓艰难，其中滋味非亲历者所能体察，然今日面世之欣喜，也非亲历者所能体悟。年轻的亭湖朝气蓬勃，高速发展，然而志书只能是文化积淀的产物。三十年的成长，终于催生回溯过往、认知自我的自觉，孕育编史修志的人文环境，从而保证“健康的”首部区志的诞生。

1999年12月，城区政府首次召开区志工作会议，并正式启动区志编纂工作。当时，城区成立也才16年。对照国务院《地方志工作条例》“每20年左右编修一次”志书的规定，应该说启动是非常及时的。但启动之后的过程相当漫长，个中缘由，区志作为一项偌大的文化工程，因实际缺乏修志氛围与担当人才而举步维艰。10年后，2009年底，亭湖区委、区政府审时度势，开拓创新，决定将区委党校与党史办合署办公，充实修志力量。面对区委、区政府的重托，我们不畏全区面上只有小部分初始志稿的艰难，坚定“‘志’在必得”的信心与决心，积极进取，负重奋进。

“磨刀不误砍柴工。”2010年至2011年初，用一年多的时间现学现用，向书本求“知”，向先进地区鉴“行”，在修订《〈亭湖区志（1983—2009）〉总纂篇目》的同时，也对志书编纂机制、步骤与修志困扰及其应对举措了然于胸。2011年5月，《〈亭湖区志（1983—2009）〉总纂篇目》顺利通过市地方志办公室组织的专家评审。为突破人力资源不足的瓶颈制约，区委、区政府组建有十多名成员参加的、专兼职结合的区志第一轮编辑部。编辑部成立后，以学习培训开道，着力厘清志书记述与机关公文、领导讲话、工作报告写作的本质区别。将全区110余家撰稿单位明确到责任编辑，由其跟踪督办基础稿件。是年底，85%以上的单位完成基础稿件。进入2012年，依据撰稿单位不同类型与规模，单独召开或分类集中召开志稿评读会，现场研究如何解决难点、凸显亮点、把握平衡点，保证整体质量。至2012年底，亭湖区志基础稿件基本完备，区志进入总纂阶段。

2013年初，区委、区政府果断决策，将区志编辑出版列为年度区政府重点工程，凸显“必底于成”之决心。9月底，编辑部完成总纂及其交叉审阅程序。10月6日国庆长假期间，编辑部自身正式组织初审，查找薄弱环节，检查志稿的完整性、规范性、可信性与条理性。查漏补缺，对交叉重复的内容进行整合归并，对失实失当的内容推倒重写。总之，从内容到形式，从正文到目录、附录，从志首图片到随文附图，进行系统的梳理、全面的修改。11月初，着手印制区志复审稿。11月20日，将复审稿呈送区四套班子大多数老领导、包括所有主要领导审阅，呈送部分现职领导审阅，并将相关篇章志稿分别送达区地方志编纂委员会成员单位审读。同时，在全区范围内遴选10人组成区志复审评审组。12月2日，区委、区政府召开区志第一场复审会。12月3日，区地方志编纂委员会召开区志第二场复审会。针对两场复审会集中提出的修改意见，我们认真吸纳，夜以继日，赶在年前区人代会召开之前，在印刷厂印就近乎成书的《亭湖区志（终审稿）》，并迅速报送盐城市地方志办公室提请终审。

为迎接终审，确保终审、修改取得令人满意的效果，2014年4月，区委、区政府组建区志第三轮编辑部，并再次实行集中办公。5月30日，《亭湖区志（1983—2009）》终审会举行。6月2日将《亭湖区志（1983—2009）》（终审稿）寄送方志出版社接受审读、评审，为顺利出版创造条件。

盐城市盐都区志
（1983—2005）

盐城市盐都区地方志编纂委员会编。2007年7月启动编纂，2013年12月由方志出版社出版。主编王长江、王顺友，副主编周彩根、张泽民、周玉坚，编务秦宁丰、薛钧、许建新、唐华。

全书1册，190万字，图片482幅（志首106幅、随文376幅），表格326张。记述范围为2005年盐都区行政区域。该志是《盐城县志》（1993年版）续志，记述上限1983年，衔接前志，下限2005年。个别事物为保持连贯性，适当上溯或下延；大事记延至2010年。述、记、志、传、图、表、录诸体并用，以志为主。志首设凡例、总述、大事记，志末设附录、索引、后记。全志设24篇：政区·环境、人口·环保·国土、城乡建设、建筑业·房地产业、交通·能源·通信、水利、宏观经济、经济开发与开放、农业和农村经济、工业、商贸服务业、财税·金融、经济综合管理、中共地方组织、地方人大·地方政府、地方政协·民主党派·社会团体、政法·武装、民政·劳动·人事、科技·教育、文化·传媒、卫生·体育、社会民生、精神文明建设、人物。

全书强化篇目章节的科学划分，力求在志书中彰显盐都特色和改革风貌。政区·环境篇镇区街道概况章在记述各地概况之外，重点记述特色产业、著名景点和非物质文化遗产传承。为体现改革发展的时代特色，设经济开发与开放、精神文明建设等篇，对招商引资、园区建设、精神文明建设进行重点记述，并在农业和农村经济、工业、商贸服务业等相关篇的首章记述体制改革。设宏观经济篇，加强对国民经济发展、国民经济构成、国民经济活动水平、居民消费等内容的记述。此外，社会民生篇记述小康社会建设，人物篇收录民间医师、艺人、工艺师、制作师、厨师等，扩大收录范围，突出以人为本，具有一定特色。记述点面结合，加强点上内容的记述，设专记和附，或记载特别重大事件与活动，或介绍特色经验等，分散在各篇章，作为相关志文的补充。附录收录各级政府重要文件，丰富志书资料。

2018年，该志被评为江苏省地方志书优秀成果综合优秀三等。

（刘　菲）

《盐城市盐都区志（1983—2005）》目录

【后记（节选）】

《盐城市盐都区志（1983—2005）》是在中共盐都区委和盐都区人民政府的主持下，由盐都区地方志编纂委员会组织实施并负责编纂出版。这是盐都继第一轮新编《盐城县志》之后又一部综合性县级地方志书。

1983年撤县建区的盐都，虽然只是一个年轻的新区，但其前身盐城县，却是一座有着2100多年建置史和1600多年建城史的海盐文化名城。悠久的历史渊源，积淀了丰厚的人文底蕴；优良的修志传统，绵延着厚重的城市文脉。作为社会主义新方志编修的倡导者和领导者胡乔木的故乡，盐都既是传承方志文化的“修志之乡”，也是频出佳作良志的方志园地。盛世修志，惠泽千秋。根据省市第二轮修志工作的统一部署，盐都区于2007年7月启动区志编纂工作。整个编纂工作大致分三个阶段：

一、准备、组稿阶段（2007年7月—2008年底）

2007年7月16日，召开全区地方志工作会议，区志编纂工作全面启动。这次会上，提出把盐都区志打造成精品良志的要求，区分管领导与各组稿单位负责人签订盐都区志承编目标责任书。为保证编写质量，在此期间，组织主编参加省地方志办公室举办的主编培训班，组织编纂人员先后到邗江、宿豫、建湖等兄弟县区学习取经，并结合盐都的实际，草拟盐都区志编纂工作方案、凡例、篇目、行文通则。经区地方志编纂委员会审定，以盐城市盐都区地方志编纂委员会名义印发盐都区志编纂工作方案、凡例、篇目、行文通则的通知。区志编纂工作会议后，区地方志办公室按篇目章节内容分解至相关单位，各承编单位根据任务分工，明确分管负责人，成立工作班子，落实编写人员，细化志书篇目，收集整理入志资料，写成资料长编，在此基础上，按照篇目框架编写完成本单位承编的初稿，而后报送区地方志办公室。个别章节无法分解至相关单位的，则由编辑人员撰写。

2007年9月13日，区地方志办公室举办区志撰稿人员培训班。9月底，对全区近110个承编单位进行家家到式的工作督查。12月6—17日，分批分片分口召开由镇（区）、街道，区直部门、单位，市驻区各单位办公室主任或主要编写人员参加的组稿工作进度分析会，听取汇报，进行辅导。编发《修志动态》简报，指导推动面上修志工作。2008年1月5日，以简报形式通报区志组稿工作进展情况；3月27日，以区委办、区政府办名义下发要求按时上报资料长编及有关材料的传真电报通知，要求各组稿单位认真落实“五到位”，加快组稿进度，保证志稿质量。4月10日，区地方志办公室在楼王镇召开由各镇（区、街道）组稿人员参加的现场推进会，并观摩楼王镇撰写的初稿，进一步推进志稿质量。8月25日，区地方志编纂委员会下发《关于进一步加强地方志编纂工作的通知》，对全区面上编修工作及质量再次提出了要求，同时通报修志进度。至年底，基本完成资料上报和初稿编写工作。

二、分、总纂阶段（2009年1月—2011年12月）

各单位上报的初稿，经区地方志办公室编纂人员审读后，提出修改补充意见，再由相关单位增补完善。2009年，完成志稿分纂。在分纂过程中，牢固树立质量至上的观念，不断强化精品意识。根据各单位上报稿，区地方志办公室组织编纂人员进行分纂。分纂结束后，提请市地方志办公室组织篇目评审。2010年3月30日，市地方志办公室组织修志专家组对盐都区志总纂篇目进行评审。根据评审意见，区地方志办公室重新调整篇目，盐都区志篇目由第一稿的25篇增至27篇。4月29日，召开由镇、区、街道撰稿人参加的区志补充资料征集会议。5月18日，以传真电报形式向有关单位下发《关于区志补充资料征集工作的通知》，要求增补相关资料。随后，区志办先后又对镇、区、街道进行了3次督查，并多次对个别单位进行反复督查，乃至登门催促，推进了区志补充资料征集工作的开展。2010年10月21日，又召开区志人物篇资料补充征集工作汇报会，在补充征集过程中，采取边组稿、边督查、边编纂的工作方法，环环相扣，实现了时间效率同步。组稿人员增补完善资料，报编纂人员进行分纂后，再由王长江进行第一轮总纂，总纂工作于2010年11月完成，第一轮总纂稿约190万字。随后，进入志稿复审阶段。2010年12月16日，下发关于志稿复审工作的通知，提出复审工作的方法步骤和修改要求，各承编单位将总纂稿领回后，组织单位领导、知情的老同志及区志办分纂、总纂人员参加联审会，对志稿进行分析补充，进一步提出修改意见。复审稿修改后经单位主要领导签字、单位加盖公章后报送区地方志办公室。

三、评审、验收阶段（2012年1月—2013年12月）

区地方志办公室对志稿经过几轮反复修改，进入评审阶段。2012年11月15—16日，市地方志办公室组织方志专家对盐都区志稿进行评审。根据专家组的评审意见，区地方志办公室对篇、章、节进行调整，并增补相关内容，于2013年3月完成修改稿。2013年5月，市专家评审组再度对修改稿进行指导审定，于5月底形成终审稿，而后进行推磨式互审，删除了交叉重复的内容；2013年9—11月，由主编王长江牵头，组织4人用2个月时间进行唱读校对，以消灭硬伤。2013年12月，定稿后的《盐城市盐都区志（1983—2005）》通过市地方志办公室的验收。

本志在征集资料过程中，得到社会各界朋友的大力支持和帮助，但也有少数朋友对区志的征集工作不甚理解，未能提供相关信息，致使个别该入志的内容而未能收入，原篇目拟设的“在外乡贤”“姓氏构成”等节目，因苦于资料征集不全，只得割爱撤除，对此，不无遗珠之憾。

大丰县志

大丰县编修县志委员会编。1980年4月启动编纂，1989年12月由江苏人民出版社出版。主编童斌、朱万顺，副主编朱子丰、季明坤、侍广富。编辑王诚沛、王同书、王曙辉、王禾书、韦学广、韦煦和、邓永顺、江秉钧、朱燧良、朱道平、朱其瑜、李朴、李怀棠、冯新善、冯士成、沈亚士、沈仲尼、沈宝善、苏秀芳、周维、邹迎曦、张正国、张建明、张丽、邱枫林、陈海云、陈汉玉、陈实、陈璠、陈许、杨凤奎、杨竞寸、陆义清、郁正非、顾学明、顾宏、徐思祥、袁松鹏、夏爱和、唐正谷、黄骏昇。时任全国人民代表大会常委会副委员长费孝通为本书题签。

全书1册，126万字，图片46幅（集于志首），表格255张。记述范围为1985年大丰县行政区域。记述上限因事而异，量事追溯；下限1985年，大事记延至1987年。述、记、志、传、图、表、录诸体并用，以志为主。志首设序言、凡例、综述、大事记，志末设后记。全志设38卷：区域建置、自然地理、人口、社会经济变革、农业、多种经营、渔业、盐业、滩涂开发、水利、工业、交通运输、邮电、城乡建设、能源利用、商业、粮油、财税、金融、经济管理、政党、权力机构、行政机构、议政机构、社会团体、民政、公安司法、劳动人事、军事、科技、教育、卫生、体育、文化、风俗民情、人民生活、人物、文献。

《大丰县志》目录

为突出地方特色，该志设渔业卷，记述水面资源、淡水养殖与捕捞、海水养殖与捕捞等内容；设盐业卷，记述盐场演变、生产技术、运输销售、场务监管等内容；设滩涂开发卷，记述废灶兴垦、围滩开发、滩涂现状、滩涂管理等内容。为反映时代特征，设社会经济变革卷，记述农村和城镇经济体制变革等内容，在首轮志书中鲜见。志书将大丰县境内的江苏省和上海市所属农场、多种经营专业户典型调查、大丰景观十咏等8篇特色资料以附的形式分散在相关卷中，增加记述深度和特色。将政府文告、历史杂文等设为文献卷加以收录，篇目设置上较为独特，有一定的资料性和可读性。

（谢竹青）

【后记（节选）】

编修地方志是我国优良的文化传统。早在60年代，大丰县的一些领导同志就有编修县志的愿望，由于当时条件尚未具备，难以实现。中共十一届三中全会以后，中央领导同志一再倡导，修志时机终于到来。1980年4月，我县成立了编修县志委员会并设置办公室。为了编纂一部以马列主义、毛泽东思想为指导的略古详今、求实存真、有所创新、反映特色，达到思想性、科学性、资料性相统一的县志，我们用八年时间分三个阶段进行工作。第一阶段约三年时间，主要是组织发动和搜集资料，通过查阅档案、召开座谈会、征集采访等多种途径，广征博采，共搜集到各种资料3000多万字，分类编成目录，以便检索。第二阶段三年多时间，主要用于整理资料，除与县委党史办公室、县档案馆、县政协文史委员会合编文史资料外，还编了盐业、棉垦、水利、文化、军事、成陆等几个专史。此外，县直属部门也配合我们编写了详略不等的专业志，全县三分之二的乡镇编写了乡镇志，从而为编纂《大丰县志》提供了大量的资料。第三阶段三年多时间，主要是拟定纲目、分卷试编、分纂、总纂、组织评议等几个过程，三易其稿，最后完稿为38卷。

1986年12月县志初稿完成之后，县志编修委员会召开了编委扩大会议，县委、县人大、县政府、县政协的领导同志和县直各单位的负责同志都出席了会议，对县志初稿进行了认真评议。1989年9月，县志送审稿完稿后县政府再次召集县直各单位负责同志，对志稿进行评议，经过认真修改，于10月份报省、市地方志编委会审稿。

《大丰市志》
目录

1989年11月，省地方志办公室在大丰县召开了《大丰县志》评审会议，上海市和省、市有关部门的专家、学者参加了会议，对志稿进行集体审定。

在编修县志过程中，全国人民代表大会常委会副委员长费孝通来我县视察，高兴地为《大丰县志》题写了书名，使《大丰县志》大为增色。

大丰市志

大丰市地方志编纂委员会办公室编。1995年12月启动编纂，2006年8月由方志出版社出版。主编陈如祥，副主编邹迎曦、朱金波。编辑杨风奎、韦安元、朱遂良、徐新民、巴本钧、程长海、许涛、黄骏升、江秉钧。

全书1册，270.2万字，图片98幅（集于志首），表格338张。记述范围为2000年大丰市行政区域。该志为第二轮修志中为数不多的重修志书，记述上限追溯事物发端，下限2000年，重点记述建县后的史实。志首设序言、凡例、综述、大事记，志末设编后记。述、记、志、传、图、表、录诸体并用，以志为主。全志设37卷：建置区划、自然环境、人口、生产关系变革、经济综合管理、国土资源管理、城乡建设、生态·环保、能源利用、邮政·电信、交通、水利、盐业、盐垦·滩涂开发、种植业、林·牧·蚕桑业、渔业、工业·建筑业、商业流通、财政·税务、金融·保险、党派·社团、政权·政协、公安·司法、军事、民政、劳动·人事、科技、教育、文化、体育、卫生、史志·档案、人民生活、民俗、方言、人物。

为体现地方特色，该志设盐业卷，记述盐政管理、盐场、海盐生产、品种产量、盐税等内容；设盐垦·滩涂开发卷，记述废灶私垦、废灶兴垦、废灶转农的历史，以及围海造田等围垦开发形式。设生态·环保卷，记述环境质量、环境治理保护、生态县规划等，重点突出丹顶鹤自然保护区和麋鹿自然保护区。为反映改革开放的时代特征，设生产关系变革卷，集中记述农村和城镇生产关系变革。

2018年，该志被评为江苏省地方志书优秀成果综合优秀二等和内容记述单项优秀。

（朱晓华）

【编后记（节选）】

大丰建置历史较短，单独建县至今还不到60年。但在漫长的历史中，大丰地区一向分属泰州海陵和楚州盐城；民国以后，为东台、兴化、盐城、盐东四县分治；民国30年（1941）东台县政府建立台北行署，民国31年（1942）5月改建台北县，1951年8月台北县改称大丰县。直到1956年3月，盐城三角圩地区划归大丰县，大丰的辖区才固定下来，至今未变。

大丰历史上没有专门的地方志，除清乾隆初年小海场大使林正青修撰的《小海场新志》和明天启四年徐光国等修纂的《淮南中十场志》外，古代留传下来直接记载大丰情况的材料很少，这就为编修《大丰市志》带来了困难。早在20世纪50年代末、60年代初，大丰县的一些领导就有编修县志的愿望，但由于当时条件尚不具备，未能实现。中共十一届三中全会以后，中央领导一再提倡修志，大丰县于1980年4月成立了编修县志委员会并设置办公室，经过8年努力，终于编出1989年版的《大丰县志》，开了大丰编修地方志之先河。

《大丰县志》的修订和续编工作，始于1995年底，2002年12月定稿送审，其间七度春秋，三订纲目，数易其稿，最终杀青送审。2003年经省、市专家评审，2004年修改完善，2005年经省、市方志办验收合格，2006年经市政府批准，由方志出版社出版发行。由于大丰县改称大丰市，故《大丰县志》随之改称《大丰市志》。

新编《大丰市志》是在1989年版《大丰县志》的基础上，通过认真排查、反复核对、去伪存真、拾零补遗，同时大量增加1985到2000年的新材料，重拟纲目，重组内容，重新编写的，比较全面、系统、准确地反映了大丰的历史和现状。

《响水县志》目录

响水县志

响水县地方志编纂委员会编。1988年12月启动编纂，1996年1月由江苏古籍出版社出版。主编陈众宝、孙家冠，副主编顾霞飞、杨锦高。分志撰稿王方余、孙志荣、左惠斋、杨锦高、吴在峻、沈辉、沈仲高、陈众宝、侍恒友、赵群生、董玉山、顾霞飞、徐嘉森、龚席珍、章杰、葛自翔。

全书1册，124.8万字，图片47幅（集于志首），表格179张。记述范围为1987年响水县行政区域。记述上限不限，追溯事物发端；下限1987年，大事记延至1992年，人物表延至

1996年。述、记、志、传、图、表、录诸体并用，以志为主。志首设序、凡例、概述、大事记，志末设附录、后记。全志设25篇：地理、人口·方言、农业、水利、滩涂、工业、盐业、商业、财税金融、综合经济管理、交通邮电、城乡建设、政务、政党·社团、公安司法、民政、军事、劳动人事、教育、科学技术、文化、卫生、体育、社会、人物。

为突出地方特色，该志设滩涂篇，记述响水百万亩沿海滩涂概貌和开发与管理；设盐业篇，记述盐场沿革、盐场建设及盐业生产、销售、储运、管理，体现响水国内优质海盐生产基地的地位以及盐业在响水经济社会发展中发挥的积极作用。交通邮电篇记述沟通通榆运河和京杭大运河的灌河，同时记述沿海重镇陈家港。社会篇记述的渔民生活、盐民生活，农业篇记述的水产业、养蜂业、编织业、蚕桑等都极具地域特色。设方言、风俗习惯、传闻轶事等章，加大对社会领域及民间资料的收录，有较强的资料性。响水是革命老区，该志重视对英雄人物的记述，古今名人、革命烈士立传35人，另设革命烈士英名录、人物表，记录烈士、先进模范人物和历代名人1300余人。

（滕仕惠）

【后记（节选）】

在县委、县政府的领导下，《响水县志》编修历十余春秋，三修纲目，两易其稿，经省、市地方志办公室领导及有关专家学者的审定，于县庆30周年之际，付梓问世，令人欣慰。《响水县志》乃响水建县以来的新编首志。

《响水县志》编修工作始于80年代初。1981年5月，成立响水县革命斗争史（县志）编纂委员会，下设办公室，制定了县志工作规划。1982年10月，《响水县志》纲目拟成了设七个大篇的第一稿。其后，根据省、市的统一部署，为抢救建国前的中共地方党史的活资料，工作重点转到民主革命时期特别是革命战争时期的史料征集、整理、核实。

1986年7月，县志工作再度摆上议事日程。县编制委员会核定县志办编制4人，与党史办合署办公，明确了具体编写人员。对县志纲目一稿进行了调整修改，9月，拟成设28个专业篇的第二稿。为了培养修志队伍，先后分期分批共派出10人，到省地方志培训班、苏大方志培训班进行编修方志业务培训。同时，督促和辅导县各部门专业史志、乡镇志的编写，先后举办三期修志人员培训班，受训人数达300余人次，营造了一个全县修志的氛围，为编修《响水县志》奠定了基础。

由于响水建政于战争岁月，建置于动乱年代，资料散失严重，但得到了各界对修志工作的支持。县人民政府提请县人大常委会对编修县志工作进行审议。1988年12月7日，县第三届人大常委会第十四次会议，讨论通过《关于编修响水县志的决议》，使县志的编修工作得到进一步的推进。1989年7月，再度修改县志纲目，拟成设24个专业篇的第三稿。1989年8月10日。县志编纂委员会举行全体会议。原则通过了《响水县志》纲目；确定了县志主编，聘请了10名离、退休老干部为编辑人员。10月10日，县政府召开县志工作会议，县各部、委、办、局负责人及修志人员出席了会议，传达了省第二次地方志工作会议精神，部署县志编修的具体任务，明确了县志编辑人员分纂篇章，确定84个县直单位编写部门、行业史志及资料长篇。县志工作进入务实阶段，各编采人员进入角色。

在征集资料期间，编辑人员先后到南京、扬州、盐城、连云港、淮阴等地查索资料，核实史料，得到中国第二历史档案馆、省档案馆、滨海县档案馆、滨海县党史办、滨海县志办、淮安市志办、灌南县志办、响水档案馆等单位的大力支持，共收集资料2700余万字。在分纂中，筛用了响水县党史办、响水县政协文史委员会，县各部委、办、局、公司、学校等单位的史志、资料。先后召开座谈会，走访当事人、知情人1800余人次，收集、核实资料6000余条款。分纂初稿形成后，由主编杀青，分送各专业主管单位的负责人、知情人、专业技术人员审核把关。1993年底，分纂成县志初稿达130万字。

1994年9月27日—28日，县召开《响水县志》评审会议。评审会后，县志办公室集中力量，将与会专家、学者提出的数百条意见进行整理，分类汇总，强化修改机制，经半年时间，进一步调整章节、充实资料、考证史料、润饰文字等。为加快县志修纂进度，县政府决定加强主编力量，增聘一位退休老干部任主编。主编在总纂统稿中，纠错补遗；对某些疑而不决的史事，果断取舍；对交叉重复之处，有所侧重，删繁就简，形成打印清样送审稿，再分送县志编委会各有关委员觅疵挑瑕，以减少隐患和硬伤。

响水县志（1988—2008）

响水县地方志编纂委员会办公室编。2007年10月启动编纂，2017年12月由方志出版社出版。主编王志迁、周序品，副主编吕从坤、顾霞飞、高云，编辑周序品、吕以坤、张耀清、张芹、顾霞飞、王志迁、高云、滕仕惠、苗其培、杨道贯、赵风昆。

全书2册，256.7万字，图片172幅（志首64幅、随文108幅），表格538张。记述范围为2008年响水县行政区域。该志为《响水县志》（1996年版）续志，记述上限1988年，衔接前志；下限2008年。为完整反映历史和地情，对前志中的建置区划、自然环境、城乡建设、历史文化和民风民俗等地情资料作适当复载，对前志未记载的内容作适当补录。专文、图片和大事记延至2016年7月。述、记、志、传、图、表、录诸体并用，以志为主。志首设凡例、序、综述、大事记，志末设附录、索引、编后记。全志设32篇：政区・环境、区域概况、人口、土地资源管理、能源・环保、交通・邮政・通信、城乡建设、水利、农业、资源综合开发、工业、建筑业・房地产业、开放・开发、商贸服务业、财政・税务、金融业、经济综合管理、中共地方组织、地方人民代表大会、地方人民政府、地方人民政协、工商联・群众团体、法治、武装、教育・科技、文化・体育、医疗卫生、劳动・人事、民政、社会民生、方言・民俗、人物。

《响水县志（1988–2008）》目录

响水自然资源丰富，该志设资源综合开发篇，记述黄淮海农业综合开发、黄河故道农业开发、世界银行贷款农业灌溉、滩涂垦区配套等农业资源开发和海域资源开发。响水拥有中国“杜仲之乡”“浅水藕之乡”“小戏之乡”等美誉，在农业篇、文化・体育篇均有记述。设海域资源开发、海域资源管理、风能利用、新能源利用等章节，记述响水地域特色印记。

为体现改革开放的时代特征，该志设开

放·开发篇，记述园区开发，招商引资、外资外贸外经等内容。在工业、农业、城乡建设、商贸服务业等篇中设城建投融资改革、农村供水改革、工业体制改革、农业体制改革、住房制度改革、商贸体制改革、财税制度改革、金融业体制改革、审判改革、教育改革、医疗卫生改革、劳动人事改革等相关改革的章、节、目，另外还记载生态农业、园区开发、扶贫促小康等时代气息强烈的内容。

在记述方法上，志书充分运用典型资料进行微观记述，效果明显。随文专记收录《从电话号簿看响水发展》《农民李实军自发成立插秧机手农机协会》《宏铭3号远洋轮下水开苏北船舶出口先河》《江苏金兰开发色纺氨纶包芯纱填补国内空白》等，保留大量第一手鲜活资料。附录收录重要文件、媒体辑录，丰富志书资料性。

2020年，该志在江苏省地方志书质量评定中被评为优秀成果。

（滕仕惠）

【编后记（节选）】

《响水县志（1988—2008）》编修，自2007年10月启动至2016年12月完稿。历时十年，数易其稿。如今终于定稿付梓。全书约256.7万字，主体分为32篇，首设综述、大事记，尾有附录。县志编修大致经历四个阶段。

启动筹备、资料征集阶段（2007年10月至2009年12月）。主要是开展调研论证、方案拟定、队伍组建工作。县地方志办公室在各单位推荐基础上，初步形成近200人县志采编人员网络。2007年10月15日，县政府召开《响水县志（1988—2008）》编纂工作动员会，全面部署以县志续修为主体的二轮修志工作，并开展首次集中培训。是年12月，县地方志办公室组织县志编修人员到滨海、建湖、涟水、灌云等地学习，县志编修人员根据职责分工，采取“家家到”形式，对各单位修志人员进行面对面业务辅导。2008年3月，县政府办印发《关于调整县地方志编纂委员会组成人员的通知》，调整充实县地方志编纂委员会成员。2009年年初，结合响水实际，拟定县志篇目送市地方志办公室初审；对全县120多个供稿单位志稿篇章进行重新梳理，细化到节、目。是年年末，上报初稿单位近100家，其中质量较好的有30多家。

初稿分纂、纲目评审验收阶段（2010年1月至2013年12月）。2010年起，修志工作重心从以承编单位为主的供稿转移到县地方志办公室为主的改稿上来。县地方志办公室全体人员与聘用人员实行一体化分工，每位责任编辑确保拿出一个以上“样板”篇目。由于部分单位资料缺失，加之编纂人员缺乏修志经验，所搜集的资料整体质量较差，编纂工作难度大。为此，县地方志办公室根据编纂人员的工作经历和业务熟悉程度实行分类指导，特别是对承担章以上编纂任务的50多家单位。对已完成的初稿，先在编辑部内部进行交流，提出补充意见后，再交责任编辑修改。形成征求意见稿后，再约请熟悉情况的县领导和老干部及承编单位的专业技术人员和业务骨干对志稿进行审阅，作进一步补充和完善，着重把好政治关、史实关、数据关，并适时调整县志纲目。2012年年末，县志纲目通过市地方志办公室评审验收。2013年，对已完成的20篇志稿，经总编和责任编辑讨论再度进行修改加工，环环相扣、步步推进，切实保证志稿质量。

志稿续修、完成总纂阶段（2014年1月至2015年12月）。2014年3月，根据省政府办公厅通报和县委、县政府主要领导批示精神，县地方志办公室除对剩余篇章及总述、大事记和专记、附录等进行编辑外，还根据市地方志办公室意见，对原有纲目进行再次调整充实；6月，将已完成的20多篇县志稿，送市地方志办公室初审；9月，根据市地方志办公室初审意见对部分内容进行再度加工；10月，志稿基本完成。2015年2月，市地方志办公室对32篇志稿进行初审，责任编辑根据初审意见对志稿再次补充完善。是年12月，完成志稿总纂，送县四套班子领导和曾担任过县处级领导职务老同志及各承编单位再次征求意见。

评审验收、修改完善阶段（2016年1月至2016年12月）。县政府主持召开《响水县志（1988—2008）》终审会，市地方志办组织省市11位专家参与评审工作。此后编纂人员利用半年多时间对专家提出的近800条意见和建议进行认真梳理、消化和吸收。主编围绕志书编写体例与结构、行文与规范、风格与特色等进行反复推敲、打磨，尽量避免“硬伤”，减少“遗憾”，志稿质量在原有基础上有很大提高。是年，志稿报送市地方志办公室审查验收。随后，编辑部根据市审查验收意见，组织人员对志稿再度补充、修改和完善。志稿修改完善后报省地方志办公室审核，省地方志办公室审核通过后，志稿送方志出版社审查和印刷单位排版。

县地方志办公室在修志过程中充分发挥职能部门作用，统筹安排党史、年鉴、地方志三项主体工作，将修志视为阶段性年度工作重中之重，明确全体编辑人员职责和工作要求，增强责任心，种好“责任田”。强化培训指导，加快修志人员熟悉业务进程；多次组织督察调研和检查验收。根据领导和专家评审意见，志稿作三次较大幅度的修改，力求尽善尽美。全体人员充分认识新形势下史志工作重要意义，进一步增强做好史志工作使命感、光荣感、责任感，以耐得住寂寞、坐得住冷板凳的奉献精神，扎根修志工作。

滨海县志

滨海县地方志编纂委员会编。1986年8月启动编纂，1998年7月由方志出版社出版。主编彭树煌，副主编戴益民。分志编辑彭树煌、顾汝香、陆道顺、赵培田、吕广贵、戴益民、李章全、李恒柏、李仁杰、周锦海、李文学、何息波、晏爱平、刘大同、陈鹤立。

《滨海县志》目录

全书1册，210万字，图片113幅（志首91幅、随文22幅），表格410张。记述范围为1987年滨海县行政区域。记述上限因事而异，量事追溯，下限1987年，大事记延至1993年。述、记、志、传、图、表、录诸体并用，以志为主。志首设序、凡例、概述、大事记，志末设各卷附录索引、后记。全志设32卷：建置区划、自然环境、人口、农业、林牧渔副业、盐业、水利、滩涂、工业、能源、交通、邮电、商业、粮油、城乡建设、财政税务、金融、综合经济管理、政党社团、政务、民政、劳动人事、治安司法、军事、教育、科技、文化、卫生、体育、社会、方言、人物。

为突出滨海县地方特色，该志设盐业卷，记述盐场建设、盐业生产、储存运输、原盐经销、盐政管理，体现滨海得天独厚的煮盐之利；设滩涂卷，记述滩涂变迁与特点、开发和管理；

设粮油卷，记述粮油市场、公粮征收、粮油统购统销、粮油储备、粮油运输、粮油加工、饲料产销等内容，体现县内油脂加工业发达。志书还加大经济部类的记述，对编织、首乌加工等地方特色产业的生产历史、制作技艺和产销情况作了详细介绍。

2001年，该志获江苏省地方志系统优秀成果二等奖。

（李群龙）

【后记（节选）】

1981年9月，中共滨海县委、滨海县人民政府根据中共中央关于开展编史修志的指示精神，筹措编修县志。中共滨海县委发文成立了滨海县编史修志委员会，下设办公室，编制为10人。接着开始征集革命斗争史料，经过5年的调查走访，积累资料30多万字，基本上厘清县境从1940年10月解放以来，到新中国建立前各级党组织和政府的活动情况，以及有影响的革命斗争活动史实。此后，县党史办公室提其大要编出《滨海县革命斗争史》4辑，为编史修志工作作准备。

在党的十一届三中全会精神指引下，县境经济发展很快，出现政通人和、百业俱兴的盛世景象。1986年7月，中共滨海县委、滨海县人民政府根据国务院加快修志步伐的指示精神，成立滨海县地方志编纂委员会，下设办公室，编制为4人，并聘请10名离退休老干部协助征集资料，组成了一支老中青三结合的修志队伍。8月，县政府召开各单位负责人会议，要求为县志提供资料，至此，县志编纂工作开始启动。年底，各乡镇和县直单位都成立编纂领导小组，由单位一名副职任组长，一名中层干部任副组长，并成立编纂办公室，抽调3到5人专职办公。为便于给县志提供资料，各乡镇开始编纂乡镇志，县直单位编纂部门志。

1987年初，县志办公室开始草拟《滨海县志》纲目，初拟大篇编写，全志为7篇、63章、210节，分为概述、地理、经济、政治、文化、社会6个部分。后来，发现这种大篇外延太广，有些内容难以记述得体，重点不够突出。经市地方志办公室审阅后，重新拟订篇目，直接按事物门类设篇，全志设29篇、135章、405节。纲目列出后，请县内的老干部和知名文化人讨论，并请县委、县政府领导审阅，一致认为纲目安排比较合理，按纵述千年，横陈百科，以时为经，以事为纬的编志要求，纲目分类基本上反映滨海县的变化和发展。送市志办公室审阅后得到首肯，报省志办公室审订亦获通过。

1988年，县志编纂委员会第二次召开乡镇与县直单位负责人会议，明确参编《滨海县志》的县直单位为76个，各乡镇全部参编。为熟悉征集业务，县政府举办两期业务培训班，培训200多人次。培训以后，各单位开始广泛征集资料。县志办公室的同志组织两个班子，一个班子赴南京，往省档案馆与中国第二历史档案馆查阅历史资料，另一个班子在县档案馆查阅县内档案，10多名同志眼看手记，将近一年，从不间断。至1992年底，已积累资料500多万字。坎南、天场、陈涛、八滩等乡镇编出乡镇志9部；县粮食局、交通局、手工业局、公安局、供电局、县供销社、物价局、物资局、工商局等单位编出部门志16部；为县志编写提供了丰富的资料。

1993年3月，新一届地方志编纂委员会成立。4月，县志办公室重新聘请6位身体状况较好的老干部，抽用4名在职干部着手草拟县志初稿。5月，再次讨论县志纲目，确定增加经济部类内容，以反映滨海县前进的步伐和特色。新增林牧副渔业、邮电、综合经济管理、金融等卷，修改后的纲目为32卷、177章、604节，经济类的内容增加到56%以上。县志办的全体同志学习了国务院、中国地方志指导小组和省志办的有关文件，对可能交叉重复的内容通盘考虑，明确重点。6月份，开始草拟志稿。

1995年初，大部分篇目初稿写成，先在县志办公室内交叉审阅，相互提出意见，进行补充修改。然后，送县委、县政府领导审阅。并广泛地邀请县内外老干部座谈，提出批评意见。先后有300多人参加初稿评改，征求意见2000多条，逐一进行斟酌补充和改正。

是年2月，进入总纂。主编在总纂过程中，进一步强化质量意识。对政治运动入志，按照中共中央《关于建国以来党的若干历史问题的决议》的提法，力求准确公允。尤其是对“文化大革命”中事物的叙述，大都是座谈会上取得的资料，尽可能从全局和整体的角度来记述。对有些“先天不足”的志稿，有的调整篇目，有的补充资料，有的重新改写，除力求各分志行文规范、语言风格一致外，尤其着力资料考证与核实。凡有疑问的地方，总是不怕麻烦，多处查找资料，从多方面求得印证，确保准确无误。特别是交叉重复的地方，找到一起，统一提法，核清事实，算准数据，以免各执一词。遇到难题，实行集体“会诊”，共同攻克难关，坚决把“硬伤”消灭在送审以前。

总纂修改后，再次将打印稿送给县委、县政府、县人大、县政协的负责同志审阅，并分送在滨海工作过的老同志及省市修志行家评审，广泛征求意见。在此基础上，江苏省地方志办公室和盐城市地方志办公室于1995年7月在东坎召开评审会，30多位专家学者、教授对《滨海县志》送审稿进行评审。与会人员在对志稿给予充分肯定的同时，提出许多宝贵意见。会后，县志办公室把来自各方面意见进行综合分析，合并分类，研究制订了修改方案。总纂根据综合后的意见，逐条对照修改，逐篇逐字进行研磨，对该增添的乐于增补，该删节的也舍得割爱，并请统计局的樊金堂同志，对志稿中的所有数字进行复算，文表进行校对，达到无讹一致。经过一年半时间的精心修改，至1996年底，全志修改告竣。

滨海县志（1986—2008）

《滨海县志（1986—2008）》目录

滨海县地方志编纂委员会编。2006年11月启动编纂，2014年12月由江苏凤凰科学技术出版社出版。主编刘建华、王兆标、蒋华，副主编黄加华、鲁文武、蒋玉宝。总纂总负责吴志勇、潘道德。总纂刘书华、吴志勇、李晓霞、张兰云、陈其华、韩立坚、潘道德、戴益民，分纂于正华、史书联、刘书华、吴志勇、张兰云、杨修松、顾炳清、韩立坚、潘道德、戴益民。

全书1册，148万字，图片290幅（志首151幅、随文139幅），表格145张。记述范围为2008年滨海县行政区域，包括境内驻有的省属新滩盐场、滨淮农场。该志为《滨海县志》（1998年版）续志，记述上限1986年，部分事项记述时间适当上溯；下限2008年，大事记延至2010年，企业选介延至2011年，志首图片延至2013年。述、记、志、传、图、表、录诸体并用，以志为主。志首设序言、凡例、概述、大事记，志末设附录、索引、后记。全志设政区环境与基础设施、经济、政治、文化、社会、人物6篇，共49章。政区环境与基础设施篇设政区概况、自然环境、人口、国土管理、环境保护、城乡建设、水利、交通、邮政通信、电力10章，经济篇设经济综述、农业、工业、建筑业·房地产业、商贸流通、对外贸易、生活服务业、金融业、财税·审计、综合经济管理10章，政治篇设地方党委、地方人大、地方政府、地方政协、工商联与社会团体、公安、检察、审判、司法行政、军事10章，文化篇设科技、教育、文化艺术、大众传媒、档案·方志、医疗卫生、体育7章，社会篇设民政事务、劳动·就业、社会事务、社会保障、人民生活、扶贫、精神文明建设、民族宗教、习俗·方言9章，人物篇设人物传略、人物简介、人物表录3章。

为突出滨海县地方特色，该志设农场·盐场、海港资源、海堤治理、滨海港建设、诗词楹联、书法绘画、老区开发促进、扶贫等章节，全面反映滨海独特的地域风貌、历史文化和发展潜力。为彰显时代特征，志书设农村经济体制改革、工业体制改革、商业体制改革、供销体制改革、粮油体制改革、教育改革、医疗改革等节，将改革开放作为主线，贯穿于各领域、各行业。地方党委章记述重大决策，地方政府章记述施政纪要，突出党的领导和断限内经济社会发展的重点。附录设专记、重要文献和前志勘误，其中专记对滨海县海堤建设、基础教育改革、诗词楹联文化传承与发展、脱贫攻坚等特色工作做深入记述，有较强的资料性和典型性。

2018年，该志被评为江苏省地方志书优秀成果综合优秀三等。

（李群龙）

【后记（节选）】

《滨海县志（1986—2008）》编纂工作于2006年11月启动，历时8年，至2014年12月底出版印刷。全志主体篇目6篇49章276节，志首设序、凡例、图片、概述、大事记，后缀专记、附录、索引、后记。修志工作大体历经四个阶段：第一阶段（2006年10月—2009年9月），成立队伍、拟订篇目、组织发动、征集资料。2006年10月，聘请4名老同志组成编辑部，拟定篇目后，于11月4日召开启动大会，明确任务，落实责任。截至2009年9月，收集资料113份250多万字，并开始部分章节分纂。第二阶段（2009年9月—2010年10月），调整充实编辑部成员，增加到7人。志书下限由2005年下延到2008年，补充征集下延时段的资料，重新修订篇目，将任务分配到人，边征集边分纂。第三阶段（2010年10月—2012年7月），2010年10月成立总纂编写组，由6人组成，11月开始总纂。2011年6月21日，召开篇目评审会。10月，完成总纂第一稿，打印300份送相关单位、离退休老干部和曾在滨海任职的老领导审读，收到有价值的反馈意见183条。2012年3月，形成评议稿。7月召开志稿评读会。第四阶段（2012年7月—2014年11月），2012年7月，总纂人员分成三个小组，流水作业，一支笔统稿。2013年7月，形成总纂第二稿，送市方志办审阅，再次修改后形成终审稿，11月送省、市专家审读。2014年3月4日，召开志稿终审会议。会后进行新一轮修改打磨，10月完成。12月通过市方志办验收。

县志是传承地方文明、发掘历史智慧的重要载体，存史、育人、资政，做好编修工作十分重要。滨海二轮县志记载的内容，主要是1986—2008年间滨海经济、社会的发展情况。这一时期，改革力度大、发展速度快，各个领域都发生了深刻的变化，涌现出许多新情况、新事物。为了彰显时代特点，本志设置“农业体制改革”“工业体制改革”“商业体制改革”“供销体制改革”“粮油体制改革”“教育改革”“医疗改革”“劳动就业”“社会保障”等节目，分属在相关篇章内，比较灵活地记述改革的历史。滨海是1128年黄河夺淮后形成的新陆地，1855年后海岸退蚀严重，是全国典型的侵蚀性岸段。滨海是革命老区，经济基础相对薄弱。为了凸显地方特色，本志设置“农场盐场”“风力资源”“港口资源”“海堤治理”“滨海港建设”“民间技艺”“文化遗产保护”“诗词楹联”“书法绘画”“老区开发促进”“扶贫”等节目，全面地反映滨海独特的地域风貌、历史文化、发展潜力。

阜宁县志

阜宁县地方志编纂委员会编。1984年10月启动编纂，1992年6月由江苏科学技术出版社出版。总编徐变三，副总编林辰、郑明洪、孙永余、孙开乾、施文灿。编纂仇培良、孙永余、孙开乾、许建农、刘梦起、孟泽、林辰、郑培岗、郑明洪、施文灿、顾干成、徐为锋、蒋寿群。张爱萍将军为本书题签。

全书1册，81万字，图片87幅（志首73幅、随文14幅），表格157张。记述范围为1985年阜宁县行政区域，历史上调整视情而记。记述上限1932年，与民国《阜宁县志》相衔接；下限1985年，大事记延至1989年。述、记、志、传、图、表、录诸体并用，以志为主。志首设序、凡例、概述、大事记，志末设后记。全志设地理、经济、政治、军事、文化、社会、人物7篇，共51章。地理篇设建置沿革和区划、民族·人口、自然概貌、自然资源、环境保护、自然灾害6章，经济篇设农业、多种经营、水利、工业、交通运输、邮电、商业、工商管理、财税、金融、城乡建设、人民生活12章，政治篇设中国共产党阜宁地方组织、中国国民党阜宁县党部、阜宁县人民代表大会、县政府、参政议政机构、公安·司法、民政、劳动人事、人民团体9章，军事篇设驻军、地方武装、民兵、战事、对敌工作、人民支援革命战争、兵役7章，文化篇设教育、科技、文化艺术、卫生、体育、新闻·刊物·广播、档案7章，社会篇设社会团体、风俗习惯、方言、歌谣谚语、宗教、异闻·轶事·传说6章，人物篇设传记一、传记二、阜宁县革命烈士英名录、模范人物表。

《阜宁县志》目录

为突出阜宁作为革命老区的历史，该志军事篇设驻军、地方武装、民兵、战事、对敌工作、人民支援革命战争、兵役7章，较为详细地记述阜宁人民在中国共产党领导下，积极开展革命斗争的历史。同时，为歌颂英雄，铭记烈士功绩，人物篇除用传记形式记述五卅英烈顾正红、中共早期人物孙小宝、工人中的楷模陈阿金等英烈外，还以英名录的形式记载1896位阜宁籍革命烈士和1357位牺牲在阜宁的外籍烈士。社会篇记述社会团体、风俗习惯、方言、歌谣谚语、宗教、异闻·轶事·传说等内容，尤其是社会团体包括社会科学团体、自然科学团体、宗教团体、其他团体，在同期县级志书较少记载。经济篇多种经营、水利、工业、商业等章记述全面、特色突出，如商业章设名点·名菜·土特产节，记述阜宁大糕等特色产品。该志力求创新，各篇均冠以无题小序，概全貌、述原委、展规律、统章节，增强志书的著述性。

1994年，该志获江苏省地方志工作优秀成果二等奖。

（陈新放）

【后记（节选）】

阜宁建县以来，曾三度编修《阜宁县志》，第三部县志问世，迄今已越50余年。沧海桑田，今昔巨变。时值盛世，正是修志良机。中共阜宁县县委、县人民政府经认真讨论，认为以马列主义、毛泽东思想为指导，编纂一部社会主义新县志，全面记述本县半个世纪以来翻天覆地的变化，是一件服务“四化”、有益当代、惠及子孙的事。几经磋商，于1981年10月成立中共阜宁县委编史修志委员会，并制订了工作规划。1984年6月，成立阜宁县县志办公室。针对编纂人员来自各行各业、过去对志书接触甚少、业务生疏的状况，办公室首先组织学习有关方志理论知识，并以“派出去、请进来”的方法学习外地修志经验，然后拟定调查提纲，着手征集资料，制订本志纲目初稿。

在修志期间，县委、县政府两度召开县直属单位和各乡（镇）负责人会议，要求部、委、办、局、院、行、社、群众团体、各乡（镇）关心和支持县志编纂工作，党史、县志办公室互相配合，所有资料共同使用。工作人员先后分赴本县档案、图书馆和盐城、南京、上海、浙江、北京等地档案图书部门，查阅报刊、家谱等，走访知情人，请他们座谈回忆，征集了大批资料。为使资料确凿可靠，编写人员对每件资料均反复进行调查核实。惜因年久日深，其间战事频繁，许多资料焚毁湮没，对弄清史实带来诸多困难。例如，阜宁立县年份，旧志有雍正九年和十年两种说法，经多方考证，方认定为雍正九年。此类事甚多。我们先后查阅各种档案1050卷，报刊和史籍1370册（件），复制各种文书档案和回忆录540件，古县志82卷，文物25件，照片165张，摘抄文字资料2600万字。进入编纂阶段后，县委于1986年3月批准增补《阜宁县志》副总编4人。编纂人员认真学习中央和省、市对修志工作的指示和要求，学习外地志书实体的编纂经验，研究了志书的章法和体例，按照共同制定的纲目，拟定提纲，着手编纂。经过共同努力，于1986年9月形成《阜宁县志》征求意见稿。为了提高志书质量，反映改革新貌和本志特点，县委、县人大、县政府、县政协领导和县委办公室、县政府办公室负责人，亲自审阅志稿，纠正史实，提出修改意见。同时组织本县各部门内行人员，邀请离退休老干部座谈，逐篇核实。还分头到各乡（镇）召开老党员、老干部、老民兵座谈，广泛征求意见。并请在阜宁工作过的外籍老同志来县畅谈，计510人次，他们提出了许多修改意见和丰富翔实的资料，扩大了编写人员的视野。县人大于1988年4月18日召开第九届人大常委会第二次会议，通过了《关于编修阜宁县志的决议》。

1988年11月召开了《阜宁县志》评审会议。会后编纂人员根据评审意见和要求，进行核实修改。

本志编纂始于1984年，终于1990年。历经6个寒暑，八修纲目，五易其稿，实非易举。

阜宁县志（1986—2010）

阜宁县地方志编纂委员会编。2011年1月启动编纂，2019年10月由江苏人民出版社出版。主编陈珺、钱斌，执行主编咸国庆、武玉栋、陈新放，副主编赵廷政、刘丽君、戴在光，责任编辑咸国庆、孟林楼、陈新放、秦凤高，图片编辑李文新，索引编辑陈昌文。

全书2册，206万字，图片447幅（志首118幅、随文329幅），表格262张。记述范围为2010年阜宁县行政区域。该志为《阜宁县志》（1992年版）续志，记述上限1986年，衔接前志；下限2010年，卷首图片、大事记延至2015年，为保持记述事物的完整性，部分内容适当追溯或下延。述、记、志、传、图、表、录诸体并用，以志为主。志首设序、凡例、总述、大事记，志末设附录、索引、编后记。全志设39篇：建置·区划、自然环境、人口、国土资源管理、环境保护、城乡建设、交通、水利、能源建设、经济综述、开放型经济、园区经济、农业、工业、建筑业·房地产业、邮政通信业、国内贸易、生活服务业·旅游业、金融业、财政·税务、综合经济管理、中共地方组织、地方人民代表大会、地方人民政府、地方人民政协、工商联·社会团体、人事·劳动·社会保障、民政、政法、军事、科学技术、教育、文化、卫生、体育、精神文明建设、社会生活、人物、镇情概览。

该志紧扣“以经济建设为中心，坚持改革开放”这一时代特征，加大记述力度，经济综述、开放型经济、建筑业·房地产业、生活服务业·旅游业等篇从全新的角度记述经济发展的新兴产业、特色行业。志书虽未单设改革开放篇，但对改革开放的记述，既有章这一层次的集中记述，又有节的分散记述；记述内容不仅涉及经济体制改革，而且涉及包括机构改革、人事制度改革、劳动制度改革等在内的政治体制改革。在突出经济部类记述物质文明建设的同时，设精神文明建设篇，记述思想道德建设、文明创建、道德楷模，全方位展示阜宁人的精气神和文明创建成果。为加强对宏观经济的记述，设经济综述篇，从县域经济发展计划编制实施、经济机构、国民经济发展水平、居民消费等方面入手，简明扼要地记述阜宁加快经济发展的历程，再现实现两转变一进入（产业结构实现从“一二三”向“二三一”的转变，以农业为主向以工业为主的转变，2010年基本进入小康社会）的丰硕成果。志书重视对人物的记述，以传略、简介、表录等形式，收录记载革命烈士、英雄模范、文化名人、专家学者、劳模先进、老红军、省以上人大代表等各级各类人物，内容丰富。为全面反映阜宁历史，彰显革命老区特色，附录中还设有阜宁人民革命斗争史略，以及旧志简介、民间传说、古树名木、铭文等内容，丰富志书资料。

2020年，该志在江苏省地方志书质量评定中被评为优秀成果。

（陈新放）

《阜宁县志（1986—2010）》目录

【编后记（节选）】

《阜宁县志（1986—2010）》是1992年出版的《阜宁县志》的续志，也是新中国成立后阜宁县编纂的第二部志书。

阜宁县二轮修志工作相对其他县（市、区）起步较晚。2009年3月4日，县政府第十五次常务会议决定续修《阜宁县志（1986—2005）》，由县委党史工办（地方志办）具体负责。县政府印发《关于做好第二轮阜宁县志编纂工作的通知》，县委办、县政府办印发《关于续修〈阜宁县志（1986—2005）〉实施方案的通知》，县地方志办公室编制《阜宁县志（1986—2005）》纲目。6月，将县志纲目印发到各单位征求意见。8月，成立县志编辑部。2010年4月，县地方志编纂委员会决定将二轮修志下限由2005年延至2010年，并对纲目做了补充完善。2011年1月11日，县政府召开地方志工作会议，动员县直各部门和各镇区为续修《阜宁县志（1986—2010）》征集资料，县志编辑部印发各单位资料征集细目暨资料长编提纲，二轮修志正式启动。

2012年4月至6月，县志编辑部编制《阜宁县志（1986—2010）》总纂篇目。8月28日，市地方志办公室在阜宁召开《阜宁县志（1986—2010）》总纂篇目评审会。县地方志编纂委员会、地方志办公室和县志编辑部认真消化吸收专家们的意见，对总纂篇目进行全面修订。11月，在继续征集资料的同时，《阜宁县志（1986—2010）》进入初稿编写分纂阶段。在全县110多个单位供稿的基础上，去粗取精，去虚取实，删繁补遗，尽量做到横不缺项、竖不断线，记述事物发展过程脉络分明、节点清楚。在志稿分纂阶段，编辑部分期分批地向各单位反馈征求意见稿，对需要核实、补充、审查的内容提出明确要求。各单位组织熟悉本单位情况的老领导、老同志和其他人员，对志稿的事实、数据、观点进行审查把关，提出修改、补充意见。由单位主审人员和主要负责人签字并加盖单位公章后，以书面形式报送县志编辑部。为提高志稿质量，县志编辑部按照分纂进度，及时召开志稿质量评读会，每次评议3到5篇初稿（每个责任编辑1到2篇）。各位责任编辑结合评读会上提出的要求和各单位的修改意见，对稿子进行系统的修改，增、删、并、调、压、精。2012年11月至2015年6月，共召开12次评读会。鉴于许多单位报送的资料缺口较大，2015年11月，县政府召开二轮修志工作推进会，推动资料补充和志稿完善工作。2016年10月中旬，形成230多万字的县志复审送审稿，送县委、县人大、县政府、县政协以及部分离退休县级领导审阅和县地方志评审委员会评审。2017年2月中旬，将复审后的修改稿报请市地方志办公室评审。5月23日，市志办在阜宁召开《阜宁县志（1986—2010）》终审会。终审会后，县志编辑部将评委提出的修改意见、建议进行梳理归纳、消化吸收，逐一修改完善。12月5日，志稿由市地方志办公室验收合格。2018年9月，《阜宁县志（1986—2010）》通过江苏省地方志办公室审核。2019年8月，报经阜宁县人民政府批准，交付江苏人民出版社公开出版。

《射阳县志》
目录

射阳县志

射阳县地方志编纂委员会编。1986年9月启动编纂，1997年1月由江苏科学技术出版社出版。总纂周其高，分纂倪崇顺、刘古馨、施百红、张正春、江建华、赵亚光、丁志华、顾黔。

全书1册，170万字，图片64幅（志首62幅、随文2幅），表格342张。记述范围为1988年射阳县行政区域。记述上限从民国31年（1942）建县起，下限1988年，总述、大事记延至1993年。述、记、志、传、图、表、录诸体并用，以志为主。志首设序、凡例、总述、大事记，志末设后记。全志设30卷：建置区划、人口、自然地理、农业、林牧副业、水产、盐业、水利、滩涂、工业、交通、邮电、城乡建设·环境保护、商业、粮油购销、国民经济管理、财税金融、党政社团、治安司法、民政、劳动人事管理、军事、教育、科技、文化、卫生、体育、社会、方言、人物。

为突出射阳黄金海岸的特点，该志设水产卷，记述水产捕捞、养殖、管理等内容；设盐业卷，记述盐场、盐业生产、经营销售、盐务管理等内容；设滩涂卷，记述滩涂状况、滩涂开发、滩涂管理。随着废灶兴垦，棉花种植成为当地经济重要支柱，在农业卷作物栽培章和工业卷纺织工业章都有所体现。自然地理卷将海洋设为首章，反映地方地理特点。该志还加大水利卷篇幅，记述海堤、苏北灌溉总渠堤等特色工程。射阳是苏北重要革命根据地，在军事卷和人物卷，分别收录大量军事斗争和1631位革命烈士名录。该志以较大篇幅记述经济内容，着力反映社会主义建设时期，尤其是改革开放后的经济建设成果，体现时代特点。

（崔红虹）

【后记（节选）】

观今宜鉴古，无古不成今，知古知今，百战百胜。

凡是土生土长的射阳人，凡是把射阳作为第二故乡的人，凡是在射阳工作或定居的外籍人，凡是侨居在海外的射阳人，无不热爱和关心射阳，希望了解和研究射阳。

射阳虽无高山大川、千古名人，且建县只有47年。但她是革命根据地之一，在抗日战争和解放战争年代，是苏北的大后方，陈毅、黄克诚、张爱萍、陈丕显、姬鹏飞等老一辈无产阶级革命家在这里战斗过、生活过。全县有1631名英雄儿女，为家乡的解放和建设洒下热血，埋下忠骨。这段光荣的革命斗争历史，无不令人向往。但射阳从未修过县志，这些光辉的战斗历程，一直未能载上志书。

为使人们了解射阳，爱护射阳，奋发建设好射阳。1986年9月15日，成立《射阳县志》编纂委员会，下设办公室，并抽调6人，组成专业编修班子，开始编修县志。当月20日，全县召开第一次修志工作会议，进行动员部署，发动县级机关各部门、各乡镇编写专业志和乡镇志；举办地方志培训班，组织编修人员学习方志理论和业务，建立专业和业余相结合的修志队伍。与此同时，全体编修人员集中主要精力到省、市、县档案馆、图书馆、博物馆等单位，查阅1200多卷档案及大量书报杂志，摘抄复印了各类史料1100多万字，制成卡片500多万字；约请38位老干部撰写了回忆录，达35万多字。除此，还征集到一些珍贵文物和照片。在此基础上，全体编修人员分工合作，分卷纂修，然后，按纲目组合总纂而成，计175多万字。

《射阳县志（1986-2010）》目录

盐城市

射阳县志（1986—2010）

射阳县地方志编纂委员会编。2007年3月启动编纂，2018年8月由江苏人民出版社出版。主编邱明哲、董彪、陆连华，副主编王尧天、蒯本智、姜爱军、胡晓明、嵇春梅、陈锦艳。总纂舜太运，副总纂吴坚、黄士球，分纂王万舜、王尧天、王文中、刘必建、吴坚、张鸿飞、沈长斌、黄士球、蒯本智。

全书2册，211万字，图片238幅（志首50幅、随文188幅），表格432张。记述范围为2010年射阳县行政区域，对历史上划出区域的有关事物视情记述。该志为《射阳县志》（1997年版）续志，记述上限1986年，下限2010年。为保持事物发展的连贯性和完整性，部分内容适当上溯和下延。述、记、志、传、图、表、录诸体并用，以志为主。志首设序、凡例、总述、大事记，志末设附录、索引、编后记。全志设36卷：建置・地理、辖镇・驻射农（盐）场、人口、土地、环境保护、城乡建设、交通、能源、邮电・信息化、水利、经济综述、开放型经济・沿海开发、农业和农村经济、工业、建筑与房产业、商贸服务业・旅游业、金融业、财政・税务、经济综合管理、中国共产党地方组织、地方人民代表大会、地方人民政府、地方人民政治协商会议、人民团体、公安・司法、军事、综合行政管理、科学技术、教育、文化、体育、卫生、民政・社会保障、社会生活、精神文明建设、人物。

为体现射阳“沿海开放县”“全国棉花生产状元县”“全国纺织产业基地县”等地方名片，该志开放型经济・沿海开发卷设沿海开发章，记述沿海开发的规划和项目；交通卷设射阳港章，记述港口建设和港口运输；农业和农村经济卷种植业章记述棉花种植情况；工业卷设纺织服装工业节记述纺织服装工业发展。为反映时代特征，采用集中与分散相结合的方式，客观记述改革开放历史进程中出现的新事物。农业和农村经济卷记述农村经济体制改革，工业卷记述工业经济体制改革，商贸服务业・旅游业卷记述流通体制改革，金融业卷记述金融体制改革，财政・税务卷记述财政体制改革。社会生活卷设小康社会建设章，记述实现小康社会的奋斗过程。设精神文明建设卷记述思想文明创建、弘扬新风与射阳精神。为加强宏观经济的记述，设经济综述卷，记述国民经济总况、国民经济结构、国民经济计划。中国共产党地方组织卷、地方人民政府卷分别设重大决策章、施政纪要章，记载全县经济社会发展的历程。

（崔红虹）

【编后记（节选）】

修志问道，以启未来；功在当代，利在千秋。2007年3月，射阳县启动《射阳县志（1986—2010）》续修。历经十余年，数易其稿，定稿付梓来之不易。

启动志书续修、征集整理资料。2007年3月，县政府召开启动二轮县志编纂工作动员大会，各镇（区）、县各部委办局的主要领导人参加并签订了责任书。县地方志办公室抽调人员、组织班子，启动县志续修工作。各承编单位明确专人，收集资料，撰写初稿。县地方志办公室编纂人员对各承编单位报上来的材料，进行认真审核编辑。至2012年6月，形成了约160万字的《射阳县志（1986—2005）》初稿。

调整纲目结构，补充完善初稿。2012年，射阳县认真贯彻落实省加快推进二轮志书编纂工作会议精神，进一步加大二轮县志编纂工作推进力度。同时，县地方志办公室提出并报县委、县政府领导同意，将二轮县志的起止时间由原1986—2005年，调整为1986—2010年，并且全面调整各卷、各章、各节的结构布局，印发了4万多字的《射阳县志（1986—2010）》编纂篇目。2013年初，县委、县政府专门召开全县地方志工作会议，进一步明确修志工作的责任、完成时间和质量要求。各承编单位明确分管领导和承办人员。县地方志办公室采用以会代训、分片会办、上门辅导等方式，指导140多个承编单位对照编纂篇目，收集整理资料，补充完善初稿。县地方志办公室编纂人员对承编单位提供的初稿，逐一审核史实、数据，修改不符合志书体的结构、语句，发现缺项、漏项和不符合要求的，反馈到有关承编单位补充调整、修改完善。至2015年7月，形成了约300万字的《射阳县志（1986—2010）》初稿。

分纂总纂统稿，自审复审核对。2015年7月，县地方志办公室调整充实分纂人员，明确分纂任务，落实分纂责任。分纂过程中，主要是根据篇目设置，调整补充资料；经过纵横比对，核实史料数据；按照志书规范，推敲结构用语。总纂立足全志，通读、通审、通纂，一笔统稿，确保全志从内容到形式，从史实记载到文字表述，前后呼应、上下贯通、左右协调、有机联系。2016年5月，县志办发出《关于认真做好〈射阳县志（1986—2010）〉志稿初审工作的通知》，要求各承编单位成立10人以上的评审组，对志书稿进行审核修改。至2016年10月，初步形成了200多万字的《射阳县志（1986—2010）》总纂稿，县地方志办公室组织市、县有关专家进行复审，并印刷200套发给县四套班子负责人和社会各界征求意见。根据各方面的反馈意见，再次调整完善纲目结构，完成相关数据和史料核实工作。

省市评审验收，反复修改提炼。2017年3月31日，召开《射阳县志（1986—2010）》终审会。县地方志办公室根据终审意见，经过进一步修改完善，顺利通过市地方志办公室验收，并报省地方志办公室审核。县地方志办公室按照省审核意见，逐一修改到位，还聘请统计、财会等专业人员对志书稿中涉及的所有数据、表格等进行修改调整，力求正确规范。县地方志办公室全体人员对志书稿认真核对，查漏补缺，力求结构合理、史实清楚，层次分明、格式统一。

《射阳县志（1986—2010）》在编纂过程中，始终坚持实事求是、质量第一的原则，严格按照志书编纂要求，注意继承与创新的统一，努力凸现地方特点、时代特色和史料真实。在各卷、章中，注意增加地方特点内容的分量，设立“沿海开发”“射阳港”“农业产业化”“纺织服装工业”等章节，以彰显射阳“沿海开放县”“全国棉花生产状元县”“全国纺织产业基地县”等地方特点；采用集中与分散相结合的方式，客观记述改革开放历史进程中出现的新事物，以体现时代特色。设“重大决策”“施政纪要”“开放型经济沿海开发”等卷章，记载县委、县政府与时俱进，组织和推进全县经济社会发展的历程；采用“事出有据，逢改必审”的史料征集、编纂方法，把核实史料工作贯穿在志书编纂的全过程，力求志书中所有史料都有据可查，真实可靠。

《建湖县志》目录

建湖县志

建湖县地方志编纂委员会编。1986年启动编纂，1994年7月由江苏人民出版社出版。主编王立璜，副主编陈衡志、张友武、戴文兵、陈邦龙、孙善夫、刘廷才。编辑沈长满、杨庆来、王观悦、王宗伟、袁坛、严秀山、朱明安、丁亚民、高正祥、蒋宝珍、胡友成、张国喜。

全书1册，138万字，图片74幅（志首62幅、随文12幅），表格241张。记述范围为1987年建湖县行政区域。记述上限不限，因事而异，下限1987年。述、记、志、传、图、表、录诸体并用，以志为主。志首设序、凡例、概述、大事记，志末设后记。全志设28篇：建置·区划、自然环境、人口、经济制度变革、农业、多种经营、水利、工业、交通、邮电通信、商业、财税金融、经济综合管理、城乡建设·建筑业、政党社团、政务、治安·司法、民政、劳动人事、军事、教育、科学技术、文化、卫生、体育、社会、方言、人物。

建湖县地处苏北里下河地区，农业资源丰富，河网密布，适合淡水养殖，该志加大农业篇幅，专设品种改良章；设多种经营篇，将水产业设为该篇第一章。建湖县是“杂技之乡”“淮剧之乡”“花炮之乡”，为体现地方特色，该志文化篇设表演艺术团体章，记述建湖县淮剧团、建湖县杂技团、业余杂技团、业余文工团等发展状况，文学艺术章将淮剧、杂技列为第一、二节；工业篇工业门类章将花炮工业列为第一节，详细记录制作历史和工艺。为反映时代特征，设经济制度变革篇，记述农业经济制度变革、工商业经济制度变革，在同期志书中较为少见。建湖县是革命老区，该志在军事篇战事章后附录日本侵略军暴行；在人物篇，尽可能为革命烈士立传，并将未立传的革命烈士收录在英名录。根据编纂需要，志书在篇、章、节之末设附，载入与正文有关的史实，增强记述的深度与广度。

1997年，该志获全省地方志奖优秀奖。

（彭　玉）

【后记（节选）】

五历寒暑、四易其稿的《建湖县志》，经省、市地方志办公室领导及有关专家、学者审定后，终于付梓面世。是书记述全县自然和社会的历史与现状，纵贯古今，横及百科，鉴前世之盛衰，考古今之得失，俾使往有所稽，来有借镜，将有助于资政、教化与科研，实为建湖县社会主义精神文明与物质文明建设的一项重大成就，令人欣慰！

《建湖县志》的编纂工作，倡导于80年代初，但由于要抢救建国前党史的活材料，大部分力量用在抗日战争和解放战争时期的史料征集、整理、核实上，并着手辅导乡镇志和部门志的编写；1986年以后，始集中全力抓县志纲目的编拟与分别指导县直各部门专业志的编写工作，一为锻炼队伍，二为县志累积素材。与此同时，县志办公室组织人员对文献资料进行大规模的收集整理，全面开展调查研究，一些长期被忽视、被埋没而颇有价值的史料才得以发掘和利用。盛世修志，受到社会各界人士的极大关注与支持，先后召开座谈会、研讨会378次，走访知情者6483人（次），征集和摘抄档案、文献、口碑资料8425份，共达1600多万字，为县志的编写创造了条件。

1989年初，县级机关各部门根据县志纲目要求，又对专业志稿作了浓缩，为县志有关分志提供了雏形稿。接着由县志编辑人员反复修改，完善章节，纠错补遗，填全要素，力求翔实。同时，正确处理了某些因轻信档案、史料、著作或口碑资料所造成的观点与实际的矛盾。对历史上因受“左”的影响而造成的情况，我们根据《关于建国以来若干历史问题的决议》精神，采取略述背景、肯定主流、不讳失误的原则，做了比较恰当的处理。经过近一年时间的努力，各分志稿初步编写就绪，汇成140万字左右的县志初稿。

首志新编，无先本可鉴，难度较大。加之编写人员本身知识的局限性，又缺少行家的具体指导，致使一些专业性较强的分志难免出现常识性或专业知识方面的差错，如术语混乱，概念不清，类目档次逻辑不严，缺乏条理或顾此失彼等等。为此，我们又分期分批地按系统召开分志稿的联审会，向县、市有关部门的新老领导、行家广泛征求修改意见。联审会后，除了某些专业知识或常识性方面的错误得到纠正外，还对内容疏漏、数据不准、文字错误等方面，做了大量的修改补充。

1990年4月开始，经二度修改的分志稿，主编、副主编又进行总览权衡，纵横比较，查硬伤，找隐患，明确各分志的修补侧重。然后由副主编和编辑分工完篇，落实到人，一包到底，作深度加工。重点充实了政治部类和水利篇的内容。对大事记、人物篇、军事篇中的某些域限不清和疑而难决的史事，在进一步调查研究的基础上，果断地作出取舍，疑而未决的宁缺毋滥，力求无误。对文字与图表等方面的重复内容以及浮辞套语，空洞议论、文白夹杂等病处，则删繁就简，减少或避免雷同。而对具有地方特色的事物，则不惜重墨，详载细述。尔后，由主编初步总纂的县志稿经再次打印，分送县委、县人大、县政府、县政协的领导，县地方志编委领导、顾问和省、市地方志办公室领导及特约的南京、北京等地有关专家、学者、方志界行家审阅，恳请各方各界再度觅疵挑病，并根据他们所提意见，作了第三次修改，才形成了120万字左右的评审稿。

1991年4月5日至6日，历时2天的《建湖县志》评审会正式召开。对这次评审会所提的450多条意见，我们县志办集中全体人员，进行了认真的研究，择善而从，整理归类，分别纳入有关章节。随后，又花了4个多月时间，对通篇文字作了精磨细琢，方成定稿，经县志编纂委员会同意，送省地方志办公室验收。

建湖县志（1986—2008）

建湖县地方志编纂委员会编。2005年启动编纂，2009年9月由方志出版社出版。总编唐张新，副总编周浪野、王加耕。纲目编纂唐张新、周浪野、王加耕、许兆广、蒯本斌、周成刚、崔金金、蔡智海、张如东、钱金森、彭玉。编纂许兆广、王学言、朱朋安、彭玉、崔金金、潘清儒、薛俊、严加凡、蔡智海、吴树德、周成刚、刘晔、曾雪松、张如东、朱兵、陈必怀、周正、钱金森、杨树溪、李立涵、王义云。

《建湖县志（1986-2008）》目录

全书1册，147.3万字，图片254幅（志首162幅、随文92幅），表格143张。记述范围为2008年建湖县行政区域。该志为《建湖县志》（1994年版）续志，记述上限1986年，下限2008年，大事记延至2009年8月。为保持事件系统性和连贯性，个别重大事项与活动适当上溯或下延。述、记、志、传、图、表、录诸体并用，以志为主。志首设序、凡例、总述、大事记，志末设附录、索引、后记。全志设区域·环境·人口、基础设施、改革开放、经济、政治、文化建设、社会民生、人物、镇区9卷，共51章。区域·环境·人口卷设建置区划、自然环境、环境质量·环境保护、人口4章，基础设施卷设城镇建设、交通、水利、供电、邮政·通信5章，改革开放卷设政治体制改革、农村经济改革、工业企业改革、流通体制改革、调控体制改革、社会保障制度改革、外贸·外经·外资、招商引资8章，经济卷设经济综述、农业·农村、工业、建筑业·房地产业、商贸服务、金融业、民营经济、经济综合管理8章，政治卷设中国共产党建湖县委员会、建湖县人民代表大会、建湖县人民政府、中国人民政治协商会议建湖县委员会、政法、军事、社会团体7章，文化卷设科学技术、教育、体育、文化艺术、传媒、档案·史志6章，社会民生卷设小康社会建设、精神文明建设、城乡居民生活、劳动和社会保障、卫生、民政、民族·宗教、风俗·方言8章，人物卷设人物传略、人物名录2章，镇区卷设各镇要览、江苏建湖经济开发区、村居调整3章。

为彰显时代特征，设改革开放卷，记述政治体制改革、农村经济改革、工业企业改革、流通体制改革、调控体制改革、社会保障制度改革、外贸·外经·外资、招商引资等，反映由计划经济向社会主义市场经济转变历程。社会民生卷记述小康社会建设、精神文明建设、城乡居民生活等，既体现时代特点，又反映记述内容重视以人为本，关注民生，让人民共享改革发展的成果。中国共产党建湖县委员会章记述各个时期的重大决策，充分体现党的领导。建湖县人民政府章设施政纪要节，记述历届政府工作思路、政府实事工程，内容简明扼要，较好地解决政府工作面广量大带来的记述难题。该志总述综合运用策论式、史略式和特点勾勒式写法，结构严谨，充分展示和彰显建湖的县情总貌和亮点特色，颇具特色。该志设随文专记10则，或记载特别重大事件与活动，或附录重要文献，或介绍特色民间团体等，作为相关志文的补充，有较强的资料性。附录收录著述选录，录有县内人士和建湖籍在外人士的有关著作，彰显建湖的文化传承与成果；前志校补及勘误，以今人之所知、所有、所研等，补前志之遗；转录前志概述、大事记、立传人物名录，以体现整体性和连贯性。图照索引、表录索引、节与目索引、人物索引，制作完备，方便使用。

2018年，该志被评为江苏省地方志优秀成果综合优秀三等。

（彭　玉）

【后记（节选）】

根据省、市地方志二轮修志编纂部署，《建湖县志（1986—2008）》编纂工作于2005年开始筹备，2006年起草编写大纲，上限1986年，下限原定2005年，后延伸至2008年。2007年3月发动部门、单位供稿。全体编纂人员恪尽职守，辛勤耕耘，八拟纲目，六易其稿，于2009年国庆60周年前夕定稿付梓。

《建湖县志（1986—2008）》编纂筹备阶段，县志办参照首部《建湖县志》篇目设置模式，沿用篇章结构草拟了编纂纲目，包括大事记在内共设36篇259章。编纂工作全面启动后，122个有供稿任务的单位，立即组建修志班子，落实编写人员，按照统一部署和续志篇目要求，征集入志材料，积极组织撰稿。在敲定编纂大纲的基础上，县志办全体人员和聘请的5名老干部全身心投入编纂工作。为提高效能，坚持科学运筹，开门修志，实行与有供稿任务单位同步运作，协助各部门积极做好资料挖掘、整理与报送工作。资料征集初步完成后，编辑人员迅速按分工开始紧张的分纂工作，至2008年10月形成近200万字的草稿，接着又进行压缩、修改，于2009年1月初形成170万字的初稿，至2月底一审结束。

这部县志原计划时间跨度为20年，文稿内容截至2005年。由于志书初稿形成于纪念改革开放30周年之际，县委、县政府考虑，为充分展示建湖改革开放30年的丰硕成果，完整记录23年的发展历程，决定将编纂下限延伸到2008年，出书时间仍确定在国庆60周年前夕。鉴于编纂工作任务重、要求高，县委、县政府于2009年3月决定，从县委办、人大办、政府办、政协办和县委宣传部、农工办、县发改委、教育局、统计局等部门抽调文秘等得力人员充实力量，使编审人员由原20人增加到30余人，并周密分工，做到人人有任务，个个担责任。在实际运作中，为适应新的编纂要求，决定重新编拟纲目。结合建湖实际，反复会商研究，最终确定采用分类记述方法，以类设卷，卷下设章、节、目，全志共设9卷（内含51章283节10则专记）。第一卷《区域·环境·人口》，撮要介绍建湖的地理区位、资源、环境和人口等总体情况，特别是新的区位优势和各镇区的建制调整以及县境资源、环境质量及人口变化等内容，展现建湖的自然地理和人文地理；第二卷《基础设施》，以较大篇幅记述全县围绕推进城镇化，加强基础设施建设及城乡面貌发生的巨大变化；第三卷《改革开放》，展现时代特色，记录建湖由计划经济向社会主义市场经济转换、从国有集体经济为主向民营经济为主转换的实景与过程；第四卷《经济》，历述23年间建湖工业、农业、服务业和民营经济等各业的发展历程及主要成就；第五卷《政治》，记载建湖县委、县人大、县政府、县政协等政治机构与社会团体的演绎发展情况，记述各个时期的重大决策及主要工作；第六卷《文化建设》，以大文化视野展示建湖建设文化强县及不断增强的文化软实力；第七卷《社会民生》，记载县委、县政府以人为本，关注民生，让人民共享改革发展的成果；第八卷《人物》，收录近23年来全县先进模范人物与知名杰出人士；第九卷《镇区》，反映各镇和开发区的发展历程与特色。九卷专志外，志首安排凡例、总述和大事记。凡例既述通例，更注重体现本志特点；总述和大事记，从横、纵两个方面浓缩介绍1986到2008年全县经济与社会发展的总貌；卷末附录安排有三方面内容：一是著述选录，录有县内人士和建湖籍在外人士的有关著作，彰显建湖的文化传承与成果；二是前志校补及勘误，以今人之所知、所有、所研等，补前志之遗；三是转录前志概述和大事记，以体现整体性和连贯性。

在搞好志书编纂大纲调整、敲定的基础上，抓紧做好志稿编纂相关内容，特别是编写下限后延3年资料的补充工作。县委、县政府于3月13日专门召开资料征集动员会，各部门积极完成资料整理、报送任务，全体编纂人员根据新的纲目重新进行分纂，大家坚持质量至上、提高时效的原则，加班加点撰稿、审稿、改稿。经过2个多月的紧张工作，于5月初，形成志书征求意见稿，分送县领导和下发各镇、各部门，分层次召开100多场评审（座谈）会，收集意见4000余条，并及时研究吸纳和修改，至5月中旬，形成修改稿，至月底内审结束。为保证各方意见尽快反馈，县委办、县政府办组织专项督查，不但提高了各方审稿质量，且大大缩短了运转周期。根据内审所提意见，再易其稿，于6月上旬形成评审稿。在此过程中，为保证体例规范统一，语体文风一致，实行主审“一笔统览”负责制，对志稿中冗繁重复的坚决删削，不合规范的坚决修正，交叉错位的予以理顺，并反馈供稿单位和统计部门做好全面校核工作。7月底评审会在建湖召开。评审会结束后，县志编纂办公室在认真梳理评审意见的基础上，组织编纂人员对全志篇目结构进行再完善、再优化，对志稿内容进行再调整、再斟酌，对行文规范和语言文字进行再打磨、再锤炼。同时，将图片和志首及附录的有关内容编入志稿相关部分。并从县教育系统挑选21名中学语文教师对志书再作校对。至8月15日形成验收稿报市验收。市志办经认真审阅、研究，于8月24日作出了“志稿合格”的批复。县志编纂办公室根据市验收意见，对志稿作了最后完善。8月27日，经县委、县政府审定，县政府批复同意出版。

【志评】

续修《建湖县志》施政纪要节点评

朱晓京

续修《建湖县志》政治卷建湖县人民政府章设置了“施政纪要”节，其中的“历届政府工作思路”与“政府实事工程”两目，内容简明扼要，较好地解决了记述政府工作难以下笔的难题。

政府是经济社会的组织者、管理者，政权志或政府志，是地方综合志书中的重要分志之一，在志书中应该占有非常重要的位置和分量。但是，大部分志书对政府的记述相对薄弱，存在记述重点不突出、内容不完备等问题，没能体现政府作为社会组织者和管理者的地位和作用。已出版志书的政府志，政府机构、施政方式等设置大体相似，其他内容相对单薄。政府志存在的主要问题：一是篇目设计不规范。同级政府的机构设置、工作职能、行政方式基本一致，在志书中的篇目设置应该大致统一。二是记述内容不全面。往往以偏概全，使政府志缺乏整体感。主要原因之一是修志者对政务工作的记述存在较大分歧。关于政府志应该写什么，一直有几种不同的看法。一种看法认为，完整的政府志除写机构、职官和重要会议外，还应该写政务政绩，比较集中、系统、全面地反映政府工作，也有利于记述一些重大事件；另一种看法认为，整本志书大多是记述政府工作的，不需要再设政府志另外集中记述政府工作。由于认识的不统一，导致政府志的写法参差不齐，缺乏统一的标准，没能准确全面地记述政府。其次，在政务政绩的记叙方面有难度，虽然有的记了政府的重点工程，有的记了施政纪要，但其具体内容，或是难以避免与党委工作的交叉重复，或是难以避免与部门工作的交叉重复，或是难以避免平铺直叙记流水账。

第一轮修志将民政、人事、劳动等政务管理内容单独设置以后，政府志的内容主要就是记述机构和职官，为弥补政府志的单薄，一般在机构和职官之后加上“政务举要”“政务纪略”等内容，但由于不得要领，往往又造成与各专志的重复。

二轮修志中，《建湖县志》政府卷的“施政纪要”，在记述方式上进行了有益的探索。转变记述角度，以“历届政府工作思路”为目，体现政府施政的方式；创新记述方式，设“政府实事工程”目，记述政府施政的具体内容；辅之以“政府实事工程项目一览表”，内容具体，既基本解决了政府施政具体内容平铺直叙记流水账的难题，又做到文字简明，节省篇幅。这篇政府“施政纪要”的主要特点有三。

一、转变记述角度，以“历届政府工作思路”为目，体现政府施政方式。

施政方式是政府志的重点之一。从编纂新方志的意义看，政府志记述的重点应该是放在“施政”方面。政府志与中共志所记述的内容应该是有明确分工又相互补充的。基本职能的区分是分工的基础。已出版志书的政府志，在决策层面的记述上，或者不记，或者不得要领。政府和党委的关系应当是，党委总揽全局，政府在党委的领导下开展工作。在决策关系上，党委把握方向，谋划全局，提出战略，制定政策；政府是决策的实施者、执行者。在工作方式上，党委推动政府改革和完善管理经济方式；政府则依法行政，加快职能转变，深化行政体制改革，改进管理方式和方法，抓好经济调节、市场监管、社会管理和公共服务，提高行政效能和工作效率。按照这种关系，在政府志的记述中，需要探讨如何摆正政府的位置，既明确政府的独立性，把政府作为独立的行政主体，完整地记述，又要体现政府实施党委决策的实际情况，避免与党委决策的交叉重复。

《建湖县志》政府“施政纪要”转变记述角度，以“历届政府工作思路”为目，体现政府施政的方式。用6个条目记述了续志断限内1986—2008年6届政府的工作思路及主要经济指标等内容。如：

【第十一届人民政府（1987.4—1990.3）】第十一届人民政府的工作思路是：落实贯彻“七五”计划，全面实施建湖经济发展战略，把改革放在首位，实行“内引、横联、改造、开发”的方针，坚持两个文明一起抓，走出一条有水乡特色、农工结合、良性循环的经济发展路子，实现经济和社会的持续、稳定、协调发展，为经济振兴奠定良好基础。“七五”的主要经济指标是：到1990年工农业总产值达到15亿元，年递增15.1%，比1985年增长101.9%。

又如：

【第十六届人民政府（2007.12—　）】第十六届人民政府工作思路是：以党的十七大精神为指导，全面落实科学发展观，围绕加快发展和改善民生两大主题，坚持新型工业化、城镇化双轮驱动，突出产业提升、园区集聚、城市工作、新农村建设等重点工作，加快改革开放，促进社会和谐，实现“两突破一提升”，建设经济繁荣、社会文明、人民富裕、环境优美的较高水平的小康建湖。到“十一五”末，地区生产总值达200亿元以上，财政收入达20亿元以上，城镇居民人均可支配收入16000元，农民人均纯收入8000元。

“历届政府工作思路”从6届政府的工作思路这个角度记述，既避免与党委决策的交叉重复，又体现出政府作为独立的行政主体，实施党委决策的实际情况。一改政府工作只记述会议时间、地点、出席人员、议程等内容，将记述角度转到政府工作思路上来，从宏观的角度综合进行记述，体现出政府和党委、和部门不同的职责，分明的层次，职权清楚，不同的工作特点，遵守了政府工作的记述范围，从“思路”这一角度，把握住了记述政府工作的基本内容和记述重点。

二、创新记述方式，设“政府实事工程”目，体现政府的施政实绩。

政府和职能部门的关系，从机构设置来看，政府是一个整体，是由各个部门组成的。政府是有分工的，其分工体现在三个层面：一是决策层面，二是执行层面，三是服务层面。政府志的内容记述，需要探讨如何把握政府与部门的关系问题，既要体现政府分工的特点，又要考虑避免与各部门内容的交叉重复。应当反映政府这个整体，反映宏观面貌，高屋建瓴，记大势大略。

《施政纪要》第二目“政府实事工程”，简要记述政府实施“政府实事工程”的方式：

1986年以来，建湖县人民政府始终高度重视为民造福，每年兴办一定数量实事工程项目。1990年1月，县政府作出《在县城为人民群众办10件实事的决定》。此后，每年年初县政府均明确一批实事工程，向全县人民作出承诺。从2003年开始，县委、县政府提出各项工作项目化、项目工作目标化、目标任务责任化，根据当年工作重点，分门别类确定项目，按计划实施推进。

“政府实事工程”目以“实事”为纲，领属政府在各方面施政的具体内容，体现政府的职能，避免了与部门工作记述的交叉重复。

“政府实事工程”目的主要内容是“2003—2008年建湖县政府实事工程项目一览表”。“一览表”设置年份、类别、政府实事工程项目等3栏。“类别”栏分设农业、工业、服务业、社会事业、基础设施建设、城市建设等主要类别；在“政府实事工程项目”一栏，记述了各年度各主要类别实施的主要项目。以“一览表”的形式记述“政府实事工程”，既避免了政府施政具体内容平铺直叙记流水账的难题，又做到内容具体，文字简明，节省篇幅，避免了与各专志的简单重复。

二轮修志上限一般起于1978年，下限至21世纪初。这个时期，我国经济体制经历了从计划经济向社会主义市场经济转变的重要阶段。政府的工作机构、工作职能、工作方式、队伍建设，都发生了很大变化。续修政府志，反映这一历史时期政府机构、职能的发展变化，记述政府参与党委重大决策，研究制定出台经济社会发展的具体政策、措施，抓好经济管理、市场监管、公共服务，加强队伍建设，提高行政效能和工作效率，等等，这些都是值得深入探讨的问题。《建湖县志》政府“施政纪要”在记述方式上的探索，提供了一种记述范例，不失为一种有益的尝试。

（原文刊载于《江苏地方志》2010年第5期）

评续修《建湖县志·总述》

茆贵鸣

首轮新方志编修以来，经过了近30年的修志实践，新方志在承继旧志优良传统的基础上，对志书的体例结构进行了充分的完善，逐步形成了目前所普遍见到的序、述、记、志、传、图、表、录等多种体裁相结合的比较完备的结构形式；尤以在志首创设“总述”（名称不一，有的称为“综述”“概述”，也有的叫“述略”“史略”“县情述要”，还有的为“前言”“引言”，等等），并以此将整部志书中的大势大略内容进行有机组合，结成新的宏观性“板块”，以达到统摄全书、沟通章节、荟萃精华、导读全志的作用，让读者能够有效地鸟瞰地方长短优劣之势，准确地把握地方兴衰利弊之脉。这是新方志对旧志继承创新的一个了不起的成果，也是我们这些参与二轮修志的修志人的幸运。

新方志所创设的“述体”，除志首的“总述”以外，还应包括志中第一层次各分志（卷）之下以及第二层次各章之下的“概述”和无题概述，等等。以续修《盐城市志》为例，全志在志首设有总述，经济部类设有“综述”（如经济综述、工业综述、农业综述），各分志（卷）之下一般都设有“概述”；有的分志（卷）因为是由两个或两个以上部门承编，合并而成，如果将这些部门的内容以“概述”形式集中写到一起，会有诸多不便，所以就在章下设无题概述，其内涵和要求与概述相同；还有一种情况是，在工业门类的分志（卷）之下设“发展与现状”，写法实际上也相当于概述，只是比概述内容要丰富，篇幅可能也会略长一些。由此可见，新方志所创设的“述体”，不仅有着层次上的区分，在名称上也不尽相同。我的看法是，省市县三级综合性地方志书志首的述体应称“总述”；一卷多志或一志多业的综合分卷和行业系统的专业志，宜称“综述”；一卷一志或一志多章的单一分卷、部门单位的部门志以及镇村级的镇村基层志，应称“概述”。续修《建湖县志》以《总述》冠名其志首述体，是严谨而工稳的。《建湖县志》终审稿的《总述》，原来为10个“浓缩式”的板块拼盘（大体对应于全志的各大分卷），其行文结构松散，写作手法单一，叙述内容因求全贪多、各自为政，既繁杂琐碎、交叉重复，又缺乏深度、力度，缺乏文采和气势，而且文字拉杂，篇幅冗长（约3.5万字）。为此，专家们对《总述》（包括卷章下的无题概述）提出了许多中肯的修改意见。

可喜的是，出版面世后正式与读者见面的续修《建湖县志·总述》，经过数易其稿和不断地修改打磨之后，无论是结构形式、还是行文内容，都发生了巨大的变化。较之于终审稿，该《总述》在板块上压缩了二分之一，篇幅削减了七分之五。应当说，这是一篇结构明快、风格新颖、内容生动、文采斐然的县志《总述》。南京市志办朱晓京女士给出的总体评价是：“全文热情洋溢，气势贯通，特色鲜明，匠心独运。”总体而言，续修《建湖县志·总述》有以下特点：

其一，综合运用策论式、史略式和特点勾勒式写法。该总述以“改革”和“发展”为主线，立足县情实际，紧扣时代特色和地方特色，系统展示建湖县以改革促进发展、开放引领搞活，以及由此而带动和促进整个社会全面进步和各项事业协调发展的可喜成就。全文分县情总揽、经济发展、城乡建设、文明和谐、社会民生五个部分；最后，以前景展望结束全文。各部分的重点和特点，选择性高、典型性强，不求面面俱到，但求特色鲜明。

其二，充分展示和彰显建湖的县情总貌和亮点特色。第一部分，对“底蕴深厚的历史人文”“得天独厚的区位优势”“持续增强的综合实力”这些县情总貌的勾勒，颇显功力，既宏观在握、又详略有致；第二部分，围绕“改革”“发展”这一时代主题和时代特征，从全县经济格局的变化切入，并在结构形式上巧妙而又醒目地以5个“——”作导引，全面记述建湖的经济发展，同时注意把全志各有关分卷中的特色内容，进行浓缩提炼并恰到好处地引用进来，显示了作者展示建湖亮点特色的独运匠心；第三、第四和第五部分，对建湖城乡建设、文明和谐，以及社会民生等方面特色内容的选择和记述，既有点有面、点面结合，又重点突出、恰到好处。通读全文，建湖作为著名的“淮剧之乡”“杂技之乡”“花炮之乡”“鱼米之乡”的地域特色，以及在水乡农业、民营经济、特色产业、政治文明、文化强县、文明县城等方面的众多特色和亮点，《总述》中都有充分的展示。

其三，结构严谨、活泼，行文庄重、飘逸。全文结构明快，层次分明，疏密有度，详略得当，严谨的文章结构不乏活泼的表现形式；述而有论、论而有据、论由叙出的述体“句式”，激情饱满、文辞精炼、一气呵成的散文体“快笔”，以及经典词句和修辞手法的娴熟运用，使得这篇《总述》显得既庄重大气，又清新飘逸，那高潮迭起的行文风格、奔放隽永的叙事技巧、纵横对比的各类数据，读来酣畅淋漓，美不胜收，回味无穷。

事实上，尽善尽美的文章是没有的；即使是经典作品，也不可能做到十全十美。续修《建湖县志·总述》，同样也留有一些不尽如人意的遗憾，留有一些值得我们去思考、值得大家来商榷、值得作者以提高的空间。

首先，在表现形式上，该《总述》是“暗头”“明尾”，即文章的开头被暗藏在板块结构之中，结尾却以空行分隔，被明明白白地挂在了文末。这种表现形式，给人的感觉是无头有尾，尤其是将结尾以空行突然断开，人为地添了“蛇足”，使得首尾不能相顾，损坏了原有的表现形式。我们常说，好的文章要有“虎头、豹尾和猪肚”，这“虎头”和“豹尾”，讲的就是文章要有一个能够吸引眼球的开头和一个令人回味的结尾。这篇《总述》是有“开头”的，篇首第一自然段的短短两句话，将建湖的地理位置，行政区划、面积人口和地域特色，表述得一清二楚，行文简洁明快，文字干净利落。问题在于表现形式。如果按照结尾形式处理，将暗含于第一板块中的开头稍做处理后，单独提升出来，全文就“有头有尾”了。另一种是按照篇首处理，取消最后分割的空行，将挂在文末的“明尾”收入第五板块，使其变为“暗尾”，以与篇首呼应，这样全文便成为严格地以序号进行分隔的板块式。

《东台市志》目录

第二，在板块结构上，该《总述》五个板块划分的内涵与外延似乎还欠斟酌，板块之间的呼应平衡性还不够到位、交叉内容的处理也不够干净，各大板块中记述内容的点面性和深浅度、篇幅容量的大小量和轻重度，谋划得也欠周到；尤其是那张游离于板块结构之外、却又置于《总述》位置之后的表格：《1986—2008年建湖县获省级以上表彰、命名选录》，因为既没有明确标明“附表”，又没有表随文出，显得有点不伦不类。

第三，在记述内容上，该《总述》缺少对全县经济社会发展进程中所面临的主要矛盾、主要困难和突出问题的记述；结尾部分虽有对未来前景的展望，但也显得有些空洞，未来五年乃至十年的发展远景，并未能够清晰地勾画出来。另外，在行文章法上也存有一些不足，比如有些句子过长，有些标点符号误用或混用，有些自然段落分得过细，而有些则又分得较粗。

以上对续修《建湖县志·总述》谈及的一点感受、所说的一点想法，本意只是在倡导一种谦虚大度的认真态度，提倡一种求新求精的严谨学风，一种自得其乐的奉献精神，可能与“点评”离题太远，敬请见谅。

（原文刊载于《江苏地方志》2010年第5期）

东台市志

东台市地方志编纂委员会编。1986年4月启动编纂，1994年7月由江苏科学技术出版社出版。主编戴章，副主编王益云、尹邦宪、叶祝三、徐卜超、潘行。编辑万东冠、王瑶、王益云、卞小芝、尹邦宪、叶祝三、李华丰、李葆嘉、陈佩之、徐卜超、钱永和、崔益云、潘行、魏信陵。

全书1册，160万字，图片124幅（志首90幅、随文34幅），表格277张。记述范围为1987年东台市行政区域，对历史上划出的区域视情记述。记述上限尽量追溯至事物发端，下限1987年，大事记延至1990年。述、记、志、传、图、表、录诸体并用，以志为主。志首设序、凡例、概述、大事记，志末设附录、本志编修始末。全志设35篇：建置区划、自然环境、人口、经济综述、水利、农业、林蚕畜禽、渔业、盐业、滩涂开发、工业、能源、交通、邮电、城乡建设·建筑业、商业、土特名优产品、财税、金融、综合经济管理、政党、政权·政协、社会团体、治安·司法、人事、民政、军事、教育、科技、文化、卫生、体育、民俗·宗教、方言、人物。

为突出地方特色，志书设林蚕畜禽、渔业、滩涂开发、盐业、土特名优产品等篇，并在建置区划篇、自然环境篇、水利篇、民俗·宗教篇分别设置地名管理、海洋、海堤兴筑、社会良风4章。设经济综述篇列于经济部类之首，概括经济全貌、发展轨迹、主要特点，达到先见森林后见树木、从宏观到微观的效果。志书增加述体运用，各篇均有无题小序统领全篇，达到全面、深层次反映某一重点记述事项却又不影响志书整体协调统一的效果。附录收录部分重要文告、政令以及辛亥革命东台光复记、董永与七仙女等杂记6篇，增强资料性和可读性。

1997年，该志获全省地方志奖优秀奖。

（夏爱华）

【本志编修始末（节选）】

早在1963年5月，中共东台县委、县人民委员会根据中共中央宣传部部署，决定编修《东台县志》，并建立修志机构，抽调10多人，征集了一批清末、民国时期的史料，后因条件不完全具备，于1964年秋暂告停顿。中共十一届三中全会以后，政通人和，盛世融融，中共东台县委、县政府根据中共中央开展“编史修志”指示，于1980年决定恢复修志工作，建立东台县志编修委员会，下设修志办公室，聘请了10多名离退休老同志，首先译注清嘉庆本《东台县志》，以供广大干部群众阅读，然后续修清代后期的《东台县志》（增编本），同时着手广泛征集资料，为编修本志作准备。

1986年，正式开始《东台县志》的编修工作。是年4月，修志办公室配备了专职干部，加上原聘请的老同志，组成老、中、青三结合的修志班子。1987年12月东台撤县建市后，《东台县志》改名为《东台市志》。至1993年春，整个修志工作七历寒暑，五易篇目，四改其稿，终蒇其事。在七年多的时间里，经历了制订篇目、征集资料、编写初稿、总纂志稿、评审修改五个阶段：

制订篇目。起初，在试拟篇目时，由于缺乏理论指导和实践经验，计划按民国时期和新中国成立后两大块编修《东台县志》，分上下两册，将两者截然分开。后通过学习《新编地方志暂行规定》，明确了地方志为通合古今体，决定志书不再按期分册，各项事业均记述其始末，上限不限，下限断至1985年。在志书如何设篇的问题上，亦经历了一个由设大编到设小编的过程。1986年设计全志分为概述、地理、经济、政治、文化、社会、人物七大编。后发现这种大编的外延太广，有些事物难以归属得体，重点也难突出。后在省地方志办公室指导下，重新拟订篇目，直接按事业设篇，共分40篇、204章、524节，其中属经济部类的占50%，能较好地反映时代特色和地方特点。1988年，本志编纂人员互评初稿时，发现原篇目中仍有许多不尽合理之处。于是，1989年10月又对篇目作了较大的调整，避免虚设层次和按时期设目，并增设了反映地方特色的盐业篇和滩涂开发篇。调整后的篇目为35篇、181章、575节。1992年，根据省、市（盐城）联审志稿的意见，对篇目又做了局部调整。

征集资料。根据《东台县志》总篇目的要求，原征集的部分资料远远不能满足编写志稿的需要，于是1986年全面发动，全方位征集资料。县直60多个部门和30个乡镇，调配300多名资料员，经过层层培训，按照篇目广泛征集资料，向地方志办公室供稿。东台撤县建市后，编委会决定下限延至1987年、大事记延至1990年，并相应地征集了一批资料，以反映东台改革开放的情况。在编写和总纂志稿过程中，对缺项资料，又进行了补充征集。这样，先后共征集各类资料约5000万字。在此期间，上海市图书馆，江苏省档案馆，南京图书馆，南通市档案馆、图书馆，以及本市档案馆、市委党史工委、市统计局和市政协文史资料研究委员会等单位，均给予很大的方便和支持，很多曾在东台工作过的老同志也主动为《东台市志》提供资料。

编写初稿。1987年着手编写初稿。首先组织编纂人员学习全国及江苏省第一次地方志工作会议的文件和《专志编写》《方志审稿》等专著，树立“千秋大业，质量第一”的观点，然后明确分工，各司其职。要求编写时将每项事物的兴衰起伏过程交代清楚，寓观点于记述之中。在编写过程中，经常组织大家谈体会，交流经验，并坚持每周半天业务学习，针对编写中遇到的难题，选学有关文件论著，提高认识，解决难题。经过一年多时间的辛勤笔耕，完成了40篇初稿。从1988年10月开始，组织全体编纂人员对所有初稿逐篇进行评议，集体“会诊”，提出了修改意见。然后编纂人员根据评议中所提意见，认真进行修改，经一年多时间改成交付总纂。

总纂志稿。1990年4月起，由主编和5名副主编组成总纂组，负责全志总纂工作。首先制订总纂方案，规定每篇志稿先由2名副主编总纂，最后交主编杀青。在总纂过程中，坚持每周一次总纂例会，对总纂中碰到的问题及时“会诊”，集体攻克难关。1991年3月，花4天时间，传达贯彻省地方志办公室在宝应召开的县（市）志质量研讨会精神，进一步强化质量意识，研究提高志稿质量的措施：对各项事物的记述，不仅写明“是什么”，还要适当交代“为什么”，以彰明因果；进一步强化东台独有、特有事物的记述，以充分反映地方特色；各章各节的记述，尽可能地以事系人，反映人物活动；对政治运动，由原分散记述改为集中记述，在政党篇中增设“重大运动记略”一节。对已经总纂的志稿全部“回头看”，逐篇“复诊”，对一些“先天不足”的志稿，有的调整篇目，有的补充资料，有的重新改写。在总纂过程中，除力求各篇志稿的行文规范、语言风格一致外，尤其着力进行资料的考证工作，这方面所花时间和精力最多。凡有疑问的地方，总是查找多种资料，从多方面求得印证，以确保所用资料的准确性，先后仅“纠史之错”就达30多处。同时，还分工专人查找各篇之间的交叉重复之处，复核各项数据，并发动誊写员、打字员、校对人员共同把好志稿质量关。

评审修改。总纂告一段落后，将志稿分送本市党政领导同志，曾在东台担任县委书记、县长的老同志，市直有关部门以及一些修志行家初审，广泛征求意见。在此基础上，江苏省地方志办公室和盐城市地方志办公室于1992年5月在东台举行志稿联审会，有20多位专家、学者、教授对《东台市志》（送审稿）进行了为期2天的联审。会后，总纂组把来自各方面意见进行综合分析、归纳整理，研究修改方案，统一要求和做法。5位副主编与有关分纂人员组成5个修改“对子”，共同研究，合力修改。除采纳各方的意见外，还逐篇“过滤”，消灭“硬伤”。在修改中做到该增添的乐于补缺，该删节的舍得“割爱”。经过一年时间的精心琢磨，至1993年4月，全志终纂告竣。

东台市志（1988—2005）

东台市地方志编纂委员会编。2007年7月启动编纂，2014年12月由江苏凤凰科学技术出版社出版。总编储开拓，主审陈永华。主编杨爱国，副主编邓华、吴东湖、解志农、崔益云、夏爱华。分纂编辑李念勋、王善恒、赵为民、尹邦宪、冯欢、左昉、许其宽、姜慧。编辑陈小平、邹稳林、金雯、刘四英、郭海燕、任能、朱晓华、伍禹。

全书2册，182.6万字，图片538幅（志首140幅、随文398幅），表格240张。记述范围为2005年东台市行政区域，对历史上划出区域视情记述。该志为《东台市志》（1994年版）续志，记述上限1988年，以续载、简载、复载、补载等方式衔接前志，下限2005年。述、记、志、传、图、表、录诸体并用，以志为主。志首设序、凡例、总述、大事记，志末设附录、索引、编后记。全志设政区·环境、城乡建设与基础设施、经济、政治、文化、社会、人物7篇，共54章。政区·环境篇设建置区划、自然环境、自然资源、自然灾害、人口、镇场概况6章，城乡建设与基础设施篇设城乡建设规划、城市建设、镇村建设、城市和集镇管理、水利、交通、电力及能源利用、邮电信息化、环境保护9章，经济篇设经济综述、经济体制改革、外向型经济、工业、建筑业·房地产业、农业、商贸服务·旅游业、金融业、财政·税务、综合经济管理10章，政治篇设中国共产党地方组织、地方人民代表大会、地方人民政府、地方人民政治协商会议、公安、检察、审判、司法行政、国防、工商联·社会团体10章，文化篇设科学技术、教育、文化艺术、新闻媒体、卫生、体育、历史文化遗产7章，社会篇设民政事务、劳动·就业、社会事务、社会保障、人民生活、精神文明建设、宗教、民俗、方言9章，人物篇设人物传略、乡贤简介、人物表3章。

《东台市志（1988–2005）》目录

为突出地方特色，志书设蚕桑业、渔业、滩涂开发、旅游业、历史文化遗产、民间艺术、地名溯源等章节目。为反映时代特征，设经济体制改革、外向型经济、精神文明建设等章。内容记述上采用大集中与小分散相结合的办法，着力彰显改革发展主线，将关联全局、影响社会、拉动经济、推动发展、引领时尚、事涉民生的诸如经济体制改革、外向型经济等方面的内容，在篇下第一层次记述，体现宏观性；将行业内部改革与发展的内容分散于相关章节目或条目实体进行渗透性记述，体现普遍性。为加强对宏观经济的记述，设经济综述章，记述五年计划、经济构成、经济状况。中国共产党地方组织章记述重要决策，地方人民政府章记述施政纪要，体现在党的领导下，断限内区域经济社会发展的工作重点。记述体裁灵活运用附、专记、注释，达到多角度、深层次、全方位地反映某一重点记述事项而又不影响志书整体结构协调统一的效果。附录收录文献汇编，增强资料性；前志补遗勘误弥补前志疏漏不足，体现编者严谨的作风。

2018年，该志被评为江苏省地方志书优秀成果综合优秀一等。

（夏爱华）

【编后记（节选）】

2006年1月，东台市政府根据省和盐城市统一部署，在制定的《东台市“十一五”规划》中，明确“十一五”期间启动全市第二轮地方志编修工作。8月，根据国务院《地方志工作条例》及市“十一五”规划的要求，市党史地方志办公室（简称市史志办）认真进行二轮修志前期准备工作，广泛开展续志调研活动，根据东台经济社会发展状况，对志书的断限、框架以及各单位的撰稿任务、撰稿要求进行讨论研究。由于1994年出版的首部《东台市志》下限截至1987年，市史志办根据国务院《地方志工作条例》中“地方志书每20年左右编修一次”的规定，将续志下限定为“十五”规划末的2005年。经过半年多时间的谋划，2007年2月，《东台市志（1988—2005）》篇目（讨论稿）形成。3月，市委、市政府召开全市文化工作会议，对市志和年鉴编修工作提出要求。4月，市政府聘请续志总编和分纂编辑。随后，市史志办组织续志编修人员赴邗江、张家港、江阴、太仓、昆山以及浙江萧山等地学习调研，反复比较前志及外地志书篇目设计的长处，认真研究续志断限18年内全市的发展大势、宏观脉络和时代特色、地方特点，深入全市各单位征求意见，结合外地好的做法，对《东台市志（1988—2005）》篇目（讨论稿）进行修改、完善，力求入志篇目既科学、全面，又准确、真实，符合各单位工作实际和特点，7月，形成《东台市志（1988—2005）》篇目。

2007年7月13日，市政府召开续修《东台市志》编纂工作专题会议，各单位分管领导和撰稿人员出席会议。这次大会的召开，标志着《东台市志（1988—2005）》编修工作全面启动。会议明确了142个承编单位的修志任务，签订了承编工作责任书。会上，下发市政府《关于做好〈东台市志（1988—2005）〉编纂工作的通知》、市地方志编委会办公室《关于印发〈东台市志（1988—2005）〉篇目的通知》等文件。同时对各承编单位撰稿人员进行培训，印发《东台市地方志编纂手册》，对纲目细化、资料搜集、志稿撰写等工作进行业务指导。会后，各承编单位相继组建修志工作班子，落实修志工作人员，提供修志设施，保证修志经费，为修志工作的顺利开展提供了保证。市史志办根据续志工作目标，加强跟踪督查，全力加以推进。

《东台市志（1988—2005）》编纂工作前后经历了五个阶段。

一是资料搜集和初稿编写阶段。一方面修订完善篇目大纲，反复征求部门、行业专家及市四套班子领导、前志主编等各方面的意见，邀请省和盐城市地方志办领导、专家进行评议，最后形成大篇布局的志稿篇目；另一方面紧锣密鼓进行资料收集和初稿撰写。指导各承编单位认真进行资料核查，保证资料的真实性和完整性。通过市政府《政务督查》简报，推介财政、工商、规划建设等承编单位查阅档案、以事建卡、座谈讨论、调查研究等多种渠道收集资料的经验。指导市劳动和社会保障局、市水务局完成初稿编写，推广其初稿内部“三审”做法。建立承编单位初稿内部评审制度，市政府办下发《关于做好〈东台市志（1988—2005）〉部门评审工作的通知》，明确承编单位评审人员构成和评审程序，对照“真实性、全面性、完整性、可读性”和“横不缺要项，竖不断主线”的要求，对承编单位报送的初稿进行评审，面对面指导改稿。至2008年8月，全市形成约400万字的市志资料性初稿。

二是分纂阶段。明确分纂任务，按篇落实到分纂编辑。分纂过程中，一方面根据篇目设置，注意补充资料，一方面根据资料调整完善篇目。分纂初稿完成后，先进行交叉审稿，再会商通审，一人主评，大家点评，总编总评，逐篇逐章研究过堂。分纂编辑根据会商通审意见进行斟酌修改。至2009年9月，分纂稿基本形成。

三是总纂阶段。总编一支笔统稿，通读、通审、通纂，努力使全志从内容到形式，从史实记载到文字表述，前后呼应、上下贯通、左右协调、有机联系；对评审中提出的需要补充的内容，认真查找资料，加以补充完善；对一些重点、难点、特色篇章进行精加工；广泛征集图片资料，由市政府办下发通知，面对全市广泛征集入志图片4000余张，并将征集图片过程中挖掘到的新资料及时补充到志稿中；完成前志补遗勘误，确定附录内容。2010年10月，《东台市志（1988—2005）》总纂稿形成。

四是评审阶段。总纂稿形成后，市史志办再次向各承编单位反馈征求意见，把好资料和数据关；组织分纂编辑交叉互审，把好志稿内容交叉处理关；请志书断限内市原党政主要领导人以及部门、行业专家审阅，把好政治和重大史实关；请省、市志办业务部门的同志进行审稿，把好篇目、体例、行文规范关。通过汇总、梳理，广泛吸收各方面的意见。2010年12月，结合省地方志办在东台召开全省二轮修志省级试点单位工作座谈会暨《东台市志（1988—2005）》评议会，进行总纂稿的初审；2012年6月，东台市地方志编委会组织复审；2013年8月，通过省和盐城市地方志办公室组织的终审。三次评审，来自省内外各地的专家、学者，以及全市各界有关人士，先后提出大量修改意见和建议。根据编修工作需要，对编纂力量进行了适当调整，聘请两名撰稿人员协助梳理评审意见，补充完善资料，调整优化篇章结构，增补地方特色内容，对总纂稿先后进行三次较大修改。

五是验收出版阶段。在志稿通过终审后，按照《江苏省地方志书审查验收稿质量评估办法》“齐、定、清”要求，对志稿继续进行补充完善，2014年10月形成验收稿。11月，通过盐城市地方志办验收，随后报江苏省地方志办公室备案。12月，志稿通过江苏科技出版社审定，进入出版付印阶段。全志共七篇54章145节，另设总述、大事记和附录，总篇幅约180万字。

《东台市志（1988—2005）》编纂工作从酝酿发动到志稿付印的全过程，得到各级领导的重视、各部门专家的支持以及社会各界人士的关心。市委、市政府始终把市志编写工作作为一件大事摆上位置。市政府及政府办先后为修志发过5个文件、6份《政务督查》简报、80份修志任务交办单。市政府三任分管副市长、市地方志编委会副主任邹毅实、曹当勤、汤冬青先后主持召开市志编纂工作会议、专题业务座谈会、修志工作推进会等，为志书章节设置和内容记述把关，并深入实际、深入基层，了解和帮助解决修志中遇到的困难。市委、市人大、市政府、市政协领导和四套班子老领导对修志工作始终高度关注，给予极大的支持和帮助，档案局、报社等部门为各承编单位查阅资料、图片鼎力相助，提供方便。全市142个承编单位，分别成立编纂工作领导小组和工作班子，明确分管领导和主要撰稿人，聘请大批人员参与资料收集和志稿撰写工作，制订具体工作计划，认真抓好落实，做好初稿的自审工作，多方征求意见，为志书把好第一道关口。在市志后期的完善和补充资料阶段，也给予了大量帮助。

东台市是江苏省二轮修志四家试点单位之一，在修志过程中，编纂人员注重学习借鉴和总结有所创新的经验做法，编印了《东台市地方志编纂手册》《抓住试点契机，搞好二轮修志》《二轮修志应凸显社会变革的主线》《探究二轮志书数字的采撷应用》《关于志书评审的几个问题》等多篇论文，作为二轮修志工作研究成果先后在《江苏地方志》刊出。2013年，市史志办被江苏省人力资源和社会保障厅、公务员管理局、地方志办公室联合表彰为全省地方志系统先进集体。中共中央党史研究室官方网站以“江苏东台：党史地方志工作开拓创新获成果”为题进行专题报道。2014年4月，中共十八届中央委员、中国社会科学院院长、中国地方志指导小组组长王伟光，中共十八届中央候补委员、中国社会科学院副院长、中国地方志指导小组常务副组长李培林一行到东台市调研地方志工作。9月，市史志办被推荐为“全国地方志工作先进集体”表彰。

【志评】

二轮修志应凸显社会变革的主线

——以《东台市志》的续修实践为例

东台市地方志办公室

续修《东台市志》上限1988年，下限2005年，这段时间正处于社会变革的关键期，变革引发的巨变在东台是史无前例的。以上下限作比较，全市由传统农业社会进入中期工业化社会，人均国内生产总值赶上中等收入国家2000美元水平，城乡居民存款从3亿元增至114亿元，工业总产值从3.45亿元增至73.57亿元，农业总产值从8.15亿元增至92.9亿元，市区从12平方公里扩至26.02平方公里，封闭300多年的市域大门如今敞开与世界20多个国家发生交往联系，昔日穷乡僻壤的农民现今是“坐在家里打电话，站到村头搭汽车”。一句话，东台人民百年期盼的“民富市强”，经过近20年的社会变革逐渐成了现实。因此，以变革的勇气记述变革的历史、以创新的精神记述创新的志书，是时代赋予我们的神圣使命。

一、凸显社会变革的历史必然

时代的演替。用科学发展观观察，东台从上一轮修志到二轮修志所经历的时代和历史进程是不尽相同的。上一轮主要是记述人民的苦难以及中国共产党领导人民夺取政权，翻身得解放，进行社会主义建设。它的编纂主线离不开当时的“以阶级斗争为纲”和沿袭计划经济体制一套传统的运行机制与体系，这是上一轮志书必须承载的时代特点。到了眼下编纂的第二轮市志，时代不同了。在邓小平理论、“三个代表”重要思想和科学发展观的指引下，改革开放这一伟大的决策带来了社会巨变。从研究一、二轮志书所处的时代差异发现，尽管在一、二轮断限内，所经历的历史进程，各有千秋，但有一条共同的内在规律，就是各断限所要记述的历史过程状态，都是历史发展的客观条件与人们的创造活动相互交融统一的结果。编修二轮志书之所以要凸显社会变革的主线，正是基于对这一规律的认识。从东台社会变革的实际结果，不难找到由自由王国进入必然王国的历史实证：首先，社会事物通过科学变革，才能有发展活力。东台滩涂在全省占42%，长期滞留于围堤造田和粗放式的平面垦殖，效益低下。后来通过变革，走导向性综合开发之路，使荒滩变成“金银滩”，呈现一派生机活力。其次，社会事物通过科学变革，才能有生存活路。东台堤西水乡有个镇，14家镇办企业由于体制机制障碍，面临垮塌边缘，后来经企业的民营化改制，重新找到了生存发展活路。第三，社会事物通过科学变革，才能获得振兴活水。东台旧城区原是老祖宗给后代留下的旧城池，因市域经济实力捉襟见肘，无力更新，后用经营城市的理念实施五期旧城改造，变成一座江苏沿海现代工商业中等城市，使市域有了全面振兴的源头活水。上述例证说明，以社会变革为二轮修编断限内的主线，乃是不以人们意志为转移的时代更替的客观必然。

体制的转换。在社会主义市场经济体制条件下，二轮志书应是改革开放时期的地情书。记述时段正是革除计划经济模式，确立和完善市场经济体制的关键时期。志书不仅要把转换的内容记述好，还要系统地、完整地按编纂的原则约定，如实反映转换中所涉及的领域和主线上阶段性的改革实践。顺沿东台社会经济体制变革转换的脉络，大体经历了这样4个时段：第一时段，是从20世纪80年代中期起，全市根据中共十一届三中全会的伟大决策，拉开了农村生产关系变革和调整的序幕；第二时段，根据中共十二届三中全会制发的关于经济体制改革的决定，全市改革重点从农村向城市渐次转移，在完善农村家庭联产承包制的同时，进一步扩大企业自主权以及对农产品流通体制“双轨制”的改革；第三时段，是根据中共中央作出的建立社会主义市场经济体制若干问题的决定，全市从转换农业经营机制，逐步转入建立现代企业制度，以及与之综合配套的调控体系、保障体系改革的全面推进；第四时段，是根据省政府有关经济体制改革的指导意见，全市体制转换进入攻坚阶段，为完善市场经济体制做了充分准备。到2005年底，社会经济体制的一系列改革活动基本推进到位。东台市二轮志书为全面记述和反映体制转换的实践，在篇章安排上，围绕经济这个中心，专设了经济体制改革一章，改革内容包括农业、工业、流通、综合经济调控中的计划、财政税务、价格、国资管理等，凸显了社会变革主线。其他较多重点变革活动，诸如有关产业结构、导向结构、就业结构、生产力要素结构、规模结构、所有制结构和技术结构的调整与变换，则在相关章节中分述。

客体的呼唤。二轮修志记述的断限，正是东台普遍处于改革开放的纵深发展期，计划经济向市场经济的转型期，各项社会事业革新除旧的过渡期，以及党和政府部门工作职能从行政管理型进入服务型的交替期。这意味着社会变革的客体，涵盖了各个领域、各个层次的方方面面之中。因此，在断限内，凸显编纂主线的客观变革实体，不仅内容丰富多彩，而且皆同参与变革群体息息相关，他们渴望在新编志书时，能留下浓墨重彩的一笔。从东台变革过程涌现出来的富具时代特征的客观实体而言，是前无古人，不胜枚举的。回眸一下：5期旧城改造，让10万市区民众的居住地由“蜗居”变成了高楼大厦；财税体制几度改革，发展了财源经济，使“吃饭财政”开始转入“建设财政”；户籍门槛的降低拆除，使数万农民变换了社会角色成为市民；历经两次行政区划调整，使原设定的30个乡镇合并为“精简效能”统一的23个建制镇；脱胎换骨的企业产权制度的创新，使数以万计的全民、集体企业实现了公司化、民营化……概言之，这一串串变革实体，珠连于断限的主线之上，才能使二轮新志的“要项”不缺要素，“主线”不断主流。

二、凸显社会变革的科学内涵

续志时段的社会变革，是涉及面极为广泛的一场变革。准确把握这场变革的内容，在志书中予以充分体现，是确保志书质量的重大环节。我们认为，这场变革的科学内涵，主要体现在这样几个方面：

一是表述主题功能的事物。二轮修志应凸显的社会变革，其主题在于“发展”二字。回顾这一段历史，经济腾飞，社会巨变，国力大增，人民由初步温饱到快步走向小康，又继续踏上奔向全面小康的征程。这些令人欢欣鼓舞的成就应当在志书中得到充分展现。而发展的巨大动力，则在于改革。续志时段的改革，重点在于经济体制、经济结构、经济管理等方面。这是主题中的主流，是续志中应凸显的内容。《东台市志》在拟定篇目时，将“经济体制改革”设为专章加以集中阐述，对农村改革、工业经济改革、流通改革、金融改革，以及综合经济调控体制改革，分别予以全景式回顾，就是为了凸显改革推动发展的主题功能。在另外的部分，也从实际需要出发，以节或目重点介绍改革的情况，如电力体制改革、电信体制改革。其他方面，则通过相关内容的记述，反映续志时段的改革情况，如税收征管方式的变革、物价管理方式的变革、国土资源管理方式的变更，都一一详加记载，使改革主题贯穿志书始终。从而，也使志书的时代印迹更为明显。

二是表述导向功能的事物。续志时段，社会财富大幅增加，群众收入迅速攀升。但在生活宽裕的时候，少数人经不住金钱物质的诱惑，道德滑坡的现象有所表露。正是针对这种情况，党中央提出德治与法治并举的治国方略。用精神文明建设来引领时代风尚，促进人们的精神风貌朝积极向上的方面变革，成为新时期的一项重大实践。东台在这方面做了大量工作，取得显著成效。有鉴于此，在研究制定篇目时，确定安排相应的篇幅，记载人们精神状态变革的历程。如设置“精神文明建设”专章，详细表述思想道德建设、文明创建活动、树立文明新风方面的情况。同时在政治部分设置了党员教育、纪检监察、党员队伍建设等章节，反映党员干部队伍的精神文明建设情况。对《东台日报》、东台电视台等媒体坚持正面引导所做的工作，对群团组织配合开展的精神文明建设活动也进行了充分的记载。这样做，不仅能使志书更为完整地反映续志时段的历史面貌，也更能让后人牢牢记住，在发展经济的同时，千万不能放松精神文明建设的导向作用。“两手抓，两手都要硬”，这是建设中国特色社会主义的必然要求。

三是表述保障功能的事物。“幼有所教、老有所养、病有所医、住有所居”，这是中国民众几千年梦寐以求的理想社会。在建立市场经济的过程中，随着“一部分人先富起来”，社会上出现了贫富差距拉大的倾向。扶贫济困、完善社会保障功能，成为新时期社会变革的重要方面。东台在研究篇目时，安排专门章节叙述双拥优抚、救济、救灾、慈善、敬老情况，以及发展经济增加城乡居民收入、帮助城镇居民就业再就业、征收失业解困金、农村合作医疗、社会力量办医、妇联组织发动社会各方面资助特困大学生等情况。这些方面的记述，让后来人看到今天碰到的困难，以及党和政府带领人民克服困难，不屈前行的态度，从而成为昭示后人的宝贵精神财富。

四是表述配套功能的事物。二轮修志时段的教育、文化、卫生、体育，以及社会公共事业、房地产业都有了不同程度的变革。《东台市志》在篇目中对5期旧城改造，对规模空前的城乡公路建设，对涉及各地的教育体制调整，等等，都作了认真的回顾。相应地，对党政机构改革、公务员制度建立、民主法制推进等，也有相应记述。从而在全书构成从物质文明到精神文明，再到政治文明全方位变革的巨幅画面，凸显新时期社会变革的深度和广度，以形成支撑志书的完整骨架。

三、凸显社会变革的考量尺度

在二轮修志中怎样凸显社会变革的主线，必须有一个考量尺度，使其始终居于主导地位，形成全志的灵魂。在这方面，我们通过初步探索，主要从四个方面进行把握。

考量尺度之一：分清主次。社会变革涉及各个领域、多个层面，加之续志断限跨度大，内容十分丰富。在记述中包罗万象，均衡笔墨，作一般化记载，则显得既无力量，更无神韵。必须分清主次，对常规事物作一般性记述的同时，应把握切入点，把最具代表性、最能反映鲜明特征的事物提炼出来，围绕主线浓墨重写。在篇目设计和初稿撰写中，我们认真分析了社会变革的全过程，在众多的改革中，经济体制改革经历的时间最长，涉及的面最广，带来的变化最深刻，是社会转型的主导力量和决定性因素，因此被列为重点，专设1章5节26目，全面系统地反映农村经济体制改革、工业经济体制改革、流通体制改革、金融体制改革和经济调控体制改革的历程、重要举措和重大决策，并以此章统领整个经济部分的记述，以经济建设的辉煌成就证明改革是经济发展迸发活力的源泉。这种突出重点抓主要矛盾的记述手段，不仅富有说服力，而且可以打造亮点，使浓厚的社会变革色彩得到升华。

考量尺度之二：权衡轻重。我们所处的时代，到处充满社会变革的伟大实践。类型不同、特征各异的众多改革，可谓无所不有，无处不在。但由于各个部门和单位的功能职能不一，对改革的内容、方法和要求也不尽相同，这就形成了在记述分量上的轻和重，在布局安排上必须通盘筹划，既不能平均分配，也不可缺项断线。我们采取的办法是重则详记，轻则略述，详略相宜。如经济篇中改革的分量很重，是全志的重头戏，安排7章，容量约占经济篇的50%，一般的则安排在相关章节目中记述。这里需要指出的是，所谓轻重之分，就全志而言是一个宏观概念，是志书布局安排的需要，不是其本身重要不重要。恰恰相反，这些分布全志的改革记述，更能配合烘托出社会变革的时代特征。

考量尺度之三：明辨得失。记述变革的历史，必须正确处理得失关系，坚持秉笔直书。基于这一认识，我们在初稿编纂时，一方面着力主流，重点反映社会变革中各个领域、各个方面所取得的成功经验和社会经济又好又快发展的成果，另一方面也遵循事物发展的客观规律，对在前进中经受的曲折乃至阶段性的失利，不掩饰不护短，实事求是地加以分析总结，并载入志书。这样做不仅可以保持事物的完整性，而且给当代和后世留下了一笔较成功经验更为珍贵的精神财富，同样是时代特征的表现，让社会变革推动经济繁荣和社会进步的这幅绚丽画卷更显波澜壮阔，跌宕多姿。

考量尺度之四：标明时段。社会变革的进程既有不断更替的连续性，也有比较明确的时段性。如农村经济改革经历了大包干、二轮土地承包、土地流转等阶段；工业经济改革走过厂长（经理）承包、经营机制转换、产权制度改革、民营化改造、建立现代企业制度等历程。这些阶段之间既有联系，又各有相对的独立性。针对这一特点，应准确标明时段，对每一段的内容归纳集中，详细记述，使其结构更加严谨、层次更加分明、条理更加清楚。同时，从记述的实际需要出发，对少数内容或向前追溯，或向后延伸，记至事物的终结，从而系统完整地展示社会大变革的历史完整过程。

（原文刊载于《江苏地方志》2008年第6期）

扬州市

扬州市首轮修志工作最早肇始于1981年编纂的《仪征市志》,其他志书编纂工作主要于1984年后启动(其中区志编纂主要于1988年开始)。至1997年,全市共出版市县两级综合志书8部,总字数1487万字。其中,市级志书1部:《扬州市志》;县级志书7部:《宝应县志》《仪征市志》《高邮县志》《江都县志》《邗江县志》《广陵区志》《扬州市郊区志》。扬州首轮志书编修注重创新,引入修志承包制等激励机制,多部志书在国家级、省级质量评比中获奖。1994年,《广陵区志》获江苏省地方志优秀成果一等奖,《高邮县志》获江苏省地方志优秀成果二等奖。1997年,《江都县志》获全国地方志奖一等奖、《广陵区志》获全国地方志奖二等奖。1999年,《扬州市志》获江苏省第六届哲学社会科学优秀成果一等奖。

扬州市二轮修志工作始于2003年的《邗江县志(1988—2000)》试点工作,于2005年正式全面启动,主要为首轮编纂较早的志书续修。至2020年,扬州市基本完成二轮修志工作任务,全市共出版市县两级综合志书8部,总字数2265.2万字。其中市级志书1部:《扬州市志(1988—2005)》;县级志书7部:《高邮市志(1986—2005)》《扬州市广陵区志(1989—2011)》《扬州市维扬区志(1989—2011)》《宝应县志(1990—2005)》《仪征市志(1988—2006)》《邗江县志(1988—2000)》《江都市志(1994—2000)》。2015年,《扬州市志(1988—2005)》获江苏省档案文化精品一等奖、《仪征市志(1988—2006)》获江苏省档案文化精品二等奖。2016年《扬州市志(1988—2005)》还获江苏省第十四届哲学社会科学优秀成果奖三等奖。此外,《邗江县志(1988—2000)》《扬州市广陵区志(1989—2011)》《高邮市志(1986—2005)》《江都市志(1994—2011)》等多部志书获评江苏省地方志书优秀成果。

扬州市志

江苏省扬州市地方志编纂委员会编。1986年3月启动编纂，1997年3月由中国大百科全书出版社上海分社出版。总纂薛庆仁、夏泽民，常务副总纂吴献中，副总纂张涤先、刘振垠、张斌、吴炳顺、黄继林、庄晓明、杨学骅，特聘分纂沈毅、柳润五、柳生光、杜光有、杨其元，编辑滕家凡、王晓胜、陈朝顺、刘扣林。时任中共中央总书记、国家主席、中央军委主席江泽民为志书题签。

《扬州市志》目录

全书3册，560万字，图片355幅（志首225幅、随文130幅），表格779张。记述地域范围以1987年扬州市所辖区域为准，包括今扬州市和泰州市。记述上限因事而异，适当溯源；下限1987年，总述、大事记、新方志及编修、人物延至1993年，彩页照片延至1995年。述、记、志、传、图、表、录诸体并用，以志为主。志首设序言、凡例、总述、大事记，志末设人物、附录、索引、编纂后记。全志设76篇：建置区划、自然地理、人口、城乡建设、环境保护、名胜园林·旅游、经济综情、生产关系变革、经济体制改革、国民经济综合管理、交通运输、邮政电信、建筑业、农业经济综合、种植业、林桑业、畜牧业、渔业、副业、农机具、水利、工业经济综合、工艺美术工业、机械工业、冶金工业、轻工业、食品工业、纺织工业、化学工业、医药工业、建筑材料工业、电子工业、乡镇工业、煤炭工业、石油工业、电力工业、商业、粮油、物资、供销合作社、对外经济贸易、财政、税务、审计、金融·保险、中国共产党、民主党派、中国国民党及其他党团、社会团体、人民代表大会、政府、政治协商会议、干部职工管理、民政、信访·监察、外事·侨务、公安、检察、审判、司法行政、军事、民主革命斗争纪略、艺术、文学·哲学·社会科学、电影·群众文化、图书·档案·地方志、报刊·广播·电视、文物、教育、科学技术、卫生、体育、人民生活、宗教、方言、风俗。

为体现扬州首批中国历史文化名城的地位，设名胜园林·旅游篇并前置，记述风景名胜区、园林、花木盆景、旅游等内容。加大文化部类各篇篇幅，并单设文物篇。突出扬州八怪画派、扬州学派、泰州学派和太谷学派，并设历代诗词选录、历代文赋选录和历代著述选目等。为突出中国共产党成立后在扬州的革命历史，设民主革命斗争纪略篇，彰显扬州代有传统的革命斗争精神。为突出改革开放的主旋律，设经济体制改革篇、生产关系变革篇。注重综合类内容记述，除在志首设总述、各篇之首设概述外，还设经济综情、农业经济综合、工业经济综合3个专篇，以高度的概括性展示全貌，厘清事物发展脉络，以增强志书整体性。其中，总述借鉴吸收各体之长，以策论体式，宏观、全面地概述扬州市的历史发展和现状总貌。加强宏观经济记述，设经济综情篇，记述扬州经济发展概况、经济结构、国民经济主要指标以及经济技术协作、经济社会发展研究等。附录收录重要文献、乡土文存、金石碑文、旧志序选，增强资料性。

1999年，该志获江苏省第六届哲学社会科学优秀成果奖一等奖。

（郭玉祥）

【编纂后记（节选）】

（一）

在80年代全国盛世修志的热潮中，中共扬州市委、市政府于1984年决定成立扬州市地方志编纂委员会，下设办公室，但因无人到职，工作无形歇止。1985年，国务院办公厅33号文件转发中国社科院《关于加强全国地方志编纂工作领导的报告》以后，扬州修志工作开始启动，市地方志办公室于1986年3月5日正式挂牌，对外办公，至1997年3月《扬州市志》付梓印刷，历时十一载，其始末大致可分为五个阶段：

第一阶段：1986年至1988年初，为组织发动、起步培训阶段。

1986年6月中旬，扬州市政府在高邮县召开全市第一次地方志工作会议。同年六七月间，扬州市志办先后组织各县（市）方志办，派出12人赴河北大学方志进修班学习；选调16人（其中扬州市志办3人），参加省地方志办公室在武进县举办的方志业务培训班，系统学习方志理论和专业知识。在此之前还于1985年选派6人到北京师范大学方志专修班深造。同年11月，调整充实市志编纂委员会，委员由6人扩大到35人，进一步加强了组织领导。

1987年，市志编纂进入实质性阶段。1月，以扬州市人民政府名义拟订的《关于征集〈扬州市志〉资料的通告》正式颁布，广为散发。同时创办《扬州史志》刊物，指导工作。时任上海市市长的江泽民同志欣然为刊物题辞："修好扬州市志，造福家乡人民""十里春风新画幅，明楼唐杏好文章"。全国政协副主席赵朴初题写了刊名。4月27日，市政府召开市级机关修志工作动员大会，正式布置市级机关的修志任务。接着举办了市级机关修志业务骨干培训班，300多人次受训。同年10月中旬，市志办又邀请专家来扬州讲课，辅导方志业务。与此同时，市志办派出专人、聘请他人在南京、镇江、扬州等地广泛征集资料，走访地方耆宿。通过这一系列的活动，为修志工作的全面展开，作了组织上、业务上的准备。

第二阶段：1988年4月至1992年底，为分志编纂、逐篇评审阶段。

1988年4月29日，市政府召开《扬州市志》分志编纂工作会议，市直机关各部、委、办、局分管修志工作的领导和修志主笔共150多人出席会议。这次会议学习高邮县的经验，贯彻改革精神，把承包激励机制引入修志过程，要求各部门、各单位与市地方志办公室签订《修志承包合同书》，按时保质地完成修志任务。会后，各单位掀起广征资料、着手编纂的热潮。实践证明，这一举措对促进《扬州市志》的分志编纂起了很关键的作用。同年5月中旬，省地方志办公室在扬州召开市志篇目讨论会，扬州市志办提交了《扬州市志》篇目第四稿，供会议交流讨论，并在会上作篇目设置问题的发言。根据扬州市实行市管县体制改革的特点，提出"概述全市，详记市区"的编纂原则，内容涵盖所属12个县（市）、区，被省志办领导首肯为"扬州模式"。

从1988年初开始，市志办把主要精力放到狠抓分志编写质量上来。同年2月28日，市志编委会提出《关于〈扬州市志〉分志稿评审和验收程序的意见》，规定每一部志稿都必须经过部门自审、市志办复审、相关部门联审、市志编委会验收这个"三审一验收"的程序，其中联审之后必须写出评审纪要，肯定优点，指出需要补充、修改的具体意见和完成任务的时间。凡达到验收标准的分志，给予适当奖励。从1990年2月到1993年7月，先后分四批对各部门兑现修志合同奖励，体现市委、市政府对修志人员的关心、重视，调动了修志人员的积极性。

1990年至1992年，市志办继续抓紧分志稿编纂评审，在此期间，召开市志编委扩大会2次，召开分志评审、研讨会60多次；由分管市长主持召开催稿检查汇报会5次，以市委办、政府办行文4次。为学习外地总纂经验，市志办于1992年9月中旬兵分三路，分赴山东、河南、湖北和浙江等地，作对口学习取经。同年第四季度，在抓紧对分志稿进行评审验收的同时，着手进行市志总纂。

第三阶段，1993年初至1994年9月，为总纂成稿、提交评审阶段。在此期间先后组建工交、农水、城建、文化、财贸等系统的大类分纂班子，借助于各部门修志主笔，按类进行分纂。市志办修改了《〈扬州市志〉总纂行文通则》，制订了《〈扬州市志〉总纂操作要领》，为统一行文规范提供依据。至1993年底，完成分志总纂稿的60%左右。1994年上半年，总纂工作进入“倒计时”状态，逐月安排工作计划。同年4月22日，应扬州市委、市政府之请，中共中央总书记、国家主席、中央军委主席江泽民为家乡题写了《扬州市志》书名。喜讯传来，极大地鼓舞了修志人员，加快了市志总纂进度。同年9月5—9日，召开《扬州市志》评审会，省地方志编委会组织的评审组对《扬州市志》稿作了充分肯定，同时也提出了一些中肯的修改意见，对提高志稿的内在质量，起了很重要的作用。

第四阶段，1994年10月至1995年10月，为修改验收、交付出版阶段。这一年之中，市志办集中力量对评审会提出的1800多条意见逐一进行梳理、消化，择善而从，认真修改，同时按照“名城出名志”的要求，自我加码，请熟悉地情的老领导、老同志，分别就《大事记》《人物》《中国共产党》《政府》等重点部类，进行内部复审，并重新打印，着重解决志稿中的“软伤”“隐伤”问题。市志办前后六改篇目，九改凡例，调整章节目88处，补充资料271条5.64万字，核对史实891处，核对数字651处，删减篇幅28.12万字，压编表格73张，吸收评审会意见984处。在此基础上向省志办报送验收稿。1995年10月，省志办下达《关于同意〈扬州市志〉交付出版的批复》。与此同时，修改稿送中国大百科全书出版社上海分社，交责任编辑进行通审。

第五阶段，1995年10月至1997年3月，为磨校结合、定稿付印阶段。此间，志稿经出版社责任编辑通审，于1996年2月全部退稿。市志办在吸取出版社修改意见的基础上，对志稿进行再度加工，从1996年4月起正式进入校对阶段。为确保志书质量，在校对过程中坚持磨稿与校对相结合，专人校对与单位审核相结合。为此，在1996年6月12日，市委秘书长、市志总纂薛庆仁，市政府秘书长、市志总纂夏泽民共同主持召开各单位办公室主任、秘书科科长会议，要求各承编单位对分志稿作最后一次审核把关，并由单位领导签字盖章，以示负责。为尽量减少志书差错，1997年初，又召开两次集体审核把关会议，并在志稿终校时，经市志编委会领导同意，对参与校对的人员实行有奖竞校办法，即按各人发现差错的多少进行奖励，实行一稿多校，相互交叉。这一系列校对措施，对提高校对质量、降低志书的差错率起了明显的作用。经过上述校对过程，所有志稿都达到6~8校，甚至十多个校次，最后于

1997年3月底签字付印，560万字的《扬州市志》编纂工作的全过程到此方告结束。

（二）

《扬州市志》十度春秋，数易其稿，终究付梓出版，其成功的原因主要应归功于三个方面：

一是各级领导的重视。十年修志，首先是市委、市人大、市政府、市政协历任领导的重视。市委、市政府在1989年5月非常时期，坚持召开全市第二次地方志工作会议，表彰先进集体34个、先进个人62人。1992年3月14日，市委书记姜永荣亲自召集有关领导召开市委办公会议，专题研究市志总纂问题，进一步明确了市志的记述范围和总纂班子，具体确定了“总揽全市，突出重点，详略有度，合理分工”的编纂原则，同时从市财政拿出25000元用于对各单位修志承包合同的奖励兑现，又拨出10万元专款用于市志总纂，保证了志稿打印、复印、聘请人员等经费的实际需要。长期在扬州工作的一些老领导、老同志也对《扬州市志》给予热情关注和支持。

二是靠各部门、各单位和社会各界的广泛支持。市级机关各部门、各单位，绝大多数都很重视市志编修工作，或完成分志初稿，或提供基础资料。中国第二历史档案馆、扬州大学师范学院图书馆，市档案馆、图书馆、博物馆、城建档案馆、文管会、群艺馆、《扬州年鉴》编辑部，镇江市档案馆、图书馆等单位都为征集资料提供过方便。组织、人事、财政、职改以及机关行政事务等部门，对修志人员的职务、职称、工资、住房以及办公经费等问题都给予一定的关照。省属各院校、仪征大化纤、江苏油田、723所、军分区等驻扬单位也给予大力支持，提供了诸多方便。本省各兄弟市同行介绍经验，传递信息，使我们少走了一些弯路。

三是靠全体修志人员辛勤笔耕、默默奉献。十余年来参与本志编纂的人员近千人，直接执笔撰稿的数以百计。大家抱着对扬州历史和扬州人民高度负责的精神参与修志，许多中青年同志甘于冷凳寒灯，淡泊名利，奉献年华；市志办配足编制时仅为11人，除1人因照顾军人家属而中途调离外，其余在市志评审会召开之前均无人调离，表现了集体奉献的精神。许多同志放弃星期天、节假日、双休日，甚至加班加点，枵腹从公；一些离退休的老同志放弃安度晚年的清闲，为修志发挥余热。还有一些同志为修志奉献到生命的最后一息。

清代方志学家章学诚说过：“志乃史体，原属天下公物。”《扬州市志》得以刊行，依靠的是集体的智慧，凝聚着成百上千人的心血与汗水。真可谓：一部地方志，劳顿千人心。

【志评】

此间明月胜他州

——读《扬州市志》有感

诸葛计

上面这个标题，是笔者曾写的一首打油诗中的一句。那是1994年9月，应邀参加《扬州市志》评稿会。会议结束时，适逢“94年度中国扬州二十四桥金秋赏月会”开幕在即。但我当时却因公急作他去，不获滞留。因有所感，故作打油诗一首留为祝贺。此诗曾刊于《扬州史志》1994年第四期，今录于下：

一年三度远来游，每来总被月勾留。

世间何处无明月，此间明月胜他州。

天地本无私，凡是天覆地载之处，处处皆有日月，她们撒向人间的温暖和光辉都是一样的。世间各处，人人所见均是同一个月球，扬州的明月自然也与他处没有两样。那么为什么要说“此间明月胜他州”呢？难道扬州之月还有什么特殊之处么？作为自然之月当然是一样的。只是由于历代的文人墨客赋予了扬州之月许多的文化内容，故在扬州看月，便会产生一种胜他州之感罢了。

扬州之月，文化韵味之浓无可比拟。扬州之月，入诗数量之多和水平之高，恐怕也是别处之月难以与其匹敌的。在这里真可以说是“地以月益名，月以地增辉”了，不是吗？被称为“孤篇压全唐”的张若虚的那首《春江花月夜》，全诗36句，出现“月”字的句子就达15句之多，如果加上暗写月的9句，总共就有24句，正好占全诗总句数的2/3。这样的入诗率，有哪个地方的月、哪一首诗能够相比？至于“天下三分明月夜，二分无赖是扬州”“二十四桥明月夜，玉人何处教吹箫”“花发洞中春日永，月明衣上好风多”等名句，更是人所公认的千古之绝唱。吟唱这些诗句，就让人自然而然地想起扬州；说到扬州，就令人不由自主地吟唱这些诗句，想到扬州的明月。难道这还不可以说“此间明月胜他州”么？不过，我的这篇文章用这一句作题，主要还是想借扬州之月胜他州，来述说新出版的《扬州市志》（以下简称《扬志》），与其他志书相比有更胜一筹之处。

（一）体现经世致用的两级概述

经世致用，是中华文化著述中的一项优良的传统。在两千多年的方志史上，这一传统也得到不断的继承和发扬。在本届修志之初，方志工作者把志书的社会效用归纳为资治、教化、存史三个方面，尤其强调在本届修志中要注意为两个文明建设服务。已经出版的新志书都在这方面作出了较大的努力。当然做法上各有千秋，效果上也各有差异。我认为，《扬志》在这方面作出的努力，是很值得重视的。除了在志书的各篇、章中吸纳了大量准确反映地情的真实资料，进行了科学合理的编排，便于社会各界使用之外，更值得注意的是志书的两级概述，写得非常有特色，其中许多的策论之笔，更大大地增强了志书经世致用之效。

《扬志》前有全书的“总述”。其下辖的76篇分志，加之未入篇序的“人物”部分，共有77篇“概述”。总述与概述，各处的地位不同，编纂者赋予它们的任务亦各异。总述的任务是高屋建瓴总其全书，把渗透于全书之中的扬州最突出的特点予以揭出，并从历史的简述之中，归纳出最值得重视的经验教训，为人们提供历史的鉴戒。从已出版志书的概述来看，全书的概述（或称总述）写法多样，各有特点。有人曾将其归纳为特点串联体、浓缩体、史纲体、策论体诸种体式。

《扬志》的总述既吸收先行者上述各式的优长，又不单属上述诸式中的某一种，可以说是一种诸体综合式的总述。这篇总述，除前面一个简序之外，分为三大部分。第一部分下辖5目：一、襟江带淮的显要之地；二、几度兴衰的历代经济；三、底蕴丰厚的民族文化；四、代有传统的斗争精神；五、今非昔比的城乡巨变。这五目都是围绕扬州的特点展开的，但它不同于仅将一地诸项特有事物平列摆出的特点串联式的写法，而是先从襟江带淮的自然环境入手，解连环扣式地逐一展开。首先，是展示地势坦荡、水秀土肥、资源丰盛、物产富饶的自然地理特点。正是这种环境的优势，使得这里早在7000多年前就有土著居民生息繁衍于斯。

从3000多年前的西周时期起，这里便成为一方重要的政治中心，因而具有了区位显要、历史悠久的特点。自然环境的优越，为经济发展提供了有利的基础，但是政治中心的位置却使得这里的经济受着政治浮沉的直接影响，于是形成了其经济的几度升降兴衰。由于经济、政治中心的长期孕育及南北文化的交融，在这里积淀了丰厚的文化沃土，所以它有着底蕴丰厚的民族文化。在阶级社会里，政治、经济中心地位，固然有其优越的一面，但它往往又成为统治阶级搜刮的重点和不同势力、集团争夺的目标，以致沦入军事斗争的旋涡，给社会带来灾难，给人民带来痛苦。为了维护正常的生产和安定的生活，人民不得不时时起来反抗强暴，以致反对外来的侵略，所以使此地人民强烈的革命斗争精神成为一种传统，代代相承。如果说前四目所反映的是偏重于深层历史特点的揭示，那么第五目则是运用今昔对比的写法，充分展示扬州的现实面貌，也就是当今扬州的现实特点。

综观此五目，可以看出这种对地方特点的理解及其记述方法，比起那种仅抓住一地的几个特有的山川名胜、自然风物、历史事件、名优特产，就当作该地地方特点单个地予以“突出”的作法，显然是胜了一筹的。这五目之中，既有扬州特点的展示，又有扬州数千年历史的纵述，还有全志内容的浓缩。这就把全志内容浓缩、特点串联、历史纵述巧妙地织在了一起。该总述的策论之笔是放在其第二、三部分。第二部分是扬州社会主义建设中经验教训的总结，第三部分则是直陈扬州未来发展中所面临的历史机遇及严峻的挑战。重点展示了在充分认识自身优势及面临机遇的基础上，中共扬州市委、市人民政府确定的战略目标：在本世纪末到下世纪初，扬州市区将基本形成历史文化与现代文明交相辉映的现代化滨江工商业城市布局，进而进入长江经济带国际化城市群；全市城乡各地则将建成经济繁荣、科教发达、环境优美、法制健全、社会文明、人民生活富裕的地区。为达此目标，还确立了“科技兴市、三沿（沿长江、沿运河、沿国道）开发，梯度推进，全面发展”，及“逐步形成328国道沿线资金技术密集型产业带，长江沿岸港口经济、基础工业带，里下河腹地贸工农一体化、多种经营商品化的经济带，形成城乡产业整体发展、生产力多层次合理配置的新格局”的战略决策。

显然，这样一种综合型的概述，既是对先行者所创立的各体之长的继承，又是在其基础上的创新和发展。

《扬志》的二级概述，也就是各篇的概述，达77篇之多。最短的是《司法行政》篇，占16行，约600字；最长的是《纺织工业》篇，占111行，约4400字（《方言》篇之概述，占217行，约8600字，但从内容上来看，它实际写成了本卷的一个专章，故未把它视为篇级概述之最长者）。除《方言》《人物》等少数篇写法较为特殊之外，多数篇都是从本篇所记内容之中提炼出来，述其历史，陈其现状，申其特点，议其得失，展其方向。在这77个篇的概述中，有策论内容的达47个之多，超过总数的2/3。这些策论之笔，少则十余二十字，多则百余字，都紧密地结合本篇内容，立足中观，指陈议论，因而具有很强的针对性和实用性，便于本行业或部门的领导者作出推进工作的决策参考。就所论的内容可分为如下6类：

（1）指出有利因素与待开发潜力的，如《渔业》和《电子工业》篇；

（2）展示已有成绩和自身的优势，鼓励人

们去继续发扬的，如《轻工业》《机械工业》《民主党派》等篇；

（3）揭出不利因素与存在隐忧的，如《自然地理》《人口》《种植业》《建筑材料工业》《教育》《经济综情》《水利》及《财政》等篇；

（4）有总结经验教训的，如《城乡建设》《纺织工业》《中国共产党》等篇；

（5）有阐明规律的，如《生产关系变革》篇；

（6）数量最多的是指出当前面临的任务，存在缺点、矛盾及薄弱环节。这类当中，有的指出了解决问题的努力方向和方法，如《化学工业》《干部职工管理》等篇；有的则向社会发出呼吁，提请人们予以关注与支持，如《艺术》《文学·哲学·社会科学》《文物》《体育》等篇；有的则只将问题揭出，留待人们去研究解决，如《林桑业》《工艺美术业》《人民代表大会》及《人民生活》篇。

细读这些篇的概述，人们不难发现有两个最鲜明的特点：一是这些概述中，论的虽是某一个部门或行业的事，却着眼于整个扬州经济文化的发展，如《交通运输》篇所论云："扬州的交通运输事业虽然取得了长足的进步，但现有的交通条件仍不能适应经济建设和对外开放的需要，在一定程度上制约了扬州经济的发展。因此，振兴扬州交通，加强和改善'水、陆、空、铁'运输基础设施建设，仍是本市当前和今后经济发展的战略重点之一。"有的还面向全国，甚至面向世界，立足于国际竞争。如《建筑业》篇中所云："面对竞争激烈的国际、国内建筑市场，扬州建筑业仍需加强自身建设，适度控制职工人数，提高企业素质，壮大工程技术人员队伍，加强和完善行业管理体系；开发第三产业，搞好多种经营等，以求进一步提高技术水平。"

特点之二是体现了一种很强的忧患意识。古今扬州在中国和世界的地位是尽人皆知的，扬州当今的发展和取得的成就也是令人瞩目的，但是扬州人绝不能以此就可以高枕无忧。在这一级的概述中，许多篇中都注意了指出面临的严峻局面和存在的隐忧。有的是带全局性的，如《自然地理》篇揭出的"辖区境内地形复杂，易旱易涝，加之地处江淮下游，常常受到江淮并涨的洪涝威胁"。《人口》篇指出的："人口总数不断增长，人均土地不断减少，到1987年，人均耕地面积仅有0.98亩，低于全国人均1.5亩的水平。扬州市正面临周期性生育高峰的到来，到本世纪末要实现全市总人口控制在1000万人以下的目标，任务相当艰巨。"《经济综情》篇指出："1987年，全市经济发展中存在的突出问题是：粮食生产出现徘徊，生猪饲养量下降，农业投入不多，缺乏发展后劲；工业生产中企业拳头产品很少，产品质量也不稳定，企业应变能力不强，小纺织、小啤酒等项目重复建设、效益低下。"有的属于基础设施方面的，如《水利》篇所陈述的："80年代，全市水利建设方面的问题仍较突出：江淮洪水威胁依然存在，淮河洪水出路尚未根本解决，抗洪标准较低；涝、旱、渍的危害严重，改造低产田的任务仍很艰巨，尤其是老化的水利设施急待更新；工程管理普遍薄弱，严重影响工程效益的发挥。"有的则指出在现实基础和人们的观念中，都存在令人忧虑问题，如《教育》篇指出：扬州的教育事业面临的主要矛盾是"教育事业不断发展与经费拮据的困难同时存在，一幢幢新教学大楼与数十万平方米的教舍危房同时存在，高考成绩名列全省前茅与大面积教育质量尚待提高以及还有相当多的流（失）生、留级生同时存在，片面追求升学率的倾向与'读书越多越吃亏’的观点同时存在，等等。努力解决这些矛盾，是扬州教育事业面临的新任务。”

从上面所引的几段文字，可见这级概述中的策论内容，不但是部门或行业领导者进行决策的重要依据，也是市级高层领导进行决策的重要参考。对于企业家、投资者来说，也有一种向导的作用。

（二）抓住历史文化名城的特点，表现深厚的文化内蕴

扬州是工商业发展达到较高水平，目前又是一个地区性的工业基地这样一个城市。在要改变“旧志重人文轻经济”内容格局这种思想指导下进行修志，如何把既有深厚历史文化传统，又是现代工商业都市这两方面特点都兼顾，做到恰如其分地加以记述，把握其度，对于《扬志》来说是一个很重要的问题。90年代初以前出版的一些新志书，在贯彻上述指导思想时往往矫枉过正，把经济部类的内容弄得过于膨胀，使人文内容受到挤压，以致有人说这些志书是“经济发达，人烟稀少”，变成经济资料汇编了。如果《扬志》也照此办理，那么她就不是一部历史文化名城的志书了。

从现在这部志书来看，人文内容非常丰富，表现了扬州十分深厚的历史文化内涵。面对其书就觉得一股浓重的文化气息扑面而来。首先，选用黄瓦、白塔、绿树、碧水、蓝天交相辉映的瘦西湖巨照为护封，一开始就把人们带进一种园林文化的氛围之中。其次，开卷的彩照共分18组，反映文化方面的便有8组之多，这便是“园林风光”“名胜古迹”“文物精品”“街巷深处”“科教昌盛”“人文荟萃”“民俗宗教”“县（市）名胜”。就是在其他各组中，也注意文化内容的吸纳。如“工业明星”组内有4幅工艺美术的照片，“建筑之光”组内有仿古建筑两幅。总共224幅彩照中，反映扬州历史文化内容的超过半数。这在一般工商业城市的志书当中，是很难见到的。不像有的志书的书前彩照，几乎变成了产品广告汇编或机关门面的展板。就志书文字内容比例来看，除综合类及索引共占26%之外，经济类占34%，人文部类占40%（其中政治类占15%，社会民情类占5%，人物类占5%，文化类占15%）。这样的比例，看来是与这个城市的特点相宜的。从篇目来看，文化的专篇有《名胜园林·旅游》《艺术》《文学·哲学·社会科学》（这个篇名似可商榷——在此不论）《电影·群众文化》《图书·档案·地方志》《报刊·广播·电视》《文物》《教育》《科学技术》《卫生》《体育》《宗教》等。在76个专志中占12个，也是15%左右的比例。还值得注意的是，一些属于工业部类的篇、章内，也记入了大量的历史文化内容，如《工艺美术工业》篇及《建筑业》篇中的“古代公共建筑”“近代公共建筑”等。

远在先秦时期，吴国开邗沟，连通江淮水道，楚筑广陵城，西汉封吴国都广陵，就已奠定扬州作为一方的政治、经济、文化中心的地位。隋唐而下，由于大运河的开通、全国经济重心逐步南移，扬州作为中国南部一个“富甲天下”经济大都会的地位日益突出，其文化中心地位亦随之显著。随着历史的推移，在这里积淀了丰厚的文化土壤。除了产于此地的一些名句、名篇扬播全国之外，一些具有全国乃至世界影响的文化名人、名著、著名学派都先后在这里孕育成长。如中国文选学是由扬州人曹宪、李善开其先河的；中国第一部典章制度的专著《通典》，是杜佑在这里写成的；研究中国文字的说文学，是由扬州的徐铉、徐锴兄弟奠定其基础的；中国四大文学名著之一的《水浒传》，是由扬州兴化人施耐庵在本乡写成的。明清两代在这里出现的扬州学派、泰州学派、太谷学派以及“扬州八怪”画派，都在中国文化史上占有重要的地位。此外雕版印刷、藏书、书院教育等，都不但历史久远，而且形成传统，文学艺术丰富多彩。《扬志》抓住其丰富的历史文化内容，予以了比较充分的记述，给人留下了深刻的印象。笔者在读这一部分时就有一点很直接的体验。记得上中学时，一个偶然的机会，曾读到一本文学刊物连载的一部扬州评话《武松》。当时对于我这个来自山区、见识极其有限的学生来说，真是大开眼界，曾感叹天地间居然还有这样的宝贝。昔时留下的印象，几十年后还是未能忘怀。拿到《扬志》时，便想急查一下，看看是否有关于这部评话情况的记述。一看真令我大喜过望。志中所记除了扬州评话的历史渊源及其流传演变、艺术特色之外，还记有评话艺人数十位，书目达四五十部之多，有的一部书就达四五百万字。原来我所见过的《武松》，只不过是较小的一部而已。

志书中并非是对扬州评话的偏爱才予以特详的记述，而是对其每一项文化内容都是如此。对每一事项都注意述其变化源流，做到溯古详今。单以戏剧演出场所为例，其记述就从清初较原始的草台、庙台、园林戏台，进而到清中叶的戏园、戏院、戏馆，直至今天的剧场、剧院。其图书出版，则从唐代的雕版印刷，进而记到清代的官刻、坊刻、寺院刻经，直至今天的江苏广陵古籍刻印社和江苏扬州人民出版社、扬州市人民出版社。对于崛起于此而又颇有影响的扬州学派、泰州学派、太谷学派，均设专节逐一记述其学派沿革、学术思想、学术风格、代表人物。3个学派的代表人物共介绍34人。对于清代中叶的“扬州八怪”画派，则着重记述了“八怪”画派的形成，“八怪”画风的创新，“八怪”画派的影响。其《文学·哲学·社会科学》篇的“艺文选辑”一章，选录了以扬州为题材的历代诗词50首，上起曹丕的《至广陵于马上作诗》（我疑题中不当有“诗”字），下至柯原1985年作的《古运河的涛声》；选录记述扬州的文、赋10个名篇，始自西汉枚乘的《七发》，迄于1984年日本井上靖的《再访扬州》；还专设了《历代著述选目》一节，收录本籍人或外籍人在扬州写成的作品书目960余条，最早的是东汉陈琳的《陈记室集》，最末一条是1956年才出生的作者——周梅森的《黑坟》。

为了反映扬州文化中园林文化的特色，还特设了《名胜园林·旅游》一篇，对这里的名胜风景区和各式园林、花木、盆景，作了逼真细腻的记述，让人读来得到一种如临其境的享受。

《扬志》中文化部分记述的精彩之笔还有很多，不能尽述。但仅从上列举的零星数例中，人们已可窥见这部志书所具有的，反映扬州这一历史文化名城丰富文化内蕴的鲜明特色。再联系其反映经济内容的近40个专篇，就可看出这部志书内容的丰满全面，不像有的志书那样存在偏颇了。

（三）抓住时代的中心内容，体现时代特色

本届修志中，多数志书都把1840年鸦片战争以来的一个半世纪，也就是中国的近、现代阶段，作为自己记述的时限重点。这个时代的中心内容是什么呢？就是前不久召开的中共十五大报告所指出的：“鸦片战争后，中国成为半殖民地半封建国家。中华民族面对着两大历史任务：一个是求得民族独立和人民解放；一个是实现国家繁荣富强和人民共同富裕。”中国人民为实现上述两大历史任务所进行的不屈不挠斗争，就是这个时代的主要内容。新志书要反映时代的主题，就应当记述本境域的人们，在实现全民族的两大历史任务斗争中都做了些什么，是怎样走过来的，有些什么样的经验和教训。目前已出版的新志书中，对于为实现国家繁荣富强和人民共同富裕，也就是中华人民共和国成立以来半个世纪的史事，记述是比较充分的。而对于为实现前一项历史任务，也就是为求得民族独立和人民解放而斗争的历史，记述却显得相对薄弱。所以，早在1991年全国地方志工作年会的会议纪要中就已指出：有些志书资料不足，尤其是“对北洋军阀时期、国民党统治时期（包括日本侵略军占领时期）社会状况的记述过于简略，缺乏较为具体的资料”，“这是当前影响志书政治质量的一个比较突出的问题，应当加以充实”。当时笔者认为，就以对距我们很近的抗日战争情况的记述来看，就很令人失望，使人感到担忧。正基于此，所以曾在一些地方讲课或一些会议的发言中，不断申述自己的看法。在中国人民抗日战争胜利五十周年纪念到来之时，又曾以《新编地方志应着力记述好抗日战争的内容》为题，撰文进行呼吁：“希望有影响的人物出来说话，以期引起更多人的重视，以免留下历史的遗憾。”遗憾的是，这种忧虑没有得到更多同志的理解，故文章写出之后，在讨论时不止一个同志指出，应当首先肯定成绩，把存在的不足放作后一部分去说，标题也应当改一下。故使文章变成了《中国地方志》1995年第四期刊出的那个样子，逼得作者不得不将原文放到《广西地方志》去再发一次。近年来，志书的总体质量都有了较大的提高，但对抗日战争的记述，令人感到很满意的却还不是很多。相对而言，《扬志》算是有了较大改观的了，是目前我所见到的对抗日战争记述得较好、内容最充实的几部志书之一。除了《大事记》中有提要式的记述，《中国国民党及其他党团》《社会团体》《政府》《艺术》《文学·哲学·社会科学》等篇内，有相应的记述之外，《军事》篇的相关章节中，对这个时期与抗日有关的多方面军事情况，更有较详细的记述。在其《战事》章内还以近万字的篇幅，集中记了较大的16次战斗及日军的暴行。其中有中国空军对日的空战，有国民政府正规军对日军之战，有新四军对日伪军之战，也有国民党顽固派挑起、我新四军不得不给以反击和严惩之战。表现了这个时期三种军事力量、三方政权并存的错综复杂斗争的局面和特点。

尤其是在其《民主革命斗争纪略》篇内，更详记了从“九一八”事变后，扬州抗日救亡运动的兴起，各种抗日力量的集结及抗日活动的开展。有政治的方式，有军事武装的方式，也有文化思想动员的形式；有地方政府和群众团体组织的，有群众自发起来的，更有中国共产党领导的。内中分设“扬州抗日救亡运动的兴起”“扬州各地相继沦陷”“‘七七’事变后扬州地区的抗日救亡运动”“‘江文团’始末”“陈毅三进泰州城”“建立苏北桥头堡”“新四军苏皖支队开辟敌后抗日根据地”“黄桥抗日根据地的建立”“创立高宝抗日‘同情区’”“苏中第三行政区群众包围日伪据点”“扬州水网地区改造地形运动”等11个专题，运用纪事本末体进行记述。既吸纳了丰富的珍贵资料，又增强了志书的可读性。从另一方面来看，如“东进序曲”“陈毅三进泰州城”“黄桥决战”等早已被写进唱词、小说，搬上舞台，进入银幕，几乎是家喻户晓、尽人皆知的精彩的故事，而今又以史体文字正式进入志书，更增强了它的真实性，成为进行爱国主义和革命传统教育的好教材。如果把人民群众自发的、分散的抗日活动的事例，也注意更多地搜集、记述，那就更好了。

《扬志》这部560万言的皇皇巨著，是市志办同仁们11年心血的结晶。他们在完成扬州市的这项巨大文化建设工程当中，认真吃透扬州的地情，充分地吸收了先行者的经验教训，使自己的志书写得个性突出、特色鲜明，就是在90年代中期以后出版的志书之林中，也可以处于上乘的地位。这是值得赞赏的，我向他们表示衷心的祝贺。

（原文刊载于《江苏地方志》1998年第2期）

读《扬州市志》随札

来新夏

扬州位于苏中，是一座山灵水秀、人文荟萃的历史文化名城。自古以来，文人墨客多有吟咏，李白的“烟花三月下扬州”和杜牧的“二十四桥明月夜”等诗句几乎久已是脍炙人口的千古绝唱。今者经济发达，百业兴旺，称江苏繁华地区，是不可以无记以志其盛。

扬州有悠久的修志传统。自东汉王逸《广陵郡图经》始，历代修志不辍。宋元时期，修志七部，明清两代，更称兴盛。明代扬州及所属各县共修志达36种，现存者16种；清代所修有70种，今存64种，而嘉庆时所修《扬州府志》与《广陵通典》久为志界誉为名志。扬州诸志涵盖层次极广，上自府州县志，下及镇志、乡土志和区域志，无不尽有。民国时期修志尚近30种。修志风习不可谓不盛，后世贤者又乌得置志事于不顾哉？

今之扬州主政者，无论人事变易若何，而记名城，撰名志之志不移。遂于1986年始，经过建立机构、培训人员、分志编纂、逐篇审定、总纂成稿、修改验收、定稿付印等步骤，历时十年，终于完成560余万字的空前巨篇。此不仅为扬州一地百余种志书之冠，也是我检读各地志书所未见。扬州一地之纵横各端，尽可以求诸此志。

《扬州市志》有专篇76，前有总述、大事记，后有附录与索引，体制堪称完备。篇次以自然、经济、政治、文化、社会为序，横排纵写，纵横结合，也属合理。我读此志后，以篇幅过大，难以一时读讫，深恐读后而忘前，遂顺序随读随录。现撮叙其要，成随札数则，或可备商榷。

总述即一般新志所称概述者，系新编志书所创意，为一地一书之概括。总述之撰写最易见修志者功力。《扬州市志》之总述，括一地之要，得全志之概。全文共分五节，标题鲜明生动，有“襟江带淮的显要之地”“几度兴衰的历代经济”“底蕴丰厚的民族文化”“代有传统的斗争精神”“今非昔比的城乡巨变”等目，类似专题论述，问题集中，便于省览，文字秀美，要言不烦，能引发求读全书之念。

大事记为全志纲要，与专志有相辅相成之效。《扬州市志》下限一般断于1987年，而大事记则下延六年，以1993年为限。如此则无异于分置六年之大事要事于各年，无后补专篇之名，而有分年纪要之实，费力小而效果则一，此修志者之善于擘画也。大事记之纪年，各志多有歧义，而正朔之应用，当视政权之转移为准，今修新志或有摒民国纪年而径以公元纪年者，貌似正确，实则为不尊重历史。殊不知民国一代为历史必经之传递，舍此，则中华人民共和国之废旧立新，又有何据，且公元纪年之正式使用系中华人民共和国所公开昭告宣布者，前此何得滥用。《扬州市志》则不仅有民国纪年，还正式确定中华民国为一历史时期，此为史识。至以宋元并有纪年，乃据政权对峙而并存，其于元贞元十三年后即以元为纪年，而附南宋纪年于后，更以见修志者之用心审慎，因元贞元十三年置江淮行省，治扬州。扬州既已为元政权所辖，自当以用元纪年为是。大事记各时期之数量比例尚称均匀，唯中华人民共和国记事占大事记篇幅之半，其中不足称大事者似可适当精简。

《扬州市志》的篇章结构颇多创意，各篇之前所设概述，言简意赅，为读本篇之指引。在谋篇上以中国共产党、民主党派及中国国民党分立专篇为当前诸志所少见。中国共产党独立成篇，理所当然；民主党派为多党合作制之构成，也应有专篇；至若中国国民党，既有国共合作的历史，又为台湾地区之现实存在，立篇也无不可，而汪记国民党以小字附录，更示贬意。分立专篇，既便叙述充实，又能泾渭分明。有关文化诸篇，安排恰当而自具特色，尤以详述社会科学与艺术等篇可见修志者之功力，如论及扬州学派之传统与扬州八怪之成就，颇有学术著作之意味，足以见扬州之为人文荟萃之邦。与某些志书之纯作记述者大有不同。至于立地方志专章，记旧志之存佚与新志之编写，无所偏废，使扬州之地方文献，可一览无余。修志者言志，本为应有篇章，而诸志多缺。即有，亦略逊于扬志记述之详。风俗一篇，于生产贸易、日常生活、人生仪礼、岁时节庆、游艺竞技及信仰崇拜等方面皆有详尽而趣味盎然之叙述，若独成一风土专书，亦可比美于《扬州画舫录》。全志某些篇章尚有重复叠见之处，如建筑、文物与宗教各篇所记寺院，虽文字略有不同，但基本内容重复。至于《民主革命斗争纪略》之入于专篇，似感体例特殊，上下难得一贯，不如移于附录作文献专篇，或能更符常规。

图表于志书有眉目清楚、节省文字之效。《扬州市志》于此颇有所注重，卷首彩图数量较他志为多，分领导视察、园林风光、名胜古迹、文物精品、街巷深处、水灾今昔、农业水利、工业明星、建筑之光、水陆交通、旧城一瞥、城市新貌、科教昌盛、人文荟萃、友好往来、民俗宗教以及难忘过去等项。图片分栏编次，直若扬州之图志，而图之于文，尤便直观。所附诸表，如扬州市及所属各区县（市）建置沿革表、扬州城区历代名园一览表等，旁行斜上，有利检读。至历代著述选目，虽未制表，实亦为表，自东汉陈琳始至当代学者作家之主要著作皆按条登录姓名、生卒、籍贯及著述，凡欲知扬州古今学术人文者，展卷即可得其大要。

人物传为志书灵魂，扬州代有名人，所收人物数量较多，自在意料之中，因非此不足以概其主要人物，而所写各传内容充实，可备参考。生不入传，古今通例，此志严加恪守；但以卒年为序，实难苟同，因其混乱历史顺序，颠倒人物行事，实不可取。

书末以分析索引法所编索引，甚为详备，如此巨制设无索引，检读必有困难。有此索引，无异为读者辟一捷径。若能于卷首增入外文目录，更能与当前先进著述体例接轨。

综观全志，修志者历十年之艰辛，呕心沥血，确为新志事业作一大贡献，虽有小疵，难掩大瑜。唯篇幅过巨，有540余万字之多，窃杞忧读斯志者或将却步，若能删繁就简，成百万字以内之《扬州市简志》，则流传当可广被，而更多欲知扬州历史与现状而谋读斯志者，将幸甚焉！所议是否有当，望共商榷，若承见教，不胜企盼之至！

（原文刊载于《江苏地方志》1998年第2期）

新方志事业的奠基之作

——评《扬州市志》

梁滨久

少时，即熟知“故人西辞黄鹤楼，烟花三月下扬州”的名句。1993年秋，趁参加全国地方志学术年会之机，赴扬州参观游览。美丽如画的瘦西湖，秀丽雄奇的扬州园林，滋润可口的扬州茶，给我留下了深刻的印象。现在，一部由中国大百科全书出版社上海分社于1997年出版的新编《扬州市志》摆在我的案头，用月余时间释读这部厚重、典雅、博大精深的志书，扬州的历史发展轮廓和现状总貌呈现在我的面前。这是扬州市上千专兼职方志工作者以心血和汗水向江总书记交上的一份优秀答卷，也是为扬州市的社会主义方志事业铺下的一块厚实的基石。怎么能这样说呢？笔者曾撰文《社会主义第一届修志的历史地位》（载《广西地方志》1996年第5期），指出社会主义第一届修志，从修志人才、组织领导、物质基础、舆论环境、编纂成果到方志理论等各个方面，都为巍峨壮观的社会主义方志大厦奠定了基础，而最关键的则是出一批精品名作。《扬州市志》以其跨越千年、涵盖全市、装帧精美、文图并茂、内容丰厚、观点正确、体例纯正、特色鲜明，足称佳作，其在扬州市社会主义方志事业中的奠基作用，将随岁月的更移越来越显示出来。笔者读之不细不深，也没有研究过扬州，难以对这部市志进行全面的评论，仅谈几点心得体会。

一、厚重的历史感

要对一地错综复杂的事物、事件有一个整体的把握，必须明史；同样，要记述好地情的总貌，也必须对当地的历史发展脉络有一个清楚的认识。《扬州市志》所记史实，远至距今约一万年前的远古时期，主要记西周干（邗）国建立之后至1987年间的史事（少数篇略有突破）。对这四五千年的市域发展史，如没有一个总体的把握，没有一条明确的主线，就不能把各行业、各方面的事物贯穿起来。《扬州市志》恰是有历史大势的总体观照的。在《总述》中，对扬州在经济和社会发展中的“三起三落”做了精辟的阐述，指出：广陵国作为一方都会经济开始发轫。西汉时，吴王刘濞“即山铸钱，煮海为盐”，盐铁两大“官工业”迅速发展，吴国出现“饭稻羹鱼”“国用富饶”的景象。扬州作为吴国的都城出现了历史上第一次发展高峰。刘濞发动“七国之乱”后，三国、南北朝时期乃至隋初，迭经战乱，扬州成为南北拉锯的主要战场，致使经济与社会发展长期停滞不前。唐代，大运河成为全国南北水运的大动脉，位于江海交汇的扬州成为海上丝绸之路的重要港口和东方四大商港之一，其经济与社会发展出现第二次高峰，并步入鼎盛时期。宋、元、明三朝，扬州的经济繁荣远不及唐。至清中期，扬州占漕运、盐务、河务三大要政之利，成为漕运枢纽和全国最大的盐业经销中心，扬州的经济发展出现第三次高峰。近代以来，随着淮南盐业的衰微和海运、铁路的兴起，扬州逐渐失去其漕运和盐运的枢纽地位，经济发展受到明显制约。解放以后，扬州市获得新生，但也经历过曲折的发展道路。在总述政治文化发展时，亦体现类似周期的起落变化。更可贵的是，扬州市的总体历史发展线索贯穿在各行业、各方面的记述中，如人口发展、经济综情、交通运输、商业、艺术、科技等，甚至园林建筑都体现出扬州市总体发展对其的制约和影响。总之,《扬州市志》把握住了扬州总体发展的历史脉络,主线明晰,使全书有厚重的历史感。

二、全面、系统、翔实的资料

资料性是地方志书的生命。《扬州市志》给我最突出的印象是资料特别全面、系统和翔实,堪称扬州市的"百科全书",各个领域、各个行业、各项事业、各个方面,难以找出缺项之处。除此之外,在资料和内容方面,还有如下的特点:

一是突出了具有地方特点的或扬州市特有的事物的记述。如扬州园林,扬州玉雕,扬州评话、弹词、清曲、道情,各地特色档案馆藏,"扬州三把刀",扬州画派,扬州学派,泰州学派,太谷学派等,均给予浓墨重彩的记述。有些内容也尽显地方特色,如江河湖溢、渔业社会主义改造、扬州所属境外煤田、水上户口管理、在扬拍摄的故事片,等等。

二是采取了"贯通古今,详今略古,重记百年"的记述原则。有一流行的说法是"详今略古,重记当代,特别要详记中共十一届三中全会之后的史实",将中华人民共和国成立之后的史实作为记述重点,突出反映改革开放以来经济与社会发展各方面的成就是正确的。但容易忽略近现代一些历史时期史实的记述。八十年代出版的一些地方志书,存在着民国时期资料薄弱的问题,可能与过分看重当代史实记述的编纂思想有关。《扬州市志》确定的记述原则显然考虑得更全面、更科学合理。在这一编写原则的指导下,《扬州市志》在把建国以来史实记述作为"重中之重",和充分展示改革开放以来各项事业发展的基础上,尽量追根溯源,加强事物的连贯记载,努力挖掘清末、民国、日伪统治时期和革命根据地时期的资料,而这部分资料相对搜集较难,有些属"抢救"性质,因而史料价值更为珍贵。如对革命根据地和解放区的政权建设、革命斗争、案件审判、法制宣传、商业活动、交通邮政、文教事业等的记述,使读者可了解到特殊历史环境下的一些特殊做法。

三是他志容易忽略的内容也给予了记载。《扬州市志》对资料的收载考虑得特别周详,极少缺项之处,一些市志容易忽略的内容也给予了记载。如农业生态,由于纳入不了农业志里,许多市志不予记载,《扬州市志》则在环境保护篇里设专节记述农业生态保护,含水稻病虫综合防治、蔬菜无公害生产技术、生态农业系统试点等内容。此类情况还有广场绿岛、邮政编码、对"五种人"的检察、演出习俗、对外对侨供应、追功授号、命名纪念、智障者辅读教育、专门档案、宗教音乐、祭祀舞蹈、"文化大革命"时期扬州市区派性小报等。

加此三点,使得《扬州市志》的内容特别丰富,资料性很强。

三、创新的体例

本届修志已形成了较为规范的体例和表述方式。《扬州市志》无疑是严格按照志体的规范编写的,但亦有不少体例创新之处。如总述,与大多采用的"横剖浓缩体"式不同,也不单是像《淮阴市志》那样的"史略体",也不是像《建德县志》那样的"特点串连体",还不是董一博同志所倡导的"策论体",但各体的优点都吸收了,是综合了各体式之长,而自为一体。第一部分"襟江带淮的显要之地",点出扬州市地势坦荡、水秀土肥、资源丰盛、物产富饶、历史悠久、区位显要的总体特点;第二部分"几度兴衰的历代经济";第三部分"底蕴丰厚的民族文化";第四部分"代有传统的斗争精神",

实际上是从经济、文化和革命斗争几个方面描绘了扬州历史发展的轮廓，揭示了历史的主线索；第五部分“今非昔比的城乡巨变”，概述了解放以后扬州在各项事业和各方面取得的成就，总结了振兴地方经济与文化的基本经验，展望了未来美好的发展前景。既有特点总说，又有历史概述，还有现状横剖和策议展望，宏观、全面地总述了扬州市的历史发展和现状总貌，读之有全局在胸之感。

全志宏观综合记述部分亦很精彩，如经济综情、民主革命斗争纪略，及经济体制改革、农业经济综合、工业经济综合，和各篇的无题概述，体现了宏微结合。综合叙述运用得较多是我的感觉，具体精当之处不加分析了。

工业类目以行业记述为主体，联系产品、企业、效益等的记述，加强了记述的科学性和整体性，比以产品为中心来记述好。《江苏地方志》近几期已指出了以产品为中心记述的弊端。

篇目中有一些特殊的处理体现出编者对事类划分的独到见解。如区县（市）概况，以“附”处理，与许多市志专设篇章不同。可能是认为作为市一级的志书，在下属行政区都有志的情况下，不应形成“志中志”。公安篇将自新登记、镇反、禁烟肃毒、“四类分子”监督改造等亦作“附”予以专记，亦有其合理之处。因为这毕竟不是“常规业务”，参与行动的不光公安部门。

在写法上，主体为记述笔法，原原本本地记事，但在必要处，也用了一些说明、描述、议论、分析等笔法。特别是一些有鲜明地方特色的事物，用说明和分析性写法，阐明了特点和精华所在，文笔优美典雅，体现了较高的学术性。如对扬州评话艺术特色的论述，对“扬州八怪”画风创新的分析，对扬州学派学术风格的阐述，对扬州园林特点和文化蕴涵的叙述等都极为精辟和恰当，显示出运笔的功力和灵活。

体例上也有值得研究的地方。《凡例》中说：“本志专篇一般按事物属性归类，尽量采用按社会分工和历史分期相结合的方法记述。”对于随历史分期的不同而性质相异或呈现较明显不同风貌的事物，是应该划分大的历史时期来记述的，但有些事物则不必按历史时期分别记述。如自然灾害、人口规模、木帆船运输等，通贯记述即可，而不必分解放前、解放后，或新中国建立前、新中国建立后。

在内容上，扬州市的民情应设专节记载。笔者看到几本分析研究北京、上海、广州、成都等城市市民性格、心理特征等的书籍。从朱自清的《说扬州》文中可知扬州民情亦有鲜明的地域特点，如能在风俗篇里专门写一写是很有意思的。

极个别古代事物，不应用现代词汇去记，如“清政府”应为“清朝廷”或“清廷”；古代司法也不能称“警察统治”。

还有一处称“满清”，一处把“蒙古族”称为“蒙族”也是不妥的。这些都是极个别的地方，不影响《扬州市志》的极低差错率和高质量。

（原文刊载于《江苏地方志》1998年第2期）

扬州市志（1988—2005）

扬州市地方志编纂委员会编。2005年8月启动编纂，2014年5月由方志出版社出版。主审陈扬、何金发。主编宗金林，常务副主编姚震、刘扣林，副主编黄大昕、徐钟恒、吴家兴、王庆云、魏文杰、谢连生，编辑侍琴、王妮姗，图片编辑李斯尔。

全书4册，588万字，图片965幅（志首150幅、随文815幅），表格1052张。记述地域范围为2005年扬州市行政区域，1996年区划调整后从扬州市划出的区域不列入记述范围。以市本级为主，覆盖全市。该志是《扬州市志》（1997年版）续志，记述上限1988年，衔接前志；为保持事物发展的连续性和完整性，部分内容视情适当上溯，前志缺载事物记自发端。下限一般至2005年，文博篇个别内容延至2006年，总述、大事记、人物、附录延至2010年。志首设序、凡例、总述、大事记，志末设附录、索引、编后记。全志设42篇：建置区划·自然环境、环境保护、国土资源管理、人口、城市建设与管理、风景园林、交通运输、水利、邮电·信息化建设、经济综情、开发园区、农业、工业（上）、工业（下）、建筑业·房地产业、国内贸易、社会服务业、旅游业、对外及港澳台经贸·口岸监管、金融业、财政·税务、经济综合管理、中共地方组织、人民代表大会、人民政府、人民政协、民主党派·工商联、群众团体、人事·劳动、民政、政法、军事、科学、教育、文化艺术、新闻出版、文博、卫生、体育、社会生活、区县市概况、人物。

为突出扬州历史文化名城保护和文化博览城建设成就，该志设文博篇；为体现扬州园林在全国久负盛名的特色，设风景园林篇；为集中记述以“扬州三把刀”为代表的服务业老字号，设社会服务业篇。为加强宏观经济记述，设经济综情篇，记述经济体制改革、经济结构、经济状况以及经济技术协作等内容。志书设专记13篇，记述正文中难以归类而没有记述，或者因受体裁或篇幅所限而未能充分记述的重大事件、重要事物，如《润扬长江公路大桥》《淮扬菜之乡》等，增加志书记述深度和资料价值。附录收录重要文献、勘界协议和著述目录，增强资料性。设前志正误，更正前志中的差误，体现志书的科学性、严谨性。

2015年，该志获江苏省档案文化精品一等奖；2016年，获江苏省第十四届哲学社会科学优秀成果奖三等奖；2018年，被评为江苏省地方志书优秀成果综合优秀一等和篇目设计类、内容记述类2个单项优秀。

（郭玉祥）

【编后记（节选）】

一

《扬州市志（1988—2005）》编纂工作从2005年开始筹划。2005年8月4日，扬州市政府召开常务会议，研究决定编纂《扬州市志（1988—2005）》。市方志办随即着手开展二轮市志篇目设计的前期准备工作，在认真细致调查研究的基础上，于9月16日完成二轮市志篇目初稿。10月20日，市方志办召开二轮市志篇目论证会，邀请10多名省内方志界专家对篇目进行论证。11月1日，召开内部研讨会作进一步探讨。在充分消化和吸收专家论证会和内部研讨会修改建议和意见的基础上，对二轮市志篇目进行全面系统修改，形成二轮市志篇目讨论稿，于11月8日以市地方志年鉴编纂委员会（2012年更名为市地方志编纂委员会）名义印发给市各部门单位、县（市、区）方志办及驻扬单位，广泛征求意见。

12月10日，市政府印发《关于做好第二轮地方志编纂工作的通知》，全市第二轮修志工

《扬州市志（1988–2005）》目录

作正式启动。12月21日，市委办公室、市政府办公室印发《扬州市第二轮地方志编纂工作实施方案》。

2006年2月18日，市政府召开全市第四次地方志工作会议，市长王燕文到会讲话，全面部署二轮修志工作。市政府（市地方志年鉴编纂委员会）与212家承编单位签订“扬州市第二轮地方志编纂工作承编责任书”，全市第二轮修志工作全面启动。2月22日，市地方志年鉴编纂委员会将二轮市志基本篇目印发给市志各承编单位，明确市志各承编单位的编写任务，同时，确定各篇的牵头单位。市志承编单位纷纷行动，落实“一纳入、五到位”措施。3月6日，人民银行扬州市中心支行作为《扬州市志·金融篇（1988—2005）》的牵头单位，在全市率先主持召开金融系统修志工作协调会议。随后，200多家承编单位先后以召开协调会、发文等不同形式，建立职责分明、体系严密的修志责任机制，在组织上确保修志工作的顺利开展。

在资料收集及志稿编写工作阶段，市志各责任编审按照分工，依据二轮市志基本篇目，与各承编单位一一对接，细化篇目。同时，针对本轮修志人员大多数是首次参加修志的新兵这一特点，市方志办加强修志人员培训，提高修志人员资料收集和志稿编写能力。2006年3月和10月，分别举办全市二轮修志业务培训班和主笔培训班。除全面培训外，更多的是专门培训、以会代训及当面指导。市方志办还汇编多套修志参考资料，编发《续志工作简报》40期，介绍修志工作动态，刊登有关承编单位的成功经验和做法，以典型引路。9月，以市地方志年鉴编纂委员会名义印发《〈扬州市志（1988—2005）〉行文通则（试行）》。为做好资料收集工作，2007年1月，市方志办先后印发《关于征集〈扬州市志·人物篇（1988—2005）〉资料或稿件的通知》《关于印发〈扬州市志（1988—2005）〉入志大事记内容和标准的通知》。至2008年底，全市200多家承编单位基本完成初稿编写工作。

为保证志稿质量，二轮市志编纂建立承编单位志稿评审验收制度。2007年2月，在全省率先拟定并由市政府办公室印发《〈扬州市志（1988—2005）〉承编单位志稿审查验收办法》，对各承编单位编写的初稿实行三级审查验收制度，确保志书的科学性、系统性、真实性、权威性。3月，市邮政局在各承编单位中率先组织召开《扬州市志·邮政志（1988—2005）》稿初审会。由于各承编单位提交的众多零散稿件质量参差不齐，市方志办责任编审认真审验、把关，着力把好政治关、体例关、资料关、内容关、文字关等“五关”。在具体操作中，做好“三读”（略读了解大致框架，细读掌握基本内容，查读寻找基本要项和错漏硬伤等）、“三查”（查找前志理清续志内容的衔接和创新，查找年鉴和地情资料理清事物发展来龙去脉，查找相关网站和外地志书理清行业特点和专业特性），严格把握志稿细节。至2009年底，市志初稿评审修改工作基本完成。

2010年初，二轮市志编纂由志稿编写与评审阶段转入以篇为单位的分纂工作阶段。我们根据中国地方志指导小组出台的《地方志书质量规定》，制定《〈扬州市志（1988—2005）〉分纂工作方案》，充分把握分纂工作承前启后的特点，确定分纂阶段坚持“齐断限、核史实、统体例、精文字、划交叉、挑疑点”的工作准则。责任编审们立足分工，各司其职，独立操作，从篇目设置、时限划定、内容表述、数据引用、资料选取等方面着手，整合局部志稿内容，做好缺项补写、资料增补、史实考订、数据核实、记述实体微调等工作，各篇志稿基本达到观点正确、资料翔实、特点鲜明、体例严谨、文风端正的质量标准。2010年9月，《扬州市志（1988—2005）》总纂篇目在省内各市中率先通过省方志办组织的评审。

2011年初，市方志办召开市志总纂工作动员会，编排市志分、总纂工作和志稿评审序时计划，分解到人。二轮市志编纂转入以总纂为主、分纂与总纂交叉同步进行的工作阶段。市志编纂工作班子采用先分后合、统分结合的分工形式，设两名常务副总纂、多名分纂。所有人员统筹兼顾、分工协作、责任落实。分纂负责审读志稿、组装合成、归纳志稿问题、补充资料、通篇核查、消灭硬伤；总纂在分纂的配合下，把好政治关、体例关、史实关、记述关、文风关，解决篇下概述修改、观点校正、结构微调、详略处理、交叉厘清、删繁就简、规范行文、修饰文字等问题；总纂加强对分纂的指导，分两个总纂组，由总纂牵头，分纂跟班作业。分纂和总纂相结合的形式，确保总纂把时间和精力投入到文稿审核和组织协调上，统筹考虑全志范围的重复交叉、内容剪裁、层次划分、前后过渡等问题，攻克分纂阶段未能解决的难点，分纂在总纂的指导下进一步细化、修改、补充志稿。与此同时，上门督促一些老大难承编单位做好志稿修改的资料补充，同步开展市志随文图片征集工作。至2011年底，基本完成市志总纂工作。

2012年1月起，《扬州市志（1988—2005）》进入评审验收阶段。7月，市方志办组织完成初审。初审后经进一步修改，形成复审稿。我们约请14位熟悉扬州历史、了解各相关行业情况、对扬州地情有研究的领导、专家复审市志稿，重点审查政治观点正确与否、史实是否准确无误、重大史实有无缺漏、对18年发展轨迹把握是否客观全面。10月，《扬州市志（1988—2005）》通过市地方志编纂委员会组织的复审。复审会后，我们认真梳理大家提出的意见、建议，加以充分消化吸收，并制定具体的修改方案，明确有关规范及注意事项，进一步统一语言表述及表式、版式要求。各责任分纂根据修改方案进行修改完善，总纂审核定稿。到2013年1月底，各篇章全部定稿。2—3月，完成两轮校对，形成终审稿。7月10日，市志稿通过省方志办组织的终审。

终审会后，我们进一步完善体例，适当微调结构，划清交叉重复；同时，根据需要补充修改、增删有关内容，并进一步压缩控制篇幅。在修改完善过程中，我们把核校史实、数据放在第一位，核准、核实模糊的史实，找准资料出处，力求所有史实清晰准确，以提升志书的科学性。同时，聘请统计部门的专家就志稿中的数据进行专项检查；组织编纂人员对志稿前后内容、不同篇章内容、文表内容中的数据进行比对，除特殊需要外，基本做到前后一致、文表一致、总分一致。在修改过程中，我们还加大对文字、标点符号差错的纠改工作，进一步降低差错率。由于志稿篇幅较大，编纂班子成员既有分工又有合作。两位常务副总纂负责统筹，交叉统稿，会商审稿，统一标准尺度，努力做到内容表述方式统一、文体风格一致、语言文字规范；同时，努力做到行文严谨，把好政治性、社会敏感性较强事件记述关，全志严谨性、规范性得到进一步提升。在做好修改完善的同时，我们同步开展出版前准备工作，制作志书专题插图初稿、政区图和市区图，选定随文图片，提请市委、市政府主要负责人为志书作序。

2014年3月和5月，《扬州市志（1988—2005）》分别通过省方志办的验收和方志出版社的审稿。根据审核意见，我们又着重在规范上下功夫，努力降低差错率，实施多轮校对，自校、互校、交叉校对、专项校对相结合，并做到校对与修订相结合，直至定稿付印。

二

“十年磨一剑”，个中甘苦，非亲历者难以体味。回顾十年修志路，“板凳要坐十年冷，文章不写一句空”盖可印证；纵观十年修志路，“昨夜西风凋碧树，独上高楼，望尽天涯路”“衣带渐宽终不悔，为伊消得人憔悴”“众里寻他千百度，蓦然回首，那人却在灯火阑珊处”洵为注脚。盛世修志，志载盛世。适逢改革开放的盛世，我们是这段辉煌历史的参与者、亲历者、见证者，又有幸成为其忠实记录者。当这一光荣使命历史地落到我们肩上时，我们责无旁贷。作为《扬州市志（1988—2005）》的编纂者，我们理当殚精竭虑。作为一项庞大的系统文化工程，《扬州市志（1988—2005）》的编纂得到社会多方面和各界人士的关心、重视、支持，没有这些坚强的依靠、大力的支持和默默的奉献，二轮市志就不可能如此顺利出版。对此，我们心存感念。

市委、市政府的坚强领导和有力推动，是二轮市志顺利完成的前提。在经费保障方面，2005年8月市政府常务会议就决定：在“十一五”期间，将二轮修志经费纳入财政预算，正常工作经费每年固定拨付，后期印刷出版费用据实拨付。根据二轮市志编纂的实际进展状况，2010年，市方志办经省方志办同意，提出延期三年完成修志任务的请求。市政府研究同意后，又及时要求财政部门核算经费，确定这三年的每年工作经费，保证修志的经费需求。在工作推动方面，市政府加强督查，推进二轮修志工作有序开展。在全面启动阶段，为及时掌握各承编单位的启动情况，督促各单位迅速进入工作状态，2006年5月，市政府办公室印发《关于对全市第二轮修志工作进行督查的通知》，并成立以市政府分管秘书长为组长的督查组。6月下旬至7月，抽取市直30家承编单位分3次召开二轮修志工作督查会议。11月下旬至12月上旬，又对各承编单位二轮修志工作进行全面督查，并在《扬州政务信息》上刊发《关于对市直部门二轮修志工作进展情况的督查通报》。这些举措保证了全市二轮修志工作快速启动、健康推进。2008年7月，市政府再次召开二轮修志督查会，推动二轮修志工作全面均衡开展。二轮市志编纂进入分纂阶段后，少数滞后单位因各种原因已成为制约总体进度的瓶颈。针对这种情况，2010年5月，市政府专门召开滞后单位修志推进会，分管副市长到会提出明确而具体的时间和质量要求。通过不断的督促检查，确保二轮市志编纂工作全面有序推进。

各承编单位及牵头单位的重视和支持，是二轮市志顺利完成的关键。二轮市志编纂启动之初，我们就确定212家志稿承编单位，负责相关篇章内容编写，同时，以篇为单位明确牵头单位。2006年2月全市第四次地方志工作会议后，各承编单位根据市政府的统一要求均成立编纂委员会或编纂领导小组，由主要负责人担任主任或组长，并明确分管负责人和主笔；同时，建立健全承编机构，具体承担修志组织工作和各专志初稿编纂工作。各牵头单位积极承担起组织协调、统筹联络和审稿等工作。由于各承编单位情况差异较大，存在着不平衡性，市政府办公室、市委政法委、市发改委、市经贸委、市财政局、市信息办、市建设局、人民银行扬州市中心支行、扬州军分区等牵头单位做了大量协调沟通工作，推动了修志进度的平衡和质量的提高。

市方志办的有效组织，是二轮市志顺利完成的保证。市方志办几任主要负责人都把二轮市志编纂工作作为首要任务来抓，从未懈怠。特别是在启动之初，经反复斟酌，遴选编审人员，搭建工作班子，建立科学有效的工作机制，推进二轮市志编纂不断深化。为方便查找修志所需资料，对内利用市方志办与档案馆合署办公的优势，提供一切可能的便利；对外做好与相关部门协调工作。对一些职能交叉、机构变化复杂的单位，市方志办还要协调承编单位，落实具体承编任务。对一些找不到修志人员的部门单位，市方志办甚至还要想方设法物色、推荐人员。少数没有承编单位的篇章，市方志办聘请专人撰稿。在后期校对阶段，市方志办整合力量，组织集中校对，尽力消灭硬伤。

广大修志人员的坚守奉献，是二轮市志顺利完成的基础。众手成志，广大一线修志人员的共同努力，为市志打下了坚实的基础。他们默默奉献，为市志添砖加瓦、尽心尽力。修志队伍中，有参加过首轮修志的老同志，也有刚参加工作不久的新手。在修志过程中，直接或间接参与过的人员数以千计，但志书中仅收录了有限的主要撰稿人员和主要摄影人员名单，更多的为修志做过贡献的人员，我们甚至无法知道他们的名字，但我们知道，在市志的字里行间，有他们深浅不一的印迹。

【志评】

从志书内容记述试析提高志书质量的途径

——以《扬州市志（1988—2005）》为例

李　江

章学诚在总结前人修志经验教训后，提出衡量志书质量的三条标准：一是史家法度，二是方志体例，三是内容价值。三者皆备，方为佳志。从出版专业角度来看，衡量第二轮志书质量高低有5个方面：一是编校质量是否合格；二是对改革开放以来经济社会发展变化以及新出现重大事物的记述是否充分；三是地方特色是否鲜明；四是内容记述是否有深度和广度，存史价值是否较高；五是是否具有学术性和可读性。其中第一条指的是志书作为公开出版物，编校质量必须合格，差错率在万分之一以内，这是“规定动作”；后4条可以说是章学诚所提史家法度、方志体例、内容价值的拓展和延伸，指的是志书的“专业动作”，即记述内容的专业质量。把章学诚的三条标准和新编第二轮志书出版质量5个方面结合起来看，在确保编校质量这一“规定动作”的基础上，全面做好“专业动作”，即记述内容的专业质量，是让志书成为精品佳志的途径。2014年5月，历史文化名城扬州市的《扬州市志（1988—2005）》由方志出版社出版发行。本文结合上述两种志书质量标准，从志书内容记述角度探讨该志的优长和存在的缺憾，探索提高第二轮志书质量的途径，以供参考。

一、综合运用全志总述与各篇无题序，提升志书整体性

地方志书编纂的基本原则之一是横排竖写。这种体例编排方式的优点是可以使志书尽可能地横向扩展，扩大志书的容量，使叙事更有条理，有利于展示事物的系统性。但是一个明显的缺陷就是有纬无经，诸事难于连贯，事理难以相通，志书的整体性受到较大影响。述体弥补了这种缺陷，其在保证志书整体性上的作用为学界所认同。《扬州市志（1988—2005）》志首设总述，为全志点睛之笔，高度凝练，总领全书。总述采用综合式的写作方法，博采众长，兼有板块式、勾勒式和策论式的特点，除引言外，分四部分。第一部分从"扬州是一座历史悠久的文化名城""扬州是一座风物迷人的旅游城市""扬州是一座休闲宜居的诗画城市""扬州是一座名人辈出的英豪城市"入手，简明扼要点出扬州的地域文化特点、环境与资源特点（地方特色）。第二部分记述扬州18年间的改革开放，反映时代特色、经济建设和社会事业状况。第三部分记精神文明建设、文化事业、民生工程，展示改革开放以来的成果。第四部分采用策论式，归纳总结18年来的实践经验和主要存在问题。全志内容展示先古后今，层层递进，将扬州市貌市情及地方特色和盘托出，读者一览便知扬州市的悠久历史和1988—2005年间的发展概貌。

除总述外，《扬州市志（1988—2005）》在各专业篇起始处均设无题序，作分析性记述，不仅写出了"是什么"，还写出了"为什么"，强化了全篇的整体性。这种述而有作的记述方式有总有分，脉络清晰，提高了志书的著述性，展示了历史的深度，同时克服了志书主体采用志体，述而不议，难以凸显事物全面性、规律性等缺点。无题小序对各篇主要状况、重大变化做实事求是的分析，是对事物的客观反映；同时还可以帮助读者理解事物发展的动因和走向，让所记事物变得清晰系统。这也契合了第二轮志书记述时段正是中国社会结构大转型时期的时代特征，也是总结历史智慧的一种有效途径。

二、人文部类比重明显增加，历史文化名城亮点突出

《扬州市志（1988—2005）》按自然、经济、政治、文化、社会和人物六大板块编排。从各大板块文字量来看，除大事记、总述外，自然部类占17.84%，经济部类占31.76%，政治部类占18.39%，文化部类占15.71%，社会部类占16.26%，各大部类篇幅均匀，扭转了首轮志书经济部类比重过大的弊病，突出对文化、社会、人物的记述，彰显扬州浓郁的人文色彩，使志书回归"乡邦文献"的本质特征。《扬州市志（1988—2005）》人文部类的亮点如下：

一是重视对人物的记述，人物部类是全志的一大亮点。"自古志书半人物"，志中人物能起到"矜其乡贤，垂范后人"的作用。这也是新旧志书都重视人物部类的原因。《扬州市志（1988—2005）》收录的人物丰富多样，有非物质文化遗产项目代表性传承人、扬州籍院士、烈士英模、在外乡贤、正高级专业技术职务人员、先进模范等，使民间工匠、知识分子、英模人物均能在史册留名。编者根据不同类型的人物，设置不同栏目，如非物质文化遗产项目代表性传承人简表设主要事迹一栏，扬州籍院士简表设主要学术成就一栏，烈士英模简表设主要事迹一栏。这些简表加上主要事迹或学术成就后，反映的人物就比较立体化。《扬州市志（1988—2005）》重视人物记述，是把典型人物的事迹当成生动的教材，教育当代人和后人。

同时，一个个鲜活的人物是点，各专志是面，点面结合，也增加了志书的可读性。

二是文博单独设篇、历史文化名城保护单独设章、非物质文化遗产单独设节，符合扬州千年古城和历史文化名城的地位和特点。其中，如非物质文化遗产，这项内容在全国首轮修志中多被忽略，第二轮修志开始重视。《扬州市志（1988—2005）》非物质文化遗产一节收录国家级非遗项目，如曲艺——扬州评话、扬州清曲，传统戏剧——扬剧，民间工艺美术——扬州剪纸和玉雕，传统手工技艺——漆器、雕版印刷技艺，并记述当地启动非物质文化遗产保护工作和建立长效保护工作机制的经验。编者通过文博篇浓墨重彩的记述，打造出全书亮点。

三、地方特色鲜明，城市个性刻画入木三分

一部志书的地方特色是否突出，是否做到"人无我有，人有我优，人优我特"，详特略同，是衡量其质量高低的标准之一。《扬州市志（1988—2005）》在记地方特色时，有一些好的做法值得推广。如在社会服务业篇，第一章以扬州三把刀为章名，记述自民国时就享誉全国的城市名片——"扬州三把刀"。"三把刀"是形象的比喻，"厨刀"指扬州餐饮业，"修脚刀"指扬州洗浴业，"理发刀"指理发业。又如专记"淮扬菜之乡"，通过5个方面，即淮扬菜系根在扬州、美食文化内涵丰厚、淮扬菜之扬州菜品、淮扬菜之扬州宴席、淮扬菜之扬州厨师，多角度、多侧面展示扬州作为"淮扬菜之乡"的内涵。

在社会生活篇第四章民族宗教中，宗教部分除了记寺庙、宫观、教堂，也记教众，记团体，记重大活动，记友好交往，记社会公益事业，记宗教教育。在民族部分中，少数民族族源及迁入、人口状况、风俗习惯、参政议政均作记述，当地唯一一个少数民族乡菱塘回族乡单独设节，做到了点面结合，内容丰富立体。

全志围绕扬州作为一座文教昌盛、人文荟萃的历史文化名城，突出记述扬州的历史人文、独特资源、发展脉络等地方特色，注重挖掘城市内涵，把城市特点、亮点放大，对扬州城市个性刻画十分精准。

四、对改革开放的记述方法灵活多样，记述效果全面、立体

第二轮志书记述时段基本上是我国轰轰烈烈的改革开放时代，整个社会从计划经济向市场经济过渡，处于转型变革时期。改革开放鲜明的时代特色必须在第二轮志书中着重反映，这已成为共识。问题是如何记述，即如何体现自己的个性，否则，千志一面，没有特色，就难以全面记述当地改革开放成果。目前方志界在具体操作上有两种方式：一种是集中与分散相结合，即在设立改革开放专篇记述宏观改革的同时，在其他篇章也设立相应专章或专节记述微观改革；一种是以分散记述为主，不设立改革开放专篇，有关宏观改革内容在综述或其他分类概述中记述。

《扬州市志（1988—2005）》首先能在思想上把第二轮志书理解为一部广义的改革开放志，并以此总揽全局，使书中各个部类都能抓住改革开放这条主线，记述经济体制、政治体制的改革，社会结构的变动，利益格局的调整，百姓思想观念的变化。从总体上反映改革开放以来，扬州社会进步、政治昌明、经济发展、设施完善、人民生活水平提高、文化繁荣的喜人局面，使这部志书与时代同步，具有鲜明的时代特征。同时，经济综情篇特设经济体制改革章，从农村综合改革、工业企业改革、流通体制改革、综合管理体制改革等方面，记载当地在经济体制改革方面的探索和实践经验。政治体制改革主要体现在人民政府篇施政纪要章中。该章从加快经济发展、提升城市形象、发展社会事业、关注民生、政府建设与管理、政务督查、建议提案办理7个方面反映政治体制改革的具体进展。教育体制改革集中在教育篇中教育改革与管理章中，分为教育结构改革、农村教育综合改革、办学体制改革、人事制度改革、招生考试制度改革五个方面。另外，全书其他篇章中还有关于改革开放的典型、微观记述。对改革开放后出现的新事物如开发园区单独设篇、房地产业单独设章、环境保护与人口单独设篇，比重较首轮志书有所增强，体现出在科学发展观指导下，坚持以人为本，全面协调可持续发展的大政方针。

总体来说，《扬州市志（1988—2005）》中关于改革开放的内容既有全面、宏观的，又有典型、微观的，采用的是集中记述与分散记述相结合的方式。

五、编纂形式的创新

作为专业出版者，除了关注志书内容方面的优长外，对编纂形式的创新也会比较关注，通读全书，编者在编纂形式方面，有不少创新之处。

《扬州市志（1988—2005）》每篇篇首设要目，起到导读全篇的作用，使读者一看便知该篇的框架结构和设置。这对一部有4个分册、580多万字的志书来说，十分必要。这种方式适合部头较大、字数较多的志书，值得在全国其他地区推广。对会议的记述是志书中不容易写好的地方，容易写成流水账，内容也比较冗长、乏味。《扬州市志（1988—2005）》中有一种好的做法，如在中共地方组织篇，设置中共扬州市第四届委员会第一至第九次全委（扩大）会议情况一览表，把历次会议以列表的方式入志，分为日期、次别、主要议题等栏目，读来一目了然。比较可贵的是，相较于全国很多第二轮志书忽略随文图片时间的情况，该志图片均有时间，从而保证了图片的存史价值和使用价值。

《扬州市志（1988—2005）》对交叉内容和雷同内容处理方式得当，避免了完全重复。对交叉内容，编者从不同角度加以记述，对完全重复的内容则采用互见法。如对国家级非物质文化遗产漆器工艺，在工业篇中有记述，主要记述此项工艺在当代的发展状况、获奖情况和代表作品。同时，在文博篇的“非物质文化遗产”中，也有此项内容，主要记述漆器工艺的发端、在历史上的发展、基本特征和历代工艺大师，两处完全没有重复。又如扬州清曲在文化艺术篇中已记，在文博篇非物质文化遗产节出现时，为避免重复，编者采用了互见法。如果能够再加上具体参见页码，就更便于读者使用了。编者对港澳台的记述方式处理比较得当，如第十九篇篇名为对外及港澳台经贸·口岸监管，第一章为对外及港澳台经贸，第一节为对外及港澳台贸易，第二节为利用外资及港澳台资，第三节为对外及港澳台经济技术合作。虽然目前的统计口径还没有将对外经贸与对港澳台经贸分开，但《扬州市志（1988—2005）》作了比较好的技术处理，避免了政治性问题。

六、存在的缺憾

出版界有一句经典名言——“图书是不完美的艺术”，意思是说，没有一部书是没有缺憾的。当然，作为一部近600万言的大书，《扬州市志（1988—2005）》也存在一些缺点和遗憾之处。

一是未单独设立艺文志。艺文具有重要文献价值，古代志书中艺文志占很大比重，而很多新编志书不见艺文篇章，有的志书仅仅在附录中保存极少的诗文。其实早在清代，章学诚就提出“方志分立三书议”，这是章学诚在方志理论上的杰出贡献之一。“三书”，即志、掌故、文征。其中志为主体，掌故如同会要、会典，文征则是反映当地民情生活的诗文和名笔佳章。掌故和文征的设立，目的在于证史，保存一套可靠而丰富的资料，为后人研究使用，从而解决“不失著述之体”与保存重要资料之间的矛盾。在其立“三书”思想影响下，今人所看到的旧志中掌故和文征对于当代人研究历史有着重要价值。而在新编地方志中，掌故和文征部分常有弱化和随意选取的倾向。《扬州市志（1988—2005）》未单独设立艺文志，对这座历史文化名城的名笔佳章也未加收录，只在附录中设置了著述选目，以表格的形式分书名、作者、出版社、出版年份4项收录书目。作为历史文化名城，却不设置艺文志，比较可惜。

二是全书未设页下脚注或篇后注，资料来源绝大部分无出处，不便于专业读者的使用。《地方志书质量规定》第十一条规定方志体裁共有述、记、志、传、图、表、录、索引8种，没有注。没有注，是志书的劣势。早在清代，光绪《仙居县志·新例》就提出：“史，作者也，故不著出典；志，述者也，故必引群书。”笔者曾听到一些做社会科学研究的学者提到，在使用地方志时，由于大部分方志无注，资料来源无出处，使用起来很不方便，如想进一步深挖材料，则无法按图索骥，查阅原著。陈桥驿曾明确指出：“资料有出处，利于人们对‘秉笔’和‘御笔’的分辨，从而鉴定资料是否‘严肃’‘科学’，而且也有利于提高地方志的学术性。”目前，全国有部分第二轮志书编纂者把注引入志书中，并对“注”的内容和形式作了诸多的创新，应该说丰富了方志体裁，增强了方志的学术性。但比较遗憾的是，《扬州市志（1988—2005）》没有对资料来源进行注解，这一点会影响读者尤其是专业读者对该志的使用。

三是部分内容表述应更严谨。如扬州历史上的“三把刀”在全国闻名遐迩，但在该志农业篇中提及扬州“新三把刀”之一的收割刀，指农机跨区作业，其他“两把刀”未在书中提及，并且与大众普遍认可的“新三把刀”，即玉器漆器、雕版印刷、剪纸也不一致。收割刀作为扬州“新三把刀”之一是否有可靠依据？其余“两把刀”是什么？志书均未交代清楚。

四是专记在全志目录中未得到体现，普通读者查找起来比较困难。专记在首轮修志中少见，而在第二轮志书中被普遍采用。专记的处理有3种情况：一是可以把在特定历史条件下产生并对某些方面的发展有着重大影响的事物，加以充分的记述，以突出其在整体记述中的地位。二是一些有研究深度和使用价值较高的典型资料，或专门调查资料，按照体例难以完整地进入章节条目之中，适宜采用专题记述。三是按以类系事原则无法纳入某类记述的某些事项，可用专题来记述。《扬州市志（1988—2005）》也设有专记，精心选录扬州市18年中的重大事件和典型资料进行专门记述，包括创建“国家园林城市”“国家环境保护模范城市”“国家优秀旅游城市”的历程和经验，润扬长江公路大桥的建设，“淮扬菜之乡”称号的由来，2003年扬州市防控急性传染性非典型肺炎工作纪实等。这些专题记述入志，使全书著述性和可读性均得到增强，但比较遗憾的是，这13篇专记均未上目录，读者如不仔细通读全书，很难查找到。

五是有的地方内容过少或内容缺失。《扬州市志（1988—2005）》部分节下无目，内容过少，如城市建设与管理篇生产绿地节的记述只有寥寥几十字。有的地方缺失了事物的主要方面，如第十九篇第三章海关下设海关监管、税收征管、查缉走私3节。当代海关业务分为四大块，即监管、征税、查私和统计，而海关的统计功能十分重要，为我国经济建设提供了大量可靠数据。该志海关业务缺失统计，实为缺憾和不足。

六是"政法"作为篇名值得推敲。政法篇包括社会治安综合治理、公安、检察、审判、司法行政、仲裁五大部分。而"政法"作为篇名，并不恰当，理由如下：在《辞海》和《中国大百科全书》中均没有"政法"一词，即便是中共中央政法委员会的官方网站"中国平安网"，也只有对政法委机构性质和工作职责的介绍，并没有对"政法"一词的解释与说明。《现代汉语词典》中将"政法"一词定义为"政治和法律的合称"，也比较含糊。因此，颜越虎在分析研究了466部志书之后，认为"政法"是一个内涵和外延不清的概念，以此作为志书记述法治建设内容的篇名，既不规范，也不科学。其实此篇名如改为"法治"比较恰当，现代社会法治的内涵包括：（1）法治意指一种治国方略或社会调控方式；（2）法治意指依法办事的原则；（3）法治意指良好的法律秩序；（4）法治代表某种具有价值规定的社会生活方式；（5）法治是一个融会多重意义的综合观念和社会理想。由此可见，法治的概念更加广泛、更加符合时代精神。

七是有深度、有价值的调查资料有所欠缺。对于部分已出版第二轮志书的一些倾向性问题，如平淡肤浅、流水账式记述、主次倒置、宣传色彩、部门志痕迹、总结式、公文体等，《扬州市志（1988—2005）》已有明显克服，但全书仍缺乏有深度、有价值的调查资料。

八是记成绩的同时，忽略对问题和困难的记述。全书较多回避改革后出现的新问题、新矛盾。记成绩和经验多，记挫折、起伏、不足或负面情况少，内容挖掘虽有一定深度，但还不够。如对"三农"问题、企业转制等均一带而过，读者几十年后再用志书来查找资料就很困难。其实这些资料应该是比较好收集的，对重要事件，可以用"点"加以记述，用事实和资料说话。

虽然《扬州市志（1988—2005）》存在一些缺憾，但无论是从编校质量来看，还是从专业质量来看，均比较出色，是一部有分量、有深度的佳志。

（原文刊载于《中国地方志》2016年第2期）

善用体裁出新意　突出特色彰市情

——读《扬州市志（1988—2005）》感言

西　樵

新编《扬州市志（1988—2005）》由方志出版社于2014年5月正式出版发行。该志全4册，洋洋588万言，国际标准16开精装，内文全彩印，装帧精美大方，放在案头平添几分雍容高雅之气。

一、篇目——结构新颖展全貌

《扬州市志（1988—2005）》共设42篇，属中编体式，按自然（包括基础设施）、经济、政治、文化、社会和人物六大类编排。从篇目上看，注重突出地方特点和时代特色的有《环境保护》《风景园林》《社会服务业》《旅游业》

《文博》等篇，二级升格的有《信息化建设》《扬州曲艺》《扬州大学》《体育产业》等章，设置得比较合理，也可称之为志书中的亮点。从志书篇目设置的总体来看，二轮续志篇目更显科学、合理。从首轮、二轮志书篇目几大部类占篇与占页对比，即可窥见端倪。

首轮《扬州市志》采用小编体结构，五大部类（人物未入篇系列）共设76篇（分志）。其中，自然部类6篇，占7.9%；经济部类39篇，占51.3%；政治部类17篇，占22.3%；文化部类10篇，占13.2%；社会部类4篇，占5.3%。

二轮《扬州市志（1988—2005）》采用中编体结构（依笔者分，15编以内为大编体，16~35编为中编体，36编以上为小编体；因该志《凡例》自划为“中编章节体式结构”，故暂以中编体论）六大部类共设42篇（分志）。其中，自然与基础设施部类9篇，占21.4%；经济部类13篇，占30.9%；政治部类10篇，占23.8%；文化部类7篇，占16.6%；社会部类2篇，占4.8%；人物部类1篇，占2.4%。

首轮、二轮《扬州市志》几大部类占篇数相较，二轮志书经济部类比首轮降低20.4个百分比，扭转了首轮志书经济部类设篇比重过多的弊病（这亦为首轮志书较为普遍的通病，并非《扬州市志》独有）；二轮自然部类提升13.5个百分比（与基础设施部类回归亦有关系）；政治部类提升1.5个百分比（与四大班子升格立篇有关）；文化部类提升3.4个百分比；社会部类降了0.5个百分比。再从志书正文所占篇幅来看，首轮《扬州市志》全书正文3451页。其中，总述与大事记160页，占正文页码总数的4.6%；自然部类266页，占7.7%；经济部类1454页，占42.1%；政治部类534页，占15.5%；文化部类538页，占15.6%；社会部类160页，占4.6%；人物部类162页，占4.7%；志尾类125页，占3.6%。

二轮《扬州市志1988—2005》全书正文3202页。其中，总述与大事记108页，占正文页码总数的3.4%；自然部类518页，占16.2%；经济部类922页，占28.8%；政治部类680页，占21.2%；文化部类456页，占14.2%；社会部类162页，占5%；人物部类164页，占5.1%；志尾类192页，占6%。

首轮、二轮《扬州市志》几大部类占页数相较，二轮志书总述与大事记占页比首轮志书降了1.2个百分比，自然部类提升8.5个百分比，经济部类降了13.3个百分比，政治部类提升5.7个百分比，文化部类降了1.4个百分比，社会部类和人物部类均提升0.4个百分比，志尾类提升2.4个百分比。

二轮志书各部类所占页数，经济部类居首位，占志书篇幅的四分之一强；次为政治部类，占五分之一多一点；以下依次排序为自然部类（七分之一稍强）、文化部类（七分之一）、志尾类（十五分之一强）、人物部类和社会部类（各十五分之一弱）、卷首与总述大事记（三十分之一）。

二、总述——贯通古今彰市情

《扬州市志（1988—2005）》的《总述》篇立意新颖，可读性较强，具有独创性，区别于现已出版的志书《概述》，不失为一篇好文章。《总述》篇采用浓缩式，并融入特点式与策论式的写作方式，自成一格。全文占10个页码、16300字。《总述》篇的起首段为1个自然段、250字，行文简洁，要言不烦，既交代了市域位置、经纬度、四至、交通，又交代了市域总面积、人口、市区面积、建成区面积、城区人口，以及市花、市树、市歌等内容。尤为值得称道的是，四至的写法从大写意落笔，颇有气势；三个面积（市域总面积、市区面积、建成区面积）表述，既全面准确，又恰到好处，使读者清晰地了解扬州市城市建设的概貌。《总述》篇分设为四大部分，部分间用序号分割。第一部分采用特点式的归纳法，用3800余字的篇幅，分列"扬州是一座历史悠久的文化名城""扬州是一座风物迷人的旅游城市""扬州是一座休闲宜居的诗画城市""扬州是一座名人辈出的英豪城市"四个小标题，用贯通历史的笔法，深挖扬州的人文历史底蕴，展示扬州的独特城市魅力，使读者对这座历史文化名城的敬意油然而生。第二部分用6500余字的篇幅，分列"经济总量跃上新台阶""改革开放为扬州的发展注入活力""城乡建设取得显著成绩""社会事业得到长足发展""民主法治建设迈开新步伐""平安扬州建设实现新跨越"六个小标题，用浓缩式的分类笔法，记述18年间扬州经济建设和社会事业长足发展的巨大变化。第三部分用3400余字的篇幅，分列"精神文明建设大放异彩""文化事业新创佳绩""民生幸福指数攀新高""党风廉政建设开创新局面"四个小标题，亦用浓缩式的分类笔法，记述18年间扬州在精神文明、文化事业、民生工程建设等方面取得的骄人业绩。第四部分用2300余字的篇幅，分列"必须坚持解放思想、抢抓机遇的战略思维""必须坚持创新驱动、特色发展的个性化道路""必须坚持凝心聚力、统筹兼顾的领导艺术""必须坚持以人为本、执政为民的民生理念""必须坚持党要管党、从严治党的执政方针"五个小标题，用策论式的夹叙夹议笔法，总结扬州18年间改革开放历程中积累的实践经验，同时亦找出存在的问题与不足，优劣并述，资政价值凸显。结尾段寥寥160余字，以展望之语作结。

志书的著述性、整体性，在述体文字上表现得尤为突出，故而《扬州市志（1988—2005）》的编者特别重视述体的应用，除《总述》篇外，还在"篇首设无题概述。章和节下设无题述，但不求一律"（凡例语）。因章和节下的无题述文字繁杂，难以统计，笔者仅对篇首序作了个粗略统计。全志共42篇，设篇首无题序41篇（"工业"分上、下篇，设1篇无题序）。最长3120字（农业），最短400字（人物）；千字以内11篇，一千字至两千字23篇，两千字以上7篇；总字数56670字，篇均1380字（以41篇计）。该志遵循中指组二轮续志断限的规定，篇首无题序的主要功能为概括本篇主要内容，绝大部分只记断限内之事，追述历史内容的仅有《风景园林》《社会服务业》等少数几篇。

该志篇首序提纲挈领地浓缩该篇的精华，概略地展现该篇的轮廓，简练地勾勒出该篇的地方特点和时代特色，使读者从中掌握和了解该篇之大要，篇首小序的功用得到充分发挥。

三、图片——文图相彰出新意

卷首集束彩图在首轮志书中即有应用。首轮《扬州市志》卷首集束彩图，共48页（3个印张）、227幅图片（另有地图2幅，8开双页），页均4.73幅；分类标为"领导视察""园林风光""名胜古迹""文物精品""街巷深处""水灾今昔""农业水利""工业明星""建筑之光""水陆交通""旧城一瞥""城市新貌""科教昌盛""人文荟萃""友好往来""民俗宗教""县（市）名胜""难忘过去"等17个标题，殿后为扬州市行政区划图、扬州市区图（双折页）。

翻开《扬州市志（1988—2005）》，首先映入眼帘的是卷首集束彩图，共56页（4.5个印张）、153幅图片，页均2.73幅，满满当当，令人目不暇接。首张“古运河城区大水湾”为跨页照片（占双页），高空鸟瞰，气势磅礴，画面精美，摄人心魄，展现出“扬州因运河而生、缘运河而兴”的深厚历史文化底蕴。次为市树、市花、市歌（占两页），展示扬州的城市独有标识；其后按“风景名胜”“城市建设”“经济发展”“社会事业”“人民生活”立题，分五类展示市情市貌；殿后的为“城市荣誉”（单页）和扬州市域图、扬州市城区图（双折页）。

首轮、二轮志书卷首集束彩图相较，续志吸取前志的经验，并吸收他志的长处，把卷首集束彩图的编纂提升到一个新的高度。其一，照片由前志的17类归纳为5类，分类更显科学、合理、妥切。其二，照片标题标名准确、简洁，更加符合志体；分类标题虽然减少，但涵盖内容却有所扩大，标题的统摄作用明显增强。其三，剔除“领导视察”照片内容，淡化志书的“官本位”色彩，使图片内容主题突出，地方特色更为闪亮耀眼。其四，照片选择更加精到，照片画面求善求美，达到艺术性与真实性的完美统一。其五，版面编排大方得体，照片篇幅随画面内容变化有度，画面美感得以尽情展现，志书卷首的集束彩图，是读者最先感知的部分，给读者以直观的第一印象，重点反映地方特点和时代特色。《扬州市志（1988—2005）》在彩照内容的选择上求真求特，使彩照的作用得到充分发挥，不失为续志卷首集束彩图编纂的样板，多有他志可借鉴之处。

该志内文插图亦有独到之处。与首轮志书相较，首轮志书总字数560万字，卷首集束彩图用图225幅，内文插图130幅；全志用图355幅，每万字用图片0.6幅。二轮续志内文插图815幅，是首轮志书130幅的6倍之多，全志用图965幅，万字用图片1.45幅，是首轮志书的2.7倍。正因为续志采用全彩印刷技术，特别是通过编者的精心运作，使图片的真实性、直观性、可读性等功能得到充分展现，文图相彰的做法得以施展，进而使志书达到图文并茂的理想效果。

四、专记——撷特辑要妙点睛

《扬州市志（1988—2005）》编者秉承了“专记”这一做法，精心选取了发生在扬州市18年中的10件重大事件，在志书中增设了13篇专记，分别为《扬州市获得“国家环境保护模范城市”称号》（环境保护篇）、《扬州市获得“国家园林城市”称号》（风景园林篇）、《润扬长江公路大桥》《宁启铁路扬州客运站》（交通运输篇）、《南水北调三阳河潼河宝应站工程》（水利篇）、《“淮扬菜之乡”》（社会服务业篇）、《扬州市获得“中国优秀旅游城市”称号》（旅游业篇）、《朝鲜劳动党总书记金日成访问扬州》《法国总统希拉克访问扬州》（人民政府篇）、《扬州市连续获得“全国双拥模范城”称号》（民政篇）、《2003年扬州市防控急性传染性非典型肺炎工作纪实》（卫生篇）。其中4篇为扬州市获得的国家最高城市荣誉，3篇为经济建设中的重大成就，2篇为外国元首到访，1篇为关系民生的防控传染病纪实，从不同视角展现扬州人民的奋斗足迹，令人赞叹不已。10篇专记最长的5190字，最短的1180字，总字数29300字，篇均2930字，并配发11幅照片，图文并茂。文字数量虽仅及全志的0.5%，却起到了画龙点睛的突出效果，浓郁的时代特色和地方特点跃然纸上。

顺带说一句，全志正文中仅设了1篇附，即在《社会生活》篇中附了《扬州市城市居民教育消费现状调查报告（摘要）》，虽仅有3000字的篇幅，却抓住了最困扰城市居民经济生活的一大难题。这个“唯一”，体现出编者资料选取的慧眼独具及关注民生、以人为本的价值理念。

五、赘语——吹毛求疵待商榷

《扬州市志（1988—2005）》似乎还有些许可商榷之处，与是志编者及修志同行研讨。

其一，《附录》中记有《著述选目》内容，位置欠妥，似乎入《文化艺术》篇正文比较恰当；更准确一些，应入艺文篇。艺文是方志中的传统大类，首轮志书重经济轻文化现象较严重，二轮修志认识到首轮志书在这方面的不足，进而得到弥补。艺文单独立编也已形成共识。全国从省到市到县，乃至乡镇、村庄、家族，莫不把发掘自身的历史文化作为当代人的历史使命。艺文还是单独立编为好。首轮《扬州市志》未设艺文篇，二轮续志理应弥补这一缺憾。

其二，依笔者愚见，《总述》篇虽写得不错，但亦有可推敲之处。总述篇要照顾读者的阅读习惯，用个把小时即可阅读《总述》全文，这样才能起到好的效果。现全文长达16300字，阅读一遍须耗时3个多小时，费时劳神，觉得有些长了。《总述》篇还是控制在万字以内、最好8000字以内为佳。

其三，标题制作似乎还有可推敲之处。该志目题分为目、子目、细目三级，前两级加序号，第三级不加序号，格式不统一，显得不甚规范。笔者以为，目题加序号是教科书式的写法，与志书格格不入，志书的最低层次是以条目来体现，条目加序号不伦不类，有违常规。该志政治部类标题中多出现“地方”二字和“扬州市”行政区划名称，似觉欠妥。志书标题中不宜加“地方”二字和行政区划名称。作为省、市、县三级地方志书，书名即标名为“××省志”“××市志”“××县志”，即按中指组颁发的《地方志书质量规定》要求，将志书所记内容框定在一定地域之内。不越境而书，已成为地方志书铁定的法则。分志的各层级标题均不应再标“地方”二字和行政区划名称，不论自然、经济、政治、文化、社会等部类的分志，均以志书名称限定在一定地域之内，标题名称中出现“地方”二字，实属多余。该志《民主党派·工商联》篇和《群众团体》篇的章题均为组织机构名称，全部用全称标示，明显欠妥，且与“中共地方组织”标题的标法不一致。组织机构名称作标题要尽量用简称，避免用全称。志书标题，要求简明、准确，题文相符，使用简称，亦是标题提炼中应采用的一种手段或方式。在二轮续修的市县级志书中，通常会遇到使用机构或组织名称作为一级标题，在使用简称或全称上，多出现混乱现象，即一部志书内的一、二、三级标题，全称与简称混用，标题体例极不一致，直接影响到志书的科学性和严谨性。

在我国的社会活动中，许多组织机构都有相应的简称，且这些简称有几个基本特征：一是经过官方认定或认可，在新闻宣传、公文文件等传播中广泛应用；二是得到社会普遍承认，并在语言和文字交流中广泛使用；三是从上至下约定俗成，既简明又准确，不会产生任何歧义；四是标题制作不能短视，目光要放长远一点。

其四，版面编排还有些许可改进之处。如《大事记》中的“年”“月”均单立标题，标题字号显大、占行显宽，使得版面文字稀疏，不甚美观，且与其他篇章版面不甚协调，无形中增加了志书的文字量。

再如篇名页编排，标题、目录各占1页，似有浪费版面之嫌。新编《萧山市志》篇名页将标题、目录合占1页，篇名页背页排无题序。该志如改用《萧山市志》篇名页的做法，即可节省近8万字的篇幅。当然，篇名页占2页（有的背页空白，有的背页排目录）的做法在二轮续志中多见，并非该志独创；甚至有的志书在编章节齐备的情况下，每一章均另起页，致使志书多处出现“缺苗断垄”的现象，篇幅也随之陡增。笔者以为欠妥。

上面所提的可商榷之处，亦为笔者一家之言，只想为后出志书提供些许借鉴，吾愿足矣。

总括而言，《扬州市志（1988—2005）》最突出之处，可以用两句话概括：善用志体提升学术品味，把握特色彰显文化价值。

（原文刊载于《江苏地方志》2015年第5期）

广陵区志

扬州市广陵区地方志编纂委员会编。1988年8月启动编纂，1993年10月由中华书局出版。主编杨杏芝，副主编丁久均、王玉成、陈朝刚、李理、杨振基、冯克。总纂丁久均、丁淑秋、王玉成、陈朝刚、吴怀民、李理、张锦堂、杨杏芝、承宛若、周兆裕、周舟、金照堂、姜大福、徐金梅、韩承芝。时任中共中央总书记、国家主席、中央军委主席江泽民为该书题签。全国政协原副主席赵朴初、胡绳为志书题词。

全书1册，120万字，图片218幅（志首127幅、随文91幅），表格200张。记述上限不限，下限1988年，个别事项延至1991年。述、记、志、传、图、表、录诸体并用，以志为主。志首设序、凡例、概述、大事记，志末设人物、附录、跋、后记。全志设24编：建置·地理、人口、街道、城市建设、交通·邮电、园林名胜、文物古迹、经济管理、工业、商业、财税金融、对外开放、党派群团、政权·政协、民政、公安·司法、军事、文化、扬州画派和扬州学派、教育、科技、体育、卫生、民情习俗。

广陵区是历史文化名城扬州的主城区，有2400余年的历史。志书设建置沿革节，设历代建置沿革表。人口编收录西汉年间扬州最早的人口记载，人物编记述董仲舒、曹宪、鉴真等先贤，志书运用丰富的资料，反映这座古城的形成、发展及其兴衰起伏。运用升格、前置等方法，设园林名胜、文物古迹、文化、扬州画派和扬州学派等编，充分展示名城文化。其中，园林名胜编、文物古迹编放在经济类之前，打破新编地方志通常采用的先经济，后政治，再文化的排列顺序。园林名胜编设蜀冈—瘦西湖风景名胜区、城市园林2章，着重记述现存的园林景观。文物古迹编列表收录47种流散文物、124个文物保护单位，立目记述10种馆藏文物、16种碑刻石雕、11所名人故居。城市建设编记述历代城池的变迁，包括邗城、广陵城、唐城、宋城、明城，并绘制《扬州城池变迁图》，记述当代城市规划。这种借鉴历史、古今结合的记述很有深度。扬州画派和扬州学派编记述扬州画派的艺术特色和扬州学派的形成原因、学术成就与特点等，并列举主要人物的主要学术著作。志书注重记述基层风貌，将街道从建置区划中升格出来独立设编，记述街道办事处、居民委员会的沿革和所承担的主要工作。还专设名街名巷·会馆名宅章，详细介绍街巷的地名由来、传说故事以及地理特点和历史变迁，可读性强。商业编中设扬州三把刀章，记述维扬菜点与烹饪技艺、理发技艺、修脚技艺以及技艺传授与交流，充分突出地方特色。民情习俗编对扬州城区的市招、市声（叫卖声）、市语

《广陵区志》目录

这类社会底层声貌也作了记载，富有浓郁的乡土气息。首设对外开放编，横跨政治、经济、文化诸领域，以经济为主线，将文化、人物、政治联系起来统一记述。此举覆盖面广，记述难度大，突出地方特色，富有时代精神。该志将城市志特色、地方特色、时代特色、编纂特色融合统一，妥善处理区、市志的关系，为城市区志的编写提供宝贵的经验。附录收录大事记略（1989—1991），补充下限后3年史料；碑文、诗文的收录，丰富志书内容。

1994年，该志获江苏省地方志工作优秀成果一等奖；1997年，获全国地方志奖二等奖。

（许　雯）

【后记（节选）】

《广陵区志》是扬州城地域历史上第一部社会主义新方志。

1988年8月，区委、区政府按照扬州市地方志编纂委员会部署，组建广陵区地方志编纂委员会及其办公室，开展修志工作。至1993年10月，历时五载，编纂定稿，交付出版。开始编纂的是《简志》，但在实践中感到，广陵区是扬州市唯一城区，是扬州市经济、政治、文化的中心所在地，又是这座历史文化名城的主体，《简志》似难以反映其丰富的内容。遂按独立成志的要求构思，设计框架结构，获编委会批准，予以实施。在编修过程中，编纂人员数易其稿，备尝艰辛。1990年2月21日，中共中央总书记江泽民同志为《广陵区志》题写了书名，给家乡人民，特别是编修人员以极大的鼓舞。全国政协副主席赵朴初、胡绳同志亦相继为《广陵区志》题写了诗词，期望《广陵区志》“发扬传统，启迪后人”，在众多的“史乘”中“峥嵘”。区委、区政府领导在多次讲话中提出：编修好《广陵区志》是一项重要的政治任务，一定要力争出良志。区政府、区政协领导同志分别担任区地方志编纂委员会主任和常务副主任，加强对区志编纂工作领导。1990年3月，区人大常委会会议第二十二次审议区政府关于区志编纂工作情况汇报，并作出“关于加强《广陵区志》编纂工作的决议”。随着编纂中的《广陵区志》在社会上的影响不断扩大和领导的重视，区志办公室的物质条件有所改善，人员有所充实，经费有所增加，但也因某些因素致使编写和协调工作存有诸多困难，编纂工作在艰难中前进。

《广陵区志》的编纂，大致分为五个阶段，即编写部门志、专业志、区志初稿、送审稿和修改定稿。54个部门编写了部门志，为编写专业志提供了资料长编。在部门志基础上，合并相同性质的内容，编写33个专业志。专业志经过联审、修改和验收，再按区志总纂的要求，编写成区志初稿。初稿经过磨稿，由责任编辑修改编纂成区志送审稿，送审稿发给有关专家学者审改。1992年4月10日至13日，区委、区政府召开《广陵区志》送审稿评审会，来自全国有关省、市、县、区的40多位专家学者出席，与会同志对《广陵区志》送审稿予以充分肯定，并提出了修改成良志的希望和意见。评审后，又用半年时间认真修改定稿，经上级审查批准，正式出版。

《广陵区志》的编纂，贯彻开门修志方针。在编纂工作中，实行党委领导、政府主持、人大监督、各方配合、众手成志的做法，使编纂工作取得较好效果。几年中，先后编印了各种志稿138册，总计1000多万字，最后经过总纂修改，定稿为120万字。《广陵区志》编纂成书，是参与修志的同志共同努力的结果，是集体智慧的结晶。

《广陵区志》编纂是在摸索中前进的。由于事物的多样性和复杂性，给区志编写带来一定的难度，尤其是区志与市志关系的处理尚无多少可供借鉴的经验。在扬州市地方志办公室的指导帮助下，经过实践，摸索了一些可行的办法，如编纂中贯彻“详今明古、详区略市、该详则详、该略则略”的原则，详市志之所略，略市志之所详；对驻区单位则采取宏观概述、典型介绍、列表作全面反映；区境内市、区共有都应详记的特色事物，则错开角度，各有新意，各得其所地记述，力求做到区志与市志互补，相得益彰。

《广陵区志》的编纂，立足于区情地情，博采众长，为我所用。志稿设计，坚持形式为内容服务，谋篇布局，不求整齐划一，也不固守旧规，编目设置和各编目领属的层次及章、节的多少，均从实际出发，服从突出特色需要进行处理，该置前的置前，该升格的升格，该详记的详记，有的则采取综合手法加以体现。

【志评】

广陵出新志　志苑传佳话

魏　桥

烟花已过五月天，我来到“绿杨城郭古扬州”，参加《广陵区志》首发式。当前，社会上不少人对“首发式”颇有微词。的确，出版一部书，即开一次首发式，千篇一律，恐怕无此必要。可是一部志书出版，集众人之智，历数年之功，发行与用志结合，进行一番动员，实属必要。我参加过不少志书发行会，这次却感到耳目一新，启示不少，得益匪浅。

《广陵区志》由江泽民同志题写书名，全国政协副主席赵朴初、胡绳题词，反映了党的总书记和社会名流对方志事业的关心。参加首发式的除了中国地方志指导小组和有关领导、方志界人士外，出人意外的还有毛泽东同志家乡韶山、邓小平同志家乡广安的主要领导同志。三代党中央领导人的家乡都在修志、用志，说明中国共产党人对方志事业的重视。尽管地方志工作是一项“不易被重视的重要工作”，尽管党的工作千头万绪，明智的领导者都会将修志工作列入议事日程，加以重视和关怀。也只有在党的领导下，方志事业才能顺利进行，并作出成绩来。

志贵在用。《广陵区志》首发式，既是一部志书编纂的结束，又是修志工作深入的开始。会上和会后广陵和韶山、广安缔结友好市县区，以志书为媒，将三地联合起来，相辅相成，发展经济，改善人民生活，也使修志工作更加深入。这是历史上修志的创举，也是本届修志的佳话，必将载入修志史册。

《广陵区志》受到人们的瞩目是理所当然的。志以地传，广陵作为淮左名都，是国务院第一批公布的历史文化名城，悠悠岁月，胜迹满街，古往今来，受到各方名士的关注。隋炀帝三下扬州，清康、乾二帝六下江南，又多次驻跸于此。近年来“往昔繁华今又见”，社会经济文化又有了长足的发展和进步，古城新貌更令人神往。方志既是官书，又是学术著述，由总书记题写书名可以说是享受了殊荣。“广陵区志”四个字不仅是对“广陵区”的，还是对整个“志”界的，因而理所当然会引起方志界的格外热心。

当然，作为一部志书，要适应现实的需要，

又要经得起历史的检验，关键在于质量，志书的质量是志书的生命和信誉。古往今来，一切捧出来的文章都是不能持久的，任何吹出来的气泡再大也是顷刻即灭。《广陵区志》不负总书记的重托，好在扎扎实实地下了一番苦功夫，根深而叶茂，水到才渠成，全书120万字是从1000多万字的资料中精选出来的。现在有书为证，无论形式和内容都是上乘的。

《广陵区志》的形式，包括封面设计、印刷、用纸、装帧以及彩照、黑白照、地图等都是上水平、够体面的。典雅大方的封套，配上铜质闪烁的书名，显示广陵自古繁华的地方特色，为当今众多出版物中所罕见。形式是人们读书的第一印象，优美的形式使人爱不释手，令人不可不读。当然，我并不主张一切志书的装帧都向《广陵区志》看齐，这是杞人之忧。有的志书可以豪华取胜，有的可以简朴见长，总之，办法人人要想，点子大家可出，因地制宜设计好志书，这是区志给我的启示。

再就区志的内容而言，可以就观点、体例、特色、文字等思路讲出许多行话，这里欲说还休，就此打住。志书的内容归根到底是要具有实用价值和学术深度。修志为了用志，志书的“用户”又十分广泛。何谓“有用”？有用，就要查得到，用得上；有根据，可信任。广陵作为历史文化名城，历史上重要的方方面面志书记得十分详尽。如社会经济、名街名巷、会馆名宅、古树名木、园林名胜以及碑文诗文，等等，查考非常方便。不仅如此，该书除了可供单项应用外，还注意整体应用。如“城市建设”编，记述了历代城池的变迁，包括邗城、广陵城、唐城、宋城、明城，并绘制了“扬州城池变迁图”，然后记述当代“城市规划”。在“总体规划”中对历史文化名城的保护，规定“一条河、两大片、四条线、八个不同特色的保护区、二十四个重点保护点”，这种借鉴历史、古今结合的记述很有深度，极有价值，防止了当前常见的城市建设中忽视历史，出现建设性的破坏的通病。从中可以得到启示，方志的编写和应用，无论微观或宏观都是十分值得注意的，真是“方志有百用，看你如何用”。

志书作为社会科学研究成果之一，应该坚持实事求是，具有相当的学术价值。不能为迎合某种需要而作片面强调，更不允许说风话，不唯上，不唯书，只唯实。区志重视对学术的记述，专设“扬州画派和扬州学派”，分析性地记述了产生独特的历史、地理条件，进而记述了扬州画派的艺术特色和扬州学派的形成原因、学术成就与特点等，并列举了主要人物的主要学术著作，便于人们从事研究。尤其是书中关于运河的记述，虽然只设一节“运河及其变迁”，文字不多，却有相当的学术深度，该文记述了运河开掘过程，对扬州的重要影响，但不一味唱赞歌，同时记述了江北运河水系“涝不能排泄，枯不能存水”的重大问题以及解决过程，为研究工作提供了有用的资料。

（原文刊载于《中国地方志》1994年第4期）

城市区志的成功之作

——评新编《广陵区志》

吴献中　吴炳顺　庄晓明

80年代，在全国盛世修志的热潮中，城市区志应运而生。城市区志如何编写，是这届修志的一个全新课题，一些城市的区在这方面作了积极的探索。新近出版的扬州市《广陵区志》

（以下简称《广志》）即是一部区志编纂的成功之作。

一、城区特色的着力体现

没有地方特色的志书是没有生命力的。作为城市实体所在地的区，怎样发掘和展示这座城市在历史长河中形成的特征，总结和表现区这个新生建置自身的特点，并将二者有机地融为一体，形成区志在内容上的特色？《广志》作了一次成功的尝试。且看《广志》所着力体现的三个内容：

一是悠久的古城历史。

广陵，春秋称邗，秦设广陵县，楚汉之际又称江都，有2470多年的城市史。1983年，扬州实行市管县体制，城区设为广陵区。广陵区是古城扬州的唯一城区。《广志》运用丰富的资料，反映了这座古城的形成、发展及其兴衰起伏。“建置沿革”中的邗国、广陵邑、广陵县，“城池变迁”中的邗城、广陵城、唐城、宋城、明城，“人口”中西汉年间扬州最早的人口记载，“驻军”中的南宋抗金的守军，“战事”中南朝宋沈庆之讨伐刘诞、屠毁广陵城，《教育》编中西汉江都相董仲舒“倡正谊明道之学”，《人物》编中董仲舒、曹宪、鉴真等先贤，均有记述，可谓包括百科事，纵贯三千年。凡古城境内发生最早、时间最久的事物，《广志》皆不遗余力地进行追溯，勾勒出古城扬州的一部悠久文明史。

二是灿烂的名城文化。

扬州又是一座中外驰名的文化古城，有着丰厚的文化宝藏。《广志》大胆地、有创意地运用“升格”“前置”“浓墨重彩”等方法，将名城文化向世人作了充分的展示。

《广志》的《园林名胜》《文物古迹》《文化》《扬州画派和扬州学派》等编，是编者精心撰写的文化类部分，也是《广志》的“重头戏”，占全志总编数的六分之一。与已出版的各类志书比较，其文化内涵是相当丰富的。其中，《园林名胜》《文物古迹》分别列为第六、第七编，放在经济类（第八至十一编）之前，打破了新编地方志通常采用的先经济，后政治，再文化的排列顺序。《园林名胜》编设有“蜀冈—瘦西湖风景名胜区”“城市园林”两章，着重记叙了现存的园林景观，而这两章所附的“蜀冈—瘦西湖部分湮没景点简况”“已圮公园”也是很有特色的。清代“扬州以园亭胜”，而蜀冈、瘦西湖一带更是“两堤花柳全依水，一路楼台直到山”。所附材料，既反映了历史盛况，又为今后的修复重建工作提供了可信的历史资料。这正是编者匠心独运之处。《文物古迹》编列表收录了47种流散文物、124个文物保护单位，立目记述了10种馆藏文物、16种碑刻石雕、11所名人故居。读了《广志》这几编，即使生于斯、长于斯的扬州人，也会对本邑的灿烂文化有更深刻的了解。

值得一提的是，《广志》不仅对自然景观作了浓墨重彩地记述，而且对扬州富有特色的人文景观，也作了生动、有趣的反映。

三是独特的基层风貌。

街道和居民区是城市管理组织的“细胞”，为区政府所直管。对此，《扬州市志》不可能详细记载。《广志》将“街道”从一般市、县志所归属的“建置区划”中升格出来，单独立为一编，记述了街道办事处、居民委员会的沿革和所承担的几项主要工作。值得一提的是，《街道》编还别具一格地专设“名街名巷、会馆名宅”一章，详细介绍了街巷的地名由来、传说故事以及地理特点和历史变迁，使《广志》显示出“小中见大，丰满可读”的特色，给人以深刻印象。

市井生活是城市文化中极富生命力、内涵丰富、饶有趣味的成分,《广志》也留意记载。《民情习俗》编对扬州城区的市招、市声(叫卖声)、市语这类社会底层声貌也作了记载。这项内容,不仅旧方志中没有,而且新方志中也不多见。《广志》绘声绘色地反映了古城市民生活的情态,富有浓郁的乡土气息。

二、区、市志关系的妥善处理

以现行行政区划作为志书的记述范围,是志书必须遵循的一个原则。从区域范围来说,凡在城区内的事物都可以作为区志的记述对象。但由于同一地域内的事物、事业又分属市、区管辖,这就带来一个区域性和隶属性、区辖区管和市辖市管如何合理分工的矛盾。作为区志,如果对市管的事物一概不写,则有违"志为一方全史"的原则。如对市、区分管的事业一视同仁、平分秋色,则又会失去区志的特征。对这一矛盾的处理,《广志》的编者在编纂实践中,经过反复研究和探索,逐步明确了几条原则:

首先,在区域范围上,坚持写满写足,而不越界而书。即对区境内的人和事写完整、写全面,对超出界外的则一律割舍。如郊区的竹西公园,邗江境内的高旻寺、隋炀帝陵等,虽在城区边缘,或可牵强记入,但编者却果断舍弃,使《广志》有个清晰的区域界线。

同时,在专业内容上,坚持以区为主,而不喧宾夺主。《广志》记述对象以区属区管为"主",市属市管为"宾",以较多的笔墨为区级政权立言记绩,在位次上先"主"而后"宾"。如《工业》编共设四章,前三章记区属工业的结构、门类、名特优新产品,最后一章为市属以上工业简介;《卫生》编第一章"机构"分"区属""街道""驻区"三个层次的医疗机构为三节,以下各专业章着重记叙区属卫生机构的医疗卫生工作;《党派群团》《政权政协》两编,综合记述了建区前组织机构状况,重点记述建区后的组织和活动,尤其是"政绩"一节,概述建区前,详记建区后,主次分明;全志的概述,宏观记述了城区各项事业的历史和现状,大都采用了分段、分句的写法,分清市和区的不同层次,如有城区工业总产值,也有区属工业总产值,有城区商业网点,也有区属商业网点等。《广志》客观如实地记述了区属事业发展的现状,有较好的存史、资政作用。

其次,在记述方法上,坚持错开角度,而不简单雷同。如《建置沿革》编虽从西周初期的邗国写至广陵建区,但正文部分只是抓住筑邗城、建广陵县、改广陵区几个环节,作跳跃式、粗线条的叙述,仅用了200余字(因详细记述是《扬州市志》的任务),而用附表交代历朝历代沿革,做到文表互补、相得益彰,体现了编者驾驭、剪裁资料的娴熟技巧。再如芍药和银杏,也就是市政府命名的市花市树,《广志》牢牢把握角度,不是以"市花市树"立目,而是从花卉和绿化的角度立目,文中交代出"市花市树"的名分。这样,既不使这项内容缺漏,又不至于有掠美之嫌。

三、多种文法的灵活运用

志书的文体应该是平实、简朴的记述体。清代方志学家章学诚在《章氏遗书·修志十议》中对编纂志书曾提出"简、严、核、雅"的要求。但从已出版的志书看,似乎求简、严、核有余,而求雅不足,语言缺乏美感、平淡而苍白的志书不少。

区志比之省、市志,对一些事物的记述更直接、具体、细致,具有乡土志的某些特征,它的读者对象更多的是广大市民。《广志》立足于历史文化名城,在表现手法上有所突破,语体文法上颇有新意。

文化类部分在熟练老到的记述体文字中，并不排斥描写引喻的笔法，其中有不少精彩之笔。如《园林名胜》编，对享有“扬州象征”美誉的“莲花桥”是这样记述的：

建立在莲花埂上，南北跨瘦西湖。清乾隆二十二年（1757）巡盐御史开莲花埂新河时所建。因桥上建有五亭，故又称五亭桥。

桥上建有五个亭子，用28根大红圆立柱支撑，以亭廊相连。中央一亭最高，重檐翘角，攒尖顶，漏空脊。四座翼亭对称相围，单檐翘角，角悬风铃。亭面皆覆黄色琉璃瓦，檐脊为绿色琉璃瓦。亭内彩绘藻井，亭栏外侧围以石栏，柱头雕各式狮形。

这段文字犹如工笔素描，五亭桥的形状、结构、色彩以及细微石雕都展现在读者面前，使人如临如见，美不胜收。

《广志》在记述学术性强的内容时，还灵活运用了夹叙夹议、转述引证的笔调。如“扬州画派”一章，交代了“扬州八怪”的由来，又阐明了“扬州八怪”的艺术特点和成就，融学术性、资料性于一炉。又如“扬州学派”一章亦是如此。扬州学派是清代乾嘉学派的一个重要分支，其研究成果广博而精深。编者有一段介绍：

扬州学派是在清代乾嘉汉学发展到高峰，并开始走向衰落过程中，从汉学潮流中分化出来的一个新的学术流派。扬州学派具有进步文化观，把文化看成是发展变化的，又看成是浑然一体、融合贯通的。他们在学术上反对墨守，不搞门户之见，主张兼容并包，广采博取，具有求实和批判精神。扬州学派在经学、小学、史学、诸子之学、哲学、地理学、自然科学等领域都取得了超越前人的成就。

文中以记述介绍为主，适当穿插画龙点睛的议论，述评结合，使扬州学派的精髓为普通读者所理解。

《广志》立足区情、突出特色、勇于创新，又图文并茂，确实令人耳目一新。它的出版问世，不仅为城市区志的编纂提供了成功的经验，而且为扬州走向世界、世界了解扬州汇集了丰富的资料，也为扬州这方热土留下了宝贵的精神财富。

（原文刊载于《扬州师院学报（社会科学版）》1994年第1期）

扬州市广陵区志（1989—2011）

扬州市广陵区地方志年鉴编纂委员会编。2012年启动编纂，2016年12月由方志出版社出版。总纂赵群，执行总纂吴家兴，主编赵群、杨杏芝，副主编袁汉根、张锦堂，图照编辑张锦堂、李斯尔、许雯、刘璐，编辑许雯、刘璐、崔钰苹、朱爱华、李沅蓄、丁曲、王晨、钱艺兵、余志群。

《扬州市广陵区志（1989—2011）》目录

全书2册，265.6万字，图片876幅（志首176幅、随文700幅），表格400张。记述范围为2012年广陵区行政区域。该志是《广陵区志》（1993年版）续志，记述上限1989年，衔接前志；下限2011年，大事记延至2017年。述、记、志、传、图、表、录诸体并用，以志为主。志首设总述、大事记，志末设附录、索引、编后记、主要参考书目。全志设38篇：政区・环境、运河・淮河・长江、环境保护、国土资源管理、人口、城乡建设与管理、交通・邮电、古城保护、东关历史文化街区、园林、历史建筑、开放・开发、农业、工业、建筑业·房地产业、商贸服务业·旅游业、扬州三把刀、财政·税务、经济综合管理、中共地方组织、人民代表大会、人民政府、人民政协、民主党派·工商联·群团、法治·武装、精神文明建设、科技、教育、文化、文博·非遗、卫生、体育、人力资源和社会保障、民政、社会生活、街道·乡镇、名镇湾头、人物。

为彰显地方特色，该志升格设置运河·淮河·长江、古城保护、东关历史文化街区、园林、历史建筑、文博·非遗、“扬州三把刀”等特色篇，全景式反映广陵历史、广陵足迹和广陵发展，展示其独特的历史人文。为扬州成功牵头大运河申遗，申报并获批“世界运河之都”“世界美食之都”和“东亚文化之都”提供翔实的资料。设开放·开发篇、精神文明建设篇，反映时代特点。人物篇的人物表录收录人物广泛，数量众多，涉及党政领导、革命烈士、先进模范、专业技术职称人员、在外乡贤、非物质文化遗产项目代表性传承人、“扬州三把刀”大师、体育人才等。该志对稀缺资料适当开展田野调查和口述史征集，以增强资料性。增加大量照片，做到文图呼应，活化版面，增强志书的传播力和影响力。附录资料丰富，有文件、碑记、家训以及旧志序言。此外，还编制索引，列出修志主要参考书目，增强学术性、科学性。

2020年，该志在江苏省地方志质量评定中被评为优秀成果。

（吴家兴　许　雯）

【编后记（节选）】

区政府于2008年4月召开动员大会。2008年至2009年间，收集了部分资料，初撰了部分基础志稿。2010年至2011年间，由于区地方志办公室（以下简称区方志办）人员变动，这项工作停滞。2012年5月，省政府召开电视电话会议，督促推进全省修志进度。区委、区政府调整加强区方志办人员力量，重新搭建地方志工作团队。当年8月，续修《广陵区志》（上限1989年，下限2011年）的篇目设计通过了扬州市地方志办公室（以下简称市方志办）评审。11月，区委、区政府召开全区大会，贯彻依法修志，落实承编责任制，强有力推进《广陵区志（1989—2011）》（以下简称新区志）修纂工作。至2014年12月，新区志初稿全部完成。2015年10月，志稿通过了初审、复审；12月，通过了市方志办终审；2016年8月，经市方志办验收合格，报江苏省地方志办公室（以下简称省方志办）审核备案。2017年12月，经区人民政府批准，方志出版社出版。

（一）

2012年8月6日，市方志办和区政府召开续修《广陵区志》篇目评审会，确定了新区志上下限，确定了总体为38篇的篇目设置。11月13日，区委、区政府召开推进二轮修志工作动员大会，下发《广陵区推进二轮修志工作方案》《广陵区志（1989—2011）篇目大纲》。区委常委会、区人大常委会主任会议、区政府常务会议多次将地方志工作列入议题，区政协把新区志修纂列为提案，听取汇报、专题研究和视察。区政府保障地方志工作经费，将其纳入财政预算，历年政府工作报告均有地方志内容和工作要求，列入区经济社会发展规划。

区政府分管领导与各承编部门签订新区志修纂承编责任书。全区83个承编部门协同配合，按计划推进修志工作。区方志办引入项目工程管理模式，首创挂图修志工作法，将2013年作为搜集资料的基础年，2014年为撰写初稿的攻坚年，2015年为总纂提升的会战年，2016年为审查验收的收官年，分为整理资料长编、撰写志稿、分纂总纂、评审验收等四个阶段。各承编单位近百人承担部门志主笔，400多人参与资料搜集。2013年，区方志办与相关单位对接、沟通80多次，指导搜集资料和编写资料长编。在30多个重点和综合部门，召开50多场次编写工作业务协调会。举办承编单位修志主笔培训班，通过培训，提升各级修志主笔业务水平。承编部门也先后举办30多场培训，500多人次参加。2014年，上半年基本完成资料长编稿编写任务，下半年着手撰写初稿。召开修纂转段会议，印发《关于抓紧做好〈广陵区志（1989—2011）〉志稿编纂工作意见》，对志稿撰写进度和质量、审查与验收、业务协作等，提出具体要求。4月，部门编写的资料长编陆续转入志稿试写。5月，对人物篇资料征集、编写作专题安排。5至6月，对承编部门开展督查，全区83个承编部门搜集资料2200多万字、图片530幅，编写资料长编稿1000多万字。2014年底，完成38篇分志稿，总字数300万字。

2015年初，区方志办提出以“专业人才、专业眼光、专业智慧、专业经验”搞好新区志总纂攻坚工作。第一轮统稿，着重做好“抓差补齐”。3月17日，区方志办对总纂工作进一步落实，对篇目结构、资料内容、交叉重复、记述范围、篇幅体量、史料核实等问题，逐一研究明确。第二轮总纂统稿分三条线开展，一条线抓志稿主体，分组打磨志稿；一条线抓大事记编写；一条线抓图片摄制收集整理。至4月底，形成了要素基本齐全的新区志初稿。8月，进入第三轮统稿，压缩文字、解决交叉重复、核准数字、统一文风体例，并将新区志评审稿分送区四套班子领导和编委会成员及离退休老领导、各地地方志专家计110位审看把关。10月16日，区政府召开志稿初、复审会，志稿顺利通过区级评审。随后，总纂组汇总梳理评审意见，认真研究、修改到位，对纲目结构进行适当调整，对存于多篇中的环境保护内容进行集中，增设《环境保护》篇。将多篇中重复存在的古建筑内容合并，增设《历史建筑》篇。在部类上，按自然、城建与城管、经济、政治、文化、社会生活、人物七个部类排序。志稿主体部分由原39篇合并为38篇。新区志总述、序文、大事记、随文图片、彩页、地图等也抓紧同步进行。12月15日，《广陵区志（1989—2011）》志稿通过市方志办终审。随后，总纂组根据终审会提出的意见，打磨文字、消除硬伤，进一步提升志稿质量。

围绕贯彻区委、区政府提出的高质量出版新区志的要求，2016年1月8日，区方志办召开篇目调整研讨会，请省、市地方志专家把脉，对篇目进行完善提升。同时，为拓展地方志服务经济社会发展的功能，在人物篇中增加广陵区在海内外中青年名家贤达的记述。5月底，志稿主体38篇又经两轮修改完善，完成了目录、凡例、大事记、总述、附录等志首、志尾编写工作。6月，《广陵区志（1989—2011）》上报验收。其间，区政府办公室召开区志验收把关审定工作协调会，要求各单位在政治思想、保密、军事、人物记述和数据方面把关，区委办、保密局、组织部、人武部、统计局、档案局等部门参加。8月30日，《广陵区志（1989—2011）》志稿顺利通过了扬州市地方志办公室组织的评审验收，区四套班子主要领导参加了验收活动。

验收后，区方志办遵循“五个必纠”，即史

实有出入差错的，必须纠正；记述内容与现行方针政策不符或有偏差的，必须纠正；行文有悖志书相关规定的，必须纠正；正文与志首《凡例》规定相矛盾的，必须纠正；数据错误，有错别字或其他硬伤的，必须纠正，组织编纂人员对志稿进行过细地打磨修改、调整完善。2016年12月，经调研学习并报告区政府、区地方志年鉴编纂委员会同意，进入确定出版社和印刷招标阶段。2017年以来，全体编纂人员全力投入新区志出版、印刷前各项工作，以夯实数据资料、核实人物史料、规范精炼文字、落实图片采编、突出时代特色和地方特色、最大程度减少差错率等为重点，从头到尾对志稿全面认真进行精雕细琢，精心打造精品志书工程，直至11月份报请区政府批准付印。

（二）

回顾修志历程，我们有很多感悟。

第一，以追求精品良志为目标，开展修志工作。从资料搜集到编写长编，从对资料筛选、核实到写出初稿，每一步都对照精品良志的要求并贯穿于新区志修纂全过程。

第二，以高水平专家为依托，确保编修良志目标实现。区方志办人员经历由少到多再到精的过程。开始起步为3人，到搜集资料、编写长编阶段达近20人。进入总纂阶段，进一步充实专业力量，对提升志稿质量起到了关键作用。

第三，以强化区情特色为抓手，彰显广陵个性。新区志与首轮区志相比，在编纂内容与手法上，有不少创新。为较为完整体现历史变化，经请示区政府和市方志办同意，新区志记述下限从原来确定的2005年延伸到2011年，而且将大事记、彩页内容延至2017年1月。为充分反映区情特色，升格设置有《运河·淮河·长江》《古城保护》《东关历史文化街区》《园林》《历史建筑》《扬州三把刀》《文博·非遗》《名镇湾头》等特色篇，占全志篇幅的21%。志首彩页重点反映文化古城与现代都市融合发展的主题，使新区志具有突出的个性色彩。

第四，以勤于学习虚心求教为要务，不断提高工作水平。先后编写学习资料2册，约10多万字，安排20多个专题学习讨论。重视向实际学习，组织修志人员到企业和乡村考察调研，重视向方志界同行和各方面专家学者学习，借智、借力，开拓视野。

邗江县志

《邗江县志》目录

邗江县地方志编纂委员会编。1986年11月启动编纂，1995年9月由江苏人民出版社出版。主编王克，副主编戴尔文、方正、陈慕、蒋文义、任启宇、顾一平、汤杰。编辑王克、方正、石长厚、仲行、仲效煜、戎聚恺、朱兴祥、朱咏、任启宇、张立、张再生、张宗祥、张福凯、陈瑚、陈慕、严广宽、肖民生、郑正、周子如、周明盛、周惕凡、周颖生、金福章、范顺昌、施志明、洪礼仁、陶永椿、陶建国、涂少南、徐心然、蒋文义、解树庆、戴尔文、魏国祥。

全书1册，131万字，图片77幅（志首67幅、随文10幅），表格276张。记述范围为1987年邗江县行政区域。上限不限，因事溯源；下限1987年，综述、大事记延至1993年。述、记、志、传、图、表、录诸体并用，以志为主。志首设序言、凡例、综述、大事记，志末设附录、后记。全志设28卷：建置区划、自然地理、人口、农业、多种经营、水利、工业、能源、交通·邮电、建筑业·城乡建设·环境保护、商业、财政·税务、金融·保险、经济综合管理、党派群团、政权·政协、公安·司法、民政、劳动·人事管理、军事、教育、科学技术、文化、卫生、体育、社会、方言、人物。

邗江县紧邻长江江岸线，治理坍岸、加固江岸，成为邗江水利建设的特色和主要任务。该志水利卷设江岸治理章，分江岸变迁、江堤修筑、坍岸治理3节，详载长江北岸的历史变迁和邗江人民修筑江堤、治理坍岸的历史。这些珍贵的资料，不仅为我国历史地理的研究提供素材，而且对邗江的经济建设具有直接的参考价值。作为“扬州三把刀”中的理发刀，是邗江的一大特色。该志在商业卷设饮食服务业章，对相关内容详加记述。邗江境内名胜古迹众多，该志除在文化卷文物古迹章详加记述外，还在志首收录古刹高旻寺、隋炀帝陵、瓜洲锦春园乾隆御碑等10张照片。工业卷设工艺美术品章和牙刷及其他刷制品节，体现邗江产业特色。人物卷分人物传略、人物表2章。人物传的一大特点是收录“小人物”，为厨师、理发师、和尚等立传，在其他县（市）志中并不多见。

（薛　花）

【后记（节选）】

邗江县于1983年成立编史修志领导小组，开始筹措修志工作。最初几年，组织少数人到外地学习取经，到省、市档案馆摘抄文档和报刊资料，并拟订县志纲目。1986年11月，正式组建邗江县地方志编纂委员会和写作班子，《邗江县志》编修工作全面开展。至1993年6月，历时6载余，完成《邗江县志》送审稿，并于是年8月31日至9月2日召开评审会，会后又经过半年时间的修改，然后报请省、市地方志办公室验收，由江苏人民出版社出版。

《邗江县志》是邗江县建立以来第一部社会主义新方志，中共邗江县委、县人大常委会、县人民政府、政协邗江县委员会十分重视县志编纂工作。1987年2月，在县委召开的工作会议上，县领导就开展修志工作进行动员。同月，县政府聘请县地方志编委会顾问4位和县志正副主编5位（后增聘顾问1位、副主编2位），并配有专、兼职编纂人员。编纂县志是一项浩瀚而又艰巨的文化建设工程，纵述千年，横陈百科，涉及县内各个领域，需要各方面的配合和支持，众手成志。3月，县政府专门召开县直单位负责人和乡、镇长会议，对修志工作进行全面部署。8月，县政府向全县干部、群众和在县内工作、生活过的各界人士发出关于征集《邗江县志》资料的通告。1988、1989年，县地方志编委会先后召开两次全县地方志工作会议和两次编委会会议，检查进度，交流经验。这期间，县人民代表大会和县政协全体会议均将编修县志列入重要议题之一，提出实施意见或建议。县志办公室相继举办4期修志骨干培训班，邀请方志界专家前来讲课，同时编印《邗江县志工作通讯》共22期，进行修志业务指导。至1989年底，全县共征集到县志资料约2700万字，为撰写志稿打下基础。

《邗江县志》的编纂过程，大体是按照修订后的县志纲目，由有关部门提供资料长编，编辑组人员分工撰写初稿，经过总纂修改，形成征求意见稿。尔后，再分发各部门，广泛征求意见，组织有关人员审核，反复琢磨修改后送审。由于历史上没有一部完整反映今邗江县地域的志书，且建县后区划隶属多变，这就增加了撰写志稿的难度。面对这些情况，在县志编纂过程中，充分发挥撰稿人的才智，经集体讨论，提出方案，反复比较，选择较为适宜的统一的记述方法。在资料取舍方面，严格掌握区域范围，即非境内之事不记，并详今略古、详特略同。此种记述方法，在县志稿评审会上受到省、市地方志办公室领导和方志界专家学者的肯定和赞赏，亦是《邗江县志》稿显著特色之一。

《邗江县志》编纂成书，凝结了全县修志人员的心血。他们无私奉献，付出了艰辛的劳动。这次修志，从县直属67个部门和单位、26个乡（镇、场）共调集400多人参加。

【志评】

朴实无华有特色

——读《邗江县志》

吴之光

江苏志苑，林林总总，各有特色，相互媲美，佳作不断涌现。近读1995年9月江苏人民出版社出版的《邗江县志》(以下简称《邗志》)，它继承了历史上修志的优秀传统，汲取了当地旧志的精华；又以历史唯物主义与辩证唯物主义的观点统率全志，从而全面、准确、完整、系统地反映了当地自然、人文、社会、经济的历史和现状。《邗志》结构合理，体例完备，内容翔实，不猎奇，不争艳，不矫揉造作，不涂脂抹粉，朴实无华而有特色，堪称志林佳作。

布局合理，突出经济，有时代特色

《邗志》以中篇体式设置，除卷首综述、大事记与卷末的附录外，平列28卷，分139章468节。以全志字数比例计：卷首8.55万字，约占6.53%；卷末1.95万字，约占1.48%；基础部类12.9万字，约占9.08%；经济部类54万字，约占41.3%；政治部类18.9万字，约占14.4%；文教卫部类17.7万字，约占13.5%；社会部类9.3万字，约占7.1%；人物6.45万字，约占4.92%。从上看出，第一位为经济部类，第二位为文教卫部类。突出了解放后经济、文化的迅速发展，符合新编地方志详今略古、详新略旧的原则，布局合理，体现了时代特色。

内容丰富，记载翔实，有地方特色

《邗志》体例完备，以记述为主，照片、图、表、传、录等多种形式、多种体裁并用，纵述千年，横陈百科，绝少陈词滥言，泛泛空话。图、表占总页数的23%左右，过多则浪费版面，且有喧宾夺主之嫌。《邗志》图、表所占比例，恰到好处，既可节约文字，又令人一目了然。记述翔实，大至一个行业、一个乡镇，小至一个人、一件事、一把锹，无不记其由来，述其始末。如建置区划卷记述瓜洲镇历史沿革称："汉以后此处江中，积有沙碛，形似瓜，故名瓜洲。唐开元二十五年(737年)，润州刺史齐浣开伊娄河通扬子古运河，后设瓜洲渡，商贾随之云集。冠盖络绎，居民殷阜，第宅蝉联，甲于扬郡。宋筑'簸箕'城，寻废。明筑瓜洲城以防倭。清代漕船停泊，市面繁荣。光绪二十一年(1895)，城坍入江。"寥寥125字，尽括兴废。又如农业卷记述小农具"锹"，分别把湖区、北洲沿江区、沙土地区、北洲低田区等所使用的各种不同形状的锹，一一予以记述。并记山锹产地云："槐泗生产的山锹，素负盛名，誉为'千锤大锹'。"令人印象深刻。又如水利卷设置江岸治理、滩地围垦二章，翔实记述。在商业卷饮食、服务业一章中，以事系人，突出记述了邗江籍"扬州三把刀"中的厨师、理发师、修脚师与名菜名点。凡此种种，无不体现邗江地方特色。

观点准确，简练通畅，有新志特色

本届修志是建国后第一届新修地方志，政府主其事。要求以马克思主义、毛泽东思想为指导思想，即以历史唯物主义与辩证唯物主义的观点统率全志，贯彻始终。并要求使用语体文，文字简练通畅，有可读性。综观《邗志》，是符合本届修志的要求的。

首先在资料的取舍上，求实存真，实事求是，反映了事物的本质与主流。如农业卷卷首称："1958年的'大跃进'、人民公社化运动，违背了经济发展规律，农村普遍刮起共产风、浮夸风、强迫命令风、瞎指挥风和干部特殊化风，加之自然灾害的影响，从1959年起，全县粮食连续4年减产。""1963年后贯彻调整方针，农业生产得到逐步恢复和发展。""1966年开始的'文化大革命'，再次使农业生产受到冲击和干扰。""1983年，全县实行家庭联产承包责任制，调整了产业结构，提高农业机械化程度，农业生产力又一次得到解放。"这样记述，准确反映了中国共产党的农村政策不断探索、不断调整、不断前进的历程。又如党派群团卷记述中国共产党邗江县第三次代表大会："这次代表大会是在'文化大革命'特殊的历史条件下召开的，大批老干部被打倒、审查、关押，被剥夺了党员的权利；而一批所谓经过'文化大革命'锻炼入党的'造反派'则作为代表参加。""报告中要求继续贯彻所谓'无产阶级专政下继续革命'的理论，总结邗江'两个阶段、两条道路、两条路线'的斗争经验，并强调要完成'斗、批、改'任务。""按照'老、中、青''军、干、群'相结合的原则，选举产生第三届委员会。"凡是被中共十一届三中全会以来中央所否定的，在记述中均加"所谓"二字或加引号标出，以资区别，可见其政治观点鲜明、行文严谨。

志体文字，要求简练通畅，有可读性。《邗志》基本上达到了这个要求。如军事卷记述抗日战争"空中阻击战"时云："日机……袭扰，全城警报大鸣……国民党空军一大队闻警后，立即登机凌空迎战。……敌机见状不敢恋战，立刻向上海方向逃窜。董（按：飞行员董明德）机紧追不舍，瞬间击落敌机一架。"文字简练生动，有可读性。

从上看出，《邗志》充分具备了新编方志的特色。

人物立传恰当，要素完整翔实
政治把关严谨

《邗志》人物卷分人物传略、人物表二章。表分二节：革命烈士表与先进人物表。根据生不立传的原则，入传人物56名（按：原文57，误），入烈士表153名，已故人物共209名，立传人物占已故人物数的26.8%。其中清及以前11名，民国24名（按：原文26，误），建国后21名（按：原文20，误）。立传人物职业界别所占比例分别为：军政界15人，占立传人物（下略）的26.78%；革命先烈13人，占23.20%；两项相加，军政界已近半数。文教卫界23人，占41.07%。这两类界别比例，反映了战争年代的时代特征，反映了邗江社会人文状况的地方特色，比例恰当。此外，《邗志》人物传还注意到社会基层，为厨师、理发师、和尚等人立传，这在其他县（市）志中并不多见。

立传要素，必须具备传主姓名、字、号、别号、籍贯及出生地，生卒年月、学历、简历与主要事迹。而对古代人物，则因年代久远，籍贯一项一般只记述到县（市），不及乡、村。而《邗志》人物传，能详则详，述其由来、徙居地址，具体而完整，并记当年原来县各地名，加注今地

名。如来护儿（？—618）传略，记其“祖籍南阳新野，……曾祖父来成……徙居江都广陵城西的土村（今邗江县杨庙乡境）。”梁于涘（1595—1645）传略，记其祖籍为“江都县黄珏梁家巷（今邗江县黄珏乡境）人”。黄竞西（1896—1927）传略，记其“出生于江都县南乡黄家庄（今邗江县施桥镇黄家庄）。其父黄德明在丹阳开‘钟德堂’药店。……宣统元年（1909年）……移居丹阳。”一般革命史资料均称黄竞西为丹阳县人，《邗志》人物传略正确记述了黄竞西的籍贯与移居地丹阳。翔实记述籍贯县乡村，这不但为后人查考提供了确凿的根据，而且还可解决某些古今同名县邑或建置变化而引起的互争名人、各写各的、给历史留下疑点的问题。

对历史人物生卒年月，《邗志》亦是能详则详。如焦循（1763—1820）传略，记其“生于清乾隆二十八年二月初三辰时”“卒于嘉庆二十五年七月二十七日辰时家中”。连时辰、地点都不遗漏。对历史名人的姓名、字、号、别号、墓地等都一一给予详述，如阮元（1764—1849）传略：“字伯元，号芸台，别号雷塘庵主，晚号颐性老人、北湖跛叟，乾隆二十九年正月二十日生，甘泉县北湖九龙岗（今邗江县公道镇）人。”“道光二十九年十月十三日逝世，墓在扬州城北中雷塘（今邗江县槐泗乡永胜村老坝山）阮氏祖茔。”从其字号、别号中可考查其排行（伯元，古人排行为伯、仲、叔、季，于此可见其居长），其出生地址（雷塘、北湖）。《邗志》人物传略如此翔实记述，可供后来修志者参考。

为复杂人物立传，只记述其史实，寓褒贬于史实之中，不予评论，不涂政治色彩而功过分明，这是《邗志》人物传略的一大特色。如记述古代人物来护儿：“开皇十一年，高智慧据江南朝廷，来护儿随杨素征讨”。“反朝廷”者不一定对，“征讨者”不一定错，如实记载。“辽东之战，来护儿奉命侵高丽，放纵部下大肆掠夺”，此乃过也，功不掩过。“宇文化及弑炀帝，来护儿及家人亦被杀”。一个用“弑”，一个用“被杀”，此乃春秋笔法，不加政治评论。又如王播传略：“进奉玉带十三条、绫绢四十万匹、银碗数千只，擢升为尚书左仆射”，搜刮财物，为自己买官晋爵，以事实，用三句话勾画出贪官污吏们的嘴脸，又揭露了朝廷的腐败。在王播衣锦还乡时，见官河水浅，漕运受阻，负责“开凿浚深19里，使漕运无阻”，记其善事，功过分明。又如陈文（1902—1939）传略，记陈文是国民党江苏省保安处的下级军官，抗战开始，热心爱国，组织抗日自卫队，队伍达3000余人。因拒绝国民党的收编被韩德勤部消灭。陈文被俘时，“挺身而出，怒喝道：‘抗日无罪，你们要的是陈文，我就是的，你们不要打了，要抓抓我，要杀杀我！’任凭敌人再三折磨，坚贞不屈，并挥笔疾书：‘爱国有责，抗日无罪，陈文何罪之有’？后被秘密杀害。”谈到此处，如闻其声，如见其人，形象生动。既发扬了民族正气，表彰了抗日烈士，又揭露了国民党顽固派某些人的丑恶嘴脸。“被秘密杀害”，毕竟见不得天日也，这5个字，将杀害烈士的幕后指使者永远钉在历史耻辱柱上，让其遗臭万年。

当然，《邗志》并非十全十美，亦有不足之处。如多种经营卷章节不尽合理，标题不够贴切。第五章标题“副业”与卷名“多种经营”为同义词组，概念重复。如果卷名改作“林牧渔副”，副业章可以成立，蚕桑章宜并入林业章；畜禽业改称“畜牧业”或“牧业”，原副业章第一节小动物饲养可并入。“手工编织”与“其他副业”二节可并为一节，称“手工业”。党派群团卷名中“群团”应改称“社团”，与国家规范化用词一致起来。人物传略开首记其身份，有些传略缺，宜规范体例。再者，文字还可简练，可读性还可增强。当然，瑕不掩瑜，笔者浅陋，不过是吹毛求疵罢了。

（原文刊载于《江苏地方志》1997年第2期）

《邗江县志》编纂特色析

吴奈夫

邗江县是一个新建县。1956年3月，国务院决定划分江都县西、南部，置邗江县。县治设于扬州市区。1958年9月，全县并入扬州市。1963年3月，又恢复邗江县建置至今。由于建置多变，这就给本届修志工作带来了难以想象的困难；邗江建县前的历史，既无片纸只字的档案资料可供查考，也无一部旧县志可供借鉴。在县党政领导的重视和关怀下，全体修志工作者克服重重困难，首先在资料工作上狠下功夫，在广泛征集资料的基础上，由各部门按照修订后的县志纲目编纂资料长编，然后由编写组人员分工撰写初稿，经过反复征求意见、修改补充后，至1993年6月，历时6载，完成了《邗江县志》送审稿。经过评审会评审和省市地方志办公室验收，终于在1995年9月由江苏人民出版社出版面世。

我应邀担任《邗江县志》顾问，对该县修志工作中的困难略知一二。我原来担心邗江建县前的资料不足，可能会影响志书质量，但展卷而喜，发现我的担心是多余的。这部凝聚了全县修志人员心血的、洋洋130余万字的《邗江县志》，观点正确，体例完备，资料翔实，时代特点和地方特色鲜明，文字简练、流畅，装帧精美，是一部佳构力作。本文拟对该志的编纂特色作一些探讨，以就正于方志界的同仁们。

一、掌握地域范围，正确处理与市志和邻县志的关系

按现行行政区域为记述对象，是我国修志的传统和编纂志书的一项基本原则。本届修志工作开展以来，由于理论准备不足，一些省辖市的所在县，即所谓“附郭县”，“为了反映事物的完整性与渊源关系”，记述建国前的历史，往往扩大到城区。这就涉及如何正确处理市、县志书的关系问题。胡乔木同志早在1986年全国地方志第一次工作会议上就提出了这个问题，他说：“一个市包括许多县，市志跟它所辖县的县志怎样分工？……如果一部完整的志书，它就不得不把所辖的各县都记在里面，同时，它所属各县如果又另修志，那么两者之间工作怎样衔接，体例上怎样协调？如果处理得不好，会不会造成人力、物力上的浪费？会不会产生重复、甚至矛盾，这个问题现在不能说出什么具体意见。希望各地能够把这一问题好好考虑一下，怎样把两者关系处理好。”《邗江县志》在处理与市志和邻县志的关系上，为我们提供了一个范例。

邗江县既是历史文化名城扬州的“附郭县”，又是一个从江都县析出的新建县。因此，编纂县志不仅要处理好与《扬州市志》的关系，还必须处理好与《江都县志》的关系。由于该志严格按照现行行政区域的范围进行记述，凡属于今天境域内的史事就记，不属于今天境域内的史事就不记。有些事物为了阐明其渊源关系，不得不涉及市和邻县，也本着“详于境内、略于境外”的原则进行记述。例如民国时期的江都县政府，《江都县志》和《扬州市志》都要记述，而作为从江都县析出的邗江县，没有必要重复记述，但也不能不交代清楚政权机构的来龙去脉。该志在政权政协卷卷首无题小序

中，作了如下简要说明："民国元年（1912）11月，江都县民政署改称县政府，设县知事。民国16年4月，县知事改称县长，县治设扬州，下辖区、乡政权"。该卷在政府章县级行政机构节内，着重记述了在境内先后出现过的湖西办事处、甘泉县政府、仪扬县政府、东南县政府和江镇办事处等5个抗日民主政权。在该章区乡行政机构节内，记述了民国时期江都县政府在境内设置的二、三、四、七、九、十等6个区公所及其所辖7市9乡和抗日民主政权所辖的基层行政机构。

邗江县境环绕扬州古城，建县前与扬州、江都同为一邑。在这块土地上，人文荟萃，名人辈出。《邗江县志》不掠人之美，在人物卷传略章内，共收录在今邗江境内的古今已故人物50多名，其中48名是有史实可供查考的本籍人物，8位是寓居邗江而对本地社会发展作出了重大贡献的客籍人物。其余均不涉及。

实践证明，按现行行政区域的范围进行记述，不但没有破坏志书的整体性和割断历史的联系，相反地，避免了市、县志之间因交叉重复而造成人力、物力上的浪费；或因资料来源不一、记载不一而产生的相互矛盾和抵牾，给读者留下疑团。

二、存真求实，还历史以本来面目

是否实事求是，存真求实，客观、全面、准确地记述一地的历史与现状，是衡量一部志书质量优劣的主要标准之一。《邗江县志》在充分肯定建国以来所取得的巨大成就的前提下，如实记载了历史的曲折和失误。据该志综述载：1949年粮食亩产仅121.7公斤，人均产粮233.5公斤，全境总产量为83165吨。新中国成立后，经过土地改革和农业合作化，促进了生产力的发展，粮食产量逐年增长，至1958年，全境粮食总产量为120831吨，比1949年增长了45.3%。由于"大跃进"、人民公社化运动，违背了经济发展规律，加上自然灾害的影响，从1959年起粮食连续4年减产，1962年粮食总产量为87190吨，退回到1950年的水平。1963年贯彻"调整、巩固、充实、提高"的方针，经济恢复了生机。1965年工农业总产值上升到9719万元，比1962年的5332万元增长82.3%。"文化大革命"期间，农业生产再度受到冲击和干扰，粮食产量前五年徘徊不前，后五年又出现曲折。一直到1978年中共十一届三中全会以后，经过拨乱反正，坚持以经济建设为中心，推行城乡经济体制改革，工农业生产呈现大幅度稳定增长的局面。1987年，全县工农业总产值达117337万元，为1952年的26.8倍。人民生活有了明显的改善，1987年人均国民收入达1013元，比1978年增长了2.46倍。

历史的曲折与失误要付出巨大的代价，国家与人民都遭受到严重损失。该志大事记如实记载了这种损失以及政府所采取的补救措施："1961年春，口粮紧缺，农村浮肿、消瘦、小儿营养不良患者达10111人。全境组织561名医护人员下乡防治，有16个公社专设医疗点，集中收治重度病人630人，增拨粮食72.9万公斤，办营养食堂118个。"该志人口卷还记载了在三年困难时期，人民健康状况不良，全境人口出现负增长的情况：1959年减少1389人，1960年减少1251人，1961年减少1389人。

历史的曲折终于换来了历史的进步。由于邗江人民正确总结了社会主义建设正反两方面的经验，自觉地执行党的十一届三中全会以来的路线、方针和政策，把经济建设和各项事业推进到一个从未有过的高度。从1988年起至1993年的6年间，邗江经济发展出现了令人鼓舞的局面。该志综述和大事记下限延伸至

1993年，记载了这些新成就：至1993年末，全县工农业生产总值达52.09亿元，国内生产总值19.05亿元，国民收入17.8亿元，已进入了全国第二届农村综合实力百强县的行列，从而更加坚定了全县人民走具有中国特色的社会主义道路的信念。

三、详特略同，努力反映地方特色

反映地方特色是提高志书质量的重要保证。《邗江县志》在反映地方特色方面，采取了如下措施：

首先，在有关类目内增设章节，详加记述。例如邗江县有长达26.13公里的长江江岸线，由于长江主泓道南移，靠北岸的江面逐渐淤涨成陆，并不断向南推进。但到了元末明初，由于南江岸大溜顶托，江洪的冲击点和坍岸地点移至瓜洲，北岸不断坍塌，威胁到沿江人民生命财产的安全。至光绪廿一年（1895），瓜洲城终于全部沧入大江，居民纷纷迁居城北四里铺。瓜洲坍没后，冲击点东移，至宣统二年（1910），六濠口、七濠口也相继塌没。因此，治理坍岸、加固江岸，成为邗江水利建设的当务之急。明清以来，政府虽曾多次进行治理，但终因工程简陋而收效甚微。建国后，国家先后投资达1990.50万元，采取沉排、抛石、筑丁字大坝护岸等一系列措施，大力治理坍岸，加固江堤，终于使主泓线逐渐趋于稳定。为了反映邗江水利建设的这一特色，该志水利卷增设江岸治理专章，分江岸变迁、江堤修筑和坍岸治理3节，详载长江北岸的历史变迁和邗江人民修筑江堤、治理坍岸的经过。这些珍贵的历史资料，不仅为我国历史地理的研究提供了素材，而且对邗江的经济建设具有直接的参考价值。

其次，在有关章节中扩大篇幅，用浓墨重彩的笔法，详加记述。例如号称扬州“三把刀”中的理发刀，是邗江的一大特色。该县沿湖（邵伯湖）、沿江地区，历来有不少人从事理发业，世代相传，相互扶持，足迹遍及上海、北京、镇江、扬州等地以及日本、美国等国家和中国香港地区，享誉海内外。该志在商业卷饮食、服务业章理发业类目内，用千余字的篇幅详加记述后指出：“今在扬州理发的112人中，邗江县籍人约占1/3。邗江县籍理发师在外地多有高手，例如：建国前后上海四大著名理发师中有蔡万江、黄家宝2人。建国后，有从1956年起一直在毛泽东主席身边从事理发和服务工作的理发师周福明……”读后，给人们留下了较为深刻的印象。

再次，对于某些突出的事物，除用文字表述外，还载有照片、图表，以收到图文并茂、形象直观的效果。例如邗江与历史文化名城扬州原为一体，境内名胜古迹累累，计有17处各级文物保护单位和17处文物控制单位。该志除在文化卷文物古迹章内详加记述外，在志首还收录了《古刹高旻寺》《隋炀帝陵》《阮元墓碑》《甘泉山上古井》《瓜洲锦春园乾隆御碑》《汉墓遗址》《西汉铜鼎、漆盘》《广陵王玺》和《瓜洲古渡今胜昔》等10张彩照，显示出邗江的古代文化源远流长，光彩照人。

四、运用比较法，加强志书的记述深度

比较法是学术领域中常见的一种研究方法。通常有纵向比较和横向比较两种方法。所谓纵向比较法，即通过对一地某一种行业或一类事物在不同历史时期不同条件下的发展情况，进行比较、分析和综合，反映其兴衰起伏和发展演变的全过程，分析其原因，揭示其自身的发展规律。这种纵向比较法，目前已较为普遍地运用到新方志编纂中。但是这种比较法无法

反映出某一种行业或某一类事物在全市、全省，乃至全国、全世界同类行业和事物中所处的地位。因此，在纵向比较的基础上，还必须运用横向比较法，即把某些突出事物置于全市、全省，乃至全国、全世界的范围内，与其他地方的同类行业或事物，反复进行比较和论证后，揭示其所处的地位。当然必须具有可比性，即在城市与城市、行业与行业、企业与企业、产品与产品等同类事物进行比较，同时，还必须由熟悉业务，了解行业情况的专家和行家来从事这项工作。可喜的是，《邗江县志》已开始注意运用这种横向比较法来记述某些突出事物。例如该县杭集乡从事牙刷手工业生产的历史悠久，技艺精湛，产量巨大。该志工业卷轻工业章牙刷与其他刷制品节内，首先运用纵向比较法，记述了该乡牙刷生产兴衰起伏的全过程，然后采用横向比较法指出："杭集乡以制刷为龙头，乡、村、组、户、联五轮齐转，年产牙刷达3亿多支，占全国牙刷产量的1/3，除销往国内29个省、市、自治区以外，还远销日本、新加坡、美国等国家和中国香港地区，成为闻名全国的'牙刷之乡'。"杭集乡年产牙刷3亿多支，占全国牙刷产量的1/3，是进行横向比较的结果，说明该乡的牙刷产量在全国已居于领先地位。又如该志大事记和多种经营卷，都记述了红桥农业中学教师杨声谋培育猕猴桃的动人事迹：杨声谋先后走访了全国12个省市的63个大专院校和科研单位，引进120个猕猴桃种，经过精心培育，1987年结出了一颗重达226.3克的特大单果，比当时世界纪录最大的海洛德猕猴桃王还重4.9克。1983年，杨声谋被评为全国科技致富能手。这条资料，如果不作横向比较，除了少数专家和行家外，谁也不会料到这颗重226.3克的猕猴桃竟然超过了当时世界上最大的猕猴桃王。这说明红桥农业中学的猕猴桃单果产量，不仅在全国，而且在全世界已居于领先地位。这是中国人民值得自豪的一种大事！

《邗江县志》的不足之处是：某些章节由于缺乏典型性的资料，写得较为淡；在不同体裁和章节中，有些事物的记述，还存在交叉重复现象，一件事往往多次重复出现，读后不免感到累赘。如用详略互见法处理，还可以大大压缩篇幅。但瑕不掩瑜，《邗江县志》不失为一部良志。

（原文刊载于《江苏地方志》1997年第2期）

邗江县志（1988—2000）

《邗江县志（1988–2000）》目录

扬州市邗江区地方志编纂委员会编。2003年5月启动编纂，2009年11月由方志出版社出版。主编戴光明，常务副主编王正平、曹云飞，副主编田正海、刘泽海、吴广成、冷德炜、黄勤、黄义通。

全书1册，196.8万字，图片292幅（志首111幅、随文181幅），表格419张。记述范围为2000年邗江县行政区域。境内单位、个人在境外进行的与邗江县经济社会发展密切相关的重大活动适当收录。该志为《邗江县志》（1995年版）续志，上限1988年，衔接前志，部分内容适当上溯，前志未设的新增编章其内容上溯至发端；下限至2000年底邗江撤县建区。志首设序、凡例、总述、大事记，志末设附录、索引、后记。全志设30编：政区·环境、人口、资源·能源、土地管理、城乡建设、水利、经济改革与发展、农业、工业、牙刷业·衬衫业、建筑业·房地产业、国内贸易、对外经贸、服务业、财政·税务、经济综合管理、中共地方组织、民主党派·工商联·社会团体、人大·政府·政协、政法·武装、劳动·人事、教育·科技、文化·体育、历史文化遗产、卫生、社会工作、社会生活、精神文明创建、人物、乡镇。

为彰显地域特色，设牙刷业·衬衫业编，突出邗江“牙刷之乡”“衬衫王国”的特点；设历史文化遗产编，对邗江悠久的历史文化进行盘点，弥补前志历史文化记载的不足。为准确反映时代特征，特设相关篇章浓墨重彩加以记述。如经济改革与发展编，记述经济体制改革、经济发展战略、经济运行等内容，集中记述经济体制改革和经济发展这一时代主旋律；城乡建设编设邗江建设区章，以及对外经贸编所设各章，突出记述“筑巢引凤搞开发，招商引资促开放”的时代特色。设精神文明创建编，突出反映新时期邗江人破除陋习、弘扬新风的精神风貌。该志设社会工作编，设社会保障、社会救助、社会福利、社会行政管理4章，打破对群团、民政、劳动和保障等组织和部门的传统归属模式，体现部门、组织或单位最新社会属性及职能分工。该志重视对人物的记述，彰显出人本特色。在写好传统的人物传略同时，在相应篇章中采取以事系人的方法，以附录的形式记载30位在世人物的显著业绩；对创业者创业事迹予以记述，如“三笑”“五爱”“虎豹”“琴曼”“扬力”等品牌的创业者；精神文明创建编对市县表彰的十佳文明户进行记述，既树立典型，又弘扬文明新风。设能人巧匠节，记载60多位能人巧匠。该志采用复记和补记的方法处理与前志的关系。前志已经记述的基本地情，酌情予以复记；前志遗漏的重要内容，在相关编章中补记，不宜在正文中补记的，则运用专记、调研报告等形式，置于相关正文之后，或在志后附录中设专文补遗。附录收录邗江人民革命斗争史略、邗江县插队知识青年专记、邗江区域历史溯源、地域变迁考证文选，弥补前志遗漏；收录重要文件、调研报告等内容，增强资料性；收录前志勘误，体现编者工作的严谨性。

该志为全国第二轮修志试点。2018年，该志被评为江苏省地方志书优秀成果综合优秀一等和篇目设计、特色创新2个单项优秀。

（薛　花）

【后记（节选）】

2003年5月，邗江区委、区政府召开续修《邗江县志》动员大会，全面部署县志续修工作，分别与108个区属单位、部门、镇（街道）负责人签订目标责任书，续修工作正式拉开序幕。其后，区委、区政府召开过5次专题会议认真研究县志续修工作，印发10多个文件对关键环节的相关工作进行部署，每年划拨专项经费。6月上旬，区史志办举办《邗江县志》续修业务培训班，全区近200位志书编修人员参加。培训结束，志书承编单位共成立110多个续志工作领导小组，选配近300名编修人员。8月，区地方志编委会印发《关于明确续修邗江县志主要编纂人员的通知》，明确续志主编、副主编和顾问，全区上下形成一支有较强战斗力的县志续修队伍。

续志编纂前后经历五个阶段：一是资料长编和初稿编写阶段，历时1年；二是分志编纂阶段，历时1年；三是总纂阶段，历时1年；四是自审和初审阶段，历时1年；五是评审、修改、定稿阶段，这一阶段前后历时2年。

修志初期，邗江区史志办主要通过以会代训及举办培训班的方式对分志主编以及承编单位主笔进行业务指导。资料长编阶段则以编印《续修简报》的形式通报全区的进展情况，刊登操作性强的业务指导文章、个案分析，方便主笔学以致用，前后共出简报31期；与此同时，区史志办还邀请省、市方志办的业务专家与分志主编一起深入相关承编单位，现场指导如何整理资料长编、如何撰写初稿。总纂阶段则主要借助省、市方志办的专家围绕篇下序如何写、章节目如何设置、时代特色和地域特征如何体现、交叉问题如何处理、志书个性如何展示等具体环节进行实际操作。其间，还组织分志主编到河南、浙江、上海、湖南等地的修志先行单位学习取经。

编纂后期，为提高志稿的质量水平，省市地方志主管部门自上而下先后三次组织有一定规模的座谈评审活动，来自各地各部门的专家学者对志稿进行了审读评审，先后提出1000多条颇有见地的修改意见和建议。围绕座谈评审会的要求，编纂人员认真梳理，择善而从，对志稿进行细致的修改加工。主编通看全稿的同时，安排一名分管领导和一名分志主编配合统稿，请专人就表格、数字、法律法规名称等内容专项统稿，请相关部门、企业专业人员对产品名称、型号进行核对，对涉密内容再度请区委保密局和相关部门把关。形成的终审稿经省市方志办主管部门和区政府验收批准，交方志出版社审定，形成县志付印稿。

【志评】

续补创新　规正昭来

——读《邗江县志（1988—2000）》有感

诸葛计

《邗江县志（1988—2000）》是全国第二轮修志试点单位的成果之一，也是出版较早的一部。笔者虽退隐林下，观棋耕园十有余年，但多年工作经历中留下难舍难弃的“地方志情结”，还是促使我以浓厚的兴趣来览读这部新志。粗读一过，觉得这部志书果然出手不凡，没有辜负人们的期望。令人印象最深的是编纂者们的努力探索和大胆创新精神以及本志的垂范意义。

本志的探索创新，无论是从编目设置还是表现技法上，都是比较成功的。打开志书目录，首先映入眼帘的就有一些其他地方的志书中未见或少见的编、章、节、目。编一级的如《历史文化遗产》《精神文明创建》等。前者是笔者所见志书中仅见的一个编名，这正是抓住了邗江是历史文化名城的附郭县的历史和地域特点，说明当今邗江的文化风貌渊源，而至今所见到许多甚至是历史文化名城的志书，却都没有设立专编去对文化加以寻本溯源的。后者则是当代人们精神思想入志的新篇。牙刷和衬衫，在当今人们的生活用品中只不过是极其微小的生活用品，在产业中可能要排到第四个层次上才有它们的地位。本志中却大胆地将此二者设为一个专编，突升三格。初看起来实在大违常规，但读其内容之后了解到，从它们在县的总产值中所占的地位（牙刷业年产值16亿元，几与全县农业总产值17.17亿元比肩；衬衫业年产值11亿元。此二业就占了工业总产值的近1/6），就会觉得这样的升格不但是允许的，而且是应当的、必要的。经济体制改革和经济发展，是当代任何一部政区志书中都不可缺少的内容，但多数志书都是将所有体制方方面面改革写完之后，再另设编记述经济的发展。而本志的第七编则设为《经济改革与发展》，从而就将“经济体制改革”与改革带来的实效紧密地结合起来，做到了发展有源、改革有果。这样的做法于理要顺当得多。又如将水利列为“编”纳入基础设施部类中，也一改了所见许多志书将水利纳入农业编内的陈旧做法。旧的做法只记住了“水利是农业的命脉”，而没有正视水利是整个社会一切行业的命脉。

章一级的新目就更多了，如第一编第二章的《治所变迁》，是笔者从所未见的专章。这一章之设，其意义在于反映本县多时以来与扬州同城而治之后的变迁历史。类似这种历史渊源及变化情况的地方，全国不在少数。笔者就曾看到也是一个历史文化名城的附郭县，其先本是这个城市的母体，自上世纪30年代末设市之后，长时间与市同城而治。直至上世纪50年代中期县治才从市区迁出，而后曾一度迁回，又再次迁出，每到一处都花大力气建了自己的新县城。可是其所修的县志书中，仅在《县城》目下简单的几笔勾勒。相形之下，《邗江县志（1988—2000）》就显得比之要高出一筹。又如一改许多志书中作为附录的《驻县单位》，升格为一章，也做得恰如其分。其《附录》中所附的《邗江人民革命斗争史略》《邗江县插队知识青年专记》《邗江区域历史溯源》《地域变迁考证文选》以及《前志勘误》等，也都是相当于章一级的地位。这些章目的出现，首先是抓住了续修志书中续、补、纠、创四个要义中的“补”和“纠”，而又突破了传统续志中仅有的零零碎碎的“补遗”“续补”“补注”“再补”“校补”“补证”“补正”“改错”“证误”等名目，而是对重大史事揭纲列目加以大补。在人物传略中，补收断限前的人物19人，占全部所收人物51人的1/3以上。都是作为续志应尽之责，而且经过探索，另觅新路，尽责有法。

所有这些，都是对传统志规中“例以义立”的遵循与具体运用上的创变。再从表现技法上来看，也创出了许多与他志不同的做法。

第一，图片的运用做到了“非示观美而求其实用”。在图片的选用上，严格遵循艺术的观赏性服从于存史价值的取向。尤其是做到了大多数图片随文而行，使两者结合得更紧密。这是自首轮修志起就为大多数人一直反复呼吁的，但能行者毕竟不多。

第二，典型企业和场所作为专节入于正文，做到了点与面、典型与一般自然结合，不像多数志书那样，放入附录，降低了典型的地位。

第三，人物编中，只设传略、表、录，对一些贡献突出的在世典型人物事迹，放在相关的章、节中去作专门介绍，是对以事系人的又一创新。在人物表中，对于那些辛劳在平凡岗位上的厨师、理发师、民间医生、各种工匠、艺人、种田养殖能手等的平头百姓，在旧志书中是不可能有地位的人，就是在许多新志书中也还注意不够的，本志不但设立《能工巧匠》的专表，使之与革命烈士、高级专业技术人员、乡贤（主要是官员、名企业家、专家学者）并列，而且对各人的主要事迹的记述，都远详于其他各表，充分体现了新志书的人民性。

第四，在志文的记述中，点面结合较为恰当，尽量做到既有全貌的概括，又收有大量的实例。譬如《人大代表建议与政协委员提案办理》、人民政府的《为民办实事》和《信访工作》等节，就写得相当到位。前两节中都列有专表对重大案例和事项作了具体的说明。接待和处理人民群众的来信、来访，是党和政府联系群众的重要纽带。但笔者见到不少的志书中，往往只有接待和收到信函的数量、不同时段内各类内容所占比例等。本志则除了这些共性的内容之外，还列举了不少真名实姓所反映的具体问题和最后处理结果。

第五，从编目到具体行文中，经过细心打

磨，大都做到了严谨、准确。在不少的章、节、目中，虽仅有几个字的略为更改，无形中就纠正了不少志书中的一些“常见病”和“多发症”，有的甚至是带原则性错误的，故而使本书于正在进行的第二轮修志中，具有了昭来的垂范意义。我们不妨信手翻一下手边的新志书，看一看其中的政党、政府、人大、共青团、工会、妇联等的编目，有几部不是用《中国共产党某某县委员会》《某某县人民政府》《县人大常务委员会》《共青团某某县委员会》《县总工会》《县妇联》的？对于这样的设目，有些人可能已经熟视无睹、视为当然。其实是不然的！而且是大大的不然！！

“中国共产党某某县委员会”的设置法，固然比“某某省中国共产党志”改正了一大步。笔者还深刻地记得，在首轮修志举行第二次全国志书评奖中，一个省推荐了该省的《某某省志·中国共产党志》。在评论中评委们都一致认为总体质量很不错，但志书书目的不准确，最终影响了它应得的名次。理由是中国共产党全国就是一个，各省、直辖市、自治区以及其下的市、县，都只是中国共产党的地方组织。这部省志的立目法，就有违于这一基本常识。自那以后，笔者在各地讲课或参加评稿会中，都多次提到应当引以为戒。

现在“某地中国共产党志”的不确提法是没有了，但“中国共产党某某县委员会”的立目法却是大量地存在。在笔者看来，这样的设目，不带原则性的问题，但却有一个包容不全的技术性问题。党的组织从中央以下省、市、县直至基层党支部，是一套完整的组织系统。上级对下级是一个领导与被领导的关系，而不是包容与被包容关系。现在这样的设目法，只对县委一级是准确的，它包容不了乡、镇党委，更不用说乡、镇以下的基层党委和党支部了。但志书中写党的领导与党的工作，怎么能只写县委一级呢？县委所开展的工作，是要靠乡、镇和基层党组织去贯彻、开展的。按这样的设目去写就出现了两难：要么只写县委，要么就突破了章题所规定的记述范围。本志设为《中共地方组织》就解决了这个问题。

同样道理，《某某县人民政府》《县人大常务委员会》《共青团某某县委员会》《县总工会》《县妇联》等也是如此。政府章内，既要写县级政府，也要写乡、镇一级政府。共青团既要写团县委，也要写乡、镇及其以下的团组织。工会更是如此，县总工会与基层工会无论其与广大职工的关系程度，还是工作量来说，孰轻孰重都是一目了然的。只有像本志这样设为“人民政府”“人大”（或“人民代表大会”）“共青团”“工会组织”“妇联”才是准确的。当然这样设法也会遇到另一些具体技术问题，如用“人民代表大会”为编或章题，其内容是包括了所实行一种政治制度与具体组织及其活动的。这个标题与县、乡举行的每次人民代表大会（会议）也要加以区分，可用“县级历次人民代表大会”，或“人民代表大会（会议）”的表述法。现在本志中用“历届人民代表大会”的标法，似也尚可考虑。

另外，全志中严格把关，没有出现一处用“建国”一词来代表新中国建立的。对于这点，笔者历来主张严格把关，而且把它看得很重。中国的建立已有数千年的历史，不能把新中国的建立混淆于中国的建国，绝不能把我们自己放到自外于中国历史的尴尬地位。不要以为媒体的反复出现，就可以引入志书中来。时时都应当记住，我们修的志书是传世之作，是要让千秋万代后的子孙们去读去用的。

作为试点单位修出的一部志书，总体来说是成功的，对后来者起了很好的垂范带头的作用。唯其是试点单位的成品，大家的期望值都很高，都希望它至臻至美。但要做到这样绝不是一蹴而就的，必要有一个反复摸索、逐步完善的过程。在现在这样好的基础之上，用更苛刻一些的眼光进行一番吹毛求疵，提出一些问题进行讨论，应当是允许的，也是必要的。正是本此精神，笔者对本志提出于下几个问题进行讨论：

第一是《中共地方组织》一编略显单薄。这里所谓的单薄不是指其所含的章节和文字数量不够，而是说其还存在些许偏颇。中国共产党是领导我们一切事业的核心力量，中国共产党的主要使命是指引和推动中国社会向前发展。地方党组织指导和推进的主要作用就是根据中央总的方针政策，结合地方的具体情况作出发展地方相应的决策。这些决策是在相应的时段内，对当地社会发展方向和步伐产生着根本性的重大影响的。因此，党的重大决策是不能不加以凸显的。其实，现在第七编第二章《经济发展战略》所写的四节就是党的四大战略的确定，就是四大战略决策（第195—199页）。如果如前所说，将改革与发展结合在一起来写，可以更好地彰明因果的话，那么在党的地方组织编内是不应该不讲到的。可以采取此略详彼的处理方法。现在这一编中没有，起码在章节目中体现不出来。所列的八章标题，都只有自己的党务工作。

第二是第二十六编《社会工作》。首先标目上"社会工作"的外延过宽，人们面临所有的工作都可归入其中。其次从编下所列的工作来看，实际就是民政部门的工作。民政是县政府领导下的一个工作部门，是否可以归到政府的属下去写？

第三是第二十七编《社会生活》篇的写法是不是过于从众。记居民收入只有全县的平均数字，没有体现不同地方、不同行业的收入差别。其实，地方党政领导者确切地了解和处理好这部分人的收入问题，对于可持续发展和稳定大局都是十分重要的。

第四是个别记述中用语的准确性似也还存在一些问题。现在《资源》编中，有《矿产资源》一节，是不是用"矿藏资源"或"矿物资源"更好些？已经开采出来能为人所利用的才可称为"矿产"，埋藏地下尚未开发的似乎只好称为"矿藏"或"矿物"。又，《人物传略》"潘月樵传"中出现"上海光复"的提法。笔者也认为不要这样提法为好。这里指的是辛亥革命中的事。虽然时至今日，在民国史研究和许多新方志编纂中，几乎都将当时脱离清政府而站到革命方面来的举动称作"光复"。笔者则认为，这是一个值得商榷的问题。辛亥革命时革命者用"光复"的这个提法，是从资产阶级民族主义立场出发的，它植根于"驱逐鞑虏，恢复中华"的资产阶级民主革命纲领。这个纲领的民族主义的思想核心，是大汉族主义。因此，它把满族当成外族，把以满族为主建立的清政权对全国实行统治，视为是中华民族的"蒙尘"或"沦陷"，故而在辛亥革命中，凡是脱离清廷统治、站到革命方面来的便称为"光复"。用我们今天的观点来看，中华民族是由56个兄弟民族组成的大家庭，满族也是其中的一员。清王朝开始是以满族上层为主，其后是有各民族人士大量加入的清朝政权，就是中华民族的政权。清朝对全国实行的统治，是满、汉（以及其他少数民族）地主阶级对各族劳动群众实行的封建统治，而不是满族一族对汉族和其少数民族实行的民族统治。清朝政权的被推翻，与此前历史上那些朝代被推翻并没有什么两样。所不同的只是阶级性质的不同。此前的改朝换代，都是以一个新的封建集团代替原有的封建集团。辛亥革命则是以资产阶级取代封建地主阶级的统治。其所建立的民国政权，虽然它带有浓重的封建性质，以致于使中国长时间停留在半殖民地半封建的性质上。但民族性质上并没有改变，依然是中华民族的政权。

脱离清政权的统治，与摆脱异族的奴役和统治是不同的。上个世纪前半期，日本帝国主义侵略中国，占领了中国的大片土地。在其占领地区实行民族统治和奴役。这些被占领的地区，才是沦陷区，才是中华民族部分的蒙尘。中国人民经过艰苦卓绝的斗争，赶走日本侵略者，恢复国土。这些地方从日本侵略者的铁蹄下解脱出来，才能称为"光复"。早在1956年国务院就颁布《关于今后在行文中和书报杂志里一律不用"满清"称谓的通知》。其中指出："'满清'这个名词是在清朝末年中国人民反对当时封建统治者这一段历史上留下来的称谓，在目前我国各族人民已经团结成为一个自由平等的民族大家庭的情况下，如果继续使用，可能使满族人民在情绪上引起不愉快的感觉。为了增进各民族间团结，今后各级国家机关、学校、企业、各民主党派、各人民团体在各种文件、著作和报纸、刊物中，除了引用历史文献不便改动外，一律不用'满清'这个名称。"这也应当成为我们对待"光复"一词使用的指导思想。

第五是若干技术性的处理问题：1. 动植物没用二名法记述，似是一缺。2. 第三编第一章第三节《生物资源》中，列有蝇、跳蚤、臭虫、人虱、蟑螂、白蚁、棉红蜘蛛、松毛虫等似也欠妥。自然界中可被人们开发利用者方可称为资源。至少是时至今日，人们还不知道上述这些虫类如何开发利用。且在本志其后的第221页中，是将它们列为农作物主要害虫的。3. 第59页的"水文"部分的记法，能显示出动态变化，这是好的做法。如果气候节所列的诸多数据，能与前志中的数据稍作对照，不是也能反映气候变化状况吗？ 4. 全志照片多，且图随文出，都是很好的。如果能有一两张土地证、房产证之类的就更好了。照片注释的要素中缺摄影者，是不是也为一缺呢？吹毛是为了求疵，求疵是为了除疵，是为了今后的志书更臻完美，别无他意。幸我志界同仁，尤其是付出了极大艰辛的《邗江县志（1988—2000）》的编纂者们谅察焉，是盼。

（原文刊载于《中国地方志》2010年第8期）

试析《邗江县志（1988—2000）》与前志的衔接

张英聘

方志有续修的历史始于宋代，此后历朝历代都承续这个传统，绵延不断。20世纪80年代初，大规模的新方志编修开始，至90年代中期各级志书陆续出版，随之又开始了新一轮的编修，此即正在进行的第二轮新方志编修。新一轮的修志主体是续修，此外有少量的重修，个别的增修，以及部分的新修、创修。除新修、创修者外，无论续修、重修还是增修，都不能脱离之前所编修的方志，对于续修志书而言，前志尤为重要。任何一部续志，都是以前志为基础，脱离前志的内容，续修也就无从谈起。关于新方志续修与前志的衔接处理，方志界同仁作过很多的理论研究，在实践中也作了很多探索，但续志与前志的衔接处理仍然是大家较为关注的问题。兹以方志出版社2009年11月出版的《邗江县志（1988—2000）》为例，对该志在篇目设置和内容记述方面与前志的衔接处理作一考察介绍，以供修志同仁借鉴参考。

一、篇目设置上的衔接

《邗江县志（1988—2000）》为1995年出版的《邗江县志》的续志。《邗江县志》卷首设综述、大事记，末设附录，中设28卷，依次为建置区划，自然地理，人口，农业，多种经营，水利，工业，能源，交通、邮电，建筑业、城乡建设、环境保护，商业，财政、税务，金融、保险，经济综合管理，党派群团，政权，政协，公安、司法，民政，劳动、人事管理，军事，教育，科学技术，文化，卫生，体育，社会，方言，人物。《邗江县志（1988—2000）》卷首设总述、大事记，末设附录，中设30编，依次为政区、环境，人口，资源、能源，土地管理，城乡建设，水利，经济改革与发展，农业，工业，牙刷业、衬衫业，建筑业、房地产业，国内贸易，对外经贸，服务业，财政、税务，经济综合管理，中共地方组织，民主党派、工商联、社会团体，人大、政府、政协，政法、武装，劳动、人事，教育、科技，文化、体育，历史文化遗产，卫生，社会工作，社会生活，精神文明创建，人物，乡镇。两志均采用中编体式，卷或编之下设章节目等层次，目为记述实体，有的以节或子目为记述实体。两志从篇目内容上比较，续志基本沿袭前志，数量上增加了两编，但在编章节的名称上，续志较前志作了适度的调整。如前志卷一建置区划，包括建置沿革、行政区划、乡镇概况3章；续志将乡镇单设一编，在政区、环境内设建置区划、治所变迁、驻邗单位3章，建置沿革、区划演变降至节的层次，新增了治所变迁和驻邗单位2章。前志卷二自然地理，包括地质、地貌、气候、水系水文、土壤、生物6章；续志将该卷与卷一建置区划部分归并为政区、环境，除政区内容外，设地形地貌、气候物候、土壤植被、水系水文、交通设施、环境保护，将前志卷九交通、邮电中交通设施章以及前志卷十建筑业、城乡建设、环境保护中环境保护章移至第一编，生物章调整至第三编，删去了前志中变化不大的地质内容，新增了物候，其他地形地貌、水系水文等有些许调整。前志卷八的能源，包括电力、沼气、柴草、石油及其他；续志为第三编，设资源，沼气与太阳能开发利用、电力。续志新增第四编土地管理，包括土地利用规划、土地使用制度改革、地籍管理、建设用地管理、土地行政执法。前志卷十建筑业、城乡建设、环境保护，续志将建筑业和城乡建设下房地产管理有关内容归并、新增，调整为第十一编建筑业、房地产业，城乡建设单设一编。续志新增了经济改革与发展一编，包括经济体制改革、经济发展战略、经济结构、经济运行；新增了牙刷业、衬衫业；将原来的商业分设为国内贸易、对外经贸；将原来的金融业、交通中的运输、邮电和商业中的饮食业和服务业归并升格，成为服务业一编。政治部类对党派群团、政权政协调整，设为中共地方组织，民主党派、工商联、人民团体，人大、政府、政协；前志的公安、司法及军事，续志调整为政法、武装。文化部类教育、科学技术、文化、卫生、体育，归并调整为教育、科技，文化、体育，卫生，增设了历史文化遗产。社会部类中前志的民政，续志改为社会工作，前志的社会改为社会生活，前志的方言在续志中有所减省，归并到社会生活编，但新增了谚语、歇后语，新增了精神文明创建编。人物仍设人物传略、人物表，但增加了高级专业技术人员表、在外乡贤名录、能人巧匠名录，尤其是能人巧匠名录成为该志的一个特色。

从续志篇目调整情况看，与前志相比具有以下特点：

一是继承了历史上续志编修的传统。历史上方志续修是一个大的概念，是指历次方志编修代代相续的传统，从编修形式而言，主要有增修、重修、续修。所谓增修主要是在前志基础上进行一定的增补；重修是指重新发凡起例；续修一般是指有一定上下限的志书编修，上限多接续前志的下限，依前志的类目而续而增。二轮修志主体上采取的是断代体志书的编修，多依前志的下限而续，有的是以1978年、1979年为始，以反映改革开放的历史进程。无论采取何种断限，其篇目设置和内容记述，均应大体遵循前志的规范。但目前有的志书编修，为了凸显改革开放的成就，或为了突出地方特色，或为了追求创新，续志篇目往往脱离前志重新发凡起例，这样做不仅违背了续志编修的宗旨，而且偏离了方志编修的传统。《邗江县志（1988—2000）》的篇目在大体沿用前志的基础上，又根据时代的发展作了一些微调，如将变化不大的“地质”内容删去，其他进行增删升降的做法都是值得肯定的。

二是在彰显地方特色的基础上，凸显了时代的发展变化，体现了观念上的更新。如为反映邗江的地域变化，设治所变迁，包括城区、邗江新区，城乡建设编又设了邗江建设区。为突出邗江的历史文化，除在有关部分设章节介绍外，设历史文化遗产编，附录中收录了邗江区域历史溯源、地域变迁考证文选有关资料。为突出邗江的地域特色，水系、水文章以长江及入江河道、淮河入江河道、邵伯湖为节，在资源、能源编设了水资源一节，在水利编又设了江河治理一章，突出邗江河流、水资源的特点。为反映改革开放的进程以及政府采取的发展战略，设经济改革与发展专编，记述经济体制改革、经济发展战略、经济结构、经济运行。教育、科技、卫生中也设了体制改革章节。为反映邗江经济发展的新变化，城乡建设由章升格为编，房地产业由节升格为编；工业中前志工业经济成分设国营工业、县属集体工业、乡镇工业、私营个体工业，续志改为所有制构成，下设国有工业、集体工业、私营个体工业、“三资”企业、股份制和股份合作制工业，凸显了经济成分的变化；设牙刷业、衬衫业，突出邗江的特色工业；将前志的商业分为国内贸易、对外贸易，并在对外贸易下设招商引资章，记述招商引资的政策措施与招商活动。又如历史文化遗产分为物质文化遗产和非物质文化遗产，社会部类加大对社会保障、社会救助、社会福利的重视，服务业由原来的节升格为编的设置，都反映了社会观念和认识的变化。

二、内容记述上的衔接

在内容记述方面，《邗江县志（1988—2000）》“凡例”规定：“本志采用复记和补记的方法处理与前志的关系。前志已记述的基本地情，本志择要酌情复记；前志遗漏的重要内容，本志力求在相关编章中补记，不宜在正文中补记的，在志后附录中设专文补遗”。据此原则，该志在附录中设“邗江人民革命斗争史略”“邗江县插队知识青年专记”“邗江县区域历史溯源”“地域变迁考证文选”，作为对前志的补遗；并设“前志勘误”，以纠正前志的错讹。该志总述基本依据志书限内事物的发展记述，但对区域变化的情况予以追溯和简单的勾勒。该志大事记紧接前志的下限，体现了与前志的承接。人物篇的记述方面，遵循凡例的规定，采用接续前志、复记、补记等方法，处理与前志相衔接的关系，但也并非是简单地衔接。其中人物传略涉及上限以前的人物有20人。以卒年为序，上起清咸丰三年（1853），下迄1987年，均为前志未收录的人物，以为前志之补遗。该志各编，在与前志的衔接上，仍然采取对接和复记的方法，但在具体问题处理上又作了灵活变通的一些处理。

一是对前志内容作简要概括。如建置沿革，对前志所记述的隶属关系作了简要的追溯，而对区划的演变则从1987年底记述。“沼气”在前志中为能源卷的一章，续志将沼气与太阳能开发利用合为一章，沼气为其中一节。该章小序追溯70年代以来的情况：“70年代，县境农村能源主要靠秸秆、薪柴、人畜粪便等生物质能，生产用能和部分生活用能均靠外地调入。随着工农业生产快速发展，人民生活水平日益提高，不仅农村煤、电供需矛盾十分突出，而且能源利用与环境保护更需协调。80年代始，全县注重沼气、太阳能可再生能源开发利用，商品能源缺口压力得到缓解，农村用能结构发生变革。”对前志涉及的沼气、太阳能开发利用所带来的能源结构变化，作了综合性的概括。

二是调整章节目设置，在前志基础上予以补充。如地形地貌将前志属于类型的目升格为节，在内容上立足前志又补充近年来的变化。气候中关于气象各要素的记载，均从1988年至2000年，而物候所收录的“物候与主要农事活动一览”以及节令农谚，分为春季、夏季、秋季、冬季，主要反映节令与农事活动的关系，丰富了前志谚语所载气象谚、生产谚、生活谚、事理谚，可谓补前志所无。水系中关于河流的记述，在前志的基础上，又作了重新的梳理，记述了现状。对动植物的记述也力求系统全面，注重限内的发展变化，选录境内与生产生活较为密切的动物4门8大类120科170种，植物约5大类140科399种，并说明变化的现象和原因。

三是追述前志限内的概况或发端，接续记载续志限内的发展。如交通设施章下序记载“1982年，境内实现各公社通公路”，接着记述1990年底和2000年境内道路和通车里程的情况。该章“航道养护与管理”一目记载“邗江县航道管理站于1975年8月成立，1978年易名江苏省邗江县航道管理站，负责限内航道建设、规划、管理、养护、船舶航道养护费征收。对管辖的干支线航道进行扫床，干线每年两次，支线每年一次，发现航障及时打捞、清除，保障船舶安全航行”，接着记述1989年以后的情况。这种方法在该志记述中使用比较普遍。

四是直接承接前志记述，与前志内容相对接。如记述耕地面积：“全县1988年耕地面积（专指农田纳税面积）49.15万亩，2000年为47.03万亩，比1988年减少2.12万亩。1988—2000年，年平均减少1631亩。”记述工业企业情况：“1988年，全县有工业企业5593个，职工12.78万人，固定资产原值3.59亿元，全年实现产值12.3亿元、利税0.97亿元，全县初步形成以机械、鞋服、纺织、工艺品、化工等工业为主体的布局。”与前志所记述的1987年的有关内容相连接。但要注意的是，与前志的衔接，有关数据要有接续，或能说明变化的原因更为妥当。因为前志耕地面积，1987年为49.55万亩，那么1988年就减少了0.4万亩；与前志记载的1987年相比，工业企业职工、固定资产原值、产值和利税均有所增减。作为续志，与前志的衔接应该反映发展变化，但更应把握数据的对接，如果续志忽视了这一点，同样会影响志书的资料可信与实用。

五是对特色产业、文化内容等，在前志基础上进行扩充或补遗。如衬衫业起步于80年代，1989年后，衬衫生产呈现多点开花、铺开发展的格局。对此前志仅仅提到1985年后，服装产品品种有了衬衫，更为详细的内容则无一介绍。续志抓住衬衫业发展的亮点，与牙刷业并为一编，作为一章介绍衬衫业的发展情况，下设衬衫生产、产品与技术开发、衬衫销售、衬衫效应、企业选介等5节，全面地反映衬衫业的发展状况。

在文化方面，为凸显邗江丰厚的历史文化，续志专设艺文一章，选录古代诗词、楹联、记文，弥补了前志无艺文的缺憾。对珍贵的文物古迹以及地方特色文化，续志专设历史文化遗产编，下设物质文化遗产、非物质文化遗产两章，有关内容前志记述简单，有的尚未涉及。附录中的"邗江区域历史渊源""地域变迁考证文选""邗江县插队知识青年专记"等也是对前志的补遗或扩充，并成为该志很有特色的内容。

三、关于提高续修志书质量的思考

《邗江县志（1988—2000）》编修于2003年5月启动，12月被中国地方志指导小组办公室确定为全国第二轮修志工作试点单位，在时间上也是确定较早的一个。该志经历了资料长编和初稿编写、分志编纂、总纂、自审和初审、评审和修改、验收和定稿阶段。在编修过程中，编纂者注意总结继承创新的经验做法，也注重收集修志过程中存在的问题和教训。其间编印了《〈邗江县志1988—2000〉编修文选集》（一）（二）和《〈邗江县志1988—2000〉编修论文集》，记录了该志编修的过程，也记录了编纂者为提高志书质量所进行的探索。近年随着志书编纂的深入，对质量的关注也提到了议事日程。从中国地方志指导小组到各省区市，都陆续制定了相关的标准和规定，有的地方还专门制定了评审验收的办法。那么怎样才算是一部高质量的志书，怎样才能修出高质量的志书，从《邗江县志（1988—2000）》的编修，笔者提出几点看法，与同仁商榷并祈求指正。

一是严守志书的体例。方志自定型以来，有别于其他的理论著述、资料集、百科全书等载体，在体例上有其独特的方面，因此体例可以说是方志的根本。历史上方志的续修体现的是一代代方志的连接，其形式多以重修方式出现，有前后时间限制的续修只是少数。二轮修志在编修方式上，改变了历代这一传统，断代续修成为主流。从编修方法来看，历史上的续修多依照前志的类目接续编修，当然也有对于建置沿革、地质地貌、河流山脉等变化不大的事项的记述，时限不太明显，但往往通过前后志的有机衔接来解决有关的问题。除此之外，还有补遗的内容，当然也是超越了时限的规定。民国时期方志学家黎锦熙先生提出"三术"，即续、补、创，其中的"补"就是要拾遗补阙，纠正舛误。尽管如此，并非说断代志没有时限和体例的局限。翻开近年出版的某些二轮志书，一味地追求创新，在篇目设置上抛开前志，重新按照现代的社会分工分门别类，以体现与前志的区别和不同；在内容记述上，随意突破时限上溯下延，看不到前志与续志之间的衔接，笔者认为这种做法是把重修与续修的糅合，是在重修外表下的续修。还有志书借用年鉴的某些载体，专题化的设置，甚至把不同类别的事项揉捏在同一编章。这些做法，严格来说是对方志编修传统的破坏，即所谓："例不立，志将焉存？"拜读《邗江县志（1988—

2000)》的篇目，所看到的是对传统的坚持和遵循，我想这是最值得方志界欣慰的一点。

二是要重视内容的记述。志书的内容体现在资料的收录，要反映历史进程的变化。《邗江县志（1988—2000）》的资料工作是很扎实的，搜集资料、编写资料长编、撰写初稿，这些都是修志过程中重要的环节。由于该志认真地坚持了这一方法，所以志书记述得法，内容充实，除了图表资料外，在反映一个事物发展的过程时，均以相关资料和数据作为佐证，增强了志书资料的可信度，这与有些空话套话连篇、数据堆砌，难以反映历史发展脉络和过程的志书，形成对比。如从前面的分析来看，该志补充、补遗的一些资料，也充分说明编纂者在挖掘资料上所付出的心血。当然，该志还存在限内资料空缺的现象，有的是上限以后至某年的资料，说明资料的完整方面还有些欠缺。

三是增强志书的学术性。近年随着国家有关法规的公布实施，对方志的定位更倾向于是一部资料书，但从严格意义讲这不是一般的资料书，而是带有编纂者观点的资料性著述。从首轮修志开始，方志界对历史上的很多编修理论、编修原则进行过诸多的探讨和总结，其中"述而不论"就是其中之一。这一原则对指导方志编修，起到了重要作用，但也有拘泥化的倾向。方志记述强调要客观真实，但因编纂者的思想局限，其客观真实也只能相对而言，作为生活在现实中的编纂者，对某些问题的认识和看法，也会不可避免地影响到方志的记述。历史上方志的编纂者往往借用修史的方法，以"论""赞""曰"或"说"的方式出现，也是同样的道理。修史者有史识，修志者也应有志识、志德。近年在对此问题的认识上，方志界也有一些变化，大家也普遍认识到要加强志书的学术性，就要做好述与论。《邗江县志（1988—2000）》除卷首的概述外，还在相关编章节设置了无题述或无题序，来系统地反映一个事象的整体面貌，不仅有记述，也分析变化的原因和影响，这些无疑都是增强志书学术性的表现。但从根本而言，笔者以为志书的学术性最根本的还是志书的资料，倘若资料不完整，即使分析和议论再流畅，恐也难以为读者利用，学术性当然更无从谈起。

四是精心打磨志稿。邗江作为全国第二轮修志试点单位之一，从江苏省到扬州市、邗江区都对此给予了高度重视，省市出面组织了若干次篇目、志稿的讨论会，对提高志书质量无疑是巨大的促进。从邗江区来说，从启动到定稿，数易篇目，志稿修改无数，并且专门聘请专家参与修改，这在一般的修志工作中是很少见的。修志者对篇目和志稿的反复打磨，每一次讨论和修改，都会有较大的改进和提高。

（原文刊载于《江苏地方志》2010年第3期）

读《邗江县志（1988—2000）》

王　熹

著名方志学家来新夏教授认为，第二轮修志只有做到三个"新"，即一是理念新，在现有基础上，提高志书的学术性，将依靠史料写志转变为写志是为保存史料；二是内容新，志书就是凭史料说话，在收集资料中应当注重社会调查，写出专题调查报告，并把这些报告适当地写进志书，或者作为志书的附录，备研究者参考；三是编纂方法新，在撰写志稿前编资料长编，把所收集的资料按志书门类分别理顺编次，要坚持做到"宁滥勿缺"，然后撰写志稿，反复审改，才能使编修的志书在首轮的基础上有一个质的提高和超越。按照这个要求和标准，再对照有关衡量志书质量的标准，审视新近出版的《邗江县志（1988—2000）》，不仅具备上述各项基本条件，而且在谋篇布局、志书的学术性、展示邗江核心竞争优势与人文优势以及综合反映邗江县特点和时代发展进程等方面，都作了积极探索和全面系统记载，既提供了理论借鉴和编纂方法，又积累了较为丰富的经验，并引发续志工作若干思考，为全国及江苏续志试点工作画上了一个圆满的句号。

一、谋篇布局凸显社会现实问题，记述注重提高志书学术性，不仅寻求横排与纵述的有机结合点，而且讲究述而又作，画龙点睛，取得了相得益彰的效果。

在谋篇布局方面，一是注意与前志的衔接与连贯，同时又紧贴现实问题，遵循科学分类原则，结合社会分工，设立"环境保护""城乡建设"等编章，突出反映环境方面存在的问题，记述新型城镇化建设所取得的成绩。二是将体现地方特点和时代特色的部分类目，如"牙刷业、衬衫业""建筑业、房地产业""服务业""历史文化遗产""社会工作"等作升格处理，浓墨重彩，以彰显地域和时代发展特点。三是在章节设置上狠下功夫，展示传统门类在新的历史发展条件下，所具有的新含义和新内容，如在"历史文化遗产"编中，设物质文化遗产和非物质文化遗产两章，重点记载了邗江的文化遗产类型及其丰富内涵，为历史文化遗产应如何在续志记载提供了事例，具有借鉴意义。再如"社会工作"编设"社会保障""社会救助""社会福利""社会行政管理"等4章，打破了志界对民政、劳动和社会保障部门的传统归属模式，这种探索和归类方法更趋于合理。

在内容记述方面，一是采用复记和补记的方法处理与前志的关系。前志已经记述的基本地情，酌情予以复记；前志遗漏的重要内容，力求在相关编章中补记，不宜在正文中补记的，有的运用"专记""调研报告"等形式置入相关正文之后，以衬托诠释有关内容，有的则在志后附录中设专文补遗。二是运用互见的记述方法，既较好地解决了内容交叉重复的问题，同时又节省了篇幅。三是在各编无题概述中，不仅加强了述体的记述力度，还比较妥善并恰当地处理了述与论的问题，提高了志书的学术性，志文不再是资料的堆砌，而通过简洁有度的精作，使事情的来龙去脉、因果关系一目了然。如在"人口"编中指出，1988年后，随着城市化进程的加快，全县非农业人口逐年上升，1988年为24050人，占全县人口的4.35%；2000年，达到88081人，占总人口的16.02%。对增长快的原因，编纂者在"人口分布"一目作了详细阐述："1988—1990年，国家对60年代初压缩城镇人口下放人员及其子女落实户口'农转非'（农业户口转为非农业户口）政策，全县近6000人农业户口就地'农转非'；同期，国家调整知青'半家户'、民办教师转为公办教师等人员户口政策，就地解决被征用土地农民'农转非'，全县近1000名农业人口转为非农业人口。……1999—2000年，为合理引导农村剩余劳动力向非农业有序转移，促进小城镇经济发展，县内杭集、汊河、瓜洲、公道等4个镇率先被列为全省200个小城镇改革试点镇，对在集镇具有合法固定住所、合法职业和稳定生活来源的农业人口就地转为小城镇户口。后在全县全面推开，全县2万多名农业户口人员因此办理'农转非'。"事情的经过及前因后果交代得一清二楚，比起简单的资料罗列要脉络清晰，轮廓完整，很有说服力。

随着农转非人口的增加，全县人口状况也发生相应的变化，编纂者对其深层原因作了客观描述：“1988—2000年，由于全县就业规模不断增大，城乡一体化速度加快，城市对农村剩余劳动力需求量增加，第三产业从业人口增多，全县职业状况发生较大变化。”到底有多大变化，从什么方面反映出来的，该志进一步记述：“农村劳动力人口中直接从事种植业生产的，1988年为94354人，占全县农村实有从业人口的36.18%；2000年为52870人，仅占全县农村实有从业人口的22.29%。13年间，从事非农业的人数迅速增加，标志着全县农村劳动力正摆脱田间耕作，或进城打工，或在当地从事非农业劳动，反映全县城市化进程速度不断加快。”这是邗江县在13年间不同于以往的一个重要方面。另外伴随着邗江城镇化步伐的加快和地方经济的发展，外地暂住人口从四面八方涌入，各种社会问题由此产生。对暂住人口都从哪里来，为什么大量涌入本县等问题，编纂者在“暂住人口”一目中作了概括论述。这是编纂者通过大量的史料记载，对有关问题进行认真研究后，才得出的结论，篇幅不大，文字不多，却有一定的记述深度，为我们全面认识和把握该问题的实质提供了科学依据。

二、“人物”编“能人巧匠名录”中关于传主事迹的记述是全志的最大亮点之一。可以看出编纂者对入选名录“小人物”做过专门的研究，准确把握了每个人物的个性和闪光点，因此人物形象的刻画，虽然文字多寡有不同，但个个栩栩如生而传神如画。在目前全国出版的400多种续志中，该志人物特点的把握最得要领，不仅为全国续志人物撰写提供了范例，而且树立了新的标杆，很值得借鉴和推广。

从首轮志书开编直到现在的续志，人物传到底如何编才好，理论探讨和争论从未停止过，在实践中也不乏高见及尝试者，但在确定入志人物标准时，以官职大小划定门槛，以级别高低定篇幅为多，结果写出的人物传像工作简历者比比皆是。与此形成鲜明对照的是，邗江县续志编纂者在处理入选的“能人巧匠”时，却一改时人的老做法。将潜心研究普通人的有关资料和业绩作为首要工作，从每个具体人物入手，不是把重点放在写高大全形象的“全传”上，而是寻找每个人的亮点，从最能反映人物特点的“小事”“普通事”上做文章。虽然每个人从事的职业不同，贡献有大小，记述文字多寡不一，但人物却个个鲜活，有血有肉，与现实生活非常贴近。这样做，既通过“小人物”达到了以人系事的目的，又彰显了各种“小人物”在地方社会经济发展中所发挥的重要作用。如厨师戴立芝，“14岁至扬州天凤园饭店，初学白案，后到菜根香站炉掌勺，擅长炉、案、碟和炖、焖、烤。他的冷盘腐乳炝虾、水晶鸭舌、芽姜干丝遐迩闻名，醋溜鳜鱼、天地鸭更是其杰作。1971年，柬埔寨西哈努克亲王在周恩来总理陪同下至南京参观访问时，吃过他做的蟹粉狮子头，赞不绝口”。又如种植能手王金孔“1986年，除种14.4亩责任田外，还跨队承包集体荒滩68.8亩。三年间，向国家交售稻麦3.6万公斤、黄豆1.05万公斤。在他带领下，周围群众纷纷要求承包荒滩，使附近2000多亩荒滩全部种上庄稼。1989年4月，被省政府授予省售粮模范称号”。还有当地的非物质文化传人冷步龙，名不见经传，但他“30多年来，练就一门用糯米粉为他人生日喜庆做吉祥物的好手艺，名扬李典、虹桥、头桥等地。凭一双手、一把剪刀和有关色彩，一会儿工夫，鱼、鸭、鸽、凤凰、鸳鸯、龙、百合、柿子、石榴、荷花、莲藕等吉祥物便栩栩如生地呈现在马饼、子孙饼、抓周团、冬团上面，令人拍案叫绝”。上述例子说明，只要修志者肯下功夫，甘于坐冷板凳，认真研究分析有关人物活动的文献资料，加以提炼概括，注重人物个性的把握，就一定能把人物传写好写活，就能增加志书的知识性和趣味性，吸引普通民众关注地方志编纂，为共同做好地方志工作营造良好的社会氛围。

三、邗江县续志不仅对13年间日新月异的发展变化以及所取得的辉煌成就作了全面系统的记载，更为重要的是对发展过程中所遇到的各种问题和经验教训，不是采取视而不见或故意回避的态度，而是实事求是，认真对待，理性处理；既没有运用常见的宜粗不宜细或避重就轻的志法，也没有哗众取宠、故意扩大负面的影响，而是将它放在历史发展的过程中，进行客观描述和反映，明其源流，彰其因果，为后人提供借鉴。

志书除了存史的主要功能以外，还有资政、教化的重要作用。志书就是鉴，善恶必录，是为优良传统。从已经出版的续志看，正面或主要记载当地发展变化毫无疑问，但问题是，有的志书满篇皆是进步成绩，而对出现的问题，往往不是轻描淡写，就是闪烁其词，这与志书应当正确对待历史教训和经验，对发展中曾经出现的负面问题要作客观记述的基本要求相去甚远，也不符合实事求是、秉笔直书的志书编纂原则。实际上，一部好的志书，它的贡献不仅在于把应该如实反映的正反两个方面的事情都记好了，而且还提供了许多历史借鉴，使后来者少走弯路或避免重蹈覆辙。邗江县志就是恪守修志的基本原则，既全面系统记述了发生的巨大变化、前所未有的成绩，又以适当的篇幅客观记述了出现的问题、发展经历的曲折以及经验教训，给人复原并描绘了一部真实的邗江地方综合“全史”，取得了较好的效果。

如在“环境保护”章中，不仅对当地环境监测、污染治理、生态保护以及环保管理方面的工作做了详细记述，同时还对当地主要的污染源作了如实记载：“80年代末期，工业废水中污染物以有机耗氧物质为主，一类污染物主要来自电镀业和制革业，污染大户主要集中在化工、造纸、电镀、制革、制裘、印染等行业。工业废气污染主要集中在建材行业和化工行业，废气中主要污染物为二氧化硫、氮氧化物和尘粒。……90年代末期，工业废水中污染物排放主要有化学需氧物、悬浮物、石油类、氰化物、六价铬、挥发酚等。工业废气污染除废气外，主要集中在建材行业。”随着人口密度的增大、乡镇工业的发展、城镇一体化进程的加快和工业污染的日趋严重，导致生物资源大量灭绝，使昔日邗江“土壤肥沃，生物资源丰富”的优势不复存在。志书在“生物资源”一节中记载：“70年代以后，人口密度增大，耕地逐渐减少，‘四荒’（荒地、荒山、荒水、荒滩）不断开发。进入80年代，乡镇工业蓬勃发展，‘三废’（废水、废气、废渣）污染逐年加重，境内野生动植物品种和数量日趋减少，天然植被基本消失。江河闸坝阻挡鱼类洄游，过度捕捞和环境污染造成水产品捕捞量急剧下降。……进入90年代，环境保护被列为基本国策，‘三废’治理力度逐年增强，长江、邵伯湖实行定期禁捕。至2000年，环境恶化趋势初步得到遏制。”但是，由于环境的恶劣，“为补充境内野生动植物资源的不足，满足人民生活的迫切需要，全县大量引进畜禽、水产、瓜果、蔬菜、苗木、花卉等优良品种”。尽管文字不多，但切中问题的要害，使人对环境恶劣造成的严重后果，通过编纂者的归纳提炼，有了更加清晰的认识和了解。有关这样的述论还有很多，这里需要说明的是，志书编纂者不负使命，一丝不苟、严谨科学的修志精神，令人肃然起敬。正是从他们的身上我们看到了中国新编地方志的希望和未来。

四、志书中需要完善和进一步改进的地方。一部好的志书固然有很多优点和长处，但如果从名志佳志的高标准要求，从一个可作为样板的高度衡量，邗江县志还有一些有待完善和进一步改进的地方。

一是篇目方面。如“社会工作”编的用词欠妥当，按照《现代汉语词典》的解释，“社会工作”指本职工作之外没有报酬的为群众服务的工作。从包含篇目内容看，主要涉及民政、劳动和社会保障等部门的工作，似改为“社会保障”才能涵盖所记述的事物，该编的第一章“社会保障”可改为“社会保险”。再如，“精神文明创建”编，从分类科学性讲，没有必要单独设编。其内容主要是社会新风尚，可以归入“社会生活”编，列入“民风民俗”章，设节记述完全可以承载有关内容。

二是内容方面。有的复记前志内容有余，而对续志限内的内容及其变化缺乏必要的描述，如“长江及入江河道”中关于“古运河”“京杭运河”等以及“淮河入江水道”中关于“运盐河”“金湾河”等目的具体内容，都溯源历史上修治情况，缺少限内的记载，是一个缺憾。有的内容过于简单，不够规范，如“生物资源”所记动植物，只有汉文或习惯名称，而没有标出国际上通用的学名、分布范围、常见品种、功用以及下限时的生存状况等，记述不够科学和完整。

五、邗江续志的若干启示

二轮志书的创新，始终是全国修志工作者探讨和付诸实践的重大课题。邗江县续志编纂者作为江苏省和全国的续志试点单位，用他们的智慧和编成的志书提交了一份满意的答案。他们通过努力探索并提供了有益的启示。启示之一：穷搜系统资料，认真做好资料长编，反复研究专题问题，把握事物发展的大局大势，是编好志书的重要基础。启示之二：志书不是资料书，而是一部科学严谨的资料著述，因此继承修志优良传统，做好述而精作是必要的，否则事情的原委不清、因果不彰，完全编成一部资料汇集，称不上是一部高质量的志书。但是述而有作或精作，要掌握一个度，做到言简意赅、画龙点睛即可。启示之三：志书作为一方之“全史”，负有双重使命，它不是地方官员的政绩簿，而是当地经济社会发展的全记录，是当地人民创造发展历史的真实过程，其中既有收获的喜悦，又有奋斗创业的艰难和经历的痛苦以及不幸。因此，要本着实事求是的精神，不仅要全面系统反映一地的发展变化和成就，而且要把遇到的问题、曲折、经验教训记好，为后人提供一部真实的历史，而不是虚假或走样的东西。启示之四：如何解决横排过细以及由此产生的交叉重复问题，邗江续志大量使用“互见法”，既解决了编纂方面的问题，又节省了篇幅，为充实必要的内容创造了条件，可以在志界大力推广。启示之五：志书作为严谨科学的资料著述，应当遵循目前公认的关于学术著述的基本规范，如不能对征引的所有资料表明来源，起码主要资料注明出处是必要的。退而次之，应该做到每编主要参考了哪些文献，作为附录的一部分内容，分类列出文献目录是完全应该做到的。否则志书的权威性就难以得到社会的广泛认可。总之，《邗江县志（1988—2000）》从整体看，质量水平上乘，堪称续志的精品，很值得志界学习和借鉴。

（原文刊载于《江苏地方志》2010年第3期）

扬州市郊区志

扬州市郊区人民政府编。1989年启动编纂，1996年11月由方志出版社出版。主编杜道遥，副主编陈勇、王正之、陈宁、钱传仓、程裕祥，编辑朱志泊。

全书1册，102万字，图片69幅（志首49幅、随文20幅），表格343张。记述范围为1988年的扬州市郊区行政区域。记述上限，人文方面因事而异，尽量追溯，经济方面一般起于1949年；下限1988年，大事记和领导干部更迭延至1994年。志首设序、凡例、概述、大事记，志末设后记。全志设25篇：建置区划、自然地理、人口、乡镇建设、农业、蔬菜、多种经营、水利、工业、商业贸易、财税金融、经济综合管理、政党群团、政权政协、民政、公安司法、军事、劳动人事管理、科技、教育、卫生、文化体育、风景名胜、民情习俗、人物。

《扬州市郊区志》目录

为反映郊区区情特色，设蔬菜篇，记述蔬菜种植面积、品种、生产技术、产销形式。建置区划篇设乡镇场章，乡镇建设篇设土地征用节，商业贸易篇设集市贸易章，卫生篇设农村改水节，鲜明地反映郊区特点，体现服务功能。注重挖掘人文资源，风景名胜篇记述瘦西湖风景区、平山堂风景区、名胜遗址等内容，展现郊区秀丽风光。

（薛　花）

【后记（节选）】

经过六年艰辛努力，《扬州市郊区志》终于得以问世，这是有史以来第一部专门介绍扬州郊区地情和历史的书，也是我国刚刚开创的区志当中的一本。

与别的县、市、区相比，《扬州市郊区志》的撰写有着更大的难度。一是扬州郊区解放前一直没有独立的行政建置，解放以后或建或撤，或合或分，屡有变迁，直至1983年才正式独立为县级建制，这对我们搜集资料带来极大困难；二是我区修志工作起步迟，1988年底建班子，1989年才正式开始工作，这在扬州市12个县、市、区中是最后一家；三是人手少，别的县、市、区地方志办公室专业编撰人员一般常年保持在20多人（含聘用人员），而我区6年多来一直只有几个人，而且多数是年事已高的老同志。在这种困难情况下，能将志书编纂成功，主要有以下几点原因：

区委、区政府的高度重视和有力领导。我区常务副区长朱福元、区长朱福生先后亲自担任区志编纂委员会主任，他们在任期间始终把地方志工作当作精神文明建设的一件大事来抓，对地方志工作的重要会议每次必到，并提出具体要求和意见，对修志工作中遇到的困难切实帮助解决，在财政紧缺的情况下优先安排好地方志这一块，在办公设施等方面尽量提供较好的条件。

区各部门的通力协作。区机关绝大多数部门对修志工作十分重视，有的抽调人员建立修志小班子，有的精心选择本部门修志主笔，对选调的编撰人员保证他们的时间，保证他们的经费。其中文教局、供销社、蔬菜局、多管局建立的编撰小组有3～5人，这些同志情况熟悉、责任心强，在全区较早也质量较好地完成了初稿，文教局受到省表彰，多管局受到市表彰。有些部门的领导还亲自收集资料，亲自担任主笔。

修志人员的辛勤笔耕、默默奉献。编修地方志是一项既辛苦又清苦的工作，但大家抱着对郊区历史负责、对党的事业负责的精神，耐得寂寞，耐得清苦，消得年华。一些离退休的老同志放弃安度晚年的清闲，他们脚蹬自行车，无数趟的下乡村、跑单位，吃了许多年轻人不能吃的苦，收集了大量珍贵资料，写出了十余万字的志稿；一些中青年同志在清苦的笔耕中一扎就是好几年，不计名，不计利，为修志事业奉献了自己最为宝贵的青春年华，真正是“白发与黑字同生，皱纹与志稿同增”，志书的每一行、每一页都浸润着他们的辛勤汗水，都凝聚着他们对事业的忠诚。

【志评】

烟花三月下扬州

——喜读《扬州市郊区志》

张尚金　吴之光

扬州，我国古代江河都会，历史文化名城。近年修志，硕果累累。古扬州一地新编县、区志公开发行：《广陵区志》占先，“一枝红杏出墙来”；《江都县志》《邗江县志》《扬州市郊区志》次第问世，有如“满园春色关不住”，繁花似锦。笔者已拜读诸志，各显特色，前三志学者已有评介，毋庸赘述。

《扬州市郊区志》洋洋百余万言，读来饶感兴味。际此本届修志已近结束，下届修志即将开始，经验教训，是非得失，正在百家鸣，有待百花齐放。笔者管见，难窥全豹，有待方家正之。

贴近时代　弘扬文明

新编方志是在邓小平同志关于建设具有中国特色的社会主义理论的指导下进行的。《郊区志》没有例外，始终关注贴近时代，弘扬文明，具有鲜明的时代特色。

全志下限为1988年，有些新生事物在下限以后产生，则在《大事记》中记述。如1994年5月，江苏乐凯集团成立。该集团以郊区西湖玩具厂为核心，以9家控股企业为紧密层，以50家企业为常年协作单位，并在美国拥有两家公司。并且还在卷首彩照系列中相互呼应，破格录用了两张彩照：（1）“省明星企业——中外合资扬州乐凯玩具有限公司”；（2）“朝鲜祖国战线代表团视察扬州乐凯玩具有限公司”。重彩浓墨地反映了我国经济改革浪潮中的一朵浪花，反映了企业发展中“中外合资”与“企业集团”的特色。

在经济部类的记述中时代特色尤为明显，在乡镇建设篇中可以看到扬州郊区农村住房结构的变化，乡村城市化进程明显加快。从3000年来的封建社会到60年代前期，农村还是土墙草房；60年代后期到70年代中期，普遍改为红砖斗子墙，部分瓦房；70年代后期至80年代初，几年工夫就改为砖墙青瓦水泥梁；1985年前普遍建造内外走廊的青瓦房；1985年以来，掀起“楼房热”，翻造二层楼房。卷首彩照系列中还刊用了《郊区农民普遍住上了典雅别致的小别墅》。经济发达了，农民住房条件大大改善，“楼房热”“城市化”的时代气息迎面扑来。

《郊区志》在记述物质文明的同时，在有

关政治、文教、科技、民政等篇章中记述精神文明建设。而在有关经济建设的篇章中也记述精神文明建设，如《乡镇建设篇》在建房管理一节中，记述了廉政建设的有关规定，使之制度化。1986年，区委发文规定副乡级以上干部建住宅需由区纪律检查委员会审查资金、材料来源及占用土地情况，并经区基建局领导、分管区长、区纪委书记联合审批后才能发建房执照。村级干部建房也相应作了规定，使之有章可查、有法可依，依法处理，将廉政建设纳入制度化轨道。

人物立传　实事求是

《郊区志》人物篇，不设简历，不分界别，将本籍人物、外籍人物、烈士英名录并立三章，结构简洁，无架床叠屋之弊，有实事求是之特色。

根据生不立传的原则，收录传主56人，其中外籍26人，占传主数的46.4%，此因扬州古城在郊区，流寓人物多故；文化名人36人，占传主数的64.3%，此因扬州繁华，文人荟萃；古代人物42人，占传主数的75%，此因举国闻名的历史名人多故。

历史名人中，有南北朝以描绘战后扬州荒凉景象《芜城赋》而闻名于世的鲍照，有以《春江花月夜》"孤篇压全唐"的著名诗人张若虚；有六次东渡历尽艰辛，为中日人民友谊和文化交流作出卓越贡献的鉴真和尚；有以郑板桥为首的清代"扬州八怪"；以及枚乘、董仲舒、杜佑、杜牧、欧阳修、苏东坡等"千古风流人物"；也有在艺术上、学术上或革命事业上作过贡献的现代先进人物。

记述传主事迹，不隐恶，不溢美，不评论，实事求是。如袁树珊，记其行医占卜，"他的星相占卜名闻海内，闻人达贵为求得他的纸'命单'以为幸事"，"占卜所得大半用于家乡教育事业"，"因种种历史原因"，1950年移居香港，终老台湾。以具体事实，记述其创办"卧雪生活小学"，推行陶行知的生活教育主张。寓褒贬于事实之中。

又如张纲张婴合传，张纲用安抚政策收服农民起义领袖张婴，促其解甲归田。朝廷迁升张纲时，张婴等挽留，次年病死，张婴等原起义人员500多人穿孝衣扶灵柩送回四川。张纲死后两年，张婴等重举义旗，反对暴政，终于战死。这篇合传反映了封建时代官逼民反，拥护清官，反对贪官的历史事实。但在"左"的棍棒下将被打成"阶级调和论"，此类文章编者要有胆识，尚属少见。又如王播传，述其贿赂皇帝、贪赃买官的事实，是反面人物，但亦记述在扬州疏浚运河19里，便于通航，有利于国计民生的好事。

图片设置　锦上添花

图片包括照片、地图、插图、图表，是方志体例中的一个组成部分。旧志有疆域图、城池图、山川图、河流图，等等。现代采用彩照、彩色地图，更加先进。《郊区志》卷首设有双页彩色《扬州市郊区行政区划图》，图例规范，印刷清晰。接着8页49幅彩照，设计美观，多彩多姿。随文插图黑白照片20幅，以及适量图表，恰到好处。对一部良志来说，图文并茂，不啻锦上添花。

彩照形象鲜明，对照文字，相得益彰。可分七类：(一)经济活动类16幅，占彩照数的32.06%，反映农工商大型企业及其先进产品，有时代特色。(二)风景名胜类14幅，占彩照数的28.77%。反映扬州主要景区的美丽风光，如诗如画，引人入胜，有地方特色。(三)时事政治类8幅，主要反映国家领导人视察、访问活动，其中2幅是机关驻地和首届人大一次会议会场照片。没有区级领导个人或合影之类的照片，说明编者非常注意本区领导干部的形象。（四）文体卫生类6幅，比例虽小，却突出尊师重教，主题鲜明。（五）对外交流类3幅，其中“参加国际人口管理研讨会的国际友人在双桥乡园林村考察计划生育工作”“刚果妇女代表团在湾头乡农民家中做客”，有地方特色和时代特色，反映郊区人民政府的工作是相当出色的。

随文插图，图文对照，相映益彰。如第584页插图《万福桥》里的旧照，揭露日军暴行，文字说明“日军就在此桥上一次屠杀400多手无寸铁的中国无辜百姓”，这是无声的控诉，有形的揭发，是爱国主义的好教材。

当然，志无十美。《郊区志》亦不例外，未脱县志旧模式，一副“老面孔”。“人民生活”列入《民情习俗篇》未免牵强，《自然资源》有些动植物分类不当，《人物篇》立传序次标准不一，最大的公园茱萸湾公园地图上未标出，对伊斯兰教记述也有“画蛇添足”之嫌。但是，瑕不掩瑜，笔者吹疵而已。

（原文刊载于《江苏地方志》1997年第4期）

城市郊区志编纂的一朵新花

——《扬州市郊区志》读后

吴献中

城市区志是全国三级修志的“计划外”产物，尤其是中小城市的区志，在本届修志热潮中举步维艰、姗姗来迟。然而近几年来，全国城市区志编纂已渐成气候，成果迭出，其中如扬州《广陵区志》、淄博《临淄区志》、洛阳市《涧西区志》、镇江《京口区志》，等等，在全国都有一定影响。新近由方志出版社出版的《扬州市郊区志》（以下简称《郊区志》），又以其浓郁的文化气息而跻身于全国区志之林。

扬州市郊区是历史文化名城扬州的唯一郊区，新中国建立以后，其建置区划分分合合，复杂多变。区志办的同志克服了取材难、人手少、经费不足等实际困难，历时六载，数易其稿，于1995年定稿付梓，1996年11月正式出版面世，版面字数达102万字，实属不易。通览这部新志，给人以“体例规范、重点突出、古今贯通、装帧精美”之感。笔者以为，《郊区志》的特色和成功之处主要有以下几个方面：

一、立足区情定位，纵横处置得体

城市各区修志，必然会与市志整体形成纵、横两方面的交叉，如何处理区志与市志在时间与空间两方面的关系，这是区志首先要解决的难题。

扬州郊区为区一级行政建置始于解放以后，但郊区地域历史悠久，扬州最早的城池——邗城就建筑在今郊区境内的蜀冈之上。因此，可以说，郊区是古城扬州的发源地和摇篮，郊区地域的文明史就是古城扬州的兴衰史。《郊区志》根据这样的特点，在记述历史与现状的问题上没有采取“一刀切”的办法，而是根据志书所记的不同事物，因事而异，追本溯源，人文方面追溯事物的起始发端，经济方面则始于郊区解放之时，这是从郊区的特点出发的。在“古”与“今”问题的处置上，《郊区志》并没有拘泥于常规性的“详今略古”，而是宜详则详，宜略则略，详略得体。

扬州郊区地域范围环绕城区外围。按照地方志的惯例，凡在郊区范围内的人和事，《郊区志》均可以记述。但由于郊区境内的许多工厂、企事业单位分别隶属于省、市及郊区，因此，各自占有资料的程度不尽相同，记述的深度与角度也就各有千秋。

《郊区志》的编纂不囿于一般县（市）志的框架结构，而是从郊区特点出发，较好地把握了这样几条原则：

一是在谋篇布局上坚持姓“郊”不姓“城”。由于扬州城区与郊区的划分呈内外二环状，所以郊区特点更接近于农村，但又不完全等同于农村郊县。全志除概述、大事记以外共设25篇，其中反映郊区特点的就有自然地理、乡镇建设、农业、蔬菜、多种经营、水利6个专篇，占全书总篇幅的1/5以上。在建置区划篇中还有“乡镇场”专章，在商业贸易篇中有“集市贸易”专章，在卫生篇中有爱国卫生运动“农村改水”等章节，鲜明地反映郊区的特点，与城区志的设置大相径庭。

二是在章节编排上，坚持“先区内，后区外”的原则。《郊区志》在记述同一门类的事物时，既全面记述地域范围内的人和事，又能做到“以区为主”“以区为先”。如工业篇前三章分别记郊区的工业所有制、工业门类、工业管理，而最后第四章则专记“驻区市以上工业企业”，简要记述市以上企业概况和部、省、市属企业。又如教育篇以六章的篇幅记述了郊区教育事业的面貌，而对驻区大专、中专学校采取一览表的办法加以简介，主次分明。《郊区志》与市志详略互见，相得益彰。

三是对市志区志共记的事物错开角度。坐落在郊区境内的瘦西湖和平山堂风景区属扬州市管理，市志列了专篇记述，名正言顺，而《郊区志》花一定的篇幅记述也无可厚非，但《郊区志》为避免与市志雷同，则变换了记述的角度。在市志中，风景名胜与文物古迹各列一篇，分属概貌类和文化类，而《郊区志》则合为一篇，置文化体育篇之后，作大文化观，此为错开角度之其一。其二，对风景名胜区的记述，市志作全景式的扫描，而《郊区志》则对其中17个主要景点加以简介，既有别于市志之详，又使未读到市志的读者得其要领。

二、突出城郊特点，体现服务功能

郊区是城市的组成部分，也是为城区经济、文化和人民生活服务的重要载体。《郊区志》尤其注重把郊区的服务功能放到十分突出的位置集中加以记述。

突出记述为城市居民生活服务的蔬菜与多种经营。蔬菜与多种经营是郊区农业的重头，与城市居民的生活关系很大。《郊区志》将它们从农业篇中独立出来，升格为篇，加以充分记述，这正是突出了郊区的特点。值得一提的是，《郊区志》蔬菜篇不仅记述种植面积、产量、品种、技术，而且突出“淡季补缺”，集中记述“三缺期”（春缺、伏缺、冬缺）的成因及补救措施，既有经验，也有教训，对后人研究蔬菜均衡上市规律，具有一定的启迪意义。同时也记蔬菜流通体制的变革，反映出蔬菜生产由计划经济体制向市场经济体制渐变的过程，具有鲜明的时代性。

突出记述与城市生产、生活密切相关的水利事业。水利事业已成为国民经济发展的重要条件，不仅关系到郊区农业、副业，而且也关系到城市居民的防洪保安等问题。1991年，扬州遭特大洪涝灾害，就暴露了郊区水利工作上的许多薄弱环节。《郊区志》针对郊区水利的历史和现状，作专篇集中记述淮河入江水道、古运河、京杭大运河在扬州段的整治及其他河道的疏浚开挖，还记述了排灌工程、农田水利、防汛抗旱斗争的组织与措施，以史实说明了郊区水利建设的成就和对城市发展所具有的重要作用。

突出记述郊区的环境保护状况，为改善城

市污染治理配套服务。随着城市工业的发展和人民生活水平的提高，带来了工业“三废”（废水、废气、废渣）和居民生活垃圾等环境污染问题亟待治理。特别是城郊接合部，问题更为突出。《郊区志》不仅如实地记述了污染状况，同时也记述了80年代以来郊区重视对老污染源的治理以及强化设施管理和建设项目管理等具体措施，对改变环境保护状况可收到积极成效。

三、挖掘人文资源，展示文化底蕴

扬州郊区境内古迹众多，地上、地下文化遗存丰富。《郊区志》的编纂者们作为有心人，正是基于这些特点，作了一番收集、整理和挖掘工作，使一些近乎湮没的东西得以留存，功莫大焉！

《郊区志》单列一章“名胜遗址”，专记唐城遗址、古邗沟遗址、廿四桥、万福桥等重要古迹遗址，并配有两幅照片，以存故实。

在郊区众多的文物古迹中，名人墓葬是其中之一。多年来，由于缺乏保护措施，不少墓葬已经毁坏，有的尚留一方墓碑，有的仅剩一抔荒土，再不加以保护和记载，就将荡然无存。《郊区志》对名人墓葬专设一节，集中记述汪中、熊成基、朱良钧等五座墓葬的方位、地点及现状，为文物保护提供了可靠资料。

郊区境内宗教庙宇众多，解放前夕，有僧尼的佛教寺庙尚有96座，后陆续移作他用或拆除，为记录扬州当年寺庙兴旺的历史，《郊区志》挖掘整理了17座佛教寺庙、4座道教寺庙、3座伊斯兰教清真寺的遗存和变迁情况，为研究扬州宗教史保留了宝贵资料。

人口姓氏，一般志书不予重视，或缺载，或过于简略。《郊区志》的姓氏资料出自研究姓氏的行家里手，因而写得非同一般。首先是系统地记录了郊区境内所有的姓氏共366个，其中复姓2个；6000人以上的大姓为陈、王、张3家；100人以下的小姓240个，其中独姓58个。其次，记录了姓氏分布状况。在所有姓氏中有回族姓氏7个，一些稀见姓氏的分布具有明显的区域性，反映出郊区人口迁徙的某些特征。再次，对稀见姓氏和同音不同字的姓氏由来成因作了一些探讨，反映出中国姓氏复杂而有趣的社会文化现象在扬州郊区之一斑。因此，笔者以为《郊区志》姓氏一节，极具史料价值和研究价值，为常见志书之少见。

民间传说是刻在人民群众口碑上的史料，也是一方土地人文的无形文化资产，新方志同样应当加以挖掘。为此，《郊区志》在文化篇中专设一章“民间传说”，收集了地名传说4则、历史人物传说3则、名胜古迹传说2则、其他风物传说2则。数量少而精，且均与郊区地域有关。志书加以收录，既增加了文化内涵，又增加了可读性。

四、贴近基层需求，着眼方便实用

志书具有“资政、教化、存史”的功用，其中“资政”首当其冲。一部新编地方志，只有引起各级领导、尤其是现任领导的高度重视，才会产生广泛的社会效益，出版经费以及推销发行等问题也就迎刃而解。《郊区志》的编者正是出于这种现实的考虑，所以在贴近现实方面颇具匠心。

一是将大事记和领导干部任职的下限延伸到1994年，比志书总体下限（1988）超出6年。这一处置无疑是明智的。因郊区正式作为县级行政建置只是始于1983年，如下限到1988年，仅有5年时间，而且1988年以后，郊区无论在经济建设，或是在领导干部更迭方面变化都比较大，需要记载的大事、要事比较多，因此，下限延伸到1994年是十分必要的。

二是对现任领导干部任职的入志范围作灵活变通处置。《郊区志》在记载领导干部任职情况时，在大事记中只记正县级干部任职，而在其他各篇中就从郊区的实际出发，扩大到区级机关各部、委、办、局和乡、镇、场一级的正副职干部，使许多现任在职领导干部在志书中有一席之地。这种做法在一般志书中还不多见。虽然早几年组织部门也开始编纂《组织史资料》，收录领导干部的任职情况，但由于地方志在人们心目中非同一般，所以各级领导干部更加看重，其影响和作用也就更为深远。

此外，《郊区志》在建置区划篇中，专设“镇、乡、场”一章，逐一介绍“六乡一镇一场”的行政概况和经济文化概况，使读者一目了然，方便实用，也值得称道。

《郊区志》作为新编地方志中区志之一种，无疑带有某种探索性的意义，故不免还有一些不尽周详和疏漏之处。笔者仅举以下数端：其一，志书下限的确定尚嫌美中不足。基本断限定在1988年，但大事记和领导干部任职已延至1994年。笔者以为，如下限全部延至1994年，则更为完善。区志的容量较小，延伸的工作量不会很大，早下决心是可以办到的。其二，《郊区志》在谋篇布局上求特不求全的原则是对的，但某些与郊区特点密切相关的事物却出现缺项，如民政篇似乎缺少“殡葬改革”一项，而这正是郊区的特点，也是郊区独有的民政事项，《郊区志》不记，实在遗憾。其三，《郊区志》的印刷装帧总体外观质量尚佳，但校对环节尚有疏漏，以致出版一些不该有的错字、别字，如“坐落”，错为“座落”；“针灸”错为“针炙”，等等。这类明显的“硬伤”，虽无伤大雅，但总觉不尽如人意，这也是我们修志同行最不愿意出现的遗憾，留待下届修志引以为戒吧！

（原文刊载于《江苏地方志》1997年第4期）

《扬州市维扬区志（1989—2011）》目录

扬州市维扬区志（1989—2011）

扬州市邗江区地方志编纂委员会编。2006年12月启动编纂。2011年11月，扬州市区划调整，维扬区撤销，并入邗江区，修志工作暂停。2012年重新启动，由邗江区史志办接续《维扬区志》编纂工作。2017年10月由方志出版社出版。主编赵宝庆，编辑毛四祺、王斌、韦新民、叶尚鼎、杨国梓、陈康安、杜道生、杜道尧、林广义、周祥龙、程裕祥、姜绍明、曹志福、曹东萍。

全书1册，165.1万字，图片242幅（志首72幅、随文170幅），表格315张。记述范围为2011年维扬区行政区域。该志为《扬州市郊区志》（1996年版）续志，上限1989年，衔接前志，部分内容视情适当上溯，前志缺载事物记自发端；下限2011年。述、记、志、传、图、表、录诸体并用，以志为主。志首设序、凡例、总述、大事记，志末设附录、索引、编后记。全志设28编：政区环境、名胜古迹、人口、国土管理·环境保护、城乡建设与管理、改革开放、开发园区建设、农业·水利、工业、建筑业·房地产业、商贸服务业、财政·税务、经济综合管理、中共地方组织、地方人民代表大会、地方人民政府、地方人民政协、民主党派·工商联·人民团体、法治·武装、人事·劳动、教育·科技、文化·体育、卫生、社会生活与社会保障、民政、街道·乡镇·场圃、人物、地名考录。

为体现地方特色，志书设名胜古迹编，并前置为第二编，记述境内的蜀冈—瘦西湖等风景名胜、宋夹城遗址等古迹遗存和大明寺等寺庙道观。文化·体育编文化章设物质文化遗存、非物质文化遗产2节，记载86处新发现的不可移动文物，挖掘23则地名、历史人物、名胜古迹等民间传说。工业编设毛绒玩具产业章，商贸服务业编设市场街区章，体现地方产业特色。设改革开放篇、开发园区建设篇，体现时代特征。该志设地名考录篇，对村名、建筑名、地形名、水域名等进行考证，具有较高存史价值，增强志书的文化内涵。志书重视对人物的记述，体现人本理念，收录范围广，数量多，除人物传略外，人物简介记述全国劳动模范和先进工作者，“两院”院士，享受国务院政府特殊津贴者，省级中小学特级教师，专家、学者、各界名人、海外侨胞，区委、区人大常委会、区政府、区政协主要负责人，人物名录收录先进人物、烈士、高级专业技术职务人员、在外乡贤、能工巧匠、百岁以上寿星。附录收录重要文件、碑文等，保存史料；前志勘误的收录和索引的编制，体现编纂者工作的严谨性、科学性。

（薛　花）

【编后记（节选）】

2006年，按照上级要求，原维扬区政府启动二轮修志工作。鉴于前志《扬州市郊区志》下限为1988年，续修《维扬区志》确定断限为1989年至2005年。经过一段时间筹备，当年12月1日，区政府召开会议，全面动员部署续修区志工作，落实编纂班子、人员、经费和办公用房。2007年4月，《维扬区志》篇目进行评审。5月，召开修志任务分解会议暨业务培训。其后，区方志办采取上门指导以及编印修志工作简报的方式，抓资料征集和初稿编写进度。至2010年，《维扬区志（1989—2005）》完成篇目的二度审读修改，资料收集和初稿编写均完成90%，分纂完成约50%。后因清理机关临时用工，编纂班子基本解散。2011年，维扬区并入邗江区，整个修志工作则完全搁置。

2012年，对于已撤销的维扬区，有无必要继续为其修志，新的邗江区委、区政府经过研究，认为原维扬区历史虽短，但其是扬州市的重要组成部分，应留下历史印记；后人为前人修志，为历史负责，理应是新邗江区人的历史责任。不仅要续修维扬区志，而且其断代年限要从2005年下延至2011年底，为维扬区保留完整的历史资料。

2012年11月，重新启动续修《维扬区志》工作，落实编纂人员、专项经费和办公用房等。2013年4月，区政府专门召开会议，统一思想，动员部署，分解任务，签订工作责任书。其后，又两次召开工作推进会议，使修志工作快速有序地开展。至2013年底，完成编纂纲目的重新编写和论证工作；2014年上半年，各承编单位完成资料收集整理、初稿编写任务。

其后，编纂人员合理分工，分解落实分纂篇目，一竿到底，先分纂后总纂，交叉审读，主编统稿。5年多的时间里，编纂班子克服区划调整后机构撤并、人员分流、资料不全等不利因素，多方走访调查、查阅搜集，六易其稿。省、市方志办领导和专家多次莅临指导和审稿，组织评审和验收。根据专家意见和建议，编纂人员对篇目进行修改，调整少数篇章，增加部分节和目，规范个别篇章名称。对资料单薄的篇章进一步充实内容，文字粗疏的认真进行加工。2015年底，扬州市地方志办公室组织对《维扬区志》终审，参加评审的专家一致同意通过终审，同时也指出一些不足之处。2016年上半年，编纂人员对专家建议认真梳理，区别不同情况，根据终审意见，逐一进行修改，6月上旬形成验收稿。是年9月顺利通过市方志办的验收。2017年5月，通过省方志办审核。2017年10月由方志出版社出版。

江都县志

《江都县志》目录

江都市地方志编纂委员会编。1980年5月启动编纂，1996年9月由江苏人民出版社出版。主编朱华锦，副主编赵才基。编辑蒋于春、张健、方演明、王平、徐荣、黄秀明。特邀编辑黄继林。时任中共中央总书记、国家主席、中央军委主席江泽民为该书题签。

全书1册，159万字，图片145幅（志首65幅、随文80幅），表格164张。记述范围为1993年江都县行政区域，对原属江都县，后已划出的地区历史，只做概略记述。上限因事而异，据实追溯，下限1993年。概述、大事记起自公元前153年江都建县，延至1994年7月1日江都撤县设市。述、记、志、传、图、表、录诸体并用，以志为主。志首设序、凡例、概述、大事记，志末设附录、后记。全志设26篇：建置区划、地理环境、人口、农业、水利、江都水利枢纽工程、工业、能源、交通邮电、商业、财税金融、城乡建设·建筑业、经济综合管理、政党社团、政权·政协、公安·司法、民政、干部职工管理、军事、教育、科学技术、文化、卫生·体育、民俗·宗教、方言、人物。

为体现江都特殊的地理位置和水利建设的重要性，志书设水利篇，记述流域性河道治理、治江防洪、涵闸工程、农田水利等内容，并将江都水利枢纽工程单独设篇，以突出江都“江淮之水都汇于此”、南水北调工程的“龙头”这一地理特点。农业篇设林木花卉章，突出江都“花木之乡”的特点。单设能源篇，记述境内石油、煤炭资源开发和电力建设，在江苏地区县志中较为少见。江都是苏北、苏中革命老区，志书在大事记、政党社团、政权·政协、军事、人物等部分，对这一县情特点作了浓墨重彩的记述。该志对政治部类内容记述，比早期出版的志书相对充实。在政党社团篇中国共产党章，增设重要决策节。政权·政协篇政府章专列政事纪略目。该志注重加强对社会主义精神文明建设的记述，在民俗宗教篇，设新风尚节，记录好人好事。附录收录文史碑记及旧志简介，专门记述江都地区的碑碣墓志刻文，系统介绍辖区内历史上的修志情况，增加志书的传承性和学术内涵。

1997年，该志获全国地方志奖一等奖。

（吴　桐）

【后记（节选）】

《江都县志》的编纂工作始于1980年5月，其后重点转为中共党史资料的征集整理。1986年9月建立县地方志编纂委员会并设办公室后，在省、市地方志办公室指导下，县委、县政府和县志编纂委员会几任领导的重视、支持和各有关单位共同努力下，县地方志办公室和修志人员克服重重困难，广泛征集资料，以严谨的科学态度、忘我的奉献精神，八度春秋，四易其稿，终于完成编纂任务，交付正式出版。

纵观编纂过程，大致经过以下四个阶段：

1.准备、发动阶段。1986年11月，县政府召开县直单位及乡镇负责人会议，县领导在会上动员、部署修志工作。1987年2月，县志编委会举办为期一周的修志骨干培训班，聘请省、市方志办的领导和专家讲课，培训了近300人的修志骨干。此后，全县有70多个单位相继建立修志班子，500多人参加修志工作。县志办公室深入基层，开展宣传发动和业务指导，并试编了《江都县概况》。1989年5月，县志编委会召开地方志工作会议，总结前期工作，表彰先进集体和先进个人，并对此后的修志工作提出了具体要求。至是年底，全县有30多个部门和乡镇完成了初稿，为县志编纂提供了较为丰富的资料。

2.编写征求意见稿阶段。1990年初，县志办公室在部门和单位自编稿或上报稿的基础上，抓紧时间进入县志编纂。首先制订了编纂计划，除县志办公室同志承担大部分篇章的编纂任务外，还约请一些退休老同志及部门专业志的主笔参加，每完成一篇，即修改打印成征求意见稿，分送有关单位及县志编委会领导，广泛征求意见，补充资料。这项工作前后花了两年时间。其间，省、市方志办对部分志稿作了悉心指导，并多次召开提高志稿质量的研讨会，使编者受到很大启发和教益。

3.形成送审稿阶段。1992年春节后，县志办公室在广泛征求意见的基础上，会同有关部门对征求意见稿逐篇进行评议修改，事先办公室拟订了工作计划，按照每周评议一篇的要求，至9月底大体结束。在评议过程中，县志办公室的编辑人员及有关部门的同志结合阅稿，钻研新方志理论，认真准备修改意见，评议会上，畅所欲言。在发扬民主的基础上统一认识，确定修改方案，会后抓紧修改，并经办公室领导审阅润色后形成送审稿。通过这一活动，既提高了修志人员的业务水平，又使志稿中的讹误之处得到纠正，薄弱之处得到充实加强，同时使领属层次趋于合理，文字表述逐步规范。从12月份起陆续打印成送审稿，至1993年4月全部完成。

4.完成验收稿阶段。1993年6月上旬，省、市地方志办公室的领导和专家莅临江都，对《江都县志》送审稿进行全面评审。评审会后，县志办公室在认真梳理、消化、吸收评审意见的基础上，对县志送审稿作进一步修改。与此同时，县地方志编委会聘请9名原担任江都县级领导工作和对县情比较熟悉的同志为县志顾问，参与审阅、修改志稿，这项工作至1994年上半年基本完成。鉴于江都于1994年4月经国务院批准撤县设市，中共中央总书记、国家主席、中央军委主席江泽民为《江都县志》题写书名，为了进一步提高县志编纂质量，充分反映江都的现状及保持县志的完整性，经编委会研究，决定县志下限从1987年延伸至1993年，概述、大事记延至1994年7月1日正式撤县设市时。经过下半年紧张的补充资料，1995年3月完成全部验收稿，送扬州市和江苏省地方志办公室验收，并交付江苏人民出版社出版。

【志评】

江河都会　喜著鸿篇

——读新编《江都县志》

吴献中

由江泽民总书记题写书名的新编《江都县志》(以下简称《江志》)，于1996年9月由江苏人民出版社出版发行了。笔者曾因参与该志的评审，留下深刻印象。最近再读新书，倍感兴味，特予评介。

《江志》是历史悠久的江都县编修的第一部社会主义新方志，也是该县历史上作为县称的最后一部县志。因此，它的出版问世，具有里程碑式的意义。

像许多优良的新编志书一样，《江志》一亮相就给人以大气和靓丽之感。笔者粗粗拜读之后，尤其感到《江志》有以下四点优长：

一、科学分类，合理谋篇，用心突出地情特点

《江志》洋洋159万言，以中篇体式设置，除概述、大事记以外，平列设置26篇，依建置、自然、人口、经济、政治、军事、文教、民情、人物几大类有序编排，概述起始，附录殿后，首尾照应，内联紧密。从各篇篇名看，大多为单式标题，其中有11篇为复合标题，但并无凑合之感，却显得浑然一体，将“自然地理”与“环境保护”合为《地理环境》，将“建筑业”与“城乡建设”合篇，将“政党”与“社会团体”合篇，将“民俗”与“宗教”合篇，均自然妥帖。尤其值得一提的是，《江志》把一般县志的“劳动”与“人事”两篇合一，且依据这两个部门的共性职能为管理，标为《干部职工管理》篇，颇有新意。在篇以下章节的安排上，也大多得体。如将“人民生活”置于“人口”篇内，既反映人口的数量、人口的构成，也反映作为人口主体的农民、职工的生活质量。又如，“信访”工作在党政机关中至为重要，但作为县级机关的信访工作记述内容有限，既构不成一篇，又难以归类。《江志》从信访工作为民排忧解难为宗旨考虑，将其归入《民政》篇下，颇具匠心。

《江志》在谋篇布局上不仅重视科学分类，而且极其用心地突出地情特点。其一是在《农业》篇中设置“林木花卉”一章，以突出江都作为“花木之乡”的特点。其二是在《水利》篇之后，增设《江都水利枢纽工程》专篇，以突出江都作为临江都会、南水北调工程的“龙头”这一地理特点。为《江志》所独有。其三，江都境内有石油资源和已开发的油田，也有零星的煤炭资源，江都又是22万伏、50万伏输变电线路的枢纽，因此，《江志》独设《能源》篇，在县志中也较为少见。其四，江都作为苏北、苏中革命老区，从1939年1月起，新四军挺进纵队三、四支队即北渡长江，挺进该县南部地区，以此作为苏北抗日的桥头堡，逐步开辟为抗日民主根据地。苏中抗日有名的郭村保卫战，解放战争时期“七战七捷”的第六战邵伯保卫战，都发生在江都境内。《江志》紧紧围绕这一县情特点，在大事记、政党社团、政权、军事、人物等篇章，作了浓墨重彩的记述，可使读者从中受到强烈的革命传统教育。

二、追溯历史，严守法度，妥善处理历史与现状的关系

江都置县，始于西汉景帝前元四年（公元前153年），至今已有2150年历史。但以今江都县境设置新县，仅始于1949年1月。在漫长的历史时期，江都之名或代称扬州，或与广陵、甘泉等县同城而治。因此，如何处理好同名异实的历史渊源与现辖地情的关系，是许多市、县志所共同碰到的一个难点问题。《江志》在这个问题上严守法度，据实而书，不牵强附会，不掠人之美，还历史的本来面貌。试举两例说明：

例如，历史上江都县文化繁荣，教育昌盛，但主要是指今日扬州城，而不是指今日江都县。《江志》坚持不越境而书的原则，做到关联则详记，无关则从略。如《教育》篇“中学教育”一章第一节“发展概况”写道：“抗日战争前，江都县除县城扬州有中学外，今县境内无一所中学。”“抗日战争期间，1938—1939年，有5所原设立在扬州的普通中学，即私立德风中学、县立初级中学、省立扬州中学、私立扬州中学、私立平民中学，先后在今江都县境的国民党统治区复校，至1941年初全部停办。”这里，编者把老江都县与今江都县的关系交代得比较清楚，并没有离开今江都县境而大谈老江都县城（扬州）的教育如何如何。这种既交代了原委，又不枝不蔓的写法是可取的。

再如，地方名人，历来是市、县或邻县相互争夺的对象。古今同名县邑则互不相让，你写你的，我写我的，说法不一，相互矛盾，给读者留下疑团。《江志》在这个问题上实事求是，不争不抢。传记只收录本籍人物或对江都贡献突出的外籍人物入传，其余均不涉及。

当然，《江志》也收录了一些具体籍贯不明确的古代“江都人”入传，但毕竟还是属于老江都县的范围，这与那种明知不是本籍人，或与本地关系不大，硬拉名人，以壮行色的做法是有所不同的。

三、充实政事，揭示失误，加强相关内容的记述深度

《江志》成稿于1993年4月，在全省县志编纂中处于中后期，这使得《江志》有可能借鉴前期修志的成果，取长补短，并有所创新。早期出版的志书政治部类相对薄弱，《江志》则相对充实。在《政党社团》篇“中国共产党”一章，增设“重要决策”一节，记述了江都县委在革命战争年代和社会主义建设时期七个方面的重要决策，用具体事实说明了中国共产党的核心领导作用。在《政权政协》篇“政府”章“县人民政府”一节中专列“政事纪略”一目，记述了自1940年成立县民主政府至1993年底的县人民政府，在发展经济与社会事业、改善人民生活等方面所办的实事，这样记比单纯地记述政府机构名称和领导人更迭，要充实得多，也实用得多。

《江志》在充分记述党政工作取得显著成绩的同时，也能敢于揭示工作中的失误，为后人留下引以为戒的教训。例如，1986年2月21日，江都县城举办元宵灯会，由于组织者事先对人流量估计不足，结果在仅能容纳5万~6万人的观灯区挤进了约10万人，造成人流严重拥挤，致死21人、致伤27人的重大事故。事故发生后，县委、县人民政府立即组织抢救。3月31日，省纪委批复，决定对这一事故负有主要责任的领导人分别给予处分。这一事故影响很大，《江志》对此作了如实记述。此外，在《交通邮电》篇，记述了重大交通事故；在《干部职工管理》篇，记述了“重大工伤事故”，在《卫生体育》篇记述了“医疗事故”，在《能源》篇记了“重大供电事故”。所有这些，都体现了编者一分为二的辩证观点和资政存史的编纂宗旨。

在加强记述深度方面，《江志》的另一个特点是善于运用新旧对比的手法，反映了事物的发展变化。例如，在《卫生体育》篇，记述江都县解放前后对防治血吸虫病的历史过程：解放前江都县是血吸虫病的流行区，群众中流传着“人到中年孩子样，男不生来女不养，庄稼和草一样长，贫病交迫哭断肠”的民谣。每年有成千人死于血吸虫病。解放后，在党和政府“一定要消灭血吸虫病”的号召下，从1952年起，坚持开展群众性的防治工作，取得明显成效。至1976年，全县达到基本消灭血吸虫病的标准，至1987年，全县有钉螺面积的灭螺率达97.97%，血吸虫病治愈率达99.99%。这一段文字叙述，再配上血吸虫病典型患者治愈前后的照片进行直观对比，具有很强的说服力。

四、贴近现实，着眼人文，注意弘扬社会主义精神文明

《江志》的下限原先定在1987年（大事记记到1990年）。志稿在1993年6月通过省市评审后的修改过程中，碰到“撤县建市”这件大事。《江志》的编纂者们为了增强志书贴近现实、服务当代的功能，于是将下限延至1993年，概述、大事记延至1994年7月1日江都县举行撤县建市挂牌仪式止。笔者十分敬佩《江志》编纂者的敬业精神和追求完美的思想境界，使得这部书的下限十分贴近现实，在扬州市乃至全省同级志书中，下限与出版时间如此之短，实不多见。《江志》的实践，回答了方志界普遍存在的一个困惑问题：即志书断限较早，而出版时间相对滞后的矛盾如何解决。《江志》的经验证明，只要领导重视，编者努力，志书的下限是可以尽量贴近现实的。

《江志》在确立了贴近现实的指导思想以后，对入志资料的选用既注重经济工作、物质生产方面，又注重人文方面，使全书见物见人，丰满可读。全书除在人物篇收录江都籍和外籍在本地活动有影响的85名传主，收录经省人民政府批准认可的江都籍革命烈士1167人，同时收录经省人民政府及省级以上单位评定的劳动模范、先进人物215人次以外，还在《农业》篇、《文化》篇、《卫生体育》篇、《科技》篇等采用以事系人的方法述及种植专业户、养殖能手以及医护人员、科技工作者、文艺工作者等，有的虽然很普通平凡，但只要是为人民做了一些有益的事情，《江志》都如实给他们记上一笔。例如，在《教育》篇，记载了邵伯籍中国农工民主党成员、民族资本家冷荣泉出资在家乡创办私立在宏（以其父名命名）小学，并资助该校长达20年的办学过程，就很有现实意义。

《江志》比较注重加强对社会主义精神文明建设的记述，注意反映人民群众思想道德方面的主流和正气。例如在《民俗宗教》篇，增设了一般志书所未设的“新风尚”一节，记述了解放后全县新思想、新道德逐步形成，新人新事不断涌现，特别是中共十一届三中全会以后，社会主义精神文明深入人心的社会现实，从困难相助、关心孤寡老人、拾金不昧、见义勇为、余热生辉、共同致富等方面，记载了31个凡人小事，其中有干部、工人、农民、医生、服务员、退休干部职工，也有小学生；有共产党员，也有普通村民。《江志》记述的这些好人好事，可以说是摘取了全县人民社会主义精神文明建设的几朵小花，完全符合不久前党中央召开的十四届六中全会《关于加强社会主义精神文明建设若干重要问题的决议》精神，志书出版以后，必将发挥积极的作用。此外，在《农业》篇“渔业”章还附录了三则“中华鲟放归长江”的事例，这无疑对教育渔民群众自觉地保护我国珍稀动物，同样具有良好的导向意义。

以上四点仅是笔者的浅见，远不能概括《江志》的全部优长。然而，从尽善尽美的要求来衡量，依笔者之见，《江志》也还存在一些美中不足之处，例如，在章节的安排方面，少数节目不够均衡，有的节比较单薄，有的只有五六行字，最少的节只有两行字。在人物传方面有少数人物的记述内容与卒年之间出现断档。如殷华庭，卒于1979年，其事迹只记到1952年为止。另外，《江志》在文中黑白照片的选用方面还不够精当，有的未能从色彩上考虑实际效果，因此，存史意义不大。如《农业》篇插入一幅“油菜盛花”的照片，因为是在文中，故只能是黑白的，就看不出金黄色油菜花盛开的效果。又如《工业》篇，纺织工业章插入一张江都丝绸总厂生产的部优桑蚕丝产品，同样也由于是黑白照片，所以蚕丝的效果也不明显。笔者的这些挑剔或许过于苛求，而且也未必恰当，提出来仅供编者参考。

（原文刊载于《江苏地方志》1997年第1期）

精神文明绽新葩　临江都会有续篇

朱锡通

正当全国上下贯彻中共十四届六中全会精神，努力加强社会主义精神文明建设的时候，《江都县志》适时地由江苏人民出版社出版面世了。这是江都人民在社会主义精神文明建设中取得的又一丰硕成果。

江都南濒长江，地处江淮要冲，交通便捷，经济繁荣，是闪烁在苏中平原的一颗灿烂明珠。江都又是个建置于西汉景帝年间的古老县邑，历史悠久，文化底蕴丰厚，向有修志传统。自明嘉靖以来，400多年间，10次纂修县志，平均40年修一次。本届修志正处于改革开放、世纪交替的年代，可以相信和期待，新编《江都县志》的面世，定能起到承前启后，借鉴历史的经验，启迪教育后人的作用，使江都人民在建设有中国特色社会主义的道路上，步伐更加坚定、稳健、迅猛。

《江都县志》是我省本届修志在中后期被重点关注的一部志书。国家主席江泽民为县志题写了书名。《江都县志》确是一部高品位的县志。无论是篇章结构的设置，历史事实的叙述，资料、图片的选用，语言文字的表述，以及制版、印刷、装帧，都堪称上乘，实可代表我省后期县级志书的水平。

这里，就《江都县志》的几个值得称道的方面说一点看法，算作对该志书的初浅介绍。

一、求实存真，历史地记述发展的曲折历程

地方志是“一方之全史”。修志的目的是为了以史为鉴，启迪、教育后人。因此，实事求是，求实存真、忠于历史，是衡量志书优劣的基本标志，也是修志工作者必备的重要品德。《江都县志》在这方面是下了功夫的，做得是好的。县志如实地记述了建国后江都县突飞猛进的发展。粮食从1949年亩产82公斤，总产19.53万吨，40年间，猛增至亩产367公斤，总产58.31万吨，亩产、总产分别增长3.5倍和2倍。工业总产值1949年仅为1345万元，到1993年增至78.5亿元，增长580多倍。在工农业生产成倍成百倍增长的基础上，人民的生活水平有了极大的提高，尤其是中共十一届三中全会以来的10多年，人民生活提高尤为明显，往日被视为“奢侈品”的彩电、照相机、摩托车，已进入普通农民家。几十年的基础设施建设，可以说是重新安排了江都县的山河。标志性的建设工程就是江都水利枢纽工程，其规模堪称亚洲第一。它不仅使江都人民受益，而且惠及整个苏北地区。以上种种，志书都作了详尽的记述。

县志在记述成绩的同时，也如实地表述了这些成绩的来之不易，曾走过曲折的道路，付出了沉重的代价。在“大跃进”、公社化初期，大刮“共产风”“浮夸风”“瞎指挥风”“生产大呼隆”“上工一窝风”，最后出现了三年困难时期，农民口粮紧张，体质下降，产生青紫病、浮肿病，以致出现非正常死亡和人口外流。在人口篇，如实记述了1959年至1961年连续三年人口自然变动的负增长，这三年人口的自然增长分别为−4.25‰、−20.55‰、−10.8‰。历史的教训不仅在有关全局的大政方针方面存在，在丰裕祥和的年代，在一些平时不介意的事件上，如稍加疏忽也会铸成大错。志书在大事记中记述了1986年元宵节事故。那年的元宵节，全县在江都镇举行灯会，人民群众欢欣万状。但由于组织安排不当，10万观灯群众拥入相对狭窄的街巷，相互挤压，造成死21人、伤27人的重大事故。这在江都历史上是前所未有的。事后，事故的主要责任领导人受到了处分。志书记述上述重大事故，是足以使以后江都的为政者引以为戒的。

二、提级升格，努力反映地方特色

千志一面，是编纂地方志的大忌。为了克服此类弊端，《江都县志》在反映地方特色方面采取了措施。江都水利枢纽工程，按方志的分类归属，应归入水利篇，作为水利篇中的水利工程章，或水利工程章中的一个节，进行竖写。如果这样处理，显然是不当的。江都水利枢纽工程无论就其工程量还是受益面，都不能与一般水利工程等量齐观，更何况江都县的名声也因这一闻名中外的宏伟工程而传扬四方。志书记载，自工程建成到1993年止，先后接待了115个国家和地区的外宾、侨胞、港澳同胞4万多人次，其中国家元首、政府首脑45人次。据此，《江都县志》将江都水利枢纽工程升格单独设篇，与水利篇并列。

江都水利枢纽工程篇设主体工程、配套工程、工程效益3章。主体工程章设4节，分别记述第一、二、三、四各抽水机站，每节详细记述兴建和竣工的年月，工程完成的土石方、混凝土方及投资金额，安装水泵机型及配用电机，装机容量、设计流量，等等，十分具体。配套工程章设了节制闸、船闸、涵洞、鱼道等4节。节制闸分别记述了万福闸、太平闸等12个节制闸的位置、修建年月、功用及水闸的各项数据，记述十分详尽。船闸、涵洞、鱼道各节亦如此。工程效益章共设灌溉、排涝、供用水、改造盐碱地、发电等5节，分别记述了工程投运后各个方面巨大的经济效益。该工程直接和间接灌溉的面积达2200万亩，远及徐淮地区，普受其利。如1978年大旱，为百年罕见，降雨量仅有常年的40%。江都水利枢纽工程4座抽水站连续开机222天，抽江水63亿立方米，节制闸引江水48.2亿立方米，总共相当于4个洪泽湖的蓄水量，使苏北地区大旱之年夺得了大丰收。该工程的供用水，远至连云港。在50—60年代，连云港缺水时曾用汽车、火车装运淡水，供海轮及城镇居民饮用，花费很大。自1977年起，工程以15立方米每秒的流量向连云港供水，保证了连云港这一重要港口的用水。《江都县志》为如此宏伟的水利工程单独设篇，是无可厚非的。

江都县是江苏石油的重要生产基地。县境内有真武、富民、曹庄、联盟庄、徐家庄、永安、邵伯、许庄、肖刘庄、宋家垛等10个油田，1993年年产原油30多万吨。至1993年，已探明县境内石油地质储量3000万吨。为了突出江都这一地方特色，《江都县志》将石油工业从工业篇中析出，单独设能源篇，与工业篇并列。该篇设石油、煤炭、电力3章，而主要是全面记述石油勘探、开采、加工和销售，使读者对江都的石油工作有个系统的了解。

三、重视人文记述，乡土气息浓郁

江都县历史悠久，文化蕴积丰厚。《江都县志》编纂者没有疏忽这一重要特点，花力气发掘地方人文资源，使《江都县志》充溢着浓浓的乡情。《江都县志》在文化篇中单独设立了文物章，下设古文化遗址、古墓葬，古建筑、名人故居，铸刻，馆藏文物，革命遗址及纪念馆，文物保护等6章，分别详记了文物资源及文物的保护管理。如古建筑、名人故居节，收集整理了真武庙大殿、圣容寺大殿、史宅厅房、费密故居、徽州会馆、童氏故居等29处著名的明清古建筑及名人宅第，记述了这些古建筑的历史和现状，这为今后江都人民保存和维护这些幸存的建筑文物，留下了一份珍贵的资料。江都人民可以为拥有这样一份文化遗产而自傲。但是，从记载的资料可以看出，古建筑在近几十年间的破坏是十分明显的，有些很有价值的古建筑是最近几年才被拆除的。

文学艺术章的记述内容十分丰富。尤其是民间舞蹈、民间歌谣设专节详记，为其他县志所少见。如民间舞蹈节，收集整理并分别记述了流行在江都民间的四人莲湘花鼓、跳娘娘、板凳龙、摸云灯、迎帛舞、走判舞、杨庄花鼓舞等11种舞蹈；民间歌谣节，例举了栽秧号子、车水号子、打硪号子、挑担号子、薅草号子、船工号子等10种歌谣，并把建国后经过整理而被广为传唱的《拔根芦柴花》《一根丝线牵过河》的词曲全文入志。文化篇这些章节的编写，绘声绘色，真可谓乡土气息四溢，可称得上县志中的佳作。

古今江都，人才辈出。今日江都，是国家主要领导人的故里。人们谈到《江都县志》，很自然地希望从中了解到江泽民同志的亲属及其身世。这是完全可以理解的。《江都县志》顺应了人们的心愿，注意收集、挖掘、整理了这方面的资料，在人物篇中为江泽民同志的祖父、父亲、生父、叔叔立了传。江石溪，是江泽民同志的祖父。自幼聪颖，师从名医习业，业成后悬壶仙女庙。由于医术精湛，乐善好施，为病家称道。具有爱国民主主义思想，反对袁世凯卖国的21条，曾撰小曲教唱乡里，以示反抗。他擅长诗文、书画、音乐，著有《梦笔生花馆诗集》。1933年病故，民国志士韩国钧挽联云："向秀赋方成，惊听笛声到邗上；江郎才未尽，尚留诗卷在人间。"父亲江上青，自幼深受其父影响，酷爱文学。早年投身革命，抗日战争时期活动在皖东北地区。曾任中共皖东北特委委员，组建中共在皖东北的武装力量。1939年遭反动地主武装袭击，献出了年轻的生命。生父江世俊，是江石溪的长子。受家庭熏陶，好文、内秀，写得一手好文章，与朱自清同窗，常换文互勉。1933年父亲病故，毅然挑起家庭重担，竭尽全力照顾弟妹及子女就学，还设法支持六弟江上青的革命活动。上青牺牲后，世俊念及手足之情，在征得妻子吴月清赞同后，将次子泽民过继给江上青。扬州沦陷时，拒任伪职，宁变卖家产度日。解放后任扬州市酒业专卖公司会计。叔叔江树峰，是江石溪的七子。抗日战争爆发后，从事抗日救亡宣传工作；新四军东进后，曾任启东县政府秘书长，苏中四分区专署文教科长。后在扬州中学等几所中学任教。建国后，先后任扬州文联副主任、市政协副主席，扬州师院中文系教授、外国文学教研室主任。一生发表过许多散文、诗词译作，主要著译有《生活的艺术》《雪莱诗词选评》《论肖洛霍夫》等。志书整理的这些人物资料，既为史家、著作家积累了珍贵的史料，又使县志充溢乡情。

四、通古达今，记录江都县历史全程

从西汉景帝前元四年（公元前153年）江都置县起，到1994年江都撤县建市止，江都作为一个建置"县"，共存在2147年。志稿原来的下限是到1987年。1994年国务院批准江都县撤县建市。这个决定对已经完成《江都县志》送审稿编纂的县志办公室，有两个选择：一是剩下的7年"江都县"历史让后人去编写，下限不

再延伸；一是把困难揽过来，再加一把劲，补充收集后7年的资料，把编写“江都县”历史的任务，“毕其功于斯役”。江都县志办当机立断，决定选择后者，把志书的下限延长到1994年。这样，新编《江都县志》就将存在2147年的江都县的历史全貌，全部收录入志。它通古达今，在江都，是前无古人，后无来者了。江都县的历史在此告一段落，江都市的历史从此开始。

江都县在明清以来，是广陵郡、扬州府的附郭县，地处要津，地域广阔，是个特等大县。在历史上，江都县时析时并，并析频繁，曾先后析出过江阳县、扬子县、甘泉县、邗东县、樊川县等，为时不久，又复并入江都县。中华人民共和国成立前夕，江都县与扬州市分治，1956年又析江都县西境置邗江县。县域频繁的析并，给修志工作带来了极大的困难。对这个问题的处理，《江都县志》在凡例中作了明确的规定：本志以记述江都县现辖政区范围内的事物为主，对原属江都县，后已划出的地区历史，只作概略记述。凡例的规定是正确的，这既符合修志的传统惯例，也为本届修志免去吃力不讨好的麻烦，因为“划出地区的历史”，自有管辖这些地区的现政权机构组织修志，记述它的历史，无需他人越俎。

《江都县志》如有不足的话，笔者以为像坍江这样的较为严重的自然灾害，应花更多的篇幅，作为水利建设中的重要问题加以记述。江都县境是一个集镇密集的地区，如能把县城、建置镇、乡镇、村镇分级集中记述，这一地方特色将更加突出。

限于见到志书时间很短，在三年前审稿时留下的印象也已不很清晰，以上见解十分粗浅，不当之处望志家不吝赐教。

（原文刊载于《江苏地方志》1997年第1期）

《江都市志（1994-2011）》目录

江都市志（1994—2011）

扬州市江都区地方志编纂委员会编。2007年3月启动编纂，2020年4月由江苏凤凰科学技术出版社出版。主编霍新，副主编陈涛、戴明悦、桑宝华。特聘编审刘扣林。分纂朱华锦、赵才基、戴尔华。编辑陆亚、余清利、施慧。

全书2册，235.5万字，图片535幅（志首113幅、随文422幅），表格417张。记述范围为2011年江都市行政区域，包括现江都区、泰州市海陵区部分管辖地区，突出城区，覆盖全市。该志为《江都县志》续志，记述上限1994年，衔接前志；为保持事物发展的连续性和完整性，部分内容视情适当上溯，前志缺载事物记自发端。下限至2011年11月16日江都撤市设区。述、记、志、传、图、表、录诸体并用，以志为主。志首设序言、凡例、总述、大事记，志末设附录、索引、编后记。全志设35篇：政区环境、环境保护、国土资源管理、人口、城乡建设与管理、交通运输、水利、能源、邮电·信息化建设、经济体制改革与发展、开放·开发、农业、林业·花木业、工业、建筑业·房地产业、商贸服务业、金融业、财政·税务、经济综合管理、中共地方组织、人民代表大会、人民政府、人民政协、民主党派·工商联·社会团体、人事·劳动、民政、社会保障、政法·军事、科学技术、教育、文化·旅游·档案、卫生·体育、社会生活、各镇概况、人物。

为突出江都作为南水北调源头的地方特

色，志书加大水利篇分量，设南水北调东线工程江都段、江都水利枢纽工程2章。能源篇记述石油生产和新能源推广作用，反映地方特色、时代特点。为体现江都作为“中国花木之乡”，设林业·花木业篇。为体现时代特征，设经济体制改革与发展篇、开放开发篇，集中记述各项改革和开发区建设等内容，并在其他相关篇章分散记述与改革相关的新事物、新思想。

2022年，该志在江苏省史志作品质量评定中被评为优秀成果。

（余清利）

【编后记（节选）】

《江都市志（1994—2011）》是《江都县志》的续修本，是一部全面系统记述1994年江都撤县设市以来至2011年撤市设区的自然、政治、经济、文化和社会的历史与现状的资料性文献。自2007年3月启动编纂，至2019年底编纂结束，由江苏凤凰科学技术出版社正式出版，前后历经10多个春秋，涉及承编单位130多家。

一

《江都市志（1994—2006）》编纂工作筹备于2006年。市方志办根据扬州市政府《关于做好第二轮地方志编纂工作的通知》和全市第四次地方志工作会议精神，认真进行二轮修志准备工作。草拟《江都市志（1994—2006）》纲目、江都市第二轮地方志编纂工作实施方案、江都市地方志编纂委员会组成人员名单；组织编纂班子，成立修志组，聘请5位退休老同志专职负责；组织到苏州市吴江区、张家港市、海门市等地方志部门学习。2007年3月6日，市政府召开全市第二轮修志动员大会，全市第二轮修志正式启动。会议印发《〈江都市志（1994—2006）〉征编工作实施方案》，明确《江都市志》篇目及承编单位，以江办发〔2007〕6号文件下发到各单位。至年底，大部分承编单位成立修志领导小组，配备工作人员，初步形成修志工作网络。

2008年，市方志办举办修志培训班，培训修志骨干；市方志办修志人员深入承编单位，与撰稿人对接纲目；为有效指导各单位编写志稿，确定市国土局、市粮食局为修志试点单位，市方志办主动上门辅导检查志稿编写情况，并及时将有效的修志经验向所有承编单位推广。6月，组织召开市志凡例研讨会，对修志目的、指导思想、编纂原则等12个方面作纲领性说明和具体规定。至年底，2家试点单位形成定稿，20多家单位报送初稿。2009年，针对修志任务重、修志力量薄弱、情况复杂的承编单位，修志人员主动上门协助研讨纲目，指导征集资料，辅导试写初稿，协助解决存在问题。为推进修志进度，8月，市方志办将全市修志情况向市分管领导作专题汇报，并由市政府办公室牵头召开30多家单位参加的二轮修志工作督查推进会。至年底，125家承编单位完成初稿。

2010年4月，《江都市志（1994—2006）》总纂纲目在扬州市率先通过评审。此后，为配合完成江都党史二卷本编写，分纂工作进度受到影响。2011年6月，市方志办召开二轮修志专题工作会议，明确提速完成二轮修志工作。至年底，分纂工作完成80%。2012年，志稿完成分纂，进入总纂阶段。总纂过程中，主要从5个方面完善稿件：一是认真梳理纲目，随着志稿内容的不断丰富，纲目随之不断完善，前后修改纲目7次；二是标题力求简明、朴实、醒目、恰当；三是处理好篇章节中的交叉重复现象；四是拾遗补阙，做到横不缺要项、纵不断主线；五是调整章节内容，避免畸轻畸重现象。

2012年6月，《江都市志（1994—2006）》稿件总纂基本完成。为征求修改意见，打印成册，分发给区地方志编纂委员会成员及承编单位进行初审。7月、12月，区方志办分别召开志稿评读会。

二

2011年11月，江都撤市设区。鉴于这一特殊变化，关心修志工作的领导、群众，各镇、部门，省、扬州市方志专家一致提出建议，《江都市志（1994—2006）》应延长下限至2011年。为保证市志内容的完整性，2013年4月，区方志办向扬州市方志办和区政府提交关于《江都市志（1994—2006）》断限下延至2011年的请示并获批准。8月，区委办公室和区政府办公室联合印发《关于进一步做好〈江都市志〉编纂工作的通知》，正式启动市志续修工作。11月，印发通知，对各承编单位工作开展情况进行核实；区政府办公室编发督查通报，对续修工作进度进行统计和通报。至年底，有承编任务的106家单位基本完成初稿报送。2014年6月，《江都市志（1994—2011）》完成总纂，形成初稿。经初审，送排送审稿。

2014年8月，《江都市志（1994—2011）》形成复审稿，分送区地方志编纂委员会成员、各承编单位审读。9月，对市志纲目进行调整并分送专家审读。12月，综合区地方志编纂委员会成员、各承编单位以及专家意见，完成修改，形成终审稿并提交扬州市方志办评审。同时，在江都史志网公布终审稿，向社会公开征求意见。2015年4月，扬州市方志办在江都召开《江都市志（1994—2011）》终审会议。终审会后，区方志办召开修志工作会议，依据专家修改意见，确定修改意见，各修志人员按分工修改，并将修改后的稿件送出版社审稿。其间，从2012年起，区方志办领导班子成员调整较为频繁，加之修志组2位老同志因身体等原因陆续退出，志书编纂进度受到影响。

2016年6月，区方志办新领导班子成立，将二轮修志作为头等大事，在走访调研的基础上，重新制定工作计划。修志组3位老同志都已年过古稀，最长者已过八旬，依然兢兢业业、辛勤耕耘。区方志办陆续使用刚参加工作不久的新人，边工作边学习，发挥好配合辅助作用，与老同志一起努力，克服困难，抓进度保质量。首先重新梳理终审专家意见，重点突破终审稿遗留的问题，大幅度修改部分篇目，补充数据以及缺失的附件、图片资料等；其次针对版式上存在的问题，挑选有多年志书排版经验的排版公司重新排版；三是邀请扬州市方志专家协助统稿，提升志稿质量。经过三轮校改，志稿质量得到明显提升。此后，以新人为主的4名在职人员逐步承担起后续稿件校改工作。2018年7月，形成验收稿。10月，通过扬州市方志办验收。2019年4月，形成审核稿报省方志办，同时送出版社验收。5月，通过省方志办审核批复。7月，出版社完成验收审稿。根据审核意见，我们又通过多轮校对、修订，努力减少差错。2020年4月，《江都市志（1994—2011）》正式定稿付印。

宝应县志

宝应县地方志编纂委员会编。1985年3月启动编纂，1994年7月由江苏人民出版社出版。主编仇春树，副主编古良华、杨贵时、胡世明，责任编辑刁仁龙、仇春树、朱祖怀、朱耀祖、吕强、沈群、张诚、张磊、张志明、张肇龙、居正、陈守言、杨贵时、吴鸿儒、胡世明、赵鸿冰、高炘、徐水亭、徐瑞龙、夏振亚、龚世豪、潘永祥。全国政协原副主席赵朴初为该书题签。

全书1册，165万字，图片106幅（志首95幅、随文11幅），表格204张。记述范围为1989年宝应县行政区域。记述上限因事而异，追溯事物发端；下限1989年，大事记延至1992年。述、记、志、传、图、表、录诸体并用，以志为主。志首设序、凡例、概述、大事记，志末设志余、编后记。全志设27编：建置区划、地理环境、人口、水利、农业、林牧副渔、工业、能源、交通邮电、商业、财政金融、城乡建设·建筑业、计划统计·工商管理、党派群团、政权政协、公安司法、民政、人事劳动、军事、教育、科技、文化、卫生、体育、社会、方言、人物。

宝应境内河湖密布，志书设水利编，记述水利建设成就和重大抗灾斗争；设林牧副渔编，记述畜禽业、渔业、水生植物、桑蚕业、编织业等，地方特色突出。工业编中将灶具工业放在突出位置与其他重点工业门类并列记述，突出宝应工业的重点和特色。资料方面，该志系统搜集1949年至1989年宝应县经济社会发展的各类数据资料，分类列表，史料价值较高。志余收录古今碑文、文告、信函、诗词辑存、县志序跋选，资料丰富。

（乔福祥）

【编后记（节选）】

新编《宝应县志》工作始于1985年春，历时8载，1993年3月经江苏省地方志编纂委员会办公室及扬州市地方志编纂委员会办公室验收批准，由江苏人民出版社出版。

编纂社会主义新方志是一项浩繁的文化建设工程。几年来，宝应县人民政府先后4次召开全县地方志工作会议，具体部署这项工作。全县40多个部门及30个乡镇相继建立修志领导小组和工作班子，形成了400多名的专（兼）职修志队伍。1986年初，草拟县志纲目初稿。为使其符合编纂要求，体现地方和时代特色，先后召开老干部、专业人员及其他人员座谈会，广泛征求社会各界的意见，对纲目几次调整，后交宝应县地方志编委会审查。根据县志纲目初步形成的框架，始将着眼点放在搜集资料上，采取“先内后外、先近后远、先急后缓”的方法、步骤，坚持查阅档案与调查采访、专门班子与发动群众相结合，广征博采，精心核查。至1989年底，在县档案馆、图书馆等部门抄录资料约500万字，县属部门、乡镇提供资料约800万字，调查采访及口碑资料约100万字，并先后组织8批60余人次分赴上海、南京、苏州、镇江、扬州和常熟等地查阅数千册卷宗，抄录、复印资料约600万字；县内有近200人直接提供资料，这都为编纂新县志打下了扎实的资料基础。

1990年初，《宝应县志》进入总纂阶段。县人民政府调整充实县志编纂人员，先后任命主编、副主编；县地方志编委会聘任责任编辑13人，借聘其他专业人员5人，组成总纂班子。为增强时效性，将县志下限从1985年延伸至1989年，大事记下限延至1992年。依据总纂方案，粗分综述、经济、政治和文化等部类。其编纂方法是：由正、副主编会同有关责任编辑分别组成编纂小组。一般由责任编辑根据部门提供的资料及县地方志办公室拥有

《宝应县志》目录

的资料撰写初稿，再交正、副主编修改定稿；对少数提供资料困难的部门，则采取“插入法”，直接上门搜集整理资料；对没有相应部门提供资料的编章，还采取“边搜集、边整理、边撰稿”的方法，从而有效地保证了县志总纂进度。当总纂尚处试写阶段时，即得到省、市主管部门的重视。1990年4月，扬州市地方志办公室在宝应召开《宝应县志·工业编》研讨会，对提高志稿质量，加快编纂进度更是一次促进。在总纂期间，修志人员以高度的历史责任感，勠力同心，克尽厥职，于1992年春完成全部送审稿的编纂任务。

为了确保志稿质量，首先着力把好资料关，对部门提供的资料除签订合同书外，还严格审查制度。在此基础上，为广泛征求意见，进一步修改志稿，每编志稿形成后皆召开评稿会议，共24次，参加评稿的部门负责人、专业技术人员及县志编辑人员等累计达500人次。同时，县地方志编委会还聘请专家学者及本地部分老干部20多人任顾问或特约审稿，先后收到他们的修改意见千余条，使《宝应县志》质量的提高有了可靠保证。1991年12月，召开县地方志编委（扩大）会议，组织编委对县志稿进行审查。翌年1月，又将县志稿分发给各部门负责人，组织分头审稿，取得明显的效果。1992年4月，召开《宝应县志》稿评审会，与会的江苏省、扬州市地方志办公室领导及40多位专家学者、修志同行对志稿进行实事求是的评估。评审会后，编纂人员根据专家学者及县内干部群众的意见，又用10个月的时间，对志稿再作全面、深入修改，最后由县地方志编委会集体审核原则通过。

为表彰修志成绩，弘扬地方志工作者的奉献精神，江苏省地方志编纂委员会办公室授予我办“全省地方志系统先进集体”称号。

【志评】

详尽全面　突出重点

——评《宝应县志》的若干特点

盛思明

宝应县是一个有2200余年建县历史的文明古县。宝应修志，始见于明代嘉靖年间所修之《志略》六卷。明万历有《宝应县志》，清道光有《重修宝应县志》。然修志之盛，莫过于今日新编之《宝应县志》。新编《宝应县志》全志165万字，历时八载，四易其稿，搜集各类资料近2000万字，参修人员近200人。所列门类之齐全，入志资料之翔实，编排序列之严整，笔削臧否之公允，实为旧志无可望其项背者。在新编县志中，《宝应县志》也自有其特点和长处，仅就陋见，略述数端，以求教于方家。

一、资料详尽。资料详尽是许多新编县志共同的特点，但《宝应县志》有其特有的长处。其突出的表现是系统搜集了自1949年至1989年宝应县经济社会发展的各类数据资料，分类列表，详记于志书。其重要者如“1949—1989年宝应县户数、人口统计表”“1949—1989年宝应县人口自然变动情况表”“1949—1989年宝应县水利建设土石方完成数量表”“1949—1989年宝应县农村农业产值、耕地、农作物播种面积和粮棉油产量一览表”“1949—1989年宝应县工业企业、职工人数、工业总产值和劳动生产率一览表”“1949—1989年宝应县汽车客运量统计表”“1949—1989年宝应县水运企业客运量统计表”“1949—1989年宝应县水运企业货运量统计表”“1949—1989年宝应县邮政业务量统计表”“1949—1989年宝应县电信业务量统计表”“1949—1989年宝应县财政收入统计表”“1949—1989年宝应县农业税及其负担比例表”“1949—1989年宝应县存款余额汇总表”“1949—1989年宝应县贷款余额汇总表”“1949—1989年中共宝应县基层党委、支部统计表”“1949—1989年宝应县接收安置复员退伍军人情况表”“1949—1989年宝应县小学教育事业发展情况表”“1949—1989年宝应县普通中学教育事业发展情况表”，等等，约20余幅40年历年统计表格。所以要列举其名，是因为从中可以看出其搜集资料详尽细微的程度，以及搜集以上各类40年历年数据之不易。由此也可见宝应县修志工作者为此付出了何等艰辛的劳动。能做到数据资料如此详尽的，在我所见县志中不多。而我之所以要称颂这一点，是因为它对当代和后世都极为有用。地方志之所以不同于其他科学著述，就在于它能提供尽可能详备的地方文献资料，尤其是各类能说明地方经济社会发展历程的数据资料，以备当政治世者、规划制订者、研究治学者的不时之需。历年系统数据之所以弥足珍贵，是因为它是未经取舍的最客观的数据，更因为它是不及时征集可能永远散失的数据。而以表格形式来详尽记述各类数据资料，则是最经济、最简明、最能一目了然的记述方法。《宝应县志》在这一方面所作的努力，是一种成功的尝试。

二、记述全面。记述全面，是地方志的一个基本要求，《宝应县志》在这方面表现了它的特点和长处。在其“党派群团”“政权政协”编，表现尤为突出。表现之一是不仅重视记组织，而且注重记主要活动和主要工作。如记述了中共宝应县委常委会的重要决策，县人大常委会的主要工作，县人民政府的主要政务活动，县政协常设机构的主要活动等。这就不仅能使人看到各类组织的存在形式，而且能看到各类组织发挥职能的情况。表现之二是不仅记述了中共及其他进步组织和人民政权、政协的组织、活动情况，对当地国民党组织和旧时政权机构的组织、活动情况也作了适当的记述。尤其是对中国国民党宝应县地方组织的组织、活动情况，作了较为全面的记述，在主要记述其反共反人民本质方面的同时，也记述了它早期“惩治贪官污吏”的活动，这就显得比较客观公允。表现之三是对宝应县40年发展历程中正反两方面的经验作了比较全面的记述，即在主要记述40年发展的成就和经验的同时，也不忽视对于发展中的曲折和反面经验的记述。如在县委常委会重要决策中，记有“纠正失误，全面落实政策”的内容，如实记述1958年“大跃进”期间，县委常委会受左倾错误影响，犯有“浮夸风”“共产风”等错误，致使全县农村生产资料和生活资料遭到严重破坏，部分地区一度发生人员生病、死亡、外流和弃婴事件，甚至有些地方处于无人生产的状态。为了纠正上述严重失误，妥善安排群众生活和生产，省委决定改组宝应县委，调整常委会成员，并为切实安排好冬春人民生活，作出“七条决定”。“大跃进”的失误是属于全国性的严重失误，宝应县有它特有的经验教训，县委常委会承担起了自己应负的责任。县志对此作如实的记述，正说明了中国共产党是勇于纠正自己错误的对人民负责的党，《宝应县志》是一部秉笔直书的县志。记述的全面性，不是在于面面俱到，而是在于记述事物主流方面的同时，不忽视记述非主流方面或其他容易被别人忽视的重要内容。这样就可能提供别人欠缺的东西而写出自己的特色。《宝应县志》在这方面所作的努力，也值得称道。

三、突出重点。志书如详尽、全面而无重点，则不能显示其地方特色。《宝应县志》资料之详尽，记述之全面，已如上述，但却并未掩盖其记述之重点所在。从记述的时间看，它的重点是在记述1978年以后的10年，尤其是1989年的现实状况。在农业方面，我们可以看到有1989年种粮专业大户简介表；在工业方面，有1989年乡镇、村办工业企业简况表、1978—1989年工业主要产品、产量一览表；在交通方面，有1989年支线公路一览表、1989年主要公路桥梁一览表；在经贸方面，有1978—1989年外贸经营情况表等。都可以看出记述的时间重点着眼在最近的10年，尤其是作为下限年的1989年。这样就不仅显示了历史的纵深感，更突出了志书的现实性。从记述的门类看，全志27编163章，"概述""大事记"冠于前，"志余"列于后，门类齐全，编排有序，单纯从篇目结构似难看出其重点所在。但细读"概述"，则全志重点提纲挈领，历历在目：宝应境内河湖密布，水域宽广，历史上曾是苏中地区抗日根据地的坚强后方；宝应经济历来以农业为本，丰富的水生植物和水产养殖业是其优势所在；工业基础微弱，但经过80年代的发展，已形成了电缆线、液化气钢瓶、棉纱、白酒和灶具等颇具优势的拳头产品，使工农业总产值的比例由1949年的1∶14.7变为1989年的2.17∶1，奠定了初步的工业化基础。教育、文化、科技、卫生事业也有相应发展，人民生活显著改善。沿着"概述"对重点的提示，我们可以看到农业的重点离不开一个水字，工业的重点则在食品、轻工、纺织、机电、灶具。水对于宝应民生之重要，明代宝应县知事陈烇在其所撰《宝应县志》序中即已有所认识："载观县志，往来罹水灾，惟嘉靖二年岁饥，自四十年后迄今，水荒盖十七焉。民何以堪哉？"今县志专节设"自然灾害录"，水旱灾害占十之八九。发展宝应经济怎能不首先在水字上做文章。水可以害一方，也可以为利一方。水利建设、水政管理、抗旱排涝以及水生植物、水产养殖等，自然成为需要重点关注和强化记述的内容。县志对此在篇目设置和内容记述上是有所加强的。宝应工业的发展，得益于80年代乡镇工业的异军突起。虽然比之于苏、锡、常地区起步较晚，起点较低，但发展的势头可喜，短短10年时间，就初步形成了以县属工业为骨干，乡镇组户工业为基础，机电、轻工、纺织、化工、食品等为主体的工业格局，并形成了一批拳头产品，尤其是电缆、灶具工业产品总量，已居全国同行业前列。在工业门类中专章记述机械、轻工、纺织、电子、化学等工业，尤其是把灶具工业放在突出位置与其他重点工业门类并列记述，正是突出了宝应工业的重点和特色。宝应作为苏中地区抗日根据地的坚强后方，又是解放战争时期开展武装穿插、隐蔽坚持和公开斗争的敌占地区，历经大小战斗25次，县志"兵事"章对此作了具体记述。"大事记"对这一段时期内激烈的敌我斗争史实，更作了重点记述，展示宝应人民在民族解放斗争和人民革命斗争中英勇无畏的精神风貌。志书的重点总是和它的地方特色结合在一起的，没有重点就不能显示特色，把握不住地方特色，重点也就缺乏根据。《宝应县志》在把握地方特色，突出全志重点方面，是处理得比较好的。

总之，《宝应县志》除了一般志书具有的优点，在资料详尽、记述全面、突出重点方面，显示了自己的特色和长处。所感不足者，全志偏于并列式编排，缺少综合性篇章。虽然"概述”对全志作了有重点的概括，每编前置有小序，但仍不足以对若干重要门类，主要是经济门类，作必要的综合记述。有的县（市）志设“工业经济综合”“农业经济综合”这样的篇章则有其优点的，它可以帮助读者对复杂的经济现象获得整体性和规律性的认识，也可以使地方志超出单纯资料书性质而具有学术资料的价值。这一经验是否可以借鉴，仅供参考。

（原文刊载于《江苏地方志》1995年第3期）

宝应县志（1990—2005）

宝应县地方志编纂委员会编。2006年11月启动编纂，2014年9月由方志出版社出版。主编张磊，副主编王鼎良、徐洪权，责任编辑陈广林、王学宏、张兆祥、刘长海、杨素娟、仇春树、夏寿平、梁鼎成。

全书2册，236.3万字，图片500幅（志首145幅、随文355幅），表格424张。记述范围为2005年宝应县行政区域。该志为《宝应县志》（1994年版）续志，记述上限1990年，衔接前志，部分内容适当上溯，前志未设、本志新增内容上溯至发端；下限2005年，大事记延至2010年。述、记、志、传、图、表、录诸体并用，以志为主。志首设序言、凡例、总述、大事记，志末设附录、后记、索引。全志设32篇：建置区划·自然环境、人口、环境保护、国土资源管理、城乡建设、交通·电力、水利、邮电·信息化建设、经济综述、经济体制改革、开放开发、农业、水生蔬菜业、水产业、工业、建筑业·房地产业、商贸服务业、金融业、财政·税务、经济综合管理、中共地方组织和群众团体、人大·政府·政协、政法·军事、人事·劳动和社会保障、民政、科学技术、教育、文化·体育、卫生、社会生活、各镇概览、人物。

宝应县地处里下河地区，水资源开发在省内独树一帜，该志设水生蔬菜业篇、水产业篇，记述以荷藕、慈姑为主的水生蔬菜种植业和以特种水产品养殖为龙头的水产养殖业；宝应是南水北调东线工程水源地，水利篇中设南水北调三阳河潼河宝应站建设章记述。此外，以宝胜集团为龙头的电缆制造业、以藕制品为主的食品加工业以及玻璃水晶、文体教玩具、电子陶瓷、管件、车辆配件等地方特色产业在篇目设置中都得到充分体现，彰显时代特征。宝应是全省综合改革试点县，志书设经济体制改革篇、开放开发篇，集中展示改革开放的成果。同时，在其他有关篇中，设专门章节对党政机构、司法、劳动制度、教育、卫生等方面的改革予以介绍。加强对宏观经济内容的记述，设经济综述篇，记述经济运行、经济结构、固定资产投资。

（乔福祥）

【后记（节选）】

《宝应县志（1990—2005）》编修工作起始于2006年，历经组织发动、资料收集、志稿编纂、终审验收等阶段。

2006年11月14日，县委、县政府召开全县地方志工作会议，全面部署县志编修工作。县政府与各镇、各部门签订编纂《宝应县志（1990—2005）》工作责任状。会后，各镇、各篇牵头单位成立修志工作领导小组，各承编部门组建修志队伍。县地方志办公室印发《宝应县志（1990—2005）》篇目（征求意见稿），相

《宝应县志（1990–2005）》目录

继召开县地方志编纂委员会和各篇组成单位会议，讨论修改县志篇目。2007年4月，县地方志办公室印发《宝应县志（1990—2005）》基本篇目。至此，全县二轮修志工作进入资料收集阶段。2009年，部分单位完成资料收集和初稿编纂，县地方志办公室适时启动承编部门志稿“三审”（初审、复审、终审）工作。2010年5月，县委、县政府召开全县地方志工作会议，总结前一阶段修志工作情况，对全县下一阶段修志时间、质量要求等工作进行部署。2011年1月，县志篇目通过市级评审。12月，县地方志编纂委员会召开会议，协调解决部分单位修志工作严重滞后等问题，研究制定入志人物标准，决定县志编辑部组成人员。县委办公室、县政府办公室印发《关于推动〈宝应县志（1990—2005）〉编纂工作有序进展的通知》，进一步明确各承编部门主要负责人为修志工作第一责任人，对部分未完成单位限期完成。2012年5月，全县完成县志初稿编纂和部门“三审”工作。7月，转入志稿分纂工作阶段。12月，完成分纂，并对志稿进行总纂。同期，组织修志年限内历任县级领导和各部门主要负责人对志稿进行复审。2013年5月，完成县志稿复审修改和总纂工作，《宝应县志（1990—2005）》（终审稿）报送市地方志办公室，7月18日通过市级终审。11月底完成终审修改，向市地方志办公室申请验收。12月30日通过市级验收。2014年4月完成验收稿修改，提请方志出版社出版。

本部志书为新中国成立后宝应县第二部志书，其篇目设置及组稿，坚持以改革开放为主线，以地情个性为根本，传承并发展前志。全志采用中篇体式，由前志27篇增至32篇，其中保留前志人口、水利、农业、工业、中共地方组织和群众团体、人大政府政协、民政、科学技术、教育、卫生、人物等11篇，撤销建置区划、地理环境、林牧副渔、能源、交通邮电、商业、财政金融、城乡建设·建筑业、计划统计·工商管理、公安司法、人事劳动、军事、文化、体育、社会、方言等16篇，重组设置建置区划·自然环境、城乡建设、交通·电力、邮电·信息化建设、建筑业·房地产业、商贸服务业、金融业、财政·税务、经济综合管理、政法·军事、人事·劳动和社会保障、文化体育、社会生活等13篇。为彰显宝应地域特色和时代特征，本志新设经济综述、经济体制改革、开放开发等3篇，环境保护、国土资源管理、水产业、各镇概览等4篇由前志章、节升格成篇，将荷藕、慈姑、水芹菜等合并升格组成水生蔬菜业篇，与水利、水产业等篇一并集中展示宝应水资源强县的地域特色。在邮电·信息化建设篇中设信息化建设专章，记述全县信息化建设基本概况；开放开发篇中设园区建设章，从县级以上经济开发园区、环城工业经济圈和镇域特色工业集中区等方面立体记述全县经济园区开发工作；工业篇中设专章介绍电缆和宝胜集团。此类体现时代特征和地方特色的内容，在其他篇内章、节、目中都有相应反映。另外，为体现人民创造历史的主人翁精神，在相关篇内附记贡献突出的先进模范代表人物。全志随文配图，以增强可读性。

仪征市志

仪征市市志编纂委员会编。1981年3月启动编纂，1994年1月由江苏科学技术出版社出版。主编李仰华，副主编帅国华、李卓君，编辑帅国华、李卓君、康业龙、金恒祥、李仰华、马春林、万仕国。

全书1册，120万字，图片80幅(志首52幅、随文28幅)，表格149张。记述范围为1987年仪征市行政区域，包括驻仪征单位。记述上限不限，下限1987年，大事记及人口、人物篇延至1990年。述、记、志、传、图、表、录诸体并用，以志为主。志首设序言、凡例、总述、大事记，志末设编后记。全志设27篇：建置区划、自然环境、人口、经济综述、农业、水利、工业、交通·邮电·供电、商业、在仪部省属企业、综合经济管理、财政金融、城乡建设·建筑业、党派社团、政权·政协、军事、治安司法、劳动人事、民政、教育、科学技术、文化、卫生、体育、民情民俗、方言、人物。

仪征地处江淮之间，河网密布，土地肥沃，志书加大农业篇、水利篇分量，重点记述种植业、林特业、江堤河道治理等内容。升格设置在仪部省属企业篇，记述当时亚洲最大的化纤原料生产基地——仪征化纤工业联合公司、核工业部华兴建设公司、当时国内最大的内河中转油港——南京港第六港务公司以及鲁宁输油管线的末站仪征输油站等企业，体现相关企业对仪征经济发展重要意义。交通·邮电·供电篇设漕运·盐运章，记述运道的疏浚和漕运、盐运历史。文化篇文艺·学术章记载一代文宗阮元和太谷学派等，体现仪征文化兴盛。加强宏观经济的记述，设经济综述篇，记述经济发展概况、产业结构与投资、经济体制改革等内容。

(王慧敏)

【编后记(节选)】

仪征市志的编修工作，始于1981年3月，至1992年12月定稿，历时11年多。

志书的编修，一直是在县、市委和县、市政府领导下进行的。1981年3月，县委作出编修仪征县志的决定，成立了由县委副书记主持的编纂委员会，并抽调人员组建了办事机构。以后，历届县长、市长均兼任编委会主任，主持各项重大的修志活动；县委、市委常委会几次听取和讨论修志工作。1986年起，编修市志列入市国民经济和社会事业发展项目，逐年进行部署、检查。

志书编修工作大致有三个阶段。1981年成立县志办公室时，即与党史办公室合署办公，一套工作班子担负史、志双重任务，开始几年主要从事党史资料的征集整理，修志方面做的工作是：制订县志纲目和实施规划，开展宣传活动，结合党史工作重点征集革命战争时期的资料，查阅古代文献资料。4年中共征集各种资料200多万字，初步进行分类整理、校核，编印了62期文史资料选辑。1985年4月，县委、县政府提出了全面开展修志工作的要求，并先后4次在部门、乡镇负责人会议上进行组织发动。全县63个部门和一些乡镇相继建立了修志组织，参加修志的专职和兼职人员有240多人。经过近3年的广征博采，总计积累资料600多万字，一些部门还着手编修专业志。在这期间，办公室又两次修订志书纲目，并运用已征集的资料先后编印《仪征史话》《仪征市情要览》《仪征革命历史人物》《中国城市经济社会丛书——仪征市》等书，为“两个文明”建设服务，也是志书编修前的练兵。1989年1月起，进入全面编修阶段。编辑工作主要由办公室人员担任，亦聘请少数有专长的人撰写初稿，历时3年，于1991年年底完成志书初稿。初稿分送各有关部门领导、专业人员及熟悉地情的各界人士征求意见，参加审核的先后

《仪征市志》目录

有300多人。综合各方面的意见，进行修改、订正、补充，形成送审稿。志稿由市编委会成员分头审阅，并送市委、市人大、市政府、市政协负责人。经认可后，报请省、市地方志部门审定。1992年6月，召开仪征市志稿评审会，江苏省地方志编纂委员会办公室和扬州市地方志编纂委员会办公室组织的评审小组参加会审。会后，又用半年时间对志稿砥砺琢磨，修订充实。1992年12月完成验收稿，送江苏省地方志编纂委员会办公室和扬州市地方志编纂委员会办公室审批。

仪征市志（1988—2006）

《仪征市志（1988–2006）》目录

仪征市地方志编纂委员会编。2006年2月启动编纂，2013年8月由方志出版社出版。主编顾建国、吴文山，执行主编帅国华，副主编韦宁、王慧敏，编辑帅国华、毕学玲、俞宏松、刘武权、戴家鼎、刘令飞、张淼。

全书2册，252.8万字，图片759幅（志首110幅、随文649幅），表格445张。记述范围为2006年仪征市行政区域，包括驻仪征单位。境内单位、个人在境外进行的与仪征经济、社会和文化活动密切相关的内容亦予记载。该志为《仪征市志》（1994年版）续志，记述上限1988年，衔接前志，建置沿革简要追记；下限2006年，大事记、新词语，市级领导和党政机关、部门、乡镇正职人员名录延至2012年。述、记、志、传、图、表、录诸体并用，以志为主。志首设序、凡例、总述、大事记，志末设附录、索引、编后记。全志设34编：政区·人口、环境·资源、国土资源管理、交通运输、水利、能源、城乡建设、经济发展与改革、开放·开发、农业、工业、建筑业·房地产业、在仪征国有（控股）企业、国内贸易、服务业·旅游业、邮政·信息业、金融·保险·证券、财政·税务、经济综合管理、中共仪征市地方组织、人大·政府·政协、民主党派·工商联·社会团体、公安·检察·审判·司法、军事、科学技术、教育、文化、卫生、体育、人事·劳动和社会保障、民政、民生·民情、乡镇·办事处、人物。

该志注重新事物记述，充分彰显时代特征，不但在篇目设置上统分结合、全面覆盖，而且文字叙述贯穿全书、突出重点。专设经济发展与改革篇、开放·开发篇，记述境内经济领域改革以及招商引资、对外经贸、沿江开发、经济开发区、化学工业园区、汽车工业园区、乡镇工业集中区等内容。志书还在概述中专记改革，大事记中设置对改革和招商引资重大事件的记述。其他各篇中也加强对各领域改革开放内容的记述。针对驻区企业、大企业多的特点，专设在仪征国有（控股）企业篇，设专章记述中石化集团资产经营管理有限公司仪征分公司、中石化仪征化纤股份有限公司等国有（控股）大型企业，反映地方特色。此外，志书在对前志的补遗和正误方面作了创新。除在附录中设前志正误和前志补遗，对一些在前志或旧志记载中不正确的内容，需要引用资料进行考证和说明的，均列入有关节、目，而补遗的内容则列入相关章节之中。补遗的内容不局限于前志，而是从历代志书的实际出发，补充一些旧志未载、前志也未载且对仪征历史文化有重大影响的事件。

2015年，该志获江苏省档案文化精品奖二等奖。

（王慧敏）

【编后记（节选）】

续修《仪征市志（1988—2006）》从2006年开始，至2012年11月通过验收，前后6年时间，大致经历了四个阶段。

2006年2月至7月为准备阶段。这一阶段主要做了几项准备工作：一是组织编纂班子，除党史地方志办公室从事方志工作人员以外，还聘请原史志办公室和其他单位退休人员，组成8人编纂班子。二是学习取经，学习当年5月国务院颁发的《地方志工作条例》、2005年《扬州市第二轮地方志编纂工作实施方案》和先行县市续修志书的经验。三是根据全市1988年以来经济社会发展情况，制订既与前志衔接、又反映新时期经济社会发展新貌的续修《仪征市志》编目，确定承担任务的部门和单位。四是落实办公用房和专项经费。准备工作基本就绪后，于7月30日召开全市修志工作动员大会。会上，印发《仪征市志（1988—2006）》编纂工作实施方案，以及《仪征市志》编目（初稿）和分配志稿承担任务的通知，将任务分解到139个部门、单位和乡镇。

2006年8月至2008年年末，为资料搜集和初稿编写阶段。动员会议以后，市志办公室先后举办两期培训班，进行资料搜集和志稿编写的业务培训，参加培训的有120多人。这一阶段，大部分单位通过查阅文书档案、统计报表和《仪征年鉴》，以及走访座谈和社会调查，完成资料搜集、整理和初稿编写任务，但工作进展不太平衡，有少数单位进度较慢，未能按时完成初稿。

2009年年初至2010年年末为分纂和总纂阶段。在总述、大事记及大部分编、章初稿基本完成以后，2009年开始分纂。编辑人员按照分工，除继续抓少数单位初稿编写和资料补充外，主要精力投入分纂。大部分分纂稿完成后，2010年2月6日，扬州市地方志办公室组织专家对《仪征市志》的编目进行评审。根据评审的意见和建议，编辑人员对编目进行修改。修改后的编目得到扬州市方志办认可后，从2010年3月起开始总纂。执行主编从凡例、总述、大事记，各编，到最后附录，一支笔贯到底，逐一统看统改。至11月，总纂基本结束。总纂期间同时搜集近千幅首页和文中的图片。总纂稿由市志办公室和编辑人员初审后，排印成送审稿。

2011年3月至2012年5月为志稿评审阶段。这一阶段工作大致分为三步：第一步，专家评读和市志编纂委员会复审。5月6—7日，省地方志办公室和扬州市、南通市地方志办公室共6位专家，对《仪征市志》稿进行评读。7月6日，仪征市志编纂委员会对《仪征市志》稿进行复审。专家评读和市志编纂委员会复审之后，编辑人员综合两方面的意见和建议，对志稿认真进行修改补充，微调编目结构，增补欠缺内容，核实文表数据，规范行文，至当年10月，基本做好文稿修订工作，随后进入电脑修改，一并插入图片，形成终审稿。第二步，扬州市地方志办公室组织终审。《仪征市志》终审稿于2012年2月完成，当月17日报送扬州市地方志办公室，申请进行终审。4月20日，扬州市地方志办公室组织9位专家，对《仪征市志》送审稿进行终审。第三步，按照终审的意见和建议修改后上报验收。终审通过后，编辑人员对专家的意见和建议认真梳理、讨论，区别不同情况，逐编进行修改。6月19日，向扬州市地方志办公室分管领导汇报修改情况，7月上旬进入修改，11月7日通过扬州市地方志办公室验收。经再一次修改加工，形成定稿，经市政府批准，于2013年4月送方志出版社出版。

《仪征市志（1988—2006）》能基本按时保质完成编纂任务，主要得益于以下几个方面：

一是领导重视。2006年2月，市委常委会研究决定，全面开展第二轮修志工作，续修《仪征市志》（1988—2006）和编修乡镇、部门志，并将其列入全市“十一五”国民经济和社会发展计划及年度社会事业项目。为加强对二轮修志工作领导，市政府重新调整市志编纂委员会，分管副市长、编委会副主任不仅经常过问修志工作，切实帮助解决工作中出现的问题，还注重志书质量，参加初审、终审，对入志人物进行审定。其间，市政府两次组织对市志工作进行督查。省地方志办公室将仪征作为全省9个联系点之一，经常予以指导。扬州市地方志办公室对仪征工作多次督促检查，除按规定对《仪征市志》编目和送审稿进行评审外，还在终审之前组织专家对志稿专门进行评读。

二是乡镇、部门和单位共同努力。凡是有承编任务的乡镇、部门、单位都明确领导分工和专、兼职修志人员，承编一编任务的水利、农林、国土、民政、军事、文化、体育等部门，大部分成立领导小组，组织专职的编写班子。全市参加修志工作有400多人，他们按照承编任务，搜集资料，核实数据，精心编撰，及时上报初稿和资料，保证了《仪征市志》编纂工作的顺利进行。

三是工作方法得当。市志办公室除分工领导和少数协助行政事务、打印人员之外，专职从事编辑的业务人员开始有5人，2009年7月后还有3人。在人员少、业务重的情况下，为保证任务的完成，编辑人员实行承包责任制。开始每人分工负责6～8编，后来因人员减少，每人增加到10编左右，并且从搜集资料到志稿完成一包到底。从资料搜集阶段开始，编辑人员就与有关部门、单位保持不断联系，进行业务指导，有时还帮助查找资料线索，组织社会调查。单位初稿完成后，编辑人员首先组织在单位内评稿，然后按照分工逐编进行分纂，评读、评审后，再分头进行修改、补充完善，直到验收合格。

四是社会有关方面的支持。《仪征市志（1988—2006）》是一项宏大的文化工程，不仅凝聚着全市人民和修志工作者的汗水和心血，也离不开社会上有关方面人士热心支持。

《高邮县志》目录

高邮县志

高邮县编史修志领导小组编。1984年9月启动编纂，1990年12月由江苏人民出版社出版。总纂王鹤、杨杰，分纂王鹤、杨杰、李晨农、张愈、沈国湘、王晋育、钟晓来、廖高明、蒋锦奇、吴以侔、陈国顺、徐升明、高明枢、陈树林、王沛喜、韩明道、周振野、居思道、程坚、夏金明、张邦汉、朱兵、叶志平、宋长龙、宋国文、高庆森、朱熙元、夏锦文、黄继林、陈玉生、吴新才、金仲辉、任玉堂、夏耀、吴伯颜。汪曾祺为该志编纂顾问。

全书1册，130万字，图片48幅（集于志首），表格228张。记述范围为1985年高邮县行政区域。记述上限因事而异，追溯事物发端；下限1985年，概述、大事记延至1988年。述、记、志、传、图、表、录诸体并用，以志为主。志首设序、凡例、概述、大事记，志末设附录、历次修志记略、本次修志始末。全志设26篇：建置区划、自然环境、人口、农业、林牧副渔、水利、工业、交通邮电、商业、财税金融、城乡建设、经济管理、政党社团、政务、军事、公安司法、民政、劳动人事、文化、教育、科技、卫生、体育、风俗、方言、人物。

高邮地处里下河腹地，河网密布，其中以高邮湖最为著名，该志在自然环境篇湖荡河流章设高邮湖节记述；志书设林牧副渔篇，重点记述水产、桑蚕、畜禽等产业；水利对当地发展十分重要，志书设水利篇，记述流域性工程、河道治理、防汛抗旱排涝、农田水利建设等内容。文化篇设王氏高邮学章，记述王念孙、王引之父子的著作和治学；设著作目录章，记述古今著作目录，为学人研究之用。人物篇收录政治家、军事家、科学家、文学家、教育家、能工巧匠等，体现高邮人文荟萃、人才辈出的地方特色。附录设文献、诗文辑存、传闻轶事3章，增强志书资料性、可读性。

1994年，该志获江苏省地方志工作优秀成果二等奖。

（张欣蕊）

【修志始末（节选）】

为鉴古知今，承前启后，中共高邮县委、高邮县革命委员会曾于1980年成立县志编纂委员会。奈因风气未成，人未到职，无形歇止。1984年9月20日，县委、县人民政府重建县编史修志领导小组及办公室，决心编纂一部高邮历史上第一部略古详今的社会主义新县志。

其始末大致经历三个阶段。

1984年10月至1985年9月，组合队伍，征集资料。县编史修志领导小组连续召开5次方志工作会议，由任金富、刘宜炤、朱延庆等负责人，亲作动员部署。县志办公室亦逐步调聘专职修志人员，制印篇目，并移植农业承包经验，与各机关单位签订提供县志资料合同书。各单位和大部分乡镇均将修志工作列入一定位置，成立机构，专人负责。全县专兼职修志队伍一度达400多人。为使初涉志途者提高业务水平，县曾迭次组织其中一部分人员前往如东、奉贤、萧山、武进等县登门求教，并购发若干修志理论书刊。县、市、省档案馆和中国第二历史档案馆，沪、宁、镇、扬等地各大图书馆，留下了高邮修志者的足迹。他们共披阅2万多卷档案，走访4000多人次，积铢累寸至5000多万字，继而披沙拣金地整理成近500万字资料稿。县委党史办公室《史料》、县委组织史编纂组的资料、县政协《高邮文史资料》及县志办公室自办的《高邮史志通讯》，用之犹如探囊取物。此外，对高邮地质状况了如指掌的华东石油地质局地质研究大队的5位工程师为我们雪中送炭，关注桑梓修志事业的高邮籍人士纷纷提供吉光片羽，曾就读于界首乡村师范的江苏农学院姚江滨老师也给予关心。

1985年9月底至1986年底，编纂县志初稿。采取县志办公室人员、有关部门人员、特约人员“三结合”的编纂方法，集100人，为时一年，纂成初稿，计36卷，167章，654节，140余万字。总纂者虽不遗余力，计日程功，但毕竟绠短汲深，欲速不达。故参与初审的县编史修志领导小组负责人和专家以及扬州市第一次地方志工作会议的代表，均勉励我们扬长避短，再接再厉，含辛茹苦，早日成志。

1987年1月至1990年2月，坚持质量第一，全面修改志稿。总纂增人，且调整分纂。在复旦大学黄苇教授和省志办公室、市志办公室指导下，用半年时间修订篇目，善于取人所长，不效邯郸学步。同时，县人民政府聘请学术顾问，县志办公室邀约一些专家撰写深层次的资料，总纂注重运用社会主义方志理论和有关学科知识于笔耕实践，对许多篇章内容再作深入调查研究，落笔务求史唯其真，数唯其实，文约事丰，条理不紊。经过甘苦备尝的努力和新老领导过目，至1989年7月完成110万字送审稿。除概述、大事记，分32篇，147章，549节。经省志办公室认可，于9月1日至2日在邮召开评审会议。与会的30多位专家、学者、同行，在肯定《高邮县志》稿是一部基础较好、基本合格的社会主义新志稿的同时，提出很多鞭辟入里、深中肯綮的意见。评审会后，又经半年认真修改，才于1990年2月底将“中篇式”验收稿送交江苏省地方志办公室，并委请江苏人民出版社出版。

《高邮市志（1986–2005）》目录

高邮市志（1986—2005）

高邮市地方志年鉴编纂委员会编。2006年3月启动编纂，2017年12月由方志出版社出版。主编刘春龙、孙铎，副主编孙兆民、宝珍芳、纪刚。编辑刘春龙、孙铎、孙兆民、薛序、王承志。

全书2册，325.1万字，图片591幅（志首247幅、随文344幅）、表格345张。记述范围为2005年高邮市行政区域。该志为《高邮县志》（1990年版）续志，记述上限1986年，衔接前志；下限2005年。总述、大事记、附录适当前后延伸。述、记、志、传、图、表、录诸体并用，以志为主。志首设序、凡例、总述、特载、大事记，志末设附录、索引、编后记。全志设35篇：建置区划·自然环境、环境保护、人口、国土资源管理、城乡建设、交通·电力、水利、邮政·通信·信息化建设、经济体制改革和经济发展、开放·开发、农业、高邮鸭业、工业、建筑业·房地产业、商贸服务业·旅游业、金融、财政·税务、经济综合管理、中共地方组织、地方人民代表大会、地方人民政府、地方人民政协、工商联·社会团体、法治·军事、人事·劳动、教育、科学技术、文化·体育、龙虬庄文化·邮文化、卫生、民政、社会保障、社会生活·精神文明建设、乡镇概况、人物。

为突出地情特色和重大事件，志书设特载，记述中央领导在高邮市考察活动，中央领导为高邮市题词、题联，高邮市获得的各种荣誉称号。志书设高邮鸭业篇，记述高邮麻鸭品种与养殖、鸭蛋、鸭产业和鸭文化；设龙虬庄文化·邮文化篇，介绍独特文化形态。为体现历史文化名城的风采和地位，志书注重挖掘高邮文化底蕴，在文化·体育篇中单列作家作品研究章，并升格为与文学、艺术创作同等位置，单列民间收藏节，客观反映高邮市重视文化，重视汪曾祺、秦观、蒲松龄等作家作品研究，重视收藏经济、艺术品经济。突出工匠精神，在人物篇中记载乡贤与一大批有广泛群众基础的能工巧匠、民间技艺传承人。志书突出时代特征，以集中与分散相结合的方法记述改革开放。设经济体制改革和经济发展篇，集中记农村改革、工业企业改革、流通体制改革等内容。设开放·开发篇，记述招商引资、开发区建设、乡镇工业发展等内容，其他如党政机构、人事劳动、教育卫生等方面的改革则分散在相关篇章记述。将精神文明建设与社会生活合并设篇，彰显时代性。附录设《高邮县志》提要、补遗与勘误、城区和乡镇地名简况，增加志书的连续性和资料性。

2020年，该志在江苏省地方志书质量评定中被评为优秀成果。

（张欣蕊）

【编后记（节选）】

《高邮市志（1986—2005）》从启动编纂到印刷出版，走过11年的艰辛历程，历经6个阶段。

一是筹备启动阶段。2006年初，市地方志办公室根据国务院公布的《地方志工作条例》规定和江苏省、扬州市政府统一要求，在市地方志年鉴编纂委员会部署下，开始筹划《高邮市志（1986—2005）》编纂工作。3月，市政府常务会议研究讨论全市第二轮地方志编修方案。6月，市委、市政府调整市地方志年鉴编纂委员会。市地方志办公室随即开展认真细致的调查研究活动，组织人员于7月完成《高邮市志（1986—2005）》纲目（初稿）。7—8月，市地方志办公室通过召开由有关老干部、主要行业专业人员参加的不同类型座谈会，在《高邮信息》上刊登纲目（初稿），公开向全市征求纲目修改意见。8月下旬，扬州市地方志办公室邀请省内有关地方志专业人员和扬州市各县（市、区）地方志办公室主要负责人或修志主编，在高邮举行《高邮市志（1986—2005）》纲目评审研讨会。会后，市地方志办公室认真梳理和吸收各方面意见，修改与完善纲目，前后共四易其稿。10月，市地方志办公室组织分纂人员参加省、扬州市地方志办公室举办的第二轮地方志编纂业务培训班。11月20日，市委、市政府举行全市地方志工作会议，与全市129家承编单位负责人代表签订第二轮修志目标责任书。同时，市委办公室、市政府办公室印发《高邮市第二轮地方志编纂工作实施方案》，市地方志年鉴编纂委员会印发《高邮市地方志行文通则》。12月22日，市地方志办公室举办第二轮地方志编纂业务培训班，邀请省、扬州市地方志办公室专业人员讲授资料搜集、志稿编写业务知识。至此，全市修志进入实质性工作阶段。

二是资料征集与初稿编写阶段。2007年起，志稿分纂人员按照工作分工，依据《高邮市志（1986—2005）》纲目，主动上门与各承编单位一一对接，细化篇目，商讨资料搜集和初稿编写工作。同时，针对修志人员大多数是首次参加修志的新兵和资料征集及初稿编写中出现的问题，开展业务培训，以会代训，当面指导，印发修志参考资料，先后编印《地方志学习材料》4期，以提高各承编单位修志人员的业务水平。2007年5月，市委、市政府督查室和市地方志办公室联合举行4次督查会议，督查20个乡镇（园区）和79家市直属机关“一纳入、五到位”和资料搜集工作，并编发督查通报。但是，由于部分单位缺乏足够重视，修志人员大多是兼职人员，且缺乏修志业务知识和经验，资料征集及初稿编写工作进度和质量参差不齐。至年末，完成资料搜集工作的单位不足40%。此后，又组织数次督查，分纂人员不间断地上门或打电话进行催促。至2009年末，基本完成资料征集与初稿编写工作。

三是分志稿编纂和单位自审阶段。2008年，市委、市政府为进一步推进修志工作开展，将第二轮地方志编纂工作列为年度重要工作事项。各承编单位落实编纂人员，开展分志稿编纂工作。市地方志办公室分纂人员认真审验各承编单位报送的零散且质量不高的志稿，着力把好志稿的政治关、体例关、资料关、内容关、文字关，严格把握志书质量。是年，初审8家承编单位报送的稿件，提出修改意见，并与编写人员进行对接。至2010年，初审41家承编单位报送的志稿，并分片分口召开会议对报送的志稿提出修改意见。2011年6月，市政府召开第二轮修志工作推进会，分管副市长逐一落实42家志稿编写相对滞后单位的编写进度。是年12月，《高邮市志（1986—2005）》纲目通过由扬州市地方志办公室组织的评审。至是年末，市地方志办公室完成《〈高邮县志〉（1990年版）提要》《特载》《大事记》自编工作。

四是分纂和总纂阶段。2012年起，全市第二轮地方志编纂工作转入以篇为单位的分纂阶段。5名分纂人员按照中国地方志指导小组制定的《地方志书质量规定》，充分把握分纂工作承前启后的特点，从篇目设置、时限划定、内容记述、数据采用、资料取舍等方面着手，整合局部志稿内容，花大气力做好缺项补写、资料增补、史实考订、数据核实、记述实体微调等项工作。至2014年3月，完成分纂工作，共审核分志稿151篇（次），字数1600万多字。5月，邀请省、扬州市修志专业人员点评4篇样本分志稿。分纂人员按照样本分志稿及点评意见，修改完善已编志稿。7月起，开始志稿总纂工作。在总纂过程中，实行统分结合、分工协作、落实责任的方法。总纂在分纂的配合下，修改篇下概述、校正观点、微调结构、处理详略、厘清交叉、删繁就简、规范行文、修饰文字；分纂根据总纂修改意见，进一步细化、修改志稿，补充资料。同时，上门督促一些老大难承编单位做好分志稿修改和资料补充工作。至2015年8月，基本完成志稿总纂工作。

五是初审、复审、终审阶段。2015年9月，组织完成初审，并对志稿进一步修改，形成复审稿。10月，约请有关熟悉高邮历史、了解相关行业、对高邮地情有一定研究的人员复审志稿，重点审查政治观点正确与否、史实是否准确、重大史实有无遗漏。复审后，各分纂认真梳理意见与建议，对志稿再次进行修改完善，并进一步统一语言表述及表式、版式要求，形成终审稿。11月，《高邮市志（1986—2005）》（终审稿）通过扬州市地方志办公室终审。

六是修改完善与验收、审核阶段。2016年1月，市地方志办公室集中力量对终审会所提意见与建议，逐条进行分类整理，认真梳理，并请扬州市地方志办公室专业人员通审志稿。从2月起，调整总纂力量，由刘春龙、孙铎、孙兆民进行总纂，采取集中与分散相结合的方式，修改完善志稿。同时，征集照片资料，制作行政区划图、城区图和标识。10月，形成340万字验收稿，分别送交扬州市地方志办公室验收和方志出版社审稿。12月，验收稿通过扬州市地方志办公室验收，并通过出版社审稿。2017年上半年，吸纳方志出版社、扬州市地方志办公室和扬州市地方志办公室专业人员审稿意见，再次对全志进行全面修改完善，进一步打磨志稿质量。7月，聘请4名人员对志稿进行集中校对，制作志书专题插图初稿，选定随文插图。9月，将志稿反馈给各承编单位进行核校。10月，将志稿送交省地方志办公室审核。根据审核意见，着重在统一内容表述方式、文体风格和语言文字规范、行文严谨等方面进行完善。同时，提请市委、市政府主要负责人为志书作序，并提请市政府批准出版。11月，采取专项校对、互相校对、交叉校对相结合和校对与修订相促进的办法，继续组织分纂人员对志稿进行深度打磨，直至定稿付印。

镇江市

1984年，镇江市开始编纂《镇江市志》和下辖县志，1987年，开始编纂《京口区志》《润州区志》。至1995年，全市共出版市县两级综合志书7部，总字数980万字。其中，市级志书1部：《镇江市志》，县（市、区）级志书6部：《丹阳县志》《扬中县志》《句容县志》《丹徒县志》《京口区志》《润州区志》。其中，《镇江市志》采用"一步成志"的方式，编纂速度较快，1993年12月出版，是江苏首部出版的设区市新方志。镇江市多部志书在国家级、省级质量评比中获奖。在1993年全国新编地方志优秀成果评比中，《丹阳县志》获三等奖。在1997年全国地方志奖评比中，《镇江市志》获二等奖。

镇江市二轮市、县（市、区）志编纂工作于2006年正式开始，主要为首轮志书续修。至2016年12月，镇江市完成二轮修志工作任务，全市共出版市县两级综合志书7部，总字数1988万字。其中，市级志书1部：《镇江市志（1983—2005）》；县级志书6部：《丹阳市志（1986—2005）》《句容市志（1986—2008）》《扬中市志（1986—2006）》《镇江市丹徒区志（1986—2005）》《镇江市京口区志（1988—2007）》《镇江市润州区志（1983—2007）》。此外，还编纂了《镇江新区·镇江经济技术开发区志》。《镇江市志（1983—2005）》《丹阳市志（1986—2005）》等多部志书获评江苏省地方志书优秀成果。镇江在完成二轮修志任务的同时，积极推动志书修订和经济开发区志书编纂工作。

镇江市志

镇江市地方志编纂委员会编。1984年启动编纂，1993年12月由上海社会科学院出版社出版，是江苏省首部出版的设区市新方志。总纂张世闿、胥明章、沈效鸿、胡德明、冯鸣仪、陈敦平、戴午林、李之。编辑朱长喜、刘爱玲、孙金振、李良辰、李学峙、李锡军、吴新亚、张自划、张铸泉、林小玲、贺明和、倪勇显、徐徐、徐继靖、郭维庚、彭快、鲍智荪。

全书2册，287万字，图片306幅（两册志首177幅、随文129幅），表格400张。记述范围为1985年镇江市行政区域，以市区（京口区、润州区）为主，兼及丹阳、丹徒、句容、扬中4县；总述、自然环境、农业、水利、乡镇工业等卷记述全市情况。记述上限不限，侧重记述辛亥革命以后社会发展的基本面貌；下限1985年，总述、大事记、人物及图片延至1990年。述、记、志、传、图、表、录诸体并用，以志为主。志首设序、凡例、总述、大事记，志末设专记、附录、跋。全志设65卷：建置·区划、辖县概况、自然环境、人口、中国共产党、参议会·人民代表大会、政府、人民政协、民主党派、中国国民党及其他党派、社会团体、军事、检察·审判、公安·司法行政、民政、人事、劳动、外事·侨务、城市建设、环境保护、房地产、建筑业、风景名胜·旅游、经济综情、经济综合管理、电力工业、煤炭工业、冶金工业、化学工业、建材工业、机械工业、船舶·汽车工业、电子工业、轻工业、食品工业、纺织工业、塑料工业、医药、交通、港口、邮电、农业、水利、乡镇工业、商业、供销合作社、物资、粮油经营、对外经济贸易、财政·税务·审计、金融、科学技术、教育、文化事业、文学艺术、著作、文物、方志·档案、报刊·广播·电视、卫生、体育、宗教、风俗、方言、人物。

《镇江市志》目录

该志凸显镇江作为港口城市、历史文化名城特色。港口内容从交通卷中分出升格为卷，记述港口规模、港口整治、港口建设、港口装卸。设著作卷，共收录先秦至1985年古今主要著作1000余种，集中反映镇江历史文化名城人文荟萃的特色。将乡镇工业、对外经济贸易、交通、商业、文物、风景名胜·旅游、人物等卷作为重点卷，增加记述篇幅。对苏南少见的煤矿储藏和在此基础上建立的煤炭工业，设煤炭工业卷记述；对全国范围内较早发展的乡镇企业，设乡镇工业卷记述。此外，对镇江市有特点的事物——镇江香醋，金、焦、北固三山风景区，全国曾经最大的谏壁火力发电厂，清咸丰年间建立的镇江海关，均列专章记述。其他有特色的事物，也作为重点进行记述，全方位反映地方特色。设经济综情卷，包含经济发展概况、经济结构、国民收入和人民生活、企业经营机制改革等内容，增强记述的宏观性和整体性。

专记设民主革命斗争纪略和地委行署2篇，增加记述深度和广度。附录收录的历代碑文选、清道光二十二年（1842）英国侵略军在镇暴行录、民国26年（1937）日本侵略军在镇暴行录、镇江帮会资料辑录等原始文献及资料，对于保存地方文献、进行乡土教育很有意义。此外，附录收录部分修志文件、信函辑存以及本志编修始末中关于探索与创新的实践记述，对志书编纂研究具有较高的参考价值。

1994年，该志获江苏省地方志工作优秀成果一等奖；1997年，获全国地方志奖二等奖。

（翁红霞　赵昱霖）

【本志编修始末（节选）】

（一）

镇江为全国历史文化名城，素有修志传统。1978年以来，全市社会主义物质文明和精神文明建设蓬勃发展，编修《镇江市志》被提上议事日程。中共镇江市委、市人民政府对此十分重视，1982年即责成市委党史办公室筹备修志。1984年底，中共镇江市委决定成立市地方志编纂委员会及办公室，正式开始编修《镇江市志》。1993年底，完成编纂任务，交付出版。寒来暑往，历时九载，其间大体经历三个阶段。

1984年底至1986年底为第一阶段，主要进行宣传发动、组织队伍、征集资料、初拟篇目等方面工作。

1984年11月15日，镇江市地方志编纂委员会成立，由市委常委、常务副市长王云海任编委会主任。同时成立市地方志办公室，调集9名干部专职修志。市志办建立之初，通过在《镇江市报》上开辟“修志专栏”、编印《修志学习材料》和编辑出版《镇江史志通讯》等工作，广泛宣传修志的意义，还发布征集资料公告，在舆论和业务方面做了初步准备。1985年4月28—29日，市政府召开全市第一次地方志工作会议，全面动员、部署修志。市委书记孙秉谦到会讲话。会后，市委转发了会议纪要。6月，举办全市第一期修志业务培训班，培训业务骨干200多名。同时，拟订出市志篇目（第一稿），并将修志任务分解落实到各承编单位。11月，召开全市第二次地方志工作会议，进一步进行宣传发动，同时举办了第二期业务培训班。1986年4月，市领导分工变动，副市长黄选能接任编委会主任，同时调整充实市志编委会。编委会决定实行“分管市长方志工作日制”和“编委责任制”。6月25日召开全市第三次地方志工作会议，提出“软件”要当“硬件”抓的指导思想和发扬“开拓、奋发、好学、实干”精神的要求，并决定每年进行总结评比，表彰先进。这些措施，有力地促进了全市修志工作的深入和均衡发展。经过两年多艰苦努力，到1986年底，市区已有122个单位建立修志机构，专兼职修志人员（含基层）最多时达800余人，市志办的编制亦增至15个。经市领导同意，还可聘请15名离退休的老同志参加市志办工作。两年中，始终抓住资料工作不放松，先后组织数百人次去市内外数十家图书馆、档案馆等单位广泛征集资料。全市共征集各类资料1亿多字（其中市志办2000多万字），为转入分志编写阶段打下较好的基础。

1987年至1990年7月为第二阶段，即分志编写阶段。

《镇江市志》的编修，采取“一步成志”的方式（即各有关部门按市志的整体规划、统一的篇目和行文通则编写分志，最后由市志办总纂成书）。1987年初，拟订了《〈镇江市志〉编纂方案》，同时修订市志篇目，拟订行文通则，为分志编写工作做了比较充分的业务准备。编委会任命了1名市志主编和3名副主编，以加强业务工作的领导。各分志办大胆探索，勇于实践；市志办组织业务研讨，加强指导，年底形成全市第一批分志送审稿。通过总结成稿单位组织审稿的经验，制订了《关于〈镇江市志〉分志审稿试行办法》，就审稿标准和“自审”“联审”“送审”三审定稿的工作程序提出具体实施意见，每一卷分志联审前，均组织有关人员，进行志稿分析，对照审稿标准，提出全面的评审意见，严把审稿关。在分志编写阶段，市政府拨专款为分志送审稿颁发成果奖。1990年5月，市人大、市政协联合视察全市修志工作。7月21日，市九届人大常委会第十八次会议专门听取市政府关于修志工作的汇报，并作出相应的决议。至1990年7月，有64卷分志完成初稿，其中44卷形成送审稿。分志编写任务基本完成。在此期间，还组织力量编写出版了具有简志性质的《镇江要览》，对积累资料、锻炼修志队伍发挥了积极的作用。

1990年8月至1993年年底为第三阶段，即总纂成书阶段。

1990年8月，编委会领导亲自组织总纂人员的业务学习，提出总纂要牢固树立“千秋大业，质量第一”的观点，对各分志进行优化组合和深化加工。编委会还先后增聘了4名主编，形成由8名正、副主编组成的总纂业务领导班子，拟订了《〈镇江市志〉总纂方案》，修订市志的凡例、篇目和行文通则，编印成总纂工作手册，使总纂有章可循。从9月份开始，根据总纂方案的要求，以市志办为主，分志办配合，聘请熟悉行业情况的同志为分志特约审稿员，侧重于资料、内容和专业方针政策方面，对分志送审稿进行全面复审，1991年3月基本完成复审任务。复审后，及时制订《大类分纂实施方案》，将各分志按政治、经济、文化、城建和综合5类进行分纂，努力消除部门志、专业志的痕迹；再次核实、精选和补充资料；协调各分志记述的层次和详略程度；统一记述口径，处理好重复交叉的内容；进一步按凡例和行文通则规范体例和文字表述。1992年2月底，大类分纂结束后，开始对全书进行总纂。全书总纂按政治质量、内容资料、文体文风和补充全市内容等4个方面，将全体总纂人员组成4个作业组，从纵向对全书进行梳理，精雕细刻。1992年9月初，形成总纂送审稿。总纂稿形成后，即分送市领导和专家、学者审阅。1992年11月上旬，市政府主持召开《镇江市志》自审会。市委书记钱永波等四套班子的领导、原地委和市委书记王一香等老领导、市志编委会委员和有关专家学者参加会议。11月下旬，省地方志编委会在镇江主持召开《镇江市志》稿评审会，组织30多位专家学者和修志同行，对《镇江市志》进行全面评审。中国地方志指导组成员、城市志指导组组长、《镇江市志》顾问陆天虹应邀专程来镇参加会议。经4天评审，获得通过。会议认为：《镇江市志》总纂送审稿基础较好，在总纂上下了功夫，是比较成熟的。同时提出了许多切实中肯的意见和建议。

会后，根据两次评审会提出的1500余条意见，制订《〈镇江市志〉(总纂送审稿）修改方案》，将上述意见逐条落到实处。在此期间，又一次修订市志篇目，决定增设著作、水利和乡镇工业等卷，以更进一步突出地方特色。经半年努力，1993年8月完成修改任务，报省志编委会验收后交付出版。8—10月，又结合出版社的编辑意见，对验收稿再一次逐卷复查，进行细致地加工，最终于12月完成《镇江市志》编纂，付印出版。

（二）

编修社会主义新方志，是在理论准备不足，无成熟经验可资借鉴的情况下开展的。回顾《镇江市志》的编修过程，我们在继承我国修志优良传统的基础上，从镇江市的实际出发，努力就一些问题进行积极的探索，并力求有所创新。

1. 关于市志记述范围

《镇江市志》地域范围的确定，经过了一个逐步明确的过程。初期，根据1985年中国地方志指导小组颁布的《新编地方志工作暂行规定》，《镇江市志》确定为市志类型。因市志下限定为1985年，而镇江市实行市管县体制不到两年；且各县均修县志，为避免市、县志内容重复，确定以原镇江市（地辖市）的地域为记述范围，不含辖县。1986年12月，胡乔木同志在全国第一次地方志工作会议上提出："……如果是一部完整的市志，它就不得不把所辖的各县都列在里面；同时，它所属各县又另修志，那么，这两者之间工作怎样衔接，体例上怎样协调？如果处理得不好，会不会造成人力、物力上的浪费？会不会发生重复，甚至矛盾？这个问题现在不能说出什么具体意见，希望各地对这个问题能够好好考虑一下，怎样把这两者的关系处理好。"据此，在1987年拟订的《〈镇江市志〉编纂方案》中，我们把市志地域范围调整为："以现行市区为主。对于1983年市管县新体制实行以后的情况，可在总述和县区概况专卷内反映。"在分志编写阶段都按此地域范围记述。进入市志总纂阶段后，通过上级指导和业务研讨，逐步明确编纂一部完整的市志，要以现行行政区域为记述范围，应包括所辖各县，同时以市区为主，突出市区，充分反映城市的中心地位和在国民经济与社会发展中的主导作用。基于上述认识，为弥补初期所定地域范围的不足，市志编委会多次研究，并得到省志办的具体指导，将市志凡例中"地域"一条，修改为"按现行行政区划，以市区为主，兼及丹阳、丹徒、句容、扬中四县"。在具体实施过程中作了如下调整：大事记、各分志概述补充1983年后全市的基本情况、主要数据和突出事项；加强辖县概况专卷，全面简介各县自然环境、经济建设和科教文卫事业的基本面貌；对应充分反映全市面貌的有关卷，如总述、大事记、人物、风景名胜、文物等卷，均予以改写；将原以市郊为记述范围的农业卷改为记述全市范围，并分解为农业、水利、乡镇工业三卷。以上做法，试图探索一条既从现行行政区域出发，又避免与辖县县志过多重复的市志编修路子来。

2. 关于充分反映地方特色

《镇江市志》的编修，始终把研究和反映地方特色作为提高志书质量的重要一环。我们首先反复分析市情的宏观特点，认清镇江市最基本的特色是地理位置优越，地处长江和大运河两条黄金水道的交汇点，交通便捷，由此形成了悠久的历史文化和众多的名胜古迹，成为长江下游中转集散的重要商埠。围绕这个最基本的特色，在大类分纂时将港口的内容从交通卷中分出升格为卷。总纂阶段后期，还采纳杭州大学历史系教授仓修良等的意见，增设了著作卷，集中反映镇江历史文化名城人文荟萃的特色。另外，将交通、商业、文物、风景名胜·旅游、人物等卷作为重点卷，扩大篇幅，加重笔墨。对镇江市有特点的事物，如闻名遐迩的镇江香醋，金、焦、北固三山风景区，全国最大的谏壁火力发电厂，清咸丰年间建立的镇江海关，均列专章记述。其他有特色的事物，如第一次鸦片战争时期的抗英镇江保卫战、新四军挺进江南抗日的第一仗——韦岗战斗，都作为重点进行记述。在总纂过程中，还注意挖掘各卷中所记事物的个性，以全方位地反映地方特色。

3. 关于加强市志的宏观记述

《镇江市志》的篇目设置，采取"分志平列式"，除总述、大事记、附录和专记外共设分志65卷。这样的安排，接近社会分工的实际，有利于资料的组织，便于修志任务的落实。为了反映事物相互间的联系、影响和制约关系，我们从三方面强化了市志的宏观记述：全书设总述和各分志设概述，分别对全书和各卷进行综合概括，加强整体性的记述；各章一般均有无题小序，以反映各层次间的内在联系；将综合经济卷改设为经济综情和经济综合管理两卷。

前者对经济发展的宏观情况作综合记述，后者则将计划、统计、物价、标准计量、工商行政管理等经济综合管理并为专卷记述。

4. 关于《民主革命斗争纪略》的设立

镇江人民在民主革命斗争时期的英雄业绩，是进行爱国主义和革命传统教育的生动的乡土教材。由于志书体例的限制，这方面内容的记述偏于分散、简略，若集中记又易与军事、中共、人物、大事记等卷重复。为解决这两方面的矛盾，我们采用“纪略”形式，以突出的事件为主，从记事的角度着笔，这是突破旧志书体例的一种尝试。

（三）

《镇江市志》编修是一项浩大的系统工程，先后动员100多个单位，近千余人直接参与其事，篇幅近300万字。全书纵贯古今，横及各业，这一鸿篇巨制在镇江的著述史上是空前的。这一成果的取得，是多方通力合作、辛勤努力的结果。

【志评】

历史名城的新篇章

——喜读《镇江市志》

傅能华

新编《镇江市志》，是我迄今所见的江苏省第一部完整的省辖市志书，也是目前全国已出版的少数省辖市志书之一。读后深为感奋，可喜，可贺！

（一）

镇江，是我国著名的历史文化名城之一。地处江苏省西南部，居长江与大运河之交汇点，西邻南京，东接常州，北与扬州隔江相望，扼长江下游，为我国南北交通之重要枢纽，是我国近代著名的江南商业大埠。镇江市，现行政区辖京口区、润州区、丹阳市、丹徒县、句容县、扬中县二区一市三县，面积3843平方公里，人口260万人。此地素有修志传统，据现存文献记载，最早的古志可溯南朝刘宋时山谦之所纂《南徐州记》，还有刘损所纂《京口记》。其后，有南宋乾道、嘉定两部《镇江志》，一部嘉定《镇江续志》，还有咸淳《镇江志》；元代有至顺《镇江志》；明代有永乐、成化、正德、万历四部《镇江府志》以及正德、万历两部《丹徒县志》；清代有康熙、乾隆两部《镇江府志》和康熙、嘉庆、光绪三部《丹徒县志》，还有《丹徒县志摭余》；民国时期有《续丹徒县志》。至于各种专志则更多，仅明清两代，广为流传的就有《京口三山志》《京口三山全志》《京口山水志》《金山志》《续金山志》《焦山志》《续焦山志》《开沙志》《京口八旗志》《西石城风俗志》等。真可谓是多志之乡。

新编《镇江市志》的编纂，既继承历史文化的优良传统，又适应当代社会发展的需要，从1984年起始，九度春秋，终于在1993年12月由上海社会科学院出版社正式出版。新志，贯通古今，而尤侧重记述1911年辛亥革命以后社会发展的基本面貌，其下限至1985年，有些部分（总述、大事记、人物及入志图片）则延伸到1990年。记述的地域范围，按现行行政区划，以市区为主，兼及丹阳、丹徒、句容、扬中四县（市）。新志由卷首、总述、大事记、各门类分志、人物传、专记和附录等七部分组成，辅以各类图表及照片。其中分志采用分卷平列方式，设65卷，卷下设章、节，全书分上下两册，总共287万字。这是一部纵贯古今，横陈百业的地情珍贵文献。

（二）

新编《镇江市志》，作为一部完整的省辖市志书，在编纂上比一般县（市）志书具有更大的难度。早在1986年全国第一次地方志工作会议时，胡乔木同志就特别提到市志编纂的难点。他说："如果是一部完整的市志，它就不得不把所辖的各个县都列在里面；同时，它所属各县如果又另修志，那么，这两者之间工作怎样衔接，体例上怎样协调？如果处理得不好，会不会造成人力、物力上的浪费？会不会发生重复，甚至矛盾。这个问题现在不能说出什么具体意见，希望各地对这个问题能够好好考虑一下，怎样把这两者的关系处理好。"我们从现在的新编《镇江市志》，可以看到编者对这个问题作了些有益的探索，处理得比较好。他们十分明确，编纂一部完整的市志，要以现行行政区域为记述范围，应包括所辖各县，同时以市区为主，突出市区，充分反映城市的中心地位和在国民经济与社会发展中的主导作用。为此，他们在篇目设计上作了精心的安排："总述""大事记""自然环境""农业""水利""乡镇工业""人物""风景名胜""文物"等卷，记述全市（包括市区和属县）的情况，其余各卷则侧重市区（京口、润州两区范围），同时，又专设"辖县概况"一卷，分丹阳县、丹徒县、句容县、扬中县四章，全面简要介绍各县的自然环境、经济建设和科、教、文、卫事业的基本面貌。全书贯彻"以市区为主，兼及属县"的原则。这种做法，既从现行行政区域出发，又避免了与辖县县志过多重复的问题。我认为，这种办法是比较便于操作，是切实可行的。

（三）

在如何反映志书的地方特色方面，新编《镇江市志》也有许多长处。

镇江市，最基本的特色在于地理位置优越，它地处长江和大运河两条黄金水道的交汇点，交通便捷，由此形成了悠久的历史文化和众多的名胜古迹，成为长江下游中转集散的重要商埠。为了反映这个影响全局的最基本的特色，新编《镇江市志》特意将"港口"的内容从"交通"卷中析出，升格单独立卷。此卷，设"港口规模""港口整治""港口建设""港口装卸"四章。这里记载镇江之有港口，始于汉献帝建安时期东吴孙权移治京口，迄今已有1700多年历史。六朝时，镇江港作为长江下游的军事港口而发挥重要作用。隋朝时，南北大运河开通，地处长江与大运河交汇处的镇江港成为江南太湖流域漕粮、贡品运输的咽喉要道，历经唐、宋、明、清久盛不衰。南宋以后，特别是到明清时期，镇江港又发展成长江及大运河沿线商品中转的重要口岸。镇江港不仅是一个重要的港口，而且对全国的政治、经济生活也有较大影响。鸦片战争之后，根据不平等的《天津条约》，镇江港成为长江干流上第一批被迫开放的通商口岸之一。外国航运企业侵入镇江港，把镇江港变成侵略者在中国倾销商品、掠夺资源的转运站。随着轮船在港停靠，近代码头设施逐步出现。同治年间，招商局镇江分局的设立，揭开了中国航运业在镇江港经营的序幕。接着民族航运业也纷纷兴起，促进了港口的发展。运河沿岸的苏北地区及山东、河南等省的物资大多在此中转，镇江港一度成为长江干流上仅次于武汉港的重要港口。民国初年，津浦、沪宁铁路通车接轨，运输手段和格局发生重大变化，镇江港的地位和作用随之下降。加之港口淤积和战争的破坏，港口渐渐衰落。中华人民共和国成立后，镇江港获得新生，吞吐量逐年增长，港口面貌有了很大变化。特别是改革开放以后，港口建设突飞猛进。目前的镇江港，扼长江与京杭大运河之交汇口，处于江苏省水网、公路网的中心，为苏州、无锡、常州经济区和南京、镇江、扬州经济区的东西门户。随着大港深水港区的建设及京杭运河、淮河的整治，港口的辐射范围更加广阔。沿运河北上，可达鲁南、皖北的煤炭产地；沿运河南下，可至苏南各工业城市及浙江的杭州、嘉兴、湖州地区。溯长江而上，可直达皖、赣、湘、鄂、川五省的广阔地区；顺长江下行出海，可航行至沿海各港，并可开辟通往世界的国际航线。镇江港的前程似锦，无限辉煌。一幅镇江港口发展的历史画卷，也可以说就是整个镇江市历史发展的缩影。所以，抓住这一基本特点，也就从宏观上突出了镇江的地方特色。

作为一座历史文化名城，除了地理和经济方面的诸多特色外，还有浓重的人文特色。新志的“教育”“文化事业”“文学艺术”“文物”和“人物”诸卷内容都十分丰富。镇江由于自然环境优越，人文荟萃，加之交通便捷，四方杂处，“江左流寓，多出膏腴”，历代著作极丰，见诸史、志著录的经、史、子、集汗牛充栋，其中有《文心雕龙》《梦溪笔谈》《园冶》等不朽巨著。近代、现代自然科学和社会科学方面的著作也很丰富。故而新编《镇江市志》将“著作”单列一卷。此卷，设“先秦至明代著作”“清代著作”“民国时期著作”“解放后著作”四章，共收录了自先秦至1985年古今主要著作1000多种。这也使镇江这座历史文化名城的特色反映得更加鲜明。

新志书中，对于镇江比较出名的事物，如闻名遐迩的镇江香醋，金山、焦山、北固山风景区，全国最大的谏壁火力发电厂，清代咸丰年间建立的镇江海关，第一次鸦片战争时期的抗英镇江保卫战，抗日战争时期新四军挺进江南第一仗——著名的韦岗战斗等，都设立了专章或在有关章、节中加以浓墨重彩地记述。这一系列精心安排，使镇江的地方特色在志书中得到了全方位的反映。

最后，还值得一提的是新志书的“附录”。这里收录了“历代碑文选”“清道光二十三年（1843年）英国侵略军在镇暴行录”“民国26年（1937年）日本侵略军在镇暴行录”“镇江帮会资料辑录”“本志编修始末”五部分。前四部分属于反映镇江历史上重大事件的原始文献及重要资料。对于保存地方文献和反映地方特色，以及进行爱国主义教育和乡土教育都很有意义，而且选得比较精，编排也比较得当。至于最后一部分“本志编修始末”，似乎本应放在书尾“跋”的位置上，或者放在书中“方志、档案”专卷内比较合适。现在将其与其他四部分并列放在一起却不甚协调。这是可以商榷的一点小意见。

（原文刊载于《江苏地方志》1995年第2期）

《镇江市志》篇目的特点

王复兴

《镇江市志》是全国较早出版的省辖市市志之一，拜读之后，深感此志是一部成功的新方志。特别值得称道的是，此志篇目设计得好，注意了突出城市特点、地方特点和本志的特点，为还在编写中的市志提供了借鉴。

一、突出城市特点

一部好的市志，必须按照城市的内容来设计篇目。《镇江市志》设计篇目时突出了城市的特点。为突出城市特点而设的分志（卷）主要有以下一些：

（一）辖县概况卷。1983年3月前镇江是县级市，1983年3月实行市管县体制，撤销镇江地区行政公署，镇江市改为地级市，下辖丹阳、丹徒、句容、扬中四县。在市志中如何记载属县，方志界曾进行过讨论。《镇江市志》掌握的原则是:记述范围按现行行政区划以市区为主，兼及属县，总述、大事记、自然环境、农业、水利、乡镇企业等卷，则记述全市情况。为记述属县情况，《镇江市志》专设辖县概况卷，每县设一章，每章设地理、经济、科教文卫三节。此卷约6万字，属县的基本情况介绍得比较清楚。

（二）城市建设卷。本卷是为记述城市的市政建设和公用事业而设的。本卷设规划、市政建设、公用事业、管理四章。

（三）房地产卷。为较全面地记述镇江房地产事业的情况，《镇江市志》特设房地产卷，下设产权监理、地产、房产、住宅建设四章。

（四）建筑业卷。城市是建筑物集中的地方，修建这么多建筑物必须有较发达的建筑业。一般说，一县的建筑业在县的各业中所占比重不大，故县志中的建筑业多是合在有关分志中记。《镇江市志》为突出记载建筑物和建筑业的情况，专设了建筑业卷，下设建筑、勘察设计、施工技术、建筑队伍、管理五章。

（五）工业细分，农业综记。一般说，城市工业门类和部门较多，生产较发达；而农业地位远不如工业。《镇江市志》为突出城市的这一特点，记载工业时不像县志那样只设一个分志，而是按工业中的门类和行业来设置分志，共设了电力工业、煤炭工业、冶金工业、化学工业、建材工业、机械工业、船舶汽车工业、电子工业、轻工业、食品工业、纺织工业、塑料工业等分志（卷）；记载农业时不是像一般县志那样将农、林、牧、副、渔、农机分别设志，而是集中在一起，合设一农业志（卷）。

二、突出地方特点

地方志对具有本地特点的事物应突出记载。《镇江市志》将具有重要地方特点的事物单设了分志，处理得恰到好处。

（一）风景名胜、旅游卷。镇江是历史文化古城，真山真水，风景优美。最负盛名的风景游览胜地是沿江的“三山”（金山、焦山、北固山）和南郊两个风景名胜区。还有西部的宝华山、南部的茅山、东部的圌山，它们分别以“佛教名山”“道家福地”“水光山色”闻名于世。在江苏省八个省级风景名胜区中，镇江有其三（三山、南郊、茅山）；两个自然保护区中，镇江有其一（宝华山），风景旅游资源之丰富，可谓得天独厚。一般志书多是将风景名胜和文物合设一志，而《镇江市志》为突出当地风景名胜多的特点，特设风景名胜旅游卷，下设七章，较详细地记载了镇江著名的风景名胜。旅游事业内容较少，不宜单独设卷，将它和风景名胜合设一卷，单设旅游事业一章，这样处理是妥当的。

（二）煤炭工业卷。苏南的城市工业多是加工工业，极少原料工业，但镇江市区域内地下藏有煤矿，从清代就挖井开采。建国后，煤炭生产不断发展，70年代后期，每年提供煤炭数量约占全市地方耗煤量（不含中央直供单位）的60%~70%。总的说，我国的煤炭多产于北方，南方较少，镇江地下储藏着一定数量的煤炭，并进行了开采，不能不说是一个地方特点。《镇江市志》为突出这一特点，专设煤炭工业卷。

（三）船舶、汽车工业卷。镇江周围多水道，船舶历来是重要交通工具。航运促进了造船业的发展。镇江造船业历史悠久，南朝梁时就营造战船，唐宋元明历代都有造船的记载，清代建有多处小型船场，逐渐成为长江南岸造船基地之一。建国后，造船能力和水平不断提高。1985年，市区有船舶工业企业11家，市内还建有镇江船舶学院。汽车工业是镇江新兴的行业。1985年，市区有汽车工业企业9家，市辖四县有汽车工业企业37家。《镇江市志》专设船舶、汽车工业卷，突出了上述地方特点。

（四）将食品工业、纺织工业、塑料工业从轻工业中独立出来，分别设立分志。镇江食品业历史悠久，清代即生产百花酒和风味独特的香醋，建国后各类食品业不断发展，到1985年，市区有食品工业企业30家，主要产品有香醋、酱菜、小磨麻油、罐头、味精等。纺织业也是镇江历史悠久的行业。唐宋时期，镇江即有绫罗绸缎等贡品的生产。19世纪70年代，以手工木机织造的江绸畅销全国，远销海外。1985年，全市有纺织工业企业175家。镇江市的塑料工业兴起于1958年，1983年塑料工业从二轻系统划出，单独成立塑料工业公司，1985年市区塑料企业共有17家。食品、纺织、塑料都属轻工业，许多志书都将其置于轻工业志中记载。由于镇江的食品、纺织、塑料工业比较发达，占有比较重要的地位，有的产品在全国都有很大名气，如镇江醋就是著名的镇江地方特产。《镇江市志》将食品工业、纺织工业、塑料工业从轻工业卷中析出分别成卷，独具地方特色。

（五）港口卷。镇江地处长江南岸，京杭运河贯通南北，具有得天独厚的航运条件。镇江建港已有1700多年的历史。1985年，镇江港共有包括煤炭、石油等专用码头泊位的大、中、小码头泊位252座，其中万吨级以上的六座，5000吨级的两座，最大靠泊能力为2.5万吨级。镇江港成为江苏省及长江下游一处具有中转、联运、外贸等多种功能的重要港口。设有港口的城市是少数，作为港口城市的镇江，在志书中专设港口卷，有利于突出港口城市这一地方特点。

（六）乡镇工业卷。镇江是全国乡镇工业发展较早和比较发达的地区之一。1985年，全市乡镇工业企业数达5151个，职工358195人，总产值219477万元。《镇江市志》为突出反映乡镇工业的发展，专设乡镇工业卷，下设五章：布局规模、行业、生产经营、企业管理、经济效益。

三、突出本志特点

突出本志特点，是指《镇江市志》一些篇目的设置与一般的志书不一样，而具有自己的特点。

（一）关于政治方面篇目的设置。一般志书多设政权志，包含人大、政府、政协等，《镇江市志》却是分设参议会、人民代表大会卷，政府卷，人民政协卷。这样分别设志，分类恰当，避免了政协能否算在政权内的争论，也易于编写。

一般志书多将中国共产党、国民党、民主党派等合设一党派志或政党志；有的还将社会团体也合在一起，称党派社团志。《镇江市志》采取了分别设志的方法，而且将中国共产党志置于人大志之前，体现了党的领导地位。

（二）经济综情卷。志书中有关经济的分志只记经济某方面的情况，而经济方面的综合情况和宏观经济的情况应如何记载，一直是方志界探讨的问题。已出版的志书有的没有记载这些内容，有的大编结构的志书在经济编的无题概述中记载，也有将其记入志书前的概述中。这几种处理方法都不够理想，《镇江市志》专设经济综情卷，就把综合经济和宏观经济记载得比较详细和系统了。此卷共分经济发展概况、经济结构、国民收入和人民生活、企业经营机制改革四章。

（三）文化事业、文学艺术、著作分别设卷。

一般志书多将上述三卷的内容合设一个文化志，由于镇江有悠久的历史文化，文化发达，自东晋、南北朝以来，历代文人学子创作了大量作品，因此一个文化志很难容纳如此丰富的内容，故《镇江市志》勇于创新，将其分别设志记载。

（四）单设方志、档案卷。镇江自古文化发达，早在南朝刘宋时期就有方志问世，其后历代均有修纂，留传至今的各种方志有22种，佚失的方志已知的有9种。为较全面地记载镇江历代方志的情况，反映方志的发展，《镇江市志》将方志和档案合设一卷，如此重视记载历代方志，这在已出版的新志书中也是很少见的。

（五）在分志之后附录之前设专记。有些事物在分志中不好记，删而不记又觉不妥，《镇江市志》便采取了设置专记的方法。专记（一）为民主革命斗争纪略，专记（二）为地委行署。设置专记在其他方志中也是很少有的。

总之，拜读《镇江市志》后深感篇目设计得好，从中学到了很多东西。

（原文刊载于《江苏地方志》1995年第2期）

镇江市志（1983—2005）

镇江市地方志编纂委员会编。2006年3月启动编纂，2014年3月由方志出版社出版，是江苏省第一部出版的二轮设区市志。主编胡振，副主编张国平、傅雪元、沈红亮、杨国祥、刘爱玲、孙爱军、陈恒明。总纂胡振，副总纂张国平、杨国祥、刘爱玲，总纂编辑翁红霞、孙燕宾、戴芸。分志编辑丁秋波、毛向阳、王平、刘爱玲、孙爱军、孙燕宾、严志清、严杰姣、张政权、李学峙、杨正宏、杨兵、杨国祥、陆潮洪、陈恒明、林小玲、俞祖泉、姚丽华、翁红霞、顾华、傅雪元、缪丹、戴芸。

全书4册，536万字，图片525幅（志首124幅，随文401幅），表格845张。记述范围为2005年镇江市行政区域，以市区为重点，覆盖全市。该志为《镇江市志》（1993年版）续志，记述上限1983年，下限2005年，前志拾遗补正时间断限从前志，部分图片延至2014年。述、记、志、传、图、表、录诸体并用，以志为主。志首设序、凡例、史事纪略、大事记，志末设附录、后记、索引。全志设49卷：政区、自然环境、风景名胜、人口、环境保护、国土和矿产资源管理、水利、交通运输、港口·口岸、城乡建设和管理、开发园区、经济综情、农业、工业、乡镇企业·民营经济、建筑业·房地产业、商贸服务业、对外及港澳台经济贸易、金融、信息产业、综合经济管理、财政·税务·审计、中共地方组织、地方人民代表大会、地方人民政府、地方人民政协、民主党派·工商联、工会·共青团·妇联、机构编制·人事·劳动、法治、军事、科学技术·社会科学、教育、文化、文物、报刊·广播电视、书目、卫生、体育、社会主义精神文明建设、社会事务管理、民族·宗教、社会保障、居民生活、民俗·方言、人物、辖市（区）概况、专记、前志拾遗·勘误·卷目。

体裁创新上，该志于大事记外另设史事纪略，精选镇江历史上的重大事件，运用条目体展现1983年前镇江的历史亮点，方便读者了解镇江历史。设专记、附录、索引、前志拾遗·勘误·卷目等辅助性篇目，体现篇目设置的全面性。设总述于全志之首，对镇江社会全貌及特色、成就进行高度提炼，点名因果关系和时代特征，统领全志。书前专题彩图，除政区图、城区图外，设城市名片、城市风光、城市

《镇江市志（1983—2005）》目录

交通、经济建设、社会事业、文明民生等，集中反映城市形象。

在篇目设置上，该志基于镇江是国家历史文化名城、国家园林城市，自然环境卷外单设风景名胜卷，文化卷外单设文物卷；基于镇江市是江苏省少数民族人口占总人口比例第二高的城市，在人口卷外单设民族·宗教卷。设水利、港口·口岸、开发园区3卷，突出镇江作为长江中下游重要的港口、工贸城市的特点，体现城市地域特色。将邮政、电信、无线电管理、信息化建设纳入信息产业卷，强调以事物的性质谋篇设目。设经济综情卷，包含经济发展、经济体制改革、经济结构、固定资产投资等内容，充分记述宏观经济发展情况，为资政提供参考。设乡镇企业·民营经济、对外及港澳台经济贸易2卷，记录以工业企业为主体的乡镇企业在20世纪80年代的发展改革过程以及在改革开放背景下发展外向型经济的特点，具有地方特色和时代气息。设社会主义精神文明建设卷，不仅充分反映时代特征，而且发挥志书教化育人的功能。专记卷收《古运河综合整治》《镇江沿江开发》《沪宁高速公路镇江段建设和扩建》等17篇专记，史料性、可读性俱佳。前志拾遗·勘误·卷目卷的设置，体现编者严谨的编纂态度和踏实的工作作风。

2018年，该志被评为江苏省地方志书优秀成果综合优秀一等和篇目设计、内容记述2个单项优秀。

（翁红霞　程　浩）

【后记（节选）】

《镇江市志（1983—2005）》（以下简称《镇江市志》）编纂工作在中共镇江市委、市人民政府领导下，由市史志办公室组织实施。整体工作于2005年初开始组织准备，2006年3月正式启动，2007年12月全面展开，至2014年8月正式出版。先后历时八个春秋，终成这一浩繁工程。

市志编纂经组织发动、资料征编、志稿编纂和审改、验收、付印4个阶段。

2005年3月至2006年6月，为组织发动阶段。这期间，市委、市政府调整了市地方志编纂委员会，编制了《镇江市地方志编纂规划》，下发了《关于进一步加强地方志编纂工作的通知》，组成编纂工作班子，召开了全市地方志工作会议，并将市志编纂经费列入财政年度预算，编纂工作做到“领导、机构、人员、经费和办公条件”五落实；市史志办公室拟订了《镇江市志》编纂实施方案和《镇江市志》篇目，并在广泛征求意见的基础上反复进行研讨修订。

2006年6月—2007年12月，为市志资料征编和初稿编纂阶段。在这阶段首先是下达各部门、单位和辖市（区）资料征编工作任务，举办市地方志修志业务培训班，下发《镇江市志资料征集与整理提要》和《镇江市志》行文通则，以及有关资料调查表；此后通过召开阶段性、行业性资料征编推进会、专题调研会、业务交流会和以会代训等方式，使承编单位的资料征编和初稿编纂工作做到既确保进度要求，又保证编纂质量。2007年12月28日，邀请省志办及兄弟县市专家对市志篇目进行论证，听取多方意见加以完善。至2007年12月，全市建立修志机构的部门、单位115家（含辖市、区），总人数387人，其中部门、单位318人，辖市（区）69人；共组织召开各类推进会36次，专题研讨会3次；完成资料征集2.41亿字，其中市属部门、单位1.61亿字，辖市（区）8052万字；完成资料长篇总字数4880万字，填写资料调查表2760张，征集图片860余帧。

2008年1月至2013年6月，为市志汇总编纂阶段。这阶段历经初稿报送、反馈补充修改、志稿分纂、志稿总纂、初审、复审、终审的过程。志稿分纂于2010年3月起步，所采取的方法是先由编辑修改调整，然后集体审研，提出修改意见，最后改写定篇。2011年4月，邀请省市专家对市志《工业》卷进行点评和研讨。11月，召开由省地方志组织专家学者出席的市志篇目论证会。年末，《镇江市志》分纂完成。志稿总纂于2012年1月启动。按照初审意见，全面审视志稿质量情况，制定《镇江市志》总纂工作实施方案，明确总纂指导思想、总纂任务和做法，以及总纂工作程序。按《实施方案》要求调整编纂班子，成立总纂工作组。总纂分两个阶段，2012年1—10月为总纂第一阶段，此阶段为分工编辑阶段。2012年11—12月为总纂第二阶段，此阶段着重交叉编辑审稿。志稿总纂的做法先是分3个总纂小组按卷分别统稿，后是由总纂组长将全志合成统稿。按照中国地方志指导小组颁发的《地方志书质量规定》逐卷、逐章、逐节过堂，校核资料，优化篇目，规范记述，笔削文辞，统一文风。对不符合要求的卷、章、节，进行修订或推倒改写；对资料性不足的志稿，补差补缺；对彰显地方特色的志卷，在框架结构、内容记述及其资料性等方面，下大力气进行修订，特别是充实了文化与社会部类各章节资料信息量。至2012年10月，市志总纂告竣。2012年12月通过初审。初审后的市志总纂稿分设48卷（部分）、274章、1067节，总字数501.5万字。2013年2月，总纂稿分别印发给13个综合部门、重点单位和91个承编部门征求意见。2013年4月17日，镇江市史志办公室召开《镇江市志》复审会议，省市7位专家学者分别对复审稿提出了复审意见，通过了复审。

2013年4月，按照志稿复审会提出的评审意见，进一步优化篇目结构，优化内容记述，加强全志的资料性，以及数据校核与有关重复交叉内容的处理。通过对志稿精心打磨，细心雕琢，至2013年6月，完成《镇江市志》终审送审稿。终审送审稿由总述、史事纪略、大事记、分志、专记和附录6大部分组成，分志编排以自然、经济、政治、文化、社会为序；分设49卷、275章、1065节，使用图片近454帧，统计表839个。

2013年8月26日，江苏省地方志办公室在镇江召开《镇江市志》终审稿座谈会，听取编纂情况汇报。2013年10月18日，由江苏省地方志办公室组织召开《镇江市志》志稿终审会。

2013年10月—2014年12月，为志稿审改、验收、付印阶段。志稿审改原则上按江苏省地方志办公室所提出的修改意见执行，全志数据由市统计局审定，篇目结构、内容记述、资料运用、语言文字和所设图片、统计表由责任编辑全面审核，最后由主编逐卷审定。2013年12月起，呈送江苏省地方志办公室验收。2014年4月，江苏省地方志办公室下发同意出版的批复。2014年6月，经中共镇江市委、市人民政府批准出版。

【志评】

一部继承与创新相融合的鸿篇巨制

——读《镇江市志（1983—2005）》

巴兆祥

《镇江市志（1983—2005）》已由方志出版社正式出版，这不仅是镇江市历史上的一件大事，而且也是江苏方志界的喜事。镇江是我国著名的历史文化名城与旅游城市，修志历史悠久，嘉定《镇江志》、至顺《镇江志》向被誉为名志，首轮新志热潮中成书的《镇江市志》为江苏第一部新修地级市志，曾获江苏省修志成果一等奖、全国地方志优秀成果二等奖。这部《镇江市志（1983—2005）》继承了镇江修志的优良传统，历经八个寒暑、六易其稿。其厚厚的四大本，洋洋洒洒五百万字，堪称继承与创新有机融合的鸿篇巨制。

一、补续志之不足

方志有"首创""重修""新修""续修""续编"等修志方式。二轮志书普遍采用"续修"，编成的基本上都是续志，如《嘉定县续志（1988—1992）》《揭阳市志（1992—2004）》《合肥市志（1986—2005）》《苏州市志（1986—2005）》《扬州市志（1988—2005）》，也就是断代志。《镇江市志（1983—2005）》尽管也是续志，但是有鉴于续志无法体现镇江市悠久历史文化传统，以及事物发展脉络被人为中断等不足，该志在积极汲取前人修志历史经验的基础上，对续志进行了有益的补救。

首先，设置《史事纪略》。"史略"以及相类似的"史纲""XX史述要""XX史纲要"，渊源于清代方志中的"前事略"（如嘉庆《广西通志》、道光《广东通志》），民国方志中"历史编"（如1929年国立浙江大学校长蒋梦麟提出《浙江省志》分年鉴、专门调查、省史三书，1932年柳亚子主纂《上海市通志》，历史编即为该志25编之一）。正式出现则在新方志中，如《安吉县志》等，然还是比较稀少的。新方志中设置"史略"大多是为了解决"大事记"比较零碎、展现一地概貌不系统的问题，而很少用来纠正续志的偏差。《镇江市志（1983—2005）》于"大事记"外另设"史事纪略"篇，扼要记述断限前的地情。其尽管也采用历史分期，但并不完全等同于一般新志"史略""史纲""史要"以分阶段（分时期）叙述一个地方的发展变化，而是通过精选镇江历史上的重大事件，在分期统帅下运用条目体，展现1983年前的镇江历史亮点，较为新颖。

其次，开列"前志拾遗、勘误、卷目"一卷。一个地方的志书都会连续编修，"纠""补""续"历来都是处理前后志的基本方法。《镇江市志（1983—2005）》设置专卷，选择人物与主要经济社会发展数据作为立足点，"补"前志或断限前的重要史实。其"人物拾遗"较前志增补谈金福、可成、刘定之等12人为人物传，24人作为1950—1982年镇江地区获全国劳动模范和先进生产（工作）者称号进入人物表。其"重要经济数据拾遗"，主要补入1949—1982年间镇江全市与市区的相关经济社会发展数据。另外还重视勘误，专设"前志勘误"章，对前志进行校勘，纠正断限前的有关史实错误。

再次，专业分志因需适当上溯。专业分志为志书的主体，展现事物发展脉络的主要场合。该志的大部分专业分志都按照断限记述，然考虑到记述的需要，有部分突破了上限。如"政区""风景名胜""辖市（区）概况"等卷的正文，"民族、宗教"等卷的无题述，均进行了简要追溯，以明发展大势。

二、重继承基础上之创新

方志是时代的产物，是一地历史与现状的真实反映。历来方志的编纂都有继承与创新的问题。镇江在启动二轮修志之初就非常重视继承与创新关系的处理，《镇江市第二轮地方志编纂工作规划》即明确指出："志书编纂要坚持继承与创新统一的原则。在继承地方志优良传统基础上，要坚持与时俱进。"从编纂实践看，这方面给笔者的印象也确实较为深刻。

在框架结构上，首轮《镇江市志》设置建置区划、辖县概况、自然环境、人口、中国共产党、参议会·人民代表大会、政府、人民政协、民主党派、中国国民党及其他党派、社会团体、军事、检察审判、公安·司法行政、民政、人事、劳动、外事侨务、城市建设、环境保护、房地产、建筑业、风景名胜·旅游、经济综情、经济综合管理、电力工业、煤炭工业、冶金工业、化学工业、建材工业、机械工业、船舶汽车工业、电子工业、轻工业、食品工业、纺织工业、塑料工业、医药、交通、港口、邮电、农业、水利、乡镇工业、商业、供销合作社、物质、粮油经营、对外经济贸易、财政·税务·审计、金融、科学技术、教育、文化事业、文学艺术、著作、文物、方志·档案、报刊广播电视、卫生、体育、宗教、风俗、方言、人物等65卷，卷下分章、节、目。《镇江市志（1983—2005）》减少为政区、中共地方组织、军事等49卷，结构同前，但部类与卷的排序则进行了调整，如地理部类由原来4卷增加为“政区”“自然环境”“风景名胜”“人口”“环境保护”“国土和矿产资源管理”“水利”“交通运输”“港口·口岸”“城乡建设和管理”“开发园区”等11卷，将政治部类由经济部类之前调整为之后，将原地理部类中的“辖县概况”改“辖市（区）概况”移到人物部类之后，把“水利”“交通”“港口”从经济部类中剥离出来归入地理部类。同时，将目录，改为总目、册目录、卷目录，使读者翻阅更方便，更凸显该志体例结构的完整性。

在篇章设置上，除沿袭前志中的自然环境、人口、环境保护、房地产、建筑业、教育、卫生、体育等门类外，又根据新的形势与社会分工有所更易。有些属于调整，如鉴于前志按照工业门类分设电力、煤炭、冶金等卷，对工业的记载较为分散，将之归并为“工业”卷；供销合作商业、物资统购流通、粮油经营的社会地位大不如前，该志将之降格处理，用“商贸服务业”卷统辖；“方志·档案”分别改隶“地方人民政府”“中共地方组织”卷下；改“著作”为“书目”。有些则属于创新门类，如当今社会属于信息社会，信息产业对社会发展的贡献越来越大，新设“信息产业”卷；首轮志书重科技，而对社科科学关照有所不及，该志将社会科学与科学技术并重，设“科学技术·社科科学”卷；经济建设是当今社会工作的中心，开发区建设与发展民营经济多属其中的重点或发展方向，该志因势利导，新设“开发园区”“民营经济”卷；近些年政府创新社会工作，重视社会服务、福利保障改革，关心人民生活，该志因而摈弃部门旧见，创置“社会事务管理”“社会保障”“居民生活”等新门类。

在体裁运用上，《镇江市志（1983—2005）》述、记、志、传、录、表、图片等并用，也时有新意。该志图片有525帧，分书前集束彩图、分卷卷首插图与文中插图三种形式。书前集束彩图，除政区图、城区图外，首见按照“城市名片”“城市风光”“城市交通”“经济建设”“社会事业”“文明民生”等编排的，尤其是“城市名片”类彩照又细分12小类，集中反映镇江“国家历史文化名城”“国家园林城市”等城市形象。分卷卷首以“小资料”形式加入插图，在新志中比较稀见，为该志增添了不少书卷气、文化感。述，这个体裁诞生于民国黄炎培《川沙县志》，《关于地方志编纂工作的规定》（1998）已定为新方志的基本体裁。《镇江市志》在卷首设有“总述”，各卷标有“概述”。有鉴于前志“总述”分三个部分概述镇江人文特征、经济发展现状和社会事业发展现状，与专业分志有重复，“概述”的标题名目不断重出，《镇江市志（1983—2005）》删除各卷“概述”，改为无题小序，以方便读者导读；“总述”改五大板块，以暗含标题形式对镇江社会全貌及特色、成就进行了高度的提炼，并点明因果。索引是近代出现的新体裁，首轮志书重视不够，二轮志书成了标配。《镇江市志（1983—2005）》在志末编制了主题索引、表格索引、人名索引，3个索引标引词均按汉语拼音音序排列顺序，较《镇江市志》，该志的资料查阅检索大大的便利。

三、扬资料性强之特长

英国著名学者李约瑟在《中国科学技术史》中说：“在中国出现的一系列地方志，无论从它们的广度来看，还是从它们的有系统的全面性方面来看，都是任何国家的同类文献所不能比拟的。”方志之所以受到广泛的重视，主要在于它拥有珍贵的资料。首轮《镇江市志》以资料性强受到好评，著名方志学家仓修良教授评曰：“若是单从篇目设置看可以说平淡无奇，文字上也朴实无华，可在内容上它却具有人无我有的重要特色。”《镇江市志（1983—2005）》也深谙修志之道，在传扬方志资料性强方面不遗余力。

其一，在叙述中保存资料。方志属于资料性文献，方志书写的基本形态就是通过分门别类，以撰写单元为基本单位来保存资料。《镇江市志（1983—2005）》以节或目为撰写单元，透过节或目的叙述把相关的资料书写下来。如“农业”卷“种植业”章“水稻”节，分种植沿革、品种演变、栽培技术、病虫草害防治四方面全面记载镇江1983年以来水稻种植发展历程，所附《1983—2005年镇江市水稻产量表》系统保存镇江水稻历年种植面积、单产、总产资料。与此同时，该志还注重“点面结合”来增加资料的厚重感。镇江地处长江流域下游，宁镇山脉和茅山山脉过境，有秦淮河、太湖湖西和沿江水系三大水系，属于水旱灾害频繁发生地区。该志特设“水利”卷，系统记载各种水利、防洪抗旱设施的修建。在“防洪抗旱”章，分“防汛排涝”“防旱抗旱”“抗击台风”三节，除各节寥寥数语及《1983—2005年镇江市历年水旱灾害情况简表》纵向反映灾害发生史外，均以典型年份，如1991年百年一遇大水、1995年洪水坍江、1996年长江特高潮位、1998年长江流域大洪水、2002年洪涝、2003年罕见特大暴雨、1994年特大干旱、2001年大旱、1997年抗击11号台风、2005年抗击9号（麦莎）台风，重点记载。在典型年份中，有灾害发生过程，灾害造成的损失，更有抗灾救灾典型事例。这样的记述，避免了一般淹没典型。

其二，设置特色篇章，集中保存特色资料。反映与体现地方特色、时代特色，是对新方志的基本要求。基于镇江拥有国家历史文化名城、中国优秀旅游城市、国家园林城市、国家森林城市、长江中下游重要的区域中心城市等多项响亮的城市名片，《镇江市志（1983—2005）》在总体设计时就非常重视运用“篇目法”集合资料来凸显这些城市名片。根据国家历史文化名城评定的指标体系，镇江获得此称号的主要依据是：历史悠久，有大量的文化遗存，以及得天独厚的优美自然景观对城市形成发展有重大影响。该志因此专设“风景名胜”“文物”两卷，分别对“三山”风景名胜区、南山风景名胜区、西津渡古街名胜区、圌山风景区、茅山风景名胜区、宝华山风景名胜区、南朝陵墓石刻、其他风景名胜（伯先路近代建筑群、梦溪园旧址、季子庙三国城等）的开发历史、重要景点景物，各种博物馆（纪念馆）（镇江博物馆、镇江革命历史博物馆、茅山新四军纪念馆等）的建馆历史、重要馆藏文物，重点文物保护单位、重要考古发现，一一予以浓墨重彩地记载。上述特色资料的集中入志，呈现出镇江这座历史文化名城的历史与现实交融的独特韵味。

其三，专题资料入志，增加记述深度。二轮志书总体质量不错，然也有部分可能由于面广、事多，对记述的面上整体性关注较多，而对于如何加强记述的深入性研究不够。《镇江市志（1983—2005）》对此有一定的关照，并运用两种方式来处理。一是正文中设章节或小目，如茅山革命老区在镇江市属于贫穷落后的地方，镇江市非常重视与关心老区的发展问题，1985年专门成立开发指导小组。有关茅山老区的开发，既关乎农业，又涉及城镇化、工业建设、教育等多方面，于是该志设置“茅山老区开发”章，集中记述茅山老区开发与脱贫。专记成为增强志书记述深度的有效尝试，首轮《镇江市志》曾新设2篇专记，颇受好评。《镇江市志（1983—2005）》更为重视，专记扩充为一卷，将“中共中央总书记胡锦涛在镇江”“古运河综合整治”“镇江沿江开发”“沪宁高速公路镇江段建设和扩建”“铁路三线迁建”“润扬长江公路大桥工程建设”“扬中长江公路大桥工程建设”“‘金山之光’艺术节”“关于大韩民国临时政府与镇江的研究”等专题资料写成17篇专记，集中体现镇江的地方特色与时代亮点。

此外，该志附录中选录《国务院关于镇江港对外国籍船舶开放的批复》《江苏省人民政府关于调整镇江市市区及丹徒县行政区划的批复》《中共镇江市委关于进一步加快发展个体私营经济的决定》等24份重要文件，《镇江市人民政府关于进一步加强地方志编纂工作的通知》《关于做好〈镇江市志（1983—2005）〉人物卷编撰工作的通知》等4份修志文件，尽管数量不算太多，但多事关镇江施政决策、规划与修志方案，具有非常珍贵的史料价值。

总之，《镇江市志（1983—2005）》全面系统地记载了断限内镇江市自然、经济、政治、文化、社会等方方面面的历史与现状，内容宏富，资料翔实，体例谨严，尤其在处理继承与创新的关系上颇有心得，值得学习。

当然，正如古人所云“修史之难无出于志”，可议之处也在所难免。如卷七“水利”之“水政”与“水利管理”分设两章，致使水利管理的内容单薄，“水政”应归入“水利管理”为好。卷十一“开发园区”第二章“辖市（区）开发区”之第六节“镇江润州民营经济发展管理委员会”，从名称上看是开发区的管理机构，而不是开发区，建议修改标题。卷四十五“民俗方言”之“岁时习俗”节将“回民节日”归入农历传统节日，不妥。回民节日，是按照伊斯兰教历推算的，不是依汉族农历，建议将“岁时习俗”下的“农历传统节日”“公历新兴节日”改为“传统节日”“新兴节日”，这样“回民节日”的归属问题就避免了。人无完人，志无完志。上述细小瑕疵，丝毫无损于《镇江市志（1983—2005）》在笔者眼中作为一部“名志佳作”的评价。

（原文刊载于《江苏地方志》2016年第2期）

集体例结构优长，展地方特色为先

——读《镇江市志（1983—2005）》感言

沈松平

“‘何处望神州？满眼风光北固楼。’南宋大词人辛弃疾这神思激越的呵天一问，把无数神往的目光聚焦到横枕大江、石壁嵯峨的镇江北固山麓；一代伟人毛泽东书写了这名篇名句。辛词毛书，旷世绝唱，引无数人竞相前来瞻仰镇江千古江山的迷人风韵”，历经八个寒暑、六易其稿的《镇江市志（1983—2005）》以这样富有诗意的文字起头，开始了对镇江改革开放二十三年历史的记载。全志共536万字、525幅图片，鸿篇巨制，其资料之翔实，体例之谨严，篇目结构之全面、合理、有新意，文字之优美、通畅且符合志体，特别是善于运用资料突出地方特色，反映地情优势，皆是目前已问世的二轮志书中少有的，不愧为一部功深力到、颇具匠心的上乘之作。笔者因有幸拜读，受益良多，仅就几个感触颇深的问题，略陈一孔之见。

一、回归编章节目的著作体

方志是记录特定地域某一时期地情的资料性的官修史书（或一说“资料性著述”），这一性质决定了编章节目体（按篇目设置区分，又可分为纲目体和平列体两种，或称大编体、中编体和小编体）成为新志编修中流行的体例，但由于首轮修志中，全国修志领导机构并不排斥其他体例的出现，如1985年7月由中国地方志指导小组颁布的《新编地方志工作暂行规定》规定：“篇目的排列，应体现结构合理，层次分明。层次名称可采用篇（编）、章、节、目，也可采用其他形式，不必强求一律。”因此在新中国首轮修志后期，还是出现了一些体例上的创新，条目体即为一例。条目体原是编纂辞书和百科全书的通用体例，以条目为基本的记述实体，纵向展开记述，以事设条，一事一条，只求内在联系，不求外在的衔接。条目的划分不一定按照逻辑划分的原则，不同等级的条目可平列，条目之间的逻辑关系并不严密，条目的排列并不互相依存，也不为前后次序所制约，结构较为松散。较早提出在修志中采用条目体的是汪耕汉，至第二轮修志启动后，有明显扩张的倾向，各地群起效仿者甚众。不过从赞成在新志中采用条目体的专家在实际修志实践中的设计看，新编志书的条目体已经过改造，已不是原来意义上的条目体，即辞书条目体，有人命之曰“编章节条目结合体”。“条目体出现较早，18世纪产生于德国的百科全书即以条目为框架，其他辞书亦然。它的所有条目之间多数不存在逻辑隶属关系，而是以拼音字母或以偏旁部首、笔画编排为序，然而首届新编县志中的条目体，多以科学分类和行业分类分工为原则，按照事物层次结构，依次排列，呈现出有机的层次隶属关系。显然，这种条目体，已不是原来意义上的条目体，而是一种地方志所特别具有的‘志书条目体’”。笔者以为，所谓的“编章节条目结合体”是个伪命题，修志要么采用纯粹的条目体，要么采用编章节目体，“编章节条目结合体”实际上是不存在的，它实际上只是取消了原来编章节目体中目、小目的序列，代之以条目、子目，只是名称不同，没有实质上的改变，仍旧是编章节目体。在新志编修中使用所谓的“编章节条目结合体”不仅不会给志书编修带来任何实质上的帮助，反而因此削弱了志书著述性的观感，以条目、子目形式替代目、小目，容易使人误解志书不是一部著作，而仅为“资料拼盘”。故志书的编纂，还是以采用编章节目体为宜。欣喜的是，《镇江市志（1983—2005）》在所谓“编章节条目结合体”蔚然成风的当下，不随波逐流，选择回归了传统的编章节目的著作体结构，专业分志设卷（相当于编）、章、节、目四个基本层次，部分分志增设子目，目与子目，分别用“一、二、三……”和“1.2.3……”编排，大大增强了志书的整体性和著述性。

二、篇目设置全面、合理，归属得当

篇目结构和内容犹如一个人的骨架和血肉，是评判一部志书质量优劣的最重要的两个方面，而志书内容的全面、丰富首先取决于志书的篇目是否全面、合理，由此不难看出篇目结构在志书中的突出地位和重要作用，诚如近代方志学家李泰棻所说："体例之于方志，如栋梁之于房屋，栋梁倒置，房屋安得稳固？"而《镇江市志（1983—2005）》给笔者印象最深的便是篇目设置的全面性和合理性，包括卷、章、节的门类层次清楚，归属得当，为目前已出版的新志中少有。全志由总述、史事纪略、大事记、各分志、附录、后记、索引组成，其中各分志设49卷，依次分别为政区，自然环境，风景名胜，人口，环境保护，国土和矿产资源管理，水利，交通运输，港口、口岸，城乡建设和管理，开发园区，经济综情，农业，工业，乡镇企业、民营经济，建筑业、房地产业，商贸服务业，对外及港澳台经济贸易，金融，信息产业，综合经济管理，财政、税务、审计，中共地方组织，地方人民代表大会，地方人民政府，地方人民政协，民主党派、工商联，工会、共青团、妇联，机构编制、人事、劳动，法治，军事，科学技术、社会科学，教育，文化，文物，报刊、广播电视，书目，卫生，体育，社会主义精神文明建设，社会事务管理，民族、宗教，社会保障，居民生活，民俗、方言，人物，辖市（区）概况，专记，前志拾遗、勘误、卷目，贯彻志书篇目设置"事以类从，类为一志"的原则较为突出，强调以事物的性质谋篇设目，与其他志书相比，该志将邮政、电信、无线电管理、信息化建设集中纳入"信息产业"卷，社会科学与科学技术并列以复合标题设卷，以"社会事务管理""社会保障"卷代替原有的"民政""劳动保障"篇，摒弃了残存的按部门分工设置篇目的痕迹。不仅如此，卷下章、节的设置也非常合理，归属得当，如"农业"卷下设农业综情、农业改革、种植业、蚕桑业、林业、畜牧业、水产业、农业综合开发、农业机械化、农业科技和生态农业、农林执法监督、茅山老区开发和农村扶贫各章；"中共地方组织"卷下设组织机构、党的代表大会、全体委员（扩大）会议、市委重要工作会议、重要决策和重大活动、组织建设、宣传教育、纪律检查（监察）、统一战线工作、台湾事务、信访、地方党史编研、档案管理、其他工作各章；"文化"卷下设文化体制改革、机构管理、文学、戏剧曲艺、电影电视、音乐舞蹈、美术书法摄影、民间文艺、群众文化、图书馆、图书（音像）发行、文化市场、对外文化交流各章；等等。

专记、附录、索引、前志拾遗、前志勘误、前志卷目等志书正文的辅助性篇目一应俱全，是该志篇目设置全面性的又一体现。《镇江市志（1983—2005）》囊括了可以想到的一部志书可包括的所有辅助性篇目，做到这一点非常不易。专记，又称专题记述，是对大事记、各专业分志因受体裁、篇幅或篇目限制而无法展开充分记述的重要事件和事物作完整、全面地记述的一种辅助性志书体裁，用于弥补"志"体之缺，在内容上是对志书大事记、专业分志的一种补充，处于大事记、专业分志的从属地位。旧志中很少使用，新中国首轮修志的官方文件中也没有提到过专记，但专记这种体裁在首轮修志后期出版的志书中得到一定程度的运用。本世纪初第二轮修志开始之际，"专记"这种体裁得到官方的首肯而日益受到重视。《镇江市志（1983—2005）》敏锐地捕捉到了新志编纂的这一变化，重视"专记"的运用，采取了在志末集中设置"专记"卷的做法，一共设了17个专记，对"中共中央总书记胡锦涛在镇江""古运河综合整治""镇江沿江开发""沪宁高速公路镇江段建设和扩建""铁路三线迁建""润扬长江公路大桥工程建设""扬中长江公路大桥工程建""'金山之光'艺术节"等二十三年间发生在镇江的大事作了浓墨重彩地记述。索引是方便读者查考书内资料信息的一种检索工具，相比专记更不受修志重视。索引被引入方志领域虽然可上溯到20世纪30年代，但那时基本上都是后人为前志补编的索引，与修志同步编制索引，目前已知只有陈训正主纂的《民国鄞县通志》编制了首册子目分编索引和"人物"编姓名分类索引。新中国首轮修志之初，因对索引这种体裁没有要求，故新志中编制索引似无所闻。20世纪90年代以后，在著名历史地理学家谭其骧、陈桥驿等的呼吁下，志书索引的编制才受到重视，但直至2008年9月颁布的《地方志书质量规定》，索引才被列入地方志的8种基本体裁。《镇江市志（1983—2005）》紧跟新志编修潮流，在志末编制了索引。索引按其内容可分为综合性索引（主题索引）和专题性索引两大类，其中专题性索引是为某一专项内容编制的索引，包括人名索引、地名索引、著作索引、事件索引、图片索引、表格索引等。《镇江市志（1983—2005）》共设置了综合性索引即主题索引1种，专题性索引2种，包括人名索引和表格索引，各类索引标引词按汉语拼音音序排列顺序，从而为读者查阅相关资料提供了一定的便利。

因为《镇江市志（1983—2005）》是狭义上的续修，即续修断代志，接续首轮《镇江市志》，所以就有一个要不要对首轮《镇江市志》进行补遗、纠误的问题。当今方志界大多数人的看法，续志有对前志补遗、纠错的义务。补遗和纠误的方法有"明补（纠）"和"暗补（纠）"之分。所谓"明补（纠）"，就是将前志遗漏或舛误的内容置于续志末尾，专列篇目补遗或纠误，形成"志外志"；而"暗补（纠）"就是将遗漏或舛误内容分别置于续志相关的条目中，做一定记号，标明其为补遗或纠误内容。《镇江市志（1983—2005）》专门设置了"前志拾遗、勘误、卷目"一卷，采用"明补"和"明纠"办法对前志进行补遗和勘误。尤其值得一提的是，该志在"前志拾遗、勘误、卷目"卷还特别设置了第三章"前志卷目"，将首轮《镇江市志》的卷、章、节的目录一一开列，使我们从中可依稀窥探首轮《镇江市志》的编纂特点，这与一代方志大师章学诚提倡的"前志传"和志书中常见的"历代修志记略"有异曲同工之妙。

三、体例上小有创新

《镇江市志（1983—2005）》在篇目设置上也有为他志所无的独到之处。一是"旧"法"新"用，设置"史事纪略"篇。"史略"篇在新志中出现，渊源于对大事记在志书中地位和作用的不同见解，一部分人认为大事记支离破碎、繁琐错杂，完全看不出一地历史发展的概貌，因此不能起到"一志之经"对全志提纲挈领的作用，故提出以"史略""史纲""县史述略""县史述要""县史纲要"等来替代志首的大事记和概述，分阶段分时期地写出一个地方的"历史总体进程"，以统帅全志。但《镇江市志（1983—2005）》的"史事纪略"篇与上述做法不同，旨在对该志断限前的地情分时期作扼要记述，意在勾连历史，使之与该志记述的历史相连接，保持志书内容的完整性和延续性，属"旧"法"新"用，可以看作是该志在体例上的一个创新。二是有关社会团体内容的记述采取集中与分散相结合的方法。《镇江市志（1983—2005）》与许多志书不同，没有在政治部类集中设置“社会团体”卷，而是将工、青、妇等群众团体从社会团体中析出，单独设立“工会、共青团、妇联”卷加以集中记述，而其他社会团体如侨联、科协、社科联、文联、红十字会、残联、关心下一代工作委员会、慈善总会、基金会、各类专业协会、学会、研究会等则分散于记述于各相关卷、章、节，如侨联在二十五卷“地方人民政府”中记述，科协、社科联在第三十二卷“科学技术、社会科学”卷中记述，文联在第三十四卷“文化”中记述，红十字会、医学会在第三十八卷“卫生”中记述，残联、关心下一代工作委员会在四十一卷“社会事务管理”中记述，慈善总会、基金会在四十三卷“社会保障”中记述。这一做法在目前所修新志中很少见，也可看作是该志在体例上的新意。

四、展现浓郁的地方特色

地方性是方志的首要基本属性，因此，突出地方特色就成了方志编纂的第一追求，是否反映地方特色和时代特色，也就成为一部志书质量优劣的标准之一。《镇江市志（1983—2005）》在反映地方特色方面不遗余力，是该志留给笔者的又一个深刻印象。首先，镇江城市的定位是国家历史文化名城，长江下游重要的港口、工贸、风景旅游城市，根据这一定位，该志在篇目设置上，风景名胜、文物都单独设卷，经济部类中，除按惯例将工业、商贸、对外贸易单独设卷外，港口、开发区也各自单独设为一卷。如在第二卷“自然环境”之后紧接着设置第三卷“风景名胜”，浓墨重彩地记述了由金山绮丽“寺裹山”、焦山雄秀“山裹寺”、北固险峻“寺冠山”构成的镇江唯一的国家重点风景名胜区——“三山”风景名胜区，以及南山风景名胜区、西津渡古街名胜区、圌山风景区、茅山风景名胜区、宝华山风景名胜区、南朝陵墓石刻、梦溪园旧址、伯先路近代建筑群、宝塔山公园、河滨公园、季子庙风景区、二十一世纪乐园、三国城等大大小小、级别不一的名胜古迹，映衬出镇江“大江风貌”和“城市山林”的独特韵味。又如第九卷设置“港口、口岸”卷，将镇江港、海关、边防检查、出入境检验检疫、出入境海事管理等内容悉数纳入，展现镇江沿海港口城市的风貌。开发区是改革开放以后出现的新生事物，因镇江辖区内有比照国家级开发区享有相应经济审批权限和行政级别的省级经济技术开发区——镇江新区，故该志第十一卷设立“开发园区”卷，记述了镇江新区和丹阳经济开发区、句容经济开发区、扬中经济开发区、丹徒经济开发区等其他省级经济技术开发区，以及镇江市批准设立的京口工业区、润州工业区（2004年2月后更名为“润州民营经济发展管理委员会”）。其次，乡镇企业是计划经济背景下的产物，以集体所有制经济为其特征，自20世纪80年代异军突起后，红极一时，尤以苏南地区最为著名，“苏南模式”一时名满全国，但进入“九五”“十五”期间，乡镇企业纷纷改制为私营企业，以集体所有制经济为标志的乡镇企业遂逐渐成为历史的记忆。虽然，这一段历史在历史的长河中只是旋起旋落的一朵浪花，但由于《镇江市志（1983—2005）》是一部断代志，记录的是镇江改革开放23年间的历史，镇江又是乡镇工业“苏南模式”的发源地之一，因此，对这一段历史加以重点记述就成了《镇江市志（1983—2005）》体现地方特色和时代特色题中应有之义。该志不负所望，在第十四卷“工业”之后，紧接着设立“乡镇企业、民营经济”卷，其中民营经济取狭义的概念，仅包括私营经济和个体经济，这样就从篇目上直接点题，记录了镇江市以工业企业为主体的乡镇企业从80年代的蓬勃发展，到“九五”“十五”期间因发展遇到瓶颈而开始产权制度改革，乡镇企业逐步转制为民营经济（私营经济）而再次强势领跑的历史全过程，地方气息和时代气息浓烈。再次，该志还注意在细微处散发出地方气息，如苏南地区的丝织业历来发达，闻名海内外，故在第十三卷“农业”卷中，在传统的农、林、牧、渔之外，专门设置了“蚕桑业”一章，与“种植业”“林业”“畜牧业”“水产业”并列为同一层次门类。又如镇江市是江苏省内少数民族人口占总人口比例列第二位的地市，据2000年全国第五次人口普查统计，镇江市总人口284.49万人，有少数民族42个，人口16256人，占总人口的0.57%，是全省民族工作重点城市，故没有采取其他非少数民族聚居地地区志书的通常做法，仅将民族内容纳入“人口”卷，在“人口构成”章设“民族构成”节加以记载，而是在第四十二卷单独设立“民族、宗教”一卷，将有关民族内容升格为志书第一层次门类。

《京口区志》目录

总之，《镇江市志（1983—2005）》亮点纷呈，是一部编纂得法、地方气息浓烈的高质量志书。当然，智者千虑，难免一失，该志或多或少也存在一些笔者认为不足的地方。比如，第三十卷卷名不该命名为“法治”，因为该卷的内容并不能完全囊括法制工作，我们知道，立法权归人大所有，法制办的工作则归属于政府，该志“地方人民代表大会”卷、“地方人民政府”卷皆有“法治”内容，故第三十卷命名为“法治”卷是以偏概全，应改名为“公安司法”卷，同时将政法委的内容从该卷析出，归入“中共地方组织”卷。第三十七卷卷名“书目”似改名为传统的“艺文”或“著述”卷更为妥切。第四十六卷“人物”卷中，“人物传”和“人物简介”中的传主按分类原则排列次序，分为党军政、科教文卫体、其他等几大类，是为旧志中类传做法的延续，这一做法早已为人诟病，也不科学，因为有的人物一身几任，具有多面性的特点，分割不易，归入哪一类都很勉强，应仍以通常做法按人物生年排列次序为宜；该卷“人物表（名录）”中，各表内容大多没有延伸到志书的下限年份2005年，不知何故？但以上这些问题不伤根本，瑕不掩瑜，其中有些问题的完善，还有赖于方志编纂理论的深入研究。

（原文刊载于《江苏地方志》2016年第1期）

京口区志

镇江市京口区地方志编纂委员会编。1987年6月启动编纂，1992年11月由上海社会科学院出版社出版。主编许进，编辑夏义明、周奇岚、葛天峰、童本和、陈清、柳书宁、许嘉森、陈恒明、许进。

全书1册，95万字，图片81幅（集于志首），表格174张。记述范围为1989年京口区行政区域，重点记载区属事业。记述上限不限，重点记述1983年设立京口区以后的内容，下限1989年，大事记延至1991年。记、述、志、传、图、表、录诸体并用，以志为主。志首设序、凡例、大事记、概述，志末设附录、编后记。全志设20篇：建置·自然地理、人口、街道、城市建设与管理、经济管理、工业、交通·邮电、商业、财政·金融、中共京口区委、政权·政协、社团、公安·司法·军事、民政、文教·科技、卫生·体育、园林名胜、社会、人物、杂记。

京口区为镇江市当时唯一城区，在街道篇中逐一简介居民委员会，以体现区情特色。为突出地方特色，升格设置园林名胜篇，详细记述京口三山、园林胜迹和南山风景区。人物篇设北固英烈章，记述在镇江牺牲的共产党员和革命烈士。设杂记篇，收录帮会、道会门，重大自然灾害，重大社会事件，日军暴行录，人民革命斗争纪略，历代诗词、楹联选，丰富内容，保存史料，增强可读性。该志与《镇江市志》部分篇章进行比对、筛选和提炼，充实区情资料，具有镇江城区的地方特色，与市志相辅相成，互为补充。

1994年，该志获江苏省地方志工作优秀成果二等奖。

（段广凤）

【编后记（节选）】

《京口区志》的编纂始自1987年6月，五经寒暑，八订篇目，四易其稿，于今问世。

《京口区志》编纂共历经五个阶段。

1985年5月至1989年2月，为准备阶段。

1985年5月和11月，镇江市第一、二次地方志工作会议要求市辖区编纂区志。根据这个精神，1986年9月18日成立京口区地方志编纂委员会。1987年6月，区地方志办公室始正式对外办公。7月6日，市地方志办公室召开京口、润州两区及丹徒县志办公室主任会议，就如何编纂区志及区志与市志交叉重复问题的处理进行了研讨，并将研讨情况编发了《纪要》。根据《纪要》精神，我们拟订了《京口区志》篇目（第一稿），同时确定本区为两级修志。即先修部门志、街道志，在此基础上总纂区志。

1989年3月至1990年1月，为编撰部门志、街道志阶段。

1989年3月11日召开全区第一次地方志工作会议。会后，50个有修志任务的部门，建立修志组织，落实修志经费，抽调修志人员。全区建立50个部门志、街道志编撰小组或编撰委员会，有152人参加修志工作。至1989年底，95%以上的部门（街道）完成了部门志送审稿。次年上半年，全区完成50部部门志，计约200万字。

1990年1月到12月，为区志总纂阶段。

1990年1月，经中共京口区委常委扩大会议和第四次区地方志编纂委员会研究决定，从全区修志人员中选拔9人组成《京口区志》总纂工作班子，同时确定主编和各篇责任编辑，落实总纂经费和办公地点，开始进行总纂区志的工作。在总纂过程中，制订了《京口区志总纂人员守则》，建立健全了编辑责任制，做到“三定”（即定任务、定质量、定时间）。6月16日，市地方志办公室再次召开两区一县志办主任会议，就市志与区志的重复交叉问题又进一步进行了探讨，再次编发了《纪要》。为了严格遵守上述两次研讨会《纪要》精神，编修出具有京口区区情特色的志书来，我们先行试写了《园林名胜》篇、《区人大》篇和《街道》篇中的《宝塔路街道》章，并组织全体编辑研讨、修改。至年底，终于总纂成《京口区志》（征求意见稿），总篇幅为93万字。

1991年1月至10月，为修改和送审阶段。

1991年1月，我们将《京口区志》（征求意见稿）打印120份，春节后即分送给区委、区人大、区政府、区政协领导同志，以及区地方志编委会全体委员，各街道、区各部委办局和有关方面同志进行讨论修改，广泛征求修改意见。同时报送省、市地方志办公室、《京口区志》顾问、特约审稿及有关专家、学者进行审阅。3月，召开第六次区地方志编委会会议，专题讨论审议了区志稿。江里程区长提出4月份为全区对区志稿修改月。至5月底，共收集整理了700多条意见。市地方志办公室也于6月下旬提出了书面意见。冯鸣仪、胥明章、徐徐同志来区还就《京口区志》与《镇江市志》部分内容的记述上有重复交叉的处理问题多次进行商谈，达成第三次《商谈纪要》。根据《商谈纪要》精神，对区志稿部分篇章作了调整。即《区人大》《区政府》《区政协》3篇合并，篇名为《区人大・区政府・区政协》；撤销（军事）篇，将内容合并到《公安・司法》篇中，篇名为《公安・司法・军事》。原设22篇，经修改为19篇。7月上旬打印80份《京口区志》（送审稿），总篇幅为65万字。7月15日将区志送审稿报送市政府、市地方志编纂委员会和市地方志办公室审查。同时分送区委、区人大、区政府、区政协和区地方志编纂委员会有关领导、省地方志办公室、《京口区志》顾问和特约审稿进行审查。10月8—9日，在本区亚细亚饭店举行《京口区志》稿评审会。

1991年10月至1992年2月，为定稿阶段。

在区志稿评审会期间，各级领导和专家、学者，对区志送审稿的政治观点、体例结构、记述内容、区情特色、文体文风等方面作了肯定。同时也对区志稿存在的问题一一作了指点。评审会结束后，我们再次组织力量对区志稿进行推敲、琢磨、考证和修改。特别是对与《镇江市志》部分篇章有重复交叉的内容，认真地进行筛选和提炼，大力充实区情资料，使《京口区志）更具有镇江城区的地方特色，以达到与市志相辅相成、互为补充之目的。现在定稿的《京口区志》增设《民政》篇，同时对部分篇名作了调整。如《建置・自然地理》《政权・政协》《公安・司法・军事》等。至1992年1月，终成定稿。2月，送上海社会科学院出版社出版。

京口区地方志办公室在近五年的时间，能编纂出第一部简要记述镇江市城区自然与社会方面的历史和现状的志书来，除了“盛世修志”这个客观形势外，各级领导的重视，各部门和各界有识之士的支持，则是区志成稿的关键。全区修志人员的共同努力，尤其是参加总纂的编辑几经寒暑、夜以继日地辛勤笔耕，区志方能得以完成。

在区志编修全过程，市、区领导始终给予关怀和重视。自1987年以来，市领导多次来区视察和检查区志编修情况，对区志编纂各个阶段都提出过许多指示和建议。区委、区政府多次发文或批转区地方志办公室有关文件，把编修《京口区志》列入区“七五”计划重点项目之一。历届政府都将修志列入政府主要工作之一，并纳入目标责任制进行管理。区三届人大常委会第二次会议专题听取并审议区志编修工作情况，编发了会报。

资料是志书的基础。1985年5月，随着全市修志工作的展开，区交通局、文教局、卫生局和工业部门等，先后编写了部分厂史、小学校史、医院发展史等方面的资料，提供给市有关部门编写《镇江市志》分志。1989年3月，我们始组织人员广征博采有关的图书、历史资料和档案文书资料。同时召开老干部和知情人座谈会、调查会等进行采访。至1991年底，先后翻阅了文书档案及图书近5000卷（册），征集到2000万字左右的资料。同时征集到150多幅图片资料，为了确保资料的可靠性、准确性和真实性，我们规定部门志要有“领导动手，主笔负责、三审（自审、互审、联审）三关（事实、数据、保密）、签名上报”的验收制度。总纂阶段规定编辑要在核实查证资料、征集补充资料、筛选运用资料等方面层层把关，步步扣紧，把差错消灭在入志之前，做到事实可靠，数据准确，慎重下笔，宁缺毋滥。在此过程中，我们设置了部门志成果奖，颁发四批，有85%以上的部门志获得奖励。

镇江市京口区志（1983—2007）

镇江市京口区地方志编纂委员会编。2005年5月启动编纂，2016年11月由方志出版社出版。主编蒋依民、满子琴，执行主编许进，副主编殷红、耿纪明，总纂成员马阿林、许进、郑继棠、段广凤、郭韵、徐海龙、殷长庚、殷红、殷耀祖。

全书1册，173.1万字，图片217幅（志首43幅、随文174幅），表格274张。记述范围为2007年京口区行政区域。该志为《京口区志》（1992年版）续志。记述上限1983年，下限2007年。述、记、志、传、图、表、录诸体并用，以志为主。志首设序、凡例、概述、大事记，志末设附录、索引、后记。全志设29篇：政区、自然环境、人口、城乡建设管理·环境保护、经济综情、农林·水利、工业、商贸交通通信、综合经济管理、财政·税务·金融、对外及对港澳台经济贸易、民营经济、中共京口区委员会、京口区人民代表大会、京口区人民政府、政协镇江市京口区委员会、民主党派·工商联·群众团体、政法、军事、科技、教育、文化·体育、大众传媒、卫生、人事劳动和社会保障、精神文明建设、民政与社会生活、乡镇·街道·园区·场圃、人物。

该志突出区情、地情和时代特色的记述。设经济综情篇，记述经济社会发展、经济体制改革、固定资产投资等内容，增强记述的宏观性和整体性。设对外及对港澳台经济贸易篇，记述进出口贸易、港澳台资企业、招商引资、对外经济技术合作等内容。设民营经济篇，记述民营企业、个体工商户发展状况。设精神文明建设篇，记述思想道德建设和文明创建活动。

2020年，该志在江苏省地方志书质量评定中被评为优秀成果。

（段广凤）

【后记（节选）】

《镇江市京口区志（1983—2007）》编纂工作在区委、区人大、区政府、区政协领导下，由区史志档案办公室组织实施。2007年5月，《镇江市京口区志（1983—2007）》编纂正式启动。2009年11月重新招聘人员，组织8人编纂班子。2010年3月全面展开，至2012年12月总纂告成，2016年11月正式出版。

《镇江市京口区志（1983—2007）》编纂历经组织培训、资料征集、志稿编写、复审终审完善和验收付印五个阶段。2005年5月，召开《镇江市京口区志（1983—2007）》编纂动员部署大会。在乡镇（街道）部门班子、人员、经费、办公室、方案和篇目落实情况下，由区史志办举办业务培训。

2006年1月至2009年10月，各乡镇（街道）、各部门修志小组根据区政府办公室批转区志编委会《京口区志·篇目》、第二轮《京口区地方志编纂工作规划》和《行文通则》《凡例》等，开展文字、数据、图片等方面资料广征博采。在充分占有资料基础上，分门别类考辨、复核、梳理、汇编成各自《资料长编》。以《长编》为基

《镇江市京口区志（1983—2007）》目录

础，以篇目为纲，编撰分（专业）志，打印成稿，连同电子版报送区志编委会。根据区情实际，经区委、区政府同意，并报镇江市地方志办公室批准，将本轮《京口区志》下限延至2007年。2008年7月，区政府召开全区修志工作推进会，动员和部署各分（专业）志下限延伸。2009年10月，50多部分（专业）志基本纂成。

2009年11月，区史志办公室抽调和聘请修志人员集中后，首先学习科学发展观创新理论和“中指组”《关于“二轮志书编纂”的若干意见》《江苏省实施〈地方志工作条例〉办法》《地方志书质量规定》和《京口区志·行文通则》《凡例》等法规和专业知识，按《京口区志》三十篇部类分工进行志稿总纂。为把握志稿成书质量，在总纂过程中从实际出发，根据主体业务、体例结构和内容适时调整、充实、完善，进一步核定资料和数据，确保入志资料真实性、准确性。2010年12月纂成140余万字的《镇江市京口区志（1983—2007）（征求意见稿）》，反馈给各部门自审。在规定时间内由领导签名、单位盖章，连同电子版送区史志办公室。

2011年2月，区史志办公室成立由区志分管领导为组长，主编及全体责任编辑参加的区志稿复审小组，人手一册志稿通读统审，提出书面意见。2012年4—8月先后召开12次研讨会，分别对政治、经济、农业、工业、社会等10多个部类，主体业务性、综合性、专业性强的25篇（占全书80.64%）集中研讨。重点复审体例是否完备、结构是否合理、归类是否得当、重复交叉是否处理、记述是否详略精练详今略古、行文及标点是否规范、特色有无彰显等。其他共性篇章由执行主篇依照《凡例》和《行文通则》等规范。

2013年3月至2015年10月，复审稿修订后，打印成稿呈送区四套班子、区志编委会、方志专家学者和市史志办审查。2016年2—11月，汇集各方面意见再行修订，形成《镇江市京口区志（1983—2007）》送审稿，送省地方志编纂委员会办公室审查验收后，由方志出版社出版发行。

《润州区志》目录

润州区志

镇江市润州区地方志编纂委员会编。1987年4月启动编纂，1995年3月由上海社会科学院出版社出版。主编朱善祥，副主编华长裕、陈继昌、张广模、左永年。编辑华长裕、陈继昌、张广模、左永年。

全书1册，61.7万字。图片74幅（志首71幅、随文3幅），表格197张。记述范围为1987年润州区行政区域。记述上限不限，因事溯源，下限1987年，少数内容延至1990年。述、记、志、传、图、表、录诸体并用，以志为主。志首设序言、凡例、概述、大事记，志末设编后记。全志设建置·区划·人口、自然环境、经济、政治、文教、社会、人物7编，共45章。建置·区划·人口编设建置、行政区划、乡·镇·场圃、人口·人民生活、计划生育5章，自然环境编设地理、自然资源、环境保护3章，经济编设农业生产关系变革、蔬菜、粮·棉·油生产、农机农具、林副业、畜牧业、渔业、水利、工业、交通、城乡建设、供销合作社、物资·物价、工商行政管理、财税·金融15章，政治编设政党群团、政权、民政、公安、检察、审判、司法行政、劳动人事、军事9章，文教编设教育、文化·艺术、文物古迹、卫生、体育、科技、广播7章，社会编设风俗民情、宗教、方言、故事·传说·歌谣4章，人物编设传记、革命烈士名录2章。

润州为镇江市郊区，为体现该区农副业发达，反映其郊区特色，设蔬菜、林副业、畜牧业、渔业4章。农业生产关系变革章中，统计中华人民共和国成立前至1985年实施家庭联产承包责任制期间各项经济数据，展现润州农业发展成就，史料价值高。润州山水秀丽，名胜古迹众多，志书设文物古迹章，记述古遗迹、古墓葬、古泉和出土文物。该志加大水利章篇幅，记述长江堤岸整治、河道疏浚、机电排灌、防汛抗旱等内容，资料丰富，有地方特色和时代特点。

（孙　伟）

【编后记（节选）】

《润州区志》的编纂工作始于1987年，数易其稿，6度春秋方成，约60余万字。

1987年4月成立了区志编纂委员会。编纂工作经过组织建设、资料搜集、撰写分志、大编合龙、全志总纂、深化修改等阶段，于1991年底完成送审稿，并于1992年1月20日召开了由37名专家、学者和修志同行参加的评审会。会后办公室拟定了修改方案，由主编、副主编对志书的体例、内容作进一步调整、修改、补充，经修改后，志书增设了行政村概况一节，既为区的变化留下资料，又使人们对乡镇有个明确了解。经过半年多的琢磨，使得志稿基本做到内容全面，体例完备，文笔统一，资料翔实，有可读性。经镇江市地方志编纂委员会验收合格，于1992年8月，交上海社会科学院出版社出版。

《润州区志》的编纂，坚持以马列主义、毛泽东思想为指导，坚持四项基本原则，坚持中共十一届三中全会以来的路线、方针和政策，贯彻“存真求实”的原则，志书突出蔬菜生产，反映郊区地方特色。志书记述以工补农，体现郊区“服务城市、富裕农村”的正确指导思想。志书既记述了巨大成绩，又实事求是地写了工作中的失误，使《润州区志》成为具有新观点、新资料、新方法以及时代特点和地方特色的新志书。

镇江市润州区志（1983—2007）

镇江市润州区地方志编纂委员会编。2006年4月启动编纂，2013年9月由方志出版社出版。主编范永放、戴非平、凌荣春，副主编夏雨林、刘永飞、江朝民、梅贵根、姜银土，编辑许传亮、谢竞美、何春华、张兴淮、田崇。

全书1册，133.1万字，图片174幅（志首101幅、随文73幅），表格187张。记述范围为2007年润州区行政区域。该志为《润州区志》（1995年版）续志，记述上限以1983年润州建区为起始，下限2007年。述、记、志、传、图、表、录诸体并用，以志为主。志首设序、凡例、前志简介、概述、大事记，志末设附录、索引、后记。全志设29篇：区域环境、人口、环境保护、国土资源、城乡建设和管理、交通运输、建筑业·房地产业、农业、水利、工业、商贸流通、财政·税务、经济管理、改革开放、中共地方组织、地方人民代表大会、地方人民政府、地方人民政协、民主党派·工商联·人民团体、政法·军事、人事·劳动、社会主义精神文明建设、科技、教育、文化·体育·广播·档案·史志、卫生、

《镇江市润州区志（1983—2007）》目录

社会生活、乡镇·街道·场圃、人物。

为体现地方特色，工业篇分阶段记述了润州工业门类和重点企业，展现工业发展轨迹。设交通运输篇，记述陆路交通、水路交通，突出润扬长江大桥、长江航运和码头建设。为反映时代特点，设改革开放篇，重点记述经济体制改革、政治体制改革、民营经济与开发、对外开放及对港澳台贸易等内容；设社会主义精神文明建设篇，体现物质文明、精神文明“两手都要抓、两手都要硬”的时代特征。此外，为保持志书的相对完整性，该志设置前志简介，简要记述前志主要内容。

（孙　伟）

【后记（节选）】

1987年，首部《润州区志》开始编纂，1995年3月正式出版，志书下限止于1987年。

2006年4月，根据国务院办公厅、江苏省人民政府办公厅地方志工作的有关要求和镇江市人民政府《关于进一步加强地方志编纂工作的通知》精神，区政府决定从2006年起开展第二轮地方志编纂工作。根据润州区1983年建区和2007年部分乡镇、街道区域调整的实际情况，考虑志书的连贯性、完整性，第二轮区志定名为《镇江市润州区志（1983—2007）》，上限为1983年，下限至2007年。《镇江市润州区志（1983—2007）》编纂历时七载，数易其稿，现出版发行。全志共29篇120章430节，另设前志简介、概述、大事记和附录，约120万字。

《镇江市润州区志（1983—2007）》编纂出版历经六个阶段：

第一阶段：准备、培训阶段（2006年4月—2006年12月）。2006年上半年，制定区志续修方案，拟定篇目。8月28日，区政府召开全区二轮修志工作会议，全面部署二轮修志工作。10月31日，区史志办举办全区第二轮修志业务培训班，对基层修志人员进行业务培训。

第二阶段：收集资料阶段（2007年1月—2007年12月）。这一阶段各单位按照区志篇目分工和分志实施方案，广泛收集文字、数字、图片等资料，对收集的资料进行系统整理并装订备查。

第三阶段：编写初稿阶段（2008年1月—2009年12月）。这一阶段各单位编写区志分志初稿。初稿完成后，经自审、复审和修改，形成送审稿报送区地方志编纂办公室。

第四阶段：分纂阶段（2010年1月—2010年12月）。这一阶段区地方志编纂办公室组织专人，对各单位报送的志稿进行分纂。分纂结束后，再次将分纂稿下发到各基层单位，由各单位进一步核实、修改后上报区地方志编纂办公室。

第五阶段：总纂阶段（2011年1月—2011年12月）。这一阶段区地方志编纂办公室组织有关分纂主编，按照区志要求对各分纂稿进行总纂。总纂结束后，5次对全志书进行逐字逐句修改，对有关数据进行核实。

第六阶段：审查、验收、出版阶段（2012年1月—2013年10月）。这一阶段主要对志书进行审查、验收。一是初审，由区地方志编纂办公室编纂人员对全志书在政治观点、资料史实、记述内容、时代特色、地方特色、保密规定、统计口径等方面进行初审。二是复审，聘请区有关职能部门和相关专家，对区志总纂稿进行复审。三是终审，2012年10月，在完成区志初审和复审的基础上，按照有关程序，报送市史志办公室进行终审。2013年8月，市史志办公室正式通过《镇江市润州区志（1983—2007）》终审和验收并报省地方志办公室备案。2013年11月，经报请省地方志编纂委员会办公室审核批复，并报区政府批准，《镇江市润州区志（1983—2007）》正式交付方志出版社印刷出版。

丹徒县志

丹徒县地方志编纂委员会编。1984年8月启动编纂，1993年9月由江苏科学技术出版社出版。主编徐培鸿、邵年保，副主编吴永青、宋克勤、仲良。编辑左广斌、左有元、仲良、刘学富、张开益、吴永青、邵年保、宋克勤、赵承志、赵桢如、徐培鸿。

全书1册，155万字，图片171幅（志首129幅、随文42幅），表格199张。记述范围为1985年丹徒县行政区域。记述上限因事而异，量事追溯，下限1985年，图片、大事记、人物和四套班子领导成员名录延至1990年。述、记、志、传、图、表、录诸体并用，以志为主。志首设序、凡例、概述、大事记，志末设附录、编后。全志设30卷：建置、自然环境、人口、乡镇、农业、林牧副渔业、水利、工业、能源、交通·邮电、城乡建设·建筑业、商业、粮油经营、经济综合管理、财政税务、金融、党派群团、政权·政协、公安·司法、民政、人事劳动、军事、科学技术、教育、文化、医药卫生、体育、社会、方言、人物。

该志经济部类篇幅占总篇幅的三分之一，以大量篇幅，记述中华人民共和国成立后至1985年丹徒县各方面发展状况，尤其是改革开放后经济社会发展情况。林牧副渔业卷内容丰富，设蚕桑业、农副业、渔业、场圃等章，体现区域经济特色。水利卷设江河整治、防汛防旱等章，尤其是关于治理坍江的内容有很高的资政价值。工业卷设工业门类章，论述较为全面。能源卷设煤炭生产章，体现地方特色。该志以附录的形式收录和正文相关的资料，随文而出。附录收录历代县志简况、序选，文件、碑记选辑，丹徒县解放纪略、1986—1990年国民经济主要指标完成情况等，类型多样、资料丰富。

1994年，该志获江苏省地方志工作优秀成果二等奖。

（李东东）

【编后（节选）】

盛世修志。在社会主义现代化建设新的历史时期，中共丹徒县委、丹徒县人民政府决定新编《丹徒县志》。于1984年8月成立丹徒县地方志编纂委员会，1985年3月组建县志办公室。6月召开第一次地方志工作会议，全面部署县、乡修志工作。历经发动、征集、编写、总纂、评审、定稿六个阶段，八度春秋，七订篇目，五易其稿，由江苏省、镇江市、丹徒县三级审定，终于1992年10月正式交付出版。新《丹徒县志》的问世，确是值得庆贺的一件喜事。

新编《丹徒县志》具有鲜明的时代性和地方特色，是丹徒修志史上记述时间最长的一部县志。全志征集了1200多万字资料，编纂成近百万字志文。除卷首、附录外，设30卷分志，横向分类，纵横结合，真实完整地记述了丹徒的古往今来。全志以主要篇幅记述了丹徒人民在中国共产党的领导下，数十年艰苦奋斗的历程和光辉业绩，以大量的事实反映了解放后，特别是党的十一届三中全会以来丹徒县改革开放的巨大变化。新县志对进一步了解丹徒、振

《丹徒县志》目录

兴丹徒，提供了丰富而翔实的资料。

新编《丹徒县志》，由县委领导，政府主持，各方配合，专人编写。县委、县政府把修志列入工作计划和管理目标，由一名副县长兼任县地方志编纂委员会主任，具体分管修志工作，共召开县地方志工作会议7次，印发修志文件17个，在县财力比较紧的情况下，仍保证修志工作的必需费用，帮助解决修志中的实际困难。县人大常委会、县政协关心修志工作，多次听取修志情况汇报，组织专题视察活动，县人大常委会并作出“关于编修《丹徒县志》工作决议”，有力地推动了修志工作。县志编委会前后开过9次全体委员会，坚持编委分工负责制，讨论决定修志的方针大计。各方有识之士，广大退离休干部，都积极支持县志编修，提供资料，撰写文稿。县志办公室的同志，在人手少、任务重、时间紧的情况下，同心协力，辛勤工作，尤其是参加编纂的退离休老同志，不计名利，不避寒暑，默默耕耘。可以说，新《丹徒县志》凝聚着修志人员的心血和汗水，是集体智慧与劳动的结晶。值成书之日，谨对89个修志单位的大力支持和300多名专兼职修志人员的辛勤劳动，致以崇高的敬意。

《镇江市丹徒区志（1986—2005）》目录

镇江市丹徒区志
（1986—2005）

镇江市丹徒区地方志编纂委员会编。2006年11月启动编纂，2013年6月由方志出版社出版。主编付久成、殷明、严高生，副主编陈志荣、赵胜兰、李柏生、张寿保、仲传谷、严高生、王雪松，总纂严高生、王雪松，总校王雪松，分校严高生、陈志荣，编辑李柏生、张寿保、仲传谷、陈志荣、严高生、张开益、左广斌、高敦强、王林福、杜文轩、殷明、王雪松。

全书1册，156.5万字，图片265幅（志首80幅、随文185幅），表格302张。记述范围为2005年12月丹徒区行政区域，含当年12月划出而实际于2006年脱离丹徒区的姚桥、大路、丁岗3镇。该志为《丹徒县志》（1993年版）续志，记述上限1986年，衔接前志；下限2005年，大事记延至2010年，图片延至2012年。述、记、志、传、图、表、录诸体并用，以志为主。志首设序、凡例、概述、大事记，志末设附录、索引、后记。全志设33卷：政区、自然环境、人口、土地与矿产管理、环境保护、水利、城乡建设、农业、工业、建筑业·房地产业、商贸·服务业、对外及港澳台经济贸易、能源、交通·邮政·电信、财政·税务、金融、经济综合管理、中共地方组织、地方人民代表大会、地方人民政府、地方人民政协、民主党派·人民团体、公安·司法、军事、精神文明建设、科学技术、教育、文化·体育、卫生、人事·劳动·社会保障、社会事务、社会生活、人物。

该志按照社会分工和科学分类相一致原则，将前志合并记述的中共地方组织、地方人民代表大会、地方人民政府、地方人民政协、环境保护、城乡建设等分别独立设卷。为反映该区工业特色，工业卷中升格设置特色工业章，详细记述皮鞋、皮毛、轴承、制刷等产业。根据事物和时代发展，设对外和对港澳台经济贸易卷。为突出精神文明建设取得的成效，反映时代特色，设精神文明建设卷。文化·体育卷选辑部分诗、词、民间文艺作品，可读性强。社会生活卷将谚语、姓氏和宗祠族谱单独列章。谚语章按照时政类、事理类、修养类、社交类、生活类、自然类、生产类进行罗列；姓氏章对部分姓氏溯源及分布单独列节，体现当地风土人情和地情特点。人物卷增加丹徒县唐至清进士，补充前志缺漏。附录收录重要文献选编，《丹徒县志》（1993年版）概述、序、编后，1949—1985年丹徒县经济、社会发展主要数据，历次《丹徒县志》出版概况，本志各卷首照片说明，不仅使前后志相互呼应，而且丰富志书资料。此外，对前志遗漏、错讹进行补遗、纠错，体现编者科学严谨的作风。

（李东东）

丹阳县志

丹阳市地方志编纂委员会编。1984年启动编纂，1992年8月由江苏人民出版社出版。主编张昌龄，副主编虞锁林，总纂邝国梁、张昌龄、常裕庆、虞锁林，分纂尹凤雏、吉宗伯、邱兆麟、夏元瑞、储中振。志书护封由吕叔湘题签。

全书1册，151.2万字，图片70幅，表格286张。记述范围为1985年丹阳县行政区域。记述上限上溯周秦，下限1985年，大事记延至1990年。述、记、志、传、图、表、录诸体并用，以志为主。志首设序、凡例、概述、大事记，志末设附录、历代县志编修记略、修志始末、跋。全志设31卷：建置·区划、地理环境、人口、综合经济、农业、林牧副渔、水利、工业、乡镇工业、交通运输、邮政电信、商业、粮油经营、工商物价计量管理、财政税务、金融·保险、城乡建设、政党社团、政务、公安司法、民政、劳动人事、军事、教育、科学技术、文化、医药卫生、体育、风俗·宗教、方言、人物。

为反映丹阳地方特色，该志在篇目设计、内容记述与资料使用上进行创新。在文化卷文物章详细介绍境内文物3230件（处），充分反映丹阳文物之邦的特色；将乡镇工业从工业中分离单独设卷，设纺织工业、丝绸工业等14个门类进行记述，并选介重点乡镇企业，全面反映乡镇工业经济发展情况。该志注重对丹阳特色内容的记述，如体育卷设篮球运动章，林牧副渔卷设蚕桑业章，水利卷记述全国首建的大型电力灌溉区——珥陵灌区工程，医药卫生卷记述血吸虫病防治和民间医术等。卷末设历代县志编修记略，介绍丹阳从宋代至民国历代县志编修概况。

1993年，该志获全国新编地方志优秀成果三等奖。

（张昌龄）

【修志始末（节选）】

新修《丹阳县志》于1982年春调配人员，着手筹备本次修志工作。1983年6月，成立丹阳县地方志编纂委员会，设立丹阳县志办公室。此后，组织力量广征博采，全面征集图籍、档案、口碑资料；组织发动县属部门和各乡镇建立修志机构和提供县志资料，并开始整理残存的旧县志。同年12月，县人民政府召开第一届第一次丹阳县地方志编纂委员会全体成员会议，研究通过了《丹阳县编修地方志工作计划》和新修《丹阳县志纲目》。1984年5月，县人民政府召开县地方志工作会议，对各部门、各乡镇的修志工作作了全面部署，修志工作在全县展开。县志办在搜集资料期间同步进行资料的归档、立卷和整理汇编，先后编发《丹阳县地方志资料》31期，版行《丹阳

《丹阳县志》目录

县志资料选辑》两辑。

1985年底,《丹阳县志》资料搜集工作大部完成,正式进行编纂。后因人事更迭频繁,人手偏紧,经3年努力,于1988年底终成县志初稿,计110万字。自县志办成立至初稿告成,先后6次修订县志篇目。初稿的编写由编辑分纂,完稿后集体评审再作修订,常数易其稿,然后定篇。编纂中有3种情况:部门提供成篇资料的,县志办进行审核,删改润色后成稿;个别无修志机构的部门,县志办与其通力合作,采集资料,纂修成篇;还有些部分单位志稿由县志办独立分纂。

1989年5月,召开第三届第一次丹阳县地方志编纂委员会全体成员会议,研究通过了《丹阳县志总纂方案》。后即全力投入县志初稿修改与总纂工作,并再次调整篇目,拟订《凡例》,对初稿内容又作进一步充实,力求翔实。至1990年7月,完成县志送审稿,全志共34个分志(卷),加概述、大事记、附录计37个部分150余万字。8—12月,丹阳市、镇江市和有关高等院校的方志专家教授以及保密、统计部门人员等对县志送审稿进行全面审查和评审。此后,办公室编纂人员根据省市各方面的评审意见,修订、调整了篇目,改写了部分志卷,并进一步笔削文辞,精雕细刻,于1992年8月定稿付梓。

【志评】

读《丹阳县志》有感

袁　理

《丹阳县志》由江苏人民出版社于1992年8月出版,全书150余万字。它采用分志并列体,由31个分志和附录组成,上溯周秦,下到1985年,大事记延伸至1990年。它详尽记述了丹阳的沧海桑田的变迁,尤其是丹阳人民在中国共产党领导下,坚持抗日,不屈不挠的英雄业绩和新中国成立以来,改造山河,百业俱兴的辉煌成就,实为当今之鉴,传世之作,学后得益匪浅。

一、《丹阳县志》体例完备,结构合理,排列有序

《丹阳县志》既继承了历代修志之传统,横排门类,纵写史实,同时,又体现了社会主义新方志的要求,以横为主,纵横结合,本着先自然后社会;先经济基础后上层建筑;先农业后工业的原则。全书设31卷,即建置区划、地理环境、人口、综合经济、农业、林牧副渔、水利、工业、乡镇工业、交通运输、邮政电信、商业、粮油经营、工商物价计量管理、财政税务、金融保险、城乡建设、政党社团、政务、公安司法、民政、劳动人事、军事、教育、科学技术、文化、医药卫生、体育、风俗宗教、方言、人物,前有总览全局的概述和“一志之经”的大事记,后有附录、修志始末等,可说是丹阳一方之全志。

《丹阳县志》的各卷、章、节,分类科学,排列有序,统属得当,归属合理,层次清楚。它既不任意升格,但也不拘时代特点和地方特色于固定模式中。如第十八卷政党社团共设四章,章序排列,采用了以事物的主次关系排列,而不是以事物出现的时间先后为序,将中国共产党列入第一章,体现了中国共产党作为执政党在中国历史中的地位和作用。在节的排列上把具有共性的组织机构及高层次的代表大会分别单列,可以较系统的看出丹阳从民国14年(1925年)4月,就有中共党的组织,以北伐战争、土地革命战争、抗日战争、解放战争,直至解放后的县委,突出了党的组织领导和党的民主集中制原则。把具有个性、有特殊性内容的解放前党的活动及解放后的党务工作另设两节，全章共四节。这样安排，既可集中记述解放前我党的地下活动，同时，又使解放后的党务工作也得到分充展开。乍看起来，在同一章内存在两种分类法。细读，这样处理，可以避免因设置解放前、解放后两块，势必形成前者单薄，后者“大肚皮”的现象。笔者认为，这并不违反分类法，而是从实际出发，这正是《丹阳县志》在篇目制定上有所突破，有所创新之举。

二、《丹阳县志》突出了时代性，增加了志书内涵和容量

社会主义新方志，如何把改革开放的伟大实践记述好，是我们修志工作者必须努力学习的一个新课题。《丹阳县志》专设第四卷“综合经济”，共分四章，第一章国民经济概况，第二章经济结构，第三章国民收入及其分配，第四章人民生活，取材不杂，主线清楚，它以统计数据的排比与经济政策的综合叙述，集中记述了丹阳县经济发展的大势大略，反映了本县经济运动的主要脉络，每个阶段工农业生产的起伏发展和现状，使读者由此及彼地与党的政治决策、经济形势，自然或人为的种种因素挂起钩来，给人以总结经验，接受教训，揭示规律，指导工作之启迪。笔者认为，写志书不允许我们由抽象的概念或摘抄文件来反映时代的步伐，新编地方志，以一县而论，用“综合经济”来表达宏观经济的深刻内涵和经济运行的深奥思想是值得学习的，也是可取的。

志书是否突出地方特点，是衡量志书质量的一个重要标准，《丹阳县志》第七卷，反映了改革开放后“半壁江山”的乡镇工业。就乡镇工业而言，虽然从属于工业，笔者认为，我们既不主张任意升格，但也可因事制宜，有所突破。这些门类的单列和专门叙述，既可避免在各行业卷中重复交叉，又体现了志书的社会价值；既增强了志书的时代性，又加强了分志的整体性。

三、《丹阳县志》寓褒贬于叙事之中，实事求是，秉笔直书

《丹阳县志》不仅用翔实的资料记述了丹阳人民的勤劳勇敢，尤其是用大量的事实，证明了在中国共产党领导下所取得的伟大胜利。同时，也毫不掩饰我党在工作上的失误。如在第五卷农业中，记述了1958年起“大跃进”“人民公社”时期高指标、瞎指挥、浮夸风和“共产风”等“左”倾错误表现和1959年社员口粮降至每月5公斤左右以至出现的“浮肿病、干瘦病、妇女子宫下垂人较多”“1960年青壮年外流达7244人”之史实。并在第三卷人口变动的自然变动中记述了1959—1960年经济严重困难时期，出生率为16.4‰，而死亡率达14.23‰。其间，1960年死亡达10204人，出生7706人，死大于生的纪实，加深人们对历史教训的认识。

四、《丹阳县志》详略得当，言简意明，文章流畅，在大事记和人物卷中尤为明显

《丹阳县志》大事记共1228条，其中建国后808条，占总数的65%，它体现了详今略古的原则。在处理大事记与分志的关系上，各有侧重，凡分志上有记载的，大事记从简；凡分志上无的，大事记略详。如记述人代会、党代会，大事记一般只记何时何地召开，具体内容则不重复。对于政治运动，做到不回避历史事实，粗细适宜，详略得当，既反映了工作上的失误，又记述了纠错的情况，采用了编年体与纪事本末体相结合的方法。如对“文化大革命”时期所发生的大事不漏，交代了运动发生的背景、过程及其所产生的后果、影响，但不纠缠细节，取慎重态度。

《丹阳县志》第三十一卷人物，第一章人物传中下设名人和烈士两节，共列入97人，其中烈士49人，占50%，这正是与丹阳县是革命根据地的实际情况相吻合。土地革命战争时期9人，抗日战争时期16人，解放战争时期20人，社会主义革命和建设时期4人。它不仅说明丹阳古往今来，名人辈出，尤其是在近现代的革命和建设中，涌现出一大批志士仁人、英雄模范，入志者选择得当，代表性强，记述简练，用词准确，不是简历介绍，而是用史实讲话，每个人物篇幅不多，但各人的功绩、特长以至风格不同，能达到纪念前人，教育后人的目的。

总之，《丹阳县志》可说是一部成功之作。在此，笔者略有浅见，与作者共商榷。

一、在篇目设置上，第十八卷政党社团，是以主次关系排列的，而第十九卷政务，却是以事物发生的先后时间为序，将旧政务机构列入第一章。在卷与卷之间并不是不可以用两种排列方法，但党、政无论从其本身的作用和在志书中的地位都是一样的。事实上，新中国建立后，中国共产党执政，在不同的历史时期，对经济、文化等各项事业的建设，党的重大决策，都是通过各级人民政府付诸实现的，党和政府都起到了统率和制约全局的决定作用，因此，这两卷不宜采用两种排列法。

第二卷地理环境第二章气候，共设三节，第一节四季特征，第二节气象要素，第三节灾害性天气，附自然灾害。自然灾害是自然环境诸因素中的重要因素，自然灾害不仅仅局限于气候或灾害性天气所造成，它包括气象灾害、地质构造灾害和生物灾害，附录中的自然灾害正记述有水、旱、风、雹及地震、火灾等，不宜列入该章附录，最好与气候并列单独设章，以灾害属性设节。

二、概述，总体上是写得很好，提纲挈领，概括全貌。但在深层上还可锦上添花，写大势，论得失，优劣之势的铺陈还不够。概述共分三部分，第一部分纵叙丹阳之地理、历史及历代名家；第二部分比较集中的是写经济与建设的历史和现状；第三部分综合文化、教育等各项事业的发展，最后为结束语。在第一部分所写历代人才辈出中，有教育家、书画家等，而在第三部分文化、教育中，只提及“素称人文荟萃之地”，却见事不见人，笔者认为，就以归属而言，如能对号入座就更得体些。

尽管如此，《丹阳县志》字里行间，浸注了修志同仁的心血，有许多值得我们学习之处，它将永远闪耀着人民创造历史的光华。

（原文刊载于《江苏地方志》1994年第2期）

丹阳市志（1986—2005）

《丹阳市志（1986-2005）》目录

丹阳市地方志编纂委员会编。2005年11月启动编纂，2012年10月由方志出版社出版。主编李世华、张昌龄，副主编钟建华、张建中、姜柏林、徐国忠、朱银忠，总纂统稿张昌龄，总纂成员马文辉、王仁信、张中才、张金玉、郭润之，分纂马文辉、王仁信、仰荣荡、孙兹、吴天成、张中才、张金玉、陈春芳、郭润之、潘树荣、陈智勇、丁松亭。

全书2册，295万字，图片918幅（志首239幅、随文679幅），表格521张。记述范围为2005年丹阳市行政区域。该志为《丹阳县志》（1992年版）续志。记述上限1986年，衔接前志；下限2005年，大事记延至2008年，卷首图片延至2011年。述、记、志、传、图、表、录诸体并用，以志为主。志首设序、凡例、概述、大事记，志末设专记、附录、索引、后记。全志设45卷：政区、自然环境、土地、人口、环境保护、城乡建设、水利、经济综述、农业、工业、地方特色工业、建筑业·房地产业、交通、邮政·电信·信息化、商贸服务业·旅游业、外向型经济、金融、工商行政管理、物价·质监·安监、计划·统计·审计、财政·税务、中国共产党地方组织、地方人民代表大会、地方人民政府、地方人民政协、民主党派·人民团体、公安·司法、军事·政法、劳动·人事、民政·地名、外事·侨务·港澳台事务、精神文明创建、教育、科学技术、文化、文物古迹、医疗卫生、体育、民俗·语言·宗教、姓氏·宗祠·谱牒、人民生活、社会保障、集镇·村、人物、前志补遗。

该志在内容记述上，做到"突出改革、重经济、重人文"，与前志相比，维持自然部类、提升政治部类、加重经济部类、扩充文化与社会部类。为反映丹阳地情特色，政区卷设经济区位章，农业卷设农业土地资源开发、农业产业化经营2章，工业卷后增设地方特色工业卷，详细记述眼镜业、汽摩配件业、五金工具与特钢冶炼业、木制品加工业。文化卷设历史文化研究、特色文化乡镇章节，体育卷设特色体育乡镇节等。为弥补前志缺漏，设前志补遗卷，对历史名人、诗词、楹联、歌赋进行修订和补充。专记记述丹阳撤县设市、丹阳商品粮基地县（市）建设、苏南运河丹阳段整治工程、太湖流域湖西引排丹阳工程、丹阳市长江取水工程、丹阳市教育现代化建设、丹阳市抗击非典型肺炎等重大事件，丰富资料、深化记述。附录收录的1986—2005年重要文献辑存、1986—2005年丹阳市（县）获得的全国荣誉、1992年版《丹阳县志》卷目与勘误、1949—1985年丹阳县经济与社会发展重要数据，增强志书资料性。

2018年，该志被评为江苏省地方志书优秀成果综合优秀一等和特色创新、内容记述2个单项优秀。

（张昌龄）

【后记（节选）】

《丹阳市志（1986—2005）》编纂工作于2005年11月开始组织准备，2006年9月正式启动，2007年3月全面展开，至2012年10月市志编纂告成正式出版，先后历时7个春秋，终成这一浩繁工程。

市志编纂历经组织准备、资料征编、志稿编写和验收付印4个阶段。2005年11月至2007年2月，为组织准备阶段。这期间，市委、市政府调整了市地方志编纂委员会，下发《关于进一步加强地方志编纂工作的通知》，编制《丹阳市地方志编纂规划》，召开全市地方志工作会议，并将市志编纂经费列入财政年度预算；市史志办公室拟定了《丹阳市志（1986—2005）》编纂实施方案和《丹阳市志（1986—2005）》篇目，并于2007年1月召开了由省市专家学者出席的市志篇目论证会。2007年2—3月，通过向社会公开招聘方式，组成11人的编纂工作班子。至此，市志编纂工作做到"领导、机构、人员、经费和办公条件"五落实。

2007年3月，进入市志资料征编阶段。在这阶段内，首先是下达各部门、单位和镇区（场）资料征编工作任务，紧接着于当年4月举办市地方志资料征编业务培训班，下发《丹阳市志资料征集与整理提要》和《丹阳市志（1986—2005）》行文通则，以及有关资料调查表。此后，通过召开阶段性、行业性资料征编推进会、专题调研会、业务交流会和以会代训等方式，使承编单位的资料征编工作做到既确保进度要求，又保证资料长篇编纂质量。至2007年12月，全市建立资料征编机构的部门、单位和镇区（场）115个，共组成资料征编队伍387人，其中部门、单位318人，镇区（场）69人；共组织召开资料征编推进会36次、专题研讨会3次，完成资料征集14073.5万字，其中市属部门、单位6021.5万字，镇区（场）8052万字。完成资料长篇总字数488.25万字，填写资料调查表2760张，征集图片860余帧。

2008年1月至2011年8月，为志稿编写阶段。这阶段历经志稿分纂、初审，志稿总纂、复审，志稿修订、终审的过程。志稿分纂于2008年1月起步，采取的方法是先由编辑试写，尔后集体审研，提出修改意见，最后改写定篇。通过逐一过堂、完稿，至2009年8月志稿分纂告竣，9月通过初审。市志分纂稿分设47卷（部分）、201章、714节，总字数213.87万字，其中自然部类30.80万字，经济部类58.02万字，政治部类36.92万字，文化部类37.69万字，社会部类31.08万字，综合部类19.36万字，分别占14.40%、27.13%、17.26%、17.62%、14.54%和9.05%。

志稿总纂于2009年9月启动。总纂前夕，按照初审意见，全面审视志稿质量，制定《丹阳市志（1986—2005）》总纂实施方案，明确总纂指导思想、任务和做法，以及工作程序。按《实施方案》调整编纂班子，成立由张昌龄任组长，马文辉、张金玉、张中才、王仁信、郭润之为成员的总纂工作组。志稿总纂的做法先是分工按部类分别统稿，后是由总纂组长将全志合成统稿。按照中国地方志指导小组下发的《地方志书质量规定》，逐卷、逐章、逐节校核资料，优化篇目，规范记述，笔削文辞，统一文风。对不符合要求的卷、章、节，进行修订或推倒改写；对资料性不足的志稿，补差补缺；对彰显地方特色的志卷，在框架结构、内容记述及其资料性等方面，下大力气进行修订。并根据省志办召开的“江苏省优秀志稿点评会”精神，进一步加强全志资料性，特别是充实了文化与社会部类各章节资料信息量。经过一年的努力，市志总纂稿于2010年9月完成，11月通过复审。

志稿修订于2010年12月开始实施。其做法是按照志稿复审会提出的评审意见，进一步优化篇目结构、优化内容记述，进一步加强全志的资料性，以及资料、数据校核与有关内容的交叉处理。通过对志稿精心打磨、细心雕琢至2011年5月完成修订稿，6月送镇江市史志办公室终审，8月由镇江市史志办公室召开《丹阳市志（1986—2005）》志稿终审会。

2011年9月至2012年10月为验收付印阶段。在志稿验收前对志稿再次进行修订，其原则是按镇江市史志办所提出的意见执行。全志数据由市统计局审定，篇目结构、内容记述、资料运用、语言文字和所设图片、统计表由责任编辑全面审核，最后由主编逐卷审定。2012年1月起呈送镇江市史志办公室、江苏省地方志办公室审核验收。经中共丹阳市委、市人民政府批准后于当年10月由方志出版社出版。

新修《丹阳市志（1986—2005）》由概述、大事记、专志、专记和附录5大部分组成专志，编排以自然、经济、政治、文化、社会为序，分设45卷、197章、697节，使用图片918帧、统计表521张。版面总字数295万字，分装上下两册。

扬中县志

扬中县地方志编纂委员会编。1984年10月启动编纂，1991年11月由文物出版社出版。主编李名方，副主编姚烽，编辑田向珊、孙甫、孙为山、陈荣坤、陈继麟、周龙才、韩秀亭、戴曙。

全书1册，85.9万字，图片56幅（集于志首），表格220张。记述范围为1985年扬中县行政区域。记述上限自扬中成洲之始，下限1985年，因事追溯和后延。述、记、志、传、图、表、录诸体并用，以志为主。志首设序言、凡例、概述、大事记，志末设后记。全志设地理、经济、政治、文化、人物、社会6编，共43章。地理编设建置、地质·地貌、水系·水文、气候、自然灾害、土壤、物产、环境保护8章，经济编设农业、林牧副渔业、水利、农机·农具、工业、交通、邮电、城镇建设、商业、粮油、物资、工商行政管理、标准计量管理、财政·税务、金融15章，政治编设政党、政权与议政、群众团体、民政、公安·司法、劳动·人事、军事7章，文化编设教育、科技、文化艺术、卫生、新闻、体育6章，人物编设传记、革命烈士英名录2章，社会编设人口、人民生活、风俗·民情、方言、故事·异闻5章。

为体现扬中特色，水利章设江堤建设、河港建设、涵闸建设、农田排灌、围滩造田、农田建设、防汛排涝7节，凸显扬中四面环江、河港纵横的地理环境，展现全县农田水利建设历程。军事章附水上秘密交通，记载解放战争时期扬中水上交通站情况。社会编人民生活章将渔民生活、船民生活升格为节，记述船民、渔民自中华人民共和国成立前至20世纪80年代的生产生活变迁，富有水乡特色。

1994年，该志获江苏省地方志工作优秀成果三等奖。

（张　虹）

【后记（节选）】

编纂社会主义新方志，是社会主义物质文明和精神文明建设的一项重要工作。1984年10月，中共扬中县委、县政府决定成立扬中县地方志编纂委员会，要求在四至五年内完成编纂任务。

由于扬中县建置历史不长，前人没有留下完整的志书，解放前的资料又很少，可谓无前车之可鉴，无旧牍之可稽；加之县志编纂办公室仅有三名在编同志，人手严重不足，编纂工作困难确实较大。针对这一情况，我们在初步熟悉县志编纂要求的基础上，经过反复讨论、修改，拟定了县志编纂纲目，并采取众手成志的办法，召集各部门、各单位的负责同志，统一认识，明确分工，成立部门、单位编志小组；同时在广大群众中广泛宣传编写县志的意义和作用，使全县上下都关心和支持县志的编写工作。县志办的专兼职人员花费了一年多时间，到省、市、县及泰兴、苏州等地的档案馆、图书馆，查阅了大量案卷；走访了数百名当事人、知情者，摘抄记录了数百万字的资料。1986年，县志办的同志根据纲目要求整理出一百多万字的资料长编，经过反复修改，纂成近百万字的县志初稿。初稿打印后，分送各部门征求意见。1987年，根据征集到的意见，对初稿作了较大的修改，形成八十多万字的征求意见稿，

《扬中县志》目录

再次分送县所有领导和部门复审。1988年，打印出送审初稿。省、市地方志办公室的同志对送审初稿进行了认真详细的审阅，提出了许多宝贵的修改意见。根据所提意见，县志办再度修改、删节和补充，形成正式送审稿。1989年6月，镇江市地方志办公室主持召开了《扬中县志》审稿会。最后修改定稿由江苏省地方志办公室验收合格，交文物出版社出版。

附：

扬中县志（修订版）

《扬中县志（修订版）》目录

扬中市史志办公室编。2007年启动修订再版工作，2016年12月由方志出版社出版。主编冯鸿鸣、赵纪福，副主编朱怀林、陆永生、马群，编辑冯鸿鸣、朱怀林、石馥苓、郭洪智、唐华龙、张彦、严荣国、朱务清、黄寿年。

全书1册，83.7万字，图片133幅（志首111幅，随文22幅），表格238张。记述范围为1985年扬中县行政区域。记述上限自扬中成洲开始，下限至1985年。修订版结构与原版保持一致，仍为地理、经济、政治、文化、人物、社会6编43章。

修订以保持原有风貌、不“伤筋动骨”为原则，体例、架构和文风基本不变，针对硬伤和记载模糊、表述不规范之处作“修”“补”“改”1000余处。文字修改方面，增补重大历史事件资料，如经济编第一章第一节土地改革目，修订后设土改运动的准备和试点、土改运动的全面推开和土改运动的成果3个子目，详细反映土改运动过程。规范和统一称谓，纠正人名、地名等错讹之处。数据校正，数据前后不一致之处，属于来源不同的参照统计部门资料，采纳误差较小的数据；属于统计口径不同的，添加备注，维持原说。根据原文信息和市统计局相关资料，增补若干示意图和统计表。翻新和增补具有存史价值的卷首图片。

（张　虹）

【修订后记（节选）】

《扬中县志》（以下简称县志）为扬中成洲以来正式出版的第一部官修志书，主要记载扬中1985年之前的发展历程。县志凝聚了以原主编李名方为代表的老一代史志工作者的心血，受到社会各界关注和好评。

县志出版后，一批行业志、部门志和革命历史回忆录、人物传记等相继问世。这些史料丰富了人们对扬中历史的认识，也为县志的修订再版提供了条件。

2007年，经市委、市政府批准同意，市史志办公室决定对《扬中县志》进行修订再版。修订工作分两个阶段进行。第一阶段，完成县志修订的基础性工作。组织人员学习修志理论，逐字逐句研读原志。遇有疑问之处，或走访当事人、知情人，或查阅史料，包括到周边市县查阅档案、古志、谱牒等，逐一稽核、推敲。经过多年努力，县志修订的基础性工作基本完成。2010年，拿出修订初步方案，包括修订意见1144条、存疑待查161处。

由于集中精力编纂《扬中市志（1986—2006）》《中国共产党扬中历史》第二卷（1949—1978），县志修订工作一度中断。

2015年10月，市史志办重新启动此项工作，县志修订进入第二阶段，即实质性推进阶段。这一阶段，按照中国地方志指导小组《地方志书质量规定》要求，对修订意见逐一推敲，去粗取精，去伪存真，最终确定修订之处。文字修改方面，主要为规范和统一相关称谓，其次为纠正错讹之处，也有一些涉及重大历史事件的修正和增补。对数据前后不一致之处，属于来源不同的，参照统计部门资料，采纳误差较小的数据；属于统计口径不同的，添加备注，维持原说。同时，对卷首图片予以翻新和增补。

2016年9月，修订工作基本告竣，市史志办将初稿分送市委、市人大、市政府、市政协和机关部门（单位）、镇街区领导，离退休老干部和老史志工作者予以审读，并根据审读意见进行再度修改。此后，县志修订本进入再版程序。同年底，修订后的《扬中县志》（2016年版）付梓。

扬中市志（1986—2006）

扬中市地方志编纂委员会编。2007年1月启动编纂，2014年8月由方志出版社出版。主编孙金林，执行主编冯鸿鸣，编辑石馥苓、郭洪智、唐华龙、严荣国、王永和、朱务清、陈锦根、范纪福、黄寿年、赵纪福、马群、陆永生、蔡德才、张彦、李冬冬、张声良。

全书2册，290.3万字，图片820幅（志首143幅、随文677幅），表格643张。记述范围为2006年扬中市行政区域。该志为《扬中县志》（1991年版）续志，记述上限1986年，衔接前志；下限2006年，因事追溯和后延。述、记、志、传、图、表、录诸体并用，以志为主。志首设序、凡例、总述、大事记，志末设附录、后记、索引。全志设39卷：自然地理、建置·区划、镇区概况、环境保护、土地管理、水利、人口与计划生育、城乡建设、交通运输、邮政·电信、经济综情、农业、工业、国内商贸、江鲜美食与服务旅游、建筑业·房地产业、外向型经济、财政·税务、金融业、经济综合管理、中共地方组织、地方人民代表大会、地方人民政府、地方人民政协、社会团体、法治、军事、民政、人事·劳动·社会保障、精神文明创建、教育、科技、卫生、文化、体育、传媒、社会生活、方言、人物。

该志自然地理卷突出扬中洲地的形成、江岸的变迁及扬中特有资源；建置·区划卷突出记述撤县设市的历程。为保留撤并乡镇的历史，在建置·区划卷中设撤并乡镇简介章。城乡建设卷突出江中花园城市建设。为反映新农村建设成就，城乡建设卷设新农村建设章。交通运输卷突出扬中人民自力更生建成扬中长江大桥、夹江二桥及扬中大道。为反映该市经济改革发展情况，设经济综情卷，记述经济体制改革、经济发展战略、经济运行质量等内容。农业卷中设特色农产品、生态农业2章，工业卷设工程电气、工业专业村2章，彰显地方特点。精神文明创建卷设“扬中精神”大讨论章，颇有地方特色。

该志对大事要事和特殊事项采用专记或附录记载，但与其他志书不同的是，这些内容以链接的形式随文而出。全书设链接54个，水利卷链接《抗洪纪实》，交通运输卷链接《扬中长江大桥建造》等，增强志书资料性、可读性。

2018年，该志被评为江苏省地方志书优秀成果综合优秀二等。

（张　虹）

《扬中市志（1986—2006）》目录

【后记（节选）】

一

《扬中市志（1986—2006）》（以下简称《扬中市志》）编纂工作是在中共扬中市委、市人民政府领导下，由市史志办公室承担实施的，历经组织发动、篇目设计、资料征编、分卷编纂、志稿总纂和评审验收等阶段。

2007年1月至2008年5月为组织发动阶段。市委、市政府成立《扬中市志》编纂委员会，召开二轮修志工作动员大会，下发《扬中市志》编纂工作规划。动员大会后，市史志办组织全体人员深入各单位进行发动和督导。2007年年底，全市114家资料征编单位基本做到领导、经费、机构、队伍、办公条件“五到位”。这一阶段，市史志办还邀请省内外方志专家对全市400余名资料征编人员集中培训。2008年6月进入资料征编阶段。2009年5月，各单位资料搜集任务基本完成，其中108家初步完成资料长编和大事记编纂任务。为确保工作进度和质量，市史志办先后在三茅镇和市物价局、国土局、环境保护局召开资料征编工作经验交流会，树立典型，以点带面，并出版修志简报，指导面上工作。

2009年6月起，对资料长编进行第一次审读。接着，分条口或部类召开资料长编联审会、研讨会。对资料搜集任务较为繁重的市工业局、发改委、外经局、团市委等单位，派出专人具体帮助，促进整体工作平衡发展。经过一年多的努力，市志编纂工作中的资料征编这一最为重要的基础性工程顺利完成，共形成2600余万字、2000余幅图照的文字稿和电子稿资料。

2010年1月至2011年6月为市志分卷编写（分纂）阶段。分卷编写时，基本上按部类将任务分工落实到具体编辑。编辑人员每完成一卷初稿，即送专家审读，然后根据专家意见修改。修改后再寄送、再修改，如此往复，直至合格。这一阶段，市志编委会办公室每周召开一次业务会议，组织编辑学习志书编修理论，学习优秀志书精彩篇章，并联系编写实际予以指导，提高编辑业务能力；每月召开一次推进会，总结工作，表彰先进，激励编辑以良好的精神状态完成任务。经过一年的努力，《扬中市志》初稿编写任务基本完成。

2011年1—6月，进行初稿资料增补、图片编排和单位内审。各编辑根据内审意见进行再修改。同时，分工编写社会生活卷。2011年7月，启动志稿总纂工作。总纂分两个阶段：第一阶段为部类总纂，第二阶段为全志总纂。2012年4月，部类总纂基本结束。5月，安排编辑“回头看”，对照编写要求，从体例、资料、语言、图片等方面对分纂稿查漏补缺。2012年7月，全志总纂开始。市志编委会调整编辑人员，成立4人总纂组，冯鸿鸣任组长。总纂分三轮进行，依次由唐华龙、郭洪智、石馥苓主笔。3轮统稿后，由组长把关。如此安排，集多人智慧于修改，起到优势互补、能力互补的作用。这一阶段，总纂组按照中国地方志指导小组《地方志书质量规定》，立足全志，对志稿从内容到形式，从史实记载到文字表述，从前后呼应、上下贯通、左右协调、有机联系等方面予以调整、修订。对层次不清、领属关系不当的章节予以结构上调整，甚至推倒重写；对内容重复的部分予以删减，以互文方式处理；对资料性不足的卷章，予以充实、增补。力求做到观点、体例、内容、记述、文风“五统一”，“众人修志如出一人之手”。2013年4月，总纂工作告竣。

2013年5月进入评审验收阶段。6月，志稿送镇江市史志办。9月12日，镇江市史志办受江苏省地方志办公室委托，在扬中市政府会议中心召开《扬中市志》志稿终审会议。2013年11月呈送镇江市史志办、江苏省地方志办公室审核验收，经中共扬中市委、市人民政府批准，于2014年8月由方志出版社出版。

二

在《扬中市志》编纂过程中，我们博采众长，大胆创新，一些独到做法，受到上级部门和专家学者的广泛好评。概括起来为以下四个方面：

一是篇目先行，与编纂工作紧密互动。早在2004年江苏省召开二轮修志徐州会议后，我们就组织骨干学习修志理论书籍，研究各类志书，制订《扬中市志》篇目讨论稿。随后又按行业、部门，一家家商量研究，形成各承编单位的资料征集提纲——这是篇目雏形。资料征集阶段，要求所有承编单位按提纲征集，做到有的放矢，同时允许结合实际适当扩大征集范围，力求资料的全面性和完整性。资料长编编纂后，再次调整和充实原有提纲，形成市志篇目初稿。2009年11月开始，我们用3个月时间集中讨论，形成相对成熟的市志篇目稿。在随后的分纂、总纂阶段，又分别根据资料实际进一步修订和完善，并将修订版本发到编委会成员和各单位，还在修志简报上刊出，广泛征求意见。经前前后后八易其稿，不断修改、优化，市志篇目日臻完善。其形成过程可概括为4句话：先期是根据篇目征集资料，中期是根据资料推敲篇目，后期是根据特色锤炼篇目，最后是精雕细琢、纲举目张。《扬中市志》篇目采取明分中篇、暗含大篇的体例，既与前志体例和架构自然衔接，又能充分展现扬中地域特色的不同侧面，体现事物的各个层次。

二是抓好基础，扎实做好第一手资料的搜集工作。主编孙金林一再提醒，资料长编是基础，工作重点要放在前面，做实做细。资料征编阶段，所有人员分为5个小组，分片区负责，前往承编单位具体指导。大部分单位对资料长编进行了两轮或两轮以上补充和修订。资料长编形成后，还通过各种途径，努力搜集具有特殊价值的资料，如家庭记账簿、各类票据等，并制作了一批统计图、统计表、示意图等，以充分反映扬中人民生产、生活的状况和特点。分纂、总纂阶段，又从彰显特色出发，充实和完善相关资料。可以说，资料的搜集和补充贯穿于市志编纂全过程。

三是审稿贯穿始终，确保编纂质量。我们将审稿工作贯穿于每个阶段、每个环节，即资料长编完成后审稿、分纂后审稿、总纂后审稿。审稿方法有集体审、单位审、条口审、分片审、专家审等。资料长编编纂阶段，采取自下而上的审稿办法。承编单位先内部初审，再邀请熟悉情况的老领导、老同志复审。在此基础上，市志编委会组织条口联审，如公检法司条口、镇区条口、经贸条口等，安排相关单位互审。分纂阶段，采取由上而下的审稿办法。每完成一卷，先送专家审读，力求体例规范；再进行内部审查，查漏补缺；随后反馈相关部门、单位以及熟悉情况的老领导、老同志审查。总纂阶段，每一轮统稿，都是对志稿的一次全面审查。

四是追求个性，彰显特色，致力打造精品良志。《自然地理》卷突出人无我有，重点记述扬中成陆、四面临江的自然环境和由此产生的气候、水系、土壤、动植物及特色资源，具有鲜明的地域特色。《交通运输》卷突出交通设施建设中的重大成就，如一桥、二桥、大道、环岛公路建设，未落入一般志书框架窠臼。《工业》卷重点记述行业特色、地方特色及现代工业特色。《综合经济管理》卷将物价、工商、安监、质监、药监、统计、审计、国有资产管理等归并一处记述，具有独创性。《经济综情》卷设“经济体制改革”“经济发展战略”“经济运行质量”三章，具有时代特征和地方特色。《中共地方组织》《地方人民政府》卷分别设“重要决策”和“施政纪要”章，突出市委决策作用和市政府施政职能。为彰显时代特色，内容记述突出改革开放这一主线，经济、政治、文化等卷注重了对体制改革内容的记述。对一些大事、要事和特殊事项采用专记或附录客观记载，但与其他志书不同的是，这些专记或附录以“链接”形式随文而出，便于阅读。如《水利》卷末设“抗洪纪实”、《交通运输》卷末设“扬中长江大桥建造”、《军事》卷末设“国防模范村——万福村”等。

【志评】

二轮修志的一朵奇葩

——《扬中市志》的“三个突出”

李　明

《扬中市志》（方志出版社2014年8月版）290余万字，发行5000册。这部志书获得方志出版社领导的较高评价。我听此消息，再度阅读志书，觉得这部志书的编者在科学记述扬中地情上下足了功夫，可以概括为“三个突出”。

亮点之一，突出了一个“新”字。她将续志断限这20年中，扬中的改革，扬中的发展，扬中的新变化，扬中大地上涌现出来的新事物、新气象，在志书中钜细靡遗，浓墨重彩地记述下来。比如“农业卷”突出了农业现代化进程，农业生态工程建设；“工业卷”突出了工业现代化进程，工业园区建设，高新技术产品开发；“教育卷”突出了教育设施建设现代化进程；“科技卷”突出了科技产业基地及示范园建设；“环保卷”突出了生态保护，创建国家环境保护模范城市，等等。这无数个“新”字连在一起，才是新编的《扬中市志》，读后使人感受到扬中是一片热土，感受到一股蓬勃向上的力量。

亮点之二，突出了一个“特”字。我们业界有句话叫“人无我有，大书特书”，新编市志在这方面做得很出色。比如“自然地理卷”突出了“扬中洲地”的形成，江岸的变迁及扬中特有资源，而不是照搬前志的内容；“建置区划卷”突出记载“撤县设市”；“城乡建设卷”突出了“江中花园城市建设”；“交通运输卷”突出了扬中人民自力更生建成扬中长江大桥、夹江二桥及扬中大道；“工业卷”既突出现代化的工程电气，又突出了传统的“工业专业村”，等等。这无数个“特”连在一起便构成了新编《扬中市志》的地方特色，独一无二的，只有扬中才有。物以罕而珍，志以特而奇。

亮点之三，是突出了一个“人”字。志书编者善于“以事系人”，使人民群众是历史的主人这一唯物史观落到了实处。以“农业卷”为例，据我粗略统计，书中以事系人涉及50余名，其中普通民众39名。以书中“水产规模养殖”一目为例：“1985~1989年，扬中水产养殖以内河养鱼、养蚌为主。规模养殖户一般养殖10~30亩。1990年，油坊镇黄克顺进行人工养殖螃蟹试验获得成功，带动周边群众养蟹，总面积500余亩。1994年西来桥镇南旺村卢康礼承包新华养殖场40亩水面放养三大家鱼和鲈鱼。1995年，于忠泉在江边筑堤2.4千米，围垦江滩720亩，建成精养鱼塘400余亩。2006年，江洲养殖有限公司等水产养殖户，共开辟特色水产养殖基地2025亩，精养面积1800亩。西来桥养殖专业户近200户，超过20亩的大户20户。”这一目220字，生动地还原了扬中水产养殖的历史进程，在这个过程中能清楚地领悟到人民群众是创造历史的主人。

品读《扬中市志》，我领悟到新志书的编者在精准把握地情的前提下，能否像《扬中市志》的编者那样在“新”“特”“人”上下功夫，可以说是编出一部合格志书，乃至达到良志标准的三个必备要素。

（原文刊载于《江苏地方志》2016年第3期）

句容县志

句容县地方志编纂委员会编。1985年6月启动编纂，1994年1月由江苏人民出版社出版。主编黄鹤潮，副主编郑万根、史新、朱延生、李锋、笪志道，编辑倪修连、孙绍忠、蔡竹友、华晓峰。

全书1册，144.5万字，图片102幅，表格247张。记述范围为1985年句容县所辖县域。记述上限不限，一般追溯事物发端，下限1985年，大事记延至1990年。述、记、志、传、图、表、录诸体并用，以志为主。志首设概述、大事记，志末设附录、编纂始末。全志设28篇：建置区划、自然环境、人口、经济综合、农业、林牧副渔、水利、工业、交通、邮政·电信、商业、经济管理、财政·税务、金融·保险、城乡建设·建筑业、政党社团、政权·政务、劳动人事、公安司法、民政、军事、文化·体育、教育、科学技术、卫生、方言、宗教·风俗、人物。

句容县作为农业大县，在农业篇外单设林牧副渔篇，记述林业、畜牧业、桑蚕业、副业、渔业的发展，尤其突出林业。水利篇设江港圩堤整治、赤山湖整治、河道整治等9章，记述内容丰富，富有地方特色。句容军事位置比较重要，战事较多，该志军事篇战事章设古代战事、太平天国战事、龙潭战役、抗日战争、解放战争等节，并增加记述篇幅。句容境内有佛教“律宗第一名山”宝华山、道教上清派发源地茅山，在宗教篇中也有体现。附录收录碑文、历代文人咏句容等内容，彰显句容的文化底蕴。历代旧志概略及旧县志序文选，记录句容县历史上的修志情况，增强志书传承性。

1994年，该志获江苏省地方志工作优秀成果二等奖。

（陈龙浩）

【编纂始末（节选）】

清代最后一部句容县志，即光绪《续纂句容县志》，下限是光绪三十年（1904年）。民国期间，句容县政府和汪伪句容县政府，都成立过修志局，组织编写《句容县志》。由于连年战争，经济萧条，社会动乱，修志中断。

1983年5月，句容县人民政府组建解放后的第一个修志机构——句容县修志筹备小组及其办公室，着手编制计划，拟订纲目，培训骨干，收集和编印《句容史志资料》。经过两年的筹备，于1985年6月成立句容县地方志编纂委员会及其办事机构，县长贡家荣任主任，常务副县长朱华福兼任县志办公室主任。通过思想发动，广造舆论，在县级机关部分单位筹建修志班子，组织人员收集资料。1986年1月1日，县人民政府发布通告，征集《句容县志》资料。

编修县志是老传统，新工作，不少人对此

《句容县志》目录

缺乏了解和认识，尤对编修社会主义新县志的意义和艰巨性，了解甚少，认识不足。修志工作出现队伍不稳，经费困难，工作徘徊等情况。

1987年4月，县委、县政府调整县志编委会成员后，充实了县志办公室领导力量。在县级机关和各乡（镇），进行编修社会主义新方志的再教育、再发动。县政府转发了《句容县志》编纂方案，给各单位下达了编写任务，在县领导的重视和关怀下，一些修志“下马”的单位重新恢复工作，陆续组建班子，收集资料。

1987年11月和1988年2月，县志办公室在二圣水库和县交通局，分别召开县志分志（篇）编写研讨会和交通分志评稿会，标志着县志分志进入编写阶段。经过两年多的艰苦努力，至1990年6月，约140万字的《句容县志（初稿）》基本脱稿。

《句容市志（1986—2008）》目录

千秋大业，质量第一。县政府对县志总纂工作十分重视。在县十届人大一次会议上，罗荣根县长把完成县志编纂出书，列入了本届政府目标管理内容。县政府又充实加强了县志编委会的领导力量，聘任了主编和总纂编辑；较大幅度地增加县志事业经费，改善了修志办公条件；召开县志工作会议，动员各部门齐心协力搞好县志总纂。县政府明确指出：总纂期间，修志力量只能加强，不能削弱；总纂不结束，班子不能散。江苏省地方志办公室对句容县政府为修志办实事，在《修志简报》上作了介绍。

1990年7月，《句容县志》各总纂编辑到位，用8个月时间，进行了方志理论学习，熟悉志稿，考证和补充资料，研讨句容县情，拟订总纂篇目，商量总纂方案。从1991年3月起，全体修志工作者在各部门的关心支持下，经过半年多的艰苦拼搏，完成了约120万字的《句容县志》（送审稿）编写任务。10月中旬，县政府召开《句容县志》稿自审会议，开展以“阅审志稿，了解县情”为中心内容的审稿活动。10月底，将《句容县志》稿报市、省评审。12月下旬，江苏省地方志办公室、镇江市地方志编委会联合在句容召开《句容县志》稿评审会。通过省、市评审，又广泛听取了县级机关各部门、各乡（镇）的意见。从1992年3月起，又用6个月时间，完成了《句容县志》验收稿编写和打印任务。是年，经过镇江市地方志编委会和江苏省地方志办公室验收、批准，送交江苏人民出版社出版发行。

句容市志（1986—2008）

句容市地方志编纂委员会编。2006年10月启动编纂，2013年9月由方志出版社出版。主编欧红卫、王金涛，执行主编朱延生、倪定胜，副主编陶文才、许朝斌，编辑谭树春、蒋兆有、孙明、王湘务、王相奎、吕国梁、张育富、唐淑萍。

全书3册，404.6万字，图片495幅（志首140幅、随文355幅），表格587张。记述范围为2008年句容市行政区域。该志为《句容县志》（1994年版）续志。记述上限1986年，衔接前志，下限2008年，志首彩图适当下延。述、记、志、传、图、表、录诸体并用，以志为主。志首设序、凡例、句容史略、大事记、特载，志末设附录、索引、编纂始末。全志设44篇：建置区划、自然环境、土地、居民、水利、环境保护、城乡建设、交通·运输、电力、邮政电信、开发园区、经济体制改革与经济发展、农业、林茶果桑牧渔、工业、建筑业·房地产、商贸流通、对外及对港澳台经贸、旅游、金融、财政·税务·审计、经济综合管理、中共地方组织、地方人民代表大会、地方人民政府、地方人民政协、群团·社团、公安·司法、军事、机构编制·人事·劳动、科学技术、教育、文化·体育、大众传媒、史志·档案、卫生、社会主义精神文明建设、社会保障、社会事务管理、宗教、语言、民情风俗、人物、乡镇概况。

该志在句容史略和各篇、章无题序中，概述1985年12月以前的重要史料；1985年12月以前和2009—2012年的大事，分别以历史大事纪要、限外资料辑存入编附录。为反映时代特点，设开发园区、经济体制改革与经济发展、对外及对港澳台经贸、社会主义精神文明建设4篇。尤其是经济体制改革与经济发展篇设经济发展战略章，记述重大发展战略。为突出句容市林业、茶叶、果业、桑蚕业等产业特色，设置林茶果桑牧渔篇。农业篇设特色产业草莓章。句容市是全国优秀旅游城市，设旅游篇，全面反映改革开放以来句容市旅游业的发展情况。句容境内有佛教“律宗第一名山”宝华山、道教上清派发源地茅山，是江苏省宗教工作重点市（县）之一，宗教篇中增加相关内容的记述。语言篇设方言与移民、开放章，记述移民对方言的影响、开放对方言的影响，具有较高的研究价值。附录收录文件辑录、专文、历史大事纪要、限外资料辑存等内容，丰富志书资料，并列前志勘误，纠正前志中存在的问题。

2018年，该志被评为江苏省地方志书优秀成果综合优秀二等。

（陈龙浩）

【编纂始末（节选）】

句容市（县）社会主义时期第一部市（县）志编修，筹备于1983年5月，正式启动于1985年6月，县志稿于1991年12月通过省市评审，1994年1月，新编《句容县志》出版发行。

2005年，江苏省启动二轮修志之后，句容市史志办公室根据省部署，作了包括篇目等方面的续修准备。2006年3月，句容市政府办公室印发《〈句容市志（1986—2005年）〉编纂工作实施方案》。由于各种原因，市志续修动员大会未能召开，是年10月将市政府办公室关于市志续修文发至各乡镇（开发区）、市机关各部门，市志续修工作启动。编修市志是老传统，新工作，不少人对此缺乏了解和认识。2007年，有编修任务的100多个乡（局）级单位，只有少数几个单位聘请专职人员编修市志，多数单位处在闻而未动状态。是年，句容市史志办邀请省志办有关领导和专家指导，举办了《句容市志》编修骨干培训班。2008年4月，市政府分管副市长在全市社会事业推进大会上，对《句容市志》续修工作专题动员，考虑从句容的实际出发，将市志下限从2005年12月延至2008年12月，句容市政府办公室，以句政办发〔2008〕24号文，下发关于进一步加强《句容市志》续修工作的通知，调整续修方案。句容市史志办公室聘请了3位人员，并安排2位在职人员，组成市志续修工作专门班子，加强对全市各编纂单位的联系与指导。

经过2年的艰苦努力，100多个市志编纂单位先后完成初稿和送审稿的编纂，400多万字的初稿基本形成。2010年春，句容市史志办公室先后赴高淳县、扬州市邗江区学习取经，拟制《句容市志（1986—2008）》总纂篇目，经过镇江市史志办公室领导与专家审定修改后，形成市志总纂篇目。是年6—7月，《句容市志（1986—2008）》分纂总纂班子组建完毕，其中在职4人，聘用7人。分纂总纂人员到位后，句容市史志办公室就拟制了学习计划和市志篇目分纂分工，在各分纂编辑熟悉市志总纂篇目及市志稿内容的基础上，分10个专题进行总分纂业务学习和市情研讨，明确时代特色和地情特色，掌握分纂业务技巧。市志分纂稿形成后，由参加市志总纂分纂人员一块细读评审，一般每月评审3～4篇，根据评审意见，由分纂编辑与供稿单位共同修改，形成分纂修改稿交市志总纂负责人审改，至2011年10月，约257.41万字的《句容市（1986—2008）》送审稿基本完成，经过（印刷厂）初步制版和校改，于2012年4月送交句容市“四套班子”领导和镇江市地方志编纂委员会审定。镇江市史志办公室组成的审稿班子，认真阅审志稿。是年7月12日，在句容召开了《句容市志（1986—2008）》审稿会。

《句容市志（1986—2008）》稿终审会之后，根据镇江市史志办公室审稿组以及省内方志专家和句容各供稿单位的审稿意见，研究形成《句容市志（1986—2008）送审稿修改方案》报请镇江市史志办公室审核同意后，组织力量认真修改志稿，2013年4月完成验收稿。经镇江市史志办公室验收后，是年7月初，镇江市史志办公室反馈验收意见，句容市史志办公室结合自审及方志出版社和有关专家的审稿意见，又对志稿进行认真修改，于是年经江苏省地方志办公室和句容市人民政府审核同意，由方志出版社出版发行。

《镇江新区·镇江经济技术开发区志》目录

附：

镇江新区·镇江经济技术开发区志

《镇江新区·镇江经济技术开发区志》编纂委员会编。2016年2月启动编纂，2021年4月由江苏人民出版社出版。主编孙家政，副主编倪宏、王文、王广林。编辑庄园、宋艺卉、赵衡泽、龚新华、仲壮保、赵金柏、周文齐、王祥林、丁素琴、姚忠红、姚建武、姚建斌、孔咏梅。

全书1册，79万字，图片187幅，表格274张。记述范围以2015年镇江新区（镇江经济技术开发区）所辖范围为限。该志为镇江新区（镇江经济技术开发区）第一部志书，记述上限因事而异，酌情追溯，下限2015年，志首彩图延至2020年。述、记、志、传、图、表、录诸体并用，以志为主。志首设序、凡例、总述、大事记，志末设附录、后记、索引。全志设23卷：区域、环境保护、国土管理、水利、城乡建设、招商引资、科技发展、产业经济、园区·公司·重点企业、财政·税务·审计、金融、经济综合管理、管理体制、民主党派·群众团体、法治、军事、教育、文化·体育、卫生、人事劳动·社会保障、社会事务·社会生活、乡镇·街道、人物。

为突出经济开发区的性质特点，志书在内容上重视经济发展的记述，园区·公司·重点企业、招商引资、科技发展、产业经济等与经济发展相关的内容共8卷，占全书的三分之一。为体现地方特色，区域卷设岸线特色资源章，记述岸线资源和港口码头。设水利卷，记述长江堤防、防汛抗旱。园区·公司·重点企业卷突出园区建设、实体公司、重点企业，体现开发区发展历程与特色。设管理体制卷，集中记述党政机关、职能机构、党政建设等内容，颇具特色。

（赵金柏）

泰州市

1986年，泰州地区开始首轮志书编纂工作，由于当时市级泰州市尚未成立，属于扬州市管辖，编纂的综合志书全部为县（市、区）志。至1998年，泰州地区共出版《泰州志》《泰县志》《靖江县志》《兴化市志》《泰兴县志》等县（市、区）志5部，总字数730万字。在1993年全国新编地方志优秀成果评比中，《靖江县志》获二等奖。

泰州市第二轮志书编纂工作于2006年正式开始，《泰州市志》《泰州市高港区志》为首次创修，其余为续修志书。至2018年，泰州市完成第二轮修志工作任务，全市共出版市县两级综合志书7部，总字数1847万字。其中，市级志书1部：《泰州市志》；县级志书6部：《靖江市志（1988—2007）》《泰兴市志（1988—2005）》《兴化市志（1991—2010）》《泰州市海陵区志（1988—2008）》《泰州市高港区志》《姜堰市志（1988—2007）》。《泰州市志》《靖江市志（1988—2007）》等多部志书获评江苏省地方志书优秀成果。

泰州市志

泰州市地方志编纂委员会编。2006年6月启动编纂，2016年6月由江苏人民出版社出版。主编申俊才、查桂山，副主编陈维、李寿根、叶建国、戴志勇、吴学华、张越善。总纂陈维、张越善，副总纂申万霞、殷勇、刘士定、张丙钊、葛崇烈、张树俊、徐新。编辑张华、潘国琴、徐强、黄芹侠、菊也、叶彤、耿维、薛薇、陈霞、仲华、韩董伟、顾伟、范晓青、印霞、许书清、夏彦飞、袁坤、姚俊峰、王菁、王卉、王伟、吴泓蜜、金凤、吕燕、鞠璐璐。

全书3册，412.9万字，图片741幅（志首171幅、随文570幅），表格436张。1996年设区市泰州市成立，本志为该市首部志书，记述范围为2007年泰州市行政区域，对历代海陵、泰州辖区内的重要人物、事件、事物适当记述。记述上限不限，因事而异，尽量追溯至事物发端；下限2007年，大事记和志首图片延至2015年。述、记、志、传、图、表、录诸体并用，以志为主。志首设序、凡例、总述、大事记，志末设附录、索引、编后记。全志设49篇：政区、自然环境、环境保护、国土资源管理、人口、城乡建设、水利、交通、信息产业、经济综述、经济综合管理、对外开放、开发区建设、农业经济综述、农业、工业经济综述、工业、电力、建筑业·房地产业、商贸业、社会服务业、财政、税务、金融、中共地方组织、地方人民代表大会、地方政府、政协地方组织、民主党派·工商联、中国国民党地方组织和外围组织、社会团体、人事、劳动和社会保障、民政、公安、检察、审判、司法行政·仲裁、军事、科学技术、教育、文化艺术、传播媒体、卫生、体育、宗教、方言、民俗、人物。

《泰州市志》目录

作为泰州市的第一部综合性志书，对泰州市成立前的历史重点放在总述、政区、自然环境以及大事记部分；全志记述重点为地级泰州市成立后的发展情况。为体现地方特色，志书将机电、船舶、化学、医药工业在工业篇中各自独立成章并靠前设置，凸显泰州工业经济的四大支柱产业。加大水利部分篇幅，重点记述南水北调等流域性工程、通南地区干河等地域性工程、农田水利、防汛抗旱等内容。泰州是国家历史文化名城，志书重视人文资料的记述。文化艺术篇设文化遗产章，记述运盐河遗址、州城遗址、天目山遗址、单塘河遗址、海陵仓遗址，并对新庄汉墓群、西郊南朝墓、郑板桥墓、施耐庵墓进行介绍；曲艺独立成节，记述境内评话、弹词、道情、讲经、鼓书、唱书、佮子数快板、扇戏、滚灯、唱凤凰；舞蹈节记述舞龙、舞狮、泰兴花鼓、腰鼓、花担舞、跑马灯、秧歌舞、皮老虎、荡湖船、滚莲湘等内容；美术节记述雕刻、刺绣、刻纸、扎纸、面塑等传统民间工艺，体现泰州文化的地方个性。为突出时代特色，该志设对外开放篇、信息产业篇、开发区建设篇，记述境外贸易、招商引资、信息化建设、开发区建设等内容。为增加记述深度，在相关篇章内容下设专记，系统记述江阴长江公路大桥、泰州市红旗良种场等特色内容。方言篇按照学术调查的规范编写，具有较高的学术价值。附录收录重要文献、勘界协议、泰州人民革命斗争纪略、地图、碑铭、文选、诗词选等，类型多样、资料性强。

2020年，该志在江苏省地方志书质量评定中被评为优秀成果。

（耿　维）

【编后记（节选）】

2005年9月，泰州市人民政府根据省地方志第四次工作会议和省政府办公厅《关于做好新一轮地方志编纂工作的通知》要求，印发《关于做好新一轮地方志编纂工作的意见》，我办开始筹划《泰州市志》编纂工作。

2006年6月，市政府召开全市地方志编纂工作会议，全面启动市及市、区两级志书编纂工作。7月，市委办公室、市政府办公室在《关于印发〈泰州市志〉编纂工作任务的通知》中明确：《泰州市志》承编单位46家，参编单位179家。由此，基本形成市委领导、市政府主持，我办组织实施、社会各界广泛参与的工作体制和业务网络。在泰州市地方志编纂委员会领导下，我办制定《泰州市志编修工作方案》和《泰州市志·初稿撰写篇目》，成立业务指导小组7个，并编印《修志工作简报》，介绍地方志业务知识，交流编纂工作进展情况。

2007年1月，《泰州市志》编纂工作转入资料征集、初稿撰写阶段。2010年5月，形成《泰州市志》资料稿49篇1100万字。在《泰州市志》初稿撰写阶段，举办业务培训班2期，编发《修志工作实用手册》200本，召开修志工作协调会议和修志业务指导会议29次，先后制定《泰州市志行文规范》《修志指导小组考核意见》《泰州市志分志稿验收标准》。

2010年6月，《泰州市志》编纂工作转入分纂阶段，7个业务指导小组依据相关承编单位提供的资料稿进行对口分纂。2011年，省地方志办公室评审通过《泰州市志总纂篇目》；《泰州市志》编纂工作纳入《泰州市国民经济和社会发展"十二五"专项规划》。2013年，《泰州市志》分纂工作基本完成，形成分纂稿49篇560万字。

在分纂工作的收尾阶段启动《泰州市志》总纂工作。2014—2015年，遵照市委、市政府对《泰州市志》编修工作的新要求，以落实与省地方志办公室签订的目标责任书为抓手，先后两次调整《泰州市志编修工作方案》，努力加快《泰州市志》编纂进度。2015年11月，完成《泰州市志》总纂工作，形成《泰州市志》总纂稿49篇300万字。

2015年9—12月，我办采取"边扫尾（总纂工作扫尾）、边初审"办法，开展《泰州市志》初审工作，先后4次组织承编单位审查志稿的政治观点、资料史实、记述内容、时代特征、地方特色、统计口径及相关规定执行情况。2016年1—2月，市地方志编纂委员会组织《泰州市志》复审工作，参与复审的有市委领导、市地方志编纂委员会成员、省内方志界专家学者等76人，重点审查体例规范及对法律法规政策、敏感问题、重大事件、重大历史问题的记述。3—4月，省地方志办公室对《泰州市志》进行终审，重点审查篇目结构、条目撰写、记述深度、编校质量，确认《泰州市志》达到"齐、清、定"要求。6月，《泰州市志》通过省地方志办公室验收，由市政府批准出版。

《泰州志》
目录

泰州志

泰州市地方志编纂委员会编。1986年9月启动编纂，1998年12月由江苏古籍出版社出版。总纂谢柏生、陆镇馀，常务副总纂俞扬，副总纂季荣官、刘松华、徐一清，分纂王林成、刘松华、许均、吴法玲、宋明山、张家良、陈铭禾、季荣官、金之铎、周汝礼、俞扬、袁荣树、夏其元、顾宣、顾维俊、徐一清、商剑平、诸祖仁、黄炳煜、曹娟、缪浚。

全书1册，145.7万字，图片71幅（志首64幅、随文7幅），表格218张。记述范围为1987年县级泰州市行政区域。记述上限因事而异，量事追溯，下限1987年，个别事项略有延伸。1996年9月，因区划调整，故将概述、大事记、附录延至1996年9月。述、记、志、传、图、表、录诸体并用，以志为主。志首设序、凡例、概述、大事记，志末设人物传、附录、后记。全志设28篇：建置区划、自然环境、人口、城市建设与建筑业、经济综述、农业水利、工业、商业、交通、邮电、财政税务、金融、经济管理、党派社团、政务、民政、干部职工管理、治安司法、军事、教育、科学技术、文化、文物、卫生、体育、宗教、风俗、方言。人物传未列入篇的序列。

为突出地方特色，该志设文化篇、文物篇。文化篇共设6章，分述文化设施、文学艺术、学派、档案与地方史志、报刊广播电视、邑人著述辑目，可谓门类齐全。学派章将明清两大学派泰州学派、新泰州学派各列一节，丰富全书的文化内涵。设邑人著述辑目章，详细著录古今著作282种。文物篇设遗址墓葬、建筑物、石刻与铸件、文物藏品等章，突出古墓葬、墓志、明代宅第、出土墓葬服饰以及书画、陶瓷等馆藏品的记载，反映泰州的历史文化。风俗篇记述风俗的传承演变，新旧对比，注重突出乡土特色。如生产习俗中突出渔业和木船运输业习俗，体现水乡特点；商贸习俗中的市招、市声均为他志所鲜见。为增加记述深度，该志将和正文紧密相关的资料以附的形式随文而出。志书对不同史料的取舍采取节下尾注说明，以便后人稽考。附录收录旧志地图，重要文件，历代碑铭，旧志序文，晚清竹枝词，《梅兰芳回乡寻根》《江泽民总书记视察泰州》《江苏春兰（集团）公司简介》3篇专记，《1988—1995年泰州市国民经济与社会发展主要指标》，类型多样，有较高的资料价值。

2001年，该志获江苏省地方志系统优秀成果特等奖。

（王顺国）

【后记（节选）】

1827年《（道光）泰州志》问世后，泰州三度修志，均成稿而未付梓。1980年10月，县级泰州市（以下简称泰州市）成立编史修志办公室，开始为编纂新的地方志作准备。1986年9月，成立地方志编纂委员会，下设办公室，正式着手修志。在中共泰州市委与市政府的关心下，泰州市59个单位组成修志班子，300多人参加征集资料与撰稿。市地方志办公室及各单位的修志人员多次去江苏省档案馆、中国第二历史档案馆、泰州市档案馆以及南京、扬州、泰州等地的图书馆查阅档案资料，走访知情者，先后征集资料2000多万字。至1992年，各单位陆续写出资料稿63部200多万字，并编成部门志16部，为《泰州志》的编纂提供了非常宝贵的资料。但因未及时投入总纂，由市地方志办公室编纂成形的志稿仅有“大事记”“自然环境”“宗教”“方言”寥寥数篇。

1993年8月，修志工作重新启动，市地方志办公室制定了总纂计划，确定了分纂人选，草拟了总纂篇目，并上报编纂委员会。中共泰州市委、市政府对《泰州志》的总纂工作十分重视，为加强领导，特命副市长谢柏生、人大常委会副主任陆镇馀出任总纂，具体筹划与运作则由常务副总纂俞扬主持，副总纂季荣官、刘松华、徐一清协助。

1994年10月，在各部门支持下，全体分纂勠力同心，《泰州志》编纂成送审稿，12月，通过扬州市和江苏省两级地方志办公室评审。志稿同时报送编纂委员会及有关部门负责人审阅，以广泛征求意见。此后，各分纂根据多方面的意见及时进行补充和修改，最后由俞扬、季荣官通读通改，增删修订，谢柏生、陆镇馀终审，于1996年7月报请省地方志办公室验收。

在《泰州志》即将付印时，恰逢国务院同意江苏省调整扬州市行政区划和设立地级泰州市，原县级泰州市改设泰州市海陵区。遵上级指示，《泰州志》编纂委员会决定将《泰州志》的“概述”“大事记”“人物传”“附录”的下限推后，增写这一重大行政区划变化，并在“凡例”中加以说明。至此，《泰州志》历经12年祁寒溽暑，终于1998年12月正式付梓成册。

【志评】

《泰州志》读后

来新夏

泰州地处苏中，为淮南剧郡，设县迄今二千余年，建州于南唐，亦逾千年，向有“汉唐故郡，淮海名区”之称。形势优胜，人才辈出，无愧历史文化名城之誉。修志事业，自南宋淳熙《吴陵志》始，至民国《泰县志稿》（传钞本）止，前后凡十四修，今存者八种，而自明以来复有镇志、场志等作达十余种，固不可谓不盛。但自民国20年志书成稿未刊之后，多经战乱，无暇及此。1980年，欣逢盛世，泰州主政者兴念及此，开始准备纂修新志；1986年，建立正式机构，组织编写队伍，广泛征集资料，分头撰写初稿。1993年，进入总纂，历时经年而成送审稿，嗣经各方评审，重加修改订正，精雕细刻，终于1996年7月成一近150万字的志书，继承与发扬泰州之修志传统。

《泰州志》共28篇，以分志为主体，前有概述、大事记，后有人物传、附录，篇章结构及排列顺序，合乎现状实际，与已有新志之设计相合，志传图表录，诸体并用，有利于论述。撰写基础厚实，前后征集资料达2000余万字，而引用时又多所考校注明，颇得著述之意。

概述为新志创体，概一地一书之要，当前写法各异，而终当以简要为是，《泰州志》概述文不过数千，而读之可得泰州一地古今纵横之面貌，苟欲深究，又奏引导进读全志之效。大事记为一志之纲，钩玄纂要，纲举而目张，又可检全志之有否疏漏。《泰州志》大事记之选材，尚称精审，古今比例，大体得当，尤堪注意者，其下限延至1996年，较原定之1987年延伸十年，可补下限距出版期过长之失，此亦见修志者之权变而可备借鉴者。

《泰州志》之论述，颇有可资参证者，如自然环境篇中之地震节所附《有关泰州的地震资料辑录》，引据有关书刊，辑录明清以来至下限止的有关以泰州为震中和由周边波及之地震资料。又生物章之动植物品种之中外名称，甚为详备，有辞书之用，均可供开发资源之参考。

小序一体，有两千余年历史，但所用多在书录，而近年新编方志有于篇首立无题小序者，大都为全篇之提要，而《泰州志》之篇首小序别具一格，除有提要部分内容外，主要为全篇之前驱。《泰州志》各篇叙述多从民国为开端，而此前种种情况多在小序中以简括语言，勾划大要，其效在于能节约各章追述既往之文字。如第十九篇《军事》，各章多从民国前后为始，而于清前内容则置于篇首小序中，如欲详知则有旧志可备参考，此固修志者用心所在。至篇后附录载入日伪行事，近人曾嗤为有意打入，实难苟同。《泰州志》将日伪入附录正以见修志者之明是非，有褒贬，我将引为同道。

泰州为历史文化名城，文化自当成其特色，《泰州志》正以《文化篇》为其浓墨所在。如学派专章，记泰州学派与新泰州学派，为明清两代之重要学派，以王艮为首之泰州学派为王（阳明）派哲学重要分支，深可谓王学之代表，为哲学史上不可不论之学派，而新泰州学派对振兴已被清朝镇压而日趋衰微的太谷学派有兴废继绝之功。志书所记虽较简略，但亦足见泰州应有之学术地位。《档案与地方志》专章之《地方志》节历述泰州自南宋至民国修志之情况，以见泰州文化之发达，修志传统之悠久。《邑人著述辑目》专章，详细著录古今现行之著作三百余种，其间不乏为人所知之名著，如唐张怀瓘之《书断》，宋胡瑗之《周易口义》，明王艮之《心斋全集》，清吴嘉纪之《陋轩集》、宫梦仁之《读书纪数略》，民国支伟成之《清代朴学大师列传》、韩国钧之《止叟年谱》，当代梅兰芳之《梅兰芳文集》、茅家琦之《太平天国兴亡史》、钱存训之《中国古代书史》等，益以见泰州文风之盛，不啻予今人诬新志不重艺文以严正之驳议。又风俗篇记商贸习俗中之“市招”“市声”均为他志所少载，而为研究商业文化与市井文化所需用。观此则泰州文化名城之特点显而易见。

《泰州志》经修志者多年经营，足备资政、教化、存史之用，唯大醇难免小疵。全书下限为1987年，下垂十年而问世，中间自有缺记，今通用之例为于卷尾补撰某年至某年之《政事纪要》以补阙，世皆以其为善法，惟《泰州志》仅将“概述”“大事记”“人物传”“附录”下延至1996年7月，而未撰专篇，致使所缺数年主政者之政绩，难得彰明，是无怪志书出版时主政者于序中有“可惜《泰州志》下限止于1987年，此后的情况无法反映”之叹!志书篇幅极大，为翻检之书，应有“索引”以利读者。当今著述，多有索引，已成通例，似宜于续修时补编之。现有志书为便域外读者用者，多将目录译为英文，甚有将概述译为外文者，似应为后之修志者所注重。所言谨供参考，设有不当，尚望指正。

（原文刊载于《江苏地方志》1999年第3期）

不施千点白　别作一家春

——评新编《泰州志》

吴献中

今年春天，欣闻雕琢已久的《泰州志》（以下简称《泰志》）终于经江苏古籍出版社出版发行，旋即捧读在手，感慨良多。至此，原扬州市所辖各县（市、区）的12部志书已全部出齐，实属来之不易。《泰志》总计145万余言，笔者粗粗拜读，形成以下几点感受：

一、平淡之中见严谨

粗看《泰志》篇目，似乎平淡无奇，概述总领，大事记纵述，28个篇依次铺陈，人物、附录殿后，与一般志书大致相仿，且篇章设置亦无升格、专记之举，全然一副平常之貌。然而平常并不等于平庸。细细翻检《泰志》，编撰者的细微严谨之处仍显而易见：

1.考订建置沿革加以说明。像许多县（市）志记载建置沿革时碰到的问题一样，历代建置兴废无常，而史籍记载往往又不尽一致。“志属信史”，新编方志引用历史资料，势必要经过考订而后取舍。《泰志》的特别之处，就在于采用某种资料记载的同时，并不排斥其他史料。而是采取节下尾注的方法，对不同史料的取舍加以说明，以便后人稽考。这正是史志工作者所应有的严谨作风。

2.引用自然灾害资料交代出处。新方志引用的资料众多，一般不注明出处。但对于某些以便查考的资料交代一下出处，有利而无弊。《泰志》正是基于这种考虑，对民国以来的自然灾害记录，一一注明资料来源，也不失为一种务实之举。

3.注重从现象中揭示规律。《泰志》对历史上的灾害记录进行了综合分析，从而找出其发生的规律，即“自刘宋元嘉十二年（435）至1987年的1553年间，记有自然灾害的年份为426年，平均不到3.7年即有一灾年。自然灾害中以海潮与洪涝灾害最多。”“明清两代544年间，有洪涝灾害的年份为179年，三年即有一遇。”这种概括，比起单纯地罗列一大堆现象，就略高一筹。

4.人物排列以生年为序。一般志书的人物排列多以卒年为序，似乎顺理成章。而《泰志》却采用以生年为序排列。应该说，这更符合中华民族以长者为尊、论资排辈的心理习惯，又不致于使志书中的人物长幼混杂。

5.民国纪年的灵活变通。《泰志》以历史唯物主义的态度，对历史朝代纪年一律括注公元年。而民国纪年若逐条括注公元年又显得过于繁琐。因民国成立于1912年，故《泰志》在凡例里规定：民国纪年不加注公元年，而是由读者根据“民国年份加1911”的公式自行推算，可谓简便易行。

6.交代贵有自知之明，不掩己短。历代方志均有树碑立传之嫌，尤其是对纂修者本身则更少有微词。而《泰志》则取不溢美、不护短之科学态度，如实记载修志的失误与不足。在《文化篇》单列一节“地方志”，除记载泰州历代修志概况，还如实记载清道光七年（1827）刊行之《（道光）泰州志》后，有任钰等75人联名申文抨击，并签出志中错误190条，印成《新志刊谬》二卷与志并行。此事对修志者来说好比是揭“老祖宗的疮疤”，《泰志》对此却照记不误。本届修志，《泰志》起步早而成书迟，个中原委，一言难尽。编者抱着坦诚的态度，在《后记》中如实记载总纂工作由于受人力、物力所限，“以致某些史实不甚了了”，许多篇章的有关内容“志书中只得语焉不详或付诸阙如”，一些人物本应立传，“但资料过少，无法成篇”，等等。这种自报家底式的交代，可以帮助读者全面、正确地评价《泰志》的成败得失，不仅不会失去读者，反而会赢得读者的理解和信赖。

二、质朴之中显特色

《泰志》像所有方志一样，为众手成志，故资料基础厚薄不等，文字质量各有千秋。但笔者认为，《泰志》的常规篇章中也不乏特色之作和精彩之笔。试举几例：

1.文化部类的特色彰明。泰州向称“汉唐古郡，淮海名区”，历史文化底蕴丰厚。正是基于这样的特点，设置“文化”“文物”两篇，对其历史文化作了全方位的扫描。文化篇共设6章，分述文化设施、文学艺术、学派、档案与地方史志、报刊广播电视、邑人著述辑目，可谓门类齐全。在“书店”一节，附有“清代至民国期间泰州主要书店”一览表，收录书店26家，泰州人崇尚读书、购书可见一斑。“民间文艺”一节，收录泰州独有的民间演唱形式3种：扇戏、滚打、唱凤凰，前2种今已失传，志书将其表演形式，动作形态记录下来，对研究和恢复这种民间文艺具有抢救之功。泰州地灵人杰。明代，出身于泰州灶丁之家的王艮，自学成才，其学术思想五传其弟子凡487人，史称“泰州学派”。清代，皖人周太谷创太谷教，在震惊朝野山东“黄崖教案”之后，其“南宗”弟子李炘避祸于泰州等地讲学，其后又有泰州人黄葆年、蒋文田合南北二宗，继续传道于江苏一带，史称“新泰州学派”。《泰志》将明清两大学派各列一节，合为一章，使其成为文化篇中之特色，亦丰富了全书的文化内涵。《泰志》注重对图书资料的收录，“邑人著述辑目”选录唐至当代邑人各类著述282种，为学人查考提供了便利。

文物篇的记述更是明白晓畅，如数家珍。泰州成陆久远，古迹遗存众多，在省内及全国文物界都小有名气。《泰志》文物篇以较大的篇幅分设5章加以记述，大处着笔，小处白描，从“遗址墓葬”“建筑物”等，记到“石刻铸件”“文物藏品”等，并突出了古墓葬、墓志、明代宅第、出土墓葬服饰以及书画、陶瓷等馆藏品的记载，读后使人对泰州古老而深厚的历史文化油然折服。

2.风土习俗的记述乡情浓郁。笔者认为，《泰志》的“风俗”篇在全书中亦属上乘之作，不仅章节目设置合理，门类基本齐全，涵盖了现代民俗学所研究的物质、行为和观念三大系统，而且行文简洁流畅，兴味盎然。其特点可以概括为三：一是注意记述风俗的传承演变。例如，记述男子“发型”的演变：从民国时期的“马子盖”到解放后的“一边倒”“三七开”，再到改革开放后的“大背头”、长发、烫发，等等，记述得脉络清晰。有些风俗到解放后消亡，也能够交代清楚。二是注重新旧习俗的对比。风俗既有其传承的一面，又有某些渐变和突变的特征。这种变化表现在婚嫁丧葬习俗上尤为明显。故《泰志》将“婚嫁”和“丧葬”两节，各分作“旧式”与“新式”两目记述，通过对比，帮助读者认清旧俗的繁文缛节，引导人们移风易俗。这种记述方法，目的在于摒弃陋习，掘古鉴今，弘扬社会主义新风尚。三是注重突出乡土特色。《泰志》在“生产”习俗中突出“渔业”和“木船运输业”，体现水乡特点。在“商贸”习俗中记述了“商店开张”“学生意”以及“市招”“市声”“行话”等习俗；在“人生仪礼”中，记述了“生育”“取乳名与记名”“认干娘”等习俗，均为一般志书所少见。该篇专辟一章记述自然崇拜、鬼神信仰、禁忌与迷信术，虽然其中大部分内容已经消亡，但有的又死灰复燃，适当加以记述，正可以反映本地民众观念和信仰改变的长期性和曲折性，从而更加认识加强社会主义精神文明建设的必要性。

三、细微之处有匠心

编纂出版一部百万字以上的志书，其工作量之大不言而喻。然工作之细微又非局外人所明了。《泰志》的编纂者精心筹划，匠心独运，用心良苦。一是书的护封设计。选用水墨画梅花作底衬，正合泰州推崇梅花，又含梅兰芳之盛名深义，配以银灰色彩，显得端庄典雅。二是志书名称。记得省、市志办联审之时，大多建议用《泰州市志》作书名，然编者认为泰州体制多变，唯“泰州”地名未变，拟用《泰州志》为好。想不到志书出版之日，原泰州市又非今泰州市了，书名《泰州志》岂不歪打正着！三是环衬设计，选用书法家赵朴初书赠泰州的手书词作，词意贴切，书法精美，可谓锦上添花。四是附录资料的选辑详实有用。所录旧志地图，政令文告，历代碑铭，旧志序文，晚清竹枝词，梅兰芳回乡寻根，江泽民总书记视察泰州及春兰集团公司概况的专记，《1988—1995年泰州市国民经济与社会发展主要指标一览表》，无不精心挑选。50首竹枝词可与风俗篇参照阅读，互为印证；“国民经济与社会发展主要指标”可略补志书下限年（1987）至出版发行间的断档缺载，可谓“亡羊补牢”之举。五是编纂人员名单收录一丝不苟。名次编排以姓氏笔画为序。值得称道的是，在所有分纂人员名单之后都括注其承担的篇目，既肯定其劳动付出，又可避免日后引发“知识产权”之类的纷争。此类事在方志界已时有所闻，《泰志》的严谨过细，可谓未雨绸缪。

如前所说，《泰志》从起步到成书出版，历时10余载，对一部县（市）志来说，周期无疑是够长的了，但她毕竟像模像样地出版了，宛如一名体力不支的长跑运动员，终于坚持到了终点，这本身就值得为之祝贺。当然，志书也难免存在一些缺憾，如若干部类的资料比较单薄，属于“先天不足”已不必说。仅提几点编排上的细小问题与编者商榷：一是“人民生活”一节置于“经济综合”篇不尽合理，因为这一章的内容记载了物质生活和文化生活两个方面，不应归在“经济综合”篇。二是“党派社团”篇与“政务”篇的分类时序不一，前者按主次关系将“中共泰州地方组织”列为首位，而后者却以事物发生的时序把“民国代议机构及政府”列为第一章。前后相邻、地位相等的两篇采取两种不同的排列方法显然不妥。事实上，国民党泰州地方组织成立的时间还早于中共地方组织，何不可以都按事物发生顺序排列，将两篇统一起来呢？三是人物部分发现两点小毛病：1.姜仁惠名下兼记其子姜谔，理应按其他合传形式将姜谔之名列上标题。2.人物传、传略、名录、人物表等均是人物入志的形式，只是层次不同而已。《泰志》在人物传之后又收录60位烈士英名，但其中15人有传，属于交叉记述，应在篇下小序中加以说明，以便读者检索。四是篇内小附的用法不尽统一。全书共收18则小附，其中11个小附排上目录，7个未上目录，显得不够规范。这些或许是疏忽所致。笔者吹毛求疵，不足为戒，仅供编者参考而已。

（原文刊载于《江苏地方志》1999年第3期）

泰州市海陵区志（1988—2008）

泰州市海陵区地方志编纂委员会编。2007年7月启动编纂，2018年11月由南京出版社出版。主编沈子异、夏洪根、李国荣、孙黎，副主编陈晨、陆迎春、黄欣雁、胡安顺。总纂李国荣，副总纂曹卫民、吴伟、潘瑾、王顺国、张士忠。编辑卢惠雯、陆敏、董强、陈云燕、树慧敏、徐阿明、谈得平、仲跻唐、陈杰龄、袁同骥、曹瑞祥。

全书2册，240万字，图片472幅（志首193幅、随文279幅），表格502张。记述范围为2008年海陵区行政区域。1996年以原县级泰州市改设泰州市海陵区，该志为《泰州志》（1998年版）续志，记述上限为1988年，衔接前志，下限2008年。为体现事物发展的连续性和完整性，部分内容适当上溯。人物传略、志首图片延至2015年。述、记、志、传、图、表、录诸体并用，以志为主。志首设序、凡例、总述、大事记，志末设附录、编纂始末、索引。全志设31篇：政区、自然环境、环境保护、国土资源管理、人口、城乡建设、交通·水利、邮政·通信、经济综合管理、开放型经济·园区建设、农业、工业、电力、建筑业·房地产业、商贸服务

《泰州市海陵区志（1988—2008）》目录

业、财政·税务·金融、中共地方组织、地方人民代表大会、地方政府、政协地方组织、民主党派·工商联·群众团体、政法·军事、科学技术、教育、文化·体育·史志档案、卫生、人力资源与社会保障、民政、社会生活、方言、人物。

海陵是泰州的主城区，为突出海陵区城市变化，城乡建设篇重点记述城市发展、市政建设、公用事业、园林绿化等内容。海陵工业有辉煌的历史，孕育春兰、林海等知名企业，工业篇详细记述工业门类、乡镇企业等内容。在文化遗产保护章中记述大量文物以及非遗保护的内容，展现海陵区的悠久历史和文化传承。志书对改革开放的内容采用分散记述的方法，在农业、工业、商贸服务业3篇分别详细记述农村经济体制改革、工业经济体制改革、商贸体制改革的相关内容。设开放型经济·园区建设篇，记述招商引资、进出口贸易、对外经济技术合作、园区建设等内容。附录收录历代文献辑存、前志勘误，增强志书资料性。

（王顺国）

【编纂始末（节选）】

《泰州市海陵区志》编纂工作于2007年7月启动，编纂过程大体经历四个阶段：

一、前期准备阶段。2007年7月，区志编纂工作正式启动。根据《江苏省续修地方志工作规划》和省、市政府关于做好第二轮修志工作的通知精神，成立海陵区地方志编纂委员会，同时召开全区地方志编纂工作会议，区领导与各承编单位签订目标责任状，明确工作职责和目标任务。《海陵区志》编修工作全面启动。在征集各单位资料过程中，地方志办公室人员按区志资料征集大纲，明确分工，分块督查各承编单位资料稿完成情况，共同商讨并解答各承编单位在撰稿过程中碰到的诸多难题。坚持在进度上勤督促，业务上多指导，对重点部门进行重点帮助，选派得力修志人员驻经贸委、发改委、建委、国土海陵分局等部门征编资料，有力地推进了修志进度，提高了质量。2010年6月，征集资料360多万字，基本完成大部分资料稿征集工作。

二、初稿编写阶段。从2010年7月起，在征集资料稿的基础上，修改区志篇目，编成《海陵区志》资料长编，初步将区志设置为32个篇目并确定人员分工，先后多次召开研讨会，多次按资料调整修订区志篇目，及时化解部分重点篇章中悬而未决的难题。2012年6月，基本完成区志初稿编写工作。

三、分纂和总纂阶段。在分纂过程中，注意突出重点，将体现区志特色、亮点的部类作为分纂工作的重中之重。从2012年下半年起，先从经济和文化部类的各篇分纂突破，坚持每月召开一次研讨会，及时解决各篇分纂中的难题。同时，进一步增补资料，集中梳理汇总16家单位的补充资料，与承编单位对接、核实、甄别，保证资料真实性、完整性。2014年初，分纂工作在重点突破后全面推开，区党史方志档案办公室从内部抽调写作能力较强的年轻同志参与分纂，加快修志进度。至2014年8月，基本完成30篇约140万字的分纂稿。2014年9月启动总纂工作。一方面依靠自身力量，另一方面，争取外部力量，在市党史方志档案办公室领导的关心支持下，聘请修志和专业方面的专家参与区志总纂。在总纂进度上，按月制定攻坚计划，任务落实到人，倒计时考核。在总纂质量上，精心总纂全志，突出“四个注重”：注重锤炼特色亮点、主题主线、章节层次、词句用语；注重校正和规范数据、计量、名称；注重补充内容缺项、削减流水账；注重删削压缩，避免交叉重复，最大限度减少志稿“硬伤”。同时，根据各篇章的内容，多次反复调整修改打磨总篇目，精心编写全志总述。其间又征集照片1万多张，从中精选500多幅作为入志图片。经全体编修人员的共同努力，终于在2015年3月形成28篇、约120万余字的总纂稿。

四、评审和修改阶段。从2015年4月开始，对志稿进行初审。将各篇送交全区70多个承编部门单位，要求明确分管领导落实专人，重点围绕政治观点、框架结构、内容要素、记述方式、特色亮点等方面进行审核把关，并进一步增补资料，充实完善各篇内容。至2015年8月，初审工作完成。2016年8月，组织对志稿复审。采取先审读志稿，集中召开复审验收会议的形式，邀请熟悉海陵政治、经济、文化和社会发展相关部门单位、行业的领导和专家学者担任复审评委，各位评委从专业的角度，重点对主题、观点是否鲜明正确，事物要素、数据是否真实准确，内容是否漏记缺项，记述是否体现特色亮点，用语是否规范，篇目是否符合逻辑等六个方面逐一对志稿进行认真评审把关。在认真消化吸收评委们提出的审改意见并将其融入各篇的基础上，2016年10月形成区志终审稿。2016年12月2日，《泰州市海陵区志》通过泰州市党史方志档案办公室终审。区党史方志档案办公室将终审意见进行认真整理和分析归类，并多次向部分终审会评委请教，形成区志修改意见汇编。又经过近一年时间的删减增补，反复推敲琢磨，于2017年12月初形成《泰州市海陵区志》验收稿。2017年12月29日，《泰州市海陵区志》通过泰州市党史方志档案办公室验收。此后，区党史方志档案办公室组织精干力量成立志稿修改突击组，经过7个多月的反复修改完善，于2018年7月底形成区志审核稿，并于2018年8月初送省志办审核。是年8月20日，省志办下发《关于〈泰州市海陵区志（1988—2008）〉审核并同意报同级人民政府批准出版的批复》。10月，区政府批准出版。

泰州市高港区志

泰州市高港区地方志编纂委员会编。2007年8月启动编纂，2017年12月由方志出版社出版。主编李秀年、阙进、包志明，副主编卢峰、王小萍、朱家瑞、周昌军。编辑阙进、卢峰、查云富、高蓓蓓、俞德斌、孙乃庆、鞠介华、贾美明、陈敏。

全书2册，211.6万字，图片628幅（志首327幅、随文301幅），表格289张。记述范围为2018年高港区行政区域。泰州市高港区成立于1997年，作为该区首部志书，记述上限不限，因事而异；下限2008年，志首图片、大事记延至2016年。述、记、志、传、图、表、录诸体并用，以志为主。志首设序、凡例、总述、大事记，志末设附录、索引、编后记。全志设31篇：政区·自然环境·人口、交通·运输、泰州港高港港区、水利、邮政·电信、城乡建设、国土资源管理与环境保护、经济综情、农业、工业、扬子江药业集团、建筑业与房地产、商贸服务业、金融业、财政·税务、经济综合管理、中共地方组织、地方人民代表大会、地方人民政府、政协地方组织、其他党派群团、公安·司法、军事、科技·教育、文化·体育、卫生·计划生育、人力资源管理、社会生活、

《泰州市高港区志》目录

方言、街道·镇、人物。

为突出地方特色，设泰州港高港港区篇，记述港区建设、设施设备、港口运营管理，体现高港的滨江港口特色；升格设扬子江药业集团篇，记述企业沿革规模、企业管理、科技进步与创新等内容，展现其作为全国医药行业龙头企业风采；水利篇、交通·运输篇、军事篇分别突出记述南水北调东线水源工程、泰州长江公路大桥、渡江战役与人民海军诞生，地方特色鲜明。为体现时代特征，设经济综情篇，记述外向型经济、经济开发区等内容，在相关章节分散记述涉及改革开放的内容。为增加记述深度，志书把和正文紧密相关的资料以附录的形式随文而出。志首图片设城市荣誉、重大纪事、实力高港、精致高港、魅力高港、幸福高港，选图精当，编排新颖。

（查云富）

【编后记（节选）】

《泰州市高港区志》为高港区首部区志，上限尽力追溯事物源头，下限至2008年。编纂工作自2007年正式启动至2017年出版发行，前后历10年，大致可分为4个阶段。

第一阶段：准备阶段（2006年6月至2007年12月）。2006年下半年，高港区史志档案办公室根据江苏省人民政府办公厅《关于做好新一轮地方志编纂工作的通知》（苏政发〔2005〕84号）和泰州市人民政府《关于做好新一轮地方志编纂工作的意见》（泰政发〔2005〕134号）以及省、市地方志工作会议精神，开始筹划《泰州市高港区志》编纂工作。先后组织人员开展学习调研活动，制定区志篇目草稿及任务分解初步方案；召开区志编纂工作研讨会，就区志篇目及任务分解征求各方意见，对区志框架结构作修改完善。2007年8月，区委、区政府调整了地方志编纂委员会组成人员。区委办公室、区政府办公室出台《关于印发〈高港区志〉编纂实施方案、任务的通知》，明确编纂的指导思想和工作体制、体例、结构、步骤措施、编纂要求，以及84个承编单位的编写任务。8月29日，区政府召开区志编纂工作动员会议，区长作动员讲话，分管副区长作具体部署，区志编纂工作正式启动。会后，区史志档案办公室组织精干力量，成立专门修志工作班子；举办全区首期地方志业务培训班，邀请专家授课；不定期编写《修志工作简报》，通报修志工作情况，交流先进单位工作经验，介绍修志业务知识。各承编单位相应建立修志工作领导小组，落实撰写人员。至当年12月，准备阶段各项工作结束。

第二阶段：资料征集和部门（园区、镇街）志稿编纂阶段（2008年1月至2013年9月）。2008年1月，区史志档案办公室成立业务指导小组，对各承编单位资料搜集、初稿撰写工作进行跟踪指导。因高港建区前为乡镇建置，资料多散佚在扬州市、泰州市、泰兴市、姜堰市等地，区史志档案办公室组织人手帮助各单位到上述地区外调资料，共查阅四地图书馆、档案馆图书档案资料近2000卷（册），收集文字资料80余万字、图片近4000幅。同时，区史志档案办公室完成大事记、政区、人物志、附录等区志公共部分的资料搜集和整理任务。2000—2002年，区史志档案办公室着力编纂《高港概览》，积累了一部分富有参考价值的基础性资料。2009年10月21日，区政府召开修志工作督查推进会，着力解决“部分单位重视不够”“资料征集和部门志稿编纂进展较慢”等问题。2011年、2012年，区委、区政府出台区志工作考核细则，引入大比分考核机制。区史志档案办公室充实修志班子，改进工作方法，经常性开展学习活动，进一步优化指导方案、细化资料征集整理报送要求。2012年8月10日，区委、区政府再次召开编纂工作推进会，通报区志编纂进程，指出存在的问题，区委分管常委对区志编纂工作作再动员讲话。8月11日，区史志档案办公室集中各承编单位修志人员召开培训会，分析各部门（单位）稿件存在的共性问题，并提供切实可行的解决办法。培训会后，编辑人员分头到各承编单位开展个性化辅导，提供个性化样稿。一系列举措使征编工作取得突破性进展，至2012年10月，除工业、商贸服务业、金融业、供电、泰州长江公路大桥、渡江战役与人民海军诞生等少数篇章外，绝大部分篇目的资料征集基本到位，各承编单位开始部门（园区、镇街）志稿编纂。其间，区史志档案办公室编辑人员加大与各承编单位编写人员的对接力度，在每一篇部门（园区、镇街）志稿件纸质版或电子版上均标注明细的修改指导意见，对接的轮次少则10余次，多则上百次。至2013年9月，绝大部分承编单位基本完成部门（园区、镇街）志稿编纂任务，文字总量近800万字。

第三阶段：分纂、总纂和初审阶段（2013年10月至2015年10月）。2013年10月起，开展志稿分纂工作。区史志档案办公室成立由主任、分管副主任、业务骨干和外聘专家组成的4人分纂组，分别负责基础、经济、政治、社会人文4个部类的编纂工作，从观点正确、结构合理、资料齐全、归类得当、特色鲜明、撰写规范和文字标点准确等方面进行严格细致的把关。针对仍需修改补充的稿件，区史志档案办公室牵头开展部门（园区、镇街）志稿评审活动，力促承编单位完善稿件。特别是调拨专门力量，克服重重困难，开展实地走访调研，帮助有关单位进一步征集资料，完善工业、商贸服务业、渡江战役与人民海军诞生、泰州长江公路大桥等篇章的编纂。其中工业篇编纂历时6个月，共走访列统企业200余个。其间，区委、区政府分管领导多次帮助协调解决突出矛盾和问题。至2014年8月，基本完成分纂任务，启动总纂工作。由外聘专家和分管副主任组成2人总纂小组，按照文风统一的要求进行编辑，集中解决交叉重复、畸轻畸重等问题，增补或删减篇下序、章下序。至2015年初，形成总纂初稿，文字总量300万字。2015年3月，启动初审工作，组织各部门（单位）审核总纂初稿。制定初审任务分解表，区委办公室、区政府办公室印发开展区志初审工作的通知，区史志档案办公室举办初审业务培训班。各部门（单位）成立由最熟悉情况人员组成的审稿小组，开展审稿工作，分管负责人和主要负责人层层把关。经济综情、工业、建筑业、商贸服务业、社会生活、方言等篇由区史志档案办公室外聘专家开展审核工作。对涉及多部门的稿件，召开相关单位联合审稿会。至2015年6月，初审工作完成。在开展初审工作的同时，针对区志稿件较为粗放、结构不够合理等问题，聘请省方志办专家进行二轮总纂。至2015年10月，二轮总纂工作完成。

第四阶段：复审、终审、验收、出版阶段（2015年11月至2017年12月）。2015年11—12月，开展复审工作。由区地方志编纂委员会办公室函请有关新老领导和社会知名人士分类审阅复审稿。同时组织各承编单位新老负责人审核相关稿件。12月，多批次召开志稿复审会议。区史志档案办公室组织人员对复审意见逐一梳理分析，对稿件进行修改完善。按照中国地方志指导小组颁布的《地方志书质量规定》，逐篇、逐章、逐节、逐目过堂，进一步优化篇目、增补资料、规范记述，经反复校对修改，至2016年6月，形成终审稿。2016年7月，区史志档案办公室向泰州市党史方志档案办公室提交《泰州市高港区志（终审稿）》，泰州市党史方志档案办公室组织10人专家组开展审稿工作。9月20日，泰州市党史方志档案办公室在高港区召开终审会，同意《泰州市高港区志》通过终审。会后，区史志档案办公室根据终审意见，对区志稿件作进一步修改完善。2017年，适逢建区20周年，区委、区政府主要领导和分管领导对区志编纂工作更为重视。3月10日，召开全区党史地方志档案工作会议，副区长主持会议，区委副书记对区志编纂工作提出新要求。4月，区委、区政府将《泰州市高港区志》出版发行列入建区20周年系列活动，协调解决了区志出版经费等事项。区史志档案办公室也进一步加大工作力度，做到多管齐下，致力打造精品良志。包括：将区志稿送方志出版社审稿；聘请泰州市方志专家对区志稿件进行再统稿，对框架、内容、文字再把关；结合方志出版社和泰州市方志专家意见，集中力量精编精纂；组织力量开展配图、文字校对、排版设计等工作；集体讨论凡例、总述、编后记和相关人员名单。6月，区志通过方志出版社审定。10—11月，通过泰州市党史方志档案办公室验收和江苏省地方志办公室审核。11月，定稿，总字数211.6万字。经区委、区政府批准，12月出版发行。

泰县志

《泰县志》目录

泰县县志编纂委员会编。1986年7月启动编纂，1993年10月由江苏古籍出版社出版。主编胡曦雯，副主编洪惟泰、陈芳初、王家驯。全国人大常委会原副委员长彭冲为志书题签。

全书1册，131.1万字，图片87幅（志首64幅、随文23幅），表格209张。记述范围为1987年泰县行政区域（主要为今泰州市姜堰区）。为保持历史的连续性和完整性，对民国时期县域范围的主要历史事物，亦作适当记述。记述上限一般为民国元年（1912），建置区划、自然环境等篇贯通古今，下限1987年，大事记、人物篇延至1991年。述、记、志、传、图、表、录诸体并用，以志为主。志首设序、凡例、概述、大事记，志末设编后记。全志设25篇：建置·区划、自然环境、居民、农业、水利、工业、交通邮电、能源、商业、粮油、经济管理、财税·金融、城乡建设、党派社团、政权·政协、公安·司法、民政、人事·劳动、军事、教育·科技、文化、卫生·体育、风俗·宗教、方言、人物。

为体现水乡特色，志书设水利篇，重点记述里下河地区和通南地区水利建设。设粮油篇，记述粮油市场、粮食收购、粮油储运等内容，体现泰县粮食贸易特色。为突出泰县乡土风情，文化篇设民间文艺章，记述灯彩、音乐、民谣、谚语、曲艺等内容；设文物章，记述泰县的革命纪念地、古遗址、古建筑等内容。设风俗·宗教篇，记述生活习俗、岁时习俗、婚丧喜庆、行业习俗等内容，会船作为泰县里下河地区较为普遍的民间习俗，单列会船节章记述。同时设新事录章，记述好人好事。

（周冰洁）

【编后记（节选）】

《泰县志》是继《民国泰县志稿》后，以姜

堰为记述中心的唯一正式出版的志书。她的编纂，始于1980年。1986年7月，县政府调整县志编纂委员会及办公室，单独建制，并召开全县第一次地方志工作会议。会上，县志编纂委员会主任、县长张大经对修志工作作出具体部署。承担县志编纂任务的县直机关70多个单位和部门，明确分管负责人，陆续配备修志人员，成立工作班子，共有120多人参加。县志办公室编写《泰县志编纂工作方案》《县志资料征稿启事》《泰县志》纲目（讨论稿）等，初步确定《泰县志》下限及征集资料的范围，举办业务培训班，指导全县的修志工作。1987年、1989年县政府两次调整县志编纂委员会。县志编纂委员会主任、县长王忠裕强调修志是为人民办的一件实事，将其列为政府必办的实事之一。此后，全县修志工作迅速展开，县志办公室和各有关单位相互配合，共同协作，先后到中国第二历史档案馆、南京图书馆、扬州图书馆、泰州及县档案馆、图书馆等处，查阅各类档案800余卷，报刊史料1000余册（张），并结合编写《淮东古邑——泰县》《泰县方志言》《姜堰古镇风情录》等，征集了大量资料，同时参与乡镇工业志、水利志、民政志、教育志、工会志、物资志、金融志、邮电志、供电志、医药志、公安志、粮油志、法院志、商业志、供销志、政协志等专业或部门志的编纂、研讨、修改，在实践中进一步提高修志业务水平。1989年5月，县长办公会议对县志工作进行了专题讨论，县志编纂委员会主任、县长范德富强调要在保证质量的前提下加快修志进度。

承担修志任务的各个部门和单位，在完成初稿后，由负责人主持，邀请熟悉情况的老同志、业务骨干座谈，认真核实、审定。有的还将志稿派人或寄送上门征求意见。县统计局对所有数据进行了复核。1990年5月，县政府聘任《泰县志》主编、副主编，聘请10多位担任过县级机关部门领导工作的老同志为特约审稿。同时通过聘请、借调等方式，充实县志工作人员，主编到职到位，在全体修志工作者的共同努力下，终于在1991年年底完成了《泰县志》送审稿。

1992年4月，县政府邀请省、市地方志办公室领导和专家评审组莅泰，对《泰县志》进行评审。与会领导、专家学者一致认为，新编《泰县志》观点正确，资料丰富，编排合理，详略得当，文笔流畅，较好地吸收了前期志书的长处，共性之中有创新之意，平实之中常有精彩之笔，有较强的可读性。同时，提出了数百条修改意见。此后，县志办公室在县城的老干部活动室、图书馆阅览室、政协老委员联谊会、溱潼镇文化站等处设点陈列县志稿，广泛征求社会各界的意见，又经主编班子6个多月的认真修改定稿。1993年初经省、市地方志办公室验收合格，交由江苏古籍出版社出版。

姜堰市志（1988—2007）

《姜堰市志（1988—2007）》目录

《姜堰市志》编纂委员会编。2007年6月启动编纂，2016年11月由方志出版社出版。主编严文富，副主编谢劲柏、时金昌，执行主编谢劲柏。总纂合成严文富、谢劲柏、时金昌，分纂谢劲柏、时金昌、葛荣松、杨晨、刘荣彬、包雁秋、黄顺荣、周美娟、徐小丽。

全书2册，298.4万字，图片477幅（志首157幅、随文320幅），表格481张。记述范围为2007年姜堰市行政区域。该志是《泰县志》

（1993年版）的续志，记述上限1988年，衔接前志，下限2007年。为保持事物发展的连续性和完整性，部分内容适当上溯和下延，前志缺载事物记自发端。述、记、志、传、图、表、录诸体并用，以志为主。志首设序、凡例、总述、大事记，志末设附录、索引、编后记。全志设37篇：建置区划·自然环境、人口·计划生育、环境保护、国土资源管理、水利、城乡建设、供电业·供水业·供气业、交通运输、邮政·通信、经济综述、开放·开发、农业、工业、建筑业·房地产业、商贸服务业、旅游业、金融业、财政·税务、综合经济管理、中国共产党地方组织、地方人民代表大会、地方人民政府、地方人民政协、工商联·群众团体、政法、军事、民政、人事·劳动和社会保障、科学技术、教育、文化、卫生、体育、民俗·宗教、人民生活、人物、乡镇。

该志为反映地方特色，志书记述了溱潼会船节、河横菜花节、溱湖八鲜美食节、泰州华侨城、溱湖湿地、天目山遗址、劳动号子、面塑、砖雕等。增设部分篇章，凸显新事物、新产业、新行业地位。将旅游业单独设篇，浓墨重彩反映姜堰旅游业发展实况。篇目设置突出改革开放主旋律，彰显时代特征。如农业篇设农村经济体制改革节、工业篇设体制改革章、商贸服务业篇设商贸流通体制改革章等，既充分反映经济领域中改革成果，又不割断经济发展与改革创新的联系，使改革与发展融为一体，相辅相成；将开放·开发单立成篇，设对外及港澳台经济贸易、开发园区建设、招商引资3章。经济综述篇设国民经济总况章，记述地区生产总值、农业生产总值、工业生产总值、第三产业增加值、固定资产投资、社会消费品零售总额、地方财政收入等内容，内容全面，宏观系统。地方人民政府篇中的施政纪略章，全面记述各个时期的施政方针，较有特色。设经济综述、人民生活2篇，重点记述20年间姜堰市民生建设方面的发展情况。新增生态环境建设、土地市场、镇村建设、精神文明创建、基层自治组织建设、科技产业等章节。同时，注重市委重大决策、政府施政纪略、房地产开发、社会保障、溱潼会船等章节的扩容。

2020年，该志在江苏省地方志书质量评定中被评为优秀成果。

（周冰洁）

【编后记（节选）】

2007年，按照江苏省和泰州市统一部署，市委、市政府决定启动第二轮地方志编纂工作，并纳入政府工作计划。《姜堰市志（1988—2007）》历经组织发动、资料收集整理、初稿编写、分纂统稿、总纂合成、评审验收，前后9度寒暑春秋，2017年2月终于付梓面世。全志主体37篇，志首设彩页、总述、大事记，后缀附录、索引、编后记，约300万字。

2007年6月，市政府召开全市二轮修志工作动员会议。12月，建立《姜堰市志》编纂委员会，下设办公室。随后，《姜堰市志》编纂委员会办公室在认真调查论证基础上，根据姜堰市经济社会发展状况，确定市志承编单位为124家，并分别与各承编单位进行对接，建立160多人的修志队伍。接着，对各承编单位修志人员集中培训，聘请方志专家到会传授搜集、整理、考订、撰写资料长编的做法和经验。《姜堰市志》编纂委员会印发《姜堰市志（1988—2007）》编纂工作指导性意见，确定2008年为资料搜集整理年。《姜堰市志》编纂委员会办公室根据各承编单位工作内容，拟订《姜堰市志（1988—2007）》纲目初步方案，并聘请3名老同志配合市史志档案办公室，分乡镇和机关部门两大块对资料收集整理工作进行跟踪督查，对承担“章”以上编纂任务的单位逐一面谈或上门指导，推进修志进度，提高志稿长编质量。至2008年年末，乡镇初稿完成率超过50%，部门初稿完成率超过60%。2009—2010年，姜堰市修志工作受市史志档案办公室办公条件影响，主要是对各承编单位资料长编进行补充、完善。至2010年年末，基本完成承编志稿评审修改工作。

2011年8月，随着市史志档案办公室办公条件的改善，姜堰市修志工作进入快车道。8月下旬，特邀一名省方志专家担任编审，同时聘请6名（后增加1名）有一定社会阅历和文字功底的老同志，组成新的市志编纂工作班子，并明确按照特邀编审编纂要求，实行执行主编总把关的运行机制。9月起，进入试分纂阶段。首先，确立分纂指导思想，遵循志书体例规范，全面准确地记述姜堰市20年间自然、政治、经济、文化、社会等各个方面所发生的变化，尤其要记述改革开放取得的新成就和形成的新特点，充分体现时代精神和地方特色，确保志书具有资料性、实用性、著述性、学术性、可读性。其次，确定志书篇目，设篇、章、节、目4个基本层次，一般以目为记述实体，部分以节或子目为记述实体。篇首设篇下无题序，从宏观角度记述行业概貌，体现事物发展的主要特点和规律。篇目按自然、基础建设、经济、政治、文化与社会顺序依次排列。再次，明确以第一手档案资料为主入志，部分采用书刊、文献及实物等，在核实核准史实的基础上，统一体例、统一文风、统一版式等。以详略得当的手法记述各行各业、各个方面的实际情况，尽量完整记述事情的来龙去脉和转折点，反映事情发展脉络，不拘泥于篇章的幅度。总体思路确定后，全体编纂人员实行“量身”分工，具体任务落实到人，要求每人先拿出1~2篇分纂样稿请专家点评，找出问题，总结经验，统一思想。

2012年1月起，《姜堰市志（1988—2007）》正式进入分纂阶段。该阶段分两步走：第一步，根据继承与创新相结合的原则，对原有篇目进行修改和调整，形成分纂篇目。一是继承和保留前志部分篇章。如“农业”“水利”“工业”“综合经济管理”“城乡建设”“民政”“文化”“风俗宗教”“人物”等篇，但这些篇的章节则根据事业发展情况作适当调整。二是调整、合并、提升前志部分篇章。按照分类科学、归属合理、体量均衡、排列有序的原则进行安排，力求全面、准确记述事物的全貌。如“建置区划”“自然环境”两篇合并为“建置区划、自然环境”一篇，“商业”“粮油”两篇合并为“商贸服务业”一篇等。“交通运输业”“建筑业·房地产业”“邮电通信”“中国共产党地方组织”“地方人民代表大会”“地方人民政府”“地方人民政协”“金融业”等由原来的章升格为篇。将在国民经济和社会发展中发挥重要作用的“人口·计划生育”“国土资源管理”“环境保护”单独设篇，完整反映20年间姜堰市贯彻实施“基本国策”情况。三是增设部分篇章，凸显新事物、新产业、新行业地位。如姜堰旅游业在泰州市所辖4市2区中，起步最早、资源最丰富、成效最显著，溱湖风景区在“长三角”地区有很高的知名度，已成为姜堰的一张特色名片，故将“旅游业”单独设篇，浓墨重彩反映姜堰旅游业发展实况。将前志“能源”篇改设为“供电业·供气业·供水业”篇；新增“经济综述”“人民生活”篇，重点记述20年间姜堰市民生建设方面的发展情况。新增“生态环境建设”“土地市场”“镇村建设”“精神文明创建”“基层自治组织建设”“科技产业”等章节。同时，注重“市委重大决策”“政府政事记略”“房地产开发”“社会保障”“溱潼会船”等章节的扩容。第二步，突出改革开放主旋律，彰显时代特征和地方特色。如设立“农村经济体制改革”“企业体制改革”“商业流通体制改革”等章，既充分反映经济领域中改革成果，又不割断经济发展与改革创新的联系，使改革与发展融为一体，相辅相成；将“开放开发”单立成篇，设“对外及港澳台贸易”“开发园区建设”“招商引资”章节。同时，增加姜堰地方特有内容记述，如溱潼会船节、河横菜花节、溱湖八鲜美食节、泰州华侨城、溱湖湿地、天目山遗址、劳动号子、面塑、砖雕等。对编纂难度较大的“商贸服务业”“中国共产党地方组织”“地方人民政府”等篇进行专题研讨，做到缺什么、补什么。至2014年1月，完成分纂统稿。其间，有5名聘请的老同志因多种主客观原因先后离开编纂队伍。

2014年1月起，《姜堰市志（1988—2007）》分纂稿进入审查和修改阶段。主要采用三种方法：一是将志稿发回承编单位，要求组织专门力量进行修改、补充、审查、确认。二是请专家通篇点评、指导、修改。三是编纂人员进行全面、细致修改，解决体例、结构、数据、文字、语言、逻辑等方面的问题，解决交叉重复、归属不当、分合失度等问题。

2014年10月起，《姜堰市志（1988—2007）》进入总纂合成阶段。建立三人总纂合成小组，以集中与分散相结合的方式，每人将志稿从头到尾、逐字逐句审改一遍，重点注重解决5个方面的问题：一是注重记述内容观点正确，运用资料准确无误、真实可信。史实、数据有差错或不一致的地方，坚持调查考证后予以纠正。二是注重记述内容系统、全面性，保证基本要素齐全，做到纵向上下连接到底、主线不断，横向左右记述到边、主项不缺。内容缺失的尽量补齐。三是注重记述内容详略得当，突出重点，兼顾一般，对主线、主干内容记清起始、发展、演变和现状，体现时代特点、地方特点和行业特点，对非主干内容略记或不记。四是注重妥善处理敏感性问题，慎重对待，尽量不留破绽。五是注重行文统一规范，如计量单位、表题、表号、标点符号等。总纂合成成员发现问题及时解决，一人不能解决的问题由三人集体讨论，形成一致意见。同时，面向社会征集入志图片，精心筛选随文图片，力求图片与文字相辅相成。至年末，基本完成《姜堰市志（1988—2007）》总纂工作。2015年2月，完成两轮校对。3月上旬，形成《姜堰市志（1988—2007）》终审稿，送专家审稿把关，并报请泰州市党史方志档案办公室终审。2015年5月15日，《姜堰市志（1988—2007）》通过泰州市党史方志档案办公室终审，报省地方志办公室备案。随后，执行主编根据终审意见，整理修改建议340多条，总纂合成小组逐条逐项进行对照修改落实，调整优化志稿结构，进一步统一行文规范。同时，请专家对《姜堰市志（1988—2007）》终审稿通篇进行修改。2015年12月，《姜堰市志（1988—2007）》通过泰州市党史方志档案办公室验收。同时，报请方志出版社审稿。2016年5月起，编纂人员根据方志出版社编辑、专家审查意见，对《姜堰市志（1988—2007）》志稿再进行系统修改完善，着重在规范上下功夫，努力降低差错率，实施多轮校对，自校、互校、交叉校、专项校（如数据、人物等）相结合，直至正式定稿。2016年8月至2017年1月，《姜堰市志（1988—2007）》经方志出版社和全国方志专家审定，认为：“《姜堰市志（1988—2007）》遵循了新编地方志的编纂原则。全书指导思想明确,体例规范;布局合理,分类科学;资料丰富,选材得当;记述全面,脉络清楚;行文谨慎,语言简练,融资料性、可读性于一体,是一部质量精良的地情全书。"

纵观漫漫修志路,我们深感编纂志书既是一个艰辛探索、潜心磨砺的过程,又是一种艰苦而又细致的劳动,更是一项党和人民赋予的苦尽甘来的光荣使命。清代方志大家章学诚认为修志有"五难":"清晰天度难,考衷古界难,调剂众议难,广征藏书难,预杜是非难。"二轮修志,我们体会有"八难":全面发动平衡难,编排纲目得体难,采集资料齐备难,调集懂行编手难,编纂班子稳定难,避免交叉重复难,行文书写规范难,统计数据确切难。在分纂过程中,由于纲目设计要求变化,原各承编单位所供志稿与新纲目所需内容有的相距甚远,为确保记述内容的真实完整,分纂人员不得不重新翻阅馆藏档案,反复向承编单位征集资料。

兴化市志

兴化市地方志编纂委员会编。20世纪80年代初启动编纂,1995年6月由上海社会科学院出版社出版。主编石锦坤、吴兆寿,副主编张炳钊、吴增中,编辑程丽兰、杨世森、崔敏。

全书1册,160万字,图片144幅(其中志首113幅、随文31幅),表格266张。记述范围为1990年兴化市行政区域。记述上限因事而异,必要时适当上溯,下限1990年,大事记延至1994年3月。述、记、志、传、图、表、录诸体并用,以志为主。志首设序言、凡例、概述、大事记,志末设综录、后记。全志设28篇:建置区划、自然环境、人口、经济综述、农业、水利、工业、交通、邮电、城乡建设、商业、财政·税务、金融·保险、经济管理、政党社团、政务、民政、劳动人事、治安·司法、军事、文化、教育、科学技术、卫生、体育、方言、姓氏·民俗·宗教、人物。

兴化位于江淮之间,地处里下河腹地,是国家商品粮和优质棉生产基地县(市)之一,志书设农业篇,重点记述种植业、林业、畜牧业、渔业、副业的发展状况,体现"鱼米之乡"的地域特色;设水利篇,记述河道治理、农田水利建设、排灌设施、抗旱排涝。尤其以附的形式收录兴化民工参加流域性工程概况,包括治淮、江水北调、马汊河分洪道工程,有一定的历史资料价值。工业篇、商业篇内容丰富,全面记述该市的主要产业和特色产业,也有很强的时代特色。综录收录文献、诗文辑存、旧志序、故事谣谚等,资料类型多样、信息量大。

1997年,该志获江苏省地方志奖优秀奖。

(贺益梅)

兴化市志(1991—2010)

兴化市地方志编纂委员会编。2007年4月启动编纂,2017年12月由方志出版社出版。主编陈友光,副主编洪卫、姚桂本、陈莉、张炳钊、陈辉。总纂洪卫,副总纂张病钊、陈辉。编辑孙东圣、贺益梅、孔颖、朱存安、易楠希、赵爱华、韩董伟、杨四海。

全书2册,256.9万字,图片502幅(志首127幅、随文375幅),表格416张。记述范围为2010年兴化市行政区域。该志为《兴化市

《兴化市志》目录

志》（1995年版）的续志，记述上限1991年，衔接前志，部分内容适当上溯，补记前志遗漏内容时尽量追溯至事物发端；下限2010年，大事记、志首图片延至2017年。述、记、志、传、图、表、录诸体并用，以志为主。志首设序、凡例，志末设索引、编后记。全志设32卷：总述、兴化纪事、政区·人口、水乡地理、国土资源管理·环境保护、水利、交通、城乡建设、经济综情、农业与农村经济、工业·建筑业、不锈钢产业、商贸服务业、邮电信息业、金融业、财政·税务、经济综合管理、中共地方组织与群众团体、人大·政府·政协、政法·军事、科技、教育、文化、文化遗产、体育、卫生、社会管理、社会生活、精神文明建设、人物、乡镇概览、丛录。

为体现地方特色，志书设水乡地理卷，并前置为第四卷，记述湖荡河流、生态景区、兴化特产等内容，尤其是对垛田与千垛菜花景区、李中水上森林景区、兴化大闸蟹等进行重点记述，突出里下河水乡特色。兴化是传统农业大县，志书设农业与农村经济卷，重点记述种植业、水产业、蚕桑林业、农业机械、农业综合开发、农村经济管理等内容，记述全面，特色突出。水利是兴化经济社会发展的生命线，除加大水利卷篇幅，还在兴化纪事卷，设《1991年兴化抗洪纪实》。专设不锈钢产业卷，记述产业发展、园区和专业市场建设、产业科技、企业与产品等内容，体现该市的主导产业发展状况。商贸服务业卷设生活服务业、商务服务业等章，分类比较有特色。设文化遗产卷，记述历史街区和历史文化名镇、古建筑与名人故居、民间文学艺术、传统手工技艺、民俗遗产等内容，体育卷设国际象棋之乡章，在文化卷记述兴化文学现象，反映兴化地方特色。设经济综情卷，记述经济体制改革、招商引资、经济开发区、对外经济贸易合作等内容，体现时代特征。设社会管理卷，把劳动管理、社会保障、社会救助、基层自治、老龄事业、残疾人事业、人口控制等内容融为一卷，体现时代发展和社会治理意识。总述、兴化纪事、丛录分别以述、记、录体裁单独设卷，将传统的大事记改设为兴化纪事卷，丛录收录兴化文化研究调研报告，有一定研究和存史、资政价值。另有前志勘误，体现编者严谨的工作作风。

《兴化市志（1991—2010）》目录

（贺益梅）

【编后记（节选）】

2006年，根据《江苏省续修地方志工作规划》要求和省人民政府、泰州市人民政府关于做好二轮修志工作的通知精神，经市委、市政府研究同意，决定开展新一轮修志工作。在学习、参考其他县市经验、做法的基础上，规划设计出兴化市志篇目大纲，并制定详尽的市志编纂实施方案。经过一年多的调研准备，2007年4月，市委办、市政府办印发《关于组织开展〈兴化市志〉编纂工作的通知》，明确编纂工作实施方案。2007年4月24日，兴化市人民政府专题召开《兴化市志（1991—2007）》征编工作动员会议，市四套班子领导和各部门、各乡镇分管负责人出席会议。会上全面回顾兴化市修志工作的历史，研究和部署各承编单位下一阶段工作任务和做法。为确保工作落实到位，从组织上确保市志续修任务的顺利完成，市政府分别与各部门签订责任状，进一步强化“一纳入、五到位”的责任意识。

为进一步推进《兴化市志（1991—2007）》征编工作进度，2007年6月中旬，兴化市史志档案办召开在城机关以口为单位、乡镇以片为单位的征编工作督查会，检查和了解各单位在市志续修工作中组织建立、资料收集等情况，10月下旬进行第二次检查过堂，重点检查各单位修志工作落实情况。2008年4月，结合《兴化年鉴》征编督查会，重点了解和督促志稿编撰进度。综合三次检查情况，绝大多数乡镇、机关单位都能在市志续修班子建立、人员落实后，迅速搜集相关材料，积极撰写市志文稿。

2007—2008年，为强化市志编纂队伍建设，做好市志撰稿人员的业务培训工作。兴化市史志档案办邀请省地方志办公室专家到兴化对市志撰稿人员进行上岗前业务培训，做到"先培训后上岗"，进一步提高市志编修人员业务水平和素质。针对部分乡镇合并及工作脱节状况，积极编纂乡镇样稿，通过参照周边地区及本地实际情况，与有关乡镇磋商，拿出通稿，并推广到各乡镇。

2008—2011年，《兴化市志（1991—2007）》编纂工作进入资料征集、初稿撰写阶段。在此期间，重点抓好专题辅导、典型引导、交流互动。每年上半年对各乡镇、各部门的市志工作进行督查推动并提出修改意见。下半年，对各乡镇和部门单位进行点对点反馈，以引起相关部门领导重视，督促相关编纂人员加快工作进度。2011年初，形成《兴化市志（1991—2007）》资料稿30篇500多万字。

2010年，根据实际情况，重新制定纲目并请专家审核后实施。同时，考虑到2010年为五年计划的最后一年，兴化市史志档案办自我加压，将下限从2007年延续到2010年，从而大大增加了工作量，延长了编纂时间，增加了编纂难度。

2011—2014年，《兴化市志（1991—2010）》编纂工作进入分纂（结合总纂）阶段。从2011年4月起，对已送稿件进行分纂审稿，逐个单位、逐个乡镇提出修改和调整意见，形成反馈函，并与各单位对接，及时进行上门指导，对缺失材料进行追缴。对已送稿件，组织人员进行审稿，能修改调整的及时在稿件上进行修改调整，及时反馈修改完善意见给供稿单位；不能修改调整的提出修改调整意见，迅速发回到原单位进行重新编纂。邀请熟悉方志业务的老同志参与审稿和把关工作，保证分纂（结合总纂）工作顺利开展。至2014年10月底，《兴化市志（1991—2010）》经过数次易稿，全篇基本完成总纂。2014年11月形成《兴化市志（1991—2010）》第一次送审稿。2014年底组织召开《兴化市志（1991—2010）》初审。

2015年，根据初审会专家评委提出的意见，进行详细的梳理，从篇目布局、章节调整，到内容补充完善，乃至于到计量单位、标点符号，均制定了修改方案，并根据修改方案，逐篇进行编纂修改。2015年底形成《兴化市志（1991—2010）》复审稿并组织复审。

2016年，进一步做好志稿的补充、修改和核实工作。同时从谋求规范与彰显特色出发，在吸收专家意见的基础上，对《兴化市志（1991—2010）》纲目再次进行修改完善，增加了《不锈钢产业》《文化遗产》两个反映兴化地方特色的篇章。同时，还在相应卷章中，把"生态景区""兴化特产""中国历史文化名镇——沙沟镇""国际象棋之乡"等升格为章或节，力求把兴化"国家级生态示范区""中国不锈钢之乡""中国国际象棋之乡""江苏省历史文化名城"等地方名片在市志中充分体现，并将传统的大事记改设为"兴化纪事"卷，其中单设"1991年兴化抗洪纪实"。2016年底，组织召开《兴化市志（1991—2010）》终审会议。

2017年，终审会结束后，梳理终审专家意见，组织进一步修改调整。5月底，组织完成市志招标工作。6月中旬，将市志文稿送厂排版，并加强督促和标准化规范要求。在组织数次样稿审核后形成验收稿。10月底，泰州市史志档案办组成验收组对《兴化市志（1991—2010）》进行验收并顺利通过。11月，根据验收组意见，再次对《兴化市志（1991—2010）》进行加工。12月形成审核稿报省方志办审核并通过。12月中旬，方志出版社通过对《兴化市志（1991—2010）》的审稿并发放书号。

靖江县志

《靖江县志》目录

靖江县志编纂办公室编。1986年5月启动编纂，1992年11月由江苏人民出版社出版。编审刘中秀，主编郭寿明，副主编王勤耕、丁沪建、严华龄、盛嵩如（兼）。编辑叶丽华、陈汉泉、陈丽萍、侯松照、陆尔铨、夏雨农、丁金隆、常永明、高义明、刘钢、张人杰、吴根元、尤伟仁、张曾智、张竹溪、邵贵谦。

全书1册，139万字，图片59幅（集于志首），表格261张。记述范围为1987年靖江县行政区域。记述上限追溯事物发端，下限1987年，大事记延至1990年。志首设序、凡例、总述、大事记，志末设附录、后记。全志设26篇：建置区划、自然环境、人口、经济综合管理、农业、水利、工业、建筑安装·海洋工程、交通·邮电、城乡建设·环境保护、商业、财政·金融、政党社团、政务、民政、劳动·人事、治安司法、军事、教育、文化、科学技术、卫生、体育、社会、方言、人物。

为突出地方经济特色，志书设建筑安装·海洋工程篇，记述靖江建筑安装的施工、管理、队伍等内容和海洋工程作业、队伍、设备保障、经济效益等内容。农业篇设渔业章和县属场圃章，尤其是县属场圃章记述县农业改良场、县养蜂场、县苗圃场、县水产养殖场等8个特色场圃，地方特色鲜明。水利篇设河道治理章和治江防洪章，体现沿江特色。工业篇记述内容丰富，涉及机械工业、纺织工业、电子电气制造工业等；设乡镇工业概况章，记述乡镇工业发展规模和历程。社会篇记录人民生活、姓氏家庭、宗教、帮会、风俗习惯、民间歌谣、故事传说、谚语、歇后语等，丰富对社会领域资料的收录。

1993年，该志获全国新编地方志优秀成果二等奖。

（顾鑫昱）

【后记（节选）】

新编《靖江县志》经过5年的编纂，终于出版问世。以下数据，可以说明这项工程的浩大。组织工作：为县志提供资料的局级单位73个，股级单位200多个，先后参加修志工作的近千人。召开全县性的发动会、交流会、协调会、表彰会、审稿会18次，举办业务培训班20多期。资料工作：查阅各类文书档案4万多卷，走访知情者数千人次，摘录资料近1亿字，制卡片1万余张。编纂工作：修改纲目9次，其中大改5次，小改4次。总纂前进行志稿框架设计，写了7万多字的设计稿。县志从500万字的初稿到110万字的送审稿，经过4次全面性的资料考证、结构调整和文字加工，其中办公室人员的集中“磨稿”即花了整整1年时间。在形成送审稿以前，反复征求了各级领导人、离退休老同志和知情者的意见，共收到意见1000多条。志稿通过省、市方志专家评审后，又根据他们提出的意见，对志稿补充和修改了800多处。在江苏省地方志办公室同意出版的批复下达后，复又通阅了志稿，对其中个别不当之处作了修正。

我县修志工作在全省起步较迟，志稿能在较短时间内达到出版要求，有以下几个原因：

首先是县委、县政府的重视。在志稿编纂的5年间，县政府有过两次换届。县委和第一届县政府组建了县志编纂委员会，设置了县志编纂办公室并不断充实力量，召开了修志动员大会，进行了宣传发动和组织工作，为县志编纂开了个好头。第二届县政府继续做好宣传发动工作，落实了各基层单位的修志组织，制订了促进修志工作的一系列规定和措施，为修志解决了大量的实际问题。第三届县政府领导了志稿的评审、定稿以及出版和发行等方面的工作，在财政比较困难的情况下，仍拨出巨额出版经费。值得一提的是，县委、县政府对志稿质量的把关极为审慎，除邀请省、市专家、学者来县开评审会外，还用了1个月的时间，集中了县内“四套班子”的部分负责同志、离退休老同志和各部门负责同志对志稿进行了评审工作。县委和3届县政府对修志工作一以贯之的重视，从根本上保证了县志的顺利出版。

其次是各单位的支持。73个局级单位，大都成立了修志领导小组，由主要负责同志分管修志工作，挑选政治素质好、熟悉本行业务、有较高文字水平的同志担任主笔，并为修志人员解决办公用房和活动经费。各单位领导对本行业的志稿认真审阅，反复校核，尽可能消灭史实和数据方面的差错。这些做法，县志编纂委员会负责同志曾在江苏省第二次修志工作会议上作了介绍，得到与会者的好评。

再次是有一支团结战斗的修志队伍。修志是一项艰苦、辛苦而又清苦的工作，修志人员明知其苦，仍然乐此不疲。尤其是办公室的专业修志人员，集行政与业务于一身，既做宣传、发动、组织、辅导工作，又从事资料搜集、整理、考证及志稿的编纂。将两项工作有机结合，虽加重了负担，却对加快修志进度、提高志稿质量大有裨益。5年来，全室人员和衷共济，相濡以沫，为奉献合格的精神产品而焚膏继晷，兀兀穷年。这种对事业的刻苦追求，多次得到领导的表扬和同行的赞誉，办公室也连年被评为市、县先进集体。

靖江市志（1988—2007）

靖江市地方志编纂委员会编。2007年6月启动编纂，2017年1月由江苏人民出版社出版。主编王宇清、王亚平，副主编郭文冰、丁沪建，编辑朱艳燕、黄钦、顾鑫昱、王乐琤、严怀余、姚富培、刘汉如、刘钢。

《靖江市志（1988—2007）》目录

全书1册，148万字，图片273幅（志首80幅、随文193幅），表格318张。记述范围为2007年靖江市行政区域。该志是《靖江县志》（1992年版）的续志，记述上限1988年，衔接前志，下限2007年，部分内容视情适当追溯和下延。志首设序、凡例、总述、大事记，志末设索引、后记。全志设32篇：建置·区划·人口·自然环境、土地资源管理·环境保护、城乡建设、水利·电力、交通·邮政·电信、经济综述、开发区建设·跨江联动开发、农业、工业、建筑业·房地产业·海洋工程、商贸服务业·旅游业、餐饮业、开放型经济、金融业、财政·税务、经济综合管理、中共地方组织、人民代表大会、人民政府、人民政协、民主党派·人民团体、政法·军事、劳动人事·社会保障、民政、科技、教育、文化、卫生、体育、街道·镇、方言·民俗·家训·风尚、人物。

为突出地方特色，志书设开发区建设·跨江联动开发篇，记述开发区建设和跨江联动开发。将餐饮业升格设篇，记述靖江名菜名店名宴、餐饮业态、行业培育等内容，体现靖江的饮食文化。工业篇突出船舶修造、机电电气、冶金、纺织服装等主导产业。突出时代特点，设开放型经济、社会服务业等篇章，记述改革发展带来的新事物、新业态、新理念。设家训、风尚2章，精选传统和新编的治家格言、撷取众多凡人善举归类入志，增强社会教化功能。

2020年，该志在江苏省地方志书质量评定中被评为优秀成果。

（顾鑫昱）

【后记（节选）】

《靖江市志（1988—2007）》编纂工作筹备于2006年8月，启动于2007年6月，完成于2016年8月，前后历时10个春秋。其编纂过程大致分为四个阶段。

筹备发动阶段。国务院《地方志工作条例》颁布后，靖江及时成立市志编纂委员会，制订《靖江市续修市志工作方案》。靖江市史志档案办公室在江苏省、泰州市统一要求和市志编纂委员会部署下，开展二轮修志准备工作，组建市志编辑班子，明确编纂分工，拟定市志篇目框架，于2007年5月基本完成修志前期准备工作。5月28日，市政府印发关于做好《靖江市志（1988—2007）》编纂工作的意见。6月15日，市委、市政府召开全市地方志工作会议，各镇、各部门相继成立修志工作领导小组，《靖江市志（1988—2007）》编修工作全面启动。

培训撰稿阶段。2007年8月10日，市志编纂办公室举办市志编纂业务培训班，邀请省内方志专家至靖江，重点讲解志书框架设计、资料搜集和初稿撰写等方面的业务知识，全市有关单位100余名主笔参加培训。2008年3—8月，市志编辑分组至承编单位开展业务调研，与单位主笔共同修订完善志书篇目，形成近10万字的细化框架；各承编单位根据细化框架，陆续开始资料长编和初稿撰写工作。2009年9月17日，召开全市地方志工作推进会。是年10月23日，再次举办修志业务培训班。2010年3月，出台志书资料初稿验收评审办法。2011年12月，举办市志重点承编扎口单位协调推进会。由于部分单位对修志工作未能足够重视、修志人员频繁变动、编辑队伍人事调整等诸多原因，至2013年初，市志初稿完成情况滞后。其后，市志编纂办公室加大修志工作推进力度，组织社会力量参与初稿撰写。至2014年初，各承编单位初稿撰写任务全部完成。

编稿纂稿阶段。2010年3月起，市志编纂办公室对市志承编单位完成的初稿陆续验收并进入编辑阶段。为保证编稿质量和进度，2013年起，要求编辑人员各负其责，严格按照凡例和行文规范修改初稿，同时通过每周例会等措施，及时解决编稿过程中出现的问题，加快工作进程。在编稿过程中，市志编纂办公室按编辑修改、副主编初审、主编再审的内部流程进行志稿的编审工作。至2014年10月，形成近200万字的市志合成稿。此后，市志编纂办公室主要负责人王宇清承担总纂工作，历时近一年，经两轮总纂，着力解决志稿交叉重复和文风不一等问题，增强志书著述性，精炼成140

余万字的市志送审稿。

评审磨稿阶段。2015年9月，市志编纂委员会组织开展志稿复审工作。市志编纂办公室根据复审意见，系统修改完善志稿内容，并向上级业务主管部门提出终审申请。10月21日，《靖江市志（1988—2007）》送审稿顺利通过泰州市党史方志档案办公室组织的终审。其后，市志编纂办公室又集中力量，逐条分析终审会上各位专家的意见和建议，并由主要负责人再次对志稿进行局部调整和全面完善。2016年1—8月，全体编辑人员精读全部志稿，逐字逐句磨稿定稿，最终形成验收稿。9—12月，志稿先后通过泰州市党史方志档案办公室和江苏省地方志办公室验收。

泰兴县志

泰兴县志编纂委员会编。1986年冬启动编纂，1993年3月由江苏人民出版社出版。主编陆光明、殷怀章、叶秀中，副主编耿文彬、叶茂圣、唐彭年、李晓斯、谢成建。编辑叶秀中、叶茂盛、田源、刘士定、刘森林、成吉昌、伏祥林、张翠英、李晓斯、李松林、吴宗贵、陆光明、陆晓声、徐俊国、徐桂仁、徐伯生、耿文彬、殷怀章、唐彭年、黄继林、葛邦儒、谢成健。

全书1册，154.7万字，图片71幅（志首66幅、随文5幅），表格266张。记述范围为1987年泰兴县行政区域。记述上限因事而异，据实溯源；下限1987年，个别事物延至1988年，大事记延至1990年。述、记、志、传、图、表、录诸体并用，以志为主。志首设序、凡例、概述、大事记，志末设附录、编纂始末。全志设28篇：建置区划、自然地理、人口、农业、水利、工业、建筑业·水力挖土业、交通、邮电、商业、城乡建设·环境保护、财政·税务·审计、金融、经济综合管理、党派社团、政务、民政·侨务、人事劳动、治安司法、军事、教育、科技、文化、卫生、体育、社会、方言、人物。

为突出泰兴地方特色，特别是为展现中华人民共和国成立后，泰兴县江堤建设、河道整治取得的成果，志书加大水利篇比重，对泰兴县从南宋至民国期间的水利设施、江堤和河道治理等分节叙述，并附录历代修筑江堤表，可了解历史上治理河道的概况。泰兴有“建筑之乡”的美誉，水力挖土业比较发达，为突出这一地方特色，设建筑业·水力挖土业篇，加强建筑业在全志中的地位，并将独具特色的水力挖土彰显出来。泰兴作为“银杏之乡”，志书设银杏节，置于农业篇林业章下。该志在地方文化记述上也颇下功夫，设艺文选录章，收录具有泰兴特色、时代特征的歌谣、诗选、文选等，增强志书的文化传承和文化底蕴。泰兴历代名人辈出，人数众多，为突出名人，志书对古今重要人物立传介绍，立传人物共70人。人物表共分三类：专家、教授、主任医师、高级工程师等600余人，师以上党政军干部113人，省级劳动模范12人。泰兴县具有光荣的革命传统，英烈数量众多，该志人物篇设英名录章，收录杨根思等区、营级以上革命烈士105人，泰兴县革命烈士名录收录近4000人。

1994年，该志获江苏省地方志工作优秀成果二等奖。

（蒋淑颖）

【编纂始末（节选）】

本志编纂始于1986年冬，至1991年冬定稿，历时五年。五年中，编纂工作大体经过了

《泰兴县志》目录

五个阶段。

第一，为组织发动征集资料阶段。修志伊始，由于人们对这项工作比较生疏，也缺乏认识，加之县志办公室编制仅有3人，工作难以开展。面对这一情况，县志办公室坚持依靠县委、县政府的领导，采取“众手成志”的方法，通过宣传发动和骨干培训，承担修志任务的部门普遍建起了修志小组，并按《县志纲目》提示，开始收集资料。县志办公室和部门修志小组共同协作，相互配合，累计查阅各种档案4500余卷，报纸杂志和史籍3000余册，复制旧县志7部，搜集口碑资料15万字，征集来稿400余件、文物30余件、照片图片60余幅。县志办公室运用这些到手的资料，先行编写出版了《泰兴一览》，为以后的修志积累了一定的经验。

第二，为完成部门分志资料稿阶段。1988年起，《泰兴县志》编修工作全面铺开。是年9月，县志编纂委员会召开第一次会议，确定通过与各承担修志任务的部门以签订合同的办法加快县志编修工作。会后，76个承担修志任务的部门与县志办公室签订合同书，着手部门分志资料的整理，全县修志队伍达300人之多，“群贤毕至，少长咸集”形成一股盛世修志的热潮。县志办公室两次举办修志业务培训班，并对各修志部门进行具体的业务指导。至1989年9月，90%以上的部门分志资料稿完成，为此，县政府专门召开了分志工作会议，表彰了8个修志先进集体，22名修志先进个人。

第三，为完成征求意见稿阶段。1989年底，为确保县志总纂工作优质如期完成，县志编纂委员会召开第二次会议。会议研究决定聘请陆光明为《泰兴县志》主编，叶秀中、耿文彬、殷怀章、叶茂盛、李晓斯、谢成建为副主编，县政府专门为此发了文件。与此同时，县政府另从部门专业分志的编纂人员中推选了14名颇有实践经验，又有较高文字水平的同志参与县志总纂。1990年3月起，县志总纂班子集中精力调整篇目，订正史料，充实内容，修改文字，至5月，县志中28篇分志的征求意见稿基本完成。

第四，为完成县志送审稿阶段。自1990年6月开始，县志总纂班子进一步落实编纂分工责任制，先后召开民政、教育、人事劳动、金融、财税、卫生、水利等篇的评稿会22次，参加评稿人员累计达400余人次。县四套班子还专门召开会议对县志人物篇认真进行审查。经过半年多的修改，至1991年1月《泰兴县志》130万字的送审稿全部完成。

第五，为评审、修订、验收阶段。1991年3月25—27日，中国地方志指导小组办公室刘永平同志以及省、市方志界专家30余人莅临泰兴，对《泰兴县志》送审稿进行了认真评审，提出了不少宝贵的修改意见。会议以后，县志总纂班子在认真梳理评审意见的基础上，对志稿的篇目结构进行调整，对数据、史实进一步核实、补正，对文字进一步磨炼、雕琢。6月，县政府增补殷怀章、叶秀中为《泰兴县志》主编，唐彭年为副主编。至11月，整部《泰兴县志》完成修订工作，最后经县四套班子及县志编委会批准，并经省地方志编委会验收合格，于1992年3月送交江苏人民出版社正式出版。

【志评】

一部颇具特色的合格志书

——评《泰兴县志》

盛思明

泰兴县具有悠久的修志传统。自明代中

叶以来，前后共修撰过10部县志。尤其是在1959—1963年，由县长孙佩藩主修了中华人民共和国成立以后该县第一部新县志，后虽因种种原因，未能公开出版，仅存油印本一部。这在当时的条件下，实属难能可贵，可谓开编修新县志之先河。现在我们见到的这部《泰兴县志》，在发扬该县历代修志优良传统的基础上，又有了新的突破性的进展，它不愧为泰兴县有史以来第一部社会主义新方志，而且是一部颇具特色的合格志书。

修一部合格的社会主义新方志绝非易事，能否成为传世良志，那是要经过历史的考验，由后人来评说的，今天谁也不敢妄下断语。

我们说《泰兴县志》是一部合格的新方志，是根据胡乔木同志在全国第一次地方志工作会议上所指出的，即不应该让一些不合格的志书出现在我们这一代编修的地方志中。这是一个基本的要求，也是一个相当高的要求。按我的理解，所谓合格，就是要符合我们时代的要求。我看《泰兴县志》是达到了这个要求的，这可以从下面几点中看出：

1.这是一部在马克思主义、毛泽东思想指导下，用历史唯物主义观点编撰的科学资料书。新中国成立以后的40多年历史，是一部曲折发展的历史。直到1978年中国共产党十一届三中全会以后，才逐步找到了一条建设有中国特色的社会主义的道路，从而使中国的经济、社会各个方面，有了前所未有的突飞猛进的发展。《泰兴县志》以翔实的资料，忠实地记述了这个发展历程。泰兴在历史上是一个以种植业为主的农业县，经济基础薄弱，尤以工业为甚。1949年工业总产值仅占工农业总产值的10.07%，1977年占49.95%，1987年占81.8%；而1988年，工业总产值又比1987年增长30.24%。可见1978年以来的11年，与前28年相比，泰兴工业发展出现了空前强劲的势头。至1988年，泰兴县已初步建成了以工业为主体的、工业门类众多的县级经济，为泰兴现代工业的发展奠定了坚实的基础。在其发展过程中曾历经曲折，既有遭受挫折的教训，也有获得成功的经验。《泰兴县志》本着秉笔直书的修志传统，不隐过，不溢美，给后人留下了宝贵的资治鉴戒。

2.这是一部通贯古今，横陈百业，包罗万象的百科全书。《泰兴县志》本着“贯穿古今，详今略古”的原则，上限据实溯源，下限尽量贴近现实，既有纵深的历史感，又有强烈的时代性。《大事记》上溯南唐建县之始，下及1990年12月被江苏省人民政府授予建筑之乡的荣誉称号，上下1000余年，虽然详略有别，绝无人为割断历史之嫌。全志28篇147章154万余字，包含自然、经济、政治、社会、文化、教育、科技、卫生、体育等各行各业的历史兴替和现实发展，以及活跃于各项事业中的各种人物和事件，给泰兴人民和各级领导以及关心泰兴的各界人士，提供了认识泰兴历史和现状的一部百科全书。这无疑是一份十分宝贵的文化财富。毛泽东同志历来提倡实事求是，这更是我们建设有中国特色的社会主义的唯一正确的思想路线。“实事”从哪里来？“求是”又从何求？对于一个县来说，地方志正是贯彻实事求是的思想路线的全面、系统的地情资料书；对于一个省以至整个中国来说，也可以通过一部部县志，来解剖麻雀，从中获得对于省情、国情的全面、深入的了解。因而，编好一部县志，对于贯彻实事求是的思想路线，具有深刻的现实意义和长远的历史价值。《泰兴县志》在这方面作出的贡献，正像其他合格县志一样，不论对于当代或后世，具有不可估量的价值。

3.这是一部进行爱国主义和革命传统教育的生动的教科书。历史是人民创造的，人民中的杰出人物，又是历史发展中永远值得后人敬仰的重要力量。泰兴人民具有爱国主义和革命斗争的优秀传统。《泰兴县志》记述的在经济、政治、社会、科技、文化事业发展中，以及在反抗外族入侵、帝国主义侵略和反动统治压迫的斗争中的种种英勇事迹及其代表人物，不论对于教育今人还是子孙后代，都是极其珍贵的生动教材，这也正是地方志独具的教化作用之所在。伟大的国际主义战士杨根思是大家熟悉的。《泰兴县志》记下了他最后献身的英勇壮烈的身影："……根思果断命令两战友撤下，独自坚守（阵地），美军一军官挥舞陆战一师旗帜，发出最后冲击嚎叫，领队逼近阵地。根思举起驳壳枪将美军军官及军旗击倒，点燃导火索，身抱炸药包冲入敌阵，轰然一声与敌同归于尽，用生命保卫住了小高岭阵地，为夺取第二次战役胜利立下卓越功勋。"虽然写杨根思的文章多不胜数，但记入县志就具有了不可磨灭的意义。列入县志英名录的区、营以上革命烈士105人，入录革命烈士总计2800余人，而在整个新民主主义革命斗争中英勇献身的泰兴烈士有8000余人。县志为我们树起了一座用烈士鲜血染成的革命丰碑，他们将永远激励后人继承先烈遗志，完成中国的社会主义大业。更何况，县志还记载着在泰兴这块土地上孕育成长的无数科技英豪、文化名人和党政军领导干部，值得人们自豪，并激起爱国爱乡的情怀。

仅从以上几点来看，我们说《泰兴县志》合格，是完全可以当之无愧的。我们说《泰兴县志》是一部颇具特色的县志，这主要从县志编纂的角度上比较而言的。也可以列出几点理由：

1.这是一部编纂效率较高的县志。《泰兴县志》编纂工作起步较迟，始于1986年，前后历时5年，于1991年定稿。比较而言，令人不能不佩服他们的工作效率。现在江苏县（市）一级志书，已出版或完稿的约十之八九，其中能以5年之功修完一部县志并达到这样一个水准的，虽非仅此一家，却也并不多见。这对于今后的修志工作，无疑是有可供借鉴的经验的。修志工作切忌旷日持久，而应上下一心，集中精力，以最高的效率，求最高的质量，这是我们大家应该努力的目标。

2.这是一部能尽量贴近现实的县志。按照省地方志办公室的规定，本届修志下限一般断至1985年。但由于这一届修志时间拖得较长，如果死守这个断限，对于后出的志书，就有点远离现实了。《泰兴县志》把下限延至1987年，个别事物延至1988年，《大事记》延至1990年，这就使整部县志与改革开放后的现实发展贴得更近了。以工业的发展为例，1988年泰兴工业生产总值29.37亿元，比1985年增1.1倍。1985年以后获省优以上的工业产品64个，占泰兴全部获省优以上产品总数的71.9%。这往后延伸的3年，是泰兴经济发展中十分重要的3年，可见这样的延伸对于更贴近地认识今日泰兴的现实是多么重要。虽然这已不是《泰兴县志》独家的做法，但提出这一点来加以强调，还是十分必要的。

3.这是一部能突出地方特色的县志。突出地方特色素来是编修地方志追求的一个目标。《泰兴县志》在对这一目标的追求中也颇见功力。泰兴有建筑之乡的美誉，为了突出这一地方特色，建筑业专设一篇，共五章，并将独具特点的"水力挖土"与"建筑"并列，冠为篇名，又独立成章，这就加强了“建筑”在全志中的地位。再就其内设章节来看，包括建筑组织、建筑经营、建筑管理、建筑施工及水力挖土等，其记述之详尽，资料之丰富，亦为同类县志中不多见。其中“建筑管理”章尤具特色，如该章“质量管理”节在记述严格质量管理制度，创建大批名优工程时一笔带过，却以较多篇幅详记几次重大的质量事故，不仅记述了事故造成的严重损失，而且分析了造成事故的原因和责任。这就更有力地说明了建筑之乡视质量如生命的严肃态度。也充分体现了地方志秉笔直书的优良传统。

4.这是一部重视地方志文化记述的县志。泰兴素称文化之邦，据旧志称：“全省文风，以通属为最，而泰兴又为通属各县之翘楚云。”虽然旧志作者难免有夸耀乡邦之辞，但却也并非全无根据。《泰兴县志》在地方文化记述上也是下了功夫的。其突出之处不在对文化设施硬件的记述，而在对泰兴地方文化软件资料搜罗之宏富。即以“艺文选录”章为例，有歌谣选、诗选、文选和著作目录4节。所选歌谣、诗文，都有鲜明的时代特征。尤其是现代诗歌的选录，突出了泰兴人民对旧社会的仇恨、对新生活的向往以及支持革命、支援前线的斗争精神。其中尤以《黄桥烧饼歌》《十二月歌》《黄桥镇的姑娘》等，可为其代表。在“著作目录”中搜集的作家、学者及其作品，有的是我熟悉的，读来尤为亲切。其中录有秦文玉的《女活佛》。秦文玉是原南京师范学院中文系70年代毕业生，毕业后志愿到西藏工作，如今已卓有成就，作品能入录县志，岂不令人欣慰。可见《泰兴县志》文化记述上周详完备，路无遗贤。对加强社会主义精神文明建设是值得赞赏的。

当然，《泰兴县志》也有令人不能满足的地方。如经济部类的记述缺乏综合，使人难以获得总体的认识。现在已有不少县（市）志增设了“经济综合”篇（章），或称“综合经济”，就弥补了这方面的不足。《泰兴县志》虽设有“经济综合管理”篇，但主要是讲管理，缺少经济综合的内容，不能满足读者的需要。又如关于政治部类的记述，像所见许多县（市）志一样，仍流于一般化，内容比较单薄。这是一个需要在修志实践中继续摸索的问题，

我对《泰兴县志》读得很粗，以上管窥之见，难免挂一漏万，且未尽适当。在新编县（市）地方志即将全面告成的时候，很有必要对已经出版的志书作一番品评，以有益于志书的利用，并为今后修志提供借鉴。已有许多专家做了这方面的工作，我愿附骥于后，以尽绵薄之力，这就是我乐意写这一篇短文的目的。

（原文刊载于《江苏地方志》1994年第1期）

泰兴市志（1988—2005）

《泰兴市志（1988–2005）》目录

泰兴市地方志编纂委员会编。2005年启动编纂，2018年12月由江苏凤凰科学技术出版社出版。主编吴网生、周桂香、邵骅，副主编顾爱军、印永国、徐文光、李国华、王向群、沈国富、何春龙。总纂刘扣林，副总纂陆进、翁元锋。编辑蒋淑颖、辛仕、张留红、凌长富、鞠志祥。

全书2册，270万字，图片288幅（志首90幅、随文198幅），表格363张。记述范围为2005年泰兴市行政区域。该志为《泰兴县志》

（1992年版）的续志，记述上限1988年，衔接前志，部分内容适当上溯；下限2005年，志首图片延至2018年。述、记、志、传、图、表、录诸体并用，以志为主。志首设序、凡例、总述、大事记，志末设附录、索引、编后记。全志设32篇：建置区划・自然环境、人口和计划生育、国土资源管理・环境保护、城乡建设与管理、交通・电力、水利、邮政・通信、经济综情、开放开发、农业、工业、建筑疏浚业・房地产业、商贸服务业、金融业、财政・税务、经济综合管理、中共地方组织、地方人民代表大会、地方人民政府、地方人民政协、民主党派・群众团体、法治・军事、科学技术、教育、文化・体育、卫生、人事劳动和社会保障、民政、社会生活、语言、人物、乡镇。

为体现地方特色，志书农业篇设银杏章，体现泰兴"中国银杏之乡"的特色；设中低产田改造节，详细记述高沙土农业资源开发和中低产田治理工程。工业篇设化学工业、机电工业、纺织服装工业、医药工业、乐器等章节，体现泰兴机电、化工、医药三大支柱产业和"减速机之乡""提琴之乡"的特色。将房地产业升格，与建筑疏浚业并列，设建筑疏浚业・房地产业篇。在地方人民政府篇设政事纪要章，设撤县建市、机构改革、任期工作述要等节，记述历届政府工作。设经济综情篇、开放开发篇，宏观展现泰兴经济发展和改革开放的时代特征。作为续志，注重对前志的查漏补缺，在人物篇设传略补记节，补录前志未记述的51人。附录中设前志勘误，对前志错误进行勘校。

（蒋淑颖）

【编后记（节选）】

2005年5月，省地方志工作会议后，泰兴市即着手《泰兴市志（1988—2005）》编修前期准备工作，初拟纲目并征求省、市有关专家意见，制定任务分解表。2006年4月，召开全市修志工作动员大会并开展业务培训。时任市编委会主任、常务副市长与各乡镇、市级机关各部门（单位）负责人签订供稿责任状，并明确将修志工作纳入"双文明"考核指标。后根据人事变动情况，经市委分管负责人同意，市史志档案办公室聘任市志常务副主编（专职），编纂人员分4组负责部门（单位）、乡镇撰稿的指导、督查工作，聘请专业人士承担部分撰稿任务。为保证修志工作的有序进行，市史志档案办公室实行每周一次的情况通报，每月一次工作总结汇报制度。至2008年底，119家单位完成资料征编任务，进入分纂和总纂阶段。至2011年年底，全志分纂和总纂工作完成，形成初稿。其后，根据专家意见，对全志进一步进行修改和资料征补工作。2014年，完成志稿初审任务。2015年初，进入复审阶段。市委、市政府、市政协分管领导，编委会成员单位领导和省内外方志界部分知名专家以及本市行业专家计60余人对志稿进行深入审读。2015年9月上旬，完成修改任务，并进入终审阶段。11月16日，终审会召开。2016年1月，根据终审会议提出的修改意见，市史志档案办公室组织人员对志稿的篇章结构进行调整、征补资料。2017年12月，通过泰州市验收。2018年9月，通过省地方志办公室审核。12月，付梓出版。

宿迁市

1985年，宿迁地区开始首轮志书编纂工作，由于当时地级宿迁市尚未成立，属于淮阴市（今淮安市）管辖，编纂志书全部为县志。至1997年，宿迁地区共出版县（市）志4部：《宿迁市志》（县级）、《沭阳县志》《泗阳县志》《泗洪县志》，总字数621万字。宿迁市首轮志书不乏精品佳作，在国家级、省级质量评比中获奖。其中，《宿迁市志》（县级）1997年获全国地方志奖二等奖；《泗洪县志》1997年获江苏省地方志奖优秀奖；《沭阳县志》2001年获江苏省地方志系统优秀成果二等奖。

宿迁市第二轮修志工作于2003年开始，包括省辖市宿迁市市志及市辖区宿城区、宿豫区区志共3部志书的创修和首轮沭阳县、泗阳县、泗洪县共3部县志的续修。至2019年，宿迁市基本完成第二轮修志工作任务，全市共出版市县两级志书6部，总字数1866.5万字。其中，市级志书1部：《宿迁市志》；县级志书5部：《宿迁市宿城区志》《宿迁市宿豫志》《沭阳县志（1987—2005）》《泗阳县志（1988—2005）》《泗洪县志（1990—2016）》。2018年，《宿迁市宿豫志》获江苏省地方志书优秀成果篇目设计、内容记述、特色创新3个单项优秀，《沭阳县志（1987—2005）》获江苏省地方志书优秀成果内容记述单项优秀。2022年，《宿迁市志》在江苏省史志作品质量评定中被评为优秀成果。

宿迁市志

宿迁市地方志编纂委员会编。2005年9月启动编纂，2019年12月由方志出版社出版。主编孙正龙，副主编仓中华、周赛赛、高成元、叶松，编辑陈升山、张椿涓、李智、顾倩、陶月明、李文兵、高行舟、黄立云、莫云、朱丽丽。

全书3册，483.7万字，图片352幅（志首300幅、随文52幅），表格487张。记述范围为1996年7月地级宿迁市成立后所辖的行政区域，详记市区，兼及辖县。该志为地级宿迁市首部综合志书，记述上限不限，因事而异，尽量上溯，下限一般至2011年。志首图片、大事记均延至2018年。述、记、志、传、图、表、录诸体并用，以志为主。志首设序、凡例、总述、大事记，志末设附录、索引、后记。全志设48篇：建置·区划、自然环境、两河两湖、环境保护、土地、城乡建设、水利、交通·邮政、通信与信息化建设、经济综情、财政、税务、经济综合管理、开放开发、农业与农村经济、林业、工业、酿酒业、建筑业·房地产业、商贸·服务业、旅游业、金融、中国共产党、人民代表大会、人民政府、人民政治协商会议、民主党派与工商联、群众团体、公安、检察、审判、司法行政、军事、科技、教育、文化、项羽文化、著述、卫生、体育、居民、人事·劳动·社会保障、民政、宗教、民俗、方言、县区概况、人物。

《宿迁市志》目录

该志体现鲜明的地域性与时代性。在凸显地域特色方面，突出记述项王故里、中国酒都、水韵名城等内容，将其升格设篇。其中，两河两湖篇记述宿迁境内的大运河、黄河故道与洪泽湖、骆马湖的形成、治理历史，体现宿迁的生态特色；酿酒业篇重点记述洋河、双沟两大品牌，突出展示宿迁独特的酒文化；项羽文化篇除记述项羽灭秦分封、称霸诸侯等生平事迹之外，还对项羽文化的千年传承与重大影响进行重点记述，展示项羽文化的魅力。农业与农村经济篇设扶贫开发章，记述贫困状况、扶贫历程、扶贫措施，较好地体现时代特点和地方特色。在凸显时代性上，全书重点记述宿迁境域自1978年改革开放后的历史与现状，凸显改革、发展与创新的时代主题。比如突出记述“春到上塘”“耿车模式”等。经济综情篇综合全市经济形势，从发展战略、发展速度、横向比较3个方面纵述经济发展，从所有制结构、产业结构、投资结构3个方面横向阐述经济结构，然后从主要经济指标情况以及经济效益、小康社会等方面记录宿迁经济发展的历史和社会面貌。该篇与其他经济工作各篇是纲目关系，把经济工作的方方面面统罩起来，纲举目张。此外，著述篇的设置，也是该志内容特色之一。附录所收文献辑要、文章选辑、诗歌选辑、掌故等，丰富该志的内容。制作主题索引、人名索引、书名索引、表格索引，方便使用者检索。

2022年，该志在江苏省史志作品质量评定中被评为优秀成果。

（李　智）

【后记（节选）】

1996年7月，国务院批准成立设区宿迁市，《宿迁市志》是设区市成立后的第一部市级志书。

1980年，全国性的一轮修志启动，到20世纪末基本完成。设区市成立前，境内四县（市）

先后启动一轮志书编纂，均于20世纪末相继出版：《泗洪县志》于1994年出版，《泗阳县志》于1995年出版，县级《宿迁市志》于1996年出版，《沭阳县志》于1997年出版。

21世纪初，全国统一部署第二轮省、市、县三级地方志编纂工作。境内三县均已编纂出版二轮志书：《泗阳县志（1988—2005）》《泗洪县志（1990—2006）》于2012年出版，《沭阳县志（1987—2005）》于2013年出版。宿城、宿豫二区随设区市成立而先后成立，其志书均为创修，《宿迁市宿豫志》已于2014年出版，《宿迁市宿城区志》于2019年通过终审验收，亦将出版。

《宿迁市志》于2005年启动编纂，与省内其他设区市同步部署。但由于宿迁市是1996年新成立的设区市，启动之初，建市尚不到10年，各单位、部门大多缺乏档案资料，也缺乏专职编写人员，加之建市之初百事待兴，以致启动之后，除了极少数“部门志”编纂有所进展，绝大多数单位和部门编纂工作停滞不前。

直至《宿迁市志》启动七年之后，也就是2012年2月，《宿迁市志》编纂工作推进会在市委党校举行。会上，下发编纂文件与编纂方案，分解了编纂任务，明确了编纂责任。其后，在江苏省地方志办公室的指导下，在中共宿迁市委领导下，在宿迁市地方志编纂委员会组织实施下，《宿迁市志》编纂工作全面推开，依照编纂方案，循序渐进，稳步开展。2012—2013年，培训与征稿；2013年12月，总纂篇目通过省评审；2014年，形成初稿；2015—2016年，完成分纂；2016—2017年，完成总纂，并完成初审、复审；2018年8月，通过省级终审；2019年2月，通过省级验收。

从2012年2月实质性启动编纂工作，到2019年2月通过省级验收，《宿迁市志》历经七年而成稿，再到2019年12月印刷，历经近八年而成书。

在这八年时间，我们始终面临两大难题：一是《宿迁市志》实质性启动于2012年2月，与其他兄弟市相比迟了七年，离省里限定的完成时间也只有八年，时间十分紧迫；二是宿迁市是新成立的设区市，作为设区市首部志书，属于“创修”，必须“上溯”，任务十分繁重。

八年来，我们的做法与体会主要有三点：

一是坚守初心，牢记使命，忠诚敬业奉献。八年来，我们始终牢记自身职责使命，那就是拿出一部经得起时间检验的信史良志。八年来，我们坚持必胜信念，不管遇到什么困难，始终坚持逢山开路、遇水搭桥。八年来，我们坚持求真务实，秉笔直书，力争客观真实地记录现状、传承历史。八年来，我们大力发扬钉钉子精神，一字字去推敲琢磨，一件件事去审核查对。八年来，我们大力发扬忠诚、敬业、奉献的方志精神，忠诚于党和人民的地方志事业，兢兢业业，任劳任怨，甘于寂寞，乐于奉献。

二是“严”字当头，勤于打磨，实现百炼成钢。八年来，十多名专业编纂人员心无旁骛，全力以赴，勤于工作，可谓板凳坐了八年冷，“文章不写一句空”。征稿阶段，我们分组上门到100多家编纂单位督查指导，对其供稿严格审核把关，坚持“三审一验”，即实行自审、预审、联审、验收。编审阶段，坚持“编、审、改”并进，实行互评互审、精细评议，分篇负责，责任到人，严格督查，月度统计，强势推进。终审验收阶段，加班加点为常态，经常是“白加黑”“五加二”。我们实行依法治志，依规编纂，严守规范。探索建立开放式、多角度的志稿评审机制：实行专家专题评审，邀请相关领域专家对志稿从政治思想、历史文化、语言文字、体例结构、保密、军事、数据统一规范、涉外及涉港澳台侨等进行专题审查；实行广泛的社会评审，将志稿放至市政府大楼门厅、市图书馆、市便民方舟等人员集中区域，广泛征求社会各界人士的意见建议；成立专项审查组对志稿进行整体审查，安排专人对重要缺漏、明显冗余、史实错误等进行重点审查，安排相关人员开展文字标点、图片、表格的统一规范等方面专项审查。在2019年2月通过省级验收后，我们自加压力，除了对验收意见进行修改外，又对全志进行通查通改，直至签字印刷为止。

三是开门修志，广泛借力，实现众手成志。全市参与市志编纂的单位和部门有106家，市志的主要撰稿人有258人，主要审稿人有73人；全志形成的各类资料有710多万字，最终定稿字数实有300多万字。《宿迁市志》由宿迁市人民政府史志工作办公室（也称宿迁市地方志编纂委员会办公室、宿迁市地方志办公室，简称宿迁市史志办或宿迁市方志办）具体组织编纂。宿迁市人民政府史志工作办公室与中共宿迁市委党史工作办公室合署办公，人员核定编制是7人，2012—2018年，实有人员保持在4~7人。为充实编纂力量，先后招聘7名专职编纂人员。编修之初，专门邀请方志专家仓修良等到宿迁讲课。仓修良希望我们在编写中注重创新，注重以人为本。同时，还约请各领域的专家参与相关志稿的编写，分别约请语言学教授力量编写“方言”篇、诗人刘家魁编选“附录”中的现代诗歌、作家王清平编写“项羽文化”篇、文史专家朱伯俭编写“两河两湖”篇、市图书馆副研究馆员张竞元编写“著述”篇、摄影专家尹修广拍摄并编辑彩图等。还先后到淮安、扬州、泰州、镇江、苏州、连云港等兄弟市的地方志办公室学习取经。

【志评】

守正创新　继往开来

——读《宿迁市志》

王清平

历经八年创修，地级宿迁市首志《宿迁市志》于2020年7月终于面世。从无到有，从有到精，一路爬罗剔抉，披沙沥金，终成皇皇483万字鸿篇巨制，实属不易。

宿迁市境内的沭阳、泗阳、泗洪和原县级宿迁市都曾修过县（市）志，但《宿迁市志》明显不是四本县（市）志的合集。理由很简单，1996年成立的地级宿迁市是在三县一市基础上建立起来的新的政区建制，并不是三县一市的简单叠加。因此，这部《宿迁市志》必须在地级市层面上创修完成。上溯可以适当撷取三县一市志书有关内容，但不可全部照搬照录。正文可以兼顾三县两区相关内容，但绝不是重点。现在，捧读崭新充实的《宿迁市志》，几乎看不到原三县一市的县（市）志影子，完全是一部全新的地级市志。全书图文并茂，内容充实，包罗万象，堪称宿迁百科全书；所设48篇，条理清楚，层次分明，亮点纷呈，篇篇都是宿迁地情；483万字，字斟句酌，述而少议，寓议于述，字字凝结编者智慧。

与传统志书相比，《宿迁市志》守正创新，继往开来，作为参编参审人员，我以为此志有三个创新尤为突出：

一是创新篇目，突显特殊的地域性

《宿迁市志》总体做到事以类聚、类为一志，但也不完全囿于一般性的归类，既兼顾大类一致，又充分凸显地域特色。无论是自然环境，还是社会人文，只要人无我有，且在相当范围有一定影响，都或单篇或单章或单节给予重点记述。这些篇目既是宿迁独特的地情，更体现了编者的良苦用心。如果依循传统篇目在相应部分略加记述，大概也无可厚非。但编纂者将其单列篇目，劳心费力，从而使该志亮点纷呈。第三篇“两河两湖”从自然环境中单列出来，记述废黄河、大运河、洪泽湖、骆马湖的形成、治理历史。如果按照门类，“两河两湖”放在“水利”篇中未尝不可，但作为占宿迁境域面积三分之一的“两河两湖”不仅是宿迁特有的自然环境，即使放在全国也不多见，而且“两河两湖”承载着中华民族太多的灾难史和治水史，因此，单独一篇记述“两河两湖”很有意义。而在“水利”篇中，两河两湖只侧重介绍人工整治，这样就避免交叉重复，而且符合事以类聚的编纂原则。

第十篇“经济综情”，是综合全市经济形势编写出来的，体现了编者的宏大视野和博大胸怀，从发展战略、发展速度、横向比较三个方面纵述经济发展，从所有制结构、产业结构、投资结构三个方面横向阐述经济结构，然后从主要经济指标情况以及经济效益、小康社会等方面记录了宿迁经济发展的历史和社会面貌。这样的综情与后面的“中国共产党”篇的第二章“重大决策”和“人民政府”篇的第三章“施政纪要”等内容互相照应，重大决策和施政纪要从哪几个方面发力，经济综情就反映出哪几个方面的成效。值得关注的是“经济综情”篇与其他经济工作各篇的关系。“经济综情”是纲，其他是目，纲举目张，这一篇把经济工作的方方面面统罩起来。而经济部类又把“酿酒业”单列一篇，浓墨重彩记述中国白酒之都——宿迁的酿酒历史和工艺，很有价值。

在文化意识形态部分，单独将“项羽文化”设篇。出生于宿迁的项羽是家喻户晓的人物，在中国乃至世界人类历史上都有不可忽视的地位，由他一人所形成的文化现象已经影响并将继续影响着人类，但“项羽文化”到底能不能成立？作为项羽故乡志书，多少都有些记载，但全面记述项羽文化的形成、内涵、影响等却不多见。该篇全方位记述了“项羽文化”的形成背景、精神内涵、发展过程、传承载体等，并附以古今咏项羽的大量诗文，为后世全面认识项羽留下了宝贵史料。

此外，《宿迁市志》许多章节都凸显了宿迁的地域特色。如“农业和农村经济”篇第一章“体制变革与农民减负”记述家庭联产承包中的泗洪上塘在全省率先大包干，“工业”篇中第一章“工业所有制结构”中记述“四轮驱动”的耿车模式等。

二是创新内容，彰显鲜明的时代性

一个时代有一个时代的责任和使命。经历过宿迁地级市风风雨雨的人都能从这部市志里找到自己奋斗的足迹。属于一代人记忆的时代印记、城市变化、科技发展、生活状态等，《宿迁市志》都有记载。党务政务方面如工业突破、招商引资、生态宿迁、创业宿迁、诚信宿迁建设、纪检监察、电子政务等，基础设施方面如铁路、高速公路等，城市建设方面如老城区改造、地下管网等，经济建设方面如海关、检验检疫等，通信信息化方面如通信网络、基础数据网和IP网络、软件等。这些诞生于20世纪末的新党务、新政务、新项目、新科技、新机构、新举措都是前所未有的，而随着时代的发展，有的东西可能会逐渐消失或被新的东西所取代，但如今它们真实地记录在《宿迁市志》里，反映了宿迁建市以来的历史和成就，不仅为此前志书所不多见，而且给后来读者了解世纪之交时代变迁提供了参考。

三是创新形式，体现强烈的真实性

志属信史，真实性是志书的生命。如何体现真实性？《宿迁市志》述、记、志、传、图、表俱全，以志为主。彩页百幅照片形象反映宿迁历史和城乡面貌，文字据事直书，准确规范，简明流畅。给我印象特别深刻的当数各类数据图表的运用。文字记述部分运用了大量的数据，真实反映宿迁的历史。尤其值得一提的是，志中采用大量图表取代文字，为传统志书所不多见。这些图表有的直接进入正文，有的作为附件出现。有机构和领导更迭，有各项经济数据变化，有各种资源如农业水产资源、古树名木、遗产名录、方言等图表，它们与志中文字部分的大量数据互相映衬补充，形成可观的数据链和数据塔。数据链连接成绵延不断的历史，数据塔则树立起持续发展的成就。志中出现大量数据会不会变成成绩单？但通览全志发现，这个担心多余。该志大量数据反映了某个领域的真实状态，比文字更简洁且更有说服力。因此，数据如实入志，既看到历史，又看到家底。大量图表中的数据尤其能说明这个问题。如："财政"篇中历年的财政收支情况，形成了长长的数据链，真实反映了宿迁财力；又如："工业"篇中几乎每一章每一节都有列表，通常四至五栏，年份在1996至2011年间只取四段，变化如何，数据一摆，一目了然，公论自现，勿须多议。

《宿迁市志（县级）》目录

盛世修志，千秋伟业，志载信史，以启未来。《宿迁市志》无愧为地级宿迁市第一部存史、资政、育人的百科全书。她的出版发行必将为建设强富美高新宿迁提供强大的精神动力！

（原文刊载于《江苏地方志》2020年第5期）

宿迁市志（县级）

宿迁市地方志编纂委员会编。1986年10月启动编纂，1996年12月由江苏人民出版社出版。总纂刘云鹤，副总纂姚亚青。编辑姚亚青、陈红艳、蔡敦柱、李文兵、杨继萍。

全书1册，160万字，图片72幅（志首62幅、随文10幅），表格230张。记述范围以1990年县级宿迁市行政区域为主。1996年，国务院批准设地级宿迁市，县级宿迁市析置宿豫县、宿城区。记述上限因事而异，力溯其发端，下限1990年，概述、大事年表、人物、附录延至1993年。述、记、志、传、图、表、录诸体并用，以志为主。志首设序言、凡例、概述、大事年表、大事纪略，志末设人物传略、人物名录、附录、后记。全志设34编：建置、自然环境、人口、镇乡场圃概况、城乡建设、环境保护、交通、邮电、经济综述、水利、农业、林牧渔蚕桑业、工业、玻璃、能源、建筑业、商业、粮油经营、财政税务、金融、综合经济管理、政党社团、政权政协、治安司法、干部职工管理、民政、军事、教育、科学技术、文化、卫生、体育、风俗民情、方言。

为突出地方特色，该志将能源、粮油经营、环境保护等单独设编。针对宿迁素有"洪水走廊"之称的特点，水利编设湖泊治理、流域性河道兴修、区域性河道兴修、境内河道兴修、水利枢纽工程、防汛抗洪等章，加强化水害为水利的记述。宿迁具有丰富的硅砂资源优势，清末由实业家张謇等创建的耀徐玻璃有限公司为中国最早生产日用玻璃的重要企业之一，也是宿迁近代工业的先驱，故该志专设玻璃编，下设原料·燃料、玻璃生产、销售·效益、玻璃企业4章，记述玻璃工业在宿迁工业发展中的地位、作用及其经历的曲折，有重要的史料价值。为加强经济部类的记述，该志在综合经济管理编基础上，增设经济综述编，记述国民经济概况、经济结构，以及国民收入、分配、投资和人民生活。该志分类记述，重视综合。概述虽篇幅较短，却把宿迁简要的轮廓和最有代表性的方面浓缩地展现出来。将历代宿迁县志提要、序跋置于附录中，以便读者进一步了解宿迁的修志源流。

1997年，该志获全国地方志奖二等奖。

（李　智）

【后记（节选）】

《宿迁市志》历经10个寒暑的炎凉，终于出版了。

在这10年中，宿迁的修志工作可分为5个阶段：第一阶段是1986年11月—1988年6月，历时1年8个月，为局部开展阶段；第二阶段是1988年7月—1992年2月，历时3年8个月，为全面开展阶段；第三阶段是1992年3月—1993年10月，历时1年8个月，为突击总纂阶段；第四阶段是1993年11月—1995年3月，历时1年5个月，为修订验收阶段；第五阶段是1995年4月—1996年12月，历时1年9个月，为出版编校阶段。

第一阶段：召开全县第一次修志工作会议，陆续有少数乡、镇和部门成立修志领导小组和修志办公室。这一阶段，县地方志办公室没有明确人员编制，仅有1名兼职主任，1名专职副主任，陆续借用和聘用三四位同志帮助工作。开办1期全县修志人员培训班，重印《宿迁志资料》，编写《宿迁县概况》。

第二阶段：1988年7月，宿迁市编制委员会下达宿迁市地方志办公室4名人员编制，1989年7月由4名增至6名。办公室安装了电话。市粮食局无偿支援地方志办公室2只损坏严重的原极乐庵藏经柜，经整修即作为资料柜使用，柜子本身也作为宝贵的历史文物保存了下来。这一阶段，先后召开了全市第二次、第三次修志工作会议，市政府和市志编委会先后任命了《宿迁市志》总纂和副总纂，陆续派出人员参加省志办和苏州大学联合举办的修志培训班。办公室坚持每星期一上午业务例会。全市计有80多个部门和单位建立了修志机构，参与修志人员达300多人。办公室从实效出发，把修志人员培训班改为有针对性的小型培训班或座谈会，把对各部门的修志业务辅导当作首要任务来抓，据大致统计，所举办的小型培训班或座谈会计700余次。同时陆续派出人员到南京、上海、北京等地查找资料。但此期间办公室在编人员极不稳定，6名在编人员，进进出出陆续调往机关达4人。虽做了一些工作，但宿迁的修志工作仍未摆脱全省较后进的地位。正为此，我们毅然主动放弃由淮阴市地方志办公室分配的将在1989年9月江苏省第二次地方志工作会议上被表彰的1名“先进个人”名额，藉以激励自己，发愤图强，争做名副其实的“先进”。

第三阶段：以1992年3月宿迁市第四次修志工作会议为转折点，宿迁修志工作进入紧张发展阶段。市委、市政府决心把修志工作抓上去。办公室的6名人员编制很快补充配齐，办公室全体同志的使命感、紧迫感空前增强。这一阶段，办公室全体同志经常放弃休息日。市委、市政府大院内晚上加班工作的部门，唯有地方志办公室加班的次数最多、时间最长。在大家的共同努力下，1993年10月，《宿迁市志》稿通过了省、市专家的评审。

第四阶段：我们将评审会所提约2000多条意见、建议，进行梳理、修订，再次进入紧张的拼搏阶段。经修改、核实、补充、删除，于1994年11月18日送省验收。1995年元月20日，省志办批复同意出版。后又对验收稿进一步修订。在此之先，宿迁市地方志办公室全体同志以实际工作成绩，于1994年3月获得江苏省地方志系统先进集体称号，有2人获得全省地方志系统先进工作者称号，有2人获得淮阴市地方志系统先进工作者称号。

第五阶段：志稿交付出版社后，按照责任编辑、总编的阅审意见，对志稿进一步复核、加工，与责任编辑紧密联系，往返南京与宿迁达10多次。尤其是志书进入激光照排第三次校对的最紧要关口，为把差错降到最低限度，忘却一切诱惑、困扰，埋头通篇逐句逐字核校、推敲，孜孜矻矻，如履薄冰。面临区划调整、机构撤并，人心浮动，加之经费困难，编校工作之艰巨、之浩繁、之无奈，冷暖自知。

回顾10年来的艰苦奋斗历程，我们既感欣慰，又感苦涩和遗憾。本届修志，由于思想认识准备不足，其“重要性”在开展工作的过程中，很难被人理解，甚至包括个别所谓编委，更谈不上形成人们的共识。组织发动工作除通过开会、发文件等“行政命令”之外，必须“趁热打铁”抓各个部门、单位的修志机构、人员、经费的落实。加之地方志办公室自身建设尚不完善，其难度可想而知。

鉴于宿迁修志工作在全省后进的地位，为争取时间，我们没有照搬起步早的兄弟县的先搞部门志和资料长编然后再加工整理为县志稿的办法，而是采取“一步到位”的办法。即：在与各部门、各单位商订与之有关的编、章、节的基础上，拟订《宿迁市志》篇目，并分解到有关部门、单位搜集资料，撰写初稿；无法分解的编、章、节，依靠自身力量搜集资料撰写，最后统一合成。对各部门陆续提供资料的审阅，无论是内容要素的增添和冗词套话的删削，还是结构的调整，一般需经多次乃至十多次的反复，对各部门修志业务辅导的量太大，办公室有限的人力，有限的水平，简直力不能支。我们只有竭尽绵薄，边辅导边学习边提高。

志稿总体篇目，初借鉴《武进县志》篇目。继在与各部门、各单位商订与之有关的编、章、节的过程中，对篇目做了大范围的调整。后在收集资料，撰写初稿，志稿进入总纂阶段和评审后的修订阶段及交付出版编校阶段，又分别做了或局部或个别的调整。

制订凡例之初，我们仿照当时全国各地修志惯例，将志书下限定为1985年末。后改为1987年末。当修志工作进展到1990年末，我们对原定下限感到不满足。因1987年12月15日国务院批准宿迁撤县建市（县级市），下限截至1987年末，只能称为《宿迁县志》，若将下限延至1990年末，则名正言顺地称之为《宿迁市志》。且1987年只是第七个五年计划的第二年，若将下限延至1990年末，就能完整地记述第七个五年计划，使其有完整的历史阶段性。并为后人续修提供方便。然工作量太大，我们普遍发动各部门提供的资料都是截至1987年末，且不少部门已完成了任务，再增后3年的资料，不是轻而易举的。我们决定迎难而上。我们自找苦吃的请求得到市委、市政府的支持与鼓励。

为加强经济部类的记述，我们在原《综合经济管理编》的基础上，增设宏观记述的《经济综述编》。为加强政治部类的记述，我们采取分散与集中记述相结合的办法，在《大事年表》之外，增设《大事纪略》。为突出地方特色，我们对“玻璃工业”“能源工业”“建筑业”“粮油经营”“环境保护”等单独设编。宿迁历代县志对于建置沿革的记述，多有相互抵牾之处，尤其对秦代的隶属关系的记述，莫衷一是。对数次治所迁移的时间、地址，交待不清。对此，编者查阅大量资料，最后结合《中国历史地图集》《中国历史地名辞典》等史料，尽量使其眉目清楚。然仍有把握不准之处，留待专家学者和修志同仁进一步考证。此外，试将《历代〈宿迁县志〉提要》置于《附录》中，以使读者进一步了解宿迁的修志源流。

10年来，我们深感自身肩负的历史使命和工作责任的重大，含辛茹苦，不敢懈怠。凡符合入志条件的人与事，千方百计搜求；凡不符合入志条件的，不管是何人何事，坚决摒弃。对得起前人，对得起今人，对得起后人，这是我们始终一贯的坚定不移的信念。虽然我们对资料的搜集、核实尽了最大的努力，并对新方志的编纂作了些微探索、尝试，但因多方掣肘，学识肤浅，力不从心之处和遗漏错讹之处，必不可免。从这个意义上看，地方志书确是遗憾的著述。恳请专家学者修志同仁和广大读者指正。

【志评】

继往开来谱新志

——评《宿迁市志》

盛思明

《宿迁市志》历经10载，于1996年12月，终告面世，这是宿迁市精神文明建设史上的一件大事。尤其是正当宿迁市经国务院批准，由县级市升格为地级市的时候，更具有继往开来的重大意义。《宿迁市志》的出版发行，必将引起关心老区开发建设，心系贫困地区脱贫致富的各级领导和各界人士，特别是宿迁市111万人民的广泛关注。宿迁修志，据有文字可考者，始于明万历年间。万历以前，主修万历志的喻文伟，欲索志以观，“卒泯泯罔闻焉”，不禁慨叹：“宿在淮称名邑，文献不足若此，岂作者代无其人耶？抑有所俟而姑遗是缺典耶？则夫纂志，诚今日之大务，亦通邑大夫士之所共欲举焉者。”（明万历《宿迁县志》序）。于是就有了宿迁历史上第一部地方志。作为封建时代的地方官，喻文伟不愧是一位有识之士，今《宿迁市志》为之立传，把修志作为他的一大政绩，这无疑是十分公允的。今日新编《宿迁市志》的出版，既可告慰于先贤，更可使以后当政者无文献不足之缺憾，善哉！善哉！

《宿迁市志》全志160万字，计34编166章，另加概述、大事年表和纪略、人物传和名录以及附录若干，可谓洋洋大观，欲编览全志，诚非朝夕之功。且志书所记述者，有所知，有所不知，不能强不知以为知；或者读而后忘，前记而后失，此诚评志之难事也。我评志或职有所司，或受贤者所托，知其难而勉力为之，故见诸文字，皆一孔之见，一得之言；或有言之不当，见之不深，则言者姑妄言之，听者姑妄听之而已。以上非专为评《宿迁市志》而言，本人前曾评说市、县志数种，皆此类也。

今观《宿迁市志》，就其主要方面而言，可谓资料翔实，体例完备，归属得当，观点鲜明，文字流畅，不失为新编县（市）志中较为成功之作。其可称道者，似有如下数端。

其一，贯通古今，突出当代。《宿迁市志》贯流古今，“上限因事而异，力溯其发端，下限截至1990年末，大事年表、人物、附录延至1993年末。”这是市志“凡例”制定的记述时限。全志在搜集资料、分编立章、节目关联中，始终遵守着这一记述时限。上限因事而异，力溯发端，是为追根溯源，鉴古知今。其大事年表、沿革始于秦，政区始于明末，人口始于有人口记载依据的明景泰三年（1452年），经济综述始于清末，等等。都是从实际出发，力溯发端而又以有文献资料可资稽核之史实为据，追古而不拘泥于古，这正是尊重历史的科学态度。但市志编纂者贯通古今的重点显然不在于古，而在于今。其目的是在突出新中国成立后的40余年，尤其是在改革开放以来的10余年。这在城乡建设、环境保护、交通邮电、农业、工业、水利、文化、教育、科技以及政治类各编中，是尤为明显的。编修者的重点是在突出当代宿迁在中国共产党领导下，历经艰难曲折，在经济、社会、教育、科技、文化以及政权建设中取得的巨大成就和人民生活水平的显著提高。他们本着秉笔直书的修志传统，并不讳言宿迁在发展中的曲折道路，亦不讳言宿迁还面临着超越温饱，追求小康的艰巨任务。但是市志以无可怀疑的事实，记述了宿迁在建国以后40年翻天覆地的巨大变化。以工农业总产值和社会商品零售总额为例，在几个主要年份中，除了1962年农业总产值有较大幅度的下降以外，其他主要年份的工农业总产值以及社会商品零售总额，都以2位数的百分点比上期增长，其中增幅最高的是，农业总产值1970年比1965年增长183.41%，工业总产值1990年比1985年增长218.16%；社会商品零售总额1975年比1970年、1980年比1975年、1985年比1980年、1990年比1985年分别增长106.26%、60.33%、93.94%、80.36%。至1990年，宿迁市工农业产值比已由1957年的农业占91.92%，工业占8.08%，转变为农业占28.46%，工业占71.54%。工业已成为宿迁市的支柱产业，为宿迁市走向现代化打下了初步的基础。其他社会事业也有了相应的发展。这就不奇怪宿迁为什么在淮北贫困地区脱颖而出，于1987年率先成为县级市，且时隔9年又升格为地级市。当代宿迁是从古代宿迁屡经战乱灾荒以致“人相食”的苦难历史中走过来的，但在中国共产党的领导下，历经曲折的道路，宿迁终于摆脱枷锁，战胜困难，迈开了走向现代化的步伐。《宿迁市志》以翔实的资料，记下了这生动的一页。

其二，全面系统，体现特色。《宿迁市志》系统地记述了全市的历史和现状，以及社会经济生活的方方面面，作为一部百科全书式的地情资料书，基本做到了事无遗缺，人无遗贤；且编、章、节、目，归属得体，设篇立章不拘一格，具有同类志书的共同优点。同时，它又从宿迁地情实际出发，在体现特色上下了功夫。如针对宿迁素有“洪水走廊”之称的特点，加强化水害为水利的记述。在“概述”中，专节记述洪水为患以致治所多次迁移及明清两代因水患颗粒无收而致5次“人相食”的人间惨祸；而在新中国建立后，在党的领导和国家的支持下，经过宿迁人民的艰苦奋斗，不仅成功地抗御了历次大洪水的侵袭，保住了万亩良田，且建成了南水北调一系列大型工程，建成稳产高产农田百万亩；在1949—1993年间，国家对宿迁水利事业的投资达3.396亿元之巨。而这一切是怎样实现的呢？在“水利”编，共设“湖泊治理”“流域性河道兴修”“区域性河道兴修”“境内河道兴修”“水利枢纽工程”“农田水利建设”“防汛抗洪”“水政与管理”等8章，用大手笔详加记述。其中每一章都上溯历史，简述过程，详记现状。最后以“水政与管理”章作为全编之结尾，说明化水害为水利，关键在于正确的领导和科学的管理。又如，针对宿迁县具有丰富的硅砂资源优势，清末由实业家张謇等创建的耀徐玻璃有限公司为中国最早生产日用玻璃的重要企业之一，也是宿迁近代工业的先驱，《宿迁市志》专设“玻璃”编。这完全是由宿迁的地方特色所决定的。在其他同类志书中少见。“玻璃”编共设“原料燃料”“玻璃生产”“销售效益”“玻璃企业”4章，把玻璃工业在宿迁工业发展中的地位、作用及其经历的曲折、困难，一一详加记述，这无疑有重要的史料价值。创建于1903年的耀徐玻璃有限公司，因无力与外商竞争而被迫于1912年停办。1913年曾有比利时商人拟入股恢复生产，终因第一次世界大战爆发而未能施行。可见旧中国民族工业的艰难处境。创建于1959年的江苏玻璃厂，虽也历经曲折，至1990年，已达年销售收入5723.80万元，实现利税373.90万元，全员劳动生产率达到10271.57元，迈入国家大型企业行列。宿迁工业发展的历史，由此可见其一斑。

其三，分类记述，重视综合。《宿迁市志》与其他志书一样，分类记述，以类系事。但它还在综合记述上下了功夫。当然，这也不是《宿迁市志》的独创，在综合记述上下的志书也不在少数。但《宿迁市志》这方面有它独到的地方：一是“概述”之概。“概述”是全书结构中最具综合性的篇章。一般志书为了给读者全面的了解，往往把“概述”写得很长，结果面面俱到，述而不概。《宿迁市志》的“概述”，正是在“概”字上下了功夫，因此篇幅较短，大约5000字左右。它把宿迁简要的轮廓和最有代表性的方面浓缩地展现在读者面前，至于具体内容，则引而不发，让读者按着目录自己去搜索。二是编前小序之详。编前小序是很难写好的，因此有的志书不设编前小序，也有的只把它当作过渡性段落而不予重视。《宿迁市志》比较重视编前小序的写作，而且把它作为全编的综合而力求写好。虽然各编的小序也详略有别，写作水平也有参差，但总的看来，它的编前小序写得比较详细，多数是写得比较好的。如“水利”的编前小序就很有代表性，从中可以见到宿迁水利的发展全貌。《宿迁市志》“概述”之概，正是建立在编前小序之详的基础上，二者可以互为补充而不致重复。三是综合篇章之重。有的志书重视分类记述而不设综合性篇章，我始终认为是一个缺憾。《宿迁市志》设有2个综合性篇章，即第九编“经济综述”和第二十一编“综合经济管理”。“经济综述编”分设“国民经济概况”“经济结构”“国民收入、分配、投资”“人民生活”4章；“综合经济管理”编则分设“计划”“统计”“审计”“工商行政”“物价”“物资”“标准计量”管理等，共7章。以“经济综述”编置于经济类各编之首，以“综合经济管理”编置于经济类各编之末，首尾照应，总揽经济类记述之全局。如此设计经济类综合性篇目，足见其重视之程度。分类记述有利于资料之广泛搜集和科学分类，增加志书的信息量和系统性，综合性记述则有利于提纲挈领，总揽全局，增强志书的思想性和时代性。两者相辅相成，不可偏废。当然，从总体上说，地方志还应以分类记述为全志之主干，轻重不可越位。

《宿迁市志》在追求体例规范性的同时，还颇有创新之处。如改“大事记”的传统记述方法为“大事年表”和“大事纪略”分列；改新中国成立前用朝代纪年括注公元的传统方法为以公元纪年贯穿始终，在民国前括注公元年号；改一般采用的“劳动、人事”篇目名称为“干部职工管理”编以强调管理职能，等等，其中颇多新意。在遵志书通例的基础上，各地方志在体例上应该有自己的个性，不必处处求同。但其中“大事纪略”的设置，依我所见，却有不尽妥当之处。因其所列大事5项：“清末及民国时期土匪活动”“小刀会活动”“民国时期宿迁教育界爱国斗争”“日军暴行”“文化大革命运动”等，未必都是宿迁历史上值得作为“大事纪略”记录的大事，未知其选录的标准是什么？这5项除第三项“民国时期宿迁教育界爱国斗争”属正面内容，其他4项都属负面内容。如按此例入录，则可用纪事本末体纪略的大事绝非仅此5项。广而言之，则记不胜记。依我之见，现在所记内容，多数只宜作为附录，记于志末。“大事纪略”的设置，首先难在选录标准的确定。标准难定，或定而不准，不如不设“纪略”，未知以为然否。

（原文刊载于《江苏地方志》1997年第3期）

项王故里的志苑新葩

——《宿迁市志》评略

林衍经

宿迁是秦末农民起义领袖项羽的故里，有史可考的修志之举启自明万历五年，至民国24年，其间358年，官修7次，私撰2次。江苏人民出版社1996年12月出版的《宿迁市志》，是项王故里的志苑新葩。初接触这部志书时，得到的直觉印象是纸质好，印制好，装帧比较精美。仔细阅读全书，又增加了新的印象：不但外观美雅，内质也醇美可嘉。

审视《宿迁市志》（以下简称“宿志”）的体例篇目，可以明白看出：其中既有事以类从、类为一志、横排竖写等方志本体的传统表现，又有从现代化社会分工和科学分类实际出发的印记，还有将“玻璃”独立设编这样的拔高升格之举。这些，诚然容易使人产生“司空见惯”和“似曾相识”的感觉，但也恰恰反映了编纂者自觉坚持继承旧志的优良传统形式，借鉴各地修志经验的正确编纂之路。事实上，如果不坚持继承方志本体这一“司空见惯”的优良传统形式，不借鉴它志有益经验这一“似曾相识”的做法，那是编纂不出符合志体的优秀志书的。

值得重视的是，“宿志”编纂者在实行继承和借鉴的同时，也十分重视创新实践。

如篇目设置方面，尽管总体上与它志大体相类，但不乏“小异”之迹。这些“小异”，有的展示了地方特色，有的则从多侧面、在深层次体现了时代特点。例如城乡建设编中的“拆迁补偿”（节），环境保护编中的“生态农业建设”

(节)和“环境质量监测”(章),经济综述编中的“文化消费”(节)等篇目,虽说都是志书篇目在第二、三层级上表现出来的一些“小异”,然而却是一般志书中难得见到的,其中鲜明、深刻地反映出来的时代特点,十分引人注目,从中可以具体显示出当代城乡建设的政策性,环境保护的科学性和人民生活质量的变化与提高(从单纯物质消费型发展为物质、文化混合消费型)。小中见大,这些篇目“小异”的实际意义和作用,不可低估。

地方志是巨大的地情载体和信息库。这个基本特性,为志书全面记载一地自然和社会的历史与现状,提供了可能条件。“宿志”利用这一条件,以160万字的大篇幅,分设34编,另加人物传略、人物名录、附录三个部分,全面记载了宿迁的古今地情和各方面信息,读者通过阅读这部志书,认识宿迁的悠久历史,景仰宿迁历史上的英雄豪杰、志士仁人,了解宿迁人民在中国共产党领导下艰苦创业、发愤图强,使宿迁面貌发生翻天覆地的变化,昔日的“洪水走廊”变成今日的“淮北江南”,农、林、牧、副、渔五业兴旺,工、商、运、建、服全面发展的巨大成就。

“宿志”的内容不仅在全而且重点突出。突出重点的方法,主要有集中记载和“满天星”布列两种。“玻璃”“建筑业”独立设编,分章立节系统记载,是集中作“板块式”记载的显著表现。“满天星”布列分散记载,形式分散,主题统一,聚合显示突出的重点。例如工业、玻璃、建筑业等编所载企业利税(有的还记载创汇)情况,教育编所载全市勤工俭学的工业、商业、农副业经营利润情况,便共同表现了以经济效益为重点的大旨。这样以经济效益为突出的重点,既如实反映了各企业经营的效益高低或盈、亏实际,又具有褒贬意义,对于促进改善生产经营、推动提高经济效益,不无积极作用,有利于发挥志书为社会主义物质文明建设服务的功能,可说是一部值得重视和推广的善举良法。

环境保护,这是当代人类社会面临的一个重大课题。“宿志”设编详载,显然是突出的重点之一。其中的“生态农业建设”,是作为环境污染防治的一个重要内容,专立一节记载的,采用点面结合、文字记述和图表并用的记载方法,载述了1953年以来全县农业环境遭到的危害和降低危害的措施、成绩,并专门载述了大兴镇1980年后大搞农田基本建设、发展生态经济的实绩,且以一页的版面载录了《大兴镇生态经济模式示意图》。宿迁是1987年12月15日国务院批准撤县建市的,虽然经济上已经确立了工业在国民经济中的主导地位,但农林仍是广阔的境域。因此,发展农村生态经济是环境污染防治的大方向和重大任务,“宿志”以“生态农业建设”立节,作为突出的重点予以详载,是极具导向意义的。

1978年后,随着经济的发展,宿迁建筑业也应运而兴,建筑工人人数发展到1.30万人,不仅为本地城乡建设服务,还外出遍布全国28个大中城市,参加国家重点工程建设。这支专业建筑队伍的服务质量,直接关系着国家社会主义建设的发展和安全。因此,“宿志”不仅要把建筑业的历史和现状如实地记载好,还要为它的继续发展和提高服务,发挥积极的促进作用。从这个意义上来说,第十六编建筑业第三章建筑施工中的第三节优质工程,不仅是突出的重点,而且是精心之作。这一节由文字表述和表格两部分组成,文字部分以750字记述了1981年以后,境内建筑行业开展以优质、高速、低耗、安全文明施工为中心的创全优工程活动（1985年后改称优良工程）的情况，内容具体，包括领导、措施、制度，申报、审查、批准办法，奖励标准和实绩；表格名为《宿迁市建筑企业1981—1990年优质工程统计》，分列建设单位、工程名称、工程结构、层数、建筑面积、承建单位、建成年月、评定等级、批准机关等9个栏目，记载了83项优质工程，占了3页多约有5000字的篇幅。这些内容，既是对本市建筑业成绩的肯定，也是对创全优工程活动的肯定，对建筑业的继续发展，无疑具有鼓励促进和正确导向的作用；其中所传递的信息，对各地建设单位决定工程承建单位，也将会产生积极的影响力，从而使宿迁建筑业扩大活动天地。

“宿志”不仅重点记载能为社会主义物质文明建设服务的内容，也很重视重点突出地记载有助于社会主义精神文明建设的内容。其中贯穿全书的最突出的重点，便是各个历史时期反抗侵略的爱国精神和斗争活动，从卷首的概述、大事年表、大事纪略，到殿后的人物传略和人物名录，都可以看出这样的特点。此类事例甚多，不胜例评，但有两点值得一说：一是重视记载侵略者的侵略活动和罪行，例如日本侵略者的侵略活动和罪行，除了有关篇章里分散记载，大事纪略里还列出“日军暴行”专题系统记载；这是正确的、必要的，因为这些事实是激起仇恨侵略者、热爱祖国的炽热感情的强力催发剂。二是记载了不少国民政府军队抗日的事迹表现，还给刘振璜、孙明瑾、尹杰等抗日将士立传；这既表现了编纂志书的实事求是精神和历史唯物主义态度，也反映了国难当头、同仇敌忾的爱国斗争历史真实。体现了爱国壮士为国献身的光荣，爱国主义精神灿然而显。

总之，“宿志”把握为两个社会主义文明建设服务的主旨，根据地情实际确定突出的重点，运用多种形式突出地记述重点，实践效果良好，是可行的编撰方法。

阅读“宿志”时的一个深切感受，就是志书内容比较信实可靠。之所以有这种感受，主要是基于以下三方面的事实：

第一，志书对历史上各种现象的记载，能以尊重历史、尊重事实的精神，能够客观会正地记载，不存偏见。例如记载中国国民党宿迁县党部的主要活动，例是正、反兼及，功过俱书（详见第633—634页）；国民党第89军33师198团官兵、东北军霍守义师第667、第668两个团在宿城守卫战中英勇抗击日本侵略军的事迹（详见第748—749页），国民党第57军112师一个旅在集市防御战中沉着应战、与日军拼杀的事迹（详见第751—752页），也都是如实记载的；甚至如徐五、郭鹏举、李汝烈等的抗日表现，也客观地作了“虽为土匪出身但有民族气节、能勇敢杀敌，为人称道”的公正评价，并记载了他们的抗日表现（详见第58页）。

第二，记载了失误、挫折和事故，不文过饰非。这种情况，概述、大事年表里有，各编分志里也有，是什么问题，受到哪些损失，造成了什么影响，都从实直书。例如概述里就写了“合作化、‘大跃进’中急于求成，造成国民经济发展比例失调”的教训；大事记里不但记载了整风反右运动“由于严重扩大化，致使118人被错定为右派分子”，社会主义教育运动“混淆了两类不同性质的矛盾，使一些基层干部受到不应有的打击”等失误，还记载了中共宿迁县委检查的“几年来在粮食产量上虚报浮夸的错误”，等等。在第二十二编记载中共地方组织的历次代表大会及其重要决策的贯彻时，同样实事求是地记述了各个时期所出现的失误及其影响。

第三，重事实记载，不敷设政治色彩。统观全书，都以记载事实为胜，无政治色彩的痕迹；因此，不但信息量富厚，而且给人留下了平实可信的深刻印象，易于接受。

一部志书之所载，能够这样不受政治偏见影响，实事求是、客观公正地反映地情，传递信息，这是优良志德和对历史、对人民有高度责任感的表现。这样的志书，能使读者有信任感而不致产生怀疑和逆反心态。笔者以为，这是“宿志”的优点和特色，也是“宿志”的成功之处，是历史唯物主义在志书编纂工作中的一个重大胜绩。

“宿志”遵循历史唯物主义记载地情的又一个重要表现和成功之处，就是重视以事系人和“见物见人”。所系之人，范围较广，有党政军人员，有科教界知识分子，有实业家，有青少年学生，也有采煤工人、名厨师、女民工，以及热心公益、乐善好施的慈善人士，其中不少人的事迹表现具体而感人。这些人物，连同人物传略、人物名录中的人物一起，让读者看到了参与和推动宿迁社会历史发展前进的宏大队伍，壮阔气势及其所创造的各种功绩，懂得了任何势力都阻挡不了历史洪流奔腾前进的深刻道理。

由于“宿志”所载内容有信实可靠性，又重视了事类分志中以事系人和人物篇章中记述载录各种人物，所以尽管全书规模巨大，编章分隔，但总体上仍能清晰地体现出人物活动与社会发展这两条主线的关系。从这里，我们不难悟出一个明确的认识：遵循历史唯物主义原理，实事求是地把志事和载人这两方面的工作都做细做好，既不夸饰歪曲史实，又不偏废人和事的任何一个方面，是成就一部信实可靠、血肉丰满的优秀志书的关键。

地方志书的行文表述，包括文字表述和图表形象这样两个方面。“宿志”的行文表述，这两个方面都比较好。

就文字表述而言，全书不但坚持了用现代语体文记述，而且有三个难能可贵的优点：一是言简意赅，记事准确，文义清晰，可读性较强；二是文笔挥洒自如，全书得体，既坚持寓论断于事实的记叙之中，又摒弃了理论阐议、工作总结、新闻报道、讲义教材、科普解说、文学描述等文体的影响；三是皇皇160万言的巨著，虽然“众手成志”，却如出一人之手。所以，通读全书，但见书志体的文字雅洁整饬之美，而无浮泛华丽的藻饰之笔。

值得赞赏的是，“宿志”雅洁得体的文字表述，既有言简意赅、记事准确之善，又有感人至深的力度。之所以能这样，据笔者探察所知，奥秘就在于善事选材，据实用笔，例如蔡克浑传略，因传主生活俭朴，便以素描之笔，记述他“到县城开会，吃的是家中带来的煎饼、酱豆、辣椒、萝卜干，穿的是土布衣服”，以及在疏导六塘河河床、整修险堤时，他“亲临工地，住工棚，自带干粮与民工同甘共苦”的事实表现，还记载了省里来的人误把正在喂牛的他认作他家伙计的一段故事。有的传略，以引述传主自身的言辞文句的办法，来反映人物的个性和品格，如卢瀚荫严于律己，“睁开眼孔观事，立定脚跟做人”的座右铭；沈薪萍面对日军伪官许以高官厚禄礼迎其回城时说的“七十老人，何惜一死，即死，遗尸亦不入城!”坚持抗日的国民党代理团长尹杰咬破右手食指血写的“男儿誓在阵前死，杀完日寇好收兵”词句；共产党员杨新回答敌人劝降所说的“为抗日救国，投身革命，从未想过升官发财。别说给个校长，就是让我当县长，我也决不背叛革命放弃马列主义信仰！”等等铮铮之言，都掷地有声，直接援引，效果很好，比起用编纂者的生花妙笔描述刻画，胜之多多。

“宿志”的图表，除卷首的彩色图、照外，随文设置的地图、塔形图、示意图有10张，各类表格230多种。这些图表，不但设计精到规范，采用现代技术编制，而且形象直观鲜明，内容也颇有科学价值。例如《宿迁市1949—1990年末人口性别比统计》表反映，1949—1970年历年的性别比，最低年1956年是92.10∶100，最高年1970年也只达99.58∶100，1971年后逐步呈上升趋势，1971年为100.27∶100，到1990年，达到了106.00∶100；再如《宿迁市1977—1990年计划生育统计》表显示，从1986年起独生子女领证率猛然下降，不及10%，1990年只有5.14%，而此前则最多年份即1983年曾高达70.88%，至少也有11.35%（1983年）。《宿迁市1976—1990年晚婚情况统计》表所载数据也表明晚婚率已由1986年的94.96%下降到1990年53.63%，呈逐年下降态势。

《宿迁市宿城区志》目录

这三张表里反映的上述情况，就都值得研究。至于《大兴镇生态经济模式示意图》，其科学性更是寓目可知。

志书的行文表述，既关系到记事的准确性和志书的可读性，其得体与否更直接体现了志体的把握守定。“宿志”在行文表述方面的成功，从一个重要的方面表明，她是一部得体的好志书。

笔者在阅读“宿志”的过程中，曾注意到并且发现了其中的失误和不足之处，主要表现有以下数端：第一，篇目设置有研究和处理未尽善处：如民政编中第五章第一节“婚姻登记”，第二节“推行火葬”，二者标题结构异致，“推行火葬”不如改为“殡葬改革”更和谐规范。文化编第一章第一节下设“民国时期地方报刊”“建国后地方报刊”二目，是历史分期式的史体标题，若改作“报纸”“刊物”二目，则标题不但简明、醒目，也得体。

第二，大事年表，当按时间先后为序，简略记载事实内容（即事目），但书中所见，却有许多事条写成了内容较详、甚至具始末的大事记，且有两处（25页、48页）违反了具体日期不明之事载于月末的通例。

第三，所载内容，也有小失误。个别数据欠核：如第789页页末记载，1990年“全市勤工俭学总产值1703万元，纯收入197万元。其中：工业产值1162万元，利润79万元；商业营业额422万元，利润49万元；农副业产值119万元，利润61万元”，经复核，总产值数字相符，而各项利润之和却仅有189万元，与纯收入数额不符。

以上三个方面的失误和不足，确实令人有美玉微玷之憾。然而，人无完人，金无足赤，十全十美的志书更是求之难得。因此，从总体上看，从本质上看，“宿志”仍然不失为一部质量优良的志作，值得欢迎。可以预见，她在宿迁的两个文明建设中，必将发挥巨大的作用。

（原文刊载于《江苏地方志》1997年第3期）

宿迁市宿城区志

宿迁市宿城区地方志编纂委员会编。2008年8月启动编纂，后因故中断。2016年重新启动编纂，2019年12月由江苏人民出版社出版。主编尹邦柱，副主编朱祥武、臧斌，执行主编王普，执行副主编王素珍。特邀编辑王辉、杨继平、孙士福、黄立云、张用贵、王克学、马西安、穆良军、杨永杰、钱其强。

全书2册，294.2万字，图片444幅（志首93幅、随文351幅），表格310张。1996年设地级宿迁市，以原县级宿迁市域分设宿城区、宿豫县。记述范围为2016年宿城区行政区域。该志为宿城区首部综合志书，记述上限因事而异，量事追溯，下限2016年，大事记延至2018年，志首图片和附录延至2019年。述、记、志、传、图、表、录诸体并用，以志为主。志首设序、凡例、总述、大事记，志末设附录、索引、后记。全志设33编：政区、自然环境、人口、国土资源管理·环境保护、城乡建设、交通运输、水利、能源电力·信息通信、经济总情、农业、工业、建筑业·房地产业、商贸流通、服务业·旅游业、开放型经济、财税·金融、综合经济管理、政党、政权·政协、群众团体、法治、军事、教育、科学技术、卫生·体育、文化、民政、劳动·人事、人民生活·社会保障、精神文明建设、方言·民俗、乡镇街道、人物。

宿城区是宿迁的主城区，境内坐拥“两湖”（洪泽湖、骆马湖）、“两河”（运河、古黄河），有项王故里、宿北大战纪念馆等历史遗迹。为突出地方特色，将服务业·旅游业升格为编；加大水利编篇幅，设湖泊河道治理、水利枢纽工程等章。加大城乡建设编老城区改造、城市管理等内容的篇幅。为记述宏观经济情况，设经济总情编，反映经济运行、经济结构、五年计划（规划）执行情况，以及小康建设。为体现时代特征，设开放型经济编，记述招商引资、外贸外经、工业园区发展情况；在农业编、工业编分别记述农村经济体制改革、工业经济体制改革。设精神文明建设编，记述文明创建活动、文明新风等内容。

（王　普）

【后记（节选）】

《宿迁市宿城区志》编纂工作于2008年8月开始启动。是年8月27日，区政府办公室下发《关于印发宿城区志编纂工作规划（2008—2011）的通知》，随后即成立宿城区地方志编纂工作委员会及办公室，落实办公地点和编纂经费，聘请3名编纂人员，召开宿城区地方志编纂工作动员会议，举办地方志知识培训班，组织编纂人员赴南通、南京等地学习地方志编纂工作经验，并结合宿城区实际情况，拟订《宿迁市宿城区志》篇目设置，在广泛征求意见、反复修改的基础上，下发到区志书稿承编单位试写。之后，在区志编纂过程中，遇到诸多问题和困难，如当时区志编纂下限时间确定为2008年12月，但按国务院《地方志工作条例》规定，地方志书每20年编纂一次，宿城区于1996年7月成立，到区志编纂断限时间，仅有12年半的时间，与地方志书规定的编纂时间要求差距较大。加之编纂过程中，存在宿城区地方志组织机构不健全、编纂人员严重不足、修志原始资料搜集难等许多困难，在区志刚启动的两年左右时间里，编纂工作开展还基本正常，约有30%以上的区志书稿承编单位完成初稿试写，后因出现一些新情况、新问题，区志编纂工作一直处于停滞状态。

2016年，为了确保宿城区志编纂工作任务的顺利完成，区委、区政府重新启动《宿迁市宿城区志》的编纂工作，并根据市地方志办公室的意见和建议，决定宿城区志书按通志编纂，上限力溯其发端，坚持详今略古的原则，下限延至2016年12月，以达到地方志书每20年编纂一次的要求。是年4月，区委、区政府召开宿城区地方志编纂工作推进动员大会，从此，正式拉开宿城区志编纂工作的序幕。

《宿迁市宿城区志》编纂工作启动之初，面对进度滞后于全市且编辑人员短缺，完成任务时间紧、任务重的困难局面，负责区志编纂工作的区党史工作办公室没有退缩，迎难而上。在省、市地方志领导的关心和指导下，在区委、区政府坚强领导下，区委办迅速召开《宿迁市宿城区志》编纂工作动员大会，通过《宿迁市宿城区志》编纂工作规划（2016—2018）。要求全区各单位、各部门专门成立编纂工作领导小组，明确分管领导，落实撰稿主笔人员。启动《宿迁市宿城区志》的编纂工作。

《宿迁市宿豫志》目录

在区党史工作办公室成立区志编辑部，并先后聘请8位具备一定文字功底的退休老同志充实参与编纂工作。在区志编纂过程中，认真贯彻落实国务院《地方志工作条例》和《江苏省实施〈地方志工作条例〉办法》，围绕区志编纂纲目多渠道收集资料，整理资料长编，为初稿撰写做好前期准备工作。根据区志编纂工作计划安排，区志办于2016年6月1—16日，分11批次共召开90家区志承编部门和乡镇（街道）修志工作调研座谈会，并对所属单位区志纲目设置作进一步征求意见，同时对参会人员进行修志业务培训辅导。各撰稿单位在做好资料搜集、整理资料长编的基础上，于7月下旬开始初稿撰写。

编纂宿城区建区以来第一部通志，是一项卷帙浩繁的系统工程。1996年区划调整前，没有现在的宿城区的独立建制，所以无专门的史籍记载。1996年至2016年间，宿城区的行政区划和机构建制几经变动，人员变化大，资料多有散失、断档，给资料搜集带来一定困难。区志编辑部全体人员想方设法克服困难，加班加点，在搜集资料、志稿撰写方面下大功夫，发大力气克服困难，完成任务。

区委、区政府高度重视，区人大、区政协、各民主党派、各人民团体、区属各单位及驻区市属各单位对修志和征集核实资料工作都给予了大力支持。2017年上半年，基本完成资料长编征集工作。2018年上半年全面完成分纂任务。2018年下半年正式进入送审程序。2018年8—10月完成初审工作；2018年12月至2019年1月完成复审；3月底形成终审稿报市级终审，5月底完成终审；7月底形成验收稿报省级验收；9月底形成审核稿报省审核；2020年10月付梓出版。

宿迁市宿豫志

宿迁市宿豫区地方志编纂委员会编。2006年9月启动编纂，2014年9月由中华书局出版。顾问仓修良，主编蔡兆银，副主编张家桐、韩朝晖，编辑姚家驹、张进、张用俭、吴道淮、石绍祥、陈茂金、陈宏仁、毕旭昌、于永美、程茂球、周天佑、陈柱、徐福高。

全书3册，520万字，图片427幅（志首地图30幅、随文图照397幅），表格731张。记述范围为秦时下相、晋时宿预、唐后宿迁，1996年7月后宿豫（1996年设地级宿迁市，以原县级宿迁市域分设宿城区、宿豫县。2004年，宿豫县撤县设区）。该志为宿豫区成立后首部综合志书，记述上限量事溯源，下限至2006年，大事记延至2013年。述、记、志、传、图、表、录诸体并用，以志为主。志首设序、凡例、史略、大事记，志末设附录、编纂始末、参考文献、索引、后记。全志设41编：政区·地名、自然环境、两河一湖、资源特（名）产、人口、交通运输、邮政通信、城乡建设、水利、经济总情与改革、农村农民、农业、开发开放、工业、玻璃工业、建筑业房地产业、国内贸易、生活与商务服务业、金融保险、财政税务、经济监督管理、社会运动与变革、政党社团、政权政协、治安司法、军事、教育、科学技术、文化、文化遗存、著述、卫生·体育、人事·劳动·保障、民政、人民生活、方言、民风民俗、宗教、道德风尚、人物、乡镇。

该志是全省二轮志书中为数不多的贯通记述的“通志”，全志通古贯今，精要在“通”字。编纂中尊重历史，定位为县志编纂模式。为反映地方特色，除设政区·地名、资源特（名）产、文化遗存、著述、方言、人物等编外，把具有地方特色的古黄河、中运河、骆马湖升格为两河一湖编；把域内所特有的石英砂——玻璃制造业升格为玻璃工业编。另在农村农民编设扶贫促小康章，在农业编设蚕桑章和杨树产业节，在军事编设宿北大战章，在道德风尚编设宿迁精神章。对改革开放等新事物记述上采用大集中、小分散的方式，把握好时代特征，设经济总情与改革、社会运动与变革、开发开放、农村农民、建筑业房地产业、生活与商务服务业、人民生活、道德风尚等编，记述改革开放以后招商引资、开发区建设、农村扶贫促小康、居民生活、服务业、精神文明建设等内容。志书确立人文立志的理念，加大人文部类记述力度，人文社会部类19编，约占全志45%，设置著述、文化遗存、民风民俗、地名等特色编；政治经济部类16编，约占全志38%。政治部类的着力点放在党委决策、政府执政能力上，淡化部门痕迹，压缩务虚的内容。卷首彩页打破放彩照合集的惯例，仅收各时期的宿豫地图30幅。附录收录布告文件、旧志序跋、对联碑记等内容，资料性强。

2015年，该志获江苏省档案文化精品奖二等奖；2018年，获江苏省地方志书优秀成果篇目设计、内容记述、特色创新3个单项优秀。

该志书名称未按相关规定定名，有“自作主张”之嫌。

（韩朝晖）

【编纂始末（节选）】

盛世修志，势在必行。《宿迁市宿豫志》编纂自2006年开展以来，历经筹备、启动、资料征集、分纂、总纂、三审修改、出版发行等阶段，由最初计划用三四年时间编纂120万字的断代志，到如今花8年时间数易纲目、撰修成的500余万字通志，终于面世了。我们寄希望它能对历史负责、为现实服务、替未来着想。

筹备阶段（2006年4月25日至8月8日）

2005年5月16日，省政府召开全省地方志第四次工作会议，要求启动新一轮省、市、县（市、区）三级志书编纂工作。省政府办公厅印发了《关于做好新一轮地方志编纂工作的通知》。9月23日，市政府召开修志工作会议，就全市修志工作进行部署，市政府办公室印发《宿迁市地方志工作规划》。2006年4月25日，区委、区政府发文，调整充实区地方志编纂委员会组成人员，区委副书记、区长王柏生任编委会主任，开始筹备宿豫地方志编纂工作。5月15日，区政府办公室印发《关于做好地方志编纂工作的通知》。

筹备阶段，先后派3人参加两期省里举办的二轮修志研讨会，进行“充电补血”。结合招商引资到浙江富阳、余杭、萧山，山东泰安等二轮修志先行一步的市（县、区）学习取经。边学边干，参照浙江省《衢州市志》，草拟本志一稿纲目。经区委、区政府领导同意，本志暂定名为《宿豫志》，上限自1996年设立宿豫县起，下限截至2006年。计划全志120万字，2008年完成编纂，2009年出版发行。

启动阶段（2006年8月9日至2007年2月24日）

2006年8月9日，区政府在二楼第二会议室召开全区地方志工作动员大会，各乡镇、各部门、各单位分管负责人、撰稿人员出席。区委常委、常务副区长、区地方志编纂委员会副主任章其波就新一轮修志工作进行部署，提出要求。会上印发《宿豫志》编纂工作方案、凡例、纲目和行文通则，《宿豫志》编纂工作正式启动。

编辑部人员一方面认真学习2006年5月18日国务院颁布的《地方志工作条例》，以及有关二轮修志的业务知识；一方面按照分工范围，深入供稿单位，了解供稿人员的落实情况，指导收集资料，听取单位领导、撰稿人员对纲目的意见和建议。编辑部按新一轮修志工作要求，从区情出发，经过认真梳理，在吸纳机关单位的意见和建议基础上，于10月12日，修订通过二稿纲目，作为供稿单位资料收集的依据。二稿纲目中新增补节目10余条，调整20余条，对一稿纲目中任务分解不甚恰当的通过协商调整，涉及40多个供稿单位。

为了加强对修志工作的指导，沟通上下联系，及时反映修志工作中遇到的新情况、新问题，编辑部不定期编发《修志简报》。自2006年9月15日至2012年8月30日，共编30期（2012年区委主要负责人要求部门不得印发刊物，简报停发）。

资料征集阶段（2006年11月4日至2014年6月30日）

2006年11月4日，举办地方志工作业务（二轮修志）培训班，120个供稿单位130多名供稿人员参加培训。就资料的收集与整理，撰写与修改等方面分9个专题，由编辑部人员进行授课，蔡兆银提出了供稿撰写中应该注意的问题和合格志稿的5条标准：即政治观点正确，用辩证唯物主义和历史唯物主义的观点记事、载人、状物；体例合乎志体，横排竖写，门类齐全，归属得当，记述得体；在资料选取上要横不缺要项，纵不断主线，准确，翔实；反映地方（部门、单位）特色，对本区（部门、单位）特有的事物要充分反映出来；用规范的语体文，语言要严谨、朴实、简明、流畅。培训班结束后，讲稿发到宿豫史志网上，供下载学习。编辑人员深入到供稿单位，与各单位分管领导和撰稿人员具体落实涉及该单位的条目内容和资料收集工作。

资料征集工作，贯穿整个修志过程，先后有3次较为集中的资料征集，前两次为征集断代志资料。第一次征集1996年至2006年的资料。因前志——《宿迁市志》的下限为1990年，为不留下一段历史空白，吸收老同志意见，照顾老宿迁人的感情，2007年8月，第二次补充征集1991—1995年的资料。由于受行政区划调整的影响，一些单位或资料缺失，或新来人员对情况不熟悉。为能提供这段时间的资料，区科技局多次到淮阴市查找档案；区地税局、总工会把退休的老同志请回来参与修志。第三次为征集通志资料。在编纂断代志过程中，感到由于行政区划多次变动，很难续修。2007年11月5日，蔡兆银在编辑部工作会议上提出编纂通志的意见，12月7日经区政府主要领导同意改续修断代志为创修通志，为此又第三次征集资料。一方面认真查阅《徐州府志》《淮安府志》《淮阴乡土史地》等历史资料，一方面广泛征集民间资料。2008年5月18日，结合宣传《地方志工作条例》颁布两周年，在城区主干道悬挂多幅横幅，在《宿迁日报》A版开辟专版，让全区人民了解编纂《宿豫志》意义，推动向社会征集史料工作。对生活在外地的宿迁籍人员和曾经在宿迁生活过、工作过，对宿迁有所了解的外地人员，或发函咨询，或前往拜访，广泛征集。2010年4月21日，召开全区革命遗址普查工作会议。2012年7月19日，区政府办公室印发《关于在全区开展宗族家谱普查征集工作的通知》。2012年9月，又通过南京大学马俊亚教授查阅民国时期宿迁史料，征得的资料充实到《宿豫志》的记述中。2013年、2014年补充征集人物等资料，2014年征集出土文物等照片。

初稿撰写与分纂阶段（2007年2月25日至2010年3月14日）

2007年春节前，编辑人员调整，原聘人员中有3人离开，春节后又新聘3人，承编人员进行重新分工。自1月份起，先后有区招采办、信访局等8个单位陆续报送初稿。编辑工作由原先单纯跑面催促工作进度，转为边催进度边审核来稿。来稿经责任编辑初审、主编复审后反馈意见，返回供稿单位修改再报；一般稿件都要返回修改，有的单位甚至要修改四稿、五稿。

2007年4月16日，区委办公室、区政府办公室印发《关于印发〈宿豫志〉志稿审定办法及送审程序的通知》。7月13日，《宿豫志》三稿纲目征求意见，浙江大学历史系仓修良教授等学者、专家都提出了很好的意见和建议。区地方志办公室为了加快修志工作进度，编辑部建立三项工作制度。周一例会制，汇报上周工作进展情况，研究布置本周工作；志稿签收登记制，专人登记，并注明来稿时间；志稿两审制，责任编辑先初审，主编再审，填写《审稿反馈意见表》，提出具体意见，反馈给供稿单位补充、修改；实行双周工作审结制，即编辑部接稿后，一周内完成两审返还撰稿单位，撰稿单位按反馈意见要求，一周内完成补充、修改后再报。多数供稿部门，有领导分管，有专职撰稿人员。有的单位主要领导人与撰稿人员一起研究撰写内容。

2007年7月25日至2008年3月28日分纂1991—2006年宿豫断代志。

2007年的《修志简报》第七期、第八期专门就供稿进度和稿件质量的情况作了通报。截至2007年8月，尚有10个单位未报送一稿，从已报的110家稿件情况来看，领导重视，撰稿人员认真，来稿质量较高的，有水务局、供电局、纪委等23家，占20.9%；领导重视，但撰稿人员业务不熟，来稿质量较差，须要二稿、三稿甚至五稿、六稿才能基本合格的约占60%；单位领导不重视，撰稿人员敷衍塞责，资料残缺不全的约占20%。为了加快供稿进度，提高稿件质量，9月24日，区人大常委会党组书记、副主任王占军带领部分省、市、区三级人大代表，对《宿豫志》编纂情况进行视察，先后视察了区地方志办公室、水利局、统计局、交通局等单位，并就依法修志提出明确要求。

10月9日，区政府在第三会议室召开全区修志工作推进会。10月25日，宿迁市政府二轮修志工作检查组到宿豫区检查，对《宿豫志》的编修工作给予高度评价。在督查通报中，称赞"《宿豫志》在编修之初就确立了精品良志的目标""组织专兼职相结合修志队伍，加强工作指导，加强制度建设，认真审稿，及时反馈，不断征求意见，完善纲目”，在全市“《宿豫志》编修组织工作相对最好”。推荐宿豫区为江苏省二轮修志试点单位。

2008年1月，《宿豫志》编纂工作写入《政府工作报告》，纳入区委、区政府2008年度工作目标，并与各乡镇、各部门签订岗位目标责任状。3月12日，省地方志办公室正式行文，把宿豫作为全省二轮修志13个省级试点（联系点）单位之一。全省13个省辖市，每市一个。3月28日，区政府十五届二次常务会议，把地方志工作列为首要议题，会议讨论通过了改修通志、充实人员、增加经费、建立工作制度、加大考核力度等举措，有力地推动了二轮修志工作。

2008年3月29日至2010年3月14日，分纂宿豫通志。

早在2007年7月、11月将断代志纲目的第三稿、第四稿，广泛征求省内外地方志专家及区内各行业人士意见时，就有人提出本域区划调整频繁，变化较大，难于续修。11月中旬，主编蔡兆银开始为分纂通志作准备，并于12月下旬拿出通志纲目。对于决定编纂通志，全国著名方志专家、浙江大学历史系教授仓修良认为，修通志比修断代志更有意义，并表示愿意作宿豫通志的顾问。省地方志办公室市县指导处副处长陈华说，全省109部市、县（市、区）志，只有江宁、海门、宿豫、常熟修通志，认为在全面性、系统性、完整性方面，通志优于断代志，支持、鼓励宿豫纂通志。

2008年4月，编辑部将征集的1991—2006年约1亿字的资料初稿，整理成1000多万字的资料长编，分10本装订成册。

2008年5月21—23日，仓修良教授应邀到宿豫作修志工作指导和举办专场学术报告会，各乡镇、区直各部门、驻区有关单位，市志办以及沭阳、泗阳、泗洪、宿城有关单位领导和撰稿员参加。仓教授在考察编辑部工作后，愉快地接受宿豫区常务副区长张晓伟颁给的《宿豫志》顾问聘书。通志纲目在广泛征求意见特别是吸纳仓修良教授的意见后，经部分调整和充实通过了论证。

编纂通志，卷章中的内容，要解决贯通的问题。由于历史的局限，前志在纵述史实时对某些时期敏感事件遵照“宜粗不宜细”的处理原则，这次修通志需要重新收集资料加以弥补，以便揭示出事物发展的因果关系，体现事物发展、变化规律。为此，蔡兆银撰写《志稿分纂与质量的思考》，就分纂的方法、如何提高质量、力求弥补前志缺憾等方面，提出了可操作性意见。为了规范编纂工作，区地方志办公室编辑出版《新方志编纂工作务实手册》（同时署市史志办公室名），详细介绍新一轮方志的编修知识、方法步骤、关键环节。

分纂实际上是编辑部在供稿单位提供的资料长编基础上进行加工整理、重新撰写，一人一般两三个月才能分纂完成一卷。2009年底，全志47卷只完成分纂38卷，有7卷尚在进行，金融、人物两卷因缺乏资料尚未开始，进度明显落后于预期。已分纂部分，问题仍较多，纲目没有细化，有的节下没有目，有的目分类不科学，目名不规范。由于编辑人员水平参差不齐，志稿质量差距较大，有的仅仅是把资料长编加以拼接，编辑不到位；有的字数控制不好，篇幅过大；在行文规范上也存在诸多不统一。

总纂阶段（2010年3月15日至2012年12月12日）

2010年1月，讨论通过《宿豫志》总纂审稿修改工作要点(十一条)。3月上旬,主编完成通志纲目3稿(纲目6稿)修改。

2010年4月17—18日,省地方志办公室市县指导处副处长陈华应邀到宿豫指导修志工作,重点就《宿豫志》总纂纲目及分纂志稿进行点评。对具体篇目记述,认为历史感强,记述全面系统,看到事物的源头,完整性较强,也对某些章、节提出了具体的修订意见。

鉴于总纂阶段对编纂人员工作阅历、文字水平要求更高,经请示区政府主要领导同意,拟聘请三四名担任过部门领导工作,文字功底扎实的二线人员参与,后均被以种种理由婉拒。结合全区革命遗址普查工作,抓住台湾宿迁籍人员回乡祭祖、探亲的机会,发送《关于征集入志人物、著作、族谱的公告》,征集资料。市人大办公室梁建军帮助联系省人大查阅宿迁籍人大代表资料,总纂阶段还到省档案馆查找省人大代表、省政协委员中宿迁代表、委员的资料,补充入志。5月初,区政府同意张家桐任《宿豫志》副主编。

2010年12月,随着石绍祥、陈茂金二人离开,修志聘请的老同志仅留下张家桐、姚家驹。2011年,省地方志办公室下发《关于表彰市、县二轮志书优秀条目组织奖和优秀条目奖志书的决定》,《宿豫志》选送的倪瑞璇、龙王庙行宫等20个条目,获优秀条目奖,宿迁市只有《宿豫志》获此奖项。2011年10月11日,区委办、政府办印发《关于做好〈宿豫志〉志稿评审工作的通知》,志稿进入初审阶段。

2012年2月,完成征求意见稿。征求意见稿命名为《宿迁·宿豫志》,共42卷231章,460余万字,是一部贯穿宿豫古今的通志,既浓缩旧志精华,又收录了新时期新鲜内容。42卷中与前志基本同名25卷,改名扩充5卷,合并4卷,新立12卷。和前志相比,加大了人文社会部类比重。人文社会部类19卷,约占45%,政治经济部类16卷,约占38%。加强民国记述,除在民间广泛征集资料外,还吸纳进南京大学、南京图书馆、中国第二历史档案馆中的大量史料。5月21日,区地方志编委会发出《关于第一批机关行业志稿评审的通知》,要求区委办等31个机关部门领取志稿,组织评审,两周内反馈初审意见。8月25日,《宿迁·宿豫志》征求意见稿,打印装订50份,呈请省内外32位专家(省级专家18位,市级专家16位)审阅。

2012年8月25日至11月12日,进行二次总纂。

在领导和专家审稿的同时,编辑人员对志稿进行二次总纂。力求做到“三读”(粗读、细读、精读)、“三心”(耐心看、细心查、用心想),把好“五关”(政治关〈政治观点、方针政策、保密事项等〉、体例关〈体裁、结构〉、史实关〈人名、时间、地点、过程、数字等〉、记述关〈时间地点的选取、事物发展规律的反映、详略处理等〉、文风关〈称谓、纪年、语法修辞、标点符号、数字书写、计量单位等〉)。并将补充征集到的资料(台北宿迁同乡会会刊及民国时期的报纸杂志)充实到各有关章节,将交叉重复的处理、无题序修改提高、志稿中数字的核查、语言文字及标点符号的规范、地图及插图的收集整理等,作为工作的重点。

2012年9月16日,区地方志编纂委员会印发《关于第二批机关行业志稿评审的通知》,水利局等58个机关部门组织初审。

2012年11月12—13日,江苏省二轮修志省级试点(联络点)单位工作交流暨《宿豫志》稿评析座谈会在宿豫区召开。专家通过认真点评,对志稿质量给予高度评价。11月21日,召开域内老领导、老同志志稿讲评座谈会。至此，《宿迁·宿豫志》完成初审、复审工作。

修改和完善阶段（2012年12月14日至2014年4月）

在志稿的初审、复审中，通过上门征求意见、召开座谈会等形式，将征集到的省内外专家1551条意见和建议，认真消化吸收，对照专家审稿意见，择善而从，精心修改，精雕细磨，修改提高。工作面广量大，几乎所有卷章节都要动脑动手。为了加快工作进度，对照任务要求，编辑人员实行倒排工期，挂牌督战。由原先每周星期六上午加班半天，改为星期六全天加班，有时连星期天也不休息。

修改阶段主要处理卷（此后卷改为编）章拆分调整，新增编章节目资料征集、撰稿，前后交叉重复归纳，资料核实补充，编章下无题序修改重写，表格、注释、行文、标点符号统一规范等工作。涉及编章这一层次，增加补写了大事记，12万多字；环境编改为自然环境，以示与人工环境相区别；能源编分解并入工业、国内贸易、人民生活编；邮政通信中邮政储蓄内容转入金融编；农业编中茧丝绸生产转入工业编；工业编中增加采矿业、电力等内容；住宿、餐饮、旅游及其他服务业改名为生活与商务服务业；金融业编借贷分为信贷和储蓄两章；政治运动与改革编改为社会运动与革新，重设了“文化大革命”章，打乱、重设政治制度改革章；政党团体编改为政党社团，纠正了中国国民党地方组织在新中国成立后认为是原国民党县党部的延续的原则性错误；治安司法编增加了匪患、帮会一章；军事编集中重写，单设抗日斗争章，设四节详细记述了国民革命军在正面战场、中共领导的军队在敌后战场与日伪军斗智斗勇，浴血奋战；教育编的招生考试章改变原来史笔写法，按志体横分门类；科学技术编因缺少社会科学的内容而改为自然科学；卫生体育编中医疗制度内容转人事劳动保障编；民政编增加慈善事业一章，涉及民政、道德风尚、卫生体育、政党社团等编有关内容需要集中归类、重新梳理撰写；把原来宗教信仰编帮会、会道门一章转入治安司法，民间崇拜与祈福驱灾一章转入民风民俗编；乡镇编每一章（乡镇）增补了党政正职任职一览表。涉及节目这一层次，增加撰稿、合并重写、调整充实的近300处，仅前后交叉重复处理就有35处之多。比如政区地名编新增勘界节，政党社团新增干部身份、党员发展目，治安司法编新增匪患节，文化遗存编新增民间收藏目，等等。表格、注释等行文规范，史实核对等工作更是事无巨细，数不胜数。同时，多次修订凡例，撰写编纂始末等。

2012年底，市委动议在宿豫区筹建中国工农红军徐海蚌地区第十五军三师纪念园，区委要求党史工委承担具体事务，修志工作基本停滞，直到2013年12月才又重新开始。此时完成二次总纂10编，还有32编尚未完成。三四个编辑人员加班加点，边纂边校，好中求快。历时16个月，终于完成复审后修改完善工作。

终审验收及出版校对阶段（2014年4月至2014年12月）

2014年4月6日，终于将志稿送到南京印刷厂排版。排版期间，我们搜集、集中插图和人物照片。4月28日，排版稿陆续返回，编辑人员又投入紧张的校对、补充工作。5月19日，志稿再次返回印刷厂进行插图、修改。6月上旬形成终审稿送宿迁市史志办终审。同时，交中华书局审稿。8月15日，《宿迁市宿豫志》终审会召开。之后由主编消化吸收，择善而从，形成验收稿，再次报送市史志办验收。9月16日，《宿迁市宿豫志》终审验收会召开，市政府史志办公室出具《宿迁市宿豫志》通过终审验收批复。同时，中华书局通过对《宿豫志》的出版审稿。区政府呈文省地方志办公室，要求审核批复，正式出版。12月5日，省地方志办公室审核通过，行文区政府建议出版发行。

【志评】

通贯古今　底蕴厚重

——新修《宿迁市宿豫志》读后

陈　凯

新修《宿迁市宿豫志》历时八年，终于出版。面对这样一部皇皇巨册，令人不由惊叹编纂者的辛苦不同寻常，内心不禁生起一股由衷敬佩之情。出于对文献的敬畏，笔者不敢奢谈志书评论，仅以阅读这部志书的一些粗浅感受和不成熟想法见呈，希望得到学界同仁的有益启示。

一

《宿豫志》是一部通贯古今的地方志书，其精要在于一个“通”字。从远古文化发展而来，一路走到21世纪，数千年的时空发展跨度、社会历史文化的沉积，不仅造就了宿豫灿烂的城市文明，更加在其历史上展现了时空沧桑的痕迹。由此通过编纂者们的辛勤工作，在这部志书中得以凝聚升华，不仅使我们震撼于其不同寻常的篇幅，而且在阅读志书内容的过程中，通过对不同专题部类以及历史文化史实在纵横维度上的把握，对于其时空演变历程及其历史特征有了较好的理解。当然一方面是这部志书中饱含古今通贯的历史精神与编纂理念，另者不得不归因于主编对于这部新修志书编纂的性质定位与规划布局之深远，换言之，就是得益于编纂志书最初的“通识”立意。

言及于此，就不得不涉及第二轮志书编修中的一个核心问题，即到底是断代续修还是通贯创修，这是方志学界一直有所争论的问题。从近二十年来的修志实践来看，能修“通志”、敢修“通志”的，毕竟在少数，因为这不仅需要投入巨大的时间和工作精力，更因为通贯编修对于主编及修志团队人员的各项综合业务素质要求更高。新修《宿豫志》在通篇叙述中，时刻都注意贯穿“通识”理念，不仅叙述地方历史大事有原有本、本末兼备，而且在叙述专题部类，社会现象等横向门类的时候，注意到能够梳理出时空发展的线索，纵横交织，令人对其由来和演变有了更好的把握。对于这方面的阅读体会，在读了第9编《水利》、第22编《社会运动与变革》、第25编《治安司法》等专题性较强的横向门类之后，就会深刻感到，假如就事论事地讲这些门类的具体知识与现象变化，而不去梳理其时空演变的线索，达到纵横维度的通贯，那么要想很好地把握领会这些内容无疑是有难度的。

新修《宿豫志》的特色与成功之处，首先在于能够在编纂工作中贯穿这种“通识”的历史编纂理念，接续了方志发展史的优良传统。这部通志的精神，需要通过外在的客观形式展现出来，方能体现其通贯古今的气魄与纵横兼通的大格局。因此志书编纂者在对于新修《宿豫志》的框架设计上也是颇费心力的，这也是“通识”修志理念最为直接的展现。我们通过分析这部志书的编纂构架，就可以更为清晰深刻地体会到这部通志的不凡之处。这部志书卷首为史略和大事记，卷末有附录、编纂始末、索引、参考文献等内容，其基本框架结构，以“编”统“章”，以“章”驾驭“节”“目”，纲举目张，框架内在逻辑体系严密。例如第8编《城乡建设》，分为城市规划、城区建设、村镇建设、城市管理4章进行专题叙述，且各章之间的关系，层层递进，由宏观的城市规划出发，视角逐渐下移至中观程度的城区建设与微观层面的村镇建设，三位一体，有着“具体而微”的动态展示和多维考察，然后再进而上升到城市管理的层面进行综述，体现城市现代化管理对于城乡建设规划的要求。逻辑理路严密，层级较为分明。看似不经意地胪列展现，实则有编纂者深刻的理论思考与宏观把握。再看第29编《文化》，这也是志书中编写得较为成功、具有鲜明特色的综合部类，首先阐述报刊、新闻、广播、电影、电视等媒体媒介形式，因为这是文化保存与传播的有力载体，是为物质基础；其次，文化的传播与发展离不开专业部门的指导和工作实践，因此第3章系统概述文化单位，包括文化馆、图书馆、档案馆、表演团体等具体文化机构，介绍其发展沿革与职能所在。在此基础上撰述第4章《文艺演出》，将不同文化单位部门的具体职能与文化活动分类进行了概述；第三，分为地方文艺、文学艺术创作、文化市场管理、地方志、档案各章，对宿豫区地方文化的实态进行了细致叙述，不仅有静态的档案、方志，更有动态的文艺形式与文学艺术创作，而以文化市场管理这一章居中驾驭，统合协调地方文化各种形式的管理调度，动静结合、纵横交织，将地方文化从不同视角和层面进行了分类详析。这种写法较之平淡乏味的横平铺叙，将各色文艺形式、文体机构及其职能等内容概述介绍，无疑显得更为高明。

更值得称赞的是，这部志书的编纂者，为了突显地方特色所在，将本属文化编的“文化遗存”单独提出，升格立编，进行重点叙述介绍。不仅有传统的古代物质文化遗存，而且还用较大的篇幅详述地方非物质文化遗产，通过对这些生动鲜活的民间工艺、技术、传说、故事，以及待开发的非遗文化的细致挖掘，相信这些内容对于有志提升地方文化水准、挖掘文化创意产业潜力的人来说，是一笔无形的精神资产，很好地展现了新修方志资治、利世的效用，这也是编纂者们对于地方历史文化的热爱、用心之良苦所致。

再看体例与体裁。要领会这部志书编纂者对于框架层级设计的用意，必须很好地吃透编修志书的凡例，因为这是志书编纂设计的大纲与全书灵魂之所系，是编纂这部志书的蓝图。这部志书对于发凡起例所下的功夫实在令人钦佩，看得出这不是敷衍文章了事，而是编纂者们条分缕析、字句斟酌的产物，贯穿了浓厚的研究精神，从顶层设计上保证了这部志书的质量水准。这部志书的凡例部分，分为通例（即总则）、分例、特例、行文例4个部分，除了通例与行文例更多地属于编纂技术规范要求与基本编纂原则理念之外，其分例与特例的确定，尤其能够突显这部志书的鲜明特色。例如在特例中说道：“本志为反映地方特色，除设立政区地名、资源特产、文化遗存、著述、方言、人物等编外，把具有地方特色的古黄河、中运河、骆马湖升格为两河一湖编。把域内所特有的石英砂——玻璃制造业升格为玻璃工业编。为突出蚕桑生产，在农业编中单设蚕桑业章。为凸显宿北大战在解放战争中的地位，军事编中设宿北大战章。为突出杨树生产，在农业编林业章中单设杨树产业节。”在志书的框架设计中确实将这些凡例原则逐一落实，并取得了较好的效果。又如关于人物传记与生平情况的记载，本志“分传略、简介、表录三个记录层次……在专志各编中采用以事系人和以人系事的办法记载相关人物。”对于人物的记载，应当视其重要性与相关联程度，在记载层级与体裁上有所区别，除了本地区的历史文化名人要专门立传予以记述流传，在专志各编（例如文化遗存）必然会零星涉及甚至部分重复此前提到的人物，那么究竟是照搬照抄还是进行一定的简化处理，这就需要根据实际情况斟酌损益。志书编纂者所采用的“专志各编中采用以事系人和以人系事的办法记载相关人物”的办法，借鉴了传统史学书写中的“互见”“参见”笔法，并做了一定的改进，同时又能较好地利用表谱形式，将相对次要且内容烦冗的人物传记信息予以简化处理。这样经过表谱化的人物传记材料，在阅读和检索利用上反而更加便利，同时有助于突出重要人物的传记资料价值。通过利用不同体裁的剪辑，将地方志书中篇幅体量最为浩繁的历代人物传记进行了分类处理与简化包装。区分其重要性与关联程度，不仅如实反映历史，而且对于读者利用资料、阅读志文都有较好的引导作用。

从新修《宿豫志》的编纂体裁来看，与通志编修的理念相互配合适应，综合运用志、传、述、图、表、录、附等体裁。“设地图30幅，附记专记64篇，表731张，图约400张”真正做到了诸体并用、图文并茂。这些体裁的运用，当得与修志凡例与编纂理念紧密配合，同时要充分考虑和预计这些体裁的运用对于阅读利用志书所产生的积极效应。例如就图、表而论，不仅起到简洁显明的作用，使得在利用检索志文内容的时候一目了然，而且对于某些过于专门或难以用语言精确表述的记述对象，用一幅图表就能非常生动地说明问题。在这个意义上看，图表所起到的重要价值，丝毫不下于编纂者的字斟句酌，确实是各显其长。

以上从这部志书“通贯古今”的特点出发进行分析论述，认为编纂志书的理念、编纂构架、发凡起例、体裁运用等不同模块的有机组合，在编纂者通识理念的引领下，充分发挥各自作用，展现志书的地方特色与编纂优点所在。当然这些作用与目的之实现，都要有一个非常实在且“厚重”的物质基础，即志书之内容本体。脱离这个最重要的基础，不在这方面下深刻的工夫，一切再完美的方案构思，无异于天马行空、纸上谈兵。新修《宿豫志》的编纂者正是充分地认识到这一点，所以一开始就认真地抓志书文本的质量。在修志过程中，“尽量吸收前人的修志成果”（志书凡例之通例），同时以“人文立志”为基本理念，遵循“明古详今”的原则，着力加大志书人文、社会方面内容的记载，重点突显其地方人文特色。这些经验确实值得方志界相关同仁以及正在进行新修志书编写的各地方志工作者认真学习借鉴。

二

“厚重”，是笔者在阅读之后的最大感受。当然这并非仅仅是感慨志书的体量与规模庞大及文字篇幅厚重，形式上的厚重感，而是来自其内在的积淀，浓缩、凝聚时空的历史厚重感。

新修《宿豫志》的底蕴厚重，在形式上表现为文明底蕴之厚重。换言之，就是这部志书以丰富的地方文献资料作为撰述的基础，并且能够综合运用各种修志体裁，在编纂志书体例纲要的指导引领下，多维地通过文献资料价值的展现与发掘，生动地展现了宿豫地区数千年城市发展演进过程中，物质文明与精神文明积累的厚重。前面我们已经讲过，这部志书给予我们在视觉上和精神上的震撼，首先是浓缩、凝聚时空的历史厚重感，而这种震撼和惊叹，就是深深地蕴藏在志书浩博广大的资料之海当中。当然这种志书文献之浩博，并非刻意地掉书袋或者獭祭史料，而是本着“明古详今”的原则，遵循史料文献批判考证的基本研究方法，将得到印证的、符合编纂原则的地方文献资料，积极吸收到志书编纂中，从而使得这些本来在类型、性质、甚至职能功用上全然不尽相同的原始材料，能够有机地组合在一起，发挥存史、证史、探史的功用。

新修《宿豫志》的底蕴厚重，在内容上表现为文献底蕴之厚重。文献是社会历史文化的载体，也是文明演进历程的重要承载与见证，志书在这一方面的特征，同时也是第一点“文明底蕴厚重”的重要物质基础。相对于浙东、姑苏等素来号称文献之邦、文献名邑的地区或城市而言，宿豫在学术史或文献发展史上地位或许有所逊色，但是我们在这里指出的，这部新修志书所具备的文献底蕴之厚重，不仅表现为这部志书编纂所采用的多方面综合性的地方文献与档案史料，使得全书的规模与体量给人以厚重扎实之感觉，而且表现为在加工处理材料、审订查考资料的过程中展现出来的对于文献的“敬畏”态度，以及具备工匠精神特质、勤于征文考献的审慎的工作理念。通观整部志书，所运用的原始档案文献的类型颇为丰富，不仅有相关职能机构的专门统计数据资料，还有口述访谈与回忆性文字整理内容，不少内容因其来源的唯一性和独特性显得分外珍贵。例如第22编《社会运动与变革》之《社会运动》一章，记述当年“整风整社”运动的实际情况时，为了进一步说明问题细节，补充丰富史料认知，在所附材料中，整理征引了宿豫区档案馆所藏〔1960〕154卷宗内容，以古城公社王庄大队“五风”情况调查的详尽案例进行说明，为人们了解那个特定历史时期的真实面貌提供了可靠的印证。

这部志书在编纂过程中，大量且充分地利用了难得一见的地方档案文献，以第一手的原始材料和数据信息，再现了当年的历史真实。这些材料是难得一见的，以其数据详尽可靠、内容丰富见长，是研究中国当代史、社会学的重要史料数据基础。同时，在运用口述访谈资料方面，充分发挥地域优势，对于各辑《宿迁文史资料》《宿迁名人录》等地方人物传记文献进行了较好地吸收与占有，从中整理挖掘重要的回忆与访谈文字，与史实、数据相印证，丰富对于历史事件或制度措施的认知。在志书终审验收阶段，对于已经比较成熟的第22编《社会运动与变革》之《“文化大革命”》一章的内容，编纂者又邀请“文化大革命”中两派代表人物进行座谈，吸收双方合理意见和建议，增加“军管”一节。这种征文考献的工作态度，补充相关章节的口述访谈与回忆资料，增强了对于历史问题认识的准确性，同时也及时补充和抢救了珍贵的地方政治运动史料。

第三，学术底蕴之厚重。这部志书并非是简单的文献资料堆砌。对于资料的取舍考订，本身是编纂志书必备的业务环节，同时也是保证志书文献价值与学术水准的最基本的关口。然而一部志书能否成为传世之作，能否经得起相关领域研究者以学术批判的眼光进行审视与考察，其中所记载收录的文献资料是否经得起考证，能否真正为相关学科的研究提供最新的资料，这些都要取决于志书编纂工作中是否贯穿了学术研究的理性精神。换言之，就是要看这部志书是不是按照学术研究规范进行编纂的，是不是充分吸收了学术研究的相关成果以及理论主张，并积极转化为志书编纂的基本理念。纵观我国的方志发展史，我们可以发现这样一个特征，宋元方志的学术价值普遍较高，往往为后来学者所称赞。之所以有如此的现象，是因为当时很多有名的学者积极参与地方志书的编纂，将学术理念贯穿于具体的编纂活动中，特别是一些文史兼长的学者参与志书编纂，不仅提升文本的可读性与文学审美水准，更为重要的是他们重点从传统史学编纂体例出发，遵循史书编纂的义法，以此高标准来对待志书的编修，按这样严格的标准来打磨志书，方能造就不朽的名山著作。反过来看，到明清时期，官修志书普遍虚应故事，虽然各级政府在人力、物力、财力等方面都有不少的投入，也聘任博闻大雅之学者编纂志书，但因为主政者多是因循旧章，不能与实际主事的学者积极配合。因此编纂出来的志书普遍存在资料堆砌、考订不精、义例不严等弊病，较之宋元名志的传统愈加遥远不可及。我们通过这样的比较，才能深刻认识到胡乔木同志所说修志“是做学问”论断的正确所在。

当今学术界对于各种资料文献的批判审视眼光愈趋严格，特别对于资料性文献著作尤其如此，因此新修志书要在著作之林站稳一席之地，其生命线固然是在志书的质量——文献资料价值上，但是本质仍在其是否具有学术性、是否符合学术规范。一言以蔽之，学术性是真正衡量新修志书水准的唯一尺度。新修志书的编纂工作，一方面要立足本地区具体的业务实践工作，但更重要的是不仅需要积极吸收占有学术界相关研究成果，同时必须引入学者修志、指导志书编纂的机制，从专业学术的高度保证志书的生命线，有效提升其文献价值。值得肯定的是，在这一方面，新修《宿豫志》编纂团队，通过各种途径积极吸纳学术因素，从而提升了志书的学术水准，这才是这部志书获得好评价的最根本的因由所在。

新修《宿豫志》在编纂工作启动伊始，就聘请著名历史学家、方志学家仓修良教授为顾问，指导志书的编纂工作。仓先生以史学理论研究的深厚功力探索方志学，出版多部著作，研究成果颇为丰富，不仅对于方志发展史的研究有着深刻的造诣，而且自20世纪80年代以来，就积极参与修志与评志的实践活动，将理论研究与修志实践有机结合起来，对于新方志编纂学有着自己独到的思考和系统的理论主张。对于第二轮志书编纂的经验总结与理论反思，仓先生近年来通过撰写论著和指导修志等具体形式，通过不同途径鲜明地展现了自己的理论主张，其中较为重要且具有代表性的观点有提倡编修通志、艺文志必不可少、志书在内容记载上要注意突出重点和反映特色、对于“大跃进”与“文化大革命”造成的危害及其影响要如实记述，等等。在编纂《宿豫志》过程中，仓先生多次莅临指导修志活动，解答疑难，通过志书编纂者的虚心学习和不懈努力，最终能够较好地在新修志书中落实这些学术观点，并以此为指南，用以建构志书框架以及决定相关篇目的资料取舍。例如在修志工作启动不久，主编就想创修通志，这个理念正是得到仓先生的大力支持和理论指导，并最终得以付诸行动，因此这部通志的编纂，在一定程度上也是仓先生关于新方志编纂学的重要理论实践成果。此外，志书在卷上史略部分，用了将进1/4的篇幅记述20世纪50年代以来至“文化大革命”结束的历史，真实且客观地记载历史事实，再现当年的真相。不仅如此，为记载和保存更多的珍贵史料，起到存一方之史、以历史为鉴的功效，志书编纂者在第23编《社会运动与变革》中，不仅设立专节记述“三反五反”、农业合作化、整风和“反右”、“大跃进”、整风整社等重要内容，而且设立专章，以稀见的史料和详尽的叙述再现当年宿豫地区所遭受的“文化大革命”动乱，令人印象颇为深刻。至于编纂者在凡例中所说的反映地方特色、突显人文色彩等观点，更是与仓先生一贯的学术主张不谋而合。更加难能可贵的是，志书的编纂团队，不仅有专业修志人员，还有一些专业部门工作者和高校专业教师参与其中。因此我们认为，这部新修《宿豫志》是“学者修志”的产物，其经验必将对今后各地编纂新志产生积极的影响。

三

总体来说，这部新修《宿豫志》不仅在时空断限和资料记载上做到了通贯古今、纵横交织，而且从其文献价值、内在底蕴来看，具有较高的学术水准，其所蕴含的丰富文献资料和数据信息，必将成为相关社会科学研究者今后在具体问题的探索中值得去重视的有益参考。对“学者参与修志”工作模式较好的探索，编纂规划理念与工作流程，都值得方志界吸收借鉴。不可否认的是，志书中仍存在着一些小问题，有必要从学术批评的角度“从严而论”，目的是希望能够精益求精。兹稍举所见问题数则：例如志书上卷《史略》的导言部分（第2页）第一行，引用北魏郦道元《水经注·泗水》的相关史料，按正确的文献著录格式当作“《水经·泗水注》”，这是历史地理学科的通行规范。又，该段文字中提到东晋《疆域志》：“安帝义熙元年置宿预郡，治宿预县。”检索相关古籍文献目录，东晋时期并无所谓“《疆域志》”一书，就所引材料来看，乃是出于清代中叶著名学者洪亮吉所撰《东晋疆域志》四卷，这才是正确的文献出处与名目称谓。此外，在第31编之著作章，著录杨鸿年先生《汉魏制度丛考》等著作，其中“唐兵制考杂”名目有误，当作“唐兵制杂志”。这些琐碎内容固然无关宏旨，但为了志书的严谨可靠性，希望能引起重视，在今后的再版或续修中及时改正错误。

最后想谈几点不成熟的看法，以就教于方志界同仁。第一，考虑到这部志书的体量太过于庞大，对于一般读者来说，不管是检索资料或者是专题阅读浏览，都有相当的难度，有关部门是否能考虑在此基础上删繁就简，编写一个地情读本，就相当于是这部志书的简编版，以十几万字这样的篇幅，综合记述宿豫区的古往今来。晚清时期各地受爱国主义思潮的影响，借鉴国外教科书体例，以旧方志为基础，编纂了大量的乡土志（乡土教科书），开启了近代乡土教育的先声，这一做法至今仍有其积极借鉴意义。第二，在当前大数据发展的时代背景下，如何有效地开发利用志书所蕴含的信息资源，以提高志书的文献利用率和知识信息转化程度，从技术手段来讲，可以尝试开发线上资源平台，重视读志用志者的需求，积极引导读者用户，整合地方文献信息资源，从信息资源开发利用的角度，去重新审视这些厚重的地方文献。第三，对于志书中的方言、风俗、非遗等篇目门类的记载，除了详尽的文字叙述、精美的照片插图，是否可以用相关技术手段，将这些鲜活灵动的方言发音、风土民俗、非遗技艺等内容进行数字化和信息化，从而更好地保存这些珍贵的乡土文化记忆。值得庆幸的是，目前方志界已经在积极开展“影像方志”的编纂工作，并取得了初步成效，其实质就是运用数字化技术手段来保存这些社会文化记忆。今天我们编修新方志的工作，需要跨学科（尤其要重视信息资源管理的大学科专业背景）借鉴思路、拓展视野，提倡多学科成果运用，最终落实到如何有效开发利用地方文献信息资源，提升知识信息转化程度和数字化水平。这或许将成为未来编修志书工作的一个必然发展趋势。

（原文刊载于《江苏地方志》2018年第4期）

沭阳县志

沭阳县地方志编纂委员会编。1986年4月启动编纂，1997年4月由江苏科学技术出版社出版。主编马军，副主编徐守春、王宜和，执行副主编韦泽洋、胡道云。编辑胡道云、施圣默、陈宗景、钱唯尧、张进、王子思、魏善琴。曾任主编王子思、刘成业，曾任编辑潘华中、邹学成。

全书1册，161万字，图片75幅（集于志首），表格204张。记述范围为1987年沭阳县行政区域。记述上限因事而异，尽可能追溯，下限1987年（人物传和个别事件下限适当下延），大事记顺延至1995年。述、记、志、传、图、表、录诸体并用，以志为主。志首设序、凡例、概述、大事记，志末设附录、后记。全志设31篇：建置区划、乡镇、自然环境、人口、城乡建设、经济制度、综合经济管理、农业、林牧副渔、水利、工业、交通、邮电、商业、粮油、财税金融、政党、社团、政权政协、军事、治安司法、劳动人事、民政、教育、科学技术、文化、卫生、体育、风俗·宗教、方言、人物。

为突出沭阳农业大县的特色，该志设农业篇、林牧副渔篇，全面记述沭阳县的农业区划、粮食生产、经济作物生产、林业生产、畜禽养殖、渔业生产、品种改良、病害防治等情况。历史上沭阳是洪水走廊，水利篇对沭阳人民整治水患、开展农业水利建设做了系统记述，尤其突出开启新中国水利工程建设新篇章的导沂工程。为体现地方文化特色，文化篇设地方戏章，重点记述淮海戏。此外，志首设沭阳县行政区划图外，还收录沭城镇地名图，较有特色。文化篇设社会科学章，记述方志、历史、哲学、文艺理论、语言音韵、理论刊物等内容，在县级志书中鲜见。附录收录旧志序言、碑记、诗文选辑、文献辑存等，增强志书资料性。

2001年，该志获江苏省地方志系统优秀成果二等奖。

（江苏杨）

【后记（节选）】

盛世修志，是中华民族优秀的文化传统。1986年初，根据江苏省人民政府文件精神，于同年4月成立沭阳县县志编纂委员会，下设办公室，具体负责《沭阳县志》编纂工作。首先，拟定《沭阳县志》篇目征求意见稿。初由王守让执笔，后经集体讨论、修改，张进负责整理而成。然后，围绕县志篇目，有的放矢地开展资料征集工作。是年7月，召开第一次县志编委会扩大会议，确定新编县志的指导思想，讨论和审定县志编修工作方案和篇目。会后，各修志部门和单位相继成立领导机构，组建编撰班子。全县共建立修志机构107个，配备工作人员757人。8月，县开办修志培训班，邀请中国地方志协会理事、如东县史志办公室主任李明（现为江苏省地方志办公室研究室主任），苏州大学历史系副教授陆振岳来沭讲课，历时5天，培训修志骨干360人。另外，办公室先后派出10余人次

《沭阳县志》目录

分别到武进、苏州大学、北京大学、淮阴学习方志理论，旨在提高编修人员业务水平。

1986年底至1987年，全面开展县志资料的搜集和整理工作。县人民政府颁布《关于征集编纂沭阳县志资料的通告》。办公室本着先内后外、先近后远的原则，首先对县档案馆、公安局等档案进行查阅、摘抄和整理，然后，分别赴南京、镇江、上海、北京、天津、淮阴、连云港和邻县档案馆，查阅卷宗2000余卷，报纸杂志1100册，召开各种会议80次，走访知情者100余人次，发函调信96封。至1987年底，共征得《淮安府志》《嘉庆海州直隶州志》、清康熙《沭阳县志》、民国重修《沭阳县志》《沭阳乡土志》各1部；家谱、族谱10部；新编部门志初稿70部；新编乡镇志初稿20部及部分其他资料，累计2000余万字，为编修《沭阳县志》奠定了坚实基础。

《沭阳县志（1987-2006）》目录

1988年后，进入县志初稿编定阶段，本着"众手修志"的原则，分篇到人，明确责任，并组织编写人员参加淮阴市部分县志分志稿评审会。是年底，完成县志初稿17篇。1989年10月，王子思调任县志办公室副主任（主持工作）、《沭阳县志》总纂。次年，又完成县志初稿10篇。至此，《沭阳县志》初稿大部分脱手。1991年，对县志初稿进行加工补充。1992年，《沭阳县志》进入总纂阶段。调整章节，核实资料，处理交叉，笔削文辞。是年底，完成总纂稿20篇，并打印成征求意见稿。1993年3月，魏家乐调任县志办主任。5月，基本完成《沭阳县志》评审稿。在此期间，县志办公室为《江苏市县概况》编写了沭阳部分，为《淮阴城镇史话》撰写了7篇城镇史话，编印《沭阳县概况》《沭阳县工厂概况》等。

1993年8月18日至21日，江苏省地方志办公室在沭阳召开《沭阳县志》稿评审会。与会省、市领导和专家、学者一致认为，《沭阳县志》稿观点鲜明，资料翔实，纲目得体，文笔流畅，是一部比较成功的送审稿。1993年下半年至1994年初，县志办根据评审意见，进行逐条整理、修改和补充。4月修改结束，送出版社审定出版。

1996年，县人民政府对《沭阳县志》主编班子进行调整，决定由副县长刘成业兼任《沭阳县志》主编。调整后的编纂班子，根据县委、县政府的指示，将《序》《概述》《大事记》《人物》等篇复印成册，交县委、县政府、县人大、县政协主要领导人审阅。然后组织全体编写人员，以党的四项基本原则和《中共中央关于建国以来党的若干历史问题的决议》为准绳，对《沭阳县志》稿进行切磋琢磨、斧削舛误，做最后修正润色和审查定稿。

沭阳县志（1987—2005）

沭阳县地方志编纂委员会编。2003年初启动编纂，2013年11月由江苏人民出版社出版。主编韦泽洋，副主编荣铁利、张勇卫东（特邀）。编校韦泽洋、荣铁利、魏善琴、张勇卫东、史永元、葛绍田、张玉怀、江瀚。

全书1册，130万字，图片81幅（集于志首），表格96张。记述范围为2005年沭阳县行政区域。该志为《沭阳县志》（1997年版）续志，记述上限1987年，衔接前志，下限2005年，大事记延至2012年。述、记、志、传、图、表、录诸体并用，以志为主。志首设序、凡例、概述、前志大事记、大事记，志末设专记、文献辑存、索引、后记。全志设27篇：建置区划、自然地理、人口和计划生育、国土资源管理、城乡建设、综合经济管理、农业、多种经营、水利、工业、商业贸易、财税·金融·保险、中共沭阳县地方组织、政权·政府·政协、社会团体、民政、政法、劳动人事、科学技术、教育、文化体育、医疗·卫生、社会生活、方言、精神文明建设、人物、乡镇。

为突出沭阳“花木之乡”“板材之乡”特色，该志在多种经营篇将花木升格设章，与林业并列设置，详细记述花木行业在沭阳的发展情况；在工业篇中，将木材工业作为工业门类独立设节。民政篇中设农村扶贫章，记述扶贫队伍、挂钩帮扶、帮扶成效，反映地方特色和时代特点。为体现地方文化特色，承袭前志，文化体育篇设地方戏章，重点记述淮海戏。为体现时代特征，设精神文明建设篇，记述文明创建和思想道德教育情况。为让读者全面地了解沭阳历史，该志的部分内容突破记载上限，在大事记前设立前志大事记。为更好地昭示后人、激励来者，在人物篇设历史人物、英烈录2节，历史人物选取前志20位人物，英烈录按所在乡镇全面记录新民主主义革命时期、社会主义革命和建设时期牺牲的沭阳籍烈士4000余人。在文献辑存中，突破记载上限，收录多篇文章作为前志的拾遗，特别是收录《抗日战争时期淮海区斗争概述》《解放战争时期苏皖第六行政区斗争概述》，全面讲述抗日战争时期和解放战争时期以沭阳为中心的淮海人民的斗争历程，凸显老区沭阳的红色底蕴，弥补县志受体裁所限无法全面记录地方党史的缺憾。

2018年，该志获江苏省地方志书优秀成果内容记述单项优秀。

（江苏杨）

【后记（节选）】

实行改革开放以后，沭阳县进行了两轮修志。第一轮修志于上世纪80年代中期开始，到1997年初结束；第二轮修志于2003年初开始起步，到2012年已走过9个年头。沭阳第二轮的方志断限为上至1987年下至2005年，少数篇目不受此时段约束，适当拓展。

《沭阳县志（1987—2005）》纲目，先由县志办拿出粗线条的篇目，进行内审，确定为27篇，形成送审篇目，先后报送县级领导班子成员和各乡镇、县直各单位征求意见，经过数轮修改，形成基本定型的纲目。根据《沭阳县志（1987—2005）》的篇目要求，县志办征集的资料以档案局的资料和县乡各单位保存的各种文献、领导讲话材料为主，同时征集社会上和民间的一些资料，共计约260万字。县志办的工作人员和主要负责人对征集到的资料进行核实甄别，决定取舍。面对现实情况，根据资料分类和分布情况落实承编单位和撰稿人。凡是综合性的篇章由县志办负责撰写，专业志则由相关部门和单位负责撰写。

沭阳县在第二轮修志过程中，始终注重突出地方特色，提高编修质量和水平。一是在农业篇中体现地方特色，二是在工业篇中体现地方特色，三是体现居民生活水平的地方特色，四是体现文化方面的地方特色，通过特色，提升《沭阳县志（1987—2005）》的质量和水平。

为了促进沭阳县的方志事业又好又快地发展，编修一部良志，在具体操作上做到改进方式方法，大力度地促进地方志编修。一是对专业志编修进行分类指导。地方志就像“百科全书”，内容较全，针对这一情况，对专业性较强的志稿的编写，进行分类指导，避免重复劳动、走弯路。二是对撰写人员提出不同要求。针对不同部门的专业志要求，对承担编写工作的同志提出了具体的要求，以及在编写过程中应注意的事项，避免造成无效劳动。三是提出相应的质量要求。严格按照行业标准，提出质量要求，提高专业志编修的质量。

泗阳县志

泗阳县志编纂委员会编。1985年4月启动编纂，1995年2月由江苏人民出版社出版。总纂郝耀，副总纂张振谷、谈嘉德、张浩。编辑郝耀、谈嘉德、张振谷、庄美邨、杜中、张胜泉、张耀华、刘方。

《泗阳县志》目录

全书1册，139.6万字，图片60幅（集于志首），表格188张。记述范围为1987年泗阳县所辖行政区域。记述上限因事而异，量事追溯，下限1987年，概述、大事记、人物延至1993年。述、记、志、传、图、表、录诸体并用，以志为主。志首设序、凡例、概述、大事记，志末设杂记、后记。全志设28编：建置区划、自然环境、人口、经济综合管理、农业、林牧副渔、水利、工业、酿酒、交通、邮电、商业、财政·税务·金融、城乡建设、政党社团、政权·政协、民政、人事劳动、治安司法、军事、教育、科技、卫生、体育、文化、社会风土、方言、人物。

泗阳是农业大县，被誉为“中国杨树之乡”，为突出地方特色，该志林牧副渔编设意杨推广章。泗阳是酒乡，升格设置酿酒编，介绍洋河大曲发展历程和酿造技术以及曲酒、薯干酒、葡萄酒等生产经营情况。泗阳境内有洪泽湖、京杭大运河、黄河故道，河湖交错，增加水利编篇幅。该志没有简单化、平面化、概念化地处理史实，而是从立体的角度多方位存史，不虚美、不隐恶。如人物编不仅为抵御外族的民族英雄立传，也收录反面人物，意在警醒后人；还破格为非官非商非名人的清代村妇作简介。在人口编附录十余位百岁老人的生活地点、生育、习性等实况，增强志书的资料性。杂记收录旧志序选、文献辑存、诗文选录、地方传说等，内容丰富、资料性强。

（刘家伦）

【后记（节选）】

新编《泗阳县志》，在中共泗阳县委、县人民政府领导和支持下，经过八年的艰苦努力，终于问世了。

1985年4月，成立县志编写领导小组（后称编纂委员会），下设办公室。当时领导考虑，编修县志是一项宏伟的文化建设系统工程，需要熟悉县情，有一定文字水平并有志于修志的同志才能胜任。便决定从退居二线或离退休老同志中挑选，建立临时机构。一是节省编制，二是节约经费，三是人尽其才，可以保证志书质量。泗阳县志办也就成为全省独一无二的临时机构了。

起初，大家都是怀着满腔修志热情来到县志办，认为编修县志是千秋大业，有利当代，惠及子孙，暮年奉献余热值得。但在实际工作中，经常遇到这样或那样的困难。一是缺乏修志知识，还得从头学起；二是年老体弱，外出查阅资料深感不便；三是没有办公室和开办经费，无从着手；四是外界舆论，肩有压力。面对这些问题怎么办？经过大家讨论，一致认为：

一靠自己努力，二靠领导支持，三靠社会各界帮助，没有过不去的火焰山。经过努力，县政府领导为我们腾出了三间办公室，拨付专款开办。知识缺乏，通过学习有关文件、书刊，到先进单位取经，抽人去省志办培训班学习，初步掌握了修志要领。经过一年多的努力，全体同志对修志前景获得共识，于是着手拟定纲目，开始搜集资料。

在搜集资料过程中，县长曾为此专门召开了县直机关和乡镇负责人会议，要求各单位要指定专人搜集和编写部门资料，后因多数单位人力不足，仅有部分单位提供一些资料。大家认为长此下去，旷日持久，人家拖得起，我们拖不起，坐等资料也是对事业不负责任的态度。为加快进度，我们决定走自采自编的路子。一为各单位减少麻烦和经费开支，二为自己可以有计划有目的地搜集更多更好的适用资料。于是便采取单位提供和自己搜集相结合，在本地查档和到外地查档相结合，访问和座谈相结合，文字资料和口碑资料相结合的办法。在两年多时间里，我们去南京、上海、北京、合肥、蚌埠、苏州、镇江、杭州、淮阴等地20多个档案馆和图书馆。

在搜集资料的同时，编写即分编到人，明确责任，边搜集、边整理、边试写、边考证、边补充直至完稿。在此期间，我们还为《中国市县大词典》撰写了泗阳条目；为《江苏市县概况》提供了泗阳概况，为《淮阴城镇史话》编写有关内容，为民国版《泗阳县志》整理再版注释本，还不定期编印《泗阳县志资料》28期。我们本着“众手成志，总纂定稿”原则，根据省行文通则，结合我县具体情况拟订了数十条纂稿细则，到1990年底，全志30多编初稿基本完成。首先，采取内部传阅，定期开会，逐编评审，修改加工，到1991年下半年，形成了第二稿。打印后，分送各有关单位和知情人审查，广泛征求意见，部门和负责人签名盖章，以示负责。再将意见综合整理后，由编纂者修改，总纂加工，1992年春形成第三稿。是年夏，送交市志办预审，第四次修改后形成送审稿。1992年11月18—20日，召开了《泗阳县志》稿评审会，与会者充分肯定的同时也提出了647条宝贵意见，对提高县志质量大有裨益。我们全体同志发扬连续作战作风，和衷共济，相濡以沫，以“编修县志苦中乐，发挥余热晚节香”这句话来鼓励自己。初来县志办时，我们多数年逾花甲，定稿时大多已古稀之年。由于对事业的执着追求，多次得到省市领导表扬。1990年，有两位同志先后被省市授予先进工作者，1991年县志办被市评为先进集体。1993年3月，我们县志办的八位同志勤奋笔耕照片，被省选送北京《全国新编地方志成果展览会》展出，再版《泗阳县志》（民国版）注释本亦同时参展。1993年6月《江苏地方志》第二期刊登了《暮年献余热，夕阳照青山——记泗阳县志办几位老同志修志事迹》，抚今追昔，感慨万分。“事非经过不知难”，完成一部百多万字的县志，实非易事。

【志评】

泗水古河流千载　阳春新志惠万代

——读《泗阳县志》印象

姜克强

作为江苏人民出版社的编辑，我吹毛求疵

地将《泗阳县志》审读了个遍，有幸成为第一读者，印象相当深刻。

一、详中见略，略中见详，辩证科学

详今略古是新编地方志的编纂原则，似乎不值得将此作为长足之处来谈。其实不然，其间也有个方法和“度”的掌握问题。详今，并非拾到篮中便是菜，须作时间、角度、事件的选择定位；略古，不是无古，为的是溯源，在历史的长河中起波作澜的事件五花八门、百态千姿，如何做到略而不断，文略而神存，“看似容易实艰辛”。泗阳县之制，始于周定于秦，长达两千多年。《泗阳县志》在古代、近代、现代、当代之时空中，纵观横切，分别使用了“略、次略、次详、详”的记述方法，却又不是机械操作。以新中国成立为轴心，以古今时代为延伸线，形成了一个坐标，把关键时间和典型事件作为坐标系区域点，点与点之间“只传秋波不拉手”，顾盼而不加推理评断，文分时期史成线，起伏绵亘，成峰见岭。该志对“略”和“详”的处理，有独到之处——略中有详，详中有略。点到为止，为略中之略。例如：旧式教育的《社学》节，全节包括标点在内，仅用了90余字，始末经过均已交代完毕，无一赘字。宏观上略，微观处理上详，此乃略中之详。主要反映在对古之出神之处，在略中相对较详。例如《建置区划》中，对早已是焦土的古县城——城厢街作了兴衰原委的记述，花了800余字，读者不只对古县城的位置、规模、变迁有了解，还对日军的飞机轰炸县城和国民党县政府“焦土抗战”有了认识。对新中国的成绩，文、图、表并用，可谓详中之详；然而，今之阴暗面、陋俗，不回避、不绕道，高度概括，粗线条勾勒，该称详中之略。全书“浓妆淡抹”，量时量事，读时自然，虽经筛选却未留刀斧之迹。

说其科学，不只指其框架结构的科学合理。我们评估一部志书是否科学也得用科学的方法去考察。如今国际流行的科学方法是系统法、控制法、信息法。系统，是指极其复杂的研究对象，对于志书来说，该是记述范围内的各行各业、古往今来。所谓系统法，就是把对象放在系统的形式中，加以考察的方法。具体地说，就是从系统的观点出发，始终着重于从整体与部分（要素）之间和整体与外部环境之间相互联系、相互作用、相互制约的关系中，综合地精确地考察对象，以达到最佳的处理问题的一种方法。《泗阳县志》能够比较好地处理详略辩证关系，应该说是符合系统法的科学准则的，这就为其所存史料的真实性、可靠性提供了方法论的保证。众所周知，志书的功能是资治、存史、教化。一部志书出版后的功能如何，我们可以用控制法和信息法去评估。1948年维纳创建了控制论，它是研究一切控制系统的结构共性及其控制过程的一般共同规律的科学。控制是在一个有组织的系统内，根据系统内外的各种变化而进行调整，不断克服系统的不确定性，使系统保持其某些特性的状态。控制方法是通过信息反馈，对偏差的信号加以变换处理，使被控制量作出相应的变动以达到消除或减少偏差的目的。信息，是控制系统的一个基本因素，一切控制系统都是通过信息来实行控制的，信息以物质、能量为载体，但它既不是物质，也不是能量。《泗阳县志》不只在编纂的过程中搜集了大量的信息，处理控制了大量的信息，其本身就是一个信息库，为后人资治、教化提供了成功的经验和失败的教训，从而可以得出符合科学适于时代的变动（决策等控制措施），达到“控制”的目的。因而，可以肯定其功能的科学、客观存在。

二、用词准确，行文策略，见胆见识

照理，似乎对新编地方志的评述不该谈语言风格，因为它不同于文学作品，不能让作者尽心地发挥自己水一般的柔情、诗一般的语言、画一般的意境，全国统一规定用语体文记述。可是，读了《泗阳县志》稿，不由得要说语言有独到之处。请看《治安司法》部分的这句话："民国26年，泗阳县政府监所设在县政府西南隅，虽有东西两所，但房屋狭小，号舍不多，均系草房，年久失修，卫生条件极差，以致在押犯人患病多，亦无人过问"。既非口语，也非文白相杂，即使从语法角度或字词遣用上观察，也是语体文，但给人以一种"挡不住"的感觉。秘密在哪里？恰到好处地使用了书面语词。如"南隅""号舍""均系""患""亦"等。事半而功倍，平添了咀嚼感。

从行文的角度看，《泗阳县志》比较策略、客观，不强塞政治术语，把思想性融于记述之中。例如关于"文化大革命"的记述，宜粗不宜细，与许多已出版的县志相比，它粗中有细。说其"细"，不是说琐碎地"和盘托出"，而是未机械照套有关文件、决定的概念——把文件精神作为存史、选材的思想武器，不评不议，不加套语，重点记述了第一张大字报的时间和地点、第一批战斗队成立的时间、县"文化大革命"领导小组成立的时间、大串连的时间与学校、军管的时间等代表性的时间、事件，犹如写生画，笔墨不多，形体完整。观点在字里行间，结论由读者读后得出。巧取记述的角度，体现了编纂者的胆与识。

三、不拘一格记特色，别具匠心存史实

《泗阳县志》的地方特点不能用记述的泗阳的人、泗阳的事来概括，也不仅仅是大胆将地方工业的主力——酿酒业设编、体现当地林业优势的意杨设章等结构特色，我以为主要反映在史实取舍不受条条框框的限制。例如《人物》编中，不仅为抵御外族的民族英雄立了传，也为臭名昭著的反动头子韩德勤写了传；值得一提的是，还破格为非官非商非名人的清代村妇史忆芳作了简介，她"伉俪情深，孝事婆母"，丈夫死后她的哭夫诗云："相敬如宾十载长，千回万转断柔肠。伤心诀别情无限，怕听他人唤四娘。"与婆母诀别诗中道："愧对萱堂亏孝养，报恩来世默祈天。"其情其孝令人泪下。与其说是为史忆芳作传不若说是为传统的文化、美德作歌。

另外，《泗阳县志》还匠心独具地大胆为陋习设节，正面记述。便如缠足，这在今天二十多岁的青年已经陌生，未见过小足的青年处处可找。作为地方志记述已经绝迹的缠足，是存史；缠足后"步履艰难，轻则影响劳动，重则终生残疾"，是控诉。了解昨天是为了珍惜今天。试想一下，我们的儿孙后辈读到这段文字时，能不称颂废除缠足陋习之举吗？

还有，《泗阳县志》在人口部分附录了十余位百岁老人的生活地点、生育、习性等实况。对这些寿星记述，没有受众认的素食、戒烟、戒酒养生之术所局限，据实而记。如薛延佐及妻刘氏，分别享有109、104岁的高龄。"平时饮食皆喜吃辣椒、韭菜之类，食肉量逾常人。延佐喜饮酒，刘氏爱抽烟"。再如活到102岁的宋义之，"90岁后，即以素食为主，日仅饮酒数杯，饭量则不低于常人，每次能吃烈性辣椒半碗。磨麦粉时将其中虫、蛾一道粉碎，说有高蛋白营养。"个个有个性，个个皆长寿，或许能为科学家探索生命奥秘提供不可多得的资料。

社会是多侧面的，历史是多棱角的。《泗

阳县志》没有简单化、平面化、概念化地处理史实，而是从立体的角度多方位存史，志成形了，地方特色也跃然纸上。

然而，并非《泗阳县志》已是一部完美备至的地方志。由于主观和客观两方面的原因，不足之处也是明显存在的。一、地方传说部分文人加工痕迹太浓。因为八位执笔者均是七十岁左右的老先生，文字功底厚实，主观上擅长于书面语言的表达，故而民间口语使用不足。二、个别节、目存在断代的现象，给人留下了遗憾。此乃客观条许所限，泗阳境内数经黄泛之灾，甚至邑城改址，资料无存，非今人所能补。

（原文刊载于《江苏地方志》1996年第1期）

泗阳县志（1988—2005）

《泗阳县志（1988-2005）》目录

泗阳县地方志编纂委员会编。2005年8月启动编纂，2012年10月由江苏人民出版社出版。主编、总纂胡东凯，编撰王立国、史文贵、庄德鼎、陈华、胡东凯。

全书1册，232万字，图片639幅（志首139幅、随文500幅），表格368张。记述范围为2005年泗阳县行政区域。该志为《泗阳县志》（1995年版）续志。记述上限1988年，衔接前志，部分内容因需往前追溯，下限2005年，志首图片及个别篇目下延至2011年。述、记、志、传、图、表、录诸体并用，以志为主。志首设序、凡例、概述、大事记，志末设附录、索引、后记。全志设35篇：地理环境、人口、经济综述、经济体制改革、对外开放、城乡建设、交通·供电、邮政·电信、农业、杨树产业、扶贫开发、水利、乡镇企业、工业、商贸服务业、财政·税务、金融·保险、经济综合管理、政治体制改革、中共地方组织、地方人民代表大会、地方人民政府、政协地方组织、社会团体、军事·司法、人事·劳动、民政、教育、科技、文化、三庄汉墓、体育·卫生、社会生活、乡镇场（圃）、人物。

为突出泗阳地方特色，该志设杨树产业篇，对杨树从引进、繁育，栽植、管护、推广，到林木加工成为泗阳重要产业、成为全县人民致富的重要支柱等过程作详细记述。设三庄汉墓篇，介绍古汉墓遗址分布、调查发掘及初步研究成果。设扶贫开发篇，记述全县尤其是成子湖片区农村扶贫和农业资源开发情况。以改革开放为主线，以地情个性为根本。篇目设置上，采取大集中与小分散相结合的方法，设经济体制改革、政治体制改革、对外开放3篇，集中记述泗阳改革开放全貌，又在经济综合管理、城乡建设、教育、体育·卫生等篇中设专章专节，分散记述与经济、政治改革相配套的各项改革，展现改革的全方位、全覆盖特征。立足时代记述地方发展特色，以地方发展特色彰显时代进步。在记述泗阳县的人力和土地、林木、生物、旅游、水等自然资源开发的成果，以及泗阳县的传统农业结构、工业结构和一、二、三产业结构发生的重大变化和出现的新的产业特色时，没有离开改革开放的大政方针；在记述泗阳县的人情风貌、礼仪习俗等演变时，也没有离开改革开放的大环境。该志专设乡镇企业篇，记述企业发展、企业门类、经营管理，记录乡镇企业发展历程。

该志注重继承和创新，突破前志政党社团、政权政协的篇目设置，将其改为中共地方组织、地方人民代表大会、地方人民政府、政协地方组织、社会团体，并设政治体制改革篇，以彰显续志断限时段内的时代特征，并统领政治各篇。在经济类篇目之前，设经济综述、经济体制改革2篇，旨在加强宏观经济状况的记述，并统领经济类各篇。将乡镇场（圃）从地理环境篇中剥离出来，单独设篇，以突出这一行政区域的政治、经济、社会地位。加大对经济部类的记述，突出以经济工作为中心的时代特征。附录收录县委县人民政府重要文件、艺文、民间歌谣、民间传说等内容，兼具资料性、可读性。

（李昌富）

【后记（节选）】

2005年5月全省地方志工作会议部署二轮修志任务后，经两个多月准备，县人民政府于8月22日召开全县地方志工作会议，《泗阳县志（1988—2005）》（以下简称续志）编撰工作从此启动，至2012年10月，历经筹备启动（2005年6月—2006年8月）、资料搜集整理及长编（2006年9月—2008年1月）、总纂合成（2008年2月—2010年7月）、评审验收审核再加工（2010年8月—2011年11月）、出版发行（2011年12月—2012年10月）5个阶段。在整个编撰过程中，我们谨记并努力做到：

一、以史实为依据，以求是为追求，把实事求是的修志指导思想和原则贯穿于修志的始终。无论是搜集、整理、筛选入志资料，还是具体记述以改革开放为主线的历史和现状；无论是记述经济社会发展，还是记述党建、精神文明建设、政治文明建设，均坚持历史唯物主义和辩证唯物主义的观点，分清事物发展的本质和现象，主流和支流，力求全面、系统、翔实地记述全县经济社会发展的历史和现状。在浓墨重彩记述改革开放举措、历程及其推动下所取得的经济社会发展丰硕成果的同时，也运用与周边县（区）比较的方法，点到改革开放中出现的下岗失业人员增多、私营企业职工合法权益得不到保障等突出问题和由此引发的信访量上升、经济社会发展一度滑入低谷的事实；在翔实记述县委、县人民政府为端正党风、政风，采取思想教育、制度建设和查处重大案件等种种反腐倡廉措施及取得明显成效的同时，也点到一段时间内少数党政、企业干部违纪违法受贿腐败，受到党纪国法制裁的事实；在着重记述各级党政干部认真贯彻执行党的各项方针政策，以人为本，权为民所用，利为民所谋，得到群众支持、拥护，推动经济社会发展事实的同时，也点到极少数党政干部执行党的减轻农民负担政策不力，引发社会矛盾，受到查处的事实；在着力记述精神文明建设中出现的新人新事新道德新风尚的同时，也点到赌博、嫖娼、算命、打卦这些曾销声匿迹的旧风恶俗又死灰复燃、屡禁难止的事实。诸如此类，实事求是，但轻重有别，详略分明。记述正面风貌，堂堂正正，不夸大其词；记述负面影响，不偏不倚，不文过饰非。忠于历史，恪守史德，不溢美，不隐恶，出以公心，不夹杂任何个人的恩怨好恶，这是我们修志全程中不离不弃的准绳。

二、以改革开放为主线，以地情个性为根本，把反映时代特征和体现地方特色的修志要求贯穿于修志的始终。“凡事聚则显，散而隐”。在篇目设置上，我们采取大集中与小分散相结合的方法，专设“经济体制改革”“政治体制改革”“对外开放”3个集中记述改革开放这一续志断限时间内事关泗阳县经济社会发展全貌乃至发展前途的大事篇的同时，又在“经济综合管理”“城乡建设”“教育”“卫生”等篇中设专章专节，分散记述与经济、政治改革相配套的各项改革，借以表现这一时代改革的全方位、全覆盖特征。在内容记述上，从“概述”“大事记”，到集中和分散记述改革开放的起始、举措、过程和成果，乃至社会服务、社会习俗的衍变，直至志末“附录”内容的选择，可以说，改革开放的事实，无处没有；改革开放的主线，无处不在。与此同时，我们更致力于立足时代记地方发展特色，以地方发展特色彰显时代进步。在记述泗阳县独特的人力、土地、林木、生物、旅游、水等自然资源开发的成果和特色，泗阳县的传统农业结构、工业结构、一、二、三产业结构发生的重大变化和出现的新的产业特色时，没有离开改革开放的大政方针；在记述泗阳县的人情风貌、礼仪习俗、语言交流承载历史、生生不息及其与时俱进，发生巨大变化的特色时，也没有离开改革开放的大环境。总之，让时代特征、地方特色在全志中水乳交融，相得益彰，是我们始终致力实现的修志目标之一。

三、以合格为底线，以精品为目标，把向今人和后人推出一部高品位高质量志书的心愿贯穿于修志的始终。从资料长编到六轮总纂，从初审、复审、终审、验收到省地方志办公室审核，一次次删繁、补漏、纠错，以保记述的事物全面、系统、重点突出、准确无误；一次次琢磨、推敲、提高、划一，以保全志指导思想、编纂原则、篇章布局、体例体裁、资料选择、特色反映、语言文字运用、图表设置配置得到全面优化。

在政治观点上，为保证全志所有记述能体现社会主义时代精神风貌，正确反映历史发展中的曲折和问题，不违国家的法律法规和社会公德，在第一轮总纂中，就删去了《人口》篇长编稿中关于一些乡（镇）村干部在计划生育工作中采取的有违国家政策的过激措施，删去了《社会生活》篇长编稿中记述的社会上流传有碍党和国家形象的民谣；市终审后，又删去了《体育卫生》篇中关于卫生改革举措、成果中尚有争议的内容和字句。在资料筛选和运用上，我们反复核实，确保用有出处，弃有依据，增有必要，删有道理。二轮总纂中，通过查阅并遴选年度统计资料，彻底改写了原《工业》篇长编稿，增加国有、集体、私营个体及合作经营、股份制、股份合作制等不同性质的工业企业和纺织服装、饮料制造、食品加工等不同门类的工业企业的各项经济指标完成情况，制作出9张表，使泗阳县工业的历史和现状得到了比较全面、完整的反映；同样，从年度统计资料中又遴选出百货纺织品、五金交电化工品、副食品销售额资料和农村百户收入、生活消费支出调查资料，制作出6张表，弥补了原《商贸服务业》篇、《社会生活》篇长编稿的严重缺陷。三轮、四轮总纂中，通过社会调查和重新征集资料，在《文化》篇中增加了“古树”“收藏”“根雕”“剪纸”“扎制”等资料，在《社会生活》篇中删减了“礼仪习俗”中与前志过多重复的“称谓”“丧葬”资料，增加了“生肖”“寿诞”“庆典”乃至“陋习”方面的资料。终审后，经重新调查核实，改写了《文化》篇《古树》节对来安张束村银杏的记述，还其历史记述本来面目。在篇目设置上，除搜集、整理资料和编写长编稿阶段两次较大修改外，每轮总纂中，每次评审后，都有修改。先后从原《农业》篇中析出《水利》篇；将原《人武政法》篇改为《军事司法》篇；将《教育》篇中“幼儿教育”“小学教育”“初中教育”“高中教育”“特殊教育”“教育教研”6章合并为“基础教育”1章，并新设“高等教育”章；把原列入《乡镇企业》篇中的农业场圃调到《乡镇》篇，并改原《乡镇》篇为《乡镇场（圃）》篇。在图片选择、表格制作和版面装帧设计上，同样致力精益求精。图片，从2007—2008年征集、搜集的3000余幅图片中先遴选出439幅入县复审稿，继而随终审稿的修改，精减到352幅入验收稿（不含彩页和各篇目录页图片），其间的增、减、换，费尽周折；表格，从长编、初审、复审稿上表序、表题、计量单位、表目、表文5要素残缺不全，到终审、验收稿上张张表要素齐全，并全志统一；从文与表数据不一、表内分项合项数据不吻合时有发现，到处处文表数据统一、张张表内数据准确无误，其间的反反复复核算、纠错，更是费尽了心血。版面、书眉、彩页等装帧设计，随着文图的修改和志稿的重新印制而数易其稿，直至符合国家出版物的各项要求。在行文规范上，先是删除长编稿中出现的“一大批”“近年来”“大大提高了”“受到有关部门的表彰奖励”之类含含糊糊记述不准确的用语，“伟大”“可喜”“惊人”“蒸蒸日上”“日新月异”“飞速发展”等充满褒奖色彩的颂扬词语，“在……共同努力下”“在……领导下”之类的公文套语；继而删改“因为”“所以”之类的连接词和“着、了、过”等时态助词；后则推敲一句一词一字是否妥帖，修改时有出现的有违述而不作“志规”的评论及人称混乱方面的字句，等等，力使行文朴实、简洁、流畅。

汗水没有白流。无论是县复审还是市终审、验收，都一致认定志稿“观点正确，体例严谨，内容全面，资料翔实，记述准确，特色鲜明，表达通顺，文风规范”，不失为一部合格志稿。但我们没有满足，对评审、验收和省地方志办公室审核中提出的每一条意见和建议，都一一仔细研究，条条修改到位，做到评审一次，质量提升一次。

四、以继承为基础，以创新为突破，把遵守传统“志规”和创立与记述改革开放时代内容相吻合的修志“新规”相结合的方法贯穿于修志始终。以数易其稿谋篇布局为例。鉴于志书是老老实实记述一地自然、经济、政治、社会历史和现状的地情书这一本质特征，我们没有设“山河概览”“时代风云”“经济观潮”“政治举要”“社会经纬”“文化长廊”那样气势磅礴的篇（编），而仍按先自然后社会，先经济基础后上层建筑，先物质文明后精神文明、政治文明的顺序设普普通通的篇，不出“奇”；鉴于志书经济部类一、二、三产业也即农、工、商依次排列的传统和人们熟知的逻辑关系，我们也没有把计划生育、土地管理、环境保护统设为“基本国策”篇（编），把城乡建设、水利、交通、邮政、电信、电力统设为“基础设施”篇（编），而仍然依前志和绝大多数已出版的续志那样设立常规篇，不跟“风”；鉴于党政社团职能的增减变化，我们突破前志“政党社团”“政权政协”的篇目设置，将其改设为“中共地方组织”“地方人民代表大会”“地方人民政府”“政协地方组织”和“社会团体”，并在此之前，单设“政治改革”篇，以彰显续志断限时间内的时代特征，并统领政治各篇。同样，在经济类篇目之前，单设“经济综述”“经济体制改革”篇。目的在于加强宏观经济状况的记述，并统领经济类各篇，这是前志所没有的。鉴于“乡镇场（圃）”在历年编辑的年鉴中单设板块的成功经验，我们将“乡镇场（圃）”从“地理环境”篇中剥离出来，单独设篇，以突出这一行政区域的政治、经济、社会地位，这也是前志所没有的。经统计，续志沿用前志篇名的12篇，占续志总篇数的34.28%；调整合并或拆分前志篇名的9篇，占25.71%；删除前志篇名的1篇，占2.86%；新设前志所没有的篇目8篇，占22.85%。

“镜中已是繁霜鬓，窗下犹寻故纸堆。”修志，过去了7年。7年的日日夜夜，伴随我们的是上亿字的资料，几百万字的文稿，付出的是难以言说的汗水和心血。论人力，修志的搜集、整理资料阶段和编写长编稿阶段，正常上班的不过5人，到终审、验收、审核阶段，只有3人，且个个年逾花甲；论工作量，在编写成稿200多万字志书的同时，每年还编辑出版70万字左右的年鉴，其超负荷运转的艰辛，不言而喻，非经历者也难以感受。7年的日日夜夜，伴随我们更多的是至高无上的社会责任。凡修志者，其社会责任、历史责任重于泰山，毋庸置疑，对此，我们岂敢有半点苟且和疏忽！为了一篇、一章、一节、一目设置得合理、合规，一人、一事、一物记述得完整、真实，一字、一句、一表、一图、一个数据、一个标点符号、一个度量衡单位运用得正确、准确，我们夙兴夜寐，殚精竭虑，孜孜矻矻，潜心琢磨，放弃了7年中所有的双休日、节庆日，早上班迟下班，加班加点，成为习惯，并自认“理所当然”。正因此，才在7年的时间里，攻坚克难，成就了一部200多万字的续志和每年一卷70万字左右的年鉴。

《泗洪县志》目录

泗洪县志

泗洪县地方志编纂委员会编。1986年7月启动编纂，1994年11月由江苏人民出版社出版。主编李继业，执行主编王乃吉，副主编马向东、张明、莫云、黄明斌、彭金林，特邀撰稿王剑、张国振、颜景常，编写人员马向东、王乃吉、王正训、王洪涛、王益山、王清平、王瑞璜、乐孟大、朱本锐、江良如、邢光武、刘琳、李刚、陆予庆、陈景平、宋开荣、张玉银、张克军、张明、张勇、张玺泽、张春娟、张庆华、何景、杨寿铮、徐孟依、莫云、黄明斌、黄锦英、彭金林、韩超、董斌、戴宏志。

全书1册，160.4万字，图片83幅（志首64幅、随文19幅），表格229张。记述范围为1989年泗洪县行政区域。记述上限因事而异，尽量追溯，下限1989年，总述、大事记、附录延至1992年。述、记、志、传、图、表、录诸体并用，以志为主。志首设序言、凡例、总述、大事记，志末设附录·人物图表索引、编后记。全志设38篇：建置区划、镇·乡·场、自然环境、人口、环境保护、城乡建设·建筑业、交通、邮电、经济综述、农业、林牧副业、水产、水利、工业、酿酒业、商业、粮油经营、财政税务、金融、经济综合管理、政治综述、政党社团、政权政协、治安司法、人事劳动、民政、军事、革命斗争纪略、教育、科学技术、文化、新闻、文物胜迹、卫生、体育、社会风土、方言、人物。

为突出泗洪地方特色，该志设水产、酿酒业、革命斗争纪略、文物胜迹4篇。酿酒业篇系统介绍辖区内的白酒生产工艺、产品种类情况，增加对地方酿酒业的特色记载。泗洪河网纵横，是江苏淡水鱼重点产区之一，水产篇记述水产资源、养殖、捕捞、商品鱼基地建设等情况。革命斗争纪略篇记述中国共产党领导的境内农民革命暴动，皖东北抗日根据地中心区的创建、巩固与发展，收录大量革命斗争时期的资料；文物胜迹篇，记述泗洪地区的考古调查、遗址、墓葬以及馆藏文物，丰富志书对有形文化类型遗址资料的收录。此外，该志设经济综述篇，分别记述经济发展、经济结构以及投资、收入、分配等宏观经济；设政治综述篇记述政治演变概况、民主与法制建设、重大政治运动等内容，较有特色。人物篇内容比较丰富，传略收录51人，简介收录39人，名录收录290人。附录设文告、诗文、考辨，内容丰富，资料性强。人物图表索引的设置，在同期志书中较少见。

1997年，该志获江苏省地方志奖优秀奖。

（张克社）

【编后记（节选）】

第一部《泗洪县志》，八历寒暑，数易其稿，终于付梓面世。全书计38篇，约160万字。

《泗洪县志》的编纂大体经历四个阶段。一、1986年7月—1989年12月为筹划准备阶段。主要工作为建立机构，调配、培训修志人员，发布征集资料文告，初拟纲目。二、1990年1月—1991年12月为征集资料阶段，主要工作为设计总体方案，对原草就的纲目作了重大调整，充实、加强修志队伍；除在县内征集资料外，先后派出数十人次赴北京、南京、合肥、安庆、宿州及邻县，查阅文档和收集资料，共催收部门志稿69部200万字，乡镇场概况稿31部110万字，征集、复印文字资料约1200余万字，摘抄资料卡片180万字。三、1992年1月—1993年4月为编写初稿阶段。四、1993年6月—1993年11月为评审修改阶段。同年6月15—17日，志稿通过省、市组织的全面评审。会后根据与会领导、专家、学者及兄弟县（市）修志同仁的意见和建议，进行全面修改，至12月通过验收，获准出版。

《泗洪县志》采取边采边编的工作方法，明确分工，责任到人。执行主编制订工作计划，酌定编写纲目和图照，设计编纂和修改方案；副主编分工到部类，除编写部分篇（章）外，还对所分工部类各篇进一步补充资料，增补内容，对部分章节进行改写和补写，直至付印前校对；初稿者分工到篇或章，负责搜集整理资料，编写初稿，并进行初步修改。

泗洪县志（1990—2006）

泗洪县委党史工作委员会编。2007年6月启动编纂，2012年11月由方志出版社出版。主编施正凯，副主编周秦，编辑张成俊、张克社。

全书2册，206.6万字，图片94幅（集于志首），表格268张。记述范围为2006年泗洪县行政区域。该志为《泗洪县志》（1994年版）续志，记述上限1990年，衔接前志，下限2006年，总述、大事记、附录延至2011年，英雄模范人物延至2009年。述、记、志、传、图、表、录诸体并用，以志为主。志首设序、凡例、总述、大事记，志末设附录、索引、编后记。全志设26篇：建置区划、自然环境、土地、人口与计划生育、人物·风俗·语言、城乡建设与管理、交通·水利、生态环境保护与旅游开发、农业、工业、商贸服务业、综合经济服务、金融·财政·税务、综合经济管理、中国共产党泗洪县地方组织、地方人民代表大会、地方人民政府、政协地方组织、政法、国防武装、人事·劳动与社会保障、民政、教育·科技、文化·体育、医疗卫生、乡镇。

《泗洪县志（1990—2006）》目录

为体现时代特点和突出生态泗洪特色，该志设生态环境保护与旅游开发篇，其中

“三色”旅游资源（红色旅游、绿色旅游、古色旅游）的设置颇具特色。地方人民政府篇设政府机构、重要施政、经济运作、政府重要活动（政治工作重要活动、经济工作重要活动、螃蟹节活动），内容记述全面，符合政府建设的内涵，较有特色。此外，总述打破传统叙述习惯，从“三色景区”“鱼米酒乡”“英雄故里”“工贸新城”4个方面撰写，展现泗洪县生态旅游、特产丰富、英雄辈出的地方特点。该志重视人文内容的记述，人物·风俗·语言篇浓墨重彩，所占篇幅较大。丛录、歌选等附录内容，资料性强；前志纠错拾遗弥补前志的缺憾。

（张克社）

【编后记（节选）】

本志是泗洪建县以来续修的第一部《泗洪县志》，上限从1990年1月1日起，下限至2006年12月31日止，总述、大事记、附录等有所下延。

按照全省统一部署，2007年6月14日，泗洪县政府下发《关于调整县地方志编纂委员会成员的通知》。翌日，县政府发布《关于做好泗洪县志续修工作的意见》。2007年8月8日，县委党史工作委员会（《泗洪县志》编辑部）编写的《泗洪县地方志编纂指南》下发到各收集资料单位。2007年8月14日，县委、县政府召开全县地方志工作会议，县委党史委对修志工作人员进行业务培训，全县地方志续修工作拉开序幕。

由于一些单位对修志工作重视不够、工作拖拉等原因，致使资料收集工作陷于停顿。为此，2008年4月18日和8月18日，县委县政府督查室先后两次下发督查通报督促工作进度。县委党史工作委员会于2009年3月25日派出人员到宜兴参加修志专业培训班。2010年9月8日，县长、县地方志编纂委员会主任徐德向18家未完成资料收集任务、14家初稿未达要求的单位签发交办单。2010年9月19日，县政府办公室专门召开资料收集交办会。2010年10月8日、2010年11月2日，县政府办公室相继发出县志续修工作进展情况督查通报。2010年12月初，资料方基本收集到位，遂进入正式编纂阶段。2010年12月6日，《泗洪县志（1990—2006）》编纂工作计划出台，明确分工和完成时限。

按照评审组意见，《泗洪县志（1990—2006）》进行两次大的修改：第一次将全志36篇调整为26篇，第二次将全志280万字压缩至200万字内。

附录

一、未公开出版志书选介

无锡市郊区志

无锡市郊区地方志编纂委员会编。1981年5月启动编纂，1992年10月内部出版。主笔窦厚培，编辑华增兴、俞世民、强锡昌、蔡寿堂。

全书1册，75万字，图片54幅（集于志首）、表格141张。记述范围为1985年无锡市郊区行政区域（1980年6月前含马山）。记述上限1949年，下限1985年，部分内容视情追溯。述、记、志、传、图、表、录诸体并用，以志为主。志首设序言、凡例、概述、大事记，志末设附录、编后记。全志设地理、政治、农业、工交、财贸、经济管理、城乡建设、文化、乡土、人物10篇，共45章：地理篇设自然环境、区划人口、各乡·街道概况3章，政治篇设共产党、人民代表大会、人民政府、检察·法院、人民武装、人民政协、民主党派、群众团体8章，农业篇设所有制变革、蔬菜、水产、畜禽、茶果、林桑、粮油、水利、农机9章，工交篇设工业结构、工业门类、交通邮电3章，财贸篇设供销、商业、物资、粮食购销、财税、金融6章，经济管理篇设计划管理、劳动管理、工商管理3章，城乡建设篇设建设与环保、房产管理2章，文化篇设教育、科技、文艺广播体育、卫生4章，乡土篇设风物、风俗、方言谚语、民间文艺4章，人物篇设革命烈士、各界著名人物、劳动模范3章。

《无锡市郊区志》目录

篇目设置上，突出经济内容，农业篇充分记述蔬菜、水产、畜禽等多种农副产品，突出农业在郊区经济中的基础作用；工交篇展示郊区工业从传统家庭副业和手工业，到为城市大工业配套加工再到独立开发产品、建立完善工业行业和门类的演变；财贸篇记述商业经济繁荣景象。设乡土篇，记述风物、风俗、方言谚语、民间文艺，揭示郊区丰厚的人文积淀和独特的自然禀赋。设地理篇、城乡建设篇，记述郊区早期地貌特征和区划设置，留存郊区最初在城乡建设、环境保护、房产管理等领域的探索实践经验。附录所列“七五”期间郊区国民经济和社会事业发展概况，既突出郊区发展速度，又弥补志书记述时间下限至付梓前内容空白。志首图片展现农林牧副渔、特色农产、部分工商企业、名特工业品、教育医疗体育、百姓生活及人文胜迹等风貌。

（吴宁花）

【编后记（节选）】

编纂郊区的地方史志工作，是根据无锡市地方志编纂委员会的统一部署进行的。1981年5月建立无锡市郊区地方志编纂领导小组（后更名为郊区地方志编纂委员会），下设办公室。编纂工作由区委领导，政府主持，并在人大、政协的督导下，全区各部门、各单位通力协作，拟订纲目、征集资料、编纂志稿。

1986年2月，郊区第十届人民代表大会第二次会议通过了“关于编纂郊区一志三史议案”后，加快了郊区史志编纂进度。《郊区革命斗争史（片段）》和《郊区乡镇工业发展史》于1987年初审后打印成二稿；《郊区池塘养鱼发展史》于1988年审定付印成书，列入江苏省渔业丛书。

《无锡市郊区志》的编纂是在搜集近500

万字资料的基础上，着手编纂志稿的。到1989年12月，试写出80余万字的郊区志初稿，并会同有关业务科局进行对口核实和修改，然后打印成72万字的二稿（即征求意见稿）。

将郊区志二稿分送给市、区有关领导审阅的同时，于1990年上半年特邀费森熊等六位同志，组成精干的审稿班子。他们各自逐章审阅批点，集中议论评审，颇有见地的提出不少修正意见，并提供了很多鲜为人知的史料线索。嗣后，修改成区志三稿。

1991年，区志三稿经区地方志编纂委员会初审后，区委、区政府、区人大、区政协“四套领导班子”对志稿进行审评，邀请曾在郊区工作过的老领导、老同志和市地方志办公室领导同志举行志稿审评会议。与会领导对志稿中的政治观点、方针政策、领导决策、人民创举、史实数据，以及志稿的体例结构、语言文字、体现地方特色、反映时代特征等方面，都作了全面的审议，在此基础上，进而核补史料、考证取舍、理顺篇目、调整内容、润色文字，修正成75万字的区志四稿。再请特邀的审稿班子审核把关。最后由区志编纂委员会及区委书记、区长审定后付印成书。

崇安区志

无锡市崇安区地方志办公室编。1981年4月启动编纂，1991年9月内部出版。主编朱寿泉，副主编钱国桢，编辑王诗经、叶耕畲、朱定杰、华通源、肖风、周文宏。

全书1册，45万字，图片63幅（志首40幅、随文23幅），表格77张。记述范围为1985年崇安区行政区域。记述上限1951年，部分内容视情追溯，下限1985年。述、记、志、传、图、表、录等诸体并用，以志为主。志首设序言、凡例、综述、大事记，志末设附录、编后记。全志设地理、政治、经济、城市建设、教育、科技·文化·卫生·体育、社会、人物8篇，共40章。地理篇设自然地理、设置沿革、人口3章，政治篇设中共崇安区委员会、区人民代表大会、区人民政府、人民政协崇安区委员会、军事、政法、民政、民主党派·群众团体8章，经济篇设工业、商业、交通运输、农业、财政·税务·金融、劳动工资6章，城市建设篇设城区建设、市政建设、环境卫生、绿化、房地产管理、城市整顿管理6章，教育篇设管理机构和体制、幼儿教育、初等教育、中等教育、成人教育5章，科技·文化·卫生·体育篇设科技、文化、卫生、计划生育、体育5章，社会篇设社会新风、文物古迹、风俗、方言·谚语·民谣、重大事故5章，人物篇设历史名人·革命烈士，劳动模范与先进集体和个人2章。

为体现城市区志特点，设城区建设、市政建设、城市整顿管理3章，重点突出中华人民共和国成立后崇安区改造旧街巷、建设新城区取得的成就。设社会新风章，记述移风易俗等反映时代特征的内容。设文物古迹、风俗、方言·谚语·民谣等章，充分彰显崇安区吴文化、运河文化、工商文化等地域特色。附录中地名录记载河流桥梁以及路、街、巷、里等主要地名，并附《地名录一览表》，对研究地名变化具有较高的价值；拾遗中设崇安之“最”，总结32条“最”崇安，从微观上显现该区的特色成就。

（曹玲燕）

《崇安区志》目录

【编后记（节选）】

无锡自西汉以来，已有2100多年历史，过去有《无锡县志》《金匮县志》，但从未有区志。为了适应社会主义现代化建设的需要，按照新方志的要求，我们编纂了这部《崇安区志》。这是崇安区有史以来的第一部志书。

《崇安区志》的编纂工作，始于1981年4月，至今定稿付印，已跨过9个春秋，经历了五个阶段。

第一阶段（1981年4月—1982年1月），准备。建立区地方志编纂领导小组和办公室，基层单位建立编史修志小组，培训修志人员，拟订区志编纂方案。

第二阶段（1982年2月—12月），编写基层单位专业志和街道志。一方面广泛发动群众，征集资料；一方面指导基层编写。区机关各部门和各基层单位全面整理建区以来有关历史资料，然后编写部门史和单位史。全区55个单位完成了修志任务，其中工厂、企事业单位25个，学校23个，街道7个，共计53万字，参加编写的共71人。

第三阶段（1983年1月—10月），继续征集资料，编写区志纲目、大事记、概况。征集资料贯串于修志全过程，共查阅市、区档案1012卷，摘录资料1533万字，摘录报刊资料2150篇，计15万字，摄印照片238张。共调查走访老同志、知情人和区局有关人员1100多人（次），召开各种座谈会280多次，参加人数1300多人（次），共获书面和口头反映、录音资料13万字。编写崇安区34年大事记，共3.5万字。编写《崇安区概况》，经过三次修改，编入《无锡市志》概述篇。

第四阶段（1983年11月—1985年6月），编写区志初稿。机关各部门和基层单位编史完成，事实上已形成了区志的资料长篇，提供了有利条件。1983年11月区编纂领导小组研究并确定编写区志修改方案，按纲目要求，实行“四定”，即定篇目、定人员、定质量、定时间。先从地理、政治两篇进行试写，总结经验后逐步推开，到1985年上半年，区志试写稿即第一稿已基本完成，共计69万字。

第五阶段（1985年7月—1990年10月），总纂和评审。1985年7月起，我们对第一稿先在编纂组内部进行初审。根据初审的意见，经过修改、调整，总纂成征求意见稿（即第二稿）。打印后，分送区级领导、机关各部门、各单位领导，以及市有关局的知情者，广泛征求意见，并送市地方志办公室进行预审。区志办公室继续收集资料，调查走访，共征得各方面的意见380条，对区志第二稿进行了合理的修改补充，形成了区志送审稿（即第三稿）。为了提高区志质量，1987—1988年我们采取了修改好一篇即送有关区、部门的领导审阅的方法，然后逐篇、逐章、逐节修改、补充，为召开评审会议提供了有利条件。1989年4月10日，区委、区政府正式召开《崇安区志》志稿评审会议，会期三天。参加会议的有：市地方志办公室领导，区委、区人大、区政府、区政协领导，历届老书记、老区长，以及兄弟区领导等共77人。会议对区志送审稿（即第三稿）一致给予肯定，并提出了126条具体修改意见。评审会议以后，1989年6月区志办公室编纂人员深入挖掘材料，再一次进行了认真的、全面的修订，并补充了1983—1985年全部资料，至1990年9月，完成了区志付印稿（即第四稿）。《崇安区志》设志首、地理、政治、经济、城建、教育、科技文卫体、社会、人物共8篇，40章，173节，全志共45万字。付印稿于1991年1月30日经无锡市地方志办公室正式批准后，《崇安区志》于1991年3月15日交付无锡市文化胶印厂印刷。

北塘区志

《北塘区志》目录

无锡市北塘区地方志办公室编。1981年启动编纂，1991年12月内部出版。总纂虞为政，主编卜鸿甫、冯超群、李政方，编辑郁有满。

全书1册，57.6万字，图片28幅（志首26幅、随文2幅），表格147张。记述范围为1985年北塘区行政区域。记述上限不限，下限1985年。述、记、志、传、图、表、录诸体并用，以志为主。志首设序、凡例、概述，志末设大事记、后记。全志设沿革·地理、政治·军事、经济、城市建设、文化·教育、体育·卫生·计划生育、社会·杂记、人物8编，共40章。沿革·地理编设建置、自然地理、人口·民族3章，政治·军事编设中共无锡市北塘区委员会、北塘区人民代表大会、北塘区人民政府、政协无锡市北塘区委员会、人民武装、人民防空、政法、民政、民主党派、群众团体10章，经济编设工业、粮食业、商业、工商行政管理、物价、劳动工资、财政·税务、农业8章，城市建设编设市政建设、房地产管理、防汛、交通·运输·邮电4章，文化·教育编设文化、教育2章，体育·卫生·计划生育编设体育、卫生、计划生育3章，社会·杂记编设社会新风、民俗、名胜古迹、寺·观·庵·祠·堂、民间传说、方言·谚语、风味小吃、地方物产、杂记9章，人物编设人物1章。

为突出地方特色，经济编设粮食业章，记载北塘粮行（米市）、堆栈、粮食加工及行业特种语言，并随文插附境内粮行分布图、境内粮食堆栈分布图等，展示北塘米粮业发展盛况。该志突出时代成就，以较大篇幅记述在党委、政府领导下发展全区经济，加强城区建设，发展社会事业，增进民生福祉的史事和成就。社会·杂记编设社会新风章，直观体现成就与变化。注重图表资料的收录，反映经济社会发展，经济编收录《1965—1980年工业总产值完成情况一览表》《北塘区工业商业分布图》等资料，城市建设编收录《北塘区防汛工程一览表》，文化·教育编收录《北塘区文教卫生设施分布图》《历年教育事业费情况表》，体育·卫生·计划生育编收录《北塘区若干年份除害灭病活动成绩统计表》等。突出人文特色，在文化·教育编、社会·杂记编等板块，重点记述名胜古迹、寺观庵祠堂、民间传说、方言谚语、风味小吃、地方特产、民俗等，尤其是收集民国以前影剧场、书场、书店、图书馆、公私学堂等资料，具有较强的资料性和可读性。

（高珂婷）

九里区志

徐州市九里区地方志编纂委员会办公室编。2008年3月启动编纂，2010年9月九里区被撤销，其辖区划归徐州市鼓楼区、泉山区、铜山区管辖。为保存资料。编纂办公室主任史长青，副主任王广东，编辑周廷伟、王蕴玉、任广洲。

全书1册，77万字，图片82幅（集于志首），表格224张。记述范围为2008年九里区行政区域。记述上限1965年建区，下限2005年，总述、大事记、专记、丛录及照片延至2008年。述、记、志、传、图、表、录诸体并用，以志为主。志首设凡例、总述、大事记，志末设专记、丛录。全志设31篇：政区·自然环境、人口、环境保护·国土资源管理、城乡建设、房产业、交通运输、水利、农业、工业、旅游、名优特产、财政·税务、综合管理、中国共产党九里区地方组织、地方人民代表大会、地方人民政府、地方政治协商会议、纪检监察、民主党派地方组织、社会团体、政法、军事、社会主义精神文明建设、科学技术、教育、文化艺术、卫生、体育、社会生活、劳动和社会保障、人物。

该志最大的特色是对区内的煤炭、汉墓、采

《九里区志》目录

煤塌陷地治理的详细记述。九里区因煤成区，煤炭在该志总述、街道办事处、工业、税务、物价、政法、卫生、劳动和社会保障等篇章节被提及达85次，从煤炭的储量、开采，煤矿的建设、生产，煤炭的经济贡献，煤炭资源的税收和价格管理，煤炭案件的处理，煤炭企业的三产、职工医院等方面深度记述。对区内“汉代三绝”之一的汉墓，该志在总述、大事记、旅游篇、文化艺术等篇章进行记述，还设龟山汉墓专记。该志充分体现时代特点，设环境保护·国土资源管理、旅游、社会主义精神文明建设、劳动和社会保障等篇，设外向型经济、招商引资、城北开发区建设等章节、专记，记述改革开放以来九里区经济社会发展中的新事物、新变化、新趋势，带有鲜明的时代特色。

（张颖颖）

《广化区志》目录

广化区志

常州市广化区志编纂委员会编。1982年4月启动编纂，1992年5月内部出版。主编杨云渠，副主编谈火庚，编辑杨云渠、谈火庚、潘泉晶、黄桂生、张顺华、颜科达、沈春根、薛建明、丁根兴、徐寿华、潘明华、周永华、姚盛海、裴锁金、张祖荫、张新如、徐菊棣、周固植、杨翼云、吴向。

全书1册，74万字，图片85幅（志首40幅、随文45幅），表格115张。记述范围为1986年广化区行政区域。记述上限1840年，下限至1986年广化区撤销，原行政区域划归到钟楼区和天宁区，主要事物适当追溯和下延。述、记、志、传、图、表、录诸体并用，以志为主。志首设序、凡例、概述、大事记，志末设编后记。全志设12篇：地理·建置·人口、政权·政协·人民武装、党派·社团、公安·司法、城建、交通·邮电、经济、文化·教育·体育、卫生·防疫·妇幼保健、社会、人物·光荣谱、专记。

广化区历来是常州商业、金融中心，也是常州近代纺织工业的发祥地。志书经济篇工业章收录中华人民共和国成立前地方工业、成立初期私营工业和区属工业、街办工业等，突出纺织工业发展的记述。志书经济、文化、城建、社会各篇合计占总篇幅的51.7%，展示广化区作为常州商业、金融中心的历史地位。人物·光荣谱篇记载革命烈士、各界人物及省、市劳动模范、先进单位、先进集体及省以上先进个人和地区、省、市文明单位及标兵等，发挥志书教化育人功能。专记篇设人民革命斗争章，记述太平军、光复常州、反帝爱国及反军阀、党组织地下活动、反日伪斗争、工人罢工、解放常州等内容；设日军暴行章，记述侵华日军轰炸焚烧、屠杀奸淫、法西斯统治、经济掠夺等暴行；设广化地区常州之最章，专门记述辖区内工商企业、金融、交通、建筑、文教体卫等行业领域“常州之最”；设传说·轶事章，保留与广化地名、名胜古迹、历史名人相关联的生动的民间传说和名人轶事；设重大事故章，集中记述火灾、车祸、触电、中毒、工伤、疯犬伤人等重大事故，具有较高的资政价值。

（李玲玲）

【编后记（节选）】

《广化区志》编纂工作开始于1982年4月。是年，区组建了区志编纂领导机构和编纂班子，并指导基层单位志（史）的编撰工作。1982至1984年为制定纲目及收集资料阶段。全体编纂人员以三年左右时间，集中主要精力，从区档案室、市档案馆、市地方志办、市委党史办、市图书馆的文书档案、书报杂志、武进、阳湖旧志中查阅抄录大量资料，加上其后几年的继续收集，制成卡片和整理成史料共1000余万字，还通过调查、访问、座谈、发函等方式征集到十余万字口碑资料和一些珍贵史实、文物、照片。1985年至1986年为区志资料整理、考证、修订纲目及分篇修纂阶段。其间，撰写了《广化区大事记（1840—1984）》一册；全区各街道、企事业、小学、幼儿园计32部（册）基层志（史）次第编修竣事，为编纂区志打下良好的基础。

1986年底，遵照国务院及省、市有关批示，撤销广化区建制。撤区前，区委、区政府为保证区志编纂工作的继续顺利进行，从原区委、区政府有关科室干部中调配部分同志，充实区志编纂队伍，并划拨25000元作为区志出版经费及日常费用。1987年至1989年为撰写和补充、修订各篇章初稿阶段。1987年秋，新充实的编纂人员相继离去走上新任命的工作岗位，仅留下原区政府两名督导员和一名离休干部继续坚守岗位，克服撤区后的不利影响及工作量大、人手少等困难，辛勤笔耕。1990年至1991年为区志总纂、审定及出版阶段。

资料的质量是志书的生命。编纂人员坚持广征博采，深细备至，许多资料来之不易。如鲜为人知的“四一二”反革命政变时参加中国共产党的冯年春烈士的事迹及牺牲经过，是以当年中共武进县委书记管文蔚的一篇回忆录中的点滴史实为线索，经过四年的调查、访问、查证才清楚的，并已报经市民政局批准，追认冯为烈士。常州刚解放时中国人民解放军第三野战军指挥部驻西瀛里的史实，是从群众的一则传闻，追根求源，经过一年多的调查访问而得到证实的，同时还征集到三野指挥部部分领导在清凉寺的合影。关于侵常日军的暴行，过去一直没有较完整的记载，这次协同街道编修人员深入街巷里弄，调查走访了当年的受害者和知情人，特别是逐门逐户调查了西瀛里、南大街和东大街，得以明了抗战时地区内遭日军轰炸、烧杀的惨状和损失详情。

郊区志

常州市郊区地方志编纂委员会编。1983年秋启动编纂，1988年8月内部出版。主编徐益华，副主编李延庆、周祥明，编辑王子坤、许惠海、李立公、李志佩、杨德清、时家华、蒋勋、薛丕振。

全书1册，84万字，图片30幅（志首16幅、随文14幅），表格243张。记述范围为1983年常州市郊区行政区域。记述上限因事而异，上溯发端，下限1983年，个别内容延至1985年。述、记、志、传、图、表、录诸体并用，以志为主。志首设序、凡例、概述、大事记，志末设附篇、编后记。全志设19篇：地理环境、区域人口、政党群团、政权、经济综述、农业、蔬菜生产、多种经营、农田水利、工业、贸易、交通邮电、税务金融、文化广播、教育科技、卫生体育、宗教会社、风俗民情、人物。

为体现地方特色，志书在农业篇的基础上，特设蔬菜生产篇，充分展现郊区作为“菜篮子”基地的地方特色。设宗教会社、风俗民情2篇，记述郊区的宗教庙观、帮会、风俗习惯、民间传说、方言谣谚等，富有地方特色。注重宏观经济的记述，设经济综述等篇，记述生产关系、产业结构、人民生活的变革、发展的历史，彰显社会主义的优越性和坚持改革的必要性。附篇收录1984—1987年大事记、重大事故、日军部分暴行录，增加志书资料性。

（华文怡）

《郊区志》目录

【编后记（节选）】

1982年春，中共郊区委员会决定组建班子开展编史修志工作，发动各公社，直属工厂、部门、企事业单位整理史料。《郊区志》编纂工作从1983年秋正式开始，到成稿历时四载，三个阶段。

1983年秋至1984年底为征集资料阶段。在全面开展这项工作时，我们采取“两手抓”的办法：从基层志的编写入手，集中一部分力量，始终与全区各公社、直属工厂共同探讨修志方法、内容结构，促使10部基层志按时完成，为区志提供多方面的丰富资料，还锻炼了队伍，提高了业务水平；同时又本着先内后外，先近后远的原则，组织另一部分力量，查阅2400多卷档案，摘抄各种历史资料；还走访座谈300多人次，搜集到一些疑难的口碑资料，以及区属各部门、单位提供的专业史料等共700多万字。并按区志篇目进行分类汇编成册，便于使用。

《云台区志》目录

1985年至1986年3月，为分工编写阶段。修志的工程大、任务重，区编纂委员会及时增聘熟悉业务的干部、退休人员，共11人组成编写班子，明确了主编、副主编，并根据个人专长，采取“分篇编写，责任到人，保证质量，定期完成”的承包办法。同时明确规定了编写的目的、原则、体例、规范等要求，实行“边试写、边编纂、边审稿”的“三边”方法。数易其稿，才于1986年9月誊印成六册共93万字的征求意见稿。

1986年9月至1987年底是修改审定阶段。先把印成的志稿陆续分送区内外约100个单位和个人征求意见。1987年1月邀请曾在郊区任职过的老干部共30多人进行评审。先后共搜集到500多条意见。根据这些意见，拟订了修改方案，组织力量对全志的体例、内容，进行了必要的调整、修改、补充，特别是对各项数据作了进一步考证核实。并经过部门、主编、区编纂委员会以及区保密委员会层层审查，把关认可后，再送市地方志编纂委员会办公室审批付印。

全志篇目根据本区实际，采取以事分门、单事一篇或多事合篇为主，兼有以类分门而设置，不把各事归成大类而实际又隐含着自然、政治、经济、文化、社会、人物的次序排列，以减少虚目层次，避免某些兼类性质的事物有归类不当之弊。全志置自然地理为首篇是因为考虑到它不仅给人类提供生产和生活的物质资料，又是人们进行经济建设的重要依据，尤其与农业生产关系至为密切，需要首先介绍清楚。我们又用九篇的大量篇幅记述解放以来30多年生产关系和生产力变革、发展的历史，使人们从中了解到建国以来，生产的发展是建立在社会主义经济体系的形成和逐步完善的基础之上的事实，从而认识社会主义的优越性和坚持改革的必要性。同时还通过商业供销、文教卫生的发展和人民生活水平的提高等大量事实，力求体现社会主义生产的目的是不断满足人民物资文化生活逐步增长这一基本经济规律。在民情风俗中较详细地记述了旧时封建迷信的习俗、庵堂寺庙遍地的情况和宗法思想统治的严重性，是期求人们认清迷信观念、封建思想的社会根源，而在建设社会主义精神文明，兴起一代新风中，重视治理“愚昧”的工作。

云台区志

云台区地方志编纂委员会编。1989年12月启动编纂，1995年2月内部出版。主修林岱峰，主编张义壮，副主编郑斌，编辑俞德奎、王统祥。

全书1册，61万字，图片41幅（集于志首），表格98张。记述范围为1990年云台区行政区域，为反映事物完整性，个别地方简要记述延伸至区外的内容。记述上限追溯至事物发端，下限1990年。述、记、志、传、图、表、录诸体并用，以志为主。志首设序、凡例、概述、大事记，志末设附录、跋。全志设24章：建置·区划·人口、自然地理、山、农业水利、多种经营、工交邮电、城乡建设、财税金融、经济综合管理、供销合作商业、粮油、政务、党派·社团、民政、劳动人事、公·检·法·司、军事、科技、教育、文化、医疗卫生、体育、民俗、人物。

云台区因云台山得名，该志在篇目设置上专设山章，将其升格处理，突出记述山名演变历史、山内的自然和人文景观，以及古树名木等，彰显地域特色。在医药节专设地方中草药目，记述云台山独特的中草药植物。在工交邮电章设盐业节，并前置记述，反映域内特色产业的发展。在军事章设战事节，记述历史上发生在云台地区的重要战事，展现其作为兵家必争之地的重要性。附录收录以云台地区为主要记述对象的旧志文献的序言，彰显该地域历史文献特色。

（邱仕明　贾栋钰）

【跋（节选）】

《云台区志》的编纂工作，自1989年底起步，到1994年定稿，共历五个春秋，领导重视，各方支持，广征资料，精心编写，其间四易纲目，五修其稿，三次审订，终于付梓。

《云台区志》之成书，先后经五个阶段：

其一，组织准备（1989.12—1991.5）

建立机构，成立编纂委员会，下设办公室，拟订凡例，制定方案，设计篇目，抽调基层有关单位30余人，先后分三次参加市志办组织的编志学习班，培训骨干力量。区下属各有关单位共组建38个编志领导小组，138人参加编志工作。

其二，征集资料（1991.6—1992.1）

全区各编志领导小组，抽调91人，根据编目（初稿）四下征集资料，翻阅有关地方史志文献、报刊775份，外调查档809人次，查阅、摘抄、复印档案资料1727卷，组织走访557人次，录写口碑资料711份，先后立卡片8606张，搜集原始资料152万字。

其三，分头编撰（1992.2—1993.12）

区志办根据占有的资料，邀请修志专家来对《云台区志》编目进行审订，将原44篇294章改为24篇160章，后按编目要求，落实给区志办及各基层编志领导小组，上下43人执笔编撰。其间，每两月汇报交流一次，区分管领导亲自主持，区志办组织专人到基层，帮助解决具体问题，完成区志稿总体编纂。

其四，三次审订（1993.12—1994.8）

区志稿成册后，区志办请区统计局、保密局、档案局对全部志稿逐一审查修订，此谓初审。后将其分发给区委、区人大、区政府、区政协、区纪委诸领导，一一修改、审核，对志稿中2038处，作删节或调整。区志办据此再作修订，成70万字送审稿，此谓复审。区志办将送审稿呈送市志办转发给市地方志评审小组成员审批。根据评审小组意见，区志办邀请修志专家重新修订编目，将“篇”改为“章”，简化章节层次，同时制订修改方案，逐册修改、调整，形成五十余万字精卷，此谓终审。

其五，刊印成书（1994.9—1995.2）

区志办修改审订后，重新打印，并请区文化馆专职摄影人员搜集整理图片资料，历时4月完成验收稿，1995年2月经市志办批准送交出版。

二、文献辑录

省政府办公厅关于进一步加强地方志编纂工作的通知

苏政办发〔1996〕185号
（1996年9月2日）

各市、县人民政府，省各委、办、厅、局，省各直属单位：

我省自1980年开展新编地方志工作以来，已经取得了阶段性成果，对推进我省两个文明建设和积累保存地方文献产生了积极的作用。但这项工作的开展不够平衡，有些单位没有完成预定计划。为进一步加强地方志的编纂工作，现通知如下：

一、各级政府要进一步提高对编修地方志工作重要性的认识

编修地方志是一项长期的具有连续性的社会主义文化建设事业，是为我国现代化建设服务的基础工作，是全面反映各地区自然、人文、社会、经济的历史和现状的学术文化工程。江泽民同志指出："修志工作是一项不容易引起人们重视的重要工作。" 做好这项工作，对于全面了解和反映地情国情，推进两个文明建设，积累和保存地方文献具有重要意义。因此，修志工作绝不是可有可无的事，而是各级政府的职责和任务。各地、各部门一定要以高度的历史责任感，把修志工作当作服务当代、造福后世的重要工作切实抓紧抓好。

二、采取切实措施，高质量地完成省、市、县三级修志任务

要继续抓紧《江苏省志》的编纂工作。1995年，省政府提出："奋战三年，保质保量，全面完成《江苏省志》编纂任务。" 绝大多数承编单位能够按照省政府的要求，按计划完成编纂任务。但也有少数单位对这项工作重视不够，未能完成预定计划，甚至有极少数单位强调这样那样的困难，工作还没有开展起来。按照目前的进度，到1997年全面完成《江苏省志》的编纂任务十分艰巨。省各有关部门要认真贯彻落实《省政府办公厅转发省地方志编纂委员会关于继续抓紧江苏省志编纂工作的意见的通知》精神，采取有效措施，抓紧志书的编修工作，决不能影响全省的出书进度。

在抓好《江苏省志》编纂工作的同时，要努力做好反映江苏特色的专志和省、市、县三级地方年鉴的编纂工作，有计划有重点地编纂出版一批乡镇志和村志、厂志、校志，做好续修市、县志的各项准备工作，原则上各市县都要编修续志。

质量是志书的价值所在，是志书的生命。要以马列主义、毛泽东思想和邓小平建设有中国特色社会主义理论为指导，坚持实事求是的思想路线，贯彻存真求实的方针，全面真实地反映当地自然和社会的历史与现状，做到思想性、科学性和资料性的统一。

三、切实加强对地方志编纂工作的领导

修志工作是两个文明建设的重要组成部分。各级政府要把地方志编纂工作纳入国民经济和社会发展计划之中。各级政府要明确一名领导同志分管这项工作。在机构改革中，要注意保持修志队伍的相对稳定，做到班子不散、人员不减，力量薄弱的要充实加强。要切实保证修志人员必要的工作条件，对修志机构必要的专项业务经费和培训经费，要尽量予以保证。定期评聘业务人员的专业技术职务，妥善解决好他们的生活福利待遇问题，以调动他们工作积极性和创造性，确保修志任务的圆满完成。

省政府办公厅关于全面开展省辖市区志编纂工作的通知

苏政办发〔1997〕134号

（1997年9月23日）

各市、县人民政府、省各委、办、厅、局，省各直属单位：

区志属于三级志书中的县级志书。本届修志工作开展以来，全省13个省辖市43个区，已编好区志24部（其中8部已公开出版），正在编印的4部，全面开展编纂城市区志的条件已经成熟。为了进一步做好城市区志的编写工作，把全省地方志第三次工作会议精神落到实处，现将有关事项通知如下：

一、充分认识城市区志编纂工作的重要意义

全省各省辖市在长期的历史发展中，已形成各自相对独立而又有特色的下辖区。尤其是改革开放以来，区级政府的管辖权不断扩大，功能逐步完善，并且拥有相对稳定的地域，编纂区志已成为加强城区开发建设的迫切需要。从全省已出版的区志来看，以其内容更接近基层群众、更富有地方特色，而受到各级政府和广大群众的欢迎。同时，分区记述，系统全面地汇集区域性资料，对于研究各个城市发展轨迹和探求现代化城市建设规律具有重要意义。独立成书的城市区志，可大大充实市志的内容。各地要把编纂出版城市区志工作与编修市、县两级志书作为同样重要的工作抓紧抓好。

二、坚持标准，抓紧时间，全面完成本届城市区志编纂出版任务

区志的地域范围，是依法行使政府职能的行政区域。区志的记述范围和对象，是该行政区域自然、社会的历史与现状，属于综合型全志类的志书。

全省13个省辖市、42个区，要根据不同情况，制订工作计划，把修志工作落到实处。尚未修志的14个区，要抓紧启动，力争在2001年前完成本届修志任务；正在编纂尚未出版的区志，要抓紧时间，保证质量，及早出版；内部印刷的区志，要组织力量进行一次全面审查；已公开出版区志的地方，必须抓紧做好续修区志的各项准备工作。

为了确保区志质量，要严格执行与县（市）志一样的审查验收制度。区志与其他社会主义新方志一样，应当做到观点正确，内容丰富，资料翔实准确，体例完备，结构合理，文字精炼通畅。要发扬改革精神，在继承传统的基础上勇于创新；要立足于为现实服务、兼顾存史的需要，确定编纂内容和选取有价值的资料入志；内容要注意少而精，在求“特”求“实”上下功夫。编成的志稿，要按照《新编地方志工作暂行规定》的要求，坚持三审制，即经省、市、区三级领导、专家、修志工作者组成的审稿小组评审，经省、市地方志办公室审定验收，并经区人民政府批准方可出版。质量不符合要求的，要进行补充、修改、再审核。为形成全省区志统一格式，原则上交由方志出版社出版，以便汇编成江苏省城市区志丛书。

三、切实加强对城市区志编纂工作的组织领导

各级政府要切实加强领导，把区志编纂工作列入议事日程。明确一位领导同志负责，定期听取工作汇报，及时解决工作中出现的问题。要加强各有关部门之间的协调配合，牢固树立全局观念，为编纂区志作出应有的贡献。在机构改革中，要保证有相应的机构或专职人员从事地方志工作。要为修志机构提供必要的工作条件和业务经费，妥善解决好编纂人员的职称评定和生活福利待遇问题。要加强修志队伍建设，不断提高修志工作者的政治素质和业务素质，充分调动他们的工作积极性、主动性、创造性，为编纂第一流的志书提供有力的组织保障。

以上通知，请认真贯彻执行。

省政府办公厅关于印发《江苏省续修地方志工作规划》的通知

（苏政办发〔2000〕36号）

各市、县人民政府，省各委、办、厅、局，省各直属单位：

省地方志编纂委员会《江苏省续修地方志工作规划》已经省政府同意，现印发给你们，请结合实际，认真组织实施。

江苏省人民政府办公厅

二〇〇〇年五月八日

江苏省续修地方志工作规划

（江苏省地方志编纂委员会 2000年5月）

盛世修志是中华民族的优秀文化传统。我省首届地方志编纂工作是从80年代初展开的，在省委、省政府和省地方志编纂委员会的领导下，经过广大修志工作者十多年的艰苦努力，三级志书的编纂任务已基本完成。这对于全面反映我省地情，积累和保存地方文献，推动我省两个文明建设发挥了重要作用。根据国务院办公厅《关于进一步加强地方志编纂工作的通知》和中国地方志指导小组

《关于地方志编纂工作的规定》的要求，经省地方志编纂委员会研究决定，我省将从2000年起续修地方志，并制定工作规划如下：

一、指导思想

续修地方志必须坚持以邓小平理论和党的十五大精神为指导，坚持党的基本路线和国家的法律、法规，坚持辩证唯物主义和历史唯物主义，客观真实地记载历史。认真总结首届修志工作的经验，坚持质量第一的原则，在继承传统的基础上大胆创新，使新编志书具有鲜明的地方特色和时代特点，力争多出精品、多出良志，更好地为江苏的改革开放和社会主义现代化建设服务。

二、主要任务

续修地方志的主要任务是：续修省、市、县（市、区）三级志书，有条件的地区可编写（续修）乡（镇）志、村志、部门志及其他类志书。

续修志书的具体篇目：省级志书1部，内设40部左右分志；市级志书12部（南京市在《南京通志》完成后，另行考虑续修工作）；县（市）级志书64部；省辖市所辖区志书暂定28部（除目前正在编纂志书的16个区外，其余28个省辖市所辖区列入续修范围），它们是苏州市平江区、沧浪区、金阊区、郊区；无锡市崇安区、南长区、北塘区、马山区、郊区；常州市钟楼区、郊区；南京市白下区；镇江市京口区、润州区；扬州市广陵区、郊区；泰州市海陵区、高港区；徐州市贾汪区、云龙区、鼓楼区、泉山区、九里山区；连云港市云台区、连云区、海州区、新浦区；宿迁市宿城区。

三、基本要求

（一）编写

1.续志断限。续志上限一般从上届志书的基本下限次年开始，内容可根据需要作适当的追溯；下限原则上为上届志书断限后的20年左右。

2.续志篇幅。省志2000万字左右，市志200万字左右，县（市、区）志80万字左右。

3.续志名称及书写形式。续志以现行行政区划名称冠名，括注断限起止年份，行文按《江苏省地方志行文规范》执行（由省地方志办公室另行制定）。

（二）评审验收

省、市、县（市、区）三级志书实行二审一验收制度：一审由同级地方志办公室主持（省志由各专业志编辑室主持），组织本地（行业、专业）专家和修志人员对志稿进行自审；二审由同级地方志编纂委员会主持（省志由各专业志编纂委员会主持），会同上级地方志办公室、省地方志评审小组及有关领导、专家对志稿进行会审；验收工作由省地方志验收小组负责。

（三）印刷出版

各级志书验收合格后，由同级政府批准出版。出版前要将批准出版文件的复印件报省地方志办公室备案；三级志书一律采用16开精装本，横排印刷，装帧、版式务求统一；有条件的地方可出版电子版和网络版志书，以利于信息上网；三级志书的出版工作，按中国地方志指导小组《关于地方志编纂工作的规定》执行。

四、组织领导

续修志书要坚持“党委领导、政府主持”的修志体制。《江苏省志》的编纂，在省委、省政府和省地方志编纂委员会领导下，由省地方志办公室组织实施。承担省志续修任务的各有关部门和单位，要成立专业志编纂委员会和编辑室，由一位主要负责同志分管修志工作。几个单位合修一部专业志的，应通过协商联合成立编纂委员会和编辑室，并明确牵头单位。各级政府要把修志工作纳入当地经济和社会发展计划，切实加强领导，充分发挥志书编纂委员会及其办公室的作用，帮助他们解决实际困难和问题。

各级地方志办公室要重视抓好修志人员队伍建设，注意选配好主编，并选聘一些具有较高政治素质和业务能力、熟悉本地区（行业、专业）发展情况、文字基本功比较扎实的同志充实到修志队伍中来。还可聘用一定数量的兼职人员和离退休人员参与续修志书工作。要按照本规划的要求，在认真调查研究的基础上，尽快形成具体编纂方案，报省地方志办公室批准后实施。

省政府办公厅关于做好新一轮地方志编纂工作的通知

苏政办发〔2005〕84号

（2005年8月1日）

各市、县人民政府，省各委、办、厅、局，省各直属单位：

按照国家统一部署，在省政府领导下，全省地方志工作者共同努力，第一轮地方志编纂任务已基本完成。为做好新一轮地方志编纂工作，现就有关事项通知如下：

一、充分认识做好地方志编纂工作的重要意义

编纂地方志是社会主义精神文明建设的重要组成部分，是承上启下、继往开来、服务当代、有益后世的事业。省委、省政府历来重视地方志工作，各级地方志工作机构认真履行职责，广大地方志工作者辛勤劳动，全省地方志事业健康发展。目前，市、县两级75部地方志编纂和出版任务已全面完成，建省300多年来第一部《江苏省志》和省辖市区志编纂工作基本结束，并编纂出版了一批乡镇志、村志和专业志，为服务经济社会发展作出了积极贡献。按照国务院关于“地方志每20年左右续修一次”和“一届志书完成之日就是新一届志书开修之时”的要求，省政府决定从2005年起开展新一轮地方志编纂工作。这对于全面反映我省改革开放和现代化建设成就，充分省“两个率先”服务，具有重要的意义。各地、各部门要从实践“三个代表”重要思想、贯彻落实科学发展观的高度，充分认识做好新一轮地方志编纂工作的重大意义，进一步增强责任感和使命感，认真贯彻落实省政府的部署要求，抓紧抓好新一轮地方志编纂工作。

二、明确总体要求和目标任务

做好新一轮地方志编纂工作，必须坚持以马列主义、毛泽东思想、邓小平理论和“三个代表”重要思想为指导，树立和落实科学发展观，运用现代科学理论和方法，突出时代特点和江苏特色，实事求是地反映我省自然和社会的历史与现状，积累和保存地方文献，总结借鉴历史经验，为实现“两个率先”、构建和谐社会服务。具体目标是：从2005年起到2015年，用10年左右的时间，按照先编纂市、县（市、区）志，后编纂省志的步骤，续修并基本完成省、市、县（市、区）三级志书编纂任务。其中，2010年前基本完成市、县（市、区）志书编纂出版任务，2015年前基本完成省级志书编纂出版任务。少数行政区划有变动的地区可按现行区划编纂志书，有条件的地区可编纂或续修乡镇志、村志、专业志及其他类志书、地情书。市、县（市、区）志一般以2005年为下限，编纂形式在省地方志办公室指导下，由各地根据实际情况确定。

三、确保新一轮地方志编纂质量

质量是志书的生命和价值所在。要坚持质量第一的原则，建立严格的质量控制体系和编纂责任制，确保志书具有较高权威性、学术水平和重要的文化价值、社会价值。坚持辩证唯物主义和历史唯物主义，以对社会、历史、后人负责的态度，加强地情调研，占有翔实资料，全面、客观、真实、准确地记载历史。严格遵循志书编纂工作的基本规律，认真把握编纂工作的每个环节，确保政治观点正确、体例结构合理、内容全面系统、资料翔实可靠、文字流畅精炼，力争推出一批精品佳作、良志名志。充分利用现代技术手段收集、整理、加工、储存资料，推进志书编纂工作的数字化建设，有条件的地方可出版电子版或网络版志书。严格审查验收制度，发现问题要认真修改，有严重质量问题的要组织重修，未经评审批准的志书不得出版，坚决杜绝不合格志书出版。省地方志办公室要抓紧制定志书续修工作实施细则，进一步明确志书编纂标准和质量要求。

四、建设高素质的地方志编纂队伍

根据新一轮地方志编纂工作需要，按照“老、中、青“相结合的原则，优化专业、年龄结构，建立一支素质较高、相对稳定、专兼结合的地方志编纂工作队伍。抓紧充实年轻业务骨干，吸收热心地方志工作、具有较高文化素质的干部，聘请具有较高文字水平、熟悉情况、身体好的离退休人员参加修志。采取多种形式，加强队伍培训，提高修志人员政治素质和业务水平。广大修志工作者要发扬“求实、创新、协作、奉献”精神，求真务实，恪尽职守，高标准高质量完成修志任务。各级政府要采取切实措施，为修志工作提供必要的条件，帮助解决修志人员工作生活中的实际困难，充分调动修志人员的积极性和创造性。

五、加强对编纂工作的组织领导

各级政府要把地方志工作纳入经济社会发展规划和领导责任制，将修志机构日常工作经费和志书编纂出版经费纳人地方财政预算，确保领导到位、机构到位、经费到位、队伍到位、条件到位。主要领导要亲自过问，分管领导要具体负责，及时协调解决地方志编纂工作中的矛盾和问题。各级地方志编纂委员会及其办公室要适应新形势新任务的要求，进一步发挥职能作用，不断创新工作思路、工作方式，加强对新一轮地方志编纂工作的督查和指导。各有关部门要增强全局观念，加强协调配合，大力支持修志工作，确保圆满完成新一轮地方志编纂任务。

省地方志编纂委员会关于印发《江苏省地方志书审查验收及出版办法》的通知

苏志委〔2009〕2号

各市、县（市、区）地方志办公室，省志各分志（专志）编纂单位：

现将《江苏省地方志书审查验收及出版办法》印发给你们，请贯彻执行。

二〇〇九年十月十二日

江苏省地方志书审查验收及出版办法

一、总　则

第一条　为了规范全省地方志书审查验收和出版工作，确保志书质量，根据国务院《地方志工作条例》和《江苏省实施<地方志工作条例>办法》，结合本省地方志工作实际，制定本办法。

第二条　志书的审查验收，应当以中国地方志指导小组《地方志书质量规定》为依据，对志书的政治观点、体例结构、记述内容与方法、资料史实、行文及出版规范等全面审查把关。

第三条　本办法适用于本省行政区域内，以县级以上行政区域名称冠名、列入本级政府修志工作规划的省、市、县（市、区）地方志书的审查验收和出版工作。

二、志书评审

第四条　志书实行初审、复审、终审三审制，依序逐级送审。

（一）省志

初审：由各分志（专志）编纂单位负责组织；

复审：由各分志（专志）编纂委员会负责组织；

终审：由省地方志编纂委员会负责组织。

（二）市志

初审：由各市地方志工作机构负责组织；复审：由各市地方志编纂委员会负责组织；

终审：由省地方志编纂委员会办公室负责组织。

（三）县（市、区）志

初审：由各县（市、区）地方志工作机构负责组织；

复审：由各县（市、区）地方志编纂委员会负责组织；

终审：由各市地方志工作机构负责组织。

第五条　终审程序：（一）由编纂单位填写《江苏省地方志书终审申请表》，并与终审稿和电子文本一起报送负责评审的单位；（二）负责评审的单位成立评审小组，并及时将终审稿分送各位评审人员；（三）评审人员在认真审读志稿后形成书面意见；（四）召开评审会议，负责评审的单位出具《江苏省地方志书终审意见表》。

第六条　终审稿送达时间：省志各分志（专志）一般应当在召开评审会前30个工作日送达负责评审的单位；市志一般应当在召开评审会前45个工作日送达负责评审的单位；县（市、区）志一般应当在召开评审会前35个工作日送达负责评审的单位。

第七条　终审稿须经评审小组三分之二以上人员同意，方可获准通过审查；对没有通过审查的志稿，返回编纂单位修改后重新组织评审。

第八条　负责终审的单位和参加终审的人员应当在出版后的志书中署名。

第九条　终审稿和《江苏省地方志书终审意见表》应当报省地方志编纂委员会办公室备案。

第十条　为保证志书编纂质量，在总纂前，要对志书总纂篇目进行审查。

省志各分志（专志）、市志总纂篇目的审查由省地方志编纂委员会办公室负责组织；县（市、区）志总纂篇目的审查由市地方志工作机构负责组织。

志书总纂篇目报省地方志编纂委员会办公室备案。

三、志书验收

第十一条　终审稿按照评审意见修改后报请各级负责终审的单位进行验收。

第十二条　验收程序：（一）由编纂单位填写《江苏省地方志书验收申请表》，并与验收稿一起报送负责验收的单位；（二）负责验收的单位成立验收小组，并及时将验收稿分送各位验收人员；（三）验收人员在认真审读志稿后形成书面意见；（四）召开验收会议，负责验收的单位签发《江苏省地方志书验收意见表》。

第十三条　验收时间：省志各分志（专志）一般应当在30个工作日内完成验收，市志一般应当在45个工作日内完成验收，县（市、区）志一般应当在35个工作日内完成验收。

第十四条　验收稿须经验收小组三分之二以上人员同意，方可获准通过验收；对验收不合格的志稿，返回编纂单位修改后重新组织验收。

第十五条　负责验收的单位和参加验收的人员应当在出版后的志书中署名。

第十六条验收稿和《江苏省地方志书验收意见表》应当报省地方志编纂委员会办公室审核备案。

四、志书出版

第十七条　志书必须公开出版。

第十八条　志书经验收合格，由编纂单位报请省地方志编纂委员会办公室审核批复后，再报同级人民政府批准出版；送交出版社前，编纂单位应当将人民政府批准出版的文件报省地方志编纂委员会办公室备案。

第十九条　省志各分志（专志）由省地方志编纂委员会办公室统一安排出版，市、县（市、区）志由各市、县（市、区）地方志工作机构安排出版。

第二十条　志书以纸质出版物形式出版的同时，应当以电子出版物的形式出版。

第二十一条　地方志工作机构应当选择符合国务院《出版管理条例》相关规定、具有良好资质的出版社出版志书，确保出版质量。

第二十二条　志书（包括电子版）出版后，应当在2个月内，报送上级地方志工作机构备案和江苏省方志馆保存。每种志书分别报送20套（本）。

第二十三条　省地方志编纂委员会办公室对已出版的志书适时进行抽样检查。

五、附　则

第二十四条　《江苏省地方志书终审申请表》、《江苏省地方志书终审意见表》、《江苏省地方志书验收申请表》、《江苏省地方志书验收意见表》由省地方志编纂委员会办公室统一制作。

第二十五条　部门志、专业志、乡镇（街道）志等其他志书的审查验收及出版办法，由各市地方志工作机构参照本办法自行制定。

第二十六条　本办法由省地方志编纂委员会办公室负责解释。

第二十七条　本办法自发布之日起施行。

关于印发《江苏省地方志书审查验收稿质量评估办法（试行）》的通知

苏志办〔2011〕37号

各市、县（市、区）地方志办公室：

现将《江苏省地方志书审查验收稿质量评估办法（试行）》印发给你们，请贯彻执行。

二〇一一年九月五日

江苏省地方志书审查验收稿质量评估办法（试行）

为了认真贯彻落实中国地方志指导小组《地方志书质量规定》和《江苏省地方志书审查验收及出版办法》，严格志书审查验收程序，严把志书质量关，现就志书审查验收稿质量评估制定如下办法：

一、评估标准

对审查验收稿的质量应依据《地方志书质量规定》，主要从以下六个方面进行评估。

（一）篇目

1.门类齐全，分类科学。自然、经济、政治、文化、社会、人物等设置全面，部类齐全，各部类中的主要内容不缺项；结构设置符合“事以类聚”、“类为一志”的基本要求，分类符合科学原则与志书体例，并兼顾社会分工（现行管理体制）。

2.排列有序，布局合理。各部类一般以自然、经济、政治、文化、社会、人物的顺序排列。人物部类也可以作前置处理，但要做到设置妥帖。

3.归属得当，层次分明。事物的归类得当，尽可能减少交叉重复；编、章、节、目的层次分明，划分不宜过多，一般不超过五个层次。

（二）内容

1.观点正确，符合政策。以马列主义、毛泽东思想、邓小平理论和“三个代表”重要思想为指导，全面贯彻落实科学发展观；坚持辩证唯物主义和历史唯物主义，坚持实事求是的思想路线；符合党和国家的民族政策、宗教政策、统战政策、涉外政策；严格遵守国家的宪法、法律法规和有关保密规定。

2.内容全面，重点突出。全面反映本地区自然、经济、政治、文化、社会的历史和现状，门类齐全，记述全面；详略得当，重点突出，加强对文化、社会部类以及特色内容和人物的记述。

3.资料真实，表述准确。入志资料经过鉴别、考证、核实，时间、地点、人物（单位）、事实、数据等准确，统计口径统一；同一名称、事实、数据、时间、计量单位、术语的表述前后一致。

（三）条目

1.体裁完备，符合体例。述、记、志、传、图、表、录等体裁完备，符合志书的编纂体例。凡例要严谨、准确。

2.要素齐全，资料完整。人、事、物，时间、地点、事件经过等要素齐备；反映事物发生、发展过程的资料连贯、系统，体现事物的基本特征，记述有一定深度；注意与前志的衔接以及纠误补遗。

3.立题得当，标题准确。标题简明准确，题文相符，同一门类各级标题不重复、不雷同。

4.语言平实，行文规范。使用规范的现代语体文记述，行文严谨、朴实、简洁、流畅，表述准确；名称、时间、数字、计量单位、标点符号以及图表的使用规范、统一，符合国家关于出版物行文方面的相关规定和《江苏省地方志行文规范》。

（四）特色

1.注重创新，体现特色。篇目结构设置在继承的基础上力求创新；充分体现时代特点和地方特色，对于特色内容恰当升格或前置处理。

2.重点记述，反映特点。深刻反映党的十一届三中全会以来，本地区改革开放所取得的重大成就；突出记述本地区独具特色的事物或事件，体现本地区生动、鲜明的特色与风貌。

3.注明出处，注释规范。引用重要资料和观点注明出处，注释采用页下注。

（五）编校

语言通顺，文字准确，尽可能杜绝硬伤和降低差错率。

（六）总纂

志书应力求由一人总纂统稿，若不具备条件，必须成立总纂小组，并明确总纂负责人。

二、评估要求

志书必须总纂完成后才可进入审查验收程序。依据《江苏省地方志书审查验收及出版办法》，对志书实行三审一验收制度，即初审、复审、终审和验收。每次评审实施前首先要对志稿进行全面质量评估，督促编纂单位志书达到相应分值再提交评审。

（一）初审

初审前质量评估重点是政治观点、资料史实、记述内容、时代特色、地方特色、保密规定、统计口径等，平均分不得低于70分。

（二）复审

复审前质量评估重点是体例规范、法律法规、各项政策、敏感问题以及重大事件、重要人物、重大历史问题的记述，平均分不得低于75分。

（三）终审

在终审前质量评估重点是篇目结构、条目撰写、记述深度、特点特色、编校质量，以及审核是否经由总纂统稿。平均分不得低于80分。

（四）验收

验收阶段质量评估重点是志书应达到“齐、清、定”的要求。齐：编委会成员和编写人员以及提供资料人员名单、目录、正文（含序言、凡例、概述、大事记）、图表、照片、附录、编后记等要齐全；清：文字、图表及照片清晰、整洁；定：必须经规定的审查验收主体和程序逐级审查通过，并达到志书出版要求。平均分不得低于90分。各级志书验收通过后，应报省地方志办公室审核批复后再报所在地人民政府批准出版。

三、评估方法

（一）对志书审查验收稿进行质量评估由各级负责审查验收的主体负责。每阶段审查验收稿质量评估达到最低平均分值的，方可组织召开评审会。

（二）参加审查验收稿质量评估的人员一般不少于9人，主要应由保密、档案、历史、法律、经济、军事、地方志等方面专家（一般应具有副高以上职称）和有关部门副处职务以上领导组成，并设主审人。

（三）评估人员应对照评估标准认真审阅志稿，填写《江苏省地方志书审查验收稿质量评估表》，并需签名，以示负责。

（四）负责审查验收的单位应将评估人员各阶段所填写的《江苏省地方志书审查验收稿质量评估表》随审查验收报告、审查验收意见、审查验收稿等一并报省地方志办公室备案。

（五）省地方志办公室负责省辖市志书终审稿质量评估，各省辖市地方志办公室对所属县（市、区）志书审查验收稿质量评估参照本办法。

三、江苏两轮市、县（市、区）志统计表

江苏首轮市、县（市、区）志统计表

（共116部，其中内部刊印15部）

序号	书　名	主　编	志书下限	字数（万字）	出版社	出版时间
1	南京简志	杨之水	1985年	130	江苏古籍出版社	1986.12
2	玄武区志	杜耀庚	1999年	187	方志出版社	2005.02
3	白下区志	常康平	1985年	50.8	江苏科学技术出版社	1988.12
4	秦淮区志	杨献文	1997年	188	方志出版社	2003.11
5	建邺区志	赵永江、庄会柏	1999年	234.3	方志出版社	2003.07
6	鼓楼区志	勾文迪、张国防、周国平	2000年	280	中华书局	2006.03
7	下关区志	徐书华、陈冲	1999年	182.8	方志出版社	2005.06
8	浦口区志	方敏嘉、马德金、刘海东	2001年	142.7	方志出版社	2005.07
9	栖霞区志	吕佐兵	1999年	235	方志出版社	2002.07
10	雨花台区志	秦峰	1999年	143.9	方志出版社	2002.12
11	大厂区志	杨俭余、吴九成	2001年	181.3	方志出版社	2006.07
12	溧水县志	殷东俊	1985年	120	江苏人民出版社	1990.06
13	高淳县志	薛兴祥	1985年	140	江苏古籍出版社	1988.08
14	江浦县志	刘海东	1987年	119.2	河海大学出版社	1995.12
15	江宁县志	李荣潮、陈祖贻	1985年	155.1	档案出版社	1989.09
16	六合县志	卞琛	1987年	110	中华书局	1991.10
17	无锡市志	庄申	1985年	500	江苏人民出版社	1995.10
18	崇安区志	朱寿泉	1985年	45	内部版	1991.09
19	南长区志	过继德	1987年	58	上海人民出版社	1991.10
20	北塘区志	虞为政	1985年	57.6	内部版	1991.12
21	无锡市郊区志	窦厚培	1985年	75	内部版	1992.10
22	江阴市志	程以正	1987年	202.7	上海人民出版社	1992.11
23	无锡县志	谈汗人	1985年	186	上海社会科学院出版社	1994.01
24	宜兴县志	韩霞辉	1987年	142.1	上海人民出版社	1990.05
25	徐州市志	董献吉	1985年	350	中华书局	1994.03
26	贾汪区志	胡永同	1985年	63	内部版	—

序号	书　　名	主　　编	志书下限	字数（万字）	出版社	出版时间
27	云龙区志	司广瑞	1985 年	35	内部版	1988.12
28	鼓楼区志	胡白揆	1985 年	30	内部版	1988.06
29	徐州市郊区志（泉山区志）	毛永春	1987 年	64	内部版	1988.12
30	徐州市矿区志（九里山区志）	刘荣健	1985 年	20	内部版	1988.09
31	丰县志	于瑞茂、王玉柱、刘广哲、朱向阳	1990 年	160	中国社会科学出版社	1994.03
32	沛县志	郑善谆	1990 年	140	中华书局	1995.09
33	铜山县志	韩大鹏	1985 年	158.7	中国社会科学出版社	1993.06
34	睢宁县志	朱绍根	1987 年	120	中国社会科学出版社	1994.05
35	新沂县志	周维仁	1988 年	127.5	江苏科学技术出版社	1995.08
36	邳县志	张冠星、王朝堂	1987 年	131.6	中华书局	1995.02
37	常州市志	黄元裕	1985 年	510.8	中国社会科学出版社	1995.10
38	钟楼区志	陈涛、钱泰来	1985 年	62.1	江苏人民出版社	1992.10
39	天宁区志	钱达茂	1999 年	150	方志出版社	2003.01
40	戚墅堰区志	潘傲齐	1999 年	99.8	方志出版社	2006.09
41	常州市郊区志	徐益华	1983 年	84	内部版	1988.08
42	广化区志	杨云渠	1986 年	74	内部版	1992.05
43	溧阳县志	钱选青	1985 年	143.1	江苏人民出版社	1992.12
44	金坛县志	孟济元	1987 年	136	江苏人民出版社	1993.10
45	武进县志	张尚金	1985 年	140.8	上海人民出版社	1988.10
46	苏州市志	陈晖	1985 年	483.5	江苏人民出版社	1995.01
47	平江区志	张振涛	1985 年	40	内部版	—
48	沧浪区志	金铁峰	1987 年	103.4	内部版	—
49	金阊区志	—	1985 年	45	内部版	1987.05
50	苏州郊区志	—	1985 年	40	内部版	—
51	常熟市志	瞿鸿烈	1985 年	167.1	上海人民出版社	1990.11
52	常熟市志（修订本）	沈秋农、彭根华、浦君芝	1985 年	190	上海辞书出版社	2006.07
53	沙洲县志	李恺民	1985 年	148.2	江苏人民出版社	1992.06
54	昆山县志	王道伟	1987 年	136.9	上海人民出版社	1990.12
55	吴江县志	韩铎、沈春荣	1985 年	140	江苏科学技术出版社	1994.07
56	太仓县志	龚乃光	1985 年	131	江苏人民出版社	1991.09

序号	书　　名	主　　编	志书下限	字数（万字）	出版社	出版时间
57	吴县志	詹一先	1987 年	190.9	上海古籍出版社	1994.02
58	南通市志	邵建、乔显曾	1987 年	435.2	上海社会科学院出版社	2000.12
59	崇川区志	李雪峰	2002 年	123.6	方志出版社	2007.10
60	海安县志	吉光、陈毅明	1992 年	180	上海社会科学院出版社	1997.06
61	如东县志	李明	1979 年	86	江苏人民出版社	1983.09
62	如东县志（修订本）	李明	1983 年	68.6	江苏古籍出版社	1985.08
63	启东县志	陈明山、张兴安、赵锦辉、李汉成	1985 年	166.7	中华书局	1993.12
64	如皋县志	李实秋	1990 年	120	香港新亚洲出版社有限公司	1995.06
65	南通县志	庄奂	1992 年	185	江苏人民出版社	1996.08
66	海门县志	俞茂林	1990 年	162	江苏科学技术出版社	1996.01
67	连云港市志	秦光汉	1990 年	418	方志出版社	2000.06
68	云台区志	张义壮	1990 年	61	内部版	1995.06
69	连云区志	张树庄	1990 年	62	方志出版社	1995.12
70	海州区志	周恒泰	1992 年	79	方志出版社	1999.07
71	新浦区志	韩世泳	1990 年	98.8	方志出版社	2000.08
72	赣榆县志	杨少华、郑涛	1990 年	180	中华书局	1997.10
73	东海县志	张永安、袁堂贵	1990 年	132.8	中华书局	1994.03
74	灌云县志	袁洪宝	1990 年	176	方志出版社	1999.09
75	灌南县志	张新济	1987 年	127	江苏古籍出版社	1995.06
76	淮阴市志	荀德麟	1987 年	450	上海社会科学院出版社	1995.06
77	清河区志	蒋兆扬	2000 年	124	江苏古籍出版社	2003.01
78	淮阴县志	周立诚	1987 年	142	上海社会科学院出版社	1996.02
79	淮安市志（县级）	钟士和	1991 年	151.8	江苏人民出版社	1998.02
80	涟水县志	王怀宝	1987 年	174	江苏古籍出版社	1997.01
81	洪泽县志	王德成	1987 年	168.5	中国大百科全书出版社	1999.02
82	盱眙县志	张恩钤	1985 年	140	江苏科学技术出版社	1993.02
83	金湖县志	吴振宝	1985 年	117	江苏人民出版社	1994.03
84	盐城市志	韩建勋	1987 年	482	江苏科学技术出版社	1998.04
85	盐城县志	严古咸	1983 年	145	江苏人民出版社	1993.10
86	响水县志	陈众宝、孙家冠	1987 年	124.8	江苏古籍出版社	1996.01

序号	书　　名	主　　编	志书下限	字数（万字）	出版社	出版时间
87	滨海县志	彭树煌	1987 年	210	方志出版社	1998.07
88	阜宁县志	徐变三	1985 年	81	江苏科学技术出版社	1992.06
89	射阳县志	周其高	1988 年	170	江苏科学技术出版社	1997.01
90	建湖县志	王立璜	1987 年	138	江苏人民出版社	1994.07
91	东台市志	戴章	1987 年	160	江苏科学技术出版社	1994.07
92	大丰县志	童斌、朱万顺	1985 年	126	江苏人民出版社	1989.12
93	扬州市志	薛庆仁、夏泽民	1987 年	560	中国大百科全书出版社	1997.03
94	广陵区志	杨杏芝	1988 年	120	中华书局	1993.10
95	扬州市郊区志	杜道遥	1988 年	102	方志出版社	1996.11
96	宝应县志	仇春树	1989 年	165	江苏人民出版社	1994.07
97	仪征市志	李仰华	1987 年	120	江苏科学技术出版社	1994.01
98	高邮县志	王鹤、杨杰	1985 年	130	江苏人民出版社	1990.12
99	江都县志	朱华锦	1993 年	159	江苏人民出版社	1996.09
100	邗江县志	王克	1987 年	131	江苏人民出版社	1995.09
101	镇江市志	张世闾、胥朋章、沈效鸿、胡德朋、冯鸣仪、陈敦平、戴华林、李之	1985 年	287	上海社会科学院出版社	1993.12
102	京口区志	许进	1989 年	95	上海社会科学院出版社	1992.11
103	润州区志	朱善祥	1987 年	61.7	上海社会科学院出版社	1995.03
104	丹阳县志	张昌龄	1985 年	151.2	江苏人民出版社	1992.08
105	扬中县志	李名方	1985 年	85.9	文物出版社	1991.11
106	句容县志	黄鹤潮	1985 年	144.5	江苏人民出版社	1994.01
107	丹徒县志	徐培鸿、邵年保	1985 年	155	江苏科学技术出版社	1993.09
108	泰州志	谢柏生、陆镇馀	1987 年	145.7	江苏古籍出版社	1998.12
109	泰县志	胡曦雯	1987 年	131.1	江苏古籍出版社	1993.10
110	兴化市志	石锦坤、吴兆寿	1990 年	160	上海社会科学院出版社	1995.06
111	靖江县志	郭寿明	1987 年	139	江苏人民出版社	1992.11
112	泰兴县志	陆光明、殷怀章、叶秀中	1987 年	154.7	江苏人民出版社	1993.03
113	宿迁市志	刘云鹤	1990 年	160	江苏人民出版社	1996.12
114	沭阳县志	马军	1987 年	161	江苏科学技术出版社	1997.04
115	泗阳县志	郝耀	1987 年	139.6	江苏人民出版社	1995.02
116	泗洪县志	李继业	1989 年	160.4	江苏人民出版社	1994.11

江苏省二轮市、县（市、区）志统计

（共 109 部）

序号	志书名称	主　编	断限	字数（万字）	出版社	出版时间
1	南京市志	高耘、秦学清、金承平、李兰、张立新	—1999	1500	方志出版社	2013.04
2	南京市白下区志（1986—2005）	刘广春、王安玉	1986—2005	251.5	方志出版社	2011.09
3	南京市江宁区志	王瑞林、郭传华	—2007	563.6	方志出版社	2014.10
4	江浦县志（1988—2001）	刘海东	1988—2001	185.8	方志出版社	2010.12
5	六合县志（1988—2002）	卢立才、刘献平	1988—2002	204.4	方志出版社	2013.12
6	溧水县志（1986—2005）	巫永发	1986—2005	172.2	方志出版社	2012.11
7	高淳县志（1986—2005）	薛兴祥	1986—2005	246.8	方志出版社	2010.12
8	无锡市志（1986—2005）	王耀元、郑晓奇、许建军	1986—2005	506	方志出版社	2015.07
9	无锡市崇安区志（1986—2005）	唐海	1986—2005	243.6	方志出版社	2015.03
10	无锡市南长区志（1988—2007）	陈锡伦	1988—2007	80.74	方志出版社	2013.05
11	无锡市北塘区志（1986—2005）	王悦风、王晓辉	1986—2005	132.8	方志出版社	2016.11
12	无锡市郊区志（1986—2000）	华水平	1986—2000	125.1	方志出版社	2014.07
13	无锡市惠山区志（2001—2010）	邓小伟	2001—2010	206.8	国家图书馆出版社	2019.07
14	锡山市志（1986—2000）	顾伟伦	1986—2000	136	方志出版社	2008.08
15	无锡市马山志	徐惠红	—2005	55.3	南京出版社	2015.12
16	江阴市志（1988—2007）	吴海英、李阳	1988—2007	341.9	方志出版社	2012.12
17	宜兴市志（1988—2005）	芮占良	1988—2005	273.7	方志出版社	2012.12
18	徐州市志（1978—2005）	宋余东	1978—2005	468	江苏人民出版社	2017.12
19	贾汪区志	王吉林	明万历年间—2000	96	方志出版社	2002.11
20	徐州市泉山区志	王先友	—2010	165	江苏人民出版社	2016.11
21	徐州市鼓楼区志	史长青、汤文华、刘海鹏、沙波、张义松、魏立华	—2005	140	江苏人民出版社	2016.12
22	徐州市云龙区志	耿云玲	—2005	138	江苏人民出版社	2016.12
23	铜山县志（1978—2010）	单兆民	1978—2010	156	江苏人民出版社	2014.11
24	睢宁县志（1978—2013）	马玉营	1978—2013	130	江苏人民出版社	2015.11
25	沛县志（1978—2008）	朱晓沛、欧英俊、徐安伯	1978—2008	140	江苏人民出版社	2016.12
26	丰县志（1978—2005）	刘鸿、高昌忠	1978—2005	138	江苏人民出版社	2019.08
27	新沂市志（1978—2008）	戚玉成	1978—2008	182	凤凰出版社	2010.09

序号	志书名称	主　编	断限	字数（万字）	出版社	出版时间
28	邳州市志（1978—2006）	陆东波、胡海英、张允庆	1978—2006	164.7	江苏人民出版社	2017.12
29	常州市志 (1986—2010)	朱玉林、虞建安、李亚雄	1986—2010	530	方志出版社	2017.01
30	武进志 (1986—2007)	赵小平	1986—2007	268.8	方志出版社	2011.10
31	钟楼区志 (1986—2002)	倪良法	1986—2002	98.8	方志出版社	2007.07
32	常州市郊区志 (1984—2000)	孟建发	1984—2000	126	方志出版社	2003.04
33	溧阳市志 (1986—2007)	朱洪伟、徐军芳、甘正富	1986—2007	221.6	方志出版社	2016.01
34	金坛市志 (1988—2007)	张建华、王艳红	1988—2007	220	中央文献出版社	2011.09
35	苏州市志（1986—2005）	徐刚毅、叶正亭、邬才生	1986—2005	378.8	江苏凤凰科学技术出版社	2014.12
36	金阊区志	刘文保	—1999	140	东南大学出版	2005.05
37	沧浪区志	陈曙光	—1999	214.8	上海社会科学院出版社	2006.08
38	平江区志	陈云江	—1999	273.8	上海社会科学院出版社	2006.11
39	苏州市相城区志	裔正明	—2010	80	江苏人民出版社	2014.12
40	苏州市吴中区志（1988—2005）	周凤鸣	1988—2005	195.6	上海社会科学院出版社	2012.11
41	苏州市高新区虎丘区志	唐荣媛、陈永生	—2005	132	上海社会科学院出版社	2012.03
42	吴江市志（1986—2005）	陈雷根、费云林、肖仲伟、张志远、姚海兴	1986—2005	206	上海社会科学院出版社	2013.12
43	张家港市志（1986—2005）	陈建明、周新华、俞慧军、陈稳	1986—2005	239.7	方志出版社	2013.10
44	常熟市志	彭根华、王钢、祝慧江、周燕	—2008	423.2	方志出版社	2016.01
45	昆山市志（1981—2010）	王建东、郭秧全、蔡坤泉	1981—2010	180	江苏人民出版社	2013.11
46	太仓市志（1986—2005）	张志华	1986—2005	173.9	方志出版社	2014.06
47	苏州工业园区志	李巨川	—2005	150	江苏人民出版社	2012.04
48	南通市志（1983—2005）	吴声和、严崇明	1983—2005	434.8	中华书局	2015.12
49	南通市港闸区志	蒋曦、王晓曙	—2005	125.8	中国文史出版社	2017.12
50	通州市志（1993—2009）	赵振南、张建忠、王飞	1993—2009	221.5	中国文史出版社	2014.10
51	海安县志（1993—2008）	董玉龙、杨斌、周宏文	1993—2008	234	方志出版社	2015.05
52	如东县志	於小卫	—2010	335.2	商务印书馆	2015.12
53	如皋市志	褚建华	—2010	308.2	方志出版社	2017.01
54	海门市志	张凤斌	—2008	370.8	方志出版社	2014.12
55	启东市志（1986—2005）	吴天昌、顾永辉、黄翠芳	1986—2005	250.5	中华书局	2014.12

序号	志书名称	主　编	断限	字数（万字）	出版社	出版时间
56	连云港市志（1984—2005）	徐勤飞、苏中保	1984—2005	410.2	方志出版社	2017.12
57	连云港市新浦区新志	韩世泳	—2005	296.6	方志出版社	2014.12
58	连云港市海州区志（1986—2005）	孙大伟	1986—2005	188.9	方志出版社	2013.12
59	连云港市连云区志（1990—2005）	王继澍	1990—2005	193	方志出版社	2013.12
60	赣榆县志（1990—2009）	王淙	1990—2009	210	方志出版社	2018.04
61	东海县志（1990—2010）	朱荣、张辉	1990—2010	238.2	方志出版社	2016.10
62	灌云县志（1984—2005）	刘盾	1984—2005	229	方志出版社	2018.08
63	灌南县志 (1984—2005）	韩翠林、于洪景	1984—2005	220	方志出版社	2016.07
64	淮安市志（1978—2008）	荀德麟、周平	1978—2008	470.8	方志出版社	2020.10
65	淮安市楚州区志 (1978—2008）	王建志	1978—2008	230	方志出版社	2018.12
66	淮安市淮阴区志 (1978—2008）	严祖斌	1978—2008	223.8	方志出版社	2018.12
67	淮安市清浦区志	厉大勇	—2015	222	江苏人民出版社	2019.08
68	洪泽县志 (1988—2010）	流新武	1988—2010	216	方志出版社	2016.11
69	盱眙县志 (1986—2008）	王行政	1986—2008	268	方志出版社	2017.12
70	金湖县志（1986—2005）	丁兴、姜海舟、马国顺	1986—2005	283	方志出版社	2018.10
71	涟水县志 (1978—2007）	戴从柏	1978—2007	209	方志出版社	2013.12
72	盐城市志（1983—2005）	茆贵鸣、徐城生	1983—2005	508.7	江苏凤凰科技技术出版社	2019.10
73	盐城市亭湖区志 (1983—2009）	朱月潭	1983—2009	209.9	方志出版社	2014.12
74	盐城市盐都区志 (1983—2005）	王长江、王顺友	1983—2005	190	方志出版社	2013.12
75	滨海县志（1986—2008）	刘建华、王兆标、蒋华	1986—2008	148	江苏凤凰科学技术出版社	2013.12
76	阜宁县志 (1986—2010)	陈珺、钱斌	1986—2010	206	江苏人民出版社	2019.10
77	建湖县志（1986—2008）	唐张新	1986—2008	147.3	方志出版社	2009.09
78	射阳县志 (1986—2010)	邱明哲、董彪、陆连华	1986—2010	211	江苏人民出版社	2018.08
79	响水县志（1988—2008）	王志迁、周序品	1988—2008	256.7	方志出版社	2017.12
80	大丰市志	陈如祥	—2000	270.2	方志出版社	2006.08
81	东台市志（1988—2005）	储开拓	1988—2005	182.6	江苏凤凰科学技术出版社	2014.12
82	扬州市志（1988—2005）	宗金林	1988—2005	588	方志出版社	2014.05
83	扬州市广陵区志（1989—2011）	赵群	1989—2011	265.6	方志出版社	2016.12
84	扬州市维扬区志（1989—2011）	赵宝庆	1989—2011	165.1	方志出版社	2017.10
85	宝应县志（1990—2005）	张磊	1990—2005	236.3	方志出版社	2014.09
86	邗江县志（1988—2000）	戴光明	1988—2000	196.8	方志出版社	2009.11

序号	志书名称	主　编	断限	字数（万字）	出版社	出版时间
87	江都市志（1994—2011）	霍新	1994—2011	235.5	江苏凤凰科技出版社	2020.04
88	仪征市志（1988—2006）	顾建国、吴文山	1988—2006	252.8	方志出版社	2013.08
89	高邮市志（1986—2005）	刘春龙、孙铎	1986—2005	325.1	方志出版社	2017.12
90	镇江市志（1983—2005）	胡振	1983—2005	536	方志出版社	2014.03
91	镇江市丹徒区志（1986—2005）	付久成、殷明、严高生	1986—2005	156.5	方志出版社	2013.06
92	镇江市京口区志（1983—2007）	蒋依民、满子琴	1983—2007	173.1	方志出版社	2016.11
92	镇江市润州区志（1983—2007）	范永放、戴非平、凌荣春	1983—2007	133.1	方志出版社	2013.09
94	丹阳市志（1986—2005）	李世华、张昌龄	1986—2005	295	方志出版社	2012.10
95	句容市志（1986—2008）	欧红卫、王金涛	1986—2008	404.6	方志出版社	2013.09
96	扬中市志（1986—2006）	孙金林	1986—2006	290.3	方志出版社	2014.08
97	泰州市志	申俊才、查桂山	—2007	412.9	江苏人民出版社	2016.06
98	泰州市海陵区志（1988—2008）	沈子异、夏洪根、李国荣、孙黎	1988—2008	240	南京出版社	2018.11
99	泰州市高港区志	李秀年、阙进、包志明	—2008	211.6	方志出版社	2017.12
100	姜堰市志（1988—2007）	严文富	1988—2007	298.4	方志出版社	2016.11
101	靖江市志（1988—2007）	王宇清、王亚平	1988—2007	148	江苏人民出版社	2017.01
102	泰兴市志（1988—2005）	吴网生、周桂香、邵骅	1988—2005	270	江苏凤凰科学技术出版社	2018.12
103	兴化市志（1991—2010）	陈友光	1991—2010	256.9	方志出版社	2017.12
104	宿迁市志	孙正龙	—2011	483.7	方志出版社	2019.12
105	宿迁市宿豫区志	蔡兆银	—2006	520	中华书局	2014.09
106	宿迁市宿城区志	尹邦柱	—2016	294.2	江苏人民出版社	2019.12
107	沭阳县志（1987—2005）	韦泽洋	1987—2005	130	江苏人民出版社	2013.11
108	泗阳县志（1988—2005）	胡东凯	1988—2005	232	江苏人民出版社	2012.10
109	泗洪县志（1990—2006）	施正凯	1990—2006	206.6	方志出版社	2012.11

后　　记

《江苏新方志提要》（市县志卷）（以下简称《提要》）是全省首部系统梳理江苏首轮、二轮市、县（市、区）综合志书的提要作品，其编纂过程主要经历以下3个阶段。

酝酿发动阶段。为了更好地展示江苏首轮二轮市县（市、区）志成果，为第三轮修志提供借鉴，2021年底，省地方志办公室决定编纂《江苏新方志提要》（市县志卷）。2022年初，以省方志馆采编流通部人员为主，组建提要编辑部，省地方志办公室二级巡视员陈华（时任办党组成员、副主任，省方志馆馆长）具体负责提要编纂工作。编辑部成立后，认真谋划编纂方案，进行样稿试写。2022年4月12日，省地方志办公室召开提要编纂工作视频会议，各设区市地方志工作机构分管领导和市、县（市、区）负责此项工作的同志共160余人参加会议，省地方志办公室党组书记、主任左健伟出席会议并讲话，提要编纂工作正式启动。

初稿编写阶段。提要编纂工作会议召开后，建立全省方志提要编纂微信工作群，给市县提供收集到各种书评，指导初稿撰写，做好跟踪服务工作。至5月底，共收到全省各市、县（市、区）上报220部志书提要稿件，各种资料字数400余万字（含志书目录、书评）。稿件到位之后，编辑部进一步明确职责、做好分工。朱崇飞（省方志馆信息技术部主任）负责南京、无锡、镇江、泰州（后增加连云港）及所辖县区的稿件编辑，张丽（省方志馆馆员）负责常州、南通、宿迁（后增加盐城）及所辖县区的稿件编辑，付阿敏（省方志馆助理馆员）负责徐州、苏州、淮安（后增加扬州）及所辖县区的稿件编辑，金嫣然（省方志馆助理馆员，2022年8月调离）负责连云港、扬州、盐城市及所辖县区的稿件编辑，张宝莹（省方志馆助理馆员）2023年9月起负责该书的校核工作。陈华负责统筹协调和全书统稿，朱崇飞协助陈华工作并统稿，沈萌溦（省方志馆副馆长）也参与了前期部分统稿工作。编纂工作先后完成编辑稿、一统稿、二统稿、三统稿、一校稿等工作流程。至2023年1月，形成130万字的一审稿，交出版社一审。与此同时，进行编辑自校、专家审校、供稿者返校，以多头并进的方式，加快进度，确保质量。

修改完善阶段。为广泛听取意见，确保提要质量，2023年3月6日，省地方志办公室召开提要评审会，施国俊、葛红、张颖颖、杜仁彬、陈其弟、卢建汶、陆瑞萍、王信波、王海燕、刘扣林、翁红霞、申万霞、周赛赛13个设区市的专家参加会议，提出了许多修改意见。会后，编辑部及时整理各方意见，进一步细化标准、核实数据、规范行文、完善内容，并由主编进行第二次统稿。2023年5月初，形成二审稿，送出版社二审。同时，开展第二轮编辑自校、供稿者返校目录和吉祥、缪小泳两名专家评审工作，并由主编进行第三次统稿。8月中旬，形成三审稿，送出版社三审。同时，开展第三轮编辑自校工作，12月形成四审稿。编辑对稿子进行互校，并对版式进行调整。至2024年5月形成五审稿，继续修改完善。在此期间，对本书的版式设计进行重新调整，并设计了封面。8月，定稿印刷。

事非经过不知难。提要这种文体，以简驭繁，原本以为编纂会比较简单，但是实际编纂过程中却困难不少。尤其要想写好、写精也绝非易事，不仅需要熟悉情况，还需要极高的总结概括能力。在编纂过程中，我们坚持“小题大做”，系统性厘清江苏新方志发展脉络，把全省市县修志成果归纳好、提炼好、体现好，做到资料丰盈、要素全面、点评客观，让方志提要更可信；坚持科学性与生动性相统一、学术价值与阅读价值相协调，在形式上叙议结合、思想上去陈求新、行文上平实简洁，让方志提要更可读；坚持实用为导向，不拘泥于简单条目的陈述，创新性地把编后记、书评、编纂经验等精华部分都收录其中，拓展记述深度。同时，以二维码方式呈现各志书目录，增加记述厚度，使读者真正实现“一书在手，便知所有”，摆脱披沙拣金之累、大海捞针之苦，让提要更加实用。

此书的出版，是众手成志的结果，离不开各方面的关心与支持。为了提高提要的实用性，我们原文选录了省级以上期刊发表的志评文章81篇，由于不能逐一联系作者，在此，一并致谢。最后，要感谢中国地方志办公室一级巡视员邱新立，在百忙之中，为书做序，如椽巨笔，博古通今，使本书大为增色。

我们深知，由于全省两轮市、县（市、区）志整体规模宏大、每部体量巨大，以我们的能力，还难以完全精准写好提要，有些内容记述不全面，或有遗漏，希望读者理解和原谅。

编　者

2024年8月